Computernetzwerke

James F. Kurose
Keith W. Ross

Computernetzwerke

Der Top-Down-Ansatz

4., aktualisierte Auflage

Fachliche Betreuung
Martin Mauve
Björn Scheuermann

PEARSON
Studium

ein Imprint von Pearson Education
München · Boston · San Francisco · Harlow, England
Don Mills, Ontario · Sydney · Mexico City
Madrid · Amsterdam

Bibliografische Information Der Deutschen Nationalbibliothek
Die Deutsche Nationalbibliothek verzeichnet diese Publikation in der Deutschen Nationalbibliografie; detaillierte bibliografische Daten sind im Internet über http://dnb.d-nb.de abrufbar.

Umwelthinweis:
Dieses Buch wurde auf chlorfrei gebleichtem Papier gedruckt.
Die Einschrumpffolie – zum Schutz vor Verschmutzung – ist aus umweltverträglichem und recyclingfähigem PE-Material.

10 9 8 7 6 5 4 3 2 1

10 09 08

ISBN 978-3-8273-7330-4

www.pearson-studium.de
Lektorat: Birger Peil, bpeil@pearson.de
Übersetzung: Dr. Gunnar Radons, Mannheim; projekte@radons.de
Fachlektorat: Prof. Dr. Martin Mauve
Jun. Prof. Dr. Björn Scheuermann
Korrektorat: Petra Kienle, Fürstenfeldbruck
Einbandgestaltung: Thomas Arlt, tarlt@adesso21.net
Herstellung: Monika Weiher, mweiher@pearson.de
Satz: Kösel, Krugzell
Druck und Verarbeitung: Kösel, Krugzell (www.KoeselBuch.de)

Printed in Germany

Inhaltsverzeichnis

Die Autoren

Jim Kurose

Jim Kurose ist „Distinguished University Professor of Computer Science" an der Universität von Massachusetts, Amherst.

Dr. Kurose wurde mehrfach für seine Lehre ausgezeichnet, unter anderem mit den Outstanding Teacher Awards der National Technological University (achtmal), der University of Massachusetts und der Northeast Association of Graduate Schools. Er erhielt die IEEE Taylor Booth Education Medal und wurde für seine Führungsrolle in der Commonwealth Information Technology Initiative in Massachusetts geehrt. Er erhielt ein GE Fellowship, einen IBM Faculty Development Award und ein Lilly Teaching Fellowship. Dr. Kurose war leitender Herausgeber der *IEEE Transactions on Communications* und der *IEEE/ACM Transactions on Networking*. Er war mehrere Jahre lang in den Programmkomitees von *IEEE Infocom, ACM SIGCOMM, ACM Internet Measurement Conference* sowie *ACM SIGMETRICS* aktiv und wirkte für diese Konferenzen auch als Programmkomitee-Vorsitzender. Er ist Fellow der IEEE und der ACM. Seine Forschungsinteressen umfassen Netzwerkprotokolle und -architekturen, Messverfahren in Netzwerken, Sensornetze, Multimediakommunikation sowie Modellierung und Leistungsbewertung. Seinen Doktortitel der Informatik erhielt er von der Columbia University.

Keith Ross

Leornard J. Shustek Distinguished Chair Professor in Computer Science" der Polytechnic University

Department of Systems Engineering

Multimedia Communications Department

Die Forschungsinteressen von Professor Ross sind Peer-to-Peer-Vernetzung, Internetmessung, Videostreaming, Web Caching, Content-Distribution-Netzwerke, Netzwerksicherheit, IP-Telefonie und stochastische Modellierung. Er ist ein Fellow der IEEE und gegenwärtig Mitherausgeber der *IEEE/ACM Transactions on Networking*. Er diente der Federal Trade Commission der USA als Berater für P2P-Filesharing und war zudem aktives Mitglied der Programmkomitees von *IEEE Infocom, ACM SIGCOMM, ACM Multimedia, ACM Internet Measurement Conference* und *ACM SIGMETRICS*. Seinen Doktortitel in Computer-, Information- und Control Engineering verlieh ihm die University of Michigan.

Für Julie und unsere drei Lieblinge
– Chris, Charlie und Nina
JFK

Für meine wunderbare Ehefrau, Véronique,
und unsere drei Töchter Cécile, Claire und Katie
KWR

Vorwort

Willkommen zur vierten Auflage von *Computernetzwerke: Der Top-Down-Ansatz*. Seit vor einigen Jahren die erste Auflage erschien, wurde unser Buch an vielen Hundert Universitäten und Colleges im Unterricht eingesetzt, in mehr als 10 Sprachen übersetzt und weltweit von über hunderttausend Studenten und Anwendern benutzt. Viele dieser Leser haben uns geschrieben und uns mit ihrer positiven Resonanz überwältigt.

Was bringt die vierte Auflage Neues?

Unserer Meinung nach beruht dieser Erfolg auf dem frischen und zeitgemäßen Zugang zu Computernetzwerken. Obwohl wir in dieser vierten Auflage Änderungen vorgenommen haben, haben wir nicht an dem gerührt, was – wie wir glauben (und die Dozenten und Studenten, die unser Buch verwenden, bestätigen das) – die wichtigsten Aspekte dieses Buches sind: **sein strukturierter Top-Down-Ansatz**, sein Fokus auf das Internet mit moderner Behandlung des Gebiets Rechnernetze, die Berücksichtigung sowohl der Grundlagen als auch der Praxis und der leicht zugängliche Stil, in dem es Computernetzwerk-Techniken vermittelt.

Dennoch haben wir viele wichtige Änderungen in der vierten Auflage vorgenommen. Aufgrund der immensen Bedeutung der Netzwerksicherheit haben wir uns dieses Themas verstärkt angenommen und führen die Netzwerksicherheit schon im allerersten Kapitel in einem neuen Abschnitt ein. In jedem Kapitel haben wir neues Material zum Thema Sicherheit hinzugefügt und das – schon seit der ersten Auflage der Netzwerksicherheit gewidmete – Kapitel 8 aktualisiert und deutlich erweitert. Wir haben auch die Behandlung von drahtlosen Netzwerken mit zusätzlichem neuen Material über 802.11 (WLAN), 802.16 (WiMAX) und Mobilfunknetze aktualisiert und erweitert. Unsere Betrachtung von P2P-Anwendungen – einer immer wichtiger werdenden Familie von Anwendungsprotokollen – schließt nicht nur Filesharing-Protokolle (Protokolle zum Dateitausch) ein, sondern auch File-Distribution-Protokolle (Dateiverteilungsprotokolle) wie BitTorrent sowie neuere Peer-to-Peer (P2P) Multimediaanwendungen, etwa IP-Telefonie mittels Skype. Unsere Kapitel über lokale Netze und Multimediavernetzung wurden abgespeckt und aktualisiert, um Änderungen sowohl bei den Grundlagen als auch bei den Anwendungen in diesen Bereichen wiederzugeben. Wir haben zwar den Umfang von Kapitel 1 verringert, dort aber gleichzeitig neues Material über Ende-zu-Ende-Durchsatzanalysen hinzugefügt. Im ganzen Buch haben wir aktuelle Beispiele und Referenzen eingefügt. Die Anhänge jedes Kapitels haben wir sowohl um neue Übungsaufgaben als auch zusätzliche Anleitungen für Praktika in Form von Wireshark-Labs ergänzt.

Zielgruppe

Dieses Lehrbuch ist eine Einführung in den Bereich Computernetzwerke. Es kann sowohl in der Informatik als auch in der Elektrotechnik verwendet werden. In Bezug auf Programmiersprachen geht das Buch nur davon aus, dass der Student Erfahrung mit C, C++ oder Java hat (und auch das nur an wenigen Stellen). Obwohl dieses Buch genauer und analytischer vorgeht als viele andere einführenden Texte über Rechnernetze, verwendet es selten mathematische Konzepte, die nicht in der Schule gelehrt werden. Wir haben bewusst darauf verzichtet höhere Mathematik, Wahrscheinlichkeitsrechnung oder Konzepte stochastischer Prozesse zu verwenden (obwohl wir einige Übungen für Studenten hinzugefügt haben, die entsprechende Kenntnisse mitbringen). Das Buch eignet sich daher sowohl für Anfängerkurse als auch für Vorlesungen nach dem Vordiplom bzw. Bachelor. Es sollte zudem Berufspraktikern in der Telekommunikationsindustrie nützlich sein.

Was ist das Besondere an diesem Lehrbuch?

Das Thema Computernetzwerke ist enorm komplex; es umfasst zahlreiche Konzepte, Protokolle und Techniken, die auf komplizierte Weise ineinander verwoben sind. Um mit diesem Umfang und dieser Komplexität zurechtzukommen, werden viele Texte über Computernetzwerke um die Schichten (layer) der Netzwerkarchitektur herum aufgebaut. Ein solcher schichtenorientierter Aufbau ermöglicht den Studenten, in der Komplexität des Gebietes Rechnernetze den Überblick zu behalten – sie erlernen die spezifischen Konzepte und Protokolle in einem Teil der Architektur, während sie das Gesamtbild im Auge behalten und sehen, wie alle Teile zusammenpassen. Unserer persönlichen Erfahrung nach ist ein solcher schichtenorientierter Ansatz aus pädagogischer Sicht durchaus erstrebenswert. Jedoch sind wir der Überzeugung, dass der traditionelle Lehransatz – von unten nach oben, also von der Bitübertragungsschicht hin zur Anwendungsschicht – nicht die beste Vorgehensweise für einen modernen Rechnernetze-Kurs ist.

Ein strukturierter Top-Down-Ansatz

Unser Buch schlug vor sieben Jahren neue Wege ein, als es Computernetzwerke von oben nach unten, Top-Down, behandelte – es begann bei der Anwendungsschicht und arbeitete sich hinunter bis zur Bitübertragungsschicht. Dieser Top-Down Ansatz hat mehrere wichtige Vorteile.

Zuerst hebt es die Bedeutung der Anwendungsschicht hervor (die ein stark wachsendes Teilgebiet der Vernetzung darstellt). Tatsächlich haben viele der jüngeren Revolutionen im Bereich der Computernetzwerke – darunter das Web, Peer-to-Peer-Filesharing und Streaming Media – in der Anwendungsschicht stattgefunden. Eine frühzeitige Betonung von Themen der Anwendungsschicht unterscheidet das Buch von den Ansätzen der meisten anderen Lehrwerke, die nur wenig Material zu Netzwerkanwendungen, deren Erfordernissen, Anwendungsschichtparadigmen (z.B.

Client-Server und Peer-to-Peer) und Programmierschnittstellen für Anwendungen bieten.

Zum zweiten haben wir als Dozenten (wie viele andere Lehrende, die dieses Buch benutzen) die Erfahrung gemacht, dass das Vorstellen von Netzwerkanwendungen zu Beginn des Kurses eine hohe Motivation der Studenten nach sich zieht. Die Studenten sind begierig darauf zu erfahren, wie Netzwerkanwendungen arbeiten – etwa Anwendung wie E-Mail und das Web, das die meisten Studenten jeden Tag verwenden. Hat der Student erst einmal diese Anwendungen verstanden, so versteht er auch die Netzwerkdienste, die für sie notwendig sind. Der Student kann dann wiederum die verschiedenen Methoden untersuchen, mit denen diese Dienste von den niedrigeren Schichten angeboten und implementiert werden. Die frühe Behandlung der Anwendungen motiviert daher den Rest des Buches.

Drittens ermöglicht ein Top-Down-Ansatz den Dozenten, die Entwicklung von Netzanwendungen in einem frühen Stadium einzuführen. Studenten sehen nicht nur, wie bekannte Anwendungen und Protokolle funktionieren, sie lernen auch, wie leicht es ist, eigene Netzwerkanwendungen und Anwendungsschichtprotokolle zu entwickeln. Mit dem Top-Down-Ansatz werden die Studenten früh mit der Notation von Anwendungsprogrammschnittstellen (APIs), Dienstmodellen und Protokollen in Kontakt gebracht – wichtige Konzepte, die in allen anschließenden Schichten wieder auftauchen. Beispiele zur Socketprogrammierung in Java heben die zentralen Gedanken hervor, ohne die Studenten mit kompliziertem Code zu verwirren. Studenten der Elektrotechnik und der Informatik sollten keine Schwierigkeiten haben, den Java-Code zu verstehen.

Fokus auf das Internet

Mit dieser vierten Auflage haben wir den Zusatz „unter besonderer Berücksichtigung des Internets“ aus dem Titel gestrichen. Bedeutet das, dass wir das Internet aus den Augen verloren haben? Natürlich nicht (und nichts könnte davon weiter entfernt sein)! Da das Internet so allgegenwärtig geworden ist, sind wir vielmehr der Ansicht, dass jedes Rechnernetze-Lehrbuch einen tiefen Einstieg ins Internet bieten muss – daher war dieser Zusatz unnötig. Wie in den ersten drei Auflagen, benutzen wir die Architektur und Protokolle des Internets als Anschauungsmaterial, um die grundlegenden Konzepte hinter Computernetzwerken zu studieren. Natürlich betrachten wir auch Konzepte und Protokolle anderer Netzwerkarchitekturen. Im Rampenlicht steht aber eindeutig das Internet, was durch die Organisation unseres Buch um die fünfschichtige Internetarchitektur betont wird: Anwendungs-, Transport-, Netzwerk-, Sicherungs- und Bitübertragungsschicht.

Ein weiterer Vorteil der Fokussierung auf das Internet liegt darin, dass die meisten Informatik- und Elektrotechnikstudenten begierig darauf sind, das Internet und seine Protokolle kennen zu lernen. Sie wissen, dass das Internet eine revolutionäre und grundlegend neue Technik ist, und sehen, dass es unsere Welt zutiefst ändert. Angesichts der enormen Bedeutung des Internets sind die Studenten natürlich neugierig auf das, was unter der Haube steckt. Dadurch fällt es einem Lehrenden leicht, Studenton für dio Grundlagen zu begeistern, wenn sie das Internet als roten Faden verwenden.

Ein Wort zu den Grundlagen

Zwei der einzigartigen Merkmale dieses Buches – sein Top-Down Ansatz und seine Konzentration auf das Internet – waren Bestandteil der ersten drei Ausgaben dieses Buches. Hätten wir eine dritte Phrase in den Titel quetschen können, so hätte diese das Wort „Grundlagen" enthalten. Das Arbeitsgebiet Computernetzwerke ist mittlerweile genug gereift, um darin eine Reihe grundlegend wichtiger Themen zu erkennen. In der Transportschicht zum Beispiel gehören zu diesen die verlässliche Kommunikation über eine unzuverlässige Vermittlungsschicht, Auf- und Abbau von Verbindungen sowie Handshaking, Überlast- und Datenflusskontrolle sowie Multiplexing. Zwei fundamental wichtige Vermittlungsschichtthemen sind das Bestimmen geeigneter Pfade zwischen zwei Routern und das Zusammenschalten einer großen Anzahl heterogener Netzwerke. In der Sicherungsschicht ist ein Grundproblem die gemeinsame Nutzung eines geteilten Mediums. In der Netzwerksicherheit basieren Methoden, mit denen Vertraulichkeit, Authentifizierung und Nachrichtenintegrität gesichert werden, alle auf kryptographischen Grundlagen. Dieser Text zeigt grundlegende Rechnernetze-Fragestellungen auf und untersucht Ansätze, mit denen diese angegangen werden können. Studenten, die diese Grundlagen lernen, erlangen Kenntnisse, die ihnen lange nützlich sein werden – lange nachdem die heutigen Standards und Protokolle obsolet geworden sind, werden die Grundlagen, auf denen sie beruhen, noch immer wichtig und bedeutsam sein. Wir sind der Ansicht, dass die Kombination aus der Verwendung des Internet zum Vermitteln eines ersten Eindrucks und der nachfolgenden Betonung grundlegender Fragen und Lösungsansätze es den Studenten ermöglicht, jegliche Netzwerktechnologie schnell zu verstehen.

Für Dozenten

Jeder der Autoren lehrt seit mehr als 20 Jahren Computernetzwerke. Zusammen bringen wir mehr als 45 Jahre Lehrerfahrung in diesen Text ein, eine Zeit, in der wir viele tausend Studenten ausbildeten. In diesem Zeitraum haben wir auch aktiv im Bereich Computernetzwerke geforscht. (Tatsächlich trafen sich Jim und Keith zum ersten Mal 1979 als Master-Studenten in einer Vorlesung über Rechnernetze von Mischa Schwartz an der Columbia University.) Wir denken, dass wir deshalb eine gute Vorstellung davon haben, wo Computernetzwerke herkommen und wohin sie sich wahrscheinlich in Zukunft entwickeln werden. Dennoch haben wir der Versuchungen widerstanden, das Material dieses Buches auf unsere eigenen Lieblingsforschungsprojekte zu beschränken. Wir gehen davon aus, dass Sie unsere persönlichen Websites besuchen, wenn Sie an unserer Forschung interessiert sind. Daher ist dies ein Buch über moderne Computernetzwerke – es behandelt zeitgemäße Protokolle und Technologien ebenso wie die zugrunde liegenden Prinzipien hinter diesen Protokollen und

Technologien. Wir sind zudem davon überzeugt, dass Lernen (und Lehren!) von Rechnernetzen Spaß machen kann. Ein Prise Humor sowie die Verwendung von Analogien und Beispielen aus dem wirklichen Leben machen das in diesem Buch präsentierte Material hoffentlich unterhaltsam.

Wir haben für dieses Buch ein umfassendes Ergänzungspaket geschnürt, um Sie bei der Vermittlung dieses Gebiets zu unterstützen. Auf dieses Material (Foliensatz und Abbildungen) kann über die Website zum Buch im Dozentenbereich zurückgegriffen werden.

Handhabung des Buches

Das erste Kapitel dieses Buches enthält einen in sich abgeschlossenen Überblick über Computernetzwerke. In viele Schlüsselbegriffe und die Terminologie einführend, bildet dieses Kapitel die Basis für den Rest des Buchs. Alle anderen Kapitel hängen direkt von diesem ersten Kapitel ab. Wir empfehlen daher, dass Sie nach dem Abschließen von Kapitel 1 die folgenden Kapitel 2 bis 5 in dieser Reihenfolge behandeln und so unserer Top-Down-Philosophie folgen. Jedes dieser fünf Kapitel vertieft Inhalte der vorangegangenen Kapitel.

Sind die ersten fünf Kapitel behandelt, haben Sie weitgehende Freiheit. Es gibt keine gegenseitigen Abhängigkeiten unter den letzten vier Kapiteln, so dass sie in jeder Reihenfolge vorgestellt werden können. Jedoch hängt jedes dieser letzten vier Kapitel von den Inhalten der ersten fünf Kapitel ab. Viele Dozenten lehren die ersten fünf Kapitel und behandeln dann eines der letzten vier Kapitel, quasi als Nachtisch.

Für Studenten

Historische Randkästen, Übungen zu Grundlagen und der Fokus Sicherheit

Das Gebiet Computernetzwerke hat eine reichhaltige und faszinierende Geschichte. Wir haben uns daher bemüht, diese im Rahmen des vorliegenden Buches zu erzählen. Dazu nutzen wir speziell für die Geschichte einen Abschnitt in Kapitel 1 und etwa ein Dutzend Randkästen, die in den Kapiteln verstreut sind. In diesen Fallstudien behandeln wir die Erfindung der Paketvermittlung, die Entwicklung des Internet, die Geburt der großen Netzwerkgiganten, z.B. Cisco und 3Com, und viele andere wichtige Ereignisse. Wir fügen zudem spezielle Kästen ein, die wichtige Grundlagen des Gebiets Rechnernetze und ihre praktische Bedeutung hervorheben. Diese Kästen sollen Ihnen ebenfalls helfen, einige der Grundkonzepte zu würdigen, die in modernen Computernetzwerken angewandt werden. Ein Teil unserer erweiterten Betrachtung von Sicherheitsfragen erscheint in einer neuen Serie von Kästen unter dem Titel „Fokus Sicherheit“ in jedem zentralen Kapitel dieses Buches.

Interviews

Wir haben noch ein weiteres spezielles Merkmal hinzugefügt, das Sie inspirieren und motivieren soll: Interviews mit berühmten Erfindern im Bereich Netzwerke. Wir haben Interviews mit Len Kleinrock, Bram Cohen, Sally Floyd, Vint Cerf, Simon Lam, Charlie Perkins, Henning Schulzrinne, Steven Bellovin und Jeff Case geführt.

CWS zum Buch

- Die Website dieses Buches steht unter www.pearson-studium.de. Am schnellsten gelangen Sie von dort zur Buchseite, wenn Sie in das Feld „Schnellsuche" die Buchnummer **7330** eingeben.
- *PowerPoint-Folien.* Wir bieten PowerPoint Folien für alle neun Kapitel an. Die Folien behandeln jedes Kapitel im Detail. Bei uns finden Sie ebenfalls die PowerPoint-Folien nur mit den Abbildungen, die Sie an Ihre eigenen Lehrerfordernisse anpassen können.
- *Interaktives Lernmaterial.* Die Original-Website enthält mehrere interaktive Java-Applets, die viele der elementaren Rechnernetze-Konzepte animieren. Professoren können diese interaktiven Elemente in ihre Vorlesungen integrieren oder sie als Minipraktika einsetzen.
- *Zusätzliches technisches Material.* Da wir in jeder Auflage unseres Buches neues Material hinzugefügt haben, mussten wir einige früher behandelte Themen entfernen, um den Umfang des Buches in vernünftigem Rahmen zu halten. Zum Beispiel haben wir, um Platz für neues Material über geswitchte LANs zu machen, Texte zu Hubs und Bridges entfernt; Platz für neues Sicherheitsmaterial machen wir, indem wir älteres Material zur Sicherheit entfernt haben (z. B. Kerberos und Schlüsselverteilungsschemata). Inhalte, die in früheren Auflagen des Texts erschienen waren, sind jedoch durchaus noch von Interesse und auf der Website des Buches zu finden.
- *Programmieraufgaben.* Die Website bietet eine Anzahl von detaillierten Programmieraufgaben. Diese beinhalten die Konstruktion eines multithreading-fähigen Webservers, das Erstellen eines E-Mail-Clients mit grafischer Benutzerschnittstelle, Programmieren der Sender- und Empfängerseite eines zuverlässigen Transportprotokolls, das Programmieren eines verteilten Routingalgorithmus und vieles mehr.
- *Wireshark-Experimente.* Das Verständnis von Netzwerkprotokollen wird deutlich vertieft, wenn man sie ihn Aktion sieht. Die Website bietet zahlreiche Wireshark-Experimente (Praktika) an, mit deren Hilfe die Studenten die Abfolge durch Protokolle ausgetauschten Nachrichten tatsächlich beobachten können. Die Website enthält Wireshark-Experimente zu HTTP, DNS, TCP, UDP, IP, ICMP, Ethernet, ARP, WLAN und SSL.
- *Lösungshinweise für die Übungen.* Enthalten sind die Lösungsansätze für die Übungsaufgaben im Text, die Programmieraufgaben und die Wireshark-Praktika.

Danksagungen

Seit wir 1996 mit der Arbeit an diesem Buch begannen, haben viele Menschen uns unschätzbare Hilfe zukommen lassen und hatten großen Einfluss auf unsere Ansichten, wie eine Vorlesung über Netzwerke am besten gestaltet und durchgeführt werden sollte. Wir sagen all jenen DANKE, die uns von den ersten Entwürfen zu diesem Buch bis zu dieser vierten Auflage geholfen haben. Wir sind auch den Hunderten von Lesern aus aller Welt *sehr* dankbar – Studenten, Dozenten und Berufspraktiker – die uns ihre Gedanken und Kommentare zu früheren Buchausgaben und ihre Vorstellung über die Zukunft des Buchs zukommen ließen. Unser besonderer Dank gilt:

Al Aho (Columbia University), Hisham Al-Mubaid (University of Houston-Clear Lake), Pratima Akkunoor (Arizona State University), Paul Amer (University of Delaware), Shamiul Azom (Arizona State University), Paul Barford (University of Wisconsin), Bobby Bhattacharjee (University of Maryland), Steven Bellovin (Columbia University), Pravin Bhagwat (Wibhu), Supratik Bhattacharyya (ehemals bei Sprint), Ernst Biersack (Eurécom Institute), Shahid Bokhari (University of Engineering & Technology, Lahore), Jean Bolot (Sprint), Daniel Brushteyn (ehemaliger Student der University of Pennsylvania), Ken Calvert (University of Kentucky), Evandro Cantu (Federal University of Santa Catarina), Jeff Case (SNMP Research International), Jeff Chaltas (Sprint), Vinton Cerf (Google), Byung Kyu Choi (Michigan Technological University), Bram Cohen (BitTorrent, Inc.), Constantine Coutras (Pace University), John Daigle (University of Mississippi), Edmundo A. de Souza e Silva (Federal University of Rio de Janiero), Philippe Decuetos (Eurécom Institute), Christophe Diot (Thomson Research), Michalis Faloutsos (University of California at Riverside), Wu-chi Feng (Oregon Graduate Institute), Sally Floyd (ICIR, University of California at Berkeley), Paul Francis (Cornell), Lixin Gao (University of Massachusetts), JJ Garcia-Luna-Aceves (University of California at Santa Cruz), Mario Gerla (University of California at Los Angeles), David Goodman (Polytechnic University), Tim Griffin (Cambridge University), Max Hailperin (Gustavus Adolphus College), Bruce Harvey (Florida A&M University, Florida State University), Carl Hauser (Washington State University), Rachelle Heller (George Washington University), Phillipp Hoschka (INRIA/W3C), Wen Hsin (Park University), Albert Huang (ehemaliger Student der University of Pennsylvania), Esther A. Hughes (Virginia Commonwealth University), Jobin James (University of California at Riverside), Sugih Jamin (University of Michigan), Shivkumar Kalyanaraman (Rensselaer Polytechnic Institute), Jussi Kangasharju (Universität Darmstadt), Sneha Kasera (University of Utah), Hyojin Kim (ehemaliger Student der University of Pennsylvania), Leonard Kleinrock (University of California at Los Angeles), David Kotz (Dartmouth College), Beshan Kulapala (Arizona State University), Rakesh Kumar (Polytechnic University), Miguel A. Labrador (University of South Florida), Steve Lai (Ohio State University), Tim-Berners Lee (World Wide Web Consortium), Lee Leitner (Drexel University), Brian Levine (University of Massachusetts), William Liang (ehemaliger Student der University of Pennsylvania), Willis Marti (Texas A&M University), Nick McKeown (Stanford University), Josh McKinzie (Park University), Deep Medhi (University of Missouri, Kansas City), Bob Metcalfe (International Data Group), Sue Moon (KAIST), Erich Nahum (IBM Research), Christos

Papadopoulos (Colorado Sate University), Craig Partridge (BBN Technologies), Radia Perlman (Sun Microsystems), Jitendra Padhye (Microsoft Research), Kevin Phillips (Sprint), George Polyzos (Athens University of Economics and Business), Sriram Rajagopalan (Arizona State University), Ramachandran Ramjee (Microsoft Research), Ken Reek (Rochester Institute of Technology), Martin Reisslein (Arizona State University), Jennifer Rexford (Princeton University), Leon Reznik (Rochester Institute of Technology), Sumit Roy (University of Washington), Avi Rubin (Johns Hopkins University), Dan Rubenstein (Columbia University), Douglas Salane (John Jay College), Despina Saparilla (Lucent Bell Labs), Henning Schulzrinne (Columbia University), Mischa Schwartz (Columbia University), Harish Sethu (Drexel University), K. Sam Shanmugan (University of Kansas), Prashant Shenoy (University of Massachusetts), Clay Shields (Georgetown University), Subin Shrestra (University of Pennsylvania), Mihail L. Sichitiu (NC State University), Peter Steenkiste (Carnegie Mellon University), Tatsuya Suda (University of California at Irvine), Kin Sun Tam (State University of New York at Albany), Don Towsley (University of Massachusetts), David Turner (California State University, San Bernardino), Nitin Vaidya (University of Illinois), Michele Weigle (Clemson University), David Wetherall (University of Washington), Ira Winston (University of Pennsylvania), Raj Yavatkar (Intel), Yechiam Yemini (Columbia University), Ming Yu (State University of New York at Binghamton), Ellen Zegura (Georgia Institute of Technology), Hui Zhang (Carnegie Mellon University), Lixia Zhang (University of California at Los Angeles), Shuchun Zhang (ehemaliger Student der University of Pennsylvania), Xiaodong Zhang (Ohio State University), ZhiLi Zhang (University of Minnesota), Phil Zimmermann (unabhängiger Berater), Cliff C. Zou (University of Central Florida)

Darüber hinaus danken wir auch dem ganzen Addison-Wesley-Team, das eine absolut hervorragende Arbeit geleistet hat (und es mit zwei sehr pingeligen Autoren aufgenommen haben!), ganz besonders, Marilyn Lloyd und Lindsey Triebel. Dank auch an die Zeichner Janet Theurer und Patrice Rossi Calkin für ihre wundervollen Abbildungen in der zweiten, dritten und vierten Auflage dieses Buches, sowie an Nancy Kotary, Alicia Williams und Scott Harris für die wunderbare Produktion dieser Auflage. Schließlich geht ein ganz besonderer Dank an Michael Hirsch, unseren Herausgeber bei Addison-Wesley und Susan Hartman, unsere frühere Herausgeberin bei Addison-Wesley. Dieses Buch wäre nicht, was es ist, (und würde möglicherweise gar nicht existieren) ohne ihre behutsame Führung, ihre konstante Ermutigung, ihre fast unendliche Geduld, gute Laune und Beharrlichkeit.

Besonderen Dank auch an Martin Mauve und Björn Scheuermann, die die fachliche Betreuung der deutschen Ausgabe übernommen haben.

Vorwort zur deutschen Ausgabe

Das Internet hat die moderne Welt in den letzten zehn Jahren radikal verändert. Das World Wide Web, Email, Chat, IP-TV, Internettelefonie, Peer-to-Peer-Tauschbörsen und Online-Spiele sind nur einige Beispiele für Anwendungen, die inzwischen allgegenwärtig geworden sind. Es ist daher nicht verwunderlich, dass wir in unseren Vorlesungen immer wieder feststellen, wie groß das Interesse der Studenten ist, die Technik hinter diesen Anwendungen zu verstehen. Kurose und Ross haben mit ihrem Lehrbuch die Didaktik im Bereich der Computernetzwerke vollkommen neu gestaltet, indem sie eben diese natürliche Motivation als Einstiegspunkt und Leitfaden verwenden. Sie beginnen mit der Beschreibung der Anwendungen und dringen von dort ausgehend zu all den vielseitigen und spannenden Facetten der Computernetzwerke vor. Zu jedem Zeitpunkt weiß der Leser genau, warum er sich mit den präsentierten Themen beschäftigt, und kann diese mühelos in den Gesamtkontext einordnen. Dieses didaktische Konzept sowie die anschauliche, leicht verständliche, aber dennoch umfassende Beschreibung der zentralen Aspekte moderner Computernetzwerke haben das Lehrbuch von Kurose und Ross innerhalb kürzester Zeit zu dem führenden internationalen Standardwerk gemacht.

Uns war es bei der vorliegenden deutschen Übersetzung sehr wichtig, dass ein Leser mühelos im praktischen Umfeld mit den erlernten Fachausdrücken kommunizieren kann. In einem von englischsprachiger Fachliteratur geprägten Gebiet wie dem der Computernetzwerke haben wir deshalb englische Fachausdrücke nur dann übersetzt, wenn die deutsche Übersetzung tatsächlich verständlich und im deutschen Sprachgebrauch gängig ist. Im Zweifelsfall haben wir uns bewusst eher für das Beibehalten der englischen Terminologie entschieden.

Zum Abschluss möchten wir uns bei all jenen bedanken, die dieses Projekt ermöglicht haben. Allen voran bei Herrn Birger Peil, der uns von Seiten des Verlages hervorragend unterstützt hat. Unser besonderer Dank gilt auch Yves Jerschow, Wolfgang Kiess, Christian Lochert und Michael Stini, die mit großem Einsatz unsere Arbeit nochmals auf Fehler und Inkonsistenzen durchkämmt haben.

Allen Lesern wünschen wir viel Spaß und Erfolg – beim Lesen dieses Buches ebenso wie bei ihren weiterführenden Studien, der praktischen Arbeit, der Forschung und der Lehre in diesem spannenden Gebiet.

Martin Mauve
Björn Scheuermann

Computernetzwerke und das Internet

1

ÜBERBLICK

EINLEITUNG

» *Wo Sie auch hinschauen, Sie sehen Computernetzwerke! Sie begegnen Ihnen bei der Benutzung des Webbrowsers, Ihres Mobiltelefons, in Internetcafés, in breitbandigen Heimnetzwerken oder in traditionellen IT-Infrastrukturen mit vernetzten PCs am Arbeitsplatz, aber auch in vernetzten Autos, vernetzten Umweltsensoren und vernetzten interplanetaren Sonden. Obwohl es so scheint, als wären Computernetzwerke bereits allgegenwärtig, werden ständig spannende neue Anwendungen entwickelt, die ihren Einsatzbereich noch weiter ausdehnen. Dieses Buch ist eine moderne Einführung in das dynamische Gebiet der Computernetzwerke. Mit seiner Hilfe erlernen Sie die Grundlagen, Sie erhalten aber auch praktische Einblicke in das Thema Netzwerke, so dass Sie nicht nur die heutigen Netze, sondern auch die zukünftigen verstehen werden.*

Dieses erste Kapitel liefert einen Überblick über Computernetzwerke und das Internet. Wir richten unseren Blick auf das große Ganze, damit wir den Wald trotz der Bäume sehen können. Wir werden in diesem Einführungskapitel ein breites Themenspektrum abdecken und stellen viele Bestandteile eines Computernetzwerkes vor, ohne dadurch den Gesamtzusammenhang aus den Augen zu verlieren. Dieses Kapitel legt damit die Grundlagen für den Rest des Buches.

Diesen Überblick über Computernetzwerke strukturieren wir wie folgt: Nach Einführung der notwendigen Terminologie und wichtiger Konzepte schauen wir zuerst die Hard- und Softwarebestandteile an, aus denen ein Netz besteht. Wir beginnen am Randbereich des Netzwerkes (network edge) und betrachten dort die Endsysteme und Anwendungen, die im Netz laufen. Wir erkunden dann das Innere des Computernetzwerkes (network core), wobei wir sowohl Leitungen (links) und Switches (Verteiler) betrachten, welche die Daten transportieren, als auch die Netzzugänge und physikalischen Medien, welche die Endsysteme mit dem Inneren des Netzwerkes verbinden. Wir werden erfahren, dass das Internet ein Netz von Netzwerken ist, und wir werden sehen, wie diese Netze miteinander verbunden werden.

Nachdem wir diesen Überblick über den Netzwerkrand und das Innere des Netzwerkes abgeschlossen haben, machen wir uns in der zweiten Hälfte des Kapitels eine breitere und abstraktere Sicht zu Eigen. Wir untersuchen Übertragungsverzögerungen (delay), Datenverluste (loss) und Durchsatz (throughput) in einem Computernetzwerk und diskutieren einfache quantitative Modelle für Ende-zu-Ende-Durchsatz (von einem Ende des Netzes zum anderen) und -Verzögerung. Diese Modelle berücksichtigen sowohl Übertragungs- (transmission delay) und Ausbreitungsverzögerung (propagation delay) als auch die Verzögerungen in Warteschlangen (queuing delay). Wir führen dann wesentliche Grundlagen der Architektur von Computernetzwerken ein: Protokollschichten und Dienstmodelle. Wir werden auch erfahren, dass Computernetzwerke auf vielfältige Weise angegriffen werden können. Wir werden uns einige dieser Angriffsmethoden genauer anschauen und darüber nachdenken, wie Computernetzwerke sicherer gemacht werden können. Schließlich beenden wir dieses Kapitel mit einer kurzen Geschichte der Computernetzwerke. «

1.1 Was ist das Internet?

Um die Diskussion von Computernetzwerken und ihren Protokollen voranzutreiben, verwenden wir in diesem Buch das Internet, ein ganz bestimmtes Computernetzwerk, als unser wichtigstes Anschauungsmaterial. Aber was ist das Internet? Wir würden das Internet gerne in einem Satz definieren, einen Satz, den Sie mitnehmen und mit Ihrer Familie und Ihren Freunden teilen können. Leider ist das Internet sehr komplex. Es ändert sich ständig, sowohl in seinen Hardware- und Softwarekomponenten als auch hinsichtlich der Dienste, die es anbietet.

Anstatt Ihnen eine Definition in einem Satz geben zu können, müssen wir uns an einer Beschreibung versuchen. Dies können wir auf verschiedene Weise angehen. Eine Möglichkeit besteht in einer technischen Beschreibung der grundlegenden Hard- und Softwarekomponenten, die das Internet ausmachen. Eine andere Möglichkeit ist die Beschreibung des Internets als eine Netzwerkinfrastruktur, welche den Anwendungen gewisse Dienste anbietet. Fangen wir mit der technischen Beschreibung an und benutzen ▶ Abbildung 1.1 zur Illustration unserer Betrachtungen.

1.1.1 Eine technische Beschreibung

Das Internet ist ein Computernetzwerk, das Millionen von Computern in der ganzen Welt miteinander verbindet. Vor gar nicht so langer Zeit waren diese EDV-Geräte in erster Linie traditionelle Desktop-PCs und sogenannte Server, die Informationen wie Webseiten und E-Mails speicherten und sendeten. Immer häufiger werden jedoch neuartige Internetendsysteme, etwa PDAs *(personal digital assistant)*, Fernsehgeräte, tragbare Computer, Mobiltelefone, Webcams, Automobile, Umweltsensoren, digitale Bilderrahmen, elektrische Haushaltsgeräte und Sicherheitssysteme, an das Internet angeschlossen. Eigentlich klingt der Begriff Computernetzwerk schon veraltet, wenn wir die vielen ungewöhnlichen Geräte betrachten, die in das Internet eingeklinkt werden. Im Internetjargon werden all diese Geräte als **Hosts** oder als **Endsysteme** bezeichnet. Im Juli 2007 benutzten fast 490 Millionen Endsysteme das Internet und ihre Zahl wächst kontinuierlich weiter [ISC 2007].

Endsysteme sind durch ein Netz von **Kommunikationsleitungen** *(communication links)* und **Paket-Switches** *(packet switches)* miteinander verbunden. Wir werden in Abschnitt 1.2 sehen, dass es viele Arten von Kommunikationsleitungen gibt, die aus unterschiedlichen physikalischen Medien aufgebaut sind. Zu ihnen gehören Koaxialkabel, Kupferdrähte, Glasfasern und Radiowellen. Unterschiedliche Leitungen transportieren Daten mit unterschiedlicher Geschwindigkeit, wobei die **Übertragungsgeschwindigkeit** einer Leitung in Bit pro Sekunde (bps oder bit/s) gemessenen wird. Will ein Endsystem Daten an ein anderes senden, zerteilt das sendende System die Daten und fügt jedem Segment sogenannte Header-Bytes hinzu. Die entstehenden Informationsbrocken werden im Jargon der Computernetzwerke als **Pakete** bezeichnet. Diese Pakete werden dann durch das Netz an das Zielendsystem gesandt, in dem sie wieder zu den ursprünglichen Daten zusammengesetzt werden.

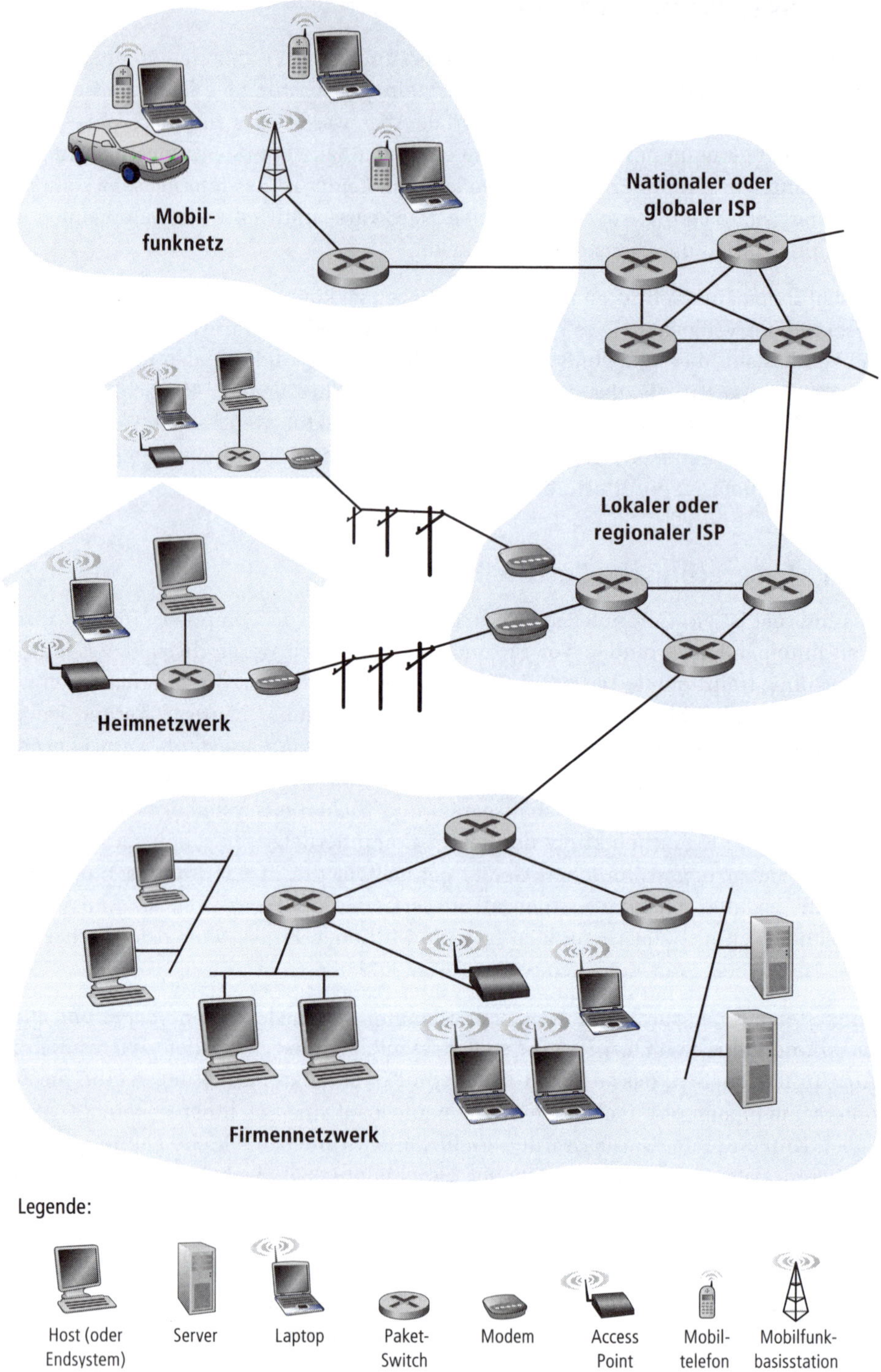

Abbildung 1.1: Einige Bestandteile des Internets

Ein Paket-Switch nimmt ein ankommendes Paket auf einer seiner Eingangsleitungen an und leitet das Paket auf eine Ausgangsleitung weiter. Dies kann in vielfältiger Weise geschehen, aber die beiden häufigsten Typen im heutigen Internet sind **Router** und **Switches der Sicherungsschicht**. Beide leiten Pakete in Richtung ihres endgültigen Zielortes weiter. Wir werden Router in Kapitel 4 und Sicherungsschicht-Switches in Kapitel 5 detailliert untersuchen. Die vom sendenden Endsystem bis zum Endsystem auf der Empfangsseite reichende Abfolge von Kommunikationsleitungen und Paket-Switches, die von einem Paket durchquert wird, bezeichnet man als **Route** oder **Pfad** durch das Netzwerk. Die ersten paketvermittelten Netze, die in den 1970er Jahren entstanden, sind die frühesten Vorläufer des heutigen Internets. Das tatsächliche Verkehrsaufkommen im Internet ist schwer zu schätzen [Odylsko 2003], aber AOL, ein Internet Service Provider *(Internetdienstanbieter)*, berichtete im Jahr 2005, dass der Internetdatenverkehr mit einer Rate von 250 Gigabit pro Sekunde in sein Netz eintritt [Gill 2005]. PriMetrica [PriMetrica 2007] schätzt, dass im Jahr 2006 pro Sekunde fünf Terabit internationaler Übertragungskapazität von Telekommunikationsunternehmen verwendet wurden und dieser Bandbreitenbedarf sich ungefähr alle zwei Jahre verdoppelt.

Paketvermittelte Netze (welche Pakete transportieren) ähneln in mancher Weise den Transportnetzen von Autobahnen, Straßen und Kreuzungen (über die Fahrzeuge transportiert werden). Stellen Sie sich zum Beispiel eine Fabrik vor, die ein hohes Frachtaufkommen zu einem Lagerhaus bewegen muss, das Tausende von Kilometern entfernt ist. In der Fabrik wird die Fracht aufgeteilt und auf eine Flotte von Lastkraftwagen geladen. Jeder Lastwagen reist dann unabhängig von den anderen durch das Netz von Autobahnen, Straßen und Kreuzungen bis zum Ziel, dem Lagerhaus. Dort wird die Fracht entladen und mit der restlichen Fracht dieser Lieferung gelagert. In diesem Beispiel entsprechen die Pakete den Lastkraftwagen, die Kommunikationsleitungen entsprechen Autobahnen und Straßen, Paket-Switches entsprechen Kreuzungen und Endsysteme werden durch Gebäude symbolisiert. In derselben Weise, in der ein Lastwagen seinen Weg durch das Straßentransportnetz nimmt, reist ein Paket auf einem Pfad durch ein Computernetzwerk.

Endsysteme greifen auf das Internet über **Internetdienstanbieter** (**ISP**, *Internet Service Provider*) zu, zu denen Privatanbieter wie AOL und lokale Kabel- oder Telefongesellschaften gehören, aber auch Firmen-ISPs, Universitäts-ISPs und ISPs wie T-Mobile, die drahtlose Zugänge in Flughäfen, Hotels, Cafés und anderen öffentlichen Plätzen anbieten. Jeder ISP ist selbst ein Netzwerk aus Paket-Switches und Kommunikationsleitungen. ISPs bieten den Endsystemen viele unterschiedliche Arten des Netzzuganges an, darunter den Zugang mittels 56 Kbit/s-Einwahlmodems, örtliche Breitbandzugänge wie Kabelmodem oder DSL, Zugang durch lokale Hochgeschwindigkeitsnetzwerke und drahtlosen Zugang. ISPs bieten auch den Anbietern von Webinhalten *(content provider)* Internetzugänge und verbinden so Websites direkt mit dem Internet. Um die Kommunikation zwischen Internetnutzern zu ermöglichen und diesen Nutzern den weltweiten Zugang zu den Inhalten des Netzes zu öffnen, werden kleinere, lokale ISPs durch nationale und internationale übergeordnete ISPs, etwa AT&T oder Sprint, miteinander verbunden. Ein solcher sogenannter Upper-Tier-ISP besteht aus Hochgeschwindigkeitsroutern, die mit optischen Hochgeschwindigkeitsglasfaserleitungen zusammengeschaltet werden. Jedes ISP-Netzwerk, egal ob klein und lokal oder weltweit, wird unabhängig von den anderen verwaltet, nutzt das Internetprotokoll (IP, siehe unten) und hält sich an bestimmte Namens- und Adresskonventionen. Wir werden ISPs und ihre gegenseitige Verbindung in Abschnitt 1.3 näher betrachten.

Endsysteme, Paket-Switches und andere Bestandteile des Internets nutzen **Protokolle**, welche das Senden und Empfangen von Informationen im Internet kontrollieren. Das **Transmission Control Protocol** (**TCP**, *Datenübertragungs-Kontrollprotokoll*) und das **Internet Protocol** (**IP**) sind zwei der wichtigsten Protokolle im Internet. IP legt das Format der Pakete fest, die zwischen Routern und Endsystemen gesendet und empfangen werden. Die wichtigsten Protokolle des Internets sind gemeinsam als **TCP/IP** bekannt. Wir werden uns noch in diesem Einführungskapitel mit Protokollen befassen. Aber das ist nur der Anfang – ein Großteil dieses Buches beschäftigt sich mit Computernetzwerkprotokollen!

Hinsichtlich der Bedeutung von Protokollen für das Internet ist es wichtig, dass sich alle darüber einig werden, welche Protokolle sie benutzen und was jedes Protokoll macht. An diesem Punkt kommen Standards ins Spiel. Die **Internetstandards** werden von der Internet Engineering Task Force (IETF) entwickelt [IETF 2007]. Die IETF-Normendokumente werden **Request for Comments** (**RFC**, *Aufforderung zur Stellungnahme*) genannt. RFCs begannen als allgemeine Aufforderung, Kommentare abzugeben (daher der Name), um Probleme bei der Gestaltung von Netzwerken und Protokollen zu lösen. RFCs tendieren dazu, ziemlich technisch und detailliert zu sein. Sie definieren Protokolle wie TCP, IP, HTTP (für das Web) und SMTP (für E-Mail). Es gibt beinahe 5.000 RFCs. Andere Körperschaften legen ebenfalls Normen für Netzwerkkomponenten fest. Das IEEE 802 LAN-/MAN Standards Committee [IEEE 802 2007] normiert z.B. Ethernet und die drahtlosen WLANs.

Das öffentliche Internet (also das oben erwähnte globale Netzwerk der Netzwerke) ist dasjenige Netzwerk, das üblicherweise als *das* Internet bezeichnet wird. Es gibt daneben viele private Netzwerke, etwa viele Firmen- und Regierungsnetze, deren Hosts keine Nachrichten mit Hosts außerhalb dieses Privatnetzes austauschen können (es sei denn, die Nachrichten gehen durch sogenannte Firewalls, welche den Nachrichtenfluss aus dem und in das Netz beschränken). Diese Privatnetze werden oft Intranets genannt, da sie dieselben Arten von Hosts, Routern, Leitungen und Protokollen wie das öffentliche Internet einsetzen.

1.1.2 Eine Dienstbeschreibung

In der vorangegangenen Diskussion wurden viele Elemente des Internets genannt. Aber wir können das Internet auch aus einem ganz anderen Blickwinkel betrachten, nämlich als *eine Infrastruktur, die den Anwendungen bestimmte Dienste zur Verfügung stellt*. Zu diesen Anwendungen gehören E-Mail, Websurfen, Instant Messaging, Voice-over-IP (VoIP, *Internettelefonie*), Internetradio, Videostreaming, verteilte Spiele, Peer-to-Peer-

Filesharing (P2P-Filesharing, *Direkter Dateitausch zwischen Endsystemen*), Internetfernsehen, Fernzugriff auf Rechner und noch viel, viel mehr. Die Anwendungen werden **verteilte Anwendungen** genannt, da sie mehrere Endsysteme umfassen, die Daten miteinander austauschen. Bedeutend ist dabei: Internetanwendungen laufen auf den Endsystemen – sie werden nicht in den Paket-Switches im Netzwerkkern ausgeführt. Wie im Verlauf des Buches noch deutlich werden wird, haben die Paket-Switches – obwohl sie den Datenaustausch zwischen Endsystemen ermöglichen – nichts mit den Anwendungen zu tun, die Quelle oder Ziel von Daten sind.

Lassen Sie uns ein wenig näher betrachten, was wir mit Infrastruktur meinen, die Dienste für Anwendungen bereitstellt. Nehmen Sie dazu an, Sie hätten eine aufregende neue Idee für eine verteilte Internetanwendung, vielleicht eine, die der ganzen Menschheit dient, oder schlicht eine, die Sie reich und berühmt macht. Wie würden Sie daran gehen, diese Idee in eine richtige Internetanwendung umzusetzen? Weil Anwendungen auf Endsystemen laufen, müssen Sie Softwareelemente schreiben, die ebenfalls auf Endsystemen laufen. Sie könnten Ihre Programme beispielsweise in Java, C oder C++ schreiben. Weil Sie aber eine verteilte Internetanwendung entwickeln, müssen sich Ihre Softwarekomponenten, die sich ja auf verschiedenen Rechnern befinden, gegenseitig Daten zusenden. Hier stoßen wir auf eine Kernfrage – eine, die uns zur alternativen Beschreibung des Internets als Plattform für Anwendungen führt: Wie kann eine Anwendung, die auf einem Endsystem läuft, das Internet anweisen, Daten an die Software auf einem anderen Endsystem zu liefern?

An das Internet angeschlossene Endsysteme benutzen eine **Anwendungsprogrammschnittstelle** (**API**, *Application Programming Interface*), die festlegt, wie eine Software auf einem Endsystem die Internetinfrastruktur anweisen kann, Daten an eine bestimmte Zielsoftware auf einem anderen Endsystem zu senden. Die Internet-API ist ein Regelwerk, das die sendende Software befolgen muss, damit das Internet der Zielsoftware die Daten liefert. Wir befassen uns in Kapitel 2 ausführlich mit der Internet-API. Benutzen wir zunächst eine einfache Analogie, eine, auf die wir in diesem Buch noch häufiger zurückgreifen werden. Nehmen Sie an, dass Alice mithilfe des Briefdienstes der Post einen Brief an Bob senden will. Alice kann natürlich den Brief (die Daten) nicht einfach schreiben und als Papierflieger aus dem Fenster werfen. Stattdessen fordert die Post, dass Alice den Brief in einen Umschlag steckt, Bobs vollen Namen, Adresse und die Postleitzahl auf diesen Umschlag schreibt, den Umschlag verschließt, eine Briefmarke in die rechte obere Ecke klebt und den Brief schließlich in einen offiziellen Postbriefkasten einwirft. Auf ihre Art hat die Post ihre eigene „Postdienst-API", ein Regelwerk, das Alice befolgen muss, damit der Postdienst ihren Brief an Bob ausliefert. In ähnlicher Weise hat das Internet eine API, die ein sendendes Programm befolgen muss, damit das Internet die Daten an das Zielprogramm liefert.

Der Postdienst erbringt für seine Kunden natürlich mehr als eine Dienstleistung. Er bietet Eilzustellungen, Empfangsbestätigung, den gewöhnlichen Briefdienst und viele weitere Dienstleistungen. Auf ähnliche Weise stellt auch das Internet den Anwendungen noch weitere Dienste zur Verfügung. Wenn Sie eine Anwendung für das Internet entwickeln, müssen Sie einen dieser Internetdienste für Ihre Anwendung auswählen.

Wir werden diese Dienste des Internets in Kapitel 2 beschreiben und in Kapitel 3 betrachten, wie das Internet jene Dienste erbringt.

Diese zweite Beschreibung des Internets – das Auffassen des Netzes als Infrastruktur für das Erbringen von Diensten für verteilte Anwendungen – ist wichtig. Die Anforderungen neuer Anwendungen werden immer mehr zum Fortschrittsmotor für die technischen Komponenten des Internets. Daher müssen wir im Hinterkopf behalten, dass das Internet eine Infrastruktur ist, in der ständig neue Anwendungen entwickelt und eingesetzt werden.

Wir haben gerade zwei Beschreibungen des Internets formuliert, eine aus dem Blickwinkel der Hardware- und Softwarekomponenten, die andere aus Sicht einer Infrastruktur für das Erbringen von Diensten für verteilte Anwendungen. Aber Sie fragen vielleicht immer noch verwirrt, was das Internet eigentlich ist. Was bedeuten Paketvermittlung, TCP/IP und API? Was sind Router? Welche Arten von Kommunikationsverbindungen bietet das Internet? Was ist eine verteilte Anwendung? Wie kann ein Toaster oder eine Wetterstation mit dem Internet verbunden sein? Wenn Sie sich jetzt etwas überfahren fühlen, seien Sie beruhigt – der Zweck dieses Buches ist, Sie sowohl mit der technischen Seite des Internets vertraut zu machen, als auch mit den Grundlagen, die festlegen, wie und warum es funktioniert. Wir erklären diese wichtigen Begriffe und Fragen in den folgenden Abschnitten und Kapiteln.

1.1.3 Was ist ein Protokoll?

Nun, da wir ein Gefühl dafür haben, was das Internet ist, wenden wir uns einem anderen wichtigen Schlagwort des Computernetzwerkes zu: dem *Protokoll*. Was ist ein Protokoll? Was macht ein Protokoll? Wie würden Sie ein Protokoll erkennen, wenn Sie einem begegnen?

Menschen als Analogie

Es ist wahrscheinlich einfacher, den Begriff eines Computernetzwerkprotokolls zu verstehen, wenn wir zuerst einige Analogien betrachten, in denen Menschen auftauchen, denn wir Menschen befolgen ständig Protokolle. Denken Sie nur daran, was Sie tun, wenn Sie jemanden nach der Tageszeit fragen wollen. Ein typischer Austausch wird in ▶Abbildung 1.2 dargestellt. Das menschliche Protokoll (oder zumindest die guten Manieren) verlangen, dass wir zunächst einen Gruß entbieten, wenn wir die Kommunikation mit jemand anderem eröffnen wollen (das erste „Hallo“ in Abbildung 1.2). Als typische Antwort auf ein „Hallo“ wird ein neues „Hallo“ zurückgegeben. Implizit ist die herzliche Antwort „Hallo“ ein Hinweis darauf, dass wir weitermachen und nach der Uhrzeit fragen können. Eine andere Antwort auf das ursprüngliche „Hallo“ (wie „Lass mich in Ruhe“ oder „Ich spreche kein Deutsch“ oder sogar eine nicht druckreife Antwort) könnte bedeuten, dass der Angesprochene unwillig oder unfähig ist, zu kommunizieren. In diesem Fall entspräche es dem menschlichen Protokoll, nicht nach der Uhrzeit zu fragen. Manchmal bekommt man auch überhaupt keine Antwort auf eine Frage – normalerweise fragt man dann diese

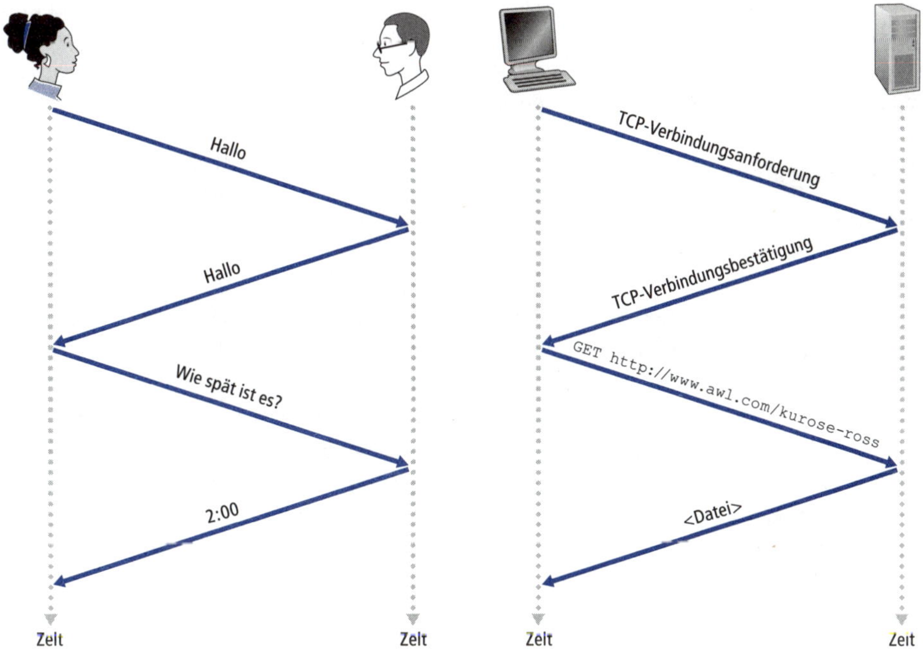

Abbildung 1.2: Vergleich zwischen einem menschlichen Protokoll und einem Netzwerkprotokoll

Person nicht weiter nach der Zeit. Beachten Sie, dass wir in unserem menschlichen Protokoll *bestimmte Nachrichten aussenden und als Resultat auf die erhaltenen Antworten oder andere Ereignisse (etwa ein länger anhaltendes Schweigen) in einer bestimmten Weise reagieren.* Es ist deutlich, dass ausgesandte und empfangene Nachrichten und Aktionen, die aufgrund der ausgesandten bzw. empfangenen Signale – oder anderer Ereignisse – eintreten, eine zentrale Rolle im menschlichen Protokoll spielen. Benutzen die Menschen verschiedene Protokolle (zum Beispiel, wenn eine Person Manieren besitzt, die andere aber nicht, oder wenn der eine das Konzept der Uhrzeit versteht, der andere aber nicht), passen die Protokolle nicht zusammen und es kann keine sinnvolle Kommunikation stattfinden. Dasselbe gilt beim Arbeiten in Netzwerken – es braucht zwei (oder mehr) kommunizierende Entitäten, die dasselbe Protokoll benutzen, um ihre Aufgabe durchzuführen.

Betrachten wir eine zweite menschliche Analogie. Stellen Sie sich vor, Sie wären in einer Vorlesung an der Universität (zum Beispiel in einem Kurs über Computernetzwerke). Der Dozent plappert über Protokolle und Sie sind verwirrt. Ihr Dozent unterbricht sich und fragt „Gibt es Fragen?“ (eine Nachricht, die an alle Studenten gesendet und von denjenigen empfangen wird, die nicht schlafen). Sie heben Ihre Hand (und übertragen damit eine implizite Nachricht an den Dozenten). Ihr Lehrer bestätigt das mit einem Lächeln und antwortet „Ja ...“ (eine ausgesandte Nachricht, die Sie ermutigen soll, Ihre Frage zu stellen – Dozenten *lieben* es, gefragt zu werden). Danach stellen Sie Ihre Frage (das heißt, Sie übermitteln Ihre Nachricht an Ihren Dozenten). Der hört sich Ihre Frage an (er empfängt Ihre Frage-Nachricht) und antwortet (übermittelt Ihnen eine Antwort). Erneut können wir feststellen, dass die Übertragung und der Empfang von Nachrichten sowie ein Satz üblicher Aktionen, die ausgeführt werden, sobald diese Nachrichten gesandt und empfangen werden, den Kern dieses Frage-und-Antwort-Protokolls darstellen.

Netzwerkprotokolle

Ein Netzwerkprotokoll ähnelt einem menschlichen Protokoll, allerdings mit dem Unterschied, dass nun die Entitäten, welche Nachrichten austauschen und Aktionen ausführen, Hardware oder Softwarekomponenten von Geräten sind (z.B. Computer, PDAs, Mobiltelefone, Router oder andere netzwerkfähige Geräte). Alle Aktivitäten im Internet, in die zwei oder mehr entfernte kommunizierende Entitäten verwickelt sind, werden von einem Protokoll geregelt. So kontrollieren beispielsweise Protokolle in der Hardware von Netzwerkschnittstellenkarten zweier physisch miteinander verbundenen Computer den Strom der Bits auf der Leitung zwischen den beiden Netzwerkkarten. Überlastkontrollprotokolle in Endsystemen regeln das Tempo, mit dem Pakete zwischen Absender und Empfänger übertragen werden. Protokolle in Routern bestimmen den Pfad eines Paketes von der Quelle bis zum Ziel. Protokolle sind überall im Internet zu finden und aus diesem Grund handelt dieses Buch zum Großteil von Computernetzwerkprotokollen.

Ein Beispiel eines Computernetzwerkprotokolls, mit dem Sie wahrscheinlich vertraut sind, ist die Anfrage an einen Webserver. Es wird verwendet, wenn Sie die URL einer Website in Ihren Webbrowser eintippen. Dieses Szenario ist in der rechten Hälfte von Abbildung 1.2 dargestellt. Zuerst sendet Ihr Computer eine Connection-Request-Nachricht *(Verbindungsanforderung)* an den Webserver und wartet auf eine Antwort. Der Webserver erhält irgendwann Ihre Connection-Request-Nachricht und gibt eine Connection-Reply-Nachricht *(Anforderungsbestätigung)* zurück. Jetzt ist es in Ordnung, das Webdokument anzufordern, daher sendet ihr Computer den Namen der Webpage, die er aus dem Netz herunterladen möchte, in Form einer GET-Nachricht. Zuletzt übergibt der Webserver die Webseite (eine Datei) an Ihren Computer.

In den oben genannten menschlichen und Netzwerkbeispielen sind der Austausch von Nachrichten und die daraufhin ausgeführten Aktionen die zentralen Elemente, die ein Protokoll ausmachen:

> *Ein* ***Protokoll*** *definiert das Format und die Reihenfolge des Nachrichtenaustausches zwischen zwei oder mehr kommunizierenden Entitäten sowie die Handlungen, die bei Übertragung und/oder Empfang einer Nachricht oder anderer Ereignisse ausgeführt werden.*

Das Internet und ganz allgemein Computernetzwerke benutzen viele Protokolle. Verschiedene Protokolle werden für unterschiedliche Kommunikationsaufgaben eingesetzt. Bei der Lektüre dieses Buches werden Sie lernen, dass einige Protokolle einfach und geradlinig sind, während andere komplex und intellektuell anspruchsvoll sind. Das Gebiet der Computernetzwerke zu beherrschen, bedeutet, das Was, Warum und Wie der Netzwerkprotokolle zu verstehen.

1.2 Der Netzwerkrand

Der letzte Abschnitt enthielt einen groben Überblick über das Internet und die Netzwerkprotokolle. Jetzt werden wir etwas tiefer in die Bestandteile eines Computernetzwerkes (und des Internets im Besonderen) eintauchen. Wir beginnen in diesem Abschnitt mit dem Netzwerkrand *(network edge)* und betrachten die Komponenten, mit denen wir am meisten vertraut sind, nämlich Computer, PDAs, Mobiltelefone und andere Geräte, die wir jeden Tag einsetzen. Im nächsten Abschnitt gehen wir vom Rand ins Innere des Netzwerkes und betrachten Switching und Routing in Computernetzwerken.

Fallstudie

Ein verwirrendes Aufgebot an Internetendsystemen

Vor nicht allzu langer Zeit waren die an das Internet angeschlossenen Endsysteme in erster Linie traditionelle Geräte wie Desktopcomputer und leistungsfähige Server. Seit Beginn der 1990er Jahre wird eine immer stärker wachsende Zahl unterschiedlichster Geräte mit dem Internet verbunden. Alle diese Geräte tauschen digitale Daten mit anderen Geräten aus. Weil das Internet praktisch überall verfügbar ist und wegen seiner wohldefinierten (weil standardisierten) Protokolle und der Verfügbarkeit billiger Hardware liegt es auf der Hand, all diese Geräte über das Internet miteinander zu verbinden.

Einige dieser Geräte bieten einfach nur einen großen Spaßfaktor. Ein kleiner IP-fähiger Bilderrahmen [Ceiva 2007] lädt digitale Fotos von einem Server herunter und zeigt sie in einem Gerät, das wie ein gewöhnlicher Bilderrahmen aussieht. Ein Internettoaster lädt die Wettervorhersage von einem Server herunter und brennt ein Bild der aktuellen Wetterkarte (z.B. eine Mischung aus Wolken und Sonne) auf Ihren Frühstückstoast [BBC 2001]. Andere Geräte liefern durchaus nützliche Informationen – Webcams zeigen die aktuelle Verkehrslage und Witterung oder überwachen einen öffentlichen Platz. Ans Internet angeschlossene Hausgeräte, wie Waschmaschinen, Kühlschränke und Öfen [Internet Home Alliance 2007], haben Schnittstellen ins Internet und lassen sich von außerhalb mittels Kamera und Webbrowser überwachen. Mit IP-fähigen Mobiltelefonen haben Sie Webbrowser, E-Mail und Messaging immer zur Hand. Eine neue Klasse netzwerkfähiger Sensoren verspricht, die Art und Weise zu revolutionieren, mit der wir unsere Umwelt beobachten. Vernetzte Sensoren, die überall in unserer Umgebung platziert werden, erlauben die Überwachung von Gebäuden, Brücken, Erdbeben, den Lebensräumen von Wildtieren, Flussmündungen und der unteren Atmosphäre [CENS 2007; Culler 2004; CASA 2007]. Auch biomedizinische Sensoren existieren als eingebettete und vernetzte Systeme [Schwiebert 2001]. Ihre Messdaten stehen entfernten Benutzern in Echtzeit zur Verfügung. Ein RFID-Tag oder ein winziger eingebetteter Sensor, der an jedem Objekt befestigt sein kann, stellt Informationen über dieses Objekt im Internet bereit, welches sich so zu einem „Internet der Gegenstände" *(Internet of things)* wandelt [ITU 2005].

Erinnern Sie sich an den letzten Abschnitt, in dem wir den Computerjargon kennenlernten, der Computer und andere an das Internet angeschlossene Geräte oft als Endsysteme bezeichnet? Sie haben diesen Namen, weil sie sich am Rand des Internets befinden, wie auch ▶Abbildung 1.3 zeigt. Internetendsysteme umfassen Desktop-PCs (z.B. PCs, Macs und Linux-Geräte), Server (z.B. Web- und E-Mail-Server) und mobile

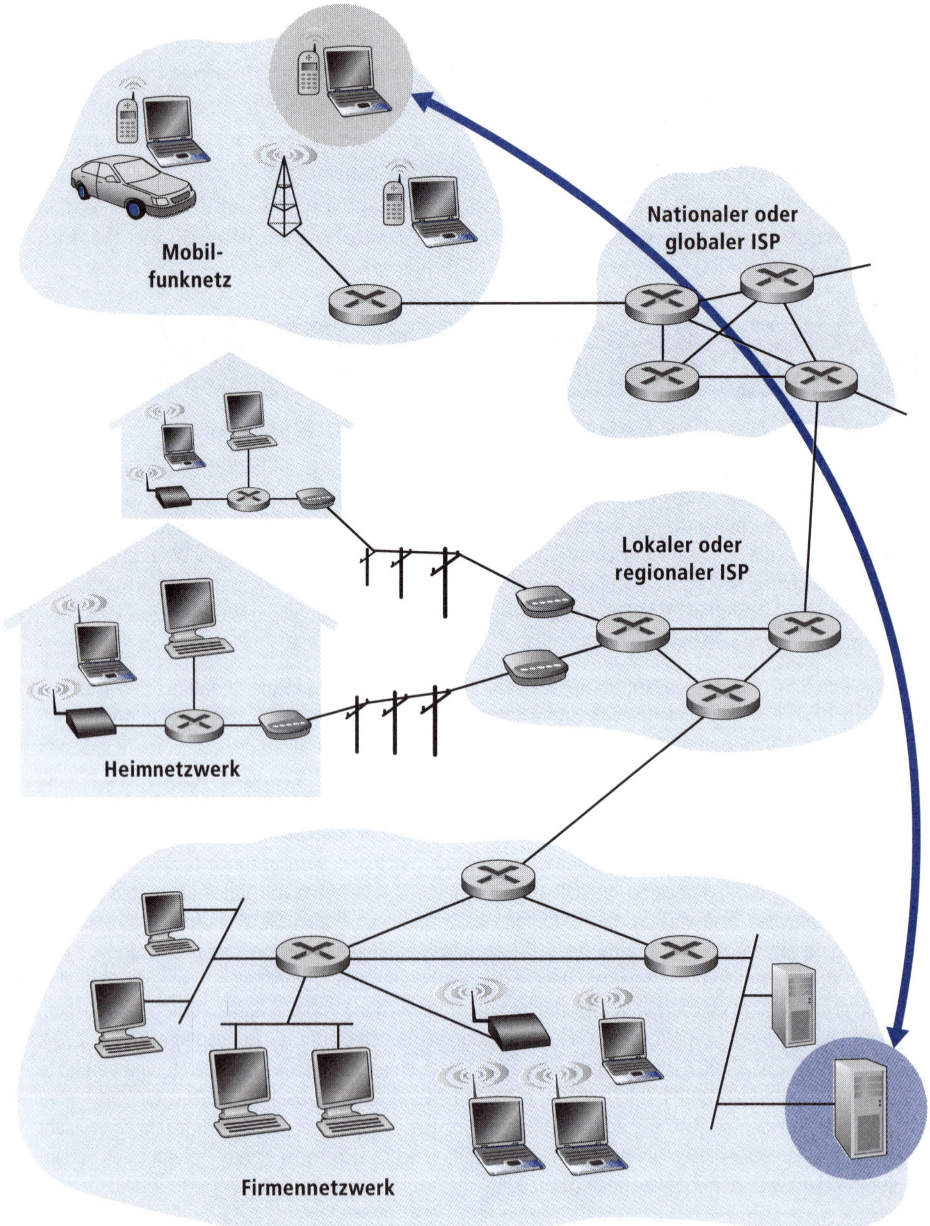

Abbildung 1.3: Interaktion zwischen Endsystemen

Computer (wie Laptops, PDAs und Mobiltelefone mit drahtlosem Internetzugang). Darüber hinaus wird eine immer größere Zahl von Geräten als Endsystem mit dem Internet verbunden (siehe Kasten).

Endsysteme werden auch *Hosts (Gastgeber)* genannt, weil sie die Anwendungsprogramme „beherbergen“, die auf ihnen ablaufen, etwa ein Webbrowser-Programm, ein Webserver-Programm, ein E-Mail-Empfangsprogramm oder ein E-Mail-Server-Programm. Im ganzen Buch werden wir die Begriffe Host und Endsystem als Synonyme einsetzen, d.h. *Host = Endsystem*. Hosts werden manchmal in zwei Gruppen unterteilt: Clients und Server. Clients *(„Kunden“)* sind meistens Desktop-PCs, Notebooks, PDAs usw. Server sind hingegen meist leistungsfähigere Maschinen. Sie enthalten und verteilen Webpages, Videostreams, leiten E-Mails weiter etc.

1.2.1 Client- und Server-Programme

Im Kontext der Netzwerksoftware existiert noch eine andere Definition von Client und Server, eine Definition, die wir im ganzen Buch verwenden. Ein **Client-Programm** ist ein Programm, das auf einem Endsystem läuft und das Dienste von einem **Server-Programm** anfordert, welches auf einem anderen Endsystem läuft. Wie wir in Kapitel 2 im Detail erfahren werden, ist das Client-Server-Modell die vorherrschende Struktur für Internetanwendungen. Das Web, E-Mail, Dateitransfer, Fernzugriff (zum Beispiel Telnet), Newsgroups und viele andere beliebte Anwendungen setzen auf diesem Client-Server-Modell auf. Da ein Client-Programm normalerweise auf einem Computer läuft, das zugehörige Server-Programm aber auf einem anderen, sind Client-Server-Internetanwendungen per Definition **verteilte Anwendungen**. Das Client-Programm und das Server-Programm treten miteinander in Kontakt, indem sie Nachrichten über das Internet austauschen. Auf diesem Abstraktionsniveau bilden Router, Leitungen und die anderen technischen Elemente des Internets zusammen eine Blackbox, die Nachrichten zwischen den verteilten und miteinander kommunizierenden Komponenten einer Internetanwendung überträgt. Dies ist das Abstraktionsniveau, das in Abbildung 1.3 benutzt wird.

Nicht alle Internetanwendungen bestehen heute aus reinen Client-Programmen, die mit reinen Server-Programmen interagieren. Immer häufiger sind heutige Anwendungen Peer-to-Peer-Anwendungen *(P2P-Anwendungen)*, in denen auf einem Endsystem Programme laufen, die sowohl Client- als auch Server-Funktionen umfassen. In P2P-Filesharing-Programmen beispielsweise (wie Limewire, eDonkey und Kazaa) agiert das Programm im Endsystem des Benutzers als Client, sobald es Dateien von einem anderen Peer anfordert. Dasselbe Programm agiert als Server, sobald es Dateien an einen anderen Peer sendet. Bei der Internettelefonie interagieren beide kommunizierende Parteien als Peers (gleichberechtigte Partner) – die Kommunikationssitzung ist symmetrisch, denn beide Parteien senden und empfangen Daten. Wir werden Client-Server- und P2P-Architekturen in Kapitel 2 noch näher betrachten und vergleichen.

1.2.2 Zugangsnetze

Nachdem wir uns die Anwendungen und Endsysteme am Netzwerkrand zu Gemüte geführt haben, wird es Zeit, uns mit **Zugangsnetzen** *(access networks)* zu befassen, jenen physikalischen Leitungen, die Endsysteme mit ihrem **Randrouter** *(edge router)* verbinden. Dieser ist der erste Router auf dem Weg von einem Endsystem zu einem anderen Endsystem. ▶Abbildung 1.4 zeigt mehrere Arten von Zugangsverbindungen zwischen Endsystem und Router. Die Zugangsverbindungen sind als dicke blaue Linien hervorgehoben. Zugangsnetze lassen sich grob in drei Kategorien einteilen:

- *Heimzugänge*, die Endsysteme in einem privaten Haushalt mit dem Netzwerk verbinden
- *Firmenzugänge*, die Endsysteme in einer Firma oder auch einer Bildungseinrichtung mit dem Netz verbinden
- *Drahtlose Zugänge*, mit denen (meist mobile) Endsysteme mit dem Netz verbunden werden

Die Grenzen zwischen den Kategorien sind fließend. So verwenden viele Endsysteme in Firmen die Zugangstechnologien, die üblicherweise für Heimzugängen verwendet werden und umgekehrt. Die folgenden Beschreibungen sollten für die meisten Fälle gültig sein.

Heimzugang

Der Begriff Heimzugang bezieht sich auf die Verbindung eines in einer Wohnung befindlichen Endsystems (ein PC oder ein Heimnetzwerk, siehe unten) mit einem Randrouter. Eine Form des Heimzuganges ist das **Einwahlmodem**, das über eine gewöhnliche analoge Telefonleitung einen ISP (wie America Online oder T-Online) anwählt. Das Modem wandelt die digitalen Ausgabesignale des PCs in analoge Signale um, die über die analoge Telefonleitung übertragen werden können. Eine solche analoge Telefonleitung besteht aus paarweise verdrillten Kupferdrähten *(twisted pair)* und ist dieselbe Telefonleitung, mit der gewöhnliche Telefonanrufe gemacht werden. (Wir werden uns später in diesem Abschnitt noch mehr mit solchen Twisted-Pair-Kupferkabeln befassen.) Am anderen Ende der analogen Telefonleitung wandelt ein Modem im ISP das Analogsignal in die digitale Form zurück, um es in den ISP-Router einzuspeisen. Daher besteht dieses Zugangsnetz einfach aus einem Paar Modems mit einer Punkt-zu-Punkt-Telefonleitung. Die heutigen Modems erlauben Übertragungsraten bis zu 56 Kbps. Aufgrund der schlechten Qualität der verdrillten Kupferkabel zwischen vielen Wohnungen und den ISPs müssen sich viele Anwender mit einer effektiven Geschwindigkeit zufrieden geben, die unter 56 Kbps liegt.

Viele Heimanwender empfinden die Zugangsgeschwindigkeit der Einwahlmodems von 56 Kbps als qualvoll langsam. Es dauert zum Beispiel etwa acht Minuten, um ein einziges dreiminütiges Lied im MP3-Format über ein 56 Kbps-Modem herunterzu-

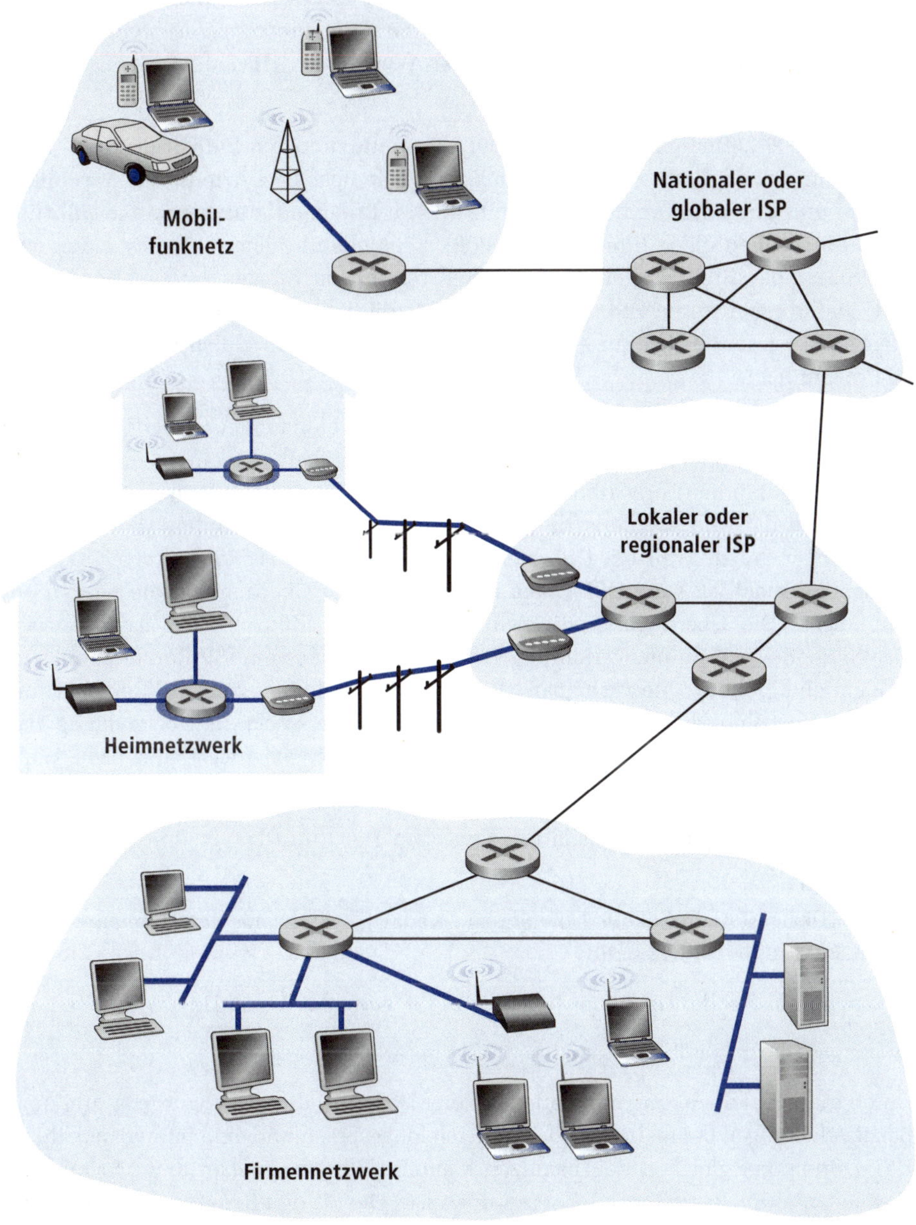

Abbildung 1.4: Zugangsnetze

laden. Außerdem blockiert der Zugang mittels Einwahlmodem die Telefonleitung eines Benutzers – während ein Heimanwender über ein Modem im Internet surft, kann er keine Telefongespräche über diese Telefonleitung führen. Glücklicherweise erlauben die neuen Breitbandzugangstechniken höhere Bitraten für Heimanwender. Sie ermöglichen es dem Benutzer auch, gleichzeitig auf das Internet zuzugreifen und zu telefonieren. Es gibt zwei weit verbreitete Arten von Breitbandzugängen im Heimbereich: **Digital Subscriber Line** (**DSL**, *„digitale Teilnehmeranschlussleitung“*) [DSL 2007] und **hybride Glasfaser-Koaxialkabel-Anschlüsse** (**HFC**, *hybrid fiber-coaxial cable*) [Cable Labs 2007].

Im März 2006 hatten über 50 Prozent der Haushalte in vielen Industrieländern Breitbandleitungen, in Südkorea und Hongkong sogar über 80 Prozent. Die Vereinigten Staaten und China führen in der Gesamtzahl von Breitbandleitungen mit jeweils über 40 Millionen Leitungen [Point Topic 2006]. Ebenfalls im März 2006 bestanden etwa 60 Prozent der Breitbandleitungen in den Vereinigten Staaten und in Kanada aus HFC, die übrigen waren DSL. Außerhalb der Vereinigten Staaten und Kanadas dominiert DSL – besonders in Europa, wo der Anteil von DSL in vielen Ländern bei über 90 Prozent liegt.

Ein DSL-Zugang wird normalerweise von einem Telefonanbieter bereitgestellt (zum Beispiel France Telecom), manchmal in Zusammenarbeit mit einem unabhängigen ISP. Vom Prinzip her Einwahlmodems nicht unähnlich, stellt DSL eine neue Modemtechnologie dar, die ebenfalls die vorhandenen verdrillten Kupferdrähte der Telefonleitungen nutzt. Weil bei DSL aber die Entfernung zwischen Benutzer und ISP-Modem begrenzt ist, kann DSL Daten mit viel größerer Übertragungsrate senden und empfangen. Die Übertragungsgeschwindigkeiten sind üblicherweise asymmetrisch, also in Sende- und Empfangsrichtung verschieden, wobei vom ISP-Router zum Heimmodem eine höhere Rate verfügbar ist als vom Heimmodem zum ISP-Router. Hinter der Asymmetrie in den Übertragungsgeschwindigkeiten steckt die Überzeugung, dass ein Heimanwender eher ein Nutzer von Informationen ist (der Daten nach Hause geliefert bekommt) als ein Erzeuger von Information.

DSL teilt die Kommunikationsleitung zwischen Haus und ISP in drei separate Frequenzbänder:

- ein Hochgeschwindigkeits-Downstream-Kanal (in Richtung des Heimanwenders) im 50 kHz- bis 1 MHz-Band,
- ein mittelschneller Upstream-Kanal (zum ISP gerichtet) im 4 kHz- bis 50 kHz-Band,
- ein gewöhnlicher Telefonkanal im 0 kHz bis 4 kHz-Band.

Durch diese Aufgliederung wirkt ein einzelner DSL-Anschluss, als würde er drei unabhängige Leitungen beinhalten, so dass ein Telefongespräch und eine Internetanwahl die DSL-Leitung zur gleichen Zeit benutzen können. (Wir beschreiben diese Technik des Frequenzmultiplexverfahrens in Abschnitt 1.3.1.) Die für den Benutzer tatsächlich verfügbaren Downstream- und Upstream-Übertragungsgeschwindigkeiten hängen unter anderem von der Entfernung zwischen dem Heimzugang und dem ISP-Modem, dem Durchmesser der Twisted-Pair-Leitung und dem Grad elektrischer Interferenz ab. Ingenieure entwickelten DSL explizit für kurze Distanzen zwischen Einwahlmodem und ISP – im Gegensatz zu herkömmlichen Einwahlverbindungen –, so dass beträchtlich höhere Übertragungsgeschwindigkeiten als bei Einwahlzugängen möglich sind. Benutzer, die in der Nähe des ISP-Modems wohnen, können normalerweise zwischen verschiedenen Übertragungsgeschwindigkeiten wählen, die zu unterschiedlichen Preisen angeboten werden. Zum Beispiel bietet die Deutsche Telekom DSL-Übertragungsgeschwindigkeiten an, die im Downstream von 1.024 Kbps bis 16.000 Kbps variieren, während die Upstream-Geschwindigkeiten von 128 Kbps bis 1.024 Kbps reichen. Zudem sind in einigen Ländern bereits eine Reihe von DSL-Techniken mit höherer Geschwindigkeit verbreitet. Zum Beispiel legt Very-high speed DSL (VDSL, *DSL mit besonders hoher Geschwindigkeit*), das heute in Südkorea und Japan am meisten verbreitet ist, das beeindruckende Tempo 12 Mbps bis 55 Mbps im Downstream und 1,6 Mbps bis 20 Mbps im Upstream vor [DSL 2007].

Während DSL und Einwahlmodems gewöhnliche Telefonleitungen verwenden, sind HFC-Zugangsnetze Erweiterungen des gegenwärtig für Kabelfernsehen verwendeten Kabelnetzes. In einem traditionellen Kabelsystem sendet ein Kabelkopfstück durch ein Verteilernetz aus Koaxialkabeln und Verstärkern bis in die Wohnungen. Wie in ▶Abbildung 1.5 gezeigt, verbinden Glasfasern das Kabelkopfstück mit Nahbereichsweichen, von denen aus herkömmliche Koaxialkabel die einzelnen Häuser und Wohnungen anschließen. Jede Nahbereichsweiche unterstützt normalerweise zwischen 500 und 5.000 Wohnungen.

Wie DSL erfordert HFC spezielle Modems, sogenannte **Kabelmodems**. Firmen, die Internetzugänge via Kabel anbieten, verlangen von ihren Kunden zumeist, ein Modem entweder zu mieten oder zu kaufen. Normalerweise ist das Kabelmodem ein externes Gerät und über einen Ethernet-Anschluss mit dem PC verbunden. (Das Thema Ethernet beleuchten wir ausführlich in Kapitel 5.) Kabelmodems unterteilen das HFC-Netz in zwei Kanäle, einen Downstream- und einen Upstream-Kanal. Wie bei DSL wird dem Downstream-Kanal üblicherweise eine höhere Übertragungsgeschwindigkeit zugewiesen als dem Upstream-Kanal.

Ein wichtiges Merkmal von HFC ist, dass es ein gemeinsam genutztes Übertragungsmedium darstellt. Insbesondere bewegt sich jedes vom Kopfende versandte Paket durch jede Leitung zu jedem Haus. Jedes von einem Heimzugang ausgesandte Paket reist auf dem Upstream-Kanal zum Kopfendstück. Laden mehrere Benutzer simultan z.B. MP3-Dateien auf dem Downstream-Kanal herunter, ist deshalb das tatsächliche Tempo, mit dem jeder Benutzer sein MP3 erhält, bedeutend niedriger als die maximal mögliche Downstream-Rate. Gibt es andererseits nur wenige aktive Benutzer und surfen sie lediglich im Web, dann kann jeder Benutzer seine Webseiten tatsächlich mit der maximalen Downstream-Rate erhalten, weil die Benutzer nur selten eine Webseite exakt zur selben Zeit anfordern werden. Weil auch der Upstream-Kanal gemeinsam benutzt wird, muss ein verteiltes Mehrfachzugriffsprotokoll eingesetzt werden, um die Übertragungen zu koordinieren und Kollisionen zu vermeiden. (Wir werden das Thema der Kollisionen detailliert erörtern, wenn wir in Kapitel 5 Ethernet untersuchen.) Befürworter von DSL weisen gerne darauf hin, dass DSL eine Punkt-zu-Punkt-Verbindung zwischen dem Heimzugang und dem ISP ist und deshalb die ganze Übertragungskapazität der DSL-Leitung zwischen Heimzugang und ISP exklusiv zur Verfügung steht. Befürworter von Kabelverbindungen sagen jedoch, dass ein vernünftig dimensioniertes HFC-Netz höhere Übertragungsgeschwindigkeiten als DSL liefert.

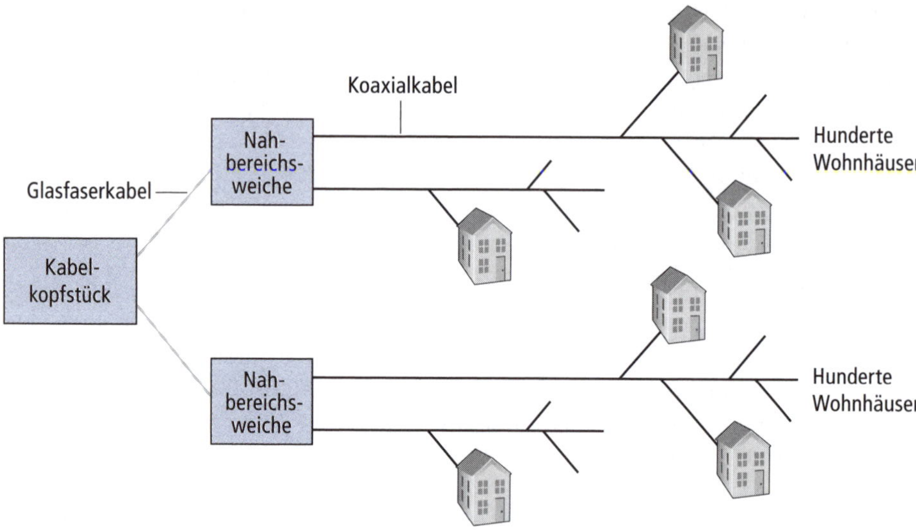

Abbildung 1.5: Ein Zugangsnetz auf Basis hybrider Glasfaser-Koaxialkabel-Anschlüsse

Der Kampf zwischen DSL und HFC um Hochgeschwindigkeitsheimzugänge nimmt besonders in Nordamerika an Heftigkeit zu. In ländlichen Gegenden, in denen weder DSL noch HFC verfügbar ist, können Satellitenverbindungen verwendet werden, um ein Haus bei Geschwindigkeiten von mehr als 1 Mbps mit dem Internet zu verbinden. StarBand und HughesNet sind zwei solche Satellitenzugangsprovider. In Deutschland bieten unter anderem AstraNet, Strato oder Satspeed solche Verbindungen an.

Eines der interessantesten Merkmale von DSL, HFC und Satellitenzugängen liegt darin, dass diese Dienste **immer verfügbar** sind. Damit kann ein Benutzer den Computer anlassen und bleibt permanent mit einem ISP verbunden, während er oder sie gleichzeitig Telefongespräche führt.

Firmenzugang

In Firmen oder Universitäten wird üblicherweise ein lokales Netzwerk (LAN, *local area network*) verwendet, um ein Endsystem mit dem Randrouter zu verbinden. Wie wir in Kapitel 5 sehen werden, gibt es viele Arten von LAN-Techniken. Allerdings herrscht die Ethernet-Technik gegenwärtig bei Firmennetzwerken vor. Die heutige Ethernet-Technik arbeitet mit 100 Mbps, 1 Gbps oder sogar 10 Gbps. Sie verwendet entweder Kupferkabel mit verdrillten Adern oder Koaxialkabel, um eine Anzahl von Endsystemen miteinander und mit einem Randrouter zu verbinden. Der Randrouter ist dafür verantwortlich, die Pakete mit Zielen außerhalb des LAN in die richtige Richtung weiterzuleiten. Wie HFC kann Ethernet ein Kabel gemeinsam nutzen, so dass sich die Endbenutzer die Übertragungsgeschwindigkeit des LAN teilen. Erst vor Kurzem wandelte sich die Ethernet-Technik mit gemeinsamer Nutzung zur Switched-Ethernet-Technik *(vermittelte Ethernet-Technik)*. Dieses Switched Ethernet verwendet eine Sterntopologie, in der alle Endgeräte direkt mit einem Switch verbunden werden und gleichzeitig, bei maximaler Übertragungsrate des LAN, senden und empfangen können. Wir werden Shared und Switched Ethernet in Kapitel 5 im Detail untersuchen.

Drahtloser Zugang

Neben der Internetrevolution hat auch die Revolution bei der drahtlosen Datenübertragung einen tief greifenden Einfluss auf die Art und Weise, in der Menschen arbeiten und leben. Heute haben in Europa mehr Leute ein Mobiltelefon als einen PC oder ein Auto. Und der Trend zum drahtlosen Zugang hält weiterhin an. Viele Analysten sagen vorher, dass in der ganzen Welt drahtlose (und meist mobile) Geräte, wie Mobiltelefone oder PDAs, die kabelgebundenen Computer als wichtigstes Gerät für Internetzugänge überholen werden. Heute herrschen zwei Arten des drahtlosen Internetzuganges vor. In einem **Wireless LAN** *(drahtloses LAN)* senden und empfangen die Benutzer Pakete zu/von einer Basisstation (auch als Wireless Access Point bekannt), die sich innerhalb eines Radius von nur wenigen Metern befinden. Die Basisstation ist üblicherweise mit dem Internet verbunden und dient dazu, die drahtlos angebundenen Benutzer mit dem Festnetz zu verbinden. In **Wide Area Wireless Access Networks** (WAWAN, *drahtlosen Weitverkehr-Zugangsnetzen*) werden Pakete über dieselbe drahtlose Infrastruktur gesendet, die auch für Mobiltelefone verwendet wird. Die Basisstation wird daher von einem Telekommunikationsanbieter verwaltet. Dies ermöglicht den Benutzern in Entfernungen von einigen zehn Kilometern zu einer Basisstation den drahtlosen Zugang zum Internet.

Wireless LANs auf der Grundlage der IEEE-802.11-Technologie (auch als Wireless LAN, WLAN oder WiFi bekannt) verbreiten sich gegenwärtig in Universitäten, Büros, Cafés und Häusern. Viele Universitäten installieren IEEE-802.11-Basisstationen überall auf ihrem Campus, um Studenten das Senden und Empfangen von E-Mail oder das Surfen im Internet an jedem Ort des Campus zu erlauben (z.B. in der Bibliothek, in Studentenwohnheimen, in Klassenzimmern oder auf einer Bank im Freien). In vielen Städten kann man sich an eine beliebige Straßenecke stellen und ist innerhalb der Reichweite von zehn oder zwanzig Basisstationen. (Eine durchsuchbare Weltkarte von Basisstationen, die von findigen Menschen entdeckt und in einer Website eingetragen wurden, finden Sie unter [wigle.net 2007]). Die heute gängigste 802.11-Technik, die wir im Detail in Kapitel 6 erörtern, liefert eine Übertragungsgeschwindigkeit von 54 Mbps.

Heutzutage gibt es in vielen Häusern Kombinationen aus Breitbandheimzugängen (das heißt Kabelmodems oder DSL) mit preisgünstiger Wireless-LAN-Technik, die leistungsfähige Heimnetzwerke erzeugen. ▶Abbildung 1.6 zeigt das Schema eines typischen Heimnetzes. Ein solches Heimnetzwerk besteht aus einem mobilen Laptop sowie per Kabel angeschlossenem PC, einer Basisstation (dem Access Point), die ohne Kabel mit dem Laptop kommuniziert, einem Kabelmodem, das den Breitbandzugang zum Internet bereitstellt, und einem Router, der die Basisstation und den PC mit dem Kabelmodem verbindet. Dieses Netz ermöglicht Haushaltsmitgliedern den Breitbandzugang zum Internet, wobei ein Teilnehmer zwischen Küche, Hinterhof und Schlaf-

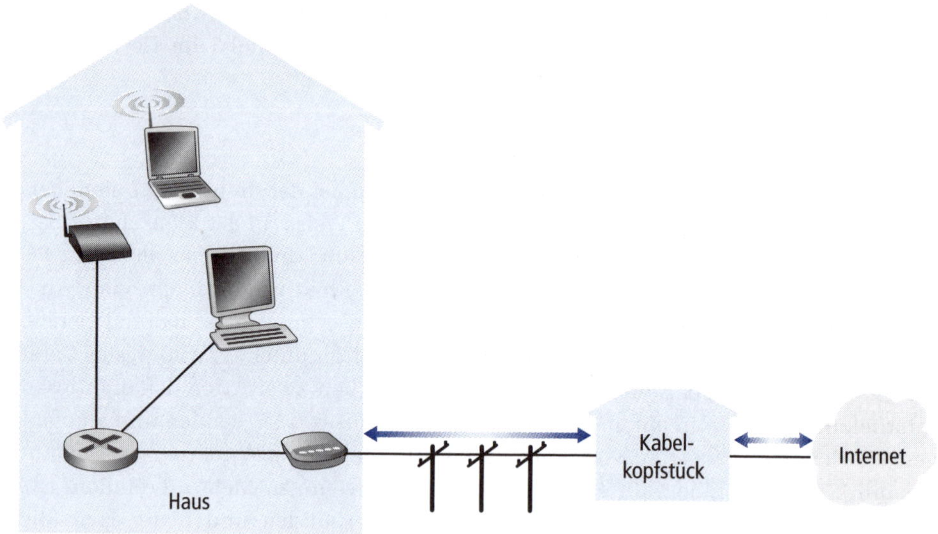

Abbildung 1.6: Schema eines typischen Heimzuganges

zimmern umherstreifen kann. Die gesamten Installationskosten eines solchen Netzes liegen unter 100 € (einschließlich des Kabel-/DSL-Modems).

Wenn Sie mittels Wireless LAN auf das Internet zugreifen wollen, dürfen Sie normalerweise höchstens einige Meter von einer Basisstation entfernt sein. Das ist für Heimzugänge, Zugänge in einem Café oder allgemeiner in der Nähe eines Gebäudes leicht machbar. Was aber, wenn Sie am Strand liegen oder in Ihrem Auto fahren und einen Internetzugang brauchen? Für solche Wide-Area-Zugänge benutzen mobile Internetanwender die Mobiltelefoninfrastruktur, wobei sie auf Basisstationen zugreifen, die bis zu einigen zehn Kilometern entfernt sind. Von der Grundidee her entspricht dies einem Heimanwender, der eine Einwahlverbindung über Telefonkabel benutzt, um sich mit dem Internet zu verbinden – nur, dass jetzt die Mobiltelefoninfrastruktur anstatt der kabelgebundenen Telefoninfrastruktur benutzt wird.

Telekommunikationsgesellschaften haben enorme Investitionen in die Mobilfunknetze der sogenannten dritten Generation (3G) getätigt, die großflächig paketvermittelten drahtlosen Internetzugang mit Geschwindigkeiten von über 1 Mbps ermöglichen. Zwei wichtige Normen des Wide Area Wireless Internet sind EVDO (Evolution-Data Optimized – mit Sicherheit eines der schlechtesten jemals erfundenen Akronyme!) und HSDPA (High-Speed Downlink Packet Access). Viele Mobilnetzbetreiber bieten wenigstens einen der beiden Standards an (oder planen ein solches Angebot). Aber wie so oft gibt es eine potenzielle neue „Killer-Technologie", die nur darauf wartet, diese Standards zu entthronen. WiMAX [Intel WiMAX 2007; WiMAX Forum 2007], auch als IEEE 802.16 bekannt, ist ein Verwandter des oben erörterten 802.11-WLAN-Protokolls, aber für höhere Entfernungen ausgelegt. WiMAX läuft unabhängig vom Mobilfunknetz und verspricht Geschwindigkeiten von 5 bis 10 Mbps – oder mehr – über Entfernungen von einigen Kilometern. Ende 2006 gab es noch keine weitverbreiteten WiMAX-Installationen, aber Sprint-Nextel hat Milliarden von Dollar ausgegeben, um WiMAX ab dem Jahr 2007 einzusetzen. Wir werden WLAN, WiMAX und 3G in Kapitel 6 detailliert betrachten.

1.2.3 Trägermedien

Der vorangegangene Unterabschnitt hat einen Überblick über einige der wichtigsten Netzwerkzugangstechniken im Internet geboten. Während wir diese Techniken beschrieben haben, haben wir auch auf die verwendeten physikalischen Medien hingewiesen. Zum Beispiel haben wir gesagt, dass HFC eine Kombination aus Glasfaserkabel- und Koaxialkabel verwendet. Wir haben beschrieben, dass 56-Kbps-Modems und DSL paarweise verdrillte Kupferkabel verwenden. Und wir haben gesagt, dass mobile Zugangsnetze das Radiospektrum verwenden. In diesem Unterabschnitt geben wir einen kurzen Überblick dieser und anderer Übertragungsmedien, die im Internet häufig benutzt werden.

Um ein Trägermedium zu definieren, lassen Sie uns das kurze Leben eines Bits betrachten. Stellen Sie sich ein Bit vor, das von einem Endsystem durch eine Reihe von Leitungen und Routern zu einem anderen Endsystem reist. Dieses arme Bit wird herumgestoßen und immer wieder übertragen! Zuerst sendet das Quellendsystem das Bit. Kurz darauf empfängt der erste Router das Bit; dieser sendet dann das Bit weiter und bald danach empfängt der zweite Router unser Bit usw. Auf diese Weise passiert unser Bit, während es von der Quelle zum Ziel reist, eine Folge von Sender-Empfänger-Paaren. Für jedes Sender-Empfänger-Paar wird das Bit mittels elektromagnetischer Wellen oder Lichtpulse über ein **Trägermedium** gesandt. Dieses Trägermedium kann vielerlei Formen annehmen und es muss nicht für jedes Sender-Empfänger-Paar entlang der Übertragungsstrecke gleich sein. Beispiele für physikalische Medien sind paarweise verdrillte Kupferdrähte, Koaxialkabel, optische Multimode-Glasfaserkabel und terrestrischer oder satellitengestützter Funk. Trägermedien lassen sich in zwei Kategorien unterteilen: **geführte Medien** und **nichtgeführte Medien**. Bei geführten Medien laufen die Wellen über ein festes Medium, z.B. einen Lichtwellenleiter, einen Kupferdraht oder ein Koaxialkabel. Bei nichtgeführten Medien pflanzen sich die Wellen in der Atmosphäre und im Weltraum fort, etwa in einem WLAN oder einem digitalen Satellitenkanal.

Bevor wir uns mit den Merkmalen der verschiedenen Medientypen befassen, wollen wir einige Worte über deren Kosten verlieren. Die eigentlichen Kosten der physikalischen Leitung (Kupferdraht, Lichtwellenleiter usw.) sind oft relativ geringfügig, verglichen mit anderen Netzwerkkosten. Allerdings können die mit der Installation der physikalischen Leitung verbundenen Arbeitskosten einige Größenordnungen über den Materialkosten liegen. Deshalb installieren viele Investoren verdrillte Kupferkabel, Glasfaser und Koaxialkabel in jedem Zimmer eines Gebäudes. Selbst wenn zu Beginn nur ein Medium verwendet wird, stehen die Chancen nicht schlecht, dass in naher Zukunft ein anderes Medium verwendet werden könnte – und weil in der Zukunft keine zusätzlichen Leitungen verlegt werden müssen, wird Geld gespart.

Twisted-Pair

Das billigste und meistbenutzte geführte Übertragungsmedium ist paarweise verdrillter Kupferdraht *(twisted pair copper wire)*. Seit über hundert Jahren wird es für Fernsprechnetze verwendet. Tatsächlich bestehen mehr als 99 Prozent der Leitungen zwischen Telefonhandapparat und örtlicher Telefonvermittlung aus Kupferdrähten. Die meisten von uns haben verdrillte Kupferkabel in unseren Häusern und in der Firma gesehen. Paarweise verdrillte Kabel bestehen aus zwei isolierten Kupferdrähten, jeder mit einem Durchmesser von etwa 1 mm, die in einem regelmäßigen, spiralförmigen Muster angeordnet sind. Die Leitungen sind miteinander verdrillt, um die elektrische Interferenz von anderen, benachbarten Leitungspaaren zu verringern. Üblicherweise werden eine Anzahl von Paaren gemeinsam in einer Schutzhülle gebündelt. Jedes Aderpaar stellt eine einzelne Kommunikationsleitung dar. **Ungeschirmt verdrillte Kupferkabel** (**UTP**, *Unshielded Twisted Pair*) werden oft für Computernetzwerke innerhalb eines Gebäudes benutzt, d.h. für LANs. Datenraten für LANs mit verdrillten Aderpaaren reichen von 10 Mbps bis zu 1 Gbps. Die möglichen Übertragungsgeschwindigkeiten hängen von der Dicke der Kabel und der Entfernung zwischen Sender und Empfänger ab.

Als in den 1980er Jahren Glasfasertechniken auftauchten, rümpften viele Menschen wegen der relativ niedrigen Übertragungsgeschwindigkeiten die Nase über verdrillte Aderpaare. Manche waren sogar der Ansicht, dass Glasfaser die verdrillten Aderpaare völlig ersetzen würde. Aber die verdrillten Kupferkabel gaben nicht so schnell auf. Die moderne Twisted-Pair-Technik, etwa Kategorie 5 UTP, kann über einige hundert Meter Übertragungsgeschwindigkeiten von 1 Gbps erreichen. Auf diese Weise tauchten verdrillte Kupferkabel doch wieder als dominierende Lösung für Hochgeschwindigkeitsnetzwerke aus der Versenkung auf.

Wie früher besprochen, werden verdrillte Kupferkabel auch häufig für Internetheimzugänge benutzt. Wir haben gesehen, dass Einwahlmodems Zugänge mit einer Geschwindigkeit von bis zu 56 Kbps über Kupferkabel ermöglichen. Wir haben auch gesehen, dass DSL-Technik es Heimanwendern erlaubt, über verdrillte Kupferkabel mit Geschwindigkeiten von über 6 Mbps auf das Internet zuzugreifen (sofern die Benutzer in der Nähe des ISP wohnen).

Koaxialkabel

Wie verdrillte Kabelpaare bestehen Koaxialkabel aus zwei Kupferleitern, nun aber sind die beiden Leiter konzentrisch angeordnet, anstatt parallel zu verlaufen. Aufgrund dieser Konstruktion sowie einer speziellen abschirmenden Isolierung erreichen Koaxialkabel hohe Übertragungsgeschwindigkeiten. Koaxialkabel werden besonders für Kabelfernsehsysteme verwendet. Wie wir vorhin gesehen haben, bieten in letzter Zeit Kabelfernsehsysteme in Verbindung mit Kabelmodems Heimanwendern Internetzugänge mit Datenraten von 1 Mbps und mehr. Beim Kabelfernsehen und beim Internetzugang per Kabel transformiert der Sender das Digitalsignal in einen bestimmten Bereich des Frequenzspektrums und das entstehende Analogsignal wird vom Sender an einen oder an mehrere Empfänger gesandt. Koaxialkabel lassen sich als geführtes, **gemeinsam genutztes Trägermedium** nutzen. Insbesondere können eine Reihe von Endsystemen direkt verbunden sein, wobei jedes Endsystem alles empfängt, was von den anderen Endsystemen ausgesandt wird.

Glasfasern

Eine Glasfaser ist ein dünnes, flexibles Medium, das Lichtimpulse leitet, wobei jeder Puls ein Bit darstellt. Eine einzelne Glasfaser kann ungeheure Bitraten übertragen, bis zu zehn oder gar Hunderte Gigabit pro Sekunde. Sie werden durch elektromagnetische Strahlung nicht beeinflusst, haben auf Längen bis zu 100 Kilometer sehr niedrige Signalverluste und sind sehr schwer abzuhören. Diese Eigenschaften haben Glasfasern zu den bevorzugten geführten Medien gemacht, wenn es um die Überbrückung größerer Distanzen geht, insbesondere bei Überseeverbindungen. Viele Fernsprechnetze in den Vereinigten Staaten und andernorts verlassen sich heutzutage ausschließlich auf Glasfasern. Sie herrschen auch bei den Backbones des Internets vor. Jedoch haben die hohen Kosten von optischen Elementen – wie Sender, Empfänger und Vermittlungsstellen – ihren Einsatz für Kurzstreckenübertragungen behindert, die in einem LAN oder für Heimanwendungen notwendig sind. Die üblichen Geschwindigkeiten über optische Träger (OC, *optical carrier*) liegen zwischen 51,8 Mbps und 39,8 Gbps. Diese Spezifikationen werden oft OC-n genannt, wobei die Leitungsgeschwindigkeit $n \cdot 51{,}8$ Mbps beträgt. Die heutzutage eingesetzten Normen umfassen OC-1, OC-3, OC-12, OC-24, OC-448, OC-96, OC-192 und OC-768. [IEC Optical 2007; Goralski 2001; Ramaswami 1998; und Mukherjee 1997] beschreiben verschiedene Aspekte optischer Netzwerke.

Terrestrische Funkverbindungen

Funkverbindungen übertragen Signale mit elektromagnetischen Wellen. Sie sind ein attraktives Übertragungsmedium, denn es müssen keine Drähte installiert werden. Sie können Wände durchdringen, Signale über große Entfernungen tragen und bieten Verbindungen für mobile Benutzer. Die Eigenschaften einer Funkverbindung hängen entscheidend von der Umgebung und der Entfernung ab, über die ein Signal übertragen werden soll. Umwelteinflüsse bestimmen die Signalverluste entlang der Übertragungsstrecke, etwa die Abschattung (welche die Signalstärke vermindert, wenn das Signal große Strecken überwindet und Hindernisse zu umgehen oder zu durchqueren hat), Mehrwegausbreitung (wenn das Signal an Hindernissen reflektiert wird) und Interferenzen (die durch andere Übertragungen und elektromagnetische Signale entstehen).

Terrestrische Funkverbindungen lassen sich stark vereinfacht in zwei Gruppen unterteilen: solche, die in der lokalen Umgebung bis zu einigen hundert Metern anzutreffen sind, und solche, die in der weiteren Umgebung arbeiten und einige Dutzend Kilometer weit reichen. Die in Abschnitt 1.2.2 beschriebenen Wireless-LAN-Techniken verwenden lokale Funkverbindungen; Zugänge mittels Mobilfunk nutzen dagegen Funkverbindungen mit höherer Reichweite. Drahtlose Kommunikation werden wir in Kapitel 6 noch näher untersuchen.

Satellitenfunkverbindungen

Ein Kommunikationssatellit verbindet zwei oder mehr erdgebundene Mikrowellensender/-empfänger, die als Bodenstationen bezeichnet werden. Der Satellit empfängt Signale in einem Frequenzspektrum, erneuert das Signal mithilfe eines später noch zu beschreibenden Repeaters und sendet das Signal auf einer anderen Frequenz zurück. Zwei Arten von Satelliten werden für die Kommunikation verwendet: **geosynchrone Satelliten** (oft auch als *geostationär* bezeichnet) und **Satelliten in erdnahen Umlaufbahnen** (**LEO**, *low earth-orbit*).

Geosynchrone Satelliten bewegen sich so, dass sie ständig über derselben Stelle auf der Erde bleiben (obwohl sie eigentlich geringfügig um diese Position herum schwanken). Diese ständige Präsenz wird erreicht, indem die Satelliten in 36.000 Kilometern Höhe über der Erdoberfläche in eine Umlaufbahn gebracht werden. Der riesige Abstand von der Bodenstation zum Satelliten und zurück zur Station bewirkt eine spürbare Laufzeitverzögerung des Signals von 280 Millisekunden. Dennoch werden Satellitenverbindungen, die mit Übertragungsgeschwindigkeiten von Hunderten Mbps arbeiten, oft in Telefonnetzwerken und bei Internet-Backbones benutzt. Wie in Abschnitt 1.2.2 erörtert, werden Satellitenverbindungen immer häufiger dort für Hochgeschwindigkeitsheimzugänge zum Internet verwendet, wo DSL- oder Kabelzugänge nicht zur Verfügung stehen.

Erdnahe Satelliten befinden sich viel näher an der Erde und sind daher nicht ständig über einem festen Punkt der Erdoberfläche. Sie bewegen sich rasch um die Erde und können sowohl miteinander als auch mit Bodenstationen kommunizieren. Um einen bestimmten Bereich der Erde ständig in Reichweite eines Satelliten zu haben, ist es nötig, viele Satelliten in eine Umlaufbahn zu bringen. Gegenwärtig werden viele Kommunikationssatelliten für niedrige Höhen entwickelt. Die Webseite von Lloyds Satellite Constellations [Wood 2007] sammelt Informationen über Kommunikationssatelliten und stellt sie ins Netz. Die Technik erdnaher Satelliten könnte in naher Zukunft für Internetzugänge genutzt werden.

1.3 Das Innere des Netzwerkes

Nachdem wir nun den Randbereich des Netzwerkes untersucht haben, wollen wir uns tiefer in sein Inneres begeben – jenes Geflecht von Paket-Switches und Leitungen, welches die Endsysteme des Internets verbindet. ▶Abbildung 1.7 hebt das Netzwerkinnere durch dicke blaue Linien hervor.

1.3.1 Leitungsvermittlung und Paketvermittlung

Es gibt zwei grundsätzliche Ansätze, um Daten durch ein Netzwerk von Switches und den Leitungen zwischen ihnen zu bewegen: **Leitungsvermittlung** und **Paketvermittlung**. In leitungsvermittelten Netzwerken werden die entlang des Übertragungswegs benötigten Ressourcen (wie Puffer oder Übertragungsrate einer Verbindung) für

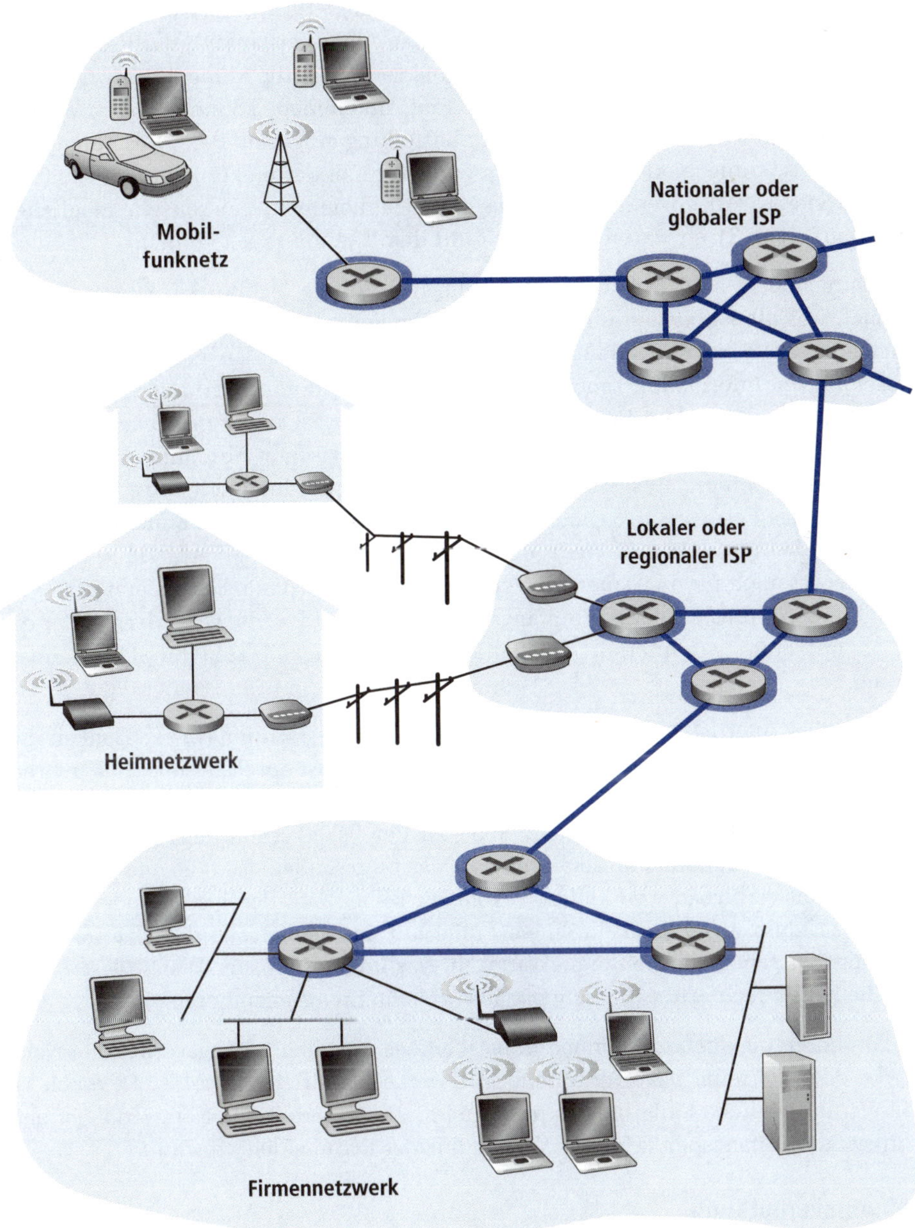

Abbildung 1.7: Das Innere des Netzwerkes

die Dauer der Kommunikationssitzung zwischen diesen Endsystemen *reserviert*. In paketvermittelten Netzen werden diese Ressourcen nicht reserviert. Die Nachrichten einer Sitzung verwenden die Ressourcen nach Bedarf und müssen infolgedessen warten (und sich in eine Warteschlange einreihen), um Zugang zu einer Kommunikationsleitung zu erhalten. Um das einfach zu veranschaulichen, stellen Sie sich zwei Restaurants vor. In dem einen müssen Sie einen Tisch reservieren, beim anderen nicht – es lässt nicht einmal den Versuch zu. Beim Restaurant, das Reservierungen erfordert, müssen wir, bevor wir das Haus verlassen, die Mühe des Anrufens auf uns nehmen. Sobald wir aber im Restaurant ankommen, können wir im Prinzip sofort mit dem Kellner reden und unsere Bestellung aufgeben. Beim Restaurant, das keine Reservierungen erfordert, müssen wir uns nicht darum kümmern, einen Tisch zu reservieren. Aber wenn wir im Restaurant ankommen, müssen wir möglicherweise auf einen Tisch warten, bevor wir mit dem Kellner reden können.

Fernsprechnetze sind Beispiele für leitungsvermittelte Netzwerke. Überlegen Sie einmal, was alles notwendig ist, wenn eine Person Informationen (egal ob Sprache oder ein Fax) über das Telefonnetz zu einer anderen senden möchte. Bevor der Absender die Information senden kann, muss das Netz eine Verbindung zwischen dem Absender und dem Empfänger herstellen. Dies ist eine *zugesicherte* Verbindung, bei der die Vermittlungsstellen auf dem Weg zwischen Absender und Empfänger den Verbindungsstatus während der gesamten Verbindungszeit aufrechterhalten. Im Jargon des Fernsprechwesens nennt man eine solche Ende-zu-Ende-Verbindung auch eine **Leitung** *(circuit)*. Wenn das Netz die Ende-zu-Ende-Verbindung aufbaut, reserviert es auch für die Dauer der Verbindung eine konstante Übertragungsrate. Da Bandbreite für dieses Sender-Empfänger-Paar reserviert wurde, kann der Sender die Daten mit einer *garantierten* konstanten Geschwindigkeit zum Empfänger übertragen.

Das heutige Internet ist im Wesentlichen ein Paketvermittlungsnetz. Denken Sie daran, was geschieht, wenn ein Host einem anderen Host ein Paket über das Internet zusenden will. Wie bei der Leitungsvermittlung wird das Paket über eine Abfolge von Kommunikationsleitungen gesendet. Aber bei der Paketvermittlung wird das Paket ohne jedwede Bandbreitenreservierung ins Netz gesendet. Ist eine der Leitungen gerade nicht verfügbar, weil andere Pakete zur selben Zeit darüber gesendet werden sollen, so muss unser Paket in einem Puffer auf der Senderseite des Übertragungsmediums warten. Es entsteht eine Wartezeit. Das Internet tut sein *Bestes (best effort)*, um die Pakete rechtzeitig abzusenden, aber es kann nichts garantieren.

Nicht alle Fernmeldenetze können ohne Weiteres als reine leitungsvermittelte Netzwerke oder als reine paketvermittelte Netzwerke klassifiziert werden. Dennoch ist diese grundsätzliche Einteilung in paket- und leitungsvermittelte Netzwerke ein hervorragender Anfangspunkt für das Verständnis der Fernmeldenetztechnik.

Leitungsvermittlung

In diesem Buch geht es um Computernetzwerke, das Internet und die Paketvermittlung, aber nicht um Fernsprechnetze und die Leitungsvermittlung. Dennoch ist es wichtig zu verstehen, warum das Internet und andere Computernetzwerke Paketvermittlung benutzen, statt der in Fernsprechnetzen gängigen, traditionellen Leitungsvermittlung. Aus diesem Grund werden wir uns nun einen kurzen Überblick über die Leitungsvermittlung verschaffen.

▶ Abbildung 1.8 stellt ein leitungsvermitteltes Netzwerk dar. In diesem Netz sind vier Vermittlungsstellen durch vier physikalische Leitungen zusammengeschaltet. Jede dieser Leitungen besitzt n Übertragungskanäle, so dass jede Leitung gleichzeitig n Verbindungen transportieren kann. Die Hosts (zum Beispiel PCs) sind jeweils direkt an eine der Vermittlungsstellen angeschlossen. Wollen zwei Hosts miteinander kommunizieren, stellt das Netz speziell dafür eine Ende-zu-Ende-Verbindung zwischen den beiden Hosts zur Verfügung. (Natürlich wären auch Konferenzen zwischen mehr als zwei Geräten möglich. Um die Dinge aber einfach zu halten, bleiben wir zunächst bei der Annahme, dass es nur zwei Hosts für jede Verbindung gibt.) Damit Host A Nachrichten an Host B schicken kann, muss das Netz zuerst einen Kanal auf jeder der beiden betroffenen Leitungen freihalten. Weil jede Leitung n Kanäle besitzt, erhält die **Ende-zu-Ende-Verbindung**, solange sie geschaltet ist, von jeder Leitung, die von ihr genutzt wird, einen Anteil von $1/n$ der Leitungsbandbreite.

Multiplexing in leitungsvermittelten Netzwerken

Eine Leitung benutzt entweder das **Frequenzmultiplexverfahren** (**FDM**, *frequency-division multiplexing*) oder das **Zeitmultiplexverfahren** (**TDM**, *time division multiplexing*). Bei FDM wird das Frequenzspektrum von der Leitung unter den Kanälen aufgeteilt. Genau genommen wird jeder durchgeschalteten Verbindung auf jeder Leitung ein Frequenzband zugewiesen. In Fernsprechnetzen hat dieses Frequenzspektrum normalerweise eine Breite von 4 kHz (das heißt, 4.000 Hertz oder 4.000 Schwingungen pro Sekunde).

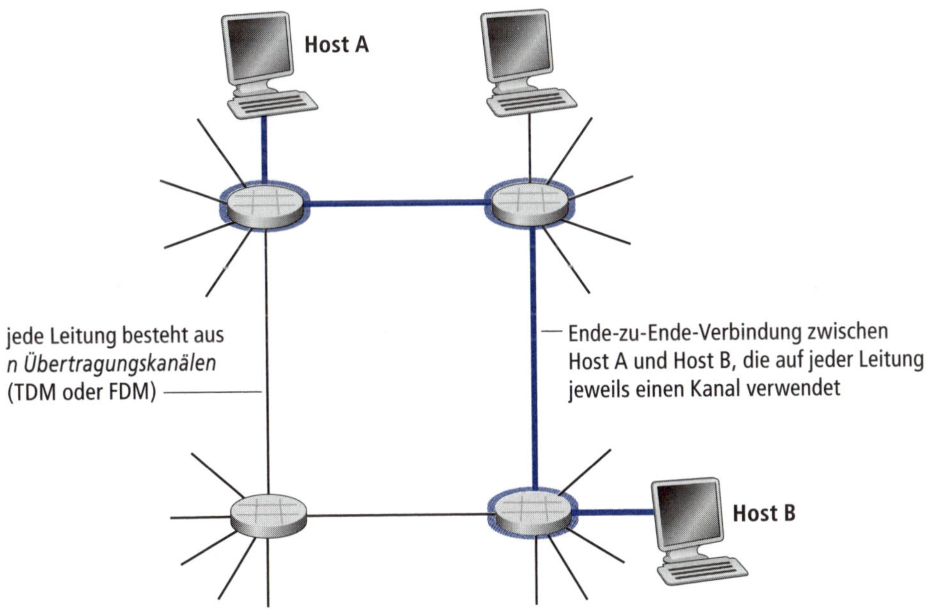

Abbildung 1.8: Ein einfaches leitungsvermitteltes Netzwerk, bestehend aus vier Switches und vier Leitungen

Die Breite des Bandes heißt, was kaum überrascht, **Bandbreite**. UKW-Rundfunkstationen verwenden ebenfalls FDM, um das Frequenzspektrum zwischen 88 MHz und 108 MHz so zu teilen, dass jedem Sender ein bestimmtes Frequenzspektrum zur Verfügung steht.

Bei einem TDM-Link wird die Zeit in Rahmen *(Frames)* mit konstanter Dauer eingeteilt. Jeder Rahmen ist wiederum in eine feste Zahl von Zeiteinheiten, sogenannte Zeitschlitze *(time slots)*, unterteilt. Stellt das Netzwerk eine Verbindung über eine Leitung her, so stellt es dieser Verbindung einen Zeitschlitz in jedem Rahmen zur Verfügung. Diese stehen ausschließlich dieser einen Verbindung zur Verfügung, die in jedem Zeitrahmen einen Zeitschlitz benutzen kann, um ihre Daten zu übertragen.

▶Abbildung 1.9 erläutert FDM und TDM für eine Leitung, die bis zu vier Verbindungen unterstützt. Bei FDM ist der Frequenzbereich in vier Abschnitte unterteilt, die jeweils eine Bandbreite von 4 kHz besitzen. Bei TDM ist jeder Zeitrahmen in vier Zeitschlitze gegliedert. Jede Verbindung erhält reihum Zugriff auf die Leitung, ihr steht immer derselbe Zeitschlitz zur Verfügung. Die Übertragungsgeschwindigkeit einer Leitung entspricht bei TDM der Rate der Rahmen, multipliziert mit der Anzahl der Bits in jedem Zeitschlitz. Überträgt die Verbindung beispielsweise 8.000 Rahmen pro Sekunde und jeder Zeitschlitz enthält 8 Bit, dann beträgt die Übertragungsgeschwindigkeit einer Leitung 64 Kbps.

Befürworter der Paketvermittlung haben schon immer betont, dass die Leitungsvermittlung viel Übertragungsrate verschwendet, weil die reservierten Leitungen häufig ungenutzt brach liegen. Hört beispielsweise eine Person am Telefon auf zu sprechen, dann kann die ungenutzte Netzwerkressource (Frequenzband oder Zeitschlitze auf den Leitungen entlang der Verbindung) nicht durch eine andere Verbindung genutzt werden.

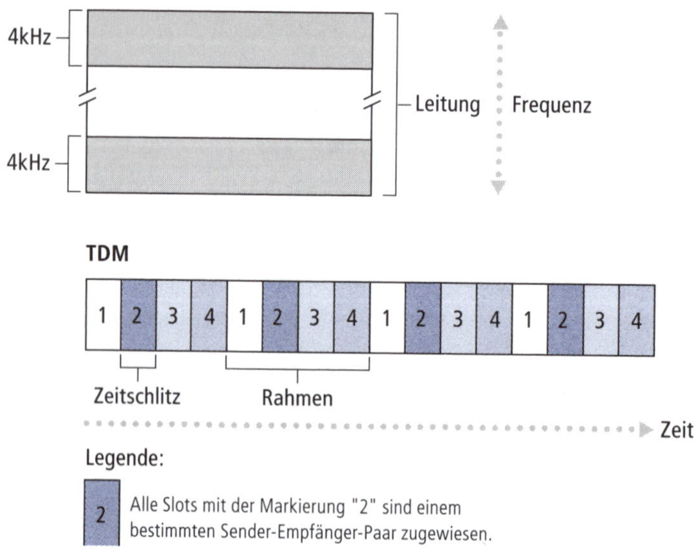

Abbildung 1.9: Bei FDM erhält jede Verbindung die ganze Zeit über einen Anteil an der Bandbreite. Bei TDM erhält jede Verbindung die komplette Bandbreite, allerdings nur während kurzer Zeitintervalle (also während eines Zeitschlitzes)

Ein anderes Beispiel für solche unausgelasteten Ressourcen ist das eines Röntgenarztes, der ein leitungsvermitteltes Netz wählt, um aus der Entfernung eine Serie von Röntgenbildern aufzunehmen. Der Röntgenarzt baut eine Verbindung auf, fordert ein Bild an, denkt über das Bild nach und fordert danach ein neues Bild an. Die Netzressourcen sind zwar an die Verbindung vergeben, werden aber nicht verwendet (d.h., sie sind vergeudet), während der Arzt über die Bilder nachdenkt. Befürworter der Paketvermittlung weisen auch darauf hin, dass der Aufbau einer Ende-zu-Ende-Verbindung und die Reservierung der entsprechenden Bandbreite ein komplizierter Prozess sei, der eine komplexe Koordination der Vermittlungsstellen entlang des Ende-zu-Ende-Pfades erfordere.

Bevor wir unsere Diskussion der Leitungsvermittlung beenden, lassen Sie uns ein Zahlenbeispiel betrachten, das noch mehr Licht auf dieses Thema wirft. Schätzen wir einmal, wie lange es braucht, um eine Datei von 640.000 Bit von Host A zu Host B über ein leitungsvermitteltes Netz zu senden. Nehmen Sie an, dass alle Leitungen im Netzwerk TDM mit 24 Zeitschlitzen und einer Bitrate von 1,536 Mbps einsetzen. Nehmen Sie auch an, dass es 500 ms dauert, um eine Ende-zu-Ende-Verbindung aufzubauen, bevor Host A überhaupt mit dem Senden der Datei beginnen kann. Wie lange dauert es, die Datei zu senden? Jede Leitung hat eine Übertragungsgeschwindigkeit von 1,536 Mbps/24 = 64 Kbps. Es dauert also 640.000 Bit/64 Kbps = 10 Sekunden, um die Datei zu übertragen. Zu diesen 10 Sekunden fügen wir die Zeit für den Verbindungsaufbau hinzu, so dass 10,5 Sekunden notwendig sind, um die Datei zu senden. Beachten Sie bitte, dass die Übertragungszeit von der Anzahl der Leitungen unabhängig ist: Die Übertragungszeit wäre immer zehn Sekunden lang, egal, ob die Ende-zu-Ende-Verbindung über eine oder über hundert Leitungen zwischen Vermittlungsstellen führt. (Die tatsächliche eintretende Ende-zu-Ende-Verzögerung beinhaltet allerdings auch noch eine Verzögerung aufgrund der beschränkten Signalausbreitungsgeschwindigkeit, siehe Abschnitt 1.4.)

Paketvermittlung

Verteilte Anwendungen tauschen **Nachrichten** aus, um ihre Aufgaben zu erledigen. Diese Nachrichten können alles enthalten, was der Protokolldesigner will. Nachrichten können eine Kontrollfunktion ausüben (zum Beispiel die „Hallo"-Nachrichten in unserem Beispiel des Handshaking) oder Daten enthalten, etwa eine E-Mail-Nachricht, ein JPEG-Bild oder eine MP3-Audiodatei. In modernen Computernetzwerken zerlegt die Quelle lange Nachrichten in kleinere Datenhäppchen, die als **Pakete** bekannt sind. Zwischen Quelle und Ziel reist jedes dieser Pakete über Kommunikationsleitungen und **Paket-Switches** (mit den zwei Haupttypen Router und Sicherungsschicht-Switches). Pakete werden über jede Kommunikationsleitung mit einer Rate übertragen, die der *vollen* Übertragungsgeschwindigkeit der Leitung entspricht.

Die meisten Paket-Switches benutzen **Store-and-Forward-Übertragungen** *(Übertragung mit Speichern und Weiterleiten)* an den Einstiegspunkten in die Leitungen. Store-and-Forward-Übertragung bedeutet, dass der Switch erst das gesamte Paket empfängt, bevor er damit beginnt, das erste Bit des Paketes auf den ausgehenden Port

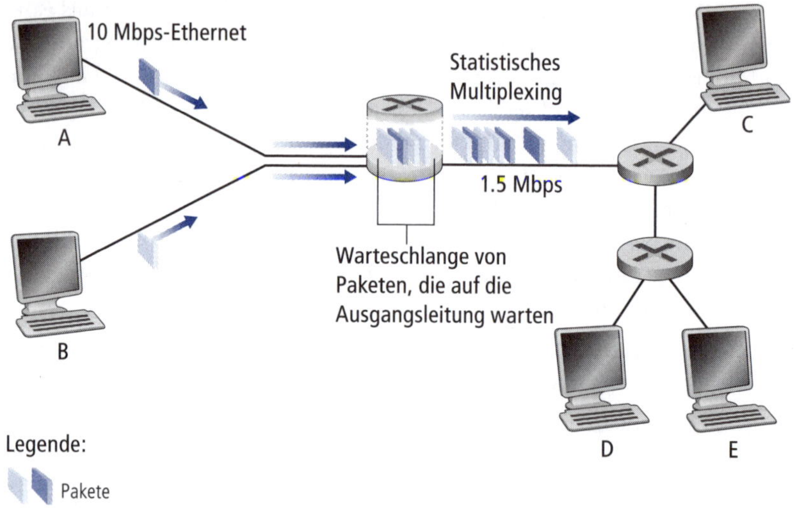

Abbildung 1.10: Paketvermittlung

zur nächsten Leitung zu legen. Daher führen Store-and-Forward-Switches auch am Beginn jeder Leitung entlang des Datenpfades zu einer Store-and-Forward-Verzögerung. Schätzen Sie doch, wie lange es dauert, um ein Paket der Länge L Bit von einem Host über ein paketvermitteltes Netzwerk zu einem anderen Host zu senden. Nehmen wir einmal an, es gäbe Q Leitungen zwischen den beiden Hosts, die jeweils mit einer Rate von R bps arbeiten. Gehen wir weiterhin davon aus, dass es nur ein Paket im Netzwerk gäbe. Dieses Paket muss zunächst über die erste Leitung gesandt werden, die von Host A hinausführt; dies dauert L/R Sekunden. Das Paket muss danach über die restlichen $Q - 1$ Leitungen übertragen werden. Das bedeutet, es muss noch $Q - 1$ Mal gespeichert und weitergeleitet werden, wobei jedes Mal die Store-und-Forward-Verzögerung von L/R auftritt. Daher beträgt die gesamte Verzögerung QL/R.

An jedem Paket-Switch enden mehrere Leitungen. Für jede dieser Leitungen besitzt der Paket-Switch einen **Ausgangspuffer** (oft auch als **Ausgangswarteschlange** bezeichnet), welcher Pakete speichert, die der Router auf dieser Leitung übertragen möchte. Die Ausgangspuffer spielen bei der Paketvermittlung eine entscheidende Rolle. Soll ein ankommendes Paket über eine Leitung gesendet werden, die noch mit der Übertragung eines anderen Paketes befasst ist, muss das ankommende Paket im Ausgangspuffer warten. Auf diese Art unterliegen Pakete neben der Store-and-Forward-Verzögerung auch noch einer **Warteschlangenverzögerung** *(queuing delay)* aufgrund der Speicherung im Ausgangspuffer. Die Dauer dieser Verzögerungen ist variabel und hängt von der momentanen Belastung des Netzwerkes ab. Da die Größe des Pufferspeichers begrenzt ist, könnte bei einem eintreffenden Paket der Puffer bereits vollständig durch andere Pakete angefüllt sein, die auf ihre Übertragung warten. In diesem Fall tritt ein **Paketverlust** ein – entweder geht das eintreffende oder eines der bereits in die Warteschlange eingereihten Pakete verloren.

Kehren wir zu unserem Restaurantbeispiel weiter oben zurück. Die Warteschlangenverzögerung entspricht der Zeit, die Sie an der Bar des Restaurants warten müssen, bis ein Tisch frei wird. Die Analogie zum Paketverlust wäre, dass Ihnen der Kellner sagt, Sie müssten das Restaurant verlassen, weil bereits zu viele andere Menschen an der Bar auf einen Tisch warten.

▶ Abbildung 1.10 erläutert ein einfaches Paketvermittlungsnetz. In dieser und den folgenden Abbildungen werden Pakete durch dreidimensionale Platten dargestellt. Die Breite einer Platte stellt die Anzahl der Bits in einem Paket dar. In dieser Abbildung haben alle Pakete dieselbe Breite und daher dieselbe Länge. Nehmen Sie nun an, dass Host A und B Pakete an einen Host E senden. Die beiden Hosts schicken ihre Datenpakete zunächst über eine 10 Mbps-Ethernet-Leitung zum ersten Paket-Switch. Dieser leitet die Pakete zur 1,5 Mbps-Leitung weiter. Übersteigt die Ankunftsrate der Pakete an der Vermittlungsstelle die Rate, mit der dieser Switch die Pakete über die 1,5 Mbps-Ausgangsleitung weiterleiten kann, so tritt Überlast an dieser Ausgangsleitung auf: Die Pakete stauen sich im Ausgangspuffer der Leitung, bevor sie darüber weitergeleitet werden können. Mit dieser Warteschlangenverzögerung werden wir uns in Abschnitt 1.4 noch näher befassen.

Paketvermittlung versus Leitungsvermittlung: statistisches Multiplexing

Nachdem wir sowohl Leitungsvermittlung als auch Paketvermittlung beschrieben haben, wird es Zeit, die beiden zu vergleichen. Kritiker der Paketvermittlung führen oft an, dass die Paketvermittlung für Echtzeitdienste (z.B. Telefonie, und Videokonferenzen) nicht geeignet sei, denn sie führe zu variablen und nicht vorhersagbaren Verzögerungen beim Ende-zu-Ende-Verkehr (in erster Linie verursacht durch veränderliche und unvorhersehbare Warteschlangenverzögerungen). Die Befürworter der Paketvermittlung argumentieren dagegen, dass: (1) sie eine bessere Aufteilung der Bandbreite als die Leitungsvermittlung ermöglicht und (2) sie einfacher, effizienter und kostengünstiger zu implementieren ist als Leitungsvermittlung. Eine interessante Gegenüberstellung von Paketvermittlung und Leitungsvermittlung bietet [Molinero-Fernandez 2002]. Allgemein gesprochen bevorzugen Menschen, die sich nicht mit Reservierungen in Restaurants herumschlagen möchten, die Paketvermittlung gegenüber der Leitungsvermittlung.

Warum gilt die Paketvermittlung als effizienter? Sehen wir uns ein einfaches Beispiel an. Stellen Sie sich Benutzer vor, die sich eine Leitung mit 1 Mbps teilen. Nehmen wir nun an, dass jeder Benutzer zwischen Aktivitätsperioden, in denen er Daten mit einer konstanten Rate von 100 Kbps erzeugt, und Perioden der Inaktivität wechselt, in denen er keinerlei Daten generiert. Außerdem nehmen wir an, dass ein Benutzer nur 10 Prozent der Zeit aktiv ist (und in den restlichen 90 Prozent müßig Kaffee trinkt). Bei der Leitungsvermittlung müssen für *jeden* Benutzer während der ganzen Zeit 100 Kbps *reserviert* werden. Wäre zum Beispiel bei leitungsvermitteltem TDM ein Zeitrahmen von einer Sekunde in zehn Zeitschlitze zu je 100 ms geteilt, dann würde an jeden Benutzer ein Zeitschlitz pro Rahmen vergeben.

Auf diese Weise kann die leitungsvermittelte Vermittlung gerade einmal zehn (= 1 Mbps/100 Kbps) Benutzer gleichzeitig unterstützen. Bei der Paketvermittlung liegt die Wahrscheinlichkeit dafür, dass ein bestimmter Benutzer aktiv ist bei 0,1 (d.h. 10 Prozent). Bei 35 Benutzern ist die Wahrscheinlichkeit, dass es elf oder mehr gleichzeitig aktive Benutzer gibt, ungefähr 0,0004. (Aufgabe P7 umreißt, wie man auf diese Schätzung kommt.) Gibt es zehn oder weniger gleichzeitig aktive Benutzer (was mit einer Wahrscheinlichkeit von 0,9996 der Fall ist), so ist die gesamte Eingangsrate der Daten kleiner oder gleich 1 Mbps, also der Datenrate der Leitung. Sind also zehn oder weniger Leute gleichzeitig aktiv, fließen die Daten nahezu ungehindert durch die Leitung – genau wie bei der Leitungsvermittlung. Erst wenn mehr als zehn Benutzer gleichzeitig aktiv sind, übersteigt die gesamte Ankunftsrate der Pakete die Ausgabekapazität der Leitung und die Ausgangswarteschlange beginnt zu wachsen. (Sie wächst kontinuierlich weiter, bis die gesamte Datenankunftsrate unter 1 Mbps fällt. Erst jetzt verkürzt sich die Schlange wieder). Weil die Wahrscheinlichkeit mehr als zehn gleichzeitig aktiver Benutzer in diesem Beispiel winzig ist, liefert die Paketvermittlung im Grunde genommen dieselbe Leistung wie die Leitungsvermittlung – *und das obwohl mehr als dreimal so viele Benutzer möglich sind.*

Betrachten wir noch ein zweites einfaches Beispiel. Nehmen Sie an, dass es zehn Benutzer gibt und dass einer dieser Benutzer plötzlich eintausend Pakete zu je 1.000 Bit erzeugt, während die anderen Benutzer inaktiv sind und keine Pakete generieren. Bei TDM-Leitungsvermittlung mit zehn Zeitschlitzen pro Rahmen und 1.000 Bit pro Zeitschlitz kann der aktive Benutzer nur seinen einen Zeitschlitz in jedem Rahmen nutzen, um Daten zu übertragen. Während der restlichen neun Zeitschlitze bleibt er inaktiv. Es dauert 10 Sekunden, um die komplette Million Bits des aktiven Benutzers zu übertragen. Im Fall der Paketvermittlung kann der aktive Benutzer seine Datenpakete mit der vollen Übertragungsrate der Leitung von 1 Mbps senden, da keine weiteren Benutzer Pakete generieren, die mit denjenigen des aktiven Benutzers gemultiplext werden müssen. In diesem Fall werden die gesamten Daten des aktiven Benutzers innerhalb von nur einer Sekunde gesendet.

Diese Beispiele verdeutlichen zweierlei Situationen, in denen die Leistung der Paketvermittlung der Leitungsvermittlung überlegen sein kann. Sie machen auch deutlich, welche entscheidenden Unterschiede zwischen den beiden Formen gemeinsamer Nutzung der Übertragungsrate der Leitungen durch mehrere Datenströme vorliegen. Bei der Leitungsvermittlung wird die Nutzung der Übertragungsleitung unabhängig vom tatsächlichen Bedarf im Voraus zugewiesen. Die zugeordnete, aber ungenutzte Kapazität geht verloren. Im Gegensatz dazu teilt die Paketvermittlung die Leitungen erst *bei Bedarf* zu. Die Datenübertragungskapazität der Leitungen wird auf Basis der ankommenden einzelnen Pakete nur unter denjenigen Benutzern aufgeteilt, die tatsächlich Daten über die Leitung senden müssen. Dieses Teilen von Ressourcen bei Bedarf (anstatt sie von vornherein festzulegen) wird bisweilen als **statistisches Multiplexing** von Ressourcen bezeichnet.

Obwohl sowohl Paketvermittlung als auch Leitungsvermittlung in den heutigen Telekommunikationsnetzen verwendet werden, geht der Trend deutlich in Richtung der

Paketvermittlung. Sogar viele der heutigen leitungsvermittelten Telefonnetzwerke verändern sich allmählich in Richtung Paketvermittlung. Insbesondere der teurere Überseeanteil der Telefongespräche wird von den Telefongesellschaften oft mittels Paketvermittlung abgewickelt.

1.3.2 Wie gelangen Pakete durch paketvermittelte Netzwerke?

Wir haben oben gesagt, dass ein Router ein Paket, das ihn über eine der angeschlossenen Leitungen erreicht, entgegennimmt und es auf eine andere Leitung weiterleitet. Wie kann der Router aber bestimmen, um welche Ausgangsleitung es sich handelt? In der Tat benutzen unterschiedliche Computernetzwerke dafür auch unterschiedliche Methoden. In diesem Einführungskapitel werden wir eine häufig genutzte Methode beschreiben, nämlich diejenige des Internets.

Im Internet enthält jedes Paket, welches das Netzwerk durchquert, die Adresse seines Zielortes im Paket-Header (der „Kopf" eines Paketes, eine Anzahl Bits, die zu Beginn des Paketes stehen). Ähnlich wie Postadressen hat diese Adresse eine hierarchische Struktur. Sobald das Paket im Netzwerk einen Router erreicht, überprüft dieser einen Teil der Zieladresse und reicht das Paket an einen benachbarten Router weiter. Genau genommen besitzt jeder Router eine **Weiterleitungstabelle**, in der zu allen erlaubten Zieladressen (oder Teilen davon) gespeichert ist, auf welche Ausgangsleitung ein so adressiertes Paket weitergereicht werden soll. Kommt ein Paket beim Router an, überprüft er die Zieladresse und durchsucht seine Tabelle, um die geeignete Ausgangsleitung zu finden. Dorthin schickt der Router das Paket danach weiter.

Ein Router verwendet also die Zieladresse eines Paketes, um eine Weiterleitungstabelle zu durchsuchen und die geeignete Ausgangsleitung zu bestimmen. In dieser Aussage versteckt sich eine weitere Frage: Wie werden Weiterleitungstabellen gefüllt? Werden sie in jedem einzelnen Router per Hand konfiguriert oder besitzt das Internet ein automatisiertes Verfahren? Wir werden uns diesem Thema in Kapitel 4 ausführlich widmen. Um aber Ihren Appetit etwas anzuregen, wollen wir momentan nur verraten, dass im Internet eine Reihe spezieller Routing-Protokolle existieren, mit denen Weiterleitungstabellen automatisch erzeugt werden. Ein Routing-Protokoll könnte beispielsweise den kürzesten Pfad von jedem Router zu jedem Zielort bestimmen und die kürzesten Pfade verwenden, um die Weiterleitungstabellen in den Routern zu konfigurieren.

Der Routing-Prozess von einem Ende der Wegstrecke zum anderen lässt sich mit einem Autofahrer vergleichen, der keine Karten verwendet, sondern lieber nach der Richtung fragt. Nehmen Sie beispielsweise an, Johann wolle von Flensburg zur Seeuferstraße 156 in Lindau am Bodensee fahren. Johann fährt erst zu seiner benachbarten Tankstelle und fragt dort, wie er zur Seeuferstraße 156 in Lindau am Bodensee kommt. Der Tankwart denkt nur darüber nach, dass der Bodensee weit im Süden liegt und weist Johann zur A7, deren Zufahrt nicht weit entfernt von der Tankstelle ist und die in den Süden führt. In Bayern angekommen, soll Johann erneut nach dem Weg fragen. Johann fährt daraufhin auf der A7 in die Nähe von Memmingen. Dort kennt ein Tankwart die Stadt Lindau und sagt Johann, dass er auf der A96 direkt bis dorthin fahren kann, dann aber erneut fragen muss. In Lindau schließlich kennt ein anderer Tankwart die Straße und erklärt Johann den Weg. In der Straße angekommen fragt Johann einen Passanten nach seinem Zielort. Der reagiert endlich auf die Hausnummer und zeigt auf das Haus. Schließlich erreicht Johann seinen endgültigen Zielort. In dieser Analogie entsprechen die Tankwarte und Passanten den Routern. Ihre Weiterleitungstabellen sind ihr Gedächtnis. Sie wurden im Lauf der Jahre durch Erfahrung konfiguriert.

Wie sollte Ihrer Meinung nach die Ende-zu-Ende-Route, die das Paket nehmen muss, aussehen? Wir laden Sie dazu ein, sich ein wenig die Hände schmutzig zu machen und mit dem Programm Traceroute zu spielen, das Sie auf der Internetseite http://www.traceroute.org finden. (Das Programm Traceroute selbst diskutieren wir in Abschnitt 1.4.)

1.3.3 ISPs und Internet-Backbones

Wir haben bereits gesehen, dass sich Endsysteme (PCs, PDAs, Webserver, Mailserver usw.) mittels eines Zugangsnetzes mit dem Internet verbinden. Erinnern Sie sich bitte daran, dass dieses Zugangsnetz ein verkabeltes oder drahtloses lokales Netz (zum Beispiel in einer Firma, Schule oder Bibliothek), ein Kabelmodem- oder DSL-Heimzugang oder ein Privatkunden-ISP (zum Beispiel AOL oder MSN) für Einwahlmodems sein kann. Aber das Verbinden von Endbenutzern und Content-Providern (also Systemen, die Webinhalte zur Verfügung stellen) in Zugangsnetzen fügt nur ein einzelnes Teil in das große Puzzle ein, das darin besteht, die Hunderte Millionen Endbenutzer und Hunderttausende Netzwerke miteinander zu verbinden, die das Internet bilden. Das Internet ist ein Netzwerk aus Netzwerken – dieser Satz ist der Schlüssel, um das ganze Puzzle zu lösen.

Im öffentlichen Internet sind die am Rand des Netzwerkes gelegenen Zugangsnetze über eine Hierarchie von ISPs mit dem Rest des Internets verbunden, wie ▶Abbildung 1.11 zeigt. Zugangs-ISPs (zum Beispiel Kabelmodem- und DSL-Netze, Einwahlzugangsnetze wie AOL, drahtlose Zugangsnetze und Firmen- bzw. Universitäts-ISPs über lokale Netzwerke) bilden die unterste Stufe dieser Hierarchie. Die oberste Spitze bilden einige sogenannte Tier-1-ISPs *(Stufe-1-ISPs)*. Im Prinzip ist ein **Tier-1-ISP** das gleiche wie jedes Netzwerk – er besitzt Leitungen und Router und ist mit anderen Netzen verbunden. Andererseits haben Tier-1-ISPs auch einige Besonderheiten. Ihre Übertragungsgeschwindigkeiten liegen bei 622 Mbps oder mehr, wobei die größeren Tier-1-ISPs durchaus Leitungen mit Raten von 2,5 Gbps bis 10 Gbps verwenden. Daher müssen ihre Router in der Lage sein, Pakete mit extrem hoher Geschwindigkeit weiterzuleiten. Tier-1-ISPs sind weiterhin durch folgende Eigenschaften charakterisiert:

- Sie sind direkt mit *jedem* anderen Tier-1-ISP verbunden.
- Sie sind mit vielen Tier-2-Netzwerken und anderen Kundennetzen verbunden.
- Sie arbeiten international.

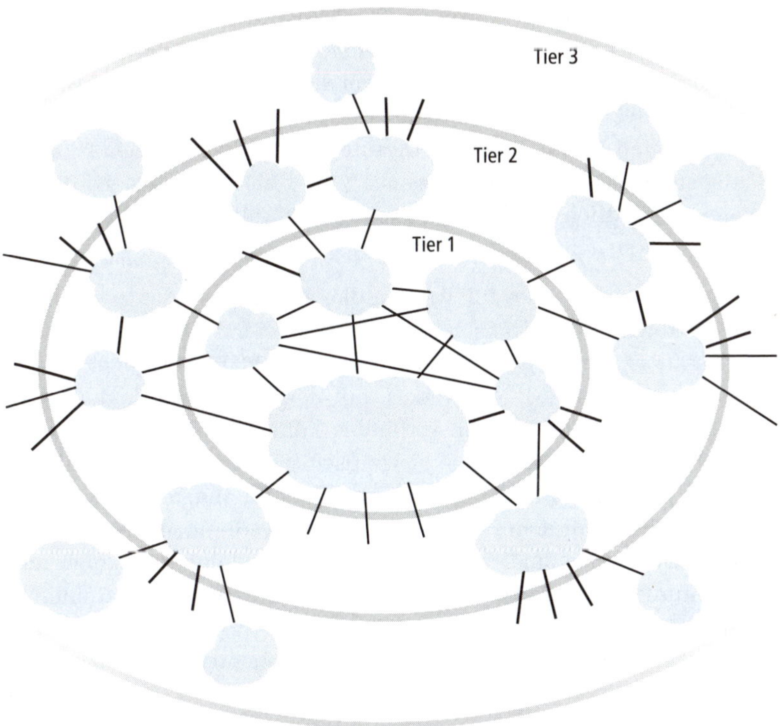

Abbildung 1.11: Verbindungen zwischen ISPs

Tier-1-ISPs werden auch als **Internet-Backbones** bezeichnet. Zu diesen zählen Sprint, Verizon (ehemals UUNet/WorldCom), AT&T, NTT, Level3, Qwest und Cable & Wireless. Interessanterweise gibt es keinerlei Organisation, die den Status „Tier-1" offiziell verleiht; ein ISP verfügt einfach über die genannten Eigenschaften oder nicht.

Eine Tier-2-ISP ist zumindest regional, meist aber im ganzen Land aktiv und (das ist wichtig) er ist nur an einige der Tier-1-ISP angebunden (Abbildung 1.11).

Um einen großen Teil des weltweiten Internets zu erreichen, muss ein Tier-2-ISP seinen Datenverkehr durch einen der Tier-1-ISPs führen, mit denen er verbunden ist. Tier-2-ISPs sind daher **Kunden** der mit ihm verbundenen Tier-1-ISPs. Umgekehrt nennt man Tier-1-ISPs **Provider** ihrer Kunden. Viele große Firmen und Institutionen schließen ihre eigenen Netze direkt an einen Tier-1- oder Tier-2-ISP an und werden dadurch Kunden dieses ISP. Ein Provider-ISP berechnet seinem Kunden-ISP eine Gebühr, die normalerweise von der Übertragungsrate der Leitung abhängt, die die beiden verbindet. Ein Tier-2-Netzwerk kann auch direkt mit anderen Tier-2-Netzen verbunden sein. In diesem Fall kann der Datenverkehr direkt zwischen beiden Tier-2-Netzen fließen, ohne ein Tier-1-Netz passieren zu müssen. Unterhalb der Tier-2-ISPs befinden sich die ISPs der niedrigeren Tiers. Sie sind mit dem Internet durch eine oder mehrere Tier-2-ISPs verbunden. Ganz unten in der Hierarchie befinden sich schließlich die Zugangs-ISPs. Um die Dinge noch komplizierter zu machen, sind einige der Tier-1-ISPs gleichzeitig Tier-2-ISPs (man nennt dies vertikal integriert), die Endbenutzern und Content-Providern, aber auch niedrigstufigeren ISPs, direkt Internetzugänge verkaufen. Sind zwei ISPs direkt (im Gegensatz zu einer Kunden-Provider-Beziehung) miteinander verbunden, sagt man, sie seien einander gleichrangig (sie sind **Peers**). Eine interessante Studie [Subramanian 2002] versucht, die Schichtenstruktur des Internets genauer zu definieren, indem sie die Topologie des Internets hinsichtlich der Kunden-Provider-Verhältnisse und der Beziehungen zwischen Peers untersucht.

Innerhalb des Netzwerkes eines ISP werden die „Punkte“, an denen sich der ISP mit anderen ISPs verbindet (egal ob nach unten, oben oder auf derselben Ebene der Hierarchie), als **Points of Presence (POPs)** bezeichnet. Ein POP ist schlicht ein oder mehrere Router innerhalb des ISP-Netzwerkes, mit denen sich die Router anderer ISPs oder die Netzwerke der ISP-Kunden verbinden können. Das Netzwerk eines Tier-1-Providers enthält üblicherweise viele geografisch weit voneinander entfernte POPs, mit denen sich jeweils mehrere Kundennetzwerke und andere ISPs verbinden. Soll ein Kundennetz direkt mit dem POP eines Providers verbunden werden, dann mietet der Kunde normalerweise eine Hochgeschwindigkeitsleitung von einem unabhängigen Telekommunikationsversorger und schließt über diese seinen Router direkt an den POP des ISP an. Darüber hinaus können zwei ISPs durchaus mehrere sogenannter Peering Points *(Austauschpunkte)* besitzen, also über mehrere POP-Paare miteinander verbunden sein.

Zusammenfassend lässt sich sagen, dass das Internet eine komplexe Topologie besitzt, die aus Dutzenden von Tier-1- und Tier-2-ISPs und Tausenden ISPs niedrigerer Hierarchiestufen besteht. Die Ausdehnungen von ISPs sind äußerst verschieden: Manche überspannen mehrere Kontinente und Ozeane, andere sind auf kleine Gebiete der Welt konzentriert. Die ISPs der niedrigeren Hierarchiestufen verbinden sich mit den höher angesiedelten ISPs und diese sind untereinander verbunden. Benutzer und Content-Provider sind Kunden der ISPs niedrigerer Stufen, die wiederum Kunden von höherrangigen ISPs sind.

1.4 Verzögerung, Verlust und Durchsatz in paketvermittelten Netzen

In Abschnitt 1.1 haben wir festgestellt, dass das Internet als Infrastruktur betrachtet werden kann, die Dienste für verteilte Anwendungen erbringt, welche auf Endsystemen laufen. Idealerweise sollten unsere Internetdienste in der Lage sein, zwischen beliebigen Endsystemen so viele Daten verlustfrei auszutauschen, wie wir wollen. Leider ist dies ein hochgestecktes Ziel, das in der Realität unerreichbar bleibt. Stattdessen beschränken Computernetzwerke notwendigerweise den Durchsatz (die pro Sekunde übertragbare Datenmenge) zwischen Endsystemen, führen zu Verzögerungen bei der Übertragung und können tatsächlich auch Datenpakete verlieren. Einerseits ist es unpraktisch, dass die physikalischen Gesetze im echten Leben Verzögerung und

Verlust unvermeidlich machen und den Durchsatz einschränken. Andererseits ergibt sich daraus auch die Möglichkeit für viele faszinierende Ideen zur Lösung dieser Probleme oder den Umgang mit ihnen – mehr als genug um eine Vorlesung über Computernetze damit zu füllen und viele hundert Doktorarbeiten darüber zu verfassen! In diesem Abschnitt fangen wir damit an, Verzögerung, Verlust und Durchsatz in Computernetzwerken zu untersuchen und zu quantifizieren.

1.4.1 Überblick über Verzögerung in paketvermittelten Netzen

Erinnern Sie sich daran, dass ein Paket in einem Host (der Quelle) seinen Ursprung hat, durch eine Reihe von Routern weitergeleitet wird und seine Reise in einem anderen Host (dem Zielort) beendet. Während sich ein Paket von einem Knoten (einem Host oder Router) zum folgenden Knoten (Host oder Router) auf diesem Pfad bewegt, erfährt das Paket an *jedem* Knoten auf seinem Weg verschiedene Verzögerungen. Die wichtigsten sind die **Verarbeitungsverzögerung**, die **Warteschlangenverzögerung**, die **Übertragungsverzögerung** und die **Ausbreitungsverzögerung**. Insgesamt überlagern sich diese einzelnen Verzögerungen zur gesamten Verzögerungszeit im jeweiligen Knoten; damit wir Paketvermittlung und Computernetzwerke gründlich verstehen können, müssen wir die Ursachen und die Bedeutung dieser Verzögerungen verstehen.

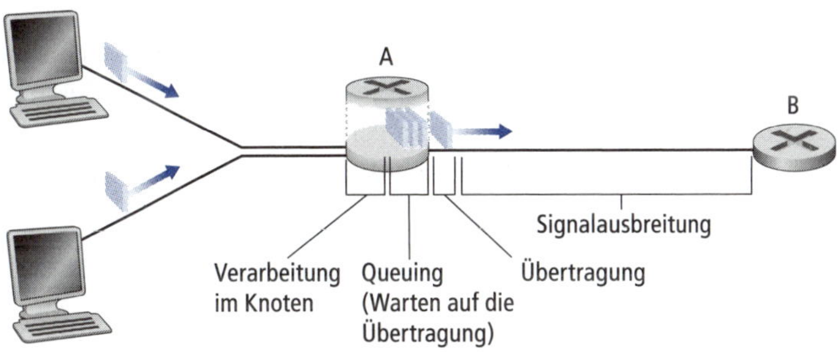

Abbildung 1.12: Die Knotenverzögerung am Router A

Arten der Verzögerung

Lassen Sie uns diese Verzögerungen in Hinblick auf ▶ Abbildung 1.12 betrachten. Als Teil seines Weges zwischen Quelle und Ziel wird ein Paket vom Ursprungsknoten durch Router A zu Router B gesandt. Unser Ziel ist es, die Knotenverzögerung an Router A zu analysieren. Beachten Sie, dass Router A eine ausgehende Leitung zu Router B besitzt. Dieser Leitung geht eine Warteschlange voraus (auch als *Puffer* bezeichnet). Wenn das Paket vom vorangegangenen Knoten an Router A ankommt, überprüft dieser den Header des Paketes, um die richtige Ausgangsleitung für das Paket zu ermitteln und das Paket danach über diese Leitung zu versenden. In diesem Beispiel ist die ausgehende Leitung für das Paket diejenige, die zu Router B führt. Ein Paket kann nur über eine Leitung übertragen werden, wenn es kein anderes Paket gibt, das gerade über diese Leitung gesendet wird und wenn es keine anderen Pakete gibt, die vor ihm in der Warteschlange stecken. Ist die Leitung gerade belegt oder gibt es andere Pakete, die bereits zur Übertragung in die Warteschlange eingereiht sind, wird das neu eintreffende Paket an die Warteschlage angehängt.

Verarbeitungsverzögerung

Die Zeitdauer, welche zur Prüfung des Paket-Headers sowie zur Entscheidung über den weiteren Weg des Paketes benötigt wird, ist Teil der **Verarbeitungsverzögerung** *(processing delay)*. In diese können noch weitere Faktoren einfließen, etwa die benötigte Zeit, um nach Bitfehlern zu suchen, die beim Übertragen der Paket-Bits vom Quellknoten zu Router A aufgetreten sein könnten. Verarbeitungsverzögerungen bei Hochgeschwindigkeitsroutern liegen normalerweise in der Größenordnung von Mikrosekunden oder noch darunter. Nach der Verarbeitung im Knoten leitet der Router das Paket an die Warteschlange, die sich vor der Leitung zu Router B befindet. (In Kapitel 4 werden wir genauer sehen, wie ein Router arbeitet.)

Warteschlangenverzögerung

Während das Paket in der Warteschlange darauf wartet, auf der entsprechenden Leitung versendet zu werden, erfährt es eine **Warteschlangenverzögerung**. Die Dauer dieser Verzögerung für ein Paket hängt von der Anzahl der zuvor angekommenen Pakete ab, die sich bereits in der Warteschlange befinden und auf ihre Übertragung über die Leitung warten. Ist die Warteschlange leer und wird gerade kein anderes Paket gesendet, dann gibt es keine Warteschlangenverzögerung. Ist andererseits das Verkehrsaufkommen hoch und viele andere Pakete warten auf ihre Übertragung, dann ist die Warteschlangenverzögerung groß. Wir werden in Kürze sehen, dass die Anzahl von Paketen, die ein ankommendes Paket vorfindet, eine Funktion der Intensität und der Art des an der Warteschlange ankommenden Datenverkehrs ist. Warteschlangenverzögerungen erreichen in der Praxis Größenordnungen von Mikrosekunden bis Millisekunden.

Übertragungsverzögerung

Gehen wir davon aus, dass die Pakete nach dem Prinzip „wer zuerst kommt, wird zuerst bearbeitet" *(first come first served)* übertragen werden, wie es in Paketvermittlungsnetzen üblich ist, dann kann unser Paket erst gesendet werden, nachdem alle vor ihm eingetroffenen Pakete gesendet worden sind. Bezeichnen wir die Länge des Paketes in Bit mit L und die Übertragungsgeschwindigkeit der Leitung von Router A zu Router B mit R Bit/s. Bei einer 10 Mbps-Ethernet-Leitung ist die Rate z.B. $R =$ 10 Mbps; bei einer 100 Mbps-Ethernet-Leitung beträgt die Rate R = 100 Mbps Die **Übertragungsverzögerung** (wie in Abschnitt 1.3 erwähnt auch als Store-and-Forward-Verzögerung bezeichnet) ist L/R. Dies ist die Zeit, die benötigt wird, um alle Bits des Paketes auf die Leitung zu legen. Übertragungsverzögerungen liegen in der Praxis im Bereich zwischen Mikrosekunden und Millisekunden.

Ausbreitungsverzögerung

Ist ein Bit endlich auf der Leitung angekommen, braucht es Zeit, um Router B zu erreichen. Die Zeit, die benötigt wird, um vom Anfang der Leitung bis zu Router B zu kommen, wird als Ausbreitungsverzögerung bezeichnet. Das Bit pflanzt sich mit der Ausbreitungsgeschwindigkeit des Signals auf der Leitung fort. Diese hängt vom Trägermedium (also Glasfaser, Twisted-Pair usw.) ab und liegt im Bereich von

$$2 \cdot 10^8 \text{ m/s bis } 3 \cdot 10^8 \text{ m/s}$$

was gleich oder zumindest nur wenig unterhalb der Lichtgeschwindigkeit im jeweiligen Medium ist. Die Ausbreitungsverzögerung ist die Entfernung zwischen zwei Routern, geteilt durch die Ausbreitungsgeschwindigkeit. Das bedeutet, die **Ausbreitungsverzögerung** ist d/s, wobei d die Entfernung zwischen Router A und Router B und s die Ausbreitungsgeschwindigkeit auf der Leitung ist. Sobald das letzte Bit des Paketes bei Knoten B eingetroffen ist, wird es mit allen vorangegangenen Bits des Paketes in Router B gespeichert. Der ganze Prozess setzt sich dann bei Router B fort, der nun das Paket weiterleiten muss. In Wide-Area-Netzwerken liegen die Ausbreitungsverzögerungen in der Größenordnung von Millisekunden.

Vergleich von Übertragungsverzögerung und Ausbreitungsverzögerung

Anfänger im Bereich der Computernetzwerke haben bisweilen Schwierigkeiten, den Unterschied zwischen Übertragungsverzögerung und Ausbreitungsverzögerung zu verstehen. Der Unterschied ist subtil, aber wichtig. Die Übertragungsverzögerung ist die Zeitdauer, die der Router benötigt, um das Paket abzuschicken. Sie ist eine Funktion der Paketlänge und der Übertragungsgeschwindigkeit auf der Leitung, hat aber nicht das Geringste mit der Entfernung zwischen den zwei Routern zu tun. Die Ausbreitungsverzögerung ist dagegen die Zeit, die ein Bit von einem Router zum nächsten benötigt. Sie ist eine Funktion der Entfernung zwischen den beiden Routern, hängt aber in keiner Weise von der Paketlänge oder der Übertragungsrate der Leitung ab.

Eine Analogie könnte die Begriffe Übertragungsverzögerung und Ausbreitungsverzögerung klären. Stellen Sie sich eine Autobahn vor, die alle 100 Kilometer eine Mautstelle hat, wie in ▶Abbildung 1.13 gezeigt. Die Autobahnabschnitte zwischen den Mautstellen entsprechen den Leitungen und die Mautstellen sind die Router. Nehmen Sie an, dass sich die Fahrzeuge auf der Autobahn mit einer Geschwindigkeit von 100 km/h fortbewegen (d.h., wenn ein Auto eine Mautstelle verlässt, beschleunigt es sofort auf 100 km/h und behält diese Geschwindigkeit zwischen Mautstellen bei). Nehmen Sie nun an, dass zehn Autos zusammen als Kolonne in einer festgelegten Reihenfolge fahren. Sie können sich jedes Auto als ein Bit und die Kolonne als Paket vorstellen. Nehmen Sie weiter an, dass jede Mautstelle ein Auto mit einer Geschwindigkeit von 12 Sekunden pro Fahrzeug abfertigt (und damit auf die Leitung „Autobahn“ sendet) und dass es spät nachts ist, so dass die Autos der Kolonne die einzigen sind, die sich auf der Autobahn befinden. Schließlich nehmen Sie auch noch an, dass der erste Wagen immer, wenn er an der Mautstelle ankommt,

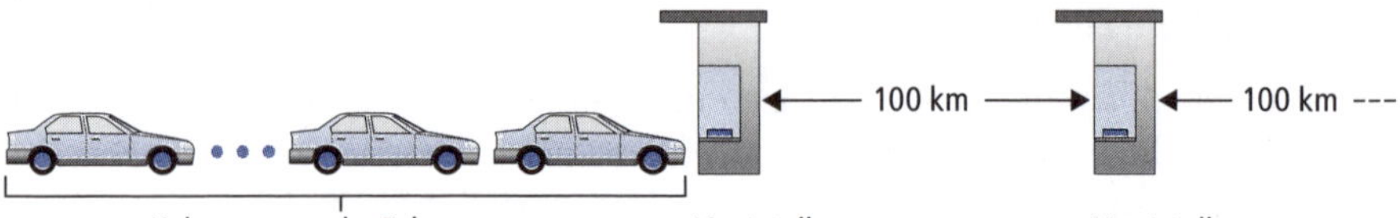

Abbildung 1.13: Analogie einer Fahrzeugkolonne

wartet, bis die anderen neun Fahrzeuge angekommen sind und sich hinter ihm aufreihen. (Auf diese Art muss die ganze Kolonne an der Mautstelle gelagert werden, bevor diese mit der Weiterleitung beginnen kann.) Die Zeit, welche die Mautstelle benötigt, um die ganze Kolonne auf die Autobahn zu schicken, beträgt (10 Autos)/(5 Autos/Minute) = 2 Minuten. Diese Zeitdauer entspricht der Übertragungsverzögerung in einem Router. Die Zeit, in der ein Wagen vom Ausgang einer Mautstelle zur nächsten Mautstelle fährt, ist 100 km/(100 km/h) = 1 Stunde. Diese Zeit ist die Ausbreitungsverzögerung. Daher ist die Zeit zwischen dem Moment, in dem die Kolonne vor der Mautstelle gespeichert wird, bis zu dem Moment, in dem sie vor der nächsten Mautstelle ankommt, die Summe aus Übertragungsverzögerung und Ausbreitungsverzögerung – in diesem Beispiel 62 Minuten.

Lassen Sie uns diese Analogie noch etwas ausführlicher betrachten. Was würde geschehen, wenn die Zeit, die eine Mautstelle für eine Kolonne benötigt, größer wäre als die Fahrzeit eines Wagens zwischen den Mautstellen? Nehmen Sie z.B. an, dass die Fahrzeuge mit einer Geschwindigkeit von 1.000 km/h fahren und die Mautstelle die Wagen mit einer Rate von einem Wagen pro Minute abfertigt. Dann beträgt die Ausbreitungsverzögerung zwischen zwei Mautstellen 6 Minuten und die Zeit für die Abfertigung einer Kolonne beträgt 10 Minuten. In diesem Fall erreichen die ersten Fahrzeuge der Kolonne die zweite Mautstelle, bevor die letzten Wagen der Kolonne die erste Mautstelle verlassen. Diese Situation tritt auch in Paketvermittlungsnetzen auf – die ersten Bits eines Paketes können an einem Router ankommen, während viele der restlichen Paket-Bits immer noch darauf warten, vom vorangegangenen Router gesendet zu werden.

Wenn ein Bild tausend Worte sagt, dann gibt eine Animation eine Million Worte von sich. Die Website zu diesem Lehrbuch enthält ein interaktives Java-Applet, das sehr schön die Übertragungsverzögerung und die Ausbreitungsverzögerung erläutert und vergleicht. Wir möchten Sie dazu ermuntern, sich dieses Applet anzusehen.

Wenn wir mit $d_{\text{verarbeitung}}$, d_{warten}, $d_{\text{übertragung}}$ und $d_{\text{ausbreitung}}$ die Verzögerungen bezeichnen, die durch die Verarbeitung, die Warteschlange, die Übertragung und die Ausbreitung hervorgerufen werden, dann beträgt die gesamte Verzögerung in einem Knoten

$$d_{\text{knoten}} = d_{\text{verarbeitung}} + d_{\text{warten}} + d_{\text{übertragung}} + d_{\text{ausbreitung}}$$

Der Beitrag der einzelnen Verzögerungen kann erheblich schwanken. Zum Beispiel kann $d_{\text{ausbreitung}}$ für eine Leitung zwischen zwei Routern auf demselben Universitätscampus vernachlässigbar sein (etwa nur wenige Mikrosekunden). Bei Routern, die durch einen geostationären Satelliten miteinander verbunden sind, beträgt sie schon einige hundert Millisekunden und kann bei der Gesamtverzögerung d_{knoten} der dominierende Term sein. In ähnlicher Weise kann $d_{\text{übertragung}}$ zwischen vernachlässigbar oder äußerst bedeutend schwanken. Bei einer Übertragungsrate von 10 Mbps und mehr (z. B. bei LANs) ist der Beitrag üblicherweise zu vernachlässigen. Er kann jedoch Hunderte von Millisekunden betragen, wenn etwa große Internetpakete über langsame Einwahlmodems gesendet werden. Die Verarbeitungsverzögerung $d_{\text{verarbeitung}}$ ist oft unbedeutend, beeinflusst jedoch deutlich den maximalen Durchsatz eines Routers, also die maximale Geschwindigkeit, mit der er insgesamt Pakete weiterleiten kann.

1.4.2 Warteschlangenverzögerung und Paketverlust

Der komplizierteste und interessanteste Bestandteil der Knotenverzögerung ist die Warteschlangenverzögerung d_{warten}. In der Tat ist die Warteschlangenverzögerung für Computernetzwerke so wichtig und interessant, dass Tausende von Artikeln und zahlreiche Bücher darüber verfasst wurden [Bertsekas 1991; Daigle 1991; Kleinrock 1975, 1976; Ross 1995]. Wir diskutieren die Warteschlangenverzögerung hier nur überblicksartig und intuitiv. Der geneigte Leser sollte einige der genannten Bücher durchblättern (oder vielleicht eine Doktorarbeit über das Thema schreiben!). Im Gegensatz zu den anderen drei Verzögerungen (nämlich $d_{\text{verarbeitung}}$, $d_{\text{übertragung}}$ und $d_{\text{ausbreitung}}$) variiert die Warteschlangenverzögerung von Paket zu Paket. Treffen beispielsweise zehn Pakete gleichzeitig an einer leeren Warteschlange ein, tritt beim ersten Paket noch keine Warteschlangenverzögerung auf, während das letzte gesendete Paket eine relativ große Verzögerungszeit erleidet (in der es darauf wartet, dass die anderen neun Pakete übertragen wurden). Will man die Warteschlangenverzögerung beschreiben, verwendet man deshalb normalerweise statistische Größen wie die durchschnittliche Warteschlangenverzögerung, die Varianz der Warteschlangenverzögerungen oder die Wahrscheinlichkeit, dass die Warteschlangenverzögerung einen vorgegebenen Wert übersteigt.

Wann ist die Warteschlangenverzögerung groß und wann ist sie geringfügig? Die Antwort auf diese Frage hängt von der Rate ab, mit der Verkehr an der Warteschlange eintrifft, von der Übertragungsgeschwindigkeit der Leitung und von der Art des ankommenden Verkehrs, also ob die Daten regelmäßig periodisch oder in Schüben ankommen. Um das näher zu betrachten, soll a die mittlere Rate bezeichnen, mit der Pakete an der Warteschlange eintreffen (a hat die Einheit Pakete/Sekunde). Erinnern Sie sich daran, dass R die Übertragungsgeschwindigkeit ist. Das heißt, es ist die Geschwindigkeit (in Bit/s), mit der Bits aus der Warteschlange hinausbefördert werden. Nehmen Sie auch der Einfachheit halber an, dass alle Pakete aus L Bit bestehen. Dann ist die durchschnittliche Rate, mit der Bits an der Warteschlange eintreffen La Bit/s. Nehmen Sie schließlich an, dass der Puffer ungeheuer groß ist, so dass er praktisch eine unendliche Anzahl von Bits enthalten kann. Das Verhältnis La/R, genannt

Verkehrswert, spielt oft eine bedeutende Rolle beim Einschätzen der Warteschlangenverzögerung. Wenn $La/R > 1$, dann ist die durchschnittliche Rate, mit der Bits an der Schlange eintreffen, größer als die Rate, mit der Bits aus der Schlange entfernt werden können. In dieser unangenehmen Situation tendiert die Schlange dazu, ohne Grenze anzuwachsen und die Warteschlangenverzögerung geht gegen unendlich! Deshalb lautet eine der goldenen Regeln: *Gestalten Sie Ihr System so, dass der Verkehrswert niemals größer wird als* 1.

Betrachten Sie nun den Fall $La/R \leq 1$. Hier beeinflusst die Natur des ankommenden Verkehrs die Warteschlangenverzögerung. Treffen die Pakete beispielsweise periodisch ein – das heißt, ein Paket kommt alle L/R Sekunden an, dann landet jedes Paket an einer leeren Warteschlange und es sollte keinerlei Verzögerung eintreten. Treffen andererseits Pakete in periodischen Schüben ein, kann eine spürbare durchschnittliche Warteschlangenverzögerung entstehen. Nehmen Sie z.B. an, dass N Pakete simultan alle $(L/R)\ N$ Sekunden eintreffen. Dann tritt beim ersten Paket keine Warteschlangenverzögerung auf. Das zweite Paket hat eine Warteschlangenverzögerung von L/R Sekunden; ganz allgemein hat das n-te Paket eine Warteschlangenverzögerung von $(n - 1)\ L/R$ Sekunden. Wir überlassen es Ihnen als Übung, die durchschnittliche Warteschlangenverzögerung in diesem Beispiel zu berechnen.

Die beiden beschriebenen Beispiele periodisch eintreffender Pakete sind zugegebenermaßen etwas akademisch. Üblicherweise treffen Pakete rein zufällig an einer Warteschlange ein, d.h., die Zeitpunkte, zu denen ein Paket eintrifft, folgen keinem Muster und die Zeiträume zwischen den Paketen sind rein willkürlich. In diesem realistischeren Fall reicht die Größe La/R nicht mehr aus, um die Warteschlangenverzögerung statistisch korrekt zu beschreiben. Nichtsdestotrotz genügt diese Größe, um ein intuitives Verständnis vom Ausmaß der Warteschlangenverzögerung zu entwickeln. Ist insbesondere der Verkehrswert nahe null, dann treffen nur wenige Pakete in großen Abständen ein. Die Wahrscheinlichkeit, dass ein ankommendes Paket ein anderes in der Warteschlange antrifft, ist daher gering. In diesem Fall wird die durchschnittliche Warteschlangenverzögerung nahe null liegen. Liegt andererseits der Verkehrswert nahe bei 1, wird es Zeiträume geben, in denen die Paketankunftsrate die Übertragungskapazität übersteigt (aufgrund von Schwankungen in der Paketankunftsrate), so dass sich eine Warteschlange bildet. Bleibt die Ankunftsrate niedriger als die Übertragungskapazität, so schrumpft die Länge der Schlange. Sobald sich der Verkehrswert jedoch 1 nähert, wächst die durchschnittliche Länge der Warteschlange immer mehr an. Die qualitative Abhängigkeit der durchschnittlichen Warteschlangenverzögerung vom Verkehrswert zeigt ▶Abbildung 1.14.

Ein wichtiger Aspekt in Abbildung 1.14 ist die Tatsache, dass die durchschnittliche Warteschlangenverzögerung rapide zunimmt, wenn der Verkehrswert gegen 1 geht. Eine prozentual kleine Zunahme des Verkehrs führt zu einem prozentual viel größeren Anwachsen der Verzögerung. Vielleicht kennen Sie dieses Phänomen von der Autobahn. Wenn Sie häufiger eine Straße befahren, die zu Staubildung neigt, dann bedeutet die Tatsache, dass es häufig Staus gibt, dass der Verkehrswert nahe bei 1

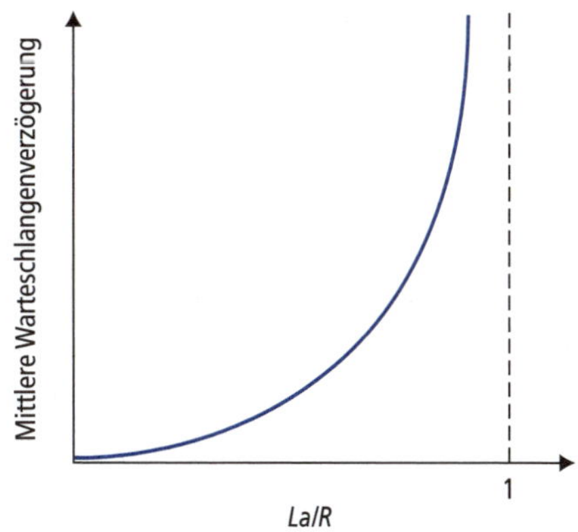

Abbildung 1.14: Abhängigkeit der mittleren Warteschlangen-Verzögerung vom Verkehrswert

liegt. Tritt ein Ereignis ein, das nur einen geringfügig höheren Verkehrsumfang verursacht, so erleben Sie immens große Verzögerungen.

Um ein Gefühl dafür zu entwickeln, was es mit den Warteschlangenverzögerungen auf sich hat, laden wir Sie wieder einmal ein, unsere Webseite zu besuchen. Dort finden Sie ein interaktives Java-Applet einer Warteschlange. Setzen Sie die Paketankunftsrate hoch genug, dass sie den Verkehrswert 1 übersteigt. Sie können dann beobachten, wie sich die Warteschlange allmählich aufbaut.

Paketverlust

In unseren obigen Diskussionen haben wir angenommen, dass die Warteschlange eine unendliche Anzahl von Paketen enthalten kann. In der Realität hat eine Warteschlange vor einer Leitung aber nur begrenzte Kapazität – wobei diese Kapazität sehr vom Design des Paket-Switches und dessen Kosten abhängt. Wegen dieser begrenzten Warteschlangenkapazität geht die Verzögerungszeit nicht gegen unendlich, sobald der Verkehrswert gegen 1 geht. Allerdings kann ein ankommendes Paket eine volle Warteschlange vorfinden. Da es keinen Platz gibt, um ein solches Paket zu speichern, **löscht** der Router das ankommende Paket, d.h., es geht **verloren**. Dieses **Überlaufen** einer Warteschlange kann im Java-Applet beobachtet werden, sobald die Verkehrsdichte größer als 1 wird.

Aus dem Blickwinkel eines Endsystems sieht der Paketverlust so aus, als ob ein Paket ins Innere des Netzwerkes übertragen wurde, aber nie am Zielort auftaucht. Der Anteil verlorener Pakete steigt, wenn der Verkehrswert zunimmt. Deshalb wird die Leistung eines Knotens nicht nur anhand der dort auftretenden Verzögerung, sondern oft auch in Hinblick auf die Wahrscheinlichkeit eines Paketverlustes beurteilt. Wie wir in den anschließenden Kapiteln erörtern werden, kann ein verlorenes Paket auf Basis einer Ende-zu-Ende-Verbindung nochmals übertragen werden, um alle Daten sicher von der Quelle zum Zielort zu übertragen.

1.4.3 Ende-zu-Ende-Verzögerung

Bislang haben wir unsere Diskussion auf die Verzögerung pro Knoten konzentriert, d.h. auf die Verzögerung, die an einem einzelnen Router auftritt. Lassen Sie uns jetzt die gesamte Verzögerung auf dem Weg zwischen Quelle und Ziel bestimmen. Um ein Verständnis dafür zu entwickeln, nehmen wir an, dass es $N-1$ Router zwischen dem Quellhost und dem Zielhost gibt. Wir gehen vorerst davon aus, dass das Netz nicht überlastet ist (also sind Warteschlangenverzögerungen unbedeutend). Die Verarbeitungsverzögerung an jedem Router und am Quellsystem ist $d_{\text{verarbeitung}}$, die Übertragungsgeschwindigkeit jedes Routers und des Quellhosts beträgt R Bit/s und die Ausbreitungsverzögerung auf jeder Leitung ist $d_{\text{ausbreitung}}$. Die Verzögerungen pro Knoten addieren sich auf und führen zur Ende-zu-Ende-Verzögerung

$$d_{\text{Ende-zu-Ende}} = N\left(d_{\text{verarbeitung}} + d_{\text{übertragung}} + d_{\text{ausbreitung}}\right)$$

wobei $d_{\text{übertragung}} = L/R$ mit der Paketgröße L ist. Wir überlassen es Ihnen, diese Formel für den Fall heterogener Verzögerungen an jedem Knoten und für die Anwesenheit einer durchschnittlichen Warteschlangenverzögerung vor jeder Leitung zu verallgemeinern.

Traceroute

Um ein richtiges Gefühl für die Ende-zu-Ende-Verzögerung in einem Computernetzwerk zu bekommen, können wir das Programm Traceroute benutzen. Traceroute ist ein einfaches Programm, das in jedem Internethost ausgeführt werden kann. Gibt der Benutzer den Namen eines Zielhosts an, sendet das Programm vom Quellsystem aus mehrere spezielle Pakete zu diesem Ziel. Während diese Pakete ihren Weg durch das Netz nehmen, passieren sie eine Reihe von Routern. Erhält der Router eines dieser speziellen Pakete, schickt er eine kurze Meldung an die Quelle zurück, die den Namen und die Adresse des Routers enthält.

Gehen wir davon aus, dass sich $N-1$ Router auf dem Weg zwischen Quelle und Ziel befinden. Dann sendet die Quelle N Pakete ins Netz, die jedes an den endgültigen Zielort adressiert sind. Diese N Pakete werden mit *1* bis N nummeriert, das erste mit *1*, das letzte mit N. Wenn der n-te Router das n-te Paket erhält, dann sendet der Router das Paket nicht an sein Ziel weiter. Stattdessen sendet er eine Nachricht an die Quelle zurück. Erhält der Zielhost das N-te Paket, schickt er ebenfalls eine Nachricht an die Quelle zurück. Die Quelle zeichnet die Zeit auf, die zwischen dem Aussenden der Pakete und der entsprechenden Rückantwort vergeht. Er zeichnet auch Namen und Adresse des Routers (oder des Zielhosts) auf, der die Nachricht zurückschickt. Auf diese Weise kann die Quelle den Weg rekonstruieren, den die Pakete genommenen haben, und die Quelle kann die Rundlaufzeiten *(round-trip delay)* zu allen dazwischenliegenden Routern bestimmen. Traceroute wiederholt das beschriebene Experiment sogar dreimal, so dass die Quelle tatsächlich 3 N Pakete zum Zielort schickt. RFC 1393 beschreibt Traceroute im Detail.

Es folgt ein Beispiel für die Ausgabe des Traceroute-Programms, in dem die Strecke vom Quellsystem *gaia.cs.umass.edu* (an der University of Massachusetts) zum Host *cis.poly.edu* (an der Polytechnic University in Brooklyn) verfolgt wird. Die Ausgabe umfasst sechs Spalten: Die erste Spalte enthält den oben beschriebenen Wert *n*, also die Nummer des Routers. Die zweite Spalte enthält den Namen des Routers. In der dritten Spalte befindet sich die Adresse des Routers (in der Form xxx.xxx.xxx.xxx). Die letzten drei Spalten beinhalten die Rundlaufzeiten der drei Versuche. Erhält die Quelle weniger als drei Nachrichten von einem gegebenen Router (etwa aufgrund von Paketverlusten im Netz), setzt Traceroute hinter die Routernummer ein Sternchen und listet für diesen Router weniger als drei Rundlaufzeiten auf.

```
1 cs-gw (128.119.240.254) 1.009 ms 0.899 ms 0.993 ms
2 128.119.3.154 (128.119.3.154) 0.931 ms 0.441 ms 0.651 ms
3 border4-rt-gi-1-3.gw.umass.edu (128.119.2.194) 1.032 ms 0.484 ms 0.451 ms
4 acr1-ge-2-1-0.Boston.cw.net (208.172.51.129) 10.006 ms 8.150 ms 8.460 ms
5 agr4-loopback.NewYork.cw.net (206.24.194.104) 12.272 ms 14.344 ms 13.267 ms
6 acr2-loopback.NewYork.cw.net (206.24.194.62) 13.225 ms 12.292 ms 12.148 ms
7 pos10-2.core2.NewYork1.Level3.net (209.244.160.133) 12.218 ms 11.823 ms 11.793 ms
8 gige9-1-52.hsipaccess1.NewYork1.Level3.net (64.159.17.39) 13.081 ms 11.556 ms 13.297 ms
9 p0-0.polyu.bbnplanet.net (4.25.109.122) 12.716 ms 13.052 ms 12.786 ms
10 cis.poly.edu (128.238.32.126) 14.080 ms 13.035 ms 12.802 ms
```

In den aufgezeichneten Wegen treten neun Router zwischen der Quelle und dem Zielort auf. Die meisten dieser Router haben einen Namen und alle haben Adressen. Zum Beispiel lautet der Name des Routers 3 *border4-rt-gi-1-3.gw.umass.edu* und seine Adresse ist *128.119.2.194*. Betrachten wir die Daten, die für diesen Router gelieferten wurden, so sehen wir, dass in dem ersten der drei Prüfwerte die Rundlaufzeit zwischen der Quelle und dem Router 1,03 ms betrug. Die beiden anderen Versuche führten zu Werten von 0,48 ms und 0,45 ms. Diese Rundlaufzeiten schließen alle oben genannten Verzögerungsquellen ein, darunter Übertragungsverzögerung, Ausbreitungsverzögerungen, Verzögerungen durch die Verarbeitung im Router und das Warten in der Warteschlange. Weil die Warteschlangenverzögerung vom Zeitpunkt der Messung abhängt, kann die Rundlaufzeit eines Paketes *n* größer sein als die Rundlaufzeit des an Router $n + 1$ gesandten Paketes $n + 1$. Und tatsächlich beobachten wir dieses Phänomen im obigen Beispiel: Die Verzögerungen von Router 6 sind größer als die Verzögerungen von Router 7!

Möchten Sie Traceroute selbst ausprobieren? Wir empfehlen Ihnen einen Besuch von *http://www.traceroute.org*, deren Webinterface eine umfangreiche Liste von Quellen für das Routen-Tracing vorhält. Sie wählen dort eine Quelle aus und liefern den Hostnamen irgendeines Zieles. Danach macht Traceroute die ganze Arbeit. Es gibt zudem eine Anzahl freier Anwendungsprogramme, die eine grafische Schnittstelle zu Traceroute liefern; einer unserer Favoriten ist PingPlotter [PingPlotter 2007].

Endsystem-, Anwendungs- und andere Verzögerungen

Neben Verarbeitungs-, Übertragungs- und Ausbreitungsverzögerungen gibt es weitere wichtige Quellen von Verzögerungen in Endsystemen. Zum Beispiel führen Einwahlmodems zu einer Modulations-/Codierungsverzögerung, die in der Größenordnung von zehn Millisekunden liegen kann. (Die Modulations-/Codierungsverzögerungen anderer Zugangstechniken, darunter Ethernet, Kabelmodem und DSL sind weniger bedeutend und normalerweise vernachlässigbar.) Ein Endsystem, das ein Paket in ein gemeinsam benutztes Medium senden will (z.B. in eine WLAN- oder Ethernet-Umgebung), kann seine Übertragung als Teil des Protokolls, das die gemeinsame Nutzung des Mediums mit anderen Endsystemen regelt, *bewusst* verzögern. Wir werden solche Protokolle in Kapitel 5 im Detail erörtern. Eine andere wichtige Verzögerung ist die Paketierungsverzögerung, die in Anwendungen wie Voice-over-IP (VoIP, *IP-Telefonie*) auftritt. Bei VoIP muss die sendende Seite zuerst ein Paket mit codierter digitalisierter Sprache füllen, bevor das Paket an das Internet weitergeleitet werden kann. Die Zeit, um dieses Paket zu füllen – eben die sogenannte Paketierungsverzögerung – kann groß sein und die vom Benutzer wahrgenommene Qualität eines VoIP-Anrufes beeinflussen. Dieses Thema wird in einer Übungsaufgabe am Ende dieses Kapitels genauer untersucht.

1.4.4 Durchsatz in Computernetzwerken

Zusätzlich zu Verzögerung und Paketverlust gibt es ein weiteres wichtiges Leistungsmerkmal in Computernetzwerken, nämlich den Ende-zu-Ende-Durchsatz. Um den Durchsatz zu definieren, betrachten wir eine große Datei, die von Host A zu Host B über ein Computernetzwerk übertragen werden soll. Ein Beispiel hierfür wäre die Übertragung eines großen Videoclips von einem Peer zu einem anderen in einem P2P-Filesharing-System. Der **momentane Durchsatz** zu jedem Zeitpunkt ist die Geschwindigkeit (in Bit/s), mit der Host B die Datei empfängt. (Viele Anwendungen, auch viele P2P-Filesharing-Systeme, zeigen den momentanen Durchsatz während des Downloads in einer Benutzerschnittstelle an – vermutlich haben Sie das schon einmal beobachtet!) Wenn die Datei aus F Bit besteht und es T Sekunden dauert, bis Host B alle F Bit erhält, dann beträgt der **durchschnittliche Durchsatz** des Dateitransfers F/T Bit/s. Für manche Anwendungen, etwa Internettelefonie, ist eine niedrige Verzögerung vorteilhaft, zusammen mit einem momentanen Durchsatz, der ständig über einer bestimmten Schwelle bleibt (zum Beispiel oberhalb von 24 Kbps für die Internettelefonie und über 256 Kbps für Echtzeit-Videoanwendungen). Bei anderen Anwendungen, darunter solchen mit Dateitransfer, ist die Verzögerung nicht weiter kritisch, aber es ist dennoch wünschenswert, einen größtmöglichen Durchsatz zu erreichen.

Um das wichtige Konzept des Durchsatzes weiter zu beleuchten, betrachten wir einige Beispiele. ▶Abbildung 1.15 (a) zeigt zwei Endsysteme, einen Server und einen Client, die durch zwei Kommunikationsleitungen und einen Router verbunden sind. Betrachten Sie den Durchsatz beim Dateitransfer vom Server zum Client. R_S bezeichnet die Datenrate der Leitung zwischen Server und Router. Die Datenrate der Leitung zwischen dem Router und dem Client nennen wir R_C. Nehmen Sie an, dass die einzi-

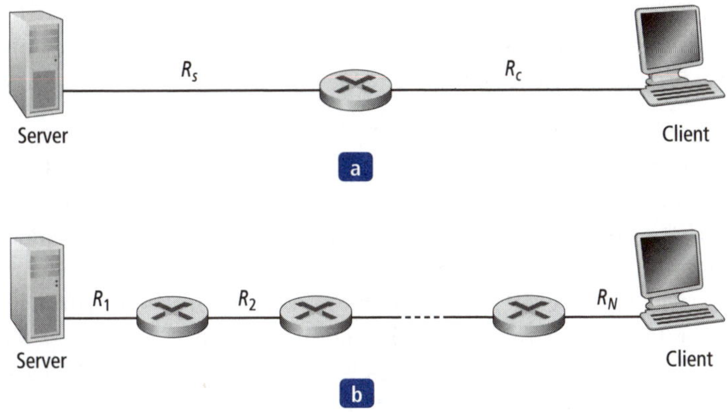

Abbildung 1.15: Durchsatz einer Dateiübertragung vom Server zum Client

gen Bits, die überhaupt durch das Netz verschickt werden, jene vom Server zum Client sind. In diesem idealen Umfeld können wir nun fragen, wie hoch der Durchsatz vom Server zum Client ist. Um diese Frage zu beantworten, stellen wir uns die Bits als *Flüssigkeit* und die Kommunikationsleitungen als *Rohre* vor. Klarerweise kann der Server keine Bits mit einer Geschwindigkeit größer R_S bps durch seine Leitung pumpen und der Router kann keine Bits schneller als R_C bps weiterleiten. Wenn $R_S < R_C$, dann fließen die vom Server abgegebenen Bits direkt durch den Router und erreichen den Client mit einer Rate von R_S bps, was zum Durchsatz von R_S bps führt. Ist andererseits $R_C < R_S$, dann kann der Router die Bits nicht so schnell weiterleiten, wie er sie erhält.

In diesem Fall verlassen die Bits den Router nur mit der Rate R_C, was zu einem Ende-zu-Ende-Durchsatz von R_C führt. (Beachten Sie auch, dass ständig mit der Geschwindigkeit R_S eintreffende Bits bei gleichzeitigem Abtransport mit der Rate R_C zu einer ständig wachsenden Warteschlange vor der Leitung im Router führen – eine äußerst unerfreuliche Situation!) Für dieses einfache Netzwerk aus zwei Leitungen ist der Durchsatz $\min\{R_C, R_S\}$, das heißt, er entspricht der Übertragungsgeschwindigkeit der Leitung, bei welcher der Engpass auftritt (die sogenannte **Bottleneck-Leitung** *(Engpassleitung))*. Nachdem wir den Durchsatz bestimmt haben, können wir jetzt die Zeit schätzen, die für die Übertragung einer großen Datei aus F Bit vom Server zum Client benötigt wird: Sie beträgt $F/\min\{R_S, R_C\}$. Um das Beispiel zu konkretisieren, nehmen Sie an, dass Sie eine MP3-Datei von F = 32 Millionen Bit herunterladen, der Server eine Übertragungsgeschwindigkeit von R_S = 2 Mbps hat und Sie über eine Zugangsleitung von R_C = 1 Mbps verfügen. Die Zeit, die für die Übertragung der Datei benötigt wird, beträgt dann 32 Sekunden. Natürlich sind diese Größen für Durchsatz und Übertragungszeit nur Schätzungen, denn sie berücksichtigen keinerlei Protokollaspekte.

Abbildung 1.15 (b) zeigt ein Netzwerk mit N Leitungen zwischen dem Server und dem Client. Die Übertragungsgeschwindigkeiten der N Leitungen betragen R_1, R_2, ..., R_N. Wenden wir dieselbe Analyse auf ein Netzwerk aus zwei Leitungen an, stellen wir fest, dass der Durchsatz für einen Dateitransfer von Server zu Client min$\{R_1, R_2, ..., R_N\}$ beträgt, was wiederum die Übertragungsrate des Engpasses zwischen Client und Server darstellt, also der langsamsten Leitung entlang des Pfades.

Betrachten Sie noch ein weiteres, vom heutigen Internet inspiriertes Beispiel. ▶Abbildung 1.16 (a) zeigt zwei Endsysteme, einen Server und einen Client, die mit einem Computernetzwerk verbunden sind. Betrachten Sie den Durchsatz für einen Dateitransfer vom Server zum Client. Der Zugang des Servers zum Netz besitzt die Übertragungsgeschwindigkeit R_S, der Netzzugang des Clients hat entsprechend die Übertragungsgeschwindigkeit R_C. Nehmen Sie nun an, dass alle Leitungen im Netzwerkkern sehr hohe Übertragungsgeschwindigkeiten besitzen, die viel höher sind als R_S und R_C. In der Tat ist der Kern des heutigen Internets mit Hochgeschwindigkeitsleitungen überversorgt, die nur selten überlastet sind [Akella 2003]. Nehmen Sie weiter an, dass die einzigen Bits, die in das gesamte Netzwerk gesandt werden, diejenigen sind, die vom Server zum Client geleitet werden sollen. Weil das Innere des Computernetzwerkes in diesem Beispiel wie ein dickes Rohr wirkt, ist die Geschwindigkeit, mit der die Bits von der Quelle zum Ziel fließen, erneut das Minimum von R_S und R_C, also Durchsatz = min$\{R_S, R_C\}$. Deshalb ist der begrenzende Faktor beim Durchsatz im heutigen Internet häufig das Zugangsnetzwerk.

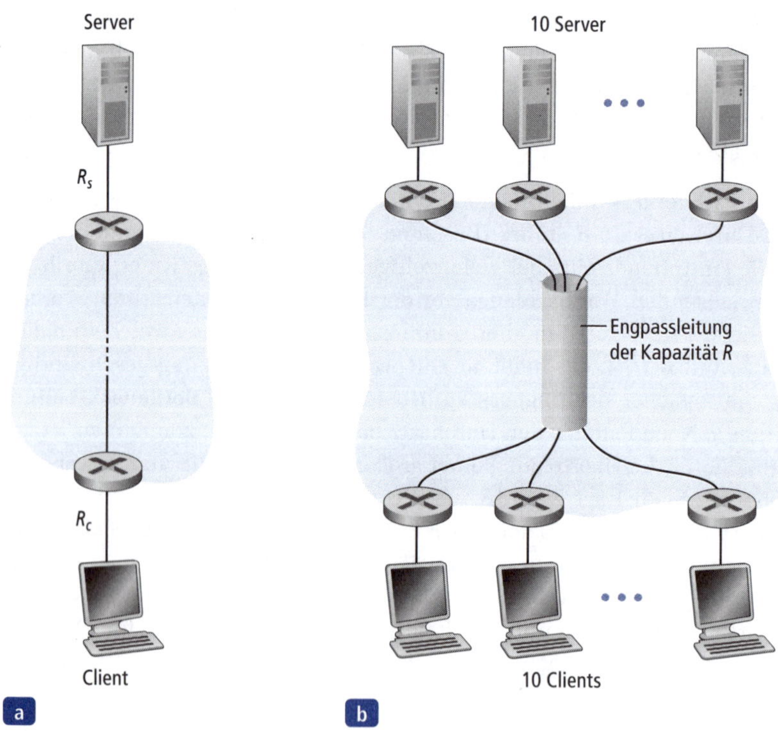

Abbildung 1.16: Ende-zu-Ende-Durchsatz: (a) Der Client lädt eine Datei vom Server herunter, (b) zehn Clients laden Dateien von zehn Servern herunter

Betrachten Sie als letztes Beispiel Abbildung 1.16 (b), in der zehn Server und zehn Clients mit dem Inneren des Computernetzwerkes verbunden sind. In diesem Beispiel finden gleichzeitig zehn Downloads zwischen zehn Client-Server-Paaren statt. Nehmen Sie an, dass zu diesem Zeitpunkt der einzige Verkehr im Netz diese zehn Downloads sind. Wie im Bild erkennbar, gibt es eine Leitung, die von allen zehn Downloads durchquert wird. Mit R bezeichnen wir die Übertragungsrate dieser Leitung. Nehmen wir an, dass alle Server-Zugangsleitungen dieselbe Rate R_S aufweisen, alle Client-Zugangsleitungen dieselbe Rate R_C besitzen und die Übertragungsgeschwindigkeiten aller Leitungen im Inneren des Netzwerkes – mit Ausnahme jener einzelnen von allen gemeinsamen genutzten Leitung – Übertragungsraten aufweisen, die viel größer als R_S, R und R_C sind. Unsere Frage lautet jetzt: Wie groß sind die Durchsätze der Downloads? Ganz klar: Wenn die Geschwindigkeit der gemeinsamen Leitung R beispielsweise hundert Mal größer als sowohl R_S als auch R_C ist, dann ist der Durchsatz für jeden Download wieder $\min\{R_S, R_C\}$. Was ist jedoch, wenn die Rate der gemeinsamen Leitung von derselben Größenordnung wie R_S und R_C ist? Wie groß wird der Durchsatz in diesem Fall sein? Betrachten wir erst einmal ein spezielles Beispiel.

Nehmen Sie an, dass $R_S = 2$ Mbps, $R_C = 1$ Mbps, $R = 5$ Mbps beträgt und die gemeinsame Leitung ihre Übertragungsrate gleichmäßig unter den zehn Downloads aufteilt. Dann befindet sich der Engpass für jeden Download nicht mehr im Zugangsnetz, sondern er hat sich stattdessen zur gemeinsam benutzten Leitung im Netzwerkinneren verlagert, die jedem Download 500 Kbps zur Verfügung stellt. Dadurch reduziert sich der Ende-zu-Ende-Durchsatz für jeden Download auf 500 Kbps.

Die Beispiele aus Abbildung 1.15 und Abbildung 1.16 (a) zeigen, dass der Durchsatz von den Übertragungsraten der Leitungen abhängt, welche von den Datenströmen durchquert werden. Wir haben gesehen, dass in Abwesenheit störenden Verkehrs der Durchsatz von der minimalen Übertragungsrate entlang des Weges zwischen Quelle und Ziel bestimmt wird. Das Beispiel in Abbildung 1.16 (b) zeigt, dass der Durchsatz im Allgemeinen nicht nur von den Übertragungsgeschwindigkeiten der Leitungen entlang des Pfades abhängt, sondern auch von dem sich gegenseitig störenden Verkehr. Insbesondere kann eine Leitung mit hoher Übertragungsrate ohne weiteres den Engpass einer Datenübertragung darstellen, sofern nur genügend andere Datenströme ebenfalls durch diese Leitung laufen. Wir werden den Durchsatz in Computernetzwerken in den Übungsaufgaben und in den folgenden Kapiteln noch näher betrachten.

1.5 Protokollschichten und ihre Dienstmodelle

Aufgrund unserer bisherigen Diskussion können wir davon ausgehen, dass das Internet ein äußerst kompliziertes System darstellt. Wir haben gesehen, dass viele Bestandteile zum Internet gehören, zahlreiche Anwendungen und Protokolle, unterschiedliche Arten von Endsystemen, Paketvermittlung und unterschiedliche Arten von Übertragungsmedien auf Leitungsebene. Gibt es angesichts dieser enormen Komplexität überhaupt Hoffnung, eine Netzwerkarchitektur, oder zumindest unsere

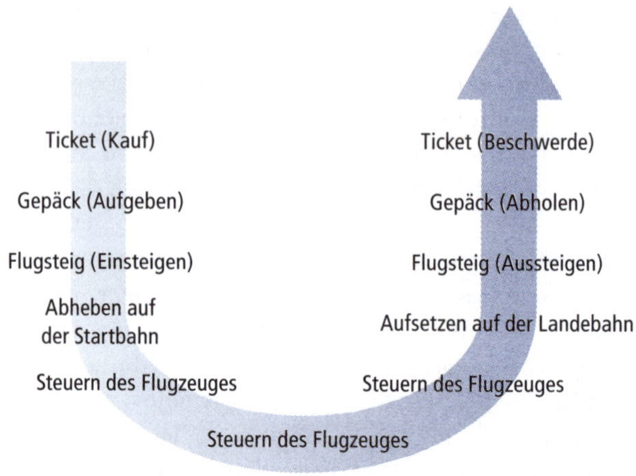

Abbildung 1.17: Ereignisse bei einer Flugreise

Diskussion, sinnvoll zu strukturieren? Glücklicherweise lautet die Antwort auf beide Fragen ja.

1.5.1 Schichtenarchitektur

Bevor wir versuchen, unsere Überlegungen über die Internetarchitektur zu strukturieren, lassen Sie uns zunächst eine Analogie aus dem Alltag betrachten. Eigentlich gehen wir im täglichen Leben die ganze Zeit mit komplexen Systemen um. Stellen Sie sich vor, jemand würde Sie darum bitten, das Luftverkehrssystem zu beschreiben. Wie würden Sie die Struktur dieses komplexen Systems wiedergeben, das Agenturen für Flugtickets, Gepäckkontrolleure, Personal an den Gates, Piloten, Flugzeuge, Flugsicherung und ein weltweites System zum Lenken von Flugzeugen umfasst? Eine Möglichkeit wäre eine Beschreibung der Handlungen, die Sie (oder jemand anderes für Sie) durchführen, wenn Sie mit einer Fluggesellschaft fliegen. Sie kaufen Ihr Flugticket, checken Ihre Taschen ein, gehen zum Flugsteig und besteigen schließlich das Flugzeug. Dieses hebt ab und wird zu seinem Zielort geleitet. Nachdem Ihr Flugzeug gelandet ist, verlassen Sie es und holen ihr Gepäck ab. War der Flug schlecht, beklagen Sie sich beim Ticketverkäufer (ohne dass Ihre Bemühungen Erfolg haben). Dieses Szenario zeigt ▶Abbildung 1.17.

Schon jetzt können wir einige Analogien zum Computernetzwerk erkennen: Sie werden von der Fluggesellschaft von Ihrem Ausgangsort zum Ziel transportiert, ein Datenpaket wird vom Internet vom Ausgangshost zum Zielhost geleitet.

Aber das ist nicht die Analogie, nach der wir suchen. Wir suchen nach irgendeiner Art von *Struktur* in Abbildung 1.17. Der Blick auf das Bild zeigt uns, dass es an jedem Ende eine Ticketfunktion gibt. Es gibt auch eine Gepäckfunktion für Passagiere, die schon Tickets besitzen, und eine Flugsteigfunktion für Passagiere, die Tickets besitzen und deren Gepäck schon eingecheckt wurde. Für Passagiere, die den Flugsteig pas-

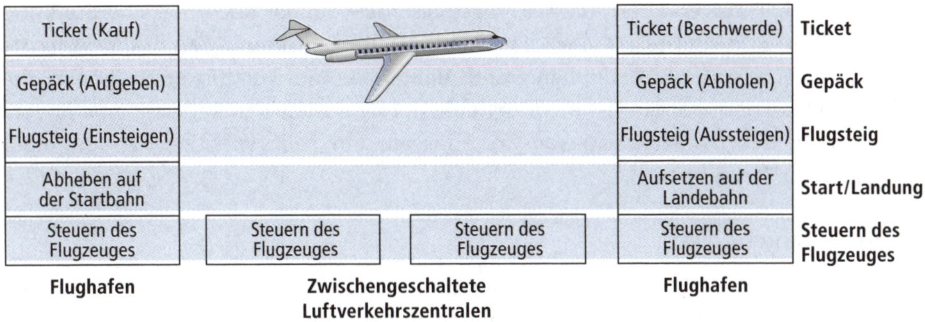

Abbildung 1.18: Horizontale Schichten bei der Luftfahrt

siert haben (also Passagiere, die schon Tickets besitzen, deren Gepäck geprüft und die das Flugzeug betreten haben), existieren eine Abflug- und eine Landefunktion. Während des Fluges gibt es eine Funktion Flugwegeplanung. Dies deutet an, dass wir die Funktionalität in Abbildung 1.17 auch *waagrecht* betrachten können, wie es ▶Abbildung 1.18 zeigt.

Abbildung 1.18 hat die Fluggesellschaftsfunktionalität in Schichten eingeteilt und so einen Rahmen geliefert, in dem wir Flugreisen erörtern können. Jede Schicht bietet dabei zusammen mit den darunterliegenden Schichten eine bestimmte Funktionalität, einen sogenannten *Dienst*, an.

In der Ticketschicht und den darunterliegenden Schichten wird der Transfer einer Person von Ticketschalter zu Ticketschalter durchgeführt. In der Gepäckschicht und darunter erfolgt der Transfer einer Person und ihres Gepäcks von der Gepäckabgabe bis zur Gepäckausgabe. Beachten Sie, dass die Gepäckschicht diesen Dienst nur für eine Person erbringt, die bereits Tickets besitzt. In der Flugsteigschicht werden eine Person und ihr Gepäck vom Abflugsgate zum Ankunftsgate transferiert. In der Abflug-/Ankunftschicht werden Personen und Gepäck von der Startbahn zur Landebahn gebracht. Jede Schicht erbringt ihre Dienste, indem sie (1) innerhalb dieser Schicht bestimmte Aktionen ausführt (in der Flugsteigschicht zum Beispiel Besteigen und Verlassen des Flugzeuges) und indem sie (2) die Dienste der direkt darunterliegenden Schicht nutzt (im Beispiel der Flugsteigschicht wird der Transferdienst der Passagiere von der Startbahn zur Landebahn der Abflug-/Landeschicht verwendet).

Eine solche geschichtete Architektur ermöglicht uns die Diskussion eines bestimmten Teilaspektes eines großen und komplexen Systems. Diese Vereinfachung ist von beträchtlichem Wert, denn sie ermöglicht eine Modularisierung der Funktionalität. Dies erleichtert es, die Implementierung der Dienste einer Schicht zu ändern. Das Verhalten des Systems wird in keinster Weise verändert, wenn eine Schicht geändert wird, solange sie nur der über ihr liegenden Schicht dieselben Dienste anbietet und weiterhin die Dienste der unter ihr liegenden Schicht nutzt. (Beachten Sie, dass die Änderung der Implementierung eines Dienstes etwas anderes ist als die Änderung des Dienstes selbst!) Wird z.B. die Flugsteigfunktion geändert (indem die Menschen etwa entsprechend ihrer Größe das Flugzeug besteigen), bliebe der Rest des Systems der

Fluggesellschaft unverändert, da die Flugsteigschicht immer noch dieselbe Funktion anbietet (Ein- und Aussteigen der Menschen). Nach der Änderung sind diese Dienste einfach auf eine andere Art implementiert. Bei großen und komplexen Systemen, die ständig aktualisiert werden, ist die Möglichkeit, einen Dienst zu ändern, ohne andere Bestandteile des Systems anpassen zu müssen, ein sehr wichtiger Vorteil einer geschichteten Architektur.

Protokollschicht

Genug geredet über Fluggesellschaften. Wenden wir unsere Aufmerksamkeit jetzt Netzwerkprotokollen zu. Um dem Design von Netzwerkprotokollen und der Hardware und Software von Netzwerken Struktur zu verleihen, organisieren Netzwerkentwickler ihre Protokolle in **Schichten**. Genau wie jede Funktion in der Fluggesellschaftsarchitektur in Abbildung 1.18 gehört jedes Protokoll zu einer Schicht. Wir interessieren uns wieder für die Dienste, die eine Schicht der darüberliegenden Schicht anbietet – das sogenannte **Dienstmodell** einer Schicht. Wie im Beispiel der Fluggesellschaft bietet jede Schicht ihre Dienste an, indem sie (1) innerhalb ihrer Schicht bestimmte Aktionen durchführt und indem sie (2) die Dienste der direkt unter ihr liegenden Schicht nutzt. So könnten beispielsweise die Dienste der Schicht n den zuverlässigen Transport von Nachrichten von einer Seite des Netzwerkes zur anderen enthalten. Dies könnte geschehen, indem die Schicht einen unzuverlässigen Nachrichtentransportdienst in Schicht $n - 1$ benutzt, während Schicht n Funktionen enthält, mit denen der Verlust von Nachrichten entdeckt und behoben wird.

Eine Protokollschicht kann in Software, in Hardware oder in einer Kombination der beiden implementiert werden. Protokolle der Anwendungsschicht *(application layer)* – wie HTTP und SMTP – sind fast immer in der Software der Endsysteme untergebracht, genauso wie die Protokolle der Transportschicht *(transport layer)*. Weil die Bitübertragungsschicht *(physical layer)* und die Sicherungsschicht *(data link layer)* für die Kommunikation über eine bestimmte Leitungsart verantwortlich sind, werden sie normalerweise in einer Netzwerkkarte untergebracht, die für eine bestimmte Leitungsart geeignet ist (zum Beispiel Ethernet- oder WLAN-Netzwerkkarten). Die Netzwerkschicht *(network layer)* ist oft eine Mischung aus Hardware und Software. Beachten Sie, dass die Funktionen in der geschichteten Struktur der Fluggesellschaft auf verschiedene Flughäfen und Flugleitzentralen verteilt sind, die zusammen das System ausmachen. Genauso ist ein Schicht-n-Protokoll auf Endsysteme, Paket-Switches und andere Komponenten *verteilt*, die zusammen das Computernetz bilden. Das bedeutet, dass in jeder dieser Netzwerkkomponenten ein Teil eines Schicht-n-Protokolls zu finden ist.

Protokollschichten haben konzeptionelle und strukturelle Vorteile. Wie wir gesehen haben, bietet die Schichtung einen strukturierten Zugang, um Systemkomponenten zu diskutieren. Modularität erleichtert das Aktualisieren von Systemkomponenten. Wir wollen jedoch nicht verschweigen, dass es Wissenschaftler und Netzwerkingenieure gibt, die Schichten vehement ablehnen [Wakeman 1992]. Ein potenzieller Nachteil der Schichten ist das Duplizieren der Funktionalität einer Schicht in einer ande-

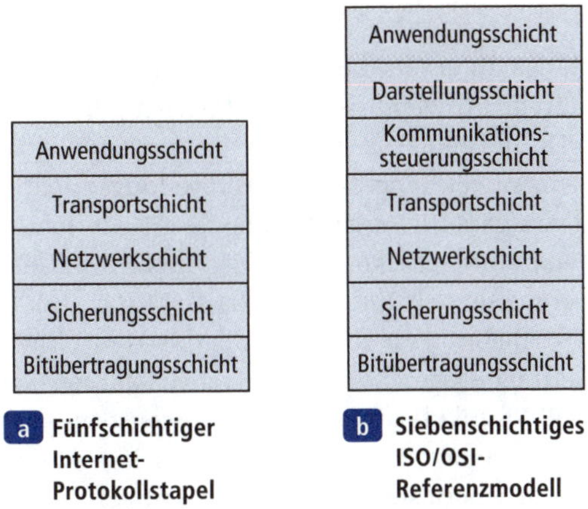

Abbildung 1.19: Der Internet-Protokollstapel (a) und das OSI-Referenzmodell (b)

ren Schicht. Zum Beispiel wird häufig die Behebung von Fehlern sowohl auf Basis einzelner Leitungen als auch auf einer Ende-zu-Ende-Basis durchgeführt. Ein zweiter potenzieller Nachteil liegt darin, dass die Funktionalität einer Schicht Informationen benötigen kann, die nur in einer anderen Schicht vorliegen (beispielsweise das Datum einer Datei). Dies verletzt das Ziel getrennter Schichten.

Die Gesamtheit der Protokolle der verschiedenen Schichten wird als **Protokollstapel** *(protocol stack)* bezeichnet. Wie in ▶Abbildung 1.19 gezeigt, besteht der Internet-Protokollstapel aus fünf Schichten: Bitübertragungsschicht, Sicherungsschicht, Netzwerkschicht, Transportschicht und Anwendungsschicht. Betrachten Sie das Inhaltsverzeichnis, werden Sie feststellen, dass wir dieses Buch mithilfe der Schichten des Internet-Protokollstapels strukturiert haben. Mit unserem **Top-Down-Ansatz** beginnen wir bei der Anwendungsschicht und dringen von dort aus tiefer vor.

Anwendungsschicht

In der Anwendungsschicht sind Netzanwendungen und ihre Protokolle beheimatet. Die Anwendungsschicht des Internets enthält viele Protokolle wie z.B. das HTTP-Protokoll (das die Anforderung und Übertragung von Webdokumenten ermöglicht), SMTP (das die Übertragung von E-Mails steuert) und FTP (für die Übertragung von Dateien zwischen zwei Endsystemen). Wir werden noch sehen, dass bestimmte Netzwerkfunktionen ebenfalls mithilfe eines Anwendungsschicht-Protokolls durchgeführt werden, etwa die Übersetzung von leserfreundlichen Namen für Internetendsysteme wie *www.ietf.org* in eine 32 Bit-Netzadresse durch das Domain Name System (DNS). Wir werden in Kapitel 2 erfahren, dass eigene Anwendungsschichtprotokolle sehr einfach erzeugt und eingesetzt werden können.

Ein Anwendungsschichtprotokoll verteilt sich über mehrere Endsysteme hinweg, wobei eine Anwendung auf einem Endsystem das Protokoll benutzt, um Informationspakete mit Anwendungen auf einem anderen Endsystem auszutauschen. Wir nennen dieses Informationspaket der Anwendungsschicht eine **Nachricht**.

Transportschicht

Die Transportschicht des Internets überträgt Nachrichten der Anwendungsschicht zwischen Endpunkten von Anwendungen. Im Internet gibt es die beiden Transportprotokolle TCP und UDP, die beide Nachrichten der Anwendungsschicht transportieren können. TCP bietet den Anwendungen einen verbindungsorientierten Dienst an. Dieser Dienst beinhaltet die garantierte Zustellung von Nachrichten der Anwendungsschicht zum Ziel sowie eine Flusskontrolle (das heißt, die Geschwindigkeiten von Sender und Empfänger werden einander angepasst). TCP zerlegt lange Nachrichten in kürzere Segmente und liefert zudem einen Überlastkontrollmechanismus, so dass eine Quelle ihre Übertragungsgeschwindigkeit zurückfahren kann, wenn das Netz überlastet ist. Das UDP-Protokoll bietet Anwendungen dagegen einen verbindungslosen Dienst. Dies ist ein Dienst ohne jeden Schnickschnack, der weder Zuverlässigkeit, Flusskontrolle noch Überlastkontrolle beinhaltet. In diesem Buch nennen wir ein Paket der Transportschicht ein **Segment**.

Netzwerkschicht

Die Netzwerkschicht des Internets leitet Pakete der Netzwerkschicht, die als **Datagramme** bezeichnet werden, von einem Host zu einem anderen. Genau wie Sie einen Brief mit einer Zieladresse an den Postdienst geben würden, reicht das Transportschichtprotokoll (TCP oder UDP) eines Quellsystems ein Segment der Transportschicht und eine Zieladresse an die Netzwerkschicht weiter. Die Netzwerkschicht erbringt dann der Transportschicht ihren Dienst und liefert das Segment an den Zielhost.

Die Netzwerkschicht des Internets beinhaltet das bekannte IP-Protokoll, das die Felder im Datagramm definiert und auch die Reaktion der Endsysteme und Router auf diese Felder festlegt. Es gibt nur ein IP-Protokoll und alle Komponenten des Internets, die eine Netzwerkschicht besitzen, müssen das IP-Protokoll verwenden. Die Netzwerkschicht des Internets enthält auch Routing-Protokolle, welche die Wege bestimmen, die Datagramme zwischen Quelle und Ziel einschlagen. Allerdings hat das Internet viele Routing-Protokolle. Wie wir in Abschnitt 1.3 gesehen haben, ist das Internet ein Netz von Netzwerken und innerhalb eines Netzes kann der Netzadministrator jedes beliebige Routing-Protokoll einsetzen. Obwohl die Netzwerkschicht sowohl das IP-Protokoll als auch zahlreiche Routing-Protokolle enthält, wird es oft einfach die IP-Schicht genannt, was der Tatsache Rechnung trägt, dass IP der Leim ist, der das Internet zusammenhält.

Sicherungsschicht

Die Netzwerkschicht des Internets leitet ein Datagramm über eine Reihe von Routern von der Quelle zum Ziel. Um ein Paket von einem Knoten (einem Host oder einem Router) zum nächsten Knoten zu bringen, verlässt sich die Netzwerkschicht auf die Dienste der Sicherungsschicht. Insbesondere leitet die Netzwerkschicht an jedem Knoten das Datagramm zur Sicherungsschicht, die es zum nächsten Knoten entlang der Strecke schickt. An diesem nächsten Knoten reicht die Sicherungsschicht das Datagramm dann zur Netzwerkschicht zurück.

Die von der Sicherungsschicht erbrachten Dienste hängen vom jeweiligen Protokoll der Sicherungsschicht ab, das auf dieser Leitung aktiv ist. Zum Beispiel bieten einige Sicherungsschichtprotokolle die zuverlässige Übertragung vom sendenden Knoten über eine Leitung zum empfangenden Knoten. Beachten Sie bitte, dass diese Art der zuverlässigen Übertragung etwas anderes ist als die zuverlässige Übertragung von TCP – Letztere gewährleistet die zuverlässige Übertragung von einem Endsystem zu einem anderen. Beispiele für Protokolle der Sicherungsschicht sind Ethernet, WLAN und das Point-to-Point Protocol (PPP). Da Datagramme normalerweise mehrere Leitungen auf ihrem Weg von der Quelle zu ihrem Zielort durchqueren, kann ein Datagramm von verschiedenen Sicherungsschichtprotokollen über verschiedene Leitungen übertragen werden. Zum Beispiel kann ein Datagramm über eine Leitung mittels Ethernet, über eine andere aber mittels PPP übertragen werden. In diesem Buch bezeichnen wir die Pakete der Sicherungsschicht als **Rahmen** *(Frames)*.

Bitübertragungsschicht

Während die Aufgabe der Sicherungsschicht darin liegt, komplette Rahmen von einem Element des Netzwerkes zu einem benachbarten Element zu transportieren, befasst sich die Bitübertragungsschicht damit, die *einzelnen Bits* innerhalb eines Rahmens von einem Knoten zum nächsten zu übermitteln. Die Protokolle in dieser Schicht hängen wieder von der Leitung ab, aber auch vom tatsächlich auf dieser Leitung verwendeten Übertragungsmedium (z.B. verdrillte Kupferdrähte oder Glasfasern). Ethernet zum Beispiel sieht viele Protokolle für die Bitübertragungsschicht vor: eines für verdrillte Kupferdrähte, ein anderes für Koaxialkabel, wieder ein anderes für Glasfasern usw. In jedem dieser Fälle wird ein Bit auf andere Weise über die Leitung transportiert.

Das OSI-Modell

Nachdem wir den Internetprotokollstapel im Detail erörtert haben, sollten wir auch erwähnen, dass es nicht der einzige Protokollstapel ist. In den späten 1970ern schlug der internationale Normenausschuss (ISO, *International Organization for Standardization)* vor, dass Computernetzwerke in sieben Schichten organisiert werden sollten, die als Open Systems Interconnection-Modell (OSI) bezeichnet werden [ISO 2007]. Das OSI-Modell nahm Gestalt an, als die Protokolle, die später die Protokolle des Internets werden sollten, noch in den Kinderschuhen steckten. Damals war das OSI-Modell eines von vielen unterschiedlichen Konzepten, die entwickelt wurden. Vermutlich hatten die Erfinder des ursprünglichen OSI-Modells nicht einmal das Internet im Sinn, als sie ihr Modell schufen. In den späten 1970ern griffen aber viele Kurse und Vorlesungen in der Industrie und an Hochschulen das ISO-Modell auf und organisierten entsprechende Veranstaltungen. Wegen seiner frühen Wirkung auf die Ausbildung ist das siebenschichtige Modell immer noch in Lehrbüchern und Kursen über Computernetzwerke zu finden.

Die sieben Schichten des OSI-Referenzmodells sind in Abbildung 1.19 (b) dargestellt: Anwendungsschicht, Darstellungsschicht, Kommunikationssteuerungsschicht, Transportschicht, Netzwerkschicht, Sicherungsschicht und Bitübertragungsschicht. Fünf dieser Schichten haben im Wesentlichen dieselbe Funktion wie ihre gleichnamigen Internetpendants. Wenden wir uns daher den beiden zusätzlichen Schichten im OSI-Referenzmodell zu – der Darstellungsschicht und der Kommunikationssteuerungsschicht. Die Rolle der Darstellungsschicht besteht im Angebot von Diensten, mit deren Hilfe Kommunikationsanwendungen die Bedeutung der ausgetauschten Daten interpretieren können. Zu diesen Diensten gehören Datenkompression und Datenverschlüsselung (die selbst erklärend sind), aber auch die Datenbeschreibung (wie wir in Kapitel 9 sehen werden, befreit sie Anwendungen von der Notwendigkeit, sich um das interne Format kümmern zu müssen, in dem Daten dargestellt bzw. gespeichert sind; das kann sich nämlich zwischen unterschiedlichen Computersystemen durchaus unterscheiden). Die Kommunikationssteuerungsschicht ermöglicht das Strukturieren und Synchronisieren des Datenaustausches und enthält auch Verfahren, um Sicherungsstellen und Wiederherstellungsschemata zu erzeugen.

Die Tatsache, dass dem Internet zwei im OSI-Referenzmodell vorhandene Schichten fehlen, wirft zwei interessante Fragen auf: Sind die erbrachten Dienste dieser Schichten unwichtig? Was ist, wenn eine Anwendung einen dieser Dienste *braucht*? Im Internet müssen sich darum die Anwendungsentwickler kümmern. Es ist Sache des Entwicklers, zu entscheiden, ob ein Dienst wichtig *ist*, und es ist Aufgabe des Anwendungsentwicklers, diese Funktionalität dann auf der Ebene der Anwendung selbst zu implementieren.

1.5.2 Nachrichten, Segmente, Datagramme und Rahmen

▶Abbildung 1.20 zeigt den tatsächlichen Weg, den Daten durch den Protokollstapel eines sendenden Endsystems nehmen. Darauf folgen das Auf und Ab im Protokollstapel eines auf dem Weg liegenden Switches der Sicherungsschicht und eines Routers sowie der Weg durch den Protokollstapel des empfangenden Endsystems. Wie wir später in diesem Abschnitt noch besprechen werden, sind sowohl Router als auch Switches der Sicherungsschicht Paket-Switches. Ähnlich wie Endsysteme ordnen Router und Switches der Sicherungsschicht ihre Netzwerkhardware und -software in Schichten an. Aber beide implementieren nicht alle Schichten des Protokollstapels; üblicherweise enthalten sie nur die unteren Schichten. Wie in ▶Abbildung 1.20 sichtbar, enthalten Switches der Sicherungsschicht die Schichten 1 und 2, Router enthalten die Schichten 1 bis 3. Dies bedeutet zum Beispiel, dass in Internetroutern das IP-Protokoll implementiert ist (ein Schicht-3-Protokoll), während es Switches der Sicherungsschicht fehlt. Wir werden später sehen, dass Switches der Sicherungsschicht zwar keine IP-Adressen erkennen, sie aber in der Lage sind, Schicht-2-Adressen, etwa Ethernet-Adressen, zu erkennen. Beachten Sie bitte, dass in Hosts alle fünf Schichten implementiert sind. Das passt zu dem generellen Prinzip, dass die Internetarchitektur viel von ihrer Komplexität am Rand des Netzwerkes platziert.

Abbildung 1.20 erläutert auch das wichtige Konzept der **Kapselung**. Vom sendenden Host wird eine **Nachricht der Anwendungsschicht** (M in Abbildung 1.20) an die

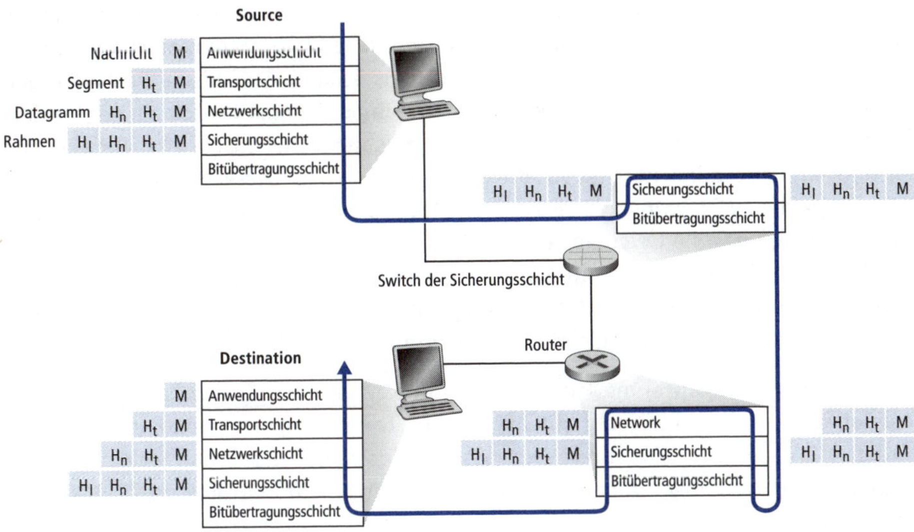

Abbildung 1.20: Hosts, Router und Sicherungsschicht-Switches implementieren jeweils andere Schichten entsprechend ihrer unterschiedlichen Funktionen

Transportschicht weitergereicht. Im einfachsten Fall nimmt die Transportschicht die Nachricht und hängt eine zusätzliche Information an (die sogenannte Transportschicht-Header-Information, H_t in Abbildung 1.20); sie wird von der Transportschicht der Empfängerseite genutzt. Beide, die Nachricht der Anwendungsschicht und die Transportschicht-Header-Information, bilden zusammen das **Transportschichtsegment**. Dieses Transportschichtsegment kapselt die Nachricht der Anwendungsschicht daher ein. Die hinzugefügte Information könnte Information enthalten, mit deren Hilfe die Transportschicht der Empfängerseite die Nachricht zur entsprechenden Anwendung leiten kann. Die hinzugefügten Informationen könnten auch Bits zur Fehlerkennung sein, mit deren Hilfe der Empfänger feststellen kann, ob Bits unterwegs verändert wurden. Die Transportschicht reicht das Segment dann an die Netzwerkschicht weiter, welches die Netzwerkschichtinformation hinzufügt (H_n in Abbildung 1.20), etwa die Adressen der Endsysteme an Quelle und Ziel, wodurch ein **Datagramm der Netzwerkschicht** entsteht. Das Datagramm wird dann an die Sicherungsschicht weitergereicht, welches (natürlich!) seine eigene Sicherungsschicht-Header-Information hinzufügt und so einen **Rahmen der Sicherungsschicht** erzeugt. Auf diese Art sehen wir, dass ein Paket in jeder Schicht zwei Arten von Feldern mit sich trägt: Header-Felder und **Datenfelder** *(payload fields)*. Die Datenfelder sind dabei üblicherweise die Pakete der darüberliegenden Schicht.

Eine hilfreiche Analogie ist hier das Versenden einer Mitteilung mittels des öffentlichen Postdienstes von einer Zweigstelle einer Firma zu einer anderen. Nehmen Sie an, dass Alice, die in einer Zweigstelle arbeitet, eine Mitteilung an Bob senden will, der in einer anderen Zweigstelle sitzt. Die *Mitteilung* entspricht der *Nachricht der Anwendungsschicht*. Alice steckt das Memo in einen Umschlag, auf dem Bobs Namen und seine

Abteilung stehen. Der *Umschlag* entspricht nun einem *Segment* der Transportschicht und enthält Header-Information (Bobs Namen und die Abteilungsnummer) und er verkapselt die Nachricht der Anwendungsschicht (das Memo). Sobald die Poststelle der Zweigstelle den Umschlag erhält, steckt sie ihn in einen anderen Umschlag, der für den Postversand geeignet ist. Die sendende Poststelle schreibt die Anschriften der sendenden und empfangenden Poststellen auf den Postumschlag. Dieser *Postumschlag* entspricht nun dem *Datagramm*. Er verkapselt das Transportschichtsegment (den Abteilungsumschlag), das die Originalnachricht (das Memo) einkapselt. Die Post liefert den Umschlag an die Poststelle der empfangenden Filiale. Dort beginnt der Prozess der Entkapselung. Die Poststelle zieht den Abteilungsumschlag heraus und leitet ihn an Bob weiter. Zuletzt öffnet Bob den Umschlag und entnimmt die Mitteilung.

Der Prozess der Einkapselung kann viel komplexer sein als oben beschrieben. Zum Beispiel kann eine große Nachricht in mehrere Transportschichtsegmente aufgeteilt werden (die ihrerseits in mehrere Datagramme der Netzwerkschicht zerlegt werden können). Beim Empfänger muss ein Segment dann aus mehreren Datagrammen rekonstruiert werden.

1.6 Netzwerke unter Beschuss

Das Internet ist für viele Institutionen heute lebensnotwendig, etwa für große und kleine Unternehmen, Universitäten und Behörden. Viele Menschen verlassen sich in ihren beruflichen, sozialen und persönlichen Aktivitäten ebenfalls auf das Internet. Aber hinter all dem Nutzen und den spannenden Anwendungen verbirgt sich eine Schattenseite: „Schurken" versuchen, verheerenden Schaden in unserem täglichen Leben anzurichten, indem sie unsere ans Internet angeschlossenen Computer beschädigen, unsere Privatsphäre verletzen und die Internetdienste blockieren, auf die wir uns verlassen [Skoudis 2006].

Im Gebiet der Netzwerksicherheit geht es darum, wie solche Schurken Computernetzwerke angreifen können und wie wir zukünftigen Experten der Computervernetzung unsere Netzwerke gegen solche Angriffe verteidigen können – oder besser noch, wie wir neue Architekturen so gestalten können, dass sie gegen solche Angriffe von vornherein immun sind. Ausgehend sowohl von Frequenz und Vielfalt heutiger Angriffe als auch von der Bedrohung durch neue und möglicherweise noch zerstörerischere zukünftige Angriffe wird deutlich, dass Netzwerksicherheit in den letzten Jahren ein zentrales Thema im Bereich Computernetzwerke wurde. Eines der Merkmale dieser vierten Auflage unseres Lehrbuches besteht darin, die Themen der Netzwerksicherheit in den Vordergrund zu stellen. Wir beginnen unseren Streifzug durch die Netzwerksicherheit in diesem Abschnitt, in dem wir kurz einige der häufigeren und schädlicheren Angriffe gegen das heutige Internet beschreiben. Während wir die verschiedenen Techniken und Protokolle der Computernetzwerke in den anschließenden Kapiteln besprechen, werden wir die Sicherheitsaspekte betrachten, die mit jenen Techniken und Protokollen verbunden sind. Ausgerüstet mit unserer frisch erworbenen Sachkenntnis in Computervernetzung und Internetprotokollen studieren wir in Kapitel 8 eingehend, wie Computernetzwerke gegen Angriffe verteidigt werden können oder wie sie so gestaltet und betrieben werden können, dass solche Angriffe von vornherein unmöglich werden.

Wir beginnen zunächst mit einer Betrachtung einiger der heute vorherrschenden sicherheitsrelevanten Probleme. Dies wird unseren Appetit auf umfassendere Diskussionen in den folgenden Kapiteln anregen. Wir stellen uns dazu die einfachen Frage: Was kann schief gehen? Wie sind Computernetzwerke verwundbar? Was sind einige der heute vorherrschenden Angriffsarten?

Angreifer können über das Internet Malware in Ihren Host einschleusen

Wir verbinden Geräte mit dem Internet, weil wir Daten aus dem Internet erhalten oder in das Internet senden wollen. Dies schließt viel Gutes ein, wie etwa Webseiten, E-Mail-Nachrichten, MP3s, Telefonanrufe, Live-Video, Suchmaschinenergebnisse usw. Aber unter diese erwünschten Daten mischen sich immer wieder auch heimtückische Daten, kollektiv als **Malware** bezeichnet. Malware ist in der Lage, unsere Geräte zu infizieren. Sobald Malware unser Gerät befällt, kann sie schädliche Aktionen durchführen, etwa unsere Dateien löschen, Spyware installieren, die unsere privaten Informationen wie Kontonummern oder Kennwörter und Tastenanschläge sammeln und diese dann (über das Internet natürlich!) an die Angreifer senden. Unser kompromittierter Host kann auch Teil eines Netzes Tausender ebenso befallener Geräte sein, kollektiv als **Botnet** bezeichnet, die von den Angreifern zur Verteilung von Spam-E-Mail oder für verteilte Denial-of-Service-Angriffen (DoS-Angriffe, *Dienstverweigerungsangriffe*, auf die wir bald zurückkommen) gegen bestimmte Hosts genutzt werden.

Oft ist Malware heute **selbst replizierend**: Sobald sie einen Host infiziert hat, sucht sie von diesem Wirt aus über das Internet Zugang zu anderen Hosts und von diesen frisch infizierten Wirten aus sucht sie Zugang zu noch mehr Rechnern. Auf diese Weise kann sich selbst replizierende Malware exponentiell schnell ausbreiten. So verdoppelte sich zum Beispiel die Anzahl der 2003 vom Wurm Saphire/Slammer infizierten Geräte in den ersten Minuten nach seinem Ausbruch alle 8,5 Sekunden und infizierte mehr als 90 Prozent der verwundbaren Hosts innerhalb von nur 10 Minuten [Moore 2003]. Malware kann sich in Form eines Virus, eines Wurms oder eines trojanisches Pferdes ausbreiten [Skoudis 2004].

Viren sind Malware, die irgendeine Form der Interaktion mit dem Benutzer erfordern, um dessen Gerät zu infizieren. Ein klassisches Beispiel ist ein E-Mail-Anhang, der bösartigen ausführbaren Code enthält. Öffnet ein Benutzer einen solchen E-Mail-Anhang, führt der Benutzer die Malware unabsichtlich auf dem Gerät aus. Normalerweise replizieren sich E-Mail-Viren selbst: Einmal ausgeführt, kann das Virus eine identische Nachricht mit einem identischen bösartigen Anhang zum Beispiel an jeden Empfänger im Adressbuch des Benutzers senden.

Würmer (wie Slammer) sind Malware, die einen Computer auch ohne explizite Benutzeraktion befallen kann. Zum Beispiel könnte ein Benutzer eine verwundbare Netzwerkanwendung ausführen, an die ein Angreifer Malware schicken kann. Aufgrund von beispielsweise Programmierfehlern kann die Anwendung die Malware aus dem Internet akzeptieren und ausführen und so einen Wurm verbreiten, ohne dass der Benutzer direkt beteiligt ist. Der Wurm im frisch infizierten Computer durchsucht dann das Internet nach anderen Hosts, welche dieselbe verwundbare Netzwerkanwendung ausführen. Findet er andere verwundbare Hosts, sendet er diesen Kopien von sich zu. Ein **trojanisches Pferd** ist schließlich Malware, die sich in einer ansonsten nützlichen Software versteckt.

Heutzutage ist Malware überall vorhanden und verursacht große Kosten. Der finanzielle Schaden, den allein Viren im Jahr 2005 verursachten, wird beispielsweise auf über 14 Milliarden US-Dollar geschätzt [Malware 2006]. Während Sie sich durch dieses Lehrbuch arbeiten, wollen wir Sie dazu ermutigen, über die folgende Frage nachzudenken: Was können wir beim Entwurf von Computernetzwerken tun, um an das Internet angeschlossene Geräte gegen Malware-Angriffe zu verteidigen?

Angriffe auf Server und Netzwerkinfrastruktur

Eine große Klasse von Bedrohungen der Computersicherheit bilden die Denial-of-Service-Angriffe (DoS). Wie der Name schon sagt, macht ein DoS-Angriff ein Netzwerk, einen Host oder einen anderen Teil der Infrastruktur für die rechtmäßigen Benutzer unbrauchbar. Webserver, E-Mail-Server, DNS-Server (die in Kapitel 2 erörtert werden) und institutionelle Netzwerke können alle das Ziel von DoS-Angriffen sein. DoS-Angriffe im Internet sind weit verbreitet. Jedes Jahr finden Tausende solcher Angriffe statt [Moore 2001; Mirkovic 2005]. Die meisten DoS-Angriffe im Internet fallen in eine von drei Kategorien:

- *Ausnutzen von Schwachstellen.* Dies erfordert das Senden einiger speziell gestalteter Nachrichten an eine verwundbare Anwendung oder ein verwundbares Betriebssystem auf einem Zielhost. Erreicht die richtige Reihenfolge von Paketen diese Anwendung oder das Betriebssystem, kann dies den Dienst lahmlegen oder schlimmer: Der Host kann abstürzen.
- *Bandwidth-Flooding-Angriffe.* Der Angreifer sendet eine große Masse von Paketen an den Zielhost – so viele Pakete, dass die Zugänge zum Ziel blockiert werden und legitime Pakete den Server nicht mehr erreichen können.
- *Connection-Flooding-Angriffe.* Der Angreifer baut eine große Anzahl von halboffenen oder vollständig offenen TCP-Verbindungen (TCP-Verbindungen werden in Kapitel 3 erörtert) mit dem Zielhost auf. Der Host verzettelt sich mit dem Verwalten so vieler Verbindungen, so dass er aufhört, legitime Verbindungsversuche zu akzeptieren.

Betrachten wir jetzt einmal das Bandwidth-Flooding genauer. Mit Blick auf unsere Analyse der Verzögerungen und Verluste in Abschnitt 1.4.2 ist offensichtlich, dass, wenn der Server einen Netzzugang mit einer Datenrate von R bps hat, auch der Angreifer Verkehr mit einer Rate von ungefähr R bps verursachen muss, um Schaden hervorrufen zu können. Ist R sehr groß, kann eine einzelne Angriffsquelle unter Um-

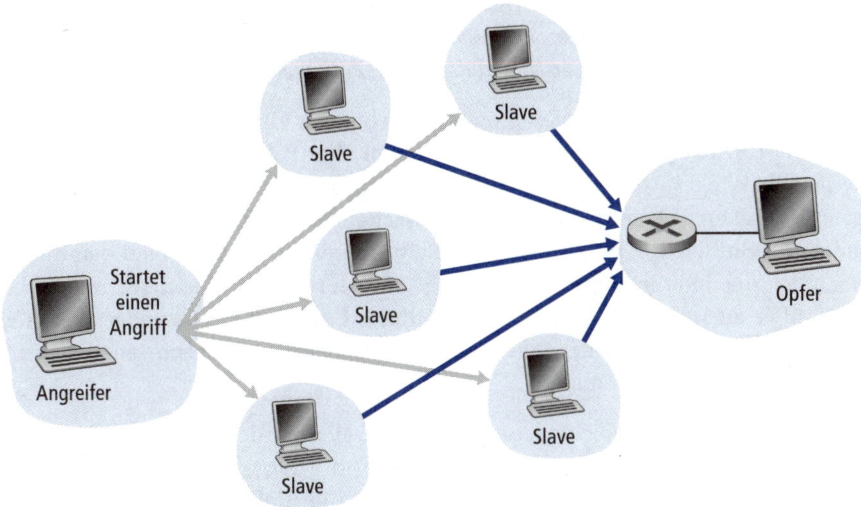

Abbildung 1.21: Ein verteilter Denial-of-Service-Angriff

ständen nicht genug Verkehr generieren, um dem Server zu schaden. Wird der ganze Verkehr von einer einzigen Quelle erzeugt, kann zudem ein nahe am Angreifer liegender Router den Angriff identifizieren und den Verkehr von dieser Quelle blockieren, bevor dieser überhaupt den Server erreicht. Bei einem **verteilten DoS-Angriff** (**DDoS**, *distributed DoS attack*), wie er in ▶Abbildung 1.21 dargestellt ist, kontrolliert der Angreifer allerdings viele Quellen und schickt von jeder Quelle aus Verkehr zum selben Ziel. Bei diesem Ansatz muss die gesamte Rate des Verkehrs aller vom Angreifer gesteuerten Quellen ungefähr R erreichen, um den Dienst lahmzulegen. DDoS-Angriffe, in denen Botnets mit Tausenden kompromittierter Hosts wirkungsvoll eingesetzt werden, kommen heutzutage häufig vor [Mirkovic 2005]. DDoS-Angriffe sind viel schwerer zu entdecken und abzuwehren als ein DoS-Angriff von einer einzelnen Quelle.

Wir möchten Sie ermutigen, sich die folgende Fragen zu stellen, während Sie sich durch dieses Buch arbeiten: Was können Netzwerkdesigner tun, um Netzwerke gegen DoS-Angriffe zu verteidigen? Wir werden sehen, dass verschiedene Verteidigungsstrategien für die drei Arten von DoS-Angriffen erforderlich sind.

Angreifer können Pakete ausspionieren

Viele Benutzer greifen heute mittels drahtloser Geräte, etwa Laptops mit WLAN oder Handys mit (den in Kapitel 6 vorgestellten) Mobilfunkverbindungen, auf das Internet zu. Während ein ständiger Internetzugang äußerst bequem ist und eine Vielzahl neuer Anwendungen für mobile Benutzer ermöglicht, schafft er auch ein größeres Sicherheitsrisiko – wird ein passiver Empfänger in die Nähe des drahtlosen Senders gebracht, kann der Empfänger eine Kopie jedes Paketes erhalten, das übertragen wird! Diese Pakete können vielfältige Arten vertraulicher Information enthalten, etwa

Kennwörter, Kontonummern, Betriebsgeheimnisse und private, persönliche Nachrichten. Ein passiver Empfänger, der eine Kopie jedes vorbeikommenden Paketes aufzeichnet, wird als **Paket-Sniffer** *(packet sniffer, „Paketschnüffler")* bezeichnet.

Sniffer können auch in kabelgebundenen Umgebungen eingesetzt werden. Dort, etwa in Ethernet-LANs, kann ein Paket-Sniffer Kopien aller Pakete erhalten, die durch das LAN laufen. Wie in Abschnitt 1.2 beschrieben, senden auch einige kabelgebundene Zugangstechniken Pakete an alle angeschlossenen Teilnehmer und sind daher verwundbar für Sniffer-Angriffe. Außerdem ist ein Angreifer, der Zugriff auf den Zugangsrouter oder die Internetzugangsverbindung einer Institution bekommt, in der Lage, einen Sniffer zu installieren, der jedes bei dieser Organisation ein- oder ausgehende Paket kopiert. Mitgeschnittener Datenverkehr kann dann später nach sensitiven Informationen durchsucht werden.

Sniffer-Software ist auf verschiedenen Websites frei erhältlich und auch als kommerzielles Produkt verfügbar. Tatsächlich verwenden die Wireshark-Experimente [Wireshark 2007], die zu diesem Buch gehören (siehe die Einführung in die Wireshark-Experimente am Ende dieses Kapitels), genau solch einen Paket-Sniffer!

Weil Paket-Sniffer passiv sind – das heißt, sie bringen keine Pakete in den Übertragungskanal ein – sind sie schwer zu entdecken. Wenn wir also Pakete auf einem drahtlosen Kanal versenden, müssen wir die Möglichkeit akzeptieren, dass ein Angreifer Kopien unserer Pakete macht. Wie Sie sicher schon vermuten, beruhen einige der besten Verteidigungen gegen Paket-Sniffer auf Kryptografie. Wir werden kryptografische Techniken, soweit sie für die Netzwerksicherheit notwendig sind, in Kapitel 8 kennenlernen.

Angreifer tarnen sich als jemand, dem Sie vertrauen

Es ist überraschend leicht, ein Paket mit beliebiger Quelladresse, frei gewähltem Paketinhalt und jeglicher Zieladresse zu erstellen (*Sie* werden das selbst in Kürze beherrschen, während Sie sich durch dieses Buch arbeiten!) und dann dieses handgemachte Paket ins Internet zu senden. Das Internet leitet das Paket pflichtbewusst an seinen Zielort weiter. Stellen Sie sich den ahnungslosen Empfänger vor (sagen wir einen Internetrouter), der ein solches Paket erhält, die (falsche) Quelladresse als korrekt betrachtet und dann einen im Paketinhalt verborgenen Befehl ausführt (der beispielsweise seine Weiterleitungstabelle verändert). Die Fähigkeit, ein Paket mit falscher Quelladresse in das Internet einzuspeisen, wird als **IP-Spoofing** *(Fälschung von IP-Adressen)* bezeichnet. Es ist eine von vielen Möglichkeiten für einen Benutzer, sich als jemand anderen auszugeben.

Um dieses Problem zu lösen, werden wir Techniken zur *Ende-zu-Ende-Authentifizierung (end-to-end authentication)* benötigen, also einen Mechanismus, der es uns erlaubt, mit Sicherheit festzustellen, ob eine Nachricht von der Quelle stammt, von der sie zu stammen vorgibt. Wieder einmal möchten wir Sie dazu anregen, darüber nachzudenken, wie dies für Netzwerkprotokolle erreicht werden kann, während Sie sich mit den Kapiteln dieses Buches befassen. Wir werden Mechanismen für Ende-zu-Ende-Authentifizierung in Kapitel 8 kennenlernen.

Ein Angreifer kann Nachrichten modifizieren oder löschen

Wir beenden diesen Streifzug durch Netzwerkangriffe durch die Beschreibung der sogenannten **Man-in-the-Middle-Angriffe**. In dieser Gruppe von Angriffen befindet sich der Angreifer auf dem Nachrichtenweg zwischen zwei kommunizierenden Einheiten. Benennen wir diese kommunizierenden Einheiten als Alice und Bob. Es könnte sich um echte Menschen handeln oder um Netzentitäten wie zwei Router oder zwei E-Mail-Server. Der Angreifer könnte zum Beispiel ein kompromittierter Router sein oder ein Softwaremodul, das sich auf einem der Endhosts in einer niedrigeren Schicht des Protokollstapels befindet.

Bei Man-in-the-Middle-Angriffen hat der Angreifer nicht nur die Fähigkeit, alle Pakete, die zwischen Bob und Alice ausgetauscht werden, zu beobachten. Er kann auch Pakete einfügen, verändern oder löschen. Im Jargon der Netzwerksicherheit kompromittiert ein Man-in-the-Middle-Angriff die *Integrität* der zwischen Alice und Bob ausgetauschten Daten. Wie wir in Kapitel 8 sehen werden, liefern Mechanismen für Geheimhaltung (also Schutz gegen Sniffer) und Ende-zu-Ende-Authentifizierung (die es dem Empfänger erlaubt, den Urheber einer Nachricht mit Sicherheit festzustellen) nicht unbedingt Datenintegrität. Also brauchen wir noch einen anderen Satz von Techniken, um Datenintegrität sicherstellen zu können.

Zum Schluss dieses Abschnittes seien ein paar Worte darüber erlaubt, wie das Internet überhaupt so ein unsicherer Platz werden konnte. Im Wesentlichen lautet die Antwort, dass das Internet von Anfang an so unsicher entworfen wurde! Es basiert auf dem Modell „einer Gruppe sich gegenseitig vertrauender Benutzer, die an ein transparentes Netzwerk angeschlossen sind" [Blumenthal 2001] – ein Modell, in dem (per Definition) kein Bedarf an Sicherheit besteht. Viele Aspekte der ursprünglichen Internetarchitektur spiegeln deutlich diese Vorstellung gegenseitigen Vertrauens wider. Zum Beispiel ist die Fähigkeit eines Benutzers, ein Paket an jeden anderen Benutzer zu senden, der Normalfall statt eines zunächst erbetenen und dann gegebenenfalls gewährten Privilegs. Auch die Benutzeridentität wird für bare Münze genommen, statt standardmäßig überprüft zu werden.

Das heutige Internet enthält aber kaum „sich gegenseitig vertrauende Benutzer". Nichtsdestoweniger möchten die Benutzer von heute miteinander kommunizieren, auch wenn sie einander nicht unbedingt vertrauen. Sie möchten anonym miteinander kommunizieren oder indirekt über Dritte kommunizieren (z.B. mittels Webcaches, die wir in Kapitel 2 kennenlernen werden, oder über mobilitätsunterstützende Agenten, die wir in Kapitel 6 untersuchen), obwohl sie der Hardware, der Software und sogar den Trägermedien, mit deren Hilfe sie Daten austauschen, misstrauen. Wir haben also im Laufe dieses Buches mehrere herausfordernde Sicherheitsaspekte vor uns: Wir müssen Verteidigungen gegen Sniffer, gegen die Maskierung von Endpunkten, gegen Man-in-the-Middle-Angriffe, gegen DDoS-Angriffe, gegen Malware und vieles mehr suchen. Wir dürfen dabei nicht vergessen, dass Kommunikation zwischen sich gegenseitig vertrauenden Benutzern die Ausnahme statt die Regel ist, obwohl das Internet ursprünglich mit genau dieser Annahme konzipiert wurde. Willkommen in der Welt der modernen Computernetzwerke!

1.7 Geschichte der Computernetzwerke und des Internets

Die Abschnitte 1.1 bis 1.6 gaben einen Überblick über die Technik der Computernetzwerke und des Internets. Sie sollten bereits genug wissen, um Ihre Familie und Ihre Freunde zu beeindrucken! Wenn Sie jedoch auf der nächsten Cocktailparty der große Macker sein wollen, sollten Sie Ihre Gespräche mit einigen Leckerbissen aus der faszinierenden Geschichte des Internets würzen [Segaller 1998].

1.7.1 Die Entwicklung der Paketvermittlung: 1961–1972

Computernetzwerke und das heutige Internet führen ihre Anfänge auf die frühen 1960er Jahre zurück, als das Fernsprechnetz das weltweit dominierende Kommunikationsnetz war. Erinnern Sie sich an Abschnitt 1.3 und daran, dass das Fernsprechnetz Leitungsvermittlung verwendet, um Information von einem Absender an einen Empfänger zu transportieren – eine geeignete Wahl, wenn man die Beobachtung zu Grunde legt, dass die Stimme mit konstanter Rate zwischen Absender und Empfänger übertragen wird. Berücksichtigen wir nun die wachsende Bedeutung (und die hohen Kosten) von Computern in den frühen 1960er Jahren und das Aufkommen von Computern mit Timesharing-Betrieb. Unter diesen Umständen war es dann (zumindest im Rückblick) beinahe natürlich, die Frage zu untersuchen, wie Computer so miteinander zu verbinden waren, dass sie von geografisch weit voneinander entfernten Anwendern genutzt werden konnten. Der von solchen Benutzern generierte Verkehr würde wohl *stoßweise* erfolgen – auf Intervalle der Aktivität, wie das Senden eines Befehles an einen entfernten Computer, würden Perioden der Untätigkeit folgen, in denen auf eine Antwort gewartet oder über die erhaltene Antwort nachgedacht wird.

Drei Forschungsgruppen begannen ohne Kenntnis voneinander mit der Entwicklung der Paketvermittlung als einer effizienten und robusten Alternative zur Leitungsvermittlung [Leiner 1998]. Die erste Veröffentlichung zu Paketvermittlungstechniken war die von Leonard Kleinrock [Kleinrock 1961; Kleinrock 1964], damals Doktorand am MIT. Mithilfe der Warteschlangentheorie demonstrierte Kleinrocks Arbeit elegant die Wirksamkeit des Paketvermittlungsansatzes für nichtkontinuierliche Verkehrsquellen. 1964 hatte Paul Baran vom Rand Institute begonnen, die Verwendung der Paketvermittlung für die sichere Sprachkommunikation in militärischen Netzen zu untersuchen [Baran 1964]. Und am National Physical Laboratory in England entwickelten Donald Davies und Roger Scantlebury ihre eigenen Ideen zur Paketvermittlung.

Die Arbeiten am MIT, Rand Institute und NPL schufen die Grundlagen für das heutige Internet. Im Internet herrscht zudem seit langem die Einstellung des „Wir probieren es einfach mal aus“, die ebenfalls bis in die 1960er zurückreicht. J. C. R. Licklider [DEC 1990] und Lawrence Roberts, beides Kollegen von Kleinrock am MIT, leiteten später das Informatikprogramm der Advanced Research Projects Agency (ARPA) in

Abbildung 1.22: Ein früher Interface Message Prozessor (IMP) zusammen mit L. Kleinrock (Mark J. Terrill, AP/Wide World Photos)

den Vereinigten Staaten. Roberts gab einen Rahmenplan für das ARPAnet heraus [Roberts 1967], das erste paketvermittelte Computernetzwerk und ein direkter Vorfahre des heutigen Internets. Die frühen Paket-Switches wurden als **Interface Message Processors (IMPs)** bezeichnet. Die Firma Bolt, Beranek und Newman (BBN) wurde mit ihrem Bau beauftragt. Am 1. September 1969 (dem amerikanischen Labor Day oder Tag der Arbeit) wurde der erste IMP an der UCLA unter Kleinrocks Leitung installiert. Drei weitere IMPs wurden bald danach am Stanford Research Institute (SRI), der University of California in Santa Barbara und an der University of Utah aufgebaut ▶Abbildung 1.22. Die Keimzelle des Internets bestand bis Ende 1969 aus vier Knoten. Kleinrock erinnert sich daran, dass die allererste Nutzung des Netzwerkes aus einem Fernzugriff der UCLA auf einen Rechner im SRI bestand – und das System abstürzen ließ [Kleinrock 2004].

Bis 1972 war das ARPAnet auf etwa 15 Knoten angewachsen. Es wurde erstmals von Robert Kahn auf der International Conference on Computer Communications (ICCC) 1972 öffentlich vorgeführt. Das erste Host-zu-Host-Protokoll zwischen Endsystemen des ARPAnet, bekannt als Network-Control Protocol (NCP, *Netzwerkkontrollprotokoll)*, war fertiggestellt [RFC 001]. Nachdem ein solches Ende-zu-Ende-Protokoll zur Verfügung stand, konnten auch Anwendungen geschrieben werden. Ray Tomlinson bei BBN schrieb 1972 das erste E-Mail-Programm.

1.7.2 Proprietäre Netzwerke und Internetworking: 1972–1980

Das ARPAnet war zu Beginn ein einzelnes, geschlossenes Netzwerk. Um mit einem ARPAnet-Host zu kommunizieren, musste man mit einem anderen ARPAnet-IMP verbunden sein. Zwischen Anfang und Mitte der 1970er Jahre entstanden weitere eigenständige paketvermittelte Netzwerke neben dem ARPAnet:

- ALOHANet, ein Mikrowellennetz, das Universitäten auf den hawaiianischen Inseln verband [Abramson 1970], sowie paketvermittelte Satelliten- [RFC 829] und Funknetzwerke bei der DARPA [Kahn 1978]
- Telenet, ein kommerzielles Paketvermittlungsnetz von BBN basierend auf der ARPAnet-Technologie
- Cyclades, ein französisches Paketvermittlungsnetz auf Basis der Pionierarbeiten von Louis Pouzin [Think 2007]
- Timesharing-Netze wie unter anderem Tymnet und das GE Information Services Network in den späten 1960ern und frühen 1970ern [Schwartz 1977]
- IBM SNA (1969–1974), das parallel zum ARPAnet entwickelt wurde [Schwartz 1977]

Die Anzahl der Netzwerke wuchs. Rückblickend können wir sehen, dass die Zeit reif war für die Entwicklung einer umfassenden Architektur, mit der Netzwerke miteinander verbunden werden konnten. Pionierarbeiten zum Zusammenschluss von Netzwerken (mit finanzieller Unterstützung der Defense Advanced Research Projects Agency (DARPA)), die im Wesentlichen ein *Netzwerk der Netzwerke* schufen, leisteten Vinton Cerf und Robert Kahn [Cerf 1974]; der Ausdruck *Internetting* wurde geprägt, um diese Arbeit zu beschreiben.

Diese architektonischen Prinzipien flossen in TCP ein. Dessen frühe Versionen unterschieden sich jedoch erheblich vom heutigen TCP. Das frühe TCP verband eine zuverlässige Übertragung von Daten in der richtigen Reihenfolge mittels Übertragungswiederholungen durch die Endsysteme (immer noch Teil des heutigen TCP) mit Weiterleitungsfunktionen (die heute von IP ausgeführt werden). Frühe Experimente mit TCP, gepaart mit der Erkenntnis, wie wichtig ein unzuverlässiger Ende-zu-Ende-Übertragungsdienst ohne Flusskontrolle für Anwendungen wie die paketweise Sprachübertragung war, führten zur Abspaltung von IP aus TCP und zur Entwicklung des UDP-Protokolls. Die drei heutigen Schlüsselprotokolle des Internets – TCP, UDP und IP – waren konzeptionell also zum Ende der 1970er Jahre vorhanden.

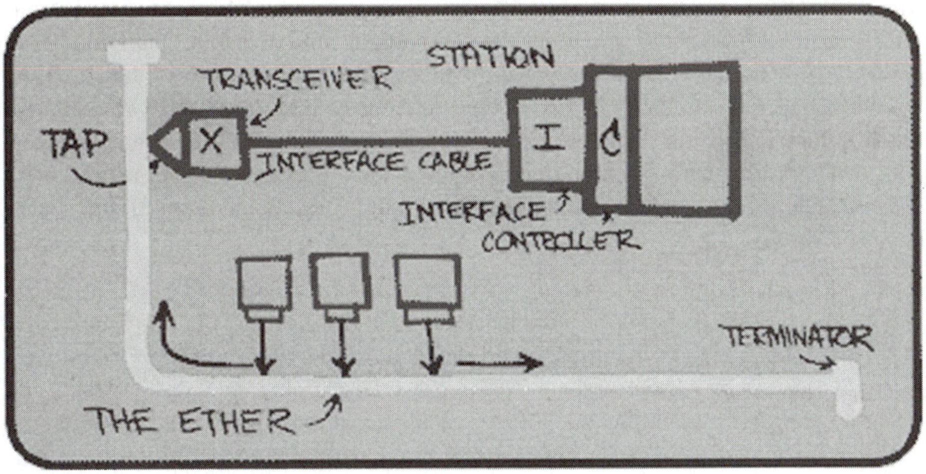

Abbildung 1.23: Metcalfes ursprüngliches Konzept des Ethernet

Zusätzlich zur internetbezogenen Forschung der DARPA fanden viele andere wichtige Ereignisse statt. Auf Hawaii entwickelte Norman Abramson ALOHAnet, ein paketbasiertes Funknetz, das es mehreren voneinander entfernten Standorten auf den hawaiianischen Inseln ermöglichte, miteinander zu kommunizierten. Das ALOHA-Protokoll [Abramson 1970] war das erste Mehrfachzugriffsprotokoll, das es geografisch verteilten Benutzern ermöglichte, sich ein einzelnes Übertragungsmedium (eine Funkfrequenz) zu teilen. Metcalfe und Boggs bauten bei der Entwicklung des Ethernet-Protokolls für leitungsbasierte geteilte Übertragungen auf Abramsons Zugangsprotokoll auf [Metcalfe 1976]; siehe auch ▶Abbildung 1.23. Interessanterweise wurde Metcalfes und Boggs Ethernet-Protokoll von der Notwendigkeit motiviert, mehrere PCs, Drucker und gemeinsam genutzte Laufwerke zusammenzuschließen [Perkins 1994]. Vor fast dreißig Jahren, noch vor der PC-Revolution und der weiten Verbreitung von Netzwerken, legten Metcalfe und Boggs die Fundamente für die heutigen PC-LANs. Die Ethernet-Technik war auch ein wichtiger Schritt für das Internetworking. Jedes lokale Netzwerk war ein Netz für sich und so, wie sich die Anzahl von LANs erhöhte, wuchs der Bedarf, diese LANs zusammenzuschließen. Wir erörtern Ethernet, ALOHA und andere LAN-Techniken detailliert in Kapitel 5.

1.7.3 Die Ausbreitung der Netzwerke: 1980–1990

Bis Ende der 1970er Jahre waren etwa zweihundert Hosts mit dem ARPAnet verbunden. Bis Ende der 1980er erreichte die Zahl von Hosts, die mit dem Internet verbunden waren – einem Zusammenschluss von Netzwerken, der schon sehr dem heutigen Internet ähnelte – etwa hunderttausend. Die 1980er sollten eine Zeit ungeheuren Wachstums werden.

Ein Großteil dieses Wachstums resultierte aus mehreren unabhängigen Versuchen, Computernetzwerke zu schaffen, in denen Universitäten miteinander verbunden waren. BITNET bot mehreren Universitäten im Nordosten der USA E-Mail und Dateitransfers. CSNET *(computer science network)* wurde mit dem Ziel gegründet, Forscher an Universitäten zu vernetzen, die keinen Zugang zum ARPAnet hatten. 1986 wurde NSFNET geschaffen, um Zugang zu Supercomputing-Zentren zu ermöglichen, die von dem amerikanischen Institut für Forschungsförderung NSF unterstützt wurden. Anfangs mit einer Geschwindigkeit von 56 Kbps ausgestattet lief der Backbone des NSFNET gegen Ende des Jahrzehnts mit 1,5 Mbps und diente als ein Haupt-Backbone zur Verbindung regionaler Netze.

In der ARPANET-Community fügten sich viele Puzzlestücke zusammen, die heute die Architektur des Internets bilden. Am 1. Januar 1983 begann der offizielle Einsatz von TCP/IP als neues Standard-Hostprotokoll des ARPANET (welches das NCP-Protokoll ersetzte). Der Wechsel [RFC 801] von NCP zu TCP/IP war ein denkwürdiger Tag – alle Hosts mussten an diesem Tag zu TCP/IP wechseln. In den späten 1980ern erfolgten wichtige Erweiterungen von TCP, mit denen eine hostbasierte Überlastkontrolle eingeführt wurde [Jacobson 1988]. Auch DNS, das eine Übersetzung zwischen benutzerlesbaren Internet-Hostnamen (zum Beispiel *gaia.cs.umass.edu*) und der entsprechenden 32-Bit-IP-Adresse herstellt, wurde ebenfalls zu dieser Zeit entwickelt [RFC 1034].

Parallel zur Entwicklung des ARPANET (das größtenteils ein US-amerikanisches Projekt war), begann Frankreich zu Beginn der 1980er Jahre mit dem Minitel-Projekt, einem ehrgeizigen Plan, Datennetzwerke in jedes Hause zu bringen. Gefördert von der französischen Regierung, bestand das Minitel-System aus einem öffentlichen Paketvermittlungsnetz (basierend auf dem X.25-Protokoll), Minitel-Servern und preisgünstigen Terminals mit eingebauten (langsamen) Modems. Das Minitel wurde 1984 ein Riesenerfolg, als die französische Regierung jedem französischen Haushalt, der eines wollte, ein Minitel-Terminal schenkte. Minitel-Seiten umfassten sowohl frei nutzbare Seiten – etwa das Telefonbuch – als auch private Seiten, die eine nutzungsabhängige Gebühr von ihren Benutzern einzogen. Zum Zeitpunkt seines größten Erfolgs Mitte 1990er Jahre bot Minitel mehr als 20.000 Dienste an, die vom Homebanking bis zu spezialisierten Forschungsdatenbanken reichten. Es wurde von mehr als 20 % der französischen Bevölkerung eingesetzt, generierte jedes Jahr Einnahmen von über einer Milliarde Dollar und schuf 10.000 Arbeitsplätze. Minitel war bereits zehn Jahre, bevor die meisten Amerikaner überhaupt vom Internet gehört hatten, fester Bestandteil französischer Haushalte.

1.7.4 Die Internetexplosion: die 1990er

Die 1990er begannen mit einer Reihe von Ereignissen, die die ständige Evolution und die bald beginnende Kommerzialisierung des Internets symbolisierten. ARPANET, der Urahn des Internets, hörte auf zu existieren. MILNET und das Defense Data Network *(„Verteidigungsdatennetz“)* transportierten in den 1980ern den Großteil des militärischen Datenverkehrs der USA und NSFNET diente als Backbone, das regionale Netzwerke in den Vereinigten Staaten und nationale Netze in Übersee verband. 1991 hob NSFNET seine Einschränkungen hinsichtlich kommerzieller Nutzung des NSFNET auf.

Das NSFNET selbst wurde 1995 stillgelegt, wonach der Backbone-Internetverkehr von kommerziellen Internetanbietern getragen wurde.

Das größte Ereignis der 1990er war jedoch das Aufkommen des World Wide Web und seiner Anwendungen. Sie brachten das Internet weltweit in Millionen von Haushalten und Firmen. Das Web diente als Plattform, über die Hunderte neuer, heute alltäglicher Anwendungen bereitgestellt wurden. Eine Zusammenfassung der Geschichte des jungen Webs liefert [W3C 1995].

Das Web wurde zwischen 1989 und 1991 von Tim Berners-Lee am CERN erfunden [Berners-Lee 1989]. Es basierte auf Ideen, die bereits in den 1940er Jahren in frühen Arbeiten über Hypertexte von Vannevar Bush [Bush 1945] und in den 1960ern von Ted Nelson veröffentlicht wurden [Xanadu 2007]. Berners-Lee und seine Kollegen entwickelten frühe Versionen von HTML, HTTP, einen Webserver und einen Browser – die vier wesentlichen Bestandteile des Web. Ende 1992 waren etwa zweihundert Webserver in Betrieb; sie waren aber nur Vorboten dessen, was bald kommen sollte. Etwa zu dieser Zeit entwickelten mehrere Forscher Webbrowser mit grafischen Benutzerschnittstellen (GUI, *graphical user interface*). Unter den Entwicklern war auch Marc Andreesen, der die Entwicklung des beliebten GUI-Browsers Mosaic leitete. 1994 gründeten Marc Andreesen und Jim Clark Mosaic Communications, aus der später die Netscape Communications Corporation entstand [Cusumano 1998; Quittner 1998]. Ab 1995 verwendeten Studenten die Browser Mosaic und Netscape ganz alltäglich für ihre Internetrecherchen. Etwa zu dieser Zeit begannen große und kleine Firmen mit dem Betrieb von Webservern und dem kommerziellen Einsatz des Netzes. Ab 1996 gab es dann auch Browser aus dem Hause Microsoft, was den Beginn des sogenannten Browserkrieges zwischen Netscape und Microsoft darstellte, den Microsoft wenige Jahre später für sich entschied [Cusumano 1998].

Die zweite Hälfte der 1990er Jahre war eine Periode ungeheuren Wachstums und vieler Innovationen im Internet. Große Firmen sowie Tausende kleiner Neugründungen, sogenannte Startups, erzeugten und vertrieben Produkte und boten Dienstleistungen an. Internet-E-Mail entwickelte sich weiter, mit umfangreich ausgestatteten Mail-Readern, die Adressbücher, Mail-Anhänge, Hot-Links und die Übertragung von Multimedia-Inhalten ermöglichten. Am Ende des Millenniums unterstützte das Internet Hunderte populärer Anwendungen, von denen die folgenden die vier wichtigsten darstellen:

- E-Mail, einschließlich Attachments und Webmail
- das Web, mit Webbrowsern und dem Internethandel
- Instant Messaging mit Kontaktlisten, allen voran ICQ
- Peer-to-Peer-Filesharing von MP3-Dateien, eingeführt von Napster

Interessanterweise stammen die beiden ersten Kernanwendungen aus der Forschung, während die beiden letzteren von einigen wenigen jungen Unternehmern eingeführt wurden.

Die Zeit zwischen 1995 und 2001 war eine Achterbahnfahrt für das Internet auf den Geldmärkten. Noch bevor sie profitabel waren, gingen Hunderte Internet-Startups an die Börse und wurden dort gehandelt. Viele Gesellschaften wurden auf einen Wert von mehreren Milliarden Dollar geschätzt, ohne nennenswerte Einnahmen zu haben. Diese sogenannte Internetblase platzte zwischen 2000 und 2001 und viele Startups machten wieder dicht. Dennoch kristallisierten sich eine Reihe von Firmen als große Gewinner des Internets heraus, etwa Microsoft, Cisco, Yahoo, eBay, Google und Amazon.

1.7.5 Jüngste Entwicklungen

Computernetzwerke entwickeln sich rasch weiter. Fortschritte werden an allen Fronten gemacht: Es gibt neue Anwendungen, die Verteilung digitaler Medien, Internettelefonie, höhere Übertragungsraten in LANs und schnellere Router. Aber drei Entwicklungen verdienen besondere Aufmerksamkeit: die Verbreitung schneller Zugangsnetze (einschließlich des drahtlosen Zuganges), Sicherheit und P2P-Netzwerke.

Wie in Abschnitt 1.2 besprochen, hat die wachsende Verbreitung von Breitbandzugängen für Privatanwender den Boden für zahlreiche neue Multimedia-Anwendungen bereitet, wie Internettelefonie und Internetbildtelefonie [Skype 2007], den Austausch von Videos [YouTube 2007] und Internetfernsehen [PPLive 2007]. Die wachsende Verfügbarkeit von öffentlichen drahtlosen Hochgeschwindigkeitsnetzen (mit 11 Mbps und mehr) und mittelschnellen (einige hundert Kbps) Internetzugängen über Mobilfunknetze ermöglicht nicht nur die ununterbrochene Verbindung mit dem Internet, sondern auch aufregende neue standortspezifische Dienstleistungen. Mobilfunknetze und Mobilität behandeln wir in Kapitel 6.

Nach einer Serie von DoS-Angriffen auf bekannte Webserver in den späten 1990ern und nach verbreiteten Wurmangriffen (z.B. mit dem Wurm Blaster) wurde die Netzwerksicherheit zu einem immens wichtigen Thema. Diese Angriffe führten zur Entwicklung von Systemen zur Erkennung von Angriffen und der frühzeitigen Warnung vor ihnen sowie zum Einsatz von Firewalls, um unerwünschten Verkehr herauszufiltern, bevor er in das Netz eindringen kann. Wir werden uns mit mehreren Sicherheitsthemen in Kapitel 8 befassen.

Die letzte Entwicklung, der wir uns hier widmen, sind P2P-Netzwerke. Eine P2P-Netzwerkanwendung stützt sich auf die Ressourcen in den Computern der verschiedenen Benutzer, benutzt ihre Speicher, Inhalte, Rechenkapazität und die davor sitzenden Menschen und ist dadurch von zentralen Servern weitgehend unabhängig. Normalerweise sind die Computer der Benutzer (d.h. die Peers) nur sporadisch miteinander verbunden. Es gab in den letzten Jahren zahlreiche P2P-Erfolgsgeschichten, etwa P2P-Filesharing (Napster, Kazaa, Gnutella, eDonkey, LimeWire usw.), Dateiverteilung (BitTorrent), IP-Telefonie (Skype) und IPTV (PPLive, ppStream). Viele dieser P2P-Anwendungen diskutieren wir in Kapitel 2.

ZUSAMMENFASSUNG

In diesem Kapitel haben wir eine ungeheure Materialmenge abgedeckt! Wir haben die unterschiedlichen Hardware- und Softwarekomponenten betrachtet, die das Internet im Besonderen und Computernetzwerke im Allgemeinen ermöglichen. Wir haben am Rand des Netzwerkes begonnen und haben Endsysteme, Anwendungen und die Übertragungsdienste betrachtet, die den Anwendungen auf den Endsystemen zur Verfügung stehen. Wir haben auch die Technologien der Sicherungsschicht und die physikalischen Medien vorgestellt, die üblicherweise in Zugangsnetzen zu finden sind. Wir sind dann tiefer in die Netzwerke eingetaucht, in ihren Kern hinein, haben dort Paketvermittlung und Leitungsvermittlung als die beiden grundlegenden Methoden zum Transport von Daten durch ein Telekommunikationsnetzwerk identifiziert und die Stärken und Schwächen jeder dieser Methoden analysiert. Wir haben uns auch die Struktur des Internets angeschaut und erfahren, dass das Internet ein Netz von Netzwerken ist. Wir haben gesehen, dass die hierarchische Struktur des Internets, die sich aus ISPs unterschiedlicher Hierarchiestufen zusammensetzt, es ihm erlaubte, so sehr zu wachsen und schließlich Tausende Netzwerke zu umfassen.

Im zweiten Teil dieses Einführungskapitels haben wir verschiedene Themen untersucht, die für Computernetzwerke von zentraler Bedeutung sind. Da waren zuerst die Ursachen von Verzögerung, Durchsatz und Paketverlusten in einem Paketvermittlungsnetz. Wir haben einfache quantitative Modelle für Übertragungs-, Ausbreitungs- und Warteschlangenverzögerungen und auch für den Durchsatz hergeleitet; wir werden diese Verzögerungsmodelle in den Übungen noch ausgiebig benutzen. Danach haben wir Protokollschichten und Dienstmodelle angeschaut, wesentliche Prinzipien der Vernetzung, auf die wir im ganzen Buch wieder zurückgreifen. Wir haben uns auch einige der häufigeren Sicherheitsprobleme im Internetalltag angesehen. Schließlich haben wir unsere Einführung in Computernetzwerke mit einem kurzen Abriss ihrer Geschichte abgeschlossen. Das erste Kapitel bildet in sich bereits einen Minikurs über Computernetzwerke.

Durch all das decken wir schon in diesem ersten Kapitel eine ungeheure Breite ab! Wenn Sie sich etwas überwältigt fühlen, dann machen Sie sich keine Sorgen. In den folgenden Kapiteln werden wir alle diese Themen wieder aufgreifen und sie detaillierter diskutieren (das ist ein Versprechen, keine Drohung!). Zum jetzigen Zeitpunkt hoffen wir, dass Sie dieses Kapitel mit einem ausbaufähigen Gefühl für die Elemente verlassen, aus denen ein Netzwerk besteht, einem entwicklungsfähigen Wortschatz zu Netzwerken (scheuen Sie nicht davor zurück, immer wieder in dieses Kapitel zu schauen) und einem ständig wachsenden Wunsch, mehr über Netzwerke zu lernen. Das ist die Aufgabe, die im Rest dieses Buches vor uns liegt.

Der rote Faden durch dieses Buch

Vor dem Antritt einer Reise sollten Sie immer einen Blick auf eine Straßenkarte werfen, um sich mit den Hauptstraßen und Kreuzungen, die vor Ihnen liegen, vertraut zu machen. Das endgültige Ziel der Reise, die wir hier beginnen, ist ein grundsätzliches Verständnis des Wie, Was und Warum der Computernetzwerke. Unsere Straßenkarte wird von den Kapiteln dieses Buches gebildet:

1. Computernetzwerke und das Internet
2. Anwendungsschicht
3. Transportschicht
4. Netzwerkschicht
5. Sicherungsschicht und lokale Netze

6. Drahtlose und Mobilfunknetze

7. Multimedia-Netzwerke

8. Sicherheit in Computernetzwerken

9. Netzwerkmanagement

Kapitel 2 bis 5 sind die vier zentralen Kapitel dieses Buches. Ihnen sollte aufgefallen sein, dass diese Kapitel entsprechend den oberen vier Schichten des fünfschichtigen Internet-Protokollstapels organisiert sind, so dass jeder Schicht ein Kapitel gewidmet ist. Beachten Sie auch, dass unsere Reise am oberen Ende des Internet-Protokollstapels, nämlich bei der Anwendungsschicht, beginnt und wir uns von dort aus nach unten vorarbeiten. Die Idee hinter diesem Top-down-Verlauf ist die folgende: Sobald wir die Anwendungen verstehen, werden wir auch die Netzwerkdienste verstehen können, die notwendig sind, um diese Anwendungen laufen zu lassen. Wir können dann wiederum die verschiedenen Arten untersuchen, wie solche Dienste von einer Netzwerkarchitektur implementiert sein können. Die frühe Behandlung der Anwendungen bietet daher die Motivation für den Rest des Textes.

Die zweite Hälfte des Buches – die *Kapitel 6 bis 9* – konzentriert sich auf vier ungeheuer wichtige (und teilweise voneinander unabhängige) Themen der modernen Computernetzwerke. In *Kapitel 6* behandeln wir drahtlose Netzwerke (einschließlich WLAN, WiMax und Bluetooth), Mobiltelefonnetze (einschließlich GSM) und Mobilität (sowohl in IP- als auch GSM-Netzen). In *Kapitel 7* (Multimedia-Netzwerke) untersuchen wir Audio- und Videoanwendungen wie Internettelefonie, Videokonferenzen und Streaming von gespeicherten Mediendaten. Wir betrachten auch, wie ein Paketvermittlungsnetz so entworfen werden kann, dass es eine konsistente Dienstgüte für Audio- und Videoanwendungen bereitstellen kann. In *Kapitel 8* (Sicherheit in Computernetzwerken) sehen wir uns zuerst die Grundlagen von Verschlüsselung und Netzwerksicherheit an und untersuchen dann, wie diese theoretischen Ideen in einem breiten Bereich von Internetanwendungen angewandt werden. Das letzte Kapitel (Netzwerkmanagement) wirft einen Blick auf die wichtigsten Aspekte der Verwaltung von Netzwerken und auf die wichtigsten Internetprotokolle, die hierfür verwendet werden.

Aufgaben

Lösungshinweise

Verständnisfragen für Kapitel 1

ABSCHNITT 1.1

R1. Gibt es einen Unterschied zwischen einem Host und einem Endsystem? Listen Sie unterschiedliche Arten von Endsystemen auf. Ist ein Webserver ein Endsystem?

R2. Das Wort *Protokoll* wird oft verwendet, um diplomatische Beziehungen zu beschreiben. Geben Sie ein Beispiel für ein solches diplomatisches Protokoll.

ABSCHNITT 1.2

R3. Was ist ein Client-Programm? Was ist ein Server-Programm? Fordert bzw. erhält ein Server-Programm Dienste von einem Client-Programm?

R4. Listen Sie sechs Zugangstechniken auf. Klassifizieren Sie jede als Heimzugang, Firmenzugang oder mobilen Zugang.

R5. Steht die volle HFC-Übertragungsrate jedem Benutzer zur Verfügung oder wird sie unter mehreren Benutzern aufgeteilt? Sind Kollisionen von Datenpaketen in einem Downstream-HFC-Kanal möglich? Warum oder warum nicht?

R6. Listen Sie die verfügbaren Heimzugangstechniken in Ihrer Stadt auf. Nennen Sie für jede Art des Zuganges die Downstream-Rate, die Upstream-Rate und die monatlichen Kosten.

R7. Welche Übertragungsgeschwindigkeit haben Ethernet-LANs? Kann, bei gegebener Übertragungsrate, jeder Benutzer auf dem LAN kontinuierlich mit dieser Rate senden?

R8. Nennen Sie einige der physikalischen Medien, über die Ethernet verwendet werden kann.

R9. Einwahlmodems, HFC und DSL werden alle für Heimzugänge verwendet. Nennen Sie für jede dieser Zugangstechniken den Bereich ihrer Übertragungsraten und kommentieren Sie, ob die Übertragungsrate geteilt oder dediziert ist.

R10. Beschreiben Sie die heute beliebtesten drahtlosen Internetzugangstechniken. Vergleichen Sie sie und stellen Sie sie einander gegenüber.

ABSCHNITT 1.3

R11. Welchen Vorteil hat ein leitungsvermitteltes Netz gegenüber einem paketvermittelten Netz? Welche Vorteile hat TDM gegenüber FDM in einem leitungsvermittelten Netz?

R12. Warum sagt man, dass die Paketvermittlung statistisches Multiplexing verwendet? Stellen Sie statistisches Multiplexing und das Multiplexing, das in TDM stattfindet, einander gegenüber.

R13. Nehmen Sie an, dass genau ein Paket-Switch zwischen einem sendenden Host und einem empfangenden Host liegt. Die Übertragungsraten zwischen sendendem Host und dem Paket-Switch sowie zwischen dem Paket-Switch und dem empfangenden Host sind R_1 und R_2. Nehmen Sie an, dass der Switch Store-and-Forward-Paketvermittlung verwendet. Wie groß ist dann die Ende-zu-Ende-Verzögerung, um ein Paket der Länge L zu senden? (Ignorieren Sie Warteschlangenverzögerung, Ausbreitungsverzögerung und Verarbeitungsverzögerung.)

R14. Was ist der wesentliche charakteristische Unterschied zwischen einem Tier-1-ISP und einem Tier-2-ISP?

R15. Nehmen Sie an, dass sich Benutzer eine 2 Mbps-Leitung teilen. Gehen Sie weiter davon aus, dass jeder Benutzer mit 1 Mbps sendet, aber jeder Benutzer nur während 20 Prozent der Zeit sendet. (Erinnern Sie sich an die Diskussion des statistischen Multiplexing in Abschnitt 1.3.)

a. Wie viele Benutzer können bei Leitungsvermittlung unterstützt werden?

b. Nehmen Sie für den Rest dieser Aufgabe an, dass Paketvermittlung eingesetzt wird. Warum gibt es praktisch keine Warteschlangenverzögerung vor der Leitung, wenn zwei oder weniger Benutzer gleichzeitig senden? Warum gibt es eine Warteschlangenverzögerung, wenn drei Benutzer zur gleichen Zeit senden?

c. Bestimmen Sie die Wahrscheinlichkeit, dass ein gegebener Benutzer sendet.

d. Nehmen Sie nun an, dass es drei Benutzer gibt. Bestimmen Sie die Wahrscheinlichkeit, dass zu jedem gegebenen Zeitpunkt alle drei Benutzer simultan senden. Bestimmen Sie den Anteil der Zeit, während der die Schlange wächst.

ABSCHNITT 1.4

CWS Companion Website – Weblink

R16. Nehmen Sie an, ein Paket soll von einem Quellhost über eine festgelegte Strecke zu einem Zielhost gesendet werden. Listen Sie die einzelnen Bestandteile der Ende-zu-Ende-Verzögerung auf. Welche dieser Verzögerungen sind konstant und welche sind variabel?

R17. Besuchen Sie das Applet „Transmission Versus Propagation Delay" auf der buchbegleitenden Website. Finden Sie unter den verfügbaren Raten, Ausbreitungsverzögerungen und Paketgrößen eine Kombination, bei der ein Absender mit dem Senden fertig ist, bevor das erste Bit des Paketes den Empfänger erreicht. Finden Sie eine andere Kombination, bei der das erste Bit des Paketes den Empfänger erreicht, bevor der Absender mit dem Senden fertig ist.

R18. Wie lange braucht ein Paket der Länge 1.000 Byte, um sich über eine Leitung mit der Länge 2.500 km auszubreiten (die Ausbreitungsgeschwindigkeit betrage $2{,}5 \cdot 10^8$ m/s und die Übertragungsrate 2 Mbps)? Ganz allgemein, wie lange braucht ein Paket der Länge L, um über eine Leitung mit der

Länge d, der Ausbreitungsgeschwindigkeit s und der Übertragungsrate R bps zu laufen? Hängt diese Verzögerung von der Paketlänge ab? Hängt diese Verzögerung von der Übertragungsrate ab?

R19. Nehmen Sie an, dass Host A eine große Datei an Host B senden will. Der Pfad zwischen Host A und Host B enthält drei Leitungen mit den Raten R_1 = 500 Kbps, R_2 = 2 Mbps und R_3 = 1 Mbps.

a. Gehen Sie davon aus, dass es keinen anderen Verkehr im Netzwerk gibt, wie groß ist dann der Durchsatz für diese Dateiübertragung?

b. Nehmen Sie an, dass die Datei 4 Millionen Byte groß ist. Wie lange dauert es, um sie zu Host B zu übertragen?

c. Beantworten Sie (a) und (b) für den Fall, dass die Bandbreite R_2 auf 100 Kbps reduziert wurde.

R20. Nehmen Sie an, dass Endsystem A eine große Datei an Endsystem B senden will. Geben Sie einen groben Überblick, wie Endsystem A Pakete aus der Datei erzeugt. Wenn eines dieser Pakete an einem Paket-Switch ankommt, welche Information im Paket nutzt dieser, um die Leitung zu bestimmen, auf die das Paket weitergeleitet wird? Warum entspricht die Paketvermittlung im Internet dem Fahren von einer Stadt zur anderen, wobei ständig nach dem Weg gefragt wird?

R21. Besuchen Sie das Applet „Queuing and Loss“ auf unserer Website. Wie groß sind die maximale Emissionsrate und die maximale Übertragungsrate? Diese Raten vorausgesetzt, wie groß ist der Verkehrswert? Führen Sie das Applet mit diesen Raten aus und stellen Sie fest, wie lange es dauert, bis Paketverluste auftreten. Wiederholen Sie den Versuch ein zweites Mal und stellen Sie wieder fest, wie lange es dauert, bis Paketverluste auftreten. Sind die Werte anders? Warum oder warum nicht?

Weblink

ABSCHNITT 1.5

R22. Nennen Sie fünf Aufgaben, die eine Schicht ausführen kann. Ist es möglich, dass eine (oder mehrere) dieser Aufgaben von zwei (oder mehr) Schichten ausgeführt werden können?

R23. Welche fünf Schichten sind Teil des Internet-Protokollstapels? Was sind die Hauptaufgaben jeder dieser Schichten?

R24. Was ist eine Nachricht der Anwendungsschicht? Was ist ein Segment der Transportschicht? Ein Datagramm der Netzwerkschicht? Ein Rahmen der Sicherungsschicht?

R25. Welche Schichten im Internet-Protokollstapel existieren in einem Router? Welche Schichten gibt es in einem Switch der Sicherungsschicht? Welche in einem Host?

ABSCHNITT 1.6

R26. Was ist der Unterschied zwischen einem Virus, einem Wurm und einem Trojaner?

R27. Beschreiben Sie, wie ein Botnet erzeugt und für einen DDoS-Angriff verwendet werden kann.

R28. Nehmen Sie an, dass Alice und Bob einander Pakete über ein Computernetzwerk senden. Nehmen Sie an, dass sich Trudy ins Netz einklinkt, so dass sie alle von Alice gesandten Pakete abfangen und was immer sie mag an Bob senden kann. Sie kann zudem alle von Bob gesandten Pakete abfangen und beliebige eigene Daten an Alice senden. Listen Sie einige der schädlichen Dinge auf, die Trudy aus dieser Position heraus tun kann.

Übungsaufgaben

P1. Entwerfen und beschreiben Sie ein Anwendungsschichtprotokoll, das zwischen einem Geldautomaten und dem Zentralcomputer der Bank eingesetzt werden soll. Ihr Protokoll sollte es ermöglichen, dass die Karte und das Kennwort des Benutzers überprüft werden, dass der Kontostand (der im Zentralcomputer gespeichert wird) abgefragt wird und Geld vom Konto abgehoben werden kann (also an den Benutzer ausgezahlt wird). Ihre Protokollentitäten sollten in der Lage sein, den nur allzu häufigen Fall zu berücksichtigen, dass nicht genug Geld vorhanden ist, um die Abhebung zu decken. Erläutern Sie Ihr Protokoll durch Auflisten der ausgetauschten Nachrichten und der Aktionen, die der Geldautomat und der Zentralcomputer der Bank bei Übertragung und Empfang von Nachrichten ausführen. Skizzieren Sie den Ablauf Ihres Protokolls für den Fall einer einfachen fehlerfreien Geldabhebung, indem Sie ein ähnliches Diagramm benutzen wie in ▶Abbildung 1.2. Machen Sie besonders deutlich, welche Annahmen Ihr Protokoll über die zugrunde liegenden Ende-zu-Ende-Transportdienste macht.

P2. Betrachten Sie eine Anwendung, die Daten mit fester Rate überträgt (zum Beispiel erzeugt der Absender N Bit in jeder Zeiteinheit k, wobei k klein und konstant ist). Berücksichtigen Sie, dass diese Anwendung, einmal gestartet, für ziemlich lange Zeit läuft. Beantworten Sie die folgenden Fragen und rechtfertigen Sie Ihre Antwort kurz:

a. Wäre ein paketvermitteltes Netz oder ein leitungsvermitteltes Netz für diese Anwendung besser geeignet? Warum?

b. Nehmen Sie an, dass ein paketvermitteltes Netz benutzt wird und der einzige Verkehr in diesem Netz von Anwendungen wie der beschriebenen stammt. Nehmen Sie weiterhin an, dass die Summe der Datenraten der Anwendungen kleiner ist als die Kapazität einer jeden Leitung. Ist irgendeine Form von Überlastkontrolle notwendig? Warum?

P3. Betrachten Sie das leitungsvermittelte Netz in ▶ Abbildung 1.8. Erinnern Sie sich daran, dass je Leitung n Übertragungskanäle existieren.

a. Wie groß ist die maximale Zahl simultaner Verbindungen, die zu einem beliebigen Zeitpunkt in diesem Netz aktiv sein können?

b. Nehmen Sie an, dass alle Verbindungen zwischen dem Switch in der oberen linken Ecke und dem Switch in der unteren rechten Ecke verlaufen. Wie groß ist die maximale Zahl simultaner Verbindungen, die aktiv sein können?

P4. Überprüfen Sie die Analogie zur Fahrzeugkolonne in Abschnitt 1.4. Nehmen Sie wieder eine Ausbreitungsgeschwindigkeit von 100 km/h an.

a. Nehmen Sie an, die Kolonne würde 200 km weit fahren, vom Beginn einer Mautstelle durch eine zweite Mautstelle bis direkt vor die dritte Mautstelle. Wie groß ist die Ende-zu-Ende-Verzögerung?

b. Wiederholen Sie (a), nehmen Sie jetzt aber an, dass sieben Autos statt zehn in der Kolonne fahren.

P5. Mit dieser einfachen Aufgabe beginnt die Untersuchung der Ausbreitungsverzögerung und der Übertragungsverzögerung, zwei zentralen Konzepten der Computernetzwerke. Gehen Sie von zwei Hosts A und B aus, die mit einer einfachen Leitung der Rate R bps verbunden sind. Nehmen Sie an, dass die beiden Hosts m Meter voneinander entfernt sind und dass die Ausbreitungsgeschwindigkeit entlang der Leitung s Meter/Sekunde ist. Host A soll ein Paket der Größe L Bit an Host B schicken.

a. Drücken Sie die Ausbreitungsverzögerung $d_{ausbreitung}$ in den Größen m und s aus.

b. Bestimmen Sie die Übertragungszeit des Paketes $d_{übertragung}$ in Bezug auf L und R.

c. Ignorieren Sie die Verarbeitungs- und die Warteschlangenverzögerung und bestimmen Sie einen Ausdruck für die Ende-zu-Ende-Verzögerung.

d. Nehmen Sie an, dass Host A zum Zeitpunkt $t = 0$ mit der Übertragung des Paketes beginnt. Wo ist zum Zeitpunkt $t = d_{übertragung}$ das letzte Bit des Paketes?

e. Nehmen Sie an, dass $d_{ausbreitung}$ größer ist als $d_{übertragung}$. Wo ist zum Zeitpunkt $t = d_{übertragung}$ das erste Bit des Paketes?

f. Nehmen Sie an, dass $d_{ausbreitung}$ kleiner ist als $d_{übertragung}$. Wo ist zum Zeitpunkt $t = d_{übertragung}$ das erste Bit des Paketes?

g. Nehmen Sie an, dass $s = 2{,}5 \cdot 10^8$, $L = 100$ Bit und $R = 28$ Kbps betragen. Finden Sie den Abstand m, so dass $d_{ausbreitung}$ gleich $d_{übertragung}$ wird.

P6. In dieser Aufgabe wollen wir Sprache in Echtzeit von Host A zu Host B über ein paketvermitteltes Netz (VoIP) senden. Host A wandelt analoge Sprache sofort in einen digitalen Bitstrom von 64 Kbps um. Danach verpackt Host A die Bits in 48 Byte-Pakete. Es gibt eine Leitung zwischen Host A und B;

deren Übertragungsrate beträgt 1 Mbps und ihre Ausbreitungsverzögerung ist 2 ms. Sobald Host A ein Paket fertig hat, sendet er es zu Host B. Sobald Host B ein ganzes Paket hat, wandelt er die Bits des Paketes in ein Analogsignal um. Wie lange dauert es vom Zeitpunkt, zu dem ein Bit erzeugt wird (aus dem ursprünglichen analogen Signal an Host B), bis zu dem Moment, zu dem das Bit decodiert wird (als Teil des analogen Signales bei Host B)?

P7. Nehmen Sie an, dass sich die Benutzer eine 1 Mbps-Leitung teilen. Gehen Sie außerdem davon aus, dass jeder Benutzer als Sender 100 Kbps benötigt, aber jeder Benutzer nur 10 Prozent der Zeit sendet. (Erinnern Sie sich an die Diskussion des statistischen Multiplexing in Abschnitt 1.3.)

a. Wie viele Benutzer können bei Leitungsvermittlung unterstützt werden?

b. Nehmen Sie für den Rest dieser Aufgabe an, dass Paketvermittlung benutzt wird. Bestimmen Sie die Wahrscheinlichkeit, dass ein bestimmter Benutzer sendet.

c. Nehmen Sie an, dass es 40 Benutzer gibt. Bestimmen Sie die Wahrscheinlichkeit, dass zu einem beliebigen Zeitpunkt genau n Benutzer simultan senden. (*Hinweis*: Verwenden Sie die Binomialverteilung.)

d. Bestimmen Sie die Wahrscheinlichkeit, dass elf oder mehr Benutzer gleichzeitig senden.

P8. Erinnern Sie sich an die Diskussion in Abschnitt 1.3 über statistisches Multiplexing, in dem ein Beispiel mit einer 1 Mbps-Leitung genannt wird. Benutzer generieren Daten mit einer Rate von 100 Kbps, wenn sie beschäftigt sind, erzeugen aber Daten nur mit einer Wahrscheinlichkeit von $p = 0{,}1$. Nehmen Sie an, dass die 1 Mbps-Leitung durch eine 1 Gbps-Leitung ersetzt wird.

a. Wie groß ist N, die maximale Anzahl von Benutzern, die simultan bei Leitungsvermittlung unterstützt werden können?

b. Betrachten Sie jetzt Paketvermittlung und eine Benutzerpopulation von M Benutzern. Geben Sie eine Formel (in Bezug auf p, M, N) für die Wahrscheinlichkeit an, dass mehr als N Benutzer Daten senden.

P9. Betrachten Sie ein Paket der Länge L, das am Endsystem A beginnt, sich über eine Leitung zu einem Paket-Switch bewegt und von dort aus über eine zweite Leitung zu einem Endsystem läuft. Bezeichnen Sie mit d_i, s_i und R_i die Länge, Ausbreitungsgeschwindigkeit und die Übertragungsgeschwindigkeit von Leitung i, für $i = 1{,}2$. Der Paket-Switch verzögert jedes Paket mit $d_{verarbeitung}$. Unter der Annahme, dass es keine Warteschlangenverzögerung gibt, wie groß ist dann in Bezug auf d_i, s_i, R_i ($i = 1{,}2$) und L die gesamte Ende-zu-Ende-Verzögerung für das Paket? Nehmen Sie an, dass das Paket 1.000 Byte lang ist, die Ausbreitungsgeschwindigkeit auf beiden Leitungen $2{,}5 \cdot 10^8$ m/s beträgt, die Übertragungsrate beider Leitungen 1 Mbps ist, die Paketlänge 1.000 Byte umfasst, die Verzögerung des Paket-Switch 1 ms beträgt, die Länge der ersten Leitung 4.000 km beträgt, und die Länge der letzten Leitung 1.000 km ist. Wie groß ist bei diesen Werten die Ende-zu-Ende-Verzögerung?

P10. Gehen Sie in der obigen Aufgabe von den folgenden Werten aus: $R_1 = R_2 = R$ und $d_{verarbeitung} = 0$. Nehmen Sie weiter an, dass der Paket-Switch nicht mehr jedes Paket komplett empfangen muss, bevor er es weiterleitet, sondern jedes Bit, das er erhält, sofort weiterleiten kann. Wie groß ist die Ende-zu-Ende-Verzögerung?

P11. Ein Paket-Switch erhält ein Paket und bestimmt die ausgehende Leitung, an die das Paket weitergeleitet werden sollte. Wenn das Paket ankommt, sei ein anderes Paket zur Hälfte über diese ausgehende Leitung gesendet und drei andere Pakete warten darauf, gesendet zu werden. Die Pakete werden in der Reihenfolge ihres Eintreffens übertragen. Nehmen Sie an, dass alle Pakete 1.000 Byte groß sind und die Geschwindigkeit der ausgehenden Leitung 1 Mbps beträgt. Wie groß ist die Warteschlangenverzögerung für das Paket? Wie groß ist die Warteschlangenverzögerung im Allgemeinen, wenn alle Pakete die Länge L haben, die Übertragungsgeschwindigkeit R ist, x Bit des derzeit gesendeten Paketes bereits übertragen sind und n Pakete sich schon in der Schlange befinden?

P12. Nehmen Sie an, dass N Pakete simultan bei einer Leitung ankommen, auf der gegenwärtig keine Pakete gesendet werden. Entsprechend sei die Warteschlange vor dem Eintreffen der Pakete leer. Jedes Paket hat die Länge L und die Leitung hat die Übertragungsrate R. Wie groß ist die durchschnittliche Warteschlangenverzögerung für die N Pakete?

P13. Betrachten Sie die Warteschlangenverzögerung. Nehmen Sie an, dass alle Pakete L Bit enthalten, die Übertragungsrate R bps beträgt und dass N Pakete simultan alle LN/R Sekunden ankommen. Finden Sie die durchschnittliche Warteschlangenverzögerung eines Pakets. (*Hinweis*: Die Warteschlangenverzögerung für das erste Paket ist null; für das zweite Paket L/R; für das dritte Paket $2L/R$. Das n-te Paket ist bereits gesendet worden, wenn der zweite Schub von Paketen ankommt.)

P14. Betrachten Sie die Warteschlangenverzögerung. I bezeichnet den Verkehrswert; das heißt, $I = La/R$. Nehmen Sie an, dass für $I < 1$ die Warteschlangenverzögerung die Form $IL/R\,(1 - I)$ annimmt.

a. Bestimmen Sie eine Formel für die gesamte Verzögerung, das heißt, die Warteschlangenverzögerung plus die Übertragungsverzögerung.

b. Zeichnen Sie die gesamte Verzögerung als Funktion von L/R.

P15. a. Verallgemeinern Sie die Formel für die Ende-zu-Ende-Verzögerung in Abschnitt 1.4.3 für heterogene Verarbeitungsraten, Übertragungsraten und Ausbreitungsverzögerungen.

b. Wiederholen Sie (a), nehmen Sie jetzt aber auch an, dass es eine durchschnittliche Warteschlangenverzögerung von d_{warten} an jedem Knoten gibt.

P16. Führen Sie zu drei verschiedenen Uhrzeiten an einem Tag ein Traceroute zwischen einer Quelle und einem Zielort durch, die sich auf demselben Kontinent befinden.

a. Bestimmen Sie den Durchschnitt und die Standardabweichung der Rundlaufzeiten zu jeder der drei Uhrzeiten.

b. Bestimmen Sie die Anzahl der Router auf dem Pfad zu jeder der drei Uhrzeiten. Änderten sich die eingeschlagenen Pfade im Verlauf der Zeit?

c. Versuchen Sie, die Anzahl von ISP-Netzen zu identifizieren, durch die die Pakete des Traceroute von der Quelle bis zum Zielort gehen. Router mit ähnlichen Namen und/oder ähnlichen IP-Adressen sollten als Teil desselben ISP betrachtet werden. Treten in Ihren Versuchen die größten Verzögerungen an den Peering-Schnittstellen zwischen benachbarten ISPs auf?

d. Wiederholen Sie das eben genannte Experiment für eine Quelle und einen Zielort auf verschiedenen Kontinenten. Vergleichen Sie die intrakontinentalen und interkontinentalen Werte miteinander.

P17. Betrachten Sie das Durchsatzbeispiel entsprechend ▶ Abbildung 1.16 (b). Jetzt nehmen Sie an, dass es statt zehn jetzt M Client-Server-Paare gibt. Bezeichnen R_S, R_C und R die Geschwindigkeiten der Server-Leitungen, der Client-Leitungen und der Engpassleitung. Nehmen Sie an, dass alle anderen Leitungen im Netzwerk keine Engpässe sind und dass es keinen weiteren Verkehr im Netz gibt, außer jenem von den M Client-Server-Paaren. Leiten Sie einen allgemeinen Ausdruck für den Durchsatz in Bezug auf R_S, R_C, R und M ab.

P18. Nehmen Sie an, dass zwei Hosts A und B 10.000 Kilometer voneinander entfernt und durch eine direkte Leitung mit R = 1 Mbps verbunden sind. Nehmen Sie an, dass die Ausbreitungsgeschwindigkeit auf der Leitung $2{,}5 \cdot 10^8$ Meter/Sekunde beträgt.

a. Berechnen Sie das Produkt aus Bandbreite und Verzögerung *(bandwidth-delay product)*, $R\, d_{ausbreitung}$.

b. Es soll eine Datei von 400.000 Bit von Host A zu Host B gesendet werden. Nehmen Sie an, dass die Datei kontinuierlich als eine große Nachricht versendet wird. Wie groß ist die maximale Anzahl von Bits, die zu einer beliebigen Zeit auf der Leitung sein können?

c. Was ist die Bedeutung des Produktes von Bandbreite und Verzögerung?

d. Wie groß ist die Länge eines Bit (in Metern) auf der Leitung? Ist es länger als ein Fußballplatz?

e. Leiten Sie einen allgemeinen Ausdruck für die Länge eines Bit in Bezug auf die Ausbreitungsgeschwindigkeit s, die Übertragungsrate R und die Länge der Leitung m ab.

P19. Beziehen Sie sich auf Aufgabe P18 und nehmen Sie an, dass wir R verändern können. Für welchen Wert von R ist die Länge eines Bit so groß wie die Länge der Leitung?

P20. Betrachten Sie Aufgabe P18, aber jetzt mit einer Übertragungsrate von $R = 1$ Gbps.

a. Berechnen Sie das Produkt von Bandbreite und Verzögerung $R\ d_{ausbreitung}$.

b. Es soll eine Datei von 400.000 Bit von Host A zu Host B gesendet werden. Nehmen Sie an, dass die Datei stetig als eine große Nachricht gesandt wird. Wie viele Bits können zu einer beliebigen Zeit maximal auf der Leitung sein?

c. Wie lang ist ein Bit (in Meter) auf der Leitung?

P21. Beziehen Sie sich wieder auf Aufgabe P18.

a. Wie lange dauert das Senden der Datei, vorausgesetzt, dass sie stetig gesendet wird?

b. Nehmen Sie jetzt an, dass die Datei in zehn Pakete aufgeteilt wird, die jeweils 40.000 Bit umfassen. Nehmen Sie an, dass jedes Paket vom Empfänger bestätigt wird und die Übertragungszeit eines Bestätigungspaketes unbedeutend ist. Nehmen Sie schließlich an, dass der Sender keine Pakete schicken kann, bis das vorangegangene bestätigt wurde. Wie lange dauert es, die Datei zu senden?

c. Vergleichen Sie die Ergebnisse von (a) und (b).

P22. Nehmen Sie an, dass es eine 10 Mbps-Mikrowellenverbindung zwischen einem geostationären Satelliten und seiner Bodenstation auf der Erde gibt. Jede Minute macht der Satellit ein digitales Foto und sendet es an die Bodenstation. Gehen Sie von einer Ausbreitungsgeschwindigkeit von $2{,}4 \cdot 10^8$ Meter/s aus.

a. Wie groß ist die Ausbreitungsverzögerung?

b. Wie groß ist das Produkt von Bandbreite und Verzögerung, $R\ d_{ausbreitung}$?

c. Bezeichnen Sie mit x die Größe des Fotos. Bei welchem Mindestwert von x überträgt die Mikrowellenverbindung ununterbrochen?

P23. Betrachten Sie die Analogie zu Flugreisen in unserer Diskussion der Schichten in Abschnitt 1.5 und das Hinzufügen von Headern an Protokolldaten, während sie im Protokollstapel nach unten weitergereicht werden. Gibt es gleichartige Header-Informationen, die an Passagiere und Gepäck angefügt werden, während sie sich nach unten durch den Fluggesellschaftsprotokollstapel bewegen?

P24. In modernen Paketvermittlungsnetzen segmentiert das Quellsystem lange Nachrichten der Anwendungsschicht (zum Beispiel eine Abbildung oder eine Musikdatei) in kleinere Pakete und sendet diese ins Netz. Der Empfänger fügt die Pakete wieder zur Originalnachricht zusammen. Wir nennen diesen Prozess Nachrichtensegmentierung. ▶Abbildung 1.24 erläutert den

Ende-zu-Ende-Transport einer Nachricht mit und ohne Nachrichtensegmentierung. Betrachten Sie eine Nachricht, die $7{,}5 \cdot 10^6$ Bit groß ist und von der Quelle zum Ziel in ▶Abbildung 1.24 geschickt werden soll. Nehmen Sie an, dass jede Leitung in der Abbildung 1,5 Mbps hat. Ignorieren Sie Ausbreitungs-, Verarbeitungs- und Warteschlangenverzögerung.

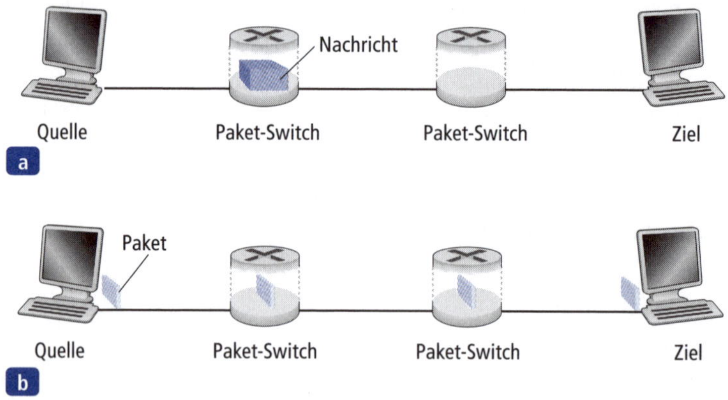

Abbildung 1.24: Ende-zu-Ende-Nachrichtenübertragung: (a) ohne Segmentierung der Nachricht, (b) mit Segmentierung der Nachricht

a. Gehen Sie davon aus, dass die Nachricht von der Quelle zum Ziel ohne Nachrichtensegmentierung versendet wird. Wie lange dauert es, die Nachricht vom Quellsystem zum ersten Paket-Switch zu bewegen? Behalten Sie im Hinterkopf, dass jeder Switch ein Paket vollständig empfangen muss, bevor er es weiterleitet (store-and-forward). Wie lange dauert es dann, die Nachricht vom Quellhost zum Zielhost zu bewegen?

b. Nehmen Sie jetzt an, dass die Nachricht in 5.000 Pakete segmentiert wird, die jeweils 1.500 Bit lang sind. Wie lange dauert es, das erste Paket vom Quellsystem zum ersten Paket-Switch zu senden? Sobald das erste Paket vom ersten Switch zum zweiten Switch gesandt wird, wird das zweite Paket vom Quellsystem an den ersten Switch gesandt. Zu welcher Zeit wird das zweite Paket vollständig am ersten Switch empfangen?

c. Wie lange dauert es, die Datei von Quellsystem zum Zielhost zu bewegen, wenn Nachrichtensegmentierung eingesetzt wird? Vergleichen Sie dieses Resultat mit Ihrer Antwort in Teil (a) und kommentieren Sie Ihre Ergebnisse.

d. Erörtern Sie mögliche Nachteile der Nachrichtensegmentierung.

P25. Experimentieren Sie mit dem Applet zur Nachrichtensegmentierung auf der Website des Buches. Entsprechen die Verzögerungen im Applet den Verzögerungen in der vorherigen Aufgabe? Wie beeinflusst die Ausbreitungsverzögerungen der Leitung die allgemeine Ende-zu-Ende-Verzögerung für

Paketvermittlung (mit Nachrichtensegmentierung) und für die Nachrichtenvermittlung (ohne Nachrichtensegmentierung)?

P26. Betrachten Sie den Versand einer großen Datei aus F Bit von Host A zu Host B. Es gibt zwei Leitungen (und einen Switch) zwischen A und B und die Leitungen sind nicht überlastet (das heißt, es gibt keine Warteschlangenverzögerungen). Host A segmentiert die Datei in Segmente von jeweils S Bit und addiert einen 40 Bit großen Header zu jedem Segment, so dass Pakete der Größe $L = 40 + S$ Bit entstehen. Jede Leitung hat eine Übertragungsrate von R bps. Bestimmen Sie den Wert von S, der die Verzögerung beim Übertragen der Datei von Host A zu Host B minimiert. Ignorieren Sie die Ausbreitungsverzögerung.

Diskussion

D1. Welche Arten drahtloser Mobilfunkangebote sind in Ihrer Region verfügbar?

D2. Entwerfen Sie mithilfe der 802.11-Wireless-LAN-Technik ein Heimnetz für Ihr Haus oder das Haus Ihrer Eltern. Listen Sie die spezifischen Produktmodelle in Ihrem Hausnetz zusammen mit deren Kosten auf.

D3. Beschreiben Sie die von Skype angebotenen Dienste. Probieren Sie den Videodienst von Skype aus und berichten Sie über die Erfahrung.

D4. Skype bietet einen Dienst an, mit dessen Hilfe Sie von einem PC aus ein normales Telefon anrufen können. Das bedeutet, dass die gesprochene Sprache sowohl das Internet als auch das Fernsprechnetz passieren muss. Erörtern Sie, wie dies erreicht werden könnte.

D5. Was ist der Short Message Service (SMS)? In welchen Ländern/Kontinenten ist dieser Dienst beliebt? Ist es möglich, eine Kurzmitteilung von einer Webseite an ein Mobiltelefon zu senden?

D6. Was ist Streaming von gespeichertem Video? Nennen Sie einige beliebte Websites, die heute Streaming-Video anbieten.

D7. Was ist P2P-Streaming von Live-Video? Welche beliebten Websites bieten diesen Dienst heute an?

D8. Finden Sie fünf Firmen, die P2P-Filesharing-Dienste anbieten. Nennen Sie für jede Firma, welche Art von Dateien (also welche Inhalte) sie anbietet.

D9. Wer erfand den ersten Instant-Messaging-Dienst, ICQ? Wann wurde es erfunden und wie alt waren die Erfinder? Wer erfand Napster? Wann wurde es erfunden und wie alt waren die Erfinder?

D10. Vergleichen Sie drahtlosen WLAN-Internetzugang und drahtlosen Internetzugang über 3G-Netze und stellen Sie beide einander gegenüber. Wie hoch sind die Übertragungsgeschwindigkeiten der beiden Dienste? Wie hoch sind die Kosten? Diskutieren Sie den Begriff Roaming.

D11. Warum existiert der ursprüngliche Napster P2P-Filesharing-Dienst nicht mehr? Was ist die RIAA und welche Maßnahmen ergreift sie, um P2P-Filesharing von urheberrechtlich geschütztem Material einzugrenzen? Was ist der Unterschied zwischen direkter und indirekter Verletzung des Urheberrechtes?

D12. Was ist BitTorrent? Was ist der wesentliche Unterschied zu P2P-Filesharing-Diensten wie eDonkey, LimeWire oder Kazaa?

D13. Überlegen Sie, ob es in zehn Jahren das Austauschen von urheberrechtlich geschützten Dateien über Computernetzwerke immer noch geben wird.

Wireshark-Experimente

„Sage mir etwas, und ich vergesse es. Zeige mir etwas, und ich erinnere mich daran. Lasse mich mitmachen, und ich verstehe es."

Chinesisches Sprichwort

Das Verständnis von Netzwerkprotokollen kann oft deutlich gesteigert werden, wenn man sie in Aktion sieht und mit ihnen herumspielen kann – man kann die Reihenfolge der Nachrichten beobachten, die ausgetauscht werden, und in die Details der Protokolloperationen abtauchen. Man kann Protokolle dazu bringen, bestimmte Aktionen durchzuführen und diese Aktionen und ihre Konsequenzen beobachten. Dies kann mittels simulierter Szenarien oder in einer echten Netzwerkumgebung wie dem Internet geschehen. Die Java-Applets auf unserer Buch-Website ermöglichen Ersteres, die Wireshark-Experimente Letzteres. Mit ihrer Hilfe führen Sie Netzanwendungen in verschiedenen Szenarien aus, entweder auf Ihrem eigenen Computer, zu Hause oder in einem Praktikum. Sie beobachten, wie die Netzprotokolle in Ihrem Computer mit Kommunikationspartnern irgendwo im Internet in Verbindung treten und Nachrichten austauschen. Auf diese Art werden Sie und Ihr Computer ein fester Bestandteil dieser live ablaufenden Übungen. Sie sehen zu – und Sie lernen durch eigenes Handeln.

Das Grundwerkzeug, um die zwischen Protokollentitäten ausgetauschten Nachrichten zu beobachten, wird als Paket-Sniffer bezeichnet. Wie der Name schon sagt, kopiert ein Paket-Sniffer passiv (daher das „Schnüffeln") Nachrichten, die von Ihrem Computer ausgesandt und empfangen werden; er zeigt auch den Inhalt der verschiedenen Protokollfelder dieser eingefangenen Nachrichten an. Ein Screenshot des Paket-Sniffers Wireshark wird in ▶ Abbildung 1.25 gezeigt. Wireshark ist ein kostenloser Paket-Sniffer, der auf Windows, Linux/Unix und Mac-Computern läuft. Überall im vorliegenden Lehrbuch finden Sie Praktika zu Wireshark (die Wireshark-Experimente), mit denen Sie einige der im jeweiligen Kapitel vorgestellten Protokolle untersuchen kön-

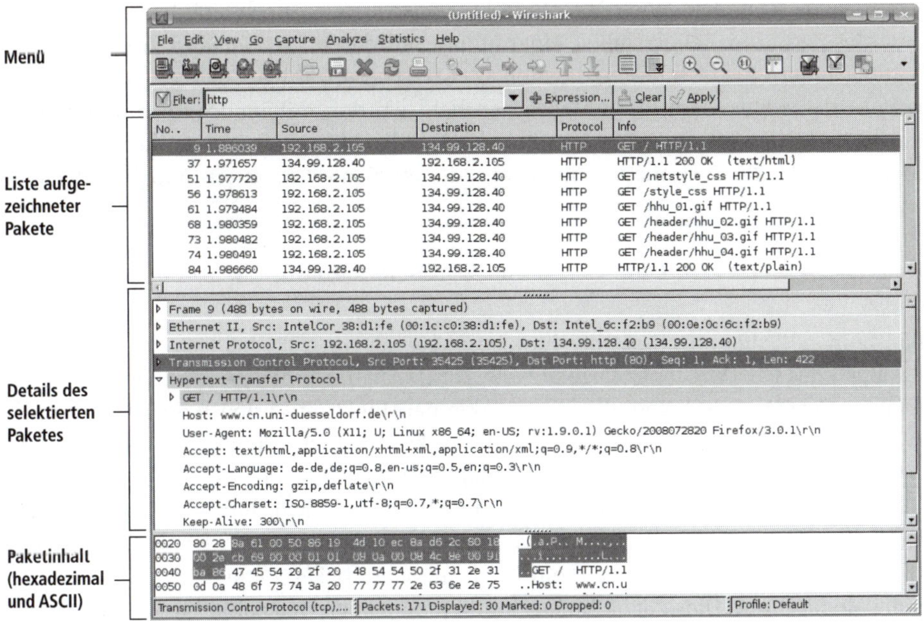

Abbildung 1.25: Das Wireshark-Benutzerinterface

nen. In diesem ersten Wireshark-Experiment erhalten und installieren Sie eine Kopie von Wireshark, greifen auf eine Website zu, fangen die zwischen Ihrem Webbrowser und einem Webserver ausgetauschten Protokollnachrichten ab und werfen einen Blick in diese hinein.

Sie finden alle Details über dieses erste Wireshark-Experiment (einschließlich Anleitungen, wie Sie Wireshark erhalten und installieren) auf der Website dieses Buches.

Interview mit Leonard Kleinrock

Leonard Kleinrock ist Professor für Informatik an der University of California in Los Angeles. Im Jahr 1969 wurde sein Computer an der UCLA zum ersten Knoten des Internets. Die von ihm entwickelten Grundlagen der Paketvermittlung wurden zur Technologie, die dem Internet zugrunde liegt. Leonard ist zudem Vorsitzender und Gründer von Nomadix Inc., einer Firma, deren Technologie bessere Verfügbarkeit von Breitband-Internetdiensten ermöglicht. Er machte seinen Bachelor als Elektrotechniker (B.E.E.) am City College in New York (CCNY) und hat einen Master und einen Doktortitel als Elektrotechniker vom MIT.

Was motivierte Sie, sich auf Netzwerk-/Internettechnologie zu spezialisieren?

Als Doktorand am MIT im Jahr 1959 hörte ich mich um und stellte fest, dass die meisten meiner Kollegen über Informationstheorie und Codierungstheorie forschten. Am MIT gab es den bekannten Forscher Claude Shannon, der diese Gebiete begründet und schon die meisten wichtigen Probleme gelöst hatte. Die übrig gebliebenen Probleme waren schwierig, ohne jedoch große Konsequenzen nach sich zu ziehen. Also beschloss ich, ein neues Gebiet einzuführen, an das noch niemand zuvor gedacht hatte. Erinnern Sie sich daran, dass ich am MIT von unzähligen Computern umgeben war. Mir war klar, dass diese Maschinen bald würden miteinander kommunizieren müssen. Zur damaligen Zeit gab es keine Möglichkeit, wie sie das tun könnten. Also beschloss ich, die Technik zu entwickeln, die effiziente Datennetze möglich machen würde.

Was war Ihre erste berufliche Tätigkeit in der Computerindustrie? Woran haben Sie gearbeitet?

Für meinen Bachelor in Elektrotechnik besuchte ich von 1951 bis 1957 die Abendvorlesungen des CCNY (City College of New York). Am Tag arbeitete ich zuerst als Techniker und später als Ingenieur in einer kleinen Elektronikfirma namens Photobell. Während ich dort war, fügte ich ihrer Produktlinie auch digitale Geräte hinzu. Im Grunde genommen benutzten wir fotoelektrische Geräte, um die Anwesenheit bestimmter Dinge zu erkennen (etwa Kästen, Menschen usw.), und ein damals als bistabile Kippschaltung bekanntes Schaltelement war genau die Art von Technik, die wir brauchten, um digitale Verarbeitungsprozesse in diesen Bereich der Mustererkennung einzuführen. Diese Schaltungen sind zufällig auch Bausteine für Computer und werden im heutigen Computerjargon als Flip-Flops oder als Switches bezeichnet.

Was ging Ihnen durch den Kopf, als Sie Ihre erste Host-zu-Host-Nachricht (von der UCLA zum Stanford Research Institute) versandten?

Die erste Host-zu-Host-Nachricht war eher weniger spannend. Soweit ich mich erinnere, fand das bedeutendere Ereignis am 2. September 1969 statt. Damals verband sich das erste Element der Netzwerktechnik (der IMP) mit dem ersten lauffähigen System in der Außenwelt (mein Hostcomputer an der UCLA). Zu diesem Zeitpunkt wurde das Internet geboren. Kurz zuvor wurde ich in einer UCLA-Pressemitteilung mit der Aussage zitiert, dass es möglich wäre, von unseren Häusern und Büros aus ebenso leicht Zugang zu DV-Dienstleistungen zu bekommen, wie wir Zugang zu Elektrizitäts- und Telefonnetzen haben, sobald das Netz einmal liefe. Meine damalige Vision war also, dass das Internet allgegenwärtig wäre, immer einsatzbereit, immer verfügbar. Jedermann könnte sich mit jedem beliebigen Gerät von überall her dort einklinken und wir würden es gar nicht mehr wahrnehmen. Allerdings hätte ich nie damit gerechnet, dass meine 99-jährige Mutter heute im Internet wäre – was sie wirklich ist!

Welche Vision haben Sie über die Zukunft der Computernetzwerke?

Der klarste Teil meiner Vision beinhaltet nomadisches Computing und intelligente Räume. Die Verfügbarkeit von leichten, preisgünstigen, tragbaren Hochleistungscomputern ermöglicht es uns in Zusammenhang mit einem allgegenwärtigen Internet, zu Nomaden zu werden. Der Begriff *Nomadisches Computing* bezieht sich auf die Technologie, die es reisenden Endbenutzern ermöglicht, dass sie sich ohne nachzudenken mit dem Internet verbinden können, egal, wo sie sich befinden. Nomadisches

Computing ist jedoch nur ein Schritt. Der nächste Schritt ermöglicht es uns, die virtuelle Welt des Cyberspace zu verlassen und die physikalische Welt intelligenter Räume zu betreten. Unsere Umgebung (Schreibtische, Mauern, Fahrzeuge, Uhren, Gürtel usw.) wird mithilfe der Technologie durch Aktuatoren, Sensoren, Logik, Datenverarbeitung, Speicher, Kameras, Mikrofone, Lautsprecher, Displays und Kommunikation zum Leben erwachen. Diese eingebettete Technologie wird es unserer Umgebung ermöglichen, die von uns gewünschten IP-Dienste zu erbringen. Wenn ich einen Raum betrete, wird das Zimmer wissen, dass ich eingetreten bin. Ich werde mit meiner Umgebung natürlich kommunizieren können, einfach durch meine Sprache. Auf meine gesprochenen Forderungen hin werden die Geräte Antworten generieren und mir Webseiten auf Displays an den Wänden oder auf meiner Brille darstellen, als Sprache, als Hologramm usw.

Blicke ich noch etwas weiter, dann erkenne ich eine Netzwerkzukunft, welche die folgenden weiteren Schlüsselkomponenten enthält. Ich sehe intelligente Softwareagenten überall in Netzwerke eingebettet, die nach Daten graben, die auf Daten reagieren, die Trends im Auge behalten sowie dynamisch und anpassungsfähig Aufgaben erledigen. Ich sehe wesentlich mehr Netzwerkverkehr, nicht so sehr durch Menschen hervorgerufen, sondern durch diese eingebetteten Systeme und Softwareagenten. Ich sehe große Ansammlungen selbst organisierender Systeme, die dieses gewaltige, schnelle Netzwerk kontrollieren. Ich sehe, wie riesige Informationsmengen in kürzester Zeit durch dieses Netz schießen, während sie ständig verarbeitet und gefiltert werden. Das Internet wird im Grunde genommen ein alles durchdringendes globales Nervensystem sein. Ich sehe all diese Dinge und mehr, während wir Hals über Kopf durch das 21. Jahrhundert rennen.

Welche Leute haben Sie beruflich inspiriert?

Am meisten Claude Shannon vom MIT, ein glänzender Forscher, der die Fähigkeit besaß, seine mathematischen Ideen auf höchst intuitive Weise auf die physikalische Welt zu beziehen. Er war Prüfer meiner Doktorarbeit.

Haben Sie irgendeinen Rat für Studenten, die das Gebiet der Computernetzwerke betreten?

Das Internet und seine Möglichkeiten sind ein gewaltiges Neuland voll von großartigen Herausforderungen. Es gibt Platz für große Innovation. Lassen Sie sich nicht von der heutigen Technik einschränken. Denken Sie weiter; stellen Sie sich vor, was sein könnte, und setzen Sie dann Ihre Vorstellung in die Realität um.

Anwendungsschicht

2

ÜBERBLICK

EINLEITUNG

»Netzanwendungen sind die Existenzberechtigung für ein Computernetzwerk – wenn wir uns keine nützlichen Anwendungen für sie vorstellen könnten, gäbe es keinen Grund, Netzwerkprotokolle zu programmieren. Während der letzten 40 Jahre entstanden zahlreiche raffinierte und hervorragende Anwendungen für Computernetzwerke. Zu diesen Anwendungen zählen die in den 1970ern und 1980ern beliebt gewordenen klassischen textbasierten Anwendungen: E-Mail, Computerfernzugriff, Dateitransfer, Newsgroups und Chat. Mitte der 1990er Jahre kamen das World Wide Web, Suchdienste und E-Commerce hinzu. Zwei weitere Anwendungen von besonderer Bedeutung wurden um 2000 eingeführt: Instant Messaging und P2P-Filesharing. Derzeit finden Audio- und Videoanwendungen große Aufmerksamkeit, etwa Internettelefonie, Video-Sharing und Internetradio sowie Fernsehen über IP (IPTV). Außerdem bereiten die wachsende Zahl breitbandiger Heimzugänge und die Allgegenwart drahtloser Zugänge die Bühne für neue und spannende Anwendungen.

In diesem Kapitel untersuchen wir die konzeptionellen Grundlagen sowie die Implementierungsaspekte von Netzanwendungen. Wir beginnen mit der Definition von zentralen Konzepten der Anwendungsschicht. Dazu gehören auch die Netzwerkdienste, welche von Anwendungen, Clients und Servern, Prozessen und Transportschichtschnittstellen benötigt werden. Wir betrachten mehrere Netzanwendungen im Detail, darunter das Web, E-Mail, DNS, Peer-to-Peer-Filesharing und P2P-Internettelefonie. Danach befassen wir uns mit der Entwicklung von Netzanwendungen mit TCP und UDP. Insbesondere untersuchen wir die Socket-API und diskutieren einige einfache Client-Server-Applikationen in Java. Den Abschluss des Kapitels bilden mehrere interessante Socket-Programmieraufgaben.

Die Anwendungsschicht ist eine besonders gute Gelegenheit, mit unseren Betrachtungen über Protokolle anzufangen. Wir kennen viele der Anwendungen, deren Protokolle wir untersuchen werden. Das gibt uns ein Gespür für die Aufgabe dieser Protokolle, so dass wir leichter mit den Themen vertraut werden können, denen wir später beim Studium der Transport-, Netzwerk- und Sicherungsschichtprotokolle wiederbegegnen.«

2.1 Grundlagen der Netzwerkanwendungen

Stellen Sie sich vor, Sie hätten eine Idee für eine neue Netzanwendung. Sie könnte von großem Nutzen für die Menschheit sein, Ihren Professor zufriedenstellen, Ihnen zu großem Reichtum verhelfen oder die Entwicklung könnte einfach Spaß machen. Was immer Ihre Gründe sein mögen, lassen Sie uns untersuchen, wie Sie Ihre Idee in eine echte Netzanwendung umsetzen.

Im Kern besteht die Entwicklung von Netzanwendungen im Schreiben von Programmen, die auf verschiedenen Endsystemen laufen und miteinander über das Netz kommunizieren. Zum Beispiel gibt es beim Web zwei unterschiedliche Programme, die miteinander kommunizieren: das Browser-Programm, das auf dem Host des Benutzers ausgeführt wird (also auf dem PC, Laptop, PDA, Mobiltelefon usw.), und das Webserver-Programm, das auf dem Webserver-Host ausgeführt wird. Ein anderes Beispiel: In einem P2P-Filesharing-System gibt es in jedem Host ein Programm, das an der Filesharing-Community teilnimmt. In diesem Fall können die Programme in den verschiedenen Hosts ähnlich oder sogar identisch sein.

Wenn Sie also Ihre neue Anwendung entwickeln, müssen Sie Software schreiben, die auf mehreren Endsystemen läuft. Allerdings brauchen Sie keine Software zu schreiben, die auf Geräten im Inneren des Netzwerkes ausgeführt wird, wie etwa Router oder Switches der Sicherungsschicht. Selbst wenn Sie Anwendungssoftware für die Geräte im Inneren des Netzwerkes schreiben wollten, wären Sie dazu kaum in der Lage. Wie wir in Kapitel 1 gelernt haben und wie Abbildung 1.20 zeigte, arbeiten die Geräte im Inneren des Netzwerkes nicht auf der Anwendungsschicht, sondern auf der Netzwerkschicht und darunter. Dieses Grundkonzept, nämlich das Einschränken von Anwendungssoftware auf die Endsysteme, wie in Abbildung 2.1 gezeigt, ermöglichte die schnelle Entwicklung und den schnellen Einsatz einer großen Vielfalt an Netzanwendungen.

2.1.1 Architektur von Netzwerkanwendungen

Bevor Sie mit dem Programmieren von Software anfangen, sollten Sie einen Bauplan für Ihre Anwendung haben. Behalten Sie im Hinterkopf, dass die Architektur einer Anwendung sich deutlich von der Architektur des Netzwerkes unterscheidet (z.B. der fünfschichtigen Internetarchitektur, die wir in Kapitel 1 erörtert haben). Aus der Perspektive des Anwendungsentwicklers ist die Netzarchitektur fest vorgegeben und sie bietet Anwendungen einen bestimmten Satz von Diensten an.

Die **Anwendungsarchitektur** wird andererseits vom Anwendungsentwickler gestaltet und gibt vor, wie die Anwendung auf den verschiedenen Endsystemen strukturiert ist. Bei der Wahl der Anwendungsarchitektur greift ein Anwendungsentwickler wahrscheinlich auf eines der beiden bei modernen Netzanwendungen vorherrschenden Paradigmen zurück: die Client-Server-Architektur oder die Peer-to-Peer-Architektur.

In einer **Client-Server-Architektur** gibt es immer einen Host, den sogenannten *Server*, der die Anfragen von vielen anderen Hosts bearbeitet, den sogenannten *Clients*. Die

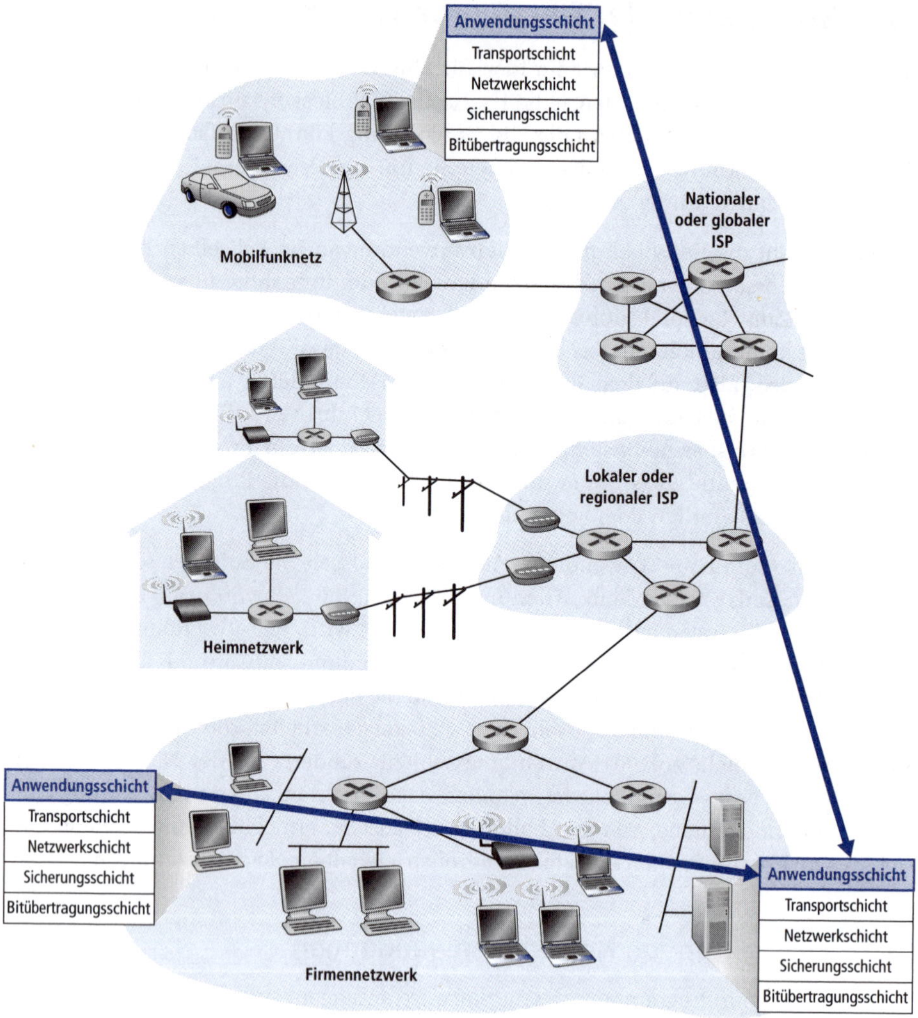

Abbildung 2.1: Die Kommunikation einer Netzwerkanwendung findet zwischen Endsystemen auf der Anwendungsschicht statt

Client-Hosts können entweder permanent oder nur manchmal online sein. Ein klassisches Beispiel ist die Anwendung „Web", bei der ein ständig präsenter Webserver die Anforderungen der Browser abarbeitet, die auf Client-Rechnern laufen. Wenn ein Webserver eine Anfrage für ein Objekt von einem Client-Host erhält, antwortet er, indem er dem Client-Host das geforderte Objekt zusendet. Beachten Sie, dass in der Client-Server-Architektur die Clients nicht direkt miteinander kommunizieren; zum Beispiel kommunizieren zwei Webbrowser nicht direkt miteinander. Ein anderes Merkmal der Client-Server-Architektur ist die feste, bekannte Adresse des Servers, genannt IP-Adresse (die wir bald diskutieren werden). Weil der Server eine feste Adresse hat und weil er immer online ist, kann sich ein Client jederzeit an den Server

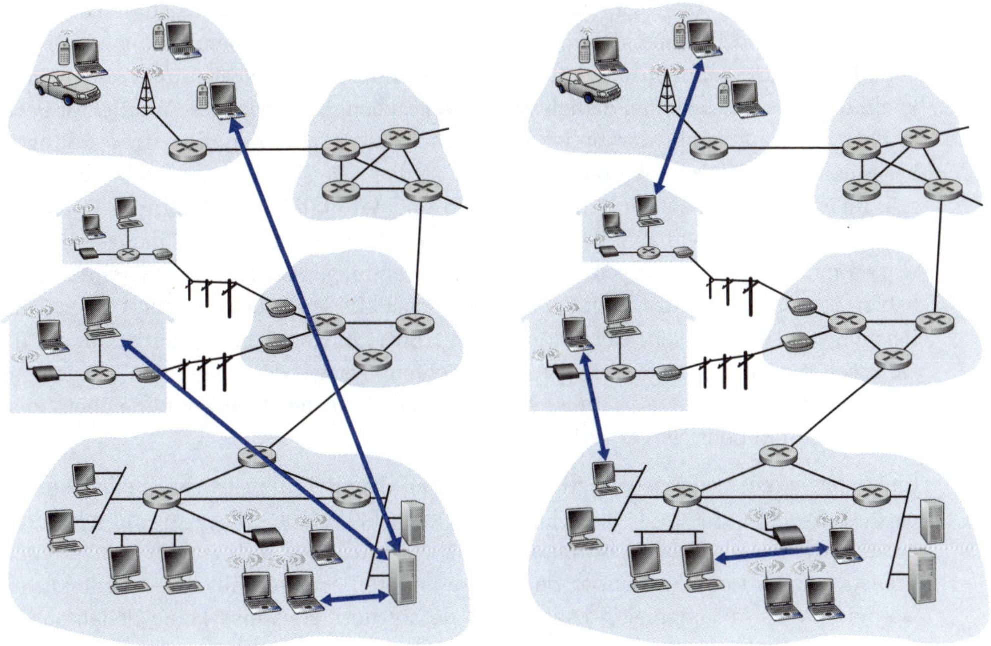

a Client-Server-Architektur

b Peer-to-Peer-Architektur

Abbildung 2.2: Vergleich von (a) Client-Server- und (b) Peer-to-Peer-Architektur

wenden, indem er ein Paket an dessen Adresse sendet. Einige Beispiele für bekannte Anwendungen mit Client-Server-Architektur sind das Web, FTP, Telnet und E-Mail. Die Client-Server-Architektur ist in ▶Abbildung 2.2 (a) dargestellt.

Bei Client-Server-Anwendungen ist ein einzelner Server-Host häufig nicht in der Lage, alle Anfragen der Clients zu bearbeiten. Zum Beispiel kann eine beliebte Webseite für soziale Netzwerke schnell in die Knie gehen, wenn sie nur einen Server hat, der alle Anfragen bearbeitet. Deshalb wird oft eine Gruppe von Hosts (ein sogenannter Cluster) verwendet, um einen leistungsfähigen virtuellen Server im Rahmen der **Client-Server-Architekturen** zu schaffen. Dies wird häufig als **Server-Farm** bezeichnet. Anwendungsdienste, die auf der Client-Server-Architektur basieren, sind oft sehr **infrastruktur-intensiv**, denn sie verlangen von den Dienstanbietern den Kauf, die Installation und die Wartung der Server-Farmen. Darüber hinaus müssen die Dienstanbieter ständig für die Verbindungs- und Bandbreitenkosten aufkommen, die bei Versand und Empfang von Daten ins und aus dem Internet anfallen. Beliebte Dienste wie Suchmaschinen (z.B. Google), Internethandel (z.B. Amazon und eBay), webbasierte E-Mail (z.B. Yahoo-Mail), soziale Netzwerke (z.B. MySpace und Xing) und Video-Sharing (z.B. YouTube) sind infrastruktur-intensiv und kostspielig im Unterhalt.

In einer **P2P-Architektur** ist kaum (oder gar kein) Verlass darauf, dass irgendwelche Server immer online sind. Stattdessen nutzen die Anwendungen die direkte Kommunikation zwischen Paaren von Hosts, die nicht ständig miteinander verbunden sind, den sogenannten *Peers*. Die Peers gehören nicht dem Diensteanbieter, es sind stattdessen einfache PCs und Laptops, die von Endanwendern benutzt werden. Die meisten Peers befinden sich in Wohnhäusern, Universitäten und Büros. Weil Peers direkt miteinander kommunizieren, ohne einen dedizierten Server zu benutzen, wird die Architektur Peer-to-Peer genannt. Viele der beliebtesten und verkehrsintensivsten Anwendungen beruhen auf P2P-Architekturen. Zu ihnen zählen File-Distribution (Dateiverteilung, z.B. BitTorrent), Filesharing (z.B. eMule und LimeWire), Internettelefonie (z.B. Skype) und IPTV (z.B. PPLive). Die P2P-Architektur ist in Abbildung 2.2 (b) dargestellt. Wir wollen nicht unerwähnt lassen, dass einige Anwendungen auch hybride Architekturen haben, in denen sowohl Client-Server- als auch P2P-Elemente kombiniert sind. Zum Beispiel werden in vielen Instant-Messaging-Anwendungen Server benutzt, um die IP-Adressen der Benutzer zu verfolgen, Nachrichten aber werden direkt von Teilnehmer zu Teilnehmer versandt, also direkt zwischen den Hosts der Benutzer, ohne über einen dazwischenliegenden Server zu laufen.

Eines der herausragendsten Merkmale von P2P-Architekturen ist ihre **Selbstskalierbarkeit.** Zwar sorgt zum Beispiel jeder Peer einer P2P-Filesharing-Anwendung durch das Anfordern von Dateien für eine Arbeitsbelastung, aber er fügt dem System auch Dienstkapazität hinzu, indem er Dateien an andere Peers verteilt. P2P-Architekturen werden oft als kostengünstig bezeichnet, da sie normalerweise keine bedeutenden Server-Infrastrukturen und Server-Bandbreiten erfordern. Um Kosten zu reduzieren, sind Diensteanbieter (wie MSN, Yahoo) zunehmend daran interessiert, P2P-Architekturen für ihre Anwendungen zu verwenden. Andererseits kann die Sicherheit wegen der extrem verteilten und offenen Natur von P2P-Anwendungen eine echte Herausforderung darstellen [Doucer 2002; Yu 2006; Liang 2006; Naoumov 2006].

2.1.2 Kommunikation zwischen Prozessen

Bevor Sie Ihre Netzanwendung erstellen, brauchen Sie auch ein grundlegendes Verständnis über die Art und Weise, wie Programme, die in mehreren Endsystemen ausgeführt werden, miteinander kommunizieren. Im Jargon von Betriebssystemen sind es nicht Programme, sondern **Prozesse**, die kommunizieren. Einen Prozess können Sie sich als Programm vorstellen, das auf einem Endsystem läuft. Befinden sich Prozesse auf demselben Endsystem, können sie sich mittels Interprozesskommunikation miteinander austauschen, wobei sie Regeln benutzen, die vom Betriebssystem des Endsystems vorgegeben werden. In diesem Buch sind wir nicht allzu sehr daran interessiert, wie Prozesse auf demselben Host kommunizieren. Unser Interesse gilt vielmehr der Art, wie Prozesse auf verschiedenen Hosts (mit möglicherweise unterschiedlichen Betriebssystemen) kommunizieren.

Prozesse auf zwei verschiedenen Endsystemen kommunizieren miteinander, indem sie über das Computernetzwerk **Nachrichten** austauschen. Ein sendender Prozess erzeugt Nachrichten und sendet sie ins Netz; ein empfangender Prozess erhält diese Nachrichten und antwortet möglicherweise durch das Zurücksenden von Nachrichten. ▶Abbildung 2.1 veranschaulicht, wie Prozesse miteinander mittels der Anwendungsschicht des fünfschichtigen Internet-Protokollstapels kommunizieren.

Client- und Server-Prozesse

Eine Netzanwendung besteht aus Prozesspaaren, die einander Nachrichten über ein Netzwerk zusenden. Zum Beispiel tauscht ein Client-Browser-Prozess im Web Nachrichten mit einem Webserver-Prozess aus. In einem P2P-Filesharing-System wird eine Datei von einem Prozess in einem Peer zu einem Prozess in einem anderen Peer übertragen. In jedem Paar kommunizierender Prozesse bezeichnen wir normalerweise einen der beiden als **Client** und den anderen als **Server**. Im Web ist der Browser der Client-Prozess, der Webserver ist der Server-Prozess. Beim P2P-Filesharing wird der Peer, der die Datei herunterlädt, als Client und der Peer, der sie hochlädt, als Server bezeichnet.

Sie haben vielleicht beobachtet, dass in einigen Anwendungen, etwa beim P2P-Filesharing, ein Prozess sowohl Client als auch Server sein kann. Tatsächlich kann ein Prozess in einem P2P-Filesharing-System sowohl Dateien hochladen als auch herunterladen. Dennoch können wir im Kontext einer gegebenen Kommunikationssitzung zwischen einem Paar von Prozessen immer noch einen Prozess als Client und den anderen als Server bezeichnen. Wir definieren die Client- und Server-Prozesse wie folgt:

> *Im Kontext einer Kommunikationssitzung zwischen einem Paar von Prozessen wird der Prozess, der die Kommunikation eröffnet (also erstmals den anderen Prozess zu Beginn der Sitzung kontaktiert), als* ***Client*** *bezeichnet. Der Prozess, der darauf wartet, zu Beginn einer Sitzung angesprochen zu werden, ist der* ***Server****.*

Im Netz initiiert ein Browser-Prozess den Kontakt mit einem Webserver-Prozess. Daher ist der Browser-Prozess der Client und der Webserver-Prozess ist der Server. Bittet Peer A beim P2P-Filesharing Peer B um das Senden einer bestimmten Datei, ist im Kontext dieser Kommunikationssitzung Peer A der Client und Peer B ist der Server. Sofern keine Verwechslungen möglich sind, werden wir manchmal die Begriffe „Client-Seite und Server-Seite einer Anwendung“ verwenden. Am Ende dieses Kapitels werden wir einfachen Programmquellcode für die Client- und Server-Seite von Netzanwendungen durchgehen.

Die Schnittstelle zwischen dem Prozess und dem Computernetzwerk

Wie oben erwähnt, bestehen die meisten Anwendungen aus Paaren miteinander kommunizierender Prozesse, wobei die beiden Prozesse jedes Paares Nachrichten aneinander senden. Jede Nachricht, die von einem Prozess an einen anderen gesendet wird, muss durch das Netzwerk geleitet werden. Ein Prozess sendet Nachrichten ins und empfängt Nachrichten aus dem Netzwerk mittels einer Softwareschnittstelle, die als Socket bezeichnet wird. Lassen Sie uns eine Analogie betrachten, damit wir Prozesse und Sockets besser verstehen. Ein Prozess entspricht einem Haus und der Socket entspricht dessen Tür. Will ein Prozess eine Nachricht an einen anderen Prozess senden, der sich auf einem anderen Host befindet, schiebt er die Nachricht durch seine Tür (den Socket). Dieser sendende Prozess nimmt an, dass es auf der anderen Seite seiner Tür eine Transportinfrastruktur gibt, welche die Nachricht zur Tür des Zielprozesses

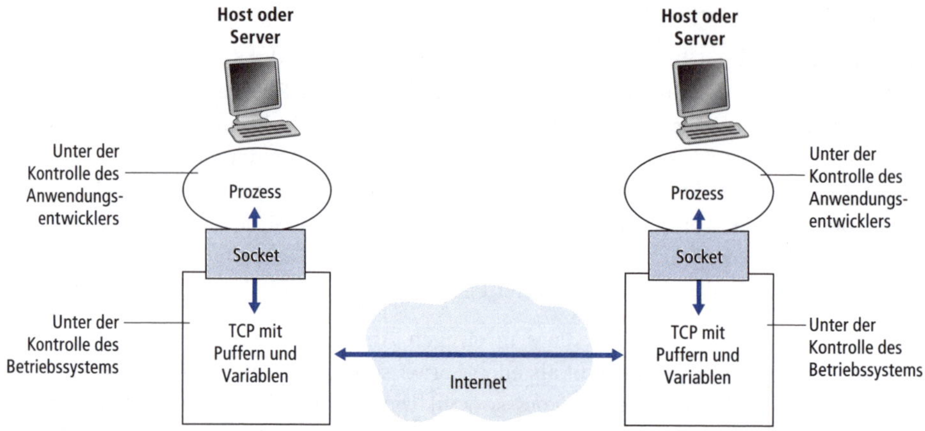

Abbildung 2.3: Beziehung zwischen Anwendungsprozessen, Sockets und dem zugrunde liegenden Transportprotokoll

transportiert. Sobald die Nachricht beim Zielhost ankommt, tritt sie durch die Tür des empfangenden Prozesses (dessen Socket), der danach auf die Nachricht reagiert.

▶Abbildung 2.3 erläutert die Socket-Kommunikation zwischen zwei Prozessen, die über das Internet kommunizieren. (Abbildung 2.3 geht davon aus, dass das von den Prozessen verwendete Transportprotokoll das TCP-Protokoll des Internets ist.) Wie in dieser Abbildung deutlich wird, ist ein Socket die Schnittstelle zwischen der Anwendungsschicht und der Transportschicht innerhalb eines Hosts. Sie wird auch die **Anwendungsprogrammierschnittstelle** (**API**, *Application Programming Interface*) zwischen der Anwendung und dem Netzwerk genannt, da der Socket die Programmierschnittstelle ist, mit der Netzanwendungen erstellt werden. Der Anwendungsentwickler kann alles auf der Seite der Anwendungsschicht kontrollieren, hat aber praktisch keine Kontrolle über die Transportschichtseite des Sockets. Die einzige Kontrolle, die der Anwendungsentwickler auf die Seite der Transportschicht ausüben kann, ist (1) die Auswahl des Transportprotokolls und (2) vielleicht die Fähigkeit, einige Parameter der Transportschicht, etwa die maximale Puffer- und maximale Segmentgröße (siehe Kapitel 3), festzulegen.

Nachdem der Anwendungsentwickler ein Transportprotokoll gewählt hat (sofern er eine Wahl hat), wird die Anwendung auf Basis der von diesem Protokoll erbrachten Transportschichtdienste erstellt. Wir werden Sockets in den Abschnitten 2.7 und 2.8 näher erkunden.

2.1.3 Transportdienste für Anwendungen

Ein Socket stellt die Schnittstelle zwischen dem Anwendungsprozess und dem Transportschichtprotokoll dar. Die Anwendung auf der sendenden Seite schiebt Nachrichten durch den Socket. Auf der anderen Seite des Sockets ist das Transportschichtprotokoll dafür verantwortlich, die Nachrichten zur „Tür“ des empfangenden Prozesses zu bringen.

Viele Netze, einschließlich des Internets, bieten mehr als ein Transportschichtprotokoll an. Wenn Sie eine Anwendung entwickeln, müssen Sie eines dieser verfügbaren Protokolle auswählen. Wie treffen Sie Ihre Wahl? Am wahrscheinlichsten würden Sie die Dienste überprüfen, die von den verfügbaren Transportschichtprotokollen erbracht werden, und dann das Protokoll auswählen, dessen Dienste am besten dem Bedarf Ihrer Anwendung entsprechen. Die Situation ist ähnlich wie die Wahl zwischen dem Zug oder dem Flugzeug für Reisen zwischen zwei Städten. Sie müssen entweder das eine oder das andere wählen und jede Transportmöglichkeit bietet verschiedene Dienste an. (Zum Beispiel können Sie mit einem Zug in der Innenstadt ein- und aussteigen, während das Flugzeug eine kürzere Reisezeit ermöglicht.)

Welche Dienste kann ein Transportschichtprotokoll den Anwendungen anbieten, die es aufrufen? Wir können die möglichen Dienste nach vier Kriterien klassifizieren: zuverlässiger Datentransfer, Durchsatz, Verzögerung und Sicherheit.

Zuverlässiger Datentransfer

Wie in Kapitel 1 diskutiert, können Pakete innerhalb eines Computernetzwerkes verloren gehen. Ein Paket könnte zum Beispiel in einem Router verworfen werden, weil kein Pufferplatz frei ist. Oder es könnte von einem Host oder Router verworfen werden, nachdem einige seiner Bits fehlerhaft übertragen wurden. Für viele Anwendungen, wie E-Mail, Dateiübertragungen, Fernzugriff, die Übertragung von Webseiten und Homebanking, könnten Datenverluste verheerende Folgen haben (im letzteren Fall entweder für die Bank oder den Kunden!). Um solche Anwendungen zu unterstützen, muss garantiert werden, dass die Daten von einem Ende der Anwendung korrekt und vollständig bis zum anderen Ende der Anwendung geliefert werden. Kann ein Protokoll diese Datenübertragung garantieren, bietet es zuverlässigen Datentransfer an. Ein wichtiger Dienst, den ein Transportschichtprotokoll für eine Anwendung erbringen kann, ist der zuverlässige Datentransfer von Prozess zu Prozess. Bietet ein Transportprotokoll diesen Dienst an, kann der sendende Prozess seine Daten einfach an den Socket übergeben und sich darauf verlassen, dass die Daten fehlerfrei am empfangenden Prozess ankommen.

Stellt ein Transportschichtprotokoll keinen zuverlässigen Datentransfer zur Verfügung, kommen die vom sendenden Prozess verschickten Daten möglicherweise nicht beim empfangenden Prozess an. Das kann für verlusttolerante Anwendungen, insbesondere Multimedia-Anwendungen wie Streaming von Audio- oder Videodaten akzeptabel sein, da diese ein gewisses Maß an Datenverlusten verkraften können. In diesen Multimedia-Anwendungen führen verlorene Daten eventuell zu einer kleinen Störung im abgespielten Audio bzw. Video, nicht aber zu einer entscheidenden Beeinträchtigung.

Durchsatz

In Kapitel 1 haben wir das Konzept des Durchsatzes eingeführt. Dies ist die Geschwindigkeit, mit der ein sendender Prozess Bits an den empfangenden Prozess liefern kann. Weil sich mehrere Sitzungen auf dem Netzwerkpfad die Bandbreite teilen und weil diese Sitzungen kommen und gehen, kann der verfügbare Durchsatz mit der Zeit schwanken. Diese Beobachtung führt zu einem weiteren Dienst, den ein Transportschichtprotokoll anbieten könnte: den garantierten verfügbaren Durchsatz mit festgelegter Geschwindigkeit. Von einem solchen Dienst könnte die Anwendung einen garantierten Durchsatz von *r* Bit/Sekunde anfordern und das Transportprotokoll würde danach sicherstellen, dass der verfügbare Durchsatz immer mindestens *r* Bit/Sekunde beträgt. Solch einen Dienst mit garantiertem Mindestdurchsatz könnten viele Anwendungen brauchen. Codiert beispielsweise eine Anwendung für Internettelefonie Sprache mit 32 Kbps, muss sie Daten mit dieser Rate ins Netz senden und an die empfangende Anwendung liefern lassen. Kann das Transportprotokoll diesen Durchsatz nicht anbieten, müsste die Anwendung die Daten mit geringerer Rate codieren (und genug Durchsatz erhalten, um diese niedrigere Codierungsrate aufrechtzuerhalten) oder sie sollte abbrechen, da nicht genügend Durchsatz verfügbar ist, um Sprache verständlich zu übertragen. Anwendungen, die besondere Anforderungen an den Durchsatz haben, werden als **bandbreitenempfindliche Anwendungen** bezeichnet. Viele heutige Multimedia-Anwendungen sind bandbreitenempfindlich, obwohl einige Multimedia-Anwendungen auch anpassungsfähige Codierungstechniken verwenden können, um die Daten mit einer Rate zu codieren, die zum aktuell verfügbaren Durchsatz passt.

Während bandbreitenempfindliche Anwendungen bestimmte Anforderungen an den Durchsatz stellen, können **elastische Anwendungen** so viel oder so wenig Durchsatz benutzen, wie gerade verfügbar ist. E-Mail, Dateitransfer und Webübertragungen sind elastische Anwendungen. Natürlich gilt für diese Anwendungen: je mehr Durchsatz, desto besser. Ein Sprichwort besagt, dass man nicht zu reich sein, zu dünn sein oder zu viel Durchsatz haben kann!

Verzögerung

Ein Transportschichtprotokoll kann auch eine maximale Verzögerung garantieren. Wie bei Durchsatzgarantien können diese Garantien sehr unterschiedlich sein. Ein Beispiel einer solchen Garantie wäre, dass alles, was der Absender in den Socket pumpt, nicht mehr als 100 ms später am Socket des Empfängers ankommt. Solch ein Dienst wäre für interaktive Echtzeitanwendungen wie Internettelefonie, virtuelle Umgebungen, Telekonferenzen und Multiplayer-Spiele sinnvoll, die alle für ein zufriedenstellendes Funktionieren enge zeitliche Anforderungen an die Datenübertragung stellen. (In diesem Zusammenhang siehe auch Kapitel 7, [Gauthier 1999; Ramjee 1994].) Lange Verzögerungen bei der Internettelefonie führen zum Beispiel zu unnatürlichen Pausen im Gespräch; in einem Multiplayer-Spiel oder einer virtuellen interaktiven Umgebung wirkt die Anwendung weniger realistisch, wenn eine lange Verzögerung zwischen einer ausgeführten Aktion und dem Moment entsteht, in dem ihre Auswirkungen auf die Umgebung sichtbar werden. Auch für Anwendungen ohne Echtzeitanforderung ist eine geringe Verzögerung immer einer höheren Verzögerung vorzuziehen. Es gibt dort aber keine enge Beschränkung, welche die Ende-zu-Ende-Verzögerung begrenzt.

Sicherheit

Nicht zuletzt kann ein Transportprotokoll einen oder mehrere Sicherheitsdienste für eine Anwendung bereitstellen. Zum Beispiel verschlüsselt ein Transportprotokoll im sendenden Host alle vom sendenden Prozess übertragenen Daten, während das Transportschichtprotokoll im empfangenden Host die Daten entschlüsselt, bevor es sie an den empfangenden Prozess liefert. Solch ein Dienst würde Vertraulichkeit der Kommunikation zwischen den beiden Prozessen herstellen, selbst wenn die Daten auf dem Weg zwischen sendendem und empfangendem Prozess irgendwie ausgespäht werden. Ein Transportprotokoll kann über die Vertraulichkeit hinaus auch andere Sicherheitsdienste erbringen, darunter Datenintegrität und Authentifizierung. Dies sind Themen, die wir im Detail in Kapitel 8 behandeln werden.

2.1.4 Vom Internet erbrachte Transportdienste

Bislang haben wir nur Transportdienste berücksichtigt, die ein Computernetzwerk im Allgemeinen erbringen *könnte*. Lassen Sie uns jetzt mehr ins Detail gehen und die Art der vom Internet angebotenen Transportdienste untersuchen. Das Internet stellt (genau wie TCP/IP-Netzwerke im Allgemeinen) den Anwendungen zwei Transportprotokolle zur Verfügung, UDP und TCP. Wenn Sie (als Anwendungsentwickler) eine neue Netzanwendung für das Internet schreiben, ist eine der ersten Entscheidungen, die Sie treffen müssen, ob Sie UDP oder TCP verwenden. Jedes dieser Protokolle bietet den aufrufenden Anwendungen einen anderen Satz an Diensten. ▶ Abbildung 2.4 zeigt die Dienstanforderungen für einige ausgewählte Anwendungen.

Anwendung	Datenverlust	Bandbreite	Echtzeit
Dateitransfer	Kein Verlust	Elastisch	Nein
E-Mail	Kein Verlust	Elastisch	Nein
Web	Kein Verlust	Elastisch (wenige Kbps)	Nein
Internettelefonie/ Bildkonferenz	Toleriert Verluste	Audio: wenige Kbps bis 1 Mbps Video: 10 Kbps bis 5 Mbps	Ja: einige Hundert ms
Gespeichertes Audio/Video	Toleriert Verluste	Wie oben	Ja: wenige Sekunden
Interaktive Spiele	Toleriert Verluste	Wenige Kbps bis 10 Kbps	Ja: einige Hundert ms
Instant Messaging	Kein Verlust	Elastisch	Ja und nein

Abbildung 2.4: Anforderungen von ausgewählten Netzanwendungen

TCP-Dienste

Das TCP-Dienstmodell enthält einen verbindungsorientierten Dienst und einen zuverlässigen Datenübertragungsdienst. Wenn eine Anwendung TCP als ihr Transportprotokoll aufruft, erhält die Anwendung diese beiden Dienste von TCP.

- *Verbindungsorientierter Dienst.* TCP lässt den Client und den Server Transportschicht-Steuerinformation miteinander austauschen, *bevor* die Nachrichten der Anwendungsschicht zu fließen beginnen. Dieser sogenannte Handshake warnt Client und Server vor und ermöglicht es beiden, sich auf das Eintreffen von Paketen vorzubereiten. Nach der Handshake-Phase besteht eine TCP-Verbindung zwischen den Sockets der beiden Prozesse. Diese Verbindung ist eine Vollduplexverbindung, da sich die beiden Prozesse gleichzeitig Nachrichten über die Verbindung zusenden können. Wenn die Anwendung mit dem Senden von Nachrichten fertig ist, muss sie die Verbindung abbauen. Dieser Dienst wird als „verbindungsorientierter" Dienst und nicht „Verbindungs"-Dienst bezeichnet, wie man es vielleicht erwarten könnte, weil die beiden Prozesse nur auf sehr lose Weise verbunden sind. In Kapitel 3 diskutieren wir verbindungsorientierte Dienste im Detail und wir sehen, wie sie implementiert werden.
- *Zuverlässiger Datenübertragungsdienst.* Die kommunizierenden Prozesse können sich darauf verlassen, dass TCP alle Daten fehlerfrei und in der richtigen Reihenfolge ausliefert. Wenn eine Seite der Anwendung einen Strom von Bytes in ein Socket fließen lässt, dann liefert TCP denselben Bytestrom an den empfangenden Socket, ohne fehlende oder doppelte Bytes.

TCP enthält auch einen Mechanismus zur Überlastkontrolle, einen Dienst, der eher dem Allgemeinwohl des Internets dient, als dass die kommunizierenden Prozesse direkten Nutzen daraus ziehen könnten. Die TCP-Überlastkontrolle drosselt einen sendenden Prozess (Client oder Server), wenn das Netzwerk zwischen Sender und Empfänger überlastet ist. Wie wir in Kapitel 3 sehen werden, versucht die TCP-Überlastkontrolle auch, jede TCP-Verbindung auf ihren fairen Anteil der Netzwerkbandbreite einzuschränken. Das Drosseln der Übertragungsgeschwindigkeit kann sich auf Echtzeit-Audio- und -Videoanwendungen sehr negativ auswirken, da bei ihnen Minimalanforderungen an den Durchsatz erfüllt sein müssen. Mehr noch, Echtzeitanwendungen sind verlusttolerant und benötigen keinen vollkommen zuverlässigen Transportdienst. Aus diesen Gründen entscheiden sich Entwickler von Echtzeitanwendungen oft für UDP statt für TCP.

UDP-Dienste

UDP ist ein sehr einfaches Transportprotokoll, das nur minimale Dienste anbietet. UDP ist verbindungslos, so dass kein Handshaking erfolgt, bevor die beiden Prozesse zu kommunizieren beginnen. UDP erbringt einen unzuverlässigen Datentransferdienst, das heißt, wenn ein Prozess eine Nachricht in einen UDP-Socket sendet, bietet UDP keine Garantien, dass die Nachricht den empfangenden Prozess jemals erreicht. Außerdem können Nachrichten in einer anderen Reihenfolge am Empfänger ankommen, als sie vom Sender abgesendet wurden.

Fokus Sicherheit

Das Absichern von TCP

Weder TCP noch UDP bieten irgendeine Art von Verschlüsselung – die Daten, die der sendende Prozess an den Socket übergibt, sind dieselben Daten, die über das Netz zum Zielprozess laufen. Überträgt zum Beispiel der sendende Prozess ein Kennwort in Klartext (d.h. nicht verschlüsselt) über seinen Socket, geht das Kennwort im Klartext durch alle Leitungen zwischen Absender und Empfänger und läuft auf jeder davon Gefahr, entdeckt und ausgespäht zu werden. Weil Privatsphäre und weitere Sicherheitsaspekte für viele Anwendungen von entscheidender Bedeutung sind, wurde eine Erweiterung für TCP entwickelt, die als **Secure Sockets Layer** (**SSL**, *sichere Socket-Schicht*) bezeichnet wird.

Ein durch SSL erweitertes TCP hat nicht nur die komplette Funktionalität des traditionellen TCP, sondern erbringt zusätzlich auch Prozess-zu-Prozess-Sicherheitsdienste, zu denen Verschlüsselung, Datenintegrität und Authentifizierung gehören. Wir weisen darauf hin, dass SSL kein drittes Internet-Transportprotokoll auf derselben Ebene wie TCP und UDP darstellt, sondern eine Erweiterung von TCP, die auf der Anwendungsschicht implementiert ist. Will eine Anwendung die Dienste von SSL in Anspruch nehmen, muss sie sowohl auf der Client- als auch der Server-Seite SSL-Code enthalten (wofür hochoptimierte Bibliotheken und Klassen existieren). SSL hat seine eigene Socket-API, die der traditionellen Socket-API von TCP ähnelt. Wenn eine Anwendung SSL verwendet, reicht der sendende Prozess Klartextdaten an den SSL-Socket weiter; die SSL-Implementation des sendenden Hosts verschlüsselt die Daten und reicht diese an den TCP-Socket weiter. Die verschlüsselten Daten laufen über das Internet zum TCP-Socket des empfangenden Prozesses. Dessen Socket reicht die verschlüsselten Daten an SSL weiter, das die Daten nun entschlüsselt. Zuletzt leitet SSL die Klartextdaten durch sein SSL-Socket an den annehmenden Prozess. Wir betrachten SSL in Kapitel 8 noch genauer.

UDP beinhaltet keinen Überlastkontrollmechanismus, so dass die sendende Seite von UDP Daten mit jeder beliebigen Geschwindigkeit in die darunterliegende Schicht (die Netzwerkschicht) pumpen kann. (Beachten Sie jedoch, dass der tatsächliche Ende-zu-Ende-Durchsatz aufgrund der beschränkten Bandbreite dazwischenliegender Leitungen oder aufgrund von Überlast geringer als diese Geschwindigkeit sein kann). Weil Echtzeitanwendungen oft zwar einen gewissen Datenverlust tolerieren können, gleichzeitig aber eine minimale Übertragungsrate benötigen, entscheiden sich Entwickler von Echtzeitanwendungen häufig dafür, ihre Anwendungen über UDP auszuführen, wodurch sie den Überlastkontrollmechanismus und den Mehraufwand von TCP umgehen. Weil andererseits viele Firewalls so konfiguriert werden, dass sie UDP-Verkehr (größtenteils) blockieren, gehen immer mehr Entwickler dazu über, ihre Multimedia- und Echtzeitanwendungen über TCP zu implementieren [Sripanidkulchai 2004].

Dienste, die nicht von Internet-Transportprotokollen erbracht werden

Wir haben die möglichen Transportprotokolldienste in vier Kategorien gegliedert: zuverlässiger Datentransfer, Durchsatz, garantierte maximale Verzögerung und Sicherheit. Welche dieser Dienste werden von TCP und UDP erbracht?

Anwendung	Anwendungsschichtprotokoll	Zugrunde liegendes Transportprotokoll
E-Mail-Dienst	SMTP [RFC 2821]	TCP
Remote-Terminalzugang	Telnet [RFC 854]	TCP
World Wide Web	HTTP [RFC 2616]	TCP
Dateitransfer	FTP [RFC 959]	TCP
Multimedia-Streaming	HTTP (z.B. YouTube), RTP	TCP oder UDP
Internettelefonie	SIP, RTP oder proprietär (z.B. Skype)	Normalerweise UDP

Abbildung 2.5: Beliebte Internetanwendungen, ihre Anwendungsschichtprotokolle und die ihnen zugrunde liegenden Transportprotokolle

Wir haben schon angemerkt, dass TCP zuverlässige Ende-zu-Ende-Datenübertragung anbietet. Und wir wissen auch, dass TCP mittels SSL auf einfache Weise erweitert werden kann, um Sicherheitsdienste bereitzustellen. Aber in unserer Kurzbeschreibung von TCP und UDP fehlte mit Absicht jede Erwähnung eines Mindestdurchsatzes oder der maximalen Verzögerungen. Beides wird von den heutigen Internet-Transportprotokollen *nicht* garantiert. Bedeutet dies, dass zeitkritische Anwendungen wie die Internettelefonie heutzutage im Internet gar nicht ausgeführt werden können? Die Antwort ist eindeutig nein – schon seit Jahren sind zeitkritische Anwendungen im Internet präsent. Diese Anwendungen funktionieren oft zufriedenstellend, weil sie dafür entworfen wurden, so gut wie möglich mit diesem Mangel an Garantien zurechtzukommen. Wir werden in Kapitel 7 einige der verwendeten Designtricks kennenlernen. Dennoch hat auch das beste Design bei exzessiver Überlast seine Grenzen, was im öffentlichen Internet häufig der Fall ist. In einem Satz zusammengefasst: Das heutige Internet ist oft in der Lage, auch für zeitkritische Anwendungen zufriedenstellende Dienste bereitzustellen, aber es kann keine Garantien für Bandbreite oder maximale Verzögerungen geben.

▶Abbildung 2.5 zeigt die Transportprotokolle, die von einigen beliebten Internetanwendungen eingesetzt werden. Wir sehen, dass E-Mail, Fernzugriff auf Terminals, das Web und Dateitransfers TCP verwenden. Diese Anwendungen wählen in erster Linie deshalb TCP, weil TCP eine zuverlässige Datenübertragung anbietet. Wir sehen auch, dass Internettelefonie normalerweise über UDP läuft. Jede Seite einer Internettelefonanwendung muss Daten mit einer bestimmten Minimalgeschwindigkeit durch das Netz senden (etwa die Echtzeit-Audioanwendung in Abbildung 2.4). Dies ist eher mit UDP möglich als mit TCP. Zudem sind Internettelefonanwendungen verlusttolerant, so dass sie den zuverlässigen Datenübertragungsdienst von TCP nicht benötigen.

Adressierung von Prozessen

Die vorhergehende Diskussion hat sich auf die Transportdienste zwischen zwei Kommunikationsprozessen konzentriert. Aber wie zeigt ein Prozess, der diese Dienste nutzt, an, mit welchem Prozess er kommunizieren will? Wie macht ein Prozess, der auf einem Host in München läuft, deutlich, dass er mit einem bestimmten Prozess auf einem Host in Bangkok kommunizieren will? Um den Empfangsprozess festzulegen, müssen zwei Informationen vorliegen: (1) der Name oder die Adresse des Hosts und (2) eine Kennzeichnung, die den Empfangsprozess am Zielhost nennt.

Im Internet wird ein Host durch seine **IP-Adresse** identifiziert. Wir werden IP-Adressen in Kapitel 4 noch detailliert erörtern. Zunächst müssen wir nur wissen, dass eine IP-Adresse aus 32 Bit besteht, die eine eindeutige Identifikation des Hosts darstellen. (Wie wir in Kapitel 4 sehen werden, bedeutet jedoch die weite Verbreitung von NAT *(network address translation)*, dass eine 32 Bit-IP-Adresse allein einen Host nicht eindeutig kennzeichnet.)

Außer der Adresse des Hosts, für den eine Nachricht bestimmt ist, muss der sendende Host auch den Empfangsprozess angeben, der auf diesem Host läuft. Diese Information ist notwendig, weil ein Host im Allgemeinen viele Netzwerkanwendungen ausführen kann. Die **Portnummer** des Ziels dient diesem Zweck. Beliebten Anwendungen wurden daher bestimmte Portnummern zugeteilt. Zum Beispiel hat ein Webserver die Portnummer 80. Ein Mailserver-Prozess (der das SMTP-Protokoll verwendet) hat die Portnummer 25. Eine Liste bekannter Portnummern für alle Internet-Standardprotokolle ist bei *http://www.iana.org* zu finden. Entwickelt ein Programmierer eine neue Netzanwendung, muss dieser Anwendung eine neue Portnummer zugeteilt werden. Portnummern werden uns in Kapitel 3 wiederbegegnen.

2.1.5 Anwendungsschichtprotokolle

Netzwerkprozesse kommunizieren miteinander, indem sie Nachrichten über Sockets senden. Aber wie sind diese Nachrichten strukturiert? Was bedeuten die verschiedenen Felder in den Nachrichten? Wann senden die Prozesse die Nachrichten? Diese Fragen bringen uns zum Thema der **Anwendungsschichtprotokolle**. Ein solches Protokoll definiert, wie sich die Prozesse einer Anwendung, die auf verschiedenen Endsystemen laufen, Nachrichten zusenden. Insbesondere definiert ein Anwendungsschichtprotokoll:

- die Art der ausgetauschten Nachrichten, zum Beispiel Request-Nachrichten und Response-Nachrichten,
- die Syntax der verschiedenen Nachrichtentypen, also die Felder in der Nachricht, und wie die Felder gekennzeichnet sind,
- die Semantik der Felder, d.h. die Bedeutung der Information in den Feldern,
- Regeln, die bestimmen, wann und wie ein Prozess Nachrichten sendet und auf Nachrichten reagiert.

Einige Anwendungsschichtprotokolle sind durch RFCs festgelegt und frei zugänglich (Public Domain, sie sind urheberrechtlich nicht geschützt). So ist zum Beispiel das Anwendungsschichtprotokoll des Web, HTTP (Hypertext Transfer Protocol [RFC 2616]), als RFC verfügbar. Folgt ein Browser-Entwickler den Regeln des HTTP-RFC, wird der Browser in der Lage sein, Webseiten von jedem Webserver anzufordern, der ebenfalls die Regeln des HTTP-RFC befolgt. Viele andere Anwendungsschichtprotokolle sind proprietär, das heißt absichtlich nicht frei verfügbar. Zum Beispiel verwenden viele der vorhandenen P2P-Filesharing-Systeme proprietäre Anwendungsschichtprotokolle.

Es gibt einen wichtigen Unterschied zwischen Netzanwendungen und Anwendungsschichtprotokollen: Ein Anwendungsschichtprotokoll ist nur ein Teil einer Netzanwendung. Betrachten wir einige Beispiele. Das Web ist eine Client-Server-Anwendung, die es den Benutzern ermöglicht, Dokumente von Webservern anzufordern. Die Webanwendung setzt sich aus vielen Bestandteilen zusammen, darunter ein Standard für die Formate der Dokumente (also HTML), Webbrowser (z.B. Firefox oder der Microsoft Internet Explorer), Webserver (zum Beispiel der Apache-Webserver oder Microsofts IIS) und ein Anwendungsschichtprotokoll. Das Anwendungsschichtprotokoll des Web, HTTP, definiert Format und Reihenfolge der zwischen Browser und Webserver ausgetauschten Nachrichten. Auf diese Art ist HTTP nur ein Teil (allerdings ein wichtiger) der Anwendung Web. Als weiteres Beispiel hat auch eine Internet-E-Mail-Anwendung viele Bestandteile, darunter Mailserver, in denen Mailboxen (Postfächer) untergebracht sind, Mailreader (Leseprogramme), mit deren Hilfe Anwender Mails lesen und verfassen können, eine Norm, welche die Struktur einer E-Mail-Nachricht definiert, und schließlich Anwendungsschichtprotokolle, die festlegen, wie Nachrichten zwischen Servern bzw. zwischen Server und Mailreader ausgetauscht werden und wie der Inhalt von bestimmten Teilen der Nachricht (zum Beispiel der Mailheader) interpretiert werden muss. Das wichtigste Anwendungsschichtprotokoll für elektronische Post ist SMTP (Simple Mail Transfer Protocol) [RFC 2821], das nur einen Teil (allerdings einen wichtigen) der E-Mail-Anwendung darstellt.

2.1.6 In diesem Buch behandelte Netzanwendungen

Jeden Tag werden neue Internetanwendungen entwickelt und entweder frei zugänglich oder als kommerzielle Programme veröffentlicht. Statt eine große Zahl von Internetanwendungen in enzyklopädischer Weise abzuhandeln, wollen wir uns hier auf einige wenige wichtige und weit verbreitete Anwendungen konzentrieren. In diesem Kapitel diskutieren wir fünf wichtige Anwendungen: das Web, Dateitransfer, E-Mail, DNS (den Verzeichnisdienst des Internets) und P2P-Anwendungen. Wir beginnen mit dem Web. Wir tun dies nicht nur, weil es sich um eine enorm beliebte Anwendung handelt, sondern auch, weil sein Anwendungsschichtprotokoll HTTP leicht verständlich ist. Nachdem wir das Web besprochen haben, befassen wir uns kurz mit FTP, weil es einen interessanten Kontrast zu HTTP darstellt. Wir erörtern danach E-Mail, die erste große Anwendung, die im Internet populär wurde. In einem gewissen Sinn ist

E-Mail komplexer als das Web, weil sie nicht nur eines, sondern gleich mehrere Anwendungsschichtprotokolle benutzt. Nach E-Mail behandeln wir den Domain Name Service (DNS), der einen Verzeichnisdienst für das Internet erbringt. Die meisten Benutzer sprechen DNS nicht direkt an. Stattdessen rufen sie DNS indirekt über andere Anwendungen auf (z.B. beim Surfen im Web, für Dateitransfers oder E-Mail). DNS zeigt beispielhaft, wie ein Stück zentraler Funktionalität des Netzes (die Übersetzung eines Netznamens in eine Netzadresse) in der Anwendungsschicht des Internets implementiert werden kann. Zuletzt behandeln wir mehrere P2P-Anwendungen, etwa Dateiverteilung, verteiltes Suchen und IP-Telefonie.

2.2 Das Web und HTTP

Bis in die frühen 1990er Jahre wurde das Internet in erster Linie von Wissenschaftlern und Studenten verwendet, um sich bei entfernten Hosts anzumelden, lokale Dateien auf entfernte Hosts und zurück zu übertragen und Nachrichten sowie elektronische Post zu erhalten und zu senden. Obwohl diese Anwendungen äußerst nützlich waren (und immer noch sind), war das Internet außerhalb der akademischen Welt praktisch unbekannt. Doch Anfang der 1990er Jahre betrat eine größere, neue Anwendung die Bühne des Internets: das World Wide Web [Berners-Lee 1994]. Das Web ist die Internetanwendung, die am stärksten die Aufmerksamkeit der Öffentlichkeit erregte. Sie veränderte dramatisch die Art und Weise, wie die Menschen innerhalb und außerhalb ihres Berufes miteinander umgehen. Sie machte das Internet von einem Datennetzwerk unter vielen zu praktisch dem einzigen Datennetz.

Was vielleicht die meisten Menschen anspricht, ist die Verfügbarkeit des Webs *bei Bedarf*. Benutzer erhalten, was sie wollen, sobald sie es wollen. Dies ist ganz anders als bei Radio- und Fernsehsendungen, welche die Benutzer zum Einschalten ihrer Geräte zwingen, sobald der jeweilige Anbieter die Inhalte bereitstellt. Über die Verfügbarkeit bei Bedarf hinaus hat das Web viele herrliche Eigenschaften, welche die Menschen schätzen und lieben. Es ist für jedermann unglaublich einfach, Information im Netz zur Verfügung zu stellen – jeder kann für wenig Geld ein Akteur im Netz werden. Hyperlinks (Direktverbindungen zwischen Webseiten) und Suchmaschinen helfen uns bei der Navigation durch ein Meer von Websites. Grafische Darstellungen sprechen unsere Sinne an. Formulare, Java-Applets und viele andere Elemente ermöglichen es uns, mit einzelnen Seiten zu interagieren. Zunehmend wird das Netz zu einer Schnittstelle, welche Zugriff auf ein riesiges Angebot von Audio- und Videomaterial ermöglicht, das auf Wunsch abgerufen werden kann.

2.2.1 Überblick über HTTP

Das **Hypertext Transfer Protocol** (**HTTP**), das Anwendungsschichtprotokoll des Web, ist das Herz des Web. Es ist in [RFC 1945] und [RFC 2616] definiert. HTTP wird durch zwei Programme implementiert: ein Client-Programm und ein Server-Programm. Diese beiden, auf verschiedenen Endsystemen laufenden Programme kommunizieren miteinander durch den Austausch von HTTP-Nachrichten. HTTP definiert sowohl die Struktur dieser Nachrichten als auch die Art und Weise, wie Client und Server diese austauschen. Bevor wir HTTP im Detail erläutern, sollten wir uns mit der Webterminologie befassen.

Eine (auch als Dokument bezeichnete) **Webseite** besteht aus Objekten. Ein **Objekt** ist einfach eine Datei – etwa eine HTML-Datei, ein JPEG-Bild, ein Java-Applet oder ein Videoclip –, die unter einer einzelnen URL (uniform resource locator) zu erreichen ist. Die meisten Webseiten bestehen aus einer **Basis-HTML-Datei**, die auf mehrere weitere Objekte verweist. Enthält eine Webseite zum Beispiel HTML-Text und fünf JPEG-Bilder, dann hat die Webseite sechs Objekte: die Basis-HTML-Datei plus die fünf Abbildungen. Die HTML-Datei referenziert die anderen Objekte auf der Seite mithilfe der URLs dieser Objekte. Jede URL hat zwei Bestandteile: den Hostnamen des Servers, auf dem sich die Objekte befinden, sowie den Pfadnamen des Objekts. Die URL

http://www.someSchool.edu/someDepartment/picture.gif

besteht beispielsweise aus *www.someSchool.edu* als Hostnamen und */someDepartment/picture.gif* als Pfadangabe. Weil **Webbrowser** (wie Internet Explorer und Firefox) die Client-Seite des Web darstellen, verwenden wir die Wörter *Browser* und *Client* synonym. **Webserver,** welche die Server-Seite des Web bilden, enthalten Webobjekte, die jeweils unter einer URL erreichbar sind. Beliebte Webserver sind Apache und der Microsoft Internet Information Server.

HTTP definiert, wie Webclients Webseiten von Webservern anfordern und wie Server die Webseiten zu den Clients übertragen. Wir diskutieren die Interaktion zwischen Clients und Servern später im Detail, aber die allgemeine Idee ist in ▶Abbildung 2.6 dargestellt. Fordert ein Benutzer eine Webseite an (zum Beispiel durch Klicken auf einen Hyperlink), sendet der Browser HTTP-Request-Nachrichten für die Objekte auf

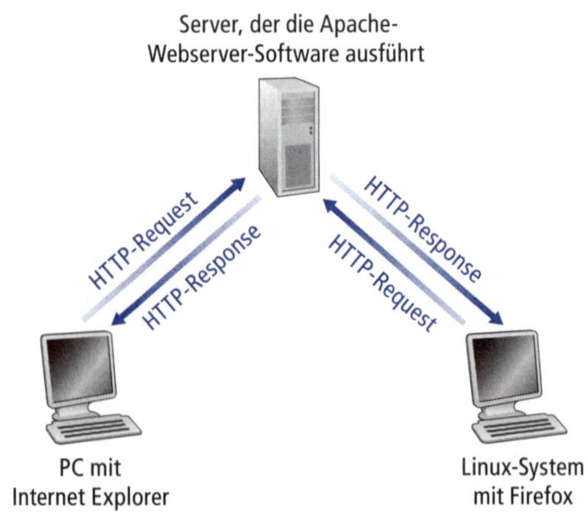

Abbildung 2.6: HTTP-Request-/Response-Verhalten

der Seite an den Server. Der Server erhält die Anforderungen und antwortet mit HTTP-Response-Nachrichten, welche die Objekte enthalten.

HTTP verwendet TCP als zugrunde liegendes Transportprotokoll (und nicht UDP). Der HTTP-Client initiiert zuerst eine TCP-Verbindung zum Server. Sobald die Verbindung hergestellt ist, greifen der Browser und der Server-Prozess über ihre Socket-Schnittstellen auf TCP zu. Wie in Abschnitt 2.1 beschrieben, ist die Socket-Schnittstelle auf der Client-Seite die Verbindungstür zwischen dem Client-Prozess und der TCP-Verbindung. Auf der Server-Seite ist sie die Tür zwischen dem Server-Prozess und der TCP-Verbindung. Der Client sendet HTTP-Request-Nachrichten an seine Socket-Schnittstelle und erhält HTTP-Response-Nachrichten von seiner Socket-Schnittstelle.

Analog erhält der HTTP-Server Request-Nachrichten von seiner Socket-Schnittstelle und sendet Response-Nachrichten an seine Socket-Schnittstelle. Sobald der Client eine Nachricht an seine Socket-Schnittstelle sendet, ist die Nachricht nicht mehr in den Händen des Clients, sondern sie unterliegt der Verantwortung von TCP. Erinnern Sie sich an Abschnitt 2.1: TCP bietet einen zuverlässigen Datentransferdienst! Dies bedeutet, dass jede von einem Client-Prozess gesandte HTTP-Request-Nachricht vollständig und korrekt am Server ankommen wird. Ebenso kommt jede vom Server-Prozess gesandte HTTP-Response-Nachricht beim Client an. Hier sehen wir einen der großen Vorteile der Schichtenarchitektur: HTTP muss sich keine Sorgen über verlorene Daten machen oder um die Details, wie TCP Verluste wiederherstellt oder Daten innerhalb des Netzwerkes umsortiert. Das ist die Aufgabe von TCP und der Protokolle der niedrigeren Schichten des Protokollstapels.

Der Server sendet die angeforderten Dateien an den Client, ohne irgendwelche Informationen über den Zustand des Clients zu speichern. Fordert ein bestimmter Client innerhalb weniger Sekunden zweimal dasselbe Objekt an, antwortet der Server nicht etwa, indem er sagt, er habe das Objekt gerade gesendet, sondern der Server sendet das Objekt erneut: Er merkt sich nicht, was er vorher getan hat. Weil ein HTTP-Server keine Information über die Clients behält, bezeichnet man HTTP als **zustandsloses Protokoll**. Außerdem können wir festhalten, dass das Web die Client-Server-Anwendungsarchitektur verwendet, wie in Abschnitt 2.1 beschrieben. Ein Webserver ist immer online, besitzt eine feste IP-Adresse und beantwortet Anfragen von potenziell Millionen unterschiedlicher Browser.

2.2.2 Nichtpersistente und persistente Verbindungen

Bei vielen Internetanwendungen kommunizieren Client und Server längere Zeit miteinander, wobei der Client eine Reihe von Anforderungen schickt und der Server auf diese Anforderungen antwortet. Je nach Anwendung und je nachdem, wie die Anwendung genutzt wird, können die Anforderungen direkt aufeinander, in periodischen Abständen oder unregelmäßig erfolgen. Soll diese Client-Server-Interaktion über TCP stattfinden, dann muss der Anwendungsentwickler eine wichtige Entscheidung treffen – soll jedes Paar aus Anforderungen und Antworten über eine separate TCP-Verbindung geschickt werden oder sollen alle Anforderungen und die dazugehörigen Antworten dieselbe TCP-Verbindung benutzen? Im ersten Fall benutzt die Anwendung nichtpersistente Verbindungen; bei letzterer Herangehensweise handelt es sich um persistente Verbindungen. Damit wir diesen Designaspekt besser verstehen, wollen wir die Vor- und Nachteile persistenter Verbindungen im Kontext eines spezifischen Protokolls betrachten, nämlich HTTP. Dieses kann sowohl nichtpersistente als auch persistente Verbindungen verwenden. Obwohl HTTP standardmäßig persistente Verbindungen einsetzt, können HTTP-Client und -Server so konfiguriert werden, dass sie nichtpersistente Verbindungen verwenden.

HTTP mit nichtpersistenten Verbindungen

Lassen Sie uns die Schritte durchgehen, die im Fall nichtpersistenter Verbindungen zum Übertragen einer Webseite vom Server zum Client notwendig sind. Nehmen wir dazu an, dass diese Seite aus einer einfachen HTML-Datei sowie zehn JPEG-Abbildungen besteht und dass sich alle elf Objekte auf demselben Server befinden. Nehmen wir weiter an, dass die URL für die einfache HTML-Datei

http://www.someSchool.edu/someDepartment/home.index lautet.

Hier nun die einzelnen Schritte:

1. Der HTTP-Client-Prozess baut eine TCP-Verbindung zum Server *www.someSchool.edu* auf Portnummer 80 auf, die Standard-Portnummer für HTTP. Zur TCP-Verbindung gehören ein Socket beim Client und ein Socket beim Server.

2. Der HTTP-Client sendet eine HTTP-Request-Nachricht über seinen Socket an den Server. Die Request-Nachricht enthält den Pfadnamen someDepartment/home.index. (Wir betrachten HTTP-Request-Nachrichten weiter hinten noch genauer.)

3. Der HTTP-Server-Prozess erhält die Request-Nachricht über seinen Socket, holt das Objekt someDepartment/home.index aus seinem Speicher (RAM oder Festplatte), kapselt das Objekt in eine HTTP-Response-Nachricht ein und sendet dem Client über den Socket die Response-Nachricht zu.

4. Der HTTP-Server-Prozess fordert TCP auf, die TCP-Verbindung zu schließen. (Aber TCP beendet die Verbindung erst, wenn es sicher weiß, dass der Client die Response-Nachricht erhalten hat.)

5. Der HTTP-Client erhält die Response-Nachricht. Die TCP-Verbindung wird geschlossen. Die Nachricht beinhaltet die Information, dass das verkapselte Objekt eine HTML-Datei ist. Der Client entkapselt die Response-Nachricht. Er verarbeitet die so erhaltene HTML-Datei und findet Verweise auf die zehn JPEG-Objekte.

6. Die ersten vier Schritte werden nun für jedes referenzierte JPEG-Objekt wiederholt.

Sobald der Browser die Webseite erhält, zeigt er die Seite für den Benutzer an. Verschiedene Browser können eine Webseite auf geringfügig unterschiedliche Weise interpretieren (also dem Benutzer unterschiedlich anzeigen). HTTP hat nichts damit zu tun, wie eine Webseite von einem Client interpretiert wird. Die HTTP-Spezifikationen ([RFC 1945] und [RFC 2616]) definieren nur das Kommunikationsprotokoll zwischen dem Client-HTTP-Programm und dem Server-HTTP-Programm.

Die obigen Schritte verdeutlichen die Verwendung nichtpersistenter Verbindungen, bei denen jede TCP-Verbindung nach dem Senden der Objekte durch den Server geschlossen wird – die Verbindung bleibt nicht für andere Objekte bestehen. Beachten Sie, dass jede TCP-Verbindung genau eine Request-Nachricht und eine Response-Nachricht transportiert. In diesem Beispiel werden daher jedes Mal, wenn ein Benutzer die Webseite anfordert, elf TCP-Verbindungen generiert.

Bei der Beschreibung der notwendigen Schritte äußerten wir uns absichtlich nur vage darüber, ob der Client die zehn JPEG-Bilder über zehn serielle TCP-Verbindungen erhält oder ob einige Bilder über parallele TCP-Verbindungen eintreffen. Tatsächlich kann der Anteil paralleler Übertragungen, entsprechend den Benutzereinstellungen, durch moderne Browser kontrolliert werden. Aufgrund ihrer Standardeinstellungen öffnen die meisten Browser fünf bis zehn parallele TCP-Verbindungen und jede dieser Verbindungen arbeitet ein Paar aus Request und Response ab. Wenn der Benutzer dies wünscht, kann die maximale Anzahl paralleler Verbindungen auf eins gesetzt werden, dann werden die Verbindungen seriell, also eine nach der anderen aufgebaut. Wie wir im nächsten Kapitel sehen werden, verkürzt die Verwendung paralleler Verbindungen die Antwortzeit.

Bevor wir fortfahren, wollen wir die Zeitdauer überschlagen, die zwischen der Anforderung der einfachen HTML-Datei und dem vollständigen Empfang der Datei durch den Client verstreicht. Zu diesem Zweck definieren wir die **Round-Trip-Time** (**RTT**, *Rundlaufzeit*) als die Zeit, die ein Paket benötigt, um vom Client zum Server und wieder zurück zum Client zu laufen. Die RTT enthält die Ausbreitungsverzögerung des Pakets, die Verzögerung in den Warteschlangen der auf dem Weg liegenden Router und die Verarbeitungsverzögerungen des Pakets. (Diese Verzögerungen wurden in Abschnitt 1.4 diskutiert.) Überlegen Sie, was geschieht, wenn ein Benutzer auf einen Hyperlink klickt. Wie in ▶ Abbildung 2.7 gezeigt, bedeutet dies, dass der Browser eine TCP-Verbindung zwischen dem Browser und dem Webserver herstellt. Dafür wird ein „Drei-Wege-Handshake" durchgeführt – der Client sendet ein kurzes TCP-Segment an den Server, der Server bestätigt es und antwortet ebenfalls mit einem kurzen TCP-Segment. Dessen Empfang bestätigt wiederum der Client dem Server. Die ersten beiden Schritte dieses „Drei-Wege-Handshaking" entsprechen einer RTT. Nachdem die beiden ersten Teile des Handshake beendet sind, sendet der Client eine HTTP-Request-Nachricht zusammen mit dem letzten Teil des „Drei-Wege-Handshake" über die TCP-Verbindung.

Sobald die Request-Nachricht beim Server ankommt, sendet dieser die HTML-Datei über die TCP-Verbindung. Dieser Austausch von HTTP-Request und -Response dauert

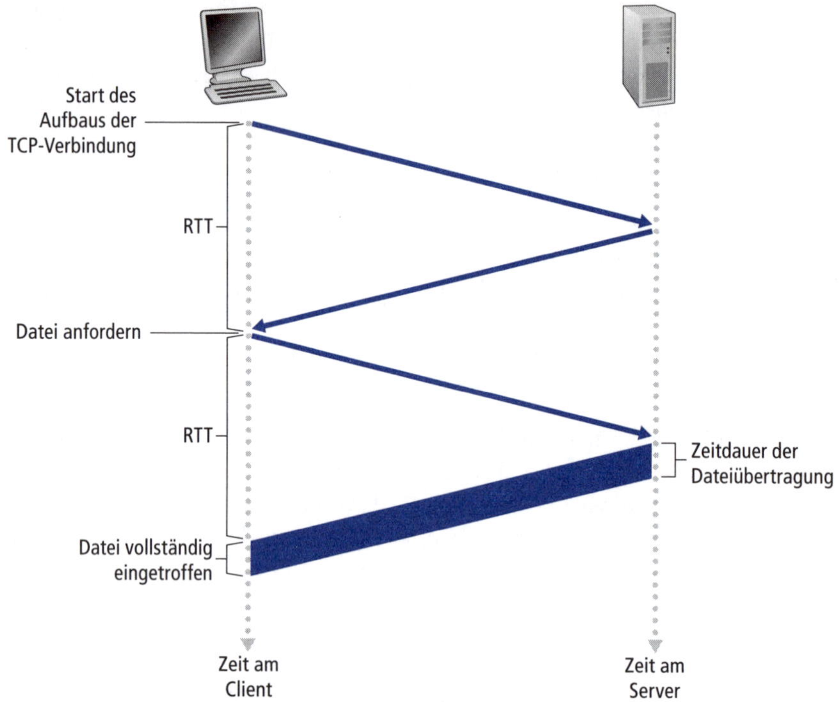

Abbildung 2.7: Schätzung des Zeitbedarfs, um eine HTML-Datei anzufordern und zu erhalten

eine weitere RTT. Daher beträgt die gesamte Antwortzeit grob zwei RTT, plus der Übertragungsverzögerung der HTML-Datei.

HTTP mit persistenten Verbindungen

Nichtpersistente Verbindungen haben einige Mängel. Zunächst muss für jedes angeforderte Objekt eine neue Verbindung aufgebaut und unterhalten werden. Für jede dieser Verbindungen müssen TCP-Puffer allokiert werden und es ist notwendig, Variablen zum Betrieb von TCP sowohl im Client als auch im Server zu speichern. Dies kann den Webserver deutlich belasten, der gleichzeitig Anforderungen von Hunderten unterschiedlicher Clients abarbeiten muss. Darüber hinaus unterliegt jedes Objekt einer Verzögerung von zwei RTT: eine zum Aufbau der TCP-Verbindung und eine weitere, um ein Objekt anzufordern und zu erhalten.

Bei persistenten Verbindungen lässt der Server die TCP-Verbindung nach dem Senden einer Antwort geöffnet. Anschließende Anforderungen und Antworten zwischen demselben Client und dem Server können über dieselbe Verbindung geschickt werden. Insbesondere kann eine komplette Webseite (im obigen Beispiel die HTML-Datei und die zehn Abbildungen) über eine einzige persistente TCP-Verbindung transportiert werden. Darüber hinaus lassen sich auch mehrere unterschiedliche Webseiten, die sich auf diesem Server befinden, über eine persistente Verbindung an ein und denselben Client senden. Die Objektanforderungen können unmittelbar aufeinanderfolgen, ohne auf Antworten zu ausstehenden Anforderungen zu warten *(Pipelining)*. Normalerweise schließt der HTTP-Server eine Verbindung, wenn sie eine gewisse Zeit lang (ein konfigurierbares Zeitintervall) nicht benutzt wird. Erhält der Server die Anforderungen unmittelbar nacheinander, sendet er auch die Objekte unmittelbar nacheinander ab. Standardmäßig verwendet HTTP persistente Verbindungen mit Pipelining. Wir werden die Leistung nichtpersistenter und persistenter Verbindungen in den Übungsaufgaben der Kapitel 2 und 3 quantitativ miteinander vergleichen. Lesen Sie dazu auch [Heidemann 1997; Nielsen 1997].

2.2.3 HTTP-Nachrichtenformat

Die HTTP-Spezifikationen [RFC 2616] enthalten die Definitionen der HTTP-Nachrichtenformate. Es gibt zwei Arten von HTTP-Nachrichten, Request-Nachrichten und Response-Nachrichten. Beide werden im Folgenden besprochen.

HTTP-Request-Nachricht

Nachfolgend sehen Sie eine typische HTTP-Request-Nachricht:

```
GET /somedir/page.html HTTP/1.1
Host: www.someschool.edu
Connection: close
User-agent: Mozilla/4.0
Accept-language: fr
```

Wir können viel lernen, wenn wir diese einfache Request-Nachricht näher betrachten. Als Erstes sehen wir, dass die Nachricht als ASCII-Text vorliegt, so dass ein Mensch sie lesen kann. Als Zweites sehen wir, dass die Nachricht aus fünf Zeilen besteht, jeweils gefolgt von einem Wagenrücklauf *(carriage return)* und einem Zeilenvorschub *(line feed)*. Die letzte Zeile wird von einem zusätzlichen Wagenrücklauf und Zeilenvorschub beendet. Obwohl diese spezielle Request-Nachricht fünf Zeilen hat, kann eine Request-Nachricht auch viel mehr Zeilen oder nur eine einzige Zeile haben. Die erste Zeile einer HTTP-Request-Nachricht wird **Request-Zeile** *(Anforderungszeile)* genannt. Die anschließenden Zeilen bezeichnet man als **Header-Zeilen** *(Kopfzeilen)*. Die Request-Zeile hat drei Felder: das Methodenfeld, das URL-Feld und das HTTP-Versionsfeld. Das Methodenfeld kann mehrere verschiedene Werte annehmen, darunter GET, POST, HEAD, PUT und DELETE. Die große Mehrheit der HTTP-Request-Nachrichten verwendet die GET-Methode. Die GET-Methode wird benötigt, wenn der Browser ein Objekt anfordert, wobei das angeforderte Objekt im URL-Feld identifiziert wird. In diesem Beispiel fordert der Browser das Objekt /somedir/page.html an. Die Version ist selbst erklärend; in diesem Beispiel legt der Browser die Version HTTP/1.1 fest.

Betrachten wir nun die Header-Zeilen des Beispiels. Die Header-Zeile „Host: www.someschool.edu" legt den Host fest, auf dem sich das Objekt befindet. Sie könnten nun vermuten, dass diese Header-Zeile unnötig ist, da ja schon eine TCP-Verbindung zum Host existiert. Aber, wie wir in Abschnitt 2.2.5 noch sehen werden, wird die in dieser Header-Zeile bereitgestellte Information von sogenannten Proxyservern für das Cachen von Webseiten benötigt. Mit der Header-Zeile „Connection: Close" teilt der Browser dem Server mit, dass er keine persistente Verbindung wünscht; er will, dass der Server die Verbindung nach dem Senden des angeforderten Objekts schließt. Die Header-Zeile „User-Agent" legt den User-Agenten fest, d.h. den Browser-Typ, der die Anforderung an den Server schickt. Hier ist der User-Agent Mozilla/4.0, ein Netscape-Browser. Diese Kopfzeile wird benötigt, weil der Server tatsächlich verschiedene Versionen desselben Objekts an verschiedene User-Agenten senden kann. (Jede der Versionen wird über dieselbe URL angesprochen.) Schließlich zeigt die Header-Zeile „Accept-language", dass der Benutzer eine französische Version des Objekts wünscht, sofern ein solches Objekt auf dem Server existiert. Ist eine solche Version nicht verfügbar, soll der Server die Standardversion senden. Die Header-Zeile „Accept-language" ist nur eine von vielen Kopfzeilen, mit denen in HTTP der Inhalt ausgehandelt werden kann.

Nachdem wir das Beispiel betrachtet haben, wollen wir jetzt das allgemeine Format einer Request-Nachricht, wie in ▶Abbildung 2.8 gezeigt, untersuchen. Wir sehen die große Ähnlichkeit zwischen dem allgemeinen Format und unserem Beispiel. Sie werden jedoch bemerken, dass es nach den Header-Zeilen (und dem zusätzlichen Wagenrücklauf und Zeilenvorschub) einen „Entity-Body" gibt. Dieser Entity-Body ist bei der GET-Methode leer, er wird aber bei der POST-Methode verwendet. Ein HTTP-Client verwendet die POST-Methode oft, wenn der Benutzer ein Formular ausfüllt – zum Beispiel, wenn ein Benutzer Suchbegriffe an eine Suchmaschine sendet. Mit einer POST-Nachricht fordert der Benutzer zwar immer noch eine Webseite vom Server an, aber der spezifische Inhalt der Webseite hängt von dem ab, was der Benutzer in das Formularfeld einträgt.

Lautet der Wert des Methodenfeldes POST, dann enthält der Entity-Body das, was der Benutzer in die Formularfelder eingegeben hat.

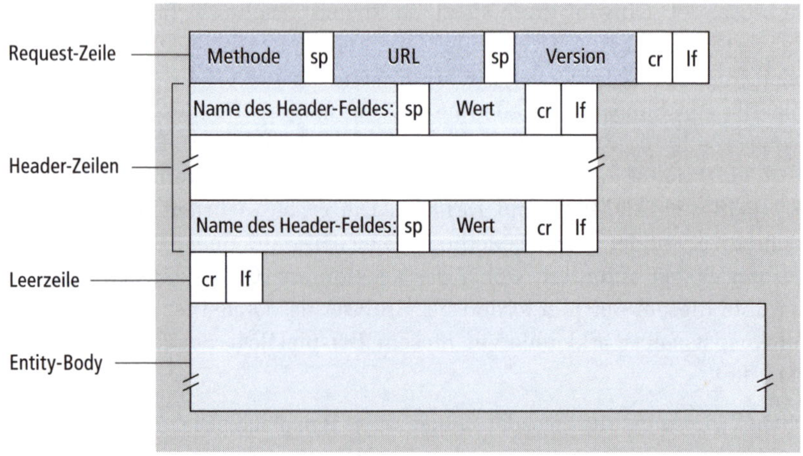

Abbildung 2.8: Allgemeines Format einer HTTP-Request-Nachricht

Eine mit Formularen erzeugte Anforderung muss nicht notwendigerweise die POST-Methode verwenden. Stattdessen verwenden HTML-Formulare oft die GET-Methode und schreiben die (in die Formularfelder) eingegebenen Daten in die angeforderte URL. Verwendet zum Beispiel ein Formular die GET-Methode und besitzt es zwei Felder mit den Einträgen „Affen" und „Bananen", dann hat die URL die Struktur *www.somesite.com/Tiersuche?Affen&Bananen*. Bei Ihrem täglichen Websurfen haben Sie sicher schon solche URLs gesehen.

Die HEAD-Methode ähnelt der GET-Methode. Wenn ein Server eine Anfrage mit der HEAD-Methode erhält, antwortet er mit einer HTTP-Nachricht, lässt aber das angeforderte Objekt aus. Anwendungsentwickler verwenden die HEAD-Methode oft zum Debuggen. Die PUT-Methode wird häufig in Verbindung mit Werkzeugen zum Veröffentlichen im Web *(Publishing Tools)* benutzt. Sie erlaubt es einem Benutzer, ein Objekt auf einen bestimmten Pfad auf einem bestimmten Webserver hochzuladen. Die PUT-Methode wird auch von anderen Anwendungen verwendet, die Objekte auf Webserver hochladen müssen. Die DELETE-Methode ermöglicht einem Benutzer oder einer Anwendung das Löschen eines Objektes auf einem Webserver.

HTTP-Response-Nachricht

Nachfolgend zeigen wir eine typische HTTP-Response-Nachricht. Diese Response-Nachricht könnte die Antwort auf die eben diskutierte Request-Nachricht sein.

```
HTTP/1.1 200 OK
Connection: close
Date: Thu, 07 Jul 2007 12:00:15 GMT
Server: Apache/1.3.0 (Unix)
Last-Modified: Sun, 06 May 2007 09:23:24 GMT
Content-Length: 6821
Content-Type: text/html

Daten ...
```

Betrachten wir nun diese Response-Nachricht. Sie hat drei Abschnitte: eine **einleitende Statuszeile**, sechs **Header-Zeilen** und den **Entity-Body**. Der Entity-Body ist das wichtigste Element der Nachricht – er enthält das (hier durch `Daten ...` symbolisierte) angeforderte Objekt. Die Statuszeile hat drei Felder: das Protokollversionsfeld, einen Statuscode und eine entsprechende Statusnachricht. In diesem Beispiel deutet die Statuszeile darauf hin, dass der Server HTTP/1.1 verwendet und dass alles in Ordnung ist, d.h., der Server hat das angeforderte Objekt gefunden und sendet es.

Betrachten wir nun die Header-Zeilen. Der Server verwendet die Header-Zeile „Connection: Close", um dem Client mitzuteilen, dass er die TCP-Verbindung nach dem Senden der Nachricht schließen wird. Die Header-Zeile „Date" zeigt Datum und Uhrzeit an, zu dem/der die HTTP-Antwort vom Server erzeugt und ausgesandt wurde. Beachten Sie, dass dies nicht die Zeit ist, zu der das Objekt erzeugt oder zuletzt geändert wurde. Es ist der Zeitpunkt, zu dem der Server das Objekt aus seinem Dateisystem holt, in die Response-Nachricht einfügt und diese sendet. Die Header-Zeile „Server" zeigt, dass die Nachricht von einem Apache-Webserver generiert wurde; sie entspricht der Header-Zeile „User-Agent" in der HTTP-Request-Nachricht. Die Header-Zeile „Last-Modified" nennt nun Datum und Uhrzeit, zu dem/der das Objekt erzeugt oder zuletzt verändert wurde. Diese Kopfzeile, die wir in Kürze detaillierter untersuchen werden, hat für das Cachen des Objektes entscheidende Bedeutung, sowohl für den lokalen Cache des Clients als auch für Caches im Inneren des Netzwerkes (z.B. durch sogenannte Proxyserver). Die Header-Zeile „Content-Length" nennt die Länge des gesendeten Objektes in Byte. Die Header-Zeile „Content-Type" zeigt an, dass das Objekt im Entity-Body ein HTML-Text ist. (Der Objekttyp wird offiziell durch den Content-Type-Header und nicht etwa durch die Dateierweiterung festgelegt.)

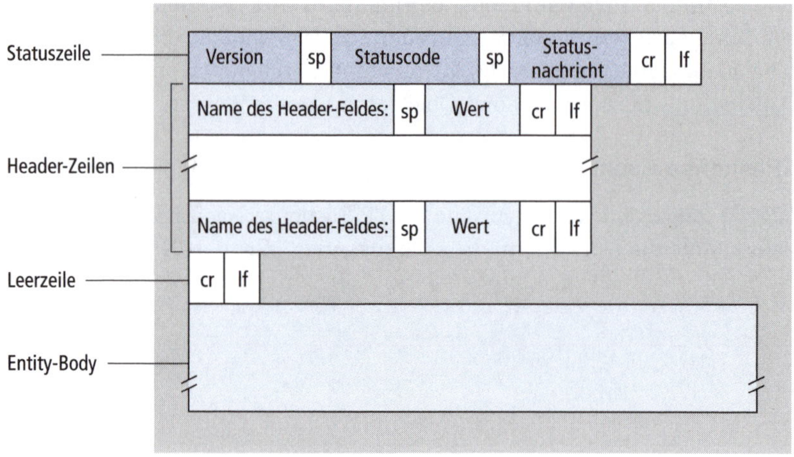

Abbildung 2.9: Allgemeines Format einer HTTP-Response-Nachricht

Nachdem wir dieses Beispiel untersucht haben, wollen wir uns dem allgemeinen Format einer Response-Nachricht zuwenden, wie sie in ▶Abbildung 2.9 gezeigt wird. Dieses allgemeine Format der Response-Nachricht passt zum vorherigen Beispiel einer Response-Nachricht. Erlauben Sie uns einige zusätzliche Worte über Statuscodes und deren Statusnachrichten. Der Statuscode und die dazugehörige Statusnachricht zeigen das Ergebnis der Anforderung an. Einige zusammengehörige Statuscodes und Statusnachrichten sind:

- 200 OK: Die Anforderung hatte Erfolg und die Information wird in der Antwort zurückgegeben.
- 301 Moved Permanently: Das angeforderte Objekt wurde dauerhaft entfernt; die neue URL ist in der Header-Zeile „Location" der Response-Nachricht angegeben. Die Client-Software ruft die neue URL automatisch ab.
- 400 Bad Request: Dies ist ein generischer Fehlercode, der anzeigt, dass die Anforderung vom Server nicht verstanden wurde.

- 404 Not Found: Das angeforderte Dokument existiert nicht auf diesem Server.
- 505 HTTP Version Not Supported: Die angeforderte HTTP-Protokollversion wird vom Server nicht unterstützt.

Möchten Sie eine echte HTTP-Response-Nachricht sehen? Das geht ganz einfach! Öffnen Sie zuerst eine Telnet-Verbindung zu Ihrem bevorzugten Webserver. Dann tippen Sie eine einzeilige Request-Nachricht für irgendein auf dem Server vorhandenes Objekt. Ein Beispiel:

```
telnet cis.poly.edu 80

GET /~ross/ HTTP/1.1
Host: cis.poly.edu
```

(Drücken Sie nach dem Eintippen der letzten Zeile zweimal die Enter-Taste.) Dies öffnet eine TCP-Verbindung zu Port 80 des Hosts cis.poly.edu und sendet dann die HTTP-Request-Nachricht. Sie sollten eine Response-Nachricht sehen, welche die Basis-HTML-Datei der Homepage von Professor Ross enthält. Wenn Sie nur die HTTP-Nachrichtenzeilen sehen wollen, nicht aber das Objekt selbst, ersetzen Sie GET durch HEAD. Ersetzen Sie schließlich */~ross/* durch */~banana/* und betrachten Sie die daraufhin eintreffende Response-Nachricht.

In diesem Abschnitt haben wir mehrere Kopfzeilen betrachtet, die innerhalb von HTTP-Request- und Response-Nachrichten verwendet werden können. Die HTTP-Spezifikation definiert noch viel mehr Header-Zeilen, die von Browsern, Webservern und Caches eingesetzt werden können. Wir haben nur einige wenige aus der großen Menge der Header-Zeilen vorgestellt. Wir werden weiter unten einige andere nennen und noch weitere kennenlernen, wenn wir in Abschnitt 2.2.5 Webcaches erörtern. Eine sehr gut lesbare und ausführliche Diskussion des HTTP-Protokolls einschließlich seiner Header und Statuscodes enthält [Krishnamurty 2001]; die Sichtweise eines Entwicklers stellt [Luotonen 1998] vor.

Wie entscheidet ein Browser, welche Kopfzeilen in eine Request-Nachricht einzubeziehen sind? Ein Browser erzeugt Kopfzeilen abhängig von Browser-Typ und -Version (zum Beispiel generieren HTTP/1.0-Browser keine 1.1 Kopfzeilen), von der Benutzerkonfiguration des Browsers (zum Beispiel der bevorzugten Sprache) und davon, ob der Browser gegenwärtig eine im Cache gespeicherte, aber möglicherweise veraltete Version des Objektes hält. Webserver verhalten sich ebenso: Es gibt verschiedene Produkte, Versionen und Konfigurationen, die alle beeinflussen, welche Header-Zeilen in Response-Nachrichten enthalten sind.

2.2.4 Benutzer-Server-Interaktion: Cookies

Wir haben oben erwähnt, dass ein HTTP-Server zustandslos ist. Dies vereinfacht das Server-Design und ermöglichte es den Entwicklern, Hochleistungs-Webserver zu entwickeln, die gleichzeitig Tausende TCP-Verbindungen bearbeiten können. Jedoch ist es oft wünschenswert, dass eine Website Benutzer identifiziert, entweder weil der Server den Benutzerzugang beschränken möchte oder weil der Inhalt von der Identität des Benutzers abhängig ist. Für diese Zwecke verwendet HTTP **Cookies**. Cookies, definiert in RFC 2965, ermöglichen es den Websites, Benutzer wiederzuerkennen. Die meisten größeren kommerziellen Websites verwenden heute Cookies.

Wie ▶Abbildung 2.10 zeigt, besteht die Cookie-Technik aus vier Elementen: (1) eine Cookie-Header-Zeile in der HTTP-Response-Nachricht, (2) eine Cookie-Header-Zeile in der HTTP-Request-Nachricht, (3) eine Cookie-Datei, die auf dem Endsystem des Benutzers gespeichert ist und vom Browser des Benutzers verwaltet wird, (4) eine Backend-Datenbank auf Seiten des Servers. Anhand von ▶Abbildung 2.10 wollen wir ein Beispiel für die Funktionsweise von Cookies durcharbeiten. Nehmen Sie an, dass Susanne, die von ihrem PC aus immer mit dem Internet Explorer auf das Web zugreift, zum ersten Mal *amazon.com* besucht. Nehmen wir an, dass sie in der Vergangenheit schon einmal eBay besucht hat. Wenn der Request den Webserver von Amazon erreicht, erzeugt der Server eine eindeutige Kennnummer und einen Eintrag in seiner Backend-Datenbank, der von der Kennnummer eindeutig gekennzeichnet wird. Der Amazon-Webserver antwortet dann auf die Anfrage von Susannes Browser, wobei die HTTP-Antwort die Header-Zeile „Set-cookie" enthält, in der sich die Kennnummer befindet. Diese Kopfzeile könnte zum Beispiel so aussehen:

```
Set-Cookie: 1678
```

Wenn Susannes Browser die HTTP-Response-Nachricht erhält, sieht er die Set-Cookie-Kopfzeile. Der Browser hängt dann eine Zeile an die spezielle Cookie-Datei an, die er verwaltet. Diese Zeile enthält den Hostnamen des Servers und die Kennnummer aus der Header-Zeile „Set-Cookie". Beachten Sie, dass die Cookie-Datei schon einen Eintrag für eBay hat, da Susanne in der Vergangenheit diese Site bereits besucht hat.

Bei zukünftigen Besuchen von Susanne bei Amazon wird ihr Browser jedes Mal, wenn sie eine Webseite anfordert, seine Cookie-Datei durchsuchen, Susannes Kennnummer für diese Site heraussuchen und diese in einer Cookie-Header-Zeile des HTTP-Requests platzieren. Jeder ihrer HTTP-Requests an den Amazon-Server enthält nun die Kopfzeile:

```
Cookie: 1678
```

Auf diese Weise ist der Amazon-Server in der Lage, Susannes Aktivitäten auf der Amazon-Site zu verfolgen. Obwohl die Amazon-Website nicht unbedingt Susannes Namen kennt, weiß sie genau, welche Seiten in welcher Reihenfolge und zu welcher Zeit Benutzer 1678 besuchte! Amazon verwendet Cookies, um den Einkaufswagen-Dienst von Amazon zu erbringen – Amazon kann eine Liste aller geplanten Einkäufe von Susanne verwalten, so dass sie am Ende der Sitzung alle auf einmal bezahlen kann.

Wenn Susanne eine Woche später zur Amazon-Website zurückkehrt, wird ihr Browser immer noch die Header-Zeile „Cookie: 1678" in die Request-Nachrichten einfügen.

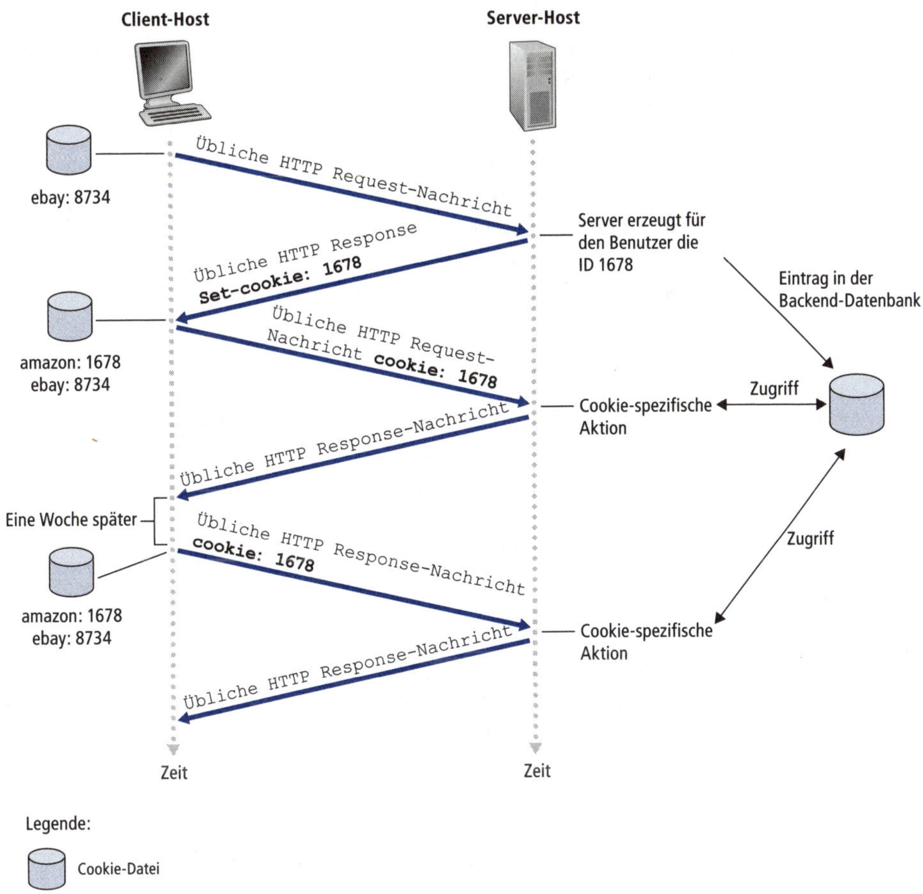

Abbildung 2.10: Speichern von Zuständen mittels Cookies

Basierend auf Webseiten, die Susanne bei Amazon in der Vergangenheit besucht hat, empfiehlt Amazon ihr neue Produkte. Wenn Susanne sich bei Amazon mit vollem Namen, E-Mail-Adresse, Anschrift und Kreditkarteninformationen registriert, kann Amazon diese Informationen in der Datenbank speichern und dadurch Susannes Namen mit ihrer Kennnummer (und allen Seiten, die sie dort in der Vergangenheit besucht hat) in Verbindung bringen! Auf diese Weise ermöglichen Amazon und andere E-Commerce-Seiten das „One-Click-Shopping" *(Einkaufen mit einem Klick)*. Hat sich Susanne bei einem früheren Besuch für den Kauf eines Artikels entschieden, muss sie ihren Namen, die Kreditkartennummer oder die Adresse nicht noch einmal eingeben.

Wir sehen also, dass Cookies verwendet werden können, um einen Benutzer zu identifizieren. Das erste Mal, wenn ein Benutzer eine Seite besucht, kann er eine Benutzerkennung (beispielsweise seinen Namen) angeben. Während der anschließenden Sitzungen reicht der Browser eine Cookie-Header-Zeile an den Server und identifiziert dadurch den Benutzer beim Server. Cookies lassen sich daher einsetzen, um eine Kommunikationssteuerungsschicht oberhalb des zustandslosen HTTP zu schaffen. Loggt sich zum

Beispiel ein Benutzer bei einer webbasierten E-Mail-Anwendung (wie Hotmail) ein, sendet der Browser Cookie-Informationen an den Server, die es diesem erlauben, den Benutzer während der gesamten Sitzung zu identifizieren.

Obwohl Cookies das Einkaufen im Internet für den Anwender oft einfacher machen, sind sie umstritten. Sie können auch als Verletzung der Privatsphäre angesehen werden. Eine Website kann aus der Kombination von Cookies und vom Benutzer zur Verfügung gestellten Informationen viel über einen Benutzer lernen und diese Informationen möglicherweise einem Dritten verkaufen. Cookie Central [Cookie Central 2007] enthält ausführliche Informationen über die kontroverse Diskussion zu Cookies.

2.2.5 Webcaching

Ein Webcache – auch als Proxyserver bezeichnet – ist eine Netzwerkentität, die im Namen des eigentlichen Webservers HTTP-Requests beantwortet. Der Webcache hat seinen eigenen Plattenspeicher und bewahrt darin Kopien der vor kurzem angeforderten Objekte auf. Wie in ▶ Abbildung 2.11 gezeigt, kann der Browser eines Benutzers so konfiguriert werden, dass die HTTP-Requests des Benutzers zuerst an den Webcache gerichtet werden. Nehmen Sie beispielsweise an, ein Browser fordere das Objekt *http://www.someschool.edu/campus.gif* an. Das löst die folgenden Ereignisse aus:

1. Der Browser stellt eine TCP-Verbindung zum Webcache her und sendet einen HTTP-Request für das Objekt an den Webcache.
2. Der Webcache überprüft, ob er eine Kopie des Objektes vorrätig hat. Ist das der Fall, sendet der Webcache das Objekt in einer HTTP-Response-Nachricht an den Client-Browser zurück.
3. Wenn der Webcache das Objekt nicht hat, öffnet der Webcache eine TCP-Verbindung zum eigentlichen Server, d.h. zu *www.someschool.edu*. Der Webcache sendet dann einen HTTP-Request für das Objekt über die TCP-Verbindung zwischen Cache und Server. Nach dem Erhalt dieser Anfrage sendet der Ursprungsserver das Objekt in einer HTTP-Response an den Webcache.

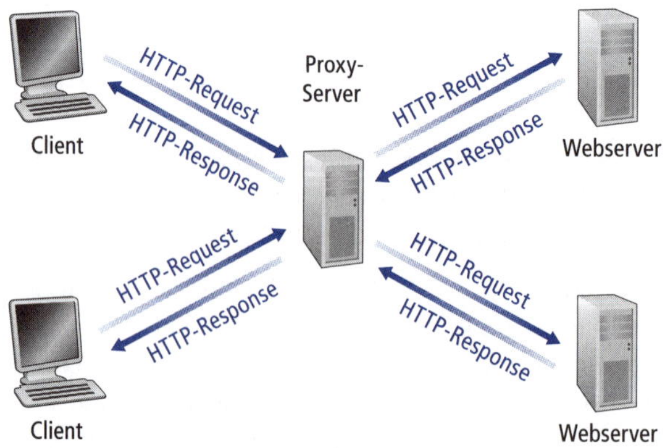

Abbildung 2.11: Clients fordern Objekte über einen Webcache an

4. Sobald der Webcache das Objekt erhält, legt er eine Kopie in seinem lokalen Speicher ab und leitet es außerdem in einer HTTP-Response-Nachricht zum Browser des Clients weiter (über die vorhandene TCP-Verbindung zwischen Browser und Webcache).

Beachten Sie, dass ein Cache gleichzeitig sowohl Server als auch Client ist. Erhält er von einem Browser Anfragen und sendet diesem Antworten zu, ist er ein Server. Wenn er Anfragen an einen Ursprungsserver sendet und von diesem Antworten erhält, ist er ein Client.

Normalerweise wird ein Webcache von einem ISP gekauft und installiert. Zum Beispiel könnte eine Universität einen Cache in ihrem Campusnetz installieren und alle Browser auf dem Campus so konfigurieren, dass sie den Cache verwenden (also alle Requests zunächst dorthin richten). Oder ein größerer ISP (wie AOL) könnte einen oder mehrere Caches in seinem Netz installieren und die von ihm ausgelieferten Browser vorab so konfigurieren, dass sie die installierten Caches verwenden.

Webcaching wird im Internet aus zwei Gründen eingesetzt. Zum einen kann ein Webcache die Antwortzeit eines Client-Requests beträchtlich reduzieren, besonders wenn die verfügbare Bandbreite zwischen Client und Webserver viel geringer ist als die zwischen Client und Cache. Wenn es eine Hochgeschwindigkeitsverbindung zwischen Client und Cache gibt, was oft der Fall ist, und der Cache das erbetene Objekt bereits kennt, dann ist der Cache in der Lage, das Objekt schnell an den Client zu liefern. Außerdem reduzieren Webcaches beträchtlich den Verkehr auf der Zugangsverbindung eines Firmennetzwerkes zum Internet. Dies werden wir gleich anhand eines Beispiels näher betrachten.

Durch Reduzieren des Verkehrs kann die Firma die benötigte Bandbreite geringer halten und dadurch Kosten sparen. Weiterhin können Webcaches den Verkehr im gesamten Internet reduzieren und dadurch die Leistung aller Anwendungen verbessern.

Um besser zu verstehen, welchen Nutzen Caches bieten, betrachten wir ein Beispiel im Kontext von ▶ Abbildung 2.12. Diese Abbildung zeigt zwei Netzwerke – das Netz einer Firma und den Rest des öffentlichen Internets. Das Firmennetz ist ein Hochgeschwindigkeits-LAN. Ein Router im Firmennetzwerk und ein Router im Internet sind mit einer 15 Mbps-Leitung verbunden. Die Webserver sind zwar ans Internet angeschlossen, aber über die ganze Welt verstreut. Nehmen Sie an, dass die durchschnittliche Objektgröße 1 Mbit ist und dass die durchschnittliche Frequenz von Anfragen zwischen den Browsern der Firma und den Webservern 15 Requests pro Sekunde beträgt. Nehmen Sie weiter an, dass die HTTP-Request-Nachrichten vernachlässigbar klein sind und auf diese Art keinen Verkehr in den Netzen oder in der Zugangsverbindung (vom Firmenrouter zum Internetrouter) verursachen. Außerdem sei die Zeitdauer zwischen dem Moment, in dem der Router auf der Internetseite der Zugangsverbindung in Abbildung 2.12 eine HTTP-Request-Nachricht weiterleitet (diese passt üblicherweise in ein IP-Paket), bis zu dem Zeitpunkt, zu dem die Antwort eintrifft (diese besteht normalerweise aus vielen IP-Paketen), im Durchschnitt zwei Sekunden beträgt. Salopp nennen wir diese letzte Verzögerung die „Internetverzögerung".

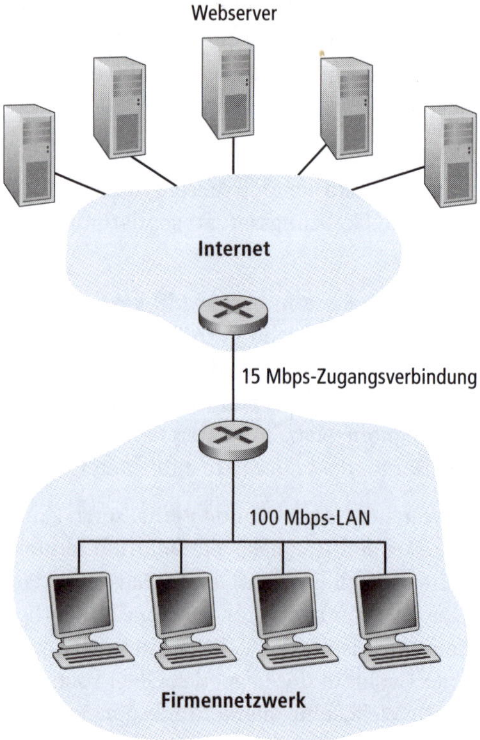

Abbildung 2.12: Engpass zwischen einem Firmennetzwerk und dem Internet

Die gesamte Antwortzeit – das heißt, die Zeit von der Anforderung eines Objektes durch den Browser bis zu seiner Ankunft beim Browser – ist die Summe der LAN-Verzögerung, der Zugangsverzögerung (das ist die Verzögerung zwischen den beiden Routern) und der Internetverzögerung. Lassen Sie uns jetzt diese Verzögerung grob schätzen. Der Verkehrswert auf dem LAN (Abschnitt 1.4.2) ist

$$(15 \text{ Requests/Sek.}) \bullet (1 \text{ Mbit/Request})/(100 \text{ Mbps}) = 0{,}15$$

während der Verkehrswert auf der Zugangsverbindung (vom Internetrouter zum Firmenrouter)

$$(15 \text{ Requests/Sek.}) \bullet (1 \text{ Mbit/Request})/(15 \text{ Mbps}) = 1$$

ist. Ein Verkehrswert von 0,15 resultiert in einem LAN in Verzögerungen von höchstens einigen Dutzend Millisekunden, daher können wir die LAN-Verzögerung vernachlässigen. Geht jedoch der Verkehrswert, wie in Abschnitt 1.4.2 erörtert, gegen 1 (wie im Fall der Zugangsverbindung in Abbildung 2.12), wird die Verzögerung auf einer Verbindung sehr groß und wächst unbegrenzt an. Auf diese Art erreicht die durchschnittliche Antwortzeit zum Erfüllen von Anforderungen die Größenordnung von Minuten, wenn nicht noch mehr – was für die Benutzer der Firma nicht annehmbar ist. Es muss etwas geändert werden.

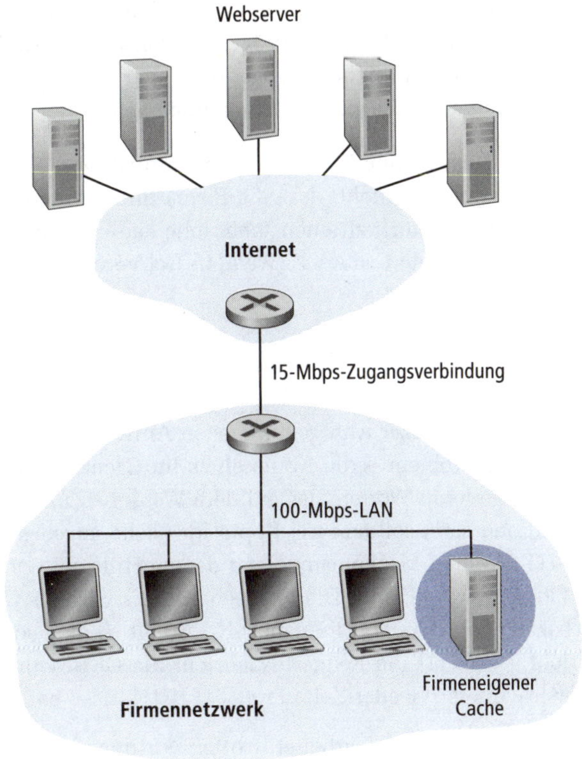

Abbildung 2.13: Hinzufügen eines Cache in das Firmennetzwerk

Eine mögliche Lösung wäre, die Verbindung mit dem Internet von 15 Mbps auf z.B. 100 Mbps zu steigern. Dies senkt den Verkehrswert auf der Zugangsverbindung auf 0,15, was vernachlässigbare Verzögerungen zwischen den zwei Routern bedeutet. In diesem Fall beträgt die gesamte Antwortzeit etwa zwei Sekunden, also die Internetverzögerung. Aber diese Lösung bedeutet auch, dass die Institution ihre Zugangsverbindung von 15 Mbps auf 100 Mbps erweitern muss, was Kosten verursacht.

Betrachten Sie nun die Alternativlösung, die nicht darin besteht, die Zugangsverbindung zu verbessern, sondern stattdessen einen Webcache im Firmennetz zu installieren. Diese Lösung wird in ▶Abbildung 2.13 dargestellt. Der Anteil von Requests, der in der Praxis typischerweise von einem Cache erfüllt wird, die sogenannte Trefferrate *(hit rate)*, liegt normalerweise im Bereich zwischen 0,2 und 0,7. Nehmen wir zur Verdeutlichung an, dass der Cache eine Trefferrate von 0,4 erreicht. Weil Client und Cache an dasselbe Hochgeschwindigkeits-LAN angeschlossen sind, werden 40 Prozent der Requests am Cache praktisch sofort erfüllt, beispielsweise innerhalb von 10 Millisekunden. Dennoch müssen die übrigen 60 Prozent der Requests immer noch von den Webservern beantwortet werden. Aber wenn nur 60 Prozent der angeforderten Objekte durch die Zugangsverbindung gehen, reduziert sich der Verkehrswert auf der Zugangsverbindung von 1,0 auf 0,6. Normalerweise entspricht ein Verkehrswert unter 0,8 auf einer 15 Mbps-Verbindung einer kleinen Verzögerung von einigen Dutzend Millisekunden. Diese Verzögerung ist unbedeutend, verglichen mit der Internetverzögerung von zwei Sekunden. Mit diesen Überlegungen ist die durchschnittliche Verzögerung daher 0,4 (0,01 Sekunden) + 0,6 (2,01 Sekunden), was nur geringfügig über 1,2 Sekunden liegt.

Auf diese Weise liefert diese zweite Lösung eine noch niedrigere Antwortzeit als die erste Lösung und verlangt dabei nicht, dass die Firma ihre Verbindung zum Internet verbessert. Die Firma muss natürlich einen Webcache kaufen und installieren. Aber dessen Kosten sind gering. Viele Caches verwenden frei verfügbare Software, die auf preisgünstigen PCs läuft.

2.2.6 Bedingtes GET

Obwohl Caching die vom Benutzer wahrgenommenen Antwortzeiten reduzieren kann, führt es zu einem neuen Problem – die Kopie eines im Cache befindlichen Objektes kann veraltet sein. Mit anderen Worten, das auf dem Webserver untergebrachte Objekt könnte verändert worden sein, seitdem die Kopie im Cache angelegt wurde. Glücklicherweise enthält HTTP einen Mechanismus, mit dessen Hilfe ein Cache sicherstellen kann, dass seine Objekte aktuell sind. Dieser Mechanismus wird als **Conditional GET** *(Bedingtes GET)* bezeichnet. Eine HTTP-Request-Nachricht ist eine sogenannte Conditional-GET-Nachricht, wenn (1) die Request-Nachricht die GET-Methode benutzt und (2) die Request-Nachricht eine Header-Zeile `If-Modified-Since:` enthält.

Um zu zeigen, wie Conditional GET arbeitet, wollen wir uns ein Beispiel zu Gemüte führen. Zunächst sendet ein Webcache auf Anforderung eines Browsers eine Request-Nachricht an einen Webserver:

```
GET /fruit/kiwi.gif HTTP/1.1
Host: www.exotiquecuisine.com
```

Daraufhin sendet der Webserver eine Response-Nachricht mit dem erbetenen Objekt an den Cache:

```
HTTP/1.1 200 OK
Date: Thu, 07 Jul 2007 15:39:29
Server: Apache/1.3.0 (Unix)
Last-Modified: Mon, 4 Jul 2007 09:23:24
Content-Type: image/gif

Daten ...
```

Der Cache leitet das Objekt an den anfordernden Browser weiter, speichert es aber auch lokal im Cache. Was wichtig ist: Zusammen mit dem Objekt speichert der Cache auch das Datum der letzten Änderung.

Dann, eine Woche später, fordert ein anderer Browser dasselbe Objekt über den Cache an, in dem sich das Objekt noch immer befindet. Da dieses Objekt während der letzten

Woche möglicherweise auf dem Webserver verändert wurde, führt der Cache eine Überprüfung durch, indem er Conditional GET benutzt. Im Detail sendet der Cache:

```
GET /fruit/kiwi.gif HTTP/1.1
Host: www.exotiquecuisine.com,
If-modified-since: Mon, 4 Jul 2007 09:23:24
```

Beachten Sie, dass der Wert des If-modified-since genau der Header-Zeile `Last-Modified:` entspricht, die vor einer Woche vom Server gesandt wurde. Dieses Conditional GET fordert den Server auf, das Objekt nur dann zu senden, wenn das Objekt seit dem angegebenen Termin verändert wurde. Nehmen Sie an, dass dieses Objekt seit dem 4. Juli 2007 09:23:24 nicht verändert wurde. Dann sendet der Webserver eine Response-Nachricht an den Cache:

```
HTTP/1.1 304 Not Modified
Date: Thu, 14 Jul 2007 15:39:29
Server: Apache/1.3.0 (Unix)

leerer Entity-Body
```

Wir sehen, dass der Webserver als Antwort auf das Conditional GET immer noch eine Response-Nachricht versendet, aber er schließt das angeforderte Objekt nicht in die Response-Nachricht mit ein. Das angeforderte Objekt mitzuliefern, würde nur Bandbreite vergeuden und die vom Benutzer wahrgenommene Antwortzeit erhöhen, besonders, wenn das Objekt groß ist. Beachten Sie, dass diese letzte Response-Nachricht in der Statuszeile `304 Not Modified` enthält, was dem Cache sagt, dass er weitermachen und die (im Cache des Proxy) gespeicherte Kopie des Objektes zum anfordernden Browser weiterleiten kann.

Dies beendet unsere Diskussion von HTTP, dem ersten Internetprotokoll (ein Anwendungsschichtprotokoll), das wir im Detail untersucht haben. Wir haben das Format von HTTP-Nachrichten kennengelernt und gesehen, welche Aktionen Webclient und -server durchführen, wenn Nachrichten versendet und empfangen werden. Auch auf die Anwendungsinfrastruktur des WWW haben wir einen Blick geworfen, zu der Caches, Cookies und Backend-Datenbanken gehören. Sie alle stehen mit dem HTTP-Protokoll in Beziehung.

2.3 Dateitransfer: FTP

In einer typischen FTP-Sitzung sitzt der Benutzer vor einem Host und will Dateien zu oder von einem entfernten Host übertragen. Damit dieser Benutzer auf den entfernten Host zugreifen kann, muss er eine dort gültige Anwenderkennung und ein Kennwort eingeben. Danach kann der Benutzer Dateien vom lokalen Dateisystem auf das entfernte Dateisystem und umgekehrt übertragen. Wie in ▶Abbildung 2.14 gezeigt, verwendet der Benutzer dazu einen FTP-Client. Der Benutzer gibt zunächst den Hostnamen des entfernten Hosts an, wodurch der FTP-Client-Prozess auf dem lokalen

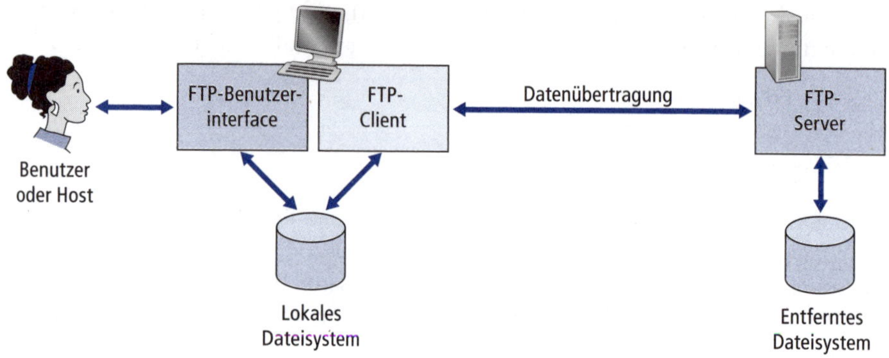

Abbildung 2.14: FTP überträgt Daten zwischen lokalen und entfernten Dateisystemen

Host versucht, eine TCP-Verbindung mit dem FTP-Server-Prozess auf dem entfernten Host aufzubauen. Danach gibt der Benutzer seine Anwenderkennung und das zugehörige Kennwort ein, die als FTP-Befehle über die TCP-Verbindung gesendet werden. Sobald der Server den Benutzer akzeptiert hat, kopiert der Benutzer eine oder mehrere Dateien aus dem lokalen Dateisystem in das entfernte Dateisystem (oder umgekehrt).

Sowohl HTTP als auch FTP sind Protokolle zur Übertragung von Dateien und die beiden haben viele Gemeinsamkeiten. Sie verwenden beispielsweise beide TCP. Jedoch gibt es auch eine Reihe von wichtigen Unterschieden zwischen diesen Anwendungsschichtprotokollen.

Der deutlichste Unterschied besteht darin, dass FTP zwei parallele TCP-Verbindungen verwendet, um eine Datei zu übertragen: eine **Kontrollverbindung** *(control connection)* und eine **Datenverbindung** *(data connection)*. Die Kontrollverbindung wird für das Senden von Steuerinformationen zwischen den beiden Hosts verwendet – Informationen wie Anwenderkennung, Kennwort, Befehle, um das Verzeichnis auf dem entfernten Host zu wechseln, und Befehle, um Dateien hoch- oder herunterzuladen. Die Datenverbindung wird verwendet, um tatsächlich eine Datei zu senden. Weil FTP eine separate Kontrollverbindung verwendet, sagt man, FTP würde seine Steuerinformation **Out-of-Band** *(außerhalb des Datenkanals)* senden. In Kapitel 7 werden wir sehen, dass das RTSP-Protokoll, welches für die Steuerung der Übertragung von kontinuierlichen Medien wie Audio und Video verwendet wird, seine Steuerinformation ebenfalls Out-of-Band sendet. HTTP sendet, wie Sie sich erinnern werden, Request- und Response-Header-Zeilen über dieselbe TCP-Verbindung, die auch die übertragene Datei benutzt. Deshalb spricht man bei HTTP davon, dass es seine Steuerinformation **In-Band** sendet. Im nächsten Abschnitt werden wir sehen, dass SMTP, das zentrale Protokoll für E-Mail, ebenfalls Steuerinformationen In-Band sendet. Die FTP-Kontroll- und Datenverbindungen sind in ▶Abbildung 2.15 dargestellt.

Beginnt ein Benutzer eine FTP-Sitzung mit einem entfernten Host, initiiert die Client-Seite von FTP (der Benutzer) zuerst eine TCP-Kontrollverbindung mit der Server-Seite (dem entfernten Host) auf der Server-Portnummer 21. Die Client-Seite von FTP sendet

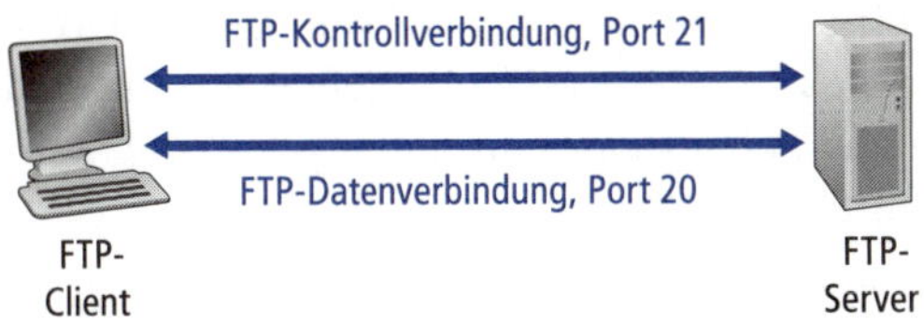

Abbildung 2.15: Kontroll- und Datenverbindungen

die Anwenderkennung und das Kennwort über diese Kontrollverbindung. Über diese Kontrollverbindung sendet die Client-Seite von FTP auch Befehle, um das entfernte Verzeichnis zu wechseln. Erhält die Server-Seite einen Befehl für einen Dateitransfer über die Kontrollverbindung (entweder zu oder von dem entfernten Host), initiiert sie eine TCP-Datenverbindung zur Client-Seite. FTP sendet genau eine Datei über die Datenverbindung und schließt diese dann wieder. Will der Benutzer während derselben Sitzung eine andere Datei übertragen, öffnet FTP eine andere Datenverbindung. Daher bleibt bei FTP die Kontrollverbindung während der gesamten Dauer der Sitzung geöffnet, aber für jede innerhalb einer Sitzung übertragene Datei wird eine neue Datenverbindung aufgebaut (d.h., Datenverbindungen sind nicht persistent).

Im Verlauf der gesamten Sitzung muss der FTP-Server den Zustand des Benutzers verwalten. Insbesondere muss sich der Server merken, zu welchem Benutzerkonto eine Kontrollverbindung gehört, und der Server muss das aktuelle Dateiverzeichnis speichern, während der Benutzer durch den Verzeichnisbaum des entfernten Hosts navigiert. Das Unterhalten dieser Zustandsinformation für jede andauernde Sitzung beschränkt die Gesamtzahl von Sitzungen, die FTP simultan verwalten kann, sehr stark. Erinnern Sie sich daran, dass HTTP im Gegensatz hierzu zustandslos ist – es muss sich also nicht den Zustand eines jeden gerade aktiven Benutzers merken.

2.3.1 FTP-Befehle und -Antworten

Wir beenden diesen Abschnitt mit einer kurzen Diskussion einiger der häufigeren FTP-Befehle und -Antworten. Die Befehle werden im 7-Bit-ASCII-Format über die Kontrollverbindung vom Client zum Server übertragen. Die Antworten fließen vom Server zum Client. FTP-Befehle sind, wie HTTP-Befehle, für Menschen lesbar. Um aufeinanderfolgende Befehle zu kennzeichnen, beenden ein Wagenrücklauf und ein Zeilenvorschub jeden Befehl. Jeder Befehl besteht aus vier ASCII-Großbuchstaben, denen Argumente folgen können. Einige der häufigeren Befehle werden unten genannt:

- USER: Wird verwendet, um die Anwenderkennung an den Server zu senden.
- PASS: Wird verwendet, um das Benutzerkennwort an den Server zu senden.
- LIST: Wird verwendet, um eine Liste aller Dateien im gegenwärtigen entfernten Verzeichnis vom Server anzufordern. Die Liste von Dateien wird über eine (neue und nichtpersistente) Datenverbindung gesendet und nicht über die Kontrollverbindung.

- RETR Filename: Wird verwendet, um eine Datei aus dem aktuellen Dateiverzeichnis des entfernten Hosts zu holen. Dieser Befehl veranlasst den entfernten Host, eine Datenverbindung aufzubauen und die angeforderte Datei über die Datenverbindung zu senden.
- STOR Filename: Wird verwendet, um eine Datei des lokalen Hosts ins aktuelle Dateiverzeichnis des entfernten Hosts zu speichern.

Normalerweise führt jeder Befehl des Benutzers an den FTP-Client zu einem oder mehreren Befehlen, die vom FTP-Client über die Kontrollverbindung versendet werden. Jeder Befehl löst eine Antwort aus, die vom Server zum Client gesendet wird. Die Antworten sind dreistellige Nummern mit einer optionalen, an die Nummer angehängten Nachricht. Diese Struktur ähnelt dem Statuscode und erläuternden Text in der Statuszeile der HTTP-Response-Nachricht. Einige typische Antworten, zusammen mit den dazugehörigen Nachrichten, sind die folgenden:

- `331 Username OK, Password required` *(Benutzername OK, erfordert Kennwort)*
- `125 Data connection already open; transfer starting` *(Datenverbindung schon offen; Datentransfer beginnt)*
- `425 Can't open data connection` *(kann Datenverbindung nicht öffnen)*
- `452 Error writing file` *(Fehler beim Schreiben der Datei)*

Leser, die mehr über die weiteren FTP-Befehle und -Antworten erfahren möchten, sollten RFC 959 lesen.

2.4 E-Mail im Internet

E-Mail *(electronic mail)* existiert seit den frühesten Anfängen des Internets. Sie ist eine der beliebtesten Anwendungen [Segaller 1998], die sich im Laufe der Jahre immer weiter entwickelt hat.

Wie die gewöhnliche Post ist E-Mail ein asynchrones Kommunikationsmedium. Die Menschen senden und lesen ihre Nachrichten dann, wenn es ihnen passt, ohne sich mit anderen Menschen über ihre Pläne abstimmen zu müssen. Im Gegensatz zur gewöhnlichen Briefpost ist E-Mail schnell, leicht zu verteilen und preisgünstig. E-Mail hat viele mächtige Funktionen. Durch die Verwendung von Adresslisten können E-Mail-Nachrichten, aber auch Spam *(unerwünschte, in großer Zahl versendete E-Mails)* gleichzeitig an Tausende Empfänger gesandt werden. E-Mail-Nachrichten enthalten oft Anlagen, Hyperlinks, HTML-formatierte Texte und Bilder.

In diesem Abschnitt untersuchen wir die Anwendungsschichtprotokolle, die E-Mail möglich machen. Aber bevor wir uns auf eine detaillierte Diskussion dieser Protokolle einlassen, betrachten wir das Mail-System des Internets und seiner Schlüsselkomponenten von einer höheren Warte aus.

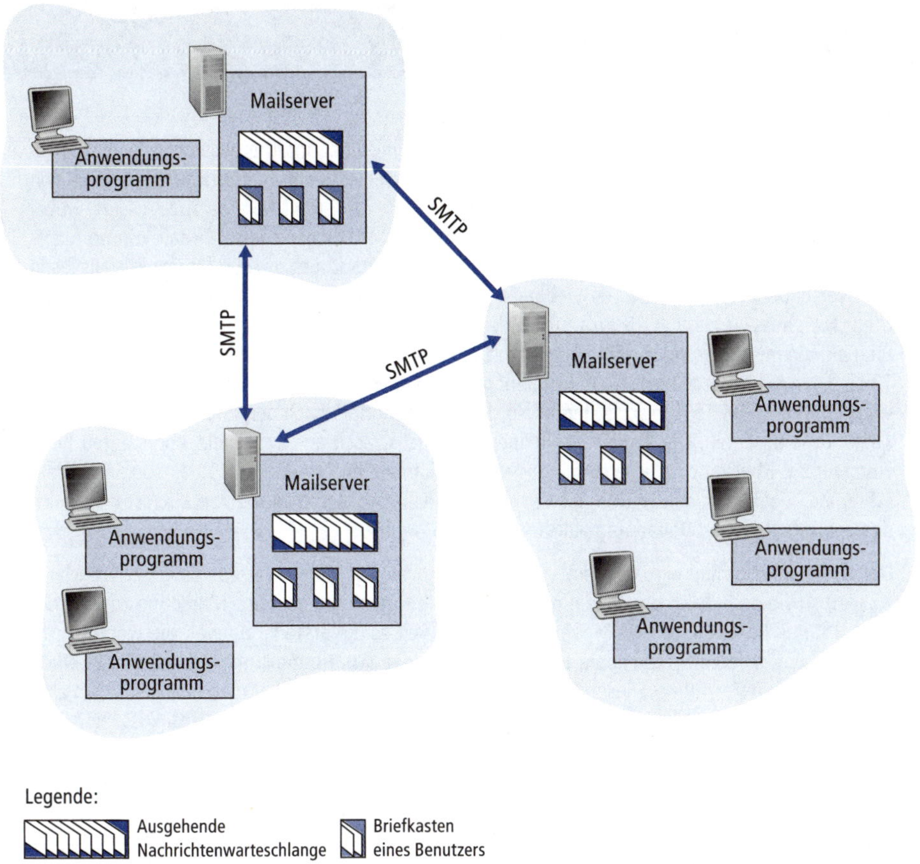

Abbildung 2.16: Vereinfachter Überblick über das E-Mail-System des Internets

▶ Abbildung 2.16 zeigt diese Sicht auf das Internet-Mail-System. Wir erkennen in diesem Diagramm, dass E-Mail drei Hauptbestandteile umfasst: **Anwendungsprogramm, Mailserver** und **Simple Mail Transfer Protocol (SMTP)**. Wir beschreiben im Folgenden jeden dieser drei Bestandteile anhand einer Absenderin, Alice, die eine E-Mail-Nachricht an einen Empfänger, Bob, schickt. Das E-Mail-Anwendungsprogramm ermöglicht es den Benutzern, Nachrichten zu lesen, auf sie zu antworten, sie weiterzuleiten, abzuspeichern und zu erzeugen. (Anwendungsprogramme für E-Mail werden manchmal *Mail-Reader* genannt, obwohl wir diese Bezeichnung in diesem Buch im Allgemeinen vermeiden.) Wenn Alice mit dem Schreiben ihrer Nachricht fertig ist, sendet ihr Anwendungsprogramm die Nachricht an ihren Mailserver, der die Nachricht in die Ausgangs-Nachrichtenwarteschlange des Mailservers stellt. Will Bob seine Nachrichten lesen, ruft sein Anwendungsprogramm die Nachrichten von seinem Briefkasten *(Mailbox)* auf seinem Mailserver ab. In den späten 1990ern wurden Anwendungsprogramme mit grafischen Benutzeroberflächen (GUI, *graphical user interface*) beliebt, welche den Benutzern das Erstellen und Lesen von multimedialen Nachrichten ermöglichten. Gegenwärtig gehören Microsoft Outlook, Apple Mail und

Fallstudie

Hotmail

Im Dezember 1995 besuchten Sabeer Bhatia und Jack Smith den Internet-Risikokapitalgeber Draper Fisher Jurvetson und schlugen ihm die Entwicklung eines webbasierten E-Mail-Systems vor. Der Grundgedanke bestand darin, jedem Interessenten eine E-Mail-Adresse zuzuweisen, wobei diese E-Mail-Konten über das Web zugänglich wären. Durch webbasierte E-Mail könnte jedermann mit Zugang zum Netz – etwa von einer Schule oder Stadtbücherei aus – seine E-Mails lesen oder versenden. Außerdem würde webbasierte E-Mail den Abonnenten große Mobilität ermöglichen. Für einen Anteil von 15 Prozent an der Firma finanzierte Draper Fisher Jurvetson die von Bhatia und Smith gegründete Firma, die den Namen Hotmail erhielt. Mit drei Festangestellten und 12 bis 14 freien Mitarbeitern, die mit Aktienoptionen bezahlt wurden, konnten sie den Dienst entwickeln und im Juli 1996 starten. Innerhalb des ersten Monats nach dem Start hatten sie bereits 100.000 Abonnenten. Die Anzahl der Teilnehmer wuchs rasch an, wobei alle Abonnenten beim Lesen ihrer E-Mails auch Werbebanner angezeigt bekamen. Im Dezember 1997, knapp anderthalb Jahre nach dem Start, zählte Hotmail 12 Millionen Teilnehmer und wurde von Microsoft für mindestens 400 Millionen Dollar aufgekauft.

Der Erfolg von Hotmail wird oft dem „First Mover Advantage" (dem Vorteil, als Erster am Markt zu sein) sowie dem durch das Medium E-Mails selbst unterstützten viralen Marketing zugeschrieben. Hotmail hatte einen First Mover Advantage, weil es die erste Firma war, die webbasierte E-Mail anbot. Andere Firmen kopierten natürlich die Idee von Hotmail, aber Hotmail hatte einen sechsmonatigen Vorsprung. Diesen begehrten First Mover Advantage hat man nur, wenn man eine originelle Idee hat und diese schnell und heimlich zur Marktreife bringt. Man sagt, dass ein Angebot sich durch virales Marketing verkauft, wenn es sich selbst vermarktet. E-Mail ist ein klassisches Beispiel dafür – der Absender einer Nachricht sendet sie an einen oder mehrere Empfänger, wodurch alle Empfänger von dem Dienst erfahren. Hotmail bewies, dass die Kombination aus First Mover Advantage und viralem Marketing einen Marktführer hervorbringen kann. Vielleicht sind unter den Lesern dieses Buches einige Studenten, die als neue Unternehmer ebenfalls einen Internetdienst mit First Mover Advantage und viralem Marketing zum Erfolg führen.

Mozilla Thunderbird zu den beliebtesten Anwendungsprogrammen für E-Mail. Es gibt auch viele textbasierte frei verfügbare E-Mail-Anwendungsprogramme (darunter Mail, Pine und Elm) sowie webbasierte Schnittstellen.

Mailserver bilden das Herz der E-Mail-Infrastruktur. Jeder Empfänger, etwa Bob, hat einen **Briefkasten** *(mailbox)*, der sich auf einem der Mailserver befindet. Bobs Briefkasten verwaltet und hält die Nachrichten, die ihm zugesandt worden sind. Eine typische Nachricht beginnt ihren Weg im Anwendungsprogramm des Absenders, wird von dort zum Mailserver des Absenders übertragen und von dort aus zum Mailserver des Empfängers, wo sie im Briefkasten des Empfängers deponiert wird. Wenn Bob auf die Nachrichten in seinem Briefkasten zugreifen will, muss er sich zunächst mit seinem Benutzernamen und Passwort authentifizieren. Alices Mailserver muss auch damit zurechtkommen, dass Bobs Mailserver nicht immer korrekt funktioniert. Kann Alices Server keine Post an Bobs Server liefern, hält ihr Server die Nachricht in einer **Nachrichtenwarteschlange** *(message queue)* und versucht später erneut, die Nachricht zu übertragen. Neue Zustellungsversuche werden oft nach etwa 30 Minuten gemacht. Ist auch nach mehreren Tagen noch kein Erfolg in Sicht, entfernt der Server die Nachricht und benachrichtigt den Absender (Alice) mit einer E-Mail-Nachricht.

SMTP ist das wichtigste Anwendungsschichtprotokoll für elektronische Post. Es nutzt den zuverlässigen Datentransferdienst von TCP, um Post vom Mailserver des Absenders an den Mailserver des Empfängers zu übertragen. Wie die meisten Anwendungsschichtprotokolle hat SMTP zwei Seiten: eine Client-Seite, die auf dem Mailserver des Absenders arbeitet, und eine Server-Seite, die auf dem Mailserver des Empfängers arbeitet. Sowohl die Client- als auch die Server-Seite von SMTP laufen auf jedem Mailserver. Sobald ein Mailserver Post an andere Mailserver sendet, arbeitet er als SMTP-Client. Erhält er jedoch Post von anderen Mailservern, wirkt er als SMTP-Server.

2.4.1 SMTP

SMTP, definiert im RFC 2821, ist das Herzstück der elektronischen Post. Wie bereits erwähnt, überträgt SMTP Nachrichten von den Mailservern der Absender zu den Mailservern der Empfänger. SMTP ist viel älter als HTTP. (Das ursprüngliche SMTP-RFC datiert von 1982, aber SMTP wurde schon lange davor benutzt.) Obwohl SMTP zahlreiche großartige Eigenschaften besitzt, was schon seine Allgegenwart im Internet bezeugt, ist es dennoch eine veraltete Technik, die durchaus einige archaische Merkmale aufweist. Zum Beispiel beschränkt es den Datenbereich (nicht nur die Header) aller Nachrichten auf einfaches 7 Bit-ASCII. Diese Beschränkung war in den frühen 1980ern von Bedeutung, als die Übertragungskapazität knapp war und niemand große Anhänge, Abbildungen, Audio- oder Videodateien per E-Mail versandte. Aber in der heutigen Multimedia-Ära schmerzt die Einschränkung auf 7 Bit-ASCII schon ein bisschen – es bedeutet, dass binäre Multimedia-Daten erst in ASCII codiert werden müssen, bevor sie mit SMTP versandt werden können. Genauso muss die entsprechende ASCII-Nachricht nach der SMTP-Übertragung in die Form binärer Daten zurück decodiert werden. Erinnern Sie sich an Abschnitt 2.2? In HTTP müssen Multimedia-Daten vor der Übertragung nicht in ASCII codiert werden!

Um die grundlegende Arbeitsweise von SMTP zu erläutern, wollen wir ein gängiges Szenario betrachten. Nehmen Sie an, dass Alice eine einfache ASCII-Nachricht an Bob senden will.

1. Alice startet ihr Anwendungsprogramm für E-Mail, gibt dort Bobs E-Mail-Adresse an (zum Beispiel bob@someschool.edu), schreibt eine Nachricht und weist die Anwendung an, die Nachricht zu versenden.

2. Alices Anwendungsprogramm sendet die Nachricht an ihren Mailserver, der sie in eine Nachrichtenwarteschlange stellt.

3. Die Client-Seite von SMTP, die auf Alices Mailserver läuft, sieht die Nachricht in der Warteschlange. Sie öffnet eine TCP-Verbindung zu einem SMTP-Server, der auf Bobs Mailserver läuft.

4. Nach einem initialen Nachrichtenaustausch sendet der SMTP-Client Alices Nachricht über die TCP-Verbindung.

5. Bei Bobs Mailserver erhält die Server-Seite von SMTP die Nachricht. Bobs Mailserver stellt dann die Nachricht in Bobs Briefkasten.

6. Bob ruft sein Anwendungsprogramm auf, um seine Nachrichten zu lesen, wann immer es ihm gefällt.

Dieses Szenario ist in ▶Abbildung 2.17 zusammengefasst.

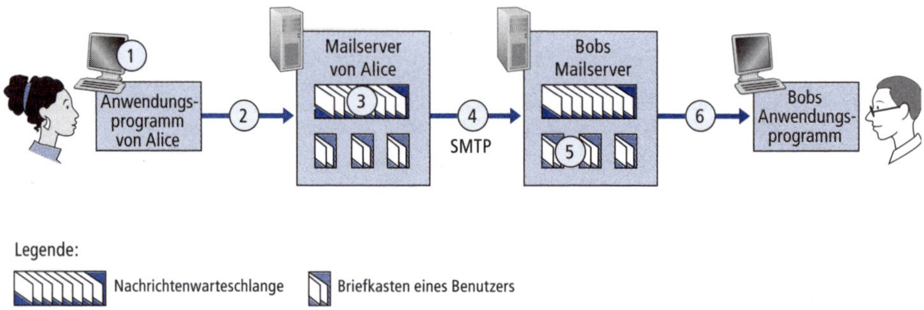

Abbildung 2.17: Alice sendet eine Nachricht an Bob

Wichtig ist die Beobachtung, dass SMTP normalerweise keine dazwischenliegenden Mailserver für den Versand der Post verwendet, auch dann nicht, wenn sich die beiden Mailserver an entgegengesetzten Enden der Welt befinden. Steht Alices Server z.B. in Hongkong und Bobs Server in München, stellt die TCP-Verbindung eine direkte Verbindung zwischen den Servern in Hongkong und München dar. Wenn Bobs Mailserver heruntergefahren ist, bleibt die Nachricht in Alices Mailserver und wartet auf einen neuen Zustellversuch – die Nachricht wird nicht in irgendeinen dazwischenliegenden Mailserver gestellt.

Werfen wir nun einen näheren Blick darauf, wie SMTP eine Nachricht von einem sendenden Mailserver zu einem empfangenden Mailserver überträgt. Wir sehen, dass das SMTP-Protokoll viele Ähnlichkeiten mit Protokollen hat, die bei direkten Treffen zwischen Menschen angewendet werden. Zuerst stellt der SMTP-Client (der auf dem sendenden Mailserver-Host läuft) eine TCP-Verbindung zum Port 25 auf dem SMTP-Server her (der auf dem Host des empfangenden Mailservers läuft). Wenn der Server unerreichbar ist, versucht es der Client später noch mal. Ist diese Verbindung einmal hergestellt, führen Server und Client einen Handshake (einen initialen Nachrichtenaustausch) auf der Anwendungsschicht durch. Genau wie Menschen, die sich vor einem Austausch von Informationen oft gegenseitig vorstellen, stellen sich SMTP-Client und -Server vor, bevor sie Informationen übertragen.

Während dieser Phase des SMTP-Handshakes nennt der SMTP-Client die E-Mail-Adresse des Absenders (der Person, die die Nachricht erzeugte) und die E-Mail-Adresse des Empfängers. Sobald SMTP-Client und -Server sich einander vorgestellt haben, sendet der Client die Nachricht. SMTP kann sich wegen des zuverlässigen

Datentransferdienstes von TCP darauf verlassen, dass die Nachricht ohne Fehler zum Server gelangt. Hat er noch weitere Nachrichten an denselben Server zu senden, wiederholt der Client diesen Prozess über die bereits offene TCP-Verbindung; andernfalls weist er TCP an, die Verbindung zu schließen.

Lassen Sie uns nun einen Blick auf ein Beispiel für den Ablauf von SMPT zwischen einem SMTP-Client (C) und einem SMTP-Server (S) werfen. Der Hostname des Clients ist crepes.fr und der Hostname des Servers ist hamburger.edu. Die mit C: gekennzeichneten ASCII-Textzeilen werden vom Client über den TCP-Socket übertragen. Die mit S: beginnenden ASCII-Textzeilen sind die Zeilen, die der Server über den TCP-Socket sendet. Das folgende Protokoll beginnt, sobald die TCP-Verbindung hergestellt ist.

```
S: 220 hamburger.edu
C: HELO crepes.fr
S: 250 Hello crepes.fr, pleased to meet you
C: MAIL FROM: <alice@crepes.fr>
S: 250 alice@crepes.fr ... Sender ok
C: RCPT TO: <bob@hamburger.edu>
S: 250 bob@hamburger.edu ... Recipient ok
C: DATA
S: 354 Enter mail, end with "." on a line by itself
C: Do you like ketchup?
C: How about pickles?
C: .
S: 250 Message accepted for delivery
C: QUIT
S: 221 hamburger.edu closing connection
```

Im obigen Beispiel sendet der Client eine Nachricht („Do you like ketchup? How about pickles?" – „Mögen Sie Ketchup? Wie sieht's mit Essiggurken aus?") vom Mailserver crepes.fr an den Mailserver hamburger.edu. Als Teil des Dialogs schickt der Client fünf Befehle: HELO (eine Abkürzung für Hallo), MAIL FROM *(Post von)*, RCPT TO *(Empfänger)*, DATA *(Daten)* und QUIT *(Ende)*. Diese Befehle sind selbst erklärend. Der Client sendet zusätzlich eine Zeile, die nur aus einem einzelnen Punkt besteht, um dem Server das Ende der Nachricht anzuzeigen. (Im ASCII-Jargon endet jede Nachricht mit CRLF.CRLF, wobei CR für Wagenrücklauf *(carriage return)* und LF für Zeilenvorschub *(line feed)* stehen.) Der Server reagiert auf jeden Befehl mit einer Antwort, die einen Antwortcode und eine optionale englischsprachige Erläuterung enthält. Es sollte auch erwähnt werden, dass SMTP persistente Verbindungen verwendet: Hat der sendende Mailserver mehrere Nachrichten für denselben empfangenden Mailserver, kann er alle Nachrichten über dieselbe TCP-Verbindung senden. Für jede Nachricht beginnt der Client den Prozess mit einem frischen „MAIL FROM: crepes.fr", legt das Nachrichtenende mit einem isolierten Punkt fest und sendet QUIT erst dann, wenn alle Nachrichten versandt worden sind.

Wir möchten Ihnen nahelegen, dass Sie mit Telnet die Kommunikation mit einem SMTP-Server selbst ausprobieren. Dazu geben Sie ein:

```
telnet serverName 25
```

wobei `serverName` der Name eines lokalen Mailservers ist. Dadurch stellen Sie lediglich eine TCP-Verbindung zwischen Ihrem lokalen Host und dem Mailserver her. Nach dem Eintippen dieser Zeile sollten Sie vom Server sofort die Antwort 220 erhalten. Dann müssen Sie SMTP mit dem Server „sprechen"! Senden Sie zu den passenden Momenten die SMTP-Befehle HELO, MAIL FROM, RCPT TO, DATA, CRLF.CRLF und QUIT. Wir empfehlen auch, die Programmieraufgabe 2 am Ende dieses Kapitels durchzuführen. In dieser Aufgabe erstellen Sie ein einfaches E-Mail-Anwendungsprogramm, das die Client-Rolle von SMTP übernimmt. Es erlaubt Ihnen das Senden einer E-Mail-Nachricht an einen beliebigen Empfänger über einen lokalen Mailserver.

2.4.2 Vergleich mit HTTP

Lassen Sie uns jetzt kurz SMTP mit HTTP vergleichen. Beide Protokolle werden verwendet, um Dateien von einem Host auf einen anderen zu übertragen: HTTP überträgt Dateien (auch als Objekte bezeichnet) von einem Webserver zu einen Webclient (normalerweise einem Browser). SMTP überträgt Dateien (E-Mail-Nachrichten) von einem Mailserver zu einem anderen Mailserver. Zum Übertragen der Dateien verwenden sowohl persistentes HTTP als auch SMTP persistente Verbindungen. Insofern haben beide Protokolle durchaus gemeinsame Merkmale. Dennoch gibt es wichtige Unterschiede. Insbesondere ist HTTP hauptsächlich ein **Pull-Protokoll** (ein Protokoll zum *Herunterladen*) – irgendjemand packt Information auf einen Webserver und die Benutzer verwenden HTTP, um die Information zu einem beliebigen Zeitpunkt vom Server herunterzuladen. Insbesondere wird die TCP-Verbindung von dem Computer aufgebaut, der die Datei erhalten will. SMTP dagegen ist in erster Linie ein **Push-Protokoll** (ein Protokoll zum *Senden* von Daten) – der sendende Mailserver schiebt die Datei zum empfangenden Mailserver. Die TCP-Verbindung wird also von dem Computer aufgebaut, der die Datei senden will.

Ein zweiter Unterschied, den wir schon angesprochen haben, besteht darin, dass SMTP jede Nachricht im 7 Bit-ASCII-Format überträgt. Enthält die Nachricht Sonderzeichen, die nicht in 7 Bit-ASCII darstellbar sind (zum Beispiel die deutschen Sonderzeichen ä, ö, ü, ß), oder enthält sie Binärdaten (etwa eine Bilddatei), dann muss die Nachricht in 7 Bit-ASCII codiert werden. HTTP kennt diese Einschränkung nicht.

Ein dritter wichtiger Unterschied betrifft die Art und Weise, wie ein Dokument mit Text und Abbildungen (möglicherweise auch mit anderen Medientypen) behandelt wird. Wie wir in Abschnitt 2.2 gelernt haben, kapselt HTTP jedes Objekt in seine eigene HTTP-Response-Nachricht. Internet-Mail packt, wie wir unten detaillierter erörtern, alle Objekte zusammen in eine Mail-Nachricht.

2.4.3 Mail-Nachrichtenformate und MIME

Schreibt Alice einen gewöhnlichen Brief per normaler Briefpost an Bob, kann sie alle möglichen Arten von „Header-Informationen" im Briefkopf unterbringen: Bobs Adresse, ihre eigene Rücksendeadresse und das Datum. Gleichermaßen geht einer E-Mail ein

Header *(Kopf)* voran, der solche Informationen enthält. Dieser besteht aus einer Reihe von Header-Zeilen, die in RFC 822 definiert sind. Die Kopfzeilen und der Hauptteil der Nachricht werden durch eine Leerzeile (also durch ein CRLF) getrennt. RFC 822 spezifiziert sowohl das genaue Format dieser Zeilen als auch ihre semantische Interpretation. Wie bei HTTP enthält jede Header-Zeile lesbaren Text, bestehend aus einem Schlüsselwort und einem Doppelpunkt, gefolgt von einem Wert. Manche Schlüsselwörter sind notwendig, andere sind optional. Jeder Header muss eine Header-Zeile „From:" und eine Header-Zeile „To:" enthalten. Ein Header darf die Kopfzeile „Subject" sowie andere optionale Header-Zeilen enthalten. Wichtig ist, dass diese Kopfzeilen sich von den SMTP-Befehlen, die wir in Abschnitt 2.4.1 untersuchten, *unterscheiden* (obwohl sie zum Teil dieselben Wörter wie *from* und *to* beinhalten). Die Befehle in jenem Abschnitt waren Teil des SMTP-Protokolls. Die in diesem Abschnitt betrachteten Kopfzeilen sind Teil der Nachricht selbst.

Ein typischer Nachrichtenkopf sieht so aus:

```
From: alice@crepes.fr
To: bob@hamburger.edu
Subject: Searching for the meaning of life.
```

Dem Nachrichtenkopf folgt eine Leerzeile, dann erst kommt der Hauptteil der Nachrichten (in ASCII). Versenden Sie doch einfach mit Telnet eine Nachricht an einen Mailserver, die einige Kopfzeilen enthält, darunter die Subject-Zeile! Geben Sie dazu, wie in Abschnitt 2.4.1 besprochen, `telnet serverName 25` ein.

Die MIME-Erweiterung für Nicht-ASCII-Daten

Während die in RFC 822 beschriebenen Nachrichten-Header ausreichen, um gewöhnlichen ASCII-Text zu senden, genügen sie nicht für Multimedia-Nachrichten (zum Beispiel Mails mit Abbildungen, Audio und Video) oder für den Einsatz von Nicht-ASCII-Textformaten (zum Beispiel von Zeichen, die in anderen Sprachen als dem Englischen auftreten). Um andere Inhalte als ASCII-Texte zu senden, muss die sendende Anwendung zusätzliche Kopfzeilen in die Nachricht einfügen. Diese zusätzlichen Header-Zeilen sind in RFC 2045 und RFC 2046 definiert, den Multipurpose Internet Mail Extensions (MIME) zu RFC 822.

Die zwei wesentlichen MIME-Kopfzeilen zur Unterstützung von Multimedia sind die Header-Zeile `Content-Type:` *(Inhaltstyp)* und die Header-Zeile `Content-Transfer-Encoding:` *(Codierung des zu übertragenden Inhaltes)*. Der Content-Type-Header ermöglicht es der empfangenden Anwendung, in geeigneter Weise auf die Nachricht zu reagieren. Besagt die Kopfzeile zum Beispiel, dass der Inhalt ein JPEG-Bild ist, kann die Anwendung den folgenden Teil der Nachricht an eine JPEG-Dekompressionsroutine weiterleiten. Um den Bedarf für die Content-Transfer-Encoding-Kopfzeile zu verstehen, müssen wir uns daran erinnern, dass Nicht-ASCII-Textnachrichten in ein ASCII-Format codiert werden müssen, welches SMTP nicht durcheinanderbringt. Die Content-Transfer-Encoding-Kopfzeile warnt die empfangende Anwendung, dass der folgende Teil der Nachricht in ASCII codiert wurde, und nennt die Art der verwendeten Codierung. Daher benutzt eine Anwendung, sobald sie eine Nachricht mit diesen beiden Kopfzeilen erhält, zuerst den Wert der Content-Transfer-Encoding-Zeile, um den eigentlichen Nachrichtenteil in seine ursprüngliche Nicht-ASCII-Form zu konvertieren. Danach verwendet sie die Content-Type-Header-Zeile, um zu entscheiden, was mit diesem Teil der Nachricht weiter geschehen soll.

Werfen wir einen Blick auf ein konkretes Beispiel. Nehmen Sie an, dass Alice ein JPEG-Bild an Bob senden will. Dazu ruft Alice ihr E-Mail-Anwendungsprogramm auf, gibt Bobs E-Mail-Adresse an, legt eine Betreffzeile für diese Nachricht fest und fügt das JPEG-Bild in die Nachricht ein. (Je nachdem, welches Anwendungsprogramm Alice benutzt, könnte sie die Abbildung auch als Anhang an die Nachricht anfügen.) Sobald Alice mit dem Schreiben der Nachricht fertig ist, klickt sie auf „Senden". Alices Anwendung erzeugt dann eine MIME-Nachricht, die etwa wie diese aussehen könnte:

```
From: alice@crepes.fr
To: bob@hamburger.edu
Subject: Picture of yummy crepe.
MIME-Version: 1.0
Content-Transfer-Encoding: base64
Content-Type: image/jpeg

base64 encoded data .............
```

Wir erkennen in der oben genannten MIME-Nachricht, dass Alices Anwendung die JPEG-Abbildung mit base64 codierte. Dies ist eine von mehreren in MIME standardisierten Codierungstechniken für die Umwandlung in ein für die E-Mail-Übertragung akzeptables 7 Bit-ASCII-Format [RFC 2045]. Eine andere häufig genutzte Codierungstechnik ist das „Quoted Printable Content Transfer Encoding", das normalerweise verwendet wird, um eine 8 Bit-ASCII-Nachricht (die auch nichtenglische Zeichen enthalten kann) in 7 Bit-ASCII umzuwandeln.

Wenn Bob seine Post mit seinem Anwendungsprogramm liest, arbeitet dieses mit derselben MIME-Nachricht. Sobald Bobs Anwendungsprogramm die Kopfzeile „Content-Transfer-Encoding: base64" erkennt, fährt es mit dem Decodieren des als base64 codierten Teils der Nachricht fort. Die Nachricht enthält auch die Header-Zeile „Content-Type: image/jpeg"; diese sagt der Anwendung, dass der Hauptteil als JPEG-Bild interpretiert werden soll. Schließlich enthält die Nachricht auch die Kopfzeile „MIME-Version", die natürlich die gerade verwendete MIME-Version nennt. Beachten Sie, dass die Nachricht ansonsten dem Format aus RFC 822 entspricht. Insbesondere folgen dem Header zunächst eine Leerzeile und dann die eigentliche Nachricht.

Die erhaltene Nachricht

Wir wären nachlässig, wenn wir nicht auch eine andere Klasse von Kopfzeilen erwähnten, die vom *empfangenden* SMTP-Server eingefügt werden. Dieser Server hängt beim Erhalt einer Nachricht mit RFC 822 und MIME-Kopfzeilen die Header-Zeile „Received:" *(Empfangen)* an den Nachrichtenkopf an. Diese Kopfzeile nennt den Namen des SMTP-Servers, der die Nachricht gesendet hat *(From)*, den Namen des SMTP-Servers, der die Nachricht empfangen hat *(By)*, und den Zeitpunkt, an dem der empfangende Server die Nachricht erhalten hat. Auf diese Art bekommt die vom Zielbenutzer gelesene Nachricht die folgende Form:

```
Received: from crepes.fr by hamburger.edu; 12 Oct 98 15:27:39 GMT
From: alice@crepes.fr
To: bob@hamburger.edu
Subject: Picture of yummy crepe.
MIME-Version: 1.0
Content-Transfer-Encoding: base64
Content-Type: image/jpeg

base64 encoded data ..............
```

Beim Lesen Ihrer Mail haben Sie vielleicht schon einmal die Received:-Kopfzeile (sowie die anderen Kopfzeilen) am Anfang einer E-Mail gesehen. Vielleicht ist Ihnen aufgefallen, dass eine einzelne Nachricht manchmal mehrere Received-Kopfzeilen und die komplexere Kopfzeile „Return-Path:“ *(Rücksendepfad)* enthält. Diese zeigen, dass eine Nachricht auf dem Weg zwischen Absender und Empfänger über mehr als einen SMTP-Server weitergeleitet werden kann. Hat zum Beispiel Bob seinen E-Mail-Server hamburger.edu so konfiguriert, dass alle seine Nachrichten direkt an sushi.jp weitergeleitet werden, dann beginnt die von Bobs Anwendungsprogramm empfangene Nachricht wie folgt:

```
Received: from hamburger.edu by sushi.jp; 3 Jul 01 15:30:01 GMT
Received: from crepes.fr by hamburger.edu; 3 Jul 01 15:17:39 GMT
```

Diese Kopfzeilen liefern der empfangenden Anwendung sowohl Informationen der durchlaufenen SMTP-Server als auch Zeitangaben, wann die Mail dort eintraf.

2.4.4 Mail-Zugriffsprotokolle

Sobald SMTP die Nachricht von Alices Mailserver an Bobs Mailserver liefert, wird die Nachricht in Bobs Briefkasten gelegt. Während unserer ganzen Diskussion haben wir stillschweigend angenommen, dass Bob seine Post liest, indem er sich auf einem Server-Host einloggt und danach ein Mail-Leseprogramm ausführt, das sich auf diesem Host befindet. Bis in die frühen 1990er war dies der übliche Weg. Aber heutzutage benutzt der Mail-Zugang eine Client-Server-Architektur – der typische Benutzer liest E-Mail mit einem Client, der auf dem Endsystem des Benutzers, zum Beispiel auf einem PC, einem Laptop oder einem PDA, läuft. Durch das Ausführen eines Mailclients auf einem lokalen PC genießen Benutzer zahlreiche Vorteile, darunter die Möglichkeit, Multimedia-Daten und Anhänge zu betrachten.

Unter der Annahme, dass Bob (der Empfänger) sein Anwendungsprogramm auf seinem lokalen PC laufen lässt, wäre es nur natürlich, auf seinem lokalen PC auch einen Mailserver zu installieren. Mit diesem Ansatz würde Alices Mailserver direkt mit Bobs PC in Verbindung treten. Dieser Ansatz hat jedoch ein entscheidendes Problem. Erinnern Sie sich daran, dass ein Mailserver Mailboxen verwaltet und die Client- und Server-Seiten von SMTP ausführt. Befände sich Bobs Mailserver auf seinem lokalen PC, dann müsste Bobs PC immer online und mit dem Internet verbunden sein, um neue Post zu erhalten, die ja jederzeit ankommen könnte. Dies ist für viele Internetbenutzer nicht machbar. Stattdessen hat ein typischer Benutzer ein Anwendungsprogramm auf seinem lokalen PC, greift aber über einen gemeinsam genutzten Mailserver auf den Briefkasten zu, der dort für ihn gespeichert ist. Den Mailserver teilt er sich mit vielen anderen Benutzern – normalerweise wird er vom ISP des Benutzers verwaltet.

Betrachten wir nun den Weg, den eine E-Mail-Nachricht zurücklegt, wenn sie von Alice an Bob gesandt wird. Wir haben gerade erfahren, dass irgendwann auf diesem Weg die E-Mail-Nachricht in Bobs Mailserver gespeichert werden muss. Dies könnte einfach erfolgen, indem Alices Anwendungsprogramm die Nachricht direkt an Bobs Mailserver sendet. Und es könnte mit SMTP geschehen – in der Tat wurde SMTP entworfen, um E-Mail von einem Host an einen anderen zu senden. Üblicherweise spricht jedoch das Anwendungsprogramm des Senders nicht direkt mit dem Mailserver des Empfängers. Stattdessen benutzt, wie in ▶Abbildung 2.18 gezeigt, Alices Anwendung SMTP, um die E-Mail-Nachricht zunächst auf ihren eigenen Mailserver zu laden. Dann nutzt Alices Mailserver SMTP (als SMTP-Client), um die E-Mail-Nachricht an Bobs Mailserver weiterzureichen. Warum dieses zweistufige Verfahren? In erster Linie, weil ohne dieses Weiterleiten durch Alices Mailserver ihr Anwendungsprogramm keine Möglichkeit hat, einen momentan unerreichbaren Sender erneut anzusprechen.

Indem Alice ihre E-Mail zuerst auf ihrem eigenen Mailserver ablegt, kann Alices Mailserver versuchen, die Nachricht wiederholt zu senden, beispielsweise alle 30 Minuten, bis Bobs Mailserver wieder betriebsbereit ist. (Und sollte Alices Mailserver offline sein, hat sie die Möglichkeit, sich bei ihrem Systemadministrator zu beschweren!) Der SMTP RFC definiert, wie die SMTP-Befehle verwendet werden können, um eine Nachricht über mehrere SMTP-Server weiterzuleiten.

Aber es fehlt immer noch ein Stück des Puzzles! Wie erhält ein Empfänger, der ein Anwendungsprogramm auf seinem lokalen PC laufen lässt, die Nachrichten, die sich in seinem Postfach auf dem Mailserver seines ISP befinden? Beachten Sie, dass Bobs Anwendungsprogramm kein SMTP verwenden kann, um die Nachrichten zu erhalten, weil das Abrufen der Nachrichten eine Pull-Operation ist, während SMTP ein Push-Protokoll ist. Das Puzzle wird durch Einführen eines speziellen Mail-Zugriffsprotokolls vervollständigt, das Nachrichten von Bobs Mailserver auf seinen lokalen PC überträgt. Es gibt gegenwärtig eine Reihe beliebter Mail-Zugriffsprotokolle, darunter das **Post Office Protocol Version 3** (**POP3**), das **Internet Mail Access Protocol** (**IMAP**) und HTTP.

▶Abbildung 2.18 zeigt eine Zusammenfassung der Protokolle, die für Internet-Mail verwendet werden: SMTP wird für die Übertragung von E-Mail vom Mailserver des

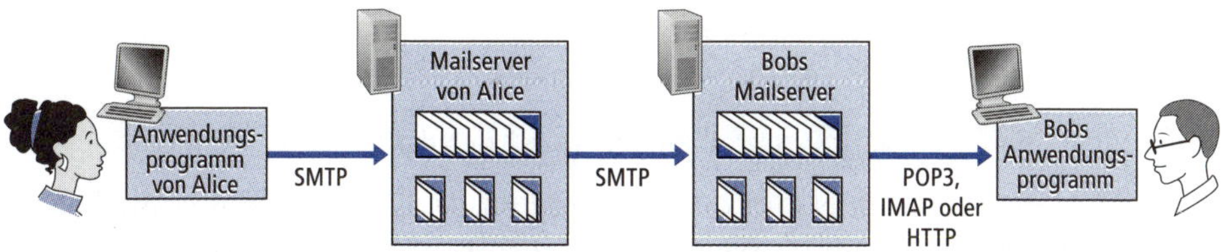

Abbildung 2.18: E-Mail-Protokolle und die Systeme, zwischen denen sie ausgeführt werden

Senders zum Mailserver des Empfängers genutzt; SMTP wird auch dazu verwendet, um E-Mail vom Anwendungsprogramm des Absenders an dessen Mailserver zu übertragen. Ein Postzugangsprotokoll wie POP3 kommt zum Einsatz, um E-Mail vom Mailserver des Empfängers an die Mail-Anwendung des Empfängers zu übertragen.

POP3

POP3 ist ein äußerst einfaches Postzugangsprotokoll. Es ist definiert in [RFC 1939], der kurz und gut zu lesen ist. Aufgrund seiner Einfachheit ist das Protokoll in seiner Funktionalität ziemlich eingeschränkt. POP3 beginnt, wenn das Anwendungsprogramm (der Client) eine TCP-Verbindung zum Mailserver (dem Server) über Port 110 öffnet. Ist die TCP-Verbindung geöffnet, folgen in POP3 drei Phasen: Autorisierung, Austausch und Aktualisierung. Während der ersten Phase, der Autorisierung, sendet das Anwendungsprogramm einen Benutzernamen und ein Kennwort (unverschlüsselt), um den Benutzer zu autorisieren. Während der zweiten Phase, dem Austausch, empfängt das Anwendungsprogramm Nachrichten; in dieser Phase kann das Anwendungsprogramm zudem Nachrichten zum Löschen markieren, solche Markierungen wieder entfernen und Mail-Statistiken abrufen. Die dritte Phase, die Aktualisierung, tritt ein, nachdem der Client den Quit-Befehl gesendet hat und die POP3-Sitzung beendet wird. Zu diesem Zeitpunkt löscht der Mailserver die zum Löschen markierten Nachrichten.

Bei einem POP3-Austausch erteilt das Anwendungsprogramm Befehle und der Server reagiert auf jeden Befehl mit einer Antwort. Es gibt zwei mögliche Antworten: +OK (bisweilen gefolgt von einem Datentransfer vom Server zum Client), wodurch der Server anzeigt, dass der vorangegangene Befehl erfolgreich bearbeitet wurde; und -ERR, mit dem der Server anzeigt, dass beim vorangegangenen Befehl etwas nicht in Ordnung war.

Die Autorisierungsphase kennt zwei Hauptbefehle: user <Benutzername> und pass <Passwort>. Um diese beiden Befehle zu erläutern, schlagen wir vor, dass Sie mit Telnet direkt über Port 110 auf einen POP3-Server zugreifen und diese Befehle eingeben. Verwenden Sie statt „mailServer" den Namen Ihres Mailservers. Das Resultat sieht etwa so aus:

```
telnet mailServer 110
+OK POP3 server ready
user bob
+OK
```

```
pass hungry
+OK user successfully logged on
```

Wenn Sie einen Befehl falsch schreiben, antwortet der POP3-Server mit einem -ERR.

Werfen wir nun einen Blick auf die Austauschphase. Ein Anwendungsprogramm, das POP3 verwendet, kann oft (vom Benutzer) so konfiguriert werden, dass er die vorhandenen E-Mails herunterlädt und dann auf dem Server löscht *(Download and Delete)* oder dass sie heruntergeladen werden und außerdem auf dem Server erhalten bleiben *(Download and Keep)*. Die Abfolge der von einer Anwendung erteilten Befehle hängt davon ab, in welchem dieser beiden Modi sie läuft. Im Modus Herunterladen-und-Löschen wird das Anwendungsprogramm list-, retr- und dele-Befehle senden. Nehmen Sie als Beispiel an, dass der Benutzer zwei Nachrichten im Briefkasten hat. Im folgenden Dialog ist C: (was für Client steht) das Anwendungsprogramm und S: (was für Server steht) ist der Mailserver. Der Austausch sieht demnach etwa so aus:

```
C: list
S: 1 498
S: 2 912
S: .
C: retr 1
S: (Bla bla bla ...
S: .................
S: ......... Bla)
S: .
C: dele 1
C: retr 2
S: (Bla bla bla ...
S: .................
S: ......... Blabla.)
S: .
C: dele 2
C: quit
S: +OK POP3 server signing off
```

Das Anwendungsprogramm fordert zuerst beim Mailserver die Größe jeder gespeicherten Nachricht an. Es ruft danach jede Nachricht einzeln ab und löscht sie vom Server. Beachten Sie, dass das Anwendungsprogramm nach der Autorisierungsphase nur vier Befehle verwendet: list, retr, dele und quit. Die Syntax dieser Befehle ist in RFC 1939 definiert.

Nach dem Verarbeiten des Quit-Befehls beginnt der POP3-Server mit der Aktualisierungsphase und entfernt die Nachrichten 1 und 2 aus dem Briefkasten. Ein Problem bei diesem Herunterladen-und-Löschen-Modus ist, dass der Empfänger, Bob, viel unterwegs sein kann und von vielen unterschiedlichen Computern aus, etwa seinem Büro-PC, seinem Heim-PC und seinem tragbaren Computer, auf seine Nachrichten zugreifen möchte. Der Herunterladen-und-Löschen-Modus verteilt Bobs Nachrichten auf diese drei Geräte; er kann abends, zu Hause, keine Nachricht mit seinem Laptop lesen, die er bereits mittags mit seinem Büro-PC gelesen hat. Beim Herunterladen-und-Behalten-Modus lässt die Mail-Anwendung die Nachrichten, nachdem sie heruntergeladen wurden, auf dem Mailserver stehen. In diesem Fall kann Bob Nachrichten auf unterschiedlichen Geräten lesen; er kann eine Nachricht während der Arbeit abrufen und später von zu Hause aus erneut auf sie zugreifen.

Während einer POP3-Sitzung zwischen einem Anwendungsprogramm und dem Mailserver verwaltet der POP3-Server einige Statusinformationen; insbesondere verfolgt er, welche E-Mails zum Löschen markiert wurden. Dennoch behält der POP3-Server keine Statusformation über eine POP3-Sitzung hinaus. Dieses Fehlen von Statusformation über Sitzungen vereinfacht die Implementierung eines POP3-Servers sehr.

IMAP

Bei einem POP3-Zugang kann Bob, nachdem er die Nachrichten heruntergeladen hat, auf seinem lokalen Rechner Ordner erzeugen und die heruntergeladenen Nachrichten darin ablegen. Bob kann dann Nachrichten löschen, Nachrichten zwischen den Ordnern verschieben und kopieren und Nachrichten (z.B. nach Absendername oder Inhalt) suchen. Aber dieses Paradigma – nämlich Ordner und Nachrichten auf dem lokalen Computer zu halten – ist ein Problem für mobile Benutzer. Diese würden es vorziehen, eine Ordnerhierarchie auf einem entfernten Server zu haben und darauf von jedem Computer aus zugreifen zu können. Dies ist mit POP3 aber nicht möglich – das POP3-Protokoll bietet keine Möglichkeit, Benutzerordner auf einem entfernten Computer zu verwalten.

Um dieses und andere Probleme zu lösen, wurde das in RFC 3501 definierte IMAP-Protokoll entwickelt. Wie POP3 ist IMAP ein Mail-Zugriffsprotokoll. Es bietet viel mehr Funktionalität als POP3, aber es ist auch bedeutend komplexer. (Und daher sind die Implementationen der Client- und Server-Seiten deutlich aufwändiger.)

Ein IMAP-Server verbindet jede Nachricht mit einem Ordner. Kommt eine Nachricht am Server an, wird sie zunächst in den Inbox-Ordner *(Posteingangsordner)* des Empfängers gesteckt. Der Empfänger kann diese Nachricht dann in einen neuen, von ihm erstellten Ordner verschieben, die Nachricht lesen, sie löschen usw. Das IMAP-Protokoll enthält Befehle, mit denen die Benutzer Ordner anlegen und Nachrichten von einem Ordner in einen anderen verschieben können. IMAP bietet auch Befehle, mit denen die Benutzer in entfernten Ordnern nach Nachrichten, die bestimmte Kriterien erfüllen, suchen können. Beachten Sie, dass im Gegensatz zu POP3 ein IMAP-Server Informationen über mehrere Sitzungen hinweg speichert – zum Beispiel die Namen der Ordner und welche Nachrichten in welchen Ordnern abgelegt wurden.

Ein anderes wichtiges Merkmal von IMAP sind Befehle, die es Anwendungen erlauben, einzelne Bestandteile einer Nachricht zu empfangen. Zum Beispiel kann eine Anwendung nur den Header einer Nachricht oder nur einen Teil einer mehrteiligen MIME-Nachricht empfangen. Dieses Merkmal ist vor allem dann nützlich, wenn die

Verbindung zwischen dem Anwendungsprogramm und dem Mailserver langsam ist (wenn sie zum Beispiel über ein langsames Modem erfolgt). Bei einer Verbindung mit geringer Bandbreite will ein Benutzer vielleicht nicht alle Nachrichten in seinem Briefkasten herunterladen. Er könnte zum Beispiel lange Nachrichten vermeiden wollen, die Audio- oder Videoclips enthalten. Auf der offiziellen IMAP-Website finden Sie alles über IMAP [IMAP 2007].

Webbasierte E-Mail

Immer mehr Benutzer greifen heute über ihren Webbrowser auf ihre E-Mail zu. Hotmail führte Mitte der 1990er webbasierte Zugänge ein. Mittlerweile wird webbasierte E-Mail nicht nur von Yahoo oder Google, sondern auch von jeder größeren Universität und Firma für ihre jeweiligen Benutzer angeboten. Bei diesem Dienst ist das Anwendungsprogramm ein normaler Webbrowser und der Benutzer kommuniziert mittels HTTP mit seiner entfernten Mailbox. Will ein Empfänger wie Bob auf eine Nachricht in seinem Briefkasten zugreifen, wird die E-Mail von Bobs Mailserver über das HTTP-Protokoll anstatt über POP3 oder IMAP an Bobs Browser gesandt. Will ein Absender wie Alice eine E-Mail senden, wird die E-Mail von ihrem Browser über HTTP statt über SMTP an ihren Mailserver gesendet. Alices Mailserver tauscht jedoch nach wie vor mittels SMTP Nachrichten mit anderen Mailservern aus.

2.5 DNS – der Verzeichnisdienst des Internets

Wir Menschen können auf viele Weisen identifiziert werden, beispielsweise anhand unseres Namens in unserer Geburtsurkunde, anhand unserer Personalausweisnummer oder mittels unserer Steuernummer. Obwohl jede dieser Kennzeichnungen geeignet ist, eine Person eindeutig zu identifizieren, kann innerhalb eines gegebenen Kontextes eine Kennzeichnung angemessener sein als eine andere. So bevorzugen beispielsweise die Computer des IRS (Internal Revenue Service, das Finanzamt der USA, verantwortlich und berüchtigt für das Einziehen von Steuern und die Strafverfolgung säumiger Zahler) Sozialversicherungsnummern mit fester Länge anstatt von Geburtsnamen. Andererseits bevorzugen gewöhnliche Menschen die leichter einprägbaren Familiennamen gegenüber den wenig anschaulichen Sozialversicherungsnummern. (Oder können Sie sich vorstellen, wie jemand sagt: „Hallo. Mein Name ist 132-67-9875. Und das ist mein Ehemann, 178-87-1146.“?)

Wenn Menschen auf vielfache Weise identifiziert werden können, sollte das nicht auch bei Internethosts möglich sein? Eine Kennzeichnung eines Hosts ist sein **Hostname**. Hostnamen – wie *cnn.com*, *www.yahoo.com*, *gaia.cs.umass.edu* und *cis.poly.edu* – lassen sich leicht einprägen und werden deshalb von Menschen bevorzugt. Jedoch liefern Hostnamen kaum, falls überhaupt, Informationen über die Lage des Hosts innerhalb des Internets. (Ein Hostname wie *www.eurecom.fr*, der mit dem Länderkennzeichen .fr endet, sagt uns, dass der Host wahrscheinlich in Frankreich steht, gibt aber sonst für das Routing nicht viel her.) Weil Hostnamen aus alphanumerischen Zeichen variabler Länge bestehen können, können sie durch Router nur schwer verarbeitet werden. Aus diesen Gründen werden Hosts auch durch sogenannte **IP-Adressen** identifiziert.

Wir erörtern IP-Adressen in Kapitel 4 noch genauer, aber sinnvollerweise sollten wir sie jetzt schon kurz skizzieren. Eine IP-Adresse besteht aus vier Byte und hat eine starre hierarchische Struktur. Sie sieht folgendermaßen aus: 121.7.106.83, wobei jeder Punkt eines der Bytes trennt, die in Dezimalschreibweise ausgedrückt Werte zwischen 0 und 255 annehmen. Die IP-Adresse ist hierarchisch, weil wir, während wir die Adresse von links nach rechts betrachten, immer mehr und genauere Informationen darüber erhalten, wo sich der Host im Internet befindet (wir lernen so sein Netzwerk innerhalb des Netzes der Netzwerke kennen). In gleicher Weise erhalten wir immer genauere Informationen über den Ort einer Person, wenn wir deren Postanschrift von unten nach oben betrachten.

2.5.1 Von DNS erbrachte Dienste

Wir haben gerade gesehen, dass es zwei Möglichkeiten gibt, einen Host zu identifizieren – seinen Hostnamen und seine IP-Adresse. Menschen bevorzugen die leichter zu merkenden Hostnamen, während Routern die hierarchisch strukturierten IP-Adressen fester Länge entgegenkommen. Um diese beiden Vorlieben miteinander zu vereinbaren, brauchen wir einen Verzeichnisdienst, der Hostnamen in IP-Adressen übersetzt. Dies ist die Hauptaufgabe des **Domain Name System** (**DNS**) des Internets. Das DNS ist (1) eine verteilte Datenbank, die auf einer Hierarchie von DNS-Servern basiert, und (2) ein Anwendungsschichtprotokoll, das es Hosts ermöglicht, die verteilte Datenbank abzufragen. Die DNS-Server sind oft Unix-Computer, auf denen das Programm Berkeley Internet Name Domain (BIND) läuft [BIND 2007]. Das DNS-Protokoll setzt UDP ein und benutzt Port 53.

DNS wird intensiv in Kombination mit anderen Anwendungsschichtprotokollen verwendet – darunter HTTP, SMTP und FTP –, um vom Benutzer zur Verfügung gestellte Hostnamen in IP-Adressen zu übersetzen. Überlegen Sie zum Beispiel, was alles geschieht, wenn ein Browser (also ein HTTP-Client), der auf dem Host eines Benutzers läuft, das Dokument *www.someschool.edu/index.html* anfordert. Damit der Host des Benutzers überhaupt in der Lage ist, eine HTTP-Request-Nachricht an den Webserver *www.someschool.edu* zu senden, muss er zuerst die IP-Adresse von *www.someschool.edu* in Erfahrung bringen. Dies geschieht wie folgt:

1. Auf dem Computer des Benutzers läuft die Client-Seite der DNS-Anwendung.
2. Der Browser sucht den Hostnamen, *www.someschool.edu*, aus der URL heraus und reicht ihn an die Client-Seite der DNS-Anwendung weiter.
3. Der DNS-Client sendet eine Anfrage mit dem Hostnamen an den DNS-Server.
4. Der DNS-Client erhält schließlich eine Antwort, welche die IP-Adresse des Hostnamens enthält.

5. Sobald der Browser die IP-Adresse vom DNS erhält, kann er eine TCP-Verbindung zum HTTP-Server-Prozess initiieren, der sich am Port 80 dieser IP-Adresse befindet.

Wir erkennen an diesem Beispiel, dass DNS eine – manchmal deutlich spürbare – zusätzliche Verzögerung verursacht. Wie wir unten diskutieren werden, wird die gewünschte IP-Adresse glücklicherweise oft in einem nahegelegenen DNS-Server zwischengespeichert, wodurch sich sowohl der vom DNS verursachte Datenverkehr als auch die durchschnittliche DNS-Verzögerung reduzieren.

Von der Theorie zur Praxis

DNS: Essenzielle Netzwerkfunktionen mittels Client-Server-Paradigma

Wie HTTP, FTP und SMTP ist das DNS-Protokoll ein Anwendungsschichtprotokoll, da es (1) unter Verwendung des Client-Server-Paradigmas zwischen kommunizierenden Endsystemen abläuft und (2) ein Ende-zu-Ende-Transportprotokoll verwendet, um DNS-Nachrichten zwischen den kommunizierenden Endsystemen auszutauschen. In einem anderen Sinn jedoch unterscheidet sich die Rolle des DNS ziemlich vom Web ebenso wie von Dateitransfer- und E-Mail-Anwendungen. Anders als diese Anwendungen ist das DNS keine Anwendung, mit der ein Benutzer direkt interagiert. Stattdessen bietet das DNS eine zentrale Internetfunktion für Benutzeranwendungen und andere Internetsoftware – nämlich die Übersetzung von Hostnamen in die zugrunde liegenden IP-Adressen. In Abschnitt 1.2 haben wir festgestellt, dass ein Großteil der Komplexität der Internetarchitektur sich im Randbereich des Netzes befindet. DNS, welches die essenzielle Name-zu-Adresse-Übersetzung mithilfe von Clients und Servern durchführt, die sich am Rand des Netzes befinden, ist ein weiteres Beispiel für diese Designphilosophie.

Außer der Übersetzung von Hostnamen erbringt DNS noch einige andere wichtige Dienste:

- **Host Aliasing.** Ein Host mit einem komplizierten Hostnamen kann einen oder mehrere zusätzliche, sogenannte Aliasnamen haben. Ein Hostname wie zum Beispiel *relay1.west-coast.enterprise.com* könnte die zwei Aliasnamen *enterprise.com* und *www.enterprise.com* haben. In diesem Fall wird der Hostname *relay1.west-coast.enterprise.com* als **kanonischer Hostname** bezeichnet. Alias-Hostnamen, sofern sie existieren, lassen sich typischerweise leichter merken als kanonische Hostnamen. Das DNS kann von einer Anwendung aufgerufen werden, um den kanonischen Hostnamen des angegebenen Alias-Hostnamens wie auch die IP-Adresse dieses Hosts zu erhalten.
- **Mailserver Aliasing.** Aus offensichtlichen Gründen ist es äußerst wünschenswert, dass E-Mail-Adressen leicht einprägsam sind. Hat Bob z.B. ein Konto bei Hotmail, könnte Bobs E-Mail-Adresse einfach bob@hotmail.com lauten. Allerdings ist der Hostname des Mailservers von Hotmail komplizierter und viel schlechter zu merken als das einfache *hotmail.com* (zum Beispiel könnte der kanonische Hostname

relay1.west-coast.hotmail.com sein). DNS kann von einer Mail-Anwendung aufgerufen werden, um den kanonischen Hostnamen eines Alias-Hostnamens sowie dessen IP-Adresse abzufragen. Die MX-Felder (siehe unten) lassen zudem zu, dass Mailserver und Webserver einer Firma denselben (Alias-)Namen aufweisen; zum Beispiel können sowohl Webserver als auch Mailserver einer Firma *enterprise.com* heißen.

- **Lastverteilung.** DNS wird auch verwendet, um Arbeitslast zwischen replizierten Servern aufzuteilen. Häufig besuchte Seiten wie *cnn.com* werden auf unterschiedlichen Servern repliziert (gespiegelt), wobei jeder Server auf einem anderen Endsystem läuft und eine andere IP-Adresse hat.

Für replizierte Webserver wird so eine ganze Liste von IP-Adressen mit einem gemeinsamen kanonischen Hostnamen verbunden. Die DNS-Datenbank enthält diese IP-Adressliste. Fragen Clients DNS nach einem Namen, für den mehrere IP-Adressen existieren, antwortet der Server mit dieser Liste von IP-Adressen, rotiert aber ihre Reihenfolge bei jeder Antwort durch. Weil ein Client seine HTTP-Request-Nachricht normalerweise an die IP-Adresse sendet, die zuerst aufgeführt wird, verteilt diese DNS-Rotation den Verkehr auf die replizierten Server. DNS-Rotation wird auch für E-Mail verwendet, so dass mehrere Mailserver denselben Aliasnamen haben können. Content-Distributoren wie Akamai [Akamai 2007] nutzen DNS auf trickreiche Weise, um ihre Inhalte im Netz zu verteilen (siehe Kapitel 7). DNS wird in RFC 1034 und RFC 1035 spezifiziert und in einigen zusätzlichen RFCs aktualisiert. Es ist ein komplexes System und wir streifen hier nur die Grundsätze seiner Arbeitsweise. Den interessierten Leser verweisen wir auf jene RFCs und das Buch von Abitz und Liu [Abitz 1993]. Auch der rückblickende Artikel [Mockapetris 1988] bietet eine anschauliche Beschreibung des Hintergrundes von DNS [Mockapetris 2005].

2.5.2 Überblick über die Arbeitsweise von DNS

Es folgt ein Überblick über die Funktionsweise des DNS. Unsere Diskussion konzentriert sich auf den Übersetzungsdienst von Hostnamen in IP-Adressen.

Nehmen Sie an, dass irgendeine Anwendung (etwa ein Webbrowser oder ein E-Mail-Anwendungsprogramm), die auf dem Host eines Benutzers ausgeführt wird, einen Hostnamen in eine IP-Adresse übersetzen muss. Die Anwendung ruft die Client-Seite von DNS auf, wobei sie den zu übersetzenden Hostnamen übergibt. (Auf vielen UNIX-basierten Computern lautet der Funktionsaufruf, den eine Anwendung für die Übersetzung verwenden muss, gethostbyname(). In Abschnitt 2.7 werden wir zeigen, wie eine Java-Anwendung DNS aufrufen kann.) Danach legt DNS auf dem Host des Benutzers los und sendet eine Anfrage ins Netz. Alle DNS-Anfragen und alle Antwortnachrichten werden in UDP-Paketen an Port 53 gesandt. Nach einer Verzögerung, die von Millisekunden bis zu Sekunden betragen kann, erhält DNS auf dem Host des Benutzers eine DNS-Antwortnachricht, welche die gewünschte Adressübersetzung enthält. Dieses Ergebnis wird dann an die aufrufende Anwendung weitergereicht. Aus Sicht der aufrufenden Anwendung auf dem Host des Benutzers ist DNS daher eine Blackbox, die einen einfachen unkomplizierten Übersetzungsdienst anbietet. Tatsächlich ist die Blackbox, die den Dienst durchführt, komplex. Sie besteht sowohl aus einer großen Anzahl von DNS-Servern, die rund um den Globus verteilt sind, als auch aus einem Anwendungsschichtprotokoll, das festlegt, wie die DNS-Server und anfragende Hosts kommunizieren.

Ein einfaches Design von DNS würde aus einem DNS-Server bestehen, der alle Übersetzungen enthält. In diesem zentralisierten Design richten Clients alle Fragen einfach an den DNS-Server, der sie direkt beantwortet. Obwohl die Schlichtheit dieses Designs attraktiv ist, ist sie für das Internet von heute, mit seiner gewaltigen (und immer noch wachsenden) Anzahl von Hosts, unpassend. Zu den Problemen mit zentralisiertem Design gehören:

- **Eine einzelne Schwachstelle.** Wenn der zentrale DNS-Server zusammenbricht, dann auch das ganze Internet!
- **Verkehrsaufkommen.** Ein einzelner DNS-Server müsste alle DNS-Anfragen bearbeiten (unter anderem für alle Anfragen von Webseiten und alle Zustellversuche von E-Mail-Nachrichten, die von Hunderten Millionen Hosts generiert werden).
- **Entfernte zentralisierte Datenbank.** Ein einzelner DNS-Server kann nicht in der Nähe aller anfragenden Clients sein. Wenn wir den einzigen DNS-Server z.B. in New York City platzieren, dann müssen alle Anfragen aus Australien über möglicherweise langsame und überlastete Verbindungen ans andere Ende der Erdkugel reisen. Dies kann zu spürbaren Verzögerungen führen.
- **Instandhaltung.** Ein einziger DNS-Server müsste Datensätze für alle Internethosts beinhalten. Daher wäre diese zentralisierte Datenbank nicht nur riesig, sondern sie müsste auch häufig aktualisiert werden, um jeden neuen Host zu enthalten.

Zusammenfassend lässt sich sagen, dass eine zentralisierte Datenbank in einem einzelnen DNS-Server einfach nicht *skalierbar* ist. Folglich ist das Design des DNS verteilt angelegt. In der Tat ist das DNS ein wunderbares Beispiel dafür, wie eine verteilte Datenbank im Internet aufgebaut werden kann.

Eine verteilte, hierarchische Datenbank

Um das Problem der Skalierbarkeit zu behandeln, benutzt das DNS eine große Anzahl von Servern, die hierarchisch organisiert und über die ganze Welt verteilt sind. Es gibt keinen einzelnen DNS-Server, der alle Übersetzungen für alle Hosts im Internet enthält. Stattdessen sind die Übersetzungen über alle DNS-Server verteilt. Prinzipiell gibt es drei Klassen von DNS-Servern – DNS-Root-Server, Top-Level-Domain-DNS-Server (TLD, Domains der obersten Hierarchiestufe) und autoritative DNS-Server. Sie alle sind in einer Hierarchie organisiert, wie sie in ▶ Abbildung 2.19 dargestellt wird. Um zu verstehen, wie diese drei Klassen von Servern zusammenspielen, nehmen Sie einen DNS-Client an, der die IP-Adresse für den Hostnamen *www.amazon.com* bestimmen möchte. In erster Näherung finden die folgenden Ereignisse statt. Der Client wendet sich zuerst an einen der Root-Server, der IP-Adressen für TLD-Server

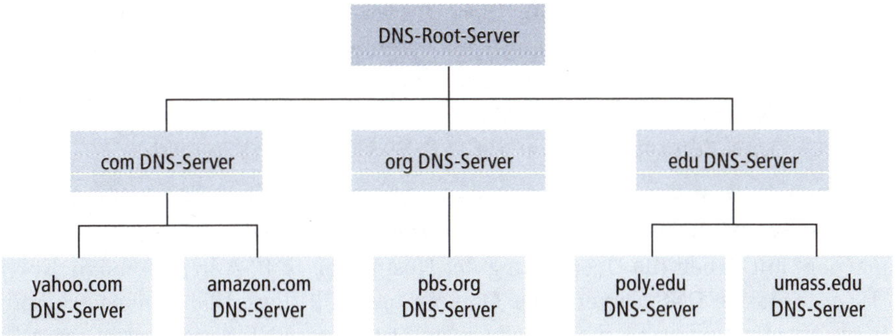

Abbildung 2.19: Teilausschnitt aus der Hierarchie der DNS-Server

für die Top-Level-Domain *com* zurückgibt. Der Client wendet sich dann an einen dieser TLD-Server, der die IP-Adresse von einem autoritativen Server für *amazon.com* zurückgibt. Schließlich wendet sich der Client an einen der autoritativen Server für *amazon.com*, der die IP-Adresse des Hostnamen *www.amazon.com* zurückgibt. Wir betrachten diesen DNS-Suchprozess bald genauer. Aber schauen wir uns zunächst die drei Klassen von DNS-Servern näher an:

- **DNS-Root-Server.** Im Internet gibt es 13 Root-DNS-Server (die mit A bis M bezeichnet werden), von denen sich die meisten in Nordamerika befinden. Eine Landkarte der Root-DNS-Server vom Oktober 2006 zeigt ▶Abbildung 2.20; eine Liste der gegenwärtigen Root-DNS-Server ist unter [Root-Server 2007] verfügbar. Obwohl wir über die 13 Root-DNS-Server gesprochen haben, als wenn es sich jeweils um einen einzelnen Server handelt, ist jeder davon aus Gründen der Sicherheit sowie der Zuverlässigkeit tatsächlich ein Cluster replizierter Server.

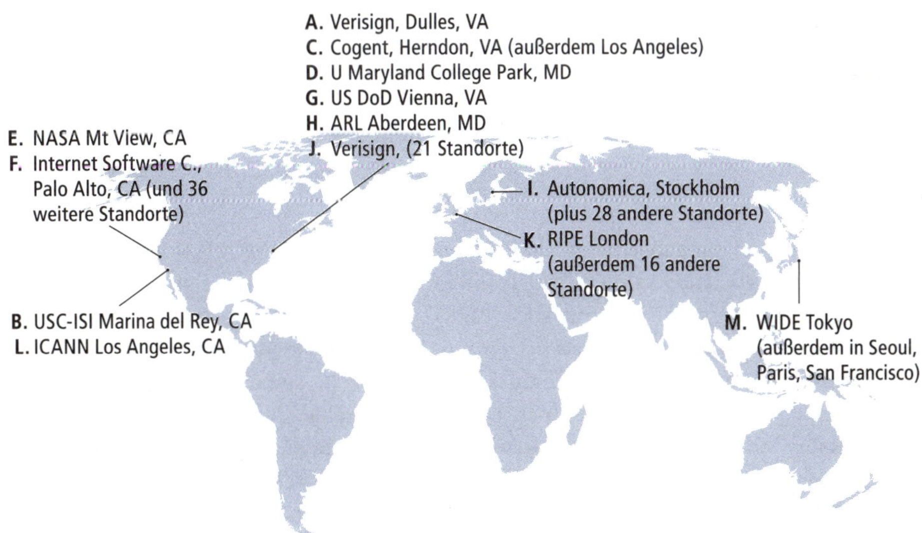

Abbildung 2.20: DNS-Root-Server im Jahr 2007 (Name, Organisation, Ort)

- **Top-Level-Domain-Server (TLD).** Diese Server sind für Top-Level-Domains wie zum Beispiel com, org, net, edu und gov verantwortlich sowie für alle länderbezogenen Top-Level-Domains wie de, fr, ca und jp. Mit Stand Frühjahr 2007 verwaltet die Firma Network Solutions die TLD-Server für die Top-Level-Domain com, während die Firma Educause sich um die TLD-Server für edu kümmert.

- **Autoritative DNS Server.** Jede Organisation mit öffentlich zugänglichen Hosts im Internet (wie Webservern und Mailservern) muss DNS-Daten öffentlich zugänglich machen, mit denen die Übersetzung der Hostnamen in IP-Adressen möglich wird. Der autoritative DNS-Server einer Organisation hält diese DNS-Datensätze bereit. Eine Organisation kann ihren eigenen autoritativen DNS-Server installieren, um diese Daten zu speichern; alternativ kann die Organisation dafür zahlen, diese Aufzeichnungen auf einem autoritativen DNS-Server irgendeines Diensteanbieters speichern zu lassen. Die meisten Universitäten und großen Unternehmen installieren und verwalten ihre eigenen primären und sekundären (aus Backup-Gründen) autoritativen DNS-Server.

Die Root-, TLD- und autoritativen DNS-Server zählen, wie Abschnitt 2.19 zeigt, alle zur Hierarchie der DNS-Server. Es gibt außerdem einen weiteren wichtigen Typ von DNS-Servern, der als **lokaler DNS-Server** bezeichnet wird. Ein lokaler DNS-Server gehört nicht strikt zur Hierarchie der Server, ist aber dennoch ein wesentlicher Bestandteil der DNS-Architektur. Jeder ISP – z.B. eine Universität, eine Firma oder ein ISP für Privatanwender – besitzt einen lokalen DNS-Server (der auch als Default Name Server bezeichnet wird). Wenn sich ein Host mit einem ISP verbindet, liefert der ISP dem Host die IP-Adressen eines oder mehrerer seiner lokalen DNS-Server (normalerweise mittels DHCP, welches wir in Kapitel 4 kennenlernen werden). Sie können die IP-Adresse Ihres lokalen DNS-Servers leicht ermitteln, indem Sie sich unter Windows oder Unix den Netzwerkstatus anzeigen lassen. Der lokale DNS-Server eines Hosts ist normalerweise in der Nähe des Hosts zu finden. Bei einem Firmen-ISP kann der lokale DNS-Server im selben LAN wie der Host sein. Bei einem ISP für Privathaushalte wird er normalerweise kaum weiter als einige Router vom Host entfernt sein. Wenn ein Host eine DNS-Anfrage stellt, wird diese an den lokalen DNS-Server gesandt, der als Proxy dient und die Anfrage in der DNS-Server-Hierarchie weiterleitet.

Sehen wir uns ein einfaches Beispiel an. Nehmen Sie an, der Host *cis.poly.edu* benötigt die IP-Adresse von *gaia.cs.umass.edu*. Nehmen Sie auch an, dass der verwendete lokale DNS-Server *dns.poly.edu* genannt wird und dass der Name eines autoritativen DNS-Servers für *gaia.cs.umass.edu* *dns.umass.edu* lautet. Wie ▶Abbildung 2.21 zeigt, sendet der Host *cis.poly.edu* zuerst eine DNS-Anfrage an seinen lokalen DNS-Server, *dns.poly.edu*. Diese Anfrage enthält den zu übersetzenden Hostnamen, nämlich *gaia.cs.umass.edu*. Der lokale DNS-Server leitet die Anfrage an einen Root-DNS-Server weiter. Dieser bemerkt den Anhang `edu` und gibt dem lokalen DNS-Server eine Liste von IP-Adressen zurück, in der TLD-Server für `edu` genannt sind. Der lokale DNS-Server sendet dann die Anfrage erneut an einen dieser TLD-Server. Der TLD-Server reagiert auf den Teil *umass.edu* und antwortet mit der IP-Adresse des autoritativen DNS-Servers

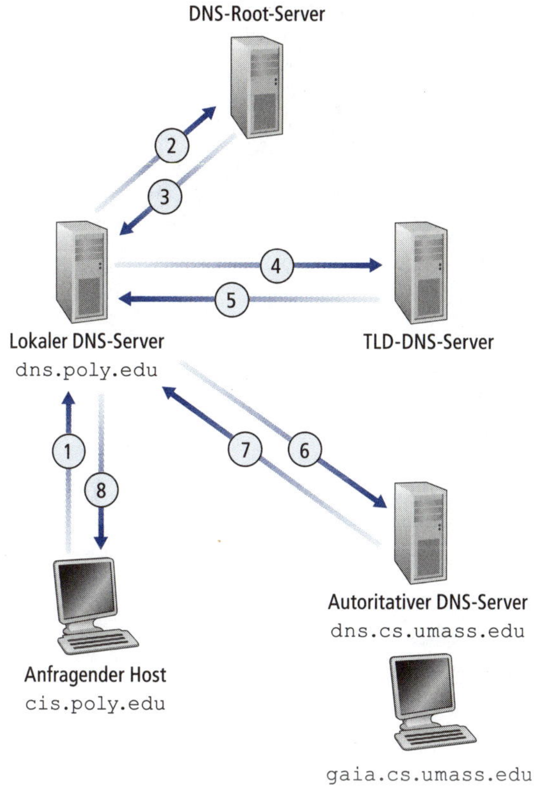

Abbildung 2.21: Zusammenspiel der verschiedenen DNS-Server

für die Universität von Massachusetts, nämlich *dns.umass.edu*. Schließlich sendet der lokale DNS-Server die Fragenachricht direkt an *dns.umass.edu*, der mit der IP-Adresse von *gaia.cs.umass.edu* antwortet. Beachten Sie, dass für die Übersetzung eines Hostnamens in diesem Beispiel acht DNS-Nachrichten gesandt wurden: vier Anfragen und vier Antworten! Wir werden bald sehen, wie DNS-Caching dieses Verkehrsaufkommen reduziert.

Unser vorheriges Beispiel nahm an, dass der TLD-Server den autoritativen DNS-Server für den Hostnamen kennt. Im Allgemeinen ist das nicht immer der Fall. Stattdessen kann der TLD-Server nur von einem logisch zwischengeschalteten DNS-Server wissen, der wiederum den autoritativen DNS-Server für den Hostnamen kennt.

Nehmen Sie zum Beispiel wieder an, dass die Universität von Massachusetts einen DNS-Server für die Universität besitzt, nämlich *dns.umass.edu*. Zudem hat jede Abteilung der Universität von Massachusetts ihren eigenen DNS-Server und diese Abteilungs-DNS-Server sind für alle Hosts der Abteilung autoritativ. Erhält in diesem Fall der intermediäre DNS-Server *dns.umass.edu* eine Anfrage nach einem Hostnamen, der mit *cs.umass.edu* endet, wird er an *dns.poly.edu* die IP-Adresse von *dns.cs.umass.edu* zurückgeben, der Server, der für alle auf *cs.umass.edu* endenden

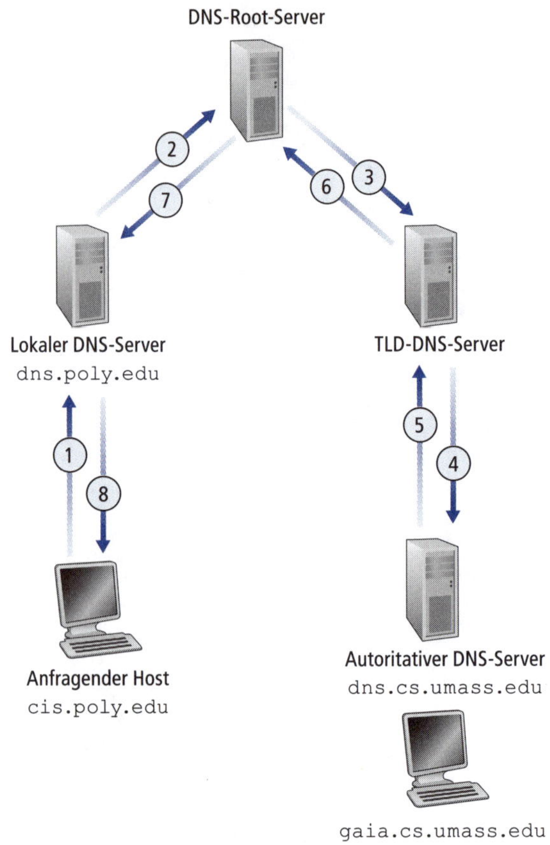

Abbildung 2.22: Rekursive Anfragen bei DNS

Hostnamen autoritativ ist. Der lokale DNS-Server *dns.poly.edu* sendet dann die Frage an den autoritativen DNS-Server, der die gewünschte Übersetzung an den lokalen DNS-Server zurückgibt, der sie dann wiederum dem fragenden Host zukommen lässt. In diesem Fall werden insgesamt zehn DNS-Nachrichten versandt!

Das in ▶Abbildung 2.21 gezeigte Beispiel benutzt sowohl **rekursive Anfragen** als auch **iterative Anfragen**. Die von *cis.poly.edu* an *dns.poly.edu* gerichtete Anfrage ist eine rekursive Anfrage, da sie *dns.poly.edu* darum bittet, die Übersetzung an ihrer Stelle abzurufen. Aber die anschließenden drei Anfragen sind iterativ, da alle Antworten direkt an *dns.poly.edu* zurückgegeben werden. In der Theorie kann jede DNS-Anfrage iterativ oder rekursiv sein. Zum Beispiel zeigt ▶Abbildung 2.22 eine DNS-Anfragekette, in der alle Anfragen rekursiv sind. In der Praxis folgen die Anfragen eher dem Muster in ▶Abbildung 2.21: Die Anfrage vom anfordernden Host zum lokalen DNS-Server ist rekursiv, die übrigen Fragen sind iterativ.

DNS-Caching

Unsere Diskussion hat bisher **DNS-Caching**, ein extrem wichtiges Merkmal des DNS-Systems, ignoriert. Tatsächlich nutzt das DNS ausgiebig DNS-Caching, um die Leistung hinsichtlich Verzögerungen zu verbessern und die Anzahl durch das Internet schwirrender DNS-Nachrichten zu reduzieren.

Die Idee hinter DNS-Caching ist sehr einfach. Erhält ein DNS-Server in einer Anfragekette eine DNS-Antwort (die beispielsweise die Übersetzung eines Hostnamens in eine IP-Adresse enthält), kann er die Übersetzung bei sich zwischenspeichern. In ▶Abbildung 2.21 kann er zum Beispiel jedes Mal, wenn der lokale DNS-Server *dns.poly.edu* eine Antwort von irgendeinem DNS-Server erhält, die gesamten in der Antwort enthaltenen Informationen zwischenspeichern. Ist ein Hostname-/IP-Adresspaar in einem DNS-Server gecacht und eine andere Anfrage zum selben Hostnamen erreicht den DNS-Server, kann dieser die gewünschte IP-Adresse sofort zurückliefern, selbst wenn er für den Hostnamen nicht autoritativ ist. Weil Hosts und die Zuordnung zwischen Hostnamen und IP-Adressen in Internet nicht dauerhaft sind, verwerfen DNS-Server die gecachten Informationen nach einem gewissen (oft auf zwei Tage festgelegten) Zeitraum.

Nehmen Sie als Beispiel an, dass ein Host *apricot.poly.edu* bei *dns.poly.edu* nach der IP-Adresse für den Hostnamen *cnn.com* anfragt. Weiterhin soll einige Stunden später ein anderer Host der Polytechnic University, nennen wir ihn *kiwi.poly.edu*, ebenfalls bei *dns.poly.edu* nach demselben Hostnamen fragen. Dank des Cachings ist der lokale DNS-Server bei der zweiten Anfrage sofort in der Lage, die IP-Adresse von *cnn.com* zurückzugeben, ohne andere DNS-Server kontaktieren zu müssen. Ein lokaler DNS-Server kann auch die IP-Adressen von TLD-Servern zwischenspeichern, wodurch die lokalen DNS-Server die DNS-Root-Server in einer Anfragekette umgehen können (dies geschieht tatsächlich sehr häufig!).

2.5.3 Resource Records und DNS-Nachrichten

Die DNS-Server, die zusammen die verteilte DNS-Datenbank darstellen, speichern **Resource Records** (**RR**s, *Ressourcendatensätze*). Dazu gehören unter anderem solche, die eine Übersetzung eines Hostnamens in eine IP-Adresse ermöglichen. Jede DNS-Antwortnachricht beinhaltet einen oder mehrere Resource Records. In diesem und den folgenden Unterabschnitten geben wir eine kurze Übersicht der Resource Records und Protokollnachrichten von DNS. Mehr Details finden Sie in [Abitz 1993] oder in den DNS-RFCs [RFC 1034; RFC 1035].

Ein Resource Record ist ein Viertupel, das die folgenden Felder enthält:

```
(Name, Wert, Typ, TTL)
```

Die TTL ist die Lebensdauer des Resource Record; sie bestimmt, wann eine Ressource aus einem Cache entfernt werden sollte. In den unten angegebenen Beispieldatensätzen ignorieren wir das TTL-Feld. Die Bedeutung von Name und Wert hängen vom Typ ab:

- Wenn `Typ = A`, dann ist Name ein Hostname und Wert ist die IP-Adresse für den Hostnamen. Auf diese Art stellt ein Typ-A-Datensatz die gewöhnliche Hostnamen-zu-IP-Adressenübersetzung bereit. Das folgende Beispiel ist ein Typ-A-Datensatz (*relay1.bar.foo.com*, 145.37.93.126, A).
- Wenn `Typ = NS`, dann ist Name eine Domain (wie *foo.com*) und Wert ist der Hostname eines autoritativen DNS-Servers, der weiß, wie die Namen der Hosts in der Domain in IP-Adressen zu übersetzen sind. Dieser Datensatz wird verwendet, um DNS-Anfragen entlang der Anfragekette weiterzureichen. Das Beispiel (*foo.com*, *dns.foo.com*, `NS`) ist ein Datensatz vom Typ NS.
- Wenn `Typ = CNAME`, dann ist Wert ein kanonischer Hostname für den Alias-Hostnamen. Dieser Datensatz liefert anfragenden Hosts den kanonischen Namen für einen (Alias-)Hostnamen. Das Beispiel (*foo.com*, *relay1.bar.foo.com*, CNAME) ist ein CNAME-Datensatz.
- Wenn `Typ = MX`, dann ist Wert der kanonische Name eines Mailservers, der einen Alias-Hostnamen hat. Das Beispiel (*foo.com*, *mail.bar.foo.com*, MX) ist ein MX-Datensatz. MX-Datensätze ermöglichen einfache Aliasnamen für Mailserver. Beachten Sie, dass durch Verwenden des MX-Datensatzes eine Firma für ihren Mailserver und für einen ihrer anderen Server (wie ihren Webserver) denselben Aliasnamen benutzen kann. Um den kanonischen Namen eines Mailservers zu erhalten, würde ein DNS-Client nach einem MX-Datensatz fragen. Um die kanonischen Namen anderer Server zu erhalten, würde der DNS-Client den CNAME-Datensatz anfragen.

Ist ein DNS-Server autoritativ für einen bestimmten Hostnamen, dann enthält der DNS-Server einen Typ-A-Datensatz für den Hostnamen. (Selbst wenn der DNS-Server nicht autoritativ ist, kann er einen Typ-A-Datensatz in seinem Cache haben.) DNS-Server, die in der Hierarchie über den autoritativen Servern stehen, enthalten einen NS-Datensatz, der auf einen Namensserver in Richtung des autoritativen Servers verweist. Sie enthalten auch einen Typ-A-Datensatz, der die IP-Adresse des im Wert-Feld des NS-Datensatzes genannten DNS-Servers liefert. Nehmen Sie als Beispiel an, dass ein TLD-Server für edu nicht autoritativ für den Host *gaia.cs.umass.edu* ist. Dann speichert dieser Server einen Datensatz für eine Domain, die den Host cs.umass.edu enthält, zum Beispiel (*umass.edu*, *dns.umass.edu*, NS). Der edu-TLD-Server würde zudem einen Typ-A-Datensatz enthalten, der den Namen des DNS-Servers *dns.umass.edu* auf eine IP-Adresse wie (*dns.umass.edu*, 128.119.40.111, A) abbildet.

DNS-Nachrichten

Weiter oben in diesem Abschnitt haben wir DNS-Anfragen und -Antwortnachrichten angesprochen. Dies sind die beiden einzigen Arten von DNS-Nachrichten. Mehr noch, sowohl Anfragen als auch Antwortnachrichten haben dasselbe, in ▶Abbildung 2.23 gezeigte Format. Die Semantik der verschiedenen Felder einer DNS-Nachricht sieht wie folgt aus:

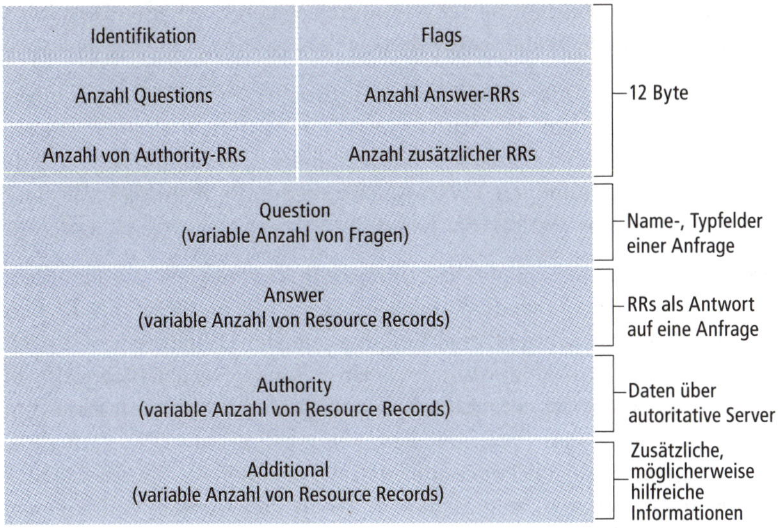

Abbildung 2.23: DNS-Nachrichtenformat

- Die ersten zwölf Bytes bilden den *Header-Abschnitt*, der eine Reihe von Feldern enthält. Das erste Feld ist eine 16 Bit-Zahl, welche die Anfrage identifiziert. Diese Kennzeichnung wird in die zu einer Anfrage gehörende Antwort-Nachricht kopiert und ermöglicht dem Client, erhaltene Antworten auf ausgesandte Fragen zu beziehen. Es gibt eine Anzahl von 1 Bit-Flags im Flag-Feld. Ein Anfrage-/Antwortflag zeigt, ob die Nachricht eine Anfrage (0) oder eine Antwort (1) ist. Das Authoritative-Flag wird in eine Antwort-Nachricht eingefügt, sofern sie von einem autoritativen Server für einen angefragten Namen kommt. Ein Recursion-Desired-Flag wird gesetzt, wenn ein Client (Host oder DNS-Server) wünscht, dass der DNS-Server bei der Auflösung rekursiv vorgeht, sofern er den Datensatz nicht hat. Das Recursion-Available-Flag wird in der Antwort gesetzt, wenn der DNS-Server Rekursion unterstützt. Der Header enthält auch vier Anzahl-Felder. Diese Felder zeigen, wie häufig die einzelnen Datenabschnitte, die dem Header folgen, auftreten.
- Der *Question-Abschnitt* enthält Informationen über die gestellte Anfrage. Dieser Abschnitt enthält (1) ein Namensfeld, das den angefragten Namen beinhaltet, und (2) ein Typfeld, das die Art der Frage spezifiziert – zum Beispiel, ob nach einer Host-Adresse (Typ A) oder dem Mailserver (Typ MX) gesucht wird.
- In der Antwort eines DNS-Servers enthält der *Answer-Abschnitt* die Resource Records für den Namen, der ursprünglich angefragt wurde. Erinnern Sie sich daran, dass jeder Typ von Resource Record (z. B. A, NS, CNAME und MX) Wert und TTL enthält. Eine Antwort kann mehrere RRs in der Antwort zurückgeben, da ein Hostname mehrere IP-Adressen haben kann (etwa, wie früher in diesem Abschnitt besprochen, für replizierte Webserver).

- Der *Authority-Abschnitt* enthält die Resource Records zur Identifikation von den autoritativen Servern für die Antworten.
- Der *Additional-Abschnitt* enthält andere hilfreiche Datensätze. So kann zum Beispiel das Antwortfeld in der Antwort auf eine MX-Frage einen Resource Record mit dem kanonischen Hostnamen eines Mailservers enthalten. Der Additional-Abschnitt enthält dann einen Typ-A-Datensatz, der die IP-Adresse für den kanonischen Hostnamen des Mailservers liefert.

Wie wäre es, wenn Sie jetzt eine DNS-Anfrage direkt vom Host, an dem Sie arbeiten, an irgendeinen DNS-Server senden? Dies kann auf einfache Weise mit dem Programm **nslookup** durchgeführt werden, das auf den meisten Windows- und UNIX-Plattformen verfügbar ist. Auf einem Windows-Host öffnen Sie beispielsweise die Kommandozeile und rufen das Programm nslookup durch schlichtes Eintippen von „nslookup" auf. Nach dem Programmstart können Sie eine DNS-Anfrage an jeden DNS-Server senden (Root, TLD oder autoritativ). Nachdem die Antwortnachricht vom DNS-Server eingegangen ist, zeigt nslookup die in der Antwort vorhandenen Datensätze (in einem für Menschen lesbaren Format) an. Als Alternative zum Ausführen von nslookup auf Ihrem eigenen Host können Sie eine von vielen Websites besuchen, auf denen Sie nslookup auch als entfernter Benutzer ausführen dürfen. (Sie müssen nur „nslookup" in eine Suchmaschine eintippen und werden zu einer dieser Seiten geführt.)

Das Einfügen von Datensätzen in die DNS-Datenbank

Die obige Diskussion konzentrierte sich darauf, wie Datensätze von der DNS-Datenbank abgerufen werden. Nun könnten Sie sich fragen, wie Datensätze überhaupt in die Datenbank hineinkommen. Sehen wir uns einmal in einem spezifischen Kontext an, wie das gemacht wird. Nehmen Sie an, Sie hätten gerade eine aufregende neue Firma gegründet, die Sie Network Utopia nennen. Das Erste, was Sie bestimmt tun werden, ist das Registrieren des Domain-Namens *networkutopia.com* bei einem **Registrar**. Ein Registrar ist eine kommerzielle Einrichtung, welche die Eindeutigkeit des Domain-Namens überprüft, den Domain-Namen in die DNS-Datenbank (wie unten genauer besprochen) einfügt und bei Ihnen eine kleine Gebühr für diese Dienste einzieht. Vor 1999 hatte ein einzelner Registrar namens Network Solutions ein Monopol auf die Registrierung von Domain-Namen für com-, net- und org-Domains. Mittlerweile gibt es viele Registrare, die sich um Kunden bemühen. Die Internet Corporation for Assigned Names and Numbers (ICANN) ist verantwortlich für die Zulassung von Registraren. Eine vollständige Liste der zugelassenen Registrare ist unter *http://www.internic.net* verfügbar.

Wenn Sie den Domain-Namen *networkutopia.com* bei irgendeinem Registrar anmelden, müssen Sie dem Registrar auch Namen und IP-Adressen von Ihren primären und sekundären autoritativen DNS-Servern nennen. Nehmen Sie an, dass die Namen und IP-Adressen *dns1.networkutopia.com*, *dns2.networkutopia.com*, 212.212.212.1 und 212.212.212.2 lauten. Für jeden dieser beiden maßgeblichen DNS-Server würde der

Fokus Sicherheit

Die Angreifbarkeit von DNS

Wir haben gesehen, dass DNS eine essenzielle Komponente der Internetinfrastruktur darstellt. Viele wichtige Dienste – darunter Internet und E-Mail – würden ohne DNS gar nicht funktionieren. Das führt uns natürlich zu der Frage: Wie kann DNS angegriffen werden? Wartet DNS nur darauf, abgeschossen zu werden, um dabei die meisten Internetanwendungen mit in den Abgrund zu reißen?

Die erste Angriffsmöglichkeit, die uns einfällt, ist das DDoS-Bandbreiten-Fluten (Abschnitt 1.6) gegen DNS-Server. Ein Angreifer könnte z.B. jedem DNS-Root-Server einen Wust an Paketen zusenden, so viele, dass die Mehrzahl der regulären DNS-Anfragen nie beantwortet würden. Ein derartiger umfassender DDoS-Angriff gegen die DNS-Root-Server fand tatsächlich am 21. Oktober 2002 statt. Bei diesem Angriff benutzten die Angreifer ein Botnet, um große Mengen von ICMP-Ping-Nachrichten an jeden der 13 DNS-Root-Server zu schicken. (ICMP-Nachrichten werden in Kapitel 4 diskutiert; vorerst genügt es zu wissen, dass ICMP-Pakete eine spezielle Form von Datenpaketen sind.) Glücklicherweise verursachte dieser große Angriff nur geringen Schaden und hatte keinen bzw. nur wenig Einfluss auf die Funktionsfähigkeit des Internets. Den Angreifern gelang es zwar, eine riesige Paketmenge an die Root-Server zu senden. Aber viele DNS-Root-Server wurden durch Paketfilter geschützt, die so konfiguriert waren, dass sie alle ICMP-Ping-Nachrichten blockierten, die direkt an die Root-Server gerichtet waren. Die so geschützten Server blieben daher vom Angriff verschont und funktionierten normal. Weiterhin cachen die meisten lokalen DNS-Server die IP-Adressen der Top-Level-Domain-Server, so dass Anfragen oft an den DNS-Root-Servern vorbeigeleitet werden konnten.

Ein potenziell effektiverer DDoS-Angriff gegen das DNS wäre das Senden unzähliger DNS-Anfragen an alle Top-Level-Domain-Server, welche die TLD com verwalten. Es wäre schwieriger, an DNS-Server gerichtete DNS-Anfragen herauszufiltern. Zudem können Top-Level-Domain-Server nicht so leicht umgangen werden wie Root-Server. Dennoch würde die Heftigkeit des Angriffes durch das Cachen in lokalen Servern teilweise abgemildert.

Es gibt auch andere Angriffsmethoden gegen das DNS. Bei einem Man-in-the-Middle-Angriff würde der Angreifer an die Hosts gerichtete Anfragen abfangen und sinnlose Antworten senden. Bei DSN-Poisoning-Angriffen sendet der Angreifer sinnlose Antworten an einen DNS-Server und bringt den Server dazu, sinnlose Datensätze in seinem Cache anzulegen. Jeder dieser Angriffe könnte beispielsweise auch dazu benutzt werden, einen ahnungslosen Internetbenutzer auf die Webseite des Angreifers umzuleiten. Solche Angriffe sind aber nur schwer durchzuführen, da sie das Abfangen von Paketen oder das Lahmlegen von Servern erfordern [Skoudis 2006].

Ein weiterer wichtiger DNS-Angriff wäre nicht gegen den DNS-Dienst selbst gerichtet, sondern würde die DNS-Infrastruktur ausnutzen, um einen DDoS-Angriff gegen einen ausgewählten Zielhost durchzuführen (beispielsweise den Mailserver Ihrer Universität). Bei diesem Angriff würde der Angreifer DNS-

Anfragen an viele autoritative DNS-Server senden, wobei jede davon die Adresse des Zielhosts als gefälschte Quelladresse enthielte. Die DNS-Server würden danach ihre Antworten direkt an den Zielhost senden. Falls die Anfragen so gestaltet werden können, dass jede Antwort (in Byte) viel größer ausfällt als die Anfrage, so könnte der Angreifer möglicherweise das Ziel lahmlegen ohne selbst viel Verkehr zu verursachen. Derartige Reflection-Angriffe auf DNS-Basis hatten bislang nur geringen Erfolg [Mirkovic 2005].

Zusammenfassend können wir sagen, dass das DNS sich als überraschend robust gegen Angriffe erwiesen hat. Bis heute ereigneten sich keine Angriffe, die den DNS-Dienst erfolgreich in die Knie gezwungen hätten. Es gab erfolgreiche Reflection-Angriffe. Allerdings lassen sich solche Angriffe durch eine geeignete Konfiguration der DNS-Server in den Griff bekommen.

Registrar dann sicherstellen, dass ein NS- und ein Typ-A-Datensatz in die TLD-Server für com eingetragen werden. Konkret würde der Registrar für den primären autoritativen Server für *networkutopia.com* die beiden folgenden Resource Records ins DNS-System einfügen:

(*networkutopia.com*, *dns1.networkutopia.com*, NS)

(*dns1.networkutopia.com*, 212.212.212.1, A)

Sie müssen außerdem sicherstellen, dass der Typ-A-Resource-Record für Ihren Webserver *www.networkutopia.com* und der Typ-MX-Resource-Record für Ihren Mailserver mail.networkutopia.com in Ihren autoritativen DNS-Server eingetragen sind. (Bis vor kurzem wurden die Einträge auf jedem DNS-Server statisch, z.B. in einer vom Systemverwalter erzeugten Konfigurationsdatei, konfiguriert. Erst vor kurzem wurde die Option UPDATE *(Aktualisieren)* dem DNS-Protokoll hinzugefügt, um Daten dynamisch mittels DNS-Nachrichten der Datenbank hinzuzufügen oder aus der Datenbank zu löschen. [RFC 2136] und [RFC 3007] spezifizieren die dynamische DNS-Aktualisierung.)

Sobald alle diese Dinge erledigt sind, können die Menschen die Website Ihrer Firma besuchen und E-Mails an Ihre Mitarbeiter senden. Lassen Sie uns als Abschluss der Diskussion von DNS sicherstellen, dass diese Behauptung richtig ist. Diese Überprüfung festigt auch, was wir über DNS gelernt haben. Nehmen Sie an, dass Alice in Australien die Webseite *www.networkutopia.com* besuchen will. Wie besprochen sendet ihr Host zuerst eine DNS-Anfrage an ihren lokalen DNS-Server. Dieser wendet sich dann an einen com-TLD-Server. (Der lokale DNS-Server muss zudem bei einem DNS-Root-Server anfragen, sofern keine Adresse eines com-TLD-Servers im Cache ist.) Dieser TLD-Server kennt die oben aufgelisteten Typ-NS- und Typ-A-Resource-Records, weil der Registrar sie in alle com-TLD-Server eingetragen hat. Der com-TLD-Server sendet eine Antwort an Alices lokalen DNS-Server, welche die beiden Resource Records enthält. Der lokale DNS-Server schickt dann eine DNS-Anfrage nach

212.212.212.1 und bittet um den Typ-A-Datensatz, der zu *www.networkutopia.com* gehört. Dieser Datensatz liefert die IP-Adresse des gewünschten Webservers, sagen wir 212.212.71.4, welche der lokale DNS-Server an Alices Host zurück übermittelt. Alices Browser kann jetzt eine TCP-Verbindung zum Host 212.212.71.4 aufbauen und eine HTTP-Anfrage über die Verbindung senden. Wie Sie sehen, passiert beim Surfen viel mehr, als das bloße Auge erkennen kann!

2.6 Peer-to-Peer-Anwendungen

In Abschnitt 2.2.1 haben wir erfahren, dass eine Anwendung auf Basis der Client-Server-Architektur oder der Peer-to-Peer-Architektur entworfen werden kann. Die bis jetzt in diesem Kapitel besprochenen Anwendungen – darunter das Web, E-Mail und DNS – verwenden alle Client-Server-Architekturen und sind auf ständig verfügbare Server angewiesen. Erinnern Sie sich daran, dass die P2P-Architektur nur minimale (oder gar keine) Unterstützung durch Server benötigt. Stattdessen kommunizieren Paare zeitweilig miteinander verbundener Hosts als sogenannte Peers direkt miteinander. Die Peers gehören keinem Dienstanbieter, sondern sind PCs und Laptops normaler Benutzer.

In diesem Abschnitt untersuchen wir drei verschiedene Anwendungen, die sich besonders gut für das P2P-Design eignen. Die erste ist die Verteilung von Dateien *(file distribution)*, bei der die Anwendung eine Datei von einer Quelle an eine große Zahl von Peers verteilt. Die Verteilung von Dateien ist ein guter Startpunkt für die Untersuchung von P2P, weil sie die Selbstskalierbarkeit von P2P-Architekturen deutlich macht. Als konkretes Beispiel für das Verteilen von Dateien beschreiben wir das weit verbreitete BitTorrent-Protokoll. Die zweite P2P-Anwendung, die wir näher betrachten werden, betrifft das Organisieren und Suchen von Informationen in einer Gruppe von Peers. Für diese Anwendung betrachten wir eine Reihe verschiedener Schemata, von denen jedes intensiv in P2P-Filesharing-Systemen eingesetzt wird. Zuletzt untersuchen wir als dritte Anwendung Skype, eine besonders erfolgreiche P2P-Internettelefonieanwendung.

2.6.1 Verteilung von Dateien mittels P2P

Wir beginnen unsere Diskussion von P2P mit einer Standardanwendung, nämlich dem Verteilen einer großen Datei von einem einzelnen Server an eine große Anzahl von Hosts. Die Datei könnte eine neue Version des Linux-Betriebssystems, ein Software-Patch eines vorhandenen Betriebssystems oder einer vorhandenen Anwendung, eine MP3-Musikdatei oder eine MPEG-Videodatei sein. Bei der Verteilung mittels Client-Server-Prinzip muss der Server eine Kopie der Datei an jeden Host senden – was eine enorme Belastung für den Server darstellt und viel Server-Bandbreite belegt. Bei der Verteilung mittels P2P kann jeder Host jeden beliebigen Teil der Datei an andere Hosts weitergeben und so den Server beim Verteilungsprozess unterstützen. Derzeit (im Frühjahr 2007) ist das beliebteste P2P-Dateiverteilungsprotokoll BitTorrent [BitTorrent 2007]. Es gibt Schätzungen, nach denen BitTorrent für etwa 30 Prozent des Internet-Backbone-

Datenverkehrs verantwortlich ist [CacheLogic 2007]. Ursprünglich von Bram Cohen entwickelt (siehe das Interview mit Bram Cohen am Ende dieses Kapitels), gibt es inzwischen viele verschiedene Clients, die das BitTorrent-Protokoll implementieren – genau, wie es eine große Zahl von Webbrowser-Clients gibt, die das HTTP-Protokoll befolgen. In diesem Unterabschnitt schauen wir zunächst, was es mit der Selbstskalierbarkeit von P2P-Architekturen im Kontext der Dateiverteilung auf sich hat. Wir beschreiben dann detailliert BitTorrent und heben die charakteristischsten Merkmale hervor.

Skalierbarkeit von P2P-Architekturen

Um Client-Server-Architekturen mit Peer-to-Peer-Architekturen zu vergleichen und die inhärente Selbstskalierbarkeit von P2P darzustellen, betrachten wir jetzt ein einfaches quantitatives Modell für das Verteilen einer Datei an einen festen Satz von Hosts für beide Architekturtypen. Wie in ▶Abbildung 2.24 erkennbar, sind der Server und die anderen Hosts mit dem Internet über Zugangsleitungen verbunden. Bezeichnen wir die Geschwindigkeit der Zugangsleitung des Servers beim Hochladen mit u_s, die des i-ten Peer mit u_i und die Download-Rate des i-ten Peer mit d_i. Bezeichnen wir weiterhin die Größe der zu verteilenden Datei (in Bit) mit F und die Anzahl von Hosts, welche eine Kopie der Datei erhalten wollen, mit N. Die **Verteilungszeit** *(distribution time)* ist die Zeit, die benötigt wird, um jedem der N Peers eine Kopie der Datei zukommen zu lassen. Bei unserer unten folgenden Analyse der Verteilungszeit sowohl für Client-Server- als auch P2P-Architekturen machen wir die vereinfachende (und meist richtige [Akella 2003]) Annahme, dass das Internet genügend freie Bandbreite zur Verfügung stellen kann und dass alle Engpässe bei Netzwerkzugängen entstehen. Wir gehen zudem davon aus, dass weder Server noch Client an anderen Netzanwendungen teilnehmen, so dass ihre gesamte Upload- und Download-Bandbreite für die Verteilung dieser Datei zur Verfügung steht.

Bestimmen wir zuerst die Verteilungszeit in der Client-Server-Architektur, die wir mit D_{CS} bezeichnen. Bei der Client-Server-Architektur hilft keiner der Hosts außer dem Server bei der Verteilung der Datei. Wir machen die folgenden Beobachtungen:

- Der Server muss jedem der N Peers eine Kopie der Datei senden. Daher muss der Server NF Bit senden. Da die Upload-Rate des Servers u_S ist, muss die Zeit für das Verteilen der Datei mindestens NF/u_S betragen.
- Bezeichnen wir mit d_{min} die Download-Rate des Peer mit dem niedrigsten Download-Tempo, das heißt, $d_{min} = \min\{d_1, d_2, \ldots, d_N\}$. Der Peer mit der niedrigsten Download-Rate kann alle F Bit nicht schneller als in F/d_{min} Sekunden erhalten. Daher ist die minimale Verteilungszeit mindestens F/d_{min}.

Fügen wir diese beiden Beobachtungen zusammen, so erhalten wir

$$D_{CS} \geq \max\left\{\frac{NF}{u_S}, \frac{F}{d_{min}}\right\}$$

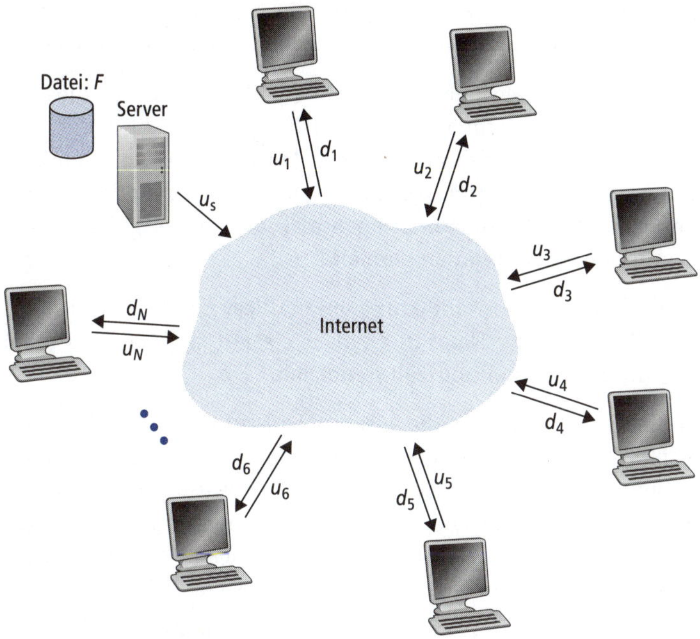

Abbildung 2.24: Ein illustratives Beispiel zur Dateiverteilung

Dies benennt eine untere Grenze für die minimale Verteilungszeit der Client-Server-Architektur. In den Übungsaufgaben werden Sie zeigen können, dass der Server seine Übertragungen so planen kann, dass die untere Grenze tatsächlich erreicht wird. Also lassen Sie uns die oben gefundene untere Grenze als tatsächliche Verteilungszeit verwenden, d.h.

$$D_{CS} = \max\left\{\frac{NF}{u_S}, \frac{F}{d_{min}}\right\} \tag{2.1}$$

Wir entnehmen Gleichung 2.1, dass die Verteilungszeit einer Client-Server-Architektur durch NF/u_S bestimmt ist, sofern nur N groß genug ist. Daher steigt die Verteilungszeit linear mit der Zahl der Hosts N an. Wächst zum Beispiel die Anzahl von Hosts innerhalb einer Woche um das Tausendfache (z.B. von tausend auf eine Million), dann steigt auch die Zeit, die benötigt wird, um die Datei an alle Peers zu verteilen, um den Faktor 1.000.

Machen wir nun eine ähnliche Analyse für die P2P-Architektur, in der jeder Host den Server beim Verteilen der Datei als Peer unterstützen kann. Erhält ein Peer Teile der Datei, kann er seine eigene Upload-Kapazität einsetzen, um die Daten an andere Peers zu verteilen. Das Berechnen der Verteilungszeit für die P2P-Architektur ist ein wenig komplizierter als bei der Client-Server-Architektur, weil die Verteilungszeit davon abhängt, wie jeder Peer die Teile der Datei an die anderen Peers verteilt. Dennoch können wir einen einfachen Ausdruck für die minimale Verteilungszeit ableiten [Kumar 2006]. Zu diesem Zweck machen wir zuerst die folgenden Beobachtungen:

- Zu Beginn der Verteilung hat nur der Server die Datei. Um diese Datei in die Gruppe der Peers zu bekommen, muss der Server jedes Bit der Datei mindestens einmal über seine Zugangsleitung senden. Auf diese Art ist die minimale Verteilungszeit mindestens F/u_S. (Im Gegensatz zum Client-Server-Schema muss ein einmal gesendetes Bit nicht unbedingt noch mal vom Server gesendet werden, da es die Peers untereinander verteilen können.)
- Wie bei der Client-Server-Architektur kann der Peer mit der niedrigsten Download-Rate nicht alle F Bits der Datei in weniger als F/d_{min} Sekunden erhalten. Daher beträgt die minimale Verteilungszeit mindestens F/d_{min}.
- Beachten Sie schließlich, dass die gesamte Upload-Kapazität des kompletten Systems gleich ist dem Upload-Tempo des Servers plus den Upload-Geschwindigkeiten jedes einzelnen Peers, d.h., $u_{total} = u_S + u_1 + \ldots + u_N$. Das System muss an jeden der N Peers F Bit liefern (also hochladen), so dass insgesamt NF Bit abgeliefert werden. Dies kann nur mit einer Geschwindigkeit erfolgen, die langsamer ist als u_{total}. Daher beträgt die minimale Verteilungszeit mindestens $NF/(u_S + u_1 + \ldots + u_N)$.

Fügen wir diese drei Beobachtungen zusammen, erhalten wir die minimale Verteilungszeit für P2P, die mit D_{P2P} abgekürzt wird.

$$D_{P2P} \geq \max\left\{\frac{F}{u_S}, \frac{F}{d_{min}}, \frac{NF}{u_S + \sum_{i=1}^{N} u_i}\right\} \tag{2.2}$$

Gleichung 2.2 benennt eine untere Grenze für die minimale Verteilungszeit der P2P-Architektur. Sofern wir davon ausgehen, dass jeder Peer ein Bit umgehend nach Empfang weiterverteilt, existiert ein Umverteilungsschema, das tatsächlich diese untere Grenze erreicht [Kumar 2006]. (Wir beweisen einen Sonderfall dieses Ergebnisses in den Übungsaufgaben.) In der Realität werden eher ganze Blöcke der Datei als einzelne Bits weiterverteilt, daher dient Gleichung 2.2 als gute Schätzung der tatsächlichen minimalen Verteilungszeit. Verwenden wir also die von Gleichung 2.2 genannte untere Grenze als die tatsächliche minimale Verteilungszeit, d.h.

$$D_{P2P} = \max\left\{\frac{F}{u_S}, \frac{F}{d_{min}}, \frac{NF}{u_S + \sum_{i=1}^{N} u_i}\right\} \tag{2.3}$$

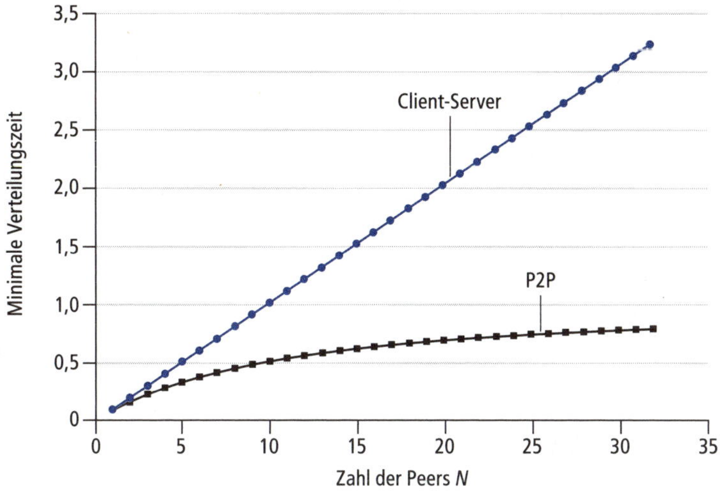

Abbildung 2.25: Verteilungszeit für P2P- und Client-Server-Architekturen

▶Abbildung 2.25 vergleicht die minimale Verteilungszeit für die Client-Server- und P2P-Architekturen, wobei wir annehmen, dass alle Hosts außer dem Server dieselbe Upload-Rate u besitzen. Für ▶Abbildung 2.25 haben wir $F/u = 1$ Stunde gesetzt, $u_S = 10\ u$ und $d_{min} \geq u_S$. Auf diese Art kann ein Host die ganze Datei in einer Stunde senden, die Server-Übertragungsgeschwindigkeit entspricht dem Zehnfachen der Upload-Rate der Peers und (der Einfachheit halber) werden die Download-Raten der Peers so groß gesetzt, dass sie keine Auswirkung haben. Wir können Abbildung 2.25 entnehmen, dass bei der Client-Server-Architektur die Verteilungszeit linear und unbegrenzt mit der Anzahl der Peers ansteigt. Bei der P2P-Architektur ist nicht nur die minimale Verteilungszeit immer geringer als die Verteilungszeit der Client-Server-Architektur, sie ist auch für eine *beliebige* Anzahl von Peers N geringer als eine Stunde. Daher bezeichnet man Anwendungen mit P2P-Architektur auch als selbstskalierend. Diese Skalierbarkeit ist eine direkte Folge der Tatsache, dass Peers sowohl Redistributoren als auch Konsumenten von Bits sind.

BitTorrent

BitTorrent ist ein populäres P2P-Protokoll für die Dateiverteilung [BitTorrent 2007]. Im Sprachgebrauch von BitTorrent wird die Gruppe aller Peers, die an der Verteilung einer bestimmten Datei teilnehmen, ein *Torrent* genannt. Peers in einem Torrent laden gleich große *Blöcke* der Datei herunter, die typischerweise 256 Kbyte umfassen. Schließt sich ein Peer erstmals einem Torrent an, besitzt er noch keine Datenblöcke. Im Lauf der Zeit sammelt er immer mehr Blöcke an. Während er die Blöcke herunterlädt, lädt er auch Datenblöcke zu anderen Peers hoch. Hat ein Peer schließlich die ganze Datei empfangen, kann er (egoistisch) den Torrent verlassen oder (altruistisch) im Torrent bleiben und weiterhin Datenblöcke zu anderen Peers hochladen. Außer-

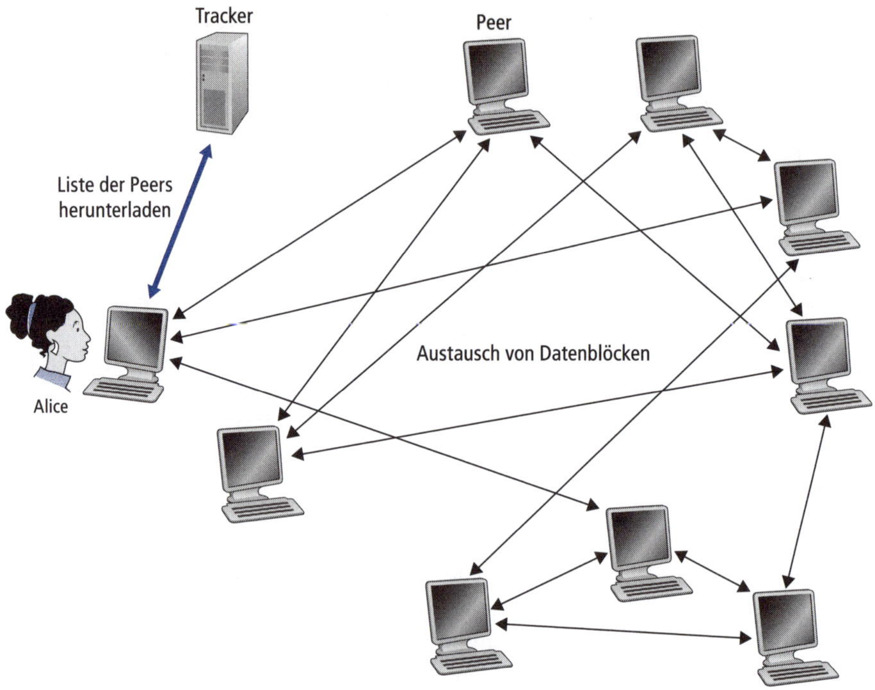

Abbildung 2.26: Dateiverteilung mit BitTorrent

dem kann jeder Peer den Torrent zu jeder Zeit verlassen, auch wenn er nur einen Teil der Datenblöcke besitzt, und sich später wieder dem Torrent anschließen.

Betrachten wir einmal genauer, wie BitTorrent arbeitet. Da BitTorrent ein ziemlich kompliziertes Protokoll ist, beschreiben wir nur seine wichtigsten Mechanismen und lassen einige Details unter den Tisch fallen; dadurch behalten wir den Wald trotz all der Bäume im Blick. Jeder Torrent hat einen Infrastrukturknoten, der als *Tracker* bezeichnet wird. Wenn sich ein Peer einem Torrent anschließt, meldet er sich beim Tracker an und informiert diesen periodisch, dass er immer noch im Torrent ist. Auf diese Weise behält der Tracker die am Torrent teilnehmenden Peers im Auge. Ein gegebener Torrent kann zu jedem beliebigen Augenblick Hunderte oder Tausende teilnehmender Peers umfassen.

Schließt sich ein neuer Peer, Alice, dem Torrent an, wählt der Tracker eine zufällige Teilmenge der teilnehmenden Peers aus (um eine konkrete Zahl zu nennen, sagen wir einfach, es seien 50) und sendet Alice die IP-Adressen dieser 50 Peers zu. (▶Abbildung 2.26 zeigt diesen und die folgenden Vorgänge.) Mit allen auf dieser Liste befindlichen Peers versucht Alice, gleichzeitige TCP-Verbindungen herzustellen. Nennen wir alle Peers, mit denen Alice eine TCP-Verbindung herstellen kann, ihre „benachbarten Peers“. (In Abbildung 2.26 werden nur drei der benachbarten Peers von Alice gezeigt; normalerweise hätte sie viel mehr.) Mit der Zeit werden einige dieser Peers den Torrent verlassen und andere Peers (die in den anfänglichen 50 nicht enthalten waren) werden versuchen, neue TCP-Verbindungen mit Alice herzustellen. Also verändert sich die Nachbarschaft eines Peers im Lauf der Zeit.

Zu jedem gegebenen Zeitpunkt hat jeder Peer einen Teil der Blöcke der Datei, wobei jeder Peer über unterschiedliche Teile verfügen wird. In regelmäßigen Zeitabständen bittet Alice jeden ihrer Nachbar-Peers (über die TCP-Verbindungen) um die Liste der Blöcke, die sie haben. Hat Alice *L* verschiedene Nachbarn, erhält sie *L* Listen mit Dateiblöcken. Alice kann dann Blöcke anfordern (wieder über die TCP-Verbindungen), die sie gegenwärtig nicht hat.

Daher besitzt Alice zu jedem gegebenen Zeitpunkt einen Teil der Blöcke und weiß auch, welche ihre Nachbarn haben. Mit dieser Information muss Alice zwei wichtige Entscheidungen treffen. Erstens, welche Blöcke soll sie zuerst von ihren Nachbarn anfordern? Zweitens, an welchen ihrer Nachbarn soll sie von diesem angeforderte Blöcke senden? Für die Entscheidung, welche Blöcke sie anfordern soll, verwendet Alice eine Technik, die als **rarest first** *(die seltensten zuerst)* bezeichnet wird. Der Grundgedanke dabei ist, unter den fehlenden Blöcken diejenigen zu bestimmen, die am seltensten bei ihren Nachbarn vertreten sind (das sind die Blöcke, die bei der geringsten Zahl von Nachbarn vorhanden sind) und dann diese seltensten Stücke zuerst anzufordern. Auf diese Weise werden die seltensten Blöcke schneller verteilt, mit dem Ziel, die Anzahl der Kopien jedes Blockes im Torrent (in etwa) auszugleichen.

Um zu bestimmen, auf welche eingegangenen Anforderungen sie antwortet, verwendet BitTorrent einen trickreichen Austauschalgorithmus. Der Grundgedanke dabei ist, dass Alice den Nachbarn Priorität einräumt, die ihr gegenwärtig Daten mit *der höchsten Geschwindigkeit* liefern. Insbesondere misst Alice bei jedem ihrer Nachbarn ständig das Tempo, mit dem sie Blöcke erhält, und bestimmt die vier Peers, die ihr am schnellsten Bits zusenden. Sie revanchiert sich, indem sie ihrerseits diesen vier Peers Datenblöcke zusendet. Alle 10 Sekunden berechnet sie die Raten erneut und verändert möglicherweise die Gruppe der vier Peers. Wichtig ist: Alle 30 Sekunden wählt sie per Zufall einen weiteren Nachbarn aus und sendet ihm Daten. Nennen wir diesen zufällig ausgewählten Peer Bob. Weil Alice Daten an Bob sendet, kann sie einer der vier wichtigsten Uploader von Bob werden, wodurch Bob mit dem Übertragen von Datenblöcken an Alice beginnen würde. Ist die Geschwindigkeit, mit der Bob Daten an Alice sendet, hoch genug, könnte Bob wiederum einer von Alices vier Top-Uploadern werden. Mit anderen Worten: Alle 30 Sekunden wählt Alice einen neuen Tauschpartner und beginnt mit diesem Partner Daten zu tauschen. Wenn die zwei Peers mit dem Austausch zufrieden sind, werden sie einander in ihre Top-Vier-Liste aufnehmen und weiterhin miteinander Daten tauschen, bis einer der Peers einen besseren Partner findet.

Dies resultiert darin, dass sich Peers, die mit vergleichbaren Geschwindigkeiten Daten hochladen können, gegenseitig finden. Durch die zufällige Auswahl von Nachbarn erhalten auch neue Peers Datenblöcke, so dass sie etwas zum Tauschen haben. Alle anderen Nachbar-Peers außer diesen fünf (die vier Top-Peers und ein Peer „auf Probe“) werden gedrosselt, d.h., sie erhalten keine Blöcke von Alice.

Ein häufiges Problem beim P2P-Filesharing ist das sogenannte **Trittbrettfahren** *(free riding)*. Dabei lädt ein Peer Dateien vom Filesharing-System herunter, ohne seinerseits Dateien hochzuladen. BitTorrents Austauschalgorithmus beseitigt dieses Problem, weil Alice, wenn sie längere Zeit mit akzeptabler Geschwindigkeit Daten von Bob herunterladen möchte, auch mit akzeptabler Geschwindigkeit Daten an Bob hochladen muss. BitTorrent weist eine Reihe weiterer interessanter Mechanismen auf, die wir hier nicht diskutieren können, darunter das Verwenden von Miniblöcken, Pipelining, zufällige erste Auswahl, Endgame-Modus und Anti-Snubbing (Letzteres verhindert ein unberechtigtes Drosseln des Datenflusses) [Cohen 2003].

2.6.2 In einer P2P-Community nach Information suchen

Ein zentraler Bestandteil vieler P2P-Anwendungen ist ein Informationsindex – eine Abbildung von Information auf Hosts. In solchen Anwendungen *aktualisieren* und *durchsuchen* die Peers dynamisch den Index. Da die Bezeichnung „eine Abbildung von Informationen auf Hosts" etwas abstrakt klingen könnte, wollen wir ein paar konkrete Beispiele betrachten.

- In einem P2P-Filesharing-System gibt es normalerweise eine große Zahl teilnehmender Peers, wobei jeder Peer Dateien anbieten kann, etwa MP3s, Videos, Bilder oder Software. Ein P2P-Filesharing-System hat einen Index, der dynamisch über die Dateien Buch führt, welche die Peers zum Verteilen zur Verfügung stellen. Für jede Kopie jeder von den Peers bereitgestellten Datei enthält der Index einen Datensatz, der Informationen über die Kopie (handelt es sich zum Beispiel um ein MP3-Lied, dann wären der Titel des Liedes, der Künstler usw. im Index) auf die IP-Adresse des Peers abbildet, der die Kopie besitzt. Der Index wird dynamisch aktualisiert, während Peers kommen und gehen und wenn Peers neue Kopien der Datei erhalten. Schließt sich ein Peer z.B. dem System an, informiert er den Index über die Dateien, die er hat. Wenn ein Benutzer, sagen wir Alice, eine Datei erhalten möchte, durchsucht sie den Index, um Kopien der gewünschten Datei ausfindig zu machen. Nachdem sie Peers gefunden hat, die Kopien der Datei besitzen, kann sie die Datei von diesen Peers herunterladen. Sobald sie die ganze Datei hat, wird der Index aktualisiert, um Alices neue Kopie zu berücksichtigen.
- Bei Instant-Messaging-Anwendungen existiert ein Index, der Benutzernamen auf Standorte (IP-Adressen) abbildet. Um die Bedeutung dieses Index in dieser Anwendung zu verstehen, betrachten Sie zwei Benutzer BeautifulAlice und HandsomeBob (es handelt sich um Spitznamen), die beide auf Ihrer Freundesliste stehen. Wenn HandsomeBob seinen Instant-Messaging-Client auf einem Host mit IP-Adresse X startet, benachrichtigt sein Client den Index davon, dass HandsomeBob mit dieser IP-Adresse X online ist. Startet BeautifulAlice später ihren Instant-Messaging-Client, durchsucht dieser den Index nach HandsomeBob, weil er sich auf ihrer Freundesliste befindet. Im Index wird HandsomeBob gefunden, mitsamt der Information über seine aktuelle IP-Adresse X. BeautifulAlice kann nun eine direkte TCP-Verbindung zum Host unter Adresse X herstellen und mit Handsome-

Bob Nachrichten austauschen. Außer Instant Messaging benutzen auch viele andere aktuelle Anwendungen einen Index, um die Anwesenheit von Benutzern zu verfolgen, darunter auch Systeme zur Internettelefonie (Abschnitt 2.6.3).

Der Vollständigkeit halber sei hier erwähnt, dass das BitTorrent-Protokoll, das nur ein Dateiverteilungsprotokoll ist, keinerlei Funktionalität für das Indizieren und Suchen nach Dateien anbietet.

Im Folgenden besprechen wir drei Ansätze, um einen Index in einer Gruppe von Peers zu organisieren und zu durchsuchen. Um etwas Konkretes an der Hand zu haben, wollen wir das im Kontext einer Dateisuche in einem P2P-Filesharing-System tun. Wir betonen jedoch, dass diese Diskussion genauso auf die Suche nach jeder Art von Information in einer P2P-Gemeinschaft anwendbar ist.

Zentralisierter Index

Einer der offensichtlichsten Ansätze zum Auffinden einer Datei ist ein zentralisierter Index. Dieser wurde von Napster, dem ersten kommerziellen Einsatz von P2P-Filesharing-Anwendungen, verwendet. In diesem Design wird der Indexdienst von einem großen Server (oder einer Gruppe von Servern, einer sogenannten Serverfarm) erbracht. Wie in ▶ Abbildung 2.27 gezeigt, informiert eine neu gestartete P2P-Filesharing-Anwendung den Indexserver über ihre IP-Adresse und darüber, welche Dateien sie zum Verteilen freigibt (etwa die Titel von MP3-Dateien).

Der Indexserver sammelt diese Information von jedem Peer und erzeugt so einen zentralen, dynamischen Index, der jede Kopie einer Datei auf einen Satz von IP-Adressen abbildet. Beachten Sie, dass ein P2P-Filesharing-System mit einem zentralisierten Index eigentlich ein Hybrid zwischen P2P- und Client-Server-Architektur ist. Die

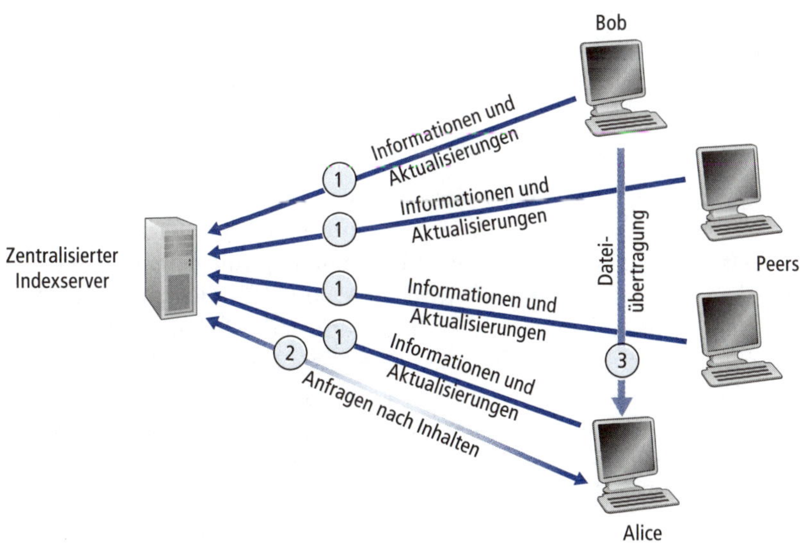

Abbildung 2.27: Zentralisierter Index

Dateiverteilung verwendet P2P, aber die Suche wird mittels Client-Server durchgeführt. Solche hybriden Architekturen sind heute in einer Anzahl von Anwendungen zu finden, darunter in vielen Instant-Messaging-Anwendungen.

Die Verwendung eines zentralisierten Index für das Aufspüren von Information ist von der Idee her einfach, hat aber auch eine Reihe von Nachteilen.

- *Eine zentrale Schwachstelle.* Wenn der Indexserver zusammenbricht, bricht mit ihm die ganze Anwendung zusammen. Selbst wenn eine Serverfarm mit redundanten Servern verwendet wird, können die Verbindungen zur Serverfarm ausfallen, wodurch die ganze Anwendung ausfällt.
- *Leistungsengpass und Infrastrukturkosten.* In einem großen P2P-System mit Hunderttausenden miteinander verbundenen Benutzern muss ein zentraler Server einen riesigen Index verwalten und jede Sekunde auf Tausende von Anfragen reagieren. Tatsächlich kämpfte Napster, im Jahr 2000 die beliebteste P2P-Filesharing-Anwendung, mit Verkehrsproblemen an ihrem zentralen Server.
- *Verletzung des Urheberrechts.* Obwohl es über das Thema dieses Buch hinausgeht, erwähnen wir kurz, dass die Musikindustrie besorgt darüber war (um es milde auszudrücken!), dass P2P-Filesharing-Systeme es den Benutzern ermöglichten, urheberrechtlich geschützte Inhalte kostenlos zu erhalten. (Eine ausgezeichnete Diskussion, wie Urheberrechte P2P betreffen, finden Sie in [von Lohmann 2003].) Besitzt eine P2P-Filesharing-Firma einen zentralisierten Indexserver, können Strafanträge dazu führen, dass der Indexserver heruntergefahren werden muss. Es ist viel schwieriger, dezentrale Architekturen abzuschalten.

Anfrage-Fluten

Am entgegengesetzten Ende des Spektrums findet sich der völlig dezentrale Ansatz des Anfrage-Flutens. Anfrage-Fluten wurde von der ursprünglichen Implementierung des Gnutella-Protokolls eingesetzt. Beim Anfrage-Fluten wird der Index vollständig über die Gemeinschaft von Peers verteilt. Jeder Peer indiziert nur die Dateien, die er zur Verteilung freigibt, aber keine anderen.

Beim Anfrage-Fluten formen die Peers ein abstraktes, logisches Netzwerk, das als **Overlay-Netzwerk** bezeichnet wird. In graphentheoretischen Begriffen wird es wie folgt definiert: Unterhält Peer X eine TCP-Verbindung mit einem anderen Peer Y, dann sprechen wir von einer **Kante** zwischen X und Y. Der Graph aus allen aktiven Peers und den sie verbindenden Kanten (die geöffneten TCP-Verbindungen) definiert das Overlay-Netzwerk. Beachten Sie, dass eine Kante keine physikalische Kommunikationsverbindung ist. Vielmehr ist eine Kante eine abstrakte Verbindung, die aus vielen zugrunde liegenden physikalischen Verbindungen bestehen kann. Eine Kante im Overlay-Netzwerk kann zum Beispiel die TCP-Verbindung zwischen einem Peer in Litauen und einem Peer in Brasilien sein.

Obwohl an einem solchen Overlay-Netzwerk Hunderttausende von Peers teilnehmen können, wird ein gegebener Peer, wie ▶Abbildung 2.28 zeigt, typischerweise nur mit

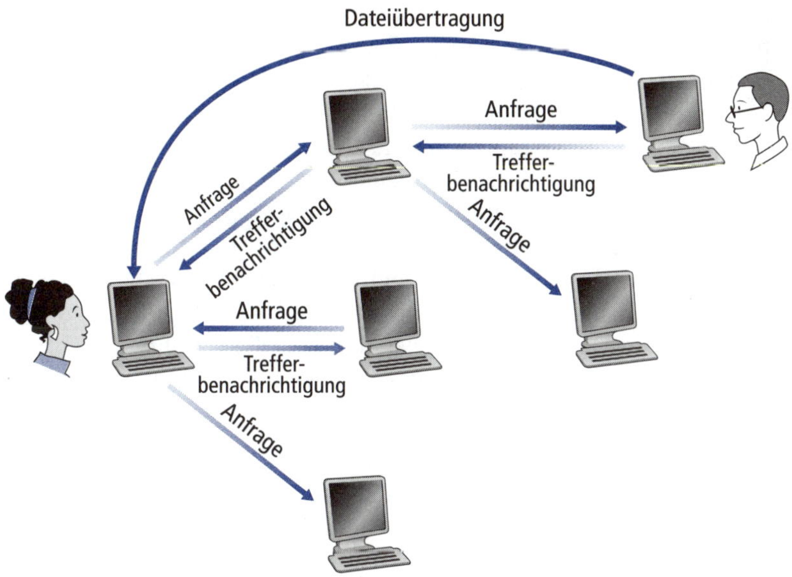

Abbildung 2.28: Anfrage-Fluten

einer kleinen Anzahl anderer Knoten des Overlay-Netzwerkes verbunden sein (üblicherweise weniger als zehn). Später erklären wir, wie das Overlay-Netzwerk erstellt und gewartet werden kann, während Peers sich an das Netz anschließen und es verlassen. Lassen Sie uns jetzt erst einmal annehmen, dass das Overlay-Netzwerk existiert, und konzentrieren wir uns darauf, wie ein Peer Inhalte ausfindig macht.

In diesem Design senden Peers Nachrichten über die schon vorher existierenden TCP-Verbindungen an ihre benachbarten Peers im Overlay-Netzwerk. Will Alice die Datei „Network Love“ finden, sendet ihr Client eine Anfrage mit den Schlüsselwörtern „Network Love“ an alle ihre Nachbarn. Diese leiten die Anfrage an alle ihre Nachbarn weiter, die wiederum die Anfrage allen Nachbarn weiterleiten usw. Dieser Prozess des **Anfrage-Flutens** wird in Abbildung 2.28 gezeigt. Erhält ein Peer eine Anfrage, überprüft er, ob die Schlüsselworte zu irgendeiner der Dateien passen, die er der Allgemeinheit zur Verfügung stellt. Gibt es eine Übereinstimmung, dann sendet der Peer an Alice eine Treffernachricht, die den passenden Dateinamen und die File-Größe enthält. Diese Nachricht folgt dem entgegengesetzten Pfad der Anfrage, wobei sie ebenfalls die vorher existierenden TCP-Verbindungen verwendet. Auf diese Weise findet Alice die Peers, die eine Kopie der von ihr gewünschten Datei haben.

Obwohl dieses dezentrale Design einfach und elegant ist, wird es oft als nicht skalierbar kritisiert. Wenn beim Anfrage-Fluten ein Peer eine Anfrage startet, wird die Anfrage an jeden anderen Peer im gesamten Overlay-Netzwerk gesandt, was zu einem erheblichen Verkehrsaufkommen im zugrunde liegenden Netz (z.B. dem Internet) führt, welches die Peers miteinander verbindet.

Auf dieses Problem reagierten die Gnutella-Designer durch Verwenden des **beschränkten Flutens von Anfragen** (limited-scope query flooding). Wenn Alice ihre ursprüngliche Anfrage aussendet, wird ein Peer-Zählerfeld in der Nachricht auf ein bestimmtes Limit (sagen wir sieben) gestellt. Jedes Mal, wenn die Anfragenachricht einen neuen Peer erreicht, vermindert dieser das Peer-Zählerfeld, bevor er die Frage an seine Nachbarn im Overlay-Netzwerk weiterleitet. Erhält ein Peer eine Anfrage, bei der das Peer-Zählerfeld gleich null ist, hört er auf, die Frage weiterzuleiten. Auf diese Weise bleibt das Fluten auf eine Region des Overlay-Netzwerkes beschränkt, die um den anfragenden Peer herum liegt. Offensichtlich reduziert dieses beschränkte Fluten von Anfragen den Datenverkehr. Allerdings reduziert es auch die Anzahl von Peers, die befragt werden. Daher kann es sein, dass ein Peer die von ihm gesuchten Inhalte nicht ausfindig machen kann, obwohl sie sich irgendwo in der Peer-Community befinden.

Ein fundamentales Thema in Overlay-Netzwerken ist die Art, wie das Hinzufügen und Wegfallen von Peers gehandhabt wird. Mithilfe des ursprünglichen Gnutella-Designs als Beispiel beschreiben wir jetzt, wie ein Overlay-Netzwerk reagiert, wenn neue Peers hinzukommen. Nehmen Sie an, dass der neue Peer X sich in das Overlay-Netzwerk einklinkt.

1. Peer X muss zuerst einen anderen Peer finden, der schon im Overlay-Netzwerk ist. Ein Ansatz, um dieses **Bootstrap-Problem** zu lösen, ist eine Liste von häufig im Overlay-Netzwerk anzutreffenden Peers (IP-Adressen), die von X selbst verwaltet wird. Alternativ kann sich X an eine Tracker-Site (wie schon bei BitTorrent) wenden, die solch eine Liste verwaltet.

2. Sobald X Zugang zu einer solchen Liste hat, versucht er nacheinander mit Peers, die auf dieser Liste stehen, eine TCP-Verbindung aufzubauen, bis er eine Verbindung mit irgendeinem Peer Y geöffnet hat.

3. Nachdem die TCP-Verbindung zwischen X und Y hergestellt ist, kann Peer X eine „Ping"-Nachricht an Y schicken. Die Ping-Nachricht enthält ein Peer-Zählerfeld. Beim Empfangen des Pings sendet Y sie an all seine Nachbarn im Overlay-Netzwerk weiter. Die Peers fahren mit der Weiterleitung der Ping-Nachricht fort, bis das Peer-Zählerfeld null ist.

4. Jedes Mal, wenn ein Peer Z eine Ping-Nachricht erhält, antwortet er durch Zurücksenden einer „Pong"-Nachricht durch das Overlay-Netzwerk an X. Dieses Pong enthält die IP-Adresse von Z.

5. Nachdem X alle Pong-Nachrichten erhalten hat, kennt er die IP-Adressen vieler Peers im Overlay-Netzwerk. Er kann nun TCP-Verbindungen mit einigen dieser anderen Peers öffnen und erzeugt dadurch mehrere Kanten, die ihn mit dem Overlay-Netzwerk verbinden.

Die Aktionen, die ein Overlay-Netzwerk beim Verlassen von Peers durchführen kann, untersuchen wir in den Übungsaufgaben.

Wir haben nun die Grundzüge des Anfrage-Flutens und des dynamischen Aufbaus eines Overlay-Netzes kennengelernt. Zusammenfassend ist Anfrage-Fluten ein einfaches, verteiltes P2P-Schema, das es einem Benutzer erlaubt, nach Informationen zu suchen, die sich in nahe gelegenen Peers befinden (wobei „nahe" bedeutet, dass sich die Peers mit wenigen kurzen Sprüngen im Overlay-Netzwerk erreichen lassen). Das ursprüngliche Gnutella-Design führte das oben beschriebene Anfrage-Fluten durch. Über die Jahre hat sich das Gnutella-Protokoll deutlich weiterentwickelt und nutzt nun die Heterogenität der Peers in einem P2P-Filesharing-System aus. Gnutella ist bis heute sehr beliebt und wird vom populären P2P-Client LimeWire verwendet.

Hierarchische Overlay-Netzwerke

Sie haben bis jetzt erfahren, dass ein zentralisierter Index und Anfrage-Fluten zwei diametral entgegengesetzte Ansätze für das Aufspüren von Informationen sind. Wir beschreiben jetzt einen dritten Ansatz, der als **hierarchisches Overlay-Design** *(hierarchical overlay design)* bekannt ist und der die besten Merkmale der beiden anderen Ansätze kombiniert. Pionierarbeit am hierarchischen Overlay-Design leistete FastTrack, ein P2P-Filesharing-Protokoll, das im Lauf der Jahre in mehreren Clients implementiert wurde, zu denen unter anderem Kazaa und Morpheus gehören. Auch das moderne Gnutella verwendet ein hierarchisches Overlay-Design.

Wie Anfrage-Fluten verwendet das hierarchische Overlay-Design keinen dedizierten Server (oder eine Serverfarm), um Dateien aufzuspüren und zu indizieren. In einem hierarchischen Overlay-Design sind jedoch nicht alle Peers gleichwertig – im Gegensatz zum Anfrage-Fluten. Speziell werden Peers mit Verbindungen hoher Bandbreite in das Internet und hoher Verfügbarkeit als Super-Peers bezeichnet. Die Super-Peers tragen größere Verantwortung. Wie in ▶Abbildung 2.29 gezeigt, ist ein Peer, der kein Super-Peer ist, ein ganz gewöhnlicher Peer und er wird als **Child** *(Kind)* einem Super-Peer zugeteilt. Ein Super-Peer kann einige Hundert gewöhnliche Peers als Children haben.

Ein neuer Peer stellt zuerst eine TCP-Verbindung mit einem Super-Peer her. Die neuen Peers informieren dann ihren Super-Peer über alle Dateien, die sie allgemein verfügbar machen wollen. Damit kann der Super-Peer einen Index unterhalten, der die Identität aller Dateien, die seine Kinder teilen wollen, enthält. Ebenso sind in diesem Index Metadaten über diese Dateien und die IP-Adressen der jeweiligen Kinder enthalten. Auf diese Weise wird jeder Super-Peer zu einem „Mini-Index". Aber im Gegensatz zum am Anfang dieses Unterabschnitts diskutierten zentralisierten Index ist ein Super-Peer kein dedizierter Server, sondern nur ein gewöhnlicher Peer, der typischerweise in einer Wohnung oder auf einem Universitätscampus zu finden sein wird.

Wenn jeder Super-Peer und seine Kinder isoliert wären, wäre der jedem Peer zur Verfügung stehende Inhalt ziemlich beschränkt. Um diese Einschränkung zu beseitigen, schalten sich Super-Peers über TCP-Verbindungen zusammen und schaffen zwischen sich ein eigenes Overlay-Netzwerk. Mit diesem Overlay-Netzwerk können Super-

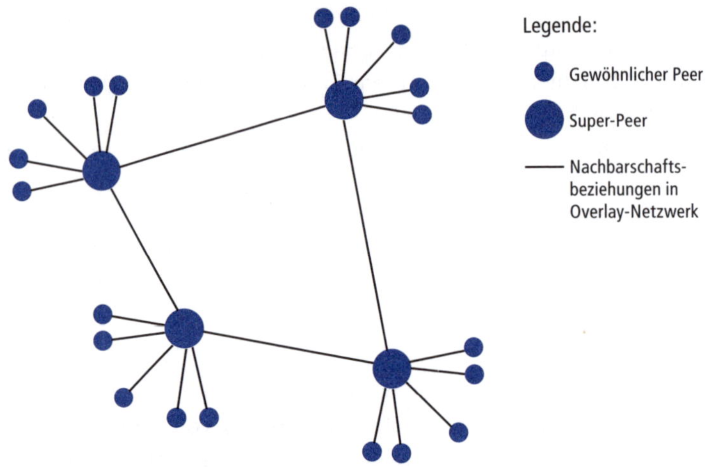

Abbildung 2.29: Hierarchisches Overlay

Peers Anfragen an ihre benachbarten Super-Peers weiterleiten. Dieser Ansatz ähnelt dem Anfrage-Fluten, nur dass hier das Fluten im Overlay-Netzwerk der Super-Peers erfolgt.

Sucht ein Peer eine Übereinstimmung für Schlüsselworte, sendet er eine Anfrage an seinen Super-Peer. Der Super-Peer antwortet mit den IP-Adressen seiner Children-Peers, welche Dateien besitzen, deren Bezeichner zu den Schlüsselworten passen (zusammen mit den Kennzeichen jener Dateien). Der Super-Peer kann die Frage auch an einen oder mehrere andere, benachbarte Super-Peers weiterleiten. Erhält ein Nachbar-Peer eine solche Anfrage, antwortet er ebenfalls mit den IP-Adressen seiner Children-Peers, die passende Dateien besitzen. Die Antworten der Super-Peers folgen im Overlay-Netzwerk dem entgegengesetzten Pfad der Anfragen.

Dieses hierarchische Overlay-Design nutzt die *Heterogenität der Peers*, indem es einen kleinen Bruchteil der leistungsfähigeren Peers zu Super-Peers ernennt, welche die obere Schicht *(tier)* eines hierarchischen Overlay-Netzwerkes bilden, wie es in Abbildung 2.29 gezeigt wird. Im Vergleich zum beschränkten Fluten von Anfragen (wie im ursprünglichen Gnutella-Design), ermöglicht das hierarchische Design die Überprüfung von deutlich mehr Peers auf Übereinstimmung, ohne den Anfrageverkehr übermäßig zu erhöhen [Liang 2005].

Zum Abschluss unserer Diskussion über Informationssuche in P2P-Anwendungen erwähnen wir kurz einen anderen wichtigen Designansatz, der als **verteilte Hash-Tabelle** (**DHT**, *Distributed Hash-Table*) bezeichnet wird [Stoica 2001; Rowstron 2001; Ratnasamy 2001; Zhao 2004; Maymounkov 2002; Garces-Erce 2003]. Eine vollständige Diskussion von DHTs liegt außerhalb der Möglichkeiten dieses Buches. Aber wir erwähnen hier, dass ein DHT (1) einen vollständigen dezentralen Index erzeugt, der Dateinamen auf Speicherorte von Dateien abbilden kann und (2) es einem Benutzer ermöglicht, (im Prinzip) alle Speicherorte einer Datei zu bestimmen, ohne ein übermäßiges Maß an Suchverkehr zu generieren. DHTs erfreuten sich in der Forschung sehr großer Aufmerksamkeit. Overnet, ein zentraler Bestandteil der beliebten Filesharing-Anwendung eMule, verwendet eine DHT [Liang 2006].

2.6.3 Fallstudie: P2P-Internettelefonie mit Skype

Skype ist eine ungeheuer populäre P2P-Anwendung, oft nehmen bis zu acht Millionen Benutzer gleichzeitig diesen Dienst in Anspruch. Zusätzlich zum PC-zu-PC-Internettelefoniedienst bietet Skype einen PC-zu-Telefon-Fernsprechdienst, einen Telefon-zu-PC-Fernsprechdienst und einen PC-zu-PC-Videokonferenzdienst. Gegründet von denselben Leuten, die auch FastTrack und Kazaa entwickelten, wurde Skype von eBay im Jahr 2005 für $2,6 Milliarden (etwa € 2,1 Milliarden) erworben.

Skype verwendet auf innovative Weise P2P-Techniken und ist ein gutes Beispiel, wie die P2P-Technik in Anwendungen eingesetzt werden kann, die über die Verteilung von Dateien hinausgehen. Wie beim Instant Messaging ist die PC-zu-PC-Internettelefonie prinzipiell P2P-orientiert, weil im Kern der Anwendung Benutzerpaare (d.h. Peers) in Echtzeit miteinander kommunizieren. Aber Skype verwendet P2P-Methoden auch für zwei andere wichtige Funktionen, nämlich für das Auffinden von Benutzern und zum Umgang mit NAT *(Network Address Translation).*

Die Skype-Protokolle sind nicht nur proprietär, zudem sind auch alle von Skype übertragenen Pakete (Daten- und Kontrollpakete) verschlüsselt. Dennoch fanden Forscher anhand von Informationen von der Skype-Website sowie durch eine Reihe von Messungen heraus, wie Skype im Wesentlichen funktioniert [Baset 2006; Guha 2006; Chen 2006; Suh 2006; Ren 2006]. Wie bei FastTrack sind die Knoten in Skype in einem hierarchischen Overlay-Netzwerk angeordnet, wobei jeder Peer entweder als Super-Peer oder als gewöhnlicher Peer klassifiziert ist. Skype enthält einen Index, der Skype-Benutzernamen auf aktuelle IP-Adressen (und Portnummern) abbildet. Dieser Index ist über die Super-Peers verteilt. Wenn Alice Bob anrufen will, durchsucht ihr Skype-Client den verteilten Index, um Bobs gegenwärtige IP-Adresse festzustellen. Weil das Skype-Protokoll propriotär ist, ist gegenwärtig nicht klar, wie die Indexverwaltung zwischen den Super-Peers organisiert ist, obwohl es wahrscheinlich ist, dass eine DHT eingesetzt wird.

P2P-Techniken werden auch in Skype Relays verwendet, die für Anrufe zwischen Hosts in Heimnetzwerken nützlich sind. Viele Heimnetzwerkkonfigurationen ermöglichen den Zugang zum Internet über einen Router (normalerweise ein drahtloser Router). Diese Router sind tatsächlich mehr als Router und verwenden normalerweise eine Technik namens Network Address Translation (NAT, *Netzwerkadressenübersetzung*). Wir untersuchen NAT in Kapitel 4. Vorerst müssen wir nur wissen, dass NAT einen Host außerhalb des Heimnetzwerkes daran hindert, eine Verbindung zu einem Host innerhalb des Heimnetzes aufzubauen. Verwenden beide Skype-Kommunikationspartner NAT, dann haben sie ein Problem – keiner von ihnen kann einen Anruf akzeptieren, der vom anderen initiiert wird, wodurch ein Anruf scheinbar unmöglich ist. Die clevere Verwendung von Super-Peers und Relays löst dieses Problem. Nehmen Sie an, dass Alice beim Einloggen einem NAT-freien Super-Peer zugeteilt wird. Alice kann eine Sitzung mit ihrem Super-Peer aufbauen, weil ihr NAT-Router nur Sitzungen abweist, die von außerhalb ihres Heimnetzes initiiert werden. Dadurch können Alice und ihr Super-Peer Kontrollnachrichten über diese Sitzung austauschen. Dasselbe passiert bei Bob, wenn er sich anmeldet. Wenn Alice jetzt Bob anrufen will, informiert sie ihren Super-Peer, der umgekehrt Bobs Super-Peer informiert, welcher schließlich Bob über Alices ankommenden Anruf unterrichtet. Akzeptiert Bob den Anruf, wählen die beiden Super-Peers einen dritten Nicht-NAT-Super-Peer – den Relayknoten –, dessen Aufgabe darin besteht, Daten zwischen Alice und Bob weiterzuleiten. Die beiden Super-Peers von Alice und Bob unterrichten nun sowohl Alice als auch Bob, eine Sitzung mit dem Relay aufzubauen. Alice sendet dann Sprachpakete über die Alice-zu-Relay-Verbindung (die von Alice initiiert wurde) an das Relay. Das Relay leitet diese Pakete über die Relay-zu-Bob-Verbindung (die von Bob aufgebaut wurde) weiter. Pakete von Bob an Alice fließen in der Gegenrichtung über dieselben beiden Relay-Verbindungen. Et voilá! Bob und Alice haben eine Ende-zu-Ende-Verbindung, wann immer sie diese benötigen, obwohl eigentlich keiner von ihnen eine Sitzung annehmen kann, die von außerhalb seines LAN kommt. Die Verwendung von Relays illustriert die wachsende Komplexität von P2P-Systemen: Peers bieten zentrale Systemdienste für andere an (der Indexdienst und die Relays sind nur zwei Beispiele), während sie gleichzeitig Endbenutzerdienste nutzen (z.B. Dateien herunterladen, IP-Telefonie), die vom P2P-System angeboten werden.

Skype ist eine ungeheuer erfolgreiche Internetanwendung, die von Millionen Benutzern verwendet wird. Die atemberaubend schnelle und weite Verbreitung von Skype sowie von P2P-Filesharing, dem Web und Instant Messaging gibt aufschlussreich Zeugnis von der Mächtigkeit des Designs der Internetarchitektur – eines Entwurfs, der nicht vorhersehen konnte, welch vielfältige und sich stets weiterentwickelnde Anwendungen im Verlauf von 30 Jahren entstehen würden.

Die Netzwerkdienste, die Internetanwendungen angeboten wurden – unter anderem verbindungslose Übertragung von Paketen (UDP), verbindungsorientierte zuverlässige Datenübertragung (TCP), die Socket-Schnittstelle, Adressierung und Namen (DNS) –, erwiesen sich als ausreichend, um die Entwicklung von Tausenden von Anwendungen zu erlauben. Da sich diese Anwendungen alle oberhalb der vier tieferen Schichten des Internet-Protokollstapels befinden, bedeuten sie lediglich die Entwicklung neuer Client-Server- und Peer-to-Peer-Software, die in Endsystemen zum Einsatz kommt. Dadurch wiederum wurden diese Anwendungen schnell angenommen und eingesetzt.

2.7 Socket-Programmierung mit TCP

Nachdem wir nun eine Anzahl wichtiger Netzanwendungen betrachtet haben, wollen wir uns anschauen, wie Netzanwendungen tatsächlich geschrieben werden. In diesem Abschnitt entwickeln wir Anwendungsprogramme, die TCP verwenden; im darauffolgenden Abschnitt werden wir Programme schreiben, die UDP einsetzen.

In Abschnitt 2.1 haben wir gelernt, dass viele Netzanwendungen aus einem Programmpaar bestehen – einem Client-Programm und einem Server-Programm, die sich auf zwei verschiedenen Endsystemen befinden. Beim Ausführen dieser beiden Programme werden ein Client- und ein Server-Prozess erzeugt, die durch Schreiben in und Lesen aus Sockets miteinander kommunizieren. Beim Erstellen der Netzanwendung besteht die Hauptaufgabe des Programmierers darin, den Code sowohl für das Client- als auch das Server-Programm zu schreiben.

Es gibt zwei Arten von Netzanwendungen. Die eine besteht aus der Implementierung eines Protokollstandards, der z.B. in einem RFC definiert ist. Bei einer solchen Implementierung müssen Client- und Server-Programm den vom RFC diktierten Regeln entsprechen. Das Client-Programm könnte beispielsweise eine Implementierung der Client-Seite des FTP-Protokolls darstellen, das in Abschnitt 2.3 beschrieben und in RFC 959 klar definiert ist. Entsprechend könnte das Server-Programm eine Implementierung der Server-Seite des FTP-Protokolls sein, das ebenfalls in RFC 959 eindeutig definiert ist. Erstellt ein Entwickler Code für das Client-Programm und ein anderer erzeugt von ihm unabhängig Code für den Server, und befolgen beide Entwickler sorgfältig die Regeln des RFC, dann werden die beiden Programme zusammenarbeiten können. In der Tat beinhalten viele Netzwerkanwendungen Kommunikation zwischen Client- und Server-Programmen, die von unabhängigen Entwicklern geschrieben wurden, z.B. der Browser Firefox, der mit Apache-Webservern kommuniziert, oder ein FTP-Client auf einem PC, der eine Datei auf einen Linux-FTP-Server hochlädt. Implementiert ein Client- oder Server-Programm ein durch ein RFC definiertes Protokoll, sollte es die mit dem Protokoll verbundene Portnummer verwenden. (Portnummern wurden kurz in Abschnitt 2.1 erörtert. Wir werden Sie in Kapitel 3 genauer betrachten.)

Anderes gilt für proprietäre Netzwerkanwendungen. Bei diesen befolgen die Anwendungsschichtprotokolle von Client- und Server-Programm nicht unbedingt irgendeinen der vorhandenen RFCs. Ein einzelner Entwickler (oder eine einzelne Gruppe von Entwicklern) schreibt die Client- und Server-Programme und die Entwickler kontrollieren vollständig, was sich in ihrem Code abspielt. Weil aber der Code nicht auf einem allgemein bekannten und frei verfügbaren Protokoll beruht, werden andere unabhängige Entwickler nicht in der Lage sein, Programme zu schreiben, die mit der Anwendung zusammenarbeiten. Beim Entwickeln einer proprietären Anwendung muss ein Programmierer darauf achten, keine der bereits in einem RFC definierten Portnummern zu verwenden.

In diesem und dem nächsten Abschnitt untersuchen wir die wichtigsten Themen bei der Entwicklung einer proprietären Client-Server-Anwendung. Während der Entwicklungsphase besteht eine der ersten Entscheidungen, die ein Entwickler treffen muss, darin, ob die Anwendung über TCP oder über UDP laufen soll. Erinnern Sie sich daran, dass TCP verbindungsorientiert ist und einen zuverlässigen Kanal für die Übertragung der Bytes zwischen zwei Endsystemen zur Verfügung stellt. UDP ist verbindungslos und sendet unabhängige Datenpakete ohne Zustellgarantie von einem Endsystem an ein anderes.

In diesem Abschnitt entwickeln wir eine einfache Client-Anwendung, die über TCP läuft; im nächsten Abschnitt erstellen wir eine einfache Client-Anwendung, die UDP benutzt. Wir erstellen diese einfachen TCP- und UDP-Anwendungen in Java. Wir hätten den Code auch in C oder C++ schreiben können, entschieden uns jedoch für Java, hauptsächlich weil die Anwendungen in Java einfacher und sauberer zu schreiben sind. Mit Java brauchen wir weniger Codezeilen und jede Zeile kann einem unerfahrenen Programmierer einfach erklärt werden. Aber Sie müssen sich keine Sorgen machen, sollten Sie mit Java nicht vertraut sein. Sofern Sie Programmiererfahrung in irgendeiner anderen Sprache haben, sollten Sie dem Code folgen können.

Lesern, die an der Client/Server-Programmierung in C interessiert sind, stehen mehrere gute Referenzen zur Verfügung [Donahoo 2001; Steven 1997; Frost 1994; Kurose 1996].

2.7.1 Socket-Programmierung mit TCP

Wie wir in Abschnitt 2.1 gelernt haben, kommunizieren Prozesse, die auf unterschiedlichen Computern ablaufen, indem sie Nachrichten durch Sockets übermitteln. Wir haben gesagt, dass jeder Prozess einem Haus entspricht, wobei der Socket des Prozesses einer Tür gleicht. Wie in ▶Abbildung 2.30 gezeigt, ist der Socket die Tür zwischen dem Anwendungsprozess und TCP. Der Anwendungsentwickler kontrolliert alles auf der Anwendungsschichtseite des Sockets, allerdings hat er keine Kontrolle über die Transportschichtseite. (Allerhöchstens kann der Anwendungsentwickler einige TCP-Parameter wie die maximale Puffergröße und die maximale Segmentgröße anpassen.)

Werfen wir nun einen näheren Blick auf die Interaktion der Client- und Server-Programme. Der Client hat die Aufgabe, Kontakt mit dem Server aufzunehmen. Damit der Server in der Lage ist, auf den ersten Kontaktversuch des Clients zu reagieren, muss der Server ansprechbar sein. Dies bedeutet zweierlei. Erstens muss das Server-Programm laufen, bevor der Client versucht, Kontakt aufzunehmen. Zweitens muss das Server-Programm eine Art von Tür besitzen, oder genauer einen Socket, welcher den anfänglichen Kontakt eines Client-Prozesses entgegennimmt. Entsprechend unserer Haus-/Türanalogie für Prozess/Socket werden wir den Anfangskontakt des Clients bisweilen als „Anklopfen an der Eingangstür" bezeichnen.

Wenn der Server-Prozess läuft, kann der Client-Prozess eine TCP-Verbindung zum Server initiieren. Dies geschieht im Client-Programm durch Erzeugen eines Sockets. Wenn der Client seinen Socket erzeugt, gibt er die Adresse des Server-Prozesses, nämlich die IP-Adresse des Serverhosts und die Portnummer des Server-Prozesses, an. Sobald der Socket im Client-Programm erzeugt wurde, initiiert die TCP-Implementierung des Clients einen Drei-Wege-Handshake und stellt eine TCP-Verbindung mit dem Server her. Der auf der Transportschicht stattfindende Drei-Wege-Handshake ist für die Client- und Server-Programme völlig transparent.

Während des Drei-Wege-Handshakes klopft der Client-Prozess an die Eingangstür des Server-Prozesses. „Hört" der Server das Klopfen, erstellt er eine neue Tür – also einen

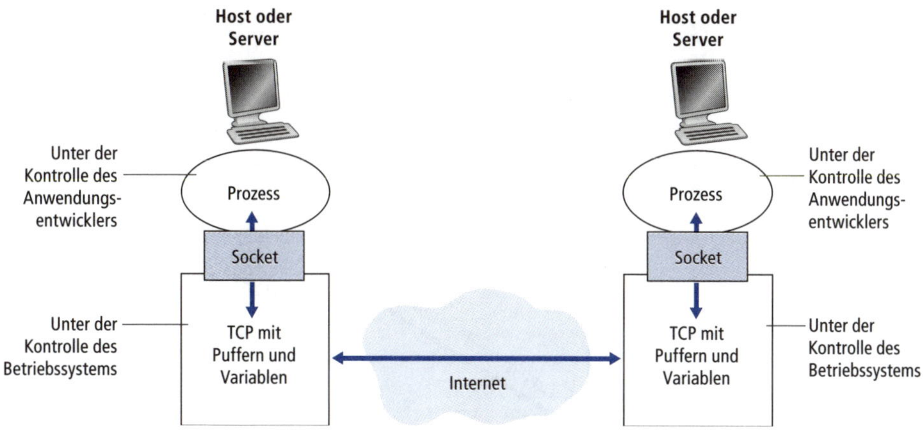

Abbildung 2.30: Prozesskommunikation durch TCP-Sockets

neuen Socket, der für diesen besonderen Client reserviert ist. In unserem Beispiel weiter unten ist die Eingangstür ein `ServerSocket`-Objekt, das wir als **Eingangs-Socket** bezeichnen. Klopft ein Client an diese Tür, ruft das Programm die `accept()`-Methode des Eingangs-Socket auf, die eine neue Tür für den Client erstellt. Am Ende der Handshaking-Phase existiert eine TCP-Verbindung zwischen dem Socket des Clients und dem neuen Socket des Servers. Im Folgenden bezeichnen wir den neuen, dedizierten Socket des Servers als den **Verbindungs-Socket** *(connection socket)* des Servers.

Aus der Perspektive der Anwendung ist die TCP-Verbindung ein virtuelles Rohr zwischen dem Client-Socket und dem Verbindungs-Socket des Servers. Der Client-Prozess kann beliebige Bytes in seinen Socket senden und TCP garantiert, dass jedes Byte in der ursprünglichen Reihenfolge den Server-Prozess (durch den Verbindungs-Socket) erreicht. TCP bietet so einen **zuverlässigen Bytestrom-Dienst** zwischen Client- und Server-Prozessen an. Außerdem, so wie Menschen dieselbe Tür zum Hereinkommen und Hinausgehen verwenden können, sendet der Client-Prozess nicht nur Bytes, sondern empfängt auch Bytes von seinem Socket. Analog dazu empfängt der Server-Prozess nicht nur Bytes vom Socket, sondern sendet auch Bytes in seinen Verbindungs-Socket.

Dies ist in ▶ Abbildung 2.31 dargestellt. Weil Sockets eine zentrale Rolle in Client/Server-Anwendungen spielen, wird die Entwicklung von Client/Server-Anwendungen auch als Socket-Programmierung bezeichnet.

Bevor wir unser Client-Server-Anwendungsbeispiel vorstellen, ist es nützlich, das Konzept eines Stroms *(Stream)* einzuführen. Ein **Strom** ist eine Folge von Zeichen, die in einen oder aus einem Prozess strömen. Jeder Strom ist entweder ein **Eingabedatenstrom** *(input stream)* für den Prozess oder ein **Ausgabedatenstrom** *(output stream)* für den Prozess. Handelt es sich um einen Eingabedatenstrom, dann ist er mit irgendeiner Eingabedatenquelle des Prozesses verbunden, etwa der Standardeingabe (der Tastatur) oder einem Socket, durch den Daten aus dem Internet hereinströmen. Ist der Strom ein Ausgabedatenstrom, dann wird er mit irgendeiner Ausgabe des

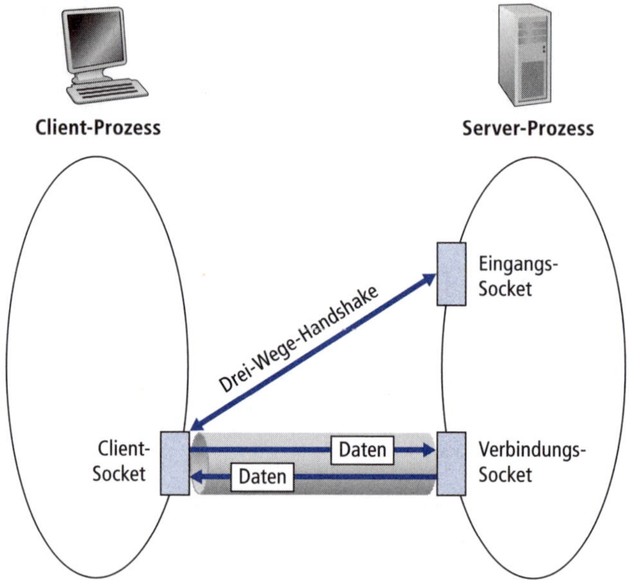

Abbildung 2.31: Zusammenspiel von Client-Socket, Eingangs-Socket und Verbindungs-Socket

Prozesses verbunden, etwa der Standardausgabe (dem Monitor) oder einem Socket, durch den Daten ins Internet fließen.

2.7.2 Beispiel einer Client-Server-Anwendung in Java

Wir verwenden die folgende einfache Client-Server-Anwendung, um die Socket-Programmierung sowohl für TCP als auch für UDP zu zeigen:

1. Ein Client liest eine Zeile von seiner Standardeingabe (der Tastatur) und sendet die Zeile durch seinen Socket an den Server.
2. Der Server liest eine Zeile aus seinem Verbindungs-Socket.
3. Der Server wandelt die Zeile in Großbuchstaben um.
4. Der Server sendet dem Client die veränderte Zeile durch seinen Verbindungs-Socket.
5. Der Client liest die modifizierte Zeile aus seinem Socket und gibt die Zeile auf seiner Standardausgabe (dem Monitor) aus.

▶Abbildung 2.32 erläutert die wichtigsten mit dem Socket zusammenhängenden Aktivitäten von Client und Server. Als Nächstes zeigen wir das Client-Server-Programmpaar für eine TCP-basierte Implementierung der Anwendung. Nach jedem Programm werden wir Zeile für Zeile ausführlich besprechen. Das Client-Programm heißt `TCPClient.java`, das Server-Programm `TCPServer.java`. Um die wichtigsten Elemente gezielt hervorzuheben, erzeugen wir absichtlich Code, der die Inhalte auf den

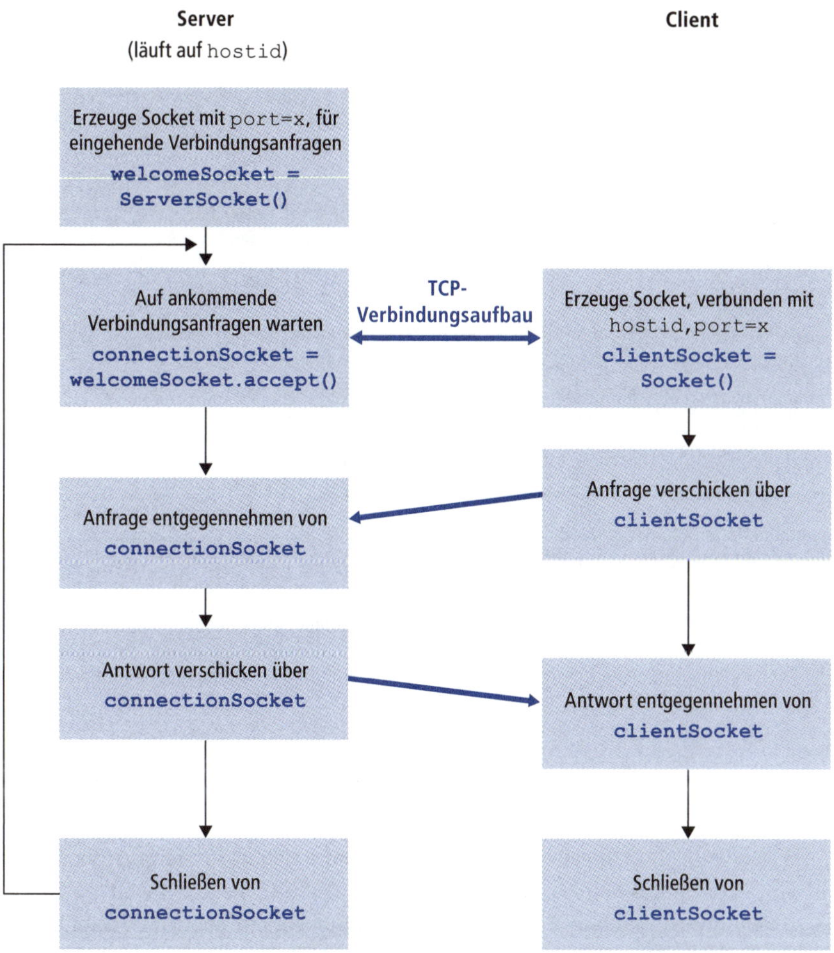

Abbildung 2.32: Die Client-Server-Anwendung benutzt verbindungsorientierte Transportdienste

Punkt bringt, aber keinesfalls narrensicher ist. „Guter Code" hätte sicher noch einige weitere Zeilen enthalten.

Sobald die beiden Programme auf den jeweiligen Hosts kompiliert wurden, wird zuerst das Server-Programm auf dem Serverhost ausgeführt, wodurch dort ein Server-Prozess erstellt wird. Wie oben erwähnt, wartet der Server-Prozess darauf, vom Client-Prozess angesprochen zu werden. Wird in dieser Beispielanwendung das Client-Programm ausgeführt, erzeugt dies beim Client einen Prozess, der sofort mit dem Server Kontakt aufnimmt und mit ihm eine TCP-Verbindung herstellt. Der Benutzer am Client kann die Anwendung dann einsetzen, um eine Zeile zu senden und eine in Großbuchstaben geschriebene Version dieser Zeile zurückzuerhalten.

TCPClient.java

Hier ist der Code für die Client-Seite der Anwendung:

```
import java.io.*;
import java.net.*;
class TCPClient {
   public static void main(String argv[]) throws Exception
   {
      String sentence;
      String modifiedSentence;
      BufferedReader inFromUser = new BufferedReader(new InputStreamReader(System.in));
      Socket clientSocket = new Socket("hostname", 6789);
      DataOutputStream outToServer = new DataOutputStream(
         clientSocket.getOutputStream());
      BufferedReader inFromServer = new BufferedReader(new InputStreamReader(
         clientSocket.getInputStream()));
      sentence = inFromUser.readLine();
      outToServer.writeBytes(sentence + '\n');
      modifiedSentence = inFromServer.readLine();
      System.out.println("FROM SERVER: " + modifiedSentence);
      clientSocket.close();
   }
}
```

Das Programm `TCPClient` erzeugt drei Ströme und einen Socket, wie in ▶ Abbildung 2.33 gezeigt.

Der Socket wird `clientSocket` genannt. Der Strom `inFromUser` ist ein Eingabedatenstrom zum Programm; er ist mit der Standardeingabe (d.h. der Tastatur) verknüpft. Wenn die Benutzer Zeichen über die Tastatur eingeben, fließen die Zeichen in den Strom `inFromUser`. Der Strom `inFromServer` ist ein anderer Eingabedatenstrom zum Programm; er ist mit dem Socket verknüpft. Zeichen, die aus dem Netz ankommen, fließen in den Strom `inFromServer`. Zuletzt ist der Strom `outToServer` ein Ausgabedatenstrom des Programms; er wird ebenfalls mit dem Socket verknüpft. Zeichen, die der Client ins Netz schickt, fließen in den Strom `outToServer`.

Werfen wir nun einen Blick auf die verschiedenen Codezeilen.

```
import java.io.*;
import java.net.*;
```

`java.io` und `java.net` sind Java-Pakete. Das Paket `java.io` enthält Klassen für die Eingabe- und Ausgabedatenströme. Insbesondere enthält das Paket `java.io` die Klassen `BufferedReader` und `DataOutputStream`. Das sind Klassen, die das Programm verwendet, um die drei zuvor erläuterten Ströme zu erstellen. Das Paket `java.net` liefert Klassen für die Netzwerkunterstützung. Insbesondere enthält es die

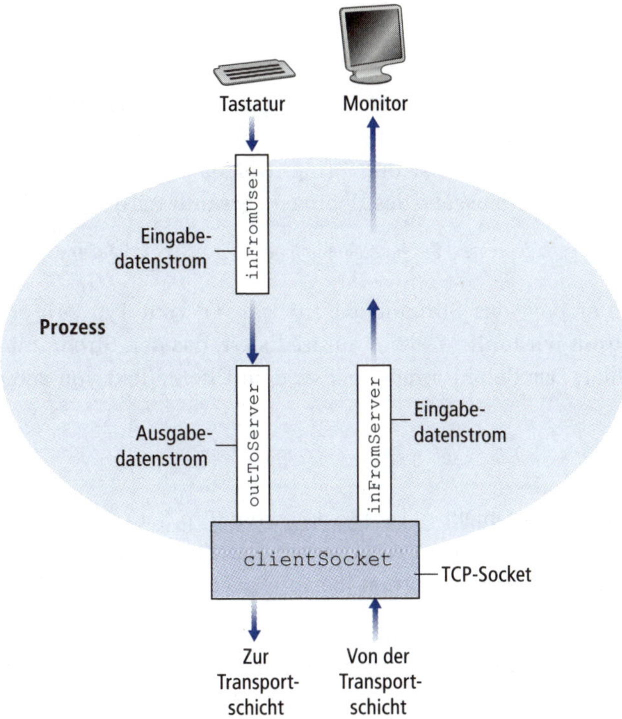

Abbildung 2.33: Die Anwendung TCPClient hat drei Ströme, über die Zeichen fließen

Klassen `Socket` und `ServerSocket`. Das in diesem Programm verwendete Objekt `clientSocket` ist vom Typ `Socket`.

```
class TCPClient {
   public static void main(String argv[]) throws Exception {...}
}
```

Was wir bis jetzt gesehen haben, sind Standarddinge, die Sie am Anfang der meisten Java-Codes sehen. Die dritte Zeile ist der Anfang einer Klassendefinition. Das Schlüsselwort `class` beginnt die Definition der Klasse namens `TCPClient`. Eine Klasse enthält Variablen und Methoden. Die Variablen und Methoden für die Klasse werden von den geschweiften Klammern umschlossen, welche die Klassendefinition einleiten und abschließen. Die Klasse `TCPClient` hat keine Variablen und genau eine Methode, `main()`. Methoden entsprechen den aus Sprachen wie C bekannten Funktionen oder Prozeduren. Die `main()`-Methode in Java ähnelt der `main()`-Funktion in C und C++. Führt der Java-Interpreter eine Anwendung aus, beginnt er mit dem Aufruf der `main()`-Methode der Klasse. Die `main()`-Methode ruft dann alle anderen Methoden auf, die für das Ablaufen der Anwendung benötigt werden. In dieser Einführung in Socket-Programmierung in Java können Sie die Schlüsselworte `public`, `static`, `void`, `main` und `throws Exceptions` ignorieren (obwohl Sie sie in den Code einbauen müssen).

```
String sentence;
String modifiedSentence;
```

Diese beiden Zeilen deklarieren Objekte vom Typ `String`. Das Objekt `sentence` ist ein String *(Zeichenkette)*, der vom Benutzer eingetippt und an den Server gesandt wird. Das Objekt `modifiedSentence` ist der String, welchen wir vom Server erhalten und der dann an die Standardausgabe des Benutzers gesandt wird.

```
BufferedReader inFromUser = new BufferedReader(new InputStreamReader(System.in));
```

Die obige Zeile erzeugt das Stromobjekt `inFromUser` vom Typ `BufferedReader`. Der Eingabedatenstrom wird mit `System.in` initialisiert, das den Strom mit der Standardeingabe verbindet. Der Befehl ermöglicht es dem Client, Text von seiner Tastatur zu lesen.

```
Socket clientSocket = new Socket("hostname", 6789);
```

Diese Zeile erzeugt das Objekt `clientSocket` vom Typ `Socket`. Sie initiiert auch die TCP-Verbindung zwischen Client und Server. Der String `hostname` muss durch den Hostnamen des Servers ersetzt werden (beispielsweise *apple.poly.edu*).

Bevor die TCP-Verbindung tatsächlich initiiert ist, führt der Client automatisch eine DNS-Suche nach dem Hostnamen durch, um die IP-Adresse des Hosts zu erhalten. Die Zahl 6789 ist die Portnummer des Server-Prozesses. Sie können eine andere Portnummer verwenden, aber Sie müssen sicherstellen, dass Sie auch auf der Server-Seite der Anwendung dieselbe Portnummer verwenden. Wie bereits besprochen, identifiziert die IP-Adresse des Hosts zusammen mit der Portnummer der Anwendung den Server-Prozess.

```
DataOutputStream outToServer = new DataOutputStream(clientSocket.getOutputStream());
BufferedReader inFromServer = new BufferedReader(new
   InputStreamReader(clientSocket.getInputStream()));
```

Diese beiden Zeilen erzeugen Stromobjekte, die mit dem Socket verbunden sind. Der Strom `outToServer` liefert die Prozessausgabe zum Socket. Der Strom `inFromServer` liefert die Prozesseingabe vom Socket (Abbildung 2.33).

```
sentence = inFromUser.readLine();
```

Diese Zeile liest eine vom Benutzer eingetippte Zeile in den String `sentence`. Dieser String sammelt Zeichen ein, bis der Benutzer die Zeile durch Eingabe von Return beendet. Die Zeile läuft von der Standardeingabe durch den Strom `inFromUser` in den String `sentence`.

```
outToServer.writeBytes(sentence + \n');
```

Hier wird der String `sentence`, erweitert um ein Carriage Return, in den Strom `outToServer` geschrieben. Diese Daten werden über den Socket des Clients in die TCP-Verbindung geschickt. Der Client wartet dann auf Zeichen vom Server.

```
modifiedSentence = inFromServer.readLine();
```

Wenn die Zeichen vom Server ankommen, fließen sie durch den Strom `inFromServer` und werden im String `modifiedSentence` abgelegt. Die Zeichen sammeln sich in `modifiedSentence` an, bis die Zeile mit einem Carriage Return endet.

```
System.out.println("FROM SERVER" + modifiedSentence);
```

Dies gibt nun den Inhalt des vom Server zurückgesandten Strings `modifiedSentence` auf dem Monitor aus.

```
clientSocket.close();
```

Diese letzte Zeile schließt den Socket und dadurch auch die TCP-Verbindung zwischen dem Client und dem Server. Sie bewirkt im Client, dass TCP eine entsprechende Nachricht an TCP im Server sendet (Abschnitt 3.5).

TCPServer.java

Werfen wir nun einen Blick auf das Server-Programm.

```
Import java.io.*;
Import java.net.*;
class TCPServer {
  public static void main(String argv[]) throws Exception
    {
      String clientSentence;
      String capitalizedSentence;
      ServerSocket welcomeSocket = new ServerSocket(6789);
      while (true) {
        Socket connectionSocket = welcomeSocket.accept();
        BufferedReader inFromClient = new BufferedReader(new
          InputStreamReader(connectionSocket.getInputStream()));
        DataOutputStream outToClient = new
          DataOutputStream(connectionSocket.getOutputStream());
        clientSentence = inFromClient.readLine();
        capitalizedSentence = clientSentence.toUpperCase() + '\n';
        outToClient.writeBytes(capitalizedSentence);
      }
    }
}
```

`TCPServer` hat große Ähnlichkeit mit `TCPClient`. Werfen wir nun einen Blick auf die Zeilen in `TCPServer.java`. Wir kommentieren nun nicht mehr die Zeilen oder Befehle, die mit `TCPClient.java` identisch sind.

Die erste Zeile in `TCPServer` unterscheidet sich beträchtlich von dem, was wir in `TCPClient` gesehen haben:

```
ServerSocket welcomeSocket = new ServerSocket (6789);
```

Diese Zeile erzeugt das Objekt `welcomeSocket`, das vom Typ `ServerSocket` ist. Dieses Objekt `welcomeSocket` ist eine Art Tür, die auf ein Klopfen irgendeines Clients horcht. `welcomeSocket` lauscht auf der Portnummer 6789. Die nächste Zeile lautet

```
Socket connectionSocket = welcomeSocket.accept();
```

Sie erzeugt einen *neuen* Socket, mit dem Namen `connectionSocket`, sobald ein Client bei `welcomeSocket` anklopft. Dieser Socket hat ebenfalls Portnummer 6789. (Warum beide Sockets dieselbe Portnummer haben, erklären wir in Kapitel 3.) TCP stellt dann eine direkte Verbindung zwischen `clientSocket` beim Client und `connectionSocket` beim Server her. Der Client und der Server können einander dann Bytes über die Verbindung schicken. Alle ausgesandten Bytes kommen korrekt und in der richtigen Reihenfolge auf der anderen Seite an. Ist `connectionSocket` erzeugt, kann der Server mithilfe von `welcomeSocket` weiter auf Anfragen anderer Clients lauschen. (Diese Programmversion horcht nicht wirklich auf neue Verbindungsanfragen, allerdings kann sie mit Threads so verändert werden, dass sie es tut.) Das Programm erzeugt dann mehrere Stromobjekte analog zu denen, die in `clientSocket` erstellt wurden. Betrachten Sie nun

```
capitalizedSentence = clientSentence.toUpperCase() + '\n';
```

Dieser Befehl ist das Herzstück der Anwendung. Er nimmt die vom Client gesandte Zeile, überträgt sie in Großbuchstaben und fügt ein Carriage Return hinzu. Es verwendet die Methode `toUpperCase()`. Alle anderen Befehle des Programms sind nur peripher; sie werden für die Kommunikation mit dem Client verwendet.

Um das Programmpaar zu testen, installieren und kompilieren Sie `TCPClient.java` auf einem Host und `TCPServer.java` auf einem anderen Host. Achten Sie darauf, den richtigen Hostnamen des Servers in `TCPClient.java` einzufügen. Führen Sie als Nächstes `TCPServer.class`, das kompilierte Server-Programm, auf dem Server aus. Dies erzeugt einen Prozess auf dem Server, der vor sich hin läuft, bis er von einem Client angesprochen wird. Führen Sie dann auf dem Client das kompilierte Client-Programm `TCPClient.class` aus. Dies erzeugt im Client einen Prozess und stellt eine TCP-Verbindung zwischen dem Client- und dem Server-Prozess her. Zuletzt geben Sie, um die Anwendung auch einzusetzen, einen Satz ein, gefolgt von einem Carriage Return.

Um Ihre eigene Client-Server-Anwendung zu entwickeln, können Sie damit beginnen, diese Programme zu modifizieren. Zum Beispiel könnte der Server, statt alle Buchstaben in Großschreibung umzuwandeln, zählen, wie oft der Buchstabe *s* auftritt, und diese Zahl zurückschicken.

2.8 Socket-Programmierung mit UDP

Wenn zwei Prozesse über TCP kommunizieren, sieht es aus, als ob eine Verbindung zwischen beiden Prozessen besteht. Diese Verbindung bleibt bestehen, bis sie von einem der beiden Prozesse geschlossen wird. Will einer der Prozesse Daten an den anderen Prozess senden, schickt er die Bytes einfach in die Leitung. Der sendende Prozess muss keine Zieladresse mit den Bytes verbinden, weil die Leitung logisch mit dem Ziel verbunden ist. Außerdem bietet die Verbindung einen zuverlässigen Bytestrom-Kanal – die Reihenfolge der Bytes, die vom empfangenden Prozess entgegengenommen wird, ist exakt dieselbe wie die Bytefolge, die der Absender in die Leitung geschickt hat.

UDP ermöglicht es ebenfalls zwei (oder mehr) auf verschiedenen Hosts laufenden Prozessen, miteinander zu kommunizieren. Jedoch unterscheidet sich UDP von TCP in vielen grundsätzlichen Dingen. Erstens ist UDP ein verbindungsloser Dienst – es gibt dort keine anfängliche Handshaking-Phase, während der eine Verbindung zwischen den beiden Prozessen hergestellt wird. Weil UDP keine solche Verbindung bereitstellt, muss ein Prozess, der Daten an einen anderen Prozess senden will, diesen Daten die Adresse des Zielprozesses hinzufügen. Dies muss bei jeder Gruppe von Bytes wiederholt werden, die der sendende Prozess abschickt. Stellen Sie sich als Analogie eine Gruppe von 20 Personen vor, die in fünf Taxis zum gleichen Zielort fahren. Während die Menschen in die Taxis einsteigen, muss jeder Taxifahrer gesondert über den Zielort informiert werden. Aus diesem Blickwinkel ähnelt UDP einem Taxidienst. Die Zieladresse ist ein Tupel, das aus der IP-Adresse des Zielhosts und der Portnummer des Zielprozesses besteht. Zusammen bezeichnen wir Datenbytes, IP-Zieladresse und Portnummer als das „Paket". UDP bietet ein unzuverlässiges, nachrichtenorientiertes Dienstmodell, das sein Bestes tut *(best-effort)*, um die Bytes an den Zielort zu bringen. Es ist nachrichtenorientiert, weil die Bytes, die gemeinsam von der sendenden Seite in einem Paket verschickt wurden, auch gemeinsam auf der empfangenden Seite auftauchen. Das ist eine vollkommen andere Semantik als die eines Bytestroms bei TCP. Der UDP-Dienst ist ein Best-effort-Dienst, weil UDP keine Garantie abgibt, dass die Byte-Gruppen auch tatsächlich abgeliefert werden. Der UDP-Dienst unterscheidet sich daher (gleich in mehrfacher Hinsicht) deutlich vom zuverlässigen Bytestrom-Dienstmodell von TCP.

Nachdem er ein Paket erzeugt hat, schiebt der sendende Prozess es durch ein Socket ins Netz. Verwenden wir wieder unsere Taxianalogie, dann wartet auf der anderen Seite des sendenden Sockets ein Taxi auf die Pakete. Es fährt die Pakete in Richtung ihrer Zieladresse. Das Taxi garantiert jedoch nicht, dass es die Pakete tatsächlich am endgültigen Zielort abliefert – das Taxi könnte zusammenbrechen oder es könnte ein anderes unvorhergesehenes Problem auftauchen. Mit anderen Worten, *UDP bietet den kommunizierenden Prozessen einen unzuverlässigen Transportdienst* – es macht keine festen Zusagen, dass ein Paket seinen endgültigen Zielort erreicht.

In diesem Abschnitt illustrieren wir die Socket-Programmierung, indem wir dieselbe Anwendung wie im vorangegangenen Abschnitt entwickeln, nun aber für UDP. Wir werden sehen, dass der UDP-Code sich in wichtigen Punkten vom TCP-Code unterscheidet. Insbesondere (1) gibt es dort keinen initialen Handshake zwischen den zwei Prozessen und deshalb keinen Grund für einen Eingangs-Socket, (2) den Sockets sind keine Ströme zugeordnet, (3) die sendenden Hosts erzeugen Pakete, indem sie jede ausgesandte Gruppe von Bytes mit der IP-Zieladresse und der Portnummer verbinden und (4) der Annahmeprozess muss alle erhaltenen Pakete auseinandernehmen, um die Informationsbytes der Pakete zu erhalten. Erinnern Sie sich an unsere einfache Anwendung:

1. Ein Client liest eine Zeile von der Standardeingabe (Tastatur) und sendet die Zeile über seinen Socket an den Server.
2. Der Server liest eine Zeile von seinem Socket.
3. Der Server wandelt die Zeile in Großschreibung um.
4. Der Server sendet dem Client die modifizierte Zeile über seinen Socket.
5. Der Client liest die modifizierte Zeile von seinem Socket und gibt die Zeile auf seiner Standardausgabe (dem Monitor) aus.

▶Abbildung 2.34 hebt die wichtigsten mit dem Socket verknüpften Aktivitäten des Clients und Servers hervor, die über einen verbindungslosen (UDP) Transportdienst kommunizieren.

UDPClient.java

Hier ist der Code für die Client-Seite der Anwendung:

```
import java.io.*;
import java.net.*;
class UDPClient {
   public static void main(String args[]) throws Exception
   {
      BufferedReader inFromUser = new BufferedReader(new InputStreamReader(System.in));
      DatagramSocket clientSocket = new DatagramSocket();
      InetAddress IPAddress = InetAddress.getByName("hostname");
      byte[] sendData = new byte[1024];
      byte[] receiveData = new byte[1024];
      String sentence = inFromUser.readLine();
      sendData = sentence.getBytes();
      DatagramPacket sendPacket = new DatagramPacket(sendData, sendData.length,
         IPAddress, 9876);
      clientSocket.send(sendPacket);
      DatagramPacket receivePacket = new DatagramPacket(receiveData, receiveData.length);
```

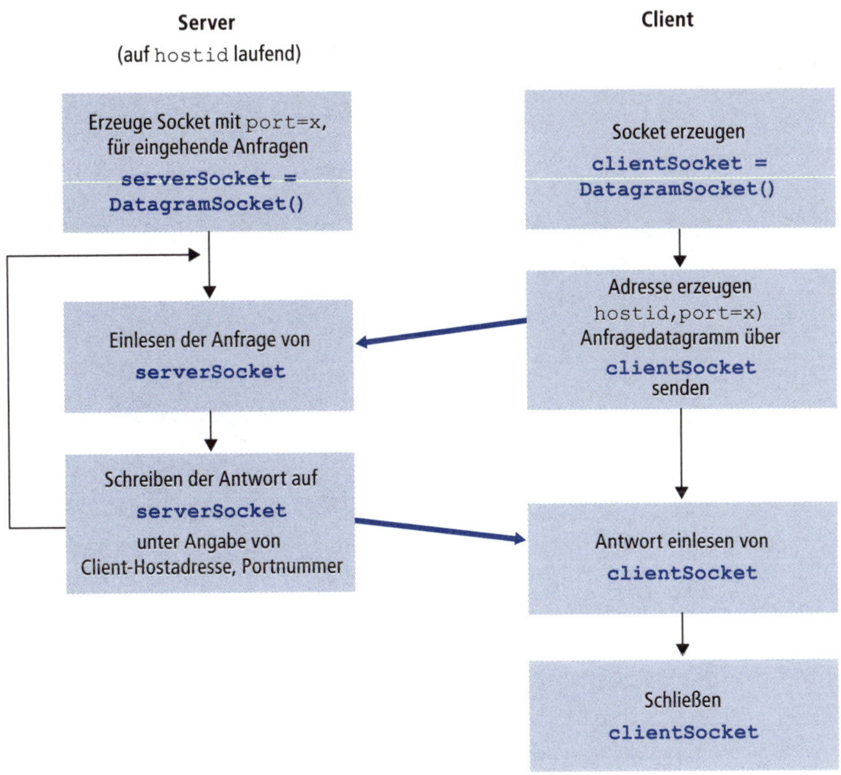

Abbildung 2.34: Die Client-Server-Anwendung unter Verwendung eines verbindungslosen Transportdienstes

```
        clientSocket.receive(receivePacket);
        String modifiedSentence = new String(receivePacket.getData());
        System.out.println("FROM SERVER:" + modifiedSentence);
        clientSocket.close();
    }
}
```

Das Programm `UDPClient.java` baut, wie in ▶Abbildung 2.35 gezeigt, einen Strom und ein Socket auf. Der Socket wird `clientSocket` genannt und ist vom Typ `DatagramSocket`. Beachten Sie, dass UDP beim Client eine andere Art von Socket als TCP verwendet. Insbesondere verwendet unser Client bei UDP die Klasse `DatagramSocket`, während er bei TCP die Klasse `Socket` verwendet hat. Der Strom `inFromUser` ist der Eingabedatenstrom des Programms. Er ist mit der Standardeingabe, d.h. der Tastatur, verknüpft. Wir hatten einen vergleichbaren Strom in unserer TCP-Version des Programms. Tippt ein Benutzer Zeichen auf der Tastatur, fließen diese in den Strom `inFromUser`. Anders als bei TCP gibt es aber keine Ströme (Eingabe oder Ausgabe), die mit dem Socket verknüpft sind. Anstatt Bytes in den Strom einzufügen, der mit einem `Socket`-Objekt verknüpft ist, schickt UDP einzelne Pakete durch das Objekt `DatagramSocket`.

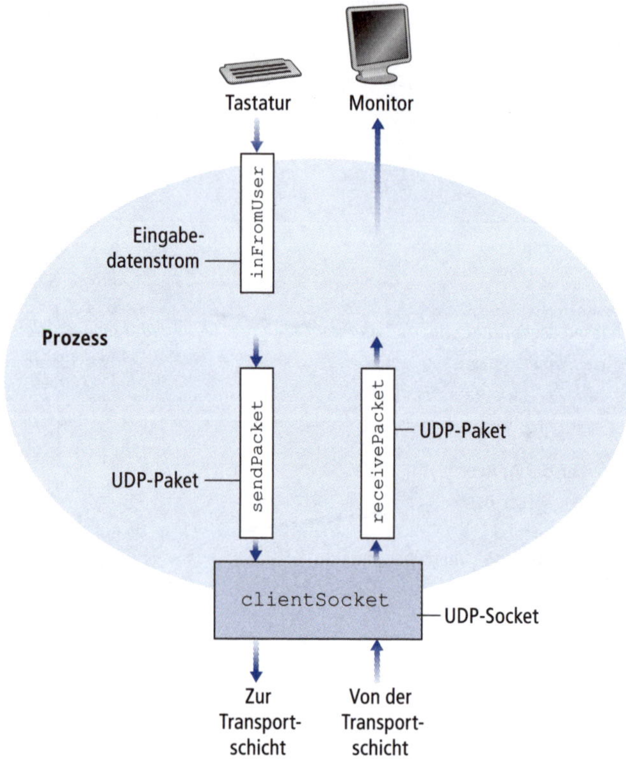

Abbildung 2.35: Die Anwendung UDPClient besitzt nur einen Strom. Der Socket akzeptiert Pakete vom Prozess und liefert Pakete an den Prozess

Werfen wir nun einen Blick auf die Codezeilen, die sich bedeutend von `TCPClient.java` unterscheiden.

```
DatagramSocket clientSocket = new DatagramSocket();
```

Diese Zeile erzeugt das Objekt `clientSocket` vom Typ `DatagramSocket`. Im Gegensatz zu `TCPClient.java` initiiert diese Zeile keine TCP-Verbindung. Insbesondere wendet sich der Client-Host bei Ausführung dieser Zeile nicht an den Server-Host. Deshalb benötigt der Konstruktor von `DatagramSocket()` auch weder den Hostnamen des Servers noch dessen Portnummer als Argumente. Mithilfe unserer Analogie von Tür und Leitung erzeugt die Ausführung der obigen Zeile eine Tür für den Client-Prozess, verlegt aber keine Leitung zwischen den beiden Prozessen.

```
InetAddress IPAddress = InetAddress.getByName("hostname");
```

Um Bytes an einen Zielprozess zu senden, brauchen wir die Adresse des Prozesses. Teil dieser Adresse ist die IP-Adresse des Zielhosts. Die obige Zeile ruft eine DNS-Anfrage auf, die den Hostnamen (der in diesem Beispiel vom Entwickler in den Code eingebaut wurde) in eine IP-Adresse übersetzt. DNS wurde auch von der TCP-Version des Clients aufgerufen, obwohl das dort nur implizit und nicht explizit erfolgte. Die Methode `getByName()` nimmt als Argument den Hostnamen des Servers entgegen und gibt die IP-Adresse dieses Servers zurück. Sie schreibt diese Adresse ins Objekt `IPAddress`, das vom Typ `InetAddress` ist.

```
Byte[] sendData = new Byte[1024];

Byte[] receiveData = new Byte[1024];
```

Die Byte-Arrays `sendData` und `receiveData` enthalten die Daten, die vom Client gesendet bzw. empfangen werden.

```
sendData = sentence.getBytes();
```

Diese Zeile führt im Wesentlichen eine Typumwandlung durch. Sie nimmt den String sentence und benennt ihn in sendData um, welches ein Array von Bytes ist.

```
DatagramPacket sendPacket = new DatagramPacket(sendData, sendData.length, IPAddress,
9876);
```

Diese Zeile konstruiert das Paket `sendPacket`, welches der Client über seinen Socket ins Netz schickt. Dieses Paket enthält die im Paket vorhandenen Daten, `sendData`, die Länge dieser Daten, die IP-Adresse des Servers und die Portnummer der Anwendung (für die wir 9876 gewählt haben). Beachten Sie, dass `sendPacket` vom Typ `DatagramPacket` ist.

```
clientSocket.send(sendPacket);
```

Die obige Zeile nimmt das gerade konstruierte Paket und überträgt es mittels der Methode `send()` von `clientSocket` ins Netz. Beachten Sie erneut, dass UDP die Daten ganz anders versendet als TCP. TCP fügt die Zeichenkette einfach in einen Strom ein, der eine direkte logische Verbindung zum Server hatte; UDP erzeugt ein Paket, welches die Adresse des Servers enthält. Nach dem Senden des Pakets wartet unser Client-Programm auf ein Paket vom Server.

```
DatagramPacket receivePacket = new DatagramPacket(receiveData, receiveData.length);
```

In dieser Zeile erzeugt der Client einen Platzhalter für das Paket, das er vom Server erwartet. Er reserviert den hierfür nötigen Speicherplatz in einem Objekt `receivePacket`, welches vom Typ `DatagramPacket` ist.

```
clientSocket.receive(receivePacket);
```

Der Client wartet nun untätig, bis er ein Paket erhält. Sobald es eintrifft, wird es in `receivePacket` eingelesen.

```
String modifiedSentence = new String(receivePacket.getData());
```

Die oben genannte Zeile holt die Daten aus `receivePacket` heraus, führt eine Typumwandlung durch und wandelt dabei ein Byte-Array in den String `modifiedSentence` um.

```
System.out.println("FROM SERVER:" + modifiedSentence);
```

Diese Zeile, die auch in TCPClient vorhanden ist, druckt den String `modifiedSentence` auf dem Monitor des Clients aus.

```
clientSocket.close();
```

Diese letzte Zeile schließt den Socket. Weil UDP verbindungslos ist, sendet der Client aufgrund dieser Zeile keine Nachricht der Transportschicht an den Server (im Gegensatz zum entsprechenden Gegenstück in `TCPClient`).

UDPServer.java

Betrachten wir nun die Server-Seite der Anwendung:

```
import java.io.*;
import java.net.*;
class UDPServer {
   public static void main(String args[]) throws Exception
   {
      DatagramSocket serverSocket = new DatagramSocket(9876);
      byte[] receiveData = new byte[1024];
      byte[] sendData = new byte[1024];
      while(true)
         {
         DatagramPacket receivePacket = new DatagramPacket(
            receiveData, receiveData.length);
         serverSocket.receive(receivePacket);
         String sentence = new String(receivePacket.getData());
         InetAddress IPAddress = receivePacket.getAddress();
         int port = receivePacket.getPort();
         String capitalizedSentence = sentence.toUpperCase();
         sendData = capitalizedSentence.getBytes();
         DatagramPacket sendPacket = new DatagramPacket(sendData,
            sendData.length, IPAddress, port);
         serverSocket.send(sendPacket);
      }
   }
}
```

Das Programm `UDPServer.java` konstruiert einen Socket, wie in ▶Abbildung 2.36 gezeigt. Der Socket wird `serverSocket` genannt. Wie beim Socket auf der Client-Seite der Anwendung, handelt es sich um ein Objekt des Typs `DatagramSocket`. Auch hier sind dem Socket keine Ströme zugeordnet.

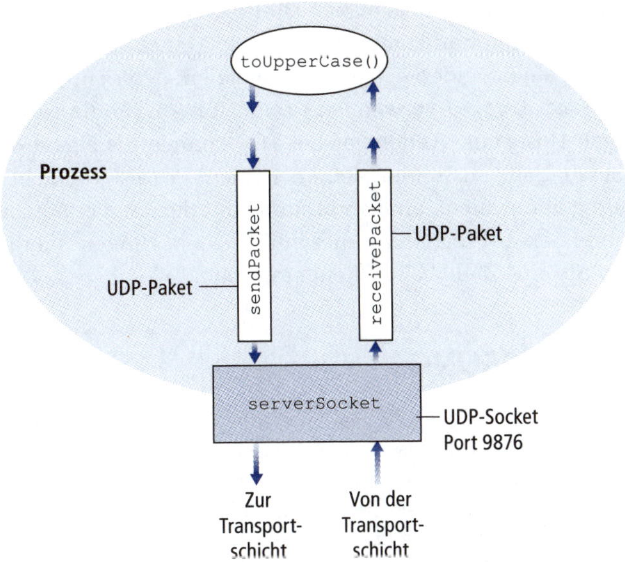

Abbildung 2.36: UDP-Server ohne Ströme; der Socket akzeptiert Pakete vom Prozess und liefert Pakete an den Prozess

Werfen wir nun einen Blick auf die Zeilen im Code, die sich von `TCPServer.java` unterscheiden.

```
DatagramSocket serverSocket = new DatagramSocket(9876);
```

Diese Zeile konstruiert das `DatagramSocket serverSocket` mit der Portnummer 9876. Alle gesendeten und erhaltenen Daten gehen durch diesen Socket. Weil UDP verbindungslos ist, brauchen wir keinen neuen Socket zu erzeugen und müssen nicht auf neue Verbindungsanforderungen warten, wie in `TCPServer.java`. Greifen mehrere Clients auf die Anwendung zu, senden sie alle ihre Pakete durch diese eine Tür: `serverSocket`.

```
String sentence = new String(receivePacket.getData());

InetAddress IPAddress = receivePacket.getAddress();

int port = receivePacket.getPort();
```

Die oben genannten drei Zeilen zerlegen das Paket, welches vom Client kommt. Die erste der drei Zeilen liest die Daten aus dem Paket aus und fügt sie in den String `sentence` ein; eine analoge Zeile gibt es in `UDPClient`. Die zweite Zeile liest die IP-Adresse aus, die dritte Zeile die vom Client gewählte Client-Portnummer. Diese ist eine andere als die Server-Portnummer 9876. (Wir werden Client-Portnummern im nächsten Kapitel näher betrachten.) Es ist notwendig, dass der Server die Adresse (IP-Adresse und Portnummer) des Clients erhält, so dass er dem Client den groß geschriebenen Satz zurückschicken kann.

Damit schließen wir unsere Analyse des UDP-Programmpaares ab. Um die Anwendung zu testen, installieren und kompilieren Sie `UDPClient.java` auf einem Host und `UDPServer.java` auf einem anderen. (Achten Sie darauf, den richtigen Hostnamen des Servers in `UDPClient.java` zu verwenden.) Dann führen Sie die beiden Programme auf den jeweiligen Hosts aus. Anders als bei TCP können Sie zuerst die Client-Seite und dann die Server-Seite ausführen, denn der Client-Prozess versucht beim Ausführen des Client-Programms nicht, eine Verbindung mit dem Server aufzubauen. Sobald Sie die Client- und Server-Programme ausgeführt haben, können Sie die Anwendung benutzen, indem Sie eine Zeile beim Client eintippen.

ZUSAMMENFASSUNG

In diesem Kapitel haben wir Konzepte und Implementierungen von Netzanwendungen untersucht. Wir haben die häufig verwendete Client-Server-Architektur kennengelernt, der viele Internetanwendungen folgen, und gesehen, wie diese Architektur in Protokollen wie HTTP, FTP, SMTP, POP3 und DNS benutzt wird. Wir haben diese wichtigen Protokolle der Anwendungsschicht und ihre jeweils zugehörigen Anwendungen (das Web, Dateitransfer, E-Mail und DNS) in einiger Tiefe untersucht. Zudem haben wir auch die immer häufiger auftretende P2P-Architektur und ihre vielen Anwendungen kennengelernt. Wir haben gesehen, wie das Socket-API verwendet werden kann, um Netzwerkanwendungen zu erstellen. Wir haben die Verwendung von Sockets für verbindungsorientierte (TCP) und verbindungslose (UDP) Ende-zu-Ende-Transportdienste analysiert. Damit ist der erste Schritt auf unserem Weg durch die Schichtenarchitektur der Netzwerke abgeschlossen!

Ganz am Anfang dieses Buches, in **Abschnitt 1.1**, haben wir eine ziemlich vage Definition des Begriffes „Protokoll" kennengelernt, die nur das Wesentliche enthielt: „Ein Protokoll bestimmt sowohl das Format und die Reihenfolge der zwischen zwei oder mehr kommunizierenden Entitäten ausgetauschten Nachrichten als auch die nach der Übertragung und/oder dem Eingang einer Nachricht oder eines anderen Ereignisses ergriffenen Maßnahmen." Das Material dieses Kapitels und im Besonderen unsere detaillierte Betrachtung der Protokolle HTTP, FTP, SMTP, POP3 und DNS hat dieser Definition jetzt beträchtliche Substanz hinzugefügt. Protokolle sind ein Schlüsselbegriff für Computernetzwerke. Unsere Untersuchung von Anwendungsprotokollen hat es uns jetzt ermöglicht, ein intuitives Gefühl dafür zu entwickeln, worum es bei Protokollen geht.

In **Abschnitt 2.1** haben wir die Dienstmodelle, die TCP und UDP den Anwendungen anbieten beschrieben. Als wir in den **Abschnitten 2.7** und **2.8** einfache Dienstmodelle entwickelten, die unter TCP und UDP laufen, haben wir sogar einen noch genaueren Blick auf diese Dienstmodelle geworfen. Allerdings haben wir noch wenig darüber verraten, wie TCP und UDP ihre Dienste tatsächlich erbringen. Wir wissen zum Beispiel, dass TCP einen zuverlässigen Datendienst anbietet, aber wir haben noch nichts darüber gesagt, wie es diesen umsetzt. Im nächsten Kapitel werfen wir nicht nur einen sorgfältigen Blick auf das *Was*, sondern auch auf das *Wie* und *Warum* der Transportprotokolle.

Ausgerüstet mit Kenntnissen über die Internetanwendungsstruktur und Anwendungsschichtprotokolle, sind wir jetzt bereit, im Protokollstapel weiter hinabzusteigen, und untersuchen in *Kapitel 3* die Transportschicht.

Aufgaben

CWS COMPANION WEBSITE Lösungshinweise

Verständnisfragen

ABSCHNITT 2.1

R1. Listen Sie fünf standardisierte Internetanwendungen und die von diesen benutzten Anwendungsschichtprotokolle auf.

R2. Was ist der Unterschied zwischen einer Netzwerkarchitektur und einer Anwendungsarchitektur?

R3. Welchen Prozess in einer Kommunikationssitzung bezeichnet man als Client und welchen als Server?

R4. Gilt für P2P-Filesharing-Anwendungen folgende Aussage: „Es gibt in diesen Anwendungen keine Client- und keine Server-Seite in einer Kommunikationssitzung"? Warum bzw. warum nicht?

R5. Welche Informationen verwendet ein Prozess, der auf einem Host läuft, um einen Prozess zu identifizieren, der auf einem anderen Host läuft?

R6. Nehmen Sie an, Sie wollen so schnell wie möglich eine Übertragung von einem entfernten Client zu einem Server machen. Würden Sie UDP oder TCP verwenden? Warum?

R7. In ▶Abbildung 2.4 sehen wir, dass keine der dort aufgeführten Anwendungen gleichzeitig verlustfreie Übertragung und Echtzeitunterstützung benötigt. Können Sie sich eine Anwendung überlegen, die eine solche Anforderung stellt?

R8. Listen Sie die vier großen Dienstklassen auf, die ein Transportprotokoll erbringen kann. Geben Sie für jede der Dienstklassen an, ob UDP oder TCP (oder beide) einen solchen Dienst erbringen.

R9. Erinnern Sie sich daran, dass TCP durch SSL erweitert werden kann, um Prozess-zu-Prozess-Sicherheitsdienste einschließlich Verschlüsselung zu bieten. Ist SSL auf der Transportschicht oder der Anwendungsschicht angesiedelt? Wenn der Anwendungsentwickler durch SSL erweitertes TCP einsetzen will, was muss er dann tun?

ABSCHNITTE 2.2–2.5

R10. Was versteht man unter Handshaking?

R11. Warum verwenden HTTP, FTP, SMTP und POP3 TCP und nicht UDP?

R12. Gehen Sie von einer E-Commerce-Seite aus, die für jeden ihrer Kunden über die bisherigen Einkäufe Buch führen will. Beschreiben Sie, wie dies mittels Cookies erreicht werden kann.

R13. Beschreiben Sie, wie Webcaching die Verzögerung bis zum Empfang eines angeforderten Objektes reduzieren kann. Kann Webcaching die Verzögerung für alle von einem Benutzer angeforderten Objekte verringern oder nur für manche der Objekte? Warum?

R14. Stellen Sie eine Telnet-Verbindung mit einem Webserver her und senden Sie eine mehrzeilige Request-Nachricht. Verwenden Sie in der Request-Nachricht die Header-Zeile `If-Modified-Since:`, um eine Response-Nachricht mit dem Statuscode `304 Not Modified` zu erzwingen.

R15. Warum sagt man, dass FTP Steuerinformationen „Out-of-Band" sendet?

R16. Nehmen Sie an, dass Alice von einem webbasierten E-Mail-Konto (wie Hotmail oder Gmail) eine Nachricht an Bob sendet, der mittels POP3 auf seine Mail zugreift. Erörtern Sie, wie die Nachricht von Alices Host zu Bobs Host gelangt. Listen Sie die Folge von Anwendungsschichtprotokollen auf, die verwendet wird, um die Nachricht zwischen den beiden Hosts zu übertragen.

R17. Drucken Sie den Header einer E-Mail-Nachricht aus, die Sie vor kurzem erhalten haben. Wie viele `Received:`-Kopfzeilen sind enthalten? Analysieren Sie jede Kopfzeile der Nachricht.

R18. Beschreiben Sie aus Sicht eines Anwenders den Unterschied zwischen dem Herunterladen-und-Löschen-Modus und dem Herunterladen-und-Behalten-Modus in POP3.

R19. Ist es möglich, dass Webserver und Mailserver einer Organisation genau denselben Aliasnamen für einen Host benutzen (zum Beispiel *foo.com*)? Welchen Typ hätte der RR, der den Hostnamen des Mailservers enthält?

ABSCHNITT 2.6

R20. Nehmen Sie an, dass Alice mit BitTorrent Datenblöcke während eines 30 Sekunden dauernden Intervalls an Bob sendet. Wird Bob ihr den Gefallen auf jeden Fall erwidern und Alice während des gleichen Intervalls auch Daten schicken? Warum oder warum nicht?

R21. Stellen Sie sich einen neuen Peer vor, der sich BitTorrent anschließt, ohne Datenblöcke zu besitzen. Ohne Daten kann er keinesfalls einer der Top-Vier-Uploader für irgendwelche anderen Peers werden, da er nichts hochzuladen hat. Wie bekommt er seinen ersten Datenblock?

R22. Was ist ein Overlay-Netzwerk? Enthält es Router? Was sind die Kanten im Overlay-Netzwerk? Wie wird ein Overlay-Netzwerk, das Anfrage-Fluten verwendet, erzeugt und aufrechterhalten?

R23. In welcher Weise ist Instant Messaging mit einem zentralisierten Index ein Hybride von Client-Server- und P2P-Architekturen?

R24. Die meisten Instant-Messaging-Systeme verwenden heute einen zentralisierten Index, um Benutzer ausfindig zu machen. Betrachten Sie stattdessen ein Overlay-Netzwerk mit Anfrage-Fluten (wie Gnutella), um Benutzer zu finden.

Beschreiben Sie, wie dies erfolgen würde, und erläutern Sie die Vor- und Nachteile eines solchen Designs.

R25. Skype verwendet P2P-Methoden für zwei wichtige Funktionen. Welche sind das?

R26. Listen Sie mindestens vier verschiedene Anwendungen auf, die sich geradezu natürlich für P2P-Architekturen eignen. (*Hinweis*: Dateiverteilung und Instant Messaging sind bereits zwei.)

ABSCHNITTE 2.7–2.8

R27. Der in Abschnitt 2.8 beschriebene UDP-Server brauchte nur einen Socket, während der in Abschnitt 2.7 beschriebene TCP-Server zwei Sockets benötigte. Warum? Wenn der TCP-Server gleichzeitig *n* Verbindungen unterstützen muss, jede von einem anderen Client-Host, wie viele Sockets würde der TCP-Server dann brauchen?

R28. Warum muss bei der Client-Server-Anwendung über TCP, wie in Abschnitt 2.7 beschrieben, das Server-Programm vor dem Client-Programm gestartet werden? Warum kann bei der in Abschnitt 2.8 beschriebenen Client-Server-Anwendung über UDP der Client vor dem Server-Programm ausgeführt werden?

Übungsaufgaben

Lösungshinweise

P1. Richtig oder falsch?

a. Ein Benutzer fordert eine Webseite an, die aus Text und zwei Abbildungen besteht. Für diese Seite sendet der Client eine Request-Nachricht und erhält drei Response-Nachrichten.

b. Zwei unterschiedliche Webseiten (zum Beispiel *www.mit.edu/research.html* und *www.mit.edu/student.html*) können über dieselbe persistente Verbindung gesandt werden.

c. Mit nichtpersistenten Verbindungen zwischen Browser und Ursprungsserver kann ein einzelnes TCP-Segment zwei verschiedene HTTP-Request-Nachrichten transportieren.

d. Die Kopfzeile `Date:` in der HTTP-Response-Nachricht zeigt, wann das in der Antwort enthaltene Objekt zuletzt verändert wurde.

P2. Lesen Sie RFC 959 für FTP. Listen Sie alle Client-Befehle auf, die vom RFC unterstützt werden.

P3. Betrachten Sie einen HTTP-Client, der von einer gegebenen URL ein Webdokument herunterladen will. Die IP-Adresse des HTTP-Servers ist zu Beginn nicht bekannt. Welche Transport- und welche Anwendungsschichtprotokolle sind außer HTTP in diesem Szenario noch erforderlich?

P4. Betrachten Sie die folgende ASCII-Zeichenkette, die von Wireshark aufgezeichnet wurde, als der Browser eine HTTP-GET-Nachricht sandte (d. h., es handelt sich hier um den tatsächlichen Inhalt einer HTTP-GET-Nachricht).

Die Zeichen *<cr><lf>* sind die Zeichen für Wagenrücklauf- und Zeilenvorschub (d. h., die hervorgehobene Zeichenkette *<cr>* stellt ein einzelnes Wagenrücklaufzeichen dar, das an dieser Stelle im HTTP-Kopf enthalten ist). Beantworten Sie die folgenden Fragen und kennzeichnen Sie jeweils, wo Sie die Antwort in der HTTP-GET-Nachricht unten finden.

```
GET /cs453/index.html HTTP/1.1<cr><lf>Host: gaia.cs.umass.edu<cr><lf>User-
Agent: Mozilla/5.0 (Windows;U; Windows NT 5.1; en-US; rv:1.7.2) Gecko/20040804
Netscape/7.2 (ax)<cr><lf>Accept:ext/xml,application/xml,application/
xhtml+xml,text/html;q=0.9,text/plain;q=0.8,image/png,*/*;q=0.5
<cr><lf>Accept-Language: en-us,en;q=0.5<cr><lf>Accept-Encoding:
zip,deflate<cr><lf>Accept-Charset: ISO-8859-1,utf-8;
q=0.7,*;q=0.7<cr><lf>Keep-Alive: 300<cr><lf>Connection:keep-
alive<cr><lf><cr><lf>
```

a. Welches ist die vom Browser angeforderte URL des Dokuments?

b. Welche HTTP-Version verwendet der Browser?

c. Fordert der Browser eine nichtpersistente oder eine persistente Verbindung an?

d. Welche IP-Adresse hat der Host, auf dem der Browser läuft?

P5. Der Text unten zeigt die vom Server gesandte Antwort auf die in der vorangegangenen Frage behandelte HTTP-GET-Nachricht. Beantworten Sie die folgenden Fragen und kennzeichnen Sie wiederum jeweils, wo Sie die Antwort in der Nachricht finden.

```
HTTP/1.1 200 OK<cr><lf>Date: Tue, 07 Mar 2006 12:39:45 GMT<cr><lf>Server:
Apache/2.0.52 (Fedora)<cr><lf>Last-Modified: Sat, 10 Dec 2005 18:27:46
GMT<cr><lf>ETag: "526c3-f22-a88a4c80"<cr><lf>Accept-Ranges:
bytes<cr><lf>Content-Length: 3874<cr><lf>Keep-Alive:
timeout=max=100<cr><lf>Connection: Keep-Alive<cr><lf>Content-Type: text/html;
charset= ISO-8859-1<cr><lf><cr><lf><!doctype html public "-//w3c//dtd html 4.0
transitional//en"><lf><html><lf><head><lf><meta http-equiv="Content-Type"
content="text/html; charset=iso-8859-1"><lf><meta name="GENERATOR"
content="Mozilla/4.79 [en] (Windows NT 5.0; U) Netscape]"><lf><title>CMPSCI 453
/ 591 / NTU-ST550A Spring 2005 homepage</title><lf></head><lf>
<weiterer Dokumenteninhalt (hier nicht gezeigt)>
```

a. Konnte der Server das Dokument finden oder nicht? Um wie viel Uhr wurde die Antwort abgesandt?

b. Wann wurde das Dokument zuletzt modifiziert?

c. Wie viele Bytes umfasst das zurückgegebene Dokument?

d. Wie lauten die ersten fünf Bytes des zurückgegebenen Dokuments? Hat der Server der Verwendung einer persistenten Verbindung zugestimmt?

P6. Beschaffen Sie sich die HTTP/1.1-Spezifikation (RFC 2616). Beantworten Sie die folgenden Fragen:

a. Erklären Sie den Signalisierungsmechanismus zwischen Client und Server, der anzeigt, dass eine persistente Verbindung geschlossen wird. Können Client, Server oder beide das Ende einer Verbindung signalisieren?

b. Welche Verschlüsselungsdienste werden von HTTP angeboten?

P7. Nehmen Sie an, dass Sie in Ihrem Web-Browser auf einen Link klicken, um eine Webseite zu erhalten. Die IP-Adresse für die zugehörige URL wird nicht in Ihrem lokalen Host gecacht, so dass eine DNS-Suche notwendig ist, um die IP-Adresse zu erhalten. Nehmen Sie an, dass n DNS-Server besucht werden, bevor Ihr Host die IP-Adresse vom DNS erhält. Jeder besuchte DNS-Server verursacht eine RTT von RTT_1, ... , RTT_n. Nehmen Sie weiter an, dass die über den Link erreichbare Webseite genau ein Objekt enthält, das aus einem kurzen HTML-Text besteht. Sei RTT_0 die RTT zwischen dem lokalen Host und dem Server, welcher das Objekt zur Verfügung stellt. Wenn die Übertragungszeit des Objekts null ist, wie viel Zeit vergeht dann zwischen dem Moment, in dem der Benutzer auf den Link klickt, und dem Moment, zu dem der Client das Objekt erhält?

P8. Nehmen Sie in Aufgabe P7 an, dass die HTML-Datei auf drei sehr kleine Objekte auf demselben Server verweist. Vernachlässigen Sie Übertragungszeiten – wie viel Zeit vergeht bei

a. nichtpersistentem HTTP ohne parallele TCP-Verbindungen?

b. nichtpersistentem HTTP mit parallelen TCP-Verbindungen?

c. persistentem HTTP?

P9. Betrachten Sie ▶Abbildung 2.12, die ein mit dem Internet verbundenes Firmennetz zeigt. Nehmen Sie an, dass die durchschnittliche Objektgröße 900.000 Bit beträgt und dass die durchschnittliche Anfragerate der Firma 15 Anfragen pro Sekunde ist. Nehmen Sie außerdem an, dass die Zeitdauer zwischen dem Moment, in dem der Router auf der Internetseite der Zugangsverbindung eine HTTP-Anforderung weiterleitet, und dem Moment, in dem die Antwort eintrifft, im Durchschnitt zwei Sekunden beträgt (Abschnitt 2.2.5).

Modellieren Sie die durchschnittliche gesamte Antwortzeit als Summe der durchschnittlichen Zugangsverzögerung (d. h. der Verzögerung zwischen dem Internetrouter und dem Router der Firma) und der durchschnittlichen Internetverzögerung. Verwenden Sie für die durchschnittliche Zugangsverzögerung den Ausdruck $\Delta/(1 - \Delta\beta)$, wobei Δ die durchschnittliche Zeit angibt, die die Übertragung eines Objektes über die Zugangsverbindung benötigt, und β die Ankunftsrate von Objekten an der Zugangsverbindung ist.

a. Finden Sie die gesamte durchschnittliche Antwortzeit.

b. Nehmen Sie jetzt an, dass ein Cache im LAN installiert ist, dessen Trefferrate 0,4 beträgt. Ermitteln Sie die gesamte Antwortzeit.

P10. Betrachten Sie eine kurze Verbindung von zehn Meter Länge, über die ein Sender mit einer Geschwindigkeit von 150 Bit/s. in beide Richtungen Daten übertragen kann. Nehmen Sie an, dass Datenpakete eine Länge von 100.000 Bit besitzen und Pakete, die nur Kontrollbits (z. B. ACK oder Handshaking) enthalten, 200 Bit lang sind. Nehmen Sie an, dass N parallele Verbindungen je $1/N$ der Verbindungsbandbreite zugeteilt bekommen. Gehen Sie nun vom HTTP-Protokoll aus und nehmen Sie an, dass jedes heruntergeladene Objekt 100 Kbit groß ist und dass das ursprünglich heruntergeladene Objekt auf zehn weitere Objekte desselben Absenders verweist. Würde paralleles Herunterladen über parallele Instanzen von nichtpersistentem HTTP in diesem Fall Sinn machen? Betrachten Sie jetzt persistentes HTTP. Erwarten Sie wesentliche Gewinne im Vergleich zum nichtpersistenten Fall? Begründen und erklären Sie Ihre Antwort.

P11. Schreiben Sie ein einfaches TCP-Programm für einen Server, der Eingabezeilen eines Clients akzeptiert und diese Zeilen auf der Standardausgabe des Servers ausgibt. (Sie erreichen dies durch Modifizieren des Programms TCPServer.java im Text.) Kompilieren Sie Ihr Programm und führen Sie es aus. Konfigurieren Sie auf einem anderen Rechner einen Webbrowser so, dass er Ihr Programm als Proxy-Server verwendet. Geben Sie hierfür den entsprechenden Hostnamen und auch die passende Portnummer an. Ihr Browser sollte jetzt seine GET-Nachrichten an Ihren Server senden und Ihr Server sollte die Nachrichten auf seiner Standardausgabe anzeigen. Verwenden Sie diese Plattform, um herauszufinden, ob Ihr Browser bedingte GET-Nachrichten für Objekte generiert, die lokal zwischengespeichert werden.

P12. Was ist der Unterschied zwischen MAIL FROM: in SMTP und FROM: in der eigentlichen Mail-Nachricht?

P13. Lesen Sie den POP3-RFC, RFC 1939. Welchen Zweck hat der POP3-Befehl UIDL?

P14. Betrachten Sie den E-Mail-Zugriff mit POP3.

a. Nehmen Sie an, Sie haben Ihren POP3-Client so konfiguriert, dass er im Herunterladen-und-Löschen-Modus arbeitet. Vervollständigen Sie die folgende Sitzung:

```
C:  list
S:  1 498
S:  2 912
S:  .
C:  retr 1
S:  blah blah ...
S:  ..........blah
S: .
?
?
```

b. Nehmen Sie an, Sie haben Ihren POP3-Client so konfiguriert, dass er im Herunterladen-und-Behalten-Modus arbeitet. Vervollständigen Sie die folgende Sitzung:

```
C:  list
S:  1 498
S:  2 912
S:  .
C:  retr 1
S:  blah blah ...
S:  ..........blah
S: .
?
?
```

c. Nehmen Sie weiterhin an, Sie haben Ihren POP3-Client so konfiguriert, dass er im Herunterladen-und-Behalten-Modus arbeitet. Nehmen Sie an, dass Sie wie beim Ablauf in Teil (b) die Nachrichten 1 und 2 herunterladen, die POP3-Sitzung dann beenden und fünf Minuten später wieder darauf mit POP3 zugreifen, um neue E-Mails zu holen. Gehen Sie davon aus, dass in diesen fünf Minuten keine neuen Nachrichten eingetroffen sind. Geben Sie analog zu der Beschreibung in den vorigen Teilaufgaben den Ablauf dieser zweiten POP3-Sitzung an.

P15. a. Was ist eine *whois*-Datenbank?

b. Verwenden Sie verschiedene whois-Datenbanken im Internet, um die Namen zweier DNS-Server in Erfahrung zu bringen. Geben Sie an, welche whois-Datenbanken Sie verwendet haben.

c. Verwenden Sie nslookup auf Ihrem lokalen Host, um DNS-Anfragen an drei DNS-Server zu senden: Ihren lokalen DNS-Server und die beiden DNS-Server, die Sie in Teil (b) gewählt haben. Versuchen Sie, Anfragen nach Typ A, NS und MX durchzuführen. Fassen Sie Ihre Ergebnisse zusammen.

d. Verwenden Sie nslookup, um einen Webserver zu finden, der mehrere IP-Adressen hat. Hat der Webserver Ihrer Institution (Universität, Firma, ...) mehrere IP-Adressen?

e. Verwenden Sie eine geeignete whois-Datenbank, um den von Ihrer Universität verwendeten IP-Adressbereich zu bestimmen.

f. Beschreiben Sie, wie ein Angreifer vor Beginn eines Angriffs whois-Datenbanken und nslookup benutzen kann, um sich Informationen über eine Institution zu beschaffen.

g. Erörtern Sie, warum whois-Datenbanken öffentlich verfügbar sein sollten.

P16. Ihre Aufgabe ist es, eine Datei von $F = 10$ Gbit an N Endsysteme zu verteilen. Der Server hat eine Upload-Rate von $u_S = 20$ Mbps und jedes andere Endsystem hat eine Download-Rate $d_i = 1$ Mbps und eine Upload-Rate von u. Stellen Sie für $N = 10$, 100 und 1.000 und $u = 200$ Kbps, 600 Kbps und 1 Mbps ein Diagramm auf, das die minimale Verteilungszeit für jede Kombination von N und u sowohl bei Client-Server-Verteilung als auch bei P2P-Verteilung angibt.

P17. Sie sollen nun eine Datei von F Bit an N andere Endsysteme mithilfe einer Client-Server-Architektur verteilen. Nehmen Sie an, dass der Server simultan an mehrere Endsysteme senden kann, an jedes Endsystem mit einer anderen Datenrate, solange die Summe der Datenraten u_S nicht übersteigt.

a. Nehmen Sie an, dass u_S/N kleiner oder gleich d_{min} ist. Geben Sie ein Verteilungsschema an, das eine Verteilungszeit von NF/u_S hat.

b. Nehmen Sie an, dass u_S/N größer oder gleich d_{min} ist. Geben Sie ein Verteilungsschema an, das eine Verteilungszeit von F/d_{min} hat.

c. Zeigen Sie, dass die minimale Verteilungszeit im Allgemeinen durch $\max \{NF/u_S, F/d_{min}\}$ gegeben ist.

P18. Es soll eine Datei mit F Bits an N Peers mithilfe einer P2P-Architektur verteilt werden. Der Einfachheit halber nehmen Sie an, dass d_{min} sehr groß ist, so dass die Bandbreite der downloadenden Peers nie ein Engpass wird.

a. Nehmen Sie an, dass $u_S \leq (u_S + u_1 + \ldots + u_N)/N$. Geben Sie ein Verteilungsschema mit einer Verteilungszeit von F/u_S an.

b. Nehmen Sie an, dass $u_S \geq (u_S + u_1 + \ldots + u_N)/N$. Geben Sie ein Verteilungsschema mit einer Verteilungszeit von $NF/(u_S + u_1 + \ldots + u_N)$ an.

c. Zeigen Sie, dass die minimale Verteilungszeit im Allgemeinen durch $\max \{F/u_S, NF/(u_S + u_1 + \ldots + u_N)\}$ gegeben ist.

P19. Betrachten Sie ein Overlay-Netzwerk mit N aktiven Peers, wobei jedes Paar von Peers eine aktive TCP-Verbindung hat. Nehmen Sie außerdem an, dass die TCP-Verbindungen durch insgesamt M Router gehen. Wie viele Knoten und Kanten besitzt das entsprechende Overlay-Netzwerk?

P20. Bei unserer Behandlung eines Overlay-Netzwerkes mit Anfrage-Fluten in Abschnitt 2.6 haben wir recht detailliert beschrieben, wie sich ein neuer Peer dem Overlay-Netzwerk anschließt. Nun wollen wir untersuchen, was geschieht, wenn ein Peer das Overlay-Netzwerk verlässt. Nehmen Sie an, dass jeder teilnehmende Peer jederzeit TCP-Verbindungen zu mindestens vier unterschiedlichen Peers besitzt. Nehmen Sie an, dass Peer X, der fünf TCP-Verbindungen zu anderen Peers hat, das Netz verlassen will.

a. Berücksichtigen Sie zuerst den Fall eines kontrollierten Endes, d. h., Peer X schließt ausdrücklich seine Anwendung, wodurch die fünf TCP-Verbindungen geschlossen werden. Welche Maßnahmen würde jeder der fünf zuvor mit ihm verbundenen Peers ergreifen?

b. Jetzt nehmen Sie an, dass sich Peer X abrupt vom Internet trennt, ohne seine fünf Nachbarn davon zu benachrichtigen. Was würde geschehen?

P21. In dieser Aufgabe erkunden wir das Reverse-Path-Routing von Trefferbenachrichtigungen beim Anfrage-Fluten. Nehmen Sie an, dass Alice eine Anfragenachricht aussendet. Nehmen Sie weiter an, dass Bob die Anfragenachricht erhält (die von mehreren dazwischenliegenden Peers weitergeleitet worden sein könnte) und eine Datei hat, die zur Anfrage passt.

a. Erinnern Sie sich daran, dass ein Peer eine Treffernachricht in umgekehrter Richtung über den Pfad der entsprechenden Fragenachricht sendet, wenn er eine passende Datei hat. Eine alternative Möglichkeit wäre, dass Bob eine direkte TCP-Verbindung mit Alice herstellt und die Trefferbenachrichtigung über diese Verbindung sendet. Was sind die Vor- und Nachteile eines solchen alternativen Designs?

b. Wenn Alice eine Anfragenachricht generiert, fügt sie eine eindeutige Kennung ins MessageID-Feld der Nachricht ein. Wenn Bob eine Übereinstimmung feststellt, generiert er eine Treffernachricht mit derselben MessageID wie die Anfragenachricht. Beschreiben Sie, wie Peers das MessageID-Feld und lokale Routing-Tabellen verwenden können, um Reverse-Path-Routing zu ermöglichen.

c. Ein alternativer Ansatz, der keine eindeutigen Nachrichtenkennzeichnungen verwendet, ist der folgende: Wenn eine Anfrage einen Peer erreicht, fügt der Peer der Anfragenachricht seine IP-Adresse hinzu. Beschreiben Sie, wie Peers diesen Mechanismus verwenden können, um Reverse-Path-Routing durchzuführen.

P22. In dieser Aufgabe versuchen wir, ein hierarchisches Overlay-Netzwerk zu gestalten, das gewöhnliche Peers, Super-Peers und Hyper-Peers enthält.

a. Nehmen Sie an, dass jeder Hyper-Peer grob für 200 Super-Peers verantwortlich ist und jeder Super-Peer grob für 200 gewöhnliche Peers. Wie viele Hyper-Peers wären für ein Netzwerk von vier Millionen Peers notwendig?

b. Welche Information könnte jeder Super-Peer speichern? Welche Information könnte jeder Hyper-Peer speichern? Wie könnte das Suchen in solch einem dreischichtigen Design ablaufen?

P23. Betrachten Sie Anfrage-Fluten, wie in Abschnitt 2.6 besprochen. Nehmen Sie an, dass jeder Peer mit höchstens N Nachbarn im Overlay-Netzwerk verbunden ist. Nehmen Sie auch an, dass das Knotenzählerfeld anfangs auf K gesetzt wird. Nun stellt Alice eine Anfrage. Finden Sie eine obere Grenze für die Anzahl von Anfragenachrichten, die im Overlay-Netzwerk verschickt werden.

P24. Installieren und kompilieren Sie die Java-Programme TCPClient und UDPClient auf einem Host und TCPServer und UDPServer auf einem anderen Host.

a. Nehmen Sie an, dass Sie TCPClient vor TCPServer ausführen. Was geschieht? Warum?

b. Nehmen Sie an, dass Sie UDPClient vor UDPServer ausführen. Was geschieht? Warum?

c. Was geschieht, wenn Sie für die Client- und Server-Seite verschiedene Portnummern verwenden?

P25. Nehmen Sie an, dass wir in UDPClient.java die Zeile

```
DatagramSocket clientSocket = new DatagramSocket();
```

durch

```
DatagramSocket clientSocket = new DatagramSocket(5432);
```

ersetzen.

Muss UDPServer.java geändert werden? Was sind die Portnummern der Sockets in UDPClient und UDPServer? Wie lauteten sie vor dieser Änderung?

Diskussion

D1. Warum sind Ihrer Meinung nach P2P-Filesharing-Anwendungen so beliebt? Weil sie (möglicherweise illegal) Musik und Videos frei verteilen? Weil sie Daten auf effiziente Weise verteilen? Beides?

D2. Lesen Sie den Artikel „The Darknet and the Future of Content Distribution“ von Biddle, England, Peinado und Willman [Biddle 2003]. Sind Sie mit allen Ansichten der Autoren einverstanden? Warum oder warum nicht?

D3. Websites für E-Commerce, aber auch andere, haben oft Backend-Datenbanken. Wie kommunizieren HTTP-Server mit diesen Backend-Datenbanken?

D4. Wie können Sie Ihren Browser für lokales Caching konfigurieren? Welche Caching-Optionen haben Sie?

D5. Können Sie Ihren Browser so konfigurieren, dass er gleichzeitig mehrere Verbindungen zu einer Website öffnet? Was sind die Vor- und Nachteile einer großen Anzahl paralleler TCP-Verbindungen?

D6. Wir haben gesehen, dass TCP-Sockets die Daten als Bytestrom behandeln, aber UDP-Sockets die Grenzen einer Nachricht bei der Übertragung erhalten. Nennen Sie einen Vorteil und einen Nachteil der byteorientierten API im Vergleich zum expliziten Erhalt von Nachrichtengrenzen durch die API.

D7. Was ist der Apache-Webserver? Wie viel kostet er? Welche Funktionalität bietet er gegenwärtig?

D8. Nehmen Sie an, die Standardisierungsgremien des Web würden beschließen, die Namenskonvention so zu ändern, dass jedes Objekt von einem eindeutigen Namen gekennzeichnet wird, der standortunabhängig ist (eine sogenannte URN). Erörtern Sie einige der Fragestellungen, die eine solche Änderung mit sich bringen würde.

D9. Gibt es Firmen, die heute Live-Fernsehsendungen über das Internet verteilen? Wenn ja, verwenden diese Firmen Client-Server- oder P2P-Architekturen?

D10. Bieten heutzutage Firmen einen Video-on-Demand-Dienst über das Internet mittels P2P-Architektur an?

D11. Wie stellt Skype einen PC-zu-Telefon-Dienst mit vielen verschiedenen Zielländern zur Verfügung?

D12. Was sind heute einige der beliebtesten BitTorrent-Clients?

Programmieraufgaben

Aufgabe 1: Webserver mit Multithreading

Bis zum Ende dieser Programmieraufgabe werden Sie in Java einen Multithreading-fähigen Webserver entwickelt haben, der in der Lage ist, mehrere Anfragen parallel abzuarbeiten. Sie werden Version 1.0 von HTTP implementieren, wie es in RFC 1945 definiert ist.

HTTP/1.0 generiert eine separate TCP-Verbindung für jedes Request-/Response-Paar. Ein separater Prozess kümmert sich um jede dieser Verbindungen. Es gibt auch einen Hauptprozess, in dem der Server auf Clients wartet, die Verbindungen herstellen wollen. Um die Programmieraufgabe zu vereinfachen, entwickeln wir den Code in zwei Stufen. In der ersten Stufe schreiben Sie einen Multithreading-fähigen Server, der lediglich den Inhalt der HTTP-Request-Nachricht anzeigt, die er erhält. Nachdem dieses Programm richtig läuft, fügen Sie Code hinzu, der zum Erzeugen einer entsprechenden Antwort notwendig ist.

Während Sie den Code entwickeln, können Sie Ihren Server mit einem Webbrowser testen. Aber denken Sie daran, dass Sie Ihren Dienst nicht über den Standardport 80 anbieten, so dass Sie in der URL, die Sie in Ihrem Browser eintippen, die Portnummer mit angeben müssen. Lautet der Name Ihres Hosts z. B. *host.someschool.edu*, verwendet Ihr Server Port 6789, und möchten Sie die Datei index.html herunterladen, dann würden Sie die folgende URL in Ihrem Browser angeben: *http://host.someschool.edu:6789/index.html*

Wenn Ihr Server auf ein Problem stößt, sollte er eine Response-Nachricht mit einer entsprechenden HTML-Nachricht senden, so dass die Fehlerinformation im Browser-Fenster angezeigt wird. Sie finden alle Details dieser Aufgabe sowie wichtige Java-Codeschnipsel auf der Website dieses Buches.

Aufgabe 2: Mailclient

In dieser Aufgabe entwickeln Sie in Java ein E-Mail-Anwendungsprogramm mit den folgenden Merkmalen:

- Eine grafische Benutzerschnittstelle für den Absender mit Feldern für den lokalen Mailserver, den E-Mail-Adressen von Sender und Empfänger, dem Betreff der Nachricht und der Nachricht selbst
- Herstellen eine TCP-Verbindung zwischen dem Mail-Client und dem lokalen Mail-Server, Senden von SMTP-Befehlen zu lokalen Mailservern, Empfangen und Verarbeiten von SMTP-Befehlen vom lokalen Mailserver

So wird Ihre Benutzerschnittstelle aussehen:

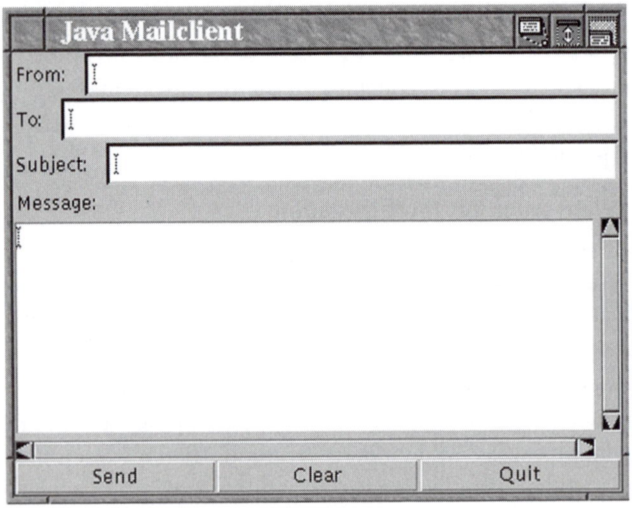

Sie werden das Anwendungsprogramm so entwickeln, dass es eine E-Mail-Nachricht an höchstens einen Empfänger auf einmal sendet. Weiterhin nimmt das Programm an, dass der Domain-Teil der E-Mail-Adresse des Empfängers der kanonische Name seines SMTP-Servers ist. (Das Programm führt keine DNS-Suche nach einem MX-Datensatz aus, so dass der Absender den tatsächlichen Namen des Mailservers angeben muss.) Sie finden alle Details der Aufgabe sowie wichtige Java-Codeschnipsel auf der Website dieses Buches.

Aufgabe 3: UDP-Pinger

In dieser praktischen Aufgabe implementieren Sie einen einfachen UDP-basierten Ping-Client und -Server. Die von diesen Programmen bereitgestellte Funktionalität ähnelt dem in modernen Betriebssystemen verfügbaren Standard-Ping-Programm. Standard-Ping funktioniert durch das Senden von Echo-Nachrichten des Internet Control Message Protocols (ICMP), die der entfernte Computer unverändert zum Absender zurücksendet. Der Absender kann dann die Rundlaufzeit zwischen sich und dem angepingten Computer bestimmen.

Java bietet keinerlei Funktionalität, um ICMP-Nachrichten zu senden oder zu empfangen, deshalb werden Sie in diesem Versuch das Pingen auf der Anwendungsschicht mit Standard-UDP-Sockets und Nachrichten durchführen. Sie finden alle Details der Aufgabe sowie wichtige Java-Codeschnipsel auf der Website dieses Buches.

Aufgabe 4: Web-Proxy-Server

In dieser Aufgabe entwickeln Sie einen einfachen Web-Proxy-Server, der auch in der Lage ist, Webseiten zu cachen. Dieser Server akzeptiert eine GET-Nachricht von einem Browser, leitet die GET-Nachricht an den Ziel-Webserver weiter, empfängt die HTTP-Response-Nachricht vom Zielserver und leitet die HTTP-Response-Nachricht an den Browser weiter. Dies ist ein sehr einfacher Proxyserver; er versteht nur einfache GET-Anfragen. Jedoch ist der Server in der Lage, alle Arten von Objekten zu unterstützen, nicht nur HTML-Seiten, sondern auch Grafiken. Sie finden alle Details der Aufgabe sowie wichtige Java-Codeschnipsel auf der Website dieses Buches.

Wireshark-Experimente

Wireshark-Experimente: HTTP

Nachdem wir uns im vorangegangenen Kapitel bereits mit Wireshark vertraut gemacht haben, sind wir jetzt bereit, Protokolle bei der Arbeit zu untersuchen. Wir erkunden mehrere Aspekte des HTTP-Protokolls: das grundlegende Zusammenspiel zwischen HTTP-GET-Nachrichten und den darauffolgenden Antworten, HTTP-Nachrichtenformate, das Übertragen großer HTML-Dateien, das Übertragen von HTML-Dateien mit eingebetteten URLs, persistente und nichtpersistente Verbindungen sowie HTTP-Authentifizierung und -Sicherheit.

Wie bei allen Wireshark-Experimenten finden Sie die ausführliche Beschreibung auf der Website dieses Buches.

Wireshark-Experimente: DNS

In diesen Experimenten werfen wir einen genaueren Blick auf die Client-Seite von DNS, dem Protokoll, das Internet-Hostnamen in IP-Adressen übersetzt. Erinnern Sie sich an Abschnitt 2.5 und daran, dass die Rolle des Clients bei DNS relativ einfach ist – ein Client sendet eine Anfrage an seinen lokalen DNS-Server und erhält eine Antwort zurück. Viel spielt sich hinter verschlossenen Türen ab, unsichtbar für den DNS-Client, während die hierarchisch angeordneten DNS-Server miteinander kommunizieren, um entweder rekursiv oder iterativ die DNS-Anfrage des Clients zu bearbeiten. Vom Standpunkt des DNS-Clients aus gesehen ist das Protokoll jedoch ziemlich einfach – eine Anfrage wird zum lokalen DNS-Server gesendet und eine Antwort wird von diesem Server zurückgegeben. Wir beobachten DNS im Rahmen dieser Experimente bei der Arbeit.

Die ausführliche Beschreibung der Experimente ist auf der Website dieses Buches verfügbar.

Interview mit Bram Cohen

Bram Cohen ist Geschäftsführer und Mitgründer von BitTorrent Inc. und der Erfinder des BitTorrent-Peer-to-Peer-Dateiverteilungsprotokolls. Bram ist außerdem Mitgründer von CodeCon und Coautor von Codeville. Vor der Erfindung von BitTorrent arbeitete Bram bei MojoNation. MojoNation ermöglichte den Benutzern das Aufspalten vertraulicher Daten in kleinere Blöcke, die mithilfe der Software von MojoNation an andere Computer gesandt werden konnten. Dieses Konzept war seine Inspiration für die Entwicklung von BitTorrent. Mitte und Ende der 1990er, vor seiner Zeit bei MojoNation, war Bram ein waschechter Dot-Commer und arbeitete für verschiedene Internetfirmen. Bram wuchs in New York City auf, machte seinen Abschluss an der Stuyvesant High School und besuchte die University of Buffalo.

Wie kamen Sie auf die Idee, BitTorrent zu entwickeln?

Ich hatte ziemlich viel praktische Erfahrung mit Netzwerken (Protokolle über TCP/UDP) und das Implementieren von Swarming (dies ist eine Bezeichnung für die Art, wie in P2P-Netzwerken Daten über einen Schwarm von Peers verteilt werden) schien das interessanteste ungelöste Problem jener Zeit zu sein, also beschloss ich, daran zu arbeiten.

Die Kernidee hinter BitTorrent ist ganz trivial: Es gibt da draußen viel Upload-Kapazität. Viele andere Leute machten ebenfalls diese Beobachtung. Aber eine Implementierung umzusetzen, welche die notwendige Logistik behandeln konnte, ist ein ganz anderes Problem.

Was waren die herausforderndsten Aspekte bei der Entwicklung von BitTorrent?

Der wesentlichste Teil bestand im Finden des richtigen Gesamtkonzeptes und der Struktur für das Protokoll. Sobald das erledigt war, blieb nur ein wenig Programmierarbeit übrig, um der Sache Substanz zu verleihen. In Bezug auf die Durchführung bestand der weitaus schwierigste Teil darin, ein verlässliches System zu implementieren. Wenn Sie es mit unzuverlässigen Peers zu tun haben, müssen Sie davon ausgehen, dass jeder jederzeit alles Mögliche anstellen kann. Sie müssen für alle Eventualitäten Vorkehrungen treffen. Bei der ersten Arbeit an BitTorrent musste ich ständig große Teile neu schreiben, weil immer neue Probleme auftraten und so das notwendige Gesamtdesign immer deutlicher wurde.

Wie entdeckten die Leute zu Anfang BitTorrent?

Die Leute entdeckten BitTorrent im Allgemeinen als Software zum Herunterladen von Dateien. Es gab irgendeinen Inhalt, den sie haben wollten, und er war nur verfügbar, wenn sie BitTorrent verwendeten, also luden sie ihn damit herunter. Menschen, die Inhalte verbreiteten, benutzten oft BitTorrent, weil sie einfach nicht die Bandbreite hatten, um ihren Inhalt auf irgendeine andere Weise zu verteilen.

Was denken Sie über die rechtlichen Schritte der RIAA und der MPAA gegen die Benutzung von Filesharing-Programmen wie BitTorrent zur Verbreitung von Filmen und Musik? Sind Sie jemals angeklagt worden, eine Technologie entwickelt zu haben, mit der illegal urheberrechtlich geschütztes Material verteilt wird?

Die Verletzung des Urheberrechts ist illegal. Technik ist es nicht. Ich wurde nie verklagt, weil ich nie an Verletzungen des Urheberrechts beteiligt war. Wenn Sie sich für das Entwickeln neuer Techniken interessieren, sollten Sie bei der Technik bleiben.

Denken Sie, dass in der nahen Zukunft andere Dateiverteilungsprogramme auftauchen könnten, die BitTorrent ersetzen? Zum Beispiel könnte Microsoft sein eigenes proprietäres Dateiverteilungsprotokoll in einer künftigen Version eines Betriebssystems einbauen?

Es kann in der Zukunft andere Protokolle geben, aber es ist unwahrscheinlich, dass sich die Grundprinzipien ändern, wie man Daten verteilen kann. Eine grundlegende Änderung gibt es am wahrscheinlichsten dann, wenn auch eine grundlegende Änderung der allgemeinen Struktur des Internets eintritt, etwa wenn sich mit der Geschwindigkeitszunahme die Verhältnisse wesentlicher Konstanten zueinander verschieben. Aber Projektionen für die nächsten paar Jahre deuten an, dass das derzeitige Modell eher noch gestärkt wird.

Allgemeiner gefragt, wie sehen Sie die Entwicklung des Internets? Was sind, oder werden, Ihrer Meinung nach die wichtigsten technischen Herausforderungen? Erkennen Sie irgendwelche alles überragenden Anwendungen am Horizont?

Das Internet und Computer im Allgemeinen werden immer allgegenwärtiger. Der iPod nano sieht wie ein Werbegeschenk aus, was er zwangsläufig eines Tages auch sein wird, sobald die Preise fallen. Die derzeit größte technische Herausforderung besteht darin, so viele Daten wie möglich von all diesen miteinander verbundenen Geräten zu sammeln und diese Daten in einer nützlichen Form leicht verfügbar zu machen. Zum Beispiel könnte fast jedes tragbare Gerät und jedes Objekt einen GPS-Empfänger enthalten. Falls Sie es verlieren, könnte alles, was Sie besitzen, Kleidung, Spielzeuge, Geräte und Möbel, Sie wissen lassen, wo es sich befindet, und Ihnen einen vollständigen Überblick über seinen Zustand geben: wann Wartung notwendig wird, erwartete künftige Nutzbarkeit, fehlerhafte Anwendung usw. Sie könnten nicht nur Information über Ihren eigenen Besitz abrufen, es könnten auch allgemeine Informationen über den Lebenszyklus eines speziellen Produktes ziemlich genau bestimmt werden. Auch die Koordination mit anderen Menschen wird viel leichter werden, angefangen mit der einfachen, aber dramatischen Verbesserung, dass Menschen einander leicht finden können, wenn beide Mobiltelefone besitzen.

Vor kurzem haben Sie eine Firma gegründet. Wie verwendet diese Gesellschaft BitTorrent, um Einnahmen zu generieren?

Wir haben vor, Menschen, die Daten veröffentlichen wollen, dabei zu helfen, ihren Inhalt online zu bringen und zu Geld zu machen. Zudem erbringen wir Datenverteilungsdienste für andere Firmen.

Hat irgendjemand Sie beruflich inspiriert? Auf welche Weise?

Mir fällt nichts Besonderes ein, außer dass ich dem allgemeinen Mythos eines jungen Unternehmers im Silicon Valley ziemlich gut entspreche.

Haben Sie irgendeinen Rat für Studenten, die sich auf das Gebiet der Netzwerke/des Internets begeben?

Finden Sie ein Thema, das in diesem Augenblick nicht heiß ist, das Sie aber persönlich interessiert und von dem Sie glauben, dass es aufregende Dinge verspricht – und dann arbeiten Sie daran. Versuchen Sie auch, Berufserfahrung in dem Bereich zu bekommen, in dem Sie arbeiten möchten. Erfahrungen aus der Praxis zeigen Ihnen, was im täglichen Leben wirklich wichtig ist – das kommt immer zu kurz, wenn Sie es nur aus rein akademischer Sicht betrachten.

Transportschicht

3

ÜBERBLICK

EINLEITUNG

» *Zwischen der Anwendungs- und der Netzwerkschicht gelegen, ist die Transportschicht ein zentrales Element der geschichteten Netzwerkarchitektur. Sie hat die zentrale Rolle, den Anwendungsprozessen auf verschiedenen Hosts Kommunikationsdienste zu erbringen. Der pädagogische Ansatz, den wir in diesem Kapitel benutzen, wechselt zwischen der Diskussion der theoretischen Grundlagen der Transportschicht und Diskussionen, wie diese Grundlagen in vorhandenen Protokollen implementiert sind. Wie üblich widmen wir den Internetprotokollen besondere Aufmerksamkeit, insbesondere den Transportschichtprotokollen TCP und UDP.*

Wir beginnen mit der Diskussion der Beziehung zwischen Transport- und Netzwerkschicht. Dies bereitet den Boden, um die erste wichtige Funktion der Transportschicht zu untersuchen – die Erweiterung der Kommunikation zwischen zwei Endsystemen, wie sie die Netzwerkschicht anbietet, hin zur Kommunikation zwischen zwei auf diesen Endsystemen ablaufenden Anwendungsschichtprozessen. Wir werden diese Funktion durch die Betrachtung des verbindungslosen Transportprotokolls UDP illustrieren.

Danach kehren wir zu den Grundlagen zurück und stellen uns einem der fundamentalsten Probleme in Computernetzwerken: Wie können zwei Kommunikationsteilnehmer sicher über ein Medium kommunizieren, das Daten verlieren oder verändern kann? Mittels immer komplizierteren (und realistischeren!) Szenarien erarbeiten wir uns eine Reihe von Techniken, die Transportprotokolle zur Lösung dieses Problems anwenden. Wir zeigen danach, wo wir diese Grundlagen in TCP, dem verbindungsorientierten Transportprotokoll des Internets, wiederfinden.

Anschließend wenden wir uns einem zweiten fundamental wichtigen Problem in Netzwerken zu – der Kontrolle der Übertragungsrate von Instanzen der Transportschicht, um Überlast im Netzwerk zu vermeiden oder abzubauen. Wir erörtern die Ursachen und Konsequenzen von Überlast sowie die gebräuchlichsten Techniken zu ihrer Kontrolle. Nachdem wir so ein grundlegendes Verständnis der Themen gewonnen haben, die hinter der Überlastkontrolle stecken, betrachten wir den von TCP benutzten Ansatz. «

3.1 Einführung und Transportschichtdienste

In den beiden vorangegangenen Kapiteln haben wir die Bedeutung der Transportschicht und der von ihr angebotenen Dienste nur gestreift. Lassen Sie uns kurz wiederholen, was wir bereits über die Transportschicht wissen.

Ein Transportschichtprotokoll ermöglicht die **logische Kommunikation** zwischen Anwendungen, die auf verschiedenen Hosts laufen. Mit *logischer Kommunikation* meinen wir, dass es aus Sicht einer Anwendung erscheint, als wären die Hosts, auf denen die Prozesse ablaufen, direkt miteinander verbunden. Tatsächlich können sich die Hosts auf entgegengesetzten Seiten dieses Planeten befinden und durch zahlreiche Router sowie ein breites Spektrum an verschiedenartigen Verbindungen miteinander verknüpft sein. Anwendungsprozesse benutzen die logische Kommunikation mittels der Transportschicht, um sich gegenseitig Nachrichten zuzusenden, ohne sich um Details der physikalischen Infrastruktur kümmern zu müssen, die diese Nachrichten übertragen. ▶Abbildung 3.1 illustriert den Begriff der logischen Kommunikation.

Wie in Abbildung 3.1 dargestellt, sind die Protokolle der Transportschicht in den Endsystemen implementiert, aber nicht in Netzwerkroutern. Auf der Seite des Senders verpackt die Transportschicht die Nachrichten, die sie von einer sendenden Anwendung empfängt, in Pakete der Transportschicht, die in der Internetterminologie als **Segmente** der Transportschicht bezeichnet werden. Dies erfolgt (wenn nötig), indem die Nachrichten der Anwendungen in kleinere Stücke aufgeteilt werden. Anschließend wird jedem Teil von der Transportschicht ein Header hinzugefügt. Dadurch entsteht das Segment. Die Transportschicht reicht dieses Segment an die Netzwerkschicht des sendenden Systems weiter. Dort wird das Segment in ein Datenpaket der Netzwerkschicht eingepackt (ein sogenanntes Datagramm) und an den Empfänger versandt. Wichtig zu erwähnen ist, dass Netzwerkrouter im Datagramm nur auf die Felder der Netzwerkschicht reagieren, d.h., sie untersuchen nicht die Felder des im Datagramm eingekapselten Transportschichtsegmentes. Auf Empfängerseite extrahiert die Netzwerkschicht das Segment der Transportschicht aus dem Datagramm und reicht das Segment an die Transportschicht weiter. Diese bearbeitet dann das eingegangene Segment und stellt die darin enthaltenen Daten der empfangenden Anwendung zur Verfügung.

Netzwerkanwendungen können mehr als ein Transportschichtprotokoll einsetzen. Das Internet benutzt z.B. zwei Protokolle – TCP und UDP. Jedes dieser Protokolle bietet den aufrufenden Anwendungen einen unterschiedlichen Satz von Transportschichtdiensten.

3.1.1 Beziehung zwischen Transport- und Netzwerkschicht

Erinnern Sie sich daran, dass die Transportschicht im Protokollstapel direkt über der Netzwerkschicht liegt. Während die Transportschicht die logische Kommunikation zwischen *Prozessen* auf unterschiedlichen Hosts ermöglicht, bietet die Netzwerkschicht die logische Kommunikation zwischen den *Hosts*. Der Unterschied mag gering sein, aber er ist wichtig. Untersuchen wir ihn mithilfe einer Analogie aus dem täglichen Leben.

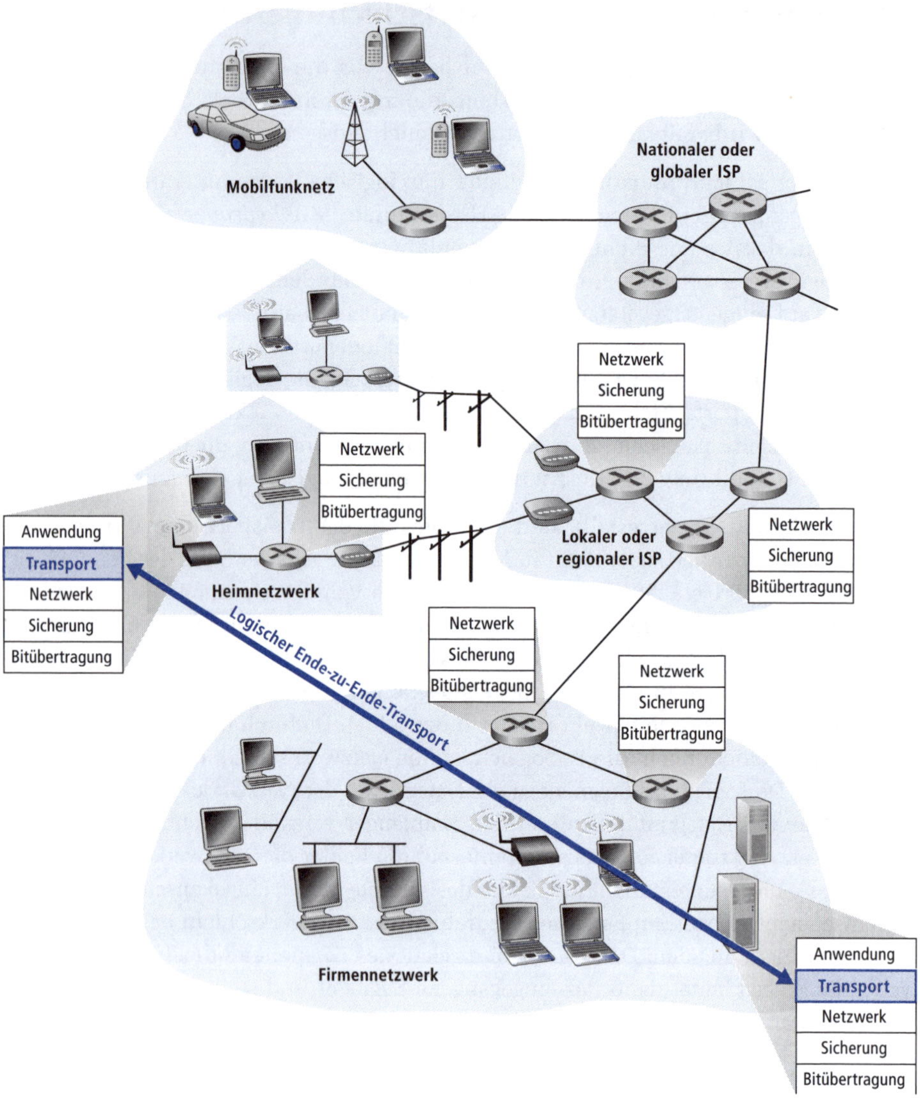

Abbildung 3.1: Die Transportschicht realisiert logische, nicht physikalische Kommunikation zwischen Anwendungsprozessen

Stellen Sie sich zwei Häuser vor, eines an der Nordsee, das andere in den Alpen. In jedem Haus leben ein Dutzend Kinder. Die Kinder an der Nordsee sind Cousins der Kinder, die in den Alpen leben. Die Kinder dieser beiden Haushalte lieben es, einander zu schreiben – jedes Kind schreibt jedem Cousin einmal in der Woche, wobei jeder Brief vom traditionellen Briefdienst der Post in einem eigenen Umschlag transportiert wird. Auf diese Weise sendet jeder Haushalt dem anderen in einer Woche 144 Briefe (die Kinder könnten eine Unmenge Geld sparen, wenn sie E-Mail hätten!). In jedem Haushalt ist ein Kind für das Sammeln und Verteilen der Post zuständig –

Anna macht dies an der Nordsee und Bill in den Alpen. Jede Woche schaut Anna bei all ihren Brüdern und Schwestern rein, sammelt die Post ein und übergibt sie einem Mitarbeiter der Post, der die Häuser täglich besucht. Treffen Briefe im Haus an der Nordsee ein, übernimmt Anna auch die Aufgabe, die Post an ihre Brüder und Schwestern zu verteilen. Bill erledigt die gleichen Arbeiten im anderen Haus.

In diesem Beispiel stellt der Postdienst die logische Kommunikation zwischen den beiden Häusern dar – der Postdienst transportiert Briefe von Haus zu Haus, nicht von Person zu Person. Anna und Bill stellen dagegen die logische Kommunikation zwischen den Cousins her – Anna und Bill sammeln die Post von ihren Geschwistern ein und liefern Post an ihre Geschwister aus. Aus Sicht der Cousins sind Anna und Bill der Postdienst, obwohl Anna und Bill ja nur ein Teil (das letzte Glied) der Transportkette bilden. Dieses Beispiel aus dem Haushalt ist eine nette Analogie, um die Beziehungen zwischen der Transportschicht und der Netzwerkschicht zu erklären:

- Nachrichten der Anwendung = Briefe in Umschlägen
- Prozesse = Cousins
- Hosts (auch Endsysteme genannt) = Häuser
- Transportschichtprotokoll = Anna und Bill
- Netzwerkschichtprotokoll = Postdienst (einschließlich des Zustellers)

Setzen wir diese Analogie fort, dann beachten Sie bitte, dass Anna und Bill ihre Aufgaben nur in ihrem jeweiligen Haushalt durchführen. Die beiden sind keineswegs damit befasst, die Post z.B. in einem Briefzentrum zu sortieren oder von einem Briefzentrum zu einem anderen zu fahren. In gleicher Weise sind Transportschichtprotokolle in den Endsystemen angesiedelt. In einem solchen Endsystem leitet das Transportprotokoll Nachrichten von den Anwendungsprozessen zum Rand des Netzwerkes (*network edge*, also an die Netzwerkschicht) weiter und umgekehrt. Das Transportprotokoll kann aber keinerlei Aussage machen, wie die Nachrichten im Inneren des Netzwerkes *(network core)* übertragen werden. Wie Abbildung 3.1 zeigt, können die dazwischengeschalteten Router Informationen weder erkennen noch reagieren sie auf Informationen, welche die Transportschicht an die Nachrichten der Anwendungen angehängt haben könnte.

Setzen wir unsere Familiensaga fort und nehmen nun für den Fall eines Urlaubs von Anna und Bill an, dass ein anderes Paar von Cousins, nennen wir sie Susanne und Harvey, für sie einspringen und das haushaltsinterne Sammeln und Verteilen von Briefen übernehmen. Unglücklicherweise für die beiden Familien führen Susanne und Harvey das Sammeln und Verteilen nicht in genau derselben Weise durch wie Anna und Bill. Da sie jünger sind, sammeln Susanne und Harvey die Briefe unregelmäßiger und verlieren gelegentlich Briefe (die manchmal vom Familienhund gefressen werden). Dadurch bietet das Paar Susanne-Harvey nicht dieselben Dienste an (genauer gesagt nicht dasselbe Dienstmodell) wie Anna und Bill. In gleicher Weise kann ein Computernetzwerk mehrere Transportprotokolle zur Verfügung stellen, die den Anwendungen jeweils andere Dienstmodelle anbieten.

Der Umfang der Dienstleistungen, die Anna und Bill anbieten, wird klarerweise von den Dienstleistungen eingeschränkt, die der Postdienst anbietet. Wenn dieser beispielsweise keine maximale Zeit sicherstellen kann, in der die Briefe von einem Haus zum anderen transportiert werden (z.B. drei Tage), dann können auch Anna und Bill keine maximale Verzögerungszeit für den Transport der Briefe zwischen den Cousins garantieren. Auf ähnliche Weise werden die Dienste eines Transportprotokolls oft vom Dienstmodell der darunterliegenden Netzwerkschicht eingeschränkt. Falls das Protokoll der Netzwerkschicht keine Verzögerungs- oder Bandbreitengarantien für die zwischen den Hosts ausgetauschten Segmente geben kann, kann auch das Transportschichtprotokoll den zwischen den Prozessen ausgetauschten Nachrichten weder Verzögerung noch Bandbreiten garantieren.

Allerdings *können* bestimmte Dienstleistungen auch dann vom Transportprotokoll angeboten werden, wenn das darunterliegende Netzwerkprotokoll die entsprechenden Dienstleistungen in der Netzwerkschicht nicht zur Verfügung stellt. Wie wir in diesem Kapitel sehen werden, kann z.B. ein Transportprotokoll einer Anwendung auch dann zuverlässige Datentransfers anbieten, wenn die zugrunde liegende Netzwerkschicht unzuverlässig ist, also selbst dann, wenn die Netzwerkschicht Datenpakete verliert, durcheinanderwürfelt oder dupliziert. Als weiteres Beispiel (das wir in Kapitel 8 untersuchen, wenn wir die Sicherheit von Netzwerken diskutieren) könnte ein Transportprotokoll selbst dann mittels Datenverschlüsselung verhindern, dass Eindringlinge die Nachrichten lesen, wenn die Netzwerkschicht die Vertraulichkeit der Transportschichtsegmente nicht gewährleisten kann.

3.1.2 Überblick über die Transportschicht im Internet

Erinnern Sie sich bitte daran, dass das Internet, allgemeiner ein TCP/IP-Netzwerk, der Anwendungsschicht zwei verschiedene Transportschichtprotokolle anbietet. Eines dieser Protokolle ist **UDP** (User Datagram Protocol), das den aufrufenden Anwendungen einen unzuverlässigen, verbindungslosen Dienst zur Verfügung stellt. Das zweite Protokoll ist **TCP** (Transmission Control Protocol), welches den aufrufenden Anwendungen einen zuverlässigen, verbindungsorientierten Dienst anbietet. Wenn Anwendungsentwickler eine Netzwerkanwendung entwerfen, müssen sie sich auf eines dieser beiden Protokolle festlegen. Wie wir in den Abschnitten 2.7 und 2.8 gesehen haben, wählt der Entwickler beim Erstellen der Sockets zwischen UDP und TCP aus.

Um die Terminologie zu vereinfachen, werden wir im Kontext des Internets das Datenpaket der Transportschicht immer als *Segment* bezeichnen. Wir weisen allerdings darauf hin, dass die Internetliteratur (beispielsweise die RFCs) die Transportschichtpakete von TCP als Segmente, die Pakete von UDP dagegen als *Datagramm* bezeichnet. Dieselbe Internetliteratur benutzt den Begriff *Datagramm* auch für die Pakete der Netzwerkschicht! In einer Einführung in Computernetzwerke, wie sie dieses Buch darstellt, ist der Begriff Segment sowohl für TCP- als auch für UDP-Pakete weniger verwirrend und wir verwenden den Begriff *Datagramm* nur für Pakete der Netzwerkschicht.

Bevor wir mit unserer kurzen Einführung in UDP und TCP fortfahren, sind einige Worte über die Netzwerkschicht des Internets nützlich. (Die Netzwerkschicht als solche wird in Kapitel 4 detailliert untersucht.) Das Netzwerkschichtprotokoll des Internets hat einen eigenen Namen: IP für Internet Protocol. IP ermöglicht die logische Kommunikation zwischen Hosts. Das IP-Dienstmodell ist ein sogenannter **Best-Effort-Dienst**. Das bedeutet, IP tut „sein Bestes“, um die Segmente zwischen den kommunizierenden Hosts zu transportieren, aber *es gibt keinerlei Garantien*. Insbesondere garantiert es nicht die Zustellung der Segmente, es garantiert nicht die geordnete Auslieferung der Segmente und es garantiert nicht die Integrität der Daten innerhalb der Segmente. Aus diesen Gründen wird IP als **unzuverlässiger Dienst** bezeichnet. Wir erwähnen an dieser Stelle auch, dass jeder Host mindestens eine Adresse der Netzwerkschicht besitzt, die sogenannte IP-Adresse. Wir werden die Adressierung in IP in Kapitel 4 genauer untersuchen. In diesem Kapitel müssen wir nur im Hinterkopf behalten, dass *jeder Host eine IP-Adresse besitzt.*

Nachdem wir einen kurzen Blick auf das IP-Dienstmodell geworfen haben, wollen wir jetzt die von UDP und TCP angebotenen Dienstmodelle zusammenfassen. Die wichtigste Aufgabe von UDP und TCP ist das Erweitern des IP-Zustelldienstes zwischen zwei Endsystemen auf einen Zustelldienst zwischen zwei Prozessen, die auf den Endsystemen laufen. Die Erweiterung der Host-zu-Host-Zustellung auf Prozess-zu-Prozess-Zustellung wird als **Transportschicht-Multiplexing** und **-Demultiplexing** bezeichnet. Wir werden das Transportschicht-Multiplexing und -Demultiplexing im nächsten Abschnitt diskutieren. UDP und TCP bieten auch Integritätsüberprüfungen, indem sie in die Header der Segmente Felder für die Fehlererkennung einfügen. Diese beiden minimalen Transportschichtdienste – Prozess-zu-Prozess-Kommunikation und -Fehlererkennung – sind die beiden einzigen Dienste, die UDP bietet! Insbesondere ist UDP wie IP ein unzuverlässiger Dienst – es garantiert nicht, dass von einem Prozess verschickte Daten intakt (oder überhaupt!) den Zielprozess erreichen. UDP wird im Detail in Abschnitt 3.3 erörtert.

TCP bietet den Anwendungen andererseits mehrere zusätzliche Dienste an. Zuallererst realisiert es **zuverlässigen Datentransfer**. Mithilfe von Flusskontrolle, Sequenznummern, Acknowledgments und Timern (Techniken, die wir im Detail in diesem Kapitel erkunden werden) stellt TCP sicher, dass die Daten vom sendenden Prozess korrekt und in der richtigen Reihenfolge an den empfangenden Prozess geliefert werden. TCP wandelt auf diese Art den unzuverlässigen Dienst zwischen Endsystemen (der durch IP erbracht wird) in einen zuverlässigen Datentransportdienst zwischen Prozessen um. TCP bietet auch **Überlastkontrolle** an. Überlastkontrolle ist weniger ein Dienst für eine aufrufende Anwendung, als vielmehr ein Dienst für das Internet als Ganzes, ein Dienst für das Allgemeinwohl. Salopp gesagt hindert die TCP-Überlastkontrolle eine TCP-Verbindung daran, die Verbindungen und Router zwischen den kommunizierenden Hosts mit einem unverhältnismäßigen Verkehrsaufkommen zu überschwemmen. TCP ist bestrebt, jeder Verbindung, die einen überlasteten Link durchquert, einen gleich großen Anteil der Verbindungsbandbreite zuzuteilen. Dies erfolgt, indem die Rate, mit der die sendende Seite von TCP-Verbindungen Verkehr ins Netz senden kann, reguliert wird. Der von UDP verursachte Verkehr ist im Gegensatz dazu ungeregelt. Eine Anwendung, die auf UDP basiert, darf so lange und so schnell senden, wie sie will.

Ein Protokoll, das zuverlässigen Datentransfer und Überlastkontrolle bietet, ist notwendigerweise komplex. Wir werden mehrere Abschnitte brauchen, um die Grundlagen des zuverlässigen Datentransfers und der Überlastkontrolle zu erörtern. Weitere Abschnitte werden wir benötigen, um TCP selbst zu diskutieren. Diesen Themen sind die Abschnitte 3.4 bis 3.8 gewidmet. Der diesem Kapitel zugrunde liegende didaktische Ansatz wechselt zwischen den Grundlagen und dem TCP-Protokoll ab. Zum Beispiel erörtern wir zuerst zuverlässigen Datentransfer in einem allgemeinen Kontext und diskutieren anschließend, wie TCP im Speziellen zuverlässigen Datentransfer anbietet. Auf ähnliche Weise werden wir zuerst Überlastkontrolle allgemein betrachten und danach diskutieren, wie TCP sie konkret durchführt. Aber bevor wir uns diesen Themen zuwenden, wollen wir zunächst das Transportschicht-Multiplexing und -Demultiplexing betrachten.

3.2 Multiplexing und Demultiplexing

In diesem Abschnitt erörtern wir Transportschicht-Multiplexing und -Demultiplexing, also die Erweiterung des von der Netzwerkschicht angebotenen Host-zu-Host-Zustelldienstes zu einem Prozess-zu-Prozess-Zustelldienst für Anwendungen, die auf den Hosts laufen. Um die Diskussion konkret zu halten, erörtern wir diesen grundlegenden Transportschichtdienst im Kontext des Internets. Wir betonen jedoch, dass ein Multiplexing/Demultiplexing-Dienst für alle Computernetzwerke erforderlich ist.

Am Zielhost erhält die Transportschicht Segmente von der direkt darunterliegenden Netzwerkschicht. Die Transportschicht hat die Aufgabe, die Daten in diesen Segmenten an die entsprechenden, im Host laufenden, Anwendungsprozesse zu liefern. Werfen wir einen Blick auf ein Beispiel. Nehmen Sie an, dass Sie vor Ihrem Computer sitzen und Webseiten herunterladen, während Sie eine FTP-Sitzung und zwei Telnet-Sitzungen geöffnet haben. Sie lassen daher vier Anwendungsprozesse laufen – zwei Telnet-Prozesse, einen FTP-Prozess und einen HTTP-Prozess. Sobald die Transportschicht in Ihrem Computer Daten von der darunterliegenden Netzwerkschicht erhält, muss sie die erhaltenen Daten zu einem dieser vier Prozesse lenken. Prüfen wir nun, wie dies geschieht.

Erinnern Sie sich zuerst an die Abschnitte 2.7 und 2.8. Dort haben Sie erfahren, dass ein Prozess (als Teil einer Netzwerkanwendung) einen oder mehrere Sockets haben kann: Türen, durch die Daten vom Netzwerk zum Prozess und umgekehrt vom Prozess zum Netzwerk laufen. Wie in ▶Abbildung 3.2 gezeigt, liefert die Transportschicht im empfangenden Host die Daten nicht direkt an einen Prozess, sondern vielmehr an einen dazwischenliegenden Socket. Weil es zu jedem beliebigen Zeitpunkt mehr als einen Socket im empfangenden Host geben kann, hat jeder Socket eine eindeutige Kennzeichnung. Das Format der Kennzeichnung hängt, wie wir in Kürze diskutieren werden, davon ab, ob der Socket ein UDP- oder ein TCP-Socket ist.

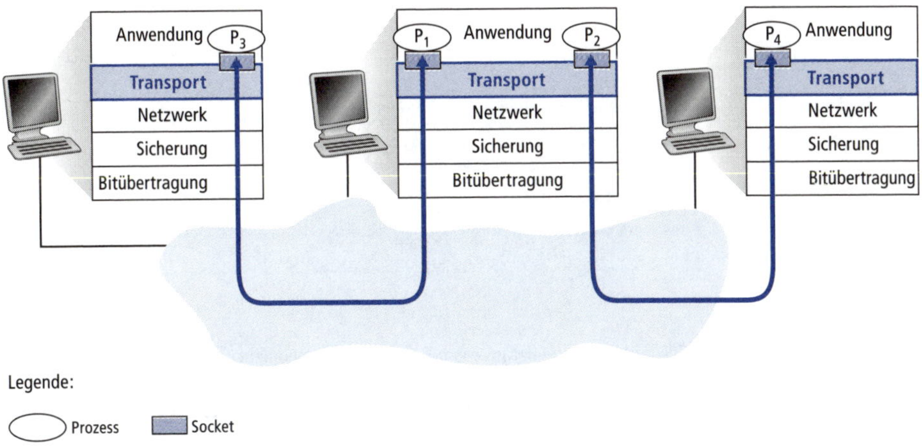

Abbildung 3.2: Transportschicht-Multiplexing/Demultiplexing

Überlegen wir nun, wie ein empfangender Host ein eingehendes Transportschichtsegment an den entsprechenden Socket weiterleitet. Jedes Transportschichtsegment enthält zu diesem Zweck einen Satz von Feldern. Auf der Empfängerseite betrachtet die Transportschicht diese Felder, um den empfangenden Socket zu identifizieren, und leitet dann das Segment an diesen Socket. Diese Aufgabe, das Abliefern der Daten am richtigen Socket durch die Transportschicht, wird **Demultiplexing** genannt. Die Aufgabe, Datenblöcke beim Quellhost von verschiedenen Sockets zu sammeln, jeden Block mit Header-Informationen zu verkapseln (die später beim Demultiplexing benötigt werden), wodurch Segmente entstehen, und das Weiterleiten der Segmente an die Netzwerkschicht wird als **Multiplexing** bezeichnet. Beachten Sie, dass die Transportschicht im mittleren Host in Abbildung 3.2 Segmente demultiplexen muss, die von der darunterliegenden Netzwerkschicht kommen, um sie einem der beiden darüber befindlichen Prozesse P1 oder P2 zukommen zu lassen. Das geschieht, indem die ankommenden Datensegmente zu dem Socket des entsprechenden Prozesses gelenkt werden. Die Transportschicht im mittleren Host muss auch ausgehende Daten von diesen Sockets einsammeln, Transportschichtsegmente formen und diese an die darunterliegende Netzwerkschicht weitergeben. Obwohl wir Multiplexing und Demultiplexing im Kontext der Internet-Transportprotokolle eingeführt haben, muss man sich verdeutlichen, dass sie immer dann benötigt werden, wenn ein einzelnes Protokoll in einer Schicht (der Transportschicht oder einer anderen) von mehreren Protokollen der nächsthöheren Schicht verwendet wird.

Um das Demultiplexing zu verdeutlichen, erinnern wir an die Analogie des Haushaltes im vorherigen Abschnitt. Jedes der Kinder wird durch seinen Namen identifiziert. Wenn Bill einen Stapel Post vom Briefträger erhält, führt er die Operation des Demultiplexing durch, indem er nachsieht, an wen die Briefe adressiert sind, und dann die Briefe per Hand an seine Brüder und Schwestern ausliefert. Anna führt eine Multiplex-Operation durch, indem sie Briefe bei ihren Brüdern und Schwestern abholt und die gesammelte Post an den Briefträger weiterreicht.

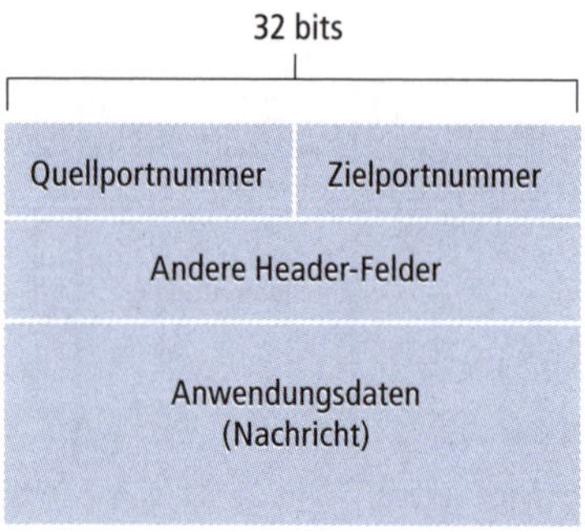

Abbildung 3.3: Quell- und Zielportnummerfelder in einem Transportschichtsegment

Nun, da wir die Rollen des Transportschicht-Multiplexing und -Demultiplexing verstehen, wollen wir überprüfen, wie dies in einem Host tatsächlich durchgeführt wird. Anhand der obigen Diskussion wissen wir, dass das Transportschicht-Multiplexing es erfordert, dass (1) der Socket eine eindeutige Kennzeichnung hat und (2) jedes Segment spezielle Felder besitzt, welche den Socket festlegen, an den das Segment geliefert werden muss. Diese in ▶ Abbildung 3.3 gezeigten speziellen Felder sind das **Portnummerfeld der Quelle** *(source port number field)* und das **Portnummerfeld des Ziels** *(destination port number field).* (Die UDP- und TCP-Segmente haben zudem noch andere Felder, die in den folgenden Abschnitten dieses Kapitels diskutiert werden.) Jede Portnummer ist eine 16 Bit-Zahl, die zwischen 0 und 65535 liegt. Die Portnummern zwischen 0 und 1023 werden als **wohlbekannte Portnummern** *(well-known port numbers)* bezeichnet und sind festgelegt, d.h., sie sind für die Benutzung durch weit verbreitete Anwendungsprotokolle reserviert, etwa HTTP (das Portnummer 80 benutzt) und FTP (das Portnummer 21 benutzt). Die wohlbekannten Portnummern sind in RFC 1700 aufgelistet und werden unter *http://www.iana.org* aktualisiert [RFC 3232]. Wenn wir eine neue Anwendung entwickeln (wie die der in Abschnitt 2.7 oder 2.8 entwickelten Anwendungen), müssen wir der Anwendung eine Portnummer zuteilen.

Es sollte nun klar sein, wie die Transportschicht den Demultiplexing-Dienst durchführen *könnte*: Jedem Socket im Host könnte eine Portnummer zugeteilt werden. Sobald ein Segment beim Host ankommt, prüft die Transportschicht die Zielportnummer im Segment und leitet das Segment zu dem entsprechenden Socket. Die Daten des Segmentes gehen dann durch den Socket in den dazugehörigen Prozess. Wie wir noch sehen werden, beschreibt dies grundsätzlich die Arbeitsweise von UDP. Wir werden aber auch erkennen, dass Multiplexing/Demultiplexing in TCP noch etwas verzwickter ist.

Verbindungsloses Multiplexing und Demultiplexing

Erinnern Sie sich aus Abschnitt 2.8 daran, dass ein in einem Host ausgeführtes Java-Programm durch die Zeile

```
DatagramSocket mySocket = new DatagramSocket();
```

einen UDP-Socket erzeugen kann. Wird ein UDP-Socket auf diese Weise geschaffen, teilt die Transportschicht dem Socket automatisch eine Portnummer zu. Insbesondere wählt die Transportschicht eine Portnummer aus dem Bereich 1024 bis 65535, die gegenwärtig nicht von irgendeinem anderen UDP-Port des Hosts verwendet wird. Alternativ könnte ein Java-Programm ein Socket mit folgender Zeile erzeugen:

```
DatagramSocket mySocket = new DatagramSocket(19157);
```

In diesem Fall legt die Anwendung einen bestimmten Port für das UDP-Socket fest – nämlich 19157. Wenn der Anwendungsentwickler, der den Code schreibt, die Server-Seite eines „wohlbekannten Protokolls“ entwickelt, dann müsste der Entwickler die entsprechende wohlbekannte Portnummer zuteilen. Die Client-Seite der Anwendung lässt normalerweise zu, dass die Transportschicht die Portnummer automatisch (und transparent) zuteilt, während die Server-Seite der Anwendung eine ganz bestimmte Portnummer festlegt.

Mit Portnummern, die UDP-Sockets zugeteilt sind, können wir jetzt UDP-Multiplexing/ Demultiplexing genau beschreiben. Nehmen Sie einen Prozess auf Host A an, mit UDP-Port 19157, der einen Block Anwendungsdaten an einen Prozess mit UDP-Port 46428 auf Host B senden will. Die Transportschicht des Hosts A erzeugt ein Transportschichtsegment, das die Anwendungsdaten, die Portnummer der Quelle (19157), die Portnummer des Ziels (46428) und zwei andere Werte enthält (die wir später kennenlernen werden; für die gegenwärtige Diskussion sind sie unwesentlich). Die Transportschicht reicht dann das entstehende Segment an die Netzwerkschicht weiter. Die Netzwerkschicht kapselt das Segment in einem IP-Datagramm ein und unternimmt einen Best-effort-Versuch, das Segment beim empfangenden Host abzuliefern. Wenn das Segment beim empfangenden Host B ankommt, liest die Transportschicht des empfangenden Hosts die Zielportnummer im Segment (46428) und liefert das Segment an den Socket, der durch Port 46428 identifiziert wird. Beachten Sie, dass auf Host B mehrere Prozesse laufen können, die jeweils ihren eigenen UDP-Socket mit zugehöriger Portnummer besitzen. Wann immer UDP-Segmente aus dem Netz ankommen, leitet (demultiplext) Host B sie zum entsprechenden Socket, indem er die Zielportnummer des Segmentes verwendet.

Es ist wichtig anzumerken, dass ein UDP-Socket vollständig durch das Paar Ziel-IP-Adresse und Zielportnummer identifiziert wird. Daher werden zwei UDP-Segmente, die unterschiedliche Quell-IP-Adressen und/oder unterschiedliche Quellportnummern, aber dieselbe Ziel-IP-Adresse und Zielportnummer aufweisen, durch dasselbe Zielsocket an denselben Zielprozess geleitet.

Sie fragen sich jetzt vielleicht, welchen Zweck die Portnummer der Quelle hat. Wie in ▶Abbildung 3.4 dargestellt, dient die Portnummer der Quelle im Segment, das A an B schickt, als Teil der „Rücksendeadresse“ – falls B ein Segment an A zurücksenden will, erhält dieses als Zielportnummer den Wert aus der Quellportnummer des ursprünglichen Segmentes. (Die vollständige Rücksendeadresse setzt sich aus der IP-Adresse von A und der Quellportnummer zusammen.) Als Beispiel erinnern Sie sich an das UDP-

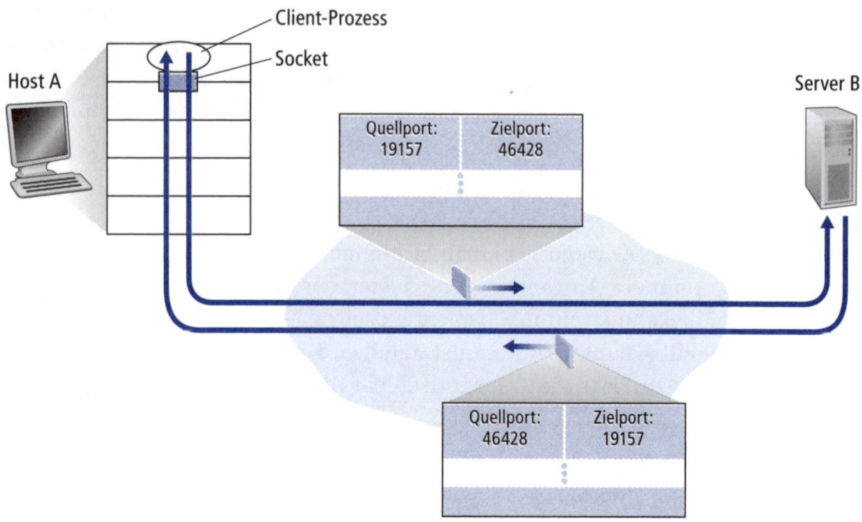

Abbildung 3.4: Die Inversion von Quell- und Zielportnummern

Server-Programm, das wir in Abschnitt 2.8 entwickelt haben. In UDPServer.java verwendet der Server eine Methode, um die Quellportnummer aus dem Segment auszulesen, das er vom Client erhält. Er sendet dem Client dann ein neues Segment zu, in dem die extrahierte Quellportnummer als Zielportnummer des neuen Segmentes dient.

Verbindungsorientiertes Multiplexing und Demultiplexing

Um TCP-Demultiplexing zu verstehen, müssen wir einen genaueren Blick auf TCP-Sockets und den Aufbau von TCP-Verbindungen werfen. Einer der feinen Unterschiede zwischen einem TCP-Socket und einem UDP-Socket besteht darin, dass ein TCP-Socket durch ein Viertupel identifiziert wird: Quell-IP-Adresse, Quellportnummer, Ziel-IP-Adresse, Zielportnummer. Wenn daher ein TCP-Segment aus dem Netz bei einem Host ankommt, nutzt der Host alle vier Werte, um das Segment zum richtigen Socket zu leiten (demultiplexen). Im Gegensatz zu UDP werden insbesondere zwei ankommende TCP-Segmente mit unterschiedlicher Quell-IP-Adresse oder Quellportnummer an zwei verschiedene Sockets weitergeleitet (mit Ausnahme eines TCP-Segmentes, das die ursprüngliche Verbindungsaufbauanfrage enthält). Um noch mehr Einblick zu erhalten, erinnern wir uns an das TCP-Client-Server-Programmierbeispiel aus Abschnitt 2.7:

- Die TCP-Server-Anwendung hat einen Eingangs-Socket, der auf Anfragen zum Verbindungsaufbau von TCP-Clients auf Portnummer 6789 wartet (Abbildung 2.31).
- Der TCP-Client erzeugt ein Segment für den Verbindungsaufbau durch die Zeile `Socket clientSocket = new Socket("serverHostName", 6789);`
- Eine Verbindungsaufbauanfrage ist nichts weiter als ein TCP-Segment mit der Zielportnummer 6789 und einem speziellen Verbindungsaufbau-Bit, das im TCP-Header gesetzt ist (den wir in Abschnitt 3.5 erörtern werden). Das Segment ent-

Fokus Sicherheit

Port-Scanning

Wie wir gesehen haben, wartet ein Server-Prozess geduldig an einem offenen Port auf die Kontaktaufnahme durch einen entfernten Client. Einige Ports werden für wohlbekannte Anwendungen (z.B. FTP, DNS und SMTP-Server) reserviert. Andere Ports werden üblicherweise von populären Anwendungen belegt (z.B. wartet der Microsoft 2000 SQL Server auf Requests auf dem UDP-Port 1434). Wenn wir daher feststellen können, dass ein Port auf einem Host geöffnet ist, sind wir in der Lage, von diesem Port Rückschlüsse auf bestimmte Anwendungen zu ziehen, die auf dem Host laufen. Das ist für Systemadministratoren sehr angenehm, wenn sie wissen möchten, welche Anwendungen auf den Hosts in ihrem Netzwerk laufen. Aber auch Angreifer, die ein Netzwerk ausspionieren, wollen wissen, welche Ports auf einem Zielhost geöffnet sind. Wird ein Host entdeckt, auf dem eine Anwendung mit einem bekannten Sicherheitsproblem läuft, dann ist dieser Host sturmreif (z.B. konnte bei einem SQL-Server, der auf Port 1434 wartete, ein Pufferüberlauf stattfinden, wodurch ein entfernter Benutzer beliebigen Code auf dem verwundbaren Host ausführen konnte – diese Sicherheitslücke wurde vom Slammer-Wurm ausgenutzt [CERT 2003–04]).

Es ist relativ leicht festzustellen, welche Anwendungen auf welche Ports warten. Es gibt in der Tat zahlreiche Public Domain-Programme, sogenannte Port-Scanner, die genau das machen. Das vielleicht am weitesten verbreitete Programm ist nmap, das unter *http://insecure.org/nmap* frei verfügbar und in den meisten Linux-Distributionen enthalten ist. Für TCP scannt nmap sequenziell die Ports und sucht nach Ports, die TCP-Verbindungen akzeptieren. Für UDP scannt nmap ebenfalls nacheinander die Ports ab und sucht nach UDP-Ports, die auf übermittelte UDP-Segmente warten. In beiden Fällen gibt nmap eine Liste der geöffneten, geschlossenen oder unerreichbaren Ports aus. Ein Host, auf dem nmap läuft, kann versuchen, jeden beliebigen Zielhost im gesamten Internet zu scannen. Wir werden nmap in Abschnitt 3.5.6 bei der Verwaltung von TCP-Verbindungen erneut betrachten.

hält auch eine Quellportnummer, die vom Client gewählt wurde. Die obige Zeile erzeugt auch einen TCP-Socket für den Client-Prozess, durch den Daten in den und aus dem Client-Prozess gelangen können.

- Sobald das Host-Betriebssystem des Computers, auf dem der Server-Prozess läuft, das ankommende Segment mit der Verbindungsaufbauanfrage für Zielportnummer 6789 erhält, macht es den Server-Prozess auf Portnummer 6789 ausfindig, der auf eine Verbindung wartet. Der Server-Prozess erzeugt dann einen neuen Socket durch die Zeile `Socket connectionSocket = welcomeSocket.accept();`.

Die Transportschicht auf dem Server merkt sich die folgenden vier Werte aus dem Verbindungsaufbausegment: (1) die Quellportnummer, (2) die IP-Adresse des Quellsystems, (3) die Zielportnummer und (4) ihre eigene IP-Adresse. Der neu erzeugte Ver-

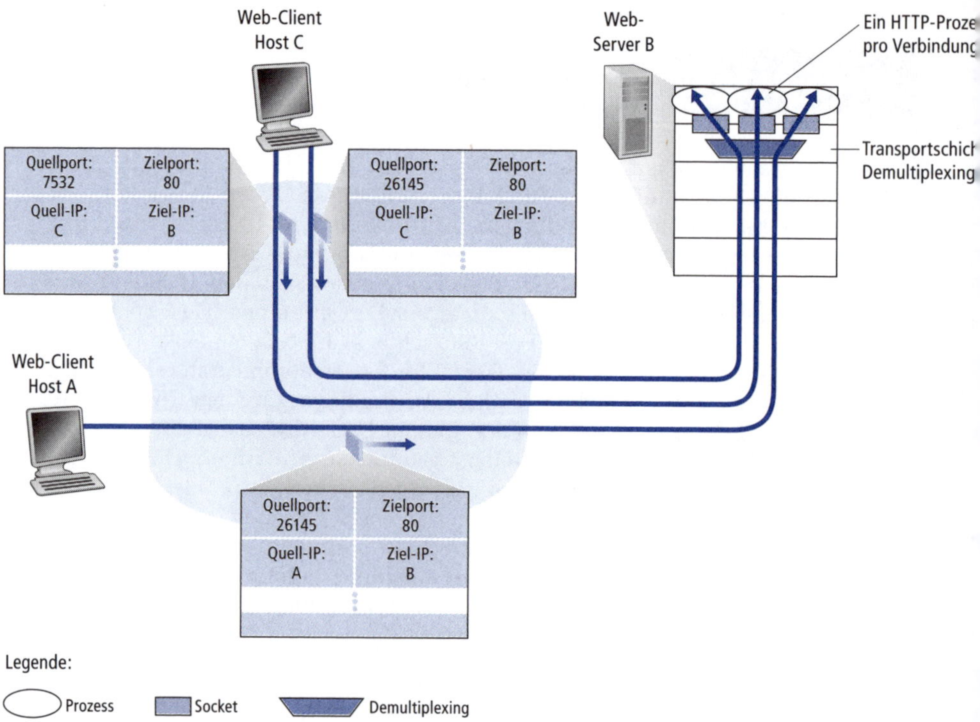

Abbildung 3.5: Zwei Clients, welche dieselbe Zielportnummer (80) benutzen, um mit denselben Server-Anwendungen zu kommunizieren

bindungs-Socket wird durch diese vier Werte identifiziert. Alle später eintreffenden Segmente, deren Quellport, Quell-IP-Adresse, Zielport und Ziel-IP-Adresse mit diesen vier Werten übereinstimmen, werden auf diesen Socket geleitet. Über die nun bestehende TCP-Verbindung können Client und Server Daten austauschen.

Der Serverhost kann gleichzeitig viele TCP-Sockets verwalten, wobei jeder Socket einem Prozess zugeordnet ist und jeder durch sein eigenes Viertupel identifiziert wird. Wenn ein TCP-Segment beim Host ankommt, werden alle vier Felder (Quell-IP-Adresse, Quellport, Ziel-IP-Adresse, Zielport) verwendet, um das Segment zum entsprechenden Socket zu leiten (zu demultiplexen).

Dies zeigt auch ▶Abbildung 3.5, in der Host C zwei HTTP-Sitzungen mit Server B aufbaut, während Host A eine HTTP-Sitzung mit B hat. Die Hosts A und C und der Server B haben jeweils ihre eigenen, eindeutigen IP-Adressen – A, C und B. Host C weist seinen beiden HTTP-Verbindungen zwei verschiedene Quellportnummern zu (26145 und 7532). Weil Host A seine Quellportnummern unabhängig von C wählt, könnte er seiner HTTP-Verbindung auch den Quellport 26145 zuweisen. Das stellt kein Problem dar, denn Server B ist immer noch in der Lage, die beiden Verbindungen korrekt zu demultiplexen, weil sie zwar dieselbe Quellportnummer besitzen, aber die beiden Verbindungen verschiedene Quell-IP-Adressen haben.

Webserver und TCP

Bevor wir diese Diskussion abschließen, sind einige zusätzliche Worte über Webserver und wie sie Portnummern verwenden lehrreich. Stellen Sie sich einen Host vor, auf dem ein Webserver, etwa ein Apache-Webserver, auf Port 80 läuft. Senden Clients (zum Beispiel Browser) Segmente an den Server, dann haben *alle* Segmente den Zielport 80. Insbesondere haben sowohl die anfänglichen Verbindungsaufbausegmente als auch die Segmente, die HTTP-Request-Nachrichten enthalten, den Zielport 80. Wie wir gerade gesehen haben, unterscheidet der Server die Segmente der verschiedenen Clients anhand der Quell-IP-Adressen und Quellportnummern.

Abbildung 3.5 stellt einen Webserver dar, der einen neuen Prozess für jede Verbindung erzeugt. Wie Abbildung 3.5 zeigt, hat jeder dieser Prozesse seinen eigenen Verbindungs-Socket, durch den die HTTP-Requests ankommen und die HTTP-Replys abgesandt werden. Wir wollen nicht unerwähnt lassen, dass nicht immer eine Eineindeutigkeit zwischen Verbindungs-Sockets und Prozessen besteht. Tatsächlich verwenden heutige Hochleistungs-Webserver nur einen Prozess und erstellen für jede neue Verbindung zu einem Client einen neuen Thread. (Einen Thread kann man sich als leichtgewichtigen Teilprozess vorstellen.) Wenn Sie die erste Programmieraufgabe in Kapitel 2 bearbeitet haben, dann haben Sie einen Webserver erstellt, der genau das macht. Ein solcher Server kann zu jeder beliebigen Zeit viele Verbindungs-Sockets haben, die alle mit demselben Prozess verbunden sind.

Wenn Client und Server persistentes HTTP verwenden, dann tauschen Client und Server über denselben Server-Socket HTTP-Nachrichten aus, solange die persistente Verbindung besteht. Verwenden jedoch Client und Server nichtpersistentes HTTP, dann wird für jedes Request/Response-Paar eine neue TCP-Verbindung geöffnet und geschlossen. Gleichermaßen wird für jedes Request/Response-Paar ein Socket geöffnet und später geschlossen. Dieses häufige Erzeugen und Schließen von Sockets kann die Leistung eines stark belasteten Webservers deutlich beeinflussen (obwohl Betriebssysteme eine Reihe von Tricks verwenden können, um mit diesem Problem besser umzugehen). Lesern, die sich für den Themenbereich Betriebssysteme und persistentes bzw. nichtpersistentes HTTP interessieren, empfehlen wir [Nielsen 1997; Nahum 2002].

Nun, da wir Transportschicht-Multiplexing und Demultiplexing erörtert haben, wollen wir mit einem der Transportprotokolle des Internets fortfahren, mit UDP. Im nächsten Abschnitt werden wir sehen, dass UDP der Netzwerkschicht kaum mehr hinzufügt als einen Multiplexing/Demultiplexing-Dienst.

3.3 Verbindungslose Kommunikation: UDP

In diesem Abschnitt werfen wir einen genauen Blick auf UDP, was es bietet und wie es arbeitet. Wir möchten Sie dazu ermuntern, sich mit Abschnitt 2.1 zu befassen, der einen Überblick über das UDP-Dienstmodell enthält, und mit Abschnitt 2.8, der Socket-Programmierung mithilfe von UDP diskutiert.

Um unserer Diskussion über UDP eine Motivation zu geben, nehmen Sie an, dass Sie daran interessiert sind, ein schlichtes, grundlegendes Transportprotokoll zu entwerfen. Wie könnten Sie das anpacken? Vielleicht ziehen Sie zuerst ein leeres Transportprotokoll in Betrachtung. Auf der sendenden Seite könnten Sie einfach die Nachrichten vom Anwendungsprozess annehmen und sie direkt an die Netzwerkschicht weiterreichen. Auf der Empfangsseite könnten Sie die in der Netzwerkschicht ankommenden Nachrichten annehmen und sie direkt an den Anwendungsprozess weiterleiten. Aber, wie wir im vorherigen Abschnitt gelernt haben, müssen wir schon etwas mehr tun als das! Die Transportschicht muss mindestens einen Multiplexing/Demultiplexing-Dienst anbieten, um Daten zwischen der Netzwerkschicht und dem richtigen Prozess der Anwendungsschicht auszutauschen.

UDP, definiert in [RFC 768], macht nur das, was ein Transportprotokoll unbedingt tun muss. Abgesehen von der Multiplexing/Demultiplexing-Funktion und einer einfachen Fehlerprüfung fügt es IP nichts hinzu. Wählt ein Anwendungsentwickler UDP statt TCP, dann kommuniziert die Anwendung in der Tat fast direkt mit IP. UDP nimmt Nachrichten vom Anwendungsprozess entgegen, fügt Quell- und Zielportnummerfelder für den Multiplexing/Demultiplexing-Dienst ein, fügt zwei andere kleine Felder hinzu und leitet das entstehende Segment an die Netzwerkschicht weiter. Diese Netzwerkschicht verkapselt das Transportschichtsegment in ein IP-Datagramm und macht dann einen Best-effort-Versuch, das Segment an den empfangenden Host auszuliefern. Sofern das Segment diesen erreicht, verwendet UDP die Zielportnummer, um die Daten des Segmentes an den richtigen Anwendungsprozess zu liefern. Beachten Sie, dass es bei UDP keinen Handshake zwischen sendenden und empfangenden Instanzen der Transportschicht gibt, bevor das Segment gesendet wird. Aus diesem Grund wird UDP als *verbindungslos* bezeichnet.

DNS ist ein Beispiel eines Anwendungsschichtprotokolls, das typischerweise UDP verwendet. Wenn die DNS-Anwendung in einem Host eine Anfrage stellen will, erzeugt sie eine DNS-Anfrage-Nachricht und reicht diese an UDP weiter. Ohne mit der auf dem Zielendsystem laufenden UDP-Instanz irgendein Handshake auszuführen, fügt UDP auf der Host-Seite Header-Felder an die Nachricht an und leitet das entstehende Segment an die Netzwerkschicht weiter. Die Netzwerkschicht verkapselt das UDP-Segment in ein Datagramm und sendet es an einen Name-Server. Die DNS-Anwendung auf dem anfragenden Host wartet dann auf die Beantwortung der Anfrage. Erhält sie keine Antwort (vielleicht weil das zugrunde liegende Netz die Frage oder die Antwort verloren hat), versucht sie entweder, die Frage an einen anderen Name-Server zu senden, oder sie informiert die anfragende Anwendung, dass sie keine Antwort bekommt.

Sie fragen sich vielleicht, warum ein Anwendungsentwickler jemals UDP verwenden sollte. Wäre TCP nicht immer vorzuziehen, da TCP doch einen zuverlässigen Datentransferdienst erbringt? Die Antwort ist nein; viele Anwendungen eignen sich aus den folgenden Gründen besser für UDP:

- *Bessere, in der Anwendungsschicht angesiedelte Kontrolle über die gesendeten Daten.* Sobald ein Anwendungsprozess Daten an UDP weiterreicht, verpackt dieses die Daten in einem UDP-Segment und reicht das Segment sofort an die Netzwerkschicht weiter. TCP hat andererseits einen Überlastkontrollmechanismus, der die TCP-Sender drosselt, sobald eine oder mehrere der zwischen Quelle und Zielhost liegenden Verbindungen überlastet ist. TCP sendet ein Segment auch immer wieder, bis dessen Empfang am Zielort bestätigt worden ist, egal wie lange die zuverlässige Übertragung dauert. Da Echtzeitanwendungen oft eine minimale Übertragungsrate erfordern, ihre Segmente nicht übermäßig verzögert sein sollten und sie einen geringen Datenverlust verkraften können, passt das Dienstmodell von TCP nicht wirklich gut zu den Anforderungen dieser Anwendungen. Wie wir weiter unten besprechen werden, können diese Anwendungen UDP verwenden und implementieren, als Teil der Anwendung, jedwede zusätzliche Funktionalität, die über den von UDP gelieferten einfachen Segmentzustelldienst hinaus geht.

- *Kein Verbindungsaufbau.* Wie wir später diskutieren werden, verwendet TCP einen Drei-Wege-Handshake, bevor es mit der Datenübertragung beginnt. UDP legt ohne formale Vorbereitungen einfach los. Auf diese Art führt UDP beim Herstellen einer Verbindung nicht zu Verzögerungen. Das ist wahrscheinlich der Hauptgrund, warum DNS über UDP läuft, statt über TCP – DNS wäre viel langsamer, wenn es TCP benutzen würde. HTTP verwendet TCP statt UDP, da Zuverlässigkeit für Webseiten mit Text entscheidend ist. Wie wir in Abschnitt 2.2 angesprochen hatten, ist aber die durch TCP beim Verbindungsaufbau entstehende Verzögerung in HTTP ein wesentlicher Teil der Verzögerungen, die beim Herunterladen von Webdokumenten entstehen.

- *Kein Verbindungszustand.* TCP merkt sich den Verbindungszustand in den Endsystemen. Dieser Zustand beinhaltet Empfangs- und Sendepuffer, Überlastkontrollparameter und Acknowledgment-Nummer. Wir werden in Abschnitt 3.5 sehen, dass diese Zustandsinformation benötigt wird, um den zuverlässigen Datentransferdienst von TCP und seine Überlastkontrolle zu implementieren. UDP merkt sich dagegen keinen Verbindungsstatus und keinen dieser Parameter. Daher kann ein einzelner Server normalerweise viel mehr aktive Clients unterstützen, wenn die Anwendung über UDP statt TCP läuft.

- *Geringe Header-Größe.* TCP fügt 20 Byte zusätzliche Header-Information zu jedem Segment hinzu, während UDP mit nur 8 Byte auskommt.

▶Abbildung 3.6 listet populäre Internetanwendungen und die von ihnen benutzten Transportprotokolle auf. Wie zu erwarten, laufen E-Mail, Remote Login, das Web und auch der Dateitransfer mit FTP über TCP – all diese Anwendungen brauchen den zuverlässigen Datentransferdienst von TCP. Dennoch laufen viele wichtige Anwendungen über UDP statt über TCP. UDP wird für das Aktualisieren von RIP-Routing-Tabellen eingesetzt (Abschnitt 4.6.1). Da RIP-Aktualisierungen periodisch (normalerweise alle fünf Minuten) gesandt werden, ersetzen neuere Updates ältere oder verlorene, wodurch diese veralteten Aktualisierungen nutzlos werden. UDP wird auch verwendet, um Daten für das Netzwerkmanagement zu übertragen (SNMP, siehe Kapitel 9). UDP wird in diesem Fall oft gegenüber TCP bevorzugt, da Anwendungen

Anwendung	Anwendungsschicht-protokoll	Zugrunde liegendes Transportprotokoll
E-Mail	SMTP	TCP
Remote Login	Telnet	TCP
Web	HTTP	TCP
Dateitransfer	FTP	TCP
Verteilte Dateisysteme	NFS	Normalerweise UDP
Multimedia-Streaming	Normalerweise proprietär	UDP oder TCP
Internettelefonie	Normalerweise proprietär	UDP oder TCP
Netzwerk-Management	SNMP	Normalerweise UDP
Routing-Protokoll	RIP	Normalerweise UDP
Namensauflösung	DNS	Normalerweise UDP

Abbildung 3.6: Populäre Internetanwendungen und ihre zugrunde liegenden Transportprotokolle

zum Netzwerkmanagement auch dann verlässlich funktionieren müssen, wenn die Lage im Netz angespannt ist – eben genau dann, wenn zuverlässiger Datentransfer mit Überlastkontrolle nur schwierig durchzuführen ist. Außerdem, wie wir bereits früher erwähnt haben, läuft DNS über UDP, wodurch die von TCP verursachten Verzögerungen beim Verbindungsaufbau vermieden werden.

Wie Abbildung 3.6 zeigt, werden sowohl UDP als auch TCP heute von Multimedia-Anwendungen wie Internettelefonie, Echtzeitvideokonferenzen und Streaming von Audio und Video verwendet. Wir werfen in Kapitel 7 einen genaueren Blick auf diese Anwendungen. Hier erwähnen wir nur so viel, dass alle diese Anwendungen ein gewisses Maß an Paketverlusten tolerieren können, so dass zuverlässiger Datentransfer für das Funktionieren der Anwendung nicht unbedingt notwendig ist. Weiterhin können Echtzeitanwendungen wie Internettelefonie und Videokonferenzen nicht gut mit der Überlastkontrolle von TCP umgehen. Aus diesen Gründen entscheiden sich Entwickler von Multimedia-Anwendungen oft dafür, ihre Anwendungen über UDP statt TCP auszuführen. Dennoch wird TCP in zunehmendem Maße für die Übertragung von Medieninhalten eingesetzt. So fand z.B. [Sripanidkulchai 2004] heraus, dass fast 75 % der On-Demand- und Live-Streams TCP einsetzen. Solange die Paketverlustrate gering ist und gerade auch weil eine Reihe von Organisationen UDP-Verkehr aus Sicherheitsgründen blockieren (siehe Kapitel 8), wird TCP ein immer attraktiveres Protokoll für die Übertragung von Multimedia-Daten.

Obwohl heutzutage durchaus üblich, sind Multimedia-Anwendungen über UDP umstritten. Wie wir bereits erwähnt haben, hat UDP keine Überlastkontrolle. Diese wird aber gebraucht, um zu verhindern, dass das Netz in einen überlasteten Zustand gerät, in dem nur wenig nützliche Arbeit möglich ist. Wenn alle Videoströme ohne irgendeine Art von Überlastkontrolle mit hoher Bitrate starten würden, würde an den Routern eine riesige Flut von Paketen eintreffen, so dass nur sehr wenige UDP-Pakete den Weg von Quelle zu Zielort erfolgreich durchqueren könnten. Außerdem würden die hohen Verlustraten, welche die unkontrollierten UDP-Sender verursachen, dazu führen, dass die TCP-Sender (welche, wie wir sehen werden, ihre Senderaten im Fall von Überlast *tatsächlich* senken) ihre Raten dramatisch verringern. Auf diese Weise kann der Mangel an Überlastkontrolle in UDP zu hohen Verlustraten zwischen UDP-Sender und -Empfänger führen und außerdem zu einem Verdrängen von TCP-Sitzungen – ein möglicherweise ernstes Problem [Floyd 1999]. Viele Forscher haben neue Mechanismen vorgeschlagen, um alle Quellen, einschließlich UDP-Quellen, zu einer adaptiven Überlastkontrolle zu zwingen [Mahdavi 1997; Floyd 2000; Kohler 2006; RFC 4340].

Vor der Diskussion der UDP-Segmentstruktur erwähnen wir, dass es einer Anwendung möglich ist, trotz Verwendung von UDP einen zuverlässigen Datentransfer durchzuführen. Das ist machbar, wenn die Zuverlässigkeitsmechanismen in die Anwendung selbst eingebaut sind (zum Beispiel durch Hinzufügen von Bestätigungspaketen und Mechanismen zum Wiederholen von Übertragungen, wie jene, die wir im nächsten Abschnitt untersuchen werden). Aber das ist keine triviale Aufgabe und sie wird einen Anwendungsentwickler viel Zeit für die Fehlersuche kosten. Dennoch würde das direkte Implementieren von Zuverlässigkeit in der Anwendung es dieser ermöglichen, auf zwei Hochzeiten gleichzeitig zu tanzen: Die Anwendungsprozesse könnten zuverlässig miteinander kommunizieren, ohne den Beschränkungen der Übertragungsrate unterworfen zu sein, die durch die Überlastkontrollmechanismen von TCP erzwungen werden.

3.3.1 UDP-Segmentstruktur

Die in ▶Abbildung 3.7 gezeigte UDP-Segmentstruktur wird in RFC 768 definiert. Die Anwendungsdaten füllen das Datenfeld des UDP-Segmentes. So enthält z.B. im Fall eines DNS-Paketes das Datenfeld entweder eine Anfrage-Nachricht oder eine Antwort-Nachricht. Bei Anwendungen für Audioströme enthält das Datenfeld die Audiodaten. Der UDP-Header hat nur vier Felder, die jeweils aus zwei Byte bestehen. Wie im vorherigen Abschnitt besprochen, ermöglichen die Portnummern es dem Zielhost, die Anwendungsdaten an den richtigen Prozess weiterzuleiten (d.h., er kann das Demultiplexing durchführen). Die Prüfsumme *(Checksum)* wird vom empfangenden Host dazu verwendet, die Segmente auf Fehler zu untersuchen. Tatsächlich werden zusätzlich zum UDP-Segment auch einige Felder des IP-Headers in die Berechnung der Prüfsumme einbezogen. Wir ignorieren dieses Detail aber, um den Überblick nicht zu verlieren, und diskutieren die Prüfsummenberechnung unten. Grundprinzipien der Fehlererkennung werden in Abschnitt 5.2 beschrieben. Das Längenfeld enthält die Länge des UDP-Segmentes einschließlich des Headers in Byte.

3.3.2 UDP-Prüfsumme

Die UDP-Prüfsumme ermöglicht eine Fehlererkennung. Die Prüfsumme wird also verwendet, um festzustellen, ob Bits innerhalb des UDP-Segmentes verändert worden sind, während sie sich von der Quelle zum Zielort bewegten (z.B. aufgrund von Störungen in den Verbindungen oder während es in einem Router zwischengespeichert wurde). UDP auf der Absenderseite berechnet das 1er-Komplement der Summe aller 16 Bit-Worte im Segment, wobei ein möglicher Übertrag beim Addieren in die niedrigstwertige Stelle zurückübertragen wird. Dieses Ergebnis wird in das Prüfsummenfeld des UDP-Segmentes eingetragen. Wir zeigen hier ein einfaches Beispiel für die Prüfsummenberechnung. Details effektiver Implementierungen der in RFC 1071 definierten Berechnung und ihrer Geschwindigkeit auf realen Daten sind in [Stone 1998; Stone 2000] zu finden.

Nehmen Sie z.B. an, dass uns die folgenden drei 16 Bit-Worte vorliegen:

0110011001100000
0101010101010101
1000111100001100

Die Binärsumme der ersten beiden dieser 16 Bit-Worte ist:

0110011001100000
<u>0101010101010101</u>
1011101110110101

Addieren des dritten Wortes zur obigen Summe führt zu:

1011101110110101
<u>1000111100001100</u>
0100101011000010

Beachten Sie, dass bei dieser letzten Addition ein Überlauf auftrat, der zurück ans rechte Ende übertragen wurde, deswegen lauten die letzten beiden Stellen des Ergebnisses 10 und nicht 01. Das 1er-Komplement entsteht, indem jede 0 in eine 1 umgewandelt wird und umgekehrt. Das 1er-Komplement der Summe 0100101011000010 lautet

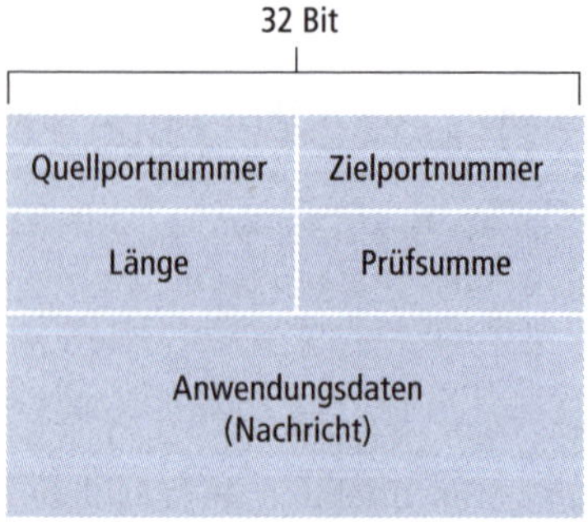

Abbildung 3.7: UDP-Segmentstruktur

daher 1011010100111101, was als Prüfsumme verwendet wird. Beim Empfänger werden alle vier 16 Bit-Worte, einschließlich der Prüfsumme, addiert. Haben sich keine Fehler in das Paket eingeschlichen, dann lautet die Summe beim Empfänger 1111111111111111. Ist ein Bit eine 0, dann wissen wir, dass bei der Übertragung Fehler aufgetreten sind.

Sie können sich fragen, warum UDP überhaupt eine Prüfsumme verwendet, wo doch so viele Sicherungsschichtprotokolle (einschließlich des weitverbreiteten Ethernet-Protokolls) ebenfalls eine Fehlerprüfung anbieten. Der Grund liegt darin, dass es keinerlei Garantie gibt, dass alle Leitungen zwischen Quelle und Zielort eine Fehlerprüfung durchführen; das bedeutet, dass irgendeine der Leitungen ein Sicherungsschichtprotokoll verwenden kann, das keine Fehlerprüfung beinhaltet. Darüber hinaus können Fehler auch beim Speichern der Segmente im Router auftreten, also selbst dann, wenn die Segmente korrekt über jede einzelne Leitung übertragen wurden. Da eine korrekte Übertragung auf jeder einzelnen Leitung und eine Fehlererkennung im Speicher eines jeden Routers nicht garantiert werden kann, muss UDP die Fehlererkennung *auf einer Ende-zu-Ende-Basis* in der Transportschicht durchführen, sofern der Ende-zu-Ende-Übertragungsdienst Fehlererkennung anbieten soll. Dies ist ein Beispiel für das berühmte Ende-zu-Ende-Prinzip des Systemdesigns [Saltzer 1984], welches besagt, dass bestimmte Funktionalität (in diesem Fall Fehlererkennung) auf einer Ende-zu-Ende-Basis durchgeführt werden muss: „In niedrigeren Schichten angesiedelte Funktionen können redundant oder von geringem Mehrwert im Verhältnis zu den Kosten sein, die ihre Gewährleistung auf einer höheren Schicht verursacht."

Weil IP praktisch jedes beliebige Schicht-2-Protokoll nutzen können soll, ist eine Fehlerprüfung in der Transportschicht als Sicherheitsmaßnahme sinnvoll. Obwohl UDP eine Fehlerprüfung durchführt, ist es außerstande, einen Fehler zu korrigieren. Einige Implementierungen von UDP verwerfen das beschädigte Segment einfach; andere reichen es mit einer Warnung an die Anwendung weiter.

Das beendet unsere Diskussion von UDP. Wir werden bald sehen, dass TCP seinen Anwendungen zuverlässigen Datentransfer garantiert, sowie einige andere Dienste, die UDP nicht bietet. Natürlich ist TCP auch komplexer als UDP. Bevor wir jedoch TCP diskutieren, sollten wir uns zurücklehnen und zuerst die zugrunde liegenden Prinzipien des zuverlässigen Datentransfers erörtern.

3.4 Grundlagen des zuverlässigen Datentransfers

In diesem Abschnitt erörtern wir das Problem des zuverlässigen Datentransfers im Allgemeinen. Dies ist sinnvoll, weil uns das Implementieren eines zuverlässigen Datentransfers nicht nur in der Transportschicht, sondern auch noch in der Sicherungsschicht und der Anwendungsschicht begegnen wird. Das allgemeine Problem ist daher von zentraler Bedeutung für die Arbeit in Netzwerken. Müsste jemand eine Liste der zehn wichtigsten Netzwerkprobleme verfassen, wäre dies sicher ein Kandidat für die Spitzenposition. Im nächsten Abschnitt werden wir TCP untersuchen und insbesondere zeigen, dass in TCP viele der hier beschriebenen Grundlagen zur Anwendung kommen.

▶Abbildung 3.8 illustriert den Rahmen unserer Untersuchung eines zuverlässigen Datentransfers. Der abstrakte Dienst, der den Instanzen der höheren Schichten zur Verfügung gestellt wird, entspricht einem zuverlässigen Kanal zur Übertragung von Daten. Auf einem zuverlässigen Kanal werden die übertragenen Bits nicht verändert (sie können also nicht von 0 auf 1 bzw. von 1 auf 0 springen), sie können nicht verloren gehen und werden alle in der Reihenfolge zugestellt, in der sie abgesandt wurden. Das ist genau das Dienstmodell, das TCP den aufrufenden Internetanwendungen bietet.

Es liegt in der Verantwortung eines **zuverlässigen Datentransferprotokolls**, diesen abstrakten Dienst zu implementieren. Diese Aufgabe wird durch die Tatsache erschwert, dass die Schicht *unterhalb* des zuverlässigen Datentransferprotokolls unzuverlässig sein kann. So ist beispielsweise TCP ein zuverlässiges Datentransferprotokoll, das oberhalb der unzuverlässigen Ende-zu-Ende-Netzwerkschicht (IP) implementiert ist. Allgemein betrachtet könnte die Schicht zwischen den beiden zuverlässigen Endpunkten der Kommunikation aus einer einzigen physikalischen Verbindung (wie im Fall eines Datentransferprotokolls auf der Sicherungsschicht) oder aus einem globalen Verbund von Netzwerken wie dem Internet bestehen (wie im Fall eines Protokolls auf der Transportschicht). Für unsere Zwecke genügt es jedoch, diese tieferliegende Schicht als einen unzuverlässigen Punkt-zu-Punkt-Kanal aufzufassen.

In diesem Abschnitt werden wir immer detaillierter die sendenden und empfangenden Seiten eines zuverlässigen Datentransferprotokolls entwickeln, wobei wir immer komplexere Modelle des zugrunde liegenden Kanals betrachten. Abbildung 3.8 (b) zeigt die Schnittstellen unseres Datentransferprotokolls. Die sendende Seite des Datentransferprotokolls wird von oben durch einen Anruf an `rdt_send()` aktiviert. Mit diesem Aufruf wird ein Dienst angefordert, der die Daten zuverlässig an die empfangende Seite weiterleitet. (Hier bedeutet `rdt` *zuverlässiger Datentransfer (reliable data transfer)* und `_send` deutet darauf hin, dass die sendende Seite von `rdt` aufgerufen wird. Der erste Schritt bei der Entwicklung jedes Protokolls liegt in der Wahl eines guten Namens!) Auf der empfangenden Seite wird `rdt_rcv()` aufgerufen, sobald Pakete bei der empfangenden Seite des Kanals ankommen. Will das `rdt`-Protokoll Daten an die darüberliegende Schicht weitergeben, ruft es `deliver_data()` auf. Im Folgenden benutzen wir den Begriff „Paket" anstelle des in der Transportschicht üblichen Begriffes „Segment". Da die in diesem Abschnitt entwickelte Theorie ganz allgemein auf Computernetzwerke anwendbar ist und nicht nur für das Internet gilt, ist der generische Begriff „Paket" besser geeignet.

Wir werden in diesem Abschnitt nur den Fall eines **unidirektionalen Datentransfers** berücksichtigen, also die Datenübertragung von der sendenden zur empfangenden Seite. Der Fall des verlässlichen **bidirektionalen Datentransfers** (also Vollduplex) ist eigentlich nicht schwieriger, müsste aber äußerst weitschweifig erklärt werden. Obwohl wir nur unidirektionalen Datentransfer betrachten, dürfen wir nicht vergessen, dass die sendende sowie die empfangende Seite unseres Protokolls trotzdem Pakete in beide Richtungen übertragen müssen, was auch in Abbildung 3.8 skizziert

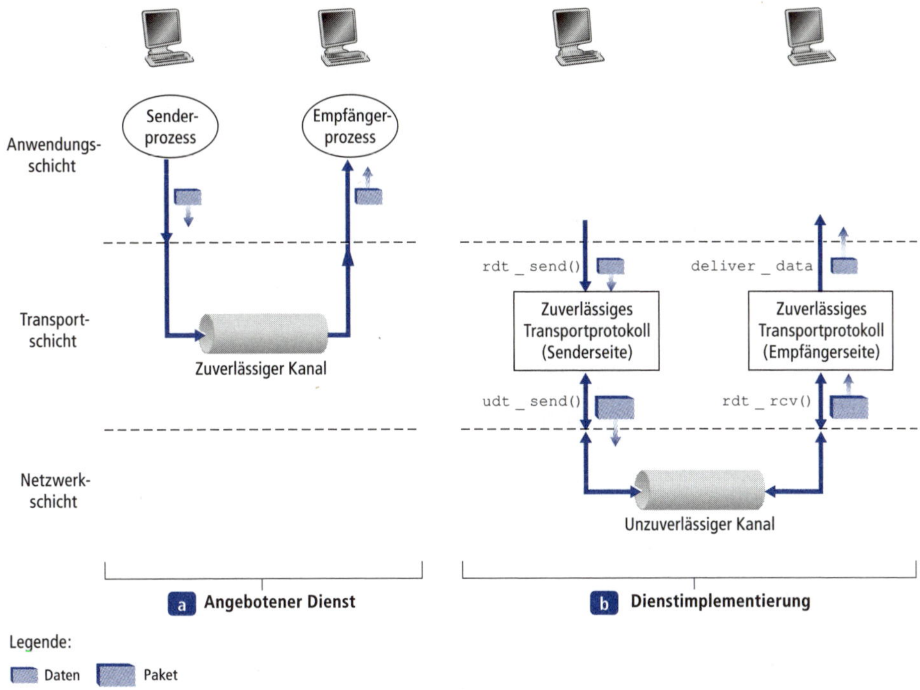

Abbildung 3.8: Verlässlicher Datentransfer: Dienstmodell und Dienstimplementierung

wird. Wir werden in Kürze sehen, dass zusätzlich zum Austausch von Paketen, in denen die zu übertragenden Daten enthalten sind, die sendenden und empfangenden Seiten von `rdt` Kontrollpakete austauschen müssen. Diese beiden Seiten von `rdt` senden die Pakete mittels eines Aufrufes von `udt_send()` zur anderen Seite (wobei `udt` für *unzuverlässigen Datentransfer (unreliable data transfer)* steht).

3.4.1 Aufbau eines zuverlässigen Datentransferprotokolls

Wir gehen nun eine Reihe von immer komplexer werdenden Protokollen durch, mit dem Ziel eines einwandfreien und zuverlässigen Datentransferprotokolls.

Zuverlässiger Datentransfer über einen perfekt zuverlässigen Kanal: rdt1.0

Wir gehen zunächst vom einfachsten Fall aus, in dem der zugrunde liegende Kanal vollkommen zuverlässig ist. Das Protokoll, das wir `rdt1.0` nennen, ist daher trivial. Die Definitionen der **endlichen Automaten** (*finite state machine*, **FSM**) für den Sender und Empfänger von `rdt1.0` sind in ▶Abbildung 3.9 dargestellt. Die FSM in Abbildung 3.9 (a) legt die Operationen des Senders fest, während die FSM in Abbildung 3.9 (b) die Operationen des Empfängers definiert. Zu beachten ist, dass es für Sender und Empfänger voneinander *unabhängige* FSMs gibt. Sender- und Empfänger-FSM in ▶Abbildung 3.9 besitzen jeweils nur einen Zustand. Die Pfeile in der Beschreibung der FSM zeigen den Übergang des Protokolls von einem in einen ande-

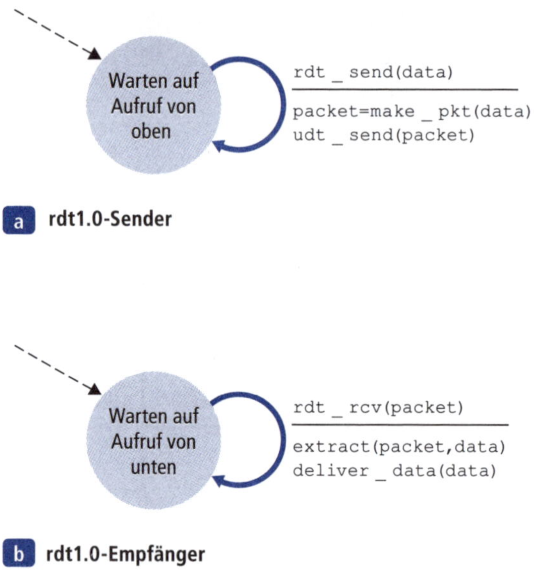

Abbildung 3.9: `rdt1.0` – ein Protokoll für einen zuverlässigen Kanal

ren Zustand. (Da jede FSM in Abbildung 3.9 nur einen Zustand besitzt, ist ein Übergang von diesem einen Zustand auf sich selbst notwendig. In Kürze werden wir kompliziertere Zustandsdiagramme sehen.) Das Ereignis, das diesen Übergang hervorruft, ist oberhalb der horizontalen Linie zu sehen, die den Übergang kennzeichnet und die Aktionen, die nach Eintreten des Ereignisses ausgeführt werden, sind unterhalb dieser horizontalen Linie dargestellt. Löst ein Ereignis keine Aktion aus, oder tritt kein Ereignis ein und es wird trotzdem eine Aktion ausgeführt, benutzen wir das Symbol Λ oberhalb beziehungsweise unterhalb dieser Linie, um explizit das Fehlen einer Aktion oder eines Ereignisses zu kennzeichnen. Der Ausgangszustand der FSM wird durch den gestrichelten Pfeil dargestellt. Die FSMs in Abbildung 3.9 können nur einen einzigen Zustand einnehmen. Die FSMs, denen wir in Kürze begegnen, können jedoch mehrere Zustände besitzen. Daher ist es wichtig, den Ausgangszustand jeder FSM zu kennzeichnen.

Die sendende Seite von `rdt` akzeptiert einfach Daten der darüberliegenden Schicht mittels des Ereignisses `rdt_send(data)`, erzeugt ein Paket, welches diese Daten enthält (mithilfe der Aktion `make_pkt(data)`) und sendet das Paket in den Kanal. In der Praxis würde das `rdt_send(data)`-Ereignis durch einen Funktionsaufruf (z.B. an `rdt_send()`) der Anwendung ausgelöst werden.

Auf der empfangenden Seite erhält `rdt` von dem darunterliegenden Kanal ein Paket durch das Ereignis `rdt_rcv(paket)`, es entfernt die Daten aus dem Paket (mithilfe der Aktion `extract(paket, data)`) und reicht die Daten an die darüberliegende Schicht weiter (durch die Aktion `deliver_data(data)`). In der Praxis würde das Ereignis `rdt_rcv(paket)` von einem Funktionsaufruf des Protokolls der tieferliegenden Schicht ausgelöst.

In diesem einfachen Protokoll gibt es keinen Unterschied zwischen einer Dateneinheit und einem Paket. Darüber hinaus geht der komplette Paketfluss vom Sender zum Empfänger. Da wir einen perfekt zuverlässigen Kanal annehmen, besteht keinerlei Notwendigkeit seitens des Empfängers, irgendeine Rückmeldung an den Sender zu geben, denn nichts kann schief gehen! Beachten Sie, dass wir auch vorausgesetzt haben, dass der Empfänger die Daten genauso schnell annehmen kann, wie sie der Sender liefert. Daher besteht keine Notwendigkeit für den Empfänger, den Sender um eine langsamere Übertragung zu bitten.

Zuverlässiger Transfer über einen Kanal mit Bitfehlern: rdt2.0

In einem realistischeren Modell des zugrunde liegenden Kanals können die Bits innerhalb eines Paketes verändert worden sein. Solche Bitfehler treten üblicherweise in einer physikalischen Komponente des Netzwerkes auf, während ein Paket übertragen, weitergeleitet oder gepuffert wird. Wir gehen zunächst weiter davon aus, dass alle übertragenen Pakete in derselben Reihenfolge empfangen werden, in der sie gesendet wurden (allerdings könnten ihre Bits verändert worden sein).

Bevor wir ein Protokoll für die zuverlässige Kommunikation über einen derartigen Kanal entwickeln, lassen Sie uns erst darüber nachdenken, wie Menschen mit so einer Situation umgehen. Stellen Sie sich vor, dass Sie selbst eine lange Nachricht über das Telefon diktieren. In einem typischen Szenario würde der Empfänger der Nachricht nach jedem Satz, den er gehört, verstanden und gespeichert hat, mit „OK" antworten. Hört der Empfänger einen verstümmelten Satz, werden Sie gebeten, den Satz zu wiederholen. Dieses Nachrichten-Diktat-Modell benutzt sowohl **positive Rückmeldungen** („OK") als auch **negative Rückmeldungen** („Bitte wiederholen Sie das"). Mit diesen Kontrollnachrichten kann der Empfänger dem Sender mitteilen, was er richtig verstanden hat und was fehlerhaft empfangen wurde und daher wiederholt werden muss. Im Kontext eines Computernetzwerkes werden zuverlässige Datentransferprotokolle auf der Basis solcher Rückmeldungen als **ARQ-Protokolle** (**Automatic Repeat reQuest**, *automatische Wiederholungsanfrage*) bezeichnet.

Grundsätzlich müssen ARQ-Protokolle drei zusätzliche Fähigkeiten beinhalten, um die Anwesenheit von Bitfehlern behandeln zu können:

- *Fehlererkennung*: Zuerst wird ein Mechanismus benötigt, der es dem Empfänger ermöglicht, aufgetretene Bitfehler zu erkennen. Erinnern Sie sich an den vorangegangenen Abschnitt und daran, dass UDP ein Prüfsummenfeld für genau diesen Zweck benutzt. In Kapitel 5 werden wir Techniken zur Fehlererkennung und Fehlerkorrektur detaillierter betrachten. Solche Techniken erlauben einem Empfänger das Erkennen und manchmal auch das Korrigieren von Bitfehlern in Paketen. Zum jetzigen Zeitpunkt müssen wir nur wissen, dass diese Techniken die Übertragung zusätzlicher Bits (über die Bits der ursprünglich übertragenen Originaldaten hinaus) vom Sender zum Empfänger erfordern. Diese Bits befinden sich im Feld der Paketprüfsumme des `rdt2.0`-Paketes.

- *Rückmeldung des Empfängers*: Da Sender und Empfänger üblicherweise auf unterschiedlichen Endsystemen laufen, die möglicherweise Tausende Kilometer voneinander entfernt sind, besteht die einzige Möglichkeit für den Sender, etwas über den Zustand in der Welt des Empfängers zu erfahren (genau gesagt zu erfahren, ob ein Paket korrekt angekommen ist), darin, dass der Empfänger auf jeden Fall eine Rückmeldung an den Sender übermittelt. Die positiven (ACK – für ACKnowledgment) und negativen (NAK – für Negative AcKnowledgment) Rückmeldungen im Nachrichten-Diktat-Szenario sind Beispiele einer solchen Rückantwort. Unser `rdt2.0`-Protokoll sendet analog dazu ACK- und NAK-Pakete vom Empfänger an den Sender zurück. Im Prinzip müssen diese Pakete nur ein Bit lang sein. Beispielsweise könnte der Wert 0 das NAK und der Wert 1 das ACK bedeuten.
- *Wiederholte Übertragung*: Ein Paket, das beim Empfänger fehlerhaft ankommt, wird vom Sender erneut übertragen.

▶Abbildung 3.10 zeigt die FSM-Darstellung von `rdt2.0`, einem Datentransferprotokoll, das Fehlererkennung beherrscht und positive sowie negative Rückmeldungen gibt. Die sendende Seite von `rdt2.0` besitzt zwei Zustände. Im linken Zustand wartet das senderseitige Protokoll auf Daten, die von der oberen Schicht heruntergereicht werden. Sobald das Ereignis `rdt_send(data)` eintritt, erzeugt der Sender ein Paket (`sndpkt`), welches die zu übertragenden Daten sowie eine Paketprüfsumme enthält (z.B. diejenige, die wir im Abschnitt 3.2 für den Fall eines UDP-Segmentes diskutiert haben) und schickt danach das Paket mittels der Operation `udt_send(sndpkt)` ab. Im rechten Zustand wartet das Senderprotokoll auf ein ACK- oder NAK-Paket vom Empfänger. Trifft ein ACK-Paket ein (die Notation `rdt_rcv(rcvpkt) && isACK(rcvpkt)` in Abbildung 3.10 entspricht diesem Ereignis), weiß der Sender, dass das zuletzt übertragene Paket korrekt angekommen ist. Daher kehrt das Protokoll in den Zustand zurück, in den es auf Daten von der oberen Schicht wartet. Trifft ein NAK ein, wiederholt das Protokoll das zuletzt gesendete Paket und wartet wieder auf ein ACK oder NAK, welches vom Empfänger als Antwort auf die erneute Datenübertragung zurückgesandt wird. Dabei ist es wichtig, dass der Sender keinerlei Daten von der oberen Schicht empfangen *kann*, solange er sich im Zustand des Wartens auf ACK oder NAK befindet. Das bedeutet, das Ereignis `rdt_send()` kann nicht eintreten. Dieses Ereignis kann erst dann wieder auftreten, wenn der Sender ein ACK erhält und diesen Zustand verlässt. Daher überträgt der Sender keine neuen Daten, bis er sicher ist, dass der Empfänger das aktuelle Paket richtig erhalten hat. Aufgrund dieses Verhaltens werden Protokolle wie `rdt2.0` als **Stop-and-Wait-Protokolle** *(Anhalten-und-Warten)* bezeichnet.

Die Empfänger-FSM für `rdt2.0` hat immer noch nur einen einzigen Zustand. Bei der Ankunft eines Paketes antwortet der Empfänger entweder mit einem ACK oder einem NAK, je nachdem, ob das erhaltene Paket beschädigt war oder nicht. In Abbildung 3.10 entspricht die Notation `rdt_rcv(rcvpkt) && corrupt(rcvpkt)` dem Ereignis eines empfangenen Paketes, in dem Fehler gefunden wurden.

Unser Protokoll `rdt2.0` erweckt zwar den Anschein, als ob es funktionieren würde, aber es hat einen fatalen Fehler. Wir haben noch nicht die Möglichkeit berücksichtigt,

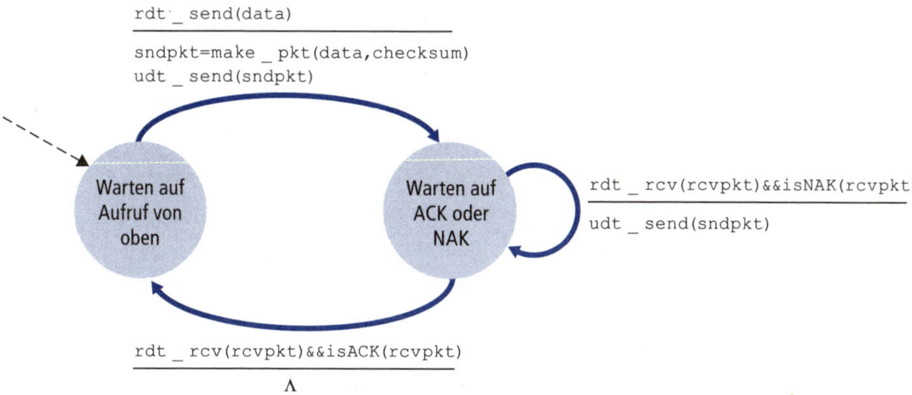

a rdt2.0-Sender

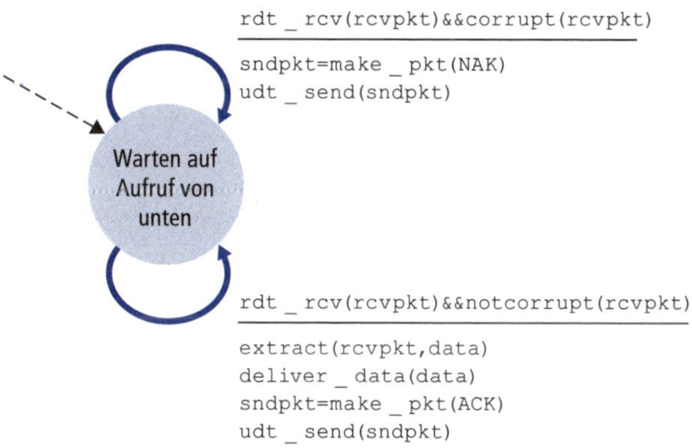

b rdt2.0-Empfänger

Abbildung 3.10: `rdt2.0` – ein Protokoll mit Behandlung von Bitfehlern

dass die ACK- oder NAK-Pakete selbst fehlerhaft sein könnten! (Bevor Sie weiterlesen, sollten Sie darüber nachdenken, wie dieses Problem gelöst werden könnte.) Unglücklicherweise ist unsere Nachlässigkeit nicht so harmlos, wie es scheint. Zunächst müssen wir auf jeden Fall Prüfsummenbits an ACK-/NAK-Pakete hinzufügen, um solche Fehler zu entdecken. Die schwierigere Frage ist aber, wie das Protokoll sich von Fehlern in ACK- oder NAK-Paketen erholen sollte. Die Schwierigkeit besteht darin, dass im Fall eines korrumpierten ACK oder NAK der Absender nicht erfahren kann, ob der Empfänger den letzten Teil der gesendeten Daten richtig erhalten hat.

Betrachten Sie folgende drei Möglichkeiten, wie Sie mit korrupten ACKs oder NAKs umgehen könnten:

- Überlegen Sie zuerst, was ein Mensch im Nachrichten-Diktat-Szenario tun könnte. Wenn der Sprecher die Antworten „OK“ oder das „Bitte wiederholen Sie das“ des Empfängers nicht versteht, würde der Sprecher wahrscheinlich rückfragen, „Was

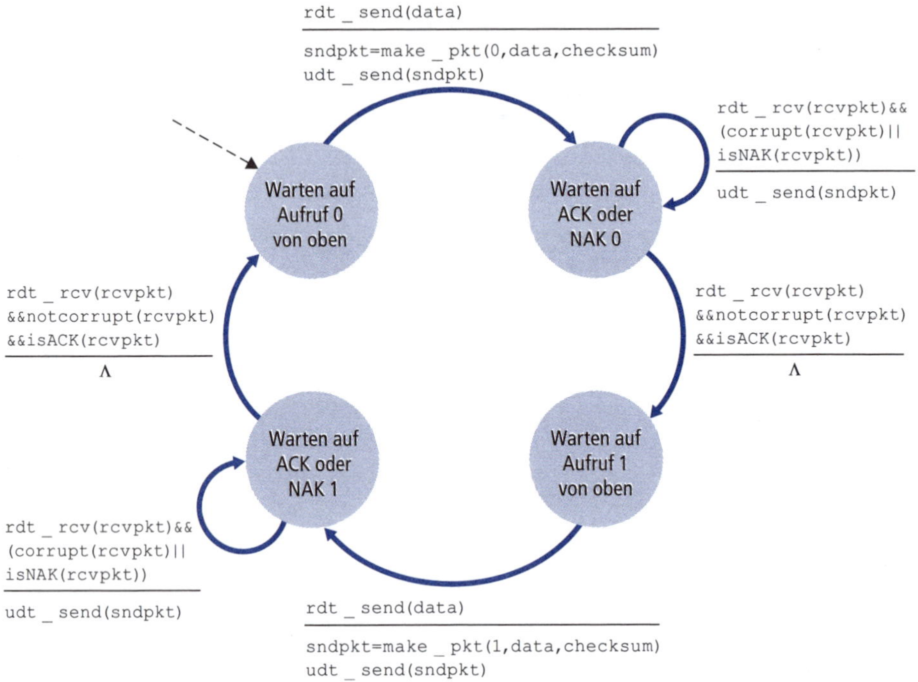

Abbildung 3.11: `rdt2.1`-Sender

sagten Sie?“ (und auf diese Weise unserem Protokoll ein neues Sender-zu-Empfänger-Paket hinzufügen). Der Sprecher würde dann die Antwort wiederholen. Aber was, wenn die Rückfrage des Sprechers ebenfalls korrumpiert ist? Der Empfänger, der keine Ahnung hat, ob der wirre Satz Teil des Diktats war oder eine Bitte, die letzte Antwort zu wiederholen, würde wahrscheinlich mit „Was sagten *Sie*?“ antworten. Natürlich könnte auch diese Antwort undeutlich sein. Wir bewegen uns eindeutig auf einem schmalen Grat.

- Die zweite Alternative besteht darin, so viele Prüfsummenbits hinzuzufügen, dass der Absender Bitfehler nicht nur wahrnimmt, sondern sie auch korrigieren kann. Dies löst das unmittelbare Problem für einen Kanal, der Pakete zwar verändern, sie aber nicht verlieren kann.
- Ein dritter Ansatz besteht darin, dass der Sender einfach das gegenwärtige Datenpaket erneut abschickt, wenn er ein verfälschtes ACK- oder NAK-Paket erhält. Dieser Ansatz fügt jedoch **Paketduplikate** in den Kanal vom Sender zum Empfänger ein. Die grundlegende Schwierigkeit bei Paketduplikaten besteht darin, dass der Empfänger ja nicht weiß, ob das zuletzt gesandte ACK oder NAK vom Absender richtig empfangen wurde. Auf diese Art kann der Empfänger *a priori* gar nicht wissen, ob ein ankommendes Paket neue Daten enthält oder die Wiederholung einer Übertragung ist!

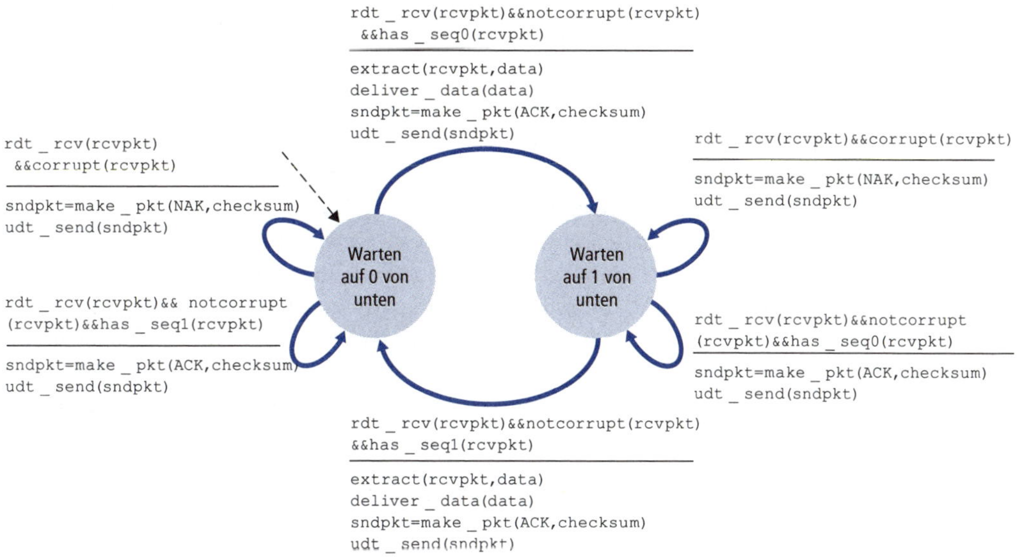

Abbildung 3.12: `rdt2.1`-Empfänger

Eine einfache Lösung dieses neuen Problems (eine, die von fast allen heute existierenden Datentransferprotokollen, einschließlich TCP, übernommen wurde) besteht darin, dem Datenpaket ein neues Feld hinzuzufügen und den Absender seine Datenpakete nummerieren zu lassen, indem er in dieses Feld eine fortlaufende **Sequenznummer** *(sequence number)* einträgt. Der Empfänger muss dann nur diese Zahl überprüfen, um zu bestimmen, ob das erhaltene Paket die Wiederholung einer früheren Übertragung ist. Für den einfachen Fall eines Stop-and-Wait-Protokolls genügt sogar eine 1-Bit-Zahl, da sie dem Empfänger sagt, ob der Absender das zuvor gesendete Paket erneut sendet (dann ist die Sequenznummer des eingetroffenen Paketes identisch mit der des zuletzt erhaltenen Paketes) oder ob es sich um ein neues Paket handelt (die Sequenznummer ändert sich und wird in einer Modulo-2-Arithmetik hochgezählt). Da wir momentan von einem Kanal ausgehen, der keine Pakete verliert, müssen ACK- und NAK-Pakete die Sequenznummer der Pakete, die sie gerade bestätigen, nicht mit angeben. Der Absender weiß, dass ein erhaltenes ACK- oder NAK-Paket (ob verfälscht oder nicht) als Antwort auf sein zuletzt gesendetes Datenpaket erzeugt wurde.

▶Abbildung 3.11 und ▶Abbildung 3.12 zeigen die FSM-Beschreibung für `rdt2.1`, unsere korrigierte Version von `rdt2.0`. Die FSMs des `rdt2.1`-Senders und -Empfängers haben jetzt doppelt so viele Zustände wie zuvor, weil der Protokollzustand wiedergeben muss, ob das gerade gesendete Paket (das vom Sender stammt) oder das (beim Empfänger) erwartete Paket die Sequenznummer 0 oder 1 haben sollte. Beachten Sie, dass die Aktionen in jenen Zuständen, in denen ein mit einer 0 gekennzeichnetes Paket versandt oder erwartet wird, die Spiegelbilder jener Aktionen sind, in denen ein mit 1 nummeriertes Paket versandt bzw. erwartet wird. Der einzige Unterschied besteht in der Behandlung der Sequenznummern.

Das Protokoll `rdt2.1` benutzt sowohl positive als auch negative Acknowledgments vom Empfänger zum Sender. Trifft ein Paket außerhalb der Reihenfolge ein, sendet der Empfänger ein positives Acknowledgment für das davor erhaltene Paket. Wird ein korrumpiertes Paket empfangen, sendet der Empfänger ein negatives Acknowledgment. Wir erzielen dasselbe Ergebnis wie ein NAK, indem wir statt eines NAK, ein ACK für das letzte *richtig* erhaltene Paket senden. Ein Absender, der zwei ACKs für dasselbe Paket erhält (das heißt, er erhält **doppelte ACKs** *(duplicate ACKs)*), weiß, dass der Empfänger das Paket nicht richtig erhalten hat, das auf das zweimal bestätigte Paket folgte. Unser NAK-freies zuverlässiges Datenübertragungsprotokoll für einen Kanal mit Bitfehlern, `rdt2.2`, ist in ▶Abbildung 3.13 und ▶Abbildung 3.14 zu sehen. Eine kleine Änderung zwischen `rtdt2.1` und `rdt2.2` besteht darin, dass der Empfänger nun die Sequenznummer des Paketes, das durch die ACK-Nachricht bestätigt wird, angeben muss (indem das Argument ACK,0 oder ACK,1 an `make_pkt()` in der Empfänger-FSM übergeben wird). Außerdem muss der Absender nun die Sequenznummer des von einer eingegangenen ACK-Nachricht bestätigten Paketes überprüfen (dies erfolgt durch Übergabe der Argumente 0 oder 1 an `isACK()` in der Sender-FSM).

Zuverlässiger Datentransfer über einen verlustbehafteten Kanal mit Bitfehlern: rdt3.0

Nehmen Sie nun an, dass außer dem Verfälschen von Bits auch Pakete auf dem zugrunde liegenden Kanal verloren gehen können – ein nicht ungewöhnliches Ereig-

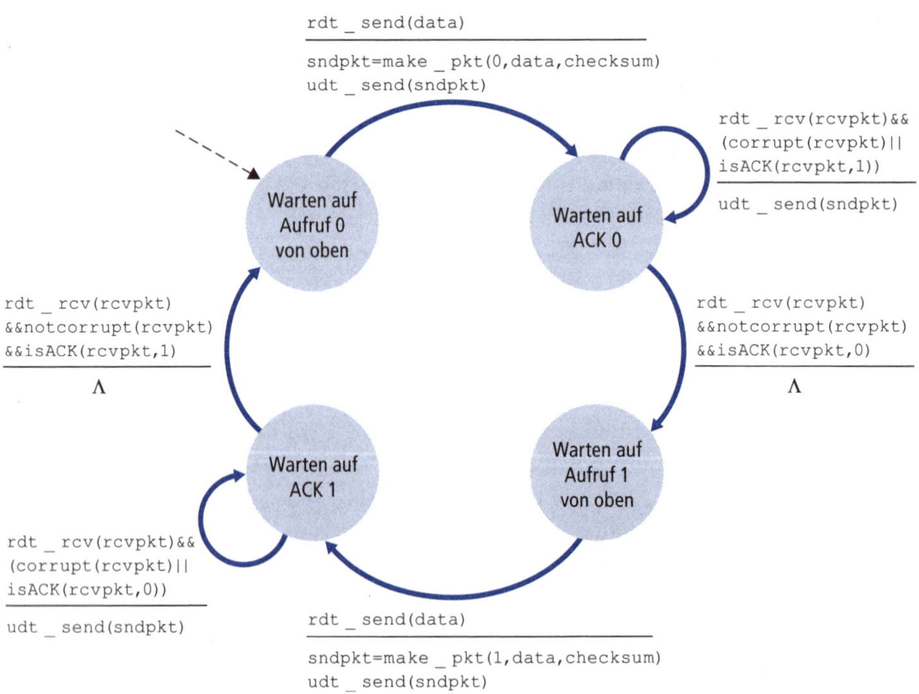

Abbildung 3.13: `rdt2.2`-Sender

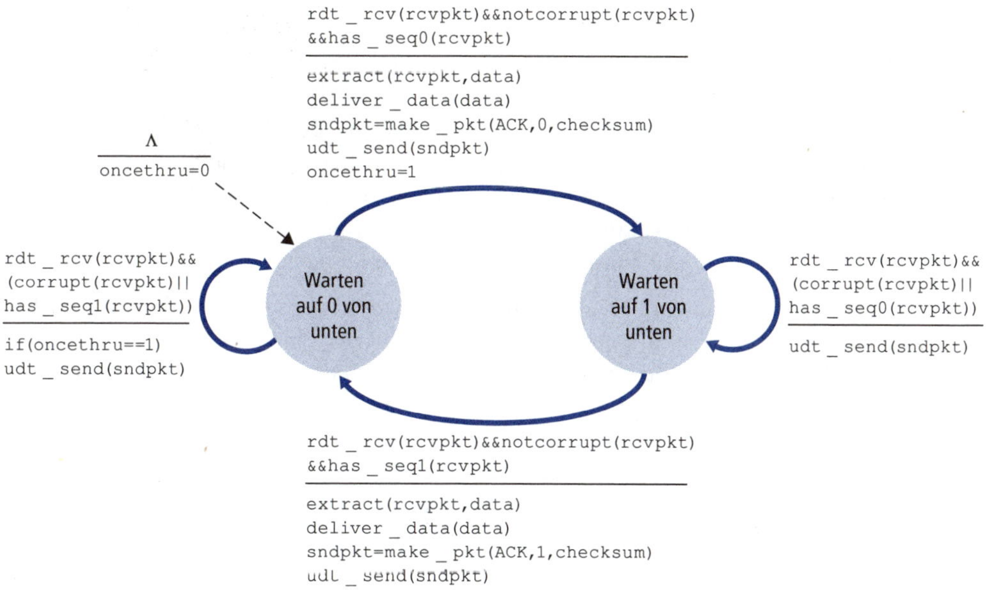

Abbildung 3.14: `rdt2.2`-Empfänger

nis in den heutigen Computernetzwerken (einschließlich des Internets). Zwei zusätzliche Fragen müssen jetzt durch das Protokoll angegangen werden: Wie kann Paketverlust entdeckt werden und was soll geschehen, wenn er eintritt? Das Berechnen von Prüfsummen, Sequenznummern, ACK-Pakete und wiederholte Übertragungen – Techniken, die bereits in `rdt2.2` entwickelt wurden – ermöglichen es uns, letztere Frage anzugehen. Für die erste Frage wird ein neuer Protokollmechanismus notwendig.

Es gibt viele mögliche Ansätze für den Umgang mit Paketverlusten (einige erkunden wir in den Übungen am Ende des Kapitels). Im Moment bürden wir dem Sender die Verantwortung auf, Paketverluste zu entdecken und zu korrigieren. Nehmen Sie an, dass der Absender ein Datenpaket sendet, und entweder dieses Paket oder dessen ACK durch den Empfänger geht verloren. Auf jeden Fall trifft beim Absender keine Antwort des Empfängers ein. Sofern der Absender bereit ist, so lange zu warten, dass er *sicher* sein kann, dass ein Paket verloren gegangen ist, kann er das Datenpaket einfach noch einmal übertragen. Sie sollten sich davon überzeugen, dass dieses Protokoll wirklich funktioniert.

Aber wie lange muss der Sender warten, bis er sicher sein darf, dass etwas verloren gegangen ist? Klarerweise muss der Sender mindestens eine Rundlaufzeit zwischen Absender und Empfänger warten (in der ja auch das Puffern in dazwischenliegenden Routern steckt) plus der Zeitdauer, die das Paket für die Verarbeitung beim Empfänger benötigt. In vielen Netzwerken ist es schon sehr schwierig, diese maximale Verzögerung auch nur abzuschätzen, geschweige denn, sie sicher zu kennen. Außerdem sollte das Protokoll idealerweise so schnell wie möglich den Paketverlust beheben. Die Worst-Case-Verzögerung abzuwarten, könnte bedeuten, dass bis zur Fehlerbehebung eine lange Wartezeit verstreicht. Der in der Praxis benutzte Ansatz besteht darin, einen Zeitraum geschickt so festzulegen, dass Paketverlust wahrscheinlich ist, auch wenn er nicht sicher eingetreten ist. Wird innerhalb dieser Zeit kein ACK empfangen, wird das Paket nochmals übertragen. Beachten Sie, dass ein Paket, das eine besonders lange Verzögerung erfährt, auch erneut übertragen werden kann, obwohl weder das Datenpaket noch sein ACK verloren gegangen sind. Dadurch besteht die Möglichkeit **doppelter Datenpakete** auf dem Kanal zwischen Sender und Empfänger. Glücklicherweise hat das `rdt2.2`-Protokoll bereits genügend Funktionalität (in Form von Sequenznummern), um mit doppelten Paketen umgehen zu können.

Aus Sicht des Absenders ist die Übertragungswiederholung ein Allheilmittel. Der Sender weiß nicht, ob ein Datenpaket bzw. ein ACK verloren ging oder ob Datenpaket bzw. ACK nur übermäßig verzögert sind. In allen Fällen bleibt die daraus resultierende Handlung dieselbe: erneute Übertragung. Das Implementieren eines zeitbasierten Übertragungswiederholungsmechanismus erfordert einen **Countdown-Timer**, der den Absender benachrichtigen kann, nachdem eine bestimmte Zeit verstrichen ist. Der Absender muss daher in der Lage sein, (1) jedes Mal, wenn ein Paket (entweder zum ersten Mal oder als Wiederholung) verschickt wird, den Timer neu zu starten, (2) auf einen auslaufenden Timer zu reagieren (und die entsprechenden Maßnahmen zu ergreifen) und (3) den Timer anzuhalten.

▶Abbildung 3.15 zeigt die Sender-FSM für `rdt3.0`, ein Protokoll, das zuverlässig Daten über einen Kanal überträgt, der Pakete verändern oder verlieren kann.

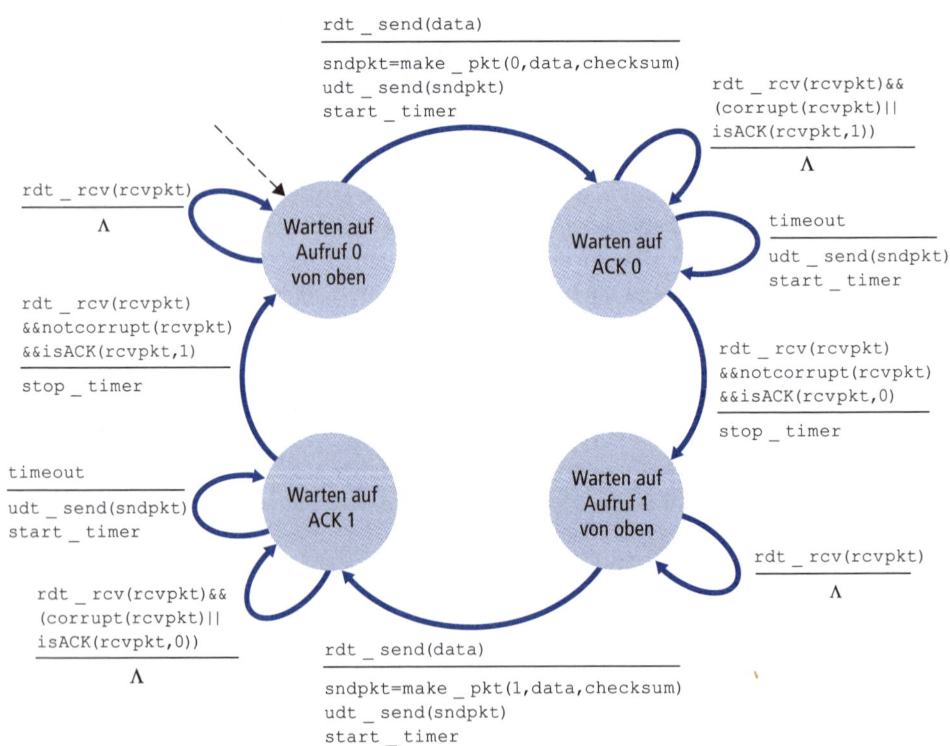

Abbildung 3.15: `rdt3.0`-Sender

In den Übungsaufgaben werden Sie sich damit beschäftigen, die Empfänger-FSM für `rdt3.0` zu konstruieren. ▶Abbildung 3.16 zeigt, wie das Protokoll verlustfrei bzw. ohne verzögerte Pakete abläuft und wie es mit dem Verlust von Datenpaketen fertig wird. In Abbildung 3.16 verläuft die Zeit von oben nach unten im Diagramm. Ein solches Diagramm nennt man auch Zeit-Ablauf-Diagramm. Beachten Sie, dass der Empfangszeitpunkt eines Paketes notwendigerweise später liegen muss als der zugehörige Sendezeitpunkt, eine Folge der Übertragungs- und Ausbreitungsverzögerungen. In den Abbildungen 3.16 (b)–(d) geben die senderseitigen Klammern die Zeitpunkte an,

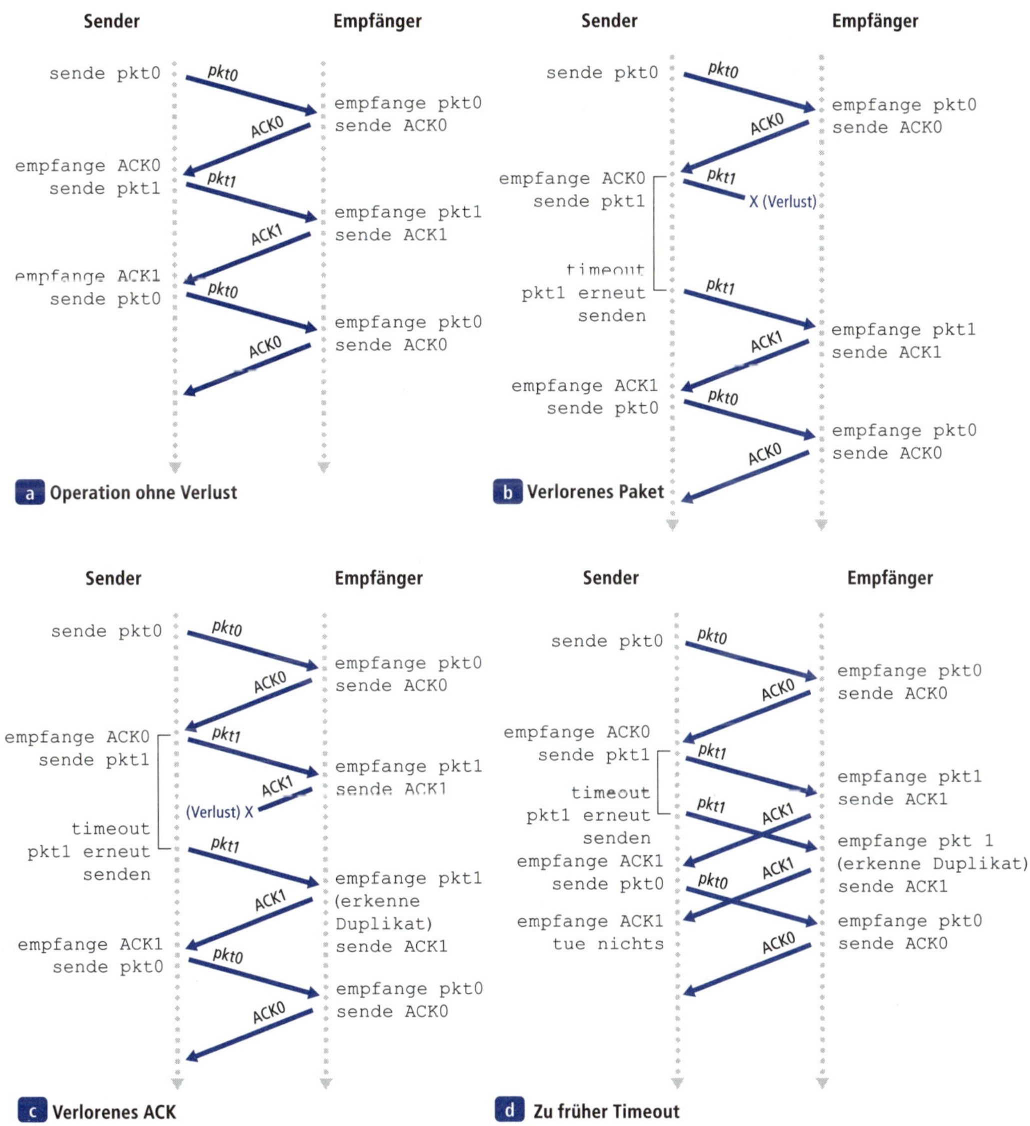

Abbildung 3.16: Arbeitsweise von `rdt3.0` (Alternierendes-Bit-Protokoll)

zu denen der Timer gesetzt wurde und später abläuft. Mehr Feinheiten dieses Protokolls werden Sie in den Übungen am Ende dieses Kapitels erkunden. Weil die Sequenznummern der Pakete immer zwischen 0 und 1 wechseln, wird das Protokoll `rdt3.0` manchmal als **Alternierendes-Bit-Protokoll** *(alternating-bit protocol)* bezeichnet.

Wir haben nun die Schlüsselelemente eines zuverlässigen Datentransferprotokolls zusammengetragen. Prüfsummen, Sequenznummern, Timer sowie positive und negative Acknowledgment-Pakete spielen jeweils eine entscheidende Rolle im Ablauf des Protokolls. Wir haben jetzt ein lauffähiges zuverlässiges Datentransferprotokoll!

3.4.2 Zuverlässige Datentransferprotokolle mit Pipelining

`rdt3.0` ist zwar ein korrekt funktionierendes Protokoll, aber es ist unwahrscheinlich, dass irgendjemand mit seiner Leistung zufrieden wäre, insbesondere in den heutigen Hochgeschwindigkeitsnetzen. Der Kern des Leistungsproblems von `rdt3.0` liegt darin, dass es ein Stop-and-Wait-Protokoll ist.

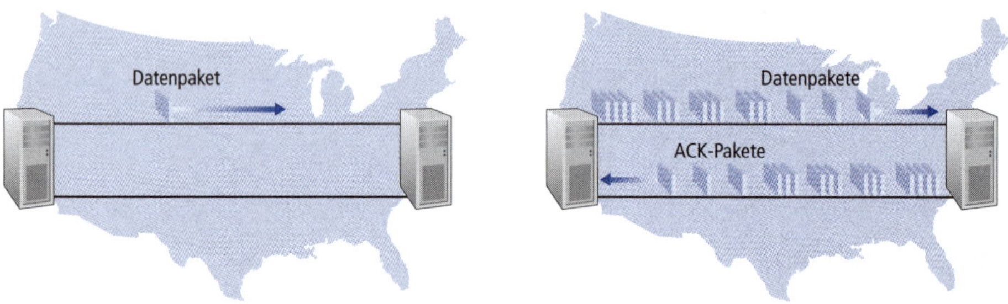

a Ablauf bei Stop-and-Wait

b Ablauf bei Pipelining

Abbildung 3.17: Stop-and-Wait im Vergleich zu Pipelining

Um den Einfluss dieses Stop-and-Wait-Verfahrens auf die Leistung abzuschätzen, betrachten Sie den idealisierten Fall zweier Hosts, von denen einer an der amerikanischen Westküste, der andere an der Ostküste steht, wie in ▶Abbildung 3.17 gezeigt. Die bei einer Signalausbreitung mit Lichtgeschwindigkeit auftretende Rundlauf-Ausbreitungsverzögerung zwischen diesen beiden Endsystemen, die *RTT*, beträgt etwa 30 Millisekunden. Nehmen Sie an, dass Sie durch einen Kanal verbunden sind, dessen Übertragungsgeschwindigkeit R 1 Gbps (10^9 Bit pro Sekunde) beträgt. Bei einer Paketgröße L von 1.000 Byte ergibt sich

$$d_{\text{trans}} = \frac{L}{R} = \frac{8000 \text{ Bits/Paket}}{10^9 \text{ Bits/s}} = 8 \text{ Mikrosekunden/Paket}$$

▶Abbildung 3.18 (a) zeigt, was bei unserem Stop-and-Wait-Protokoll geschieht: Überträgt der Sender das Paket ab dem Zeitpunkt $t = 0$, dann tritt bei $t = L/R = 8$ Mikrosekunden das letzte Bit auf der Absenderseite in den Kanal ein. Das Paket reist dann in 15 ms quer durch das Land, wobei das letzte Bit zum Zeitpunkt

$t = RTT/2 + L/R = 15{,}008$ ms auf der Empfängerseite aus dem Kanal austritt. Der Einfachheit halber nehmen wir an, dass ACK-Pakete äußerst klein sind (so dass wir ihre Übertragungszeit ignorieren können) und dass der Empfänger ein ACK sendet, sobald das letzte Bit eines Datenpaketes eingetroffen ist. Dann taucht das ACK zum Zeitpunkt $t = RTT + L/R = 30{,}008$ ms beim Empfänger auf. Zu diesem Zeitpunkt kann der Sender die nächste Nachricht senden. Während der Gesamtdauer von 30,008 ms hat der Sender also nur 0,008 ms lang Daten übertragen. Definieren wir die **Auslastung** des Absenders (oder des Kanals) als den Bruchteil der Zeit, in der der Absender tatsächlich damit beschäftigt ist, Bits in den Kanal einzuspeisen, so zeigt die Analyse in Abbildung 3.18 (a), dass das Stop-and-Wait-Protokoll nur eine ziemlich schwache Auslastung U_{Sender} von

$$U_{\text{Sender}} = \frac{L/R}{\text{RTT} + L/R} = \frac{0{,}008}{30{,}008} = 0{,}00027$$

erreicht: Der Sender war nur während weniger als drei Hundertstel eines Prozents der gesamten Zeitspanne aktiv! Aus einem anderen Blickwinkel betrachtet hat der Sender während der 30,008 Millisekunden nur 1.000 Byte versendet, was einem effektiven Durchsatz von nur 267 Kbps entspricht – obwohl eine 1 Gbps-Leitung zur Verfügung steht! Stellen Sie sich den unglücklichen Netzwerkadministrator vor, der gerade ein kleines Vermögen für eine Gigabit-Leitung gezahlt hat und dann nur einen Durchsatz von 267 Kbit pro Sekunde erreicht!

Dies ist ein deutliches Beispiel dafür, wie Netzprotokolle das Ausnutzen der zugrunde liegenden Netzwerk-Hardware einschränken können. Zudem haben wir die Verarbeitungszeiten von Prozessen in den niedrigeren Schichten von Sender und Empfänger vernachlässigt, ebenso wie die Verarbeitungs- und die Warteschlangenverzögerungen, die in den zwischen Sender und Empfänger liegenden Routern auftreten würden. Das Berücksichtigen dieser Effekte würde die Verzögerung weiter vergrößern und die Leistung noch mehr verschlechtern.

Die Lösung für dieses spezielle Leistungsproblem ist einfach: Anstatt ein Stop-and-Wait-Verfahren zu benutzen, darf der Absender, wie in Abbildung 3.17 (b) gezeigt, mehrere Pakete senden, ohne zwischenzeitlich auf eine Bestätigung warten zu müssen. Wie Abbildung 3.18 (b) zeigt, wird die Auslastung des Senders praktisch verdreifacht, wenn er drei Pakete absenden darf, bevor er auf Bestätigungen warten muss. Weil man sich die vielen Pakete im Transit zwischen Sender und Empfänger wie das Befüllen einer Pipeline vorstellen kann, wird diese Technik als **Pipelining** bezeichnet. Pipelining hat die folgenden Konsequenzen für zuverlässige Datentransferprotokolle:

- Der Wertebereich der Sequenznummern muss vergrößert werden, da jedes Paket im Transit (ohne die Übertragungswiederholungen zu berücksichtigen) eine eindeutige Sequenznummer haben muss und es mehrere unbestätigte Pakete im Transit geben kann.
- Sender- und Empfängerseite des Protokolls müssen unter Umständen mehr als ein Paket zwischenspeichern. Zumindest muss der Absender die Pakete puffern,

die gesendet, aber noch nicht bestätigt worden sind. Auch das Zwischenspeichern korrekt empfangener Pakete beim Empfänger könnte, wie weiter unten noch diskutiert wird, notwendig werden.

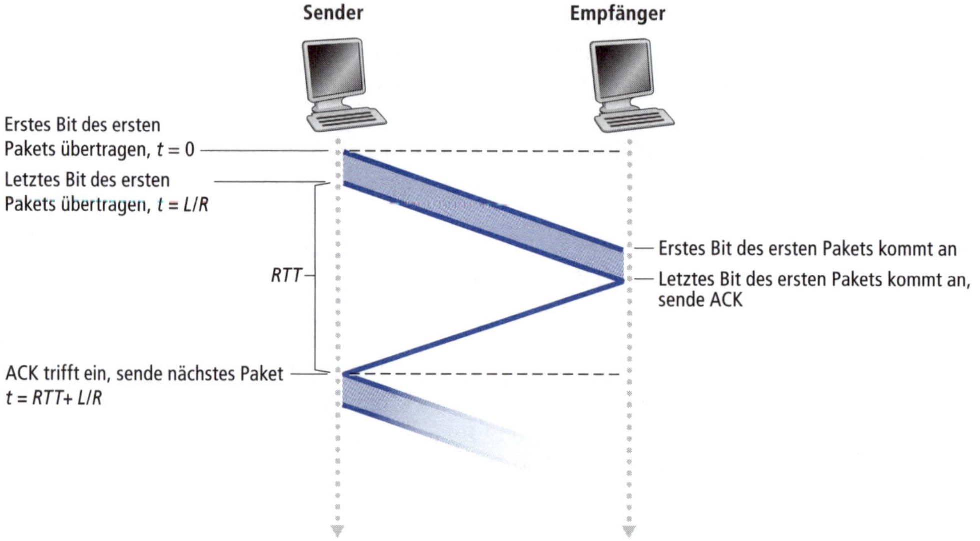

a Ablauf bei Stop-and-Wait

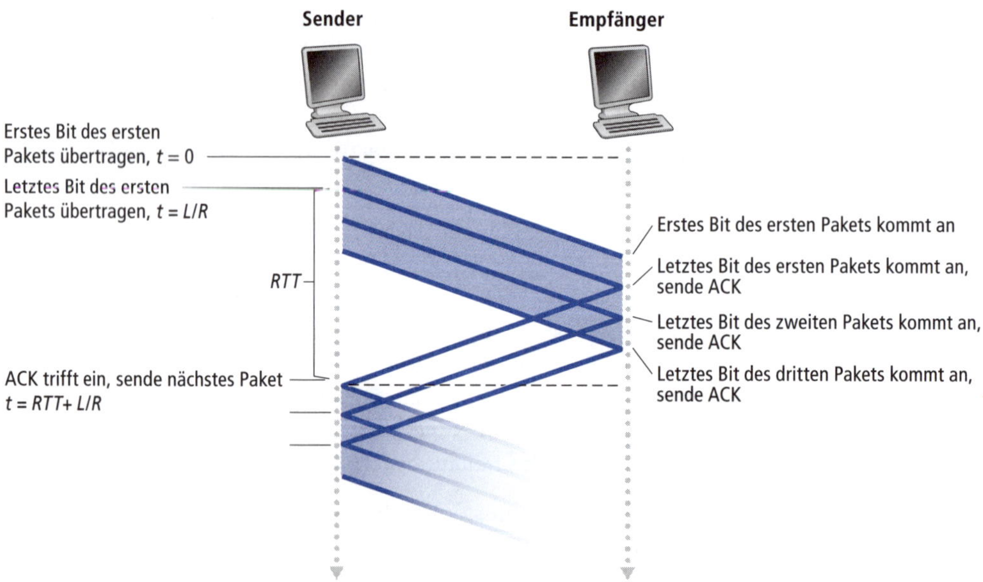

b Ablauf bei Pipelining

Abbildung 3.18: Datenübertragung mit Stop-and-Wait sowie Pipelining

- Der Bereich der Sequenznummern und die Anforderungen an das Zwischenspeichern hängen davon ab, wie ein Datentransferprotokoll auf verlorene, verfälschte und übermäßig verzögerte Pakete reagiert. Es gibt zwei grundlegende Möglichkeiten für die Fehlerbehebung in Protokollen mit Pipelining: **Go-Back-N** *(N-Schritte zurück)* und **Selective Repeat** *(Selektive Sendewiederholung).*

3.4.3 Go-Back-N (GBN)

Bei einem **Go-Back-N-Protokoll** (GBN) darf der Sender mehrere Pakete senden (sofern er welche hat), ohne auf eine Bestätigung zu warten. Er darf aber nicht mehr als eine maximal zulässige Zahl, *N*, von unbestätigten Paketen in der Pipeline haben. Wir werden das GBN-Protokoll in diesem Abschnitt detailliert beschreiben. Aber bevor Sie weiterlesen, möchten wir Sie dazu ermuntern, mit dem GBN-Applet (einem wirklich beeindruckenden Applet!) zu spielen, das Sie auf der Website unseres Buches finden.

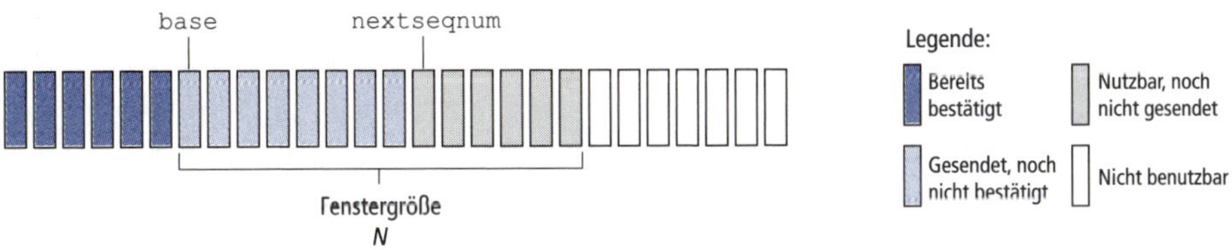

Abbildung 3.19: Sequenznummern aus Sicht des Senders bei Go-Back-N

▶Abbildung 3.19 zeigt die Sichtweise des Senders auf den Sequenznummernbereich in einem GBN-Protokoll. Definieren wir *base* als die Sequenznummer des ältesten unbestätigten Paketes und *nextseqnum* als die kleinste ungenutzte Sequenznummer (also die Sequenznummer des nächsten zu sendenden Paketes), dann können wir in den Sequenznummern vier Bereiche erkennen. Sequenznummern im Intervall [0, *base*–1] entsprechen Paketen, die schon gesendet und bestätigt worden sind. Das Intervall [*base*, *nextseqnum*–1] umfasst Pakete, die zwar gesendet wurden, aber noch nicht bestätigt worden sind. Sequenznummern im Intervall [*nextseqnum*, *base*+*N*–1] können für Pakete genutzt werden, die sofort abgesandt werden dürfen, sollten Daten von der darüberliegenden Schicht eintreffen. Schließlich können Sequenznummern größer oder gleich *base*+*N* nicht benutzt werden, bis ein noch unbestätigtes, derzeit in der Pipeline befindliches Paket (genauer gesagt, das Paket mit der Sequenznummer *base*) bestätigt wurde.

Wie Abbildung 3.19 deutlich macht, kann der Bereich der erlaubten Sequenznummern für gesendete, aber noch nicht bestätigte Pakete als Fenster der Größe *N* über dem Bereich der Sequenznummern betrachtet werden. Während das Protokoll abläuft, schiebt sich dieses Fenster über den Bereich der Sequenznummern vorwärts. Deshalb wird *N* oft als **Fenstergröße** und das GBN-Protokoll selbst als ein **Protokoll mit Schiebefenster** *(sliding window protocol)* bezeichnet. Sie fragen sich vielleicht, warum wir überhaupt die Anzahl von offenen, unbestätigten Paketen auf den Wert von *N* begrenzen. Warum nicht eine unbegrenzte Anzahl solcher Pakete erlauben? Wir werden in Abschnitt 3.5 sehen, dass ein Grund, eine solche Beschränkung für den Sender festzulegen, die Flusskontrolle ist. Wir werden in Abschnitt 3.7, wenn wir die TCP-Überlastkontrolle studieren, noch einen anderen Grund dafür kennenlernen.

In der Praxis wird die Sequenznummer eines Paketes in einem Feld fester Länge im Paket-Header übertragen. Ist *k* die Anzahl der Bits im Feld der Sequenznummern des Paketes, dann ist der Bereich der Sequenznummern $[0, 2^k–1]$. Mit einem begrenzten Bereich von Sequenznummern müssen alle arithmetischen Operationen, die Sequenznummern betreffen, modulo-2^k ausgeführt werden. (Das heißt, den Raum der Sequenznummern kann man sich als Ring der Größe 2^k denken, bei dem auf die Sequenznummer $2^k–1$ wieder die Sequenznummer 0 folgt.) Erinnern Sie sich daran, dass `rdt3.0` eine 1 Bit-Sequenznummer und einen Bereich von Sequenznummern von [0,1] hatte. Mehrere Übungsaufgaben am Ende dieses Kapitels untersuchen die Folgen eines begrenzten Bereiches von Sequenznummern. Wir werden in Abschnitt 3.5 sehen, dass TCP ein Sequenznummernfeld mit einer Größe von 32 Bit benutzt, wobei es Bytes im übertragenen Datenstrom statt Paketen nummeriert.

▶Abbildung 3.20 und ▶Abbildung 3.21 geben erweiterte FSM-Beschreibungen der Sender- und Empfängerseite eines ACK-basierten, NAK-freien GBN-Protokolls wieder. Wir nennen diese FSM-Beschreibung *erweiterte FSMs*, weil wir Variablen für *base* und *nextseqnum* hinzugefügt haben (die den Variablen in Programmiersprachen entsprechen), dazu auch Operationen auf diesen Variablen und bedingte Aktionen, an denen diese Variablen beteiligt sind. Beachten Sie, dass die erweiterte FSM-Spezifikation gewisse Ähnlichkeiten mit Anweisungen in einer Programmier-

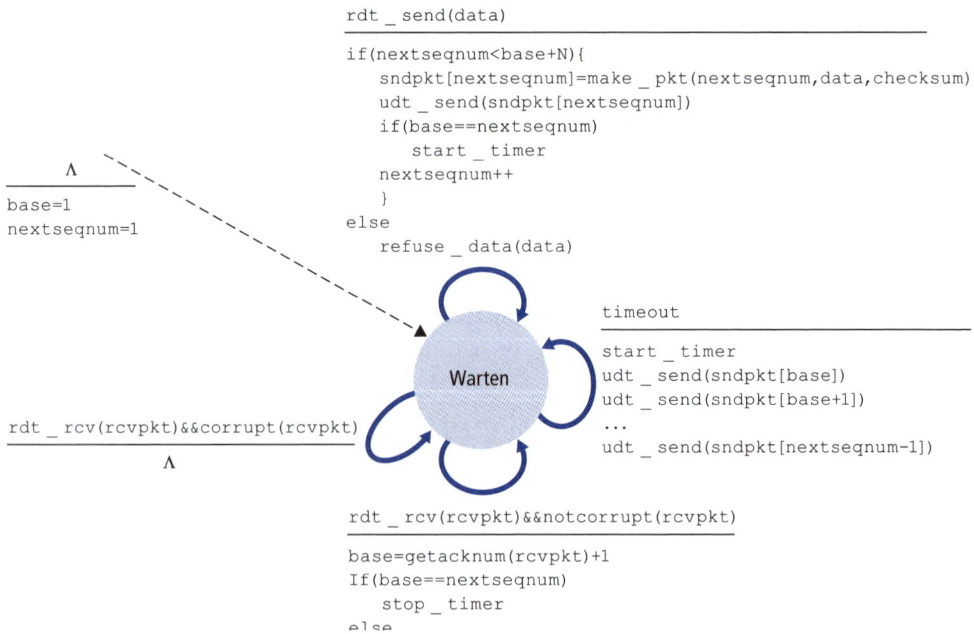

Abbildung 3.20: Erweiterte FSM-Beschreibung des GBN-Senders

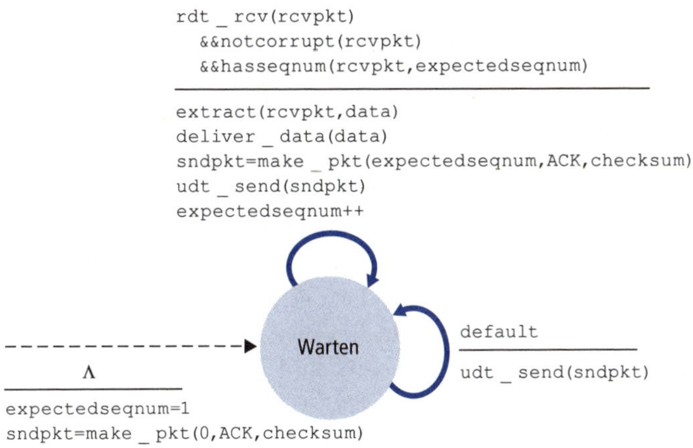

Abbildung 3.21: Erweiterte FSM-Beschreibung des GBN-Empfängers

sprache aufweist. [Bochman 1984] liefert eine exzellente Übersicht über zusätzliche Erweiterungen von FSMs sowie weiterer programmiersprachenbasierter Methoden, um Protokolle zu spezifizieren.

Der GBN-Absender muss auf drei Arten von Ereignissen antworten:

- *Aufrufe von oben.* Wird `rdt_send()` von höheren Schichten aufgerufen, prüft der Sender zuerst, ob das Fenster voll ist, d.h., ob es N unbestätigte Pakete gibt. Ist das Fenster nicht voll, wird ein Paket erzeugt und verschickt und die Variablen werden entsprechend aktualisiert. Ist das Fenster aber bereits gefüllt, gibt der Sender die Daten einfach an die höher liegende Schicht zurück, wodurch implizit mitgeteilt wird, dass das Fenster voll ist. Die obere Schicht wird es dann später nochmals versuchen müssen. In einer echten Implementierung wäre es wahrscheinlicher, dass der Sender die Daten entweder zwischenspeichert (aber nicht sofort sendet) oder einen Mechanismus für die Synchronisation besitzt (zum Beispiel einen Signalgeber oder ein Flag), so dass die obere Schicht `rdt_send()` nur dann aufruft, wenn das Fenster nicht gefüllt ist.
- *Erhalt eines ACK.* In unserem GBN-Protokoll wird eine Bestätigung für ein Paket mit Sequenznummer *n* als **kumulative Bestätigung** *(cumulative acknowledgment)* benutzt, mit der deutlich gemacht wird, dass alle Paketsequenznummern bis einschließlich *n* korrekt beim Empfänger angekommen sind. Wir werden in Kürze auf dieses Thema zurückkommen, wenn wir die Empfängerseite von GBN betrachten.
- *Ein Timeout-Ereignis.* Das Protokoll namens „Go-Back-N" wird vom Verhalten des Senders beim Auftreten verloren gegangener oder übermäßig verzögerter Pakete abgeleitet. Wie beim Stop-and-Wait-Protokoll wird wieder ein Timer verwendet, um verlorene Daten oder Acknowledgment-Pakete zu reparieren. Tritt ein Timeout auf, sendet der Absender *alle* bereits zuvor abgesandten, aber noch nicht bestätigten Pakete erneut. Unser Sender in Abbildung 3.20 verwendet nur einen einzelnen Timer, den Sie sich als Timer für das älteste übertragene, aber bislang unbestätigte

Paket vorstellen können. Wenn ein ACK empfangen wird, aber es immer noch übertragene, unbestätigte Pakete gibt, wird der Timer neu gestartet. Wenn es keine offenen unbestätigten Pakete mehr gibt, dann wird der Timer gestoppt.

Der Empfänger in GBN ist ebenfalls einfach strukturiert. Wenn ein Paket mit Sequenznummer n korrekt empfangen wird und auch die Reihenfolge der Pakete stimmt (d.h., die zuletzt an die obere Schicht gelieferten Daten kamen von einem Paket mit Sequenznummer $n - 1$), dann sendet der Empfänger ein ACK für Paket n und gibt den Datenteil des Paketes an die obere Schicht weiter. In allen anderen Fällen verwirft der Empfänger das Paket und sendet ein ACK für das zuletzt erhaltene und korrekte Paket. Beachten Sie, dass Pakete einzeln an die obere Schicht geliefert werden und daher alle Pakete mit einer Sequenznummer niedriger als k richtig ausgeliefert wurden, sofern Paket k empfangen und nach oben weitergegeben worden ist. Daher ist die Verwendung von kumulativen Bestätigungen eine natürliche Wahl für GBN.

In unserem GBN-Protokoll verwirft der Empfänger Pakete, die in der falschen Reihenfolge eintreffen. Obwohl es albern und verschwenderisch scheint, wenn ein richtig (aber in der falschen Reihenfolge) eingetroffenes Paket verworfen wird, gibt es einen Grund für dieses Vorgehen. Erinnern Sie sich daran, dass der Empfänger die Daten in der richtigen Reihenfolge an die obere Schicht liefern muss. Nehmen Sie an, Paket n wird erwartet, aber Paket $n + 1$ kommt an. Weil die Daten in der richtigen Reihenfolge abgeliefert werden müssen, könnte der Empfänger Paket $n + 1$ zwischenspeichern und es später, nachdem er auch Paket n empfangen hat, an die höherliegende Schicht weitergeben.

Geht das Paket n verloren, wird wegen der Arbeitsweise der Übertragungswiederholung in GBN jedoch vermutlich auch Paket $n + 1$ nochmals vom Sender übertragen. Daher kann der Empfänger auch einfach Paket $n + 1$ verwerfen. Der Vorteil dieses Ansatzes ist die Einfachheit des Pufferns beim Empfänger – der Empfänger muss kein Paket zwischenspeichern, das außerhalb der korrekten Reihenfolge eintrifft. Während der Sender also die obere und untere Grenze seines Fensters und die Position von *nextseqnum* innerhalb dieses Fensters speichern muss, ist die einzige Information, die der Empfänger sich merken muss, die Sequenznummer des nächsten Paketes in der Reihenfolge. Dieser Wert wird, wie in ▶Abbildung 3.21 gezeigt, in der Variablen *expectedseqnum* der Empfänger-FSM gespeichert. Natürlich liegt der Nachteil der Vorgehensweise, ein eigentlich korrekt erhaltenes Paket wegzuwerfen, darin, dass es bei der anschließenden Übertragungswiederholung verloren gehen oder verfälscht werden könnte und auf diese Art noch mehr Übertragungswiederholungen erforderlich werden.

▶Abbildung 3.22 zeigt die Arbeitsweise des GBN-Protokolls für den Fall einer Fenstergröße von vier Paketen. Wegen dieser Beschränkung der Fenstergröße sendet der Absender die Pakete 0 bis 3, muss dann aber warten, bis ein oder mehrere dieser Pakete bestätigt wurden, bevor er weitersenden kann. Während die einzelnen aufeinanderfolgenden ACKs (zum Beispiel ACK0 und ACK1) empfangen werden, wird das Fenster weitergeschoben und der Sender darf ein neues Paket (Paket 4 beziehungsweise Paket 5) senden. Auf dem Weg zum Empfänger geht aber Paket 2 verloren und daher sind die Pakete 3, 4 und 5 nicht mehr in der richtigen Reihenfolge und werden verworfen.

Bevor wir unsere Diskussion von GBN abschließen, sollten wir anmerken, dass eine Implementierung dieses Protokolls in einem Protokollstapel sehr wahrscheinlich eine Struktur hätte, die der erweiterten FSM in Abbildung 3.20 ähneln würde. Die Implementierung würde wohl auch die Form verschiedener Prozeduren haben, die als Antwort auf die verschiedenen möglichen Ereignisse die entsprechenden Aktionen durchführen. Bei dieser **ereignisbasierten Programmierung** werden die verschiedenen Funktionen entweder von anderen Funktionen im Protokollstapel oder infolge eines Interrupts *(Unterbrechung)* aufgerufen. Beim Absender wären diese Ereignisse (1) ein Aufruf aus der höheren Schicht, um `rdt_send()` zu starten, (2) ein Timer-Interrupt und (3) ein Aufruf von `rdt_rcv()` durch die niedrigere Schicht, wenn ein Paket ankommt. Die Programmierübungen am Ende dieses Kapitels geben Ihnen Gelegenheit, diese Routinen tatsächlich in einer simulierten, aber realistischen Netzwerkumgebung zu implementieren.

Wir möchten hier anmerken, dass das GBN-Protokoll schon fast alle Techniken beinhaltet, denen wir begegnen werden, wenn wir die zuverlässigen Datentransferkomponenten von TCP in Abschnitt 3.5 studieren. Diese Techniken beinhalten die Verwendung von Sequenznummern, kumulative Bestätigungen, Prüfsummen und eine Operation für Timeouts und erneutes Übertragen.

3.4.4 Selective Repeat (SR)

Das GBN-Protokoll ermöglicht es dem Absender in Abbildung 3.17, die Pipeline mit Paketen zu füllen, um auf diese Art die Kanalauslastungsprobleme zu vermeiden, denen wir bei Stop-and-Wait begegnet sind. Es gibt jedoch Szenarien, in denen GBN selbst Leistungsprobleme aufweist. Insbesondere, wenn sowohl die Fenstergröße als auch das Produkt von Bandbreite und Verzögerung groß sind, können viele Pakete in der Pipeline sein. Ein einzelner Paketfehler kann daher bewirken, dass GBN eine sehr große Anzahl von Paketen erneut überträgt, viele davon unnötigerweise. Steigt die Wahrscheinlichkeit von Übertragungsfehlern, kann die Pipeline mit diesen unnötigen Übertragungswiederholungen gefüllt sein. Stellen Sie sich in unserem Nachrichten-Diktat-Szenario vor, dass jedes Mal, wenn ein Wort fehlerhaft wäre, die umliegenden 1.000 Wörter (z.B. bei einer Fenstergröße von 1.000 Wörtern) wiederholt werden müssten. Das Diktat würde wegen all der wiederholten Wörter äußerst langsam voranschreiten.

Wie der Name schon andeutet, vermeiden Selective-Repeat-Protokolle unnötige Übertragungswiederholungen, indem sie nur jene Pakete nochmals vom Sender übertragen lassen, von denen sie vermuten, dass sie Fehler hatten (d.h., sie sind verlorengegangen oder wurden korrumpiert). Diese individuell wiederholten Übertragungen erfolgen nur, wenn sie notwendig werden. Dies erfordert, dass der Empfänger die richtig erhaltenen Pakete einzeln bestätigt. Eine Fenstergröße von N wird auch hier wieder verwendet, um die Anzahl offener, unbestätigter Pakete in der Pipeline zu beschränken.

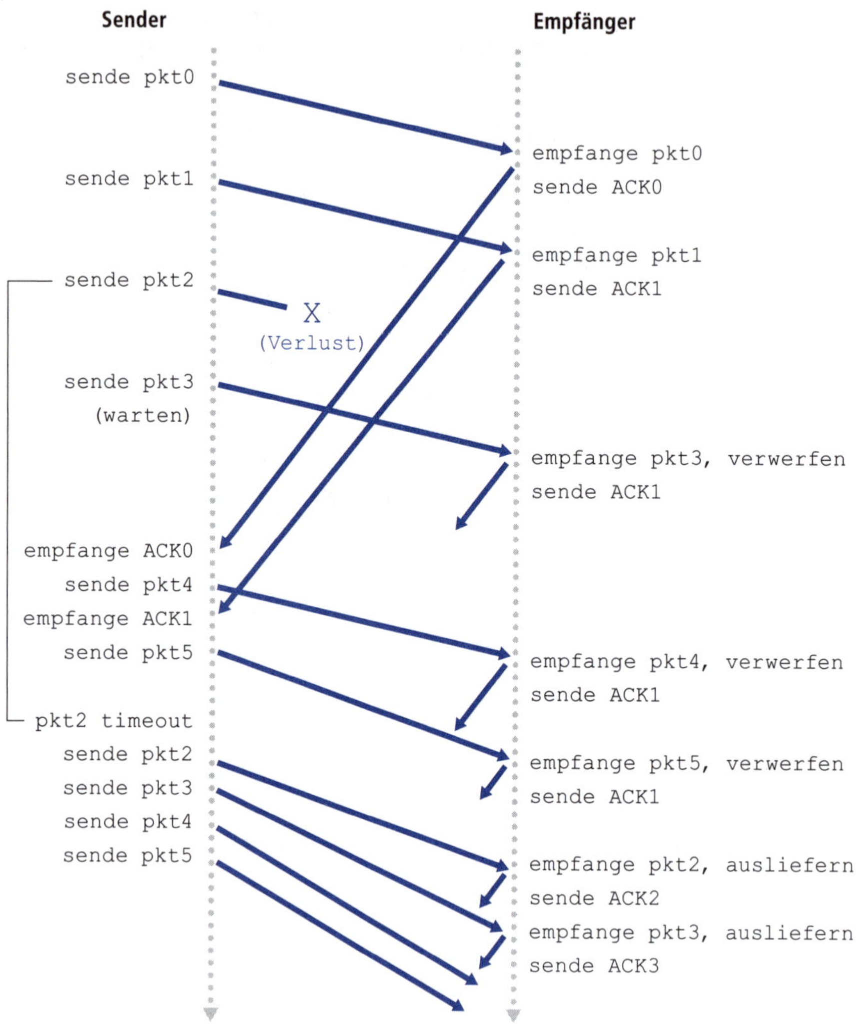

Abbildung 3.22: Arbeitsweise von Go-Back-N

Jedoch kann der Sender im Gegensatz zu GBN schon ACKs für einige der Pakete im Fenster erhalten haben. ▶ Abbildung 3.23 zeigt die Sicht des Selective-Repeat-Senders auf den Bereich der Sequenznummern. ▶ Abbildung 3.24 zeigt detailliert die verschiedenen Aktionen des SR-Senders.

Der SR-Empfänger bestätigt ein richtig erhaltenes Paket, ungeachtet dessen, ob es in der richtigen Reihenfolge eingetroffen ist. Pakete außerhalb der Reihe werden zwischengespeichert, bis die fehlenden Pakete (das heißt, Pakete mit niedrigeren Sequenznummern) empfangen werden, wonach ein Schub von Paketen – in der richtigen Reihenfolge – an die obere Schicht geliefert werden kann. ▶ Abbildung 3.25 verdeutlicht die vom SR-Empfänger ergriffenen Maßnahmen. ▶ Abbildung 3.26 zeigt ein Beispiel der SR-Operation im Falle von verlorenen Paketen. Beachten Sie, dass in

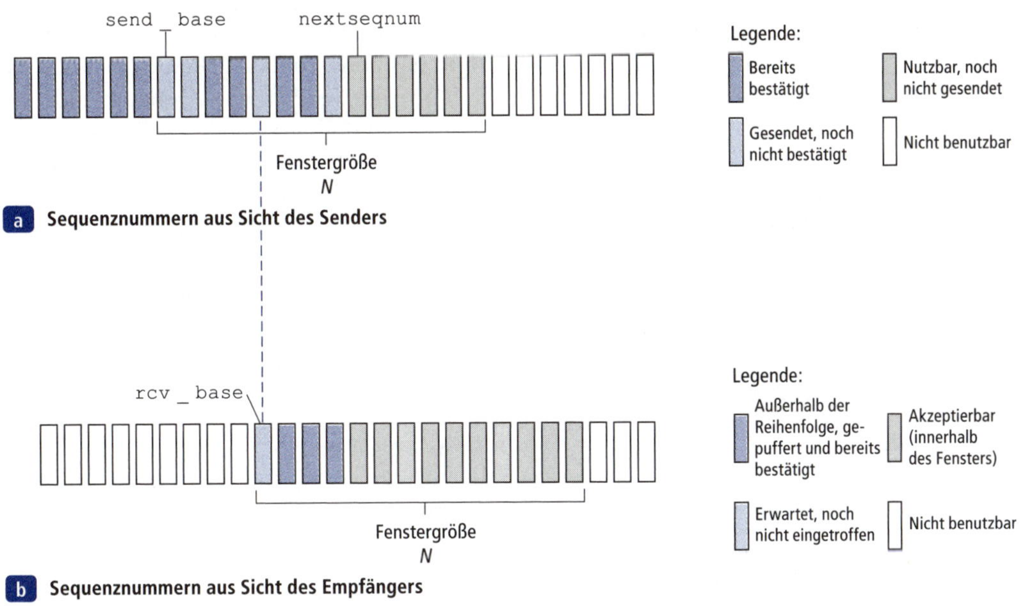

Abbildung 3.23: Sender- und Empfängersicht des Bereiches der Sequenznummern bei Selective Repeat (SR)

Abbildung 3.26 der Empfänger anfangs die Pakete 3, 4 und 5 puffert und sie, als Paket 2 schließlich empfangen wurde, zusammen mit Paket 2 an die obere Schicht weiterleitet.

1. *Daten von oben erhalten.* Wenn Daten von oben empfangen werden, bestimmt der SR-Sender die nächste verfügbare Sequenznummer für das Paket. Wenn die Sequenznummer innerhalb des Fensters des Senders ist, werden die Daten in ein Paket verpackt und gesendet; ansonsten werden sie entweder gepuffert oder, wie in GBN, an die obere Schicht zurückgegeben.

2. *Timeout.* Timer werden auch hier gegen verloren gegangene Pakete eingesetzt. Jedoch muss jedes Paket nun seinen eigenen logischen Timer haben, weil nur ein einzelnes Paket beim Timeout gesendet wird. Ein einzelner Hardware-Timer kann verwendet werden, um die Operation von mehreren logischen Timern zu simulieren [Varghese 1997].

3. *Eintreffen eines ACK.* Wird ein ACK empfangen, kennzeichnet der SR-Sender dieses Paket als bestätigt, vorausgesetzt, es befindet sich im Fenster. Ist die Sequenznummer des Paketes gleich send_base, wird send_base zu dem unbestätigten Paket weitergeschoben, das die kleinste Sequenznummer besitzt. Bewegt sich das Fenster und es gibt noch nicht übertragene Pakete mit Sequenznummern, die jetzt innerhalb des Fensters liegen, werden diese Pakete gesendet.

Abbildung 3.24: Ereignisse und Aktionen im SR-Sender

1. *Paket mit Sequenznummer im Intervall [rcv_base, rcv_base + N – 1] wird fehlerfrei empfangen.* In diesem Fall fällt das eingetroffene Paket in das Fenster des Empfängers und ein selektives ACK-Paket wird an den Absender zurückgesandt. Wurde das Datenpaket zuvor noch nicht empfangen, wird es gepuffert. Hat das Paket eine Sequenznummer gleich der Basis des Empfangsfensters (*rcv_base* in ▶ Abbildung 3.22), dann wird dieses Paket die höhere Schicht weitergegeben. Danach wird geprüft, ob zuvor gepufferte Pakete jetzt an die höhere Schicht ausgeliefert werden können. Das Empfangsfenster wird dann um die Anzahl der an die obere Schicht ausgelieferten Pakete weiterbewegt. Als Beispiel betrachten Sie ▶ Abbildung 3.26. Wenn ein Paket mit einer Sequenznummer von *rcv_base* = 2 empfangen wird, kann es, zusammen mit den Paketen 3, 4 und 5 der oberen Schicht zugestellt werden.
2. *Paket mit Sequenznummer im Intervall [rcv_base – N, rcv_base – 1] wird fehlerfrei empfangen.* In diesem Fall muss ein ACK erzeugt werden, obwohl dies ein Paket ist, das der Empfänger bereits zuvor bestätigt hat.
3. *Sonst.* Das Paket wird ignoriert.

Abbildung 3.25: Ereignisse und Aktionen im SR-Empfänger

Es ist wichtig anzumerken, dass beim zweiten Schritt in Abbildung 3.25 der Empfänger schon erhaltene Pakete mit bestimmten Sequenznummern unterhalb des aktuellen Fensters erneut bestätigt (anstatt sie stillschweigend zu ignorieren). Sie sollten sich klarmachen, dass diese erneute Bestätigung wirklich erforderlich ist. Wird z.B. bei den Sequenznummerbereichen für Sender und Empfänger aus Abbildung 3.23 kein ACK für das Paket *send_base*, das sich auf dem Weg vom Sender zum Empfänger befindet, geschickt, dann wird der Sender das Paket *send_base* schließlich erneut senden, obwohl klar ist (für uns, nicht für den Sender!), dass der Empfänger das Paket schon erhalten hat.

Würde der Empfänger dieses Paket nicht bestätigen, würde sich das Fenster des Absenders nie vorwärts bewegen! Dieses Beispiel verdeutlicht einen wichtigen Aspekt von SR-Protokollen (und auch vielen anderen Protokollen). Sender und Empfänger werden nicht immer den gleichen Blick auf das haben, was korrekt empfangen worden ist und was nicht. Für SR-Protokolle bedeutet dies, dass die Sender- und Empfängerfenster nicht immer zusammenfallen.

Der Mangel an Synchronisierung zwischen Sender- und Empfängerfenstern hat wichtige Folgen, wenn wir mit der Realität eines begrenzten Bereiches von Sequenznummern konfrontiert sind. Überlegen Sie, was z.B. bei einem endlichen Bereich von vier Paketsequenznummern – 0, 1, 2, 3 – und einer Fenstergröße von drei geschehen würde. Nehmen Sie an, dass die Pakete 0 bis 2 übertragen wurden, richtig beim Empfänger eingetroffen sind und bestätigt wurden. An dieser Stelle ist das Fenster des Empfängers über dem vierten, fünften und sechsten Paket, welche die Sequenznummern 3, 0 und 1 tragen. Jetzt stellen Sie sich zwei Szenarien vor. Im ersten, dargestellt

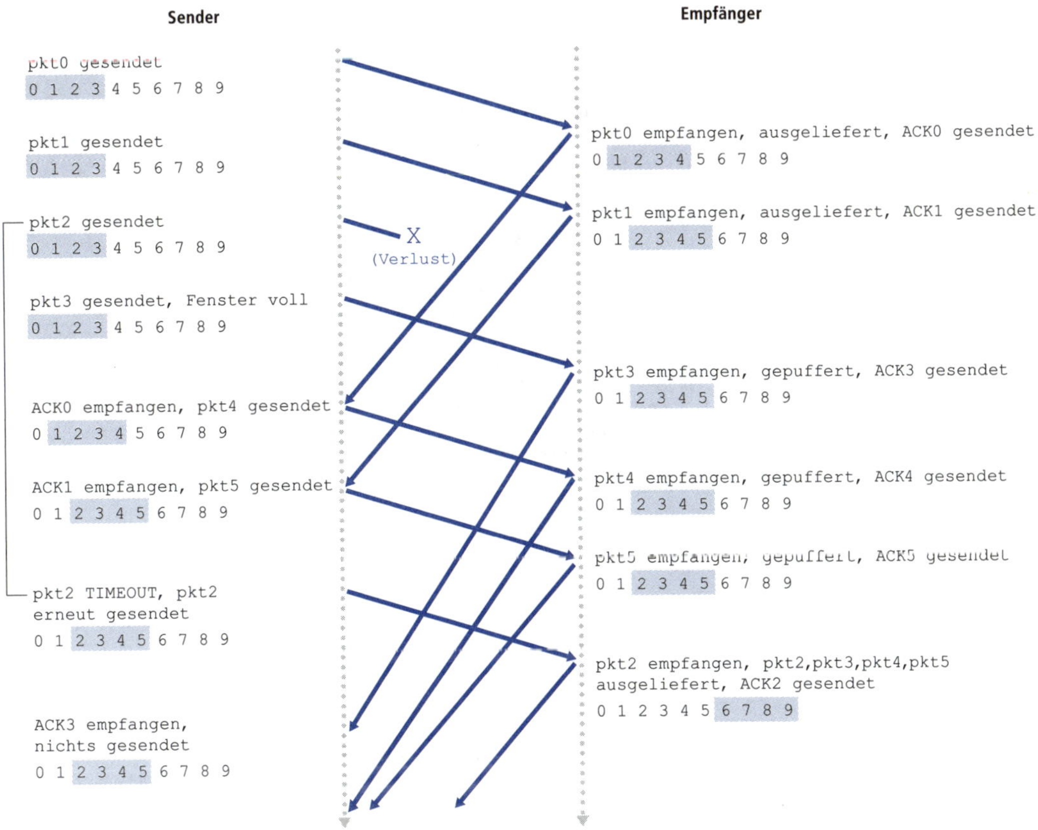

Abbildung 3.26: SR-Arbeitsweise

in ▶Abbildung 3.27 (a), gehen die ACKs der ersten drei Pakete verloren und der Absender überträgt diese Pakete erneut. Der Empfänger erhält auf diese Art ein Paket mit Sequenznummer 0 – eine Kopie des ersten übertragenen Paketes.

Im zweiten Szenario, dargestellt in Abbildung 3.27 (b), werden die ACKs der ersten drei Pakete alle richtig abgeliefert. Der Absender bewegt daher sein Fenster vorwärts und sendet das vierte, fünfte und sechste Paket mit den Sequenznummern 3, 0 und 1. Das Paket mit Sequenznummer 3 geht verloren, aber das Paket mit Sequenznummer 0 kommt an – ein Paket, das *neue* Daten enthält.

Jetzt nehmen Sie den Standpunkt des Empfängers in Abbildung 3.27 ein. Ein sprichwörtlicher Vorhang zwischen Sender und Empfänger verhindert, dass der Empfänger sehen kann, welche Maßnahmen vom Sender ergriffen wurden. Alles, was der Empfänger beobachtet, ist die Abfolge der Nachrichten, die er vom Kanal erhält und in den Kanal sendet. Soweit er betroffen ist, sind die beiden Szenarien in Abbildung 3.27 *identisch*. Es gibt keinen Weg, die wiederholte Übertragung des ersten Paketes von einer Originalübertragung des fünften Paketes zu unterscheiden. Offensichtlich funktioniert also eine Fenstergröße, die um eins geringer ist als der Bereich der Sequenznummern,

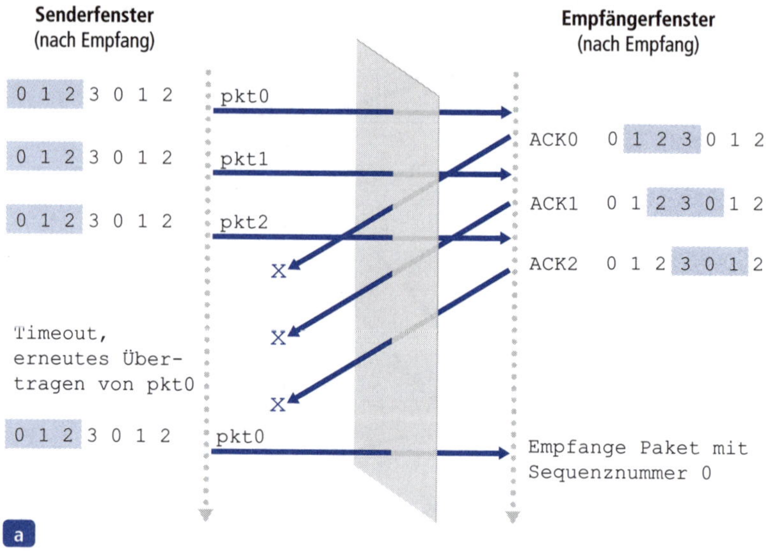

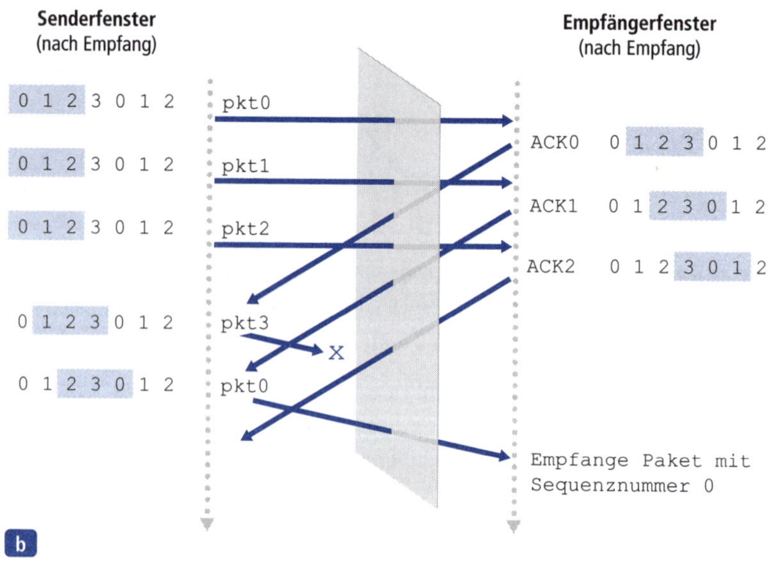

Abbildung 3.27: Dilemma des SR -Empfängers bei zu großen Fenstern: neues Paket oder Übertragungswiederholung?

nicht. Aber wie groß muss das Fenster sein? In einer Übungsaufgabe am Ende des Kapitels sollen Sie zeigen, dass bei SR-Protokollen die Fenstergröße kleiner oder gleich der Hälfte des Sequenznummernbereiches sein muss.

Auf der Webseite zum Buch finden Sie ein Applet, das die Operation des SR-Protokolls anschaulich macht. Versuchen Sie, dieselben Versuche durchzuführen, die Sie mit dem GBN-Applet gemacht haben. Stimmen die Ergebnisse mit dem überein, was Sie erwarten?

Dies beendet unsere Diskussion zuverlässiger Datenübertragungsprotokolle. Wir haben viele Themenbereiche betrachtet und zahlreiche Mechanismen eingeführt, die zusammen einen zuverlässigen Datentransfer ermöglichen. ▶Tabelle 3.1 fasst diese Mechanismen zusammen. Nun, da wir sie alle in Aktion gesehen haben und in der Lage sind, das Gesamtbild zu erkennen, möchten wir Sie dazu anregen, diesen Abschnitt erneut zu lesen. Sie sollen erkennen, wie diese Techniken schrittweise zusammengefügt wurden, um immer komplexere (und realistischere) Modelle des Kanals zu unterstützen, der Absender und Empfänger verbindet, sowie um die Leistung der Protokolle zu steigern.

Mechanismus	Einsatzzweck, Kommentare
Prüfsumme	Wird verwendet, um Bitfehler in einem gesendeten Paket zu erkennen.
Timer	Wird verwendet, um ein Paket nochmals zu übertragen, möglicherweise weil das Paket (oder das zugehörige ACK) auf dem Kanal verloren ging. Weil Timeouts auftreten können, wenn ein Paket verzögert wird, aber nicht verloren geht (frühzeitiger Timeout), oder weil ein Paket beim Empfänger eingetroffen sein kann, aber das ACK verloren ging, können doppelte Kopien eines Paketes beim Empfänger ankommen.
Sequenznummer	Wird für die fortlaufende Nummerierung von Datenpaketen verwendet, die vom Sender zum Empfänger laufen. Lücken in den Sequenznummern der erhaltenen Pakete erlauben es dem Empfänger, ein verlorenes Paket zu erkennen. Pakete mit doppelten Sequenznummern ermöglichen es dem Empfänger, doppelte Kopien eines Paketes zu erkennen.
Acknowledgment (ACK)	Wird vom Empfänger verwendet, um dem Absender mitzuteilen, dass ein Paket oder ein Satz von Paketen richtig empfangen worden ist. Acknowledgments tragen normalerweise die Sequenznummer des Paketes oder der Pakete, die bestätigt werden. Acknowledgments können je nach Protokoll einzeln oder kumulativ sein.
Negatives Acknowledgment (NAK)	Wird vom Empfänger verwendet, um dem Absender mitzuteilen, dass ein Paket nicht richtig empfangen wurde. Ein negatives Acknowledgment enthält normalerweise die Sequenznummer des Paketes, das nicht richtig empfangen wurde.
Pipelining, Sendefenster	Der Sender darf mehrere unbestätigte Pakete senden, deren Sequenznummern innerhalb eines gegebenen Bereiches, dem Sendefenster, liegen müssen. Indem mehrere Pakete gesendet werden dürfen, aber noch nicht bestätigt werden müssen, kann die Auslastung im Vergleich zum Stop-and-Wait-Ansatz gesteigert werden. Wir werden später sehen, dass die Fenstergröße von verschiedenen Parametern beeinflusst wird, etwa der Fähigkeit des Empfängers, Nachrichten zu empfangen und zu puffern oder der (Über-)Lastsituation im Netz.

Tabelle 3.1: Zusammenfassung von Mechanismen für die zuverlässige Datenübertragung und ihrer Verwendung

Beenden wir unsere Diskussion der zuverlässigen Datentransferprotokolle, indem wir eine verbleibende Annahme in unser zugrunde liegendes Kanalmodell einfügen. Erinnern Sie sich daran, dass wir davon ausgegangen sind, dass Pakete nicht innerhalb des Kanals zwischen Sender und Empfänger umsortiert werden können. Dies ist im Allgemeinen eine vernünftige Voraussetzung, besonders dann, wenn Sender und Empfänger durch eine einzelne physikalische Leitung verbunden sind. Ist jedoch der „Kanal", der die beiden verbindet, ein komplexes Netzwerk, dann können Pakete umgeordnet werden. Eine Auswirkung umgeordneter Pakete besteht darin, dass alte Kopien eines Paketes mit einer Sequenznummer oder einer Acknowledgment-Nummer von *x* auftauchen können, obwohl weder das Sender- noch das Empfängerfenster *x* enthält. Durch das Umordnen der Pakete erscheint der Kanal, als ob er im Wesentlichen Pakete puffert und spontan zu einem beliebigen Zeitpunkt in der Zukunft wieder ausspuckt. Weil Sequenznummern wiederverwendet werden können, muss besondere Sorgfalt darauf verwandt werden, sich vor solchen doppelten Paketen zu schützen. Bei dem in der Praxis durchgeführten Ansatz wird sichergestellt, dass eine Sequenznummer nicht wieder verwendet wird, bis der Absender „sicher" ist, dass zuvor gesandte Pakete mit der Sequenznummer *x* nicht länger im Netz sind. Dies erfolgt durch die Annahme, dass ein Paket höchstens eine gewisse feste Zeitspanne im Netzwerk überleben kann. Bei TCP für Hochgeschwindigkeitsnetze wird eine maximale Paketlebensdauer von etwa drei Minuten angenommen [RFC 1323]. [Sunshine 1978] beschreibt eine Methode für die Verwendung von Sequenznummern, welche das Problem des Umordnens völlig vermeidet.

3.5 Verbindungsorientierter Transport: TCP

Nun, da wir die zugrunde liegenden Prinzipien des zuverlässigen Datentransfers behandelt haben, wenden wir uns TCP zu – das verbindungsorientierte, zuverlässige Transportprotokoll des Internets. In diesem Abschnitt werden wir sehen, dass TCP, um zuverlässigen Datentransfer anbieten zu können, auf vielen der Grundlagen aufbaut, die wir im vorherigen Abschnitt erörtert haben, etwa Fehlererkennung, Übertragungswiederholungen, kumulative Bestätigungen, Timer und Header-Felder für Sequenznummern und Acknowledgment-Nummern. TCP wird in RFC 793, RFC 1122, RFC 1323, RFC 2018 und RFC 2581 definiert.

3.5.1 Die TCP-Verbindung

TCP heißt **verbindungsorientiert**, weil zwei Prozesse zunächst einen „Handshake" durchführen müssen, bevor ein Anwendungsprozess beginnen kann, Daten zum anderen zu senden – d.h., sie müssen zu Beginn eine Reihe von Segmenten austauschen, um die Parameter des folgenden Datentransfers auszuhandeln. Als Teil des TCP-Verbindungsaufbaus initialisieren beide Seiten der Verbindung mehrere TCP-Zustandsvariablen dieser Verbindung (von denen viele in diesem Abschnitt und in Abschnitt 3.7 erörtert werden).

Die TCP-„Verbindung“ ist keine durchgehende TDM- oder FDM-Leitung wie in einem leitungsvermittelten Netzwerk. Es handelt sich auch nicht um eine virtuelle Leitung (siehe Kapitel 1), weil der Zustand der Verbindung ausschließlich in den beiden Endsystemen gehalten wird. Da das TCP-Protokoll nur auf den Endsystemen läuft und nicht in den dazwischen liegenden Netzwerkelementen (Router und Switches der Sicherungsschicht), halten die Netzwerkelemente keinen TCP-Verbindungsstatus. In der Tat sind sich die zwischengeschalteten Router der TCP-Verbindungen gar nicht bewusst; sie sehen Datagramme, nicht Verbindungen.

Eine TCP-Verbindung bietet einen **Vollduplexdienst**: Besteht eine TCP-Verbindung zwischen Prozess A auf einem Host und Prozess B auf einem anderen Host, dann können Anwendungsschichtdaten sowohl von Prozess A zu Prozess B als auch von Prozess B zu Prozess A fließen. Eine TCP-Verbindung ist außerdem immer eine Punkt-zu-Punkt-Verbindung, besteht also zwischen einem einzelnen Sender und einem einzelnen Empfänger. Sogenanntes „Multicasting“ (siehe Abschnitt 4) – der Datentransfer von einem Sender zu vielen Empfängern in einer einzelnen Sendeoperation – ist mit TCP nicht möglich. Bei TCP sind drei Hosts einer zu viel!

Werfen wir nun einen Blick darauf, wie eine TCP-Verbindung aufgebaut wird. Nehmen Sie an, dass ein Prozess, der auf einem Host läuft, eine Verbindung zu einem anderen Prozess auf einem anderen Host initiieren will. Erinnern Sie sich daran, dass der Prozess, der die Verbindung initiiert, als *Client-Prozess* und der andere Prozess als Server-Prozess bezeichnet wird. Der Client-Anwendungsprozess informiert die Client-Trans-

Fallstudie

Vinton Cerf, Robert Kahn und TCP/IP

In den frühen 1970ern wuchs die Zahl der Paketvermittlungsnetze stark an, wobei das ARPAnet – der Vorläufer des Internets – nur eines von vielen Netzen war. Jedes dieser Netze hatte sein eigenes Protokoll. Zwei Forscher, Vinton Cerf und Robert Kahn, erkannten die Wichtigkeit, diese Netze zusammenzuschalten, und entwickelten ein netzwerkübergreifendes Protokoll, das sie TCP/IP (für Transmission Control Protocol/Internet Protocol) nannten. Während Cerf und Kahn ihr Protokoll zunächst als eine Einheit betrachteten, wurden später die Bestandteile TCP und IP getrennt. Cerf und Kahn veröffentlichten im Mai 1974 in den IEEE Transactions on Communications Technology [Cerf 1974] einen Artikel über TCP/IP.

Das TCP/IP-Protokoll, die Basis des heutigen Internets, wurde vor den modernen PCs und Workstations entworfen, bevor Ethernet und lokale Netzwerke Verbreitung gefunden hatten, vor dem Web, Audio-/Video-Streaming und Chat. Cerf und Kahn erkannten die Notwendigkeit eines Netzwerkprotokolls, das einer Vielzahl von noch zu definierenden Anwendungen eine solide Basis bot, und gleichzeitig beliebige Kombinationen von Hosts und Sicherungsschichtprotokollen ermöglichte.

2004 erhielten Cerf und Kahn den ACM Turing Award, den „Nobelpreis der Informatik“, für ihre „Pionierarbeiten im Internetworking, einschließlich des Entwurfs und der Implementation der grundlegenden Kommunikationsprotokolle des Internets, TCP/IP, und für ihre inspirierte Führungsrolle im Bereich Computernetzwerke“.

portschicht zunächst, dass er eine Verbindung zu einem Prozess im Server einleiten will. Erinnern Sie sich an Abschnitt 2.7: Ein Java Client-Programm erreicht dies durch den Befehl

```
Socket clientSocket = new Socket("hostname", portNumber);
```

wobei `hostname` der Name des Servers ist und `portNumber` den Prozess auf dem Server festlegt. Die Transportschicht auf dem Client fährt dann fort, eine TCP-Verbindung mit der TCP-Instanz auf dem Server einzuleiten. Am Ende dieses Abschnittes erörtern wir detailliert das Verfahren, mit dem die Verbindung aufgebaut wird. Jetzt genügt uns zu wissen, dass der Client zuerst ein spezielles TCP-Segment sendet. Der Server antwortet mit einem zweiten speziellen TCP-Segment und der Client antwortet zuletzt wieder mit einem dritten speziellen Segment. Die ersten beiden Segmente tragen keine Nutzlast, d.h. keine Anwendungsschichtdaten. Das dritte dieser Segmente kann Nutzlast tragen, muss es aber nicht. Weil drei Segmente zwischen beiden Hosts ausgetauscht werden, wird dieses Verfahren zum Eröffnen einer Verbindung oft **Drei-Wege-Handshake** *(three-way handshake)* genannt.

Ist einmal eine TCP-Verbindung hergestellt, können beide Anwendungsprozesse einander Daten senden. Lassen Sie uns das Senden von Daten vom Client-Prozess an den Server-Prozess betrachten. Der Client-Prozess überträgt einen Datenstrom durch den Socket (die Tür des Prozesses), wie in Abschnitt 2.7 beschrieben. Sobald die Daten durch diese Tür gehen, sind sie in Händen des auf dem Client laufenden TCP. Wie ▶Abbildung 3.28 zeigt, packt TCP diese Daten in den **Sendepuffer** der Verbindung, einen der Puffer, die während des anfänglichen Drei-Wege-Handshakes reserviert wurden. Von Zeit zu Zeit holt TCP Teile der Daten aus dem Sendepuffer. Interessanterweise ist die TCP-Spezifikation [RFC 793] sehr zurückhaltend hinsichtlich der Zeitpunkte, zu denen TCP gepufferte Daten senden sollte und legt nur fest, dass TCP „diese Daten in Segmenten nach eigenem Gutdünken senden" sollte. Die Datenmenge, die auf einmal in ein Segment gepackt werden darf, wird durch die **maximale Segmentgröße** (**MSS**, *maximum segment size*) beschränkt. Die *MSS* wird normalerweise gesetzt, indem zuerst die Länge des größtmöglichen Rahmens der Sicherungsschicht, der vom lokalen sendenden Host ausgesandt werden kann, bestimmt wird (die sogenannte **maximale Übertragungseinheit**, **MTU**, *maximum transmission unit*).

Danach wird die *MSS* so gesetzt, dass ein TCP-Segment (nach dem Verkapseln in einem IP-Datagramm) in einen einzelnen Rahmen der Sicherungsschicht passt. Häufig benutzte Werte für die MTU sind 1.460 Byte, 536 Byte und 512 Byte. Es gab auch Vorschläge, wie die Pfad-MTU bestimmt werden könnte – der größte Rahmen der Sicherungsschicht, der über alle Verbindungen zwischen Quelle und Ziel versendet werden kann [RFC 1191] – und wie die *MSS* basierend auf dieser Pfad-MTU gewählt werden kann. Beachten Sie, dass die *MSS* die maximale Menge an Anwendungsschichtdaten pro Segment ist, nicht aber die Maximalgröße des TCP-Segmentes einschließlich der Header. (Diese Terminologie ist verwirrend, wir müssen aber mit ihr leben, da sie sich eingebürgert hat.)

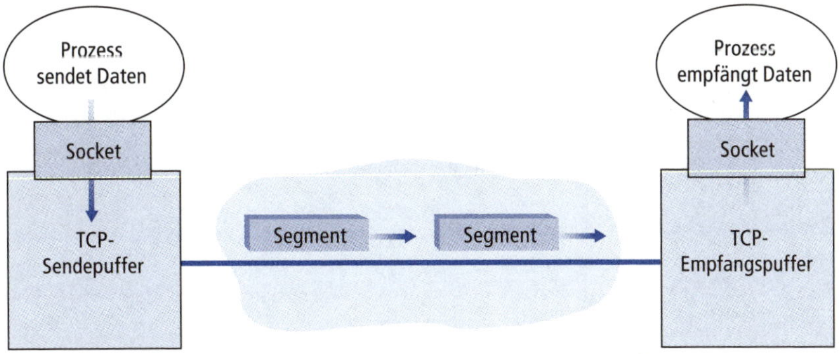

Abbildung 3.28: Puffer im TCP-Sender und -Empfänger

TCP ergänzt jeden Block von Client-Daten um einen TCP-Header und bildet dadurch **TCP-Segmente**. Die Segmente werden zur Netzwerkschicht hinuntergereicht, in der sie dann in Netzwerkschicht-IP-Datagramme verkapselt werden. Diese IP-Datagramme werden dann ins Netz gesandt. Sobald TCP am anderen Ende der Verbindung ein Segment erhält, werden die Daten des Segmentes in den Eingangspuffer der zugehörigen TCP-Verbindung eingefügt, wie ▶Abbildung 3.28 zeigt. Die Anwendung liest den Datenstrom aus diesem Puffer. Jede Seite der Verbindung besitzt ihren eigenen Sende- und ihren eigenen Empfangspuffer. (Betrachten Sie das Applet zur Online-Flusskontrolle auf *http://www.awl.com/kurose-ross*, das eine Animation der Sende- und Empfangspuffer enthält.)

Wir ersehen aus dieser Diskussion, dass eine TCP-Verbindung aus zwei Hälften besteht: Puffer, Variablen und eine Socket-Verbindung zu einem Prozess in einem Host sowie einem weiteren Satz dieser Elemente im anderen Host. Wie bereits erwähnt, sind keinerlei Puffer oder Variablen in den Komponenten im Inneren des Netzwerkes (den Routern und Switches der Sicherungsschicht) mit der Verbindung zwischen den Hosts assoziiert.

3.5.2 TCP-Segmentstruktur

Nachdem wir einen Blick auf die TCP-Verbindung geworfen haben, wollen wir nun die Struktur der TCP-Segmente betrachten. Das TCP-Segment besteht aus Header-Feldern und einem Datenfeld. Letzteres enthält einen Teil der Anwendungsdaten. Wie eben erwähnt, begrenzt die *MSS* die Maximalgröße des Datenfelds eines Segments. Wenn TCP eine große Datei, etwa eine Abbildung auf einer Webseite, sendet, zerlegt es normalerweise die Datei in Stücke der Größe *MSS* (außer dem letzten Stück, das in der Regel kleiner als die *MSS* ist). Interaktive Anwendungen senden jedoch oft Datenstücke, die kleiner als die *MSS* sind; zum Beispiel enthält beim Remote-Login mit Telnet das Datenfeld im TCP-Segment oft nur ein Byte. Weil der TCP-Header normalerweise 20 Byte groß ist (12 Byte mehr als der UDP-Header), sind von Telnet verschickte Segmente durchaus manchmal nur 21 Byte groß.

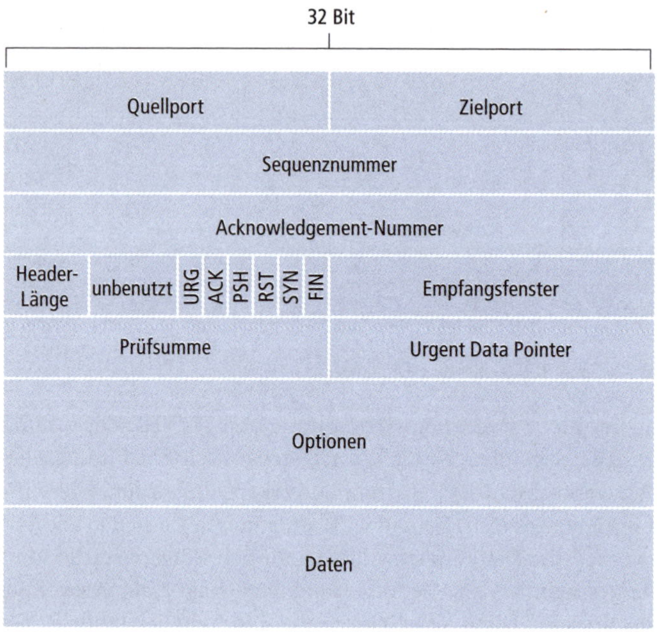

Abbildung 3.29: TCP-Segmentstruktur

▶Abbildung 3.29 zeigt die Struktur des TCP-Segmentes. Wie bei UDP beinhaltet der Header **Quell- und Zielportnummern**, die für das Multiplexing/Demultiplexing der Daten von/zu Anwendungen der nächsthöheren Schicht verwendet werden. Ebenfalls wie bei UDP enthält der Header ein **Prüfsummenfeld**. Ein TCP-Segment-Header enthält zudem die folgenden Felder:

- Das 32-Bit-**Sequenznummernfeld** *(sequence number field)* und das 32-Bit-**Acknowledgment-Nummern-Feld** *(acknowledgment number field)* werden vom TCP-Sender und Empfänger verwendet, um den – später diskutierten – zuverlässigen Datentransferdienst zu realisieren.
- Das 16-Bit-**Empfangsfenster-Feld** *(receive window field)* wird für die Flusskontrolle verwendet. Wir sehen bald, dass es benutzt wird, um dem Sender die Anzahl von Bytes mitzuteilen, die ein Empfänger zu akzeptieren bereit ist.
- Das 4-Bit-**Header-Längenfeld** *(header length field)* gibt die Länge des TCP-Headers in 32-Bit-Worten an. Der TCP-Header kann aufgrund des TCP-Options-Feldes unterschiedlich lang sein. (Normalerweise ist das Optionsfeld leer, so dass die Länge des typischen TCP-Headers 20 Byte beträgt.)
- Die Länge des **Optionsfelds** *(options field)* ist, wie eben bereits erwähnt, variabel. Dieses Feld wird benötigt, wenn Absender und Empfänger die zu verwendende maximale Segmentgröße *(MSS)* aushandeln, aber z.B. auch für einen Faktor zur Fensterskalierung in Hochgeschwindigkeitsnetzen. Außerdem gibt es eine Option für Zeitstempel. In RFC 854 und RFC 1323 finden Sie zusätzliche Details.

- Das **Flag-Feld** *(flag field)* umfasst 6 Bit. Das **ACK-Bit** gibt an, dass der im Acknowledgment-Feld eingetragene Wert gültig ist, d.h., das Segment enthält eine Bestätigung für ein Segment, das erfolgreich empfangen worden ist. Die **RST-**, **SYN-** und **FIN-Bits** werden für den Auf- und Abbau der Verbindung benutzt, wie wir am Ende dieses Abschnittes noch sehen werden. Ein gesetztes **PSH-Bit** zeigt an, dass der Empfänger die Daten sofort an die Anwendungsschicht weiterreichen soll. Schließlich zeigt noch das **URG-Bit**, dass in diesem Segment Daten vorliegen, welche die Instanz der Anwendungsschicht der sendenden Seite als „dringend" gekennzeichnet hat. Die Position des letzten Bytes dieser dringenden Daten wird durch das 16 Bit lange **Urgent-Data-Pointer-Feld** *(Zeiger auf dringende Daten)* gekennzeichnet. TCP muss die Instanz der Empfängerseite über das Vorliegen dringender Daten informieren und ihr einen Hinweis auf das Ende der dringenden Daten liefern. (In der Praxis werden das PSH- und das URG-Flag sowie der Urgent Data Pointer nicht verwendet. Wir erwähnen diese Felder nur der Vollständigkeit halber.)

Sequenznummern und Acknowledgment-Nummern

Zwei der wichtigsten Felder im TCP-Segment-Header sind das Sequenznummernfeld und das Feld für die Acknowledgment-Nummer. Diese Felder sind ein kritischer Teil des zuverlässigen Datentransferdienstes von TCP. Aber bevor wir diskutieren, wie diese Felder für den zuverlässigen Datentransfer verwendet werden, lassen Sie uns zunächst erklären, was TCP eigentlich in diese Felder einträgt.

TCP betrachtet Daten als einen unstrukturierten, aber geordneten Strom von Bytes. Die Verwendung von Sequenznummern durch TCP spiegelt diese Betrachtungsweise wider, denn die Sequenznummern nummerieren den Strom der gesendeten Bytes und nicht die Folge der gesendeten Segmente. Die **Sequenznummer eines Segmentes** ist deshalb die Position des ersten Bytes des Segmentes im Bytestrom. Betrachten wir ein Beispiel. Nehmen wir an, dass ein Prozess in Host A einen Datenstrom an einen Prozess in Host B über eine TCP-Verbindung senden will. TCP in Host A nummeriert implizit jedes Byte im Datenstrom. Nehmen wir weiter an, dass der Datenstrom aus einer Datei der Länge 500.000 Byte besteht, dass die *MSS* 1.000 Byte beträgt und dass das erste Byte des Datenstroms die Nummer 0 hat. Wie ▶ Abbildung 3.30 zeigt, erzeugt TCP 500 Segmente aus dem Datenstrom. Das erste Segment erhält die Sequenznummer 0 zugeteilt, das zweite Segment die Sequenznummer 1.000, das dritte Segment die Sequenznummer 2.000 usw. Jede Sequenznummer steht im Sequenznummernfeld im Kopf des entsprechenden TCP-Segmentes.

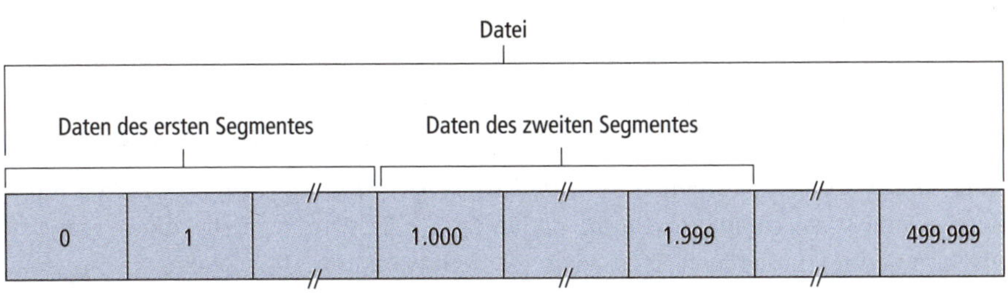

Abbildung 3.30: Das Aufteilen von Daten in TCP-Segmente

Betrachten wir nun die Acknowledgment-Nummern. Sie sind etwas komplexer als die Sequenznummern. Erinnern Sie sich daran, dass TCP Vollduplex bietet, so dass Host A Daten von Host B erhalten kann, während er gleichzeitig Daten an Host B sendet (als Teil derselben TCP-Verbindung). Jedes der Segmente, die von Host B ankommen, hat eine Sequenznummer für die von B zu A fließenden Daten. *Die Acknowledgment-Nummer, die Host A für sein Segment verwendet, ist die Sequenznummer des nächsten Bytes, das Host A von Host B erwartet.* Ein Blick auf einige Beispiele hilft beim Verständnis der Abläufe. Nehmen Sie an, dass Host A alle Bytes von 0 bis 535 erhalten hat und dabei ist, ein Segment an Host B zu senden. Host A wartet auf Byte 536 und alle nachfolgenden Bytes im Datenstrom von Host B. So schreibt Host A die 536 in das Acknowledgment-Nummernfeld des Segmentes, das er an B schickt.

Als anderes Beispiel nehmen Sie an, dass Host A ein Segment von Host B erhält, das die Bytes 0 bis 535 enthält, während ein anderes Segment die Bytes 900 bis 1.000 enthält. Aus irgendeinem Grund hat Host A die Bytes 536 bis 899 noch nicht erhalten. In diesem Beispiel wartet Host A immer noch auf Byte 536 (und folgende), um den Datenstrom von B wieder zusammensetzen zu können. Daher wird das nächste Segment von A an B die Zahl 536 im Acknowledgment-Nummernfeld enthalten. Weil TCP nur Bytes bis zum ersten fehlenden Byte im Strom bestätigt, heißt es, dass TCP **kumulative Acknowledgments** *(cumulative acknowledgments)* verwendet.

Dieses letzte Beispiel bringt auch ein wichtiges, aber subtiles Thema aufs Tablett. Host A hat das dritte Segment (Bytes 900 bis 1.000) vor dem Erhalten des zweiten Segmentes (Bytes 536 bis 899) empfangen. Auf diese Art kam das dritte Segment außer der Reihe an. Das Schwierige daran: Was tut ein Host, wenn er für eine TCP-Verbindung Segmente außer der Reihe erhält? Interessanterweise machen die RFCs von TCP hierfür keine Vorgaben und überlassen die Entscheidung den Menschen, die TCP implementieren. Grundsätzlich gibt es zwei Wahlmöglichkeiten: Entweder (1) der Empfänger verwirft sofort Segmente, die nicht in der richtigen Reihenfolge eintreffen (was, wie wir früher diskutiert haben, das Empfängerdesign vereinfachen kann) oder (2) der Empfänger speichert die erhaltenen Bytes zwischen und wartet auf die fehlenden Bytes, um die Lücke zu schließen. Eindeutig ist letztere Variante hinsichtlich der Nutzung der Netzwerkbandbreite effizienter. Dies ist auch der in der Praxis verwendete Ansatz.

In Abbildung 3.30 nahmen wir an, dass die anfängliche Sequenznummer 0 sei. In Wahrheit wählen beide Seiten einer TCP-Verbindung zufällig eine Anfangssequenznummer aus. Dies wird getan, um die Wahrscheinlichkeit zu reduzieren, dass ein Segment, das aufgrund einer früheren, bereits beendeten Verbindung zwischen zwei Hosts immer noch im Netz herumgeistert, mit einem gültigen Segment aus einer späteren Verbindung zwischen denselben beiden Hosts verwechselt werden kann [Sunshine 1978].

Telnet: eine Fallstudie für Sequenznummern und Acknowledgment-Nummern

Telnet, definiert in RFC 854, ist ein beliebtes Anwendungsschichtprotokoll für das Einloggen auf entfernten Rechnern. Es läuft über TCP und wurde dafür entworfen, zwischen jedem beliebigen Host-Paar zu funktionieren. Im Gegensatz zu den in Kapitel 2 erörterten Anwendungen für die Übertragung größerer Mengen von Daten ist Telnet eine interaktive Anwendung. Wir erörtern hier ein Telnet-Beispiel, das gut die TCP-Sequenznummern und Acknowledgment-Nummern verdeutlicht. Wir halten fest, dass viele Benutzer mittlerweile das SSH-Protokoll dem Telnet-Protokoll vorziehen, da die Daten einer Telnet-Verbindung (einschließlich der Kennworte) nicht verschlüsselt werden, wodurch Telnet anfälliger für Angriffe ist (wie in Abschnitt 8.7 diskutiert wird).

Nehmen Sie an, dass Host A eine Telnet-Sitzung mit Host B aufbaut. Weil Host A die Sitzung initiiert, wird er als Client bezeichnet und Host B als Server. Jedes vom Benutzer (am Client) eingetippte Zeichen wird dem entfernten Host zugesandt. Dieser schickt eine Kopie jedes Zeichens zurück, das auf dem Bildschirm des Telnet-Benutzers angezeigt wird. Dieses „echo back“ *(zurückgesandtes Echo)* stellt sicher, dass vom Telnet-Benutzer gesehene Zeichen auch wirklich schon am entfernten Standort empfangen und verarbeitet worden sind. Jedes Zeichen durchquert zwischen dem Zeitpunkt, in dem der Benutzer die Taste anschlägt, und der Zeit, zu dem es auf dem Monitor des Benutzers erscheint, zweimal das Netz.

Nehmen wir nun an, dass ein Benutzer eine einzelne Taste drückt und sich dann einen Kaffee holen geht. Betrachten wir die TCP-Segmente, die zwischen dem Client und dem Server ausgetauscht werden. Wie in ▶ Abbildung 3.31 gezeigt nehmen wir an, dass die anfänglichen Sequenznummern 42 und 79 seitens des Clients bzw. des Servers sind. Erinnern Sie sich daran, dass die Sequenznummer eines Segmentes die

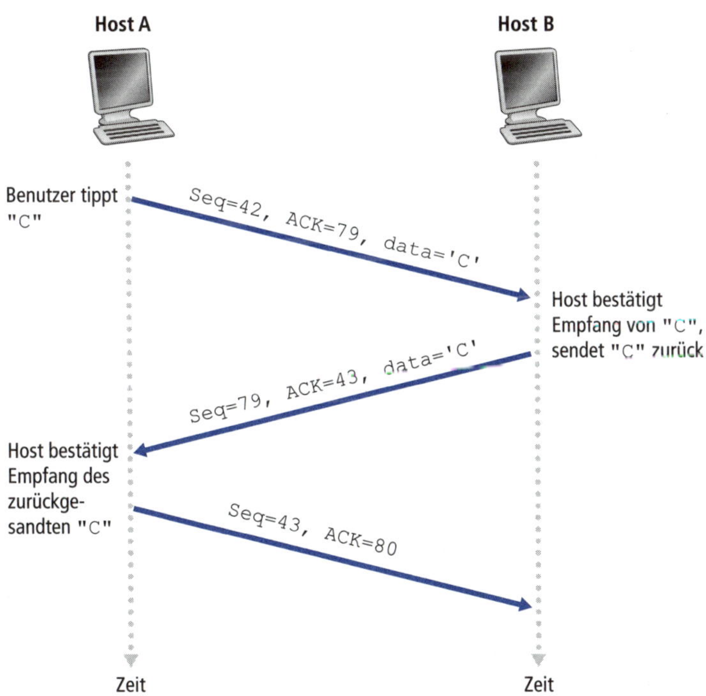

Abbildung 3.31: Sequenznummern und Acknowledgement-Nummern für eine einfache Telnet-Anwendung über TCP

Sequenznummer des ersten Bytes im Datenfeld ist. Auf diese Art hat das erste vom Client gesandte Segment die Sequenznummer 42; das erste vom Server gesandte Segment hat die Sequenznummer 79. Erinnern Sie sich daran, dass die Acknowledgment-Nummer die Sequenznummer des nächsten Daten-Bytes ist, auf das der Host wartet. Nachdem die TCP-Verbindung hergestellt ist, aber bevor irgendwelche Daten verschickt wurden, wartet der Client auf Byte 79 und der Server auf Byte 42.

Wie in Abbildung 3.31 gezeigt, werden drei Segmente geschickt. Das erste Segment geht vom Client zum Server und enthält die 1 Byte-ASCII-Darstellung des Buchstabens „C“ in seinem Datenfeld. Dieses erste Segment hat zudem, wie wir gerade beschrieben haben, den Eintrag 42 in seinem Sequenznummernfeld. Außerdem, weil der Client noch nicht alle Daten vom Server erhalten hat, steht im Acknowledgment-Nummernfeld des ersten Segmentes die 79.

Das zweite Segment wird vom Server an den Client gesandt. Es erfüllt einen doppelten Zweck. Zunächst einmal bestätigt es die Daten, die der Server erhalten hat. Indem er eine 43 ins Acknowledgment-Feld einträgt, sagt der Server dem Client, dass er erfolgreich alles bis einschließlich Byte 42 erhalten hat und jetzt auf Byte 43 wartet. Der zweite Zweck dieses Segmentes ist es, den Buchstaben „C“ zurückzuübertragen. Daher transportiert das zweite Segment die ASCII-Darstellung von „C“ in seinem Datenfeld. Dieses zweite Segment besitzt die Sequenznummer 79, die anfängliche Sequenznummer des Datenflusses vom Server zum Client dieser TCP-Verbindung, da dies das allererste Datenbyte ist, das der Server sendet. Beachten Sie, dass das Acknowlegment für Daten, die der Client zum Server geschickt hat, in einem Segment transportiert wird, das Daten des Servers an den Client enthält; daher nennt man diese Art der Bestätigung **piggybacked** *(huckepack)* auf dem vom Server versandten Segment.

Das dritte Segment wird wieder vom Client an den Server geschickt. Sein einziger Zweck besteht darin, die Daten zu bestätigen, die er vom Server erhalten hat. (Erinnern Sie sich daran, dass das zweite Segment Daten vom Server für den Client enthielt – den Buchstaben „C“.) Dieses dritte Segment hat ein leeres Datenfeld (das heißt, die Bestätigung reist nicht „huckepack“ auf irgendwelchen Daten des Clients an den Server). Im Acknowledgment-Nummernfeld des Segmentes steht der Wert 80, weil der Client den Strom von Bytes bis zur Byte-Sequenznummer 79 erhalten hat und er jetzt auf Bytes ab 80 wartet.

3.5.3 Schätzen der Rundlaufzeit und Timeouts

TCP verwendet, genau wie unser `rdt`-Protokoll in Abschnitt 3.4, einen Timeout-/Übertragungswiederholungsmechanismus, um verlorene Segmente wiederherzustellen. Obwohl dies eigentlich einfach ist, tauchen viele subtile Detailfragen auf, wenn wir diesen Timeout-/Übertragungswiederholungsmechanismus in einem realen Protokoll wie TCP implementieren möchten. Die vielleicht offensichtlichste dieser Fragen betrifft die Länge der Timeout-Intervalle.

Ganz eindeutig sollte der Timeout größer sein als die Rundlaufzeit der Verbindung *(RTT)*, d.h. die Zeit zwischen dem Absenden eines Segmentes und seiner Bestätigung. Ansonsten würden unnötige Übertragungswiederholungen ausgesandt. Aber wie viel größer sollte sie sein? Wie kann die *RTT* überhaupt bestimmt werden? Sollte es einen eigenen Timer für jedes einzelne unbestätigte Segment geben? So viele Fragen! Unsere Diskussion in diesem Abschnitt basiert auf der Arbeit von Jacobson zu TCP [Jacobson 1988] sowie auf den aktuellen IETF-Empfehlungen für die Verwaltung von TCP-Timern [RFC 2988].

Schätzung der Rundlaufzeit

Beginnen wir unsere Betrachtung der TCP-Timerverwaltung, indem wir uns anschauen, wie TCP die Rundlaufzeit zwischen Absender und Empfänger bestimmt. Dies geschieht folgendermaßen: Die sogenannte *SampleRTT* eines Segmentes ist der Zeitraum zwischen dem Senden des Segmentes (das heißt der Übergabe an IP) und dem Empfang der Bestätigung für das Segment. Statt eine *SampleRTT* für jedes gesendete Segment zu messen, führen die meisten TCP-Implementierungen immer nur eine *SampleRTT*-Messung auf einmal durch. Das heißt, zu einem beliebigen Zeitpunkt wird die *RTT* für eines der gesendeten, aber gegenwärtig unbestätigten Segmente gemessen, wodurch einmal in jeder *RTT* ein neuer Wert von *SampleRTT* bestimmt wird. Auch bestimmt TCP nie eine *SampleRTT* für ein Segment, das nochmals übertragen worden ist; es misst *SampleRTT* nur bei Segmenten, die zum ersten Mal gesendet worden sind. (In einer Übungsaufgabe am Ende des Kapitels sollen Sie darüber nachdenken, warum dies sinnvoll ist.)

Offensichtlich schwanken die *SampleRTT*-Werte von Segment zu Segment aufgrund wechselnder Lastsituationen im Netzwerk und der veränderlichen Systemlast auf den Endsystemen. Wegen dieser Schwankungen kann ein einzelner *SampleRTT*-Wert vollkommen untypisch sein. Um die typische *RTT* abzuschätzen, bildet man daher sinnvollerweise eine Art Durchschnitt der *SampleRTT*-Werte. TCP merkt sich einen Durchschnitt, genannt *EstimatedRTT*, der *SampleRTT*-Werte. Wenn eine neue *SampleRTT* gemessen wird, aktualisiert TCP den Wert *EstimatedRTT* entsprechend der folgenden Formel:

$$\text{EstimatedRTT} = (1 - \alpha)\ \text{EstimatedRTT} + \alpha\ \text{SampleRTT}$$

Diese Formel hat die Form einer Programmieranweisung – der neue Wert von *EstimatedRTT* ist eine gewichtete Kombination des vorherigen Wertes von *EstimatedRTT* und der neuen *SampleRTT*. Der empfohlene Wert für α ist 0,125 (also 1/8) [RFC 2988], wodurch diese Formel folgendermaßen lautet:

$$\text{EstimatedRTT} = 0{,}875\ \text{EstimatedRTT} + 0{,}125\ \text{SampleRTT}$$

Beachten Sie, dass *EstimatedRTT* ein gewichteter Durchschnitt der *SampleRTT*-Werte ist. Wie eine Übungsaufgabe am Ende dieses Kapitels zeigen wird, legt dieser gewichtete Durchschnitt mehr Gewicht auf neuere Messungen als auf alte Messungen. Dies ist nur natürlich, da neuere Messungen den gegenwärtigen Lastzustand im Netz besser wiedergeben. In Statistiken wird ein solcher Durchschnitt ein **exponentiell gewichteter gleitender Durchschnitt** (**EWMA**, *exponential weigthed moving*

Von der Theorie zur Praxis

TCP bietet zuverlässigen Datentransfer mittels positiver Acknowledgments und Timer auf dieselbe Weise, die wir in Abschnitt 3.4 kennengelernt haben. TCP bestätigt Daten, die richtig empfangen wurden, und es überträgt Segmente erneut, sofern es davon ausgehen muss, dass Segmente oder ihre entsprechenden Bestätigungen verloren gegangen sind oder Übertragungsfehler aufgetreten sind. Bestimmte Versionen von TCP verwenden auch einen impliziten NAK-Mechanismus – mit dem **Fast-Retransmit-Mechanismus** (*schnelle Übertragungswiederholung*) werden drei duplizierte ACKs eines gegebenen Segmentes als implizites NAK für das folgende Segment aufgefasst. Dies stößt dann noch vor dem Timeout die erneute Übertragung des Segmentes an. TCP verwendet Sequenznummern, anhand derer der Empfänger verlorene oder duplizierte Segmente erkennen kann. Genau wie im Fall unseres zuverlässigen Datentransferprotokolls, `rdt3.0`, kann TCP nicht sicher entscheiden, ob ein Segment oder sein ACK verloren gegangen, verändert oder übermäßig verzögert ist. Der Sender reagiert auf jede dieser Möglichkeiten auf dieselbe Weise: mit einer erneuten Übertragung des betreffenden Segmentes.

TCP benutzt auch Pipelining, so dass der Sender zu jedem beliebigen Zeitpunkt mehrere übertragene, aber noch nicht bestätigte Segmente vorliegen hat. Wie wir oben gesehen haben, kann Pipelining den Durchsatz einer Sitzung deutlich erhöhen, wenn das Verhältnis der Segmentgröße zur Rundlaufzeit klein ist. Die Zahl der ausstehenden, unbestätigten Segmente, die einem Sender erlaubt sind, wird von TCPs Mechanismen zur Flusskontrolle und zur Überlastkontrolle bestimmt. Die TCP-Flusskontrolle wird am Ende dieses Abschnittes diskutiert. Die TCP-Überlastkontrolle ist das Thema in Abschnitt 3.7. Im Moment müssen wir nur wissen, dass der TCP-Sender Pipelining verwendet.

average) genannt. Der Begriff „exponentiell“ in EWMA bedeutet, dass das Gewicht eines gegebenen *SampleRTT*-Wertes exponentiell schnell abfällt, wenn aktuellere Werte hinzukommen. In den Übungsaufgaben sollen Sie den exponentiellen Term in *EstimatedRTT* ableiten.

▶Abbildung 3.32 zeigt die *SampleRTT*- und *EstimatedRTT*-Werte für einen Wert von $\alpha = 1/8$ für eine TCP-Verbindung zwischen *gaia.cs.umass.edu* (in Amherst, Massachusetts) zu *fantasia.eurecom.fr* (im Süden Frankreichs). Deutlich erkennbar ist, wie die Schwankungen der *SampleRTT* bei der Berechnung der *EstimatedRTT* geglättet werden.

Zusätzlich zu einer Schätzung der *RTT* ist auch ein Maß der Variabilität der *RTT* sinnvoll. [RFC 2988] definiert die Schwankungsbreite der *RTT*, *DevRTT*, als Abschätzung, wie sehr die *SampleRTT* typischerweise von der *EstimatedRTT* abweicht:

$$\text{DevRTT} = (1 - \beta)\ \text{DevRTT} + \beta\ |\ \text{SampleRTT} - \text{EstimatedRTT}\ |$$

Beachten Sie, dass *DevRTT* ein EWMA der Differenz von *SampleRTT* und *EstimatedRTT* ist. Wenn die *SampleRTT*-Werte nur geringe Schwankungen aufweisen, dann wird auch die *DevRTT* klein sein. Gibt es andererseits viele Schwankungen, wird *DevRTT* groß. Der empfohlene Wert für β ist 0,25.

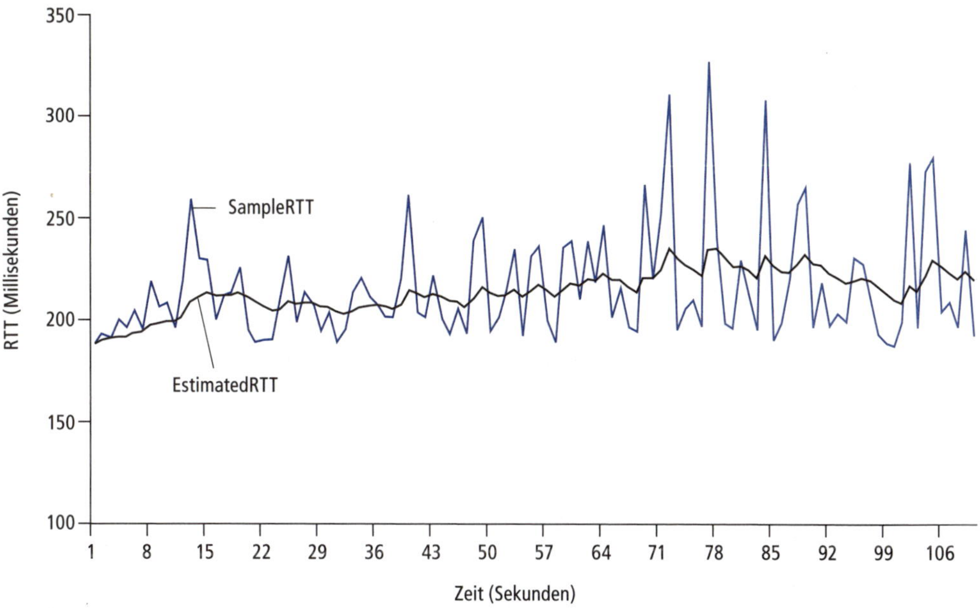

Abbildung 3.32: RTT-Samples und RTT-Estimates

Setzen und Verwalten des Retransmission Timeout-Intervalls

Bei gegebenen Werten von *EstimatedRTT* und *DevRTT*, welcher Wert soll für das TCP-Timeout-Intervall verwendet werden? Klarerweise sollte das Intervall größer oder gleich *EstimatedRTT* sein, ansonsten würden unnötige Übertragungswiederholungen gesendet. Aber das Timeout-Intervall sollte nicht allzu viel größer sein als *EstimatedRTT*, denn im Fall eines Segmentverlustes würde TCP die Neuübertragung des Segmentes nicht schnell genug durchführen, wodurch große Verzögerungen bei der Datenübertragung auftreten würden. Es ist deshalb wünschenswert, den Timeout mit *EstimatedRTT* plus einer zusätzlichen Zeitspanne anzusetzen. Die Zeitspanne sollte groß sein, wenn viele Schwankungen in den *SampleRTT*-Werten auftreten; sie sollte klein sein, wenn nur kleine Schwankungen vorliegen. Der Wert von *DevRTT* sollte daher an dieser Stelle ins Spiel kommen. Alle diese Überlegungen wurden bei der Methode in Betracht gezogen, mit der TCP das Zeitintervall für die Übertragungswiederholung bestimmt:

$$\text{TimeoutInterval} = \text{EstimatedRTT} + 4\ \text{DevRTT}$$

3.5.4 Zuverlässiger Datentransfer

Erinnern Sie sich daran, dass die Netzwerkschicht des Internets (also IP) unzuverlässig ist. IP garantiert keine Datagrammzustellung, garantiert keine Ankunft der Datagramme in der korrekten Reihenfolge und garantiert nicht die Integrität der Daten in den Datagrammen. Bei IP können die Puffer der Router überlaufen und deshalb Datagramme ihren Zielort niemals erreichen, Datagramme können in der falschen Reihenfolge ankommen und Bits in den Datagrammen können verändert worden sein (sind also von 0 auf 1 gesprungen oder umgekehrt). Weil Transportschichtsegmente von IP-Datagrammen über das Netz transportiert werden, können Transportschichtsegmente ebenfalls von diesen Problemen betroffen sein.

TCP erzeugt einen **zuverlässigen Datentransferdienst** *(reliable data transfer service)* oberhalb des unzuverlässigen Best-Effort-Service von IP. Der zuverlässige Datentransferdienst von TCP stellt sicher, dass der Datenstrom, den ein Prozess aus dem Eingangspuffer seiner TCP-Instanz ausliest, nicht verändert wurde, keine Lücken oder Duplikate aufweist und in der richtigen Reihenfolge vorliegt. Das bedeutet, der Byte-Strom ist genau derselbe Byte-Strom, der vom Endsystem auf der anderen Seite der Verbindung ausgesandt wurde. Der zuverlässige Datentransferdienst von TCP verwendet viele der Grundlagen, die wir in Abschnitt 3.4 untersucht haben.

In unserer früheren Betrachtung zuverlässiger Datentransfertechniken war es konzeptionell am einfachsten, anzunehmen, dass ein einzelner Timer zu jedem übertragenden, aber noch nicht bestätigten Segment gehört. Obwohl sich das in der Theorie großartig anhört, kann die Verwaltung der Timer beträchtlichen Aufwand verursachen. Daher verwenden die empfohlenen TCP-Timer-Managementverfahren [RFC 2988] nur einen einzelnen Timer für die Wiederholung von Übertragungen, selbst dann, wenn mehrere übertragene, aber noch nicht bestätigte Segmente existieren. Das in diesem Abschnitt beschriebene TCP-Protokoll folgt dieser Empfehlung der Verwendung eines einzelnen Timers.

Wir werden in zwei aufeinander aufbauenden Schritten diskutieren, wie TCP zuverlässigen Datentransfer realisiert. Wir zeigen zuerst eine extrem vereinfachte Beschreibung eines TCP-Senders, der nur Timeouts verwendet, um verlorene Segmente wiederherzustellen; danach zeigen wir eine vollständigere Beschreibung, die außer Timeouts auch doppelte Acknowledgments verwendet. In der folgenden Diskussion nehmen wir an, dass Daten nur in eine Richtung, von Host A zu Host B, gesandt werden und dass Host A eine große Datei schickt.

▶Abbildung 3.33 zeigt eine extrem vereinfachte Beschreibung eines TCP-Senders. Wir sehen, dass es drei Hauptereignisse gibt, die im TCP-Sender mit Datenübertragung und dem Wiederholen von Übertragungen verbunden sind: von den Anwendungen erhaltene Daten, Timeouts und eintreffende ACKs. Bis zum Auftreten des ersten größeren Ereignisses erhält TCP Daten von der Anwendung, verkapselt diese Daten in einem Segment und reicht das Segment an IP weiter. Beachten Sie, dass jedes Segment eine Sequenznummer beinhaltet, nämlich, wie in Abschnitt 3.5.2 beschrieben, die Position des ersten Datenbytes im Bytestrom. Beachten Sie auch, dass, sofern der Timer nicht schon wegen eines anderen Segmentes läuft, TCP den Timer startet, sobald es ein Segment an IP weiterreicht. (Es ist hilfreich, sich den Timer als mit dem ältesten unbestätigten Segment verbunden zu denken.) Das Ablaufintervall für diesen Timer ist das Timeout-Intervall, das mit *EstimatedRTT* und *DevRTT* berechnet wird Abschnitt 3.5.3.

Das zweite größere Ereignis ist der Timeout. TCP antwortet auf das Timeout-Ereignis durch nochmaliges Übertragen des Segmentes, das den Timeout verursacht hat. TCP startet dann den Timer neu.

```
/* Nehmen Sie an, dass der Sender nicht durch TCP-Fluss- oder -Überlastkontrolle
eingeschränkt wird, die Größe von oben kommender Daten kleiner als die MSS ist und der
Datentransfer nur in eine Richtung verläuft. */

NextSeqNum = InitialSeqNumber
SendBase = InitialSeqNumber

loop (forever) {
  switch(event)

    event: Daten von der oberhalb liegenden Anwendung erhalten
      erzeuge TCP-Segment mit Sequenznummer NextSeqNum
      if (Timer läuft derzeit nicht)
        starte Timer
      gib Segment an IP weiter
      NextSeqNum=NextSeqNum+length(data)
      break;

    event: Timeout
      übertrage noch nicht bestätigtes Segment mit kleinster Sequenznummer erneut
      starte Timer
      break;

    event: ACK eingegangen, Inhalt des ACK-Felds hat den Wert y
      if (y > SendBase) {
        SendBase=y
        if (es gibt noch unbestätigten Segmente)
          starte Timer
        }
        break;

} /* Ende von loop forever */
```

Abbildung 3.33: Ein vereinfachter TCP-Sender

Das dritte größere Ereignis, das vom TCP-Sender bewältigt werden muss, ist die Ankunft eines Acknowledgment-Segmentes (ACK) vom Empfänger (genauer ein Segment, das einen gültigen ACK-Wert beinhaltet.) Tritt dieses Ereignis ein, vergleicht TCP den ACK-Wert *y* mit seiner Variablen *SendBase*. Die TCP-Zustandsvariable *SendBase* ist die Sequenznummer des ältesten unbestätigten Bytes. (Daher ist *SendBase* – 1 die Sequenznummer des letzten Bytes, von dem der Sender weiß, dass es korrekt und in der richtigen Reihenfolge beim Empfänger eingetroffen ist.) Wie früher gezeigt,

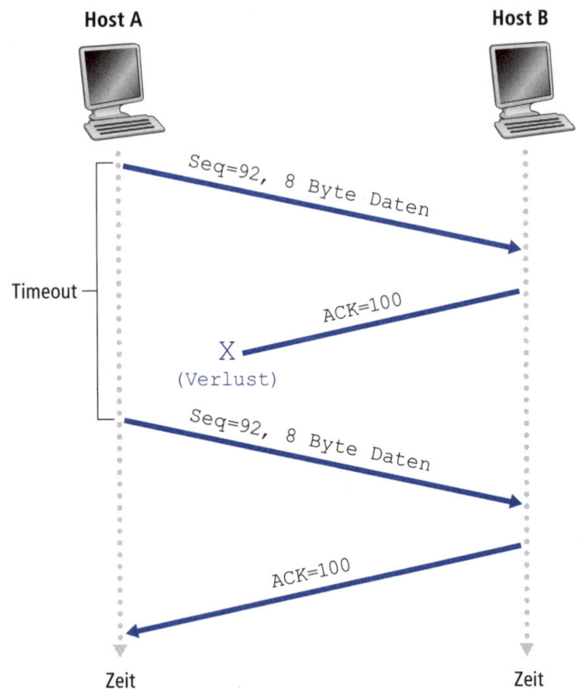

Abbildung 3.34: Erneute Übertragung aufgrund eines verloren gegangenen Acknowledgments

verwendet TCP kumulative Acknowledgments, so dass *y* den Erhalt aller Bytes vor Byte Nummer *y* bestätigt. Ist *y* > *SendBase*, dann bestätigt ACK ein oder mehrere zuvor unbestätigte Segmente. Dadurch aktualisiert der Sender seine Variable *SendBase*; er startet auch den Timer neu, wenn es gegenwärtig irgendwelche noch nicht bestätigten Segmente gibt.

Einige interessante Szenarien

Wir haben gerade in einer äußerst vereinfachten Version beschrieben, wie TCP zuverlässigen Datentransfer realisiert. Aber sogar diese extrem vereinfachte Version hat viele Tücken. Um ein gutes Gefühl zu bekommen, wie dieses Protokoll arbeitet, wollen wir jetzt einige einfache Szenarien betrachten. ▶Abbildung 3.34 beschreibt das erste Szenario, in dem Host A ein Segment an Host B sendet. Nehmen Sie an, dass dieses Segment Sequenznummer 92 hat und 8 Byte Daten enthält. Nach dem Senden dieses Segmentes wartet Host A auf ein Segment von B mit der Acknowledgment-Nummer 100. Obwohl das Segment von A durch B empfangen wird, geht die Bestätigung von B nach A verloren. In diesem Fall tritt das Timeout-Ereignis ein und Host A überträgt dasselbe Segment erneut. Natürlich erkennt Host B die Übertragungswiederholung anhand der Sequenznummer und weiß, dass dieses Segment Daten enthält, die schon empfangen worden sind. Daher verwirft TCP in Host B die Bytes des nochmals übertragenen Segmentes.

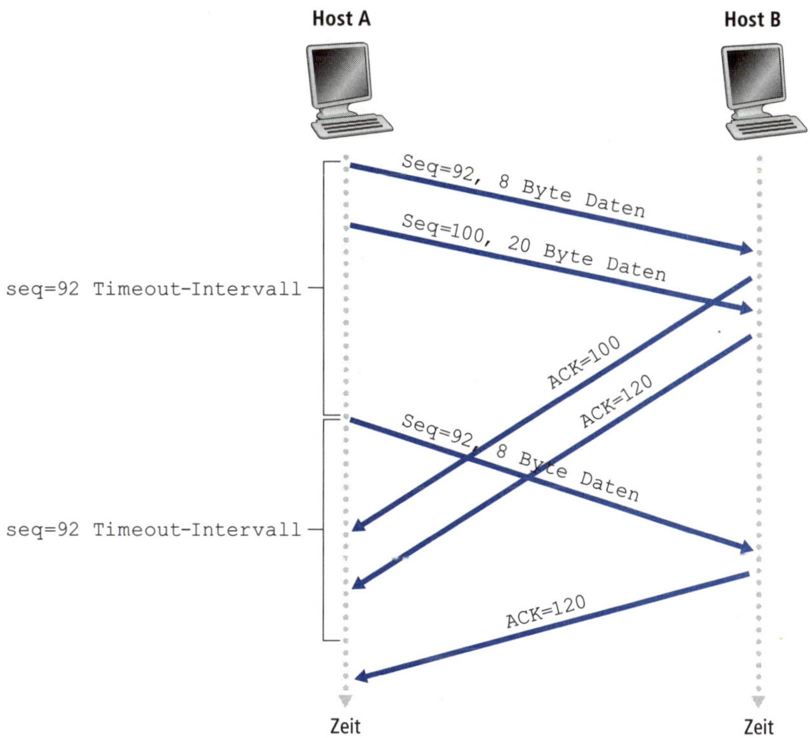

Abbildung 3.35: Segment 100 wird nicht erneut übertragen

In einem zweiten, in ▶Abbildung 3.35 gezeigten Szenario sendet Host A zwei Segmente direkt hintereinander. Das erste Segment hat die Sequenznummer 92 und enthält 8 Byte an Daten; das zweite Segment hat Sequenznummer 100 und 20 Byte an Daten. Nehmen Sie an, dass beide Segmente intakt bei Host B eintreffen und dieser zwei separate Acknowledgments für jedes dieser Segmente zurücksendet. Das erste dieser Acknowledgments hat die Nummer 100, das zweite hat Acknowledgment-Nummer 120. Nehmen Sie nun an, dass keine der Bestätigungen vor dem Timeout bei Host A ankommt. Wenn das Timeout-Ereignis auftritt, überträgt Host A das erste Segment mit Sequenznummer 92 erneut und startet den Timer neu. Sofern das ACK für das zweite Segment vor dem neuen Timeout ankommt, wird das zweite Segment nicht nochmals übertragen.

Nehmen Sie in einem dritten und letzten Szenario an, dass Host A die beiden Segmente genau wie im zweiten Szenario sendet. Die Bestätigung des ersten Segmentes geht im Netz verloren, aber gerade noch rechtzeitig vor dem Timeout-Ereignis erhält Host A eine Bestätigung mit Acknowledgment-Nummer 120. Host A weiß deshalb, dass Host B alles bis einschließlich Byte 119 erhalten hat. Daher sendet Host A keines der beiden Segmente erneut. Dieses Szenario ist in ▶Abbildung 3.36 erläutert.

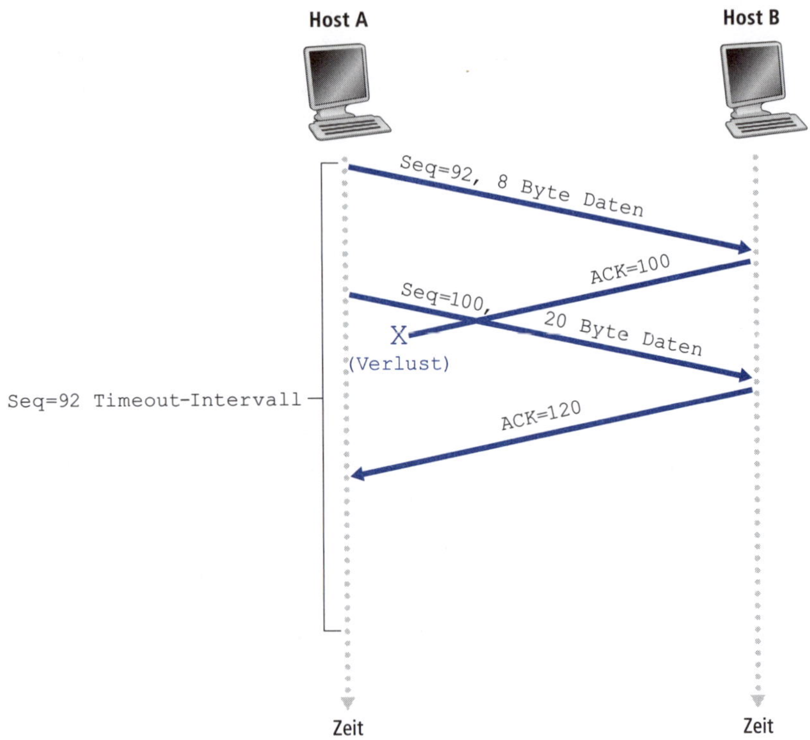

Abbildung 3.36: Das kumulative Acknowledgment verhindert die erneute Übertragung des ersten Segmentes

Verdoppeln des Timeout-Intervalls

Wir diskutieren jetzt einige Modifikationen, welche die meisten TCP-Implementierungen verwenden. Die erste betrifft die Länge des Timeout-Intervalls nach dem Ablauf des Timers. Jedes Mal, wenn das Timeout-Ereignis eintrifft, überträgt TCP, wie oben beschrieben, das noch nicht bestätigte Segment mit der kleinsten Sequenznummer erneut. Aber jedes Mal, wenn TCP eine erneute Übertragung durchführt, setzt es das nächste Timeout-Intervall auf das Doppelte des vorherigen Wertes, anstatt es vom letzten *EstimatedRTT* und *DevRTT* abzuleiten (wie in Abschnitt 3.5.3 beschrieben). Nehmen Sie zum Beispiel an, dass das Timeout-Intervall, das zum ältesten noch nicht bestätigten Segment gehört, 0,75 Sekunden beträgt, sobald der Timer zum ersten Mal ausläuft. TCP überträgt dieses Segment nochmals und stellt die neue Ablaufzeit des Timers auf 1,5 Sekunden ein. Wenn der Timer 1,5 Sekunden später wieder ausläuft, überträgt TCP dieses Segment nochmals, stellt nun aber die Ablaufzeit auf 3,0 Sekunden. Auf diese Art wachsen die Intervalle nach jeder Übertragungswiederholung exponentiell an. Wenn jedoch der Timer nach einem der beiden anderen Ereignisse gestartet wird (also wenn Daten von der oberhalb liegenden Anwendung eintreffen oder wenn ein ACK empfangen wird), wird das Timeout-Intervall aufgrund der aktuellen Werte von *EstimatedRTT* und *DevRTT* bestimmt.

Diese Änderung beinhaltet eine eingeschränkte Form der Überlastkontrolle. (Umfassendere Mechanismen zur Überlastkontrolle in TCP werden in Abschnitt 3.7 diskutiert.) Der Ablauf des Timers wird am wahrscheinlichsten durch Überlast im Netz verursacht. Das heißt, es kommen zu viele Pakete an einer (oder mehreren) Router-Warteschlange auf dem Pfad zwischen Quelle und Ziel an und werden verworfen oder übermäßig verzögert. Würden die Quellen während einer Überlastsituation ständig ihre Paketübertragungen wiederholen, könnte sich die Überlast noch verschlimmern. Stattdessen handelt TCP politisch korrekt und jeder Sender wiederholt seine Übertragung in immer größeren Intervallen. Wir werden bei der Untersuchung von CSMA/CD in Kapitel 5 sehen, dass Ethernet eine ähnliche Idee verwendet.

Schnelle Übertragungswiederholung

Eines der Probleme mit Übertragungswiederholungen, die durch einen Timeout ausgelöst werden, liegt darin, dass die Timeout-Periode relativ lang sein kann. Geht ein Segment verloren, zwingt diese lange Timeout-Periode den Absender dazu, die erneute Übertragung des Segmentes lange zu verzögern, wodurch die Ende-zu-Ende-Verzögerung größer wird. Glücklicherweise kann der Sender oft Paketverluste lange vor dem Eintreten des Timeout-Ereignisses erkennen, indem er auf sogenannte doppelte ACKs *(duplicate ACKs)* achtet. Ein doppeltes ACK ist ein ACK, das ein Segment erneut bestätigt, für das der Absender schon früher eine Bestätigung erhalten hat. Um die Reaktion des Senders auf ein doppeltes ACK zu verstehen, müssen wir untersuchen, warum der Empfänger überhaupt ein doppeltes ACK sendet. ▶Tabelle 3.2 fasst das Vorgehen des TCP-Empfängers bei der ACK-Erzeugung zusammen [RFC 1122; RFC 2581]. Erhält ein TCP-Empfänger ein Segment mit einer Sequenznummer, die größer ist als die nächste innerhalb der Reihenfolge erwartete, dann liegt eine Lücke im Datenstrom vor – d.h. ein Segment fehlt. Diese Lücke könnte das Ergebnis eines verlorenen Segmentes oder aber das Resultat von im Innern des Netzes umgeordneten Segmenten sein. Da TCP keine negativen Bestätigungen benutzt, kann der Empfänger kein explizites negatives Acknowledgment an den Sender zurücksenden.

Stattdessen bestätigt er einfach noch einmal das Letzte in richtiger Reihenfolge eingetroffene Datenbyte, das er erhalten hat (das heißt, er generiert ein doppeltes ACK). (Beachten Sie, dass Tabelle 3.2 den Fall berücksichtigt, dass der Empfänger Segmente außerhalb der Reihenfolge nicht verwirft.)

Weil ein Sender oft eine große Anzahl von Segmenten direkt hintereinander sendet, wird es beim Verlust eines Segmentes wahrscheinlich viele aufeinanderfolgende doppelte ACKs geben. Wenn der TCP-Sender drei doppelte ACKs für dieselben Daten erhält, interpretiert er dies als Zeichen dafür, dass das Segment, das auf das dreimal bestätigte Segment folgt, verloren gegangen ist. (In den Übungsaufgaben untersuchen wir die Frage, warum der Sender auf drei doppelte ACKs anstatt eines einzelnen doppelten ACK wartet.) Falls drei doppelte ACKs empfangen werden, führt der TCP-Sender eine **schnelle Übertragungswiederholung** *(fast retransmit)* durch [RFC 2581], wobei er das fehlende Segment nochmals überträgt, bevor der Timer des Segmentes abläuft. Dies wird in Abbildung 3.37 gezeigt, in der das zweite Segment verloren

Ereignis	Aktion des TCP-Empfängers
Ankunft des Segmentes in der richtigen Reihenfolge mit der erwarteten Sequenznummer. Alle Daten bis zur erwarteten Sequenznummer sind bereits bestätigt.	Verzögertes ACK. Wartet bis zu 500 ms auf die Ankunft eines anderen Segmentes in richtiger Reihenfolge. Wenn das nächste Segment nicht in diesem Zeitintervall eintrifft, wird ein ACK gesendet.
Ankunft eines Segmentes in der richtigen Reihenfolge mit erwarteter Sequenznummer. Ein anderes Segment in der korrekten Reihenfolge wartet auf die ACK-Übertragung.	Sendet sofort ein einzelnes kumulatives ACK, bestätigt beide in richtiger Reihenfolge eingetroffene Segmente.
Ankunft eines Segmentes außerhalb der Reihenfolge mit einer Sequenznummer, die größer ist als erwartet. Lücke im Bytestrom aufgetreten.	Sendet sofort ein doppeltes ACK, in dem er die Sequenznummer des nächsten erwarteten Bytes angibt.
Ankunft eines Segmentes, das die Lücke in den erhaltenen Daten ganz oder teilweise ausfüllt.	Sendet sofort ein ACK, vorausgesetzt, das Segment beginnt mit der Sequenznummer des nächsten erwarteten Bytes. Bestätigt alle nun lückenlos vorliegenden Bytes.

Tabelle 3.2: Empfehlung für die Erzeugung von TCP ACK [RFC 1122; RFC 2581]

gegangen ist und nochmals übertragen wird, bevor sein Timer abläuft. Bei TCP mit schneller Übertragungswiederholung ersetzt der folgende Codeschnipsel das ACK-Empfangs-Ereignis in Abbildung 3.33:

```
event: ACK empfangen, mit Wert des ACK-Felds von y
      if (y > SendBase) {
        SendBase=y
        if (es gibt noch unbestätigte Segmente)
          starte Timer
        }
      else { /* ein doppeltes ACK für bereits bestätigte Segmente */
        erhöhe die Anzahl der doppelten ACKs, die für y empfangen wurden
        if (Zahl der empfangenen doppelten ACK for y==3) {
          /* schnelle Übertragungswiederholung*/
          übertrage Segment mit Sequenznummer y erneut
          }
        break;
```

Wir haben bereits angemerkt, dass viele subtile Fragen auftauchen, wenn ein Timeout-/Übertragungswiederholungsmechanismus in einem tatsächlichen Protokoll wie TCP implementiert wird. Die obigen Mechanismen, die ein Resultat von mehr als 15 Jahren Erfahrung mit TCP-Timern sind, sollten Sie davon überzeugen, dass dies wirklich zutrifft!

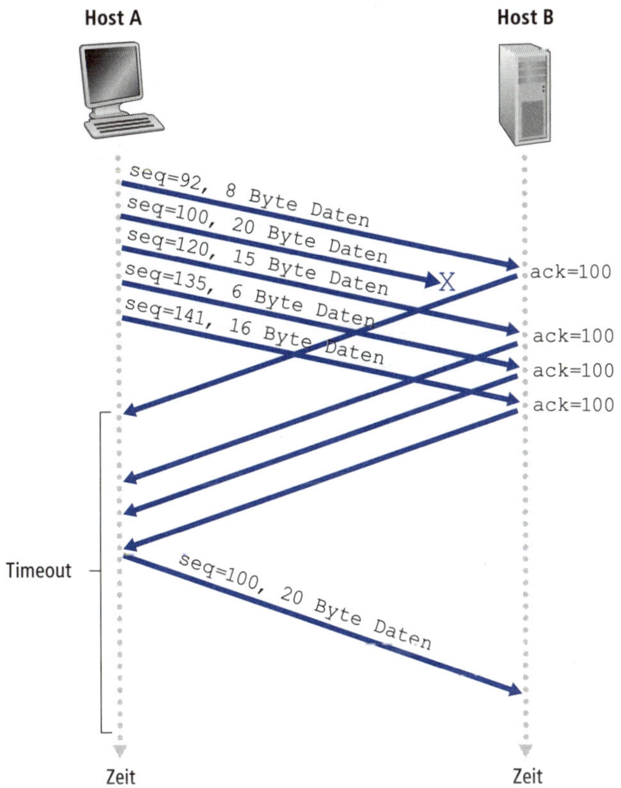

Abbildung 3.37: Fast Retransmit: erneute Übertragung des fehlenden Segmentes, bevor der Timer des Segmentes abläuft

Go-Back-N oder Selective Repeat?

Beenden wir unsere Untersuchung der Fehlerbehebungsmechanismen von TCP mit folgender Frage: Ist TCP ein GBN- oder ein SR-Protokoll? Erinnern Sie sich daran, dass TCP-Acknowledgments kumulativ sind und korrekt empfangene, aber außerhalb der Reihenfolge eingetroffene Segmente vom Empfänger nicht individuell bestätigt werden. Folglich muss der TCP-Sender, wie in Abbildung 3.33 (siehe auch Abbildung 3.19) gezeigt, nur die kleinste Sequenznummer eines gesendeten, aber unbestätigten Bytes *(SendBase)* und die Sequenznummer des nächsten zu sendenden Bytes *(NextSeqNum)* verwalten. Aus diesem Blickwinkel erscheint TCP wie ein Protokoll im Stil von GBN. Aber es gibt einige gravierende Unterschiede zwischen TCP und Go-Back-N. Viele TCP-Implementierungen puffern korrekt empfangene Segmente, die nicht in der richtigen Reihenfolge eintreffen [Stevens 1994]. Überlegen Sie also, was geschieht, wenn der Absender eine Folge von Segmenten 1, 2, …, N, sendet und alle Segmente in der richtigen Reihenfolge und fehlerfrei beim Empfänger ankommen. Nehmen Sie weiter an, dass das Acknowledgment für Paket $n < N$ verloren geht, aber die verbleibenden $N - 1$ Acknowledgments vor ihren jeweiligen Timeouts beim Sender eintreffen. In diesem Beispiel würde GBN nicht nur Paket n, sondern auch alle folgenden Pakete $n + 1$, $n + 2$, ..., N erneut übertragen. TCP würde andererseits höchstens ein Segment erneut übertragen, nämlich Segment n. TCP würde darüber hinaus selbst Segment n nicht erneut übertragen, sofern das ACK für Segment $n + 1$ vor dem Timeout von Segment n eintrifft.

Eine vorgeschlagene Erweiterung für TCP, sogenannte **selektive Acknowledgments** [RFC 2018], erlaubt es einem TCP-Empfänger, Segmente selektiv zu bestätigen, die nicht in der korrekten Reihenfolge eingetroffen sind, anstatt kumulativ das letzte in der richtigen Reihenfolge eingetroffene Segment zu bestätigen. Wenn TCP mit selektiven Übertragungswiederholungen kombiniert wird – und die erneute Übertragung von Segmenten, die vom Empfänger bereits selektiv bestätigt wurden, übersprungen wird –, dann sieht TCP schon sehr wie unser generisches SR-Protokoll aus. Daher wird der Fehlerbehebungsmechanismus von TCP wahrscheinlich am besten als Hybride von GBN- und SR-Protokollen eingeordnet.

3.5.5 Flusskontrolle

Wir haben bereits beschrieben, dass die Hosts auf jeder Seite einer TCP-Verbindung einen Eingangspuffer für die Verbindung reservieren. Empfängt die TCP-Verbindung Bytes, die korrekt und in der richtigen Reihenfolge sind, stellt sie die Daten in den Eingangspuffer. Der zugehörige Anwendungsprozess liest Daten aus diesem Puffer, aber nicht unbedingt in dem Augenblick, in dem die Daten ankommen. In der Tat kann die empfangende Anwendung mit irgendeiner anderen Aufgabe beschäftigt sein und versucht erst lange, nachdem sie angekommen sind, die Daten zu lesen. Ist die Anwendung auch noch relativ langsam beim Lesen, kann der Absender den Eingangspuffer der Verbindung sehr leicht überquellen lassen, indem er zu viele Daten zu schnell sendet.

TCP erbringt einen **Flusskontrolldienst** für seine Anwendungen, um die Möglichkeit eines Überlaufens des Eingangspuffers durch den Sender auszuschließen. Flusskontrolle ist daher ein Dienst, um die Geschwindigkeit von Sender und Empfänger einander anzupassen – er vergleicht die Rate, mit der der Sender sendet, mit der Rate, mit der die empfangende Seite den Puffer ausliest. Wie früher erwähnt, kann ein TCP-Sender auch durch Überlast innerhalb des IP-Netzes gedrosselt werden. Diese Form der Geschwindigkeitsregelung beim Sender wird **Überlastkontrolle** genannt, ein Thema, das wir in den Abschnitten 3.6 und 3.7 detailliert erkunden werden. Obwohl die von Fluss- und Überlastkontrolle ergriffenen Maßnahmen ähnlich sind (die Drosselung des Senders), werden sie offensichtlich aus sehr verschiedenen Gründen ergriffen. Unglücklicherweise werfen viele Autoren die Begriffe durcheinander, doch Sie sollten aufpassen, sie klar auseinanderzuhalten. Diskutieren wir nun, wie TCP seinen Flusskontrolldienst erbringt. Damit wir den Wald trotz aller Bäume nicht aus den Augen verlieren, nehmen wir in diesem ganzen Abschnitt an, dass der TCP-Empfänger Segmente außerhalb der Reihenfolge verwirft.

TCP bietet Flusskontrolle, indem der *Sender* eine Variable pflegt, die als **Empfangsfenster** *(receive window)* bezeichnet wird. Einfach ausgedrückt vermittelt dieses Empfangsfenster dem Sender eine Vorstellung davon, wie viel freier Pufferplatz beim Empfänger verfügbar ist. Weil TCP Vollduplex ist, unterhält jedes der beiden Endsysteme auf seiner Seite der Verbindung ein eigenes Empfangsfenster. Untersuchen wir das Empfangsfenster im Kontext eines Dateitransfers. Nehmen Sie an, dass Host A eine große Datei über die TCP-Verbindung an Host B sendet. Host B allokiert einen Eingangspuffer für diese Verbindung, dessen Größe durch RcvBuffer festgelegt wird. Ab und zu liest der Anwendungsprozess in Host B aus dem Puffer. Definieren Sie die folgenden Variablen:

- *LastByteRead*: die Nummer des letzten Bytes im Datenstrom, das vom Anwendungsprozess in B aus dem Puffer gelesen wurde.
- *LastByteRcvd*: die Nummer des letzten Bytes im Datenstrom, das aus dem Netzwerk eingetroffen ist und in den Eingangspuffer von B gestellt wurde.

Weil es TCP nicht gestattet ist, den Eingangspuffer überlaufen zu lassen, muss gelten:

$$\text{LastByteRcvd} - \text{LastByteRead} \leq \text{RcvBuffer}$$

Das Empfangsfenster, bezeichnet als *RcvWindow*, wird im Sender an den im Puffer des Empfängers zur Verfügung stehenden Speicherplatz angepasst:

$$\text{RcvWindow} = \text{RcvBuffer} - [\text{LastByteRcvd} - \text{LastByteRead}]$$

Weil sich der freie Platz im Lauf der Zeit ändert, ist *RcvWindow* dynamisch. Die Variable *RcvWindow* wird in ▶Abbildung 3.38 erläutert.

Wie verwendet die Verbindung die Variable *RcvWindow* für die Flusskontrolle? Host B sagt Host A, wie viel freien Speicherplatz er im Verbindungspuffer besitzt, indem er den aktuellen Wert von *RcvWindow* in das RcvWindow-Feld jedes Segmentes schreibt, das er an Host A sendet. Zu Beginn setzt Host B *RcvWindow* = *RcvBuffer*. Beachten Sie, dass Host B, um dies zu erreichen, mehrere verbindungsspezifische Parameter im Auge behalten muss.

Host A verfolgt seinerseits zwei Variablen: *LastByteSent* und *LastByteAcked*, die offensichtliche Bedeutungen haben. Beachten Sie, dass die Differenz zwischen diesen zwei Variablen, *LastByteSent* – *LastByteAcked*, die Menge an unbestätigten Daten ist, die A in die Verbindung gesandt hat. Indem er die Menge dieser unbestätigten Daten geringer hält als den Wert von *RcvWindow*, kann sich Host A sicher sein, dass er nicht zu viele Daten an B sendet. Deshalb stellt Host A während der gesamten Lebensdauer der Verbindung sicher, dass

$$\text{LastByteSent} - \text{LastByteAcked} \leq \text{RcvWindow}$$

Dieses Vorgehen zieht ein kleines technisches Problem nach sich. Um es zu erkennen, nehmen Sie an, dass der Eingangspuffer von Host B vollläuft, so dass *RcvWindow* = 0. Nachdem er Host A mitgeteilt hat, dass *RcvWindow* = 0 ist, nehmen wir weiter an, dass B nichts an A zu senden hat. Überlegen wir nun, was geschieht. Während der Anwendungsprozess in B den Puffer leert, sendet das dortige TCP keine neuen Segmente mit neuen RcvWindow-Werten an Host A; tatsächlich sendet TCP nur dann ein Segment an Host A, wenn es entweder Daten oder ein Acknowledgment zu senden hat. Deshalb wird Host A nie darüber informiert, dass im Eingangspuffer von Host B

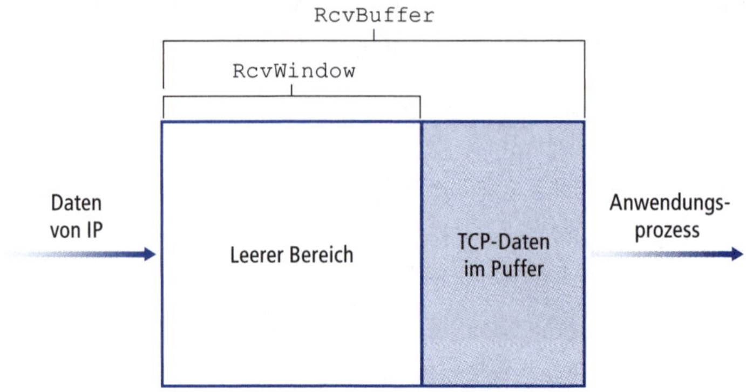

Abbildung 3.38: Das Empfangsfenster (RcvWindow) und der Eingangspuffer (RecBuffer)

neuer Platz zur Verfügung steht – Host A ist blockiert und kann keine weiteren Daten senden! Um dieses Problem zu lösen, verlangt die TCP-Spezifikation, dass Host A weiterhin Segmente mit einem Datenbyte sendet, wenn das Eingangsfenster von Host B null ist. Diese Segmente werden vom Empfänger bestätigt. Irgendwann beginnt der Puffer, sich zu leeren, und die Acknowledgments enthalten einen Wert für *RcvWindow*, der nicht null ist.

Weblink

Die Webseite dieses Buches bietet ein interaktives Java-Applet, das das Funktionieren des TCP-Empfangsfensters erläutert.

Nachdem wir den TCP-Flusskontrolldienst beschrieben haben, erwähnen wir hier nur kurz, dass UDP keine Flusskontrolle bietet. Um den Unterschied zu verstehen, betrachten Sie den Versand einer Serie von UDP-Segmenten von einem Prozess auf Host A an einen Prozess auf Host B. Bei einer typischen UDP-Implementierung legt UDP die Segmente in einen Puffer begrenzter Größe, der vor dem entsprechenden Socket (also der Tür zum Prozess) liegt. Der Prozess liest ein ganzes Segment auf einmal aus dem Puffer. Sollte der Prozess die Segmente nicht schnell genug aus dem Puffer auslesen, läuft der Puffer über und Segmente werden verworfen.

3.5.6 TCP-Verbindungsverwaltung

In diesem Unterabschnitt werfen wir einen näheren Blick darauf, wie eine TCP-Verbindung hergestellt und abgebaut wird. Obwohl dieses Thema nicht unbedingt spannend scheint, ist es wichtig, weil der Aufbau einer TCP-Verbindung signifikant zu wahrgenommenen Verzögerungen beitragen kann (zum Beispiel wenn wir im Internet surfen). Weiterhin nutzen viele der häufigsten Netzwerkangriffe – darunter die unglaublich populären SYN-Flood-Angriffe – verwundbare Stellen im TCP-Verbindungsmanagement aus. Betrachten wir zuerst, wie eine TCP-Verbindung aufgebaut wird. Stellen Sie sich einen Prozess auf einem Host (Client) vor, der eine Verbindung mit einem anderen Prozess auf einem anderen Host (Server) initiieren will. Der Client-Anwendungsprozess informiert zuerst die Client-Instanz von TCP darüber, dass er eine Verbindung zu einem Prozess auf dem Server aufbauen will. TCP wird diese Verbindung dann auf folgende Art und Weise herstellen:

- *Schritt 1.* TCP auf der Client-Seite sendet zuerst ein spezielles TCP-Segment zur Server-Seite. Dieses spezielle Segment enthält keine Anwendungsschichtdaten. Aber eines der Flag-Bits im Kopf des Segmentes (Abbildung 3.29), das SYN-Bit, ist auf 1 gesetzt. Deshalb wird dieses spezielle Segment als SYN-Segment bezeichnet. Außerdem wählt der Client eine zufällige initiale Sequenznummer (client_isn) und schreibt diese ins Sequenznummernfeld des TCP-SYN-Segmentes. Dieses Segment wird in ein IP-Datagramm gepackt und an den Server gesandt. Es gab beträchtliches Interesse daran, die Wahl von client_isn korrekt zu randomisieren, um bestimmte Sicherheitslücken zu vermeiden [CERT 2001-09].

- *Schritt 2.* Sobald das IP-Datagramm mit dem anfänglichen TCP-SYN-Segment beim Serverhost ankommt (vorausgesetzt, dass es ankommt!), holt der Server das TCP-SYN-Segment aus dem Datagramm heraus, allokiert TCP-Puffer und Variablen für die Verbindung und sendet dem Client-TCP ein Antwortsegment zu. (Wir werden später sehen, dass die Zuweisung dieser Puffer und Variablen vor dem Beenden des dritten Schrittes des Drei-Wege-Handshakes TCP gegen einen Denial-of-Service-Angriff verwundbar macht, der als SYN-Flooding bekannt ist.) Dieses Antwortsegment enthält ebenfalls keine Anwendungsschichtdaten. Jedoch enthält sein Segment-Header drei wichtige Informationen. Zuerst ist das SYN-Bit auf 1 gesetzt. Als Zweites wird das Acknowledgment-Feld des TCP-Segment-Headers auf *client_isn* + 1 gesetzt. Zuletzt wählt der Server seine eigene initiale Sequenznummer *(server_isn)* und schreibt diesen Wert ins Sequenznummernfeld des TCP-Headers. Dieses Antwortsegment besagt im Prinzip: „Ich habe Ihr SYN-Paket erhalten, das eine Verbindung mit Ihrer Anfangssequenznummer, *client_isn*, aufbauen soll. Ich stimme dem Herstellen dieser Verbindung zu. Meine eigene initiale Sequenznummer lautet *server_isn*.“ Das Antwortsegment wird als ein **SYNACK-Segment** bezeichnet.

- *Schritt 3.* Beim Erhalten des SYNACK-Segmentes allokiert der Client ebenfalls Puffer und Variablen für die Verbindung. Der Client-Host schickt dem Server dann ein weiteres Segment. Dieses letzte Segment bestätigt das SYNACK-Segment des Servers (der Client tut dies, indem er den Wert *server isn* + 1 ins Acknowledgment-Feld des TCP-Segment-Headers einträgt.) Das SYN-Bit wird auf null gesetzt, da die Verbindung nun hergestellt ist. Diese dritte Stufe des Drei-Wege-Handshake kann bereits Anwendungsdaten enthalten.

Sobald diese drei Schritte durchgeführt worden sind, können die Client- und Server-Hosts einander Segmente senden, die Daten enthalten. In jedem dieser künftigen Segmente wird das SYN-Bit auf null gesetzt. Beachten Sie, dass für den Verbindungsaufbau drei Pakete zwischen beiden Hosts ausgetauscht werden, wie ▶Abbildung 3.39 zeigt. Deshalb wird dieses Verfahren für den Verbindungsaufbau oft als **Drei-Wege-Handshake** bezeichnet. Verschiedene Aspekte des TCP-Drei-Wege-Handshakes werden in den Übungsaufgaben untersucht. (Warum sind initiale Sequenznummern erforderlich? Warum braucht man einen Drei-Wege-Handshake und nicht nur einen

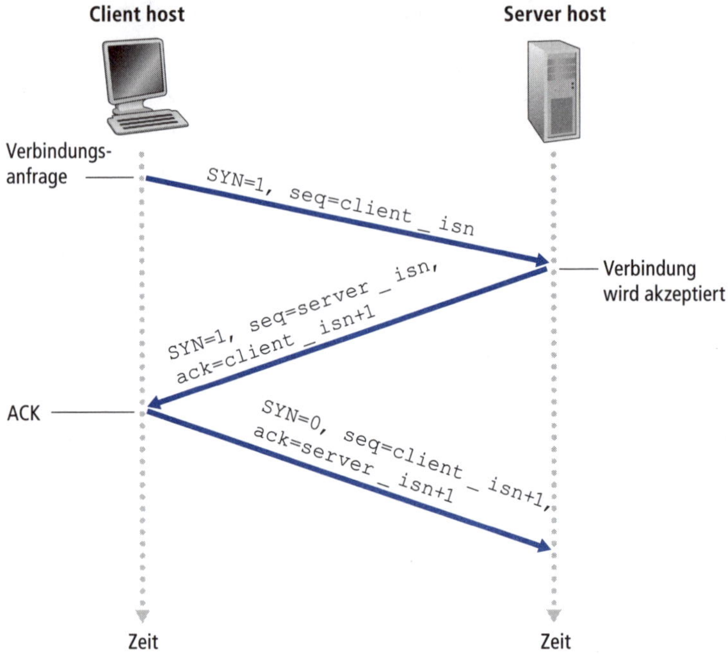

Abbildung 3.39: Segmentaustausch beim Drei-Wege-Handshake

Zwei-Wege-Handshake?). Es ist interessant anzumerken, dass auch Bergsteiger und ihre Sicherungsleute (diese befinden sich unterhalb des Kletterers und haben die Aufgabe, das Sicherungsseil des Bergsteigers zu halten) ein Kommunikationsprotokoll mit einem Drei-Wege-Handshake verwenden, der dem von TCP sehr ähnlich ist. Sie stellen auf diese Weise sicher, dass beide Seiten bereit sind, bevor der Bergsteiger mit dem Aufstieg beginnt.

Alles muss irgendwann zu Ende gehen, das gilt auch für eine TCP-Verbindung. Jeder der beiden Prozesse, die an einer TCP-Verbindung beteiligt sind, kann die Verbindung beenden. Wenn eine Verbindung endet, werden die „Ressourcen" (das heißt, die Puffer und Variablen) in den Hosts freigegeben. Nehmen Sie zum Beispiel an, dass der Client beschließt, die Verbindung zu beenden, wie in ▶Abbildung 3.40 gezeigt. Der Client-Anwendungsprozess gibt einen entsprechenden Befehl. Daraufhin sendet die TCP-Instanz auf dem Client ein spezielles TCP-Segment an den Server-Prozess. Im Kopf dieses speziellen Segmentes ist ein spezielles Flag-Bit, das FIN-Bit, auf eins gesetzt (siehe Abbildung 3.29). Sobald der Server dieses Segment erhält, sendet er dem Client im Gegenzug ein Acknowledgment-Segment zu. Der Server sendet daraufhin sein eigenes Abschlusssegment, welches das FIN-Bit auf 1 setzt. Schließlich bestätigt der Client das Abschlusssegment des Servers. Zu diesem Zeitpunkt werden alle Ressourcen in den beiden Hosts freigegeben.

Während der Lebensdauer einer TCP-Verbindung durchläuft das TCP-Protokoll, das in jedem Host läuft, verschiedene **TCP-Zustände**. ▶Abbildung 3.41 zeigt eine typische

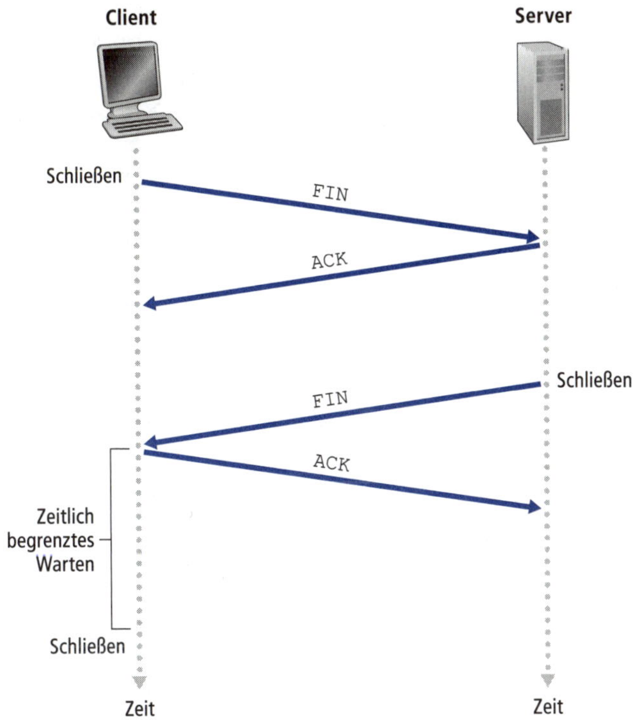

Abbildung 3.40: Schließen einer TCP-Verbindung

Sequenz von TCP-Zuständen, die vom Client-seitigen TCP durchlaufen werden. Es beginnt im Zustand CLOSED *(geschlossen)*. Die Anwendung auf der Client-Seite initiiert eine neue TCP-Verbindung (durch Erzeugen eines Socket-Objektes wie in unseren Java-Beispielen von Kapitel 2). Dadurch sendet der Client ein SYN-Segment an den Server. Nachdem das SYN-Segment gesandt wurde, beginnt für das Client-seitige TCP der Zustand „SYN_SENT" *(SYN gesendet)*. Im SYN-SENT-Zustand wartet TCP auf ein Segment vom Server-seitigen TCP, welches eine Bestätigung für das vorherige Segment des Clients beinhaltet und das SYN-Bit auf 1 setzt. Nachdem es solch ein Segment erhalten hat, befindet sich TCP auf dem Client im Zustand ESTABLISHED *(Verbindung aufgebaut)*. In diesem Zustand kann der Client TCP-Segmente senden und erhalten, die (von Anwendungen erzeugte) Nutzdaten enthalten.

Nehmen Sie an, die Client-Anwendung entscheidet, die Verbindung schließen zu wollen. (Beachten Sie, dass auch der Server die Verbindung schließen könnte.) Dann sendet der Client ein TCP-Segment mit dem auf 1 gesetzten FIN-Bit und tritt in den FIN_WAIT_1-Zustand ein. In diesem Zustand wartet TCP auf ein Segment vom Server mit einem Acknowledgment. Wenn es dieses Segment erhält, tritt es in den FIN_WAIT_2-Zustand ein. In diesem wartet es auf ein weiteres Segment vom Server, mit einem auf 1 gesetzten FIN-Flag; nach dessen Erhalt bestätigt das Client-seitige TCP das Segment des Servers und tritt in den TIME_WAIT-Zustand ein. Nun sendet

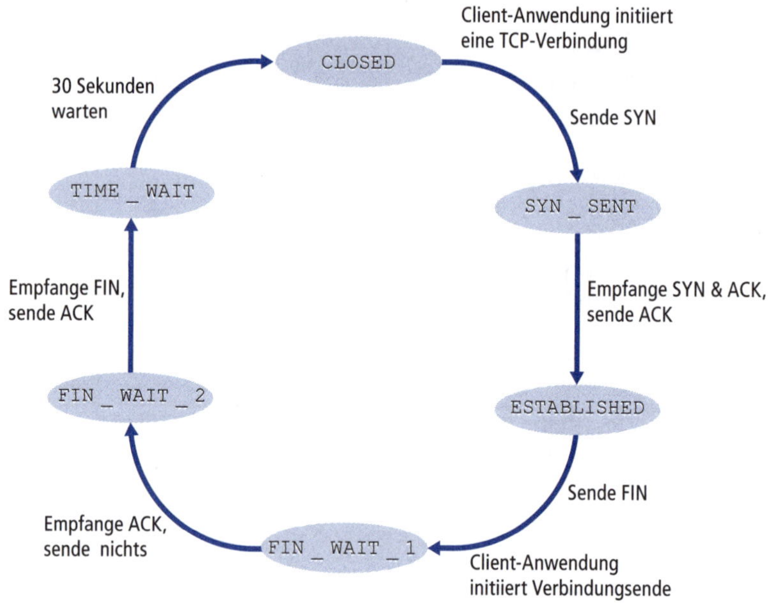

Abbildung 3.41: Eine typische Sequenz von TCP-Zuständen, die vom Client-seitigen TCP durchlaufen werden

der Client die abschließende Bestätigung erneut, falls das ACK verloren ging. Die Zeit, die im TIME_WAIT-Zustand verbracht wird, hängt von der Implementierung ab, typische Werte sind 30 Sekunden, 1 Minute und 2 Minuten. Nach dieser Wartezeit ist die Verbindung formell geschlossen und alle Ressourcen auf der Client-Seite (einschließlich der Portnummern) werden freigegeben.

▶ Abbildung 3.42 erläutert die Abfolge von Zuständen, die normalerweise von dem TCP der Server-Seite durchlaufen werden, vorausgesetzt, dass der Client den Verbindungsabbau beginnt. Die Übergänge sind selbst erklärend. In den beiden Zustandsübergangsdiagrammen haben wir nur gezeigt, wie eine TCP-Verbindung normalerweise aufgebaut und geschlossen wird. Wir haben nicht beschrieben, was in bestimmten pathologischen Szenarien geschieht, beispielsweise, wenn beide Seiten einer Verbindung zufällig zur gleichen Zeit einen Abbau einleiten. Wenn Sie sich für dieses und andere weiterführende Themen rund um TCP interessieren, empfehlen wir Ihnen das umfassende Buch von [Stevens 1994].

Unsere bisherige Diskussion ging davon aus, dass sowohl Client als auch Server bereit sind, zu kommunizieren, d.h., dass der Server auf dem Port lauscht, auf den der Client sein SYN-Segment schickt. Überlegen wir, was geschieht, wenn ein Host ein TCP-Segment erhält, dessen Portnummern oder Quell-IP-Adresse zu keinem der aktiven Sockets im Host passt. Nehmen Sie z.B. an, dass ein Host ein TCP-SYN-Paket mit dem Zielport 80 erhält, aber der Host keine Verbindungen auf Port 80 akzeptiert (das heißt, es läuft kein Webserver auf Port 80). Dann sendet der Host ein spezielles Reset-Segment an die Quelle. Dieses TCP-Segment hat das RST-Flag-Bit auf eins gesetzt

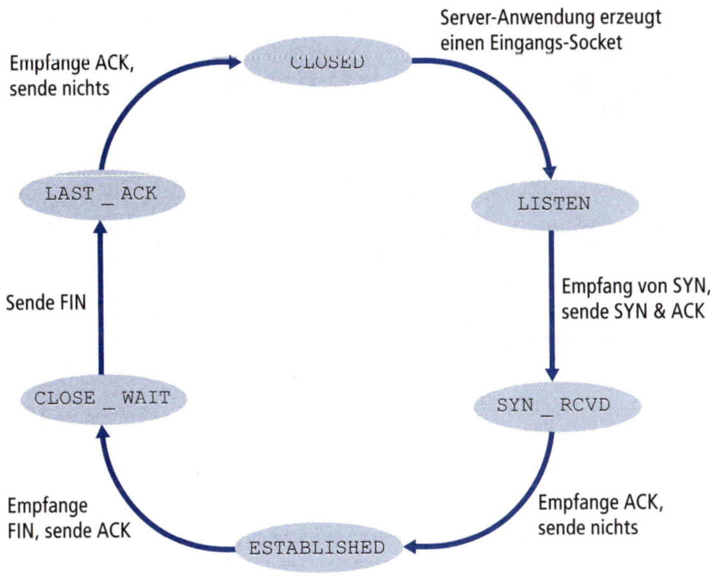

Abbildung 3.42: Eine typische Sequenz von TCP-Zuständen, die vom Server-seitigen TCP durchlaufen werden

(siehe Abschnitt 3.5.2). Sendet ein Host ein Reset-Segment, teilt er der Quelle mit: „Ich habe keinen Socket für dieses Segment. Bitte senden Sie das Segment nicht noch mal". Erhält ein Host ein UDP-Paket, dessen Zielportnummer nicht zu einem aktiven UDP-Socket passt, sendet der Host ein spezielles ICMP-Datagramm, das in Kapitel 4 diskutiert wird.

Nachdem wir uns nun ein gutes Verständnis der TCP-Verbindungsverwaltung angeeignet haben, wollen wir erneut das nmap-Werkzeug zum Port-Scanning betrachten und uns etwas genauer anschauen, wie es funktioniert. Um einen bestimmten TCP-Port, z.B. Port 6789, auf einem Zielhost zu untersuchen, sendet nmap an diesen Host ein TCP-SYN-Segment mit Zielport 6789. Es gibt drei mögliche Ergebnisse:

- *Das Quellsystem erhält ein TCP-SYNACK-Segment vom Zielhost.* Da dies bedeutet, dass eine Anwendung mit TCP-Port 6789 auf dem Zielhost läuft, gibt nmap die Meldung „open" *(offen)* zurück.
- *Das Quellsystem erhält ein TCP-RST-Segment vom Zielhost.* Dies bedeutet, dass das SYN-Segment den Zielhost zwar erreicht hat, aber der Zielhost keine Anwendung auf TCP-Port 6789 ausführt. Nun weiß aber der Angreifer mindestens, dass Segmente, die an Port 6789 des Hosts geschickt werden, nicht von irgendeiner Firewall auf dem Pfad zwischen Quell- und Zielhost blockiert werden. (Firewalls erörtern wir in Kapitel 8.)
- *Die Quelle erhält nichts.* Dies bedeutet wahrscheinlich, dass das SYN-Segment von einer dazwischenliegenden Firewall abgefangen wurde und den Zielhost nie erreicht hat.

Fokus Sicherheit — Der SYN-Flood-Angriff

Wir haben bei unserer Diskussion des Drei-Wege-Handshakes von TCP gesehen, dass ein Server Verbindungsvariablen und Puffer als Antwort auf ein empfangenes SYN allokiert und initialisiert. Der Server sendet dann ein SYNACK und wartet auf ein ACK-Segment vom Client, den dritten und letzten Schritt des Handshakes vor dem vollständigen Aufbau einer Verbindung. Sendet der Client kein ACK, um den dritten Schritt des Drei-Wege-Handshakes durchzuführen, beendet der Server schließlich (oft erst nach einer Minute oder mehr) die halboffene Verbindung und gibt die reservierten Ressourcen wieder frei.

Dieses TCP-Verbindungsmanagement-Protokoll ermöglicht einen klassischen DoS-Angriff, nämlich den **SYN-Flood-Angriff**. Bei diesem Angriff sendet der Angreifer eine große Zahl von TCP-SYN-Segmenten, ohne den dritten Schritt des Handshakes durchzuführen. Der Angriff kann verstärkt werden, wenn SYNs von mehreren Quellen gesendet werden, in Form eines DDoS-SYN-Flood-Angriff (DDoS = Distributed Denial of Service). Mit dieser Schwemme von SYN-Segmenten können die Verbindungsressourcen des Servers schnell erschöpft sein, da sie zwar für halboffene Verbindungen reserviert, aber nie tatsächlich verwendet werden. Sind die Ressourcen des Servers erschöpft, wird rechtmäßigen Clients der Dienst versagt. Solche SYN-Flood-Angriffe [CERT SYN 1996] waren unter den ersten von CERT dokumentierten DoS-Angriffen [CERT 2007].

SYN-Flooding ist ein potenziell verheerender Angriff. Glücklicherweise gibt es eine wirkungsvolle Verteidigung, die als **SYN-Cookies** bezeichnet wird [Skoudis 2006; Cisco SYN 2007; Bernstein 2007]. Mittlerweise in den meisten größeren Betriebssystemen eingesetzt, funktionieren SYN-Cookies wie folgt:

- Erhält der Server ein SYN-Segment, weiß er nicht, ob das Segment von einem rechtmäßigen Benutzer kommt oder Teil eines SYN-Flutenangriffs ist. Also erzeugt der Server keine halboffene TCP-Verbindung für dieses SYN. Stattdessen erzeugt der Server eine initiale TCP-Sequenznummer, die eine komplexe Funktion (eine Hash-Funktion) der Quell- und Ziel-IP-Adressen und der Portnummern des SYN-Segmentes sowie einem nur dem Server bekannten geheimen Wert ist. (Der Server verwendet denselben geheimen Wert für eine große Anzahl von Verbindungen.) Diese sorgfältig gestaltete initiale Sequenznummer ist der sogenannte Cookie. Der Server sendet dann ein SYNACK-Paket mit dieser speziellen Sequenznummer. *Wichtig ist dabei, dass sich der Server nicht an den Cookie oder irgendeine andere Zustandsinformation des SYN-Segmentes erinnert.*
- Handelt es sich um einen rechtmäßigen Client, dann gibt er ein ACK-Segment zurück. Der Server muss beim Erhalten dieses ACK sicherstellen, dass das ACK zu einem früher übersandten SYN gehört. Wie kann dies geschehen, wenn der Server keine Aufzeichnungen über die erhaltenen SYN-Segmente behält? Vielleicht haben Sie schon vermutet, dass es mithilfe des Cookies geschieht. Der Wert im Acknowledgment-Feld eines legitimen ACK ist gleich der Sequenznummer im SYNACK plus eins (Abbildung 3.39). Der Server führt dann dieselbe Funktion aus und verwendet dabei dieselben Felder im ACK-

Segment sowie seinen geheimen Wert. Ist das Ergebnis der Funktion plus eins dasselbe wie die Acknowledgment-Nummer, schließt der Server daraus, dass das ACK zu einem früheren SYN-Segment passt und daher gültig ist. Der Server allokiert dann eine vollständig offene Verbindung, zusammen mit einem Socket.

- Gibt andererseits der Client kein ACK-Segment zurück, dann hat das ursprüngliche SYN keinen Schaden angerichtet, da der Server keine Ressourcen dafür allokiert hat!

SYN-Cookies eliminieren wirksam die Bedrohung durch einen SYN-Flood-Angriff. Eine Abwandlung dieses Angriffes besteht darin, den böswilligen Client für jedes SYNACK-Segment, das der Server generiert, ein gültiges ACK-Segment zurückgeben zu lassen. Dies bewirkt, dass der Server *vollständig* offene TCP-Verbindungen herstellt, selbst wenn sein Betriebssystem SYN-Cookies verwendet. Werden Zehntausende Clients eingesetzt (DDoS-Angriff), von denen jeder eine andere Quell-IP-Adresse hat, wird es für den Server schwierig, zwischen legitimen und böswilligen Quellen zu unterscheiden. Daher ist die Verteidigung gegen diesen Completed-Handshake-Angriff schwieriger als der klassische SYN-Flood-Angriff.

Nmap ist ein mächtiges Werkzeug, mit dem sich gut hinter die Kulissen blicken lässt und das nicht nur offene TCP-Ports, sondern auch offene UDP-Ports, Firewalls und ihre Konfigurationen, und sogar die Versionen von Anwendungen und Betriebssystemen herausfinden kann. Das meiste davon erfolgt durch Manipulation der TCP-Verbindungsmanagement-Segmente [Skoudis 2006]. Sitzen Sie zufällig in der Nähe einer Linux-Maschine, können Sie nmap jetzt sofort durch einfaches Eintippen von „nmap" auf der Kommandozeile ausprobieren. Für andere Betriebssysteme können Sie nmap von *http://insecure.org/nmap* herunterladen.

Hiermit endet unsere Einführung in Zuverlässigkeit und Flusskontrolle bei TCP. In Abschnitt 3.7 kehren wir zu TCP zurück und sehen uns die TCP-Überlastkontrolle im Detail an. Bevor wir das jedoch tun, werden wir einen Schritt zurückgehen und die Grundlagen von Überlastkontrolle in einem allgemeineren Kontext betrachten.

3.6 Grundlagen der Überlastkontrolle

In den vorherigen Abschnitten haben wir sowohl die allgemeinen Grundlagen als auch spezifische TCP-Mechanismen kennengelernt, die für einen zuverlässigen Datentransferdienst angesichts von Paketverlust notwendig sind. Wir erwähnten bereits, dass in der Praxis solche Verluste normalerweise aus dem Überlaufen von Router-Puffern resultieren, während das Netz überlastet ist. Übertragungswiederholungen behandeln daher ein Symptom von Netzüberlast (den Verlust eines bestimmten Transportschichtsegmentes), gehen aber nicht die Ursache der Überlast an: Zu viele Quellen versuchen, Daten mit zu hoher Geschwindigkeit zu senden. Um die Ursache der Netzüberlast zu beseitigen, werden Mechanismen gebraucht, um die Sender im Fall von Überlast zu drosseln.

In diesem Abschnitt behandeln wir das Problem der Überlastkontrolle in einem allgemeinen Kontext, wobei wir zu verstehen versuchen, warum Überlast nachteilig ist und wie sie sich in der Leistung der Anwendungen auf den oberen Schichten manifestiert. Wir werden verschiedene Ansätze kennenlernen, um Überlast zu vermeiden oder darauf zu reagieren. Diese eher allgemeine Betrachtung der Überlastkontrolle ist angebracht, weil sie, wie der zuverlässige Datentransfer, hoch oben auf unserer „Top Ten"-Liste der fundamental wichtigen Probleme im Bereich Netzwerke steht. Wir beenden diesen Abschnitt mit einer Diskussion der Überlastkontrolle des **Available-Bitrate-Dienstes** (**ABR**, *verfügbare Bitrate*) in **Asynchronous-Transfer-Mode**-Netzen (**ATM**). Der nachfolgende Abschnitt enthält dann eine detaillierte Betrachtung des TCP-Überlastkontrollalgorithmus.

3.6.1 Ursachen und Kosten von Überlast

Beginnen wir unsere allgemeine Diskussion der Überlastkontrolle mit einer Betrachtung dreier zunehmend komplexerer Szenarien, in denen Überlast auftritt. In jedem Fall sehen wir uns an, warum überhaupt Überlast auftritt und welche Kosten die Überlast verursacht (in Bezug auf unvollständig genutzte Ressourcen und geringere Leistung für die Endsysteme). Wir konzentrieren uns noch nicht darauf, wie wir auf Überlast reagieren oder sie vermeiden können, sondern auf das einfachere Thema, zu verstehen, was geschieht, wenn die Hosts ihre Übertragungsrate erhöhen und das Netzwerk überlastet wird.

Szenario 1: zwei Quellen, ein Router mit unendlichen Puffern

Wir beginnen mit dem vielleicht einfachsten Überlastszenario: Von zwei Hosts (A und B) geht je eine Verbindung aus. Die beiden Verbindungen teilen sich einen gemeinsamen Router zwischen Quelle und Ziel, wie ▶Abbildung 3.43 zeigt.

Lassen Sie uns annehmen, dass die Anwendung auf Host A Daten mit der durchschnittlichen Rate λ_{in} Byte/Sekunde sendet (zum Beispiel das Weiterleiten von Daten an das Transportschichtprotokoll über einen Socket). Dabei werden alle Daten nur einmal an den Socket gesendet. Das zugrunde liegende Transportschichtprotokoll ist einfach. Daten werden verkapselt und versendet; es gibt keine Fehlerkorrektur (zum Beispiel Übertragungswiederholung), Flusskontrolle oder Überlastkontrolle. Ignorieren wir die zusätzlichen Daten für Header-Informationen der Transportschicht und der niedrigeren Schichten, dann beträgt die Geschwindigkeit, mit der Host A Verkehr an den Router bringt, in diesem ersten Szenario λ_{in} Byte/Sekunde. Host B arbeitet auf ähnliche Weise und wir nehmen der Einfachheit halber an, dass er ebenfalls mit einer Rate λ_{in} Byte/Sekunde sendet. Die Pakete der Hosts A und B gehen durch einen gemeinsamen Router und verlassen diesen über dieselbe Verbindung der Kapazität R.

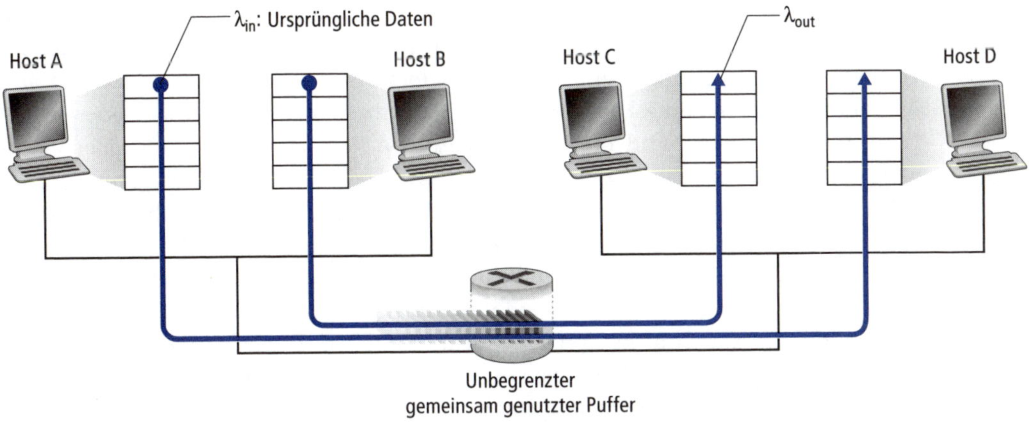

Abbildung 3.43: Überlastszenario 1: Zwei Verbindungen teilen sich einen einzelnen Router mit unendlichem Puffer

Der Router hat Puffer, die es ihm ermöglichen, eingehende Pakete zu speichern, wenn die Paketankunftsrate die Kapazität der ausgehenden Verbindung übersteigt. In diesem ersten Szenario nehmen wir an, dass der Router einen unendlich großen Puffer hat.

▶Abbildung 3.44 zeigt die Leistung der Verbindung des Hosts A in diesem ersten Szenario. Der linke Graph zeigt den **Durchsatz pro Verbindung** (die Anzahl der Bytes pro Sekunde beim Empfänger) als Funktion der Senderate. Für Senderaten zwischen 0 und $R/2$ ist der Durchsatz beim Empfänger gleich der Senderate der Quelle – alles, was vom Sender verschickt wird, wird vom Empfänger mit begrenzter Verzögerung empfangen. Steigt die Senderate jedoch über $R/2$, ist der Durchsatz weiterhin nur $R/2$. Diese Obergrenze für den Durchsatz ist eine Folge des Teilens der Verbindungskapazität zwischen beiden Verbindungen. Die Verbindung kann einfach keine Pakete mit einer stetigen Rate größer als $R/2$ an den Empfänger senden. Ganz gleich, wie hoch Host A und B ihre Senderaten setzen, keiner von ihnen wird jemals einen Durchsatz erleben, der größer ist als $R/2$.

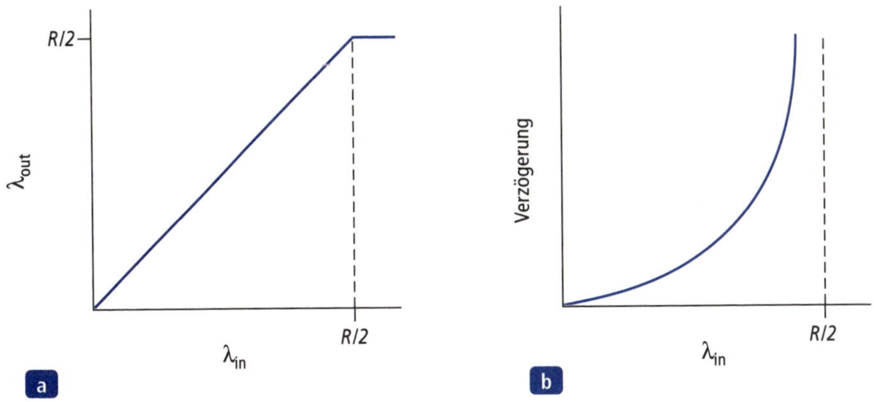

Abbildung 3.44: Überlastszenario 1: Durchsatz und Verzögerung als Funktion der Quelldatenrate

Ein Durchsatz pro Verbindung von $R/2$ scheint doch eigentlich eine gute Sache zu sein, weil die gesamte Verbindung genutzt wird, um Pakete an ihre Zielorte zu liefern. Der rechte Graph in Abbildung 3.44 zeigt jedoch die Folgen, wenn mit nahezu voll ausgelasteter Verbindungskapazität gearbeitet wird. Sobald sich die Senderate $R/2$ (von links) annähert, wird die durchschnittliche Verzögerung immer größer. Übersteigt die Senderate $R/2$, ist die durchschnittliche Zahl der Pakete in der Warteschlange des Routers unbegrenzt und die durchschnittliche Verzögerung zwischen Quelle und Ziel wird unendlich (unter der Voraussetzung, dass die Verbindungen über einen unendlichen Zeitraum mit dieser Senderate arbeiten und dass unendlich große Puffer verfügbar sind). Während also ein Gesamtdurchsatz von beinahe R vom Standpunkt des Durchsatzes durchaus ideal erscheinen mag, ist er vom Standpunkt der Verzögerung weit von einer Idealsituation entfernt. *Sogar in diesem (extrem) idealisierten Szenario haben wir schon einen Kostenfaktor eines überlasteten Netzwerkes gefunden: große Warteschlangenverzögerungen treten dort auf, wo sich die Paketempfangsrate der Verbindungskapazität annähert.*

Szenario 2: zwei Quellen und ein Router mit beschränktem Puffer

Lassen Sie uns jetzt Szenario 1 in zwei Aspekten etwas verändern Abbildung 3.45. Zunächst werden wir von einem begrenzten Routerpuffer ausgehen. Eine Folge dieser Annahme aus der realen Welt besteht darin, dass Pakete verworfen werden, wenn sie an einem bereits vollen Puffer ankommen. Zusätzlich nehmen wir nun auch an, dass jede Verbindung zuverlässig sein soll. Wird ein Paket, das ein Transportschichtsegment enthält, vom Router verworfen, überträgt es der Sender schließlich erneut. Weil Pakete nochmals übertragen werden können, müssen wir jetzt mit unserer Verwendung des Begriffs Senderate vorsichtiger sein. Insbesondere werden wir wieder die Rate, mit der die Anwendung ursprünglich Daten in den Socket sendet, als λ_{in} Byte/Sekunde bezeichnen. Die Rate, mit der die Transportschicht Segmente ins Netz sendet (die Originaldaten und erneut übertragene Daten), beträgt λ'_{in} Byte/Sekunde. Sie wird bisweilen als die **angebotene Last** *(offered load)* bezeichnet.

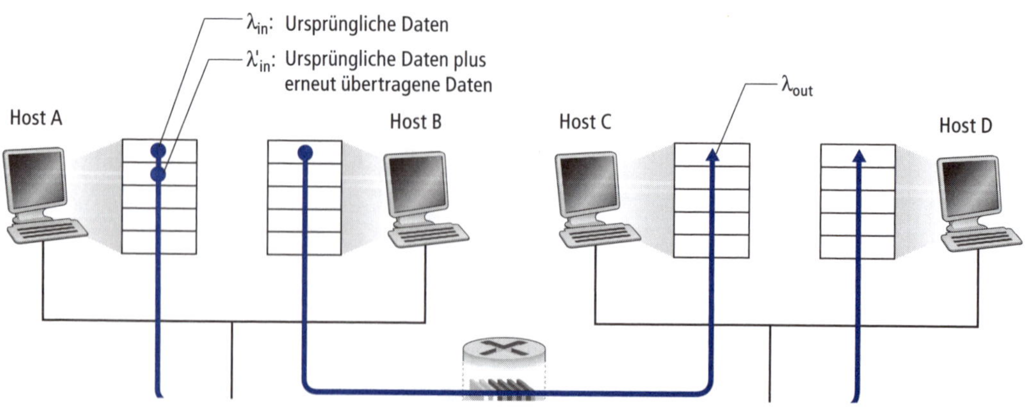

Abbildung 3.45: Überlastszenario 2: Zwei Verbindungen mit Übertragungswiederholungen teilen sich einen Router mit endlichem Puffer

Die in Szenario 2 erreichte Leistung hängt deutlich davon ab, wie die Übertragungswiederholung durchgeführt wird. Betrachten Sie zuerst den unrealistischen Fall, dass Host A auf irgendeine (magische) Weise bestimmen kann, ob ein Puffer im Router frei ist und nur dann Pakete sendet. In diesem Fall würde kein Verlust auftreten, λ_{in} wäre gleich λ'_{in} und der Durchsatz der Verbindung wäre gleich λ_{in}. Dieser Fall wird in ▶ Abbildung 3.46 (a) dargestellt. Vom Standpunkt des Durchsatzes ist die Leistung ideal – alles, was verschickt wird, wird auch empfangen. Beachten Sie, dass die Senderate des durchschnittlichen Hosts in diesem Szenario $R/2$ nicht übersteigen kann, da wir voraussetzen, dass Paketverlust nie stattfindet.

Beachten Sie danach den etwas realistischeren Fall, in dem der Sender nur dann die Übertragung wiederholt, wenn er sicher weiß, dass ein Paket verloren gegangen ist. (Auch diese Annahme überspannt etwas die Realität. Jedoch wäre es möglich, dass der sendende Host seinen Timeout so groß setzt, dass ein nicht bestätigtes Paket praktisch als verloren gegangen betrachtet werden kann.) In diesem Fall könnte sich die Leistung etwa entsprechend Abbildung 3.46 (b) verhalten. Um zu erkennen, was hier geschieht, betrachten Sie den Fall, dass die angebotene Last λ'_{in} (die Rate der ursprünglichen Datenübertragung plus der erneuten Übertragungen) gleich $R/2$ ist. Gemäß Abbildung 3.46 (b) ist bei dieser angebotenen Last die Rate, mit der die Daten an die empfangende Anwendung übermittelt werden, $R/3$. Daher enthalten die 0,5 R gesendete Daten 0,333 $\cdot$ R Byte/Sekunde (im Durchschnitt) an Originaldaten und 0,166 $\cdot$ R Byte/Sekunde (im Durchschnitt) an wiederholt übertragenen Daten. *Wir sehen hier einen anderen Kostenfaktor eines überlasteten Netzwerkes – der Absender muss Übertragungen wiederholen, um wegen Pufferüberläufen verworfene (und somit verloren gegangene) Pakete zu kompensieren.*

Betrachten wir abschließend den Fall, dass beim Sender vorzeitig Timer auslaufen und so Übertragungswiederholungen für Pakete auftreten können, die zwar in der Warteschlange verzögert wurden, aber nicht wirklich verloren gegangen sind. In diesem Fall können sowohl das Originaldatenpaket als auch die Übertragungswiederholung den Empfänger erreichen. Natürlich braucht der Empfänger nur eine Kopie dieses Paketes und verwirft die Übertragungswiederholung. In diesem Fall war die vom Router geleistete Arbeit beim Weiterleiten der erneut übertragenen Kopie des Originalpaketes ver-

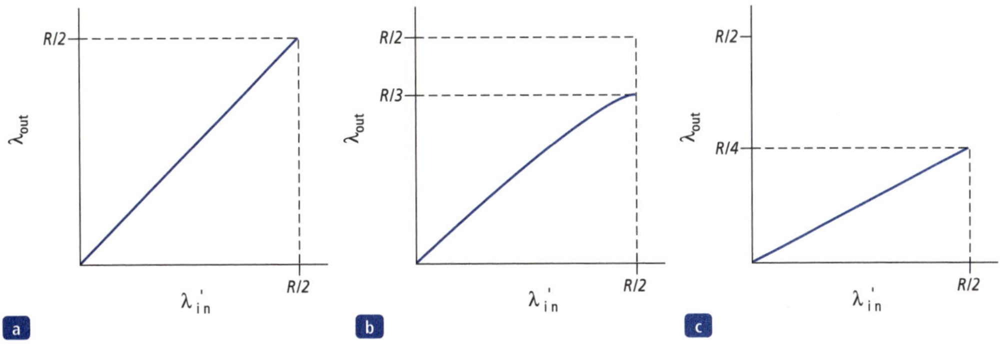

Abbildung 3.46: Szenario 2: Leistung bei endlichen Puffern

geudet, weil der Empfänger das Original dieses Paketes schon erhalten hatte. Der Router hätte die Übertragungskapazität der Verbindung besser verwendet, um stattdessen ein anderes Paket weiterzuleiten. *Hier zeigt sich noch ein weiterer Kostenfaktor eines überlasteten Netzwerkes – unnötige Übertragungswiederholungen durch den Absender bei großen Verzögerungen bewirken, dass ein Router seine Verbindungsbandbreite zum Weiterleiten unnötiger Kopien eines Paketes verwendet.* Abbildung 3.46 (c) zeigt den Durchsatz in Abhängigkeit von der angebotenen Last, wenn von jedem Paket angenommen wird, dass es (im Durchschnitt) zweimal vom Router weitergeleitet wird. Dann hat der Durchsatz einen asymptotischen Wert von $R/4$, während die angebotene Last gegen $R/2$ geht.

Szenario 3: vier Quellen, Router mit begrenzten Puffern und Multihop-Pfade

In unserem abschließenden Stauszenario übertragen vier Hosts Pakete, jeder über überlappende, zwei Router durchquerende Pfade, wie in ▶Abbildung 3.47 dargestellt. Wir nehmen wieder an, dass jeder Host einen Timeout-/Übertragungswiederholungsmechanismus verwendet, um einen zuverlässigen Datentransferdienst durchzuführen, dass alle Hosts denselben Wert für λ_{in} haben, und dass alle Leitungen die Kapazität R Byte/Sekunde haben.

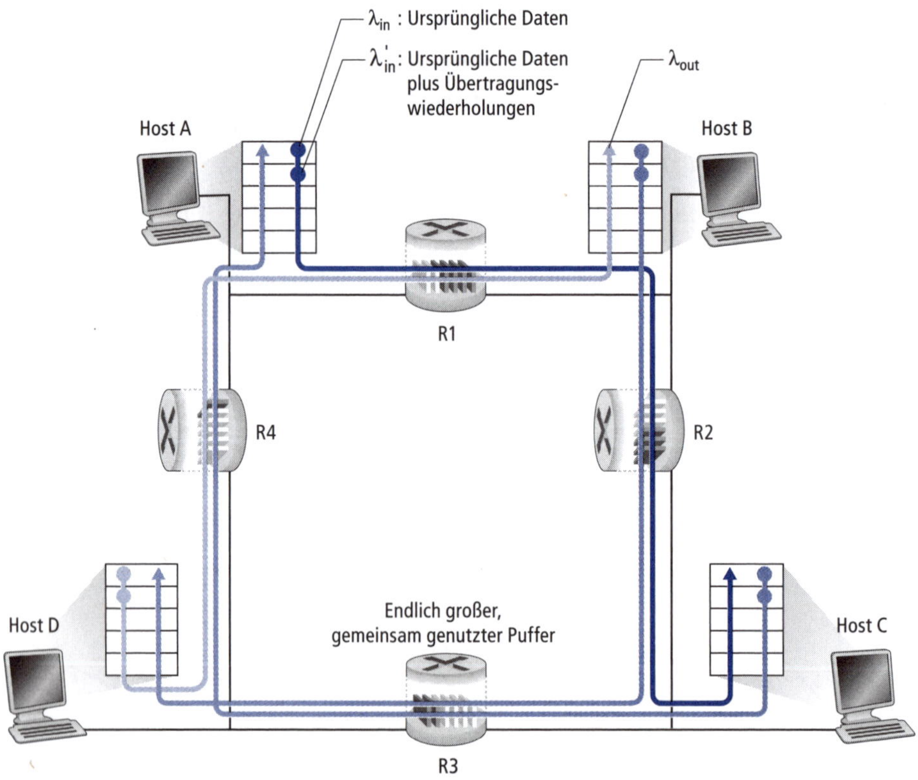

Abbildung 3.47: Vier Sender, Router mit endlichen Puffern und Multihop-Pfade

Betrachten Sie die Verbindung von Host A zu Host C, welche die Router R1 und R2 passiert. Die Verbindung A-C teilt sich Router R1 mit der Verbindung D-B und Router R2 mit der Verbindung B-D. Für äußerst kleine Werte λ_{in} sind Pufferüberläufe selten (wie in den Überlastszenarien 1 und 2) und der Durchsatz ist gleich der angebotenen Last. Für geringfügig größere Werte von λ_{in} ist der zugehörige Durchsatz ebenfalls größer, da weitere Originaldaten ins Netz gesendet und zum Zielort geliefert werden, während Pufferüberläufe immer noch selten sind. Daher führt bei kleinen Werten von λ_{in} eine Zunahme von λ_{in} zu einer Zunahme von λ_{out}.

Nachdem wir den Fall äußerst geringen Verkehrsaufkommens betrachtet haben, lassen Sie uns als Nächstes den Fall untersuchen, in dem λ_{in} (und daher λ'_{in}) extrem groß werden. Betrachten Sie Router R2. Der Verkehr von A nach C, der bei Router R2 ankommt (nachdem er von R1 weitergeleitet wurde), kann bei R2 eine Ankunftsrate von höchstens R haben, also der Kapazität der Leitung von R1 nach R2, ganz egal, welchen Wert λ_{in} hat. Wenn λ'_{in} für alle Verbindungen (einschließlich B-D) extrem groß ist, kann die Ankunftsrate des Verkehrs von B an D bei R2 viel größer sein als diejenige des Verkehrs von A zu C. Weil beide am Router R2 um den beschränkten Pufferplatz konkurrieren, verringert sich der A-C-Verkehr, der erfolgreich durch R2 geht (also nicht durch Pufferüberlauf verloren geht) in dem Maße, in dem die angebotene Last von B-D immer größer wird. Schließlich, wenn die angebotene Last gegen unendlich geht, wird ein leerer Puffer an R2 sofort von einem B-D-Paket gefüllt und der Durchsatz der Verbindung A-C an R2 *geht gegen null.* Dies wiederum *impliziert, dass der Ende-zu-Ende Durchsatz von A-C für den Fall intensiven Verkehrs gegen null geht.* Diese Überlegungen führen zum in ▶Abbildung 3.48 gezeigten Zusammenhang zwischen angebotener Last und erreichtem Durchsatz.

Der Grund für das Absinken des Durchsatzes bei zu sehr wachsender angebotener Last ist offensichtlich, wenn man das Maß an verschwendeter Arbeit betrachtet, die das Netz durchführen muss. Im Fall eines hohen Verkehrsaufkommens, wie er oben umrissen wurde, ist die vom ersten Router auf dem Weg geleistete Arbeit beim Weiterleiten des Paketes an den zweiten Router jedes Mal vergeudet, wenn das weitergeleitete Paket auf seinem weiteren Weg verworfen wird. Für das Netzwerk wäre es

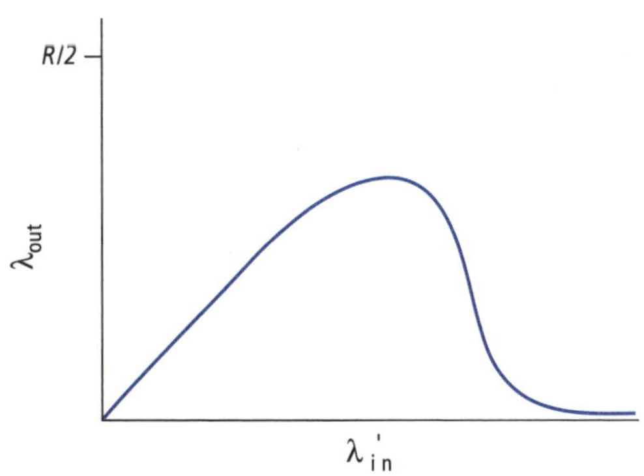

Abbildung 3.48: Szenario 3: Leistung bei endlichen Puffern und Multihop-Pfaden

genauso gut (oder genauer gesagt genauso schlecht) gewesen, wenn der erste Router das Paket einfach verworfen und gar nichts getan hätte. Genauer gesagt wäre die Übertragungskapazität, die der erste Router dafür verwendet, das Paket an den zweiten Router weiterzuleiten, viel profitabler genutzt worden, ein anderes Paket zu übertragen. (Beispielsweise könnte es eine geschickte Idee sein, bei der Auswahl des zu sendenden Paketes diejenigen zu bevorzugen, die bereits eine Reihe von Routern durchquert haben.) *Wieder erkennen wir einen Kostenfaktor beim Verwerfen eines Paketes aufgrund von Überlast: Wenn ein Paket unterwegs verworfen wird, dann ist die Übertragungskapazität verschwendet, die auf jeder der früheren Leitungen benötigt wurde, um es bis zu dem Punkt zu bringen, an dem es verworfen wird.*

3.6.2 Ansätze zur Überlastkontrolle

In Abschnitt 3.7 werden wir detailliert den spezifischen Ansatz von TCP zur Überlastkontrolle untersuchen. Hier besprechen wir die beiden in der Praxis genutzten generellen Ansätze und diskutieren spezifische Netzwerkarchitekturen und Überlastkontrollprotokolle, die diesen Ansätzen Leben einhauchen.

Im Wesentlichen können wir Überlastkontrollansätze dahingehend unterscheiden, ob die Netzwerkschicht der Transportschicht irgendwelche explizite Hilfe bietet:

- *Ende-zu-Ende-Überlastkontrolle.* In einem Ende-zu-Ende-Ansatz zur Überlastkontrolle stellt die Netzwerkschicht der Transportschicht *keine explizite* Hilfe für Überlastkontrollzwecke zur Verfügung. Sogar die Existenz von Überlast im Netz muss von den Endsystemen allein auf Basis von Beobachtungen des Netzwerkverhaltens erkannt werden (zum Beispiel Paketverluste und Verzögerung). Wir werden in Abschnitt 3.7 sehen, das TCP notwendigerweise diesen Ende-zu-Ende-Ansatz für die Überlastkontrolle verwenden muss, da die IP-Schicht den Endsystemen bezüglich Netzüberlast keinerlei Rückmeldung liefert. TCP-Segmentverlust (der durch einen Timeout oder drei doppelte Bestätigungen erkannt wird) wird als Hinweis auf Überlast betrachtet und TCP verringert in der Folge seine Fenstergröße. Wir werden außerdem auch einen neueren Vorschlag zur TCP-Überlastkontrolle kennenlernen, der steigende Rundlaufzeiten als Zeichen einer gestiegenen Netzüberlast verwendet.
- *Netzwerkunterstützte Überlastkontrolle.* Bei der netzwerkunterstützten Überlastkontrolle liefern Netzwerkschichtkomponenten (das heißt Router) dem Sender explizite Rückmeldungen bezüglich des Lastzustandes im Netz. Diese Rückmeldung kann ganz einfach sein, etwa ein einzelnes Bit, das Überlast auf einer Verbindung anzeigt. Dieser Ansatz wurde in der frühen IBM SNA- [Schwartz 1982] und in der DEC DECnet-Architektur [Jain 1989; Ramakrishnan 1990] verwendet. Er wurde vor kurzem auch für TCP/IP-Netzwerke vorgeschlagen [Floyd TCP 1994; RFC 3168] und wird zudem bei ATMs Available-Bit-Rate-Überlastkontrolle verwendet, wie wir unten noch sehen werden. Weitere, komplexere Rückmeldungen aus dem Inneren des Netzwerkes sind ebenfalls möglich. Zum Beispiel ermöglicht es eine Form

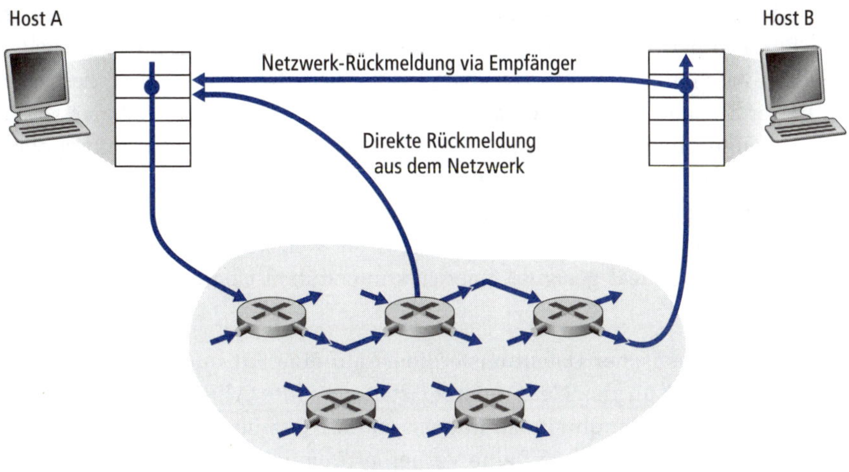

Abbildung 3.49: Zwei Pfade für die Rückmeldung, wenn das Netzwerk selbst die Überlast feststellt

der ATM-ABR-Überlastkontrolle, die wir in Kürze kennenlernen werden, einem Router, explizit den Sender über die Übertragungsgeschwindigkeit zu informieren, die er (der Router) auf einer ausgehenden Leitung bereitstellen kann. Das XCP-Protokoll [Katabi 2002] liefert jeder Quelle vom Router berechnete Rückmeldungen, die in den Paket-Header geschrieben werden. Aus ihnen lässt sich entnehmen, wie diese Quelle die Übertragungsrate erhöhen kann oder verringern sollte.

Bei der netzwerkunterstützten Überlastkontrolle wird die Überlastinformation normalerweise auf eine von zwei Arten vom Netz an den Sender zurückübertragen, wie ▶Abbildung 3.49 zeigt. Eine direkte Rückmeldung kann von einem Netzwerkrouter an einen Sender erfolgen. In diesem Fall wird die Benachrichtigung normalerweise in Form eines **Choke-Paketes** (*Drossel-Paket*) verschickt (im Grunde genommen besagt es „Ich bin überlastet!"). Bei der zweiten Form der Benachrichtigung markiert der Router ein Paket, das vom Sender zum Empfänger fließt, in einem speziellen Feld oder er aktualisiert einen Wert im Paket-Header, um die Überlast anzuzeigen. Beim Empfang eines derart markierten Paketes informiert der Empfänger den Sender über die Überlast. Beachten Sie, dass diese letztere Form der Benachrichtigung mindestens eine volle Rundlaufzeit in Anspruch nimmt.

3.6.3 Beispiel für netzwerkunterstützte Überlastkontrolle: ATM ABR

Wir beenden diesen Abschnitt mit einer kurzen Fallstudie über die Überlastkontrolle in ATM ABR – ein Protokoll, das einen netzwerkunterstützten Ansatz zur Überlastkontrolle benutzt. Wir betonen, dass unser Ziel hier *nicht* darin besteht, alle Aspekte der ATM-Architektur im Detail zu beschreiben, sondern vielmehr ein Protokoll zu erläutern, das einen deutlich anderen Ansatz zur Überlastkontrolle benutzt als TCP. In der Tat berühren wir nur jene wenigen Aspekte der ATM-Architektur, die wir für das Verständnis der ABR-Überlastkontrolle benötigen.

Im Wesentlichen beruht ATM auf dem Grundgedanken einer **virtuellen Leitung** (*virtual circuit, VC*). Erinnern Sie sich aus unserer Diskussion in Kapitel 1, dass dies bedeutet, dass jeder Switch auf dem Weg zwischen Quelle und Ziel den Zustand des VC speichert. Dieser Zustand für jeden VC ermöglicht es, dass ein Paket-Switch das Verhalten einzelner Sender im Auge behält (z.B. ihre durchschnittliche Übertragungsgeschwindigkeit) und so quellenspezifische Maßnahmen zur Überlastkontrolle ergreifen kann (wie dem Absender explizit zu signalisieren, sein Tempo zu reduzieren, wenn der Paket-Switch überlastet wird). Wegen dieses in Netzwerk-Switches vorhandenen Zustandes ist ATM ideal geeignet, netzwerkunterstützte Überlastkontrolle durchzuführen.

ABR wurde als elastischer Datentransferdienst auf eine Art und Weise gestaltet, die an TCP erinnert. Wenn das Netz unterbelastet ist, sollte ABR in der Lage sein, die zusätzlich verfügbare Bandbreite zu nutzen. Ist das Netz überlastet, sollte ABR seine Übertragungsgeschwindigkeit auf eine vorherbestimmte minimale Rate drosseln. Ein detailliertes Tutorial über ATM-ABR-Überlastkontrolle und -Verkehrsmanagement enthält [Jain 1996].

▶Abbildung 3.50 veranschaulicht den Rahmen der ATM-ABR-Überlastkontrolle. Für unsere Diskussion übernehmen wir die ATM-Terminologie (und benutzen z.B. den Begriff *Switch* anstelle von *Router* und den Ausdruck *Zelle* anstelle von *Paket*). Mit dem ATM-ABR-Dienst werden Datenzellen von der Quelle zum Ziel durch eine Reihe von dazwischenliegenden Switches gesendet. Mit den Datenzellen vermischt sind **Ressourcenverwaltungszellen** (**RM-Zellen**, *resource-management cells*); mithilfe dieser RM-Zellen lassen sich Informationen über Überlast zwischen den Hosts und Switches austauschen. Erreicht eine RM-Zelle ihren Zielort, wird sie zum Absender zurückgeschickt (nachdem das Ziel den Inhalt der RM-Zelle möglicherweise modifiziert hat). Es ist einem Switch auch möglich, eine RM-Zelle selbst zu erzeugen und direkt an eine Quelle zu schicken. RM-Zellen können daher dazu benutzt werden, um sowohl direkte Netzwerkrückmeldung zu geben als auch Rückmeldungen über den Empfänger weiterzuleiten, wie in ▶Abbildung 3.50 gezeigt.

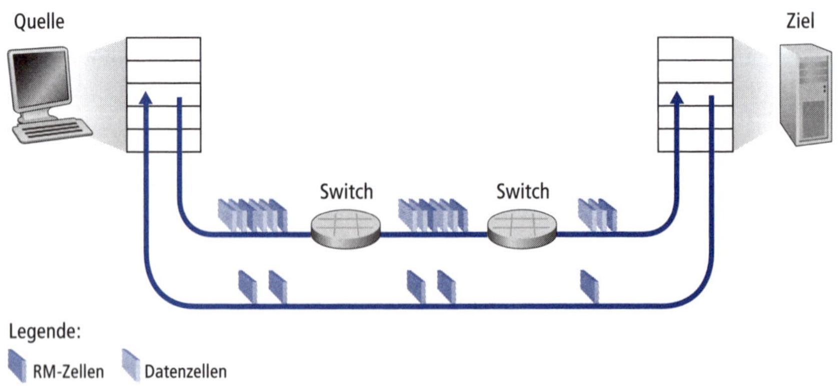

Abbildung 3.50: Überlastkontrolle für ATM-ABR-Dienste

ATM-ABR-Überlastkontrolle ist ein ratenbasierter Ansatz. Das heißt, der Absender berechnet eine maximale Rate, mit der er senden darf, und regelt sich entsprechend der Ergebnisse selbst. ABR unterstützt drei Mechanismen, um Überlastinformation von den Switches zu den Empfängern zu übermitteln:

- *EFCI-Bit.* Jede *Datenzelle* enthält ein Bit für das **explicit forward congestion indication** (**EFCI**, *explizite vorwärtsgerichtete Überlastwarnung*). Ein überlasteter Switch kann das EFCI-Bit in einer Datenzelle auf eins setzen, um dem Zielhost Überlast zu signalisieren. Das Ziel muss das EFCI-Bit in allen erhaltenen Datenzellen überprüfen. Kommt eine RM-Zelle am Zielort an und in der zuletzt erhaltenen Datenzelle war das EFCI-Bit auf eins gesetzt, dann setzt das Ziel das Überlasthinweis-Bit (das CI-Bit) der RM-Zelle auf eins und schickt dem Absender die RM-Zelle zurück. Mithilfe des EFCI-Bit bei Datenzellen und des CI-Bit in RM-Zellen kann ein Absender so von der Überlastung eines Netzwerk-Switches in Kenntnis gesetzt werden.
- *CI- und NI-Bits.* Wie oben erwähnt, sind die Sender-zu-Empfänger-RM-Zellen zwischen die Datenzellen eingestreut. Die Rate, mit der diese Zellen auftauchen, ist ein einstellbarer Parameter, der als Standardwert eine RM-Zelle pro 32 Datenzellen vorgibt. Diese RM-Zellen enthalten ein **Congestion-Indication-Bit** (**CI**, *Hinweis auf Überlast*) und ein **No-Increase-Bit** (**NI**, *keine Steigerung*), die von einem überlasteten Switch gesetzt werden können. Insbesondere kann ein Switch bei geringer Überlast das NI-Bit einer vorbeikommenden RM-Zelle auf eins setzen, während er bei schwerer Überlast das CI-Bit auf eins setzt. Erhält ein Zielhost eine RM-Zelle, schickt er dem Sender die RM-Zelle mit den unveränderten CI- und NI-Bits zurück (außer, wenn CI als Folge des oben beschriebenen EFCI-Mechanismus vom Ziel auf eins gesetzt wird).
- *Vorgeben expliziter Raten.* Jede RM-Zelle enthält ein 2 Byte großes **Explicit-Rate-Feld** (**ER**, *explizite Rate*). Ein überlasteter Switch kann den im ER-Feld enthaltenen Wert einer vorbeikommenden RM-Zelle senken. Auf diese Weise wird das ER-Feld insgesamt auf die minimale Rate gesetzt, die von allen Switches auf dem Weg zwischen Quelle und Ziel noch unterstützt wird.

Eine ATM-ABR-Quelle stellt die Rate, mit der sie senden kann, als Funktion der Werte in den CI-, NI- und ER-Werten in den zurückgeschickten RM-Zellen ein. Die Regeln für die Durchführung dieser Ratenanpassung sind ziemlich kompliziert und ein bisschen ermüdend. Wir verweisen den interessierten Leser auf [Jain 1996] für Details.

3.7 TCP-Überlastkontrolle

In diesem Abschnitt kehren wir zu unserer Betrachtung von TCP zurück. Wie wir in Abschnitt 3.5 gelernt haben, realisiert TCP einen zuverlässigen Transportdienst zwischen zwei Prozessen, die auf verschiedenen Hosts laufen. Ein anderer wesentlicher Bestandteil von TCP ist sein Überlastkontrollmechanismus. Wie im vorherigen

Abschnitt gezeigt, muss TCP Ende-zu-Ende-Überlastkontrolle anstatt netzwerkunterstützter Überlastkontrolle verwenden, da die IP-Schicht den Endsystemen hinsichtlich der aktuellen Netzlast keine explizite Rückmeldung liefert.

Der von TCP verwendete Ansatz besteht darin, dass jeder Sender die Rate, mit der er Verkehr in seine Verbindung überträgt, als Funktion der wahrgenommenen Überlast im Netz selbst einstellt. Erkennt ein TCP-Sender nur geringe Last auf dem Weg zwischen sich und dem Zielort, dann steigert er sein Sendetempo; nimmt der Sender allerdings Überlast wahr, dann reduziert er sein Sendetempo. Dies wirft drei Fragen auf. Zunächst einmal, wie begrenzt ein TCP-Sender die Rate, mit der er Daten über seine Verbindung sendet? Zweitens, wie erkennt ein TCP-Sender, dass es Überlast auf dem Pfad zwischen sich und dem Zielort gibt? Drittens, welchen Algorithmus sollte der Absender verwenden, um sein Sendetempo als Funktion der erkannten Überlast zwischen den Endpunkten zu ändern? Wir diskutieren diese drei Themen im Kontext des TCP-Reno-Überlastkontrollalgorithmus, der von den meisten modernen Betriebssystemen verwendet wird [Padhye 2001]. Um die Diskussion konkret zu halten, nehmen wir an, dass der TCP-Sender eine große Datei überträgt.

Schauen wir zunächst, wie ein TCP-Sender die Rate begrenzt, mit der er Verkehr in seine Verbindung einbringt. In Abschnitt 3.5 haben wir gesehen, dass jede Seite einer TCP-Verbindung aus einem Eingangspuffer, einem Sendepuffer und mehreren Variablen (LastByteRead, RcvWindow usw.) besteht. Der TCP-Überlastkontrollmechanismus sorgt dafür, dass jede Seite der Verbindung eine zusätzliche Variable verwaltet, das **Congestion Window** *(Überlastfenster)*. Das Congestion Window, kurz *CongWin*, beschränkt die Rate, mit der ein TCP-Sender Verkehr ins Netz senden kann. Konkret darf die Menge an unbestätigten Daten eines Senders nicht das Minimum von *CongWin* und *RcvWindow* übersteigen, d.h.:

$$\text{LastByteSent} - \text{LastByteAcked} \leq \min\{\mathit{CongWin}, \mathit{RcvWindow}\}$$

Um uns auf die Überlastkontrolle (im Gegensatz zur Flusskontrolle) zu konzentrieren, gehen wir von nun an davon aus, dass der TCP-Eingangspuffer so groß ist, dass die Einschränkung durch das Empfangsfenster ignoriert werden kann; dadurch wird die Menge an unbestätigten Daten beim Sender alleine von *CongWin* begrenzt.

Die obige Einschränkung begrenzt die unbestätigten Daten des Senders und damit auch indirekt die Senderate des Absenders. Um das zu verstehen, stellen Sie sich eine Verbindung vor, bei der Verlust und Paketübertragungsverzögerungen vernachlässigbar sind. Grob geschätzt erlaubt die Beschränkung dem Sender am Anfang jeder *RTT*, *CongWin* Datenbytes in die Verbindung zu senden; am Ende der *RTT* erhält der Sender Acknowledgments für die Daten. *Daher ist die Senderate des Absenders grob CongWin/RTT Byte/Sekunde. Durch Einstellen des Wertes von CongWin kann der Absender deshalb die Rate einstellen, mit der er Daten über seine Verbindung sendet.*

Lassen Sie uns als Nächstes darüber nachdenken, wie ein TCP-Sender erkennt, dass es Überlast auf dem Pfad zwischen sich und dem Zielort gibt. Lassen Sie uns ein „Verlustereignis“ an einem TCP-Sender definieren, das entweder aus dem Auftreten eines Timeouts oder dem Erhalt von drei doppelten ACKs vom Empfänger besteht. (Erinnern Sie sich an unsere Diskussion in Abschnitt 3.5.4 des Timeout-Ereignisses in ▶Abbildung 3.33 und die anschließende Änderung, um schnelle Übertragungswiederholung beim Empfang von drei doppelten ACKs zu ermöglichen.) Gibt es exzessive Überlast, dann laufen ein (oder mehrere) Routerpuffer entlang des Pfads über, wodurch ein Datagramm (das ein TCP-Segment enthält) verworfen wird. Dieses verlorene Datagramm führt wiederum zu einem Verlustereignis beim Sender – entweder über einen Timeout oder den Erhalt von drei doppelten ACKs – was vom Absender als Hinweis auf Überlast auf dem Pfad zwischen Sender und Empfänger gewertet wird.

Nachdem wir überlegt haben, wie Überlast wahrgenommen wird, lassen Sie uns nun den optimistischeren Fall betrachten, in dem das Netz frei von Überlast ist, d.h., wenn kein Verlustereignis auftritt. In diesem Fall werden Acknowledgments für zuvor unbestätigte Segmente am TCP-Sender empfangen. Wie wir sehen werden, wertet TCP das Eintreffen dieser Bestätigungen als Hinweis, dass alles gut geht – dass Segmente, die ins Netz gesendet werden, erfolgreich am Ziel abgeliefert werden – und vergrößert auf diese Bestätigungen hin sein Congestion Window (und damit seine Übertragungsgeschwindigkeit). Beachten Sie, dass ziemlich langsam eintreffende Bestätigungen (z.B. wenn der Ende-zu-Ende-Pfad eine hohe Verzögerung aufweist oder eine Verbindung mit niedriger Bandbreite benutzt), dazu führen, dass das Congestion Window nur langsam wächst. Wenn andererseits Acknowledgments mit hoher Rate ankommen, dann wird das Congestion Window schneller vergrößert. Weil TCP Acknowledgments quasi als Taktgeber verwendet, um die Vergrößerung seines Congestion Windows zu steuern, wird TCP als **selbsttaktend** *(self-clocking)* bezeichnet.

Wir sind jetzt in der Lage, die Details jenes Algorithmus zu erörtern, den TCP-Sender zur Regulierung ihrer Senderate als Funktion der wahrgenommenen Überlast verwenden. Dieser Algorithmus ist der berühmte **TCP-Überlastkontroll-Algorithmus**. Der Algorithmus hat drei Hauptbestandteile: (1) Additive-Increase, Multiplicative-Decrease, (2) Slow Start und (3) Reaktion auf Timeout-Ereignisse.

Additive-Increase, Multiplicative-Decrease

Der Grundgedanke hinter der TCP-Überlastkontrolle ist, den Sender seine Senderate senken zu lassen, wenn ein Verlustereignis stattfindet (durch Verringerung der Größe seines Congestion Windows, *CongWin*). Da andere TCP-Verbindungen, die durch dieselben überfüllten Router gehen, wahrscheinlich ebenfalls Verlustereignisse erfahren, ist es wahrscheinlich, dass sie ebenfalls ihre Senderate verringern, indem sie ihre eigenen Werte von *CongWin* reduzieren. Insgesamt bedeutet dies, dass Quellen, deren Pfade durch überlastete Router gehen, alle die Geschwindigkeit, mit der sie Verkehr ins Netz senden, reduzieren, wodurch die überfüllten Router entlastet werden. Aber wie sehr sollte ein TCP-Sender sein Congestion Window verkleinern, wenn ein Verlustereignis auftritt? TCP verwendet den Ansatz des sogenannten „Multiplicative Decrease“ *(multiplikative Verkleinerung)*, durch den es den aktuellen Wert von *CongWin* nach einem Verlustereignis halbiert. Beträgt der Wert von *CongWin* eines TCP-Senders gegenwärtig 20 Kbyte und wird ein Verlust wahrgenommen, wird *CongWin* daher auf 10 Kbyte halbiert. Tritt ein weiteres Verlustereignis ein, wird *CongWin* weiter auf 5 Kbyte reduziert. Möglicherweise fällt der Wert von *CongWin* weiter, allerdings darf er nicht unterhalb 1 *MSS* fallen. (Dies war die grobe Beschreibung, wie sich das Congestion Window nach einem Verlustereignis ändert. Wie wir bald sehen werden, sind die Dinge tatsächlich noch ein bisschen komplizierter.)

Nachdem wir beschrieben haben, wie ein TCP-Sender seine Senderate angesichts einer wahrgenommenen Überlast vermindert, ist es nur natürlich, nun darüber nachzudenken, wie TCP seine Senderate steigern sollte, wenn es keinen Stau erkennt, wenn also ACKs für frühere, noch zu bestätigende Daten eintreffen. Der Gedanke hinter einer Tempoerhöhung ist, dass es wahrscheinlich verfügbare (ungenutzte) Bandbreite gibt, wenn keine Überlast erkennbar ist, die von der TCP-Verbindung ebenfalls verwendet werden könnte. Unter diesen Umständen erhöht TCP allmählich sein Congestion Window und sucht auf dem Ende-zu-Ende-Pfad vorsichtig nach zusätzlich verfügbarer Bandbreite. Dies erfolgt seitens des TCP-Senders, indem er jedes Mal, wenn er eine Bestätigung erhält, den Wert von *CongWin* geringfügig erhöht, mit dem Ziel, *CongWin* um 1 *MSS* je *RTT* zu steigern [RFC 2581]. Es gibt mehrere Wege, das zu bewerkstelligen. In einem häufig benutzten Ansatz erhöht der TCP-Sender sein *CongWin* um *MSS*·(*MSS*/*CongWin*) Byte, sobald eine neue Bestätigung ankommt. Beträgt z.B. *MSS* 1.460 Byte und *CongWin* 14.600 Byte, dann werden zehn Segmente innerhalb einer *RTT* gesandt. Jedes ankommende ACK (wobei wir ein ACK pro Segment annehmen) steigert die Größe des Congestion Windows um 1/10 *MSS*. Dadurch wird nach Empfang der Bestätigungen aller zehn Segmente der Wert des Congestion Windows wie gewünscht um *MSS* zugenommen haben.

Zusammenfassend steigert ein TCP-Sender sein Tempo additiv, wenn er erkennt, dass der Ende-zu-Ende-Pfad frei von Überlast ist, aber er verringert sein Tempo multiplikativ, wenn er (über ein Verlustereignis) wahrnimmt, dass der Pfad überlastet ist. Deshalb wird die TCP-Überlastkontrolle oft als **Additive-Increase, Multiplicative-Decrease-Algorithmus** (**AIMD**) bezeichnet. Die Phase der linearen Zunahme des TCP-Überlastkontrollprotokolls ist als **Congestion Avoidance** *(Überlastvermeidung)* bekannt. Der Wert von *CongWin* durchläuft immer wieder Zyklen, in denen er linear zunimmt, um dann plötzlich auf die Hälfte seines aktuellen Werts zu fallen (wenn ein Verlustereignis stattfindet). Dies führt in langlebigen TCP-Verbindungen zu einem Sägezahnmuster wie in ▶Abbildung 3.51 gezeigt.

Slow Start

Zu Beginn einer TCP-Verbindung wird der Wert von *CongWin* normalerweise mit 1 *MSS* initialisiert [RFC 3390], was zu einer anfänglichen Senderate von grob *MSS*/*RTT* führt. Sind zum Beispiel *MSS* = 500 Byte und *RTT* = 200 ms, dann beträgt die resultierende anfängliche Senderate nur etwa 20 Kbps. Weil die zur Verfügung stehende Bandbreite der Verbindung viel größer als *MSS*/*RTT* ist, wäre es eine Schande, die Senderate nur linear ansteigen zu lassen und unmäßig lange zu warten, bis die Senderate ein akzeptables Maß erreicht hat. Anstatt also die Rate während dieser Anfangsphase linear zu steigern, erhöht ein TCP-Sender sein Tempo exponentiell, indem er den Wert von

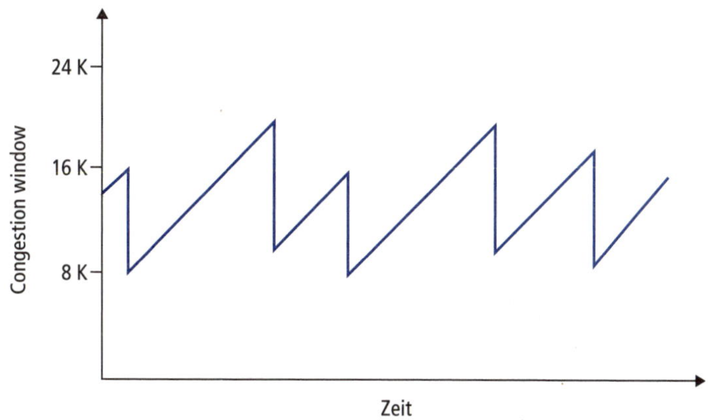

Abbildung 3.51: Überlastkontrolle mit Additive-Increase, Multiplicative-Decrease

CongWin während jeder *RTT* verdoppelt. Der TCP-Sender fährt mit dem exponentiellen Steigern der Senderate fort, bis ein Verlustereignis eintritt, wonach *CongWin* halbiert wird und von nun an, wie oben beschrieben, linear wächst. Während dieser Anfangsphase, die als **Slow Start** (**SS**, *langsamer Anfang*) bezeichnet wird, beginnt der TCP-Sender mit einer langsamen Übertragung (daher der Ausdruck Slow Start), steigert aber sein Sendetempo exponentiell. Der Sender sorgt jedes Mal, wenn ein gesendetes Segment bestätigt wird, für exponentielles Wachstum des Congestion Window, indem er es um eine *MSS* erhöht. Wie in ▶Abbildung 3.52 gezeigt wird, sendet TCP das erste Segment ins Netz und wartet auf eine Bestätigung. Wenn das Segment vor einem Verlustereignis bestätigt wird, steigert der TCP-Sender das Congestion Window um eine *MSS* und schickt zwei Segmente maximaler Größe ab. Werden diese Segmente wieder vor einem Verlustereignis bestätigt, steigert der Absender das Congestion Window um eine *MSS* für jedes der bestätigten Segmente, was zu einem Congestion Window von 4 *MSS* führt. Er schickt deshalb nun vier Segmente maximaler Größe ab. Dieses Verfahren geht so lange weiter, wie Bestätigungen eintreffen oder schließlich ein Verlustereignis stattfindet. Auf diese Art verdoppelt sich der Wert von *CongWin* in jeder *RTT* während der Slow-Start-Phase.

Reaktion auf Timeouts

Das Bild, das wir bisher von TCPs Congestion Window gemalt haben, ist das eines exponentiell schnellen Anwachsens (während des Slow Start), bis ein Verlustereignis eintritt, und dem darauf folgenden Sägezahnmuster des AIMD. Obwohl dieses Bild beinahe zutrifft, wären wir nachlässig, würden wir nicht erwähnen, dass die TCP-Überlastkontrolle in Wahrheit anders auf ein Verlustereignis reagiert, das mittels eines Timeout-Ereignisses wahrgenommen wird, als auf ein Verlustereignis, das durch den Erhalt von drei doppelten ACKs erkannt wird. Nach Letzteren verhält sich TCP wie gerade beschrieben: Das Congestion Window wird halbiert und wächst dann wieder linear. Aber nach einem Timeout beginnt ein TCP-Sender mit einer erneuten Slow-Start-Phase – das heißt, er setzt das Congestion Window auf 1 *MSS* zurück,

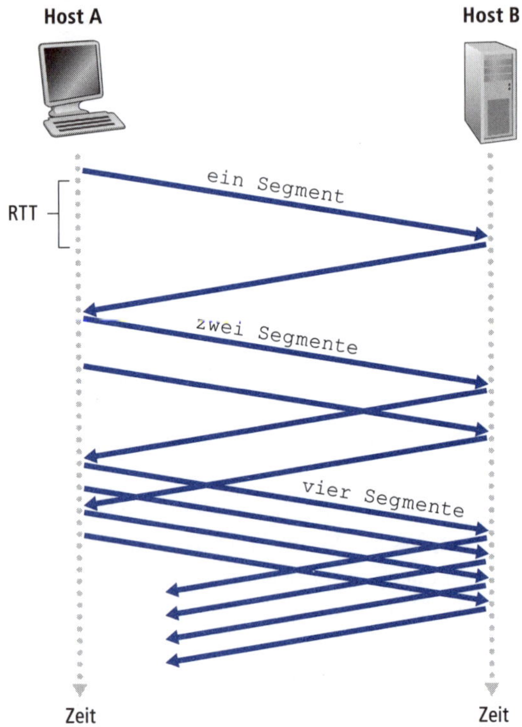

Abbildung 3.52: TCP Slow Start

danach wächst das Congestion Window exponentiell an. Das exponentielle Wachstum des Congestion Windows setzt sich fort, bis *CongWin* die Hälfte des Wertes erreicht, den es vor dem Timeout-Ereignis hatte. Ab diesem Zeitpunkt wächst *CongWin* linear weiter, genau wie im Fall der drei doppelten ACK.

TCP erreicht diese komplexere Dynamik, indem es eine weitere Variable namens **Threshold** *(Schwellwert)* speichert, welche die Fenstergröße bestimmt, bei der der Slow Start endet und die AIMD-basierte Congestion-Avoidance-Phase beginnt. Die Variable Threshold wird anfangs auf einen großen Wert gesetzt (in der Praxis 65 Kbyte [Stevens 1994]), so dass sie zu Beginn keine Auswirkungen hat. Jedes Mal, wenn ein Verlustereignis eintritt, wird der Wert von Threshold auf die Hälfte des aktuellen Wertes von *CongWin* gesetzt. Betrug die Größe des Congestion Window direkt vor einem Verlustereignis 20 Kbyte, dann wird der Wert von Threshold auf 10 Kbyte gesetzt und behält diesen Wert bis zum nächsten Verlustereignis.

Nachdem wir die Variable Threshold beschrieben haben, können wir jetzt genau angeben, wie *CongWin* sich nach einem Timeout-Ereignis verhält. Wie oben gezeigt, beginnt ein TCP-Sender nach einem Timeout-Ereignis mit der Slow-Start-Phase. Während dieser Zeit steigert er den Wert von *CongWin* exponentiell, bis er Threshold erreicht. Dann beginnt TCP mit der Congestion-Avoidance-Phase, in der *CongWin* wie zuvor beschrieben linear anwächst.

Zustand	Ereignis	Reaktion der TCP-Überlastkontrolle	Kommentar
Slow Start (SS)	ACK für zuvor unbestätigte Daten empfangen	*CongWin* = *CongWin* + *MSS*, Wenn (*CongWin* > Threshold), setze Zustand auf „Congestion Avoidance"	Führt zu einer Verdopplung von *CongWin* in jeder *RTT*.
Congestion Avoidance (CA)	ACK für zuvor unbestätigte Daten empfangen	*CongWin* = *CongWin* + *MSS*·(*MSS*/*CongWin*)	Additive Increase, resultiert in einer Zunahme von *CongWin* um 1 *MSS* jede *RTT*.
SS oder CA	Verlustereignis entdeckt durch drei doppelte ACKs	Threshold = *CongWin*/2, *CongWin* = Threshold, setze Zustand auf „Congestion Avoidance"	Fast Recovery, implementiert Multiplicative Decrease. *CongWin* kann nicht unter 1 *MSS* fallen.
SS oder CA	Timeout	Threshold = *CongWin* /2, *CongWin* = 1 *MSS*, setze Zustand auf „Slow Start"	Erneute Slow-Start-Phase
SS oder CA	Doppeltes ACK empfangen	Erhöhe den Zähler für doppelte ACKs für das bestätigte Segment	*CongWin* und Threshold werden nicht verändert.

Tabelle 3.3: TCP-Überlastkontrolle [RFC 2581], unter der Voraussetzung, dass der anfängliche Wert von *CongWin* gleich *MSS* ist, dass der Anfangswert von Threshold groß ist (z. B. 65 Kbyte [Stevens 1994]) und dass der TCP-Sender in der Slow-Start-Phase beginnt. Die dargestellten Zustandswerte sind die Zustände des TCP-Senders unmittelbar bevor die beschriebenen Ereignisse eintreten. Siehe [RFC 2581] für zusätzliche Details

Unsere Diskussion des TCP-Überlastkontrollalgorithmus ist in ▶ Tabelle 3.3 zusammengefasst. An dieser Stelle liegt die Frage auf der Hand, warum sich die TCP-Überlastkontrolle nach einem Timeout-Ereignis anders verhält als nach dem Erhalt dreier doppelter ACKs. Genau gefragt, warum benimmt sich ein TCP-Sender nach einem Timeout-Ereignis sehr vorsichtig und verringert sein Congestion Window auf 1 *MSS*, während er nach dem Erhalten dreier doppelter ACKs sein Congestion Window nur auf die Hälfte reduziert? Interessanterweise kappte eine frühe Version von TCP, bekannt als **TCP Tahoe**, ihr Congestion Window bedingungslos auf 1 *MSS* und begann nach jeder Art von Verlustereignis mit der Slow-Start-Phase. Die neuere Version von TCP, **TCP Reno**, vermeidet die Slow-Start-Phase nach drei doppelten ACKs. Die Motivation hinter dieser Änderung ist, dass trotz des Verlustes eines Paketes die Ankunft dreier doppelter ACKs anzeigt, dass einige Segmente (genauer drei zusätzliche Segmente nach dem verlorenen Segment) beim Absender angekommen sind. Daher zeigt sich das Netz, im Gegensatz zu dem Fall eines Timeouts, fähig, zumindest einige Segmente zuzustellen, selbst wenn andere wegen Überlast verloren gehen. Dieses Weglassen der Slow-Start-Phase nach dem dritten doppelten ACK wird **Fast Recovery** *(schnelle Erholung)* genannt.

▶ Abbildung 3.53 zeigt die Veränderung des Congestion Windows von TCP sowohl für TCP Reno als auch für TCP Tahoe. In dieser Abbildung ist Threshold anfangs

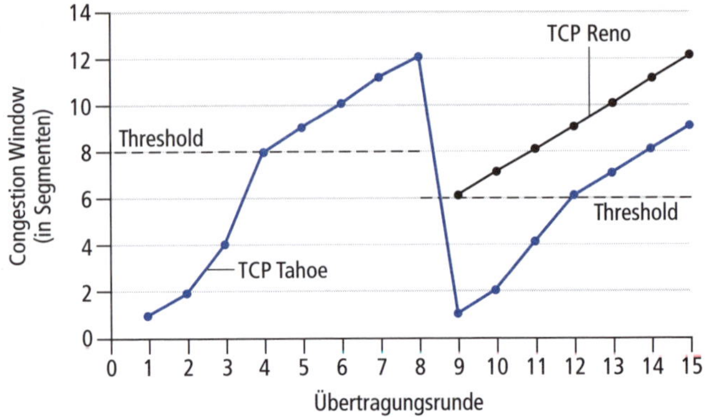

Abbildung 3.53: Entwicklung des Überlastkontrollfensters bei TCP (sowohl Tahoe als auch Reno)

gleich 8 *MSS*. Während der ersten acht Übertragungsrunden ergreifen Tahoe und Reno identische Maßnahmen. Das Congestion Window steigt während des Slow Start exponentiell an und erreicht den Wert von Threshold bei der vierten Übertragungsrunde. Das Congestion Window steigt danach linear, bis drei doppelte ACKs direkt nach der achten Übertragung auftreten. Beachten Sie, dass das Congestion Window beim Eintritt dieses Verlustereignisses gleich 12 *MSS* ist. Threshold wird dann auf 0,5 *CongWin* = 6 *MSS* gesetzt. Bei TCP Reno wird das Congestion Window auf *CongWin* = 6 *MSS* gesetzt und wächst dann linear. Unter TCP Tahoe wird das Congestion Window auf 1 *MSS* gesetzt und wächst exponentiell, bis Threshold erreicht ist. Dieser Überlastkontrollalgorithmus beruht auf der Arbeit von V. Jacobson [Jacobson 1988]; eine Reihe von Änderungen an Jacobsons ursprünglichem Algorithmus werden in [Stevens 1994] und in [RFC 2581] beschrieben. Wie oben erwähnt, verwenden die meisten TCP-Implementierungen heute den Reno-Algorithmus. Mittlerweile wurden viele Variationen des Reno-Algorithmus vorgeschlagen [RFC 3782; RFC 2018].

Der als TCP Vegas vorgeschlagene Algorithmus [Brakmo 1995; Ahn 1995] versucht Überlast zu vermeiden, während ein guter Durchsatz stets erhalten bleibt. Der Grundgedanke von Vegas ist (1) Überlast in den Routern zwischen Quelle und Ziel zu entdecken, schon bevor Paketverlust auftritt und (2) lineares Absenken der Rate, sobald dieser kurz bevorstehende Paketverlust erkannt wird. Der unmittelbar bevorstehende Paketverlust wird durch Beobachten der *RTT* vorhergesagt. Je länger die *RTT* der Pakete, desto größer die Überlast in den Routern.

Makroskopische Beschreibung des TCP-Durchsatzes

Angesichts des Sägezahnverhaltens von TCP liegt die Frage nach dem durchschnittlichen Durchsatz (also der durchschnittlichen Senderate) einer langlebigen TCP-Verbindung auf der Hand. In dieser Analyse ignorieren wir die Slow-Start-Phasen, die nach Timeout-Ereignissen auftreten. (Diese Phasen sind normalerweise sehr kurz, da der Sender schnell die exponentielle Phase verlässt.) Während eines gegebenen Rundlauf-Intervalls ist die Rate, mit der TCP Daten sendet, eine Funktion des Congestion

Windows und der aktuellen *RTT*. Beträgt die Fenstergröße *w* Bytes und die aktuelle Rundlaufzeit *RTT* Sekunden, dann ist die Übertragungsgeschwindigkeit von TCP grob *w*/*RTT*. TCP sucht dann nach zusätzlicher Bandbreite, indem es *w* um 1 *MSS* jede *RTT* steigert, bis ein Verlustereignis auftritt. Bezeichnen wir mit *W* den Wert, den *w* hat, wenn ein Verlustereignis stattfindet. Unter der Annahme, dass *RTT* und *W* während der Dauer der Verbindung ungefähr konstant bleiben, reicht die Spanne der TCP-Übertragungsraten von *W*/(2 *RTT*) bis *W*/*RTT*.

Diese Annahmen führen zu einem extrem vereinfachten makroskopischen Modell für das Verhalten von TCP im Gleichgewicht. Das Netzwerk verwirft ein Paket der Verbindung, wenn das Tempo auf *W*/*RTT* steigt; die Rate wird dann halbiert, wonach sie um *MSS*/*RTT* jedes *RTT* steigt, bis *W*/*RTT* wieder erreicht wird. Dieser Prozess wiederholt sich immer wieder. Weil der Durchsatz von TCP (also seine Rate) zwischen den beiden Extrema linear ansteigt, haben wir

$$\text{durchschnittlicher Durchsatz einer Verbindung} = \frac{0{,}75 \cdot W}{RTT}$$

Mithilfe dieses extrem idealisierten Modells für die Gleichgewichtsdynamik von TCP können wir auch einen interessanten Ausdruck ableiten, der die Verlustrate einer Verbindung auf deren verfügbare Bandbreite bezieht [Mahdavi 1997]. Diese Ableitung ist in den Übungsaufgaben umrissen. Ein weiterentwickeltes Modell, das empirisch mit gemessenen Daten übereinstimmt, beschreibt [Padhye 2000].

Die Zukunft von TCP

Wir müssen uns ständig vor Augen halten, dass sich die TCP-Überlastkontrolle im Lauf vieler Jahre entwickelt hat und bis heute weiterentwickelt. Eine Zusammenfassung der TCP-Überlastkontrolle bis zu den späten 1990er enthält [RFC 2581]; für eine Diskussion jüngerer Entwicklungen siehe [Floyd 2001]. Was für das Internet gut war, als der Großteil der TCP-Verbindungen SMTP, FTP und Telnet-Datenverkehr transportierte, ist nicht unbedingt für das HTTP-dominierte Internet von heute oder für ein zukünftiges Internet mit Diensten, die noch gar nicht bekannt sind, geeignet.

Die Notwendigkeit einer ständigen Weiterentwicklung von TCP kann durch Betrachtung der Hochgeschwindigkeits-TCP-Verbindungen verdeutlicht werden, die für Grid-Computing-Anwendungen erforderlich sind [Foster 2002]. Betrachten Sie zum Beispiel eine TCP-Verbindung mit 1.500 Byte-Segmenten und einer *RTT* von 100 ms und nehmen Sie an, dass wir durch diese Verbindung Daten mit 10 Gbps senden wollen. Folgen wir [RFC 3649], so stellen wir fest, dass bei Verwendung der obigen TCP-Durchsatzformel das Congestion Window für einen 10 Gbps-Durchsatz die durchschnittliche Größe von 83.333 Segmenten haben müsste. Das sind viele Segmente und wir müssen befürchten, dass eines dieser 83.333 Segmente unterwegs verloren gehen könnte. Was würde im Fall eines Verlustes geschehen? Oder, anders herum gefragt, welcher Bruchteil der gesendeten Segmente dürfte verloren gehen, damit der in ▶ Tabelle 3.3 skizzierte TCP-Überlastkontrollalgorithmus immer noch die gewünschten 10 Gbps erreichen kann? In den Übungsaufgaben für dieses Kapitel werden Sie durch die Ableitung einer Formel geführt, die den Durchsatz einer TCP-Verbindung als Funktion der Verlustrate *(L)*, der Rundlaufzeit *(RTT)* und der maximalen Segmentgröße *(MSS)* darstellt:

$$\text{durchschnittlicher Durchsatz einer Verbindung} = \frac{1{,}22 \cdot \text{MSS}}{RTT\sqrt{L}}$$

Mithilfe dieser Formel sehen wir, dass, um einen Durchsatz von 10 Gbps zu erreichen, der heutige TCP-Überlastkontrollalgorithmus nur eine Segmentverlustwahrscheinlichkeit von $2 \cdot 10^{-10}$ tolerieren kann (anders ausgedrückt ein Verlustereignis alle 5.000.000.000 Segmente) – das ist eine sehr niedrige Rate! Diese Beobachtung hat eine Reihe von Forschern dazu motiviert, neue Versionen von TCP speziell für solche Hochgeschwindigkeitsumgebungen zu entwerfen. [Jin 2004; RFC 3649; Kelly 2003] beschreiben Ergebnisse dieser Bemühungen.

3.7.1 Fairness

Stellen Sie sich *K* TCP-Verbindungen vor, von denen jede über einen anderen Ende-zu-Ende-Pfad läuft, die aber alle eine gemeinsame Engpassleitung mit der Übertragungsgeschwindigkeit *R* bps passieren. (Mit Engpassleitung meinen wir, dass für jede Verbindung alle anderen Leitungen entlang des Pfades nicht überlastet sind und im Vergleich zur Engpassleitung reichlich freie Übertragungskapazität haben.) Nehmen Sie an, dass jede Leitung eine große Datei überträgt und dass es keinen UDP-Verkehr über die Engpassleitung gibt. Ein Überlastkontrollmechanismus wird als fair bezeichnet, wenn die durchschnittliche Übertragungsgeschwindigkeit jeder Verbindung ungefähr *R*/*K* ist; das bedeutet, jede Verbindung bekommt einen gleich großen Anteil der Leitungsbandbreite.

Ist der TCP-AIMD-Algorithmus fair, insbesondere wenn verschiedene TCP-Verbindungen zu unterschiedlichen Zeitpunkten beginnen und daher verschiedene Fenstergrößen haben können? [Chiu 1989] liefert eine elegante und intuitive Erklärung, warum die TCP-Überlastkontrolle gegen einen gleichen Anteil der Bandbreite einer Engpassleitung für alle konkurrierenden TCP-Verbindungen konvergiert.

Berücksichtigen wir den einfachen Fall zweier TCP-Verbindungen, die sich eine einfache Leitung mit Übertragungsrate *R* teilen, wie in ▶Abbildung 3.54 gezeigt. Nehmen Sie an, dass die beiden Verbindungen dieselbe *MSS* und *RTT* haben (d.h., wenn sie dieselbe Congestion-Window-Größe besitzen, dann erzielen sie auch denselben Durchsatz), dass sie eine große Datenmenge senden und dass keine andere TCP-Verbindung und keine UDP-Datagramme diese gemeinsame Leitung passieren. Ignorieren Sie auch die Slow-Start-Phase von TCP und nehmen Sie an, dass die TCP-Verbindungen die ganze Zeit im Congestion-Avoidance-Modus (AIMD) arbeiten.

▶Abbildung 3.55 skizziert den von beiden TCP-Verbindungen erreichten Durchsatz. Wenn TCP die Bandbreite der Leitung gleichmäßig zwischen den beiden Verbindungen

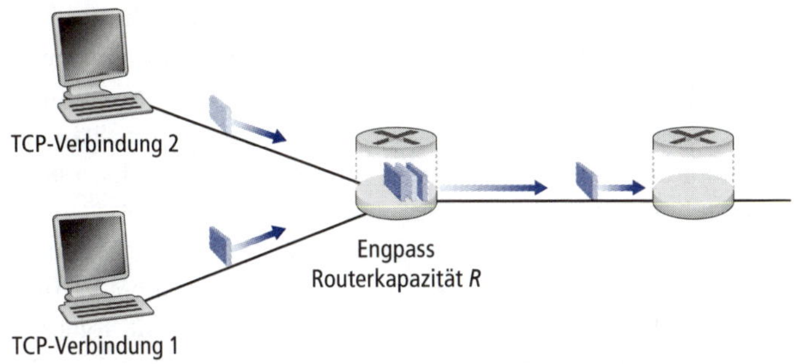

Abbildung 3.54: Zwei TCP-Verbindungen teilen sich eine Engpassleitung

gen aufteilt, dann sollte der realisierte Durchsatz auf dem 45°-Pfeil (gleicher Bandbreitenanteil) liegen, der vom Ursprung ausgeht. Idealerweise sollte die Summe der beiden Durchsätze gleich R sein. (Natürlich ist die Situation, in der beide Verbindungen eine identische Datenrate von 0 bps erhalten, nicht wirklich wünschenswert!) Also sollte das Ziel darin bestehen, die erreichten Durchsätze in Abbildung 3.55 irgendwo in der Nähe des Kreuzungspunktes der Linie gleicher Bandbreitenanteile und der Linie der vollständigen Bandbreitennutzung anzusiedeln.

Nehmen Sie an, dass die TCP-Fenstergrößen zu einem gegebenen Zeitpunkt so sind, dass die Durchsätze der Verbindungen 1 und 2 Punkt A in Abbildung 3.55 entsprechen. Weil der Betrag der von beiden Verbindungen gemeinsam belegten Leitungsbandbreite geringer als R ist, findet kein Verlust statt und beide Verbindungen steigern ihre Fenstergröße um 1 *MSS* pro *RTT* als Resultat des Congestion-Avoidance-Algorithmus von TCP. Dadurch verläuft der gemeinsame Durchsatz der beiden Verbindun-

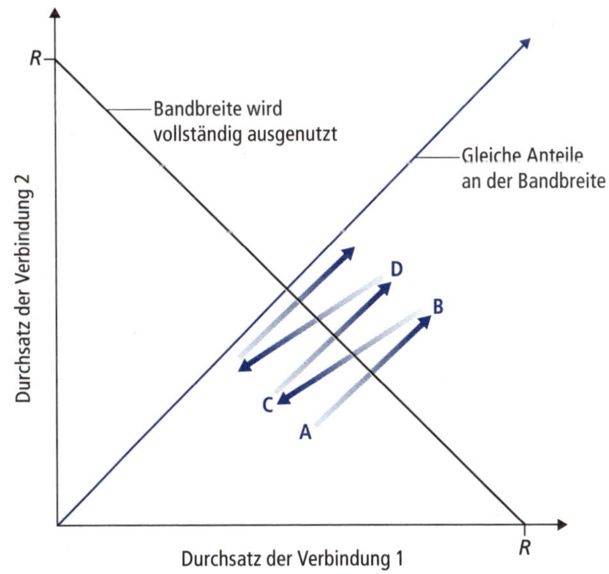

Abbildung 3.55: Durchsatz der TCP-Verbindungen 1 und 2

gen entlang einer 45°-Linie (gleicher Zuwachs für beide Verbindungen), die am Punkt A beginnt. Irgendwann wird die von beiden Verbindungen gemeinsam beanspruchte Bandbreite größer als R sein und es treten Paketverluste auf. Nehmen Sie an, dass Verbindungen 1 und 2 einen Paketverlust erfahren, sobald sie Durchsätze haben, die von Punkt B gekennzeichnet sind. Verbindungen 1 und 2 halbieren dann beide ihre Fenstergröße. Die entstehenden Durchsätze erreichen so Punkt C, etwa in der Mitte der Strecke, die Punkt B mit dem Ursprung verbindet. Weil die gemeinsame Bandbreitenverwendung im Punkt C geringer als R ist, steigern die beiden Verbindungen ihre Durchsätze wieder entlang einer 45 Grad-Linie, die bei C beginnt. Irgendwann wird es wieder Paketverluste geben, zum Beispiel an Punkt D, und die beiden Verbindungen halbieren ihre Fenstergrößen wieder usw.

Sie sollten sich davon überzeugen, dass die von den zwei Verbindungen genutzte Bandbreite um die Linie gleicher Bandbreitenanteile schwankt. Sie sollten sich auch davon überzeugen, dass die beiden Verbindungen zu diesem Verhalten konvergieren, ohne Rücksicht darauf, wo sie sich in der zweidimensionalen Darstellung ursprünglich befinden! Obwohl eine Reihe von idealisierten Annahmen diesem Szenario zu Grunde liegt, vermittelt es immer noch ein intuitives Gefühl dafür, warum TCP dazu führt, dass mehrere Verbindungen gleiche Teile der Bandbreite erhalten.

In unserem idealisierten Szenario haben wir vorausgesetzt, dass nur TCP-Verbindungen die Engpassleitung durchqueren, dass die Verbindungen denselben *RTT*-Wert haben, und dass nur eine einzelne TCP-Verbindung pro Quelle-Ziel-Paar existiert. In der Praxis ist die Lage normalerweise komplizierter und die Verbindungen können sehr ungleiche Anteile der Engpassbandbreite erhalten. Insbesondere dann, wenn sich mehrere Verbindungen einen gemeinsamen Engpass teilen, sind jene Sitzungen mit kleinerer *RTT* in der Lage, die verfügbare Bandbreite dieser Verbindung schneller aufzufüllen, sobald diese verfügbar wird (d.h., sie vergrößern ihr Congestion Window schneller). Dadurch genießen sie einen höheren Durchsatz als jene Verbindungen mit größerer *RTT* [Lakshman 1997].

Fairness und UDP

Wir haben gerade gesehen, wie die TCP-Überlastkontrolle die Übertragungsrate einer Anwendung mittels des Congestion-Window-Mechanismus reguliert. Viele Multimedia-Anwendungen wie Internettelefonie und Videokonferenzen laufen aus diesem Grund oft nicht über TCP – sie wollen vermeiden, dass ihre Übertragungsrate gedrosselt wird, selbst wenn das Netz sehr überlastet ist. So ziehen es diese Anwendungen vor, UDP zu verwenden, das keine eingebaute Überlastkontrolle hat.

Wenn sie UDP nutzen, pumpen Anwendungen ihre Audio- und Videodaten mit konstanter Rate ins Netz und verlieren gelegentlich Pakete, statt ihre Rate in Zeiten der Überlast auf ein „faires" Niveau zu reduzieren und keine Pakete zu verlieren. Aus der Perspektive von TCP sind Multimedia-Anwendungen, die über UDP laufen, nicht fair – sie arbeiten weder mit den anderen Verbindungen zusammen noch passen sie ihre Übertragungsraten an. Weil TCP seine Übertragungsrate angesichts wachsender Überlast (und der damit einhergehenden Verluste) vermindert, während UDP darauf keine Rücksicht nimmt, können die UDP-Quellen den TCP-Verkehr möglicherweise verdrängen. Daher befasst sich heutzutage ein Forschungszweig mit der Entwicklung von Überlastkontrollmechanismen für das Internet, die den UDP-Verkehr genau daran hindern [Floyd 1999; Floyd 2000; Kohler 2006].

Fairness und parallele TCP-Verbindungen

Aber selbst wenn wir den UDP-Verkehr dazu zwingen könnten, sich fair zu verhalten, wäre das Problem der Fairness immer noch nicht völlig gelöst. Dies liegt daran, dass es keine Möglichkeiten gibt, eine TCP-basierte Anwendung davon abzuhalten, mehrere parallele Verbindungen zu verwenden. Zum Beispiel verwenden Webbrowser oft mehrere parallele TCP-Verbindungen, um mehrere Objekte einer Webseite zu übertragen. (Die verwendete Zahl von Verbindungen ist in den meisten Browsern konfigurierbar.) Wenn eine Anwendung mehrere parallele Verbindungen verwendet, steht ihr ein größerer Anteil der Bandbreite in einem überlasteten Link zur Verfügung. Betrachten Sie als Beispiel eine Leitung der Rate R, über die neun Anwendungen je eine TCP-Verbindung unterhalten. Kommt eine neue Anwendung und damit eine neue TCP-Verbindung hinzu, dann bekommt jede Verbindung ungefähr dieselbe Übertragungsgeschwindigkeit von $R/10$. Verwendet die neu hinzukommende Anwendung aber elf parallele TCP-Verbindungen statt einer einzelnen, dann erhält die neue Anwendung einen unfairen Anteil von mehr als $R/2$. Weil der Webdatenverkehr einen so großen Anteil der Übertragungen im Internet ausmacht, sind solche parallelen Verbindungen nicht ungewöhnlich.

ZUSAMMENFASSUNG

Wir haben dieses Kapitel mit der Betrachtung der Dienste begonnen, die ein Transportschichtprotokoll erbringen kann, um Anwendungen zu vernetzen. Auf der einen Seite kann das Transportschichtprotokoll sehr einfach sein und den Anwendungen nur die allernotwendigsten Dienste anbieten, nämlich eine Multiplexing/Demultiplexing-Funktion für kommunizierende Prozesse. Das UDP-Protokoll des Internets ist ein Beispiel für ein solches schlichtes Transportschichtprotokoll. Auf der anderen Seite kann ein Transportschichtprotokoll den Anwendungen eine Reihe von Garantien geben, darunter die zuverlässige Zustellung von Daten, Verzögerungsgarantien und Bandbreitengarantien. Dennoch werden die Dienste, die ein Transportprotokoll erbringen kann, oft vom Dienstmodell des zugrunde liegenden Netzwerkschichtprotokolls eingeschränkt. Wenn das Netzwerkschichtprotokoll den Segmenten der Transportschicht keine Beschränkung der maximalen Verzögerung und keine Minimalbandbreite garantieren kann, dann kann auch das Transportschichtprotokoll den zwischen Prozessen ausgetauschten Nachrichten keine Verzögerungs- oder Bandbreitengarantien anbieten.

Wir haben in **Abschnitt 3.4** erfahren, dass ein Transportschichtprotokoll zuverlässigen Datentransfer liefern kann, selbst wenn die zugrunde liegende Netzwerkschicht unzuverlässig ist. Wir haben gesehen, dass es im Zusammenhang mit zuverlässigen Datentransfers viele Feinheiten zu beachten gilt, aber dass die Aufgabe sich durch sorgfältiges Kombinieren von Acknowledgments, Timern, Übertragungswiederholungen und Sequenznummern lösen lässt.

Obwohl wir den zuverlässigen Datentransfer in diesem Kapitel behandelt haben, sollten wir im Hinterkopf behalten, dass zuverlässiger Datentransfer generell von Sicherungsschicht-, Netzwerkschicht-,

Transportschicht-, oder Anwendungsschichtprotokollen angeboten werden kann. Jede der oberen vier Schichten des Protokollstapels kann Acknowledgments, Timer, Übertragungswiederholungen und Sequenznummern implementieren und der darüber liegenden Schicht zuverlässigen Datentransfer bieten. In der Tat haben Ingenieure und Informatiker über die Jahre hinweg unabhängig voneinander Sicherungsschicht-, Netzwerkschicht-, Transportschicht- und Anwendungsschichtprotokolle entworfen und implementiert, die zuverlässigen Datentransfer ermöglichen (wobei viele dieser Protokolle mittlerweile wieder still und leise in der Versenkung verschwunden sind).

In **Abschnitt 3.5** betrachteten wir TCP, das verbindungsorientierte und zuverlässige Transportschichtprotokoll des Internets, aus der Nähe. Wir haben erfahren, dass TCP komplex ist und Mechanismen für die Verbindungsverwaltung, die Flusskontrolle, die Schätzung der Rundlaufzeit und den zuverlässigen Datentransfer enthält. In der Tat ist TCP sogar noch viel komplexer als unsere Beschreibung – wir haben absichtlich nicht die große Zahl von Patches, Fixes und Verbesserungen erörtert, die in unterschiedlichen TCP-Versionen implementiert sind. Diese ganze Komplexität wird jedoch vor der Netzanwendung verborgen. Wenn ein Client auf einem Host Daten zuverlässig an einen Server auf einem anderen Host senden will, öffnet er einfach einen TCP-Socket zum Server und pumpt Daten in dieses Socket. Die Client-Server-Applikation muss sich glücklicherweise der TCP-Komplexität nicht bewusst sein.

In **Abschnitt 3.6** haben wir die Überlastkontrolle auf breiter Grundlage eingeführt und in **Abschnitt 3.7** gezeigt, wie TCP sie durchführt. Wir haben erfahren, dass Überlastkontrolle für das Wohl des Netzes unbedingt notwendig ist. Ohne Überlastkontrolle kann ein Netz leicht in eine festgefahrene Lage geraten, in der sehr wenige oder gar keine Daten erfolgreich ihren Empfänger erreichen. In **Abschnitt 3.7** haben wir auch erfahren, dass TCP einen Ende-zu-Ende-Überlastkontrollmechanismus besitzt, der seine Übertragungsrate additiv steigert, wenn er davon ausgehen kann, dass der Pfad der TCP-Verbindung frei von Überlast ist, und die Übertragungsrate multiplikativ vermindert, sobald Verluste auftreten. Dieser Mechanismus ist auch bestrebt, jeder durch eine überlastete Verbindung gehenden TCP-Verbindung einen gleich großen Anteil der Verbindungsbandbreite zur Verfügung zu stellen. Wir haben auch in einiger Detailtiefe den Einfluss des TCP-Verbindungaufbaus und des Slow Start auf die Latenzzeit betrachtet. Wir haben beobachtet, dass in vielen wichtigen Szenarien der Verbindungsaufbau und Slow Start signifikant zur Ende-zu-Ende-Verzögerung beitragen. Während sich die TCP-Überlastkontrolle über die Jahre hinweg entwickelt hat, ist sie auch heute noch ein Bereich intensiver Forschung und sie wird sich wahrscheinlich auch in den kommenden Jahren weiterentwickeln.

Unsere Diskussion von Internettransportprotokollen in diesem Kapitel hat sich auf UDP und TCP konzentriert – die zwei Arbeitspferde der Internet-Transportschicht. Zwei Jahrzehnte an Erfahrung mit diesen Protokollen haben jedoch gezeigt, dass es Situationen gibt, in denen keines von beiden ideal geeignet ist. Wissenschaftler arbeiten daher an der Entwicklung zusätzlicher Transportschichtprotokolle, von denen mehrere mittlerweile der IETF als neue Standards vorgeschlagen wurden.

Das Datagram Congestion Control Protocol (DCCP) [RFC 4340] stellt einen nachrichtenorientierten, UDP-ähnlichen unzuverlässigen Dienst mit geringem Overhead bereit, unterstützt aber eine Form der Überlastkontrolle, die von der Anwendung gewählt werden kann und die mit TCP kompatibel ist. Benötigt eine Anwendung zuverlässigen oder halbzuverlässigen Datentransfer, dann würde dies innerhalb der Anwendung selbst realisiert, vielleicht unter Verwendung der Mechanismen, die wir in **Abschnitt 3.4** studiert haben. DCCP soll in Anwendungen wie Multimedia-Streaming (siehe *Kapitel 7*) eingesetzt werden, die einen Kompromiss zwischen zeitnaher und zuverlässiger Zustellung eingehen können, die aber auch auf Überlast im Netz reagieren sollen.

Das Stream Control Transmission Protocol (SCTP) [RFC 2960; RFC 3286] ist ein zuverlässiges, nachrichtenorientiertes Protokoll, das es ermöglicht, mehrere verschiedene „Ströme" der Anwendungsschicht durch eine einzelne SCTP-Verbindung zu multiplexen (ein als „Multidatenstrom" bekannter Ansatz). Vom Standpunkt der Zuverlässigkeit aus werden die verschiedenen Ströme innerhalb der Verbindung gesondert behandelt, so dass Paketverlust in einem Strom nicht die Zustellung von Daten in anderen Strömen beeinflusst. SCTP ermöglicht auch die Übertragung von Daten über zwei ausgehende Wege, etwa wenn ein Host mit zwei oder mehr Netzen verbunden ist. Es erlaubt optional die Zustellung von Daten auch außerhalb der Reihenfolge und noch einiges mehr. Die Algorithmen der Fluss- und Überlastkontrolle in SCTP sind im Grunde genommen die gleichen wie in TCP.

Das TCP Friendly Rate Control Protocol (TFRC) [RFC 2448] ist eher ein Überlastkontrollmechanismus als ein vollständiges Transportschichtprotokoll. Es spezifiziert eine Vorgehensweise zur Überlastkontrolle, die in anderen Transportprotokollen wie DCCP verwendet werden könnte. (In der Tat ist einer der beiden in DCCP verfügbaren und von den Anwendungen wählbaren Mechanismen TFRC.) Das Ziel von TFRC ist das Ausgleichen der „Sägezahn"-Struktur (Abbildung 3.51) der TCP-Überlastkontrolle, während es langfristig eine Senderate aufrechterhält, die nur wenig von TCP abweicht. Mit seinem glatteren Sendeverhalten als TCP ist TFRC für Multimedia-Anwendungen wie IP-Telefonie oder Multimedia-Streaming geeignet, bei denen eine gleichmäßige Rate wichtig ist. TFRC ist ein „gleichungsbasiertes" Protokoll, das die gemessene Paketverlustrate als Eingabewert für eine Gleichung verwendet [Padhye 2000]. Diese schätzt ab, wie hoch der TCP-Durchsatz wäre, wenn eine TCP-Sitzung dieselbe Verlustrate erleiden würde. Diese Rate wird dann als Zielsenderate für TFRC verwendet.

Nur die Zukunft wird erweisen, ob sich DCCP, SCTP oder TFRC verbreiten werden. Während diese Protokolle eindeutig gegenüber TCP und UDP verbesserte Eigenschaften und Möglichkeiten bieten, haben sich TCP und UDP über die Jahre hinweg als „gut genug" erwiesen. Ob „besser" über „gut-genug" gewinnen wird, hängt von einem komplexen Zusammenspiel technischer, sozialer und wirtschaftlicher Faktoren ab.

In *Kapitel 1* haben wir gesagt, dass ein Computernetzwerk in den „Rand des Netzwerkes" und das „Innere des Netzwerkes" aufgeteilt werden kann. Der Rand des Netzwerkes umfasst alles, was in den Endsystemen geschieht. Nachdem wir jetzt die Anwendungsschicht und die Transportschicht kennen, ist unsere Diskussion des Netzwerkrandes beendet. Es wird Zeit, das Innere zu erkunden! Diese Reise beginnt im nächsten Kapitel, in dem wir die Netzwerkschicht studieren, und setzt sich fort in *Kapitel 5*, in dem wir die Sicherungsschicht betrachten.

Lösungshinweise

Aufgaben

Verständnisfragen

ABSCHNITTE 3.1–3.3

R1. Nehmen Sie an, dass die Netzwerkschicht den folgenden Dienst erbringt: Die Netzwerkschicht im Quellhost erhält ein Segment der Maximalgröße 1.200 Byte und eine Zielhostadresse aus der Transportschicht. Die Netzwerkschicht garantiert dann, das Segment an die Transportschicht des Zielhosts zu liefern. Gehen Sie davon aus, dass viele Anwendungsprozesse auf dem Zielhost laufen können.

a. Entwerfen Sie das einfachste mögliche Transportschichtprotokoll, das Anwendungsdaten zum gewünschten Prozess auf dem Zielhost bringt. Nehmen Sie an, dass das Betriebssystem des Zielhosts jedem laufenden Anwendungsprozess eine Portnummer von 4 Byte Länge zugeteilt hat.

b. Modifizieren Sie dieses Protokoll so, dass es dem Zielprozess eine „Antwortadresse" liefert.

c. Muss in Ihren Protokollen die Transportschicht irgendetwas im Inneren des Computernetzwerkes tun?

R2. Stellen Sie sich einen Planeten vor, auf dem jeder zu einer sechsköpfigen Familie gehört. Jede Familie lebt in ihrem eigenen Haus, jedes Haus hat eine eindeutige Adresse und jede Person in einem gegebenen Haus hat einen eindeutigen Namen. Nehmen Sie an, dass dieser Planet einen Postdienst hat, der Briefe vom Quellhaus zum Zielhaus transportiert. Der Postdienst erfordert es, dass (i) der Brief in einem Umschlag steckt und (ii) die Adresse des Zielhauses (und nichts anderes) deutlich auf dem Umschlag steht. Nehmen Sie an, dass ein Mitglied jeder Familie für das Sammeln und Verteilen der Briefe für die anderen Familienmitglieder verantwortlich ist. Die Briefe liefern nicht unbedingt einen Hinweis auf die Empfänger der Briefe.

a. Lassen Sie sich von der Lösung für Problem R1 oben inspirieren und beschreiben Sie ein Protokoll, das die Postbeauftragten in den Familien nutzen können, um Briefe an das richtige Familienmitglied zuzustellen.

b. Muss in Ihrem Protokoll der Postdienst jemals den Umschlag öffnen und den Brief selbst anschauen, um seinen Dienst zu erbringen?

R3. Betrachten Sie eine TCP-Verbindung zwischen Host A und Host B. Nehmen Sie an, dass die TCP-Segmente, die von Host A an Host B übertragen werden, die Quellportnummer x und die Zielportnummer y haben. Was sind die Quell- und Zielportnummern der Segmente, die von Host B zu Host A transportiert werden?

R4. Erklären Sie, aus welchen Gründen sich ein Anwendungsentwickler dafür entscheiden könnte, eine Anwendung über UDP statt TCP auszuführen.

R5. Warum wird Sprach- und Videoverkehr im heutigen Internet oft über TCP statt UDP transportiert? (*Hinweis*: Die Antwort, die wir suchen, hat nichts mit der Überlastkontrolle von TCP zu tun.)

R6. Ist es möglich, dass eine Anwendung sogar dann in den Genuss zuverlässigen Datentransfers kommen kann, wenn sie über UDP läuft? Wenn ja, wie?

R7. Nehmen Sie an, dass ein Prozess in Host C einen UDP-Socket mit Portnummer 6789 hat. Nehmen Sie an, dass sowohl Host A als auch Host B ein UDP-Segment mit Zielportnummer 6789 an Host C senden. Werden beide Segmente an denselben Socket auf Host C gerichtet? Wenn ja, wie kann der Prozess auf Host C wissen, dass diese beiden Segmente von zwei verschiedenen Hosts stammten?

R8. Nehmen Sie an, dass auf Host C ein Webserver auf Port 80 läuft. Nehmen Sie auch an, dass dieser Webserver persistente Verbindungen verwendet und gegenwärtig Anfragen von zwei verschiedenen Hosts A und B erhält. Kommen alle Anfragen über denselben Socket auf Host C an? Wenn sie verschiedene Sockets passieren, haben dann beide Sockets Port 80? Diskutieren und begründen Sie Ihre Antworten.

ABSCHNITT 3.4

R9. Warum mussten wir in unseren `rdt`-Protokollen Sequenznummern einführen?

R10. Warum mussten wir in unseren `rdt`-Protokollen Timer einführen?

R11. Nehmen Sie an, dass die Rundlaufzeit zwischen Absender und Empfänger konstant und dem Absender bekannt ist. Vorausgesetzt, Pakete können verloren gehen – wäre immer noch ein Timer im Protokoll `rdt 3.0` notwendig? Erläutern Sie Ihre Antwort.

R12. Verwenden Sie das Go-Back-N-Applet auf unserer Buch-Website.

a. Lassen Sie die Quelle fünf Pakete senden und halten Sie die Animation an, bevor irgendeines der fünf Pakete den Zielort erreicht. Dann löschen Sie das erste Paket und lassen Sie die Animation weiterlaufen. Beschreiben Sie, was geschieht.

b. Wiederholen Sie den Versuch, lassen Sie aber jetzt das erste Paket den Zielort erreichen und löschen Sie die erste Bestätigung. Beschreiben Sie wieder, was geschieht.

c. Versuchen Sie schließlich, sechs Pakete zu senden. Was geschieht?

R13. Wiederholen Sie R12, nun aber mit dem Java-Applet zu Selective Repeat. Wie unterscheiden sich Selective Repeat und Go-Back-N?

ABSCHNITT 3.5

R14. Richtig oder falsch?

a. Host A schickt Host B eine große Datei über eine TCP-Verbindung. Nehmen Sie an, dass Host B keine Daten hat, die er an Host A schicken möchte. Host B kann deshalb keine Bestätigungen an Host A schicken, weil Host B keine Datenpakete sendet, bei denen er die Acknowledgments per Piggybacking mitschicken kann.

b. Die Größe des TCP RcvWindow ändert sich während der gesamten Dauer der Verbindung nie.

c. Nehmen Sie an, dass Host A eine große Datei über eine TCP-Verbindung an Host B sendet. Die Anzahl von unbestätigten Bytes, die A schickt, kann die Größe des Eingangspuffers nicht übersteigen.

d. Nehmen Sie an, dass Host A eine große Datei über eine TCP-Verbindung an Host B schickt. Beträgt die Sequenznummer für ein Segment dieser Verbindung m, dann muss die Sequenznummer für das anschließende Segment auf jeden Fall $m + 1$ sein.

e. Das TCP-Segment hat in seinem Header ein Feld für RcvWindow.

f. Nehmen Sie an, dass die letzte Sample*RTT* in einer TCP-Verbindung gleich 1 Sekunde ist. Der aktuelle Wert von TimeoutInterval für die Verbindung muss notwendigerweise ebenfalls gleich 1 Sekunde sein.

g. Nehmen Sie an, dass Host A ein Segment mit Sequenznummer 38 und 4 Byte Daten über eine TCP-Verbindung an Host B sendet. Im gleichen Segment lautet die Acknowledgment-Nummer auf jeden Fall 42.

R15. Nehmen Sie an, dass Host A direkt hintereinander zwei TCP-Segmente an Host B über eine TCP-Verbindung schickt. Das erste Segment hat Sequenznummer 90, das zweite hat Sequenznummer 110.

a. Wie viele Daten sind im ersten Segment?

b. Nehmen Sie an, dass das erste Segment verloren geht, aber das zweite bei B ankommt. Wie lautet die Acknowledgment-Nummer in der Bestätigung, die Host B an Host A sendet?

R16. Betrachten Sie das in Abschnitt 3.5 erörterte Telnet-Beispiel. Einige Sekunden nachdem der Benutzer den Buchstaben „C“ eingegeben hat, tippt er den Buchstaben „R“ ein. Wie viele Segmente werden nach dem Drücken der Taste „R“ versandt und was wird in die Felder für Sequenznummer und Acknowledgments der Segmente eingetragen?

ABSCHNITT 3.7

R17. Nehmen Sie an, dass zwei TCP-Verbindungen an irgendeiner Engpassleitung mit Rate R bps anliegen. Jede der beiden Verbindungen muss eine riesige Datei in derselben Richtung über die Engpassleitung versenden. Die Übertragungen der Dateien starten zur gleichen Zeit. Welche Übertragungsgeschwindigkeit würde TCP jeder der Verbindungen geben?

R18. Richtig oder falsch? Betrachten Sie die Überlastkontrolle in TCP. Wenn der Timer der Quelle ausläuft, wird der Wert für Threshold halbiert.

Übungsaufgaben

P1. Nehmen Sie an, dass Client A eine Telnet-Sitzung mit Server S initiiert. Etwa zur selben Zeit initiiert auch Client B eine Telnet-Sitzung mit Server S. Legen Sie mögliche Quell- und Zielportnummern fest für

a. die von A an S gesandten Segmente.

b. die von B an S gesandten Segmente.

c. die von S an A gesandten Segmente.

d. die von S an B gesandten Segmente.

e. Wenn A und B verschiedene Hosts sind, ist es möglich, dass die Quellportnummer in den Segmenten von A zu S dieselbe ist wie in denen von B zu S?

f. Was ist, wenn es sich bei A und B um denselben Host handelt?

P2. Betrachten Sie ▶Abbildung 3.5. Wie lauten die Quell- und Zielportnummern in den Segmenten, die vom Server zurück zu den Prozessen der Clients fließen? Welches sind die IP-Adressen in den Netzwerkschichtdatagrammen, die die Transportschichtsegmente enthalten?

P3. UDP und TCP verwenden das 1er-Komplement für ihre Prüfsummen. Nehmen Sie an, dass Sie die folgenden drei 8 Bit-Zahlen haben: 01010101, 01110000, 01001100. Was ist das 1er-Komplement der Summe dieser 8 Bit-Zahlen? (Berücksichtigen Sie, dass Sie in dieser Aufgabe 8 Bit-Summen verwenden sollen, obwohl UDP und TCP 16 Bit-Worte zur Berechnung der Prüfsumme benutzen.) Zeigen Sie den Rechenweg. Warum benutzt UDP das 1er-Komplement der Summe, statt sie direkt zu verwenden? Mit dem Schema des 1er-Komplements, wie kann der Empfänger Fehler feststellen? Ist es möglich, dass ein 1 Bit-Fehler unentdeckt bleibt? Was wäre mit einem 2 Bit-Fehler?

P4. a. Nehmen Sie an, dass Sie die folgenden zwei Bytes haben: 00110100 und 01101001. Was ist das 1er-Komplement dieser beiden Bytes?

b. Nehmen Sie an, dass Sie die folgenden zwei Bytes haben: 11110101 und 00101001. Was ist das 1er-Komplement diesen beiden Bytes?

c. Verändern Sie in jedem Byte aus Aufgabe a ein Bit so, dass sich das 1er-Komplement nicht ändert.

P5. Nehmen Sie an, dass der UDP-Empfänger die Prüfsumme für das erhaltene UDP-Segment berechnet und feststellt, dass es mit dem Wert im Prüfsummenfeld übereinstimmt. Kann der Empfänger absolut sicher sein, dass keine Bitfehler aufgetreten sind? Begründen Sie Ihre Antwort.

P6. Denken Sie an unsere Motivation für die Korrektur des `rdt2.1`-Protokolls. Zeigen Sie, dass der Empfänger in der folgenden Abbildung, wenn er mit dem Sender in ▶Abbildung 3.11 zusammenarbeitet, Sender und Empfänger in einen Zustand gegenseitiger Blockade führen kann, in dem jeder auf ein Ereignis wartet, das nie stattfindet.

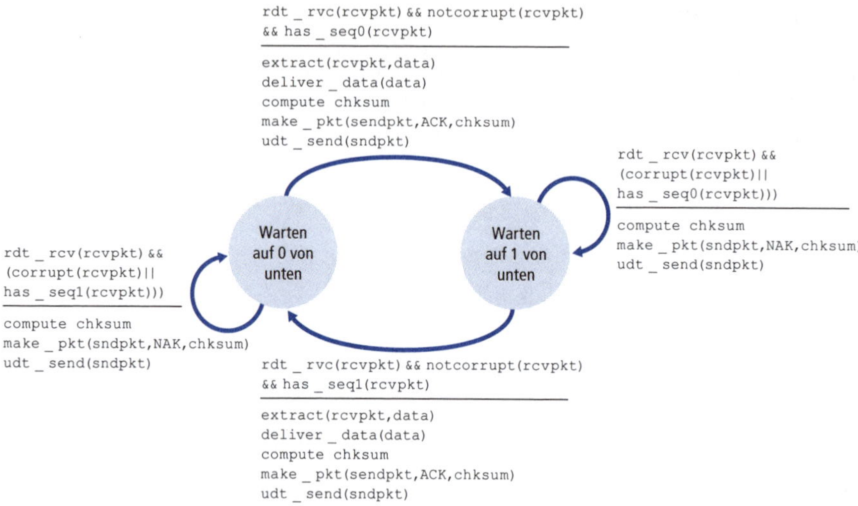

P7. Im Protokoll `rdt3.0` haben die ACK-Pakete, die vom Empfänger zum Absender fließen, keine Sequenznummern (obwohl sie ein ACK-Feld haben, das die Sequenznummer des Paketes enthält, das sie bestätigen). Warum benötigen unsere ACK-Pakete keine Sequenznummern?

P8. Zeichnen Sie die FSM für die Empfängerseite des Protokolls `rdt3.0`.

P9. Geben Sie Schritt für Schritt die Operationen des Protokolls `rdt3.0` an, wenn Datenpakete und Acknowledgment-Pakete zerstört werden. Verwenden Sie dazu ein Zeit-Ablauf-Diagramm wie in ▶Abbildung 3.16.

P10. Betrachten Sie einen Kanal, der Pakete verlieren kann, aber eine bekannte Maximalverzögerung hat. Modifizieren Sie Protokoll `rdt2.1`, um Sender-Timeouts und Übertragungswiederholungen hinzuzufügen. Argumentieren Sie qualitativ, warum Ihr Protokoll über diesen Kanal richtig kommunizieren kann.

P11. Die Absenderseite von `rdt3.0` ignoriert einfach (das heißt, sie ergreift keinerlei Maßnahmen) alle erhaltenen Pakete, die entweder fehlerhaft sind oder den falschen Wert im Feld acknum eines Acknowledgment-Paketes haben. Nehmen Sie an, `rdt3.0` würde in dieser Situation einfach das aktuelle Datenpaket nochmals übertragen. Würde das Protokoll immer noch funktionieren? (*Hinweis*: Denken Sie daran, was geschehen würde, wenn es nur Bitfehler gäbe; es gäbe keine Paketverluste, aber vorzeitige Timeouts könnten auftreten. Stellen Sie sich vor, wie oft das n-te Paket gesandt wird, wenn n gegen unendlich geht.)

P12. Betrachten Sie das `rdt3.0`-Protokoll. Zeichnen Sie ein Diagramm, das zeigt, dass das Alternierende-Bit-Protokoll nicht richtig funktionieren kann (arbeiten Sie klar heraus, was genau nicht funktioniert), wenn die Netzwerkverbindung zwischen Absender und Empfänger Nachrichten umordnen kann. (Das heißt, dass zwei Nachrichten, die sich auf dem Medium zwischen dem Absender und Empfänger fortpflanzen, in ihrer Reihenfolge vertauscht werden können.) Ihr Diagramm sollte den Absender auf der linken Seite und den Empfänger auf der rechten Seite zeigen, die Zeitachse sollte nach unten weisen und Sie sollten den Austausch von Daten (D) und Bestätigungsnachrichten (A) einzeichnen. Geben Sie die mit jedem Daten- oder Bestätigungssegment verbundene Sequenznummer an.

P13. Stellen Sie sich ein zuverlässiges Datentransferprotokoll vor, das nur negative Bestätigungen verwendet. Nehmen Sie an, dass der Absender nur selten Daten sendet. Wäre ein reines NAK-Protokoll einem Protokoll, das ACKs verwendet, vorzuziehen? Warum? Nehmen Sie jetzt an, dass der Absender viele Daten zu senden hat und die Ende-zu-Ende-Verbindung nur wenige Verluste erfährt. Wäre in diesem zweiten Fall ein NAK-Protokoll einem Protokoll, das ACKs verwendet, vorzuziehen? Warum oder warum nicht?

P14. Betrachten Sie das Beispiel in ▶Abbildung 3.17. Wie groß müsste die Fenstergröße sein, damit die Kanalauslastung höher als 90 Prozent ist?

P15. Im generischen SR-Protokoll, das wir in Abschnitt 3.4.4 studiert haben, sendet der Absender eine Nachricht, sobald sie verfügbar ist (wenn sie im Fenster ist), ohne auf eine Bestätigung zu warten. Nehmen Sie an, dass wir ein SR-Protokoll entwickeln wollen, das zwei Nachrichten auf einmal sendet. Das heißt, der Absender sendet ein Nachrichtenpaar und sendet das nächste Nachrichtenpaar nur dann, wenn er weiß, dass beide Nachrichten des ersten Paares richtig empfangen worden sind.

Nehmen Sie an, dass der Kanal Nachrichten verlieren kann, aber keine Nachrichten korrumpiert oder umordnet. Gestalten Sie ein Fehlerkontrollprotokoll für die zuverlässige Übertragung von Nachrichten in einer Richtung. Geben Sie eine FSM-Beschreibung des Absenders und Empfängers an. Beschreiben Sie das Format der zwischen Absender und Empfänger übertragenen Pakete. Wenn Sie irgendwelche Prozeduraufrufe verwenden, die sich von jenen in Abschnitt 3.4 unterscheiden (zum Beispiel `udt_send`, `start_timer`, `rdt_rcv`), beschreiben Sie deren Aktionen eindeutig. Geben Sie ein Beispiel an (in Form eines Zeit-Ablauf-Diagramms analog zu ▶Abbildung 3.16), das zeigt, wie Ihr Protokoll den Verlust eines Paketes korrigiert.

P16. Betrachten Sie ein Szenario, in dem Host A Pakete simultan an die Hosts B und C senden will. A ist mit B und C durch einen gemeinsamen Kanal verbunden – ein von A gesandtes Paket wird vom Kanal gleichzeitig sowohl zu B als auch zu C transportiert. Nehmen Sie an, dass der Kanal, der A, B und C verbindet, unabhängig Pakete verlieren und korrumpieren kann (z.B. könnte ein von A gesandtes Paket richtig von B empfangen werden, nicht aber von C). Gestalten Sie ein Stop-and-Wait-ähnliches Fehlerkontrollprotokoll für die zuverlässige Übertragung von Paketen von A zu B und C, so dass A keine neuen Daten von der darüberliegenden Schicht entgegennimmt, bis er weiß, dass sowohl B als auch C das gegenwärtige Paket korrekt erhalten haben. Geben Sie FSM-Beschreibungen von A und C an. (*Hinweis:* Die FSM für B sollte im Grunde genommen die gleiche sein wie für C.) Geben Sie zudem eine Beschreibung des verwendeten Paketformates an.

P17. Betrachten Sie ein Szenario, in dem Host A und Host B Nachrichten an Host C senden wollen. Die Hosts A und C sind durch einen Kanal verbunden, der Nachrichten verlieren und korrumpieren (aber nicht umordnen) kann. Die Hosts B und C sind durch einen anderen Kanal (unabhängig von dem, der A und C verbindet) mit denselben Eigenschaften verbunden. Die Transportschicht bei Host C sollte beim Abliefern von Nachrichten an die darüberliegende Schicht zwischen den Daten von A und B abwechseln (das heißt, sie sollte zuerst die Daten eines Paketes von A zustellen, dann die Daten eines Paketes von B usw.). Gestalten Sie ein Stop-and-Wait-ähnliches Fehlerkontrollprotokoll für das zuverlässige Übertragen von Paketen von A und B zu C mit abwechselnder Zustellung an C, wie oben beschrieben. Geben Sie FSM-Beschreibungen von A und C an. (*Hinweis:* Die FSM für B sollte im Grunde genommen die gleiche sein wie für A.) Geben Sie zudem eine Beschreibung des verwendeten Paketformates an.

P18. Betrachten Sie das GBN-Protokoll mit einer Größe des Absenderfensters von 3 und einem Sequenznummernbereich von 1024. Gehen Sie davon aus, dass zum Zeitpunkt t das nächste vom Empfänger erwartete Paket die Sequenznummer k hat. Nehmen Sie an, dass das Medium keine Nachrichten umordnet. Beantworten Sie die folgenden Fragen:

a. Was sind die möglichen Sequenznummernbereiche im Fenster des Absenders zum Zeitpunkt t? Begründen Sie Ihre Antwort.

b. Welches sind alle möglichen Werte des ACK-Feldes in allen möglichen Nachrichten, die sich zum Zeitpunkt t gerade unterwegs zurück zum Absender befinden? Begründen Sie Ihre Antwort.

P19. Nehmen Sie an, dass wir zwei Systeme A und B haben. B hat einen Vorrat an Datennachrichten, die entsprechend folgender Konventionen an A gesandt werden. Wenn A eine Anfrage von der darüberliegenden Schicht erhält, die nächste Datennachricht (D) von B zu bekommen, muss A an B eine Request-Nachricht (R) auf dem A-zu-B-Kanal schicken. Nur wenn B eine R-Nachricht erhält, darf es A eine Datennachricht (D) auf dem B-zu-A-Kanal zurückschicken. A soll der darüberliegenden Schicht genau eine Kopie jeder D-Nachricht liefern. R-Nachrichten können auf dem A-zu-B-Kanal verloren gehen (aber nicht korrumpiert werden); D-Nachrichten werden, sobald gesandt, immer richtig geliefert. Die Verzögerung auf beiden Kanälen ist unbekannt und variabel.

Gestalten Sie ein Protokoll (geben Sie eine FSM-Beschreibung an), das geeignete Mechanismen enthält, um den verlustgefährdeten A-zu-B-Kanal abzusichern, und, wie oben diskutiert, das Übertragen von Nachrichten an die darüberliegende Schicht des Systems A durchführt. Verwenden Sie nur jene Mechanismen, die absolut notwendig sind.

P20. Betrachten Sie die GBN- und SR-Protokolle. Nehmen Sie an, dass der Bereich der Sequenznummern die Größe *k* hat. Was ist das größte zulässige Absenderfenster, mit dem das Auftreten von Problemen wie dem in ▶Abbildung 3.27 für jedes dieser Protokolle vermieden wird?

P21. Beantworten Sie, ob die folgenden Fragen wahr oder falsch sind, und rechtfertigen Sie kurz Ihre Antwort:

a. Mit dem SR-Protokoll ist es möglich, dass der Absender ein ACK für ein Paket erhält, das außerhalb seines gegenwärtigen Fensters liegt.

b. Mit GBN ist es möglich, dass der Absender ein ACK für ein Paket erhält, das außerhalb seines gegenwärtigen Fensters liegt.

c. Das Alternierende-Bit-Protokoll ist das Gleiche wie das SR-Protokoll mit einer Größe für Absender- und Empfängerfenster von eins.

d. Das Alternierende-Bit-Protokoll ist das Gleiche wie das GBN-Protokoll mit einer Größe für Absender- und Empfängerfenster von eins.

P22. Wir haben gesagt, dass eine Anwendung UDP als Transportprotokoll wählen kann, weil UDP den Applikationen eine bessere Kontrolle (als TCP) ermöglicht, welche Daten wann in einem Segment gesendet werden.

a. Warum hat eine Anwendung mehr Kontrolle darüber, welche Daten in einem Segment übertragen werden?

b. Warum hat eine Anwendung mehr Kontrolle darüber, wann das Segment gesendet wird?

P23. Sie versuchen, eine riesige Datei von *L* Byte von Host A zu Host B zu übertragen. Gehen Sie von einer *MSS* von 1.460 Byte aus.

a. Bei welchem Maximalwert von *L* sind die TCP-Sequenznummern nicht erschöpft? Erinnern Sie sich daran, dass das TCP-Sequenznummernfeld eine Größe von 4 Byte hat.

b. Bestimmen Sie für den Wert von *L*, den Sie eben berechnet haben, wie lange es dauert, die Datei zu senden. Nehmen Sie an, dass an jedes Segment insgesamt 66 Byte für Transport-, Netzwerk- und Sicherungsschicht-Header angefügt werden, bevor die entstehenden Pakete über eine 10 Mbps-Verbindung übertragen werden. Ignorieren Sie Flusskontrolle und Überlastkontrolle, so dass A die Segmente kontinuierlich und direkt hintereinander absenden kann.

P24. Host A und B kommunizieren über eine TCP-Verbindung und Host B hat bereits von A alle Bytes bis zum Byte 248 erhalten. Nehmen Sie an, dass Host A dann zwei Segmente direkt hintereinander an B sendet. Diese Segmente enthalten 40 bzw. 60 Byte an Daten. Das erste Segment trägt die Sequenznummer 249, die Quellportnummer 503 und die Zielportnummer 80. Host B sendet jedes Mal, wenn er ein Segment von Host A erhält, eine Bestätigung.

a. Wie lauten die Sequenznummer, die Quellportnummer und die Nummer des Zielports im zweiten von Host A an B geschickten Segment?

b. Wenn das erste Segment vor dem zweiten Segment ankommt, wie lauten die Acknowledgment-Nummer, die Quellportnummer und die Zielportnummer in der Bestätigung des ersten ankommenden Segmentes?

c. Wenn das zweite Segment vor dem ersten Segment eintrifft, wie lautet dann die Acknowledgment-Nummer bei der Bestätigung des ersten eingetroffenen Segmentes?

d. Nehmen Sie an, dass die zwei von A geschickten Segmente in der richtigen Reihenfolge bei B ankommen, die erste Bestätigung verloren geht und die zweite Bestätigung nach dem ersten Timeout-Intervall ankommt. Zeichnen Sie ein Zeit-Ablauf-Diagramm (analog zu ▶Abbildung 3.16), welches diese Segmente und alle anderen Segmente und Bestätigungen zeigt, die übertragen werden. (Nehmen Sie an, dass es keinen zusätzlichen Paketverlust gibt.) Nennen Sie die Sequenznummer und die Anzahl der Datenbytes für jedes Segment in Ihrer Abbildung. Nennen Sie die Acknowledgment-Nummer für jede Bestätigung.

P25. Host A und B seien direkt mit einer 200 Mbps-Leitung verbunden. Es gibt eine TCP-Verbindung zwischen den beiden Hosts und Host A sendet über diese Verbindung eine riesige Datei an Host B. Host A kann Anwendungsdaten mit 100 Mbps über die Verbindung senden, aber Host B seinen TCP-Eingangspuffer maximal mit einem Rate von 50 Mbps auslesen. Beschreiben Sie die Wirkung der TCP-Flusskontrolle.

P26. SYN-Cookies wurden in Abschnitt 3.5.6 erörtert.

a. Warum ist es notwendig, dass der Server eine spezielle Anfangssequenznummer beim SYNACK verwendet?

b. Nehmen Sie an, dass ein Angreifer weiß, dass ein Zielhost SYN-Cookies verwendet. Kann der Angreifer halb offene oder vollständig offene Verbindungen dadurch schaffen, dass er einfach ein ACK-Paket an das Ziel sendet? Warum oder warum nicht?

P27. Betrachten Sie das TCP-Verfahren für das Abschätzen der *RTT*. Nehmen Sie an, dass $\alpha = 0{,}1$ ist. Sei $SampleRTT_1$ die jüngste *SampleRTT*, $SampleRTT_2$ die vorletzte *SampleRTT* usw.

a. Nehmen Sie für eine gegebene TCP-Verbindung an, dass vier Acknowledgments mit zugehörigen Sample-RTTs, nämlich $SampleRTT_4$, $SampleRTT_3$, $SampleRTT_2$ und $SampleRTT_1$, eingetroffen sind. Geben Sie *EstimatedRTT* in Abhängigkeit von den vier Sample-RTTs an.

b. Verallgemeinern Sie Ihre Formel für n Sample-RTTs.

c. Lassen Sie in der Formel in Teil (b) n gegen unendlich gehen. Kommentieren Sie, warum dieses Durchschnittsberechnungsverfahren als exponentieller gleitender Durchschnitt bezeichnet wird.

P28. In Abschnitt 3.5.3 haben wir TCPs Abschätzung der RTT erörtert. Warum lässt TCP die *SampleRTT* für wiederholt übertragene Segmente nicht in die Berechnung miteinfließen?

P29. Welche Beziehung besteht zwischen der Variablen *SendBase* in Abschnitt 3.5.4 und der Variablen *LastByteRcvd* in Abschnitt 3.5.5?

P30. Welche Beziehung besteht zwischen der Variablen *LastByteRcvd* in Abschnitt 3.5.5 und der Variablen *y* in Abschnitt 3.5.4?

P31. In Abschnitt 3.5.4 haben wir gesehen, dass TCP wartet, bis es drei doppelte ACKs erhalten hat, bevor ein Fast Retransmit durchgeführt wird. Warum, denken Sie, haben sich die TCP-Designer gegen einen Fast Retransmit schon nach dem ersten doppelten ACK für ein Segment entschieden?

P32. Betrachten Sie ▶Abbildung 3.46 (b) Wenn λ'_{in} über *R*/2 wächst, kann dann λ_{out} über *R*/3 ansteigen? Begründen Sie Ihre Antwort. Betrachten Sie nun ▶Abbildung 3.46 (c). Wenn λ'_{in} über *R*/2 steigt, kann dann, unter der Annahme, dass ein Paket im Durchschnitt zweimal vom Router an den Empfänger weitergeleitet wird, λ_{out} über *R*/4 anwachsen? Begründen Sie Ihre Antwort.

P33. Betrachten Sie folgenden Verlauf der TCP-Fenstergröße über die Zeit.

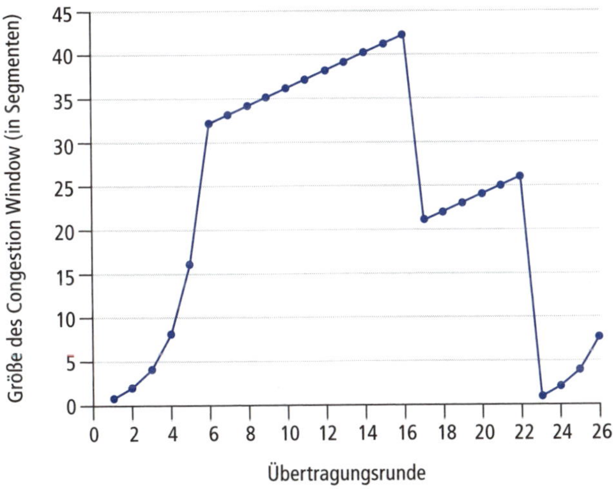

Nehmen Sie an, dass TCP Reno das Protokoll ist, welches das oben gezeigte Verhalten aufweist, und beantworten Sie die folgenden Fragen. In allen Fällen sollten Sie eine kurze Diskussion liefern, die Ihre Antwort begründet.

a. Identifizieren Sie die Zeitintervalle, in denen TCPs Slow Start aktiv ist.

b. Identifizieren Sie die Zeitintervalle, in denen TCP im Zustand Congestion Avoidance ist.

c. Wird nach der 16. Übertragungsrunde ein Segmentverlust anhand dreier doppelter ACKs oder eines Timeouts erkannt?

d. Wird nach der 22. Übertragungsrunde ein Segmentverlust anhand dreier doppelter ACKs oder eines Timeouts erkannt?

e. Wie lautet der Anfangswert von *Threshold* in der ersten Übertragungsrunde?

f. Wie lautet der Wert von *Threshold* in der 18. Übertragungsrunde?

g. Wie lautet der Wert von *Threshold* in der 24. Übertragungsrunde?

h. In welcher Übertragungsrunde wird das 70. Segment gesandt?

i. Nehmen Sie an, ein Paketverlust wird nach der 26. Runde durch das Eintreffen dreier doppelter ACK erkannt. Welche Werte haben die Größe des Congestion Window und *Threshold* danach?

P34. Beziehen Sie sich auf ▶Abbildung 3.55, welche die Konvergenz des AIMD-Algorithmus von TCP erläutert. Nehmen Sie an, dass TCP statt Multiplicative Decrease die Fenstergröße um einen konstanten Betrag verringert. Würde der entstehende AIAD-Algorithmus ebenfalls zu einer fairen Bandbreitenaufteilung konvergieren? Begründen Sie Ihre Antwort mit einem Diagramm analog zu ▶Abbildung 3.55.

P35. In Abschnitt 3.5.4 haben wir das Verdoppeln des Timeout-Intervalls nach einem Timeout-Ereignis erörtert. Dieser Mechanismus ist eine Form der Überlastkontrolle. Warum braucht TCP zusätzlich zu diesem sich verdoppelnden Timeout einen fensterbasierten Überlastkontrollmechanismus (wie in Abschnitt 3.7 untersucht)?

P36. Host A sendet eine riesige Datei an Host B über eine TCP-Verbindung. Auf dieser Verbindung gibt es nie Paketverlust und die Timer laufen nie aus. Bezeichnen Sie die Übertragungsrate des Links, der Host A mit dem Internet verbindet, mit R bps. Nehmen Sie an, dass der Prozess auf Host A in der Lage ist, Daten an sein TCP-Socket mit einer Rate von S bps zu übergeben, wobei $S = 10\ R$. Nehmen Sie weiter an, dass der TCP-Empfangspuffer groß genug ist, die ganze Datei zu halten, während der Sendepuffer nur ein Prozent der Datei speichern kann. Was würde den Prozess in Host A daran hindern, stetig Daten an sein TCP-Socket mit Rate S bps weiterzureichen? Die TCP-Flusskontrolle? Die TCP-Überlastkontrolle? Oder etwas anderes? Führen Sie die Berechnung aus.

P37. Stellen Sie sich vor, eine große Datei von einem Host an einen anderen über eine TCP-Verbindung zu senden, bei der keine Paketverluste auftreten.

a. Nehmen Sie an, dass TCP für seine Überlastkontrolle AIMD ohne Slow Start verwendet. Unter der Voraussetzung, dass *CongWin* jedes Mal um 1 *MSS* steigt, wenn ein Schub von ACKs empfangen wird, und bei ungefähr konstanter Rundlaufzeit, wie lange dauert es, bis *CongWin* von 1 *MSS* auf 6 *MSS* gestiegen ist (wenn wir den Fall ohne Verlustereignisse betrachten)?

b. Wie groß ist der durchschnittliche Durchsatz (in Abhängigkeit von *MSS* und *RTT*), für diese Verbindung bis zum Zeitpunkt $t = 5\ RTT$?

P38. Erinnern Sie sich an die makroskopische Beschreibung des TCP-Durchsatzes. Im Zeitintervall, in dem sich die Rate der Verbindung zwischen $W/(2\ RTT)$ und W/RTT bewegt, geht nur ein Paket verloren (ganz am Ende des Zeitabschnittes).

a. Zeigen Sie, dass die Verlustrate (der Bruchteil der verloren gegangenen Pakete) gegeben ist durch:

$$L = \frac{1}{\frac{3}{8}W^2 + \frac{3}{4}W}$$

b. Verwenden Sie das obige Ergebnis, um zu zeigen, dass, wenn eine Verbindung die Verlustrate L besitzt, ihre Durchschnittsrate ungefähr durch

$$\approx \frac{1{,}22\ MSS}{RTT\sqrt{L}}$$

gegeben ist.

P39. In unserer Diskussion der Zukunft von TCP in Abschnitt 3.7 merkten wir an, dass TCP nur eine Segmentverlustwahrscheinlichkeit von $2 \cdot 10^{-10}$ tolerieren kann (entsprechend einem Verlustereignis pro 5 000 000 000 Segmente), um einen Durchsatz von 10 Gbps zu erreichen. Zeigen Sie die Ableitung für diesen Wert für die in Abschnitt 3.7 gegebenen Werte von *RTT* und *MSS*. Wenn TCP eine 100 Gbps-Verbindung auslasten müsste, wie groß wäre dann der tolerierbare Verlust?

P40. In unserer Diskussion der TCP-Überlastkontrolle in Abschnitt 3.7 haben wir implizit angenommen, dass der TCP-Sender immer Daten zu senden hätte. Betrachten Sie jetzt den Fall, dass der TCP-Sender eine große Datenmenge sendet und dann bei t_1 in einen Ruhezustand verfällt (da er kein Folgepaket zu senden hat). TCP bleibt für einen relativ langen Zeitraum untätig und sendet dann Folgepakete ab t_2. Was sind die Vor- und Nachteile, wenn TCP die Werte von *CongWin* und Threshold von t_1 verwendet, sobald es in t_2 Daten zu senden beginnt? Welche Alternative würden Sie empfehlen? Warum?

P41. In dieser Aufgabe untersuchen wir, ob UDP oder TCP ein gewisses Maß an Endpunktauthentifikation liefern.

a. Betrachten Sie einen Server, der eine Anfrage durch ein UDP-Paket erhält und diese Anfrage mit einem UDP-Paket beantwortet (wie das zum Beispiel von einem DNS-Server gemacht wird). Wenn ein Client mit IP-Adresse X seine Adresse in Adresse Y verändert (spooft), wohin sendet der Server seine Antwort?

b. Nehmen Sie an, dass ein Server ein SYN mit IP-Quelladresse Y empfängt und nach dem Antworten mit einem SYNACK ein ACK mit IP-Quelladresse Y mit der richtigen Acknowledgment-Nummer erhält. Unter der Annahme, dass der Server eine zufällige anfängliche Sequenznummer wählt und es keinen Man-in-the-Middle gibt, kann der Server sicher sein, dass der Client wirklich unter Y zu finden ist (und nicht aufgrund von Spoofing unter irgendeiner anderen Adresse X)?

P42. In dieser Aufgabe betrachten wir die von der Slow Start-Phase von TCP verursachte Verzögerung. Stellen Sie sich einen Client und einen Webserver vor, die direkt durch eine Leitung der Rate R verbunden sind. Nehmen Sie an, dass der Client ein Objekt anfragt, dessen Größe gleich 15 S ist, wobei S die maximale Segmentgröße *(MSS)* ist. Bezeichnen Sie die Rundlaufzeit zwischen Client und Server (die als konstant angenommen wird) als RTT. Bestimmen Sie die Zeit, die benötigt wird, um ein Objekt herunterzuladen (einschließlich TCP-Verbindungsaufbau) – ignorieren Sie dabei Protokoll-Header – wenn

a. $4\ S/R > S/R + RTT > 2\ S/R$

b. $S/R + RTT > 4\ S/R$

c. $S/R > RTT$.

Diskussion

D1. Was bedeutet TCP-Verbindungs-Hijacking *(Verbindungsentführung)*? Wie könnte es durchgeführt werden?

D2. In Abschnitt 3.7 haben wir gesehen, dass eine Client-Server-Applikation unfairerweise viele parallele Verbindungen gleichzeitig aufbauen kann. Was kann getan werden, um das Internet wirklich fair zu machen?

D3. Lesen Sie wissenschaftliche Veröffentlichungen, um zu erfahren, was unter TCP-freundlich (TCP friendly) zu verstehen ist. Lesen Sie auch das Interview mit Sally Floyd am Ende dieses Kapitels. Verfassen Sie eine Beschreibung der TCP-Fairness von einer Seite Länge.

D4. Am Ende des Abschnittes 3.7.1 erörterten wir die Tatsache, dass eine Anwendung mehrere TCP-Verbindungen öffnen und einen höheren Durchsatz erhalten kann (oder äquivalent eine geringere Datentransferzeit). Was würde geschehen, wenn alle Anwendungen versuchten, ihre Leistung durch Verwenden von mehreren Verbindungen zu verbessern? Nennen Sie einige der Schwierigkeiten, die entstehen, wenn eine Komponente im Inneren des Netzes bestimmen soll, ob eine Anwendung mehrere TCP-Verbindungen verwendet.

D5. Welche Funktionalität hat nmap über das TCP- und UDP-Port-Scanning hinaus? Sammeln Sie mit Wireshark (oder einem anderen Packet Sniffer) Pakettraces des nmap-Nachrichtenaustausches. Verwenden Sie diese Traces, um zu erklären, wie manche der erweiterten Funktionen funktionieren.

D6. Lesen Sie wissenschaftliche Literatur zu SCTP [RFC 2960; RFC 3286]. Für welche Anwendungen stellen sich die Designer von SCTP dessen Einsatz vor? Welche Merkmale von SCTP wurden hinzugefügt, um den Bedürfnissen dieser Anwendungen entgegenzukommen?

Programmieraufgaben

Implementieren eines zuverlässigen Transportprotokolls

In dieser Programmieraufgabe schreiben Sie den Code für beide Seiten einer Transportschicht (Sender und Empfänger), welche einen einfachen zuverlässigen Datentransfer ermöglicht. Es gibt zwei Versionen dieser Aufgabe: mit dem Alternierenden-Bit-Protokoll und GBN. Diese Aufgabe sollte Spaß machen – Ihre Implementierung unterscheidet sich nur wenig von dem, was in der wirklichen Welt benötigt würde.

Wahrscheinlich haben Sie nicht mehrere Computer mit einem Betriebssystem, das Sie nach Belieben modifizieren können, zur Hand. Deshalb soll Ihr Code in einer simulierten Hardware-/Softwareumgebung arbeiten. Allerdings ist die Programmierschnittstelle Ihrer Routinen – der Code, der Ihre Instanzen von oberhalb und unterhalb aufrufen würde – nahe an dem, was in einer tatsächlichen UNIX-Umgebung abläuft. (Tatsächlich sind die in dieser Programmieraufgabe beschriebenen Software-Schnittstellen viel realistischer als die Endlosschleifensender und -empfänger, die viele Lehrbücher beschreiben.) Das Starten und Stoppen von Timern wird ebenfalls simuliert und Timer-Interrupts werden dafür sorgen, dass ihre Routinen zum Timer-Handling aufgerufen werden.

Die komplette Aufgabenstellung sowie den Code, den Sie mit Ihrem eigenen Code zusammen kompilieren müssen, finden Sie auf der Website dieses Buches.

Wireshark-Experiment: Eine Untersuchung von TCP

In dieser Übung verwenden Sie Ihren Webbrowser, um auf eine Datei über einen Webserver zuzugreifen. Wie in früheren Experimenten verwenden Sie Wireshark, um die Pakete aufzuzeichnen, die an Ihrem Computer ankommen. Im Gegensatz zu früheren Experimenten werden Sie auch in der Lage sein, ein Wireshark-lesbares Paket-Trace vom gleichen Webserver herunterzuladen, von dem Sie die Datei herunterladen. In diesem Server-Trace finden Sie die Pakete, die von Ihrem eigenen Zugriff auf den Webserver generiert wurden. Sie werden die client- und serverseitigen Traces analysieren, um einige Aspekte von TCP zu untersuchen. Insbesondere werden Sie die Leistung der TCP-Verbindung zwischen Ihrem Computer und dem Webserver beurteilen. Sie verfolgen das Fensterverhalten von TCP und schließen auf Paketverlust, Übertragungswiederholung, Flusskontrolle, Überlastkontrollverhalten und geschätzte Rundlaufzeit.

Wie bei allen Wireshark-Experimenten finden Sie die ausführliche Beschreibung dieses Experimentes auf der Website zum Buch.

Wireshark-Experiment: Eine Untersuchung von UDP

In diesem Experiment zeichnen Sie Datenverkehr auf und analysieren Ihre bevorzugte Anwendung, die UDP verwendet (zum Beispiel DNS oder eine Multimedia-Anwendung wie Skype). Wie wir in Abschnitt 3.3 gelernt haben, ist UDP ein einfaches, schlichtes Transportprotokoll. Sie untersuchen die Header-Felder sowohl im UDP-Segment als auch bei der Prüfsummenberechnung.

Weblink

Wie bei allen Wireshark-Experimenten finden Sie die ausführliche Beschreibung dieses Experimentes auf der Website zum Buch.

Interview mit Sally Floyd

Sally Floyd ist Wissenschaftlerin am ICSI-Center for Internet Research, einem Institut, das sich mit Fragen des Internets und von Computernetzwerken im Allgemeinen befasst. In der Industrie ist sie für ihre Arbeiten zum Internet-Protokolldesign bekannt, insbesondere zu zuverlässigem Multicast, Überlastkontrolle (TCP), Packet Scheduling (RED) und Protokollanalyse. Sally hat einen Bachelor in Soziologie der University of California, Berkeley sowie einen Master und einen Doktortitel in Informatik von derselben Universität.

Wieso haben Sie sich für das Studium der Informatik entschieden?

Nachdem ich meinen Bachelor in Soziologie hatte, musste ich mir einen Weg suchen, für mich selbst aufzukommen. Ich machte schließlich einen zweijährigen Kurs in Elektronik an meinem örtlichen College und verbrachte danach zehn Jahre mit Arbeiten in den Bereichen Elektronik und Informatik. Dies beinhaltete acht Jahre als Systemingenieurin an den Computern, welche die schnellen Transitzüge der Bay Area steuern. Ich beschloss, etwas mehr formale Informatik zu lernen, und bewarb mich später an der Graduiertenschule des Informatikfachbereiches der UC Berkeley.

Warum haben Sie sich dafür entschieden, sich auf Netzwerke zu spezialisieren?

In der Graduiertenschule begann ich, mich für theoretische Informatik zu interessieren. Ich arbeitete zuerst an der probabilistischen Analyse von Algorithmen und später an Computerlerntheorie. Ich arbeitete auch einen Tag im Monat am LBL (Lawrence Berkeley Laboratory), wo mein Büro gegenüber dem von Van Jacobson lag, der damals an TCP-Überlastkontrollalgorithmen arbeitete. Van fragte mich, ob ich während des Sommers an der Analyse von Algorithmen für netzwerkbezogene Probleme arbeiten wollte, was die Untersuchung unerwünschter Synchronisation von periodischen Routing-Nachrichten beinhaltete. Das klang für mich interessant, so dass ich diese Analyse den Sommer über durchführte.

Nachdem ich meine Doktorarbeit beendet hatte, bot mir Van eine Vollzeitstelle an, bei der ich die Arbeit über Netzwerke fortsetzen sollte. Ich hatte nicht unbedingt beabsichtigt, mich jahrelang mit Netzwerken zu beschäftigen, aber ich empfand Netzwerkforschung als zufriedenstellender als theoretische Informatik. Ich stellte fest, dass ich in der angewandten Welt glücklicher bin, in der die Folgen meiner Arbeit greifbarer sind.

Was war Ihre erste Stelle in der Computerindustrie? Was brachte sie mit sich?

Meine erste Stelle war von 1975 bis 1982 bei BART (Bay Area Rapid Transit), wo ich an den Computern arbeitete, welche die BART-Züge steuerten. Ich begann als Technikerin, wartete und reparierte die verschiedenen verteilten Computersysteme, die daran beteiligt sind, das BART-System am Laufen zu halten.

Das beinhaltete ein Zentralrechnersystem und verteilte Minicomputersysteme zur Kontrolle der Zugbewegung, ein System von DEC-Computern für die Darstellung von Anzeigen und Zugzielen auf den Anzeigetafeln und ein System von Modcomp-Computern für die Beschaffung von Informationen von den Fahrkartenschaltern. Meine letzten Jahre bei BART verbrachte ich mit einem Gemeinschaftsprojekt von BART und LBL, in dem der Ersatz von BARTs alterndem Zugsteuer-Rechnersystem gestaltet werden sollte.

Was stellt in Ihrem Job die größten Herausforderungen dar?

Die aktuelle Forschung ist der herausforderndste Teil. Derzeit beinhaltet ein Forschungsthema die Untersuchung von Themen der Überlastkontrolle für Anwendungen wie Multimedia-Ströme. Ein zweites Thema betrachtet Probleme, die einer ausführlicheren Kommunikation zwischen Routern und Endknoten im Wege stehen. Dies beinhaltet IP-Tunnel und MPLS-Pfade, Router oder andere zwischengeschaltete Systeme, die Pakete mit IP-Optionen verwerfen, komplexe Schicht-2-Netzwerke und Potenziale für Netzwerkangriffe. Ein drittes Thema betrifft die Erforschung, wie unsere Auswahl an Modellszenarien in der Analyse, Simulation und bei Experimenten unsere Bewertung der Leistung von Überlastkontrollmechanismen beeinflusst. Weitere Informationen zu diesen Themen sind auf den Webseiten zu DCCP, Quick Start und TMRG zu finden, die über *http://www.icir.org/floyd* erreichbar sind.

Was ist Ihre Sicht auf die Zukunft der Netzwerke und des Internets?

Eine Möglichkeit besteht darin, dass die typische Überlast, mit der der Internetverkehr zu kämpfen hat, weniger schwerwiegend wird, da die verfügbare Bandbreite schneller wächst als der Bedarf. Ich sehe den Trend in Richtung weniger schwerer Überlast, obwohl mittelfristig wachsende Überlast mit gelegentlichen Netzzusammenbrüchen wegen zu starker Überlast auch nicht unmöglich scheint.

Die Zukunft des Internets selbst, oder der Internetarchitektur, sehe ich nicht klar. Viele Faktoren können zu raschen Änderungen beitragen, daher ist es schwer vorherzusagen, wie das Internet oder die Internetarchitektur sich entwickeln werden oder wie erfolgreich diese Entwicklung die vielen potenziellen Fallen auf ihrem Weg vermeiden kann.

Ein bekannter negativer Trend ist die wachsende Schwierigkeit, Änderungen an der Internetarchitektur vorzunehmen. Die Internetarchitektur ist nicht mehr ein schlüssiges Ganzes und die verschiedenen Bestandteile wie Transportprotokolle, Routermechanismen, Firewalls, Lastverteilung, Sicherheitsmechanismen usw. dienen manchmal entgegengesetzten Zwecken.

Welche Menschen haben Sie beruflich inspiriert?

Richard Karp, der Betreuer meiner Doktorarbeit an der Graduiertenschule, hat mir im Grunde genommen gezeigt, wie man Wissenschaft betreibt, und Van Jacobson, mein „Gruppenleiter“ bei LBL, war für mein Interesse an Netzwerken und für einen Großteil meines Verständnisses der Internetinfrastruktur verantwortlich. Dave Clark hat mich durch seine klare Sicht der Internetarchitektur inspiriert und durch seine Rolle in der Entwicklung dieser Architektur durch Forschung, Schreiben und Beteiligung an der IETF und anderen öffentlichen Foren. Deborah Estrin inspirierte mich durch ihre Konzentration und Effektivität und ihre Fähigkeit, bewusst zu entscheiden, woran sie arbeiten möchte und warum.

Einer der Gründe, warum ich die letzten zehn Jahre in der Netzwerkforschung genossen habe, ist, dass so viele Leute in diesem Feld arbeiten, die ich mag und respektiere und die mich inspirieren. Sie sind intelligent, arbeiten hart und engagieren sich stark für die Entwicklung des Internets. Sie leisten beeindruckende Arbeit und sind gute Begleiter auf ein Bier und ein freundschaftliches Streitgespräch (oder eine Versöhnung) nach einem Tag voller Besprechungen.

Netzwerkschicht

4

ÜBERBLICK

EINLEITUNG

» *Wir haben im vorherigen Kapitel gesehen, dass die Transportschicht verschiedene Formen der Kommunikation von Prozess zu Prozess anbietet, indem sie sich auf die Host-zu-Host-Kommunikation der Netzwerkschicht verlässt. Wir haben zudem gelernt, dass die Transportschicht dabei keinerlei Kenntnis davon hat, wie die Netzwerkschicht diese Dienste tatsächlich durchführt. Was steckt aber hinter der Host-zu-Host-Kommunikation und wie funktioniert sie?*

Dieses Kapitel beschreibt, wie die Netzwerkschicht die Host-zu-Host-Kommunikation tatsächlich implementiert. Anders als bei der Transportschicht, steckt ein Teil der Netzwerkschicht in jedem einzelnen Host und Router im Netz. Deswegen zählen die Netzwerkschichtprotokolle zu den herausforderndsten (und daher auch interessanteren!) Protokollen des Protokollstapels.

Die Netzwerkschicht ist aber auch eine der komplexesten Schichten im Protokollstapel und daher haben wir hier ein gutes Stück Arbeit vor uns. Wir beginnen unsere Betrachtungen mit einem Überblick der Netzwerkschicht und der Dienste, die sie liefern kann. Anschließend untersuchen wir wieder die beiden großen Ansätze für die Zustellung von Netzwerkschichtpaketen, denen wir bereits in Kapitel 1 *begegnet sind – Datagramme und das Modell virtueller Leitungen. Wir werden die grundlegende Rolle erkennen, welche die Adressierung bei der Zustellung eines Paketes an den Zielhost spielt.*

In diesem Kapitel nehmen wir eine wichtige Unterscheidung zwischen den **Weiterleitungs**- *und den* **Routing-Funktionen** *der Netzwerkschicht vor. Weiterleitung umfasst den Transfer eines Paketes von einer eingehenden Leitung auf eine ausgehende Leitung innerhalb eines einzelnen Routers. Routing umfasst alle Router eines Netzes, deren Zusammenspiel über Routing-Protokolle die Pfade bestimmt, die Pakete auf ihren Wegen von Quelle zu Ziel einschlagen. Wenn Sie diesen Unterschied bei der Lektüre dieses Kapitels im Hinterkopf behalten, werden Sie viele der behandelten Themen im richtigen Kontext betrachten können.*

Um unser Verständnis der Paketweiterleitung zu vertiefen, werden wir sozusagen in einen Router „hineinschauen" – und seine Hardwarearchitektur und Organisation betrachten. Wir widmen uns anschließend der Paketweiterleitung im Internet mit dem berühmten Internetprotokoll (IP). Wir untersuchen die Adressierung in der Netzwerkschicht und das IPv4-Datagrammformat und befassen uns dann mit der Network Address Translation (NAT, Netzwerk-Adressenübersetzung), *der Datagrammfragmentierung, dem Internet Control Message Protocol (ICMP) und IPv6.*

Danach richten wir unsere Aufmerksamkeit auf die Routing-Funktion der Netzwerkschicht. Wir werden erkennen, dass die Aufgabe eines Routing-Algorithmus darin besteht, gute Pfade (anders ausgedrückt: Routen) zwischen Sender und Empfängern zu finden. Wir untersuchen zuerst die Theorie hinter den Routing-Algorithmen, wobei wir uns auf die beiden vorherrschenden Klassen von Algorithmen konzentrieren: Link-State-Algorithmen (Leitungsstatus-Algorithmen) *und Distanzvektor-Algo-*

rithmen. Da die Komplexität von Routing-Algorithmen beträchtlich mit der Anzahl der Netzwerkrouter ansteigt, interessieren uns auch hierarchische Routing-Ansätze. Wie die Theorie umgesetzt wird, erfahren wir, wenn wir die Intra-Autonomous-System-Routing-Protokolle des Internets (RIP, OSPF und IS-IS) und sein Inter-Autonomous-System-Routing-Protokoll, BGP untersuchen. Wir schließen dieses Kapitel mit einer Diskussion von Broadcast- und Multicast-Routing ab.

Insgesamt besteht dieses Kapitel aus drei größeren Teilen. Der erste Teil, mit den Abschnitten 4.1 und 4.2, behandelt Funktionen und Dienste der Netzwerkschicht. Der zweite Teil, mit den Abschnitten 4.3 und 4.4, befasst sich mit dem Thema Paketweiterleitung. Der dritte Teil umfasst die Abschnitte 4.5 bis 4.7 und behandelt Routing. «

4.1 Einführung

▶Abbildung 4.1 zeigt ein einfaches Netz mit zwei Hosts H1 und H2 und mehreren Routern auf dem Pfad zwischen H1 und H2. Nehmen Sie an, dass H1 Informationen an H2 überträgt, und überlegen Sie sich, was die Aufgabe der Netzwerkschicht in diesen Hosts und in den dazwischenliegenden Routern ist. Die Netzwerkschicht in H1 nimmt Segmente von der Transportschicht in H1 entgegen, verkapselt jedes Segment in ein Datagramm (das heißt ein Paket der Netzwerkschicht) und sendet dann die Datagramme an den benachbarten Router R1. Beim empfangenden Host H2 erhält die Netzwerkschicht die Datagramme von ihrem Nachbarrouter R2, extrahiert die Transportschichtsegmente und stellt sie an die Transportschicht in H2 zu. Der Hauptaufgabenbereich der Router besteht im Weiterleiten der Datagramme von den Eingangsleitungen auf Ausgangsleitungen. Beachten Sie, dass die Router in Abbildung 4.1 mit einem verkürzten Protokollstapel dargestellt werden, d.h. ohne die über der Netzwerkschicht liegenden Schichten, weil (außer zu Testzwecken) die Router keine Anwendungs- und Transportschichtprotokolle – wie die in Kapitel 2 und 3 untersuchten – ausführen.

4.1.1 Weiterleitung und Routing

Die Aufgabe der Netzwerkschicht ist also überraschend einfach – sie soll Pakete von einem sendenden Host zu einem Empfängerhost bewegen. In diesem Zusammenhang können wir zwei wichtige Netzwerkschichtfunktionen identifizieren:

- *Weiterleitung.* Wenn ein Paket an der Eingangsleitung eines Routers ankommt, muss der Router das Paket auf die richtige Ausgangsleitung weitergeben. Zum Beispiel muss ein Paket, das von Host H1 an Router R1 ankommt, an den nächsten Router auf einem Pfad zu H2 weitergeleitet werden. In Abschnitt 4.3 blicken wir in einen Router und lernen, wie ein Paket tatsächlich von einer Eingangsleitung eines Routers zu einer Ausgangsleitung weitergeleitet wird.
- *Routing.* Die Netzwerkschicht muss die Route bzw. den Pfad bestimmen, der von Paketen durchlaufen wird, während sie sich von einem Sender zu einem Empfänger bewegen. Die Algorithmen, die diese Pfade berechnen, werden als *Routing-Algorithmen* bezeichnet. Ein Routing-Algorithmus würde zum Beispiel den Weg für Pakete von H1 zu H2 bestimmen.

Die Begriffe *Weiterleitung* und *Routing* werden von vielen Autoren, die die Netzwerkschicht erörtern, durcheinandergeworfen. Wir verwenden diese Begriffe in diesem Buch präziser. Weiterleitung bezieht sich auf die lokale Aktion des Routers, mit der er ein Paket von der Schnittstelle einer Eingangsleitung zur Schnittstelle einer Ausgangsleitung bringt. Routing bezieht sich auf den netzwerkweiten Prozess, der die Ende-zu-Ende-Pfade bestimmt, auf denen Pakete von der Quelle zum Ziel gelangen. Betrachten Sie in der Analogie des Autofahrens die Reise von Hamburg nach Bayern, die unser Reisender in Abschnitt 1.3.2 gemacht hat. Auf seinem Weg nach Bayern kommt unser Fahrer an vielen Straßenkreuzungen vorbei. Wir können uns Weiterleitung als den Prozess vorstellen, mit dem wir eine einzelne Kreuzung passieren: Ein Wagen fährt von

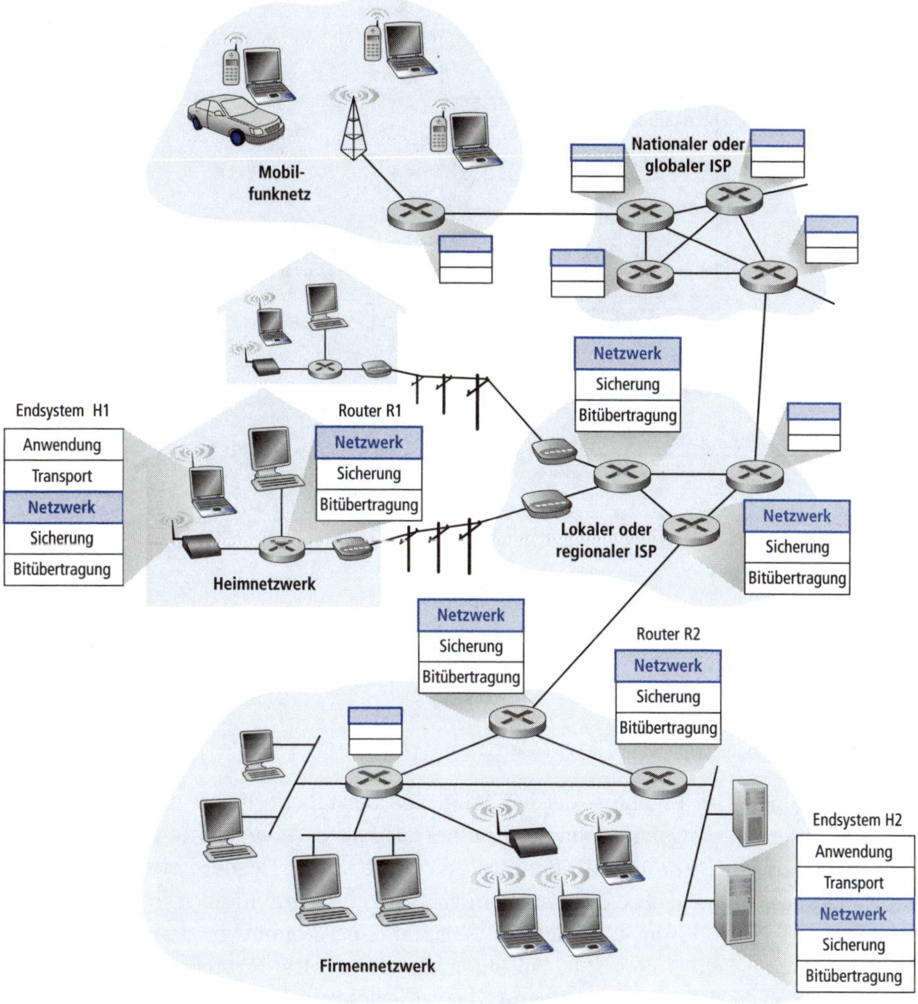

Abbildung 4.1: Die Netzwerkschicht

einer Straße aus ein und der Fahrer bestimmt, welche Straße er nehmen sollte, um die Kreuzung zu verlassen. Routing können wir uns dagegen als den Prozess vorstellen, mit dem die Reise von Hamburg nach Bayern geplant wird: Vor Beginn der Reise hat der Fahrer eine Karte studiert und einen von vielen möglichen Pfaden gewählt, wobei jeder Pfad aus einer Serie von Straßenabschnitten besteht, die an Kreuzungen miteinander verbunden sind. In diesem Kapitel schauen wir uns zuerst die Dienstmodelle der Netzwerkschicht an. Wir konzentrieren uns dann auf Themen der Netzwerkschicht, die mit dem Weiterleiten verknüpft sind, und wenden uns danach dem Routing zu.

Jeder Router hat eine *Weiterleitungstabelle (forwarding table).* Ein Router leitet ein Paket dadurch weiter, dass er den Wert eines Feldes in der Header-Zeile des ankommenden Paketes anschaut und dann diesen Wert in der Weiterleitungstabelle des Rou-

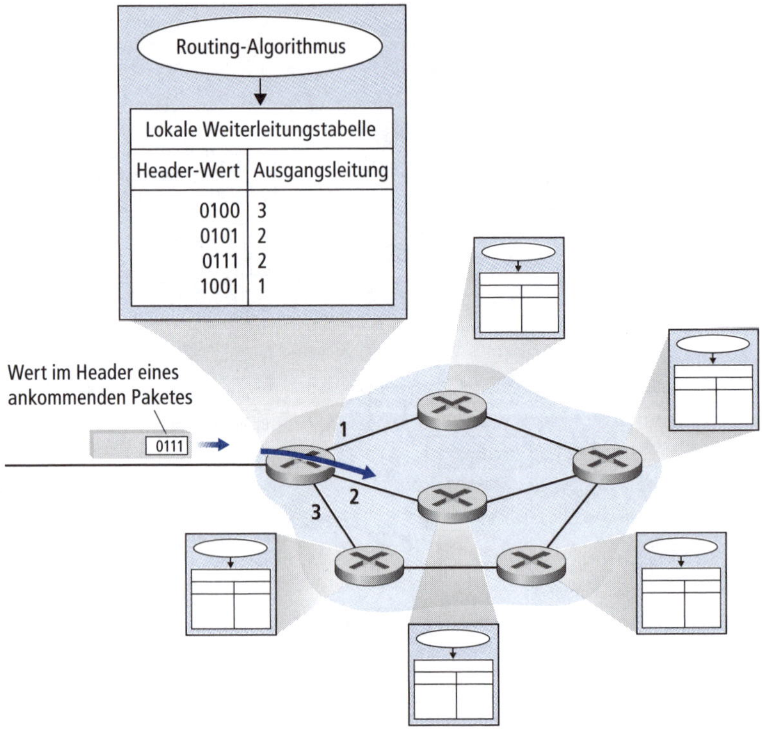

Abbildung 4.2: Routing-Algorithmen legen die Werte in den Weiterleitungstabellen fest

ters nachschlägt. Das Ergebnis aus der Weiterleitungstabelle liefert die Information, auf welche der Ausgangsleitungen des Routers das Paket weitergeleitet werden soll. Je nach Netzwerkschichtprotokoll könnte dieser Wert in der Header-Zeile des Paketes die Zieladresse des Paketes oder ein Hinweis auf die Verbindung sein, zu der das Paket gehört. ▶Abbildung 4.2 zeigt ein Beispiel. Dort kommt ein Paket mit einem Wert des Header-Feldes von 0111 bei einem Router an. Der Router schlägt in seiner Weiterleitungstabelle nach und erkennt, dass die richtige Ausgangsleitung für dieses Paket Schnittstelle 2 ist. Der Router leitet dann intern das Paket auf Schnittstelle 2 weiter. In Abschnitt 4.3 betrachten wir das Innere eines Routers und untersuchen die Weiterleitungsfunktion im Detail.

Eine unserer Fragen lautet, wie die Weiterleitungstabellen in den Routern konfiguriert werden. Dies ist ein zentrales Thema, welches das wichtige Zusammenspiel zwischen Routing und Weiterleitung deutlich macht. Wie in Abbildung 4.2 gezeigt, bestimmt der Routing-Algorithmus die Werte, die in die Weiterleitungstabellen des Routers eingetragen werden. Der Routing-Algorithmus kann zentralisiert ablaufen (wobei z.B. der Algorithmus auf einem zentralen Rechner ausgeführt wird, der die Routing-Information dann an alle Router verteilt) oder dezentralisiert (d.h., ein Teil des verteilten Routing-Algorithmus läuft auf jedem Router). In beiden Fällen erhält ein Router Routing-Protokoll-Nachrichten, die verwendet werden, um seine Weiterleitungstabelle zu konfigurieren. Die unterschiedlichen Aufgaben der Weiterleitungs- und Routing-Funktionen können wir durch den zwar hypothetischen (und unrealistischen, aber technisch einfachen) Fall eines Netzes erläutern, in dem alle Weiterleitungstabellen direkt von menschlichen Netzwerkverwaltern konfiguriert werden. In diesem Fall wären keine Routing-Protokolle erforderlich! Natürlich müssten die menschlichen Operatoren miteinander kommunizieren, um sicherzustellen, dass die Weiterleitungstabellen so konfiguriert werden, dass die Pakete ihre angestrebten Zieladressen erreichen. Allerdings ist es wahrscheinlich, dass die durch Menschen vorgenommene Konfiguration fehleranfälliger wäre und nur viel langsamer auf Änderungen in der Netzwerktopologie reagieren könnte als ein Routing-Protokoll. Wir dürfen uns daher glücklich schätzen, dass Netzwerke eine Weiterleitungs- und eine Routing-Funktion besitzen!

Wenn wir sowieso gerade bei der Terminologie sind, sollten wir auch zwei weitere Begriffe erwähnen, die oft durcheinandergebracht werden, hier aber strikt getrennt werden sollen. Wir reservieren den Ausdruck Paket-Switch ganz allgemein für ein Gerät, das Datenpakete entsprechend dem Wert in einem Feld in der Header-Zeile des Paketes von einer Eingangsschnittstelle auf eine Ausgangsschnittstelle überträgt. Einige Paket-Switches, die als *Switches der Sicherungsschicht (link-layer switches)* bezeichnet werden (und die wir in Kapitel 5 näher betrachten), begründen ihre Entscheidung über das Weiterleiten auf einem Wert im Header der Sicherungsschicht. Andere Paket-Switches, die als *Router* bezeichnet werden, treffen ihre Entscheidung über das Weiterleiten basierend auf dem Netzwerkschicht-Header. (Um diese wichtige Unterscheidung richtig würdigen zu können, lesen Sie Abschnitt 1.5.2, in dem wir Datagramme der Netzwerkschicht und Rahmen der Sicherungsschicht diskutiert haben.) Da unser Augenmerk in diesem Kapitel der Netzwerkschicht gilt, verwenden wir den Ausdruck *Router* statt *Paket-Switch*. Wir werden den Begriff Router sogar dann verwenden, wenn wir über Paket-Switches in Netzwerken mit virtuellen Leitungen reden (die wir bald diskutieren werden).

Verbindungsaufbau

Wir haben gerade schon gesagt, dass die Netzwerkschicht zwei wichtige Funktionen beinhaltet, Weiterleitung und Routing. Aber wir werden bald sehen, dass es in einigen Computernetzwerken tatsächlich eine dritte wichtige Netzwerkschichtfunktion gibt, den *Verbindungsaufbau*. Wie wir bei unserer Untersuchung von TCP ausgeführt haben, ist ein Drei-Wege-Handshake erforderlich, bevor Daten vom Absender zum Empfänger fließen können. Dieser ermöglicht es, dass Absender und Empfänger die erforderlichen Statusinformationen (zum Beispiel Sequenznummer und Anfangsfenster der Flusskontrolle) austauschen. Auf ähnliche Weise erfordern es einige Netzwerkarchitekturen – zum Beispiel ATM und Frame-Relay, aber nicht das Internet –, dass die Router entlang des gewählten Pfades von der Quell- zur Zieladresse einen Handshake ausführen, um ihren Status auszutauschen. Erst anschließend beginnen Datenpakete der Netzwerkschicht über die Verbindung zu fließen. In der Netzwerkschicht wird dieser Prozess als Verbindungsaufbau bezeichnet. Wir untersuchen den Verbindungsaufbau in Abschnitt 4.2

4.1.2 Dienstmodelle der Netzwerkschicht

Bevor wir in die Netzwerkschicht eintauchen, verschaffen wir uns einen Überblick und betrachten die verschiedenen Dienstgruppen, die von ihr angeboten werden könnten. Wenn die Transportschicht eines sendenden Hosts ein Paket ins Netz sendet (d.h., es im sendenden Host zur Netzwerkschicht hinunter übermittelt), kann sie sich dann darauf verlassen, dass die Netzwerkschicht das Paket an die Zieladresse liefert? Wenn mehrere Pakete gesendet werden, werden sie an die Transportschicht des Empfängerhosts in der Reihenfolge abgeliefert, in der sie abgeschickt wurden? Wird die Zeit zwischen dem Empfang von zwei Paketen genauso lang sein wie der Zeitraum zwischen ihrem Versand? Liefert das Netz irgendeine Rückmeldung zur Überlastsituation im Netz? Was sind die abstrakten Merkmale des Kanals, der die Transportschichtinstanzen von sendenden und empfangenden Hosts verbindet? Die Antworten auf diese und andere Fragen werden vom Dienstmodell bestimmt, das die Netzwerkschicht liefert. Das **Netzwerk-Dienstmodell** definiert die Eigenschaften der Ende-zu-Ende-Zustellung von Paketen zwischen einem Endpunkt im Netz und einem anderen, das heißt zwischen dem sendenden und empfangenden Endsystem.

Betrachten wir nun einige mögliche Dienste, welche die Netzwerkschicht erbringen könnte. Reicht die Transportschicht im sendenden Host ein Paket an die Netzwerkschicht weiter, könnte die Netzwerkschicht die folgenden Dienste erbringen:

- *Garantierte Zustellung.* Dieser Dienst garantiert, dass das Paket irgendwann an seiner Zieladresse ankommt.
- *Garantierte Zustellung mit begrenzter Verzögerung.* Dieser Dienst garantiert nicht nur die Ablieferung des Paketes, sondern auch die Zustellung innerhalb eines festgelegten Zeitraumes (zum Beispiel innerhalb von 100 ms).

Weiterhin könnten die folgenden Dienste einem *Strom von Paketen* zwischen einer gegebenen Quelle und einem Ziel angeboten werden:

- *Paketzustellung in der richtigen Reihenfolge.* Dieser Dienst garantiert, dass Pakete an der Zieladresse in der Reihenfolge ankommen, in der sie abgeschickt wurden.
- *Garantierte minimale Bandbreite.* Dieser Dienst der Netzwerkschicht emuliert das Verhalten einer Übertragungsstrecke mit festgelegter Übertragungsgeschwindigkeit (zum Beispiel 1 Mbps) zwischen sendendem und empfangendem Host (obwohl der tatsächliche Ende-zu-Ende-Pfad mehrere physikalische Leitungen durchqueren kann). Solange der sendende Host Bits (als Teil von Paketen) mit einer Geschwindigkeit sendet, die unterhalb der angegebenen Übertragungsgeschwindigkeit liegt, geht kein Paket verloren und jedes Paket kommt mit einer vorher festgelegten Gesamtverzögerung an (zum Beispiel innerhalb von 40 ms).
- *Garantierter maximaler Jitter.* Dieser Dienst garantiert, dass der Zeitraum zwischen der Übertragung zweier aufeinanderfolgender Pakete beim Sender genauso groß ist wie der Zeitraum zwischen ihrem Empfang an der Zieladresse (oder dass dieser Zeitabstand nicht um mehr als einen festgelegten Wert abweicht).

- *Sicherheitsdienste.* Mithilfe eines geheimen Sitzungsschlüssels *(session key)*, der nur dem Quell- und Zielhost bekannt ist, könnte die Netzwerkschicht im Quellsystem die Daten in allen Datagrammen verschlüsseln, die dem Zielhost zugesandt werden. Die Netzwerkschicht im Zielhost wäre dann dafür verantwortlich, sie wieder zu entschlüsseln. Mit solch einem Dienst würden alle Transportschichtsegmente (TCP und UDP) zwischen Quell- und Zielhost geschützt. Zusätzlich zur Vertraulichkeit könnte die Netzwerkschicht Datenintegritäts- und Quellenauthentifizierungsdienste erbringen.

Dies ist nur eine unvollständige Liste von Diensten, die eine Netzwerkschicht anbieten könnte – unzählige Abwandlungen sind möglich.

Die Netzwerkschicht des Internets bietet einen einzigen Dienst an, der als *Best-Effort-Dienst* bezeichnet wird. ▶ Tabelle 4.1 könnte den Eindruck erwecken, als wäre „Best-Effort-Dienst" ein Euphemismus für überhaupt keinen Dienst. Beim Best-Effort-Dienst ist nicht garantiert, dass das Timing zwischen Paketen erhalten bleibt, Paketen wird nicht garantiert, dass sie in der Reihenfolge eintreffen, in der sie ausgesendet werden, und es gibt keine Garantie, dass übertragene Pakete überhaupt irgendwann ankommen. Gemäß dieser Definition würde ein Netzwerk, das der Zieladresse keinerlei Pakete liefert, die Definition des Best-Effort-Zustelldienstes erfüllen. Wie wir jedoch bald erörtern, gibt es triftige Gründe, die für solch ein minimales Netzwerkschicht-Dienstmodell sprechen. Wir werden in Kapitel 7 alternative, in der Entwicklung befindliche Internetdienstmodelle behandeln.

Andere Netzwerkarchitekturen haben Dienstmodelle definiert und implementiert, die über den Best-Effort-Dienst des Internets hinausgehen. Zum Beispiel bietet die ATM-Netzarchitektur [MFA Forum 2007; Black 1995] mehrere Dienstmodelle an. Das bedeutet, dass gleichzeitig verschiedene Verbindungen mit verschiedenen Dienstklassen innerhalb desselben Netzwerkes aufgebaut werden können. Eine Diskussion, wie ein ATM-Netzwerk diese Dienste anbietet, liegt außerhalb der Möglichkeiten dieses Buches. Hier wollen wir nur deutlich machen, dass Alternativen zum Best-Effort-

Netzwerkarchitektur	Dienstmodell	Bandbreitengarantien	Garantie der Verlustfreiheit	Reihenfolge	Zeitgarantien	Hinweis auf Überlast
Internet	Best Effort	keine	nein	beliebige möglich	nicht unterstützt	keiner
ATM	CBR	garantiert eine konstante Rate	ja	in korrekter Reihenfolge	unterstützt	Überlast tritt nicht auf
ATM	ABR	garantiertes Minimum	nein	in korrekter Reihenfolge	nicht unterstützt	Überlasthinweise werden verwendet

Tabelle 4.1: Dienstmodelle des Internets, von ATM CBR und von ATM ABR

Dienst des Internets existieren. Zwei der wichtigeren ATM-Dienstmodelle sind die für konstante Bitrate und verfügbare Bitrate:

- ***ATM-Netzwerkdienst für konstante Bitrate*** *(CBR, constant bit rate).* Dies war das erste standardisierte ATM-Dienstmodell, in dem sich das frühzeitige Interesse von Telefonanbietern in ATM und der Eignung der CBR-Dienste zur Übertragung von Audio- und Videodatenverkehr bei konstanter Bitrate und in Echtzeit widerspiegelt. Das Ziel des CBR-Dienstes ist im Grunde einfach: Einem Strom von Paketen (die in der ATM-Terminologie als Zellen bezeichnet werden) soll eine virtuelle Leitung zur Verfügung gestellt werden, deren Eigenschaften genauso sind, als ob zwischen sendendem und empfangendem Host eine dedizierte Übertragungsstrecke mit fester Bandbreite existieren würde. Mit dem CBR-Dienst wird ein Strom von ATM-Zellen so durch das Netz transportiert, dass die Ende-zu-Ende-Verzögerung einer Zelle, die Variation dieser Verzögerung (also der Jitter) und der Bruchteil an Zellen, die verloren gehen oder zu spät abgeliefert werden, garantiert geringer sind als zuvor festgelegte Werte. Auf diese Werte einigen sich der sendende Host und das ATM-Netzwerk, wenn die Verbindung erstmals hergestellt wird.
- ***ATM-Netzwerkdienst für verfügbare Bitrate*** *(ABR, available bit rate).* Im Vergleich zu dem vom Internet angebotenen Best-Effort-Dienst könnte ATMs ABR als geringfügig besser charakterisiert werden. Wie das Internetdienstmodell kann der ABR-Dienst Zellen verlieren. Anders als im Internet können Zellen jedoch nicht umgeordnet werden (obwohl sie verloren gehen können) und eine minimale Zellenübertragungsrate (MCR, *minimum cell transmission rate*) wird einer Verbindung vom ABR-Dienst garantiert. Hat das Netz zu einer angegebenen Zeit genug freie Ressourcen, kann ein Sender Zellen auch mit einer höheren Rate als der MCR erfolgreich übertragen. Wie wir zudem in Abschnitt 3.6 gesehen haben, kann der ATM-ABR-Dienst dem Absender eine Rückmeldung liefern (in Form eines Überlasthinweis-Bits oder einer expliziten Übertragungsrate), die beeinflusst, wie der Sender seine Geschwindigkeit zwischen der MCR und einer zulässigen Spitzengeschwindigkeit der Zellen anpasst.

4.2 Virtuelle Leitungen und Datagrammnetzwerke

Wir haben in Kapitel 3 erwähnt, dass eine Transportschicht den Anwendungen einen verbindungslosen oder einen verbindungsorientierten Dienst zur Verfügung stellen kann. Zum Beispiel bietet die Transportschicht des Internets jeder Anwendung die Wahl zwischen zwei Diensten: UDP, ein verbindungsloser Dienst, oder TCP, ein verbindungsorientierter Dienst. Auf ähnliche Weise kann eine Netzwerkschicht ebenfalls verbindungslose oder verbindungsorientierte Dienste erbringen. Diese ähneln in vielfacher Weise den verbindungsorientierten und verbindungslosen Diensten der Transportschicht. Zum Beispiel beginnt ein verbindungsorientierter Dienst der Netzwerkschicht mit einem Handshake zwischen Quell- und Zielhosts. Ein verbindungsloser Dienst der Netzwerkschicht benötigt keinen initialen Handshake.

Obwohl die verbindungsorientierten und die verbindungslosen Dienste der Netzwerkschicht den entsprechenden Diensten der Transportschicht ähneln, gibt es doch entscheidende Unterschiede:

- Auf der Netzwerkschicht sind diese Dienste Host-zu-Host-Dienste, die von der Netzwerkschicht erbracht und der Transportschicht angeboten werden. Auf der Transportschicht sind es Prozess-zu-Prozess-Dienste, die von der Transportschicht der Anwendungsschicht zur Verfügung gestellt werden.
- In allen größeren, modernen Computernetzwerkarchitekturen (Internet, ATM, Frame Relay usw.) bietet die Netzwerkschicht entweder einen verbindungslosen Host-zu-Host-Dienst oder einen verbindungsorientierten Host-zu-Host-Dienst, aber nicht beides. Computernetzwerke, die nur einen verbindungsorienterten Dienst auf der Netzwerkschicht erbringen, werden *Netzwerke mit virtuellen Leitungen (VC networks, virtual circuit networks)* genannt; Computernetzwerke, die nur einen verbindungslosen Dienst auf der Netzwerkschicht bieten, werden *Datagrammnetzwerke* genannt.
- Die Implementierungen von verbindungsorientierten Diensten auf der Transportschicht und eines verbindungsorientierten Dienstes der Netzwerkschicht unterscheiden sich grundlegend. Im vorangegangenen Kapitel haben wir gesehen, dass der verbindungsorientierte Dienst der Transportschicht am Rand des Netzwerkes auf den Endsystemen implementiert ist. In Kürze werden wir sehen, dass verbindungsorientierte Netzwerkschichten sowohl auf den Routern im Inneren des Netzes als auch auf den Endsystemen implementiert sind.

Netzwerke mit virtuellen Leitungen und Datagrammnetzwerke sind zwei fundamentale Klassen von Computernetzwerken. Sie nutzen sehr unterschiedliche Informationen, um über das Weiterleiten von Datenpaketen zu entscheiden. Lassen Sie uns jetzt einen genaueren Blick auf ihre Implementierungen werfen.

4.2.1 Netzwerke mit virtuellen Leitungen

Wir haben gelernt, dass das Internet ein Datagrammnetz ist. Dennoch basieren viele alternative Netzwerkarchitekturen – darunter ATM und Frame Relay – auf virtuellen Leitungen und verwenden deshalb logische Ende-zu-Ende-Verbindungen auf der Netzwerkschicht. Diese Netzwerkschichtverbindungen werden virtuelle Leitungen *(VC, virtual circuit)* genannt. Überlegen wir nun, wie sich ein VC-Dienst in einem Computernetzwerk implementieren lässt.

Ein VC besteht aus (1) einem Pfad (das heißt einer Folge von Leitungen und Routern) zwischen Quell- und Zielhost, (2) VC-Nummern, eine Nummer für jede durchquerte physikalische Leitung entlang des Pfades, und (3) Einträge in der Weiterleitungstabelle auf jedem Router entlang des Pfades. Ein Paket, das zu einer virtuellen Leitung gehört, trägt eine VC-Nummer in seinem Header. Weil eine virtuelle Leitung auf jeder physikalischen Leitung eine andere VC-Nummer haben kann, muss jeder dazwi-

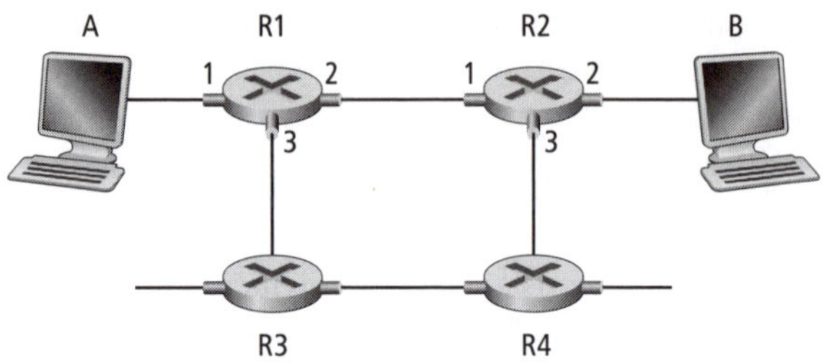

Abbildung 4.3: Ein einfaches Netzwerk mit virtuellen Leitungen

schenliegende Router die VC-Nummer jedes durchkommenden Paketes durch eine neue VC-Nummer ersetzen. Diese wird der Weiterleitungstabelle entnommen.

Um dieses Konzept zu erläutern, betrachten Sie das in ▶Abbildung 4.3 gezeigte Netzwerk. Die Nummern neben den Ein- und Ausgangsleitungen von R1 sind ihre jeweiligen Schnittstellennummern. Nehmen Sie nun an, dass Host A vom Netzwerk verlangt, einen VC zwischen sich und Host B aufzubauen. Gehen Sie außerdem davon aus, dass das Netz den Pfad A-R1-R2-B wählt und den drei durchquerten physikalischen Leitungen auf dem Pfad dieser virtuellen Leitung die VC-Nummern 12, 22 und 32 zuweist. In diesem Fall ist die VC-Nummer im Header eines Paketes, das Host A verlässt, 12. Wenn es R1 verlässt, ist sie 22. Wenn es dann kurz darauf R2 verlässt, ist sie 32.

Wie bestimmt der Router die neue VC-Nummer für ein Paket, das den Router durchquert? Bei einem VC-Netz enthält die Weiterleitungstabelle jedes Routers eine VC-Nummernübersetzung. Die Weiterleitungstabelle von R1 könnte beispielsweise wie folgt aussehen:

Eingehende Schnittstelle	**Eingehende VC-Nummer**	**Ausgehende Schnittstelle**	**Ausgehende VC-Nummer**
1	12	2	22
2	63	1	18
3	7	2	17
1	97	3	87
...	...	...	...

Jedes Mal, wenn ein neuer VC durch einen Router aufgebaut wird, wird der Weiterleitungstabelle ein Eintrag hinzugefügt. Immer, wenn ein VC endet, werden die entsprechenden Einträge aus jeder Tabelle entlang seines Pfades entfernt.

Das wirft die Frage auf, warum ein Paket auf jeder Leitung entlang seines Weges nicht immer dieselbe VC-Nummer behält. Die Antwort besteht aus zwei Teilen. Erstens reduziert das Ersetzen der Nummer bei jedem Weiterleitungsschritt die Länge des VC-

Feldes im Paket-Header. Zweitens, und das ist viel wichtiger, wird das Aufbauen einer virtuellen Leitung bedeutend erleichtert, wenn jeder Verbindung entlang des Weges eine eigene VC-Nummer erlaubt wird. Insbesondere kann bei mehreren VC-Nummern jeder Router entlang des Pfades seine VC-Nummer unabhängig von den anderen VC-Nummern auf den anderen Leitungen entlang des Pfades wählen. Wenn eine gemeinsame VC-Nummer für alle Leitungen entlang des Pfades nötigt wäre, müssten die Router eine ungeheure Zahl von Nachrichten austauschen und verarbeiten, um sich auf eine gemeinsame VC-Nummer zu einigen, die nicht von irgendeinem anderen vorhandenen VC in irgendeinem dieser Router schon verwendet wird.

In einem VC-Netz müssen die Netzwerkrouter *Verbindungsstatusinformationen* für die laufenden Verbindungen verwalten. Insbesondere muss jedes Mal, wenn eine neue Verbindung über einen Router aufgebaut wird, der Weiterleitungstabelle des Routers ein Eintrag für diese hinzugefügt werden. Mit jedem Abbau einer Verbindung muss ein Eintrag aus der Tabelle entfernt werden. Selbst dann, wenn es keine VC-Nummerersetzung gäbe, müssten immer noch Informationen über den Verbindungsstatus verwaltet werden, die VC-Nummern den Nummern der jeweiligen Ausgangsschnittstelle zuordnen. Ob ein Router für jede laufende Verbindung Informationen über den Verbindungsstatus verwalten muss oder nicht ist ein entscheidendender Punkt – wir werden in diesem Buch noch verschiedentlich darauf zurückkommen.

Es gibt drei Phasen im Leben einer virtuellen Leitung:

- *VC-Aufbau (VC setup).* Während der Aufbauphase wendet sich die sendende Transportschicht an die Netzwerkschicht, gibt die Adresse des Empfängers an und wartet darauf, dass das Netzwerk den VC aufbaut. Die Netzwerkschicht bestimmt den Pfad zwischen Absender und Empfänger, das heißt die Abfolge von Leitungen und Routern, die alle Pakete des VC durchqueren. Die Netzwerkschicht bestimmt auch die VC-Nummern für jede Leitung entlang des Pfades. Schließlich fügt die Netzwerkschicht der Weiterleitungstabelle jedes Routers entlang des Pfades einen Eintrag hinzu. Während des VC-Aufbaus kann die Netzwerkschicht auch Ressourcen (zum Beispiel Bandbreite) entlang des Pfades des VC reservieren.
- *Datentransfer.* Wie in ▶Abbildung 4.4 gezeigt, können Pakete über den VC zu fließen beginnen, sobald er aufgebaut worden ist.
- *VC-Abbau (VC teardown).* Diese Phase wird eingeleitet, wenn der Sender (oder Empfänger) die Netzwerkschicht darüber informiert, dass der VC beendet werden soll. Die Netzwerkschicht informiert das Endsystem auf der anderen Seite des Netzes über das Ende der Verbindung und aktualisiert die Weiterleitungstabellen in jedem Router auf dem Pfad, um so anzuzeigen, dass der VC nicht mehr existiert.

Es gibt einen subtilen, aber wichtigen Unterschied zwischen dem VC-Aufbau auf der Netzwerkschicht und dem Verbindungsaufbau auf der Transportschicht (zum Beispiel dem Drei-Wege-Handshake von TCP, den wir in Kapitel 3 kennengelernt haben). Der Verbindungsaufbau auf der Transportschicht betrifft nur die beiden Endsysteme. Während des Aufbaus von Verbindungen der Transportschicht bestimmen die beiden Endsysteme die Parameter (zum Beispiel die anfängliche Sequenznummer und die

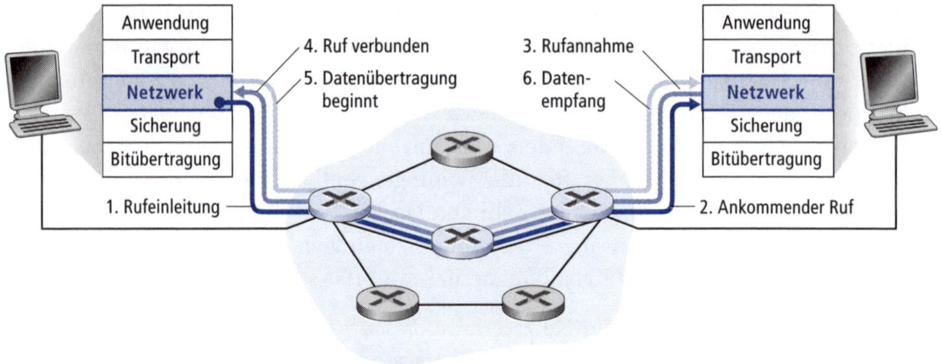

Abbildung 4.4: Aufbau einer virtuellen Leitung

Fenstergröße für die Flusskontrolle) ihrer Transportschichtverbindung. Während die beiden Endsysteme von der Transportschichtverbindung wissen, haben die Router innerhalb des Netzes keine Ahnung von ihrer Existenz. Im Gegensatz dazu sind bei einer VC-Netzwerkschicht *die Router entlang des Pfades zwischen den zwei Endsystemen am VC-Aufbau beteiligt und jeder Router hat vollständige Kenntnis über alle VCs, die durch ihn hindurchgehen.*

Die Nachrichten, welche die Endsysteme ins Netz senden, um einen VC aufzubauen oder zu beenden, und die Nachrichten, die zwischen den Routern ausgetauscht werden, um den VC aufzubauen (d.h. um den Verbindungsstatus in den Routertabellen zu modifizieren), sind die sogenannten *Signalisierungsnachrichten (signaling messages)*. Die Protokolle zum Austausch dieser Nachrichten werden oft als *Signalisierungsprotokolle (signaling protocols)* bezeichnet.

Der VC-Aufbau wird in Abbildung 4.4 skizziert. Wir behandeln in diesem Buch allerdings keine VC-Signalisierungsprotokolle. Eine allgemeine Diskussion der Signalisierung in Netzwerken mit virtuellen Leitungen enthält [Black 1997], die Spezifikation des ATM-Q.2931-Signalisierungsprotokolls finden Sie in [ITU-T Q 2931 1994].

4.2.2 Datagrammnetzwerke

Jedes Mal, wenn ein Endsystem in einem **Datagrammnetzwerk** ein Paket versenden will, markiert es das Paket mit der Adresse des Zielendsystems und schiebt das Paket dann ins Netz. Wie in ▶Abbildung 4.5 gezeigt, geschieht dies ohne VC-Aufbau. Router in einem Datagrammnetz verwalten keinerlei Statusinformationen über VCs (weil es keine VCs gibt!).

Auf dem Weg von der Quelle zum Ziel durchquert ein Paket eine Reihe von Routern. Jeder dieser Router verwendet die Zieladresse des Paketes, um es weiterzuleiten. Genau genommen hat jeder Router eine Weiterleitungstabelle, die Zieladressen auf Schnittstellen abbildet. Kommt ein Paket am Router an, verwendet der Router die Zieladresse des Paketes, um die entsprechende Schnittstelle der Ausgangsleitung in der Weiterleitungstabelle zu suchen. Der Router leitet dann das Paket genau auf diese Schnittstelle weiter.

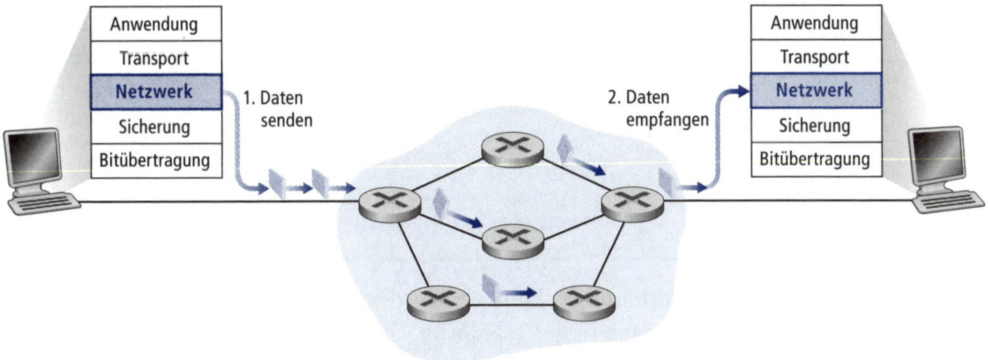

Abbildung 4.5: Datagrammnetzwerk

Um einen tieferen Einblick in den Ablauf der Suche zu gewinnen, sehen wir uns ein konkretes Beispiel an. Nehmen Sie an, dass alle Zieladressen 32 Bit lang sind (was zufällig die Länge der Zieladresse in einem IP-Datagramm ist). Eine mögliche Herangehensweise wäre, für jede mögliche Zieladresse einen Eintrag in der Weiterleitungstabelle vorzusehen. Da es mehr als 4 Milliarden mögliche Adressen gibt, ist dies aber völlig unrealistisch – es würde eine ungeheuer große Weiterleitungstabelle erfordern.

Jetzt lassen Sie uns weiter annehmen, dass unser Router vier Leitungen hat, die mit 0 bis 3 nummeriert sind, und dass Pakete an die Schnittstellen wie folgt weitergeleitet werden sollen:

Zieladressbereich	Schnittstelle
11001000 00010111 00010000 00000000	
bis	0
11001000 00010111 00010111 11111111	
11001000 00010111 00011000 00000000	
bis	1
11001000 00010111 00011000 11111111	
11001000 00010111 00011001 00000000	
bis	2
11001000 00010111 00011111 11111111	
sonst	3

In diesem Beispiel ist es eindeutig nicht notwendig, 4 Milliarden Einträge in der Weiterleitungstabelle des Routers zu halten. Wir könnten beispielsweise auch die folgende Weiterleitungstabelle mit nur vier Einträgen haben:

Passender Präfix	Schnittstelle
11001000 00010111 00010	0
11001000 0 0010111 00011000	1
11001000 00010111 00011	2
sonst	3

Mit dieser Art von Weiterleitungstabelle gleicht der Router ein **Präfix** der Zieladresse des Paketes mit den Einträgen in der Tabelle ab. Gibt es einen Treffer, leitet der Router das Paket über die jeweils zugeordnete Schnittstelle weiter. Nehmen wir zum Beispiel an, dass die Zieladresse der Pakete 11001000 00010111 00010110 10100001 ist. Weil das 21 Bit lange Präfix dieser Adresse zum ersten Eintrag in der Tabelle passt, leitet der Router das Paket über die Schnittstelle 0 weiter. Stimmt ein Präfix nicht mit irgendeinem der ersten drei Einträge überein, dann leitet der Router die Pakete über Schnittstelle 3 weiter. Obwohl dies recht einfach klingt, gibt es eine wichtige Feinheit. Sie haben vielleicht bemerkt, dass eine Zieladresse zu mehr als einem Eintrag passen könnte. Zum Beispiel passen die ersten 24 Bit der Adresse 11001000 00010111 00011000 10101010 zum zweiten Eintrag in der Tabelle und die ersten 21 Bit der Adresse passen zum dritten Eintrag in der Tabelle. Wenn es mehrere Treffer gibt, verwendet der Router die **Longest-Prefix-Matching-Regel** *(längstes übereinstimmendes Präfix)*, das heißt, er findet den längsten übereinstimmenden Eintrag in der Tabelle und leitet das Paket an die Schnittstelle weiter, die zu diesem Präfix gehört.

Damit dieses Vorgehen sinnvoll ist, sollte jede Ausgangsschnittstelle dafür verantwortlich sein, große Blöcke zusammenhängender Zieladressen weiterzuleiten. Wir werden in Abschnitt 4.4 sehen, dass Internetadressen normalerweise hierarchisch zugewiesen werden, so dass es in den Routern oft solche zusammenhängenden Zieladressblöcke gibt. Allerdings zeigt sich die Internetforschung besorgt darüber, dass mehr und mehr Löcher im Adressraum entstehen, wodurch die zusammenhängenden Blöcke immer kleiner und die Weiterleitungstabellen immer größer werden (siehe [Meng 2005], [RFC 3221] und die Diskussion der praktischen Grundlagen in Abschnitt 4.4).

Obwohl Router in Datagrammnetzwerken keine Verbindungsstatusinformationen verwalten, verwalten sie doch Weiterleitungsstatusinformationen in ihren Weiterleitungstabellen. Allerdings ändern sich diese Weiterleitungsstatusinformationen nur relativ langsam. Tatsächlich werden die Weiterleitungstabellen in einem Datagrammnetzwerk von den Routing-Algorithmen verändert, welche eine Weiterleitungstabelle normalerweise alle ein bis fünf Minuten aktualisieren. In einem VC-Netzwerk wird eine Weiterleitungstabelle eines Routers jedes Mal modifiziert, wenn eine neue Verbindung durch den Router eingerichtet wird oder eine vorhandene Verbindung durch den Router abgebaut wird. Dies könnte in einem Backbone-Tier-1-Router ohne Weiteres in jeder Mikrosekunde stattfinden.

Weil Weiterleitungstabellen in Datagrammnetzwerken jederzeit geändert werden können, laufen eine Reihe von Paketen, die von einem Endsystem zu einem anderen gesandt werden, auf verschiedenen Wegen durch das Netz und sie können in geänderter Reihenfolge eintreffen. [Paxson 1997] und [Jaiswal 2003] haben interessante Messreihen über die Umordnung von Paketen und andere Phänomene im Internet veröffentlicht.

4.2.3 Ursprünge der VC- und Datagrammnetzwerke

Die Entwicklung von Datagramm- und VC-Netzwerken spiegelt ihre jeweilige Herkunft wider. Die virtuelle Leitung als zentrales Organisationsprinzip hat ihre Wurzeln im Fernsprechwesen, wo echte Leitungen durchgeschaltet werden. Da der Verbindungsaufbau und der Status der Verbindung in den Routern innerhalb des Netzes verwaltet werden, ist ein VC-Netz um einiges komplexer als ein Datagrammnetzwerk (siehe auch [Molinero-Fernandez 2002] für einen interessanten Vergleich der Komplexität von leitungs- und paketvermittelten Netzen). Dies ist ebenfalls Teil des Erbes aus dem Fernsprechwesen. Bei Fernsprechnetzen lag die Komplexität notwendigerweise innerhalb des Netzes, da sie „dumme" Endgeräte wie Wählscheibentelefone miteinander verbanden. (Für diejenigen unter uns, die zu jung sind, um zu wissen, was das ist: Ein Wählscheibentelefon ist ein analoges Telefon ohne Tasten – aber mit einer Wählscheibe.)

Im Gegensatz dazu entstand das Internet als Datagrammnetzwerk aus der Notwendigkeit heraus, Computer miteinander zu verbinden. In Anbetracht immer leistungsfähigerer Endgeräte entschlossen sich die Internetarchitekten, die Netzwerkschicht so einfach wie möglich zu halten. Wie wir bereits in Kapitel 2 und 3 gesehen haben, wird zusätzliche Funktionalität (zum Beispiel die Zustellung in richtiger Reihenfolge, zuverlässiger Datentransfer, Überlastkontrolle und DNS-Namensauflösung) dann auf einer höheren Schicht in den Endsystemen implementiert. Dies kehrt das Modell des Fernsprechnetzes mit einigen interessanten Folgen um:

- Das entstehende Dienstmodell der Internet-Netzwerkschicht, das minimale (nämlich gar keine!) Dienste garantiert (und dadurch nur minimale Ansprüche an die Netzwerkschicht stellt), macht es zudem leichter, Netzwerke zu verbinden, die äußerst unterschiedliche Sicherungsschichttechnologien verwenden (zum Beispiel Satellit, Ethernet, Glasfaser oder Funk) und die eigentlich sehr verschiedene Übertragungsraten und Verlustcharakteristika haben. Wir besprechen das Zusammenschließen von IP-Netzen in Abschnitt 4.4 im Detail.
- Wie wir in Kapitel 2 gesehen haben, werden Anwendungen wie E-Mail, das World Wide Web und sogar eine netzwerkschichtzentrierte Anwendung wie DNS auf Hosts (Servern) am Rand des Netzwerks implementiert. Die Fähigkeit, einen neuen Dienst einfach dadurch hinzuzufügen, dass ein Host mit dem Netzwerk verbunden und ein neues Anwendungsschichtprotokoll definiert wird (wie HTTP), ermöglichte es, neue Anwendungen wie das Web in bemerkenswert kurzer Zeit im Internet zu etablieren.

Wie wir in Kapitel 7 sehen werden, gibt es eine heftige Debatte darüber, wie die Schichtenarchitektur des Internets sich entwickeln sollte, um Echtzeitdienste wie Multimedia zu unterstützen. Ein interessanter Vergleich zwischen der VC-orientierten ATM-Netzarchitektur und einem Vorschlag für eine Internetarchitektur der nächsten Generation findet sich in [Crowcroft 1995].

4.3 Was steckt in einem Router?

Nun, da wir uns einen Überblick über die Funktionen und Dienste der Netzwerkschicht verschafft haben, wenden wir unsere Aufmerksamkeit der **Weiterleitungsfunktion** der Netzwerkschicht zu – dem tatsächlichen Transfer von Paketen von den Eingangsleitungen eines Routers zu den entsprechenden Ausgangsleitungen. Wir haben einige Aspekte der Weiterleitung bereits in Abschnitt 4.2 kurz angesprochen, nämlich Adressierung und längstes übereinstimmendes Präfix. In diesem Abschnitt sehen wir uns bestimmte Routerarchitekturen für das Übertragen von Paketen von Eingangsleitungen auf Ausgangsleitungen an. Wir werden uns notwendigerweise kurz fassen müssen, weil eine ganze Vorlesung notwendig wäre, um Routerdesign in allen Details zu behandeln. Folglich werden wir in diesem Abschnitt auch immer wieder spezielle Hinweise auf Materialen geben, die sich dieses Themas mit mehr Tiefgang annehmen. Wir erwähnen hier nur am Rande, dass die Begriffe *Weiterleiten* und *Switching* von Wissenschaftlern und Praktikern im Bereich Rechnernetze oft austauschbar verwendet werden; wir verwenden in diesem Lehrbuch beide Begriffe.

▶Abbildung 4.6 zeigt einen Überblick über eine generische Routerarchitektur. Wir können vier Komponenten eines Routers erkennen:

- *Eingangsports.* Der Eingangsport erfüllt mehrere Aufgaben. Er führt die Funktionen der Bitübertragungsschicht aus (der am weitesten linke Kasten des Eingangsports und der am weitesten rechte Kasten des Ausgangsports in Abbildung 4.6), als Endpunkt einer eingehenden physikalischen Leitung in einen Router. Er übernimmt auch die Funktionen der Sicherungsschicht (die durch den mittleren Kasten in den Eingangs- und Ausgangsports repräsentiert wird), die mit den Funktionen der Sicherungsschicht auf der entfernten Seite der Eingangsleitung zusammenarbeiten müssen. Er führt auch eine Such- und Weiterleitungsfunktion aus (der am weitesten rechte Kasten des Eingangsports und der am weitesten linke Kasten des Ausgangsports), so dass ein Paket, das in das Switching Fabric des Routers weitergeleitet wird, am entsprechenden Ausgangsport wieder auftaucht. Kontrollpakete (zum Beispiel Pakete, die Routing-Protokoll-Informationen enthalten) werden von einem Eingangsport an den Routing-Prozessor weitergeleitet. In der Praxis werden mehrere Ports oft auf einer gemeinsamen **Line Card** innerhalb eines Routers zusammengefasst.
- *Switching Fabric.* Das Switching Fabric verbindet die Eingangsports des Routers mit seinen Ausgangsports. Dieses Switching Fabric befindet sich vollständig innerhalb des Routers – es bildet ein Netzwerk im Inneren eines Routers!

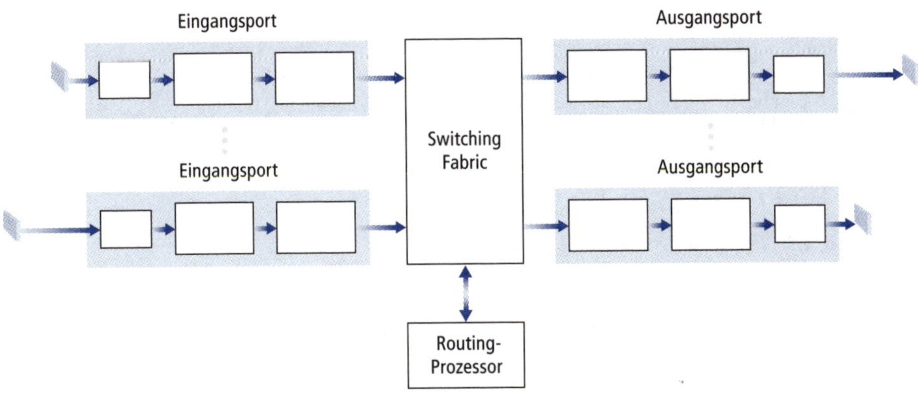

Abbildung 4.6: Routerarchitektur

- *Ausgangsports.* Ein Ausgangsport speichert die Pakete, die ihn durch das Switching Fabric erreichten, und sendet die Pakete auf die ausgehende Leitung. Der Ausgangsport führt daher die entsprechenden Funktionen von Datensicherungsschicht und Bitübertragungsschicht wie der Eingangsport aus. Bei einer bidirektionalen Leitung (die den Verkehr in beide Richtungen überträgt) wird ein Ausgangsport normalerweise auf derselben Line Card mit dem Eingangsport der Leitung zusammengefasst.

- *Routing-Prozessor.* Der Routing-Prozessor führt die Routing-Protokolle aus (z.B. die Protokolle, die wir in Abschnitt 4.6 untersuchen werden), verwaltet die Routing-Informationen und Weiterleitungstabellen und führt Netzwerk-Managementfunktionen innerhalb des Routers aus (siehe Kapitel 9).

In den folgenden Unterabschnitten betrachten wir die Eingangsports, das Switching Fabric und die Ausgangsports im Detail. [Chuang 2005; Keslassy 2003; Chao 2001; Turner 1988; Giacopelli 1990; McKeown 1997a; Partridge 1998] liefern Diskussionen einiger spezifischer Routerarchitekturen. [McKeown 1997b] bietet einen besonders gut lesbaren Überblick über moderne Routerarchitekturen am Beispiel der Cisco-12000-Router. Aus Gründen der Verständlichkeit nimmt die folgende Diskussion an, dass das Netzwerk paketvermittelt ist und dass Weiterleitungsentscheidungen auf der Zieladresse der Pakete beruhen (anstatt auf einer VC-Nummer wie in einem VC-Netz). Allerdings sind die Konzepte und Techniken für ein Netzwerk mit virtuellen Leitungen sehr ähnlich.

4.3.1 Eingangsports

Eine detailliertere Sicht auf die Eingangsport-Funktionalität wird in ▶Abbildung 4.7 gezeigt. Wie oben besprochen, implementiert dieser Endpunkt der eingehenden physikalischen Leitung die Bitübertragungs- und Sicherungsschicht. Das Such-/Weiterleitungsmodul des Eingangsports ist für die Weiterleitungsfunktion des Routers wesentlich. In vielen Routern bestimmt der Router hier den Ausgangsport, auf den ein eintreffendes Paket vom Switching Fabric weitergeleitet werden soll. Die Wahl des

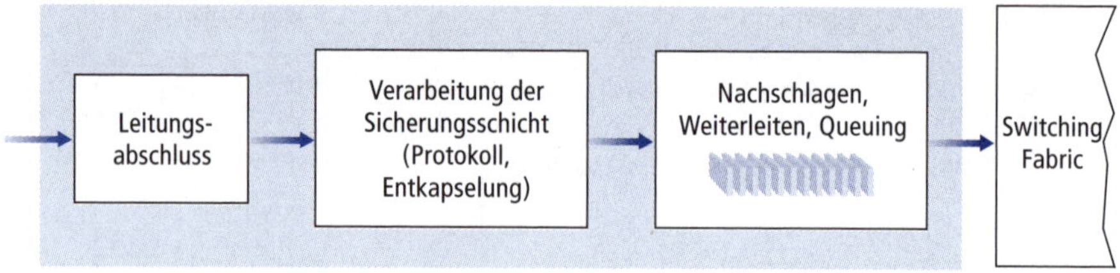

Abbildung 4.7: Verarbeitung im Eingangsport

Ausgangsports erfolgt mithilfe der in der Weiterleitungstabelle enthaltenen Informationen. Obwohl die Weiterleitungstabelle vom Routing-Prozessor berechnet wird, ist eine Kopie der Weiterleitungstabelle normalerweise an jedem Eingangsport gespeichert und wird bei Bedarf durch den Routing-Prozessor aktualisiert. Aufgrund der lokalen Kopien der Weiterleitungstabelle kann die Weiterleitungsentscheidung an jedem Eingangsport lokal getroffen werden, ohne den zentralisierten Routing-Prozessor ansprechen zu müssen. Diese *dezentrale* Weiterleitung vermeidet das Entstehen eines Engpasses an einem einzelnen Punkt innerhalb des Routers.

Router mit beschränkten Verarbeitungsfähigkeiten am Eingangsport können das Paket einfach an den zentralisierten Routing-Prozessor weiterleiten, der dann die Suche in der Weiterleitungstabelle durchführt und das Paket an den entsprechenden Ausgangsport weiterleitet. Dieser Ansatz wird benutzt, wenn ein Arbeitsplatzrechner oder ein Server als Router dient. Hier ist der Routing-Prozessor einfach die CPU des Arbeitsplatzrechners und der Eingangsport ist lediglich eine Netzwerkkarte (zum Beispiel eine Ethernet-Karte).

Existiert eine Weiterleitungstabelle, wird die Suche in der Tabelle äußerst einfach – wie in Abschnitt 4.2.2 beschrieben, durchsuchen wir die Weiterleitungstabelle lediglich nach dem längsten übereinstimmenden Präfix. In der Praxis ist das Leben jedoch nicht so einfach. Die vielleicht wichtigste Komplikation besteht darin, dass Backbone-Router mit extrem hoher Geschwindigkeit arbeiten und Millionen Suchoperationen pro Sekunde ausführen müssen. In der Tat ist es für die Verarbeitung am Eingangsport wünschenswert, dass die Suche mit **Line Speed** durchgeführt werden kann. Das bedeutet, dass eine Suche in kürzerer Zeit ausgeführt werden kann, als für den Empfang eines Paketes am Eingangsport benötigt wird. In diesem Fall kann die Verarbeitung eines eingehenden Paketes beendet werden, bevor die nächste Empfangsoperation abgeschlossen ist. Um eine Vorstellung von den Leistungsanforderungen an eine Suche zu bekommen, denken Sie daran, dass eine OC-48-Leitung mit 2,5 Gbps arbeitet. Mit 256 Byte langen Paketen bedeutet dies, dass das Suchen mit einer Geschwindigkeit von etwa einer Million Suchoperationen pro Sekunde erfolgen muss.

Die Notwendigkeit, mit den hohen Geschwindigkeiten heutiger Leitungen zurechtzukommen, macht eine lineare Suche in einer großen Weiterleitungstabelle unmöglich. Eine vernünftigere Technik speichert die Einträge der Weiterleitungstabellen in einer Baumstruktur ab. Man kann sich jede Ebene dieses Baumes als ein Bit in der korrespondierenden Zieladresse vorstellen. Um eine Adresse nachzuschlagen, beginnt man einfach an der Wurzel des Baumes. Ist das erste Bit der Adresse eine Null, dann ent-

Fallstudie

Cisco Systems: Dominanz im Netzwerkinneren

Während dieses Buch entstand (Oktober 2006) beschäftigte Cisco mehr als 30.000 Menschen und hatte einen Börsenwert von über 140 Milliarden US-Dollar. Cisco dominiert derzeit den Internet-router-Markt und hat sich in den letzten Jahren dem Internettelefonie-Markt zugewandt, in dem Cisco sich in einem Kopf-an-Kopf-Rennen mit Telefongeräteherstellern wie Lucent, Alcatel, Nortel und Siemens befindet. Aber wie entstand dieser Netzwerkriese eigentlich? Die Geschichte von Cisco begann 1984 in einem Wohnzimmer im Silicon Valley.

Len Bosak und seine Frau Sandy Lerner arbeiteten an der Stanford University, als sie die Idee hatten, Internetrouter zu bauen und an Wissenschaftler und akademische Institutionen zu verkaufen. Sandy Lerner erfand den Namen Cisco (eine Abkürzung für San Francisco) und sie gestaltete auch das brückenartige Logo der Firma. Der Firmensitz war zunächst ihr Wohnzimmer. Sie finanzierten das Projekt über Kreditkarten und nächtliche Beratertätigkeiten. Ende 1986 erreichte Cisco monatliche Umsätze von 250.000 US-Dollar. Ende 1987 gelang es Cisco, Risikokapital an Land zu ziehen – Sequioa Capital gewährte ihnen die Summe von 2 Millionen Dollar im Tausch gegen ein Drittel der Firma. In den nächsten Jahren wuchs Cisco unaufhörlich und erlangte immer größere Marktanteile. Gleichzeitig wuchsen die Spannungen zwischen Bosak/Lerner und dem Management von Cisco. 1990 ging Cisco an die Börse. Noch im selben Jahr verließen Lerner und Bosak die Firma.

Im Lauf der Jahre entwickelte sich Cisco über die Routersparte hinaus. Cisco verkaufte Sicherheitsprodukte, drahtlose Geräte, Voice-over-IP-Geräte und Dienstleistungen. Dennoch muss sich Cisco immer stärkerer internationaler Konkurrenz erwehren, darunter Huawei, ein schnell wachsendes Netzwerkunternehmen aus China. Von Huawei, die weltweit über 38.000 Menschen beschäftigen, wird berichtet, dass es über 7 Prozent Anteil am Markt für Ethernet-Switches und Router hat. Andere Wettbewerber von Cisco im Bereich Router und Switched Ethernet sind Alcatel-Lucent und Juniper.

hält der linke Unterbaum der Weiterleitungstabelle den Eintrag der Zieladresse, andernfalls befindet sie sich im rechten Unterbaum. Der richtige Teilbaum wird dann mithilfe der übrigen Adressbits ausgewählt – ist das nächste Adressbit eine Null, geht die Suche im linken Teilbaum des aktuellen Unterbaumes weiter, ansonsten im rechten Teilbaum. Auf diese Weise lässt sich der Eintrag der Weiterleitungstabelle in N Stufen ermitteln, wobei N die Anzahl der Bits der Adresse ist. (Beachten Sie, dass dies im Grunde genommen eine binäre Suche in einem Adressraum der Größe 2^N ist.) Eine Verbesserung der binären Suchtechniken beschreibt [Srinivasan 1999], während eine Gesamtübersicht von Klassifizierungsalgorithmen für Pakete in [Gupta 2001] gefunden werden kann.

Aber selbst bei $N = 32$ Schritten (zum Beispiel bei einer 32 Bit-IP-Adresse) ist die Suchgeschwindigkeit bei einer binären Suche nicht schnell genug für die Anforderungen der heutigen Backbone-Router. Gehen wir davon aus, dass bei jedem Schritt ein Speicherzugriff notwendig ist, erlauben die aktuellen Speicherzugriffszeiten von 40 ns nur weniger als eine Million Adresssuchen pro Sekunde. Daher wurden unterschiedliche Techniken erforscht, mit denen sich die Geschwindigkeit der Suchoperationen steigern ließe. **Inhaltsadressierbarer Speicher** (**CAM**, *content addressable memory*) ermöglicht es, eine 32 Bit-IP-Adresse an den CAM weiterzureichen, der den Inhalt der Weiterleitungstabelle für diese Adresse im Wesentlichen in konstanter Zeit zurückgibt. Der Cisco-8500-Router hat einen 64K CAM für jeden Eingangsport.

Eine andere Methode zur Beschleunigung der Suche besteht darin, die letzten ermittelten Weiterleitungstabelleneinträge in einem Cache zu halten [Feldmeier 1988]. Hier bereitet die mögliche Größe des Cache Sorgen. Auch schnelle Datenstrukturen, welche es ermöglichen, Weiterleitungstabelleneinträge in log*(N)* Schritten zu ermitteln [Waldvogel 1997], oder die Weiterleitungstabellen auf neuartige Weise komprimieren [Brodnik, 1997], wurden vorgeschlagen. Einen hardwarebasierten Suchansatz, optimiert für den häufigen Fall, dass die gesuchte Adresse 24 oder weniger signifikante Bits enthält, erörtert [Gupta 1998]. Einen Überblick und eine Taxonomie von Hochgeschwindigkeits-Suchalgorithmen für IP-Adressen finden Sie in [Ruiz-Sanchez 2001].

Sobald der Ausgangsport für ein Paket durch die Suche bestimmt worden ist, kann das Paket an das Switching Fabric weitergeleitet werden. Jedoch kann das Paket temporär zurückgehalten werden (aufgrund der Tatsache, dass Pakete von anderen Eingangsports derzeit das Switching Fabric verwenden). Ein so blockiertes Paket muss daher am Eingangsport in eine Warteschlange eingefügt werden *(Queuing)*, damit ein späterer Zeitpunkt festgelegt werden kann *(Scheduling)*, zu dem es das Switching Fabric durchqueren kann. Wir untersuchen das Blockieren, das Queuing und das Scheduling von Paketen (sowohl an den Eingangsports als auch an den Ausgangsports) innerhalb eines Routers in Abschnitt 4.3.4.

4.3.2 Das Switching Fabric

Das Switching Fabric ist das Herzstück eines Routers. Über das Switching Fabric werden Pakete von einem Eingangsport auf einen Ausgangsport weitergeleitet. Diese Weiterleitung nennt man **Switching**.

Wie ▶Abbildung 4.8 zeigt, kann Switching auf mehrere Arten durchgeführt werden:

- *Switching mittels Speicher.* Die einfachsten und frühesten Router waren oft traditionelle Computer, bei denen das Switching zwischen Eingangs- und Ausgangsports direkt von der CPU (dem Routing-Prozessor) gesteuert wurde. Eingangs- und Ausgangsports dienten als traditionelle Ein-/Ausgabe-Einheiten in einem traditionellen Betriebssystem. Ein Eingangsport, an dem ein ankommendes Paket anlag, sandte dem Routing-Prozessor zunächst mittels Interrupt ein Signal. Das Paket wurde dann vom Eingangsport in den Speicher des Prozessors kopiert. Der Routing-Prozessor las die Zieladresse aus dem entsprechenden Header-Eintrag, suchte nach dem zugehörigen Ausgangsport in der Weiterleitungstabelle und kopierte das Paket in den Puffer des Ausgangsports. Beachten Sie, dass der gesamte Weiterleitungsdurchsatz (die maximale Rate, mit der Pakete vom Eingangsport zum Ausgangsport übertragen werden können) auf jeden Fall kleiner als $B/2$ sein wird, wenn aufgrund der Speicherbandbreite B Pakete pro Sekunde in den Speicher

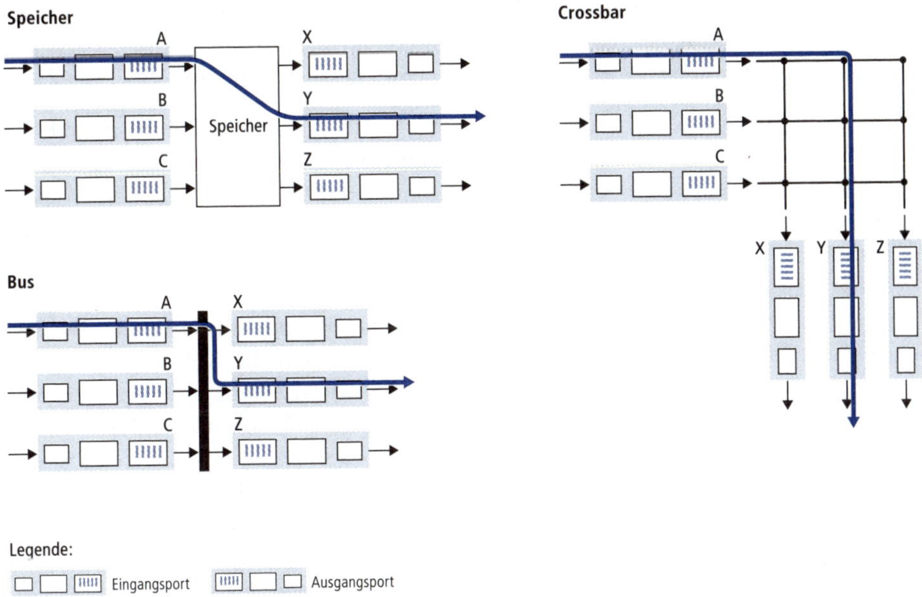

Abbildung 4.8: Drei Switching-Techniken

geschrieben oder daraus gelesen werden können.

Viele moderne Router benutzen ebenfalls den Speicher zum Switchen. Ein großer Unterschied zu frühen Routern ist jedoch, dass die Suche nach der Zieladresse und das Speichern der Pakete an der entsprechenden Speicherstelle von Prozessoren auf den Eingangs-Line-Cards erfolgen. In gewisser Weise erinnern Router, die mittels Speicher switchen, sehr an Shared-Memory-Multiprozessorsysteme, bei denen Prozessoren auf einer Line Card die Pakete in die Speicher der entsprechenden Ausgangsports weiterleiten. Ciscos Catalyst-8500-Reihe switched weiterzuleitende Pakete über einen gemeinsam genutzten Speicher [Cisco 8500 2007]. Ein abstraktes Modell zum Studium der Merkmale von speicherbasiertem Switching und einen Vergleich mit anderen Formen des Switchings findet man in [Iyer 2002].

- *Switching mittels Bus.* Bei diesem Ansatz übertragen die Eingangsports ein Paket über einen gemeinsamen Bus direkt zum Ausgangsport, ohne dass der Routing-Prozessor eingreift. (Beachten Sie, dass beim Switching mittels Speicher das Paket auch den Systembus durchqueren muss, der zum Speicher führt bzw. von dort kommt.) Obwohl der Routing-Prozessor nicht am Bustransfer beteiligt ist, kann, weil der Bus gemeinsam benutzt wird, nur ein Paket auf einmal über den Bus transportiert werden. Ein Paket, das an einem Eingangsport ankommt, während der Bus mit dem Transfer eines anderen Paketes beschäftigt ist, wird am Durchqueren des Switching Fabric gehindert und am Eingangsport in eine Warteschlange eingereiht. Weil jedes Paket den Bus passieren muss, ist die Weiterleitungsbandbreite des Routers auf die Busgeschwindigkeit beschränkt.

  Mit den heute möglichen Busbandbreiten von über 1 Gbps genügt das Switching mittels Bus oft bei Routern, die in Zugangs- und Unternehmensnetzwerken laufen (z.B. LANs und Firmennetze). Busbasiertes Switching ist bei einer Reihe von aktuellen Routerprodukten im Einsatz, darunter beim Cisco 5600 [Cisco Switches 2007], der Pakete über einen Backplane-Bus mit 32 Gbps switched.

- *Switching mittels Verbindungsnetz.* Ein Weg, um die Bandbreitenbeschränkung eines einzelnen gemeinsam genutzten Bus zu überwinden, besteht in der Verwendung eines komplexeren Verbindungsnetzwerkes, ähnlich jenen, die in der Vergangenheit verwendet wurden, um die Prozessoren in Multiprozessor-Systemen zu verbinden. Ein Crossbar ist ein Verbindungsnetzwerk, das aus $2n$ Bussen besteht, die n Eingangsports mit n Ausgangsports verbinden, wie ▶Abbildung 4.8 zeigt. Ein Paket, das an einem Eingangsport ankommt, bewegt sich über den am Eingangsport angeschlossenen horizontalen Bus, bis es auf die Kreuzung stößt, die zum gewünschten Ausgangsport führt. Wenn der dorthin führende vertikale Bus frei ist, wird das Paket zum Ausgangsport übertragen. Transportiert der vertikale Bus bereits ein Paket eines anderen Eingangsports zu diesem Ausgangsport, ist das ankommende Paket blockiert und es muss am Eingangsport in eine Warteschlange eingereiht werden.
  Auch Delta- und Omega-Switching-Fabrics wurden als Verbindungsnetz zwischen Eingangs- und Ausgangsports vorgeschlagen. Einen Überblick über Switch-Architekturen finden Sie in [Tobagi 1990]. Die Switches der Cisco-12000-Familie benutzen ein Verbindungsnetz, das 60 Gbps im Switching Fabric ermöglicht [Cisco 12000 2007]. Ein Trend im Design von Verbindungsnetzwerken [Keshav 1998] besteht darin, ein IP-Paket mit variabler Länge in Zellen fester Länge aufzuteilen, diese mit dem gewünschten Ziel-Ausgangsport zu markieren und diese Zellen fester Länge über ein Verbindungsnetzwerk zu switchen. Die Zellen werden dann am Ausgangsport wieder zum Originalpaket zusammengefügt. Die Zellen fester Länge können das Switching der Pakete über das Verbindungsnetz beträchtlich vereinfachen und beschleunigen.

4.3.3 Ausgangsports

Bei der Verarbeitung am Ausgangsport, wie in ▶Abbildung 4.9 gezeigt, werden die Pakete, die im Speicher des Ausgangsports abgelegt worden sind, aufgenommen und über die ausgehende Leitung versandt. Die senderseitigen Umsetzungen der Sicherungs- und Bitübertragungsschicht arbeiten, wie in Abschnitt 4.3.1 erörtert, mit ihren Gegenstücken am anderen Ende der angeschlossenen Leitung zusammen. Warteschlan-

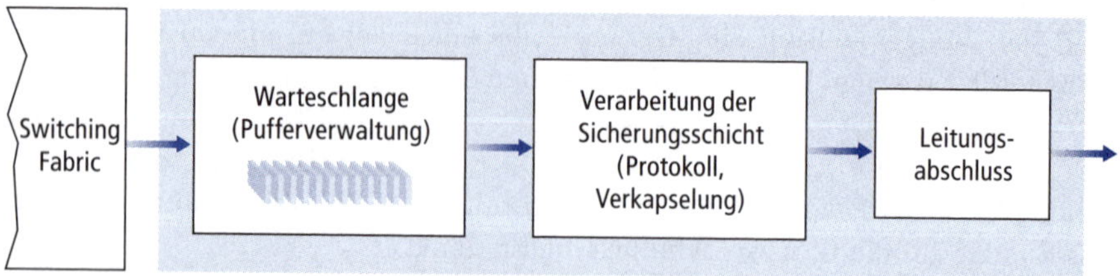

Abbildung 4.9: Verarbeitung am Ausgangsport

gen- und die Pufferverwaltungsfunktionalität werden gebraucht, wenn das Switching Fabric Pakete mit einer Geschwindigkeit an den Ausgangsport liefert, welche die Geschwindigkeit der Ausgangsleitung übersteigt. Wir behandeln das Queuing auf dem Ausgangsport im folgenden Abschnitt.

4.3.4 Wo findet Queuing statt?

Betrachten wir die Eingangs- und Ausgangsportfunktionalität und die in Abbildung 4.8 gezeigten Konfigurationen, wird deutlich, dass sich Paketwarteschlangen an den Eingangsports und an den Ausgangsports bilden können. Es ist wichtig, diese Warteschlangen genauer anzuschauen, denn wenn sie anwachsen, ist irgendwann der Pufferspeicher des Routers erschöpft und es tritt ein **Paketverlust** auf. Erinnern Sie sich an unsere frühere Aussage, dass Pakete innerhalb des Netzes verloren gehen können, wenn sie von einem Router verworfen werden. Hier, in diesen Warteschlangen innerhalb eines Routers, gehen solche Pakete tatsächlich verloren. Der genaue Ort des Paketverlustes (entweder in den Eingangswarteschlangen oder in den Warteschlangen des Ausgangsports) hängt vom Verkehrsaufkommen, der relativen Geschwindigkeit des Switching Fabric und der Leitungsgeschwindigkeit ab, wie unten noch diskutiert werden wird.

Nehmen wir an, dass die Leitungsgeschwindigkeiten für die betrachteten Eingänge und Ausgänge identisch sind und dass es n Eingangsports und n Ausgangsports gibt. Definieren wir die **Geschwindigkeit des Switching Fabric** als die Rate, mit der es Pakete vom Eingangsport zum Ausgangsport übertragen kann. Ist die Geschwindigkeit des Switching Fabric mindestens n mal so schnell wie die Geschwindigkeit der Eingangsleitungen, dann können sich an den Eingangsports keine Warteschlangen aufbauen. Denn sogar im schlechtesten Fall, wenn alle n Eingangsleitungen Pakete erhalten, ist der Switch in der Lage, n Pakete in der Zeit vom Eingangsport auf den Ausgangsport zu übertragen, die jeder der n Eingangsports braucht, um (gleichzeitig) ein einzelnes Paket zu empfangen. Was aber kann an den Ausgangsports geschehen? Gehen wir weiterhin davon aus, dass das Switching Fabric mindestens n-mal so schnell ist wie die Leitungsgeschwindigkeiten. Schlimmstenfalls sind alle Pakete, die an jedem der n Eingangsports ankommen, für denselben Ausgangsport bestimmt. In diesem Fall kommen in der Zeit, die für Empfang oder Absenden eines einzelnen Paketes benötigt wird, n Pakete am Ausgangsport an. Da der Ausgangsport in einem bestimmten Zeitraum (der Paketübertragungszeit) nur ein einzelnes Paket senden kann, müssen die n ankommenden Pakete in einer Warteschlange auf den Transfer über die Ausgangsleitung warten. Dann können möglicherweise n weitere Pakete in der Zeit ankommen, die benötigt wird, um nur eines der n Pakete zu senden, die sich bereits in der Warteschlange befinden, usw. Schließlich kann die Anzahl der Pakete in der Warteschlange so groß werden, dass der Speicherplatz am Ausgangsport erschöpft ist, wodurch Pakete verloren gehen.

Ausgangsport-Queuing wird in ▶Abbildung 4.10 erläutert. Zum Zeitpunkt t ist ein Paket an jedem der Eingangsports angekommen, jedes für den obersten Ausgangsport

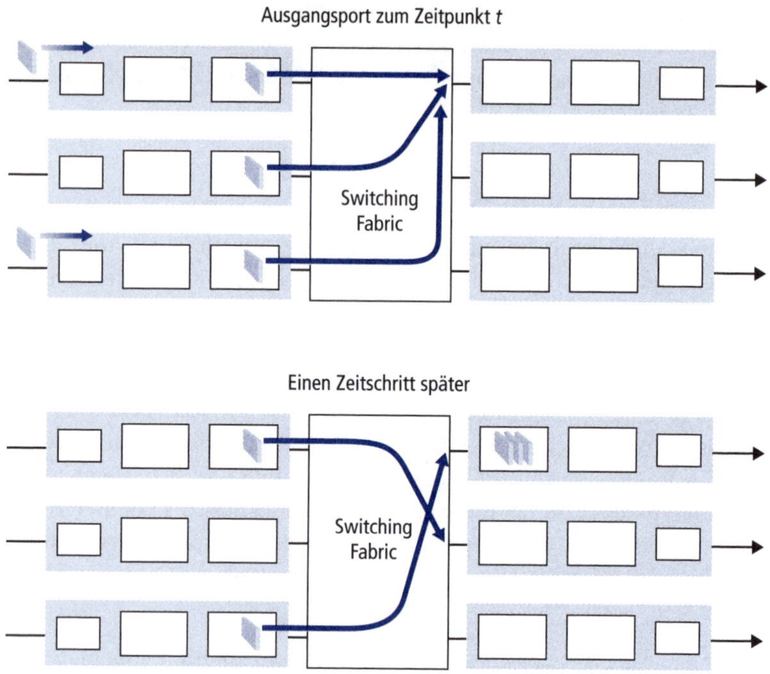

Abbildung 4.10: Ausgangsport-Queuing

bestimmt. Unter der Voraussetzung identischer Geschwindigkeiten aller ein- und ausgehenden Leitungen und eines Switching Fabric, das mit der dreifachen Leitungsgeschwindigkeit arbeitet, werden eine Zeiteinheit später (das heißt in der Zeit, die für den Empfang oder das Senden eines Paketes gebraucht wird) alle drei Originalpakete auf den Ausgangsport übertragen worden sein und in einer Warteschlange auf die Übertragung warten. In der nächsten Zeiteinheit wird eines dieser drei Pakete über die ausgehende Leitung gesendet worden sein. In unserem Beispiel sind zwei *neue* Pakete an der Eingangsseite des Switches angekommen. Eines dieser Pakete ist für den obersten Ausgangsport bestimmt.

Gehen wir davon aus, dass Routerpuffer benötigt werden, um die Schwankungen im Verkehrsaufkommen aufzufangen, dann liegt die Frage auf der Hand, *wie viel* Puffer notwendig ist. Viele Jahre lang galt als Faustregel für die Puffergröße [RFC 3439], dass die Größe des Puffers *(B)* eine durchschnittliche Rundlaufzeit (beispielsweise 250 ms) multipliziert mit der Leitungsgeschwindigkeit *(C)* betragen sollte. Dieses Ergebnis basiert auf einer Analyse der Queuing-Dynamik einer relativ kleinen Anzahl von TCP-Verbindungen [Villamizar 1994]. Auf diese Art würde eine 10 Gbps-Leitung mit einer RTT von 250 ms einen Puffer der Größe $B = RTT \cdot C = 2{,}5$ Gbit benötigen. Neue theoretische und experimentelle Ansätze [Appenzeller 2004] legen jedoch nahe, dass die benötigte Pufferkapazität gleich $B = RTT \cdot C / \sqrt{N}$ ist, wenn eine große Anzahl von TCP-Verbindungen *(N)* über eine Leitung gehen. Wenn eine große Zahl von Datenströmen über große Backbone-Leitungen fließen (siehe z.B. [Fraleigh 2003]), kann der

Wert von *N* groß werden, wodurch sich die benötigte Puffergröße bedeutend verringert. [Appenzeller 2004] und [Wischik 2005] liefern gut lesbare Diskussionen des Problems der Puffergröße aus theoretischer Sicht ebenso wie zu Implementierung und Betrieb.

Eine Konsequenz des Ausgangsport-Queuing besteht darin, dass ein **Paket-Scheduler** am Ausgangsport ein Paket aus jenen auswählen muss, die auf die Übertragung warten. Diese Auswahl könnte ganz einfachen Prinzipien folgen, wie das First-Come-First-Served-Scheduling (FCFS, *„Wer zuerst kommt, mahlt zuerst"*), oder einem raffinierteren Scheduling-Prinzip wie **Weighted Fair Queuing** (**WFQ**, *gewichtetes faires Queuing*), welches die ausgehende Leitung fair unter den verschiedenen Ende-zu-Ende-Verbindungen aufteilt, die Pakete in einer Warteschlange stehen haben. Paket-Scheduling spielt eine entscheidende Rolle für **Dienstgüte-Garantien** (*Quality of Service, QoS*). Wir werden daher Paket-Scheduling ausführlich in Kapitel 7 behandeln. Eine Diskussion der Grundlagen des Ausgangsport-Paket-Scheduling liefert [Cisco Queue 2007].

Wenn nicht genug Speicher zur Verfügung steht, um ein ankommendes Paket zu speichern, muss eine Entscheidung getroffen werden, ob das ankommende Paket verworfen wird (eine als **drop-tail** bezeichnete Vorgehensweise) oder ob ein oder mehrere bereits in der Queue befindliche Pakete entfernt werden, um für das frisch eintreffende Platz zu schaffen. In einigen Fällen wird es vorteilhaft sein, ein Paket bereits zu verwerfen (oder eine Markierung in seinem Header zu setzen), *bevor* der Puffer voll ist, um dem Sender Überlast zu signalisieren. Eine Reihe von Strategien für der Verwerfen oder Markieren von Paketen wurden vorgeschlagen und analysiert, die zusammenfassend unter dem Namen **aktive Warteschlangenmanagement-Algorithmen** (**AQM**, *active queue management*) bekannt sind [Labrador 1999, Hollot 2002]. Einer der am häufigsten untersuchten und implementierten AQM-Algorithmen ist der **Random-Early-Detection-Algorithmus** (**RED**). Bei RED wird ein gewichteter Mittelwert für die Länge der Ausgangswarteschlange verwaltet. Ist bei Ankunft eines Paketes die durchschnittliche Länge der Warteschlange geringer als ein unterer Schwellwert min_{th}, wird das Paket in die Warteschlange aufgenommen. Ist umgekehrt die Warteschlange voll oder ist bei Ankunft eines Paketes die durchschnittliche Länge der Warteschlange größer als ein maximaler Schwellwert, max_{th}, dann wird das Paket markiert oder verworfen. Findet das Paket schließlich eine durchschnittliche Länge der Warteschlange im Intervall $[min_{th}, max_{th}]$ vor, wird das Paket mit einer Wahrscheinlichkeit markiert oder fallen gelassen, die normalerweise eine Funktion der durchschnittlichen Länge der Warteschlange und der Schwellwerte min_{th} und max_{th}, ist. Eine Anzahl von probabilistischen Algorithmen zum Markieren und Verwerfen von Paketen wurden vorgeschlagen und verschiedene Versionen von RED wurden analytisch modelliert, simuliert und/oder implementiert. [Christiansen 2001] und [Floyd 2007] geben Überblicke und Hinweise auf weiterführende Literatur.

Ist das Switching Fabric nicht schnell genug (verglichen mit den Geschwindigkeiten der Eingangsleitungen), um *alle* ankommenden Pakete ohne Verzögerung zu übertragen, dann können Paketwarteschlangen auch an den Eingangsports auftreten, weil Pakete in Eingangsport-Warteschlangen eingebracht werden müssen, in denen sie darauf

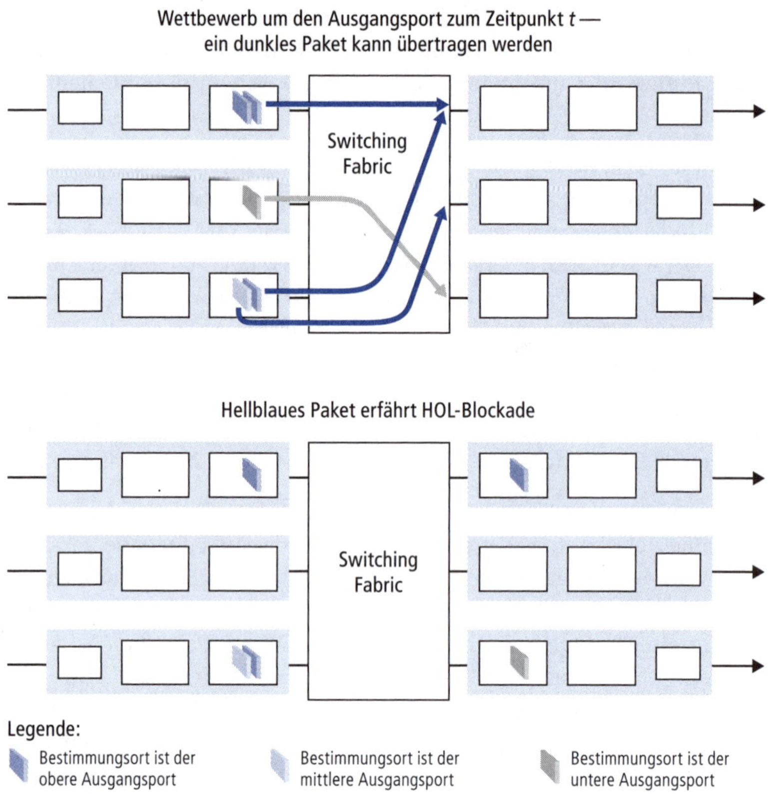

Abbildung 4.11: HOL-Blockade

warten, durch das Switching Fabric zum Ausgangsport übertragen zu werden. Um eine wichtige Folge dieses Queuing zu erläutern, betrachten wir ein Crossbar-Switching Fabric und nehmen an, dass (1) alle Leitungsgeschwindigkeiten identisch sind, (2) ein Paket von einem beliebigen Eingangsport zu einem vorgegebenen Ausgangsport in derselben Zeit übertragen werden kann, die für den Empfang eines Paketes auf einer Eingangsleitung benötigt wird, und (3) Pakete von einer gegebenen Eingangswarteschlange zur gewünschten Ausgangswarteschlange mittels FCFS transportiert werden. Mehrere Pakete können parallel übertragen werden, solange ihre Ausgangsports sich unterscheiden. Zielen jedoch zwei Pakete von zwei Eingangswarteschlangen auf dieselbe Ausgangswarteschlange, dann wird eines der Pakete blockiert und es muss in der Eingangswarteschlange warten – das Switching Fabric kann nur ein Paket auf einmal zu einem gegebenen Ausgangsport transportieren.

▶Abbildung 4.11 zeigt ein Beispiel, in dem zwei (dunkel schattierte) Pakete am vorderen Ende ihrer Eingangswarteschlangen für denselben Ausgangsport oben rechts bestimmt sind. Nehmen Sie an, dass sich das Switching Fabric dazu entschließt, das Paket aus der oberen linken Warteschlange zu übertragen. In diesem Fall muss das dunkel schattierte Paket in der unteren linken Warteschlange warten. Aber nicht nur dieses Paket muss warten, sondern auch das hell schattierte Paket, das sich hinter diesem Paket in der unteren linken Warteschlange befindet, obwohl *keine* Konkurrenzsituation für den mittleren rechten Ausgangsport existiert (das Ziel des hell schattierten Paketes). Dieses Phänomen wird als **Head-of-the-Line-Blockade** (**HOL-Blockade**) eines Switches mit Eingangswarteschlangen bezeichnet – ein Paket in einer Eingangswarteschlange muss auf seine Übertragung durch das Switching Fabric warten, obwohl sein Ausgangsport frei ist, weil es von einem anderen Paket am Anfang der Warteschlange blockiert wird. [Karol 1987] zeigt, dass die Eingangswarteschlange unter bestimmten Annahmen aufgrund der HOL-Blockade unbegrenzt anwächst (grob gesagt bedeutet das schlicht eine große Zahl von Paketverlusten), sobald die Paketempfangsrate auf den Eingangsleitungen 58 Prozent ihrer Kapazität erreicht. Eine Anzahl von Lösungen für HOL-Blockaden werden in [McKeown 1997 b] erörtert.

4.4 Das Internetprotokoll (IP): Weiterleiten und Adressieren im Internet

Unsere Diskussion der Adressierung und des Weiterleitens auf der Netzwerkschicht blieb bislang ohne jeden Bezug auf irgendein bestimmtes Computernetzwerk. In diesem Abschnitt richten wir unsere Aufmerksamkeit darauf, wie Adressierung und Weiterleitung im Internet vorgenommen werden. Wir werden erkennen, dass Adressierung und Weiterleitung im Internet wichtige Komponenten des Internetprotokolls (IP) sind. Heute sind zwei Versionen von IP in Gebrauch. Wir werden zunächst das weitverbreitete IP Version 4 besprechen, das normalerweise einfach als IPv4 bezeichnet wird [RFC 791]. Am Ende dieses Abschnittes werfen wir noch einen Blick auf IP Version 6 [RFC 2460; RFC 3513], das als Ersatz für IPv4 vorgeschlagen wurde.

Aber vor Beginn unserer Betrachtungen zu IP wollen wir einen Schritt zurückgehen und überlegen, aus welchen Komponenten die Netzwerkschicht des Internets gebildet wird. Wie ▶Abbildung 4.12 zeigt, hat die Netzwerkschicht des Internets drei Hauptbestandteile. Der erste ist das IP-Protokoll, das Thema dieses Abschnittes. Der zweite Hauptbestandteil ist die Routing-Komponente, die den Pfad eines Datagramms von der Quelle zum Ziel bestimmt. Wir haben schon erwähnt, dass Routing-Protokolle die Weiterleitungstabellen berechnen, die zur Weiterleitung von Paketen durch das Netz genutzt werden. Wir untersuchen die Routing-Protokolle des Internets in Abschnitt 4.6. Die letzte Komponente der Netzwerkschicht ist eine Funktion, um Rückmeldung über aufgetretene Fehler zurücksenden und Anforderungen nach bestimmten Informationen über die Netzwerkschicht beantworten zu können. Wir behandeln das **Internet Control Message Protocol** (**ICMP**), das im Internet für Fehler- und Informationsnachrichten verwendet wird, in Abschnitt 4.4.3.

4.4.1 Datagrammformat

Erinnern Sie sich daran, dass ein Paket der Netzwerkschicht als *Datagramm* bezeichnet wird. Wir beginnen unsere Studie über IP mit einem Überblick über Syntax und Semantik des IPv4-Datagramms. Vielleicht denken Sie, dass nichts trockener sein

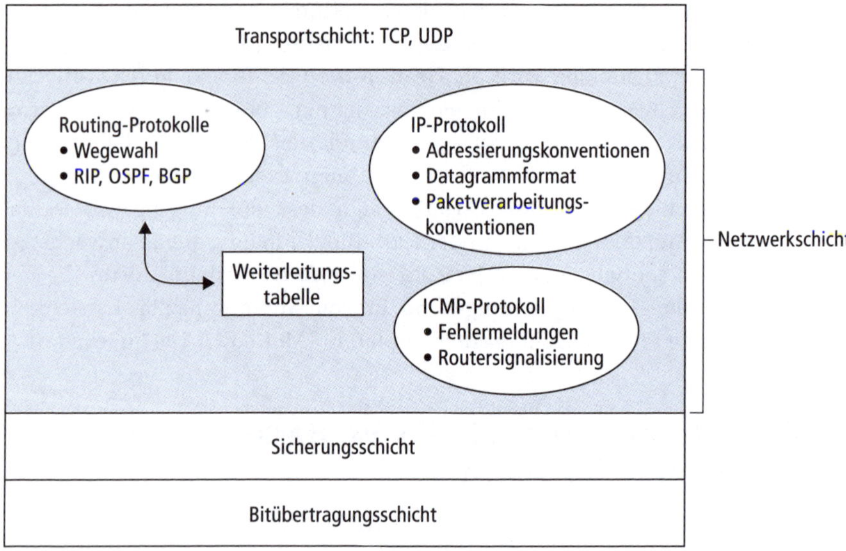

Abbildung 4.12: Ein Blick in die Netzwerkschicht des Internets

könnte, als Syntax und Semantik der Bits eines Paketes. Dennoch spielt das Datagramm eine zentrale Rolle im Internet – jeder, der mit Netzwerken arbeitet, muss es kennen und beherrschen. Das IPv4-Datagrammformat wird in ▶Abbildung 4.13 dargestellt. Die Schlüsselfelder des IPv4-Datagramms sind:

- *Versionsnummer.* Diese vier Bits geben die IP-Protokollversion des Datagramms an. Durch einen Blick auf die Versionsnummer kann der Router herausfinden, wie der Rest des IP-Datagramms zu interpretieren ist. Verschiedene Versionen von IP verwenden verschiedene Datagrammformate. Das Datagrammformat für die aktuelle Version von IP, IPv4, ist in ▶Abbildung 4.13 zu sehen. Das Datagrammformat der neuen Version von IP (IPv6) wird am Ende dieses Abschnittes vorgestellt.

- *Header-Länge.* Weil ein IPv4-Datagramm eine variable Anzahl von Optionen enthalten kann (die im IPv4-Datagramm-Header enthalten sind), sind diese vier Bits notwendig, um zu bestimmen, an welcher Stelle des IP-Datagramms die Daten tatsächlich beginnen. Die meisten IP-Datagramme enthalten keine Optionen, so dass das typische IP-Datagramm einen Header von 20 Byte Länge besitzt.

- *Dienstart.* Die Dienstart-Bits *(Type-of-Service, TOS)* wurden in die IPv4-Header einbezogen, um verschiedene Arten von IP-Datagrammen (zum Beispiel Datagramme, die niedrige Verzögerung, hohen Durchsatz oder Zuverlässigkeit erfordern) voneinander unterscheiden zu können. Zum Beispiel könnte es nützlich sein, Echtzeitdatagramme (wie jene, die von einer IP-Telefonieanwendung verwendet werden) von Nicht-Echtzeit-Verkehr (zum Beispiel FTP) zu unterscheiden. Das spezifische Ausmaß der zu erbringenden Dienste ist eine Entscheidung, die vom Administrator des Routers getroffen wird. Wir kommen auf das Thema unterschiedlicher Dienstgüten in Kapitel 7 zurück.

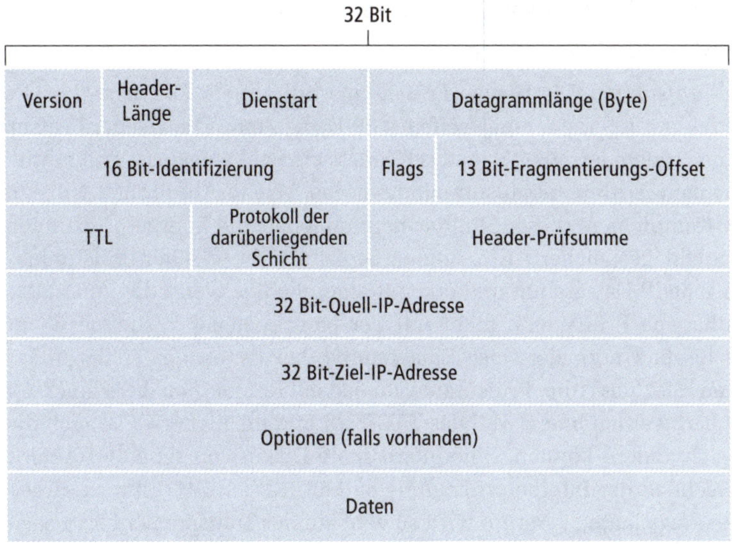

Abbildung 4.13: IPv4-Datagrammformat

- *Datagrammlänge.* Dies ist die Gesamtlänge des IP-Datagramms (Header plus Daten), die in Byte gemessen wird. Da dieses Feld 16 Bit lang ist, beträgt die theoretische Maximalgröße eines IP-Datagramms 65.535 Byte. Dennoch sind Datagramme selten größer als 1.500 Byte.

- *Identifizierung, Flags, Fragmentierungsoffset.* Diese drei Felder hängen mit der sogenannten IP-Fragmentierung zusammen, einem Thema, das wir in Kürze vertiefen werden. Interessanterweise erlaubt die neue Version von IP, IPv6, keine Fragmentierung durch Router.

- *Lebensdauer.* Das Lebensdauerfeld (TTL, *time-to-live*) hilft sicherzustellen, dass Datagramme (beispielsweise aufgrund einer langlebigen Routing-Schleife) nicht ständig im Netz zirkulieren. Dieses Feld wird jedes Mal um eins verringert, wenn das Datagramm von einem Router verarbeitet wird. Wenn das TTL-Feld null erreicht, muss das Datagramm verworfen werden.

- *Protokoll.* Dieses Feld wird erst dann verwendet, wenn ein IP-Datagramm seinen Zielort erreicht. Der Wert dieses Feldes bestimmt das Transportschichtprotokoll, an das der Datenteil dieses IP-Datagramms weitergegeben werden soll. Zum Beispiel bedeutet ein Wert von 6, dass der Datenteil an TCP weitergegeben wird, während ein Wert von 17 anzeigt, dass die Daten an UDP übermittelt werden. Eine Liste aller möglichen Werte finden Sie in [RFC 1700; RFC 3232]. Beachten Sie, dass die Protokollnummer im IP-Datagramm eine Aufgabe hat, die der Aufgabe des Portnummernfeldes im Transportschichtsegment entspricht. Die Protokollnummer ist der Klebstoff, der Netzwerkschicht und Transportschicht verbindet, während die Portnummer der Klebstoff ist, der Transportschicht und Anwendungsschicht verbindet. Wir werden in Kapitel 5 sehen, dass die Rahmen der Sicherungsschicht ebenfalls ein spezielles Feld haben, das die Sicherungsschicht mit der Netzwerkschicht verbindet.

- *Header-Prüfsumme.* Die Header-Prüfsumme hilft einem Router bei der Entdeckung von Bitfehlern in einem eingetroffenen IP-Datagramm. Die Header-Prüfsumme wird berechnet, indem jeweils 2 Byte des Headers als Zahl aufgefasst und mithilfe der 1er-Komplement-Arithmetik aufsummiert werden. Wie in Abschnitt 3.3 diskutiert, wird das 1er-Komplement dieser Summe, bezeichnet als die Internetprüfsumme, im Prüfsummenfeld gespeichert. Ein Router berechnet die Header-Prüfsumme für jedes empfangene IP-Datagramm und erkennt einen Fehler, wenn die im Datagramm-Header enthaltene Prüfsumme nicht mit der berechneten Prüfsumme übereinstimmt. Router löschen normalerweise Datagramme, bei denen ein Fehler aufgetreten ist. Beachten Sie, dass die Prüfsumme an jedem Router neu berechnet und wieder gespeichert werden muss, weil das TTL-Feld und möglicherweise auch die Optionsfelder sich ändern können. Eine interessante Diskussion schneller Algorithmen für das Berechnen der Internetprüfsumme enthält [RFC 1071]. Eine an dieser Stelle oft gestellte Frage lautet: „Warum wird sowohl auf der Transportschicht als auch auf der Netzwerkschicht eine Fehlerprüfung durchgeführt?“ Es gibt mehrere Gründe für diese Wiederholung. Beachten Sie erstens, dass nur der IP-Header in der IP-Schicht durch die Prüfsumme abgesichert wird, während die TCP-/UDP-Prüfsumme über das ganze TCP-/UDP-Segment berechnet wird. Zweitens müssen TCP/UDP und IP nicht unbedingt zu demselben Protokollstapel gehören. TCP kann im Prinzip auch über ein anderes Protokoll (zum Beispiel ATM) laufen und IP kann Daten enthalten, die nicht an TCP/UDP übermittelt werden.
- IP-Adressen von *Quelle und Ziel.* Erstellt eine Quelle ein Datagramm, schreibt sie ihre IP-Adresse in das IP-Quelladressfeld und die Adresse des endgültigen Zieles in das IP-Zieladressenfeld. Oft bestimmt das Quellsystem die Zieladresse über eine DNS-Suche, wie in Kapitel 2 besprochen. Wir erörtern IP-Adressierung in Abschnitt 4.4.2 im Detail.
- *Optionen.* Optionsfelder ermöglichen die Erweiterung eines IP-Headers. Header-Optionen sollten nur selten benutzt werden – daher auch der Entschluss, den Overhead zu reduzieren, indem die Optionsfelder nicht in jedem Datagramm-Header vorhanden sind. Allerdings verkompliziert schon die bloße Existenz der Optionen die Dinge – weil die Datagramm-Header verschieden lang sein können, kann man nicht ohne Weiteres sagen, wo das Datenfeld beginnt. Außerdem kann die Zeit zum Bearbeiten eines Datagramms in einem Router erheblich schwanken, da manche Datagramme die Verarbeitung von Optionsfeldern erfordern, andere dagegen nicht. Diese Überlegungen sind besonders für die IP-Verarbeitung in Hochleistungsroutern und -hosts wichtig. Aus diesen und anderen Gründen wurden IP-Optionen, wie in Abschnitt 4.4.4 erwähnt, im IPv6-Header abgeschafft.
- *Daten (Nutzlast).* Wir kommen schließlich zum letzten und wichtigsten Feld – die eigentliche Daseinsberechtigung für Datagramme! In den meisten Fällen enthält das Datenfeld des IP-Datagramms das Transportschichtsegment (TCP oder

UDP), das an die Zieladresse geliefert werden soll. Jedoch kann das Datenfeld auch andere Arten von Daten enthalten, etwa ICMP-Nachrichten (diskutiert in Abschnitt 4.4.3).

Beachten Sie, dass der Header eines IP-Datagramms eine Gesamtlänge von 20 Byte hat (vorausgesetzt, es sind keine Optionen enthalten). Wenn das Datagramm ein TCP-Segment enthält, dann trägt jedes (nicht fragmentierte) Datagramm insgesamt 40 Byte Header mit sich herum (20 Byte IP-Header plus 20 Byte TCP-Header), zusätzlich zur Nachricht der Anwendungsschicht.

IP-Datagramm-Fragmentierung

Wir werden in Kapitel 5 sehen, dass nicht alle Sicherungsschichtprotokolle Netzwerkschichtpakete derselben Größe transportieren können. Einige Protokolle erlauben große Pakete, während andere Protokolle nur kleine ermöglichen. Zum Beispiel können Ethernet-Rahmen bis zu 1.500 Byte Daten enthalten, während die Rahmen einiger Weitverkehrsleitungen nicht mehr als 576 Byte transportieren können. Die maximale Datenmenge, die ein Rahmen der Sicherungsschicht enthalten kann, wird als Maximum Transmission Unit (MTU, *maximale Übertragungseinheit*) bezeichnet. Weil jedes IP-Datagramm für den Transport von einem Router zum nächsten in einen Rahmen der Sicherungsschicht eingekapselt wird, bedeutet die MTU des Sicherungsschichtprotokolls eine feste Obergrenze für die Länge eines IP-Datagramms. Eine feste Obergrenze für die Größe eines IP-Datagramms ist kein großes Problem. Problematisch ist dagegen, dass jede Leitung auf dem Weg zwischen Sender und Ziel unterschiedliche Sicherungsschichtprotokolle nutzen darf und jedes dieser Protokolle unterschiedliche MTUs verwenden kann.

Um dieses Problem besser zu verstehen, stellen Sie sich vor, dass Sie ein Router sind, der mehrere Leitungen verbindet, auf denen jeweils verschiedene Sicherungsschichtprotokolle mit verschiedenen MTUs verwendet werden. Nehmen Sie an, dass Sie ein IP-Datagramm über eine Leitung erhalten. Sie schauen in Ihre Weiterleitungstabelle, um die ausgehende Leitung zu bestimmen, und diese Ausgangsleitung hat eine MTU, die kleiner ist als die Länge des IP-Datagramms. Die passende Gelegenheit, um in Panik zu verfallen – wie quetschen Sie dieses überdimensionierte IP-Datagramm in das Nutzdatenfeld des Sicherungsschichtrahmens? Die Lösung besteht darin, die Daten im IP-Datagramm in zwei oder mehr kleinere IP-Datagramme zu fragmentieren, jedes dieser kleineren IP-Datagramme in einem eigenen Rahmen der Sicherungsschicht zu verkapseln und diese Rahmen separat über die Ausgangsleitung zu senden. Jedes dieser kleineren Datagramme wird als **Fragment** bezeichnet.

Fragmente müssen wieder zusammengefügt werden, bevor sie die Transportschicht an der Zieladresse erreichen. In der Tat erwarten sowohl TCP als auch UDP vollständige, unfragmentierte Segmente von der Netzwerkschicht. Die Entwickler von IPv4 waren der Ansicht, dass das Zusammenfügen von Datagrammen in den Routern große Komplikationen für die Protokolle bedeuten und die Leistung der Router beeinträchtigen würde. (Wenn Sie ein Router wären, würden Sie neben allem anderen, was Sie zu tun haben, auch noch Fragmente zusammenfügen wollen?) Da sie am Grundsatz festhielten, den Netzwerkkern einfach zu halten, beschlossen die Entwickler von IPv4, das Zusammenfügen von Datagrammen in den Endsystemen statt in den Netzwerkroutern zu erledigen.

Erhält ein Zielhost eine Reihe von Datagrammen von derselben Quelle, muss er prüfen, ob einige dieser Datagramme Fragmente eines größeren ursprünglichen Datagramms sind. Ist das der Fall, muss er weiter feststellen, ob er das letzte Fragment erhalten hat und wie die eingetroffenen Fragmente wieder zum ursprünglichen Datagramm zusammengefügt werden sollten. Damit der Zielhost das Zusammenfügen durchführen kann, fügten die Entwickler von IP (Version 4) die Felder *Identifizierung*, *Flags* und *Fragmentierungsoffset* in den IP-Header ein. Beim Erstellen eines Datagramms markiert der sendende Host das Datagramm mit einer Kennziffer im Identifizierungsfeld sowie mit Quell- und Zieladresse. Normalerweise erhöht der sendende Host die Kennziffer für jedes Datagramm, das er sendet. Muss ein Router ein Datagramm fragmentieren, wird jedes entstehende Datagramm (das heißt jedes Fragment) mit Quelladresse, Zieladresse und Kennziffer des Originaldatagramms markiert. Erhält ein Ziel eine Folge von Datagrammen vom selben sendenden Host, kann es die Kennziffern der Datagramme benutzen, um zu bestimmen, welche Datagramme tatsächlich zusammengehörige Fragmente eines größeren Datagramms sind. Weil IP einen unzuverlässigen Dienst bietet, kann es vorkommen, dass Fragmente nicht an der Zieladresse ankommen. Damit der Zielhost absolut sicher sein kann, das letzte Fragment des Originaldatagramms erhalten zu haben, wird im letzten Fragment eines der Flag-Bits auf null gesetzt, während in allen anderen Fragmenten dieses Flag-Bit eins beträgt. Damit der Zielhost darüber hinaus feststellen kann, ob ein Fragment fehlt (und um in der Lage zu sein, die Fragmente in der richtigen Reihenfolge zusammenzusetzen), wird im Offset-Feld angegeben, an welcher Stelle das Fragment ins ursprüngliche IP-Datagramm gehört.

▶Abbildung 4.14 zeigt ein Beispiel. Ein Datagramm von 4.000 Byte (20 Byte IP-Header plus 3.980 Byte Nutzdaten) kommt an einem Router an und muss über eine Leitung mit einer MTU von 1.500 Byte weitergeleitet werden. Dies bedeutet, dass die 3.980 Datenbytes im Originaldatagramm drei separaten Fragmenten zugeordnet werden müssen (von denen jedes ebenfalls ein IP-Datagramm ist). Nehmen Sie an, dass das Originaldatagramm mit der Kennziffer 777 markiert wird. Die wesentlichen Merkmale der drei Fragmente zeigt ▶Tabelle 4.2. Die Werte in dieser Tabelle reflektieren die Notwendigkeit, dass die Datenmenge in allen außer dem letzten Fragment ein Vielfaches von 8 Byte sein muss und dass der Offset in Einheiten von 8 Byte-Blöcken angegeben wird.

An der Zieladresse werden die Nutzdaten des Datagramms erst dann an die Transportschicht übermittelt, wenn die IP-Schicht das ursprüngliche IP-Datagramm vollständig wiederhergestellt hat. Kommen ein oder mehrere Fragmente nicht an der Zieladresse an, wird das unvollständige Datagramm gelöscht und nicht an die Transportschicht übermittelt. Aber wie wir im vorherigen Kapitel gelernt haben: Wird TCP auf der Transportschicht verwendet, dann erholt sich TCP von diesem Verlust, indem es die Daten des Originaldatagramms nochmals von der Quelle übertragen lässt.

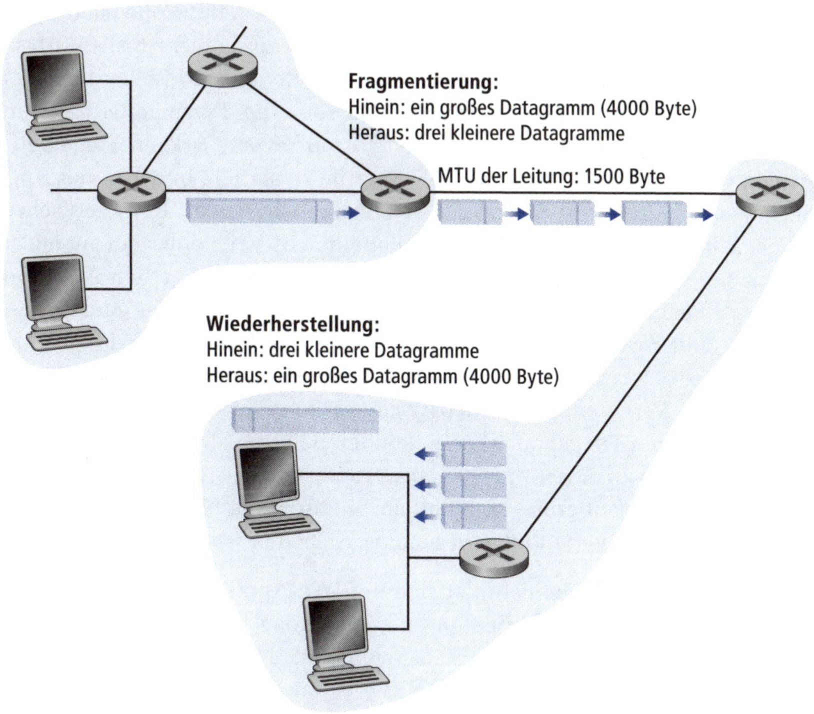

Abbildung 4.14: IP-Fragmentierung und Wiederherstellung

Fragment	Bytes	ID	Offset	Flag
1. Fragment	1.480 Byte im Datenfeld des IP-Datagramms	Identifizierung = 777	Offset = 0 (d.h., die Daten sollten beginnend bei Byte 0 eingefügt werden)	Flag = 1 (d.h., da kommt noch mehr)
2. Fragment	1.480 Datenbytes	Identifizierung = 777	Offset = 185 (d.h., die Daten sollten bei Byte 1.480 beginnend eingefügt werden; beachten Sie, dass 185 · 8 = 1.480)	Flag = 1 (d.h., da kommt noch mehr)
3. Fragment	1.020 Datenbytes (= 3.980 – 1.480 – 1.480)	Identifizierung = 777	Offset = 370 (d.h., die Daten sollten beginnend bei Byte 2.960 eingefügt werden; beachten Sie, dass 370 · 8 = 2.960)	Flag = 0 (d.h., es ist das letzte Fragment)

Tabelle 4.2: IP-Fragmente

Wir haben gerade gesehen, dass IP-Fragmentierung eine wichtige Rolle dabei spielt, die vielen unterschiedlichen Sicherungsschichttechnologien zusammenzuhalten. Aber Fragmentierung hat auch ihre Kosten. Erstens macht sie Router und Endsysteme komplizierter, da diese dafür entworfen werden müssen, die Fragmentierung und das Zusammenfügen von Datagrammen zu unterstützen. Zweitens kann Fragmentierung missbraucht werden, um verheerende DoS-Angriffe zu starten, in denen der Angreifer eine Serie von bizarren und unerwarteten Fragmenten sendet. Ein klassisches Beispiel ist der Jolt2-Angriff, in dem der Angreifer einen Strom kleiner Fragmente an den Zielhost sendet, von denen keines ein Offset von null hat. Durch den Aufwand, aus den entarteten Paketen wieder Datagramme herzustellen, kann das Ziel zusammenbrechen. Eine andere Klasse von Angriffen sendet überlappende IP-Fragmente, das heißt, Fragmente, deren Offsets so gewählt wurden, dass die Fragmente nicht richtig zusammenpassen. Verwundbare Betriebssysteme, die nicht wissen, wie sie mit überlappenden Fragmenten umgehen müssen, können dadurch abstürzen [Skoudis 2006]. Wie wir am Ende dieses Abschnitts sehen werden, schafft eine neue Version des IP-Protokolls, IPv6, Fragmentierung komplett ab, wodurch die IP-Paketverarbeitung vereinfacht und IP weniger verwundbar gegenüber Angriffen wird.

Weblink

Auf der Website dieses Buchs befindet sich ein Java-Applet, das Fragmente erzeugt. Sie, die Anwender, geben die Größe der ankommenden Datagramme, die MTU und die Identifizierung der eingehenden Datagramme an. Das Applet generiert automatisch die entsprechenden Fragmente.

4.4.2 IPv4-Adressierung

Richten wir nun unsere Aufmerksamkeit auf die IPv4-Adressierung. Obwohl Sie vielleicht annehmen, dass dieses Thema keine großen Überraschungen bereithält, sind Sie hoffentlich bis zum Ende dieses Kapitels davon überzeugt, dass die Internetadressierung ein tiefgehendes und interessantes Thema und zudem von zentraler Bedeutung für das Internet ist. Ausgezeichnete Abhandlungen über die IPv4-Adressierung sind [3Com Addressing 2007] und das erste Kapitel in [Stewart 1999].

Bevor wir jedoch die IP-Adressierung diskutieren, müssen wir zunächst einige Worte darüber verlieren, wie Hosts und Router mit dem Internet verbunden werden. Ein Host ist normalerweise nur über eine einzige Leitung an das Netzwerk angeschlossen. Will IP von diesem Host aus ein Datagramm senden, macht es das über diese Leitung. Die Grenze zwischen dem Host und der physikalischen Leitung wird als **Schnittstelle** *(Interface)* bezeichnet. Betrachten Sie nun einen Router und seine Schnittstellen. Weil die Aufgabe eines Routers darin besteht, ein Datagramm auf einer Leitung entgegenzunehmen und es auf irgendeine andere Leitung weiterzuleiten, ist ein Router notwendigerweise an zwei oder mehr Leitungen angeschlossen. Die Grenze zwischen dem Router und jeder angeschlossenen Leitungen wird ebenfalls Schnittstelle genannt. Daher hat ein Router mehrere Schnittstellen, eine für jede Leitung. Weil jeder Host und Router fähig ist, IP-Datagramme zu senden und zu empfangen, verlangt IP, dass jede Host- und Routerschnittstelle ihre eigene IP-Adresse hat. Auf diese Art ist

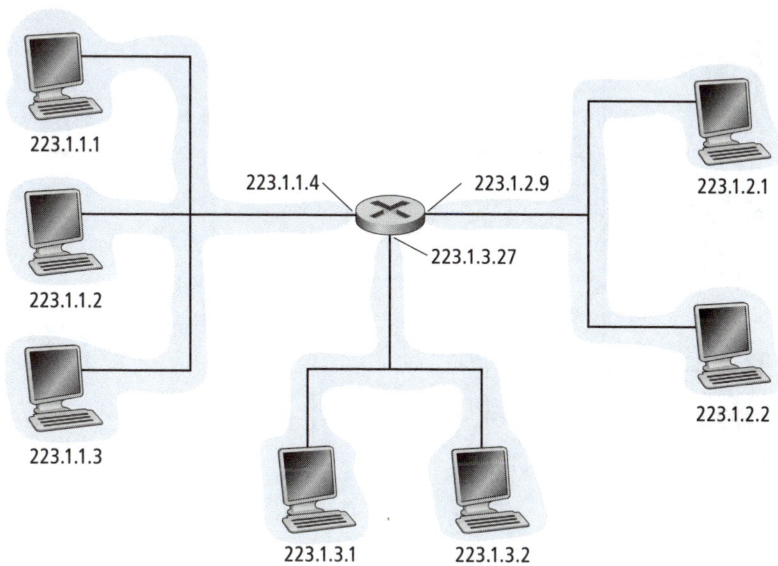

Abbildung 4.15: Adressen und Subnetze

eine IP-Adresse technisch also einer Schnittstelle zugeordnet, und nicht dem Host oder Router, zu dem diese Schnittstelle gehört.

Jede IP-Adresse ist 32 Bit lang (4 Byte). Daher gibt es insgesamt 2^{32} mögliche IP-Adressen. Da 2^{10} ungefähr 1.000 ist, ist klar, dass es ungefähr 4 Milliarden mögliche IP-Adressen gibt. Diese Adressen werden normalerweise im sogenannten Dezimalformat geschrieben. Dabei erscheint jedes Byte der Adresse in seiner dezimalen Form und wird durch einen Punkt von den benachbarten Bytes in der Adresse getrennt. Betrachten Sie zum Beispiel die IP-Adresse 193.32.216.9. Die 193 ist das dezimale Äquivalent zu den ersten 8 Bit der Adresse, die 32 ist das dezimale Äquivalent der zweiten 8 Bit der Adresse usw. Also lautet die Adresse 193.32.216.9 in Binärdarstellung 11000001 00100000 11011000 00001001.

Jede Schnittstelle eines jeden Hosts und Routers im globalen Internet muss eine IP-Adresse haben, die weltweit eindeutig ist (mit Ausnahme von Schnittstellen hinter NATs, wie am Ende dieses Abschnittes erörtert wird). Diese Adressen können jedoch nicht einfach irgendwie gewählt werden. Ein Teil der IP-Adresse einer Schnittstelle wird vom Subnetz festgelegt.

▶Abbildung 4.15 liefert ein Beispiel für die IP-Adressierung und Schnittstellen. In dieser Abbildung ist ein Router (über drei Schnittstellen) mit sieben Hosts verbunden. Betrachten Sie die IP-Adressen, die den Host- und Routerschnittstellen zugewiesen wurden. Mehrere Dinge sind bemerkenswert: Die drei Hosts im oberen linken Teil von Abbildung 4.15 und die Routerschnittstelle, mit der sie verbunden sind, haben alle eine IP-Adresse der Form 223.1.1.xxx. Das heißt, in ihren IP-Adressen sind die ersten 24 Bit alle identisch. Die vier Schnittstellen sind zudem miteinander über ein

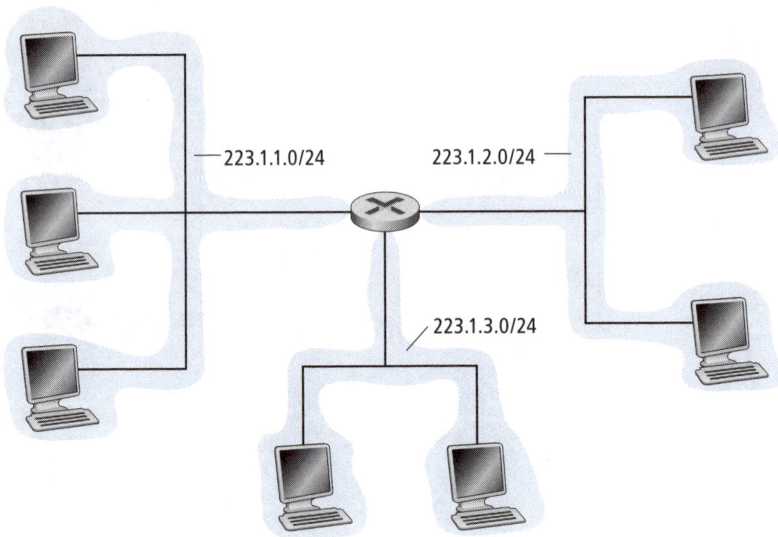

Abbildung 4.16: Subnetzadressen

Netz verbunden, *das keine Router enthält.* (Dieses Netz könnte zum Beispiel ein Ethernet-LAN sein, wobei die Schnittstellen dann durch einen Ethernet-Hub oder -Switch verbunden wären, siehe Kapitel 5.) In der Terminologie von IP bildet dieses Netz aus drei Hostschnittstellen und einer Routerschnittstelle ein **Subnetz** [RFC 950]. (Ein Subnetz wird in der Internetliteratur auch als *IP-Netzwerk* oder einfach als Netzwerk bezeichnet.) Die IP-Adressierung weist diesem speziellen Subnetz in der Abbildung folgende Adresse zu: 223.1.1.0/24, wobei das /24, manchmal als Subnetzmaske bezeichnet, anzeigt, dass die linken 24 Bit der gesamten 32 Bit der Adresse die Subnetzadresse definieren. Das Subnetz 223.1.1.0/24 besteht daher aus den drei Hostschnittstellen (223.1.1.1, 223.1.1.2 und 223.1.1.3) und einer Routerschnittstelle (223.1.1.4). Alle zusätzlichen Hosts, die dem 223.1.1.0/24-Subnetz zugeordnet werden, *müssen* eine Adresse der Form 223.1.1.xxx haben. Abbildung 4.15 enthält zwei zusätzliche Subnetze: das 223.1.2.0/24-Subnetz und das 223.1.3.0/24-Subnetz. ▶Abbildung 4.16. illustriert die drei IP-Subnetze aus Abbildung 4.15.

Die IP-Definition eines Subnetzes ist nicht auf Ethernet-Segmente beschränkt, die mehrere Hosts mit einer Routerschnittstelle verbinden. Um einen Einblick zu bekommen, betrachten Sie Abbildung 4.17, in der drei Router miteinander durch Punkt-zu-Punkt-Leitungen verbunden sind. Jeder Router hat drei Schnittstellen, eine für jede Punkt-zu-Punkt-Leitung und eine für die Broadcast-Leitung, die den Router direkt mit einem Hostpaar verbindet. Welche Subnetze sind hier zu sehen? Die drei Subnetze 223.1.1.0/24, 223.1.2.0/24 und 223.1.3.0/24 ähneln denjenigen, denen wir in Abbildung 4.15 begegnet sind. Aber beachten Sie, dass es in diesem Beispiel noch drei weitere Subnetze gibt: ein Subnetz, 223.1.9.0/24, für die Schnittstellen, die Router R1 und R2 verbinden, ein anderes Subnetz, 223.1.8.0/24, für die Schnittstellen, die Router R2 und R3 verbinden, und ein drittes Subnetz, 223.1.7.0/24, für die

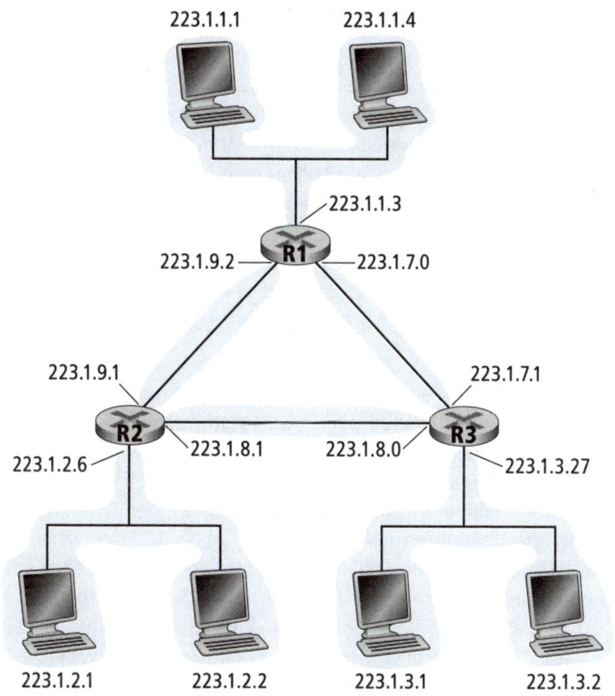

Abbildung 4.17: Drei Router verbinden sechs Subnetze untereinander

Schnittstellen, die Router R3 und R1 verbinden. Bei einem allgemeinen System miteinander verbundener Router und Hosts können wir die folgende Anleitung verwenden, um die Subnetze im System zu definieren:

> *Um die Subnetze zu bestimmen, trennen Sie jede Schnittstelle von ihrem Host oder Router. Dadurch entstehen Inseln, in denen sich separate Netzwerke mit Schnittstellen befinden, welche die Endpunkte der abgetrennten Netzwerke darstellen. Jedes dieser einzelnen Netzwerke wird als* ***Subnetz*** *bezeichnet.*

Wenden wir diese Prozedur auf das miteinander verbundene System in ▶ Abbildung 4.17 an, bekommen wir sechs Inseln bzw. Subnetze.

Anhand der obigen Diskussion wird deutlich, dass eine Organisation (eine Firma oder akademische Institution) mit mehreren Ethernet-Segmenten und Punkt-zu-Punkt-Leitungen mehrere Subnetze hat, bei denen alle Schnittstellen eines gegebenen Subnetzes dieselbe Subnetz-Adresse haben. Im Prinzip könnten die verschiedenen Subnetze auch deutlich unterschiedliche Subnetz-Adressen haben. In der Praxis jedoch haben ihre Adressen viele Gemeinsamkeiten. Um das zu verstehen, richten wir unsere Aufmerksamkeit darauf, wie die Adressierung im globalen Internet durchgeführt wird.

Von der Theorie zur Praxis

Dieses Beispiel eines ISP, der acht Organisationen mit dem Internet verbindet, verdeutlicht sehr schön, wie sorgfältig zugeordnete Adressen im CIDR-Format das Routing erleichtern. Nehmen Sie an, dass der ISP (den wir Blindflug-ISP nennen), wie in ▶Abbildung 4.18 gezeigt, der Außenwelt mitteilt, dass ihm alle Datagramme zugesandt werden sollten, bei denen die ersten 20 Adressbits mit 200.23.16.0/20 übereinstimmen. Der Rest der Welt braucht dann nicht zu wissen, dass sich innerhalb des Adressblocks 200.23.16.0/20 in der Tat acht andere Organisationen befinden, jede mit ihren eigenen Subnetzen. Diese Fähigkeit, ein einzelnes Präfix zu verwenden, um mehrere Netzwerke anzusprechen, wird oft als **Adressaggregation** (auch **Routenaggregation**) bezeichnet.

Adressaggregation funktioniert äußerst gut, wenn Adressen blockweise an ISPs und von diesen den Kundenorganisationen zugeordnet werden. Aber was geschieht, wenn Adressen nicht auf diese hierarchische Weise zugeordnet werden? Was würde zum Beispiel geschehen, wenn ISP-R-Us durch Blindflug-ISP erworben wird und dann Organisation 1 über sein untergeordnetes ISP-R-Us an das Internet anschließt? Wie in Abbildung 4.18 gezeigt, besitzen ISP-R-Us den Adressblock 199.31.16.0/16, aber die IP-Adressen der Organisation 1 befinden sich leider außerhalb dieses Adressblocks. Was kann hier geschehen? Natürlich könnte Organisation 1 allen ihren Routern und Hosts neue Adressen geben, um Adressen innerhalb des ISP-R-Us-Adressbereiches zu erhalten. Aber dies wäre eine kostspielige Lösung und Organisation 1 könnte in Zukunft durchaus wieder einer anderen Tochtergesellschaft zugeordnet werden. Die üblicherweise verwendete Lösung besteht darin, dass Organisation 1 ihre IP-Adressen im Bereich 200.23.18.0/23 behält. In diesem Fall benutzt Blindflug-ISP weiterhin, wie in Abbildung 4.19 gezeigt, den Adressblock 200.23.16.0/20 und ISP-R-Us nutzt weiterhin den Block 199.31.16.0/16. Allerdings verfügt ISP-R-Us jetzt zusätzlich auch über den Adressblock von Organisation 1, 200.23.18.0/23. Wenn andere Router im Internet die Adressenblöcke 200.23.16.0/20 (von Blindflug-ISP) und 200.23.18.0/23 (von ISP-R-Us) sehen und eine Adresse im Block 200.23.18.0/23, ansprechen wollen, verwenden sie das Longest Prefix Matching (Abschnitt 4.2.2), um das Routing in Richtung ISP-R-Us vorzunehmen. Dort ist das längste (am genauesten bestimmte) übereinstimmende Präfix zu finden, das zur Zieladresse passt.

Die Adresszuordnungsstrategie des Internets wird Classless Interdomain Routing (CIDR – ausgesprochen wie Cidre, der Apfelwein – *klassenloses Routing zwischen Domänen*) genannt [RFC 4632]. CIDR verallgemeinert die Darstellung der Subnetzadressierung. Wie bei der Subnetzadressierung wird die 32 Bit-IP-Adresse in zwei Teile getrennt und hat wieder das Dezimalformat a.b.c.d/*x*, wobei *x* die Anzahl der Bits im ersten Teil der Adresse angibt.

Die *x* höchstwertigsten Bits einer Adresse der Form a.b.c.d/*x* bilden den Netzteil der IP-Adresse und werden oft **Präfix** (oder *Netzwerkpräfix*) der Adresse genannt. Einer Organisation wird normalerweise ein Block zusammenhängender Adressen zugewiesen, also ein Bereich von Adressen mit einem gemeinsamen Präfix (siehe den Kasten „Von der Theorie zur Praxis"). In diesem Fall verwenden die IP-Adressen von Geräten innerhalb der Organisation das gemeinsame Präfix. Wenn wir in Abschnitt 4.6 das im Internet eingesetzte Border Gateway Protocol (BGP) behandeln, werden wir erkennen, dass nur diese *x* führenden Präfix-Bits von Routern außerhalb des Netzwerkes der Organisation berücksichtigt werden.

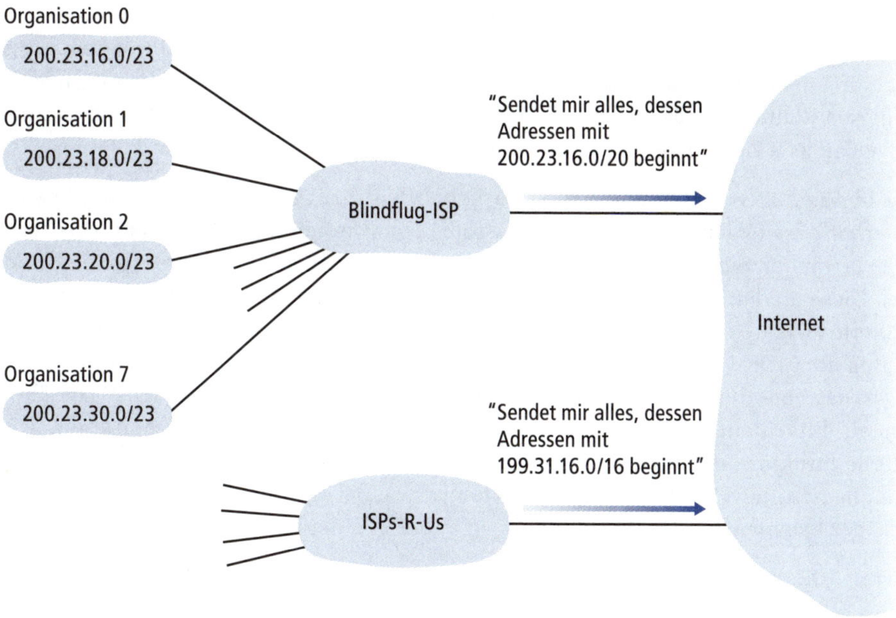

Abbildung 4.18: Hierarchische Adressierung und Adressaggregation

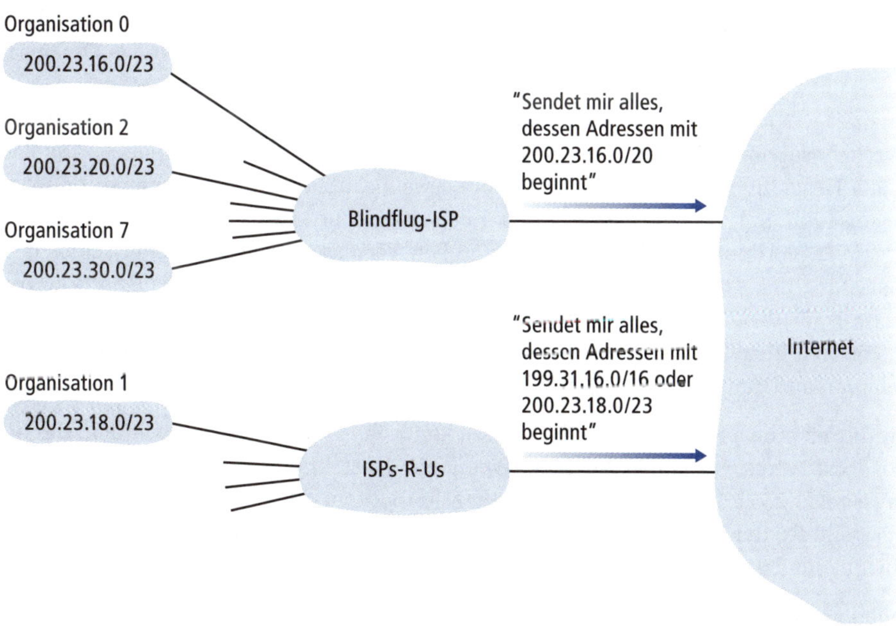

Abbildung 4.19: ISP-R-Us kennt eine spezifischere Route zu Organisation 1

Das heißt, wenn ein Router außerhalb der Organisation ein Datagramm weiterleitet, dessen Zieladresse innerhalb der Organisation liegt, müssen nur die führenden x Bits der Adresse berücksichtigt werden. Dies reduziert die Größe der Weiterleitungstabelle in diesen Routern beträchtlich, da ein *einzelner* Eintrag der Form a.b.c.d/x genügt, um Pakete an jede Zieladresse innerhalb der Organisation weiterzuleiten.

Die übrigen $32 - x$ Bits einer Adresse helfen bei der Unterscheidung von Geräten *innerhalb* der Organisation, die alle dasselbe Netzwerkpräfix haben. Diese Bits werden verwendet, wenn Pakete an Router *innerhalb* der Organisation weitergeleitet werden. Diese niederrangigen Bits können eine zusätzliche Subnetzstruktur wie die eben erörterte haben (oder auch nicht). Nehmen Sie zum Beispiel an, dass die ersten 21 Bits der CIDR-Format-Adresse a.b.c.d/21 das Netzwerkpräfix der Organisation festlegen, das von allen IP-Adressen in allen Geräten gemeinsam benutzt wird. Die übrigen elf Bits identifizieren dann die spezifischen Hosts in der Organisation. Die interne Struktur der Organisation könnte so gestaltet sein, dass diese elf rechten Bits, wie oben erörtert, für die Subnetzstruktur verwendet werden. Zum Beispiel könnte a.b.c.d/24 sich auf ein bestimmtes Subnetz innerhalb der Organisation beziehen.

Bevor CIDR eingeführt wurde, waren die Netzwerkelemente einer IP-Adresse auf eine Länge von 8, 16 oder 24 Bits beschränkt. Dieses Adressierungsschema wird als **klassenbezogene Adressierung** *(classful addressing)* bezeichnet, da Subnetze mit Adressen von 8, 16 und 24 Bit als Klasse-A-, Klasse-B- und Klasse-C-Netzwerke bekannt waren. Die Einschränkung, dass die Subnetzelemente einer IP-Adresse genau 1, 2, oder 3 Byte lang sein mussten, erwies sich als hinderlich für die rasch wachsende Anzahl von Organisationen mit kleinen und mittelgroßen Subnetzen. Ein Klasse-C-Subnetz (/24) konnte nur bis zu $2^8 - 2 = 254$ Hosts unterstützen (zwei der $2^8 = 256$ Adressen sind für spezielle Zwecke reserviert) – zu klein für viele Organisationen. Ein Klasse-B-Subnetz (/16), das 65.534 Hosts unterstützt, war zu groß. Bei klassenbezogener Adressierung wurde einer Organisation mit beispielsweise 2.000 Hosts typischerweise eine Klasse-B-Subnetzadresse zugeordnet. Dies führte zu einer großen Verschwendung und einer schlechten Auslastung des Klasse-B-Adressraumes. So wurde zum Beispiel der Organisation, die Klasse B für ihre 2.000 Hosts verwendete, genug Adressraum zugestanden, um bis zu 65.534 Schnittstellen zu unterstützen. Damit konnten mehr als 63.000 Adressen nicht mehr von anderen Organisationen verwendet werden.

Wir dürfen eine andere Art von IP-Adresse keinesfalls vergessen zu erwähnen: die IP-Broadcast-Adresse 255.255.255.255. Wenn ein Host ein Datagramm mit der Zieladresse 255.255.255.255 sendet, wird die Nachricht an alle Hosts im selben Subnetz zugestellt. Router leiten die Nachricht bisweilen auch in benachbarte Subnetze weiter (obwohl sie das normalerweise nicht tun sollten).

Nachdem wir uns nun im Detail die IP-Adressierung angeschaut haben, müssen wir wissen, wie Hosts und Subnetze überhaupt ihre Adressen zugewiesen bekommen. Betrachten wir zunächst, wie eine Organisation einen Block von Adressen für ihre Geräte bekommt, um anschließend zu sehen, wie einem Gerät (etwa einem Host) eine Adresse innerhalb des Adressbereiches der Organisation zugewiesen wird.

Zuweisen eines Blocks von Adressen

Um einen Block von IP-Adressen für die Verwendung innerhalb des Subnetzes einer Organisation zu erhalten, könnte ein Netzwerkadministrator sich zunächst an seinen ISP wenden, der ihm Adressen aus einem größeren Adressblock zuweist, welcher dem ISP schon früher zugeordnet worden war. Zum Beispiel könnte dem ISP der Adressblock 200.23.16.0/20 zugeordnet worden sein. Der ISP könnte seinen Adressbereich nun in acht gleich große zusammenhängende Adressblöcke unterteilen und je einen dieser Adressblöcke, wie unten gezeigt, an bis zu acht Organisationen verteilen, die mit diesem ISP zusammenarbeiten. (Wir haben den Subnetzteil dieser Adressen der Einfachheit halber unterstrichen.)

ISP-Block	200.23.16.0/20	11001000 00010111 00010000 00000000
Organisation 0	200.23.16.0/23	11001000 00010111 00010000 00000000
Organisation 1	200.23.18.0/23	11001000 00010111 00010010 00000000
Organisation 2	200.23.20.0/23	11001000 00010111 00010100 00000000
...	...	...
Organisation 7	200.23.30.0/23	11001000 00010111 00011110 00000000

Die Zuweisung eines Satzes von Adressen durch einen ISP ist nicht die einzige Methode, an einen Adressblock zu kommen. Natürlich muss auch der ISP selbst einen Adressblock erhalten können. Gibt es eine übergeordnete Autorität, welche die endgültige Verantwortung für die Verwaltung des IP-Adressraumes und die Zuweisung von Adressblöcken zu ISPs und anderen Organisationen hat? Die gibt es tatsächlich! IP-Adressen liegen in den Händen der Internet Corporation for Assigned Names and Numbers (ICANN) [ICANN 2007], deren Arbeit auf den Richtlinien aus [RFC 2050] basiert. Die Aufgaben dieser gemeinnützigen Organisation bestehen nicht nur im Zuordnen von IP-Adressen, sondern auch in der Verwaltung der DNS-Rootserver [NTIA 1998]. Sie hat auch den sehr mühsamen Auftrag, Domainnamen zuzuweisen und Streitfragen über Domainnamen zu schlichten. Die ICANN weist regionalen Internetregistraren (zum Beispiel ARIN, RIPE, APNIC und LACNIC), die zusammen die Address Supporting Organization der ICANN bilden [ASO ICANN 2007], Adressen zu. Diese Registrare führen die Zuordnungen und die Verwaltung von Adressen innerhalb ihrer Regionen durch.

Zuweisen einer Hostadresse: das Dynamic Host Configuration Protocol

Sobald eine Organisation einen Adressblock erhalten hat, kann sie ihren Host- und Routerschnittstellen einzelne IP-Adressen zuweisen. Ein Systemadministrator konfiguriert die IP-Adressen normalerweise manuell im Router (oft mit einem Netzwerkverwaltungs-Tool). Hostadressen können ebenfalls manuell konfiguriert werden, aber diese Aufgabe wird mittlerweile oft mithilfe des **Dynamic Host Configuration Protocol (DHCP)** erledigt [RFC 2131]. DHCP ermöglicht es einem Host, eine IP-Adresse automatisch zu beziehen (also zugeordnet zu bekommen). Ein Netzadministrator kann DHCP so konfigurieren, dass ein bestimmter Host jedes Mal, wenn er sich mit dem Netz verbindet, dieselbe IP-Adresse erhält, oder einem Host wird eine **temporäre IP-Adresse** zugewiesen, die sich bei jedem Zugang zum Netz ändert. Zusätzlich zur Zuweisung von Host-IP-Adressen liefert DHCP einem Host auch weitere Information, etwa seine Subnetzmaske, die Adresse seines First-Hop-Routers (oft *Standardgateway* genannt) und die Adresse seines lokalen DNS-Servers.

Wegen DHCPs Fähigkeit, die netzwerkseitigen Aspekte der Verbindung eines Hosts mit einem Netz zu automatisieren, wird es oft **Plug-and-Play-Protokoll** genannt. Diese Fähigkeit macht es für den Netzwerkadministrator, der diese Aufgaben sonst manuell durchführen müsste, sehr attraktiv! DHCP ist auch bei Heimzugängen zum Internet und in Wireless LANs, in denen Hosts sich ständig ins Netz einklinken und es wieder verlassen, weit verbreitet. Stellen Sie sich zum Beispiel einen Studenten vor, der einen Laptop aus seiner Wohnung in eine Bibliothek oder einen Hörsaal mitnimmt. Es ist wahrscheinlich, dass sich der Student an jedem Standort in ein neues Subnetz einklinkt und daher an jedem Standort eine neue IP-Adresse braucht. DHCP ist für diese Situation ideal geeignet, in der viele Benutzer kommen und gehen und Adressen nur für einen begrenzten Zeitraum benötigt werden. Auf ähnliche Weise ist DHCP in privaten ISP-Zugangsnetzen sinnvoll. Betrachten Sie als Beispiel einen Privatkunden-ISP mit 2.000 Kunden, wobei aber nie mehr als 400 Kunden gleichzeitig online sind. In diesem Fall braucht ein DHCP-Server für das Zuweisen der Adressen statt eines statischen Blocks von 2.048 nur einen dynamischen Block von 512 Adressen (zum Beispiel einen Block der Form a.b.c.d/23). Während sich die Hosts einwählen und gehen, muss der DHCP-Server seine Liste verfügbarer IP-Adressen ständig aktualisieren. Jedes Mal, wenn sich ein Host einwählt, ordnet ihm der DHCP-Server eine beliebige Adresse aus seinem aktuellen Pool verfügbarer Adressen zu. Immer, wenn ein Host geht, wird seine Adresse im Pool freigegeben.

DHCP ist ein Client-Server-Protokoll. Ein Client ist normalerweise ein neu hinzukommender Host, der Informationen über die Netzwerkkonfiguration anfordert, inklusive einer IP-Adresse für sich selbst. Im einfachsten Fall hat jedes Subnetz (im Sinne der Adressierung aus Abbildung 4.17) einen DHCP-Server. Enthält dieses Subnetz keinen Server, muss ein DHCP-Relay-Agent (normalerweise ein Router) vorhanden sein, der die Adresse eines DHCP-Servers für dieses Netz kennt. ▶Abbildung 4.20 zeigt einen DHCP-Server, der mit dem Subnetz 223.1.2/24 verbunden ist, wobei der Router als Relay Agent für Clients dient, die sich mit den Subnetzen 223.1.1/24 und 223.1.3/24 verbinden. Für unsere weitere Diskussion nehmen wir an, dass ein DHCP-Server im Subnetz verfügbar ist.

Für einen neu zugeschalteten Host sieht das DHCP-Protokoll einen vierstufigen Prozess vor, wie in ▶Abbildung 4.21 für das Netzwerksetup aus Abbildung 4.20 gezeigt. In dieser Abbildung deutet yiaddr *(your internet address, Ihre Internetadresse)* an, dass diese Adresse dem neu hinzugekommenen Client zugeordnet wird. Die vier Schritte sind:

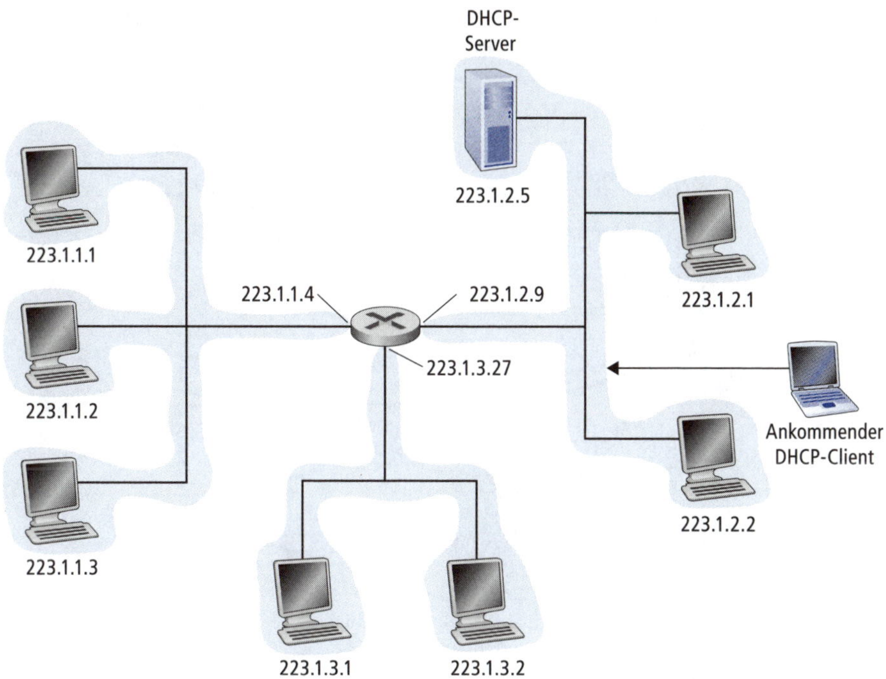

Abbildung 4.20: DHCP-Client-Server-Szenario

- *Suche nach dem DHCP-Server.* Die erste Aufgabe eines frisch ankommenden Hosts besteht darin, einen DHCP-Server zu finden, mit dem er sich austauschen kann. Dies erfolgt mithilfe einer **DHCP-Discover-Nachricht**, die ein Client in einem UDP-Paket an Port 67 sendet. Das UDP-Paket ist in einem IP-Datagramm verkapselt. Aber an wen sollte dieses Datagramm gesandt werden? Der Host kennt ja nicht einmal die IP-Adresse des Netzes, mit dem er sich verbindet, geschweige denn die Adresse eines DHCP-Servers für dieses Netz. Deshalb erstellt der DHCP-Client ein IP-Datagramm, das seine DHCP-Discover-Nachricht mit der Broadcast-IP-Zieladresse 255.255.255.255 und einer Quell-IP-Adresse von 0.0.0.0 verschickt. Der DHCP-Client übermittelt das IP-Datagramm an die Sicherungsschicht, welches diesen Rahmen an alle diesem Subnetz zugeordneten Knoten sendet (wir behandeln die Details der Sicherungsschicht in Abschnitt 5.4).
- *Angebote der DHCP-Server.* Ein DHCP-Server, der eine DHCP-Discover-Nachricht erhält, antwortet dem Client mit einer **DHCP-Offer-Nachricht**, die an alle Knoten des Subnetzes gesendet wird, ebenfalls mit der IP-Broadcast-Adresse 255.255.255.255. (Sie könnten hier kurz überlegen, warum diese Server-Antwort ebenfalls als Broadcast gesendet werden muss.) Da mehrere DHCP-Server im Subnetz anwesend sein können, befindet sich der Client möglicherweise in der beneidenswerten Lage, unter mehreren Angeboten auswählen zu können. Jede Server-Angebotsnachricht enthält die Transaktions-ID der eingegangenen Discover-Nachricht, die vorgeschlagene IP-Adresse des Clients, die Netzmaske und eine **Lease Time** *(Reservierungs-*

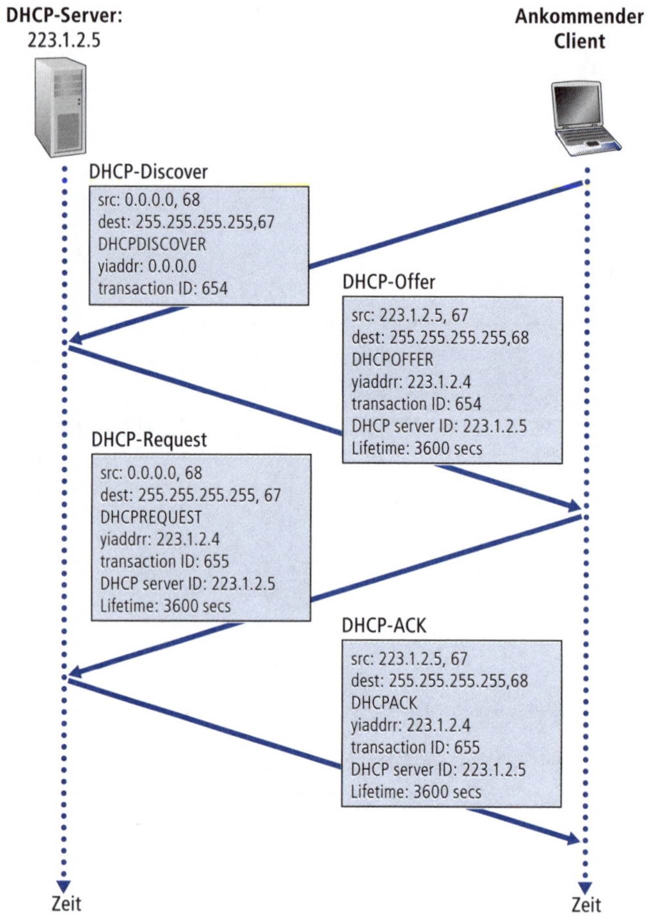

Abbildung 4.21: DHCP-Client-Server-Nachrichtenaustausch

zeit) für die Adresse – der Zeitraum, in dem diese IP-Adresse gültig bleibt. Es ist üblich, dass der Server die Lease Time auf mehrere Stunden oder Tage einstellt [Droms 1999].

- *DHCP-Request.* Der neu hinzukommende Client wählt aus einem oder mehreren Server-Angeboten aus und antwortet auf das ausgewählte Angebot mit einer **DHCP-Request-Nachricht**, in der er die Konfigurationsparameter zurücksendet.
- *DHCP-ACK.* Der Server antwortet auf die DHCP-Request-Nachricht mit einer **DHCP-ACK-Nachricht** und bestätigt die angeforderten Parameter.

Sobald der Client das DHCP-ACK erhält, ist der Austausch abgeschlossen und der Client kann die durch DHCP zugeordnete IP-Adresse für die Dauer der Reservierung verwenden. Da ein Client seine Adresse vielleicht über die Reservierungszeit hinaus verwenden möchte, bietet DHCP auch einen Mechanismus an, der es einem Client erlaubt, seine Nutzungsdauer der IP-Adresse zu verlängern.

Der Wert der Plug-and-Play-Fähigkeit von DHCP wird deutlich, wenn wir bedenken, dass die Alternative das manuelle Konfigurieren der IP-Adresse eines Hosts wäre. Erinnern wir uns an den Studenten, der sich mit Laptop zwischen Hörsaal, Bibliothek und Wohnung bewegt, sich dabei ständig in ein neues Subnetz einloggt und an jedem Standort eine neue IP-Adresse erhält. Es wäre unvorstellbar, dass ein Systemadministrator an jedem Standort Laptops rekonfigurieren muss, denn nur wenige Studenten (außer jenen, die eine Vorlesung über Netzwerke hören!) hätten das notwendige Wissen, um ihren Laptop manuell selbst konfigurieren zu können. In Hinblick auf die Mobilität ist DHCP jedoch mangelhaft. Da jedes Mal, wenn sich ein Knoten mit einem neuen Subnetz verbindet, von DHCP eine neue IP-Adresse vergeben wird, kann eine TCP-Verbindung zu einer entfernten Anwendung nicht aufrechterhalten werden, während sich ein mobiler Knoten zwischen verschiedenen Subnetzen bewegt. In Kapitel 6 lernen wir Mobile IP kennen – eine neue Erweiterung der IP-Infrastruktur, mit der ein mobiler Knoten eine einzige permanente Adresse verwenden kann, während er zwischen verschiedenen Subnetzen wechselt. Zusätzliche Details über DHCP finden Sie in [Droms 1999] und [dhc 2007]. Eine quelloffene Referenzimplementierung von DHCP ist vom Internetsystemkonsortium [ISC 2007] erhältlich.

Network Address Translation (NAT)

Anhand unserer Diskussion über Internetadressen und das IPv4-Datagrammformat wissen wir jetzt sehr genau, dass jedes IP-fähige Gerät eine IP-Adresse braucht. Mit der immer weiteren Verbreitung von sogenannten Small-Office-Home-Office-Subnetzen (SOHO, *kleine Büros und Heimbüros*) würde dies bedeuten, dass jedes Mal, wenn ein SOHO ein LAN für mehrere Maschinen aufbauen will, vom ISP ein Adressbereich für alle Geräte des SOHO zugeordnet werden müsste. Wenn das Subnetz wächst (zum Beispiel weil die Kinder zu Hause nicht nur ihre eigenen Computer haben, sondern auch Handheld-PDAs, IP-fähige Telefone und netzwerkfähige Game Boys), müsste ein größerer Adressblock zugeordnet werden. Aber was ist, wenn der ISP den zusammenhängenden Teil des Adressbereiches für das SOHO-Netzwerk bereits anderweitig vergeben hat? Und was muss (oder sollte) ein typischer Hauseigentümer überhaupt über das Verwalten von IP-Adressen wissen? Glücklicherweise gibt es einen einfacheren Ansatz der Adresszuordnung, der in derartigen Situationen zunehmend Verbreitung findet: **Network Address Translation** (**NAT**, *Netzwerk-Adressübersetzung*) [RFC 2663; RFC 3022].

▶Abbildung 4.22 zeigt den Betrieb eines NAT-fähigen Routers. Dieser hat eine Schnittstelle, die Teil des Heimnetzes ist, das in Abbildung 4.22 rechts gezeigt wird. Die Adressierung innerhalb des Heimnetzes ist genau dieselbe, wie wir sie oben beschrieben haben – alle vier Schnittstellen im Heimnetz haben dieselbe Subnetzadresse von 10.0.0/24. Der Adressbereich 10.0.0.0/8 ist einer von drei Bereichen des gesamten IP-Adressraumes, der gemäß [RFC 1918] für ein privates Netzwerk oder einen Bereich mit privaten Adressen reserviert ist, etwa das Heimnetzwerk in Abbildung 4.22. Ein solcher *Bereich aus privaten Adressen* macht nur Sinn für Geräte, die sich innerhalb dieses Netzes befinden. Der Grund dafür ist, dass es Hunderttausende von Heimnetzwerken gibt, von denen viele denselben Adressbereich,

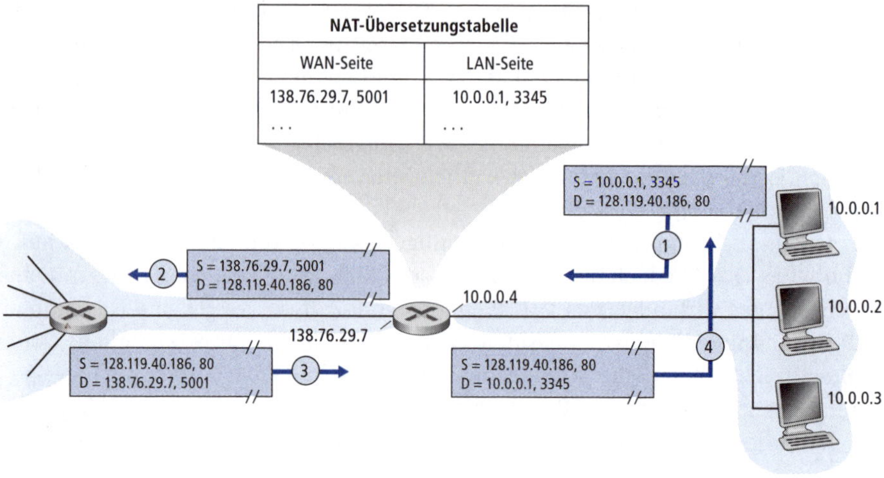

Abbildung 4.22: Network Address Translation

10.0.0.0/24, verwenden. Geräte innerhalb eines Heimnetzwerkes können einander Pakete mithilfe des Adressbereiches 10.0.0.0/24 senden. Pakete, die jedoch aus dem Heimnetz hinaus ins umfangreichere Internet weitergeleitet werden, können diese Adressen natürlich nicht benutzen (weder als Quell- noch als Zieladresse), weil es Hunderttausende von Netzwerken gibt, die denselben Adressblock verwenden. Das heißt, die Adressen 10.0.0.0/24 haben nur Bedeutung innerhalb des gegebenen Heimnetzes. Wenn aber private Adressen nur innerhalb eines bestimmten Netzes von Bedeutung sind, wie wird dann die Adressierung behandelt, wenn Pakete in das globale Internet gesandt oder daraus empfangen werden? Hier müssen Adressen notwendigerweise eindeutig sein. Die Antwort ergibt sich aus dem Verständnis von NAT.

Ein NAT-fähiger Router sieht für die Außenwelt nicht wie ein Router aus. Stattdessen wirkt der NAT-Router für die Außenwelt wie ein *einzelnes* Gerät mit einer *einzelnen* IP-Adresse. In Abbildung 4.22 verwendet der gesamte Verkehr, der über den Heimrouter in das Internet geht, die Quell-IP-Adresse 138.76.29.7. Der gesamte Verkehr, der den Heimrouter erreicht, muss die Zieladresse 138.76.29.7 haben. Im Wesentlichen verbirgt der NAT-fähige Router die Details des Heimnetzes vor der Außenwelt. (Nebenbei könnten Sie sich überlegen, woher die Computer des Heimnetzes ihre Adressen erhalten und woher der Router seine eigene IP-Adresse bekommt. Oft ist die Antwort dieselbe: DHCP! Der Router erhält seine Adresse vom DHCP-Server des ISP und der Router lässt einen DHCP-Server laufen, um den Computern im Heimnetz Adressen aus dem dort verwendeten Adressbereich zuzuteilen.)

Wenn alle Datagramme, die am NAT-Router aus dem WAN eintreffen, dieselbe IP-Zieladresse besitzen (nämlich diejenige der WAN-seitigen Schnittstelle des NAT-Routers), woher weiß dann der Router, an welchen internen Host er ein gegebenes Datagramm weiterleiten soll? Das Kunststück besteht darin, am NAT-Router eine **NAT-Übersetzungstabelle** *(NAT-Translation table)* zu verwenden und sowohl Portnummern als auch IP-Adressen in die Tabelleneinträge einzubeziehen.

Betrachten Sie das Beispiel in Abbildung 4.22. Nehmen Sie einen Benutzer an, der in einem Heimnetz an Host 10.0.0.1 sitzt und eine Webseite von irgendeinem Webserver (Port 80) mit IP-Adresse 128.119.40.186 anfordert. Der Host 10.0.0.1 weist die (völlig beliebige) Quellportnummer 3345 zu und sendet das Datagramm ins LAN. Der NAT-Router erhält das Datagramm, generiert die neue Quellportnummer 5001 für das Datagramm, ersetzt die Quell-IP-Adresse durch seine WAN-seitige IP-Adresse 138.76.29.7 und ersetzt die ursprüngliche Quellportnummer 3345 durch die neue Quellportnummer 5001. Wenn er eine neue Quellportnummer generiert, kann der NAT-Router jede Portnummer auswählen, die nicht gegenwärtig in der NAT-Übersetzungstabelle eingetragen ist. (Beachten Sie Folgendes: Weil eine Portnummer 16 Bit lang ist, kann NAT mit einer einzelnen WAN-seitigen IP-Adresse für den Router über 60.000 gleichzeitig aktive Verbindungen unterstützen!) Der Router fügt seiner NAT-Übersetzungstabelle zudem einen Eintrag hinzu. Der Webserver, dem glücklicherweise nicht bewusst ist, dass das ankommende Datagramm mit der HTTP-Anforderung vom NAT-Router manipuliert worden ist, antwortet mit einem Datagramm, dessen Zieladresse die IP-Adresse des NAT-Routers und dessen Zielportnummer 5001 ist. Kommt dieses Datagramm am NAT-Router an, durchsucht der Router die NAT-Übersetzungstabelle nach der IP-Zieladresse und der Zielportnummer, um die entsprechende IP-Adresse (10.0.0.1) und Zielportnummer (3345) des Browsers im Heimnetz zu erhalten. Der Router ersetzt dann Zieladresse und Zielportnummer des Datagramms entsprechend und leitet das Datagramm ins Heimnetz weiter.

NAT hat in den letzten Jahren weite Verbreitung gefunden. Aber wir sollten auch erwähnen, dass viele Puristen in der IETF NAT strikt ablehnen. Erstens, so ihre Argumente, seien Portnummern zur Adressierung von Prozessen bestimmt und nicht für die Adressierung von Hosts. (Dies kann Servern im Heimnetzwerk tatsächlich Probleme bereiten, da, wie wir in Kapitel 2 gesehen haben, Serverprozesse auf festgelegten Ports auf einkommende Requests warten.) Zweitens, so führen sie ins Felde, sollen Router Pakete nur bis zur Schicht drei verarbeiten. Drittens verletze NAT das sogenannte Ende-zu-Ende-Prinzip, d.h., Hosts sollten direkt miteinander reden, ohne dass dazwischenliegende Knoten die IP-Adressen und Portnummern verändern. Und viertens sollten wir IPv6 verwenden (siehe Abschnitt 4.4.4), um der IP-Adressknappheit zu begegnen, anstatt das Problem mit einer Lückenbüßerlösung wie NAT oberflächlich zu flicken. Aber gleichgültig, ob man es mag oder nicht, NAT ist eine wichtige Komponente des Internets geworden.

Ein anderes großes Problem bei NAT ist, dass es P2P-Anwendungen ins Handwerk pfuscht, darunter P2P-Filesharing-Anwendungen und P2P-IP-Telefonieanwendungen. Wie wir aus Kapitel 2 wissen, sollte in einer P2P-Anwendung jeder teilnehmende Peer A in der Lage sein, eine TCP-Verbindung mit einem anderen teilnehmenden Peer B einzuleiten. Im Kern besteht das Problem darin, dass Peer B, wenn er sich hinter einem NAT-Router befindet, nicht als Server wirken und eingehende TCP-Verbindungen entgegennehmen kann. Wie die Übungsaufgaben zeigen werden, lässt sich dieses NAT-Problem umgehen, wenn Peer A nicht hinter einem NAT-Router sitzt. In diesem Fall kann Peer A sich an Peer B wenden, indem er einen dazwischenliegenden Peer C benutzt, vor dem kein NAT-Router liegt und der mit Peer B eine existierende TCP-Verbindung hat. Peer A kann dann Peer B (über den Umweg durch Peer C) auffordern, eine direkte TCP-Verbindung zu Peer A herzustellen. Ist die direkte P2P-TCP-Verbindung zwischen den Peers A und B hergestellt, können beide Nachrichten oder Dateien tauschen. Dieser Hack, genannt **Connection Reversal** *(Verbindungsumkehr)*, wird tatsächlich von vielen P2P-Anwendungen für das **NAT-Traversal (das Durchqueren von Routern, die NAT einsetzen)** verwendet. Wenn sowohl Peer A als auch Peer B hinter ihren eigenen NAT-Routern sitzen, ist die Situation ein bisschen schwieriger. Diese Situation lässt sich durch die Verwendung von Anwendungs-Relays lösen, wie wir bei den Skype-Relays in Kapitel 2 gesehen haben.

UPnP

NAT-Traversal wird zunehmend vom Universal Plug-and-Play (UPnP) ermöglicht – ein Protokoll, das es einem Host erlaubt, nahegelegene NAT-Router zu entdecken und zu konfigurieren [UPnP Forum 2007]. UPnP setzt voraus, dass sowohl der Host als auch der NAT-Router UPnP-kompatibel sind. Mit UPnP kann ein Host eine NAT-Zuordnung zwischen *(private IP-Adresse, private Portnummer)* und *(öffentliche IP-Adresse, öffentliche Portnummer)* anfordern. Wenn der NAT-Router die Anforderung akzeptiert und die Zuordnung herstellt, dann können Knoten von außerhalb TCP-Verbindungen zu *(öffentliche IP-Adresse, öffentliche Portnummer)* aufbauen. Darüber hinaus teilt UPnP der Anwendung die öffentliche IP-Adresse und die öffentliche Portnummer mit, so dass die Anwendung sie an außen liegende Hosts weitergeben kann.

Nehmen Sie als Beispiel an, dass Ihr Host sich hinter einem UPnP-fähigen NAT-Router befindet und die private Adresse 10.0.0.1 hat. BitTorrent läuft auf Port 3345. Die öffentliche IP-Adresse des NAT-Routers ist 138.76.29.7. Ihre BitTorrent-Anwendung will natürlich in der Lage sein, Verbindungen von anderen Hosts zu akzeptieren, so dass sie Datenblöcke mit ihnen austauschen kann. Zu diesem Zweck bittet die BitTorrent-Anwendung den NAT-Router darum, ein „Loch" zu erzeugen, das (10.0.0.1, 3345) auf (138.76.29.7, 5001) abbildet. (Die öffentliche Portnummer 5001 wird von der Anwendung gewählt.) Die BitTorrent-Anwendung auf Ihrem Host könnte Ihrem Tracker auch mitteilen, dass sie unter (138.76.29.7, 5001) erreichbar ist. Auf diese Weise kann ein externer Host, auf dem BitTorrent läuft, sich an den Tracker wenden und von diesem erfahren, dass Ihre BitTorrent-Anwendung auf (138.76.29.7, 5001) läuft. Der externe Host kann ein TCP-SYN-Paket an (138.76.29.7, 5001) schicken. Wenn der NAT-Router das SYN-Paket erhält, ändert er die IP-Zieladresse und die Portnummer in dem Paket in (10.0.0.1, 3345) und leitet das Paket weiter.

Zusammenfassend ermöglicht UPnP den Aufbau von Kommunikationssitzungen externer Hosts mit NAT-Hosts unter Verwendung von TCP oder UDP. NAT-Router waren lange Zeit ein großes Problem für P2P-Anwendungen. UPnP, das eine wirkungsvolle und robuste Lösung für das NAT-Traversal liefert, könnte die Rettung sein. Unsere Diskussion von NAT und UPnP war hier notwendigerweise nur kurz. Eine ausführlichere Diskussion von NAT findet sich in [Huston und UPnP 2004, Cisco NAT 2007].

4.4.3 Internet Control Message Protocol (ICMP)

Wie oben bereits erwähnt, hat die Netzwerkschicht des Internets drei Hauptkomponenten: das im vorherigen Abschnitt erörterte IP-Protokoll, die Internet-Routing-Protokolle (dies umfasst RIP, OSPF und BGP), die wir in Abschnitt 4.6 besprechen, und ICMP, das Thema dieses Abschnitts.

ICMP, definiert in [RFC 792], wird von Hosts und Routern verwendet, um Netzwerkschichtinformationen miteinander auszutauschen. Die häufigste Anwendung von ICMP ist der Versand von Fehlermeldungen. Wenn Sie zum Beispiel eine Telnet-, eine FTP- oder eine HTTP-Sitzung starten, könnten Sie eine Fehlermeldung wie „Destination network unreachable“ *(Zielnetz nicht erreichbar)* erhalten. Diese Nachricht wird von ICMP transportiert. An irgendeinem Punkt war ein IP-Router nicht in der Lage, einen Pfad zu dem Host zu finden, den sie in Ihrer Telnet-, FTP- oder HTTP-Anwendung angegeben haben. Dieser Router erzeugte und verschickte eine Typ-3-ICMP-Nachricht an Ihren Host, die den Fehler anzeigte.

ICMP wird oft als Teil von IP betrachtet, aber in der Protokollarchitektur ist es unmittelbar oberhalb von IP angesiedelt, da ICMP-Nachrichten in IP-Datagrammen transportiert werden. Das heißt, ICMP-Nachrichten werden genau wie TCP- oder UDP-Segmente als IP-Nutzdaten transportiert. Empfängt ein Host ein IP-Datagramm, das ICMP als Protokoll der nächsthöheren Schicht definiert, demultiplext es den Inhalt des Datagramms nach ICMP, genau so, als würde es den Inhalt eines Datagramms nach TCP oder UDP demultiplexen.

ICMP-Nachrichten haben ein Typ- und ein Code-Feld und enthalten den Header und die ersten 8 Byte des IP-Datagramms, das die Ursache für die Erzeugung der ICMP-Nachricht war (so dass der Absender das Datagramm bestimmen kann, das für den Fehler verantwortlich war). Einige ausgewählte Arten von ICMP-Nachrichten werden in ▶Abbildung 4.23 gezeigt. Beachten Sie, dass ICMP-Nachrichten nicht nur zur Signalisierung von Fehlern verwendet werden.

Das bekannte Programm Ping sendet eine ICMP-Typ-8-Code-0-Nachricht an den festgelegten Host. Der Zielhost, der die Echoanforderung erhält, schickt eine Typ-0-Code-0-ICMP Echoantwort zurück. Die meisten IP-Implementierungen unterstützen den Ping-Server direkt im Betriebssystem, das heißt, der Server ist kein eigener Prozess. Kapitel 1 von [Stevens 1990] enthält den Quellcode für das Ping-Client-Programm. Beachten Sie, dass das Client-Programm in der Lage sein muss, das Betriebssystem anzuweisen, eine ICMP-Nachricht des Typs 8 Code 0 zu generieren.

Eine andere interessante ICMP-Nachricht ist die Source-Quench-Nachricht *(Quelle drosseln)*. Diese Nachricht wird in der Praxis selten verwendet. Ihr ursprünglicher Zweck bestand in der Durchführung von Überlastkontrolle – damit konnte ein überlasteter Router eine ICMP-Source-Quench-Nachricht an einen Host senden und diesen Host dazu zwingen, seine Übertragungsrate zu reduzieren. Wir haben in Kapitel 3 gesehen, dass TCP seinen eigenen Überlastkontrollmechanismus hat. Dieser arbeitet

ICMP-Typ	Code	Beschreibung
0	0	Echo-Antwort (Ping)
3	0	Zielnetz unerreichbar
3	1	Zielhost unerreichbar
3	2	Zielprotokoll unerreichbar
3	3	Zielport unerreichbar
3	6	Zielnetz unbekannt
3	7	Zielhost unbekannt
4	0	Source Quench (Überlastkontrolle)
8	0	Echo-Anforderung (Ping)
9	0	Routerbekanntmachung
10	0	Routersuche
11	0	TTL abgelaufen
12	0	IP-Header fehlerhaft

Abbildung 4.23: ICMP-Nachrichtentypen

auf der Transportschicht, ohne dass Feedback aus der Netzwerkschicht – wie ICMP-Source-Quench-Nachrichten – dafür verwendet wird.

In Kapitel 1 haben wir das Programm Traceroute eingeführt, das es uns ermöglicht, den Weg von einem Host zu einem anderen Host zu verfolgen. Interessanterweise wird Traceroute mit ICMP-Nachrichten implementiert. Um die Namen und Adressen der Router zwischen Quelle und Ziel zu bestimmen, schickt Traceroute eine Reihe von gewöhnlichen IP-Datagrammen von der Quelle zum Ziel. Jedes dieser Datagramme trägt ein UDP-Segment mit einer UDP-Portnummer, die auf dem Zielhost wahrscheinlich nicht belegt ist. Das erste dieser Datagramme hat TTL 1, das zweite 2, das dritte 3 usw. Die Quelle startet auch Timer für jedes der Datagramme. Wenn das n-te Datagramm am n-ten Router ankommt, erkennt dieser, dass die TTL des Datagramms gerade abgelaufen ist. Entsprechend den Regeln des IP-Protokolls verwirft der Router das Datagramm und sendet eine ICMP-Warnmeldung an die Quelle (Typ 11 Code 0). Diese Warnmeldung enthält die IP-Adresse des Routers. Wenn diese ICMP-Nachricht wieder bei der Quelle ankommt, kann diese aus dem laufenden Timer die Round Trip Time und aus der ICMP-Nachricht die Adresse des n-ten Routers ablesen.

Woher weiß eine Traceroute-Quelle, wann sie mit dem Senden von UDP-Segmenten aufhören muss? Wir haben bereits erwähnt, dass die Quelle das TTL-Feld für jedes Datagramm, das sie sendet, erhöht. Dadurch wird irgendeines der Datagramme schließlich bis zum Zielhost gelangen. Weil dieses Datagramm ein UDP-Segment mit einer

Fokus Sicherheit

Datagrammanalyse durch Firewalls und Intrusion-Detection-Systeme

Stellen Sie sich vor, Sie hätten die Aufgabe, ein Heim-, Abteilungs-, Universitäts- oder Firmennetzwerk zu verwalten. Angreifer, die den IP-Adressbereich Ihres Netzwerkes kennen, können auf einfache Weise IP-Datagramme an Adressen in Ihrem Bereich senden. Diese Datagramme können alles Mögliche anstellen, etwa eine „Landkarte" Ihres Netzwerkes mithilfe vieler Pings anfertigen, Ihre Ports scannen, fehleranfällige Hosts durch falsch formatierte Pakete zum Absturz bringen, Server mit einer Unmenge ICMP-Paketen fluten und Hosts infizieren, indem sie in den Paketen Schadsoftware einschleusen. Was machen Sie als Netzwerkadministrator gegen all diese Leute, von denen jeder in der Lage ist, gefährliche Pakete in Ihr Netzwerk zu schicken? Zwei beliebte Verteidigungsmechanismen gegen schädliche Pakete sind Firewalls und Intrusion-Detection-Systeme *(IDS, Systeme zur Einbruchserkennung).*

Als Netzwerkadministrator werden Sie vielleicht zuerst eine Firewall zwischen Ihrem Netzwerk und dem Internet installieren. (Die meisten Zugangsrouter enthalten heute bereits Firewalls.) Firewalls untersuchen das Datagramm sowie die Header-Felder der Segmente und verweigern verdächtigen Datagrammen den Zugang zum internen Netzwerk. Eine Firewall könnte beispielsweise so konfiguriert sein, dass sie alle ICMP-Echo-Request-Pakete abblockt und dadurch verhindert, dass ein Angreifer Ihren Adressbereich auf die klassische Weise mit einer Flut von Pings ausspäht. Firewalls können zudem Pakete aufgrund von Quell- und Ziel-IP-Adressen sowie von Portnummern abblocken. Darüber hinaus lassen sich Firewalls so konfigurieren, dass sie TCP-Verbindungen im Auge behalten und nur Datagramme hereinlassen, die zu zugelassenen Verbindungen gehören.

Zusätzlichen Schutz bieten IDS. Ein IDS, typischerweise am Rand des Netzwerkes untergebracht, führt eine detaillierte Paketuntersuchung durch und überprüft nicht nur Header-Felder, sondern auch die Nutzdaten in den Datagrammen (einschließlich der Daten der Anwendungsschicht). Ein IDS besitzt eine Datenbank mit Paketmerkmalen, die als Bestandteile von Angriffen bekannt sind. Diese Datenbank wird automatisch aktualisiert, sobald neue Angriffe entdeckt werden. Durchqueren Pakete das IDS, versucht dieses, die Header-Felder und Nutzdaten mit seiner Datenbank abzugleichen. Wird dabei ein Treffer erzielt, löst das einen Alarm aus. Ein Intrusion-Prevention-System (IPS, *System zur Einbruchsvermeidung*) arbeitet ähnlich wie ein IDS, mit dem Unterschied, dass es über den Alarm hinaus auch Pakete blockiert. In Kapitel 8 werden wir Firewalls und IDS detaillierter betrachten.

Bieten Firewalls und IDS vollständigen Schutz vor allen Angriffen? Die Antwort ist ein klares Nein, denn Angreifer denken sich ständig neue Wege für ihre Angriffe aus, deren Signaturen noch nicht bekannt sind. Aber Firewalls und die traditionellen signaturbasierten IDS sind nützlich, um Ihr Netzwerk vor den bekannten Angreifern zu schützen.

Portnummer enthält, die wahrscheinlich nicht verwendet wird, sendet der Zielhost mit hoher Wahrscheinlichkeit die ICMP-Nachricht „Port nicht erreichbar“ (Typ 3 Code 3) an die Quelle zurück. Sobald das Quellsystem diese besondere ICMP-Nachricht erhält, weiß es, dass es keine weiteren Testpakete absenden muss. (Das Standard-Traceroute-Programm sendet in der Praxis immer Gruppen von drei Paketen mit derselben TTL. Daher liefert die Ausgabe von Traceroute drei Werte für jede TTL.)

Auf diese Weise lernt das Quellsystem Anzahl und Identitäten der Router kennen, die zwischen ihm und dem Zielhost liegen, und es kann die Round Trip Time zwischen den beiden Hosts messen. Beachten Sie, dass das Traceroute-Client-Programm in der Lage sein muss, das Betriebssystem anzuweisen, UDP-Datagramme mit bestimmten TTL-Werten zu generieren. Es muss auch durch das Betriebssystem über ankommende ICMP-Nachrichten informiert werden können. Nun, da Sie verstehen, wie Traceroute funktioniert, möchten Sie das Programm vielleicht noch einmal etwas weiter ausprobieren.

4.4.4 IPv6

In den frühen 1990ern begann die Internet Engineering Task Force mit der Entwicklung eines Nachfolgers für das IPv4-Protokoll. Eine wesentliche Motivation dieser Bemühungen war die Erkenntnis, dass der 32 Bit-IP-Adressraum allmählich aufgebraucht war, da neue Subnetze und IP-Knoten mit atemberaubender Geschwindigkeit ans Internet angeschlossen wurden (und eindeutige IP-Adressen zugeordnet bekamen). Um diesen Bedarf nach einem großen IP-Adressraum zu erfüllen, wurde ein neues IP-Protokoll, IPv6, entwickelt. Dessen Entwickler nutzten diese Gelegenheit, um IPv4, basierend auf den über die Jahre gesammelten Erfahrungen, auch in anderer Hinsicht zu modifizieren bzw. zu erweitern.

Der Zeitpunkt, zu dem alle IPv4-Adressen komplett zugeordnet sein würden (womit keine neuen Subnetze an das Internet angeschlossen werden könnten), war Gegenstand heftiger Debatten. Die Schätzungen der beiden Leiter der IETF Address Lifetime Expectations Working Group lauteten, dass der Adressraum 2008 beziehungsweise 2018 aufgebraucht sein würde [Solensky 1996]. Im Jahr 1996 meldete die American Registry for Internet Numbers (ARIN), dass alle IPv4-Klasse-A-Adressen, 62 Prozent der Klasse-B-Adressen und 37 Prozent der Klasse-C-Adressen zugewiesen seien [ARIN 1996]. Einen jüngeren Bericht über die Nutzung des IPv4-Adressraumes finden Sie in [Hain 2005]. Diese Schätzungen und Zahlen ließen zwar vermuten, dass es noch eine Weile dauern würde, bis der IPv4-Adressraum erschöpft sein wird. Es wurde aber auch deutlich, dass man eine Menge Zeit brauchen würde, um eine neue Technologie in so großem Maßstab einzuführen. Daher wurde das Next-Generation-IP-Projekt (IPng, *IP der nächsten Generation*) [Bradner 1996; RFC 1752] begonnen. Das Ergebnis dieser Bemühungen war die Spezifikation von IP Version 6 (IPv6) [RFC 2460]. (Eine oft gestellte Frage lautet, was geschah mit IPv5? Ursprünglich war geplant, dass das ST-2-Protokoll zu IPv5 werden würde, aber ST-2 wurde später zugunsten des RSVP-Protokolls, das wir in Kapitel 7 diskutieren werden, fallen gelassen.) Ausgezeichnete Informationsquellen über IPv6 sind die IP

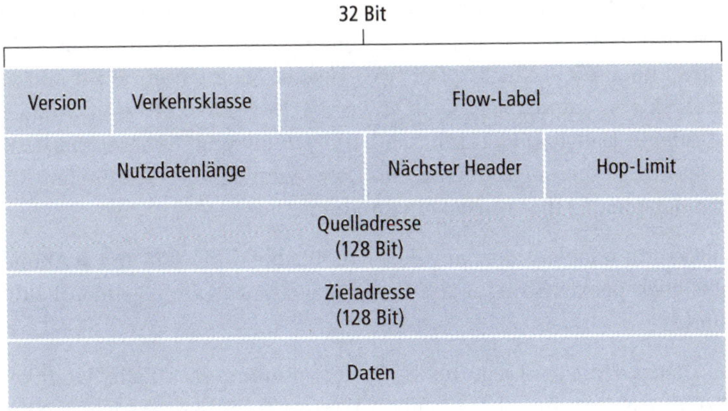

Abbildung 4.24: IPv6-Datagrammformat

Next Generation Homepage [Hinden 2007] und ein Buch zu diesem Thema von Huitema [Huitema 1998].

IPv6-Datagrammformat

Das Format der IPv6-Datagramme wird in ▶Abbildung 4.24 dargestellt. Die in IPv6 eingeführten wichtigsten Änderungen im Datagrammformat sind offensichtlich:

- *Erweiterte Adressierungsmöglichkeiten.* IPv6 erhöht die Größe der IP-Adresse von 32 auf 128 Bit. Dies stellt sicher, dass der Welt die IP-Adressen nicht ausgehen. Jetzt wäre jedes Sandkorn unseres Planeten IP-adressierbar. Zusätzlich zu Unicast- und Multicast-Adressen führt IPv6 eine neue Art von Adresse ein, die sogenannte **Anycast-Adresse**. Sie ermöglicht es, dass ein Datagramm an irgendeinen beliebigen Host einer vorgegebenen Gruppe von Hosts zugestellt wird. (Dies könnte beispielsweise genutzt werden, um ein HTTP-Get an den nächstgelegenen von einer Reihe von Servern zu senden, die ein gegebenes Dokument vorhalten.)
- *Ein abgespeckter, 40 Byte langer Header.* Wie unten noch besprochen wird, wurden eine Reihe von IPv4-Feldern gestrichen oder sind nur noch optional. Der entstehende Header fester Länge erlaubt eine schnellere Verarbeitung des IP-Datagramms. Ein neuer Ansatz, Optionen zu spezifizieren, ermöglicht eine wesentlich flexiblere Optionsverarbeitung.
- *Flow-Kennzeichnung und Priorität.* IPv6 enthält eine sehr vage Definition eines **Flow** *(Datenfluss)*. Laut RFC 1752 und RFC 2460 ermöglicht dies die „Kennzeichnung von Paketen, die zu bestimmten Datenflüssen gehören, für die der Absender eine spezielle Behandlung wünscht, z.B. vom Standard abweichende Dienstgütezusagen oder Echtzeitdienste". Zum Beispiel wäre es naheliegend, Audio- und Videoübertragungen als Flow aufzufassen. Andererseits würden traditionellere Anwendungen, wie Dateiübertragung und E-Mail, eher nicht als Flow behandelt. Es ist denkbar, dass der von einem bevorzugten Benutzer erzeugte Verkehr (zum Beispiel jemand, der für bessere Dienstgüte für seinen Verkehr zusätzlich bezahlt) ebenfalls als Flow behandelt

werden könnte. Auf jeden Fall sehen die Entwickler von IPv6 die Notwendigkeit voraus, zwischen Flows unterscheiden zu können, selbst wenn die genaue Bedeutung eines Flows noch nicht klar ist. Der IPv6-Header hat auch ein 8 Bit langes Feld für die Verkehrsklasse. Dieses Feld kann wie das TOS-Feld von IPv4 verwendet werden, um bestimmten Datagrammen innerhalb eines Flow eine höhere Priorität zu verleihen. Es lässt sich aber auch nutzen, um Datagrammen von bestimmten Anwendungen (zum Beispiel ICMP) Priorität einzuräumen.

Wie oben erwähnt, offenbart der Vergleich von ▶Abbildung 4.24 mit ▶Abbildung 4.13 die einfache, abgespeckte Struktur des IPv6-Datagramms. Die folgenden Felder sind in IPv6 definiert:

- *Version.* Dieses 4 Bit-Feld legt die IP-Versionsnummer fest. Es ist wohl kaum überraschend, dass dieses Feld bei IPv6 den Wert sechs enthält. Beachten Sie, dass das Eintragen einer Vier in dieses Feld kein gültiges IPv4-Datagramm erzeugt. (Wenn es das täte, wäre das Leben viel einfacher – siehe die Diskussion bezüglich des Übergangs von IPv4 zu IPv6 weiter unten.)
- *Verkehrsklasse (Traffic Class).* Dieses 8 Bit lange Feld entspricht sinngemäß dem Feld TOS, das wir bei IPv4 kennengelernt haben.
- *Flow-Label.* Wie weiter oben besprochen, wird dieses 20 Bit lange Feld verwendet, um einen Flow von Datagrammen zu kennzeichnen.
- *Nutzdatenlänge (Payload Length).* Dieser 16 Bit lange Wert ist eine vorzeichenlose Integer-Zahl, welche die Länge der Daten in Byte angibt, die im IPv6-Datagramm auf den stets 40 Byte langen Header folgen.
- *Nächster Header (Next Header).* Dieses Feld legt das Protokoll fest, an das der Inhalt (das Datenfeld) dieses Datagramms weitergegeben wird (zum Beispiel TCP oder UDP). Dieses Feld benutzt dieselben Werte wie das Protokollfeld im IPv4-Header.
- *Hop-Limit.* Der Inhalt dieses Feldes wird von jedem Router, der das Datagramm weiterleitet, um eins vermindert. Fällt das Hop-Limit auf null, wird das Datagramm verworfen.
- *Quell- und Zieladressen.* Die verschiedenen Formate der 128 Bit langen Adressen in IPv6 beschreibt RFC 4291.
- *Daten.* Dies ist der Teil des IPv6-Datagramms, der die eigentlichen Nutzdaten enthält. Wenn das Datagramm seine Zieladresse erreicht, werden sie aus dem IP-Datagramm entnommen und an das im Header-Feld angegebene Protokoll übermittelt.

Nun wissen wir, welchem Zweck die Felder eines IPv6-Datagramms dienen. Vergleichen wir das IPv6-Datagrammformat in ▶Abbildung 4.24 mit dem IPv4-Datagrammformat aus ▶Abbildung 4.13, bemerken wir, dass einige Felder des IPv4-Datagramms nicht mehr im IPv6-Datagramm vorhanden sind:

- *Fragmentierung/Wiederherstellung.* IPv6 sieht weder Fragmentierung noch Wiederherstellung in Zwischenroutern vor. Diese Operationen können nur von der

Quelle und dem Ziel ausgeführt werden. Ist ein von einem Router erhaltenes IPv6-Datagramm zu groß, um über die ausgehende Leitung weitergeleitet zu werden, verwirft der Router das Datagramm einfach und sendet dem Absender die ICMP-Fehlermeldung „Paket zu groß“ (siehe unten). Dieser kann dann die Daten mit kleinerer Datagrammgröße erneut senden. Fragmentierung und Wiederherstellung sind sehr zeitraubende Operationen. Indem den Routern diese Operationen abgenommen und sie richtigerweise in die Verantwortung der Endsysteme gegeben werden, wird die IP-Weiterleitung innerhalb des Netzes beträchtlich beschleunigt.

- *Header-Prüfsumme.* Weil in den Internetschichten die Protokolle der Transportschicht (zum Beispiel TCP und UDP) und der Sicherungsschicht (beispielsweise Ethernet) Prüfsummen berechnen, waren die Entwickler von IP möglicherweise der Ansicht, dass diese Funktionalität bereits redundant genug in den Netzwerkschichten vorhanden sei und somit wegfallen könne. Die schnelle Verarbeitung von IP-Paketen stand dabei im Mittelpunkt. In unserer Diskussion von IPv4 in Abschnitt 4.4.1 haben wir erfahren, dass der IPv4-Header ein TTL-Feld enthält (ähnlich dem Feld „Hop-Limit“ in IPv6), weshalb die IPv4-Header-Prüfsumme an jedem Router neu berechnet werden muss. Wie die Fragmentierung war dies in IPv4 ebenfalls eine aufwändige Operation.
- *Optionen.* Das Feld „Optionen“ ist nicht mehr Teil des Standard-IP-Headers. Allerdings ist es nicht ganz verschwunden. Stattdessen ist es einer der möglichen weiteren Header, auf die aus dem IPv6-Header heraus verwiesen werden kann. Das heißt, genau wie innerhalb eines IP-Paketes TCP- oder UDP-Protokoll-Header den nächsten Header darstellen können, kann ein Optionsfeld auf den Header folgen. Das Wegfallen des Optionsfeldes hat die feste Länge des IPv6-Headers zur Folge.

Unsere Diskussion in Abschnitt 4.4.3 hat gezeigt, dass das ICMP-Protokoll von IP-Knoten verwendet wird, um Fehlersituationen zu melden und den Endsystemen wenigstens ein klein wenig Information zu liefern (zum Beispiel die Echo-Antwort auf eine Ping-Nachricht). RFC 4443 definiert für IPv6 eine neue Version von ICMP. Außer einer Reorganisation der vorhandenen ICMP-Typ- und Code-Definitionen fügte ICMPv6 auch neue Typen und Codes hinzu, welche die neue Funktionalität von IPv6 erforderte. Diese enthalten den Typ „Paket zu groß“ und den Fehlercode „unbekannte IPv6-Option“. Außerdem schließt ICMPv6 die Funktionalität des Internet Group Management Protocol (IGMP) mit ein, dem wir uns in Abschnitt 4.7 widmen. IGMP, das verwendet wird, um die Mitgliedschaft von Hosts in Multicast-Gruppen zu verwalten, war bei IPv4 ein eigenständiges, von ICMP unabhängiges Protokoll.

Der Übergang von IPv4 zu IPv6

Nun, da wir die technischen Details von IPv6 kennengelernt haben, wollen wir uns einem praktischen Thema widmen: Wie wird das Internet, das auf IPv4 basiert, auf IPv6 umgestellt? Das Problem besteht darin, dass zwar ein neues IPv6-fähiges System abwärtskompatibel gestaltet werden kann, das heißt, es kann IPv4-Datagramme senden, weiterleiten und empfangen. Bereits im Einsatz befindliche IPv4-fähige Systeme

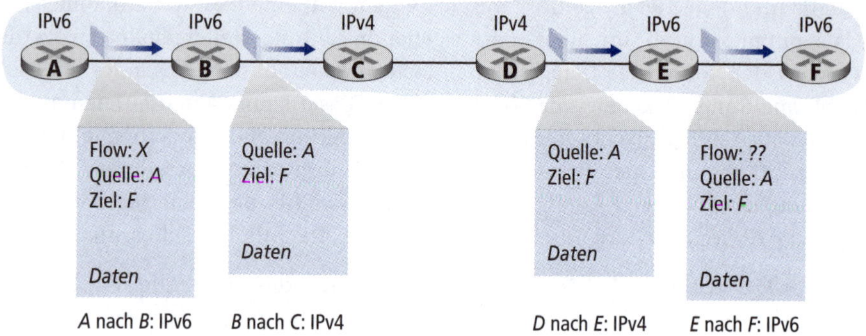

Abbildung 4.25: Der Dual-Stack-Ansatz

sind jedoch nicht in der Lage, IPv6-Datagramme zu verarbeiten. Hier stehen nun mehrere Optionen zur Wahl.

Eine besteht darin, einen Stichtag festzulegen – ein vorgegebenes Datum und ein Zeitpunkt, zu dem alle Internetgeräte ausgeschaltet und von IPv4 auf IPv6 umgerüstet würden. Der letzte größere Technologieschritt (der Übergang von NCP auf TCP als zuverlässiger Transportdienst) fand vor fast 25 Jahren statt. Sogar damals [RFC 801], als das Internet winzig war und von einer kleinen Zahl sogenannter „Wizards" verwaltet wurde, war klar, dass ein solcher Stichtag nicht möglich war. Ein Stichtag, der Millionen von Geräten und Millionen von Netzadministratoren und Benutzern umfasst, ist heute noch weniger denkbar. RFC 4213 beschreibt zwei Ansätze (die entweder allein oder zusammen verwendet werden können) für das allmähliche Integrieren von IPv6-Hosts und -Routern in eine IPv4-Welt (natürlich mit dem Fernziel, alle IPv4-Knoten nach und nach auf IPv6 zu überführen).

Die wahrscheinlich problemloseste Art, IPv6-fähige Knoten einzuführen, ist ein **Dual-Stack-Ansatz** *(Doppelter Protokollstapel)*. Dieser sieht vor, dass IPv6-Knoten auch noch eine komplette IPv4-Implementierung haben. Ein solcher Knoten, in RFC 4213 als IPv6-/IPv4-Knoten bezeichnet, kann sowohl IPv4- als auch IPv6-Datagramme senden und empfangen. Wenn er mit einem IPv4-Knoten zusammenarbeitet, kann ein IPv6-/IPv4-Knoten IPv4-Datagramme verwenden. Arbeitet er mit IPv6-Knoten zusammen, beherrscht er IPv6. IPv6-/IPv4-Knoten müssen sowohl IPv6- als auch IPv4-Adressen haben. Sie müssen außerdem feststellen können, ob ein anderer Knoten IPv6-fähig ist oder nur IPv4 beherrscht. Dieses Problem kann mithilfe von DNS (siehe Kapitel 2) gelöst werden. DNS gibt eine IPv6-Adresse zurück, wenn der aufgelöste Knotenname IPv6-fähig ist, ansonsten gibt es eine IPv4-Adresse zurück. Ist der Knoten, der die DNS-Anfrage losschickt, selbst nur IPv4-fähig, gibt DNS natürlich immer eine IPv4-Adresse zurück.

Im Dual-Stack-Ansatz muss ein IPv4-Datagramm benutzt werden, wenn entweder nur der Absender oder nur der Empfänger IPv4 beherrschen. Dadurch könnte es vorkommen, dass zwei IPv6-fähige Knoten einander letztendlich nur IPv4-Datagramme zusenden. Dies erläutert ▶Abbildung 4.25. Nehmen Sie an, dass Knoten A IPv6-fähig

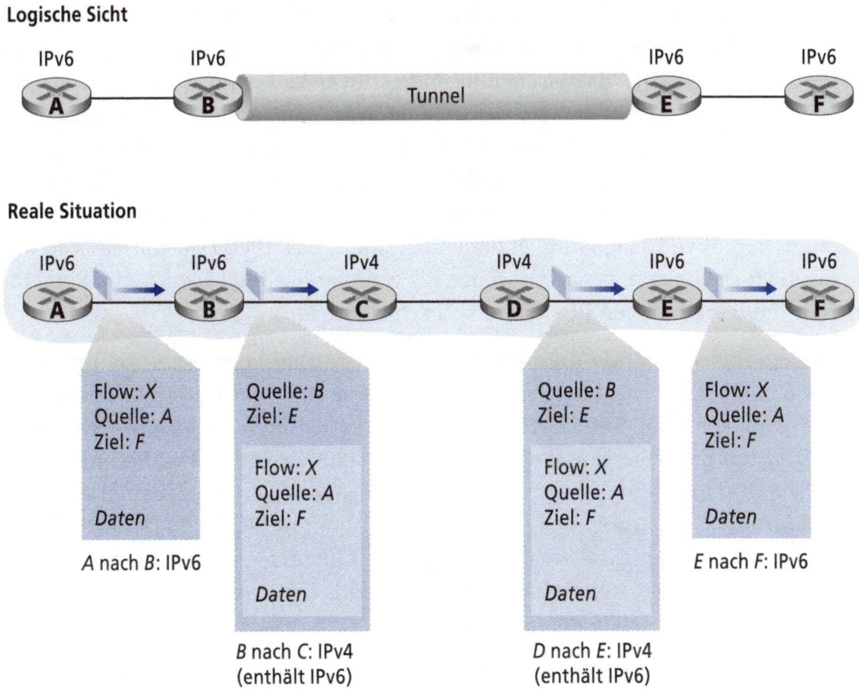

Abbildung 4.26: Tunneling

ist und ein IP-Datagramm an Knoten F senden will, der ebenfalls IPv6-fähig ist. Die Knoten A und B können IPv6-Datagramme austauschen. Jedoch muss Knoten B ein IPv4-Datagramm erstellen, um an C senden zu können. Natürlich kann das Datenfeld des IPv6-Datagramms in das Datenfeld des IPv4-Datagramms kopiert werden und eine entsprechende Adresszuordnung ist möglich. Bei der Umwandlung von IPv6 nach IPv4 gibt es jedoch IPv6-spezifische Felder des IPv6-Datagramms (zum Beispiel das Flow-Label-Feld), die keine Entsprechungen in IPv4 haben. Die Informationen in diesen Feldern gehen verloren. Obwohl E und F IPv6-Datagramme austauschen können, enthalten die von D verschickten, bei E ankommenden IPv4-Datagramme nicht alle Felder, die im von A abgesandten Original-IPv6-Datagramm enthalten waren.

Eine Alternative zum Dual-Stack-Ansatz, ebenfalls in RFC 4213 erörtert, ist als **Tunneling** *(Tunneln)* bekannt. Tunneling kann das oben geschilderte Problem lösen und ermöglicht es zum Beispiel E, das von A erstellte IPv6-Datagramm zu empfangen. Der Grundgedanke hinter Tunneling ist folgender: Nehmen Sie an, zwei IPv6-Knoten (zum Beispiel B und E in ▶Abbildung 4.25) wollen mithilfe von IPv6-Datagrammen kommunizieren, sind aber über dazwischenliegende IPv4-Router verbunden. Wir bezeichnen nun alle IPv4-Router zwischen den beiden IPv6-Routern, wie in ▶Abbildung 4.26 erläutert, als **Tunnel**. Beim Tunneling nimmt der IPv6-Knoten auf der sendenden Seite des Tunnels (zum Beispiel B) das komplette IPv6-Datagramm und platziert es im Nutzdatenfeld (Payload-Feld) eines IPv4-Datagramms.

Dieses IPv4-Datagramm wird dann mit der Adresse des IPv6-Knotens auf der Empfangsseite des Tunnels versehen (zum Beispiel E) und an den ersten Knoten im Tunnel (zum Beispiel C) versandt. Die dazwischenliegenden IPv4-Router im Tunnel leiten dieses IPv4-Datagramm untereinander genauso weiter wie jedes andere Datagramm, wobei ihnen nicht bewusst ist, dass dieses IPv4-Datagramm eigentlich ein vollständiges IPv6-Datagramm enthält. Der IPv6-Knoten auf der Empfangsseite des Tunnels erhält schließlich das IPv4-Datagramm (er ist das Ziel des IPv4-Datagramms!), erkennt, dass das IPv4-Datagramm ein IPv6-Datagramm enthält, extrahiert das IPv6-Datagramm und leitet dann das IPv6-Datagramm genau so weiter, als wenn er das IPv6-Datagramm von einem direkt mit ihm verbundenen IPv6-Nachbarn erhalten hätte.

Erlauben Sie uns zum Ende dieses Abschnitts die Anmerkung, dass die Einführung von IPv6 anfangs zwar nur langsam begann [Lawton 2001], in letzter Zeit aber immer schneller voranschreitet. Die US-Haushaltsbehörde (OMB, *US Office of Management and Budget*) hat den Übergang zu IPv6 bis Juni 2008 gefordert. Die Verbreitung von Geräten wie IP-fähigen Telefonen und anderen tragbaren Geräten bedeutet einen weiteren Schub für IPv6. Europas 3G-Partnership-Programm [3GPP 2007] legte IPv6 als das Standardadressierungsschema für mobile Multimedia-Anwendungen fest. Selbst wenn IPv6 in den ersten zehn Jahren seines jungen Lebens noch kaum verbreitet war, gibt es eine klare langfristige Perspektive.

Es dauerte mehrere Jahrzehnte, bis sich das heutige System der Telefonnummern etabliert hatte, und es ist nun seit fast einem halben Jahrhundert ohne ein Zeichen von Schwäche im Einsatz. Ebenso kann es eine Weile dauern, bis sich IPv6 etabliert hat, aber danach kann es ebenfalls lange Zeit im Einsatz bleiben. Brian Carpenter, ehemaliger Vorsitzender des Internet Architecture Board [IAB 2007] und Autor mehrerer RFCs im Umfeld von IPv6, sagte: „Ich habe das immer als 15-jährigen Prozess gesehen, der im Jahr 1995 begann." [Lawton 2001] Nach Carpenters Zeitplan sind bereits mehr als drei Viertel dieser Spanne verstrichen!

Eine wichtige Lektion, die wir von IPv6 lernen können, lautet, dass es enorm schwierig ist, Netzwerkschichtprotokolle zu wechseln. Seit den frühen 1990ern wurden viele neue Netzwerkprotokolle als nächste Revolution des Internets angepriesen, aber die meisten dieser Protokolle sind bis heute kaum verbreitet. Zu ihnen gehören IPv6, Multicast-Protokolle (Abschnitt 4.7) und Protokolle zum Reservieren von Netzwerkressourcen (Kapitel 7). Neue Protokolle in die Netzwerkschicht einzufügen, ist wie das Entfernen eines Grundsteins – es geht praktisch nicht, ohne das ganze Haus abzureißen oder zumindest die Bewohner des Hauses zeitweise umzusiedeln. Andererseits hat das Internet den raschen Einsatz neuer Protokolle in der Anwendungsschicht miterlebt. Zu den klassischen Beispielen gehören natürlich das Web, Instant Messaging und P2P-Filesharing. Andere Beispiele sind Audio- und Video-Streaming und Netzwerkspiele. Die Einführung neuer Anwendungsschichtprotokolle ist wie das Anstreichen eines Hauses – es geht relativ einfach und wenn Sie eine attraktive Farbe wählen, werden Ihre Nachbarn nachziehen. Zusammenfassend können wir sagen, dass wir in der Zukunft Änderungen an der Netzwerkschicht des Internets erwarten dürfen, aber diese werden wahrscheinlich langsamer erfolgen als Neuerungen auf der Anwendungsschicht.

4.4.5 Ein kurzer Ausflug in die IP-Sicherheit

Abschnitt 4.4.3 hat IPv4 sehr detailliert behandelt, einschließlich der Dienste, die es anbietet, und ihrer Implementierung. Während des Lesens dieses Abschnitts haben Sie vielleicht bemerkt, dass wir bislang keinerlei Sicherheitsfunktionen erwähnt haben. Tatsächlich wurde IPv4 während einer Epoche (den 1970ern) entworfen, als das Internet in erster Linie von Wissenschaftlern verwendet wurde, die sich gegenseitig vertrauen konnten. Die Entwicklung eines Computernetzwerkes, das eine Vielzahl von verschiedenen Techniken zum Verbinden von Rechnern nutzen kann, war an sich schon herausfordernd genug, ohne sich auch noch um die Sicherheit sorgen zu müssen.

Aber da die Sicherheit inzwischen ein wichtiges Thema ist, befassen sich Informatiker heute mit der Entwicklung neuer Netzwerkschichtprotokolle, die eine Vielfalt von Sicherheitsdiensten zur Verfügung stellen. Eines dieser Protokolle ist IPsec, eines der beliebteren Sicherheitsprotokolle und bei **Virtual Private Networks** (**VPNs**, *Virtuelle Private Netzwerke*) weit verbreitet. Obwohl IPsec und seine kryptografischen Grundlagen erst in Kapitel 8 detailliert behandelt werden, geben wir in diesem Abschnitt einen kurzen, groben Überblick über die Dienste von IPsec.

IPsec wurde abwärtskompatibel zu IPv4 und IPv6 entworfen. Das bedeutet insbesondere, dass IPsec genutzt werden kann, ohne die Protokollstapel in allen Routern und Hosts des Internets auszutauschen. Wollen beispielsweise zwei Hosts im Transportmodus (einer der beiden IPsec-Betriebsarten) sicher miteinander kommunizieren, muss IPsec nur auf diesen beiden Hosts verfügbar sein. Alle anderen Router und Hosts können weiterhin gewöhnliches IPv4 benutzen.

Aus Gründen der Verständlichkeit konzentrieren wir uns hier auf den Transportmodus von IPsec. In diesem Modus bauen die beiden Hosts zuerst eine IPsec-Sitzung miteinander auf. (Deswegen ist IPsec verbindungsorientiert!) Ist die Verbindung eingerichtet, genießen alle zwischen den beiden Hosts ausgetauschten TCP- und UDP-Segmente die von IPsec zur Verfügung gestellten Sicherheitsdienste. Auf der sendenden Seite übermittelt die Transportschicht ein Segment an IPsec. IPsec verschlüsselt das Segment, hängt daran zusätzliche Sicherheitsfelder an und verkapselt die entstehende Nutzlast in einem gewöhnlichen IP-Datagramm. (Wie wir in Kapitel 8 sehen werden, ist der Ablauf tatsächlich etwas komplizierter.) Der sendende Host sendet dann das Datagramm ins Internet, das es zum Zielhost transportiert. Dort entschlüsselt IPsec das Segment und übermittelt es an die Transportschicht.

Die von einer IPsec-Sitzung zur Verfügung gestellten Dienste umfassen:

- *Kryptografische Vereinbarungen.* Mechanismen, welche es den beiden kommunizierenden Hosts ermöglichen, sich auf zu verwendende kryptografische Algorithmen und Schlüssel zu einigen.
- *Verschlüsselung von IP-Datagramm-Nutzdaten.* Wenn der sendende Host ein Segment von der Transportschicht erhält, verschlüsselt IPsec die enthaltenen Daten. Diese können nur von IPsec im empfangenden Host entschlüsselt werden.

- *Datenintegrität.* IPsec ermöglicht es dem empfangenden Host, sicherzustellen, dass Header-Felder und verschlüsselte Nutzdaten des Datagramms auf dem Weg von der Quelle zum Ziel nicht verändert wurden.
- *Authentifizierung der Quelle.* Wenn ein Host ein IPsec-Datagramm einer vertrauenswürdigen Quelle erhält (mit einem Trusted Key *(vertrauenswürdiger Schlüssel)*, siehe Kapitel 8), kann sich der Host sicher sein, dass die Quell-IP-Adresse im Datagramm die tatsächliche Quelle des Datagramms ist.

Haben zwei Hosts eine IPsec-Sitzung zwischen sich aufgebaut, werden alle zwischen ihnen ausgetauschten TCP- und UDP-Segmente verschlüsselt und authentifiziert. IPsec liefert also anwendungsübergreifende Sicherheit, da es die gesamte Kommunikation zwischen den beiden Hosts für alle Netzanwendungen sichert.

Eine Firma kann mittels IPsec sicher über das eigentlich unsichere öffentliche Internet kommunizieren. Zur Illustration betrachten wir hier ein einfaches Beispiel. Stellen Sie sich eine Firma mit einer großen Anzahl von Vertretern vor, die jeweils einen Firmenlaptop besitzen. Diese Verkäufer müssen häufig vertrauliche Firmeninformationen (zum Beispiel Preise und Produktinformationen) abfragen, die auf einem Server im Firmenhauptquartier gespeichert sind. Weiterhin müssen die Verkäufer auch vertrauliche Dokumente miteinander austauschen. Wie kann dies mittels IPsec erfolgen? Wie Sie sicher vermuten, installieren wir IPsec auf dem Server und den Laptops aller Verkäufer. Ist auf diesen Hosts IPsec installiert, dann sind die Kommunikationssitzungen jedes Mal sicher, wenn ein Vertreter mit dem Server oder mit einem anderen Vertreter kommunizieren muss.

4.5 Routing-Algorithmen

In diesem Kapitel haben wir bisher hauptsächlich die Weiterleitungsfunktion der Netzwerkschicht betrachtet. Wir haben gelernt, dass der Router bei Ankunft eines Paketes eine Weiterleitungstabelle durchsucht und die Leitung ermittelt, über die das Paket weitergeleitet werden soll. Wir haben auch erwähnt, dass Routing-Algorithmen, die auf den Routern laufen, die zur Anpassung dieser Weiterleitungstabellen benötigten Informationen austauschen. Das Zusammenspiel zwischen Routing-Algorithmen und Weiterleitungstabellen sehen Sie in ▶Abbildung 4.2. Nachdem wir inzwischen die Weiterleitung ausreichend diskutiert haben, wollen wir uns dem zweiten Hauptthema dieses Kapitels zuwenden, nämlich der Routing-Funktion der Netzwerkschicht. Ob die Netzwerkschicht nun einen Datagrammdienst anbietet (wobei verschiedene Pakete zwischen einem gegebenen Paar aus Quelle und Ziel verschiedene Wege nehmen können) oder einen VC-Dienst (in dem alle Pakete zwischen Quelle und Ziel denselben Weg nehmen), die Netzwerkschicht muss in jedem Fall den Weg festlegen, auf dem sich die Pakete vom Sender zum Empfänger bewegen. Wie wir sehen werden, besteht die Aufgabe des Routings darin, gute Wege (mit anderen Worten: gute Routen) von der Quelle zum Ziel durch das Netz von Routern zu finden.

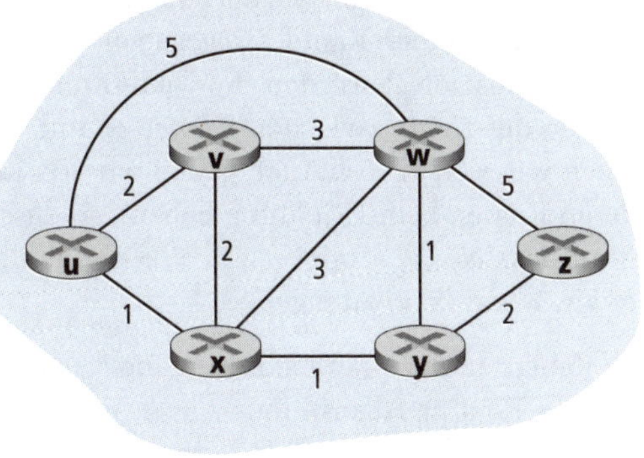

Abbildung 4.27: Abstraktes Graphenmodell eines Computernetzwerkes

Üblicherweise ist ein Host direkt einem Router, dem **Standardrouter** dieses Hosts, zugeordnet (auch als **First-Hop-Router** oder **Standard-Gateway** des Hosts bezeichnet). Jedes Mal, wenn ein Host ein Paket sendet, wird das Paket zu seinem Standardrouter übertragen. Wir bezeichnen den Standardrouter der Quelle als **Quellrouter** und den Standardrouter des Zielhosts als **Zielrouter**. Das Problem, ein Paket vom Quellhost zum Zielhost zu leiten, läuft dadurch auf die Weiterleitung des Paketes vom Quellrouter zum Zielrouter hinaus, was der Schwerpunkt dieses Abschnittes sein wird.

Der Zweck eines Routing-Algorithmus ist daher einfach: Ist eine Menge von Routern gegeben, die durch Leitungen miteinander verbunden sind, dann findet ein Routing-Algorithmus einen „guten" Pfad vom Quellrouter zum Zielrouter. Üblicherweise zeichnet sich ein guter Pfad durch die geringsten Kosten aus. Wir werden jedoch sehen, dass in der Praxis weitere Überlegungen, etwa die Geschäftspolitik von Providern, eine Rolle spielen (beispielsweise eine Regel wie: „Router *X*, der zur Organisation *Y* gehört, darf keine Pakete weiterleiten, die aus dem Netzwerk der Organisation *Z* stammen"). Das verkompliziert die begrifflich einfachen und eleganten Algorithmen, die die theoretische Grundlage des Routings in heutigen Netzwerken bilden.

Routing-Probleme werden mithilfe von Graphen formuliert. Wie bereits erwähnt, ist ein **Graph** $G = (N, E)$ eine Menge N von Knoten und eine Menge E von Kanten, wobei jede Kante ein Paar von Knoten aus N ist. Im Kontext des Netzwerkschicht-Routings stellen die Knoten des Graphen Router dar – die Punkte, an denen Entscheidungen über die Weiterleitung von Paketen getroffen werden. Die Kanten, die diese Knoten verbinden, bilden die Leitungen zwischen den Routern ab.

Ein solcher abstrakter Graph eines Computernetzwerkes ist in ▶ Abbildung 4.27 dargestellt. Einige Graphen, die realen Netzwerken entsprechen, finden Sie in [Dodge 2007; Cheswick 2000]. Eine Diskussion, wie gut verschiedene graphenbasierte Modelle das Internet wiedergeben, finden Sie in [Zegura 1997; Faloutsos 1999; Li 2004].

Wie Abbildung 4.27 zeigt, ist jeder Kante auch ein Wert zugeordnet, der ihre Kosten beschreibt. Üblicherweise spiegeln die Kosten einer Kante zum Beispiel die physikalische Länge der entsprechenden Leitung wider (so könnte eine transozeanische Leitung höhere Kosten aufweisen als eine kurze Leitung an Land) oder die Übertragungsgeschwindigkeit oder die monetären Kosten der Nutzung einer Leitung. Für unsere Zwecke sehen wir die Kosten einer Kante als gegeben an und machen uns keine Gedanken darüber, wie sie festgelegt werden. Für jede Kante *(x, y)* in E bezeichnen wir mit *c(x, y)* die Kosten der Kante zwischen Knoten *x* und *y*. Wenn das Paar *(x, y)* nicht zu *E* gehört, setzen wir $c(x, y) = \infty$. Auch gehen wir von ungerichteten Graphen aus (d.h. Graphen, deren Kanten keine Richtung haben), so dass Kante *(x, y)* dasselbe ist wie Kante *(y, x)* und dass $c(x, y) = c(y, x)$ gilt. Wir nennen einen Knoten *y* einen **Nachbarn** des Knotens *x*, wenn *(x, y)* zu *E* gehört.

Da den verschiedenen Kanten in der Graphendarstellung Kosten zugewiesen sind, liegt ein natürliches Ziel eines Routing-Algorithmus darin, den billigsten Pfad zwischen Quelle und Ziel zu finden. Um dieses Problem formaler zu beschreiben, gehen wir davon aus, dass ein **Pfad** in einem Graph $G = (N, E)$ eine Abfolge von Knoten $(x_1, x_2, ..., x_p)$ ist, so dass jedes der Paare $(x_1, x_2), (x_2, x_3), ..., (x_{p-1}, x_p)$ eine Kante in *E* ist. Die Kosten eines Pfades $(x_1, x_2, ..., x_p)$ ergeben sich einfach aus der Summe aller Kantenkosten entlang des Pfades, also $c(x_1, x_2) + c(x_2, x_3) + ... + c(x_{p-1}, x_p)$. Sind beliebige Knoten *x* und *y* gegeben, dann existieren normalerweise viele Pfade zwischen den beiden Knoten, wobei jeder Pfad seine Kosten hat. Ein oder mehrere dieser Pfade sind die **kostengünstigsten Pfade** *(least cost path)*. Das Problem minimaler Kosten ist daher klar: Finde einen Pfad zwischen Quelle und Ziel, der die geringstmöglichen Kosten hat. In Abbildung 4.27 ist das zum Beispiel der Pfad *(u, x, y, w)* vom Quellknoten *u* zum Zielknoten *w* mit den Pfadkosten 3. Wenn alle Kanten des Graphen dieselben Kosten aufweisen, ist der kostengünstigste Pfad immer auch der **kürzeste Pfad** (also der Pfad mit der geringsten Anzahl von Leitungen zwischen Quelle und Ziel).

Versuchen Sie als einfache Übung, den kostengünstigsten Pfad zwischen Knoten *u* und *z* in Abbildung 4.27 zu finden, und überlegen Sie sich für einen Moment, wie Sie diesen Pfad bestimmt haben. Wenn Sie wie die meisten Menschen vorgehen, haben Sie den Pfad von *u* nach *z* gefunden, indem Sie Abbildung 4.27 betrachtet, einige Pfade von *u* nach *z* verfolgt und sich irgendwie davon überzeugt haben, dass der von Ihnen gewählte Pfad die geringsten Kosten unter allen möglichen Pfaden hat. (Haben Sie alle 17 möglichen Pfade zwischen *u* und *z* überprüft? Wahrscheinlich nicht!) Solch eine Berechnung ist ein Beispiel eines zentralisierten Routing-Algorithmus – der Routing-Algorithmus wurde an einem Ort, nämlich in Ihrem Gehirn, mit den kompletten Informationen über das Netz ausgeführt. Allgemein ist die Frage, ob der Algorithmus global oder dezentral ausgeführt wird, ein Kriterium zur Klassifizierung von Routing-Algorithmen.

- Ein **globaler Routing-Algorithmus** berechnet den kostengünstigsten Pfad zwischen Quelle und Ziel mithilfe von Wissen über das komplette Netzwerk. Das heißt, der Algorithmus verwendet die Leitungen zwischen allen Knoten und die Kosten aller Leitungen als Eingaben. Dies bedingt, dass der Algorithmus irgendwie diese Information erhält, bevor er tatsächlich mit der Durchführung der Berechnung beginnen kann. Die Berechnung selbst kann entweder an einer Stelle (bei einem zentralisierten globalen Routing-Algorithmus) ablaufen oder an mehreren Stellen unabhängig voneinander wiederholt werden. Das wichtigste Unterscheidungsmerkmal ist hier jedoch, dass ein globaler Algorithmus alle Informationen über Leitungen und Leitungskosten hat. In der Praxis werden Algorithmen mit globalen Zustandsinformationen oft als **Link-State-Algorithmen (LS)** bezeichnet, da der Algorithmus die Kosten jeder Leitung im Netz kennen muss. Wir untersuchen LS-Routing-Algorithmen in Abschnitt 4.5.1.

- In einem **dezentralen Routing-Algorithmus** erfolgt die Berechnung des kostengünstigsten Weges auf iterative, verteilte Weise. Kein Knoten besitzt umfassende Informationen über die Kosten aller Netzwerkleitungen. Stattdessen kennt jeder Knoten nur die Kosten der mit ihm direkt verbundenen Leitungen. Dann berechnet ein Knoten den kostengünstigsten Pfad zu einem Ziel oder einer Reihe von Zielen, indem er in einem iterativen Prozess zwischen Berechnung und Informationsaustausch mit seinen Nachbarknoten abwechselt. Der dezentrale Routing-Algorithmus, den wir weiter unten in Abschnitt 4.5.2 untersuchen werden, wird als **Distanzvektor-Algorithmus (DV)** bezeichnet, weil jeder Knoten einen Vektor der geschätzten Kosten (Distanzen) zu allen anderen Knoten im Netz verwaltet.

Ein zweites häufiges Klassifizierungsmerkmal von Routing-Algorithmen besteht in der Unterscheidung, ob sie statisch oder dynamisch sind. In **statischen Routing-Algorithmen** verändern sich Pfade im Laufe der Zeit nur sehr langsam, oft infolge menschlicher Eingriffe (wenn beispielsweise ein Mensch manuell die Weiterleitungstabelle eines Routers bearbeitet). **Dynamische Routing-Algorithmen** wechseln die Routing-Pfade in Abhängigkeit von der Netzwerkauslastung oder von Änderungen der Netzwerktopologie. Ein dynamischer Algorithmus kann entweder periodisch oder als direkte Reaktion auf Änderungen der Topologie- bzw. der Leitungskosten ausgeführt werden. Obwohl dynamische Algorithmen besser auf Änderungen im Netzwerk ansprechen, sind sie anfälliger für Probleme wie Routing-Schleifen und Oszillation von Routen.

Ein drittes Unterscheidungsmerkmal von Routing-Algorithmen ist die Differenzierung zwischen lastsensitiven und lastinsensitiven Algorithmen. In einem **lastsensitiven Algorithmus** verändern sich die Leitungskosten dynamisch, um den aktuellen Grad der Überlast auf der zugrunde liegenden Leitung wiederzugeben. Werden hohe Kosten mit einer gegenwärtig überlasteten Leitung assoziiert, tendiert ein Routing-Algorithmus dazu, Pfade um eine solche überlastete Leitung herum zu wählen. Die lastsensitiven Routing-Algorithmen des frühen ARPAnet [McQuillan 1980] hatten mit einer Reihe von Schwierigkeiten zu kämpfen [Huitema 1998]. Heutige Internet-Routing-Algorithmen (wie RIP, OSPF und BGP) sind **lastinsensitiv**, da die Kosten einer Leitung ihre derzeitige (oder vergangene) Lastsituation nicht eindeutig widerspiegeln.

4.5.1 Der Link-State-Routing-Algorithmus (LS)

Wie eben erwähnt, sind bei einem Link-State-Algorithmus die Netzwerktopologie und alle Leitungskosten bekannt, d.h., sie stehen dem Algorithmus als Eingabewerte zur Verfügung. In der Praxis erreicht man dies, indem jeder Knoten Link-State-Pakete an *alle* anderen Knoten im Netz überträgt, wobei jedes Link-State-Paket die Identitäten und Kosten der an den Knoten angeschlossenen Leitungen enthält. In der Praxis (z.B.

beim OSPF-Routing-Protokoll des Internets, das wir in Abschnitt 4.6.1 diskutieren werden) erfolgt dies oft durch einen **Link-State-Broadcast-Algorithmus** [Perlman 1999]. Wir behandeln Broadcast-Algorithmen in Abschnitt 4.7. Als Ergebnis dieser Übertragung haben alle Knoten ein identisches und vollständiges Bild des Netzes. Jeder Knoten kann dann den LS-Routing-Algorithmus ausführen und dieselbe Menge von kostengünstigsten Pfaden berechnen.

Der Link-State-Algorithmus, den wir unten wiedergeben, ist nach seinem Erfinder als *Dijkstras Algorithmus* benannt. Ein eng verwandter Algorithmus ist Prims Algorithmus. Eine allgemeine Diskussion von Graphalgorithmen enthält [Cormen 2001]. Dijkstras Algorithmus berechnet den kostengünstigsten Pfad eines Knotens (die Quelle, die wir mit u bezeichnen) zu allen anderen Knoten im Netz. Dijkstras Algorithmus ist iterativ und kennt nach der k-ten Iteration den kostengünstigsten Pfad zu k Zielknoten. Unter den kostengünstigsten Pfaden zu allen Zielknoten sind diese k Pfade diejenigen mit den geringsten Kosten. Nach der ersten Iteration kennt der Algorithmus beispielsweise den Pfad zu dem Knoten, der mit den geringsten Kosten erreicht werden kann. Definieren wir die folgende Schreibweise:

- $D(v)$: die Kosten des kostengünstigsten Pfades vom Quellknoten zur Zieladresse v zum gegenwärtigen Stand des Algorithmusdurchlaufes.
- $p(v)$: vorheriger Knoten (Nachbar von v) entlang des momentan kostengünstigsten Pfades von der Quelle zu v.
- N': Teilmenge von Knoten; v ist Element von N', wenn der kostengünstigste Pfad von der Quelle zu v definitiv bekannt ist.

Der globale Routing-Algorithmus besteht aus einem ersten Schritt zur Initialisierung, gefolgt von einer Schleife. Die Anzahl der Schleifendurchläufe ist gleich der Anzahl der Knoten im Netz. Am Ende hat der Algorithmus die kostengünstigsten Pfade vom Quellknoten u zu jedem anderen Knoten im Netz berechnet.

Link-State-Algorithmus (LS) für Quellknoten *u*

```
initialisiere:
   N' = {u}
   für alle Knoten v aus N
      wenn v ein Nachbar von u ist
         dann D(v) = c(u,v)
      sonst D(v) = ∞

wiederhole:
   finde ein w aus N welches nicht in N' ist, so dass D(w) minimal ist
   füge w zu N' hinzu
   Berechne D(v) neu für jeden Nachbarn v von w der nicht in N' ist:
      D(v) = min(D(v), D(w) + c(w,v))
   /* die neuen Kosten nach v sind entweder die alten Kosten
   oder die Kosten nach w plus die Kosten von w nach v*/
bis N'= N
```

Betrachten wir als Beispiel das Netz in Abbildung 4.27 und berechnen die kostengünstigen Wege von *u* zu allen möglichen Zielen. Eine tabellarische Zusammenfassung der Berechnung des Algorithmus zeigt Tabelle 4.3, wobei jede Zeile in der Tabelle die Werte der Variablen des Algorithmus am Ende einer Iteration angibt. Hier folgen die ersten Schritte im Detail:

- Im Initialisierungsschritt werden die gegenwärtig bekannten kostengünstigsten Pfade von *u* zu seinen direkten Nachbarn *v*, *x* und *w* mit 2, 1 bzw. 5 festgelegt. Beachten Sie insbesondere, dass die Kosten für *w* auf 5 gesetzt wurden (obwohl wir bald sehen werden, dass tatsächlich ein Pfad mit geringeren Kosten existiert), da dies die Kosten der direkten Leitung zwischen *u* und *w* sind. Die Kosten für *y* und *z* betragen unendlich, weil sie nicht direkt mit *u* zusammenhängen.
- In der ersten Iteration durchsuchen wir die Knoten, die der Menge *N'* noch nicht hinzugefügt wurden, und identifizieren denjenigen Knoten, der zum Ende der vorherigen Iteration die geringsten Kosten aufwies. Dieser Knoten ist *x*, mit den Kosten 1, und daher wird *x* zur Menge *N'* hinzugefügt. Zeile 12 des LS-Routing-Algorithmus wird ausgeführt, um *D(v)* für alle Knoten *v* zu aktualisieren, was zu den Ergebnissen der zweiten Zeile (Schritt 1) in ▶ Tabelle 4.3 führt. Die Kosten des Pfades zu *v* verändern sich nicht. Die Kosten des Pfades zu *w* (die nach der Initialisierung zunächst 5 betrugen) über Knoten *x* betragen 4. Daher wird dieser kostengünstigere Pfad gewählt und der Vorgänger von *w* auf dem kürzesten Pfad von *u* wird auf *x* gesetzt. Ebenso werden die Kosten für *y* (über *x*) zu 2 berechnet und die Tabelle wird dementsprechend aktualisiert.
- In der zweiten Iteration haben wir sowohl für *v* als auch für *y* einen kostengünstigsten Pfad mit Länge 2. Wir lösen diese Pattsituation ganz nach Belieben auf und fügen *N'* den Knoten *y* hinzu, so dass *N'* jetzt *u*, *x* und *y* enthält. Die Kosten der übrigen Knoten, die noch nicht in *N'* enthalten sind, das heißt die Knoten *v*, *w* und *z*, werden mittels Zeile 12 des LS-Routing-Algorithmus aktualisiert, wodurch die Ergebnisse der dritten Zeile in ▶ Tabelle 4.3 entstehen.
- Und so weiter ...

Schritt	*N'*	*D(v), p(v)*	*D(w), p(w)*	*D(x), p(x)*	*D(y), p(y)*	*D(z), p(z)*
0	*u*	2, *u*	5, *u*	1, *u*	∞	∞
1	*ux*	2, *u*	4, *x*		2, *x*	∞
2	*uxy*	2, *u*	3, *y*			4, *y*
3	*uxyv*		3, *y*			4, *y*
4	*uxyvw*					4, *y*
5	*uxyvwz*					

Tabelle 4.3: Ausführen des Link-State-Algorithmus für das Netzwerk in Abbildung 4.27

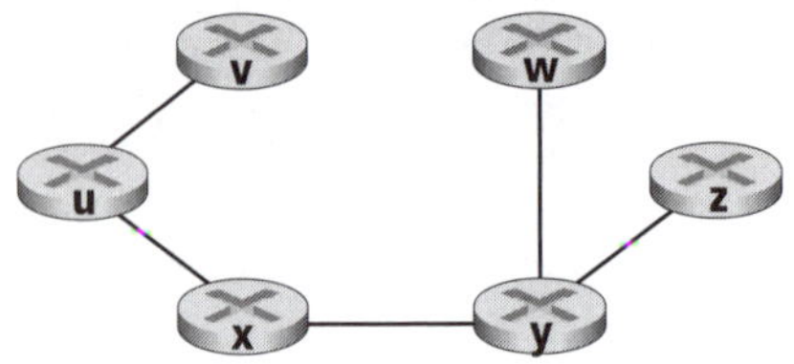

Ziel	Leitung
v	(u, v)
w	(u, x)
x	(u, x)
y	(u, x)
z	(u, x)

Abbildung 4.28: Kostengünstigster Pfad und Weiterleitungstabelle für Knoten *u*

Wenn der LS-Routing-Algorithmus terminiert, kennen wir für jeden Knoten seinen Vorgänger entlang des kostengünstigsten Pfades vom Quellknoten. Für jeden Vorgänger kennen wir auch *dessen* Vorgänger. Auf diese Weise können wir den ganzen Pfad von der Quelle zu allen Zielen konstruieren. Die Weiterleitungstabelle in einem Knoten, sagen wir *u*, kann anhand dieser Information erzeugt werden, indem für jede Zieladresse der nächste Knoten auf dem kostengünstigsten Pfad von *u* zum Ziel gespeichert wird. ▶Abbildung 4.28 zeigt den entstehenden kostengünstigsten Pfad und die entstehende Weiterleitungstabelle in *u* für das Netzwerk aus Abbildung 4.27.

Wie komplex ist die Durchführung dieses Algorithmus? Wie viele Berechnungen müssten im schlechtesten Fall ausgeführt werden, um den kostengünstigsten Pfad von der Quelle zu allen Zieladressen zu finden, wenn *n* Knoten gegeben sind (die Quelle nicht mitgezählt)? In der ersten Iteration müssen wir alle *n* Knoten durchsuchen, um den Knoten *w* zu bestimmen, der nicht in *N* enthalten ist und die geringsten Kosten aufweist. In der zweiten Iteration müssen wir $n - 1$ Knoten überprüfen, um die geringsten Kosten zu bestimmen; in der dritten Iteration sind es $n - 2$ Knoten usw. Insgesamt beträgt die Gesamtzahl der Knoten, die wir in allen Iterationen durchsuchen müssen, $n \cdot (n + 1)/2$. Daher können wir sagen, dass diese Implementierung des LS-Routing-Algorithmus schlimmstenfalls von der Ordnung *n*-Quadrat ist: $O(n^2)$. (In einer ausgeklügelteren Implementierung dieses Algorithmus, die eine als Heap bezeichnete Datenstruktur verwendet, wird das Minimum in Zeile 9 in logarithmischer statt linearer Zeit gefunden, wodurch sich der Rechenaufwand weiter reduziert.)

Bevor wir unsere Diskussion des LS-Routing-Algorithmus abschließen, betrachten wir eine problematische Situation, die auftreten könnte. ▶Abbildung 4.29 zeigt eine einfache Netzwerktopologie, in der die Leitungskosten der Last auf der Leitung entsprechen, um zum Beispiel die Verzögerung widerzuspiegeln. In diesem Beispiel sind die Leitungskosten nicht symmetrisch; das heißt, $c(u, v)$ ist nur dann gleich $c(u, v)$, wenn auch die Last auf der Leitung (u, v) ebenfalls in beide Richtungen gleich ist. In diesem Beispiel verursacht Knoten *z* eine Einheit des für *w* bestimmten Verkehrs, Knoten *x* verursacht ebenfalls eine Einheit des für *w* bestimmten Verkehrs und Knoten *y* erzeugt das Verkehrsaufkommen *e*, das ebenfalls für *w* bestimmt ist.

Das anfängliche Routing ist in Abbildung 4.29 (a) dargestellt, zusammen mit den Leitungskosten, die dem Verkehrsaufkommen entsprechen.

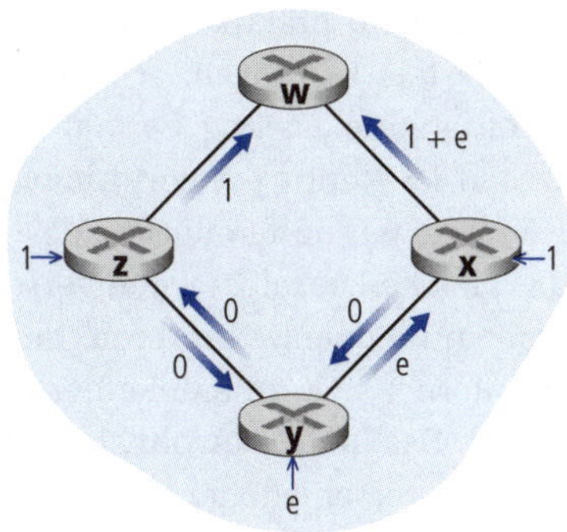

a **Anfängliches Routing**

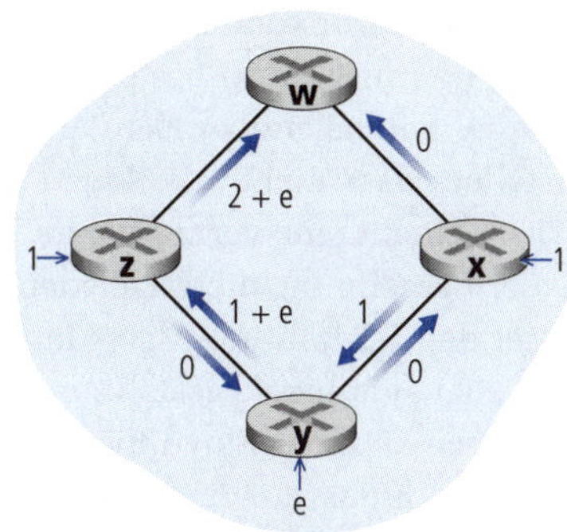

b ***x*, *y* entdecken den im Uhrzeigersinn verlaufenden besseren Pfad nach *w***

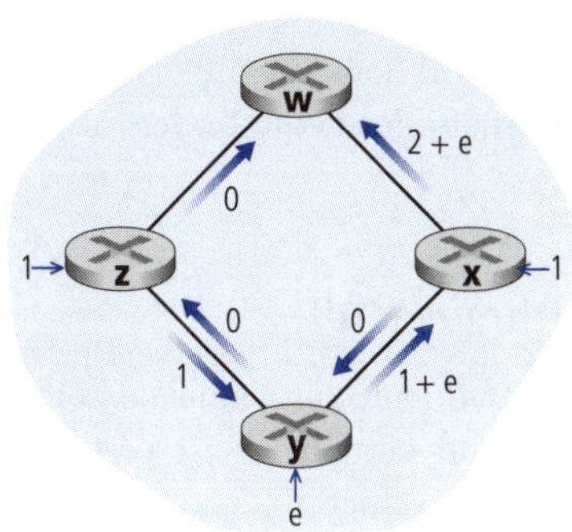

c ***x*, *y*, *z* entdecken den gegen den Uhrzeigersinn verlaufenden besseren Pfad nach *w***

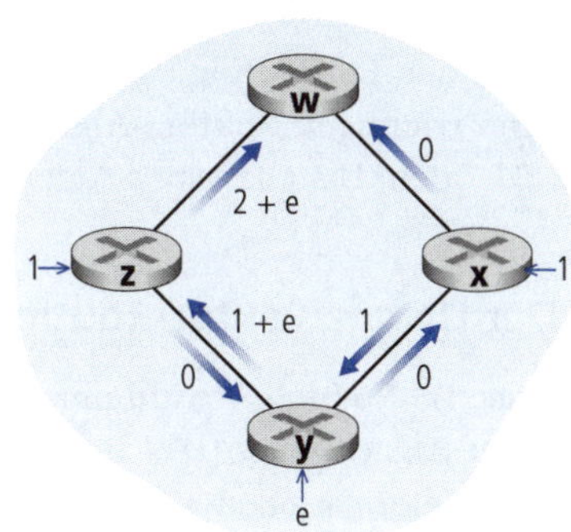

d ***x*, *y*, *z* entdecken den im Uhrzeigersinn verlaufenden besseren Pfad nach *w***

Abbildung 4.29: Oszillationen bei lastsensitivem Routing

Wenn der LS-Routing-Algorithmus das nächste Mal ausgeführt wird, bestimmt Knoten *y* (basierend auf den Leitungskosten in Abbildung 4.29 (a)), dass für den Pfad nach *w* im Uhrzeigersinn die Kosten 1 betragen, während für den Pfad nach *w* gegen den Uhrzeigersinn (den er verwendet hatte) die Kosten 1 + *e* betragen. Daher ist der kostengünstigste Pfad für *y* nach *w* jetzt der im Uhrzeigersinn. In gleicher Weise bestimmt *x*, dass sein neuer kostengünstigster Pfad zu *w* ebenfalls im Uhrzeigersinn verläuft. Dies führt zu der in Abbildung 4.29 (b) gezeigten Situation. Wenn der LS-Routing-Algorithmus das nächste Mal ausgeführt wird, entdecken die Knoten *x*, *y* und *z* alle einen kostengünstigsten Pfad zu *w*, der gegen den Uhrzeigersinn verläuft, und leiten alle ihren Verkehr auf den gegen den Uhrzeigersinn verlaufenden Pfaden weiter. Bei der nächsten Ausführung des LS-Routing-Algorithmus leiten *x*, *y* und *z* ihren Verkehr alle wieder über die im Uhrzeigersinn verlaufenden Pfade weiter und so weiter.

Wie lassen sich solche Oszillationen verhindern (die nicht nur im LS-Routing-Algorithmus auftreten können, sondern in jedem Algorithmus, der eine last- oder laufzeitabhängige Metrik benutzt)? Eine Lösung wäre die Forderung, dass Leitungskosten nicht vom Verkehrsaufkommen abhängen dürfen – eine nicht praktikable Lösung, da ein Ziel des Routings darin besteht, hochgradig überlastete Leitungen zu vermeiden (zum Beispiel solche mit großer Verzögerung). Eine andere Lösung besteht darin, sicherzustellen, dass nicht alle Router gleichzeitig den LS-Routing-Algorithmus ausführen. Dies scheint eine vernünftigere Lösung zu sein, da wir hoffen dürfen, dass das Ergebnis der Berechnung nicht an jedem Knoten das gleiche ist, selbst wenn verschiedene Router den LS-Routing-Algorithmus mit derselben Frequenz ausführen. Interessanterweise hat sich herausgestellt, dass Router im Internet sich untereinander selbst synchronisieren können [Floyd Synchronization 1994]. Das heißt, obwohl sie anfänglich den Algorithmus mit derselben Frequenz, aber zu verschiedenen Zeitpunkten, ausführen, kann sich der Zeitpunkt der Berechnungen allmählich zwischen den Routern angleichen – und gleich bleiben. Ein Weg zur Vermeidung einer derartigen Selbstsynchronisation besteht darin, die Zeitpunkte, zu denen den Nachbarn existierende Leitungen bekanntgemacht werden, für jeden Router zufällig zu wählen.

Nachdem wir den LS-Routing-Algorithmus kennengelernt haben, wollen wir uns nun dem anderen wichtigen Routing-Algorithmus zuwenden, der heute in der Praxis eingesetzt wird – dem Distanzvektor-Algorithmus.

4.5.2 Der Distanzvektor-Routing-Algorithmus (DV)

Während der LS-Routing-Algorithmus globale Informationen verwendet, arbeitet der **Distanzvektor-Algorithmus (DV)** iterativ, asynchron und verteilt. Er ist *verteilt*, weil jeder Knoten Informationen von einem oder mehreren seiner Nachbarn erhält, mit denen er *direkt verbunden* ist, eine Berechnung ausführt und danach die Ergebnisse seiner Berechnung wieder an seine Nachbarn weitergibt. Er ist *iterativ*, weil dieser Prozess weiterläuft, bis keine weiteren Informationen zwischen den Nachbarn ausgetauscht werden. (Interessanterweise ist der Algorithmus auch selbstterminierend – es gibt kein Signal, das die Berechnung stoppen soll; sie hört einfach auf.) Der Algorithmus ist *asynchron*, weil er nicht verlangt, dass alle Knoten im Gleichschritt miteinander arbeiten. Wir werden erkennen, dass ein asynchroner, iterativer, selbstterminierender, verteilter Algorithmus viel interessanter und spannender ist als ein zentralisierter Algorithmus!

Bevor wir den DV-Algorithmus vorstellen, sollten wir eine wichtige und hilfreiche Beziehung diskutieren, die für die Kosten des kostengünstigsten Pfades existiert. $d_x(y)$ seien die Kosten des kostengünstigsten Pfades zwischen den Knoten x und y. Dann werden die geringsten Kosten von der bekannten Bellman-Ford-Gleichung beschrieben:

$$d_x(y) = \min_v\{c(x, v) + d_v(y)\}$$

Dabei wird min_v in der Gleichung über alle Nachbarn von x berechnet. Die Bellman-Ford-Gleichung ist einigermaßen intuitiv. Gehen wir von x zu v und nehmen dann den kostengünstigsten Pfad von v nach y, betragen die Pfadkosten $c(x, v) + d_v(y)$. Da wir über irgendeinen Nachbarn v routen müssen, sind die geringsten Kosten zwischen x und y das Minimum von $c(x, v) + d_v(y)$, berechnet über alle Nachbarn v.

Für diejenigen, welche die Gültigkeit der Gleichung anzweifeln, wollen wir sie für den Quellknoten u und Zielknoten z in ▶Abbildung 4.27 überprüfen. Der Quellknoten u hat drei Nachbarn, die Knoten v, x und w. Indem wir unterschiedliche Pfade in der Grafik beschreiten, ist leicht zu erkennen, dass $d_v(z) = 5$, $d_x(z) = 3$ und $d_w(z) = 3$ ist. Setzen wir diese Werte in Gleichung 4.1 ein, zusammen mit den Kosten $c(u, v) = 2$, $c(u, x) = 1$ und $c(u, w) = 5$, dann erhalten wir $d_u(z) = \min\{2 + 5, 5 + 3, 1 + 3\} = 4$, was offensichtlich richtig ist und genau dem Resultat des Dijkstra-Algorithmus für dieses Netzwerk entspricht.

Die Bellman-Ford-Gleichung befriedigt nicht nur unsere intellektuelle Neugier. Sie hat tatsächlich erhebliche praktische Bedeutung. Insbesondere liefert die Lösung der Bellman-Ford-Gleichung die Einträge in der Weiterleitungstabelle von Knoten x. Um dies zu verdeutlichen, bezeichnen wir mit v^* jenen Nachbarknoten, der dem Minimum in Gleichung 4.1 entspricht. Wenn Knoten x ein Paket auf dem kostengünstigsten Weg an Knoten y senden will, muss er das Paket zunächst an Knoten v^* weiterleiten. Deswegen würde die Weiterleitungstabelle des Knotens x den Knoten v^* als den Next-Hop-Router für die Zieladresse y enthalten. Ein anderer wichtiger Praxisbeitrag der Bellman-Ford-Gleichung besteht darin, dass sie eine bestimmte Form für die im DV-Algorithmus stattfindende Kommunikation zwischen den Nachbarn nahelegt.

Der Grundgedanke ist folgender: Jeder Knoten x beginnt mit $D_x(y)$, einer Kostenschätzung des kostengünstigsten Pfades von sich aus zum Knoten y, für alle Knoten in N. Sei $D_x = [D_x(y)\text{: } y \text{ in } N]$ der Distanzvektor des Knotens x, also der Vektor der Kostenschätzungen von x zu allen anderen Knoten y in N. Beim DV-Algorithmus verwaltet jeder Knoten x die folgende Routing-Information:

- Für jeden Nachbarn v die Kosten $c(x, v)$ von x zum direkt verbundenen Nachbarn v
- Der Distanzvektor des Knotens x, das heißt $\mathbf{D}_x = [D_x(y)\text{: } y \text{ in } N]$, der die Kostenschätzungen von x zu allen Zielen y in N enthält
- Die Distanzvektoren jedes seiner Nachbarn, das heiß $\mathbf{D}_v = [D_v(y)\text{: } y \text{ in } N]$ für jeden Nachbarn v von x

In dem verteilten, asynchronen Algorithmus sendet jeder Knoten von Zeit zu Zeit eine Kopie seines Distanzvektors an jeden seiner Nachbarn. Wenn ein Knoten x einen neuen Distanzvektor von irgendeinem seiner Nachbarn v erhält, speichert er diesen Distanzvektor von v und verwendet dann die Bellman-Ford-Gleichung, um seinen eigenen Distanzvektor wie folgt zu aktualisieren:

$$D_x(y) = \min_v\{c(x, v) + D_v(y)\} \text{ für jeden Knoten y in N}$$

Ändert sich der Distanzvektor des Knotens x als Folge dieses Aktualisierungsschrittes, sendet Knoten x seinen aktualisierten Distanzvektor an jeden seiner Nachbarn, welche dadurch ihre eigenen Distanzvektoren aktualisieren können. Solange alle Knoten damit fortfahren, ihre Distanzvektoren asynchron auszutauschen, konvergiert jede Kostenschätzung $D_x(y)$ auf wundersame Weise zu $d_x(y)$, also den tatsächlichen Kosten des kostengünstigsten Pfades von Knoten x zu Knoten y [Bertsekas 1991]!

Distanzvektor-Algorithmus

Auf jedem Knoten *x*:

```
1  initialisiere:
2    für alle Knoten y in N:
3       Dx(y) = c(x,y) /* wenn y kein Nachbar ist, dann gilt c(x,y) = ∞  */
4    für jeden Nachbarn w
5       Dw(y) = ∞ für alle Knoten y in N
6    für jeden Nachbarn w
7       sende Distanzvektor Dx = [Dx(y): y in N] an w
8
9  wiederhole:
10    warte (bis sich die Kosten zu einem Nachbarn w ändern oder bis
11       ein Distanzvektor von einem Nachbarn w ankommt)
12
13    für jeden Knoten y in N:
14       Dx(y) = minv{c(x,v) + Dv(y)}
15
16    wenn sich Dx(y) für wenigstens ein y geändert hat
17       sende Distanzvektor Dx = [Dx(y): y in N] an alle Nachbarn von x
18 für immer
```

Beim DV-Algorithmus aktualisiert ein Knoten *x* seine Distanzvektorschätzung, wenn er entweder eine Kostenänderung auf einer seiner Leitungen wahrnimmt oder wenn er einen aktualisierten Distanzvektor von irgendeinem Nachbarn erhält. Um aber seine eigene Weiterleitungstabelle für eine gegebene Zieladresse *y* zu aktualisieren, muss Knoten *x* nicht den kürzesten Pfadabstand zu *y* kennen, sondern vielmehr seinen Nachbarknoten $v^*(y)$, welcher der Next-Hop-Router auf dem kürzesten Pfad zu *y* ist. Wie Sie sich sicher denken können, ist der Next-Hop-Router $v^*(y)$ derjenige Nachbar *v*, für den das Minimum in Zeile 14 des DV-Algorithmus gilt. (Sollte diese Minimalbedingung für mehrere Nachbarn *v* gelten, dann kann $v^*(y)$ jeder beliebige dieser Nachbarn sein, die das Minimum erfüllen.) Daher bestimmt Knoten *x* in den Zeilen 13 und 14 für jede Zieladresse *y* auch $v^*(y)$ und aktualisiert seine Weiterleitungstabelle für die Zieladresse *y*.

Wie oben erwähnt, ist der LS-Routing-Algorithmus ein globaler Algorithmus in dem Sinne, dass er vor Ausführung des Dijkstra-Algorithmus zuerst von jedem Knoten fordert, sich eine komplette Karte des Netzwerkes zu beschaffen. Der DV-Algorithmus ist *dezentral* und verwendet keine derartigen globalen Informationen. Tatsächlich sind die einzigen Informationen, die ein Knoten besitzt, die Kosten der Leitungen zu den direkt mit ihm verbundenen Nachbarn und die Informationen, die er von diesen Nachbarn erhält. Jeder Knoten wartet auf eine Aktualisierung durch irgendeinen Nachbarn (Zeile 10 und 11), berechnet bei Eintreffen einer Aktualisierung seinen neuen Distanzvektor (Zeile 14) und verteilt seinen neuen Distanzvektor an seine Nachbarn (Zeile 16 und 17). DV-artige Algorithmen werden in der Praxis in vielen Routing-Protokollen eingesetzt, beispielsweise bei den Internetprotokollen RIP und BGP, in ISO IDRP, Novell IPX und im ursprünglichen ARPAnet.

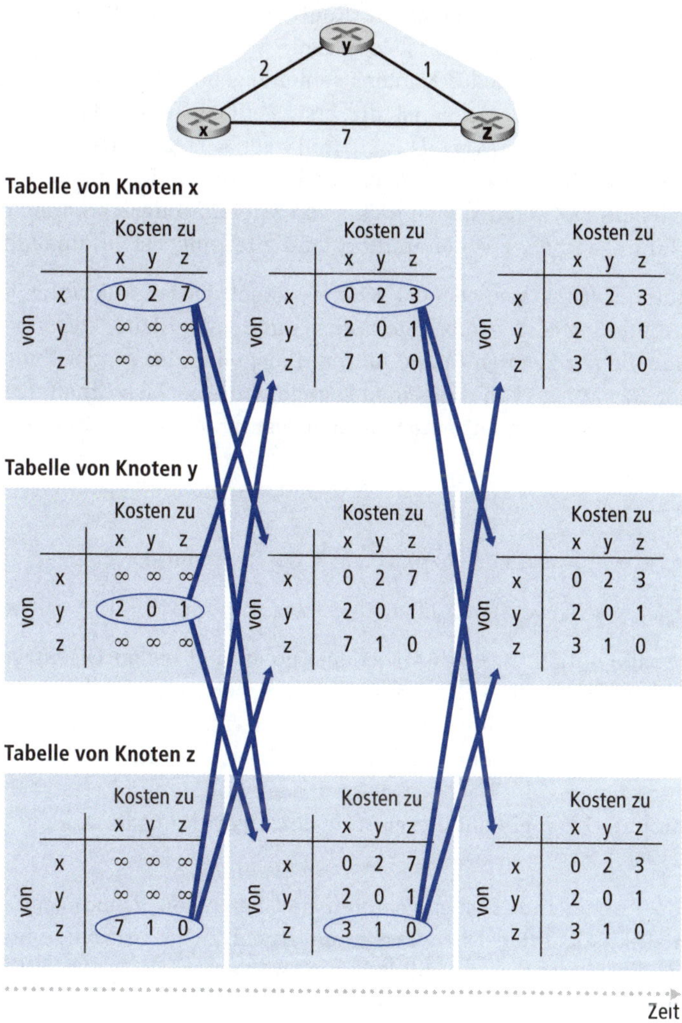

Abbildung 4.30: Distanzvektor-Algorithmus

▶Abbildung 4.30 erläutert die Arbeitsweise des DV-Algorithmus für das einfache, aus drei Knoten bestehende Netzwerk am oberen Ende der Abbildung. Die Darstellung zeigt die synchrone Arbeitsweise des Algorithmus, in der alle Knoten simultan Distanzvektoren von ihren Nachbarn erhalten, ihre neuen Distanzvektoren berechnen und ihre Nachbarn darüber informieren, ob sich ihre Distanzvektoren geändert haben. Nachdem Sie dieses Beispiel untersucht haben, sollten Sie sich davon überzeugen, dass der Algorithmus auch dann korrekt ist, wenn er asynchron abläuft. Die Berechnungen durch die Knoten und der Versand bzw. Empfang von Aktualisierungen können dabei jederzeit stattfinden.

Die am weitesten links befindliche Spalte der Abbildung gibt die drei anfänglichen Routing-Tabellen für jeden der drei Knoten wieder. Die Tabelle in der linken oberen

Ecke ist beispielsweise die anfängliche Routing-Tabelle des Knotens x. Innerhalb einer bestimmten Routing-Tabelle ist jede Zeile ein Distanzvektor – genauer gesagt enthält die Routing-Tabelle jedes Knotens seinen eigenen Distanzvektor und diejenigen aller seiner Nachbarn. Daher ist die erste Zeile in der anfänglichen Routing-Tabelle des Knotens x $D_x = [D_x(x), D_x(y), D_x(z)] = [0, 2, 7]$. Die zweite und dritte Zeile dieser Tabelle sind die zuletzt erhaltenen Distanzvektoren der Knoten y bzw. z. Weil bei der Initialisierung Knoten x noch nichts von Knoten y oder z erhalten haben kann, werden die Einträge in der zweiten und dritten Zeile zunächst auf unendlich gesetzt.

Nach der Initialisierung sendet jeder Knoten seinen Distanzvektor an jeden seiner Nachbarn. Abbildung 4.30 symbolisiert dies durch die Pfeile, die von der ersten Spalte der Tabelle zur zweiten Spalte führen. Beispielsweise sendet Knoten x seinen Distanzvektor $D_x = [0, 2, 7]$ an die beiden Knoten y und z. Nach Erhalt der Aktualisierungen berechnet jeder Knoten seinen eigenen Distanzvektor neu. Knoten x berechnet zum Beispiel:

$$D_x(x) = 0$$

$$D_x(y) = \min\{c(x, y) + D_y(y), c(x, z) + D_z(y)\} = \min\{2 + 0, 7 + 1\} = 2$$

$$D_x(z) = \min\{c(x, y) + D_y(z), c(x, z) + D_z(z)\} = \min\{2 + 1, 7 + 0\} = 3$$

Die zweite Spalte enthält deshalb für jeden Knoten den neuen Distanzvektor dieses Knotens zusammen mit den Distanzvektoren, die er gerade von seinen Nachbarn erhalten hat. Beachten Sie zum Beispiel, dass sich die Schätzung des Knotens x für die geringsten Kosten zu Knoten z, $D_x(z)$, von 7 auf 3 verringert hat. Beachten Sie auch, dass für Knoten x der Nachbarknoten y das Minimum in Zeile 14 des DV-Algorithmus annimmt. Daher gilt auf dieser Stufe des Algorithmus für Knoten x, dass $v^*(y) = y$ und $v^*(z) = y$.

Nachdem die Knoten ihre Distanzvektoren neu berechnet haben, senden sie ihren Nachbarn die aktualisierten Distanzvektoren erneut zu (sofern sich eine Änderung ergeben hat). Dies symbolisiert Abbildung 4.30 mittels der Pfeile von der zweiten zur dritten Spalte der Tabelle. Beachten Sie, dass nur Knoten x und z Aktualisierungen versenden: Da sich der Distanzvektor von Knoten y nicht geändert hat, sendet Knoten y auch keine Aktualisierung. Nach dem Erhalt der Aktualisierungen berechnen die Knoten ihre Distanzvektoren neu und aktualisieren ihre Routing-Tabellen, die in der dritten Spalte gezeigt werden.

Dieser Prozess, d.h. das Erhalten aktualisierter Distanzvektoren von den Nachbarn, die Neuberechnung der Routing-Tabelleneinträge und das Informieren der Nachbarn über geänderte Kosten des kostengünstigsten Pfades für eine Zieladresse, setzt sich fort, bis keine Aktualisierungsnachrichten mehr gesendet werden. Sobald dieser Punkt erreicht ist, an dem keine Aktualisierungsnachrichten mehr eintreffen, werden die Routing-Tabellen auch nicht mehr neu berechnet und der Algorithmus tritt in einen Ruhezustand ein. Dabei führen alle Knoten den Befehl „Warte" in den Zeilen 10 und 11 des DV-Algorithmus aus. Wie wir gleich diskutieren werden, verbleibt der Algorithmus im Ruhezustand, bis eine Kostenänderung für eine Leitung eintritt.

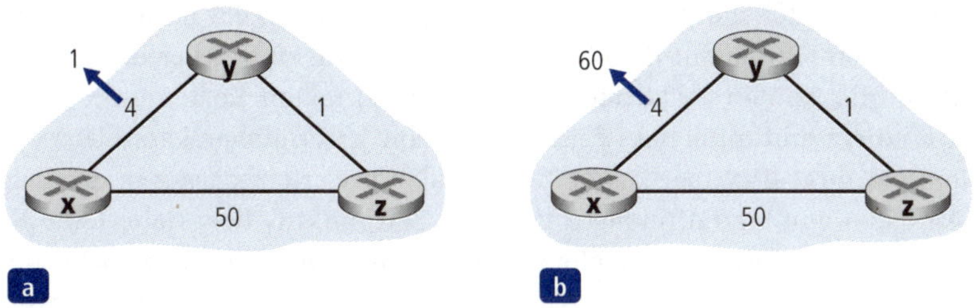

Abbildung 4.31: Veränderungen in den Kosten einer Leitung

Distanzvektor-Algorithmus: Änderungen in den Kosten und Leitungsausfälle

Wenn ein Knoten, auf dem der DV-Algorithmus ausgeführt wird, eine Änderung der Kosten einer Leitung zwischen sich und einem Nachbarn erkennt (Zeile 10 und 11), aktualisiert er seinen Distanzvektor (Zeile 13 und 14) und informiert seine Nachbarn über seinen neuen Distanzvektor, sofern es eine Änderung in den Kosten des kürzesten Weges gibt (Zeile 16 und 17). Abbildung 4.31 (a) zeigt ein Szenario, in dem die Leitungskosten von *y* nach *x* von 4 auf 1 sinken. Wir konzentrieren uns hier nur auf die Einträge zur Zieladresse *x*. Der DV-Algorithmus bewirkt, dass die folgenden Ereignisse eintreten:

- Zum Zeitpunkt t_0 nimmt *y* die Änderung der Leitungskosten wahr (die Kosten sind von 4 auf 1 gesunken), aktualisiert seinen Distanzvektor und informiert seine Nachbarn über diese Änderung, da sich sein Distanzvektor geändert hat.
- Zum Zeitpunkt t_1 erhält *z* die Aktualisierung von *y* und aktualisiert seine Tabelle. Er berechnet die neuen Kosten nach *x* (die von 5 auf 2 abnehmen) und sendet seinen Nachbarn den neuen Distanzvektor zu.
- Zum Zeitpunkt t_2 erhält *y* die Aktualisierung von *z* und aktualisiert seine Entfernungstabelle. Die Kosten ändern sich für *y* nicht, daher sendet *y* auch keine Nachricht an *z*. Damit bleibt der Algorithmus stehen.

Es sind somit nur zwei Iterationen notwendig, bis der DV-Algorithmus zum Stillstand kommt. Die Nachricht der geringeren Kosten zwischen *x* und *y* hat sich schnell durch das Netz fortgepflanzt.

Sehen wir uns nun an, was passieren kann, wenn die Leitungskosten *ansteigen*. Nehmen wir an, die Leitungskosten zwischen *x* und *y* steigen von 4 auf 60, was in Abbildung 4.31 (b) dargestellt ist.

1. Vor der Änderung der Kosten sind $D_y(x) = 4$, $D_y(z) = 1$, $D_z(y) = 1$ und $D_z(x) = 5$. Zum Zeitpunkt t_0 erkennt *y* die Änderung der Leitungskosten (die Kosten sind von vier auf 60 gestiegen). Knoten *y* berechnet seinen neuen kostengünstigsten Pfad zu *x* und erhält die Kosten

$$D_y(x) = \min\{c(y, x) + D_x(x),\ c(y, z) + D_z(x)\} = \min\{60 + 0,\ 1 + 5\} = 6$$

Da wir einen globalen Blick auf das Netz haben, sehen wir natürlich sofort, dass diese neuen Kosten auf dem Weg über *z* unsinnig sind. Aber die einzige Information, die Knoten *y* hat, lautet, dass seine direkten Kosten zu *x* 60 betragen und *z* zuletzt mitteilte, dass *z* mit Kosten von 5 *x* erreichen kann. Um *x* zu erreichen, würde *y* also über *z* routen und dabei erwarten, dass *z* in der Lage ist, *x* mit Kosten von 5 zu erreichen. Vor dem Zeitpunkt t_1 liegt daher eine Routing-Schleife vor – um *x* zu erreichen, routet *y* zu *z* und *z* routet zu *y* zurück. Eine Routing-Schleife ist wie ein schwarzes Loch – ein Paket, das für *x* bestimmt ist und zum Zeitpunkt t_1 bei *y* oder *z* ankommt, läuft ewig zwischen diesen beiden Knoten hin und her (oder zumindest so lange, bis die Weiterleitungstabelle geändert wird).

2. Da Knoten *y* neue minimale Kosten zu *x* berechnet hat, informiert er *z* zum Zeitpunkt t_1 über seinen neuen Distanzvektor.

3. Irgendwann nach t_1 erhält *z* den neuen Distanzvektor von *y*, der besagt, dass die minimalen Kosten des Weges nach *x* sechs betragen. Knoten *z* weiß, dass er *y* mit Kosten von 1 erreichen kann, und berechnet daher neue geringste Kosten zu *x* gemäß $D_z(x) = \min\{50 + 0{,}1 + 6\} = 7$. Da die geringsten Kosten von *z* nach *x* gestiegen sind, informiert er zum Zeitpunkt t_2 Knoten *y* über seinen neuen Distanzvektor.

4. Auf ähnliche Weise bestimmt *y* nach dem Erhalt des neuen Distanzvektors von *z* $D_y(x) = 8$ und sendet *z* seinen Distanzvektor zu. Knoten *z* berechnet danach $D_z(x) = 9$ und sendet seinen Distanzvektor an *y* usw. Wie lange läuft dieser Prozess weiter? Sie können sich davon überzeugen, dass 44 Distanzvektoren versendet werden müssen, bis die Schleife verlassen wird – bis die Kosten des Pfades von *z* zu *y* schließlich größer als 50 werden. Zu diesem Zeitpunkt stellt *z* (endlich!) fest, dass sein kostengünstigster Pfad zu *x* der über seine direkte Leitung zu *x* ist. Knoten *y* wird dann an *x* über *z* routen. Das Resultat der unangenehmen Nachricht über den Anstieg der Leitungskosten hat sich nur langsam verbreitet! Was wäre geschehen, wenn die Leitungskosten $c(y, x)$ von vier auf 10.000 gestiegen wären und die Kosten $c(z, x)$ 9.999 gewesen wären? Wegen solcher Szenarien wird dieses Problem manchmal als **Count-to-Infinity-Problem** bezeichnet.

Hinzufügen von Poisoned-Reverse zum Distanzvektor-Algorithmus

Das eben beschriebene Schleifenszenario lässt sich mit einer Technik vermeiden, die **Poisoned Reverse** *(„vergiftete Umkehr")* genannt wird. Die Idee ist einfach: Leitet *z* seine Daten an *y* weiter, um sein Ziel *x* zu erreichen, dann teilt *z* dem Knoten *y* mit, dass seine Entfernung zu *x* unendlich groß ist, d.h., *z* benachrichtigt *y*, dass $D_z(x) = \infty$ (obwohl *z* weiß, dass in Wirklichkeit $D_z(x) = 5$ ist). Solange *z* über *y* zu *x* routet, wird er mit der Verbreitung dieser Fehlinformation fortfahren. Da *y* glaubt, dass *z* keinen Pfad zu *x* hat, versucht *y* nie, *x* über *z* zu erreichen, solange *z* weiterhin *x* über *y* erreicht.

Schauen wir nun, wie die Poisoned-Reverse-Technik das spezielle Schleifenproblem löst, das in Abbildung 4.31 (b) zu erkennen ist. Als Folge dieser Technik zeigt die Entfernungstabelle von y $D_z(x) = \infty$ an. Steigen die Kosten der Leitung (x, y) zum Zeitpunkt t_0 von vier auf 60, aktualisiert y seine Tabelle, routet direkt zu x (wenn auch zu den höheren Kosten von 60) und informiert z über seine neuen Kosten zum Knoten x, also $D_y(x) = 60$. Nachdem z diese Aktualisierung zum Zeitpunkt t_1 erhalten hat, verändert er sofort seinen Pfad zu x auf die direkte Leitung (z, x) mit Kosten von 50. Da dies ein neuer kostengünstigster Pfad zu x ist und da der Pfad nicht mehr durch y führt, informiert z Knoten y zum Zeitpunkt t_2 darüber, dass $D_z(x) = 50$ ist. Nachdem y die Aktualisierung von z erhalten hat, aktualisiert er seine Entfernungstabelle zu $D_y(x) = 51$. Da z jetzt auf dem kostengünstigsten Pfad von y zu x liegt, „vergiftet“ Knoten y den umgekehrten Pfad von z nach x, indem er z zum Zeitpunkt t_3 darüber informiert, dass $D_y(x) = \infty$ ist (obwohl y weiß, dass in Wahrheit $D_y(x) = 51$ gilt).

Löst die Poisoned-Reverse-Technik das allgemeine Count-to-Infininty-Problem? Offenbar nicht. Sie sollten sich davon überzeugen, dass Schleifen mit drei oder mehr Knoten (anstelle zweier einfacher Nachbarknoten) nicht von der Poisoned-Reverse-Technik erkannt werden.

Ein Vergleich von LS- und DV-Routing-Algorithmen

Die DV- und LS-Routing-Algorithmen verfolgen gegensätzliche Ansätze zur Berechnung der Routing-Tabellen. Im DV-Algorithmus redet jeder Knoten *ausschließlich* mit seinen direkt angeschlossenen Nachbarn, liefert diesen aber Schätzungen der Minimalkosten von sich selbst zu *allen* Knoten im Netz (von denen er weiß). Im LS-Routing-Algorithmus redet jeder Knoten mit *allen* anderen Knoten (mittels Broadcast), nennt ihnen aber *nur* die Kosten seiner direkt angeschlossenen Leitungen. Lassen Sie uns unsere Untersuchung der LS- und DV-Algorithmen mit einem schnellen Vergleich einiger ihrer Eigenschaften abschließen. Wie weiter oben beschrieben, ist N eine Menge von Knoten (Routern) und E ist die Menge der Kanten (Leitungen).

- *Nachrichtenkomplexität.* Wie wir gesehen haben, verlangt der LS-Routing-Algorithmus, dass jeder Knoten die Kosten jeder Leitung im Netz kennt. Dies erfordert es, dass $O(|N|\ |E|)$ Nachrichten gesendet werden müssen. Außerdem müssen jedes Mal, wenn sich die Kosten einer Leitung ändern, die neuen Leitungskosten an alle Knoten gesandt werden. Der DV-Algorithmus verlangt bei jeder Iteration den Austausch von Nachrichten zwischen direkt verbundenen Nachbarn. Wir konnten sehen, dass die Zeit, die der Algorithmus benötigt, um zu konvergieren, von vielen Faktoren abhängen kann. Ändern sich die Leitungskosten, verbreitet sie der DV-Algorithmus in einem Knoten nur dann weiter, wenn sich seine Informationen über die kürzesten Pfade geändert haben.
- *Konvergenzgeschwindigkeit.* Wir haben gesehen, dass unsere Implementierung des LS-Routing-Algorithmus ein $O(|N|^2)$-Algorithmus ist, der den Austausch von $O(|N|\ |E|)$ Nachrichten erfordert. Der DV-Algorithmus kann langsam konvergieren und

während der Konvergenzphase können Routing-Schleifen entstehen. DV wird zudem durch das Count-to-Infinity-Problem belastet.

- *Robustheit.* Was könnte geschehen, wenn ein Router ausfällt, sich fehlerhaft verhält oder sabotiert wird? Beim LS-Routing-Algorithmus könnte ein Router falsche Kosten bezüglich einer seiner angeschlossenen Leitungen versenden. Ein Knoten könnte zudem Pakete verändern oder verwerfen, die er im Rahmen einer LS-Übertragung erhalten hat. Aber ein LS-Knoten berechnet nur seine eigene Weiterleitungstabelle. Andere Knoten führen in ähnlicher Weise eigene Berechnungen durch. Das bedeutet, dass Wegberechnungen beim LS-Routing teilweise unabhängig erfolgen, was dem Ganzen eine gewisse Robustheit verleiht. Mit DV-Routing kann ein Knoten falsche kostengünstigste Wege zu irgendeiner oder allen Zieladressen verbreiten. (Tatsächlich lieferte 1997 ein fehlerhafter Router in einem kleinen ISP den nationalen Backbone-Routern falsche Routing-Informationen. Dadurch überfluteten andere Router den fehlerhaften Router mit Verkehr, was dazu führte, dass große Teile des Internets mehrere Stunden lang nicht erreichbar waren [Neumann 1997].) Allgemein halten wir fest, dass beim DV-Routing bei jeder Iteration die berechneten Ergebnisse eines Knotens an seine Nachbarn und indirekt an die Nachbarn seiner Nachbarn übermittelt werden. Dadurch kann unter DV eine falsche Kostenberechnung durch das ganze Netz verbreitet werden.

Am Ende steht kein Algorithmus als klarer Sieger da. Tatsächlich werden beide Algorithmen im Internet verwendet.

Andere Routing-Algorithmen

Die von uns untersuchten LS- und DV-Routing-Algorithmen sind in der Praxis nicht nur weit verbreitet, sie sind im Grunde genommen die *einzigen* Routing-Algorithmen, die heutzutage im Internet praktische Bedeutung haben. Dennoch wurden von Informatikern während der letzten 30 Jahre viele Routing-Algorithmen vorgeschlagen, von extrem einfachen bis hin zu äußerst ausgeklügelten und komplexen. Eine breite Klasse von Routing-Algorithmen basiert darauf, Paketverkehr als Datenflüsse zwischen Quellen und Zielen in einem Netz zu betrachten. Mit diesem Ansatz kann das Routing-Problem mathematisch als ein Optimierungsproblem mit Nebenbedingungen betrachtet werden, das als Netzwerkflussproblem bezeichnet wird [Bertsekas 1991]. Eine andere Gruppe von Routing-Algorithmen, die wir hier erwähnen wollen, sind jene aus dem Fernmeldewesen. Diese **leitungsvermittelten Routing-Algorithmen** sind überall dort für paketvermittelte Datennetzwerke von Interesse, wo auf den Leitungen Ressourcen (zum Beispiel Puffer oder Anteile an der Bandbreite) für darüberlaufende Verbindungen reserviert werden sollen. Obwohl die Formulierung des Reservierungs-Problems sich von der Formulierung des kostengünstigsten Routings, die wir in diesem Kapitel kennenlernten, deutlich zu unterscheiden scheint, gibt es eine Reihe von Ähnlichkeiten, zumindest soweit es die Algorithmen zur Suche von Pfaden (also die Routing-Algorithmen) betrifft. Eine ausführliche Diskussion dieses Forschungsgebietes enthalten [Ash 1998; Ross 1995; Girard 1990].

4.5.3 Hierarchisches Routing

In unserer Untersuchung von LS- und DV-Algorithmen haben wir das Netz einfach als Sammlung miteinander verbundener Router betrachtet. Alle Router waren bislang gleich, zumindest in dem Sinn, dass alle denselben Routing-Algorithmus ausführten, um Wege durch das Netz zu berechnen. In der Praxis ist dieses Modell mit seiner Annahme einer homogenen Gruppe von Routern, die alle denselben Routing-Algorithmus ausführen, aus mindestens zwei wichtigen Gründen zu stark vereinfacht:

- *Skalierbarkeit.* Wird die Zahl der Router sehr groß, wächst der Aufwand für Berechnung, Speicherung und Kommunikation der Routing-Informationen (zum Beispiel LS-Aktualisierungen oder Änderungen der kostengünstigsten Pfade) ins Unermessliche. Das heutige Internet besteht aus Millionen von Hosts. Das Speichern von Routing-Informationen in jedem dieser Hosts würde enorme Speicherkapazitäten erfordern. Der Aufwand, um LS-Aktualisierungen unter allen Routern im Internet zu verbreiten, würde keine Bandbreite für das Senden von Datenpaketen übrig lassen! Ein Distanzvektor-Algorithmus, der eine so große Zahl von Routern berücksichtigen muss, würde mit Sicherheit nie konvergieren. Ganz klar muss etwas geschehen, um die Komplexität der Routenberechnung in einem Netzwerk von der Größe des Internets zu reduzieren.
- *Autonomie der Netzwerkteilnehmer.* Obwohl Forscher manche Themen ganz gerne ignorieren, etwa den Wunsch einer Firma, ihre Router nach ihren eigenen Vorstellungen laufen zu lassen (und zum Beispiel irgendeinen Routing-Algorithmus ihrer Wahl zu verwenden) oder Aspekte der internen Organisation ihres Netzes vor der Außenwelt zu verstecken, dürfen solche wichtigen Überlegungen nicht einfach außer Acht gelassen werden. Idealerweise sollte eine Firma ihr Netz nach eigenen Vorstellungen betreiben und verwalten können, während sie weiterhin in der Lage ist, es mit anderen externen Netzwerken zu verbinden.

Diese beiden Probleme werden gelöst, indem Router in **autonomen Systemen** (**AS**, *autonomous systems*) organisiert werden, wobei jedes AS aus einer Gruppe von Routern besteht, die normalerweise gleich verwaltet werden (z.B. werden sie vom selben ISP betrieben oder gehören zum selben Firmennetzwerk). Router innerhalb desselben AS führen alle denselben Routing-Algorithmus aus (zum Beispiel einen LS- oder DV-Algorithmus) und haben Informationen übereinander – genau wie im Fall unseres idealisierten Modells des letzten Abschnittes. Der Routing-Algorithmus, der innerhalb eines autonomen Systems abläuft, wird als Intra-AS-Routing-Protokoll bezeichnet. Es ist natürlich notwendig, autonome Systeme miteinander zu verbinden. Daher sind ein oder mehrere der Router in einem AS dafür verantwortlich, Pakete an Zieladressen außerhalb des AS weiterzuleiten. Diese Router werden als **Gateway-Router** bezeichnet.

▶Abbildung 4.32 zeigt ein einfaches Beispiel mit AS1, AS2 und AS3. In dieser Abbildung stellen die dicken Linien direkte Leitungen zwischen Routerpaaren dar. Die dünneren Linien, die von den Routern wegführen, stehen für Subnetze, die direkt mit ihnen verbunden sind. AS1 hat vier Router – 1a, 1b, 1c und 1d –, die das Intra-AS-Routing-Protokoll verwenden, das innerhalb von AS1 genutzt wird. Daher weiß jeder

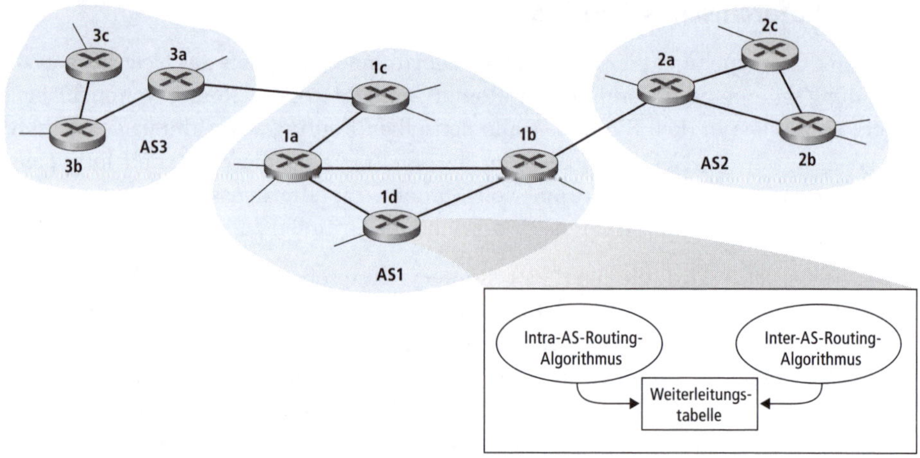

Abbildung 4.32: Beispiel untereinander verbundener autonomer Systeme

dieser vier Router, wie Pakete entlang des optimalen Pfades an jede Zieladresse innerhalb AS1 weiterzuleiten sind. In ähnlicher Weise haben die autonomen Systeme AS2 und AS3 je drei Router. Beachten Sie, dass die Intra-AS-Routing-Protokolle, die in AS1, AS2 und AS3 verwendet werden, nicht die gleichen sein müssen. Beachten Sie auch, dass die Router 1b, 1c, 2a und 3a alle Gateway-Router sind.

Es sollte jetzt klar sein, wie die Router in autonomen Systemen Pfade für Paare von Quelle und Ziel bestimmen, die sich innerhalb des AS befinden. Aber noch fehlt ein großes Stück zur Lösung des Ende-zu-Ende-Puzzles. Woher weiß ein Router innerhalb irgendeines AS, wie ein Paket an ein Ziel außerhalb des AS weiterzuleiten ist? Die Frage ist leicht zu beantworten, wenn das AS nur einen Gateway-Router besitzt, der nur an ein anderes AS angeschlossen ist. Weil in diesem Fall der Intra-AS-Routing-Algorithmus des AS den kostengünstigsten Pfad von jedem internen Router zum Gateway-Router bestimmt hat, weiß jeder interne Router, wie er das Paket weiterleiten kann. Der Gateway-Router leitet das Paket nach dem Eintreffen auf die eine Leitung weiter, die aus dem AS herausführt. Das AS auf der anderen Seite der Leitung übernimmt dann die Verantwortung, das Paket an sein endgültiges Ziel weiterzuleiten. Als Beispiel soll Router 2b in Abbildung 4.32 ein Paket erhalten, dessen Ziel außerhalb von AS2 liegt. Router 2b leitet dann das Paket entsprechend der Weiterleitungstabelle von Router 2b entweder an Router 2a oder an 2c weiter. Die Tabelle wurde vom Intra-AS-Routing-Protokoll konfiguriert. Das Paket kommt schließlich am Gateway-Router 2a an, der das Paket an 1b weiterleitet. Sobald das Paket 2a verlassen hat, hat AS2 nichts mehr mit diesem Paket zu tun.

Das Problem ist also einfach zu lösen, wenn das Quell-AS nur eine Leitung besitzt, die aus dem AS hinausführt. Was ist aber, wenn das Quell-AS zwei oder mehr ausgehende Leitungen hat (die über zwei oder mehr Gateway-Router führen)? Dann wird die Frage, wohin das Paket weiterzuleiten ist, bedeutend schwieriger. Betrachten Sie beispielsweise einen Router in AS1 und stellen Sie sich vor, dass er ein Paket erhält, dessen Zieladresse außerhalb des AS liegt. Der Router sollte das Paket natürlich an einen seiner beiden Gateway-Router, 1b oder 1c, weiterleiten – aber an welchen? Um dieses Problem zu lösen, muss AS1 (1) erfahren, welche Zieladressen über AS2 und über AS3 erreichbar sind, und (2) die Information über deren Erreichbarkeit an alle Router innerhalb von AS1 verbreiten, so dass jeder Router seine Weiterleitungstabelle anpassen kann, um externe Ziele erreichen zu können. Diese beiden Aufgaben – von benachbarten AS Informationen zu erhalten, welche Router erreichbar sind, und das Verteilen dieser Information an alle Router innerhalb des AS – werden vom **Inter-AS-Routing-Protokoll** übernommen. Da das Inter-AS-Routing-Protokoll die Kommunikation zwischen zwei autonomen Systemen beinhaltet, müssen diese dasselbe Inter-AS-Routing-Protokoll benutzen. Tatsächlich läuft auf allen AS im Internet dasselbe Inter-AS-Routing-Protokoll, genannt BGP4, das wir im nächsten Abschnitt behandeln werden. Wie in Abbildung 4.32 zu erkennen ist, erhält jeder Router Informationen von einem Intra-AS-Routing-Protokoll und einem Inter-AS-Routing-Protokoll und nutzt die Informationen beider Protokolle zur Anpassung seiner Weiterleitungstabelle.

Betrachten Sie beispielsweise ein Subnetz *x* (erkennbar an seiner Adresse im CIDR-Format) und nehmen Sie an, dass AS1 vom Inter-AS-Routing-Protokoll erfährt, dass Subnetz *x* über AS3 erreichbar ist, nicht aber über AS2. AS1 leitet dann diese Information an alle seine Router weiter. Erfährt Router 1d, dass Subnetz *x* über AS3 und daher durch Gateway 1c erreichbar ist, bestimmt er aufgrund der vom Intra-AS-Routing-Protokoll bereitgestellten Information die Router-Schnittstelle, die sich auf dem kostengünstigsten Weg von Router 1d zum Gateway-Router 1c befindet. Nennen wir diese Schnittstelle *I*. Der Router 1d kann dann den Eintrag (*x*, *I*) in seine Weiterleitungstabelle eintragen. (Dieses und die anderen Beispiele dieses Abschnittes geben Ihnen zwar eine Vorstellung von den Abläufen, stellen aber eine Vereinfachung dessen dar, was wirklich im Internet geschieht. Im nächsten Abschnitt liefern wir bei der Diskussion von BGP eine detailliertere, allerdings auch kompliziertere Beschreibung.)

Führen wir das vorherige Beispiel fort und nehmen wir nun an, dass AS2 und AS3 mit anderen autonomen Systemen verbunden sind, die nicht im Diagramm zu erkennen sind. Nehmen Sie auch an, dass AS1 vom Inter-AS-Routing-Protokoll erfährt, dass Subnetz *x* sowohl über AS2 und damit über Gateway 1b als auch über AS3 und Gateway 1c erreichbar ist. AS1 würde dann diese Information an alle seine Router weiterleiten, darunter Router 1d. Um seine Weiterleitungstabelle anzupassen, müsste Router 1d bestimmen, zu welchem Gateway-Router, 1b oder 1c, er Pakete weiterleiten soll, die für Subnetz *x* bestimmt sind. Ein in der Praxis oft genutzter Ansatz ist das **Hot-Potato-Routing** *(Heiße-Kartoffel-Routing)*. Dabei versucht das AS, das Paket (die Hot Potato) so schnell wie möglich loszuwerden (genauer gesagt, so billig wie möglich). Dies erfolgt, indem ein Router das Paket an denjenigen Gateway-Router sendet, der unter allen Gateways mit einem Pfad zur Zieladresse die geringsten Router-zu-Gateway-Kosten aufweist. Im Kontext des aktuellen Beispiels würde Hot-Potato-Routing, das auf 1d läuft, Informationen des Intra-AS-Routing-Protokolls verwenden, um die Pfadkosten zu den Routern 1b und 1c zu bestimmen und dann den zu wählen, der die geringsten Kosten aufweist. Ist dieser Pfad einmal gewählt, fügt Router 1d einen

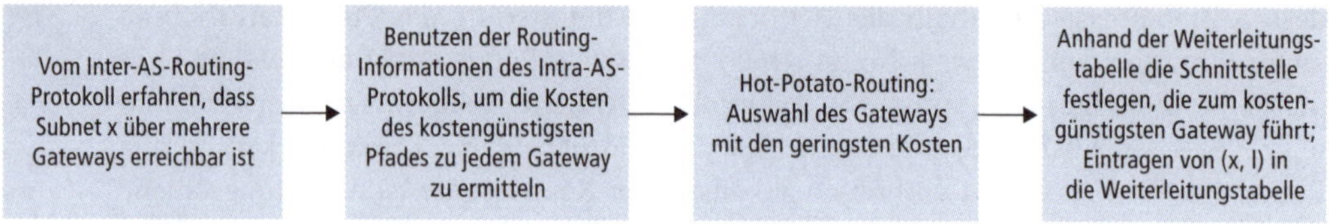

Abbildung 4.33: Die Schritte beim Einfügen eines Zieles außerhalb des eigenen AS in die Weiterleitungstabelle eines Routers

Eintrag für Subnetz *x* in seine Weiterleitungstabelle ein. ▶Abbildung 4.33 fasst zusammen, was von Router 1d durchgeführt wird, um der Weiterleitungstabelle einen Eintrag für *x* hinzuzufügen.

Wenn ein AS von einem benachbarten AS erfährt, dass über dieses ein Netzwerk erreichbar ist, kann es diese Routing-Information an einige seiner anderen Nachbar-AS weiterleiten. Nehmen Sie beispielsweise an, dass AS1 von AS2 erfährt, dass Subnetz *x* über AS2 erreichbar ist. AS1 könnte dann AS3 mitteilen, dass *x* über AS1 erreichbar ist. Muss AS3 ein bestimmtes Paket an *x* weiterleiten, würde AS3 das Paket an AS1 senden, das das Paket wiederum an AS2 weiterleiten würde. Wie unsere Diskussion von BGP zeigen wird, ist ein AS sehr flexibel bei der Entscheidung, welche Zieladressen es seinen Nachbarn bekanntgibt. Dies ist eine geschäftspolitische Entscheidung, die üblicherweise eher von wirtschaftlichen Aspekten abhängt als von technischen Fragen.

Wie in Abschnitt 1.5 erwähnt, besteht das Internet aus einer Hierarchie miteinander verbundener ISPs. Worin besteht der Zusammenhang zwischen ISP und AS? Sie denken vielleicht, dass die Router in einem ISP und die Leitungen, die sie verbinden, ein einziges AS bilden. Obwohl dies oft der Fall ist, teilen viele ISPs ihr Netz in mehrere AS auf. So benutzen beispielsweise einige Tier-1-ISPs ein AS für ihr gesamtes Netzwerk. Andere teilen ihr ISP in Dutzende untereinander verbundene autonome Systeme auf.

Zusammenfassend werden die Probleme der Skalierbarkeit und Autonomie durch die Definition autonomer Systeme gelöst. Innerhalb eines AS führen alle Router dasselbe Intra-AS-Routing-Protokoll aus. Untereinander führen die AS dasselbe Inter-AS-Routing-Protokoll aus. Das Problem der Skalierbarkeit ist gelöst, weil ein Intra-AS-Router nur die Router innerhalb seines AS kennen muss. Das Problem der Autonomie der Netzwerkteilnehmer ist gelöst, weil eine Firma jedes beliebige Intra-AS-Routing-Protokoll laufen lassen kann. Dennoch muss jedes Paar miteinander verbundener AS dasselbe Inter-AS-Routing-Protokoll verwenden, um Informationen über die Erreichbarkeit von Subnetzen auszutauschen.

Im folgenden Abschnitt lernen wir zwei Intra-AS-Routing-Protokolle (RIP und OSPF) und das Inter-AS-Routing-Protokoll (BGP) kennen, die alle im heutigen Internet zum Einsatz kommen. Diese Fallstudien runden unsere Betrachtungen des hierarchischen Routings sehr schön ab.

4.6 Routing im Internet

Nachdem wir die Adressierung im Internet und das IP-Protokoll untersucht haben, wenden wir unsere Aufmerksamkeit nun den Routing-Protokollen des Internets zu. Deren Aufgabe besteht in der Bestimmung des Pfades, auf dem ein Datagramm von der Quelle zum Ziel läuft. Wir werden sehen, dass die Routing-Protokolle des Internets viele der Grundlagen anwenden, die wir früher in diesem Kapitel kennengelernt haben. Die Link-State- und Distanzvektor-Ansätze, die wir in den Abschnitten 4.5.1 und 4.5.2 untersucht haben, und das in Abschnitt 4.5.3 vorgestellte Konzept der autonomen Systeme sind alle bedeutende Bausteine für das Routing im heutigen Internet.

In Abschnitt 4.5.3 haben wir erwähnt, dass ein autonomes System (AS) eine Gruppe von Routern unter derselben Verwaltung und technischen Kontrolle ist. Alle führen untereinander dasselbe Routing-Protokoll aus. Jedes AS enthält normalerweise mehrere Subnetze (wobei wir den Begriff Subnetz wie in Abschnitt 4.4.2 definiert verwenden).

4.6.1 Intra-AS-Routing im Internet: RIP

Ein Intra-AS-Routing-Protokoll dient dem Routing innerhalb eines autonomen Systems (AS). Intra-AS-Routing-Protokolle werden auch als **Interior-Gateway-Protokolle** bezeichnet. Zwei Routing-Protokolle wurden und werden häufig für das Routing innerhalb autonomer Systeme im Internet verwendet: das **Routing Information Protocol** (**RIP**) und **Open Shortest Path First** (**OSPF**). Ein Routing-Protokoll, das mit OSPF eng verwandt ist, ist **IS-IS** [RFC 1142, Perlman 1999]. Wir diskutieren zuerst RIP und kommen dann auf OSPF zu sprechen.

RIP war eines der frühesten Intra-AS-Routing-Protokolle des Internets und ist auch heute noch weit verbreitet. Ursprung und Name gehen auf die Xerox-Network-Systems-Architektur (XNS) zurück. Die Verbreitung von RIP war zum großen Teil eine Folge seiner 1982 erfolgten Auslieferung als Teil der Berkeley Software Distribution (BSD) von Unix mit TCP/IP. RIP Version 1 ist in [RFC 1058] definiert, die abwärtskompatible Version 2 in [RFC 2453].

RIP ist ein Distanzvektor-Protokoll, das sich beinahe wie das idealisierte DV-Protokoll verhält, das wir in Abschnitt 4.5.2 untersucht haben. Die RIP-Version aus RFC 1058 benutzt die Hop-Distanz als Kostenmetrik, das heißt, jede Leitung hat Kosten von 1. Im DV-Algorithmus in Abschnitt 4.5.2 wurden Kosten der Einfachheit halber zwischen Paaren von Routern definiert. In RIP (und in OSPF) werden Kosten von einem Quellrouter zu einem Zielsubnetz definiert. RIP verwendet den Begriff der **Hop-Distanz**, die die Anzahl der Subnetze wiedergibt, die auf dem kürzesten Weg vom Quellrouter zum Zielsubnetz durchquert werden – das Zielnetz selbst mitgezählt. ▶Abbildung 4.34 zeigt ein AS mit sechs Subnetzästen. Die Tabelle in der Abbildung enthält die Anzahl der Hops von der Quelle A zu jedem der Subnetzäste.

Die Maximalkosten eines Pfades sind auf 15 begrenzt und beschränken dadurch die Verwendung von RIP auf autonome Systeme mit weniger als 15 Hops Durchmesser.

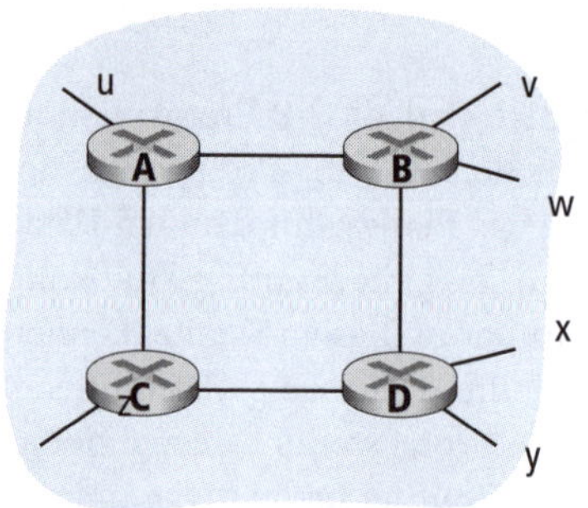

Ziel	Hops
u	1
v	2
w	2
x	3
y	3
z	2

Abbildung 4.34: Anzahl der Hops von Quellrouter A zu verschiedenen Subnetzen

Wie bereits erwähnt, tauschen in DV-Protokollen die benachbarten Router Distanzvektoren aus. Der Distanzvektor eines Router ist die aktuelle Schätzung der kürzesten Pfadlänge von diesem Router zu den Subnetzen des AS. In RIP werden Routing-Aktualisierungen zwischen den Nachbarn ungefähr alle 30 Sekunden mithilfe einer **RIP-Response-Nachricht** ausgetauscht. Die von einem Router oder Host verschickte Response-Nachricht enthält sowohl eine Liste von bis zu 25 Zielsubnetzen innerhalb des AS als auch die Distanz zwischen dem Absender und jedem dieser Subnetze. Response-Nachrichten sind auch als **RIP-Advertisements** bekannt.

Werfen wir einen Blick auf ein einfaches Beispiel, wie RIP-Advertisements funktionieren. Betrachten Sie den in ▶Abbildung 4.35 gezeigten Teil eines AS. In dieser Abbildung bezeichnen Linien, welche die Router verbinden, Subnetze. Nur ausgewählte Router (*A*, *B*, *C* und *D*) und Subnetze (*w*, *x*, *y* und *z*) werden gekennzeichnet. Gepunktete Linien deuten an, dass das AS noch weitergeht. Dieses autonome System enthält also noch viel mehr als die dargestellten Router und Leitungen.

Jeder Router verwaltet eine RIP-Tabelle, die als Routing-Tabelle bezeichnet wird. Die Routing-Tabelle eines Routers enthält sowohl den Distanzvektor als auch die Weiterleitungstabelle des Routers. ▶Abbildung 4.36 zeigt die Routing-Tabelle für Router *D*. Beachten Sie, dass sie drei Spalten hat. Die erste Spalte enthält das Zielsubnetz, die zweite kennzeichnet den nächsten Router auf dem kürzesten Pfad zum Zielsubnetz und die dritte enthält die Anzahl von Hops (d.h., die Anzahl der Subnetze, einschließlich des Zielsubnetzes, die durchquert werden müssen, um auf dem kürzesten Weg das Zielsubnetz zu erreichen). In diesem Beispiel zeigt die Tabelle, dass das Datagramm zuerst

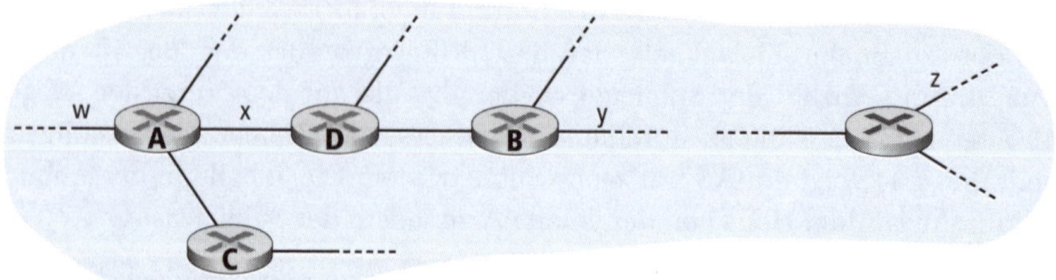

Abbildung 4.35: Teilansicht eines autonomen Systems

Zielsubnetz	Nächster Router	Anzahl von Hops zur Zieladresse
w	A	2
y	B	2
z	B	7
x	–	1
...	...	...

Abbildung 4.36: Routing-Tabelle in Router D vor dem Erhalt des Advertisements von Router A

zum benachbarten Router *A* weitergeleitet werden muss, um ein Datagramm von Router *D* zum Zielsubnetz *w* zu senden. Die Tabelle informiert auch darüber, dass das Zielsubnetz *w* auf dem kürzesten Pfad zwei Hops entfernt ist. In gleicher Weise zeigt die Tabelle, dass Subnetz *z* sieben Hops von Router *B* entfernt ist. Im Prinzip enthält eine Routing-Tabelle eine Zeile für jedes Subnetz im AS, obwohl RIP Version 2 es zulässt, dass Subnetzeinträge mithilfe von Routenaggregationstechniken zusammengefasst werden, die jenen ähneln, die wir in Abschnitt 4.4 untersucht haben. Die Tabelle in Abbildung 4.36 und die später folgenden Tabellen zeigen nur einen Auszug der in Wirklichkeit vorhandenen Zeilen.

Nehmen Sie nun an, dass Router *D* 30 Sekunden später das in ▶Abbildung 4.37 gezeigte Advertisement von Router *A* erhält. Beachten Sie, dass dieses Advertisement nichts anderes ist als die Routing-Tabelle von Router *A*! Diese Information zeigt insbesondere, dass Subnetz *z* nur vier Zwischenschritte von Router *A* entfernt ist. Router *D* führt die Informationen aus dem Advertisement (Abbildung 4.37) nach Erhalt mit seiner alten Routing-Tabelle (Abbildung 4.36) zusammen. Insbesondere erfährt Router *D*, dass es nun einen Pfad zum Subnetz *z* über Router *A* gibt, der kürzer ist als der vorher bekannte Pfad über Router *B*. Daher aktualisiert Router *D* seine Routing-Tabelle, wie in ▶Abbildung 4.38 gezeigt, um den kürzesten Pfad zu berücksichtigen. Wie kann jedoch der kürzeste Pfad zu Subnetz z noch kürzer geworden sein? Möglicherweise hat der dezentrale Distanzvektor-Algorithmus noch nicht konvergiert (Abschnitt 4.5.2), vielleicht wurden aber auch neue Leitungen und/oder Router zum AS hinzugefügt, wodurch sich die kürzesten Pfade verändern.

Zielsubnetz	Nächster Router	Anzahl von Hops zur Zieladresse
z	C	4
w	–	1
x	–	1
...	...	...

Abbildung 4.37: Advertisement von Router A

Zielsubnetz	Nächster Router	Anzahl von Hops zur Zieladresse
w	A	2
y	B	2
z	A	5
...	...	...

Abbildung 4.38: Routing-Tabelle in Router D nach Erhalt des Advertisements von Router A

Betrachten wir nun einige der Implementierungsaspekte von RIP. Oben haben wir erwähnt, dass RIP-Router etwa alle 30 Sekunden Advertisements austauschen. Hört ein Router nicht wenigstens alle 180 Sekunden von einem Nachbarn, wird angenommen, dass dieser Nachbar nicht mehr erreichbar ist. Entweder wurde der Nachbar heruntergefahren oder die Leitung ist zusammengebrochen. Falls dies geschieht, verändert RIP die lokale Routing-Tabelle und verteilt diese Information dann durch Versenden von Advertisements an die benachbarten Router (zumindest an diejenigen, die noch erreichbar sind). Ein Router kann zudem Informationen über die Kosten des Weges vom Nachbarn zu einem bestimmten Ziel anfordern, indem er eine RIP-Request-Nachricht schickt. Router senden einander RIP-Request- und RIP-Response-Nachrichten über UDP auf Port 520. Das UDP-Segment wird zwischen Routern in einem Standard-IP-Datagramm übertragen. Die Tatsache, dass RIP ein Transportschichtprotokoll (UDP) oberhalb eines Netzwerkschichtprotokolls (IP) verwendet, um Funktionen der Netzwerkschicht zu implementieren (einen Routing-Algorithmus), mag sehr verwirrend erscheinen (und das ist es auch!). Betrachten wir die Implementierung von RIP etwas genauer, wird sich dies aber aufklären.

▶ Abbildung 4.39 skizziert, wie RIP normalerweise in einem UNIX-System (zum Beispiel einem UNIX-Arbeitsplatzrechner, der als Router eingesetzt wird), implementiert wird. Ein Prozess mit dem Namen *routed* (ausgesprochen Route-De) führt RIP aus, d.h. er verwaltet Routing-Informationen und tauscht Nachrichten mit *routed* Prozessen aus, die auf benachbarten Routern laufen. Weil RIP als Prozess der Anwendungsschicht implementiert ist (wenn auch einer ganz besonderen, die in der Lage ist, die Routing-Tabellen innerhalb des UNIX-Kernels zu manipulieren), kann es Nachrichten über einen ganz normalen Socket verschicken und empfangen und ein Standardtransportprotokoll verwenden. Wie bereits erwähnt, ist RIP als Anwendungsschichtprotokoll implementiert, das auf UDP (siehe Kapitel 2) aufsetzt.

4.6.2 Intra-AS-Routing im Internet: OSPF

Wie RIP wird OSPF häufig für das Intra-AS-Routing im Internet eingesetzt. OSPF und sein naher Verwandter IS-IS werden normalerweise von ISPs höherer Hierarchiestufen eingesetzt, während RIP bei ISPs der niedrigeren Hierarchiestufen und in Unternehmensnetzwerken verwendet wird. Das „Open" in OSPF deutet bereits an, dass die Spezifikation des Routing-Protokolls frei verfügbar ist (im Gegensatz beispielsweise

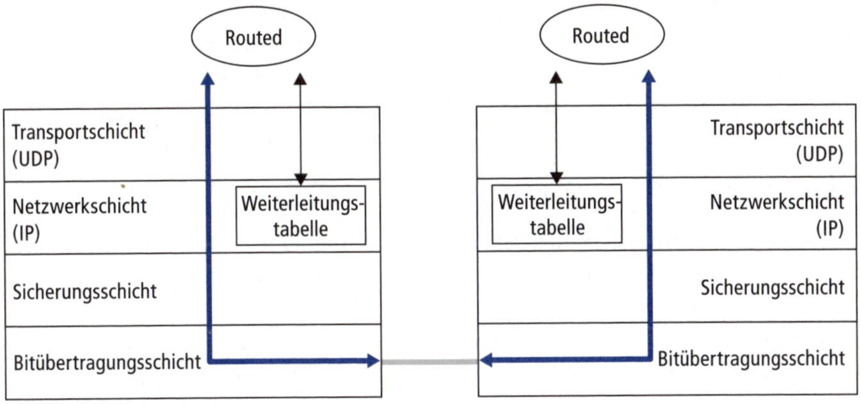

Abbildung 4.39: Implementierung von RIP als routed-Prozess

zum EIGRP-Protokoll von Cisco). Die aktuellste Version, OSPF Version 2, ist in RFC 2328, einem öffentlich zugänglichen Dokument, definiert.

OSPF war als Nachfolger von RIP vorgesehen und besitzt daher eine Reihe erweiterter Merkmale. Im Kern ist OSPF jedoch ein Link-State-Protokoll, welches das Fluten von Leitungsstatusinformationen und den Dijkstra-Algorithmus für das Bestimmen des kostengünstigsten Pfades verwendet. Bei OSPF verfügt jeder Router über eine vollständige topologische Karte (das heißt einen Graphen) des ganzen autonomen Systems. Der Router führt dann lokal Dijkstras Algorithmus aus, um den Baum der kürzesten Pfade zu allen Subnetzen zu bestimmen, von sich selbst als Quellknoten ausgehend. Die Kosten der einzelnen Leitungen werden vom Netzadministrator konfiguriert (siehe „Von der Theorie zur Praxis: Festlegen von OSPF-Gewichten"). Der Administrator könnte alle Leitungskosten auf 1 setzen und dadurch Minimal-Hop-Routing erzwingen, oder er könnte die Gewichte der Leitungen so setzen, dass sie umgekehrt proportional zu ihrer Kapazität sind, wodurch er den Verkehr davon abhält, Leitungen mit geringer Bandbreite zu benutzen. OSPF besteht nicht auf einer bestimmten Art und Weise, die Gewichte der Leitungen zu setzen (das ist die Aufgabe des Netzadministrators), sondern stellt Mechanismen (d.h. ein Protokoll) zur Bestimmung des kostengünstigsten Pfades für vorgegebene Leitungskosten zur Verfügung.

Unter OSPF verbreitet ein Router die Routing-Informationen *an alle* anderen Router des autonomen Systems und teilt sie nicht nur seinen Nachbarroutern mit. Ein Router sendet Informationen über den Leitungsstatus, wann immer eine Änderung eintritt (zum Beispiel eine Änderung der Kosten oder der Funktionsfähigkeit der Leitung). Es versendet zudem periodisch den Status einer Leitung (mindestens einmal alle 30 Minuten), selbst wenn sich dieser nicht geändert hat. RFC 2328 kommentiert, dass „dieses periodische Aktualisieren des Leitungsstatus den Link-State-Algorithmus robust macht". OSPF-Advertisements sind in OSPF-Nachrichten enthalten, die direkt über IP transportiert werden, wobei für OSPF die Protokoll-Identifikationsnummer 89 verwendet wird. Daher muss das OSPF-Protokoll selbst Funktionalität wie die zuverlässige Übermittlung von Nachrichten und das Weiterleiten des Leitungsstatus an alle Router des AS implementieren. Das OSPF-Protokoll prüft zudem, ob Leitungen betriebsbereit sind (mittels HELLO-Nachrichten, die an direkt verbundene Nachbarn verschickt werden), und ermöglicht es einem OSPF-Router, die vollständige Datenbank des netzweiten Leitungsstatus von einem Nachbarrouter zu erhalten.

Zu den Vorteilen des OSPF gehören:

- *Sicherheit.* Der Informationsaustausch zwischen OSPF-Routern (zum Beispiel Aktualisierungen des Leitungsstatus) kann authentifiziert werden. Aufgrund der Authentifizierung können nur vertrauenswürdige Router am OSPF-Protokoll innerhalb eines AS teilnehmen, wodurch verhindert wird, dass Angreifer (oder Studenten, die ihr neu entdecktes Wissen für ein paar Experimente ausnutzen) falsche Informationen in Routertabellen injizieren. Standardmäßig werden OSPF-Pakete zwischen Routern nicht authentifiziert und könnten deshalb manipuliert werden. Zwei Arten der Authentifizierung lassen sich konfigurieren: einfache Authentifizierung und MD5 (in Kapitel 8 werden MD5 und Authentifizierung im Allgemeinen diskutiert). Bei einfacher Authentifizierung wird auf jedem Router dasselbe Passwort eingesetzt. Sendet ein Router ein OSPF-Paket, enthält es das Passwort als Klartext. Die einfache Authentifizierung ist eindeutig nicht allzu sicher. Die MD5-Authentifizierung basiert auf geheimen Schlüsseln, die allen Routern bekannt sind. Bei jedem gesendeten OSPF-Paket berechnet der Router den MD5-Hash des Inhaltes mit dem geheimen Schlüssel (siehe die Diskussion zu Nachricht-Authentifizierungscodes in Kapitel 7). Danach fügt der Router den erhaltenen Hash-Wert in das OSPF-Paket ein. Der empfangende Router verwendet den geheimen Schlüssel, um ebenfalls einen Hash-Wert über das Paket zu berechnen. Er vergleicht ihn mit dem Hash-Wert, den das Paket enthält, wodurch gleichzeitig die Authentizität des Paketes geprüft wird. Auch Sequenznummern werden bei der MD5-Authentifizierung verwendet, um gegen Replay-Angriffe geschützt zu sein.
- *Mehrere Pfade mit gleichen Kosten.* Wenn mehrere Pfade zu einer Zieladresse dieselben Kosten aufweisen, erlaubt OSPF die Nutzung mehrerer Pfade (damit muss ein einzelner Pfad nicht den ganzen Verkehr transportieren).
- *Integrierte Unterstützung für Unicast- und Multicast-Routing.* Multicast OSPF (MOSPF) [RFC 1584] enthält einfache Erweiterungen zu OSPF, um Multicast-Routing zu ermöglichen (ein Thema, das wir in Abschnitt 4.7.2 vertiefen werden). MOSPF verwendet die vorhandenen OSPF-Informationen über die Leitungen des Netzwerkes und fügt dem vorhandenen Mechanismus zur Verbreitung von Informationen einen neuen Nachrichtentyp hinzu.
- *Unterstützung einer Hierarchie innerhalb einer einzelnen Routing-Domain.* Der vielleicht bedeutendste Fortschritt in OSPF ist die Fähigkeit, ein autonomes System hierarchisch zu strukturieren. In Abschnitt 4.5.3 hatten wir bereits die vielen Vorzüge von hierarchischen Routing-Strukturen erwähnt. Die Implementierung des hierarchischen OSPF-Routings beschäftigt uns im Rest dieses Abschnitts.

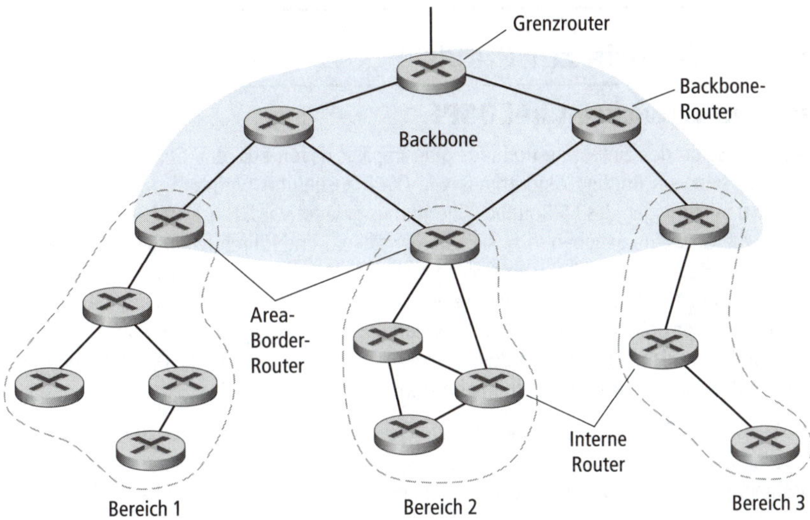

Abbildung 4.40: Hierarchisch strukturiertes OSPF-AS mit vier Bereichen

Ein autonomes System kann bei Verwendung von OSPF in **Bereiche (Areas)** unterteilt werden. Jeder Bereich verwendet seinen eigenen OSPF-Link-State-Routing-Algorithmus, wobei jeder Router in einem Bereich seinen Leitungsstatus an alle anderen Router in diesem Bereich sendet. Die internen Details eines Bereiches bleiben auf diese Weise allen Routern außerhalb des Bereiches verborgen. Intra-Area-Routing betrifft nur die Router innerhalb desselben Bereiches.

In jedem Bereich sind ein oder mehrere **Area-Border-Router** dafür verantwortlich, Pakete außerhalb des Bereiches zu verteilen. Genau ein OSPF-Bereich im AS wird als **Backbone**-Bereich konfiguriert. Die Hauptaufgabe des Backbone-Bereiches besteht darin, Verkehr zwischen den Bereichen eines AS weiterzuleiten. Der Backbone enthält alle Area-Border-Router im AS und kann zudem andere Router enthalten. Inter-Area-Routing innerhalb des AS erfordert es, dass das Paket zuerst an einen Area-Border-Router geleitet wird (Intra-Area-Routing) und dann durch den Backbone zu dem Area-Border-Router gelangt, der sich im Zielbereich befindet. Dieser leitet das Paket an den Zielort weiter.

▶Abbildung 4.40 zeigt ein Diagramm eines hierarchisch strukturierten OSPF-Netzes. Wir können darin vier Arten von OSPF-Routern identifizieren:

- *Interne Router*. Diese Router befinden sich nicht im Backbone-Bereich und führen ausschließlich Intra-AS-Routing durch.
- *Area-Border-Router*. Diese Router gehören sowohl zu einem Bereich als auch zum Backbone.
- *Backbone-Router (Non-Border-Router)*. Diese Router führen Routing innerhalb des Backbones durch, sind aber selbst keine Area-Border-Router. Außerhalb des Backbone-Bereiches erhalten interne Router aus Advertising-Übertragungen ihrer Area-

Von der Theorie zur Praxis

Wahl von Gewichten bei OSPF

Unsere Diskussion des Link-State-Routings ging implizit davon aus, das Gewichte für Leitungen vorgegeben sind, ein Routing-Algorithmus wie OSPF ausgeführt wird und der Verkehr entsprechend der Berechnungen des LS-Routing-Algorithmus geleitet wird. Hinsichtlich Ursache und Wirkung sind die Gewichte gegeben (d.h. sie kommen zuerst) und führen (via Dijkstras Algorithmus) zu Routing-Pfaden, welche die Gesamtkosten minimieren. Unter diesem Gesichtspunkt reflektieren Gewichte die Kosten bei der Benutzung dieser Leitungen (sind z.B. Gewichte umgekehrt proportional zur Kapazität, dann hätte die Verwendung von Leitungen hoher Kapazität kleineres Gewicht und wäre dadurch vom Standpunkt eines Routers aus attraktiver). Dijkstras Algorithmus dient dann dazu, die Gesamtkosten zu minimieren.

In der Praxis kann die Ursache-Wirkung-Beziehung zwischen Gewichten und Routing-Pfaden umgekehrt sein, wenn Netzbetreiber Gewichte gezielt so konfigurieren, dass sie Routing-Pfade erhalten, die bestimmte Zielsetzungen der Verkehrsplanung erfüllen [Fortz 2000, Fortz 2002]. Nehmen Sie beispielsweise an, dass ein Netzbetreiber über eine Schätzung verfügt, wie viel Verkehr an jedem Eingangspunkt in das Netz hereinkommt und für jeden Ausgangspunkt bestimmt ist. Der Netzbetreiber könnte dann ein bestimmtes Routing von Zugangs- zu Ausgangspunkten festlegen, das die maximale Auslastung aller Leitungen des gesamten Netzwerkes minimiert. Mit einem Routing-Algorithmus wie OSPF sind die wichtigsten „Knöpfe", mit denen der Betreiber das Routing der Daten durch das Netzwerk beeinflussen kann, die Gewichte. Um also eine Minimierung der maximalen Auslastung zu erreichen, muss der Betreiber einen Satz von Gewichten finden, der dieses Ziel erreicht. Dies kehrt die Beziehung von Ursache und Wirkung um – das gewünschte Routing der Verkehrsflüsse ist bekannt und die OSPF-Gewichte für die Leitungen müssen so bestimmt werden, dass der OSPF-Routing-Algorithmus zu diesem gewünschten Routing der Flüsse führt.

Border-Router Kenntnis von der Existenz von Routen zu anderen Bereichen (im Grunde genommen sind das Leitungsstatus-Advertisements, die aber die Kosten einer Route in einen anderen Bereich statt der Leitungskosten enthalten).

- *Grenzrouter (boundary router).* Ein Grenzrouter tauscht Routing-Information mit Routern aus, die sich in anderen autonomen Systemen befinden. Ein solcher Router könnte beispielsweise BGP verwenden, um Inter-AS-Routing durchzuführen. Mithilfe solcher Grenzrouter erfahren andere Router von Pfaden zu externen Netzwerken.

OSPF ist ein relativ komplexes Protokoll und unsere Diskussion hier blieb notwendigerweise kurz. [Huitema 1998; Moy 1998; RFC 2328] liefern zusätzliche Details.

4.6.3 Inter-AS-Routing: BGP

Wir haben gerade erfahren, wie ISPs RIP und OSPF verwenden, um optimale Pfade für Paare von Quelle und Ziel zu bestimmen, die sich innerhalb desselben AS befinden. Untersuchen wir nun, wie Pfade für Paare von Quelle und Ziel bestimmt werden, die mehrere AS umfassen. Das **Border Gateway Protocol** Version 4, festgelegt in RFC 4271 (siehe auch [RFC 1772; RFC 1773]), ist *de facto* das Standard-Inter-AS-Routing-Proto-

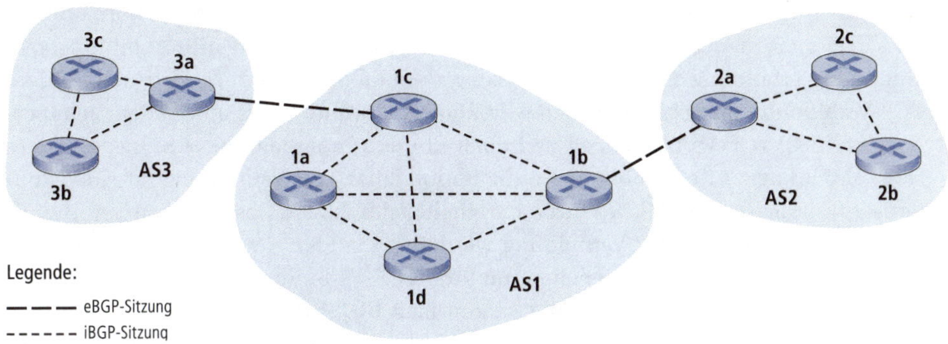

Abbildung 4.41: eBGP- und iBGP-Sitzungen

koll im heutigen Internet. Es wird allgemein als BGP4 oder einfach als **BGP** bezeichnet. Als Inter-AS-Routing-Protokoll (Abschnitt 4.5.3) bietet BGP jedem AS ein Mittel, um

1. Informationen über die Erreichbarkeit von Subnetzen von benachbarten AS zu erhalten;
2. diese Informationen unter allen Routern im selben AS zu verbreiten;
3. aufgrund der Informationen zur Erreichbarkeit und geschäftspolitischer Erwägungen „gute“ Routen zu Subnetzen zu bestimmen.

Am wichtigsten ist jedoch, dass BGP es jedem Subnetz ermöglicht, seine Existenz dem Rest des Internets bekanntzumachen. Schreit ein Subnetz „Ich existiere und ich bin hier“, dann stellt BGP sicher, dass alle AS im Internet von diesem Subnetz und dem Weg dorthin erfahren. Gäbe es kein BGP, bliebe jedes Subnetz isoliert und wäre dem Rest des Internets nicht bekannt.

BGP-Grundlagen

BGP ist äußerst komplex. Ganze Bücher wurden diesem Thema gewidmet und trotzdem sind viele Besonderheiten immer noch nicht gut verstanden [Yannuzzi 2005]. Selbst wenn Sie die Bücher und die RFCs gelesen haben, hätten Sie vermutlich Schwierigkeiten, BGP vollständig zu beherrschen, ohne es viele Monate lang (wenn nicht Jahre) als Entwickler oder Verwalter eines großen ISP in der Praxis angewendet zu haben. Weil jedoch BGP von so zentraler Bedeutung für das Internet ist – eigentlich ist es das Protokoll, das alles zusammenhält –, müssen wir zumindest ein rudimentäres Verständnis davon erwerben, wie es funktioniert. Wir beschreiben zunächst, wie BGP im Kontext des einfachen Beispielnetzwerkes funktionieren könnte, das wir früher in ▶Abbildung 4.32 untersucht haben. In dieser Beschreibung bauen wir auf unserer Diskussion des hierarchischen Routings aus Abschnitt 4.5.3 auf. Wir möchten Sie dazu anhalten, sich dieses Material noch einmal vor Augen zu führen.

In BGP tauschen Routerpaare Routing-Information über semipermanente TCP-Verbindungen auf Port 179 aus. Die semipermanenten TCP-Verbindungen für das Netz in Abbildung 4.32 werden in ▶Abbildung 4.41 dargestellt. Es gibt normalerweise eine derartige BGP-TCP-Verbindung für jedes Paar von Routern, die BGP-Informationen zwischen verschiedenen AS austauschen wollen. Daher besteht in ▶Abbildung 4.41 eine TCP-Verbindung zwischen den Gateway-Routern 3a und 1c und eine andere TCP-Verbindung zwischen den Gateway-Routern 1b und 2a. Es gibt zudem semipermanente BGP-TCP-Verbindungen zwischen Routern innerhalb des AS. Insbesondere zeigt Abbildung 4.41 eine übliche Konfiguration einer TCP-Verbindung für jedes Routerpaar innerhalb eines AS, wodurch innerhalb jedes AS ein Gespinst von Verbindungen entsteht. Für jede TCP-Verbindung werden die beiden Router an den Enden der Verbindung als **BGP-Peers** bezeichnet und die TCP-Verbindung, zusammen mit allen darüber versandten BGP-Nachrichten, nennt man **BGP-Sitzung**. Außerdem wird eine BGP-Sitzung, die sich über zwei AS erstreckt, als **externe BGP-Sitzung (eBGP)** bezeichnet und eine BGP-Sitzung zwischen Routern im gleichen AS heißt **interne BGP-Sitzung (iBGP)**. In Abbildung 4.41 werden die eBGP-Sitzungen durch lange Striche gekennzeichnet, die iBGP-Sitzungen dagegen durch kurze Striche. Beachten Sie, dass die Linien für BGP-Sitzungen in Abbildung 4.41 nicht den physikalischen Leitungen aus Abbildung 4.32 entsprechen.

BGP ermöglicht es jedem AS, zu erfahren, welche Zieladressen über seine benachbarten AS erreichbar sind. Bei BGP sind die Zieladressen nicht etwa Hosts, sondern **Präfixe** im CIDR-Format, wobei jedes Präfix ein Subnetz oder eine Gruppe von Subnetzen darstellt. Seien beispielsweise vier Subnetze mit AS2 verbunden: 138.16.64/24, 138.16.65/24, 138.16.66/24 und 138.16.67/24. Dann könnte AS2 die Präfixe für diese vier Subnetze zusammenfassen und BGP verwenden, um das einzelne Präfix 138.16.64/22 bei AS1 bekanntzumachen. Als weiteres Beispiel nehmen Sie an, dass sich nur die ersten drei dieser vier Subnetze in AS2 befinden und das vierte Subnetz, 138.16.67/24, in AS3 ist. Weil die Router zur Weiterleitung von Datagrammen das Longest-Prefix-Matching verwenden (wie in „Von der Theorie zur Praxis" in Abschnitt 4.4.2 beschrieben), könnte AS3 bei AS1 das genauere Präfix 138.16.67/24 bekanntmachen und AS2 könnte AS1 *immer noch* über das aggregierte Präfix 138.16.64/22 informieren.

Untersuchen wir nun, wie BGP die Information zur Erreichbarkeit von Präfixen über die in Abbildung 4.41 gezeigten BGP-Sitzungen verteilt. Wie zu erwarten, wird bei Verwendung der eBGP-Sitzung zwischen den Gateway-Routern 3a und 1c die Liste der über AS3 erreichbaren Präfixe an AS1 gesandt. Dies wird auch als Advertisement bezeichnet. Ebenso sendet AS1 die Liste der über AS1 erreichbaren Präfixe an AS3. In gleicher Weise tauschen AS1 und AS2 die Informationen über die Erreichbarkeit von Präfixen über ihre Gateway-Router 1b und 2a aus. Wie weiterhin zu erwarten ist, verteilt ein Gateway-Router (in jedem beliebigen AS), der mittels eBGP Präfixe erhält, diese Präfixe innerhalb des AS über iBGP. Auf diese Weise lernen alle Router in AS1 die AS3-Präfixe kennen, einschließlich des Gateway-Routers 1b. Dieser (in AS1 befindliche) Router kann deshalb die AS3-Präfixe bei AS2 bekannt machen. Sobald ein Router (Gateway oder nicht) von einem neuen Präfix erfährt, erstellt er, wie in Abschnitt 4.5.3 beschrieben, einen Eintrag für das Präfix in seiner Weiterleitungstabelle.

Pfadattribute und BGP-Routen

Nachdem wir nun ein gewisses Grundverständnis von BGP haben, wollen wir das Thema etwas vertiefen (wobei wir einige der weniger wichtigen Details einfach ignorieren!). In BGP wird ein autonomes System durch seine weltweit eindeutige **AS-Nummer** (**ASN**, *autonomous system number*) identifiziert [RFC 1930]. (Technisch gesehen hat nicht jedes AS eine ASN. Insbesondere haben sogenannte Stub-AS, die nur Verkehr transportieren, für den sie eine Quelle oder ein Ziel darstellen, normalerweise keine ASN. Wir ignorieren dieses technische Detail in unserer Diskussion, um den Überblick nicht zu verlieren.) AS-Nummern werden wie IP-Adressen von den regionalen Registraren der ICANN zugewiesen [ICANN 2007].

Macht ein Router ein Präfix über eine BGP-Sitzung bekannt, überträgt er mit dem Präfix eine Reihe von **BGP-Attributen**. Im Jargon von BGP ist ein Präfix zusammen mit seinen Attributen eine **Route**. Daher tauschen BGP-Peers Routen untereinander aus. Zwei der wichtigeren Attribute sind AS-PATH und NEXT-HOP:

- *AS-PATH.* Dieses Attribut enthält die Liste der autonomen Systeme, durch die das Advertisement des Präfix gelaufen ist. Wird ein Präfix an ein AS übermittelt, fügt das AS dem AS-PATH-Attribut seine ASN hinzu. Betrachten Sie beispielsweise ▶Abbildung 4.41 und gehen Sie davon aus, dass Präfix 138.16.64/24 zuerst von AS2 an AS1 übermittelt wird. Macht AS1 dann das Präfix bei AS3 bekannt, wäre der Wert von AS-PATH nun AS2 AS1. Router verwenden das AS-PATH-Attribut, um Routing-Schleifen zu entdecken und zu verhindern. Genauer gesagt weist ein Router ein Advertisement zurück, wenn er sein eigenes AS in der Pfadliste erkennt. Wie wir bald erörtern werden, verwenden Router das AS-PATH-Attribut auch, um unter mehreren Pfaden zum selben Präfix eine Auswahl zu treffen.

- Da es die wichtige Verbindung zwischen den Inter-AS- und Intra-AS-Routing-Protokollen herstellt, ist das NEXT-HOP-Attribut von kleiner, aber feiner Bedeutung. *Der NEXT-HOP ist die Routerschnittstelle, bei der der AS-PATH beginnt.* Um einen Einblick in dieses Attribut zu gewinnen, betrachten wir wieder Abbildung 4.41. Überlegen Sie sich, was geschieht, wenn der Gateway-Router 3a in AS3 eine Route bei Gateway-Router 1c in AS1 über eBGP bekanntmacht. Die Route enthält das übermittelte Präfix, das wir mit *x* bezeichnen, und einen AS-PATH zum Präfix. Diese Nachricht enthält auch den NEXT-HOP, der die IP-Adresse derjenigen Schnittstelle von Router 3a angibt, die zu 1c führt. (Wie oben erwähnt, hat ein Router mehrere IP-Adressen, eine für jede seiner Schnittstellen.) Überlegen Sie nun, was geschieht, wenn Router 1d von dieser Route über iBGP erfährt. Nachdem er von dieser Route zu *x* erfahren hat, möchte Router 1d vielleicht Pakete über diese Route an *x* senden, das heißt, Router 1d muss den Eintrag (*x*, *I*) in seine Weiterleitungstabelle einfügen, wobei *I* seine Schnittstelle ist, an der der kostengünstigste Weg von 1d zum Gateway-Router 1c beginnt. Um *I* zu bestimmen, übermittelt 1d die IP-Adresse aus dem NEXT-HOP-Attribut an sein Intra-AS-Modul. Beachten Sie, dass der Intra-AS-Routing-Algorithmus den kostengünstigsten Pfad zu allen Subnetzen bestimmt hat, die mit den Routern in AS1 verbunden sind, einschließlich

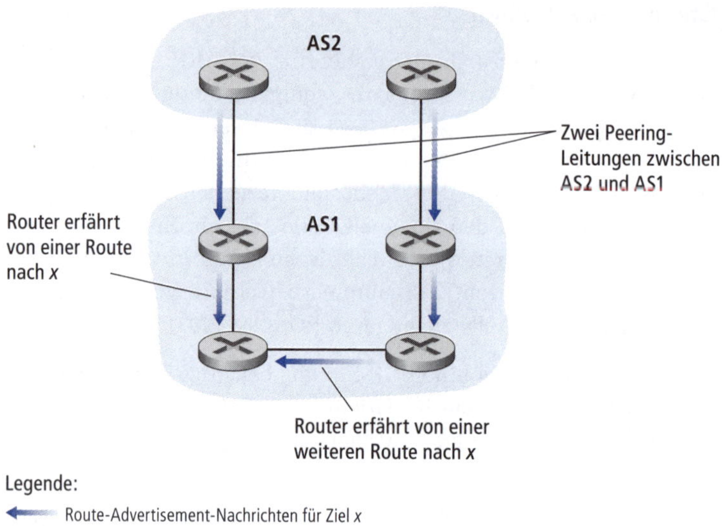

Abbildung 4.42: NEXT-HOP-Attribute in Bekanntmachungen werden verwendet, um festzulegen, welche Peering-Leitungen benutzt werden

dem Subnetz für die Leitung zwischen 1c und 3a. Über den kostengünstigsten Pfad von 1d zum 1c-3a-Subnetz bestimmt 1d seine Routerschnittstelle *I*, die diesen Pfad beginnt, und trägt dann den Eintrag (*x*, *I*) in seine Weiterleitungstabelle ein. Kurz gesagt wird das AS-PATH-Attribut von Routern verwendet, um ihre Weiterleitungstabellen richtig zu konfigurieren.

▶Abbildung 4.42 verdeutlicht eine weitere Situation, in der AS-PATH erforderlich ist. In dieser Abbildung sind AS1 und AS2 über zwei Peering-Leitungen verbunden. Ein Router in AS1 findet möglicherweise zwei verschiedene Routen zu demselben Präfix *x*. Diese beiden Routen könnten denselben AS-PATH zu *x*, aber unterschiedliche NEXT-HOP-Werte entsprechend den verschiedenen Peering-Leitungen haben. Mithilfe des NEXT-HOP-Wertes und des Intra-AS-Routing-Algorithmus kann der Router die Kosten des Pfades zu jeder der Peering-Leitungen bestimmen und dann Hot-Potato-Routing anwenden (siehe Abschnitt 4.5.3), um die letztlich verwendete Schnittstelle festzulegen.

BGP enthält auch Attribute, die es Routern ermöglichen, den Routen Präferenzwerte zuzuweisen, sowie ein Attribut, das anzeigt, wie das Präfix vom ursprünglichen AS in BGP eingefügt wurde. Eine vollständige Diskussion von Routenattributen finden Sie in [Griffin 2002; Stewart 1999; Halabi 2000; Feamster 2004; RFC 4271].

Erhält ein Gateway-Router ein Advertisement, verwendet er seine **Import Policy**, um zu entscheiden, ob er die Route akzeptiert oder herausfiltert und ob er bestimmte Attribute setzt, wie etwa die Präferenzwerte. Die Import Policy kann eine Route herausfiltern, weil das AS möglicherweise keinen Verkehr über eines der AS im AS-PATH der Route senden will. Der Gateway-Router kann eine Route auch herausnehmen, weil er bereits eine bessere Route zu demselben Präfix kennt.

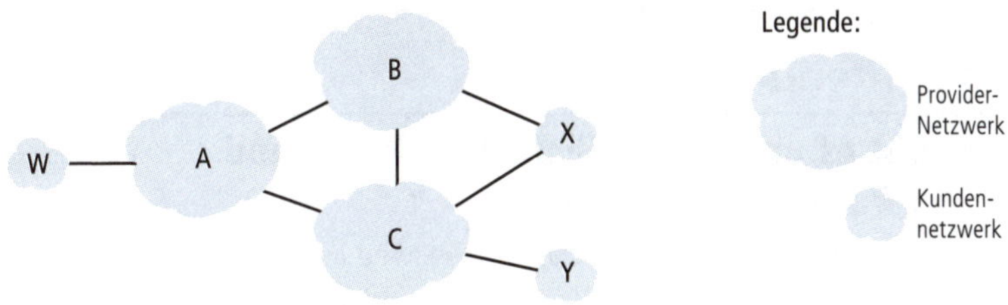

Abbildung 4.43: Ein einfaches BGP-Szenario

BGP-Routenauswahl

Wie früher in diesem Abschnitt beschrieben, verwendet BGP die Protokolle eBGP und iBGP, um Routen an alle Router innerhalb des AS zu verteilen. Aufgrund dieser Verteilung kann ein Router mehr als eine Route zu irgendeinem beliebigen Präfix kennen. Dann muss der Router eine der möglichen Routen auswählen. Die Eingabe in diesen Auswahlprozess sind alle Routen, von denen der Router weiß und die er akzeptiert hat. Gibt es zwei oder mehr Routen zum selben Präfix, dann ruft BGP nacheinander die folgenden Eliminierungsregeln auf, bis nur eine Route übrig bleibt:

- Routen wird ein lokaler Präferenzwert als eines ihrer Attribute zugewiesen. Der Router kann diese lokale Vorgabe selbst setzen oder er erfährt den Wert von einem anderen Router im selben AS. Welche dieser beiden Methoden verwendet wird, ist eine Entscheidung, die dem Netzwerkadministrator des AS überlassen bleibt. (Wir werden in Kürze BGP-Policys detailliert erörtern.) Die Routen mit dem höchsten lokalen Präferenzwert werden ausgewählt.

- Aus den verbliebenen Routen (alle mit demselben lokalen Präferenzwert) wird die Route mit dem kürzesten AS-PATH gewählt. Wäre diese Regel die einzige Regel für die Routenauswahl, dann würde BGP einen DV-Algorithmus für die Pfadauswahl verwenden, in dem die Entfernungsmetrik die Anzahl der AS-Hops anstelle der Router-Hops verwendet.

- Aus den nun noch verbliebenen Routen (alle mit demselben lokalen Präferenzwert und gleich langem AS-PATH) wird die Route mit dem am nächsten gelegenen NEXT-HOP-Router ausgewählt. Hier meint „am nächsten gelegen" denjenigen Router, für den die mit dem Intra-AS-Algorithmus bestimmten Kosten am geringsten sind. Wie in Abschnitt 4.5.3 diskutiert, wird dieser Prozess Hot-Potato-Routing genannt.

- Steht immer noch mehr als eine Route zur Auswahl, verwendet der Router BGP-Identifier, um die Route auszuwählen; siehe [Stewart 1999].

Die Eliminierungsregeln sind eigentlich sogar noch komplizierter als oben beschrieben. Um Ihnen jedoch Albträume wegen BGP zu ersparen, ist es am besten, Sie erlernen die BGP-Auswahlregeln in kleinen Portionen!

Von der Theorie zur Praxis

Warum gibt es unterschiedliche INTER-AS- und INTRA-AS-Routing-Protokolle?

Nachdem wir uns mit den Details spezifischer Inter-AS- und Intra-AS-Routing-Protokolle, die im heutigen Internet zu finden sind, befasst haben, wollen wir die vielleicht grundlegendste Frage stellen, die wir in Zusammenhang mit diesen Protokollen überhaupt stellen können (hoffentlich haben Sie darüber bereits selbst nachgegrübelt und nicht völlig den Überblick verloren!): Warum werden unterschiedliche Protokolle für Inter-AS- und Intra-AS-Routing benutzt?

Die Antwort auf diese Frage liegt in den wesentlichen Unterschieden zwischen den Zielen des Routings innerhalb eines AS und zwischen verschiedenen AS:

- *Policy.* Beim Routing zwischen AS dominieren politische und strategische Zielsetzungen und Entscheidungen. Es kann durchaus wichtig sein, dass Verkehr, der in einem gegebenen AS entsteht, nicht durch ein anderes spezifisches AS gehen darf. Genauso kann ein gegebenes AS kontrollieren wollen, welchen Durchgangsverkehr es zwischen anderen AS vermittelt. Wie wir gesehen haben, enthält BGP Pfadattribute und bietet die kontrollierte Verteilung von Routing-Informationen, so dass politisch motivierte Routing-Entscheidungen getroffen werden können. Innerhalb eines AS ist alles nominell unter derselben Verwaltung und daher sind geschäftspolitische Fragen von viel geringerer Bedeutung bei der Wahl von Routen innerhalb des AS.
- *Skalierbarkeit.* Die Skalierbarkeit eines Routing-Algorithmus und seiner Datenstrukturen, um Routing zu bzw. von einer großen Anzahl von Netzwerken zu ermöglichen, ist ein kritisches Thema beim Inter-AS-Routing. Innerhalb eines AS ist Skalierbarkeit weniger wichtig. Sollte eine einzelne Verwaltungsdomäne zu groß werden, ist es ohnehin immer möglich, sie in zwei AS aufzuteilen und dann Inter-AS-Routing zwischen den beiden neuen AS auszuführen. (Wie oben erwähnt, ermöglicht OSPF zusätzlich den Aufbau einer derartigen Hierarchie durch Unterteilen eines AS in Bereiche.)
- *Leistung.* Weil Inter-AS-Routing so sehr von geschäftspolitischen Entscheidungen abhängt, ist die Qualität (z. B. die Leistung) der verwendeten Routen oft von sekundärer Bedeutung (d. h. eine längere oder kostspieligere Route, die bestimmte Vorgaben erfüllt, kann gegenüber einer Route bevorzugt werden, die kürzer ist, aber nicht den gewünschten Kriterien entspricht). Wie wir gesehen haben, gibt es zwischen autonomen Systemen nicht einmal den Begriff von Kosten, die zu den Routen gehören (mit Ausnahme des AS-Hop-Count, der die Anzahl der durchquerten AS zählt). Innerhalb einzelner AS sind solche Fragen von geringer Bedeutung, wodurch das Routing sich mehr auf die Leistung konzentrieren kann, die eine Route erbringt.

Routing-Policy

Beleuchten wir nun einige der Grundprinzipien der **BGP-Routing-Policy** (Politik zur Wegewahl in BGP) anhand eines einfachen Beispiels. ▶Abbildung 4.43 zeigt sechs verbundene autonome Systeme: A, B, C, W, X und Y. Wichtig ist, dass A, B, C, W, X und Y alle AS sind und keine Router. Nehmen wir an, dass die autonomen Systeme W, X und Y Stub-Netzwerke sind und dass A, B und C Backbone-Provider-Netzwerke sind. Außerdem nehmen wir an, dass A, B und C alle Peers zueinander sind und vollständige BGP-Informationen an ihre Kundennetzwerke liefern. Der gesamte Verkehr, der in ein Stub-

Netzwerk eintritt, muss für dieses Netz bestimmt sein, und der ganze Verkehr, der ein **Stub-Netzwerk** verlässt, muss aus diesem Netz stammen. W und Y sind eindeutig Stub-Netzwerke. X ist ein **Multihomed-Stub-Netzwerk**, da es mit dem Rest des Netzes über zwei verschiedene Provider verbunden ist (ein Szenario, das in der Praxis immer häufiger anzutreffen ist). Wie bei W und Y auch muss X aber selbst die Quelle bzw. das Ziel des gesamten Verkehrs sein, der nach X geht bzw. von dort kommt. Wie aber wird das Verhalten eines Stub-Netzwerkes implementiert und durchgesetzt? Wie wird verhindert, dass X Verkehr zwischen B und C weiterleitet? Man erreicht dies ganz einfach, indem man die Art und Weise kontrolliert, in der BGP-Routen verbreitet werden.

Insbesondere arbeitet X als Stub-Netzwerk, wenn es (seinen Nachbarn B und C) mitteilt, dass es keine Pfade zu anderen Zieladressen außer sich selbst besitzt. Das bedeutet, selbst wenn X von einem Pfad wüsste, z.B. XCY, der Netzwerk Y erreicht, wird es diesen Pfad *nicht* an B weitergeben. Da B sich nicht bewusst ist, dass X einen Pfad zu Y hat, würde B nie für Y (oder C) bestimmten Verkehr über X leiten. Dieses einfache Beispiel verdeutlicht, wie eine selektive Routing-Policy benutzt werden kann, um bestimmte Routing-Verhältnisse zwischen Kunden und Provider zu implementieren.

Konzentrieren wir uns nun auf ein Provider-Netzwerk, etwa das autonome System B. Stellen Sie sich vor, dass B (von A) erfahren hat, dass A einen Pfad AW zu W besitzt. B kann daher die Route BAW in seine Routing-Informationsbasis einfügen. Natürlich will B den Pfad BAW auch seinem Kunden X mitteilen, so dass X weiß, dass es über B nach W weiterleiten kann. Sollte B aber den Pfad BAW auch an C weitergeben? Würde es das tun, dann kann C Verkehr nach W über CBAW leiten. Sind sowohl A und B als auch C Backbone-Provider, dann darf B zu Recht ablehnen, die Belastungen (und Kosten) für Durchgangsverkehr zwischen A und C zu schultern. B darf zu Recht argumentieren, dass es Sache (und Kosten) von A und C sei, sicherzustellen, dass C über eine direkte Leitung zwischen A und C von und zu den Kunden von A routen kann. Es gibt derzeit keine offiziellen Standards, wie Backbone-ISPs untereinander routen. Eine Faustregel, die von kommerziellen ISP befolgt wird, ist jedoch, dass jeder Verkehr, der über das Backbone-Netzwerk eines ISP fließt, eine Quell- oder Zieladresse (oder beides) in einem Netz haben muss, das Kunde dieses ISP ist. Ansonsten würde der Verkehr eine Freifahrt durch das Netzwerk des ISP bekommen. Individuelle Peering-Vereinbarungen (in denen Fragen wie diese geregelt sind) werden normalerweise direkt zwischen zwei ISP ausgehandelt und sind oft vertraulich. [Huston 1999a] bietet eine interessante Diskussion zu Peering-Vereinbarungen. Eine detaillierte Beschreibung, wie Routing-Policys Geschäftsbeziehungen zwischen ISPs widerspiegeln, finden Sie in [Gao 2001]. Eine aktuelle Diskussion von BGP-Routing-Policys aus Sicht eines ISP enthält [Caesar 2005].

Wie oben erwähnt, ist BGP der De-facto-Standard für Inter-AS-Routing im Internet. Um einmal den (umfangreichen!) Inhalt verschiedener BGP-Routing-Tabellen zu sehen, die aus Routern in Tier-1-ISPs ausgelesen wurden, besuchen Sie *http://www.routeviews.org*. BGP-Routing-Tabellen enthalten oft Zehntausende von Präfixen und die entsprechenden Attribute. Statistiken über Größe und Merkmale von BGP-Routing-Tabellen sind in [Huston 2001; Meng 2005] zu finden.

Dies beendet unsere kurze Einführung in BGP. Das Verständnis von BGP ist wichtig, weil es eine zentrale Rolle im Internet spielt. Wir möchten Sie dazu anregen, sich mit den Referenzen [Griffin 2002; Stewart 1999; Labovitz 1997; Halabi 2000; Huitema 1998; Gao 2001; Feamster 2004; Caesar 2005] zu befassen, um mehr über BGP zu lernen.

4.7 Broadcast- und Multicast-Routing

In diesem Kapitel lag unser Schwerpunkt bisher auf Routing-Protokollen, die Unicast-Kommunikation (d.h. Punkt-zu-Punkt-Kommunikation) unterstützen. Dabei sendet ein einzelner Quellknoten ein Paket an einen einzelnen Zielknoten. In diesem Abschnitt wenden wir uns den Broadcast- und Multicast-Routing-Protokollen zu. Beim **Broadcast-Routing** erbringt die Netzwerkschicht den Dienst, ein Paket, das von einem Quellknoten gesendet wurde, an alle anderen Knoten im Netz zu liefern. Das Multicast-Routing ermöglicht es einem einzelnen Quellknoten, eine Kopie eines Paketes an eine Teilmenge der anderen Knoten im Netzwerk zu senden. In Abschnitt 4.7.1 betrachten wir Broadcast-Routing-Algorithmen und ihre Anwendung in Routing-Protokollen. Multicast-Routing untersuchen wir in Abschnitt 4.7.2.

4.7.1 Broadcast-Routing-Algorithmen

Die vielleicht problemloseste Art, Broadcast-Kommunikation zu betreiben, besteht darin, dass der sendende Knoten eine separate Kopie des Paketes an jede Zieladresse schickt, wie in ▶Abbildung 4.44 (a) zu sehen ist. Sind *N* Zielknoten gegeben, erzeugt der Quellknoten einfach *N* Kopien des Paketes, adressiert jede Kopie an ein anderes Ziel und überträgt dann diese *N* Kopien zu den *N* Zieladressen mithilfe von Unicast-Routing. Dieser ***N*-Wege-Unicast**-Ansatz für Broadcasting ist einfach – es braucht kein neues Netzwerkschicht-Routing-Protokoll, keinerlei Paketvervielfältigung oder erweiterte Weiterleitungsfunktionalität ist in der Netzwerkschicht erforderlich. Es gibt jedoch mehrere Nachteile. Der erste Nachteil ist die Ineffizienz. Wenn der Quellknoten über eine einfache Leitung an den Rest des Netzes angeschlossen ist, müssen alle *N* separaten Kopien des (gleichen) Paketes diese einzige Leitung durchqueren. Es wäre bedeutend effizienter, nur eine Kopie des Paketes über diesen ersten Hop zu senden und dann von dem Knoten am anderen Ende des ersten Hops die weiteren Kopien erzeugen und verteilen zu lassen. Das heißt, es wäre viel effektiver, wenn die Netzwerkknoten selbst (anstatt nur der Quellknoten) Duplikate eines Paketes erstellen würden. In Abbildung 4.44 (b) überquert nur ein einzelnes Paket die Leitung R1-R2. Dieses Paket wird dann in R2 kopiert und diese einzelnen Kopien werden über die Leitungen R2-R3 und R2-R4 gesendet.

Die weiteren Nachteile des *N*-Wege-Unicast sind vielleicht nicht so deutlich zu erkennen, aber genauso wichtig. Eine implizite Annahme des *N*-Wege-Unicast ist, dass die Broadcast-Empfänger und ihre Adressen dem Absender bekannt sind. Aber woher stammt diese Information? Höchstwahrscheinlich benötigt man zusätzliche Protokollmechanismen (wie einen Verwaltungsmechanismus für Broadcast-Mit-

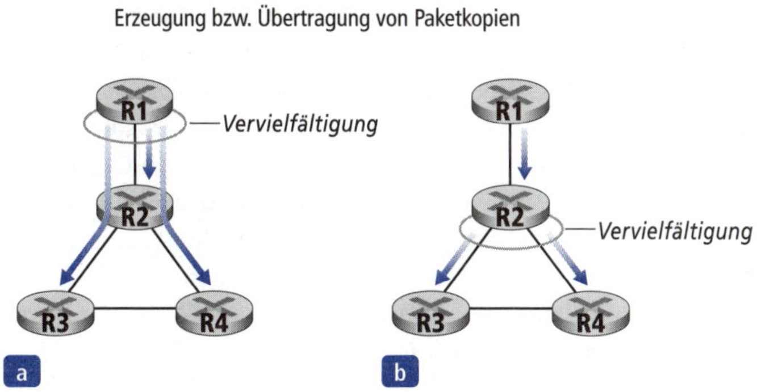

Abbildung 4.44: Duplizierung in der Quelle im Vergleich zur Duplizierung im Netzwerk

gliedschaften oder Zielregistrierungsprotokolle). Dies würde ein Protokoll, das anfangs ziemlich einfach ausgesehen hatte, viel komplexer machen. Ein letzter Nachteil des *N*-Wege-Unicast basiert auf dem eigentlichen Zweck des Broadcast. In Abschnitt 4.5 haben wir erfahren, dass Link-State-Routing-Protokolle Broadcast einsetzen, um die Informationen zum Leitungsstatus zu verbreiten, mit deren Hilfe Unicast-Routen berechnet werden. Natürlich wäre es in einer Situation, in der Broadcast verwendet wird, um Unicast-Routen zu erstellen und zu aktualisieren, (bestenfalls!) unklug, sich für das Durchführen des Broadcast auf eine Unicast-Infrastruktur zu verlassen.

Aufgrund der verschiedenen Nachteile des *N*-Wege-Unicast-Broadcasting sind Ansätze von Interesse, in denen die Netzknoten selbst eine aktive Rolle bei der Vervielfältigung der Pakete, ihrer Weiterleitung und der Berechnung der Broadcast-Routen übernehmen. Wir untersuchen im Folgenden einzelne solcher Ansätze und benutzen dazu die Graphenschreibweise, die wir in Abschnitt 4.5 eingeführt haben. Wir modellieren das Netz wieder als Graph $G = (N, E)$, in dem N eine Menge von Knoten und E eine Menge von Kanten sind, wobei jede Kante ein Knotenpaar aus N ist. Wir gehen hier mit unserer Notation etwas lockerer um und beschreiben, sofern keine Verwechslung möglich ist, mit N einerseits die Menge von Knoten, andererseits die Mächtigkeit ($|N|$) oder Größe der Knotenmenge.

Unkontrolliertes Fluten

Die naheliegendste Methode für das Broadcasten ist ein **Fluten**-Ansatz, bei dem der Quellknoten allen seinen Nachbarn eine Kopie des Paketes zusendet. Erhält ein Knoten ein Broadcast-Paket, kopiert er das Paket und leitet es an alle seine Nachbarn weiter (mit Ausnahme des Nachbarn, von dem er das Paket erhalten hat). Dieses Schema führt dazu, dass schließlich alle Knoten des Graphen eine Kopie des Broadcast-Paketes erhalten, wenn der Graph zusammenhängend ist. Obwohl dieses Schema einfach und elegant ist, weist es einen fatalen Nachteil auf (versuchen Sie doch, diesen Fehler zu finden, bevor Sie weiterlesen): Wenn der Graph Schleifen enthält, dann bewegen sich eine oder mehrere Kopien jedes Broadcast-Paketes ewig im Kreis. In Abbildung 4.44 flutet beispielsweise R2 zu R3, R3 flutet zu R4, R4 flutet zu R2 und R2 flutet (wieder) zu R3, usw. Dieses einfache Szenario führt zum endlosen Kreisen zweier Broadcast-Pakete, eines im Uhrzeigersinn und eines gegen den Uhrzeigersinn. Aber es kann ein noch viel verhängnisvolleres Problem auftreten: Ist ein Knoten mit mehr als zwei anderen Knoten verbunden, erstellt er mehrere Kopien des Broadcast-Paketes und leitet sie weiter. Jedes von diesen erzeugt (in anderen Knoten mit mehr als zwei Nachbarn) weitere Kopien von sich usw. Dieser **Broadcast-Sturm**, der aus der ständigen Vervielfältigung von Broadcast-Paketen entsteht, würde schließlich zu so vielen Broadcast-Paketen führen, dass das Netz unbrauchbar wird. (In den Übungsaufgaben am Ende des Kapitels finden Sie eine Aufgabe, die die Geschwindigkeit analysiert, mit der solch ein Broadcast-Sturm anwächst.)

Kontrolliertes Fluten

Der Schlüssel zur Vermeidung eines Broadcast-Sturmes besteht in der geschickten Entscheidung eines Knotens, wann ein Paket geflutet werden darf und wann er kein Paket flutet (z.B. wenn er schon eine frühere Kopie eines Paketes erhalten und geflutet hat). In der Praxis kann dies auf eine von mehreren Arten geschehen.

Beim **sequenznummer-kontrollierten Fluten** *(sequence-number-controlled flooding)* schreibt ein Quellknoten seine Adresse (oder eine andere eindeutige Kennzeichnung) sowie eine **Broadcast-Sequenznummer** in ein Broadcast-Paket und sendet dieses allen seinen Nachbarn zu. Jeder Knoten verwaltet eine Liste der Quelladressen und Sequenznummern jedes Broadcast-Paketes, die er schon erhalten, kopiert und weitergeleitet hat. Wenn ein Knoten ein Broadcast-Paket erhält, überprüft er zuerst, ob das Paket bereits in dieser Liste enthalten ist. Falls ja, wird das Paket verworfen. Falls nicht, wird je eine Kopie des Paketes an alle Nachbarn des Knotens (außer an den Knoten, von dem das Paket gerade empfangen worden ist) weitergeleitet. Das Gnutella-Protokoll, das wir in Kapitel 2 diskutiert haben, verwendet sequenznummer-kontrolliertes Fluten, um Anfragen durch sein Overlay-Netzwerk zu schicken. (In Gnutella werden Nachrichten auf der Anwendungsschicht statt auf der Netzwerkschicht vervielfältigt und weitergeleitet.)

Ein zweiter Ansatz für kontrolliertes Fluten ist **Reverse Path Forwarding** (**RPF**) [Dalal 1978], manchmal auch als Reverse Path Broadcasting (RPB) bezeichnet. Die Idee hinter RPF ist einfach, aber elegant. Erhält ein Router ein Broadcast-Paket mit gegebener Quelladresse, sendet er das Paket nur dann auf alle von ihm ausgehenden Leitungen (wieder mit Ausnahme derjenigen, von der das Paket empfangen wurde), wenn das Paket auf der Leitung ankam, die auf seinem eigenen kürzesten Unicast-Pfad zurück zur Quelle liegt. Ansonsten löscht der Router das eingehende Paket einfach, ohne es auf irgendeiner seiner ausgehenden Leitungen weiterzuleiten. Solch ein Paket kann verworfen werden, weil der Router weiß, dass er eine weitere Kopie auf der Leitung, die auf seinem kürzesten Pfad zum Sender liegt, entweder noch erhalten wird oder schon erhalten hat. (Vielleicht wollen Sie sich davon überzeugen, dass dies in der Tat geschieht und dass Schleifen und Broadcast-Stürme nicht auftreten.) Beachten Sie, dass RPF kein Unicast-Routing verwendet, um Pakete tatsächlich an eine Zieladresse zu liefern. Außerdem erfordert es nicht, dass ein Router den vollständigen kürzesten Pfad von sich selbst zur Quelle ken-

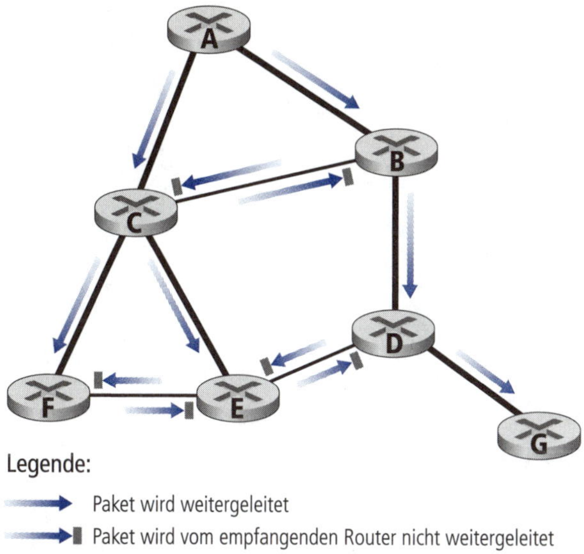

Abbildung 4.45: Reverse Path Forwarding

nen muss. RPF muss nur den nächsten Nachbarn auf seinem kürzesten Unicast-Pfad zum Sender kennen. Es benutzt die Identität dieses Nachbarn nur, um zu bestimmen, ob er ein eingegangenes Broadcast-Paket weiterleiten soll oder nicht.

▶ Abbildung 4.45 erläutert RPF. Die durch dicke Linien dargestellten Leitungen sollen die kürzesten Wege von den Empfängern zur Quelle *(A)* darstellen. Knoten *A* übermittelt zu Beginn ein Paket der Quelle *A* an die Knoten *C* und *B*. Knoten *B* leitet das Paket, das er von *A* erhalten hat, sowohl an *C* als auch an *D* weiter (da *A* auf seinem kostengünstigsten Pfad zu *A* liegt). Knoten *B* ignoriert jedes Paket der Quelle A (er verwirft sie, ohne sie weiterzuleiten), das er von irgendeinem anderen Knoten erhält (zum Beispiel von den Routern *C* oder *D*).

Betrachten wir nun Knoten *C*, der ein Paket der Quelle A sowohl direkt von *A* als auch von *B* erhält. Da *B* nicht auf dem kürzesten Pfad von *C* zurück zu *A* liegt, ignoriert *C* jedes Paket der Quelle A, das er von *B* erhält. Erhält *C* andererseits ein Paket der Quelle A direkt von *A*, leitet er das Paket an die Knoten *B*, *E* und *F* weiter.

Broadcast mit Spannbäumen

Obwohl Broadcast-Stürme durch **sequenznummer-kontrolliertes Fluten** und RPF vermieden werden, gelingt es damit nicht, die Übertragung von redundanten Broadcast-Paketen vollständig zu vermeiden. Zum Beispiel erhalten in Abbildung 4.46 die Knoten *B*, *C*, *D*, *E* und *F* entweder ein oder zwei redundante Pakete. Idealerweise sollte jeder Knoten nur eine Kopie der Broadcast-Pakete erhalten. Untersuchen wir den Baum, der aus den Knoten besteht, die durch dicke Linien in Abbildung 4.46 (a) miteinander verbunden sind, wird deutlich, dass jeder Netzwerkknoten genau eine Kopie der Broadcast-Pakete erhält, wenn Broadcast-Pakete nur über Leitungen innerhalb dieses Baumes wei-

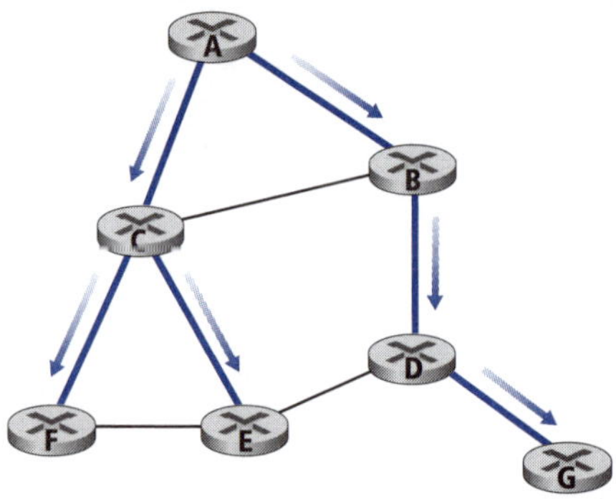

a Ein von A initiierter Broadcast

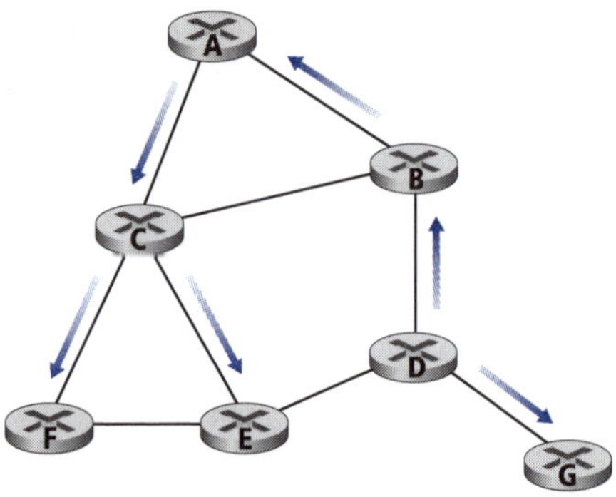

b Ein von D initiierter Broadcast

Abbildung 4.46: Broadcast entlang eines Spannbaumes

tergeleitet werden – das ist genau die Lösung, die wir suchen! Dieser Baum ist ein Beispiel für einen **Spannbaum** (**spanning tree**) – ein Baum, der jeden einzelnen Knoten eines Graphen enthält. Formal ist ein Spannbaum eines Graphen $G = (N, E)$ ein Graph $G' = (N, E')$, so dass E' eine Teilmenge von E ist, G' zusammenhängend ist, G' keine Schleifen enthält und G' alle Originalknoten in G enthält. Wenn jede Leitung mit Kosten verbunden ist und die Kosten des Baumes die Summe der Kosten der in ihm enthaltenen Leitungen sind, dann nennt man einen Spannbaum, dessen Kosten unter allen Spannbäumen des Graphen minimal sind, einen **minimalen Spannbaum (minimum spanning tree).**

Daher besteht ein weiterer Ansatz für Broadcasting darin, dass die Netzwerkknoten zunächst einen Spannbaum aufbauen. Will ein Quellknoten ein Broadcast-Paket senden, sendet er das Paket auf alle Leitungen, die zum Spannbaum gehören. Ein Knoten, der ein Broadcast-Paket erhält, leitet dann das Paket an all seine Nachbarn im Spannbaum weiter (mit Ausnahme des Nachbarn, von dem er das Paket erhalten hat).

Spannbäume eliminieren nicht nur redundante Broadcast-Pakete. Sie können zudem, sind sie einmal erzeugt, von jedem Knoten genutzt werden, um eine Broadcast-Übertragung zu beginnen, wie in Abbildung 4.46 (a) und Abbildung 4.46 (b) zu erkennen ist. Beachten Sie, dass ein Knoten nicht den kompletten Baum kennen muss. Er muss nur wissen, welche seiner Nachbarn in G auch Nachbarn im Spannbaum sind.

Die größte Schwierigkeit, die mit einem Spannbaumansatz verbunden ist, betrifft die Erzeugung und Wartung des Spannbaumes. Zahlreiche verteilte Spannbaumalgorithmen wurden entwickelt [Gallager 1983, Gartner 2003]. Wir betrachten hier nur einen einfachen Algorithmus. Im **zentrumsbasierten Ansatz (center-based approach)** beim Aufbau eines Spannbaumes ist ein zentraler Knoten definiert (auch als **Rendezvous Point** oder **Kern** bezeichnet). Knoten senden dann sogenannte Tree-Join-Nachrichten *(Anschluss an den Baum)* mittels Unicast zum zentralen Knoten. Eine Tree-Join-Nachricht wird mittels Unicast-Routing so lange in Richtung des zentralen Knotens weitergeleitet, bis sie entweder einen Knoten erreicht, der schon

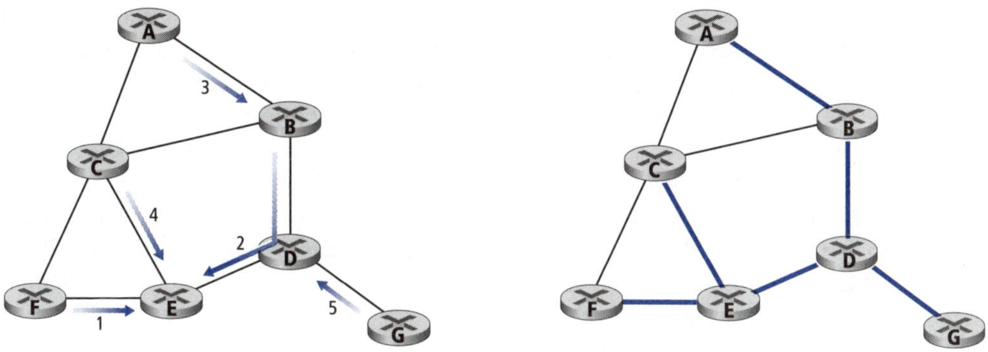

a Schrittweise Konstruktion eines Spannbaumes b Fertiger Spannbaum

Abbildung 4.47: Zentrumsbasierte Konstruktion eines Spannbaumes

zum Spannbaum gehört, oder bis sie das Zentrum erreicht. In jedem Fall definiert der Pfad, dem die Tree-Join-Nachricht gefolgt ist, den Ast des Spannbaumes zwischen dem Knoten, der die Tree-Join-Nachricht erzeugt hat, und dem Zentrum. Man kann sich diesen neuen Pfad so vorstellen, als wäre er auf den vorhandenen Spannbaum aufgepfropft worden.

▶Abbildung 4.47 erläutert die Konstruktion eines zentrumsbasierten Spannbaumes. Sei Knoten *E* als Zentrum des Baumes ausgewählt. Nehmen Sie an, dass Knoten *F* zuerst dem Baum beitritt und eine Tree-Join-Nachricht an *E* weiterleitet. Die einzelne Leitung *EF* wird zum initialen Spannbaum. Knoten *B* schließt sich dann dem Spannbaum an, indem er seine Tree-Join-Nachricht an *E* sendet. Die Unicast-Pfadroute nach *E* von *B* führt über *D*. In diesem Fall resultiert die Tree-Join-Nachricht in dem Pfad *BDE*, der auf den Spannbaum aufgepfropft wird. Als Nächstes kommt Knoten *A* hinzu, indem er seine Tree-Join-Nachricht in Richtung *E* sendet. Verläuft der Unicast-Pfad von *A* nach *E* durch *B*, dann resultiert die Ankunft der Tree-Join-Nachricht von *A*, da sich *B* bereits im Spannbaum befindet, darin, dass die Leitung *AB* sofort auf den Spannbaum aufgepfropft wird. Knoten *C* schließt sich als Nächstes dem Spannbaum an, indem er seine Tree-Join-Nachricht direkt an *E* weiterleitet. Zuletzt möchte *G* dem Spannbaum beitreten. Weil das Unicast-Routing von *G* zu *E* über Knoten *D* verlaufen muss, wird die Leitung *GD* auf den Spannbaum am Knoten *D* aufgepfropft, sobald *G* seine Tree-Join-Nachricht in Richtung *E* sendet.

Broadcast-Algorithmen in der Praxis

Broadcast-Protokolle werden in der Praxis sowohl auf der Anwendungs- als auch auf der Netzwerkschicht verwendet. Wie in Abschnitt 2.6 diskutiert, benutzt Gnutella Anwendungsschicht-Broadcasts, um Abfragen nach Inhalten zwischen Gnutella-Peers zu verteilen [Gnutella 2007]. Dabei besteht eine Verbindung zwischen zwei verteilten Anwendungsschicht-Peer-Prozessen im Gnutella-Netzwerk tatsächlich aus einer TCP-Verbindung. Gnutella nutzt eine Form des sequenznummer-kontrollierten Flutens, einen 16 Bit langen Bezeichner und einen 16 Bit langen Payload-Deskriptor (der die

Art der Gnutella-Nachrichten identifiziert), um festzustellen, ob eine erhaltene Broadcast-Abfrage schon früher empfangen, kopiert und weitergeleitet wurde. Wie wir in Abschnitt 2.6 ebenfalls diskutiert haben, verwendet Gnutella auch das Time-to-Live-Feld (TTL), um die Anzahl von Hops einzugrenzen, über die eine geflutete Abfrage weitergeleitet wird. Wenn ein Gnutella-Prozess eine Abfrage erhält und kopiert, verringert er das TTL Feld vor dem Weiterleiten der Abfrage. Auf diese Weise erreicht eine geflutete Gnutella-Abfrage nur Peers, die eine vorgegebene Anzahl (der Anfangswert der TTL) von Hops vom Erzeuger der Abfrage entfernt sind. Gnutellas Flutenmechanismus wird daher manchmal als Fluten mit beschränkter Reichweite *(limited-scope flooding)* bezeichnet.

Eine Form des sequenznummer-kontrollierten Flutens wird auch für das Übertragen von Leitungsstatus-Advertisements (LSA, *link state advertisement*) beim OSPF-Routing benutzt [RFC 2328, Perlman 1999] sowie beim Intermediate-System-to-Intermediate-System-Routing (IS-IS) [RFC 1142, Perlman 1999]. OSPF verwendet eine 32 Bit lange Sequenznummer sowie ein 16 Bit großes Age-Feld, um LSAs zu identifizieren. Wie oben erwähnt, überträgt ein OSPF-Knoten LSAs periodisch über seine angeschlossenen Leitungen und sobald sich die Leitungskosten für einen Nachbarn ändern oder wenn eine Leitung ein- bzw. abgeschaltet wird. LSA-Sequenznummern werden verwendet, um doppelte LSAs zu erkennen, aber sie erfüllen in OSPF außerdem eine zweite wichtige Funktion. Durch das Fluten ist es möglich, dass ein LSA, das von der Quelle zum Zeitpunkt t erzeugt wurde, *nach* einem neueren LSA ankommt, das von derselben Quelle zum Zeitpunkt $t + \delta$ generiert wurde. Die vom Quellknoten verwendeten Sequenznummern erlauben es, ein älteres LSA von einem jüngeren zu unterscheiden. Das Age-Feld erfüllt einen ähnlichen Zweck wie die TTL. Der anfängliche Wert des Age-Feldes wird auf null gesetzt und während des Flutens mit jedem Hop erhöht. Er wird zudem erhöht, solange er sich im Speicher eines Routers befindet und darauf wartet, geflutet zu werden. Obwohl wir den LSA-Fluten-Algorithmus hier nur kurz skizziert haben, möchten wir festhalten, dass das Design von LSA-Broadcast-Protokollen eine äußerst schwierige Angelegenheit ist. [RFC 789 und Perlman 1999] beschreiben einen Vorfall, in dem falsch gesendete LSAs von zwei fehlerhaften Routern dazu führten, dass eine frühe Version eines LSA-Fluten-Algorithmus das ganze ARPAnet lahmlegte!

4.7.2 Multicast

Wir haben im vorangegangenen Abschnitt gesehen, dass beim Broadcast-Dienst Pakete an jeden Knoten im Netzwerk geliefert werden. In diesem Abschnitt konzentrieren wir uns auf den **Multicast**-Dienst, in dem ein Multicast-Paket nur an eine Teilmenge der Netzwerkknoten übertragen wird.

Eine Reihe von neuen Netzwerkanwendungen erfordern die Lieferung von Paketen von einem oder mehreren Absendern an eine Gruppe von Empfängern. Zu diesen Anwendungen gehören Datenverteilung (z.B. der Transfer eines Softwareupgrades vom Softwareentwickler zu den Benutzern, die ihn benötigen), Multimedia-Streaming (z.B. die Übertragung von Audio, Video und Text einer Live-Vorlesung an eine verteilte Gruppe von Lehrgangsteilnehmern), die gemeinsame Nutzung von Daten (z.B. ein digitales Whiteboard oder eine Telekonferenz mit vielen Teilnehmern), ständig aktualisierte Daten (z.B. Börsenkurse), Web-Cache-Updates und interaktive Spiele (z.B. verteilte interaktive virtuelle Umgebungen oder Multiplayerspiele).

Bei der Multicast-Kommunikation werden wir sofort mit zwei Problemen konfrontiert – wie man die Empfänger eines Multicast-Paketes identifizieren kann und wie man ein Paket adressieren muss, das diesen Empfängern zugestellt werden soll. Im Fall der Unicast-Kommunikation wird die IP-Adresse des Empfängers (das Ziel) in jedem IP-Unicast-Datagramm übertragen. Sie identifiziert den einzelnen Empfänger. Im Fall von Broadcasting müssen *alle* Knoten das Broadcast-Paket erhalten, daher sind keine Zieladressen erforderlich. Beim Multicast haben wir es nun aber mit mehreren Empfängern zu tun. Ist es sinnvoll, dass jedes Multicast-Paket die IP-Adressen aller Empfänger enthält? Ein solches Vorgehen wäre bei einer kleinen Zahl von Empfängern noch möglich, es funktioniert aber nicht mehr bei Hunderten oder Tausenden von Empfängern. Die Menge der Adressinformationen im Datagramm würde die tatsächlich im Nutzdatenfeld der Pakete übertragene Datenmenge übersteigen. Die explizite Nennung aller Empfänger durch den Absender erfordert es zudem, dass dieser die Identitäten und Adressen aller Empfänger kennt. Wir werden in Kürze sehen, dass es Fälle gibt, in denen dies unerwünscht ist.

Aus diesen Gründen wird ein Multicast-Paket in der Internetarchitektur (und in anderen Netzwerkarchitekturen wie ATM [Black 1995]) mithilfe von **Adressindirektion** adressiert. Dabei wird eine einzelne Kennzeichnung für die ganze Gruppe von Empfängern verwendet und eine Kopie des Paketes wird an alle zu dieser Gruppe gehörenden Multicast-Empfänger zugestellt. Im Internet ist die Kennzeichnung, die eine Gruppe von Empfängern repräsentiert, eine Klasse-D-Multicast-IP-Adresse. Die Gruppe der Empfänger, die durch eine Klasse-D-Adresse angesprochen werden, nennt man eine **Multicast-Gruppe**. Ein Beispiel für eine Multicast-Gruppe ist in ▶ Abbildung 4.48 dargestellt. Hier werden vier Hosts (schattiert dargestellt) der Multicast-Gruppenadresse 226.17.30.197 zugeordnet. Sie erhalten alle an diese Multicast-Adresse gerichteten Datagramme. Ein Problem, das wir immer noch lösen müssen, ist die Tatsache, dass jeder Host eine eindeutige IP-Unicast-Adresse besitzt, die von der Adresse der Multicast-Gruppe, zu der sie gehört, völlig unabhängig ist.

Die Abstraktion der Multicast-Gruppe ist einfach, wirft aber eine Menge Fragen auf. Wie erzeugt man eine neue Gruppe und wie löst man sie wieder auf? Wie wird die Gruppenadresse gewählt? Wie werden neue Hosts der Gruppe (als Sender oder Empfänger) hinzugefügt? Kann jedermann der Gruppe beitreten (und an die Gruppe senden oder von ihr empfangen) oder ist die Zugehörigkeit zur Gruppe eingeschränkt? Wenn ja, durch wen? Kennen die Gruppenmitglieder die Identitäten der anderen Gruppenmitglieder als Teil des Netzwerkschichtprotokolls? Wie arbeiten die Netzwerkknoten zusammen, um ein Multicast-Datagramm an alle Gruppenmitglieder zu liefern?

Im Fall des Internets werden viele dieser Probleme durch das Internet Group Management Protocol [RFC 3376] gelöst. Also betrachten wir zunächst kurz IGMP und kehren dann zu den Fragen zurück.

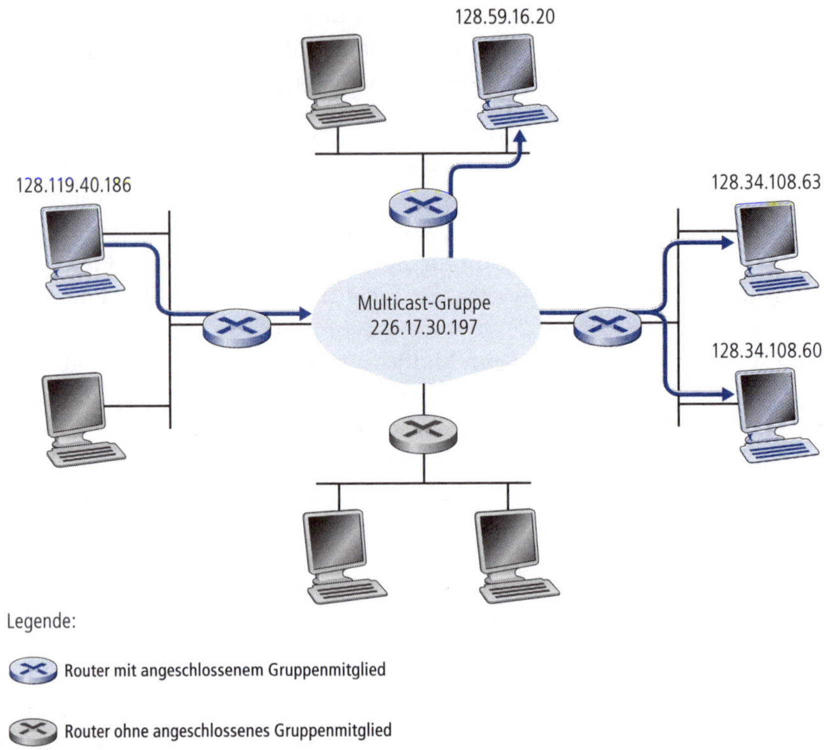

Abbildung 4.48: Multicast-Gruppe: Ein an die Gruppe adressiertes Datagramm wird an alle Mitglieder der Multicast-Gruppe gesandt

Internet Group Management Protocol

Das IGMP-Protokoll Version 3 [RFC 3376] arbeitet zwischen einem Host und seinem direkt angeschlossenen Router, wie ▶Abbildung 4.49 zeigt. Abbildung 4.49 zeigt drei Multicast-Router, an die Hosts über ein LAN angeschlossen sind. Obwohl an jedes LAN mehrere Hosts angeschlossen sind, gehören normalerweise höchstens ein paar dieser Hosts zu jeder beliebigen Zeit zu einer gegebenen Multicast-Gruppe.

IGMP bietet Mechanismen an, mit denen ein Host seinen angeschlossenen Router darüber informieren kann, dass eine Anwendung, die auf diesem Host läuft, einer bestimmten Multicast-Gruppe beitreten will. Da IGMP auf die Interaktion zwischen einem Host und seinem angeschlossenen Router beschränkt ist, ist ein weiteres Protokoll erforderlich, um die Multicast-Router im gesamten Internet zu koordinieren, so dass Multicast-Datagramme an ihre Zielorte geroutet werden. Letztere Funktionalität wird von Multicast-Routing-Algorithmen der Netzwerkschicht implementiert, wie jene, die wir in Kürze besprechen werden. Netzwerkschicht-Multicast im Internet besteht daher aus zwei Komponenten, die sich gegenseitig ergänzen: IGMP und Multicast-Routing-Protokolle.

IGMP kennt nur drei Nachrichtenarten. Wie bei ICMP werden IGMP-Nachrichten in IP-Datagrammen transportiert. Sie verwenden die IP-Protokollnummer 2. Die

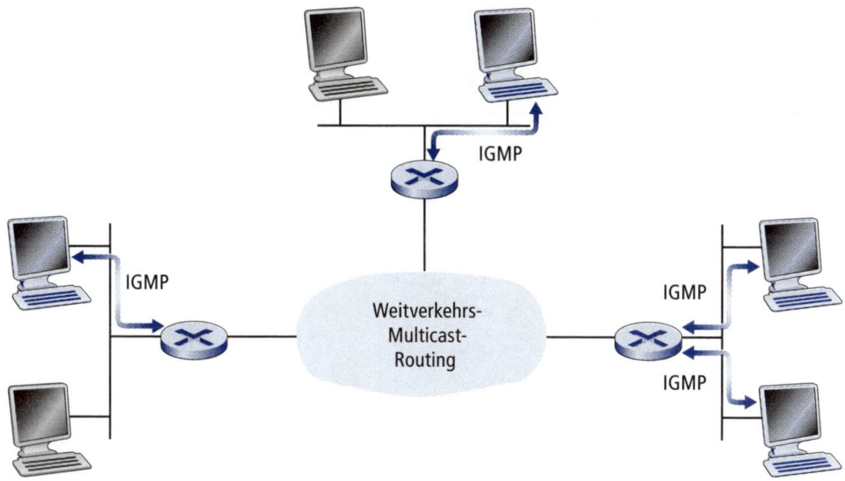

Abbildung 4.49: Die beiden Komponenten des Netzwerkschicht-Multicast im Internet: IGMP und Multicast-Routing-Protokolle

`membership_query`-Nachricht wird von einem Router an alle Hosts eines LAN geschickt, um die Menge aller Multicast-Gruppen zu bestimmen, denen die Hosts in diesem LAN beigetreten sind. Hosts antworten auf eine `membership_query`-Nachricht mit einer IGMP-`membership_report`-Nachricht. Eine solche Nachricht kann auch von einem Host erzeugt werden, wenn eine Anwendung einer Multicast-Gruppe neu beitreten will, ohne dafür auf eine `membership_query`-Nachricht des Routers zu warten. Der letzte Typ von IGMP-Nachrichten ist die `leave_group`-Nachricht. Interessanterweise ist diese Nachricht optional. Wenn sie aber nicht notwendig ist, woher weiß dann ein Router, dass ein Host die Multicast-Gruppe verlässt? Die Antwort auf diese Frage ist einfach: Antwortet ein Host nicht mehr auf eine `membership_query`-Nachricht mit der entsprechenden Gruppenadresse, schließt der Router daraus, dass der Host nicht mehr Mitglied der Multicast-Gruppe ist. Dies ist ein Beispiel für einen sogenannten **Soft-State-Ansatz** in einem Internetprotokoll. In einem Soft-State-Protokoll wird der Status durch ein Timeout-Ereignis entfernt, wenn es nicht mehr ausdrücklich erneuert wird.

Es gibt Argumente, dass Soft-State-Protokolle eine einfachere Kontrolle ermöglichen als Hard-State-Protokolle. Letztere erfordern es nicht nur, dass der Status explizit hinzugefügt und entfernt wird, sondern benötigen auch Mechanismen, um mit Situationen umzugehen, in denen das für die Statusänderung verantwortliche Gerät die Verbindung vorzeitig abbricht oder ausfällt. Interessante Diskussionen über Soft-State-Protokolle finden Sie in [Raman 1999; Ji 2003; Lui 2004].

Multicast-Routing-Algorithmen

Das **Multicast-Routing-Problem** ist in ▶Abbildung 4.50 dargestellt. Hosts, die der Multicast-Gruppe beitreten, sind farbig hinterlegt, ebenso ihre direkt angeschlossenen Router. Wie in Abbildung 4.50 zu erkennen, muss nur eine Teilmenge der Router (jene mit angeschlossenen Hosts, die der Multicast-Gruppe angehören) den Multicast-

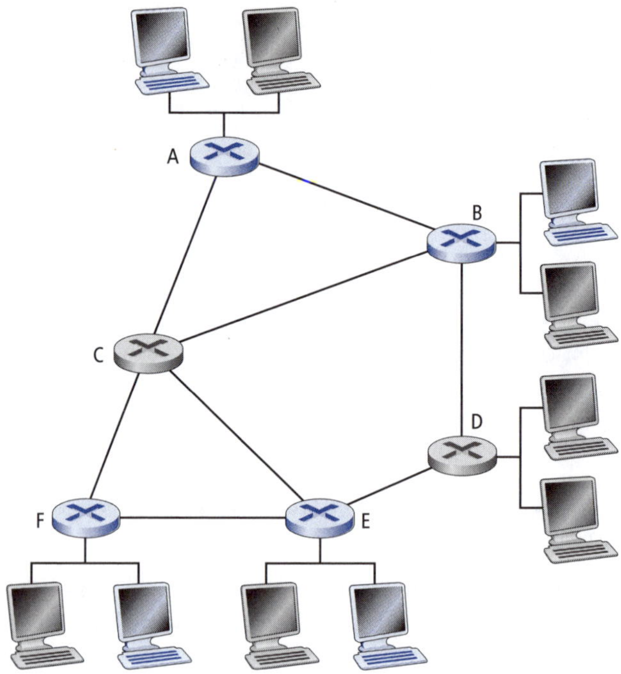

Abbildung 4.50: Multicast-Hosts, ihre direkt angeschlossenen Router und andere Router

Verkehr tatsächlich erhalten. In Abbildung 4.50 müssen nur die Router *A*, *B*, *E* und *F* den Multicast-Verkehr empfangen. Da keiner der an Router *D* angeschlossenen Hosts zur Multicast-Gruppe gehört und da an Router *C* keine Hosts angeschlossen sind, müssen weder *C* noch *D* den Multicast-Verkehr empfangen. Das Ziel des Multicast-Routings besteht nun darin, einen Baum von Leitungen zu finden, der alle Router miteinander verbindet, deren angeschlossene Hosts zur Multicast-Gruppe gehören. Multicast-Pakete werden dann entlang dieses Baumes vom Sender an alle Hosts weitergeleitet, die zum Multicast-Baum gehören. Natürlich kann der Baum Router enthalten, mit denen keine Hosts verbunden sind, die zur Multicast-Gruppe gehören. (Im Beispiel der Abbildung 4.50 ist es unmöglich, die Router *A*, *B*, *E* und *F* in einem Baum zu verbinden, ohne entweder Router *C* oder *D* zu benutzen.)

In der Praxis werden zwei Ansätze zur Bestimmung des Multicast-Routing-Baumes eingesetzt. Beide haben wir bereits im Zusammenhang mit Broadcast-Routing untersucht und daher werden wir sie hier nur kurz streifen. Die zwei Ansätze unterscheiden sich darin, ob ein einzelner gemeinsamer Gruppenbaum benutzt wird, um den Verkehr für *alle* Sender in der Gruppe zu verteilen, oder ob ein quellenspezifischer Routing-Baum für jeden einzelnen Sender aufgebaut wird.

- *Multicast-Routing mit gemeinsam genutztem Baum.* Wie im Fall des Spannbaum-Broadcast, beruht Multicast-Routing mit einem gemeinsam genutzten Gruppenbaum auf der Erstellung eines Baumes, der alle Router mit angebundenen Hosts umfasst, die der Multicast-Gruppe angehören. In der Praxis wird ein zentrumsbasierter Ansatz verwendet, um den Multicast-Routing-Baum aufzubauen. Dabei senden die Router mit zugeordneten Hosts, die Mitglieder der Multicast-Gruppe sind, Join-Nachrichten (über Unicast) zum zentralen Knoten. Wie im Broadcast-Fall wird eine Join-Nachricht mittels Unicast-Routing in Richtung des Zentrums weitergeleitet, bis sie an einem Router ankommt, der bereits zum Multicast-Baum gehört, oder bis sie im Zentrum ankommt. Alle Router auf dem Pfad, auf dem die Join-Nachricht entlangläuft, leiten dann die eingegangenen Multicast-Pakete an den Router weiter, der die Join-Nachricht initiiert hat.

Ein kritischer Punkt für zentrumsbasiertes Multicast-Routing ist der für die Auswahl des Zentrums eingesetzte Prozess. Auswahlalgorithmen für Zentren werden in [Wall 1980; Thaler 1997; Estrin 1997] erörtert.

- *Multicast-Routing mit quellenspezifischem Baum.* Während beim gemeinsam genutzten Multicast-Routing-Baum derselbe Baum benutzt wird, um Pakete von allen Sendern weiterzuleiten, erstellt der zweite Ansatz einen eigenen Multicast-Routing-Baum für *jede* Quelle in der Multicast-Gruppe. In der Praxis wird ein RPF-Algorithmus (mit Quellknoten *x*) verwendet, um einen Multicast-Forwarding-Baum für Multicast-Datagramme zu konstruieren, die von der Quelle *x* stammen. Der RPF-Broadcast-Algorithmus, den wir früher diskutierten, muss für den Gebrauch beim Multicasting ein bisschen verändert werden. Um den Grund dafür herauszufinden, betrachten wir Router *D* in ▶Abbildung 4.51. Bei Broadcast-RPF würde er Pakete an Router *G* weiterleiten, obwohl Router *G* mit keinen Hosts verbunden ist, die der Multicast-Gruppe angehören. In diesem Fall, in dem es nur einen solchen Router gibt, ist dies noch nicht wirklich tragisch. Was aber wäre, wenn es Tausende von solchen Routern gäbe? Jeder von ihnen würde unerwünschte Multicast-Pakete erhalten. (Dieses Szenario ist nicht so sehr an den Haaren herbeigezogen, wie es scheint. Das ursprüngliche MBone, das erste globale Multicast-Netz, litt anfangs unter genau diesem Problem [Casner 1992; Macedonia 1994].) Die Lösung des Problems, über RPF unerwünschte Multicast-Pakete zu erhalten, wird als Pruning *(Beschneiden)* bezeichnet. Ein Multicast-Router, der Multicast-Pakete erhält, obwohl er keine mit ihm verbundenen Hosts hat, die zu dieser Gruppe gehören, sendet eine Pruning-Nachricht an seinen übergeordneten Router. Erhält ein Router Pruning-Nachrichten von allen seinen Kind-Routern im Multicast-Baum, dann kann er diese Nachricht nach oben weitergeben.

Multicast-Routing im Internet

Das erste Multicast-Routing-Protokoll, das im Internet eingesetzt wurde, war das **Distance Vector Multicast Routing Protocol (DVMRP)** [RFC 1075]. DVMRP implementiert quellenspezifische Bäume mittels Reverse Path Forwarding und Pruning. Das vielleicht am häufigsten benutzte Internet-Multicast-Protokoll ist **Protocol Independent Multicast (PIM)**, das explizit zwei Multicast-Verteilungsszenarien kennt. Im Dense Mode *(dichter Modus)* [RFC 3973], liegen die Multicast-Gruppenmitglieder dicht beieinander. Das bedeutet, dass viele oder die meisten Router in einem Bereich

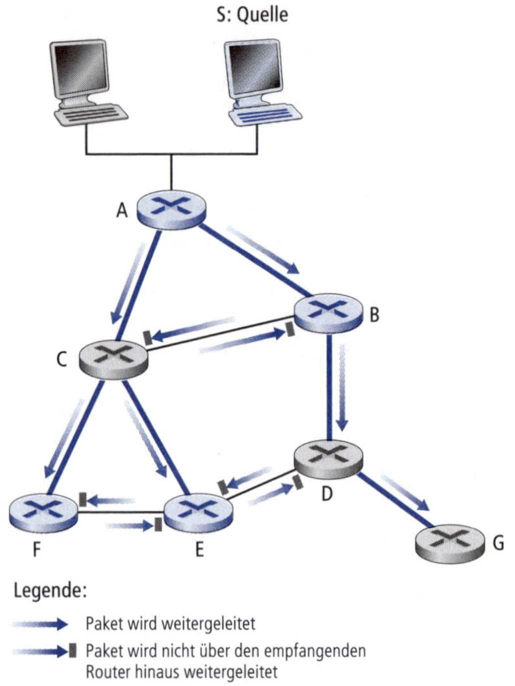

Abbildung 4.51: Reverse Path Forwarding im Fall von Multicast

am Routing von Multicast-Datagrammen beteiligt sind. PIM im Dense Mode nutzt Reverse Path Forwarding mit Pruning und ähnelt im Prinzip DVMRP.

Im Sparse Mode *(lichter Modus)* [RFC 4601] ist die Zahl der Router mit angeschlossenen Gruppenmitgliedern gering im Verhältnis zur Gesamtzahl der Router. Die Gruppenmitglieder liegen also weit verstreut. PIM im Sparse Mode verwendet Rendezvous-Punkte, um den Multicast-Verteilungsbaum zu erzeugen. Beim **quellenspezifischen Multicast** (**SSM, source specific multicast**) [RFC 3569, RFC 4607] darf nur ein einzelner Sender Verkehr über den Multicast-Baum senden, was die Erzeugung und Wartung des Baumes bedeutend vereinfacht.

Werden PIM und DVMRP innerhalb des Netzwerkes eines Betreibers verwendet, kann dieser die IP-Multicast-Router auf fast dieselbe Weise konfigurieren wie Intra-AS-Unicast-Routing-Protokolle, etwa RIP, IS-IS oder OSPF. Was geschieht aber, wenn betreiberübergreifende Multicast-Routen erforderlich sind? Gibt es für Multicast ein Gegenstück zu BGP? Die Antwort lautet ja. [RFC 4271] definiert Multiprotokollerweiterungen für BGP, mit denen es Routing-Informationen für andere Protokolle übertragen kann, darunter auch Multicast-Informationen. Und um Rendezvous-Punkte verschiedener PIM-Sparse-Mode-Teilbäume zu verbinden, kann das Multicast Source Discovery Protocol (MSDP) eingesetzt werden [RFC 3618, RFC 4611].

Schließen wir unsere Diskussion von IP-Multicast ab mit der Bemerkung, dass IP-Multicasting noch ein gutes Stück Weg vor sich hat. Interessante Diskussionen des aktuellen Internet-Multicast-Modells und seiner Verbreitung finden Sie in [Diot 2000, Sharma 2003]. Trotz seiner eher geringen Verbreitung ist Multicast auf Netzwerkebene weit davon entfernt, tot zu sein. Multicast-Verkehr läuft seit vielen Jahren über das Internet2 und seine Peering-Partner [Internet2 Multicast 2007]. In Großbritannien beteiligt sich die BBC an Tests zur Verteilung von Inhalten mittels IP-Multicast [BBC Multicast 2007]. Gleichzeitig sorgt Multicast auf Anwendungsebene, das wir mit PPLive in Kapitel 2 und in anderen Peer-to-Peer-Systemen wie End System Multicast [ESM 2007] kennengelernt haben, für die Verteilung von Inhalten zwischen Peers über Multicast, wobei Protokolle der Anwendungsschicht (anstatt solche der Netzwerkschicht) zum Einsatz kommen.

Werden zukünftige Multicast-Dienste in erster Linie auf der Netzwerkschicht (bzw. im Inneren der Netzwerke) oder auf der Anwendungsschicht (am Rand des Netzes) implementiert? Wegen des aktuellen Interesses an der Verteilung von Inhalten über Peer-to-Peer-Ansätze neigt sich die Waagschale, zumindest für die nähere Zukunft, in Richtung Anwendungsschicht-Multicast. Allerdings gibt es weiterhin Fortschritte beim IP-Multicast, so dass das Rennen weiterhin offen ist.

ZUSAMMENFASSUNG

In diesem Kapitel sind wir auf unserer Reise ins Innere der Netzwerke vorgestoßen. Wir haben erfahren, dass die Netzwerkschicht in jedem einzelnen Host und Router im Netz implementiert ist. Deswegen gehören Netzwerkschichtprotokolle zu den herausforderndsten Protokollen im Protokollstapel.

Wir haben erfahren, dass ein Router gleichzeitig Millionen von Paketströmen verarbeiten muss, die zwischen verschiedenen Quelle-Ziel-Paaren laufen. Damit ein Router dies bewältigen kann, haben Netzentwickler über die Jahre hinweg gelernt, die Aufgaben des Routers so einfach wie möglich zu halten. Es gibt viele Möglichkeiten, mit denen die Arbeit des Routers leichter gemacht werden kann, darunter die Verwendung von Datagrammnetzwerken statt virtuellen Leitungen, der Einsatz von kompakten Headern mit fester Größe (wie bei IPv6), die Vermeidung von Fragmentierung (ebenfalls in IPv6) und das Erbringen eines einzigen Best-Effort-Dienstes. Der vielleicht wichtigste Trick besteht darin, nicht die einzelnen Datenströme zu verwalten, sondern stattdessen Routing-Entscheidungen ausschließlich auf hierarchisch strukturierte Zieladressen in den Datagrammen zu begründen. Interessanterweise benutzt der Postdienst diesen Ansatz schon seit langer Zeit.

In diesem Kapitel haben wir auch die eigentlichen Grundlagen von Routing-Algorithmen untersucht. Wir haben gelernt, wie Routing-Algorithmen das Computernetzwerk als Graph aus Knoten und Kanten abstrahieren. Mit dieser Abstraktion können wir die umfangreiche Theorie zum Routing auf kürzesten Pfaden in Graphen nutzen, die während der letzten 40 Jahre entstanden ist. Wir haben gesehen, dass es generell zwei Ansätze gibt: einen zentralisierten (globalen) Ansatz, in dem jeder Knoten eine vollständige Karte des Netzes erhält und unabhängig von anderen einen Routing-Algorithmus zur Bestimmung des kürzesten Pfades anwendet, und alternativ einen dezentralen Ansatz, in dem einzelne Knoten nur ein Teilbild des Gesamtnetzes kennen, in dem aber die Knoten zusammenarbeiten, um Pakete entlang der kürzesten Wege zu übertragen. Wir haben auch untersucht, wie eine Hierarchie benutzt werden kann, um das Problem der Skalierbarkeit durch Aufteilen von großen Netzwerken in kleinere unabhängige Teile zu lösen, die als autonome Systeme (AS) bezeichnet werden. Jedes AS leitet seine Datagramme unabhängig von den anderen durch seinen Teil des Netzwerkes, genau wie jeder Staat seine Post unabhängig von anderen durch das Land leitet. Wir haben gelernt, dass zentralisierte, dezentrale und hierarchische Ansätze in den wichtigsten Routing-Protokollen im Internet verwirklicht sind: RIP, OSPF und BGP. Wir haben unsere Untersuchung von Routing-Algorithmen mit einer Betrachtung des Broadcast- und Multicast-Routings abgeschlossen.

Nachdem wir mit dem Erkunden der Netzwerkschicht fertig sind, wird uns unsere Reise durch den Protokollstapel eine Stufe tiefer führen, nämlich zur Sicherungsschicht. Wie die Netzwerkschicht ist die Sicherungsschicht ebenfalls Bestandteil des Inneren des Netzwerkes. Aber wir werden im nächsten Kapitel sehen, dass sie die viel enger lokalisierte Aufgabe hat, Pakete zwischen Knoten zu transportieren, die an dieselbe Leitung oder dasselbe LAN angeschlossen sind. Obwohl diese Aufgabe oberflächlich gesehen einfach erscheinen mag, verglichen mit denjenigen der Netzwerkschicht, gibt es auf der Sicherungsschicht eine Reihe von wichtigen und faszinierenden Themen zu betrachten, die uns noch lange beschäftigen werden.

Aufgaben

Lösungshinweise

Verständnisfragen

ABSCHNITTE 4.1–4.2

R1. Lassen Sie uns einen Teil der von diesem Lehrbuch verwendeten Terminologie betrachten. Wie erwähnt wird ein Paket der Transportschicht als *Segment* bezeichnet und ein Paket der Sicherungsschicht heißt *Rahmen*. Wie lautet der Name eines Paketes der Netzwerkschicht? Denken Sie daran, dass sowohl Router als auch Switches der Sicherungsschicht als *Paket-Switches* bezeichnet werden. Worin liegt der grundsätzliche Unterschied zwischen einem Router und einem Switch der Sicherungsschicht? Denken Sie auch daran, dass wir den Ausdruck Router sowohl für Datagrammnetzwerke als auch für VC-Netzwerke verwenden.

R2. Was sind die beiden wichtigsten Netzwerkschichtfunktionen in einem Datagrammnetz? Was sind die drei wichtigsten Netzwerkschichtfunktionen in einem Netzwerk mit virtuellen Leitungen?

R3. Was ist der Unterschied zwischen Routing und Weiterleitung?

R4. Verwenden Router sowohl in Datagrammnetzwerken als auch in Netzwerken mit virtuellen Leitungen Weiterleitungstabellen? Wenn ja, beschreiben Sie die Weiterleitungstabellen für beide Klassen von Netzwerken.

R5. Beschreiben Sie einige hypothetische Dienste, welche die Netzwerkschicht einem einzelnen Paket bieten könnte. Machen Sie dasselbe für einen Strom von Paketen. Werden einige Ihrer hypothetischen Dienste von der Netzwerkschicht des Internets angeboten? Werden irgendwelche dieser Dienste von ATMs CBR-Dienstmodell geboten? Werden irgendwelche dieser Dienste von ATMs ABR-Dienstmodell geboten?

R6. Listen Sie einige Anwendungen auf, die von ATMs CBR-Dienstmodell profitieren würden.

ABSCHNITT 4.3

R7. Diskutieren Sie, warum jeder Eingangsport in einem Hochgeschwindigkeitsrouter eine Kopie der Weiterleitungstabelle halten muss.

R8. Drei Arten von Switching-Fabrics werden in Abschnitt 4.3 erörtert. Zählen Sie diese Typen auf und beschreiben Sie jeden kurz.

R9. Beschreiben Sie, wie Paketverlust an Eingangsports auftreten kann. Beschreiben Sie, wie Paketverlust an Eingangsports eliminiert werden kann (ohne unendlich große Puffer zu verwenden).

R10. Beschreiben Sie, wie Paketverlust an Ausgangsports auftreten kann.

R11. Was ist HOL-Blocking? Tritt es an Eingangs- oder Ausgangsports auf?

ABSCHNITT 4.4

R12. Haben Router IP-Adressen? Wenn ja, wie viele?

R13. Was ist das binäre 32-Bit-Äquivalent zur IP-Adresse 223.1.3.27?

R14. Suchen Sie sich einen Host, der DHCP verwendet, und ermitteln Sie seine IP-Adresse, Netzmaske, Default-Router und die IP-Adresse seines lokalen DNS-Servers. Listen Sie diese Werte auf.

R15. Nehmen Sie an, dass es zwischen einem Quellhost und einem Zielhost drei Router gibt. Von Fragmentierung einmal abgesehen, über wie viele Schnittstellen reist ein vom Quellhost zum Zielhost gesandtes IP-Datagramm? Wie viele Weiterleitungstabellen werden verwendet, um das Datagramm von der Quelle zum Ziel zu transportieren?

R16. Nehmen Sie an, dass eine Anwendung alle 20 ms Datenblöcke von 40 Byte generiert und jeder Block zuerst in ein TCP-Segment und dann in ein IP-Datagramm verpackt wird. Welcher prozentuale Anteil jedes Datagramms ist Header und wie viel Prozent sind Anwendungsdaten?

R17. Nehmen Sie an, dass Host A ein TCP-Segment an Host B sendet, das in einem IP-Datagramm steckt. Wenn Host B das Datagramm erhält, woher weiß die Netzwerkschicht in Host B, dass sie das Segment (also die Nutzdaten des Datagramms) an TCP übermitteln sollte, und nicht zum Beispiel an UDP?

R18. Nehmen Sie an, Sie hätten einen WLAN-Router gekauft und verbinden ihn mit Ihrem DSL-Modem. Nehmen Sie auch an, dass Ihr ISP Ihrem angeschlossenen Gerät (das heißt Ihrem WLAN-Router) dynamisch eine IP-Adresse zuweist. Außerdem befinden sich bei Ihnen zu Hause fünf PCs, die sich mit 802.11 drahtlos mit Ihrem Router verbinden. Wie werden den fünf PCs IP-Adressen zugewiesen? Benutzt der WLAN-Router NAT? Warum oder warum nicht?

R19. Vergleichen Sie die IPv4- und die IPv6-Header-Felder. Gibt es gemeinsame Felder?

R20. Wenn IPv6 einen Tunnel über IPv4-Router erzeugt, wird dieser Tunnel von IPv6 als Sicherungsschichtprotokoll behandelt. Stimmen Sie dieser Aussage zu? Warum oder warum nicht?

ABSCHNITT 4.5

R21. Vergleichen Sie Link-State- und Distanzvektor-Routing-Algorithmen und nennen Sie Gemeinsamkeiten und Unterschiede.

R22. Erörtern Sie, wie es die hierarchische Organisation des Internets möglich machte, es auf Millionen von Benutzern zu skalieren.

R23. Ist es notwendig, dass jedes autonome System denselben Intra-AS-Routing-Algorithmus benutzt? Warum oder warum nicht?

ABSCHNITT 4.6

R24. Betrachten Sie ▶Abbildung 4.35. Beginnen Sie mit der Anfangstabelle in *D*. Nehmen Sie an, dass *D* von *A* das folgende Advertisement erhält:

Ziel-Subnetz	Nächster Router	Anzahl von Hops zum Ziel
Z	C	10
W	–	1
X	–	1
...	...	...

Ändert sich die Tabelle in *D*? Wenn ja, wie?

R25. Vergleichen Sie die Advertisements von RIP und OSPF.

R26. Füllen Sie die Lücke: RIP-Advertisements kündigen normalerweise die Anzahl von Hops zu verschiedenen Zielen an. BGP-Aktualisierungen kündigen andererseits den verschiedenen Zieladressen die ________ zu den Zielen an.

R27. Warum werden im Internet unterschiedliche Inter-AS- und Intra-AS-Protokolle verwendet?

R28. Warum sind geschäftspolitische Überlegungen für Intra-AS-Protokolle, etwa OSPF und RIP, nicht ebenso wichtig wie für ein Inter-AS-Routing-Protokoll wie BGP?

R29. Definieren Sie die folgenden Begriffe und grenzen Sie sie voneinander ab: *Subnetz*, *Präfix* und *BGP-Route*.

R30. Wie verwendet BGP das NEXT-HOP-Attribut? Wie verwendet es das AS-PATH-Attribut?

R31. Beschreiben Sie, wie ein Netzwerkadministrator eines ISP eine geschäftspolitische Routing-Entscheidung implementieren kann, wenn er BGP konfiguriert.

ABSCHNITT 4.7

R32. Was ist ein wichtiger Unterschied zwischen der Implementierung von Broadcasts durch mehrfache Unicasts und einem durch die Router unterstützten Broadcast?

R33. Betrachten Sie die drei allgemeinen Ansätze, die wir bei der Broadcast-Kommunikation untersucht haben (unkontrolliertes Fluten, kontrolliertes Fluten und Spannbaum-Broadcast). Sind die folgenden Aussagen richtig oder falsch? Sie dürfen davon ausgehen, dass keine Pakete aufgrund von Pufferüberläufen verloren gehen und dass alle Pakete auf einer Leitung in der Reihenfolge übertragen werden, in der sie abgeschickt wurden.

a. Ein Knoten kann mehrere Kopien desselben Paketes erhalten.

b. Ein Knoten kann mehrere Kopien eines Paketes über dieselbe ausgehende Leitung weiterleiten.

R34. Wenn ein Host einer Multicast-Gruppe beitritt, muss er dann seine IP-Adresse in die Adresse der Multicast-Gruppe ändern, in die er eintritt?

R35. Welche Rollen spielen das IGMP-Protokoll und ein Weitverkehrs-Multicast-Routing-Protokoll?

R36. Worin besteht im Zusammenhang mit Multicast-Routing der Unterschied zwischen einem gemeinsam genutzten Gruppenbaum und einem quellenspezifischen Baum?

Übungsaufgaben

Lösungshinweise

P1. Betrachten Sie das Für und Wider von VC- und von Datagrammnetzwerken.

a. Nehmen Sie an, dass auf der Netzwerkschicht Router schwerem Stress ausgesetzt sind, der dazu führen kann, dass sie ziemlich oft ausfallen. Welche prinzipiellen Schritte müssten bei einem solchen Routerausfall unternommen werden? Spricht dies für die VC- oder die Datagrammarchitektur?

b. Es sei eine Garantie bezüglich der Dienstgüte (zum Beispiel Verzögerung) verlangt, die auf einem Pfad zwischen Quelle und Ziel zugesichert werden soll. Dafür soll der Sender seine maximale Datenrate angeben. Wenn das Netzwerk die geforderte Dienstgüte nicht garantieren kann, dann weist es die Quelle ab. Könnte ein solcher Ansatz einfacher in einer VC- oder einer Datagrammarchitektur umgesetzt werden?

P2. Betrachten Sie ein VC-Netzwerk. Nehmen Sie an, dass die VC-Nummer ein 16 Bit langes Feld ist.

a. Wie viele virtuelle Leitungen können maximal über eine physikalische Leitung transportiert werden?

b. Nehmen Sie an, dass ein zentraler Knoten Pfade und VC-Nummern beim Verbindungsaufbau bestimmt. Gehen Sie außerdem davon aus, dass dieselbe VC-Nummer für jede Verbindung auf dem VC-Pfad verwendet wird. Beschreiben Sie, wie der zentrale Knoten die VC-Nummer beim Verbindungsaufbau bestimmen könnte. Könnten weniger VC vorhanden sein als die unter (a) bestimmte Maximalzahl und dennoch keine freie VC-Nummer mehr zur Verfügung stehen?

c. Nehmen Sie an, dass auf jeder Leitung entlang des Pfades einer VC verschiedene VC-Nummern erlaubt sind. Beschreiben Sie, wie während des Verbindungsaufbaus, nachdem ein Ende-zu-Ende-Pfad bestimmt wurde, die Leitungen ihre VC-Nummern wählen und ihre Weiterleitungstabellen dezentral konfigurieren können, ohne auf einen zentralen Knoten zurückgreifen zu müssen.

P3. Eine minimale Weiterleitungstabelle in einem VC-Netz hat vier Spalten. Welche Bedeutung haben die Werte in jeder dieser Spalten? Eine minimale Weiterleitungstabelle in einem Datagrammnetz hat zwei Spalten. Welche Bedeutung haben die Werte in jeder dieser Spalten?

P4. Gegeben sei ein VC-Netzwerk mit einem 2 Bit langen Feld für die VC-Nummer. Nehmen Sie an, dass das Netz einen VC über vier Leitungen aufbauen will: Leitung A, Leitung B, Leitung C und Leitung D. Außerdem trägt jede dieser Leitungen gegenwärtig zwei andere VCs. Deren VC-Nummern lauten wie folgt:

Leitung A	Leitung B	Leitung C	Leitung D
00	01	10	11
01	10	11	00

Bedenken Sie beim Beantworten der folgenden Fragen, dass es für jeden der vorhandenen VCs sein kann, dass er nur eine der vier Leitungen durchquert.

a. Wenn von jedem VC verlangt wird, auf allen Leitungen entlang seines Pfades dieselbe VC-Nummer zu verwenden, welche VC-Nummer könnte dem neuen VC zugewiesen werden?

b. Wenn es jedem VC gestattet wird, verschiedene VC-Nummern in den verschiedenen Leitungen entlang seines Pfades zu haben, wie viele verschiedene Kombinationen von vier VC-Nummern (eine für jede der vier Leitungen) könnten benutzt werden?

P5. Im Text benutzen wir die Begriffe *verbindungsorientierte Dienste*, um einen Transportschichtdienst zu beschreiben, und *virtuelle Leitung* für einen Dienst der Netzwerkschicht. Was macht den feinen Unterschied zwischen den beiden aus?

P6. In Abschnitt 4.3 haben wir angemerkt, dass es keine Eingangswarteschlange geben kann, wenn das Switching Fabric n-mal schneller ist als die Geschwindigkeiten der Eingangsleitungen, wobei wir vorausgesetzt haben, dass die n Eingangsleitungen alle dieselbe Leitungsgeschwindigkeit haben. Erklären Sie, warum diese Aussage richtig ist.

P7. Betrachten Sie einen Router mit einem Switching Fabric, zwei Eingangsports (A und B) und zwei Ausgangsports (C und D). Nehmen Sie an, dass das Switching Fabric mit 1,5-facher Leitungsgeschwindigkeit arbeitet.

a. Wenn aus irgendeinem Grund alle Pakete von A für D bestimmt sind und alle Pakete von B für C bestimmt sind, kann dann ein Switching Fabric so gestaltet werden, dass es keine Eingangswarteschlangen gibt? Erklären Sie mit einem Satz, warum oder warum nicht.

b. Nehmen Sie an, dass jetzt die Pakete von A und B zufällig auf C und D zugewiesen werden. Kann ein Switching Fabric so gestaltet werden, dass es keine Eingangswarteschlangen gibt? Erklären Sie mit einem Satz, warum oder warum nicht.

P8. Gegeben sei ein Datagrammnetz mit 32 Bit langen Hostadressen. Nehmen Sie an, dass ein Router vier angeschlossene Leitungen hat, die von 0 bis 3 durchnummeriert sind, und Pakete wie folgt an die Leitungen weitergeleitet werden:

Zieladressbereich	Ausgangsleitung
11100000 00000000 00000000 00000000 bis 11100000 11111111 11111111 11 111111	0
11100001 00000000 00000000 00000000 bis 11100001 00000000 11111111 11 111111	1
11100001 00000001 00000000 00000000 bis 11100001 11111111 11111111 11 111111	2
Sonst	3

a. Geben Sie eine Weiterleitungstabelle an, die vier Einträge hat, Longest-Prefix-Matching verwendet und Pakete an die richtige Ausgangsleitung weiterleitet.

b. Beschreiben Sie, wie Ihre Weiterleitungstabelle die entsprechende Ausgangsleitung für Datagramme mit den folgenden Zieladressen bestimmt:

11001000 10010001 01010001 01010101
11100001 00000000 11000011 00111100
11100001 10000000 00010001 01110111

P9. Gegeben sei ein Datagrammnetz, das 8 Bit lange Hostadressen verwendet. Nehmen Sie an, dass ein Router Longest-Prefix-Matching verwendet und folgende Weiterleitungstabelle hat:

Passendes Präfix	Ausgangsleitung
00	0
01	1
10	2
11	3

Geben Sie für jede der vier Ausgangsleitungen den zugehörigen Bereich von Hostzieladressen und die Anzahl der Adressen in diesem Bereich an.

P10. Gegeben sei ein Datagrammnetz, das 8 Bit lange Hostadressen verwendet. Nehmen Sie an, dass ein Router Longest-Prefix-Matching verwendet und folgende Weiterleitungstabelle hat:

Passendes Präfix	Ausgangsleitung
1	0
11	1
111	2
Sonst	3

Geben Sie für jede der vier Ausgangsleitungen den zugehörigen Bereich der Hostzieladressen und die Anzahl von Adressen im entsprechenden Bereich an.

P11. Betrachten Sie einen Router, der drei Subnetze verbindet: Subnetz 1, Subnetz 2 und Subnetz 3. Nehmen Sie an, dass alle Adressen das Präfix 223.1.17/24 haben. Von Subnetz 1 wird zudem verlangt, bis zu 125 Adressen zu unterstützen, während Subnetz 2 und 3 jeweils bis zu 60 Adressen unterstützen müssen. Nennen Sie mögliche Adressen für die drei Netzwerke (in der Form a.b.c.d/*x*), die diese Vorgaben erfüllen.

P12. In Abschnitt 4.4.2 finden Sie ein Beispiel einer Weiterleitungstabelle (die Longest-Prefix-Matching verwendet). Geben Sie diese Weiterleitungstabelle in der Schreibweise a.b.c.d/*x* anstelle der Binärschreibweise an.

P13. In Aufgabe P8 sollten Sie eine Weiterleitungstabelle (mit Longest-Prefix-Matching) erstellen. Schreiben Sie diese Weiterleitungstabelle neu und verwenden Sie die a.b.c.d/*x*-Schreibweise statt der Binärschreibweise.

P14. Betrachten Sie ein Subnetz mit Präfix 101.101.101.64/26. Geben Sie ein Beispiel einer IP-Adresse an (in der Form xxx.xxx.xxx.xxx), die in diesem Netz zugewiesen werden kann. Nehmen Sie an, dass ein ISP einen Adressblock der Form 101.101.128/17 besitzt. Der ISP will diesen Block in vier Subnetze unterteilen, wobei jeder Block dieselbe Anzahl von IP-Adressen haben soll. Welche Präfixe (der Form a.b.c.d/*x*) haben die vier Subnetze?

P15. Betrachten Sie die in Abbildung 4.17 gezeigte Topologie. Bezeichnen Sie die drei Subnetze mit Hosts (beginnend beim oberen im Uhrzeigersinn) als Netzwerke A, B und C, die Subnetze ohne Hosts mit D, E und F.

a. Weisen Sie jedem dieser sechs Subnetze Netzadressen mit den folgenden Vorgaben zu: Alle Adressen müssen aus dem Bereich 214.97.254/23 zugewiesen werden. Subnetz A sollte mindestens 250 Adressen umfassen, die Subnetze B und C sollten jeweils über wenigstens 120 Adressen verfügen. Natürlich müssen die Subnetze D, E und F jeweils zwei Adressen unterstützen. Für jedes Subnetz sollte die Zuweisung die Form a.b.c.d/*x* oder a.b.c.d/*x* – e.f.g.h/*y* annehmen.

b. Verwenden Sie Ihre Antwort aus (a), um die Weiterleitungstabellen (mit Longest-Prefix-Matching) für jeden der drei Router zu erstellen.

P16. Sie wollen ein 3.000 Byte langes Datagramm über eine Leitung senden, die eine MTU von 500 Byte hat. Das Originaldatagramm hat die Kennung 422. Wie viele Fragmente werden erzeugt? Welche Merkmale (relevante IP-Headerfelder) haben sie?

P17. Nehmen Sie an, dass Datagramme zwischen Quellhost A und Zielhost B auf 1.500 Byte (einschließlich Header) beschränkt sind. Unter Voraussetzung eines 20 Byte langen IP-Headers: Wie viele Datagramme wären notwendig, um eine MP3-Datei von 4 Millionen Byte zu senden?

P18. Betrachten Sie die Netzkonfiguration aus Abbildung 4.22. Nehmen Sie an, dass der ISP dem Router die Adresse 126.13.89.67 zuweist und dass die Netzadresse des Heimnetzes 192.168/16 ist.

a. Weisen Sie allen Schnittstellen im Heimnetz Adressen zu.

b. Nehmen Sie an, dass jeder Host zwei laufende TCP-Verbindungen hat, die alle mit Port 80 auf Host 128.119.40.86 verbunden sind. Erstellen Sie die sechs entsprechenden Einträge in der NAT-Übersetzungstabelle.

P19. In dieser Aufgabe untersuchen wir die Auswirkung von NAT auf P2P-Anwendungen. Nehmen Sie an, dass ein Peer mit Benutzernamen Arnold herausgefunden hat, dass ein Peer mit Benutzernamen Bernard eine Datei besitzt, die er herunterladen will. Bernard und Arnold befinden sich beide hinter NAT-Routern. Entwerfen Sie eine Technik, die es Arnold erlaubt, eine TCP-Verbindung mit Bernard herzustellen, ohne anwendungsspezifische NAT-Konfigurationen durchführen zu müssen. Wenn Sie mit dem Entwurf dieser Technik Schwierigkeiten haben, erörtern Sie die Gründe dafür.

P20. Betrachten Sie Abbildung 4.27 und zählen Sie die Pfade von *v* nach *y* auf, die keine Schleifen enthalten.

P21. Wiederholen Sie Aufgabe P20 für Pfade von *x* nach *w*, *w* nach *u* und *z* nach *x*.

P22. Betrachten Sie das folgende Netz. Verwenden Sie Dijkstras kürzesten Pfadalgorithmus mit den angezeigten Leitungskosten, um die kürzesten Pfade von *x* zu allen Netzknoten zu berechnen. Zeigen Sie, wie der Algorithmus funktioniert, indem Sie eine Tabelle, ähnlich wie Abbildung 4.3, erstellen.

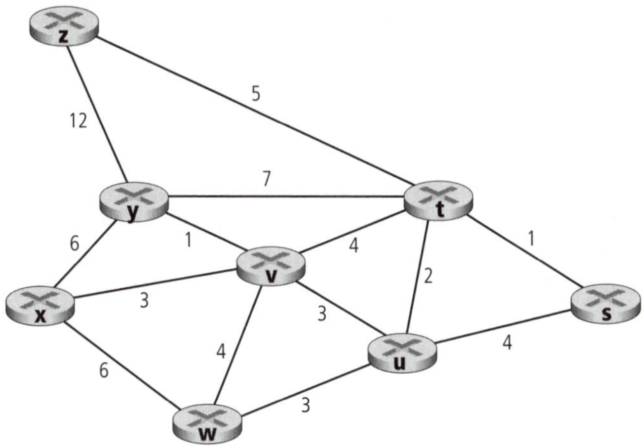

P23. Betrachten Sie das Netzwerk aus Aufgabe P22. Verwenden Sie Dijkstras Algorithmus und zeigen Sie Ihre Arbeit mithilfe einer Tabelle, entsprechend. ▶Abbildung 4.3 Berechnen Sie Folgendes:

a. Den kürzesten Pfad von *s* zu allen Netzknoten

b. Den kürzesten Pfad von *t* zu allen Netzknoten

c. Den kürzesten Pfad von *u* zu allen Netzknoten

d. Den kürzesten Pfad von *v* zu allen Netzknoten

e. Den kürzesten Pfad von *w* zu allen Netzknoten

f. Den kürzesten Pfad von *y* zu allen Netzknoten

g. Den kürzesten Pfad von *z* zu allen Netzknoten

P24. Betrachten Sie das nachfolgend dargestellte Netz und nehmen Sie an, dass zu Beginn jeder Knoten die Kosten zu jedem seiner Nachbarn kennt. Benutzen Sie den Distanzvektor-Algorithmus und bestimmen Sie die Einträge der Entfernungstabelle von Knoten *z*.

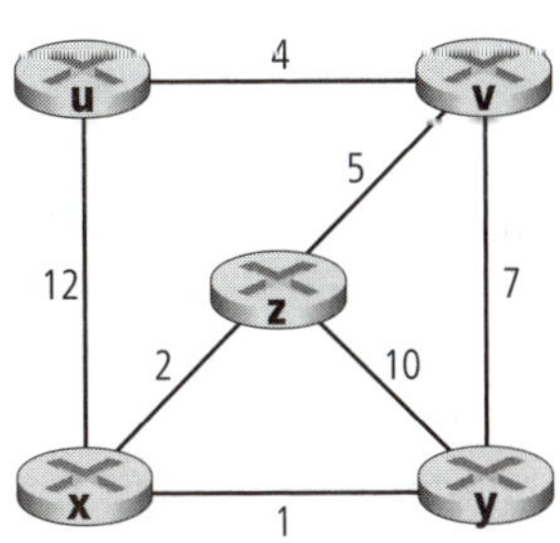

P25. Betrachten Sie eine allgemeine Topologie (also nicht das oben gezeigte spezifische Netzwerk) und eine synchrone Version des Distanzvektor-Algorithmus. Nehmen Sie an, dass bei jeder Iteration ein Knoten seine Distanzvektoren mit seinen Nachbarn austauscht und deren Distanzvektoren erhält.

Unter der Voraussetzung, dass der Algorithmus damit beginnt, dass jeder Knoten nur die Kosten zu seinen unmittelbaren Nachbarn kennt, wie viele Iterationen sind maximal notwendig, bis der verteilte Algorithmus konvergiert? Begründen Sie Ihre Antwort.

P26. Betrachten Sie das unten dargestellte Netzwerkfragment. *x* ist nur mit zwei Nachbarn verbunden, *w* und *y*. Der kostengünstigste Pfad von *w* zum (nicht dargestellten) Ziel *u* beträgt 5, der kostengünstigste Pfad von *y* nach *u* beträgt 6. Die vollständigen Pfade von *w* und *y* nach *u* (und zwischen *w* und *y*) werden nicht gezeigt. Alle Leitungskosten im Netz sind ausschließlich positive ganzzahlige Werte.

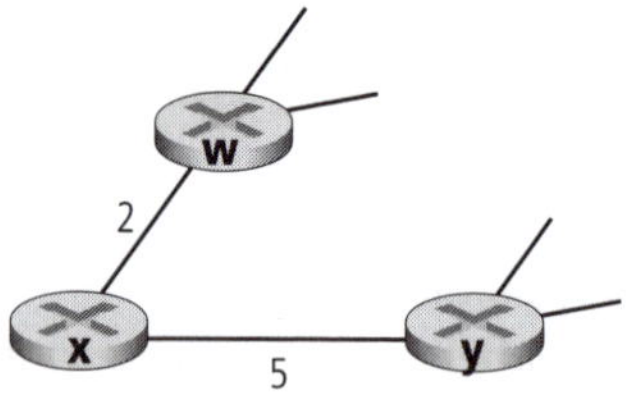

a. Geben Sie den Distanzvektor von *x* für die Ziele *w*, *y* und *u* an.

b. Geben Sie eine Änderung der Leitungskosten entweder für *c*(*x*, *w*) oder *c*(*x*, *y*) an, so dass *x* seine Nachbarn als Folge des Distanzvektor-Algorithmus über einen neuen kostengünstigsten Pfad zu *u* informiert.

c. Geben Sie eine Änderung der Leitungskosten entweder für *c*(*x*, *w*) oder *c*(*x*, *y*) an, so dass *x* seine Nachbarn als Folge des Distanzvektor-Algorithmus *nicht* über einen neuen kostengünstigsten Pfad zu *u* informiert.

P27. Betrachten Sie die Drei-Knoten-Topologie aus ▶Abbildung 4.30. Statt der Leitungskosten aus ▶Abbildung 4.30 sollen die Leitungskosten nun *c*(*x*, *y*) = 5, *c*(*y*, *z*) = 6, *c*(*z*, *x*) = 2 betragen. Berechnen Sie die Entfernungstabellen nach dem Initialisierungsschritt und nach jeder Iteration einer synchronen Version des Distanzvektor-Algorithmus (analog zur Diskussion von ▶Abbildung 4.30).

P28. Beschreiben Sie, wie Schleifen auf Pfaden bei Verwendung von BGP erkannt werden können.

P29. Betrachten Sie das unten dargestellte Netz. Nehmen Sie an, dass AS3 und AS2 OSPF als ihr Intra-AS-Routing-Protokoll ausführen. Weiterhin benutzen AS1 und AS4 RIP als ihr Intra-AS-Routing-Protokoll. Als Inter-AS-Routing-Protokolle werden eBGP und iBGP verwendet. Zu Beginn existiert keine physikalische Leitung zwischen AS2 und AS4.

a. Von welchem Routing-Protokoll erfährt Router 3c von Präfix *x*: OSPF, RIP, eBGP oder iBGP?

b. Von welchem Routing-Protokoll erfährt Router 3a von Präfix *x*?

c. Von welchem Routing-Protokoll erfährt Router 1c von Präfix *x*?

d. Von welchem Routing-Protokoll erfährt Router 1d von Präfix *x*?

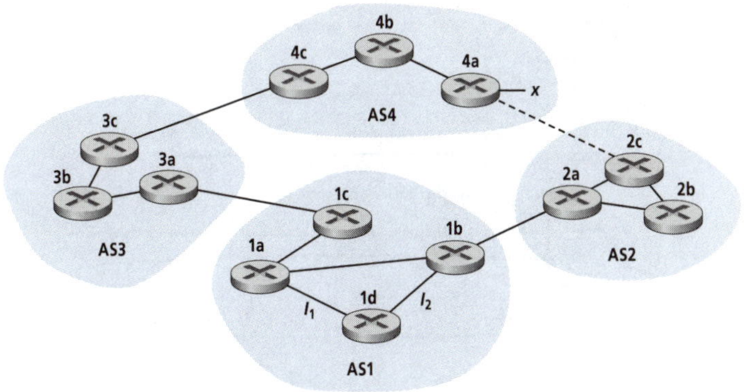

P30. Fahren Sie mit der vorherigen Aufgabe fort. Sobald Router 1d von *x* erfahren hat, fügt er seiner Weiterleitungstabelle einen Eintrag *(x, l)* hinzu.

a. Wird *l* für diesen Eintrag gleich l_1 oder l_2 sein? Erklären Sie in einem Satz die Gründe dafür.

b. Nehmen Sie jetzt an, dass es eine physikalische Leitung zwischen AS2 und AS4 gibt, die durch die gepunktete Linie dargestellt wird. Router 1d erfährt, dass *x* sowohl über AS2 als auch über AS3 erreichbar ist. Wird *l* jetzt auf l_1 oder l_2 gesetzt? Erklären Sie in einem Satz die Gründe dafür.

c. Nehmen Sie nun an, dass es ein anderes AS gibt, genannt AS5, das auf dem Pfad zwischen AS2 und AS4 liegt (und nicht im Diagramm gezeigt wird). Router 1d erfährt, dass *x* sowohl über AS2-AS5-AS4 als auch über AS3-AS4 erreichbar ist. Wird *l* auf l_1 oder l_2 gesetzt? Erklären Sie in einem Satz die Gründe dafür.

P31. Betrachten Sie das nachfolgend dargestellte Netz. ISP B erbringt einen nationalen Backbone-Dienst für den regionalen ISP A. ISP C erbringt einen nationalen Backbone-Dienst für den regionalen ISP D. Jeder ISP besteht aus einem einzelnen AS. B und C sind an zwei Stellen zueinander BGP-Peers. Betrachten Sie den Verkehr, der von A nach D geht. B würde es bevorzugen, diesen Verkehr an der Westküste an C zu übergeben (so dass C die Kosten des Verkehrs quer durchs Land tragen müsste), während C es vorzieht, den Verkehr über seinen Peering-Point zu B an der Ostküste zu erhalten (so dass B den Verkehr quer durch das Land transportieren müsste). Welchen BGP-Mechanismus könnte C verwenden, damit B den Verkehr von A nach D an der Ostküste übergibt? Um diese Frage zu beantworten, müssen Sie etwas tiefer in die BGP-Spezifikationen einsteigen.

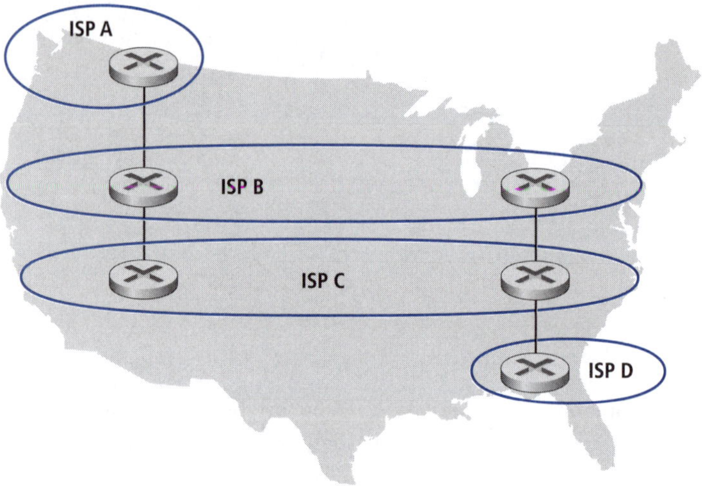

P32. Betrachten Sie in ▶Abbildung 4.43 die Pfadinformation, welche die Stub-Netzwerke W, X und Y erreicht. Basierend auf den bei W und X verfügbaren Informationen, wie sehen diese jeweils die Netzwerktopologie? Begründen Sie Ihre Antwort. Die Sicht auf die Topologie von Y wird nachfolgend gezeigt.

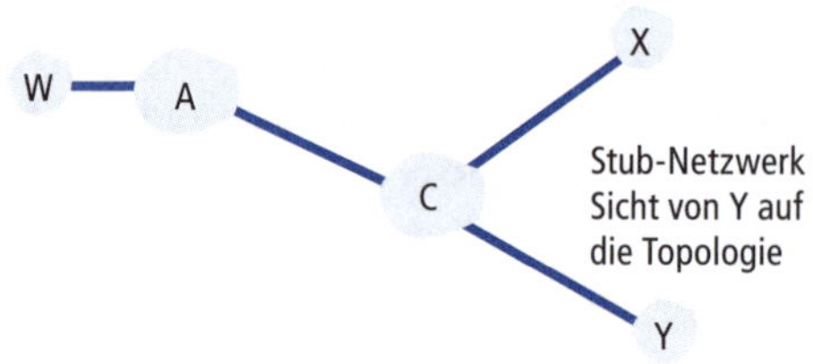

P33. Betrachten Sie das Acht-Knoten-Netz (die Knoten werden mit s bis z bezeichnet) aus Aufgabe P22. Erstellen Sie den minimalen Kostenbaum mit der Wurzel s, der die Knoten u, v, w und y (als Endhosts) enthält. Begründen Sie formlos, warum Ihr Baum ein minimaler Kostenbaum ist.

P34. Gehen Sie von den beiden grundlegenden Ansätzen zur Durchführung von Broadcast aus, der Nachbildung mittels Unicasts und dem Netzwerkschicht-Broadcast (z.B. routerunterstützter Broadcast). Gehen Sie davon aus, dass für die Umsetzung auf der Netzwerkschicht Spannbaum-Broadcast verwendet wird. Weiterhin gibt es einen einzelnen Sender und 32 Empfänger. Nehmen Sie an, dass der Sender an die Empfänger über einen Binärbaum von Routern angeschlossen ist. Welche Kosten hat in dieser Topologie ein Broadcast-Paket im Fall der Unicast-Emulation und im Fall des Netzwerkschicht-Broadcast? Jedes Mal, wenn ein Paket (oder die Kopie eines Paketes) über eine einzelne Leitung übertragen wird, fällt eine Kosteneinheit an. Bei welcher Topologie für das Verbinden von Absender, Empfänger und Router unterscheiden sich die Kosten von Unicast-Emulation und Netzwerkschicht-Broadcast am stärksten? Sie dürfen so viele Router verwenden, wie Sie wollen.

P35. Betrachten Sie in Abbildung 4.45 die Arbeitsweise des Reverse-Path-Forwarding-Algorithmus (RPF). Erstellen Sie mithilfe derselben Topologie einen Satz von Pfaden von allen Knoten zum Quellknoten *A* (und zeichnen Sie diese Pfade mit lang gestrichelten Linien, ähnlich wie in Abbildung 4.45, in eine Grafik ein), so dass unter RPF, wenn diese Pfade die kürzesten Pfade wären, Knoten *B* eine Kopie der Broadcast-Nachricht von *A* von den Knoten *A*, *C* und *D* erhalten würde.

P36. Betrachten Sie die in Abbildung 4.45 gezeigte Topologie. Nehmen Sie an, dass alle Leitungen einheitliche Kosten haben und das Knoten *E* die Quelle des Broadcast ist. Benutzen Sie Pfeile wie jene aus Abbildung 4.45 und identifizieren Sie Leitungen, über die Pakete mit RPF transportiert werden, und Leitungen, über die Pakete *nicht* weitergeleitet werden, wenn Knoten *E* die Quelle ist.

P37. Betrachten Sie die in Abbildung 4.47 gezeigte Topologie und nehmen Sie an, dass jede Leitung die gleichen Kosten hat. Sei Knoten *C* das Zentrum in einem zentrumsbasierten Multicast-Routing-Algorithmus. Zeichnen Sie den entstehenden zentrumsbasierten Routing-Baum unter der Annahme, dass jeder angeschlossene Router seinen kostengünstigsten Pfad zu Knoten C verwendet, um diesem Join-Nachrichten zuzusenden. Ist der entstehende Baum ein minimaler Kostenbaum? Begründen Sie Ihre Antwort.

P38. In Abschnitt 4.5.1 haben wir Dijkstras Link-State-Routing-Algorithmus studiert, der die kostengünstigsten Pfade von der Quelle zu allen Zielen bestimmt. Die Verknüpfung dieser Pfade bildet einen kostengünstigsten Unicast-Pfadbaum (oder einen kürzesten Unicast-Pfadbaum, sofern alle Leitungskosten identisch sind). Zeigen Sie mit einem Gegenbeispiel, dass der kostengünstigste Pfadbaum *nicht* immer dasselbe ist wie der minimale Spannbaum.

P39. Betrachten Sie ein Netz, in dem alle Knoten mit drei anderen Knoten verbunden sind. In einem einzelnen Zeitschritt kann ein Knoten alle von seinen Nachbarn gesendeten Broadcast-Pakete erhalten, die Pakete kopieren und sie allen seinen Nachbarn zusenden (außer an den Knoten, von dem er ein gegebenes Paket erhalten hat). Im nächsten Zeitschritt können die Nachbarknoten diese Pakete erhalten, kopieren und weiterleiten usw. Nehmen Sie an, dass in diesem Netzwerk unkontrolliertes Fluten für das Broadcasting benutzt wird. Wie viele Kopien des Broadcast-Paketes werden zum Zeitschritt *t* übertragen, wenn während des Zeitschrittes 1 ein einzelnes Broadcast-Paket vom Quellknoten an seine drei Nachbarn gesendet wird?

P40. Wir haben in Abschnitt 4.7 gesehen, dass es kein Netzwerkschichtprotokoll gibt, mit dem jene Hosts identifiziert werden können, die an einer Multicast-Gruppe teilnehmen. Wie können nun Multicast-Anwendungen die Identitäten der Hosts in Erfahrung bringen, die Mitglieder einer Multicast-Gruppe sind?

P41. Gestalten Sie (in Form einer Pseudo-Code-Beschreibung) ein Anwendungsschichtprotokoll, das die Hostadressen aller Hosts verwaltet, die an einer Multicast-Gruppe teilnehmen. Nennen Sie ausdrücklich den Netzwerkdienst (Unicast oder Multicast), den Ihr Protokoll verwendet, und geben Sie an, ob Ihr Protokoll Nachrichten In-Band oder Out-of-Band sendet (bezogen auf den Datenfluss von Anwendungen zwischen den Teilnehmern der Multicast-Gruppe). Begründen Sie Ihre Entscheidungen.

P42. Wie groß ist der Adressraum von Multicast? Nehmen Sie an, dass zwei Multicast-Gruppen eine Multicast-Adresse zufällig auswählen. Wie hoch ist die Wahrscheinlichkeit, dass sie dieselbe Adresse wählen? Nehmen Sie nun an, dass 1.000 Multicast-Gruppen gleichzeitig arbeiten und ihre Multicast-Gruppenadresse durch Zufall auswählen. Wie hoch ist die Wahrscheinlichkeit, dass sie sich gegenseitig in die Quere kommen?

Diskussion

D1. Finden Sie drei Firmen, die gegenwärtig Hochgeschwindigkeitsrouter verkaufen. Vergleichen Sie die Produkte.

D2. Nutzen Sie die Anwendung whois der American Registry for Internet Numbers (ARIN) *(http://www.arin.net/whois)*, um die IP-Adressblöcke dreier amerikanischer Universitäten zu bestimmen. Können die whois-Dienste genutzt werden, um den geografischen Standort einer bestimmten IP-Adresse genau zu bestimmen?

D3. Ist es möglich, ein Ping-Client-Programm (unter Verwendung von ICMP-Nachrichten) in Java zu schreiben? Warum oder warum nicht?

D4. In Abschnitt 4.4 haben wir gezeigt, dass die Verbreitung von IPv6 nur langsam voranging. Was sind die Gründe dafür? Was könnte die Verbreitung beschleunigen?

D5. Erörtern Sie einige der Probleme, die NAT-Router für IPsec verursachen (siehe [Phifer 2000]).

D6. Betrachten Sie das UPnP-Protokoll. Beschreiben Sie insbesondere die Nachrichten, die ein Host verwendet, um NAT zu rekonfigurieren.

D7. Nehmen Sie an, dass AS X und Z nicht direkt, sondern über AS Y miteinander verbunden sind. Nehmen Sie weiter an, dass X eine Peering-Vereinbarung mit Y hat und dass Y eine Peering-Vereinbarung mit Z hat. Nehmen Sie schließlich noch an, dass Z den gesamten Verkehr von Y übertragen will, aber keinerlei Verkehr von X durchlassen will. Ermöglicht es BGP, dass Z diese Vorgabe implementiert?

D8. In Abschnitt 4.7 haben wir eine Reihe von Multicast-Anwendungen genannt. Welche dieser Anwendungen eignen sich gut für das minimalistische Internet-Multicast-Dienstmodell? Warum? Welche Anwendungen passen nicht besonders gut zu diesem Modell?

Programmieraufgabe

In dieser Programmieraufgabe schreiben Sie einen „verteilten" Satz von Prozeduren. Dieser implementiert verteiltes, asynchrones Routing mit Distanzvektoren für das nachfolgend dargestellten Netz.

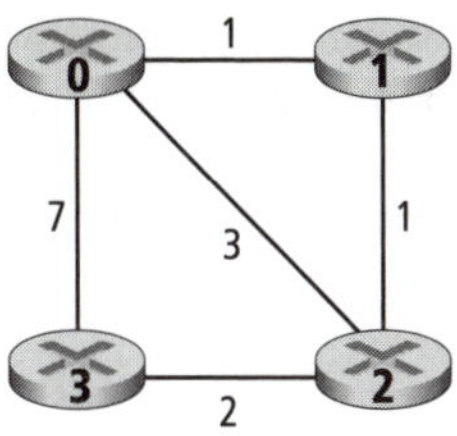

Sie sollen die folgenden Routinen schreiben, die „asynchron" innerhalb der für diese Aufgabe bereitgestellten emulierten Umgebung arbeiten. Für Knoten 0 erzeugen Sie die folgenden Routinen:

- *rtinit0()*. Diese Routine wird einmal zu Beginn der Emulation aufgerufen. *rtinit0()* hat keine Argumente. Sie sollte ihre Abstandstabelle in Knoten 0 so initialisieren, dass sie die direkten Kosten von 1, 3 und 7 zu den Knoten 1, 2 und 3 wiedergibt. In der obigen Abbildung sind alle Leitungen bidirektional und die Kosten sind in beiden Richtungen identisch. Nach dem Initialisieren der Abstandstabelle und allen anderen Datenstrukturen, die von den Routinen in ihrem Knoten 0 benötigt werden, sollte sie ihren direkten Nachbarn (in diesem Fall 1, 2 und 3) die Kosten ihrer kostengünstigsten Pfade zu allen anderen Netzwerkknoten schicken. Diese Minimalkosteninformation wird den Nachbarknoten in einem Routing-Aktualisierungspaket zugesandt, indem die Routine *tolayer2()* aufgerufen wird.

- *rtupdate0(struct rtpkt *rcvdpkt)*. Diese Routine wird aufgerufen, wenn Knoten 0 ein Routing-Paket erhält, das ihm von einem seiner direkten Nachbarn übergeben wurde. Der Parameter **rcvdpkt* ist ein Zeiger auf das empfangene Paket. *rtupdate0()* ist das „Herz" des Distanzvektor-Algorithmus. Die Werte, die sie in einem Routing-Aktualisierungspaket von irgendeinem anderen Knoten *i* erhält, beinhalten die aktuellen Kosten der kürzesten Pfade von *i* zu allen anderen Netzwerkknoten. *rtupdate0()* verwendet diese Werte, um die eigene Entfernungstabelle (wie vom Distanzvektor-Algorithmus vorgesehen) zu aktualisieren. Knoten 0 informiert seine direkten Nachbarn über eine Änderung der minimalen Kosten, sofern sich seine eigenen Minimalkosten zu einem anderen Knoten als Folge der Aktualisierung ändern. Er sendet ihnen dazu ein Routing-Paket. Beachten Sie, dass im Distanzvektor-Algorithmus nur direkt benachbarte Knoten Routing-Pakete austauschen. Daher kommunizieren Knoten 1 und 2 miteinander, Knoten 1 und 3 dagegen nicht.

- Ähnliche Routinen werden für die Knoten 1, 2 und 3 definiert. Daher müssen Sie insgesamt acht Prozeduren schreiben: *rtinit0()*, *rtinit1()*, *rtinit2()*, *rtinit3()*, *rtupdate0()*, *rtupdate1()*, *rtupdate2()* und *rtupdate3()*. Diese Routinen führen zusammen eine verteilte, asynchrone Berechnung der Entfernungstabellen für die Topologie und die Kosten durch, die in der Abbildung auf der vorangegangenen Seite dargestellt werden.

Weblink

Sie finden alle Details der Programmieraufgabe sowie den C-Code, den Sie für die simulierte Hardware-/Softwareumgebung brauchen, auf der Website dieses Buches. Eine Java-Version der Aufgabe steht Ihnen dort ebenfalls zur Verfügung.

Wireshark-Experimente

Auf der Website dieses Lehrbuches finden Sie Beschreibungen für zwei Wireshark-Experimente. Das erste Experiment untersucht die Arbeitsweise des IP-Protokolls und insbesondere das IP-Datagrammformat. Das zweite beschäftigt sich mit der Verwendung des ICMP-Protokolls in den Programmen Ping und Traceroute.

Interview mit Vinton G. Cerf

Vinton G. Cerf ist Vizepräsident und Chief Internet Evangelist für Google. Er arbeitete mehr als 16 Jahre lang in verschiedenen Positionen am MCI und war dort zuletzt als Vizepräsident für Technikstrategie tätig. Weiterhin ist er als Mitentwickler des TCP/IP-Protokolls und der Internetarchitektur bekannt. Während seiner von 1976 bis 1982 dauernden Mitarbeit in der US Department of Defense Advanced Research Projects Agency (DARPA) spielte er eine Schlüsselrolle bei der Entwicklung von Datenpaket- und Sicherheitstechniken für das Internet und verwandte Netze. Er erhielt 2005 die US Presidential Medal of Freedom und 1997 die US National Medal of Technology. Er hat einen Bachelorabschluss in Mathematik von der Stanford University und einen Master- sowie einen Doktortitel in Informatik von der UCLA.

Was brachte Sie darauf, sich auf Netzwerke zu spezialisieren?

Ich arbeitete in den späten 1960ern als Programmierer an der UCLA *(University of California at Los Angeles)*. Meine Arbeit wurde von der US Defense Advanced Research Projects Agency (damals ARPA, heute DARPA genannt) finanziert. Ich arbeitete im Labor von Professor Leonard Kleinrock am Network Measurement Center des frisch entstandenen ARPAnet. Der erste Knoten des ARPAnet wurde an der UCLA am 1. September 1969 installiert. Ich war für die Programmierung eines Computers verantwortlich, der benutzt wurde, um Leistungsinformationen über das ARPAnet zu erfassen und diese Informationen auszugeben, damit sie mit mathematischen Modellen sowie mit Vorhersagen der Netzwerkleistung verglichen werden konnten.

Mit mehreren anderen Graduierten war ich für Arbeiten an den sogenannten Host-Level-Protokollen des ARPAnet verantwortlich – die Prozeduren und Formate, die es vielen unterschiedlichen Computerarten ermöglichen würden, sich im Netzwerk untereinander auszutauschen. Es war eine faszinierende Erkundung einer (für mich) neuen Welt aus verteiltem Rechnen und Kommunikation.

Als Sie mit dem Entwurf des IP-Protokolls begannen, konnten Sie sich da vorstellen, dass es einmal die Bedeutung erlangen würde, die es heute hat?

Als Bob Kahn und ich 1973 mit der Arbeit begannen, konzentrierten wir uns, denke ich, eigentlich auf die Kernfrage: Wie bringen wir heterogene paketvermittelte Netzwerke dazu zusammenzuarbeiten, unter der Randbedingung, dass wir die Netzwerke selbst nicht verändern können. Wir hofften, einen Weg zu finden, der es einer beliebigen Sammlung von Paketvermittlungsnetzen erlauben würde, transparent miteinander verbunden zu werden, so dass Hosts, ohne irgendwelche Übersetzungen durchführen zu müssen, quer durch das Netzwerk kommunizieren könnten. Ich denke, wir wussten, dass wir mit leistungsfähiger und erweiterbarer Technik umgingen, aber ich bezweifle, dass wir ein klares Bild davon hatten, wie die Welt mit Millionen von Computern aussehen würde, die alle über das Internet miteinander verbunden sind.

Was stellen Sie sich jetzt für die Zukunft der Netzwerke und des Internets vor? Welche größeren Herausforderungen bzw. Hindernisse kommen Ihrer Meinung nach auf uns zu?

Ich glaube, das Internet selbst und Netzwerke im Allgemeinen werden weiterhin wachsen. Es existieren bereits glaubwürdige Hinweise, dass es Milliarden von internetfähigen Geräten geben wird, darunter Geräte wie Mobiltelefone, Kühlschränke, PDAs, Heim-Server, Fernsehgeräte sowie das übliche Aufgebot an Laptops, Servern usw. Große Herausforderungen stecken in der Unterstützung der Mobilität, der Batterielebensdauer, der Kapazität der Zugangsleitungen ins Netz und der Fähigkeit, den glasfaserbasierten Kern des Netzes uneingeschränkt hochzuskalieren. Ich arbeite am Jet Propulsion Laboratory intensiv an einem Projekt zur Gestaltung einer interplanetaren Erweiterung des Internets mit. Und wir müssen von IPv4 [32 Bit-Adressen] auf IPv6 umsteigen [128 Bit]. Die Liste ist lang!

Wer hat Sie beruflich inspiriert?

Mein Kollege Bob Kahn; der Betreuer meiner Doktorarbeit, Gerald Estrin; mein bester Freund Steve Crocker (wir trafen uns an der High-School und er machte mich 1960 mit Computern bekannt!); und Tausende von Ingenieuren, die das Internet heute weiterentwickeln.

Haben Sie irgendeinen Rat für Studenten, die in den Bereich der Netzwerke und des Internets einsteigen?

Denken Sie außerhalb der Beschränkungen von vorhandenen Systemen – stellen Sie sich vor, was möglich wäre. Aber scheuen Sie auch nicht den harten Weg, herauszufinden, wie Sie vom aktuellen Stand der Dinge dorthin gelangen. Wagen Sie es zu träumen: Ein halbes Dutzend Kollegen und ich arbeiten am Jet Propulsion Laboratory an der Gestaltung einer interplanetaren Erweiterung des terrestrischen Internets. Es kann Jahrzehnte dauern, das Mission für Mission zu implementieren. Oder um es mit anderen Worten zu umschreiben: „Die Vorstellungskraft eines Menschen sollte über die Reichweite seiner Arme hinausgehen, denn wozu ist der Himmel sonst zu gebrauchen?“

Die Sicherungsschicht und Lokale Netzwerke

5

ÜBERBLICK

EINLEITUNG

» *Im letzten Kapitel haben wir gesehen, dass die Netzwerkschicht einen Kommunikationsdienst zwischen zwei Hosts bietet. Wie in ▶ Abbildung 5.1 gezeigt, besteht diese Kommunikation aus einer Kette von Kommunikationsverbindungen, die beim Quellhost beginnt, eine Reihe von Routern durchquert und beim Zielhost endet. Wir steigen nun eine weitere Stufe im Protokollstapel hinab, von der Netzwerkschicht zur Sicherungsschicht. Dabei stellen wir uns die Frage, wie Pakete die individuellen Abschnitte des Pfades vom Sender bis zum Empfänger durchqueren. Wie werden die Datagramme der Netzwerkschicht im Rahmen der Sicherungsschicht verkapselt, damit sie über eine einzelne Leitung gesandt werden können? Können Sicherungsschichtprotokolle zuverlässigen Datentransfer von Router zu Router bieten? Können verschiedene solcher Protokolle auf unterschiedlichen Abschnitten eines Pfades vom Sender zum Empfänger verwendet werden? In diesem Kapitel beantworten wir diese und andere wichtige Fragen.*

Auf der Sicherungsschicht lassen sich zwei grundsätzlich verschiedene Arten von Kanälen unterscheiden. Zum einen sind dies Broadcast-Kanäle, die in Lokalen Netzwerken (Local Area Network, LAN), drahtlosen LANs (WLAN), Satellitennetzwerken und hybriden Glasfaser-Koaxialkabel-Zugangsnetzen (HFC, hybrid fiber-coaxial cable) verbreitet sind. Im Falle eines Broadcast-Kanals sind viele Hosts an dieselbe Leitung angeschlossen und es wird ein sogenanntes Medien-Zugriffsprotokoll benötigt, um die Übertragungen zu koordinieren und Kollisionen zwischen übertragenen Rahmen zu vermeiden. Zum anderen gibt es Punkt-zu-Punkt-Kanäle (Point-to-Point), etwa zwischen zwei Routern oder zwischen einem Einwahlmodem und einem ISP-Router. Das Koordinieren des Zugriffs auf einen Punkt-zu-Punkt-Kanal ist trivial, dennoch bleiben wichtige Themen wie Framing (Erstellen von Rahmen), zuverlässiger Datentransfer, Fehlererkennung und Flusskontrolle erhalten.

Wir untersuchen in diesem Kapitel mehrere wichtige Sicherungsschichttechnologien. Zudem betrachten wir Ethernet im Detail, da dies die vorherrschende LAN-Technologie ist. Wir werden auch das Point-to-Point-Protokoll (PPP) kennenlernen, das Protokoll der Wahl, wenn es um Einwahlmodems geht.

Obwohl das drahtlose WLAN eindeutig ein Thema für die Sicherungsschicht ist, werden wir es in diesem Kapitel nicht behandeln. Allerdings nicht, weil WLAN unwichtig wäre – das genaue Gegenteil ist der Fall, da die WLAN-Revolution grundlegend die Art und Weise verändert, mit der Menschen auf das Internet zugreifen und es benutzen. WLAN wird vielmehr ausführlich in Kapitel 6 behandelt, das drahtlosen sowie mobilen Netzwerken gewidmet ist. «

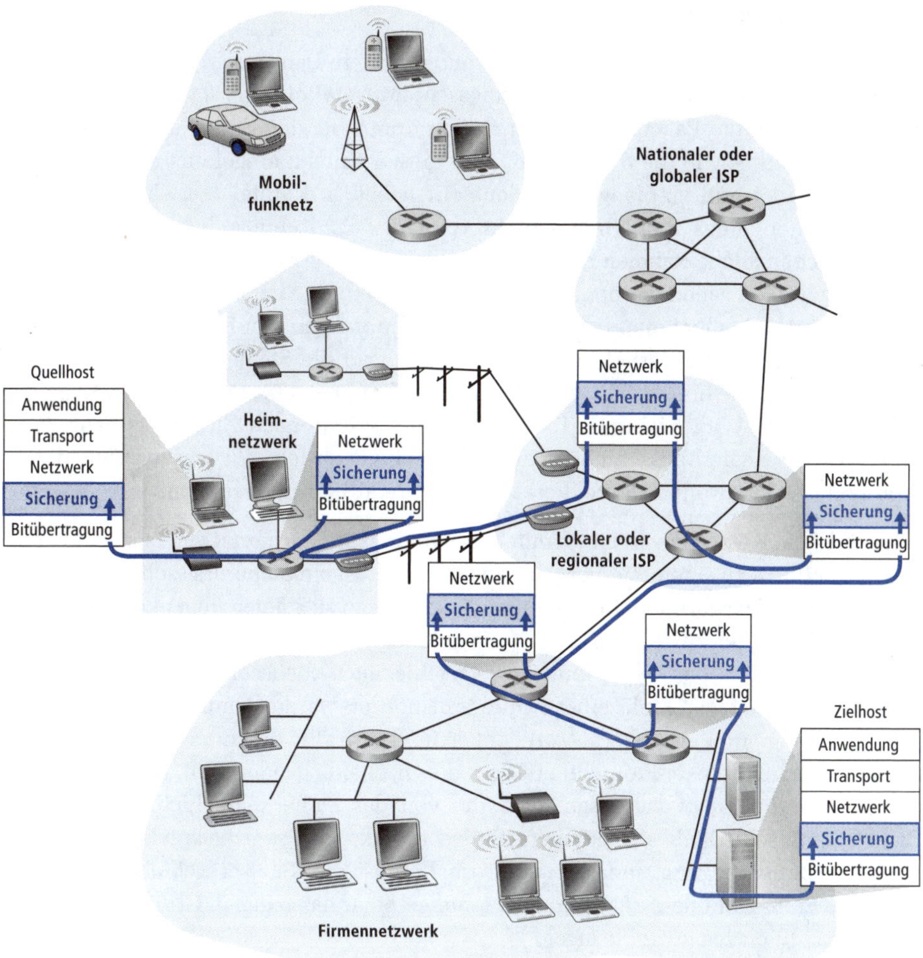

Abbildung 5.1: Die Sicherungsschicht

5.1 Sicherungsschicht: Einführung und Dienste

Zu Beginn wollen wir einige hilfreiche Begriffe einführen. Wir bezeichnen in diesem Kapitel Hosts und Router einfach nur als **Knoten**, da wir in Kürze sehen werden, dass wir uns nicht besonders darum kümmern, ob ein Knoten ein Router oder ein Host ist. Wir bezeichnen zudem die Kommunikationskanäle, die benachbarte Knoten auf dem Kommunikationspfad verbinden, als **Links**. Damit ein Datagramm von Quellhost zum Zielhost übertragen wird, muss es über jeden *einzelnen Link* auf dem Ende-zu-Ende-Pfad transportiert werden. Auf einem gegebenen Link verkapselt ein übertragender Knoten das Datagramm in einen Rahmen der Sicherungsschicht und sendet den Rahmen über den Link. Der empfangende Knoten erhält den Rahmen und extrahiert daraus das Datagramm.

5.1.1 Dienste der Sicherungsschicht

Ein Sicherungsschichtprotokoll wird verwendet, um ein Datagramm über einen einzelnen Link zu transportieren. Das **Sicherungsschichtprotokoll** *(link layer protocol)* definiert das Format der Pakete, die zwischen den Knoten an den Enden des Links ausgetauscht werden, sowie die Schritte, die von diesen Knoten eingeleitet werden, wenn Pakete gesendet und empfangen werden. Wir haben in Kapitel 1 erwähnt, dass die Dateneinheiten eines Sicherungsschichtprotokolls als **Rahmen** bezeichnet werden und dass jeder solche Rahmen normalerweise ein Netzwerkschichtdatagramm verkapselt. Wie wir bald sehen werden, umfassen die von einem Sicherungsschichtprotokoll durchgeführten Maßnahmen beim Senden und Empfangen von Rahmen Fehlererkennung, Übertragungswiederholung, Flusskontrolle und die Steuerung des Zugriffs auf den Link. Beispiele für diese Protokolle sind u.a. Ethernet, 802.11 Wireless LAN (auch als WLAN oder WiFi bekannt), Token Ring und PPP. Je nach Zusammenhang kann auch ATM als Sicherungsschichtprotokoll betrachtet werden. Wir werden viele dieser Protokolle in der zweiten Hälfte dieses Kapitels detailliert untersuchen.

Während die Netzwerkschicht damit beschäftigt ist, Transportschichtsegmente von einem Quellhost zu einem Zielhost zu transportieren, ist ein Sicherungsschichtprotokoll damit befasst, Netzwerkschichtdatagramme von Knoten zu Knoten über einen einzelnen Link auf dem Pfad zu transportieren. Ein wichtiges Merkmal der Sicherungsschicht besteht darin, dass ein Datagramm von verschiedenen Sicherungsschichtprotokollen über die verschiedenen Links eines Pfades transportiert werden kann. So kann zum Beispiel ein Datagramm mit Ethernet auf dem ersten Link, PPP auf dem letzten und einem Sicherungsschicht-WAN-Protokoll auf dem dazwischenliegenden Link übertragen werden. Wir dürfen nicht vergessen, dass die von der Sicherungsschicht angebotenen Dienste unterschiedlich sein können. Einige Protokolle bieten beispielsweise zuverlässige Datenübertragung, andere nicht. Deshalb muss die Netzwerkschicht in der Lage sein, ihre Ende-zu-Ende-Aufgabe in Anwesenheit einer heterogenen Gruppe von Sicherungsschichtdiensten zu vollbringen.

Um einen Einblick in die Sicherungsschicht und ihre Beziehung zur Netzwerkschicht zu gewinnen, beschreiben wir eine Analogie aus dem Transportwesen. Betrachten wir ein Reisebüro, das für einen Touristen eine Reise von Princeton, New Jersey, nach Lausanne in der Schweiz plant. Das Reisebüro entscheidet, dass es für den Touristen am besten ist, wenn er mit einer Limousine von Princeton zum JFK-Flughafen fährt, dann mit dem Flugzeug von dort zum Genfer Flughafen fliegt und schließlich mit einem Zug vom Genfer Flughafen zum Bahnhof Lausanne fährt. Sobald das Reisebüro die drei Reservierungen gemacht hat, ist es die Aufgabe der Princeton-Limousinengesellschaft, den Touristen von Princeton zum JFK-Flughafen zu bringen. Die Aufgabe der Fluggesellschaft besteht darin, den Touristen von JFK nach Genf zu transportieren. Schließlich ist es die Aufgabe der Schweizer Eisenbahn, den Touristen von Genf nach Lausanne zu bringen. Jeder der drei Abschnitte der Reise befindet sich „direkt“ zwischen zwei „benachbarten“ Standorten. Beachten Sie jedoch, dass die drei Transportsegmente von unterschiedlichen Firmen verwaltet werden, die ganz unterschiedliche Transportmittel benutzen (Limousine, Flugzeug und Zug). Obwohl die Transportmethoden jeweils anders sind, bieten sie im Wesentlichen alle den Dienst, Passagiere von einem Standort zu einem benachbarten Ort zu bringen. In dieser Transportanalogie entspricht der Tourist dem Datagramm, jedes Transportsegment einem Link, das Transportmittel einem Sicherungsschichtprotokoll und das Reisebüro einem Routing-Protokoll.

Obwohl der wesentliche Dienst jeder Sicherungsschicht darin besteht, ein Datagramm über einen einzelnen Link von einem Knoten zu einem benachbarten Knoten zu transportieren, können die Details der erbrachten Dienste je nach Protokoll andere sein. Mögliche Dienste, die ein Sicherungsschichtprotokoll anbieten könnte, sind:

- *Bilden von Rahmen (Framing)*. Fast jedes Sicherungsschichtprotokoll verkapselt alle Netzwerkschichtdatagramme vor dem Transfer über einen Link in einem Rahmen der Sicherungsschicht. Ein Rahmen besteht aus einem Datenfeld, in dem das Datagramm steckt, und einer Reihe von Header-Feldern. (Ein Rahmen kann auch weitere Felder hinter dem Datenteil *(trailer fields)* enthalten; wir bezeichnen jedoch sowohl vorangestellte als auch nachfolgende Felder als Header-Felder.) Die Struktur des Rahmens wird vom Sicherungsschichtprotokoll festgelegt. Wir werden verschiedene Rahmenformate kennenlernen, sobald wir in der zweiten Hälfte dieses Kapitels spezifische Protokolle untersuchen.

- *Medienzugriff*. Ein Medienzugriffsprotokoll (MAC protocol, *medium access control protocol*) legt die Regeln fest, mit denen ein Rahmen über einen Link übertragen wird. Bei Punkt-zu-Punkt-Links, die an einem Ende der Leitung einen einzelnen Sender und am anderen Ende einen einzelnen Empfänger besitzen, ist das MAC-Protokoll sehr einfach strukturiert (oder es existiert gar nicht) – wann immer der Link zur Verfügung steht, kann der Sender einen Rahmen senden. Der interessantere Fall ist der, bei dem sich mehrere Knoten einen einzelnen Broadcast-Übertragungskanal teilen – es entsteht das sogenannte Mehrfachzugriffsproblem. Hier dient das MAC-Protokoll dazu, die Übertragungen der von vielen Knoten stammenden Rahmen zu koordinieren. Wir untersuchen MAC-Protokolle in Abschnitt 5.3 im Detail.

- *Zuverlässige Zustellung*. Wenn ein Sicherungsschichtprotokoll zuverlässige Datenübertragung gewährleistet, garantiert es für jedes Netzwerkschichtdatagramm eine fehlerfreie Übertragung über den Link. Wir haben bereits erwähnt, dass auch bestimmte Transportschichtprotokolle (wie TCP) einen zuverlässigen Zustelldienst erbringen. Ähnlich wie bei einem zuverlässigen Transportschichtdienst arbeitet ein zuverlässiger Dienst der Sicherungsschicht oft mit Bestätigungen (Acknowledgments) und Übertragungswiederholungen (Abschnitt 3.4). Ein solcher Dienst wird häufig für Links genutzt, die eine hohe Fehlerrate aufweisen, etwa eine Mobilfunkverbindung. Dabei besteht das Ziel darin, die Fehler lokal zu korrigieren – also auf dem Link, auf dem der Fehler auftritt –, anstatt eine Wiederholung der Datenübertragung über die gesamte Strecke durch das Transport- oder Anwendungsschichtprotokoll zu erzwingen. Allerdings stellt zuverlässige Zustellung auf der Sicherungsschicht einen unnötigen Systemaufwand für Links mit niedriger Fehlerrate dar, etwa solche über Glasfaser- oder Koaxialkabel oder bei vielen Twisted-Pair-Kupferkabel-Links. Deshalb erbringen viele leitungsgebundene Sicherungsschichtprotokolle keinen zuverlässigen Zustellungsdienst.

- *Flusskontrolle.* Die Knoten auf jeder Seite eines Links haben nur begrenzte Pufferkapazität für Rahmen. Dies könnte zum Problem werden, denn ein empfangender Knoten könnte Rahmen mit höherer Geschwindigkeit erhalten, als er sie verarbeiten kann. Ohne Flusskontrolle kann der Puffer des Empfängers überlaufen und Rahmen können verloren gehen. Ähnlich wie bei der Transportschicht kann ein Sicherungsschichtprotokoll einen Mechanismus zur Flusskontrolle anbieten, um den sendenden Knoten auf einer Seite des Links daran zu hindern, den empfangenden Knoten auf der anderen Seite des Links zu überfordern.
- *Fehlererkennung.* Der Empfänger eines Knotens kann sich irren und ein Bit in einem Rahmen als Null betrachten, obwohl eine Eins übertragen wurde – und umgekehrt. Solche Bitfehler werden unter anderem von Signalabschwächung und elektromagnetischem Rauschen verursacht. Weil es keinen Grund gibt, ein fehlerhaftes Datagramm weiterzuleiten, enthalten viele Sicherungsschichtprotokolle einen Mechanismus, der einen oder mehrere Fehler erkennen kann. Dies wird erreicht, indem die sendenden Knoten Bits zu Fehlererkennung in den Rahmen einfügen und die empfangenden Knoten mithilfe dieser Information eine Fehlerprüfung durchführen. Fehlererkennung ist ein sehr häufiger Dienst von Sicherungsschichtprotokollen. In den Kapiteln 3 und 4 haben wir erwähnt, dass die Transportschicht und die Netzwerkschicht des Internets ebenfalls eine beschränkte Form der Fehlererkennung anbieten – die Internet-Prüfsumme. Fehlererkennung auf der Sicherungsschicht ist normalerweise aufwendiger und in der Netzwerkhardware implementiert.
- *Fehlerkorrektur.* Fehlerkorrektur ähnelt der Fehlererkennung, allerdings erkennt nun ein Empfänger nicht nur, ob Fehler im Rahmen aufgetreten sind, sondern stellt auch genau fest, an welcher Stelle des Rahmens die Fehler aufgetreten sind (und korrigiert sie dann). Einige Protokolle (wie ATM) bieten Fehlerkorrektur auf der Sicherungsschicht nur für den Paket-Header und nicht für das ganze Paket. Wir werden Fehlererkennung und Fehlerkorrektur in Abschnitt 5.2 behandeln.
- *Halbduplex und Vollduplex.* Bei einer Vollduplex-Übertragung können die Knoten an beiden Enden einer Verbindung zur gleichen Zeit Pakete senden. Bei einer Halbduplex-Übertragung kann ein Knoten nicht gleichzeitig senden und empfangen.

Wie oben erwähnt, haben viele der von der Sicherungsschicht zur Verfügung gestellten Dienste deutliche Parallelen mit Diensten, die von der Transportschicht zur Verfügung gestellt werden. So sind beispielsweise sowohl die Sicherungsschicht als auch die Transportschicht in der Lage, zuverlässige Datenübertragung anzubieten. Obwohl die Mechanismen, die dafür auf den beiden Schichten verwendet werden, ähnlich sind (Abschnitt 3.4), sind die beiden Dienste keineswegs die gleichen. Ein Transportprotokoll bietet zuverlässige Zustellung zwischen zwei Prozessen auf Basis einer Ende-zu-Ende-Verbindung. Ein Protokoll der Sicherungsschicht bietet den zuverlässigen Zustelldienst zwischen zwei Knoten, die durch einen einzelnen Link verbunden sind. Außerdem bieten Protokolle auf diesen beiden Schichten sowohl Flusskontrolle als auch Fehlererkennung. Die Flusskontrolle von einem Transportschichtprotokoll wird jedoch auf Ende-zu-Ende-Basis geboten, während ein Sicherungsschichtprotokoll diesen Dienst für einen Link zwischen benachbarten Knoten bietet.

5.1.2 Wo ist die Sicherungsschicht implementiert?

Bevor wir uns in die Sicherungsschicht vertiefen, sollten wir die Frage klären, wo die Sicherungsschicht implementiert ist. Wir konzentrieren uns hier auf Endsysteme, da wir in Kapitel 4 schon erfahren haben, wie die Sicherungsschicht in den Line Cards eines Routers implementiert ist. Ist die Sicherungsschicht eines Hosts in Hardware oder Software implementiert? Befindet sie sich auf einer eigenen Karte oder einem separaten Chip und wie kommuniziert sie mit den restlichen Hardware- und Betriebssystemkomponenten eines Hosts?

▶ Abbildung 5.2 zeigt eine typische Host-Architektur. In den meisten Fällen ist die Sicherungsschicht in einem **Netzwerkadapter** implementiert, der manchmal auch als **Netzwerk-Interface-Karte** (**NIC**, *network interface card*) bezeichnet wird. Das Herz des Netzwerkadapters ist der Sicherungsschicht-Controller, üblicherweise ein einzelner spezieller Chip, der die meisten jener Dienste der Sicherungsschicht ausführt (Framing, Medienzugriff, Flusskontrolle, Fehlererkennung usw.), die wir im vorherigen Abschnitt erwähnt haben. Daher befindet sich ein Großteil der Kontrollfunktionalität der Sicherungsschicht in der Hardware. So implementiert beispielsweise der Intel 8254x Controller die Ethernet-Protokolle [Intel 2006], die wir in Abschnitt 5.5 kennenlernen werden; der Atheros AR5006 Controller [Atheros 2006] implementiert die 802.11-WLAN-Protokolle, denen wir uns in Abschnitt 6.3 widmen. Bis in die späten 1990er Jahre waren die meisten Netzwerkadapter separate Karten (etwa eine PCMCIA-Karte oder eine Steckkarte für einen PCI-Steckplatz eines PCs). Mittlerweile werden aber immer mehr Netzwerkadapter auf dem Motherboard des Hosts integriert – eine sogenannte Onboard-LAN-Konfiguration.

Auf der sendenden Seite nimmt der Controller ein Datagramm entgegen, das von den höheren Schichten des Protokollstapels erstellt und im Speicher des Hosts abgelegt worden ist. Er verkapselt dieses Datagramm in einen Rahmen der Sicherungsschicht (und füllt dabei die verschiedenen Felder des Rahmens aus) und sendet den Rahmen danach über den Link, wobei der Controller das passende Protokoll zum Medienzugriff befolgt. Auf der Empfängerseite erhält ein Controller den kompletten Rahmen und zieht das Netzwerkschichtdatagramm heraus. Führt die Sicherungsschicht Fehlererkennung aus, dann fügt der sendende Controller die Fehlererkennungsbits in den Rahmen-Header ein und der empfangende Controller führt die Fehlererkennung durch. Wenn die Sicherungsschicht auch die Flusskontrolle übernimmt, dann tauschen die sendenden und empfangenden Controller Informationen über den Datenfluss aus, so dass der Sender seine Rahmen mit einer Geschwindigkeit sendet, in der diese der Empfänger auch verarbeiten kann.

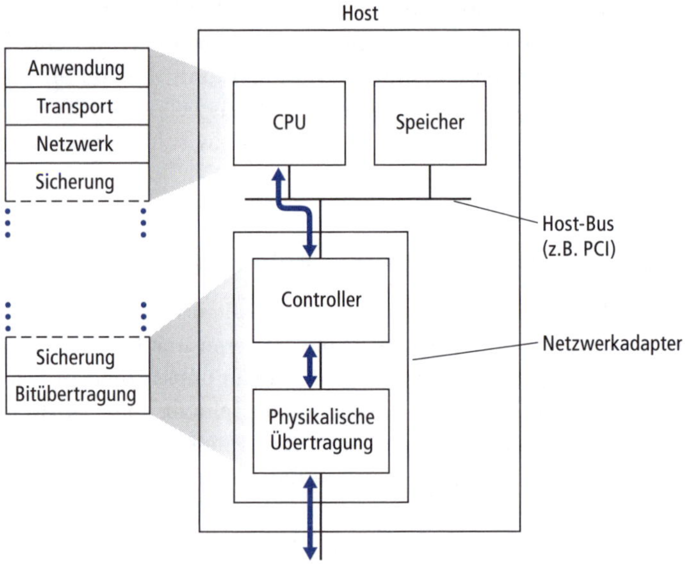

Abbildung 5.2: Implementierung der Sicherungsschicht

▶Abbildung 5.2 zeigt einen Netzwerkadapter, der an den Bus eines Hosts angeschlossen ist (z.B. einen PCI- oder PCI-X-Bus), wo er für die anderen Host-Komponenten genau wie jede andere Ein-/Ausgabe-Einheit aussieht. Abbildung 5.2 zeigt auch, dass zwar der größte Teil der Sicherungsschicht in Hardware auf der Schnittstellenkarte implementiert ist, aber ein Teil der Schicht auch in Software, die auf der CPU des Hosts läuft, implementiert wird. Die Softwarekomponenten der Sicherungsschicht führen normalerweise höhere Funktionen der Sicherungsschicht aus, wie das Entgegennehmen von Datagrammen der Netzwerkschicht, das Zusammenstellen von Adressinformationen der Sicherungsschicht und das Aktivieren der Controller-Hardware. Auf der Empfangsseite antwortet die Software der Sicherungsschicht auf Interrupts des Controllers (z.B. aufgrund des Empfangs von einem oder mehreren Rahmen), behandelt Fehlerfälle und erledigt das Weiterreichen des Datagramms hinauf zur Netzwerkschicht. Daher ist die Sicherungsschicht eine Kombination aus Hardware und Software – es ist *die* Stelle des Protokollstapels, an der Software und Hardware aufeinandertreffen. [Intel 2006] enthält einen lesbaren Überblick (sowie eine detaillierte Beschreibung) des 8254x-Controllers aus Sicht der Software-Programmierung.

▶Abbildung 5.3 zeigt die sendenden und empfangenden Adapter. Obwohl der Großteil der Funktionalität des Sicherungsschichtprotokolls vom Controller implementiert wird, sind die Adapter halbautonome Einheiten, deren Auftrag darin besteht, einen Rahmen von einem Adapter zu einem anderen zu übertragen. Einige Forscher haben die Möglichkeit untersucht, mehr Funktionalität (über die Verarbeitung in der Sicherungsschicht hinaus) auf den Netzwerkadaptern unterzubringen. Der 8254x-Controller zum Beispiel kann die TCP- und UDP-Prüfsummen und die IP-

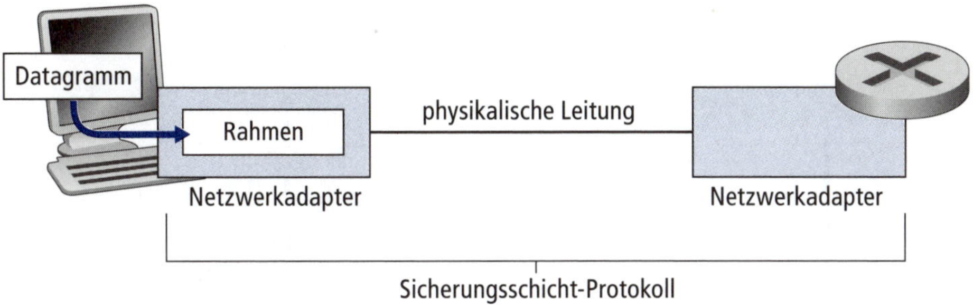

Abbildung 5.3: Kommunikation zwischen Netzwerkadaptern: Ein Datagramm der Netzwerkschicht wird in einem Rahmen der Sicherungsschicht verkapselt

Header-Prüfsumme in Hardware berechnen – Funktionalität der Netzwerk- und Transportschicht, die im Controller der Sicherungsschicht implementiert ist. Obwohl das eine ausgemachte Verletzung der Schichtenarchitektur zu sein scheint, besteht der Vorteil darin, dass Prüfsummen durch die Hardware bedeutend schneller berechnet werden können als durch Software, und zwar so viel schneller, dass man diese Verletzung des Prinzips gerne in Kauf nimmt. [Mogul 2003] enthält eine interessante Diskussion über das Für und Wider der TCP-Verarbeitung auf einem Adapter. [Kim 2005] untersucht die Ausführung der Funktionen noch höherer Schichten auf dem Adapter (HTTP-Caching).

5.2 Fehlererkennungs- und Fehlerkorrekturtechniken

Im vorherigen Abschnitt haben wir festgestellt, dass **Fehlererkennung und Fehlerkorrektur auf Bitebene** – also das Erkennen und Korrigieren von veränderten Bits in einem Rahmen der Sicherungsschicht – zwei Dienste sind, die oft von der Sicherungsschicht angeboten werden. Wir haben in Kapitel 3 gesehen, dass Fehlererkennungs- und Fehlerkorrekturdienste zudem oft von der Transportschicht angeboten werden. In diesem Abschnitt lernen wir einige der einfachsten Techniken kennen, mit denen solche Bitfehler erkannt und in einigen Fällen auch korrigiert werden können. Die vollständige Behandlung der Theorie und Implementierung dieses Themas ist selbst Gegenstand vieler Lehrbücher (zum Beispiel [Schwartz 1980] oder [Bertsekas 1991]). Daher gerät unsere Betrachtung notwendigerweise eher kurz. Unser Ziel ist es hier, ein intuitives Gefühl für die Möglichkeiten zu entwickeln, die Fehlererkennungs- und Fehlerkorrekturtechniken bieten. Außerdem wollen wir sehen, wie einige einfache Techniken funktionieren und wie sie auf der Sicherungsschicht praktisch eingesetzt werden.

▶Abbildung 5.4 erläutert die Basis unserer Untersuchungen. Vom sendenden Knoten werden die Daten D mit zusätzlichen Bits für die Fehlererkennung und -korrektur *(EDC, error detection and correction)* versehen, um sie gegen Bitfehler zu schützen. Normalerweise umfassen die zu schützenden Daten nicht nur das Datagramm, das von der Netzwerkschicht zur Weiterleitung über den Link heruntergereicht wurde, sondern auch

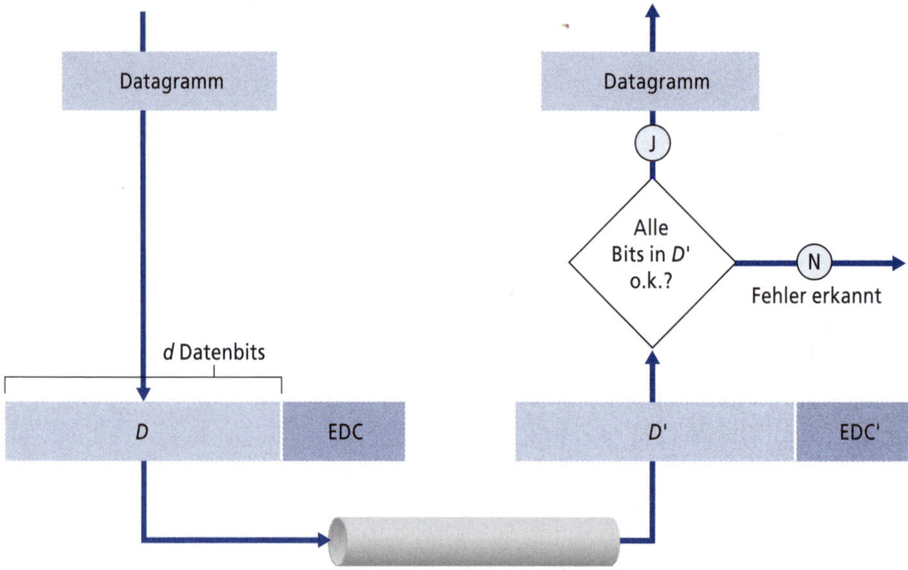

Abbildung 5.4: Szenario zur Fehlererkennung und Fehlerkorrektur

Adressinformationen der Sicherungsschicht, Sequenznummern und andere Felder im Header des Rahmens. Sowohl *D* als auch *EDC* werden dem empfangenden Knoten in einem Sicherungsschichtrahmen zugesandt. Am Empfängerknoten trifft eine Folge von Bits, *D'* und *EDC'*, ein. Beachten Sie, dass sich *D'* und *EDC'* vom ursprünglichen *D* und *EDC* aufgrund von Bitfehlern bei der Übertragung unterscheiden können.

Für den Empfänger besteht die Herausforderung darin, zu bestimmen, ob *D'* noch mit dem ursprünglichen *D* übereinstimmt. Hierfür kann er nur die Informationen *D'* und *EDC'* verwenden. Die genaue Formulierung der Entscheidung des Empfängers in Abbildung 5.4 ist wichtig (wir fragen dort, ob ein Fehler *erkannt* wurde, nicht ob ein Fehler *aufgetreten* ist!). Fehlererkennungs- und Fehlerkorrekturtechniken erlauben dem Empfänger manchmal, *aber nicht immer*, zu erkennen, dass Bitfehler aufgetreten sind. Sogar bei Verwendung von Fehlererkennung können immer noch unentdeckte Bitfehler vorhanden sein, d.h., der Empfänger könnte sich nicht bewusst sein, dass die erhaltene Information Fehler enthält. Infolgedessen könnte der Empfänger ein korrumpiertes Datagramm an die Netzwerkschicht übergeben oder er könnte nicht bemerken, dass der Inhalt eines Feldes im Header des Rahmens verändert worden ist. Wir wollen daher ein Fehlererkennungsschema wählen, bei dem die Wahrscheinlichkeit eines solchen Ereignisses klein bleibt. Im Allgemeinen verursachen ausgeklügeltere Fehlererkennungs- und Fehlerkorrekturtechniken (also solche, bei denen unentdeckte Bitfehler mit geringerer Wahrscheinlichkeit auftreten) einen größeren Systemaufwand. Es sind nämlich mehr Berechnungen notwendig, um eine größere Zahl von Fehlererkennungs- und Fehlerkorrekturbits zu berechnen und zu übertragen.

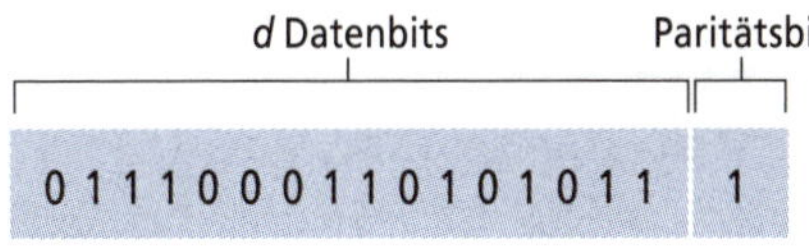

Abbildung 5.5: Gerade Ein-Bit-Parität

Untersuchen wir nun drei Methoden, um Fehler in den übertragenen Daten zu erkennen – Paritätsprüfungen (durch die wir mit den grundlegenden Ideen hinter Fehlererkennung und Fehlerkorrektur vertraut werden), Prüfsummenmethoden (die normalerweise auf der Transportschicht verwendet werden) und der sogenannte Cyclic Redundancy Check (CRC) (der normalerweise auf der Sicherungsschicht zum Einsatz kommt).

5.2.1 Paritätsprüfungen

Die einfachste Form der Fehlererkennung ist die Verwendung eines einzelnen Paritätsbits. Nehmen wir an, dass die zu sendende Information, D in ▶Abbildung 5.5, d Bits umfasst. Im Falle gerader Parität *(even parity)* fügt der Sender einfach ein zusätzliches Bit ein und wählt dessen Wert so, dass die Gesamtzahl der Einsen in diesen $d + 1$ Bits gerade ist. Bei ungerader Parität *(odd parity)* wird der Wert des zusätzlichen Paritätsbits so gewählt, dass es insgesamt eine ungerade Zahl von Einsen gibt. Abbildung 5.5 stellt ein Schema mit gerader Parität dar.

Auch die Arbeit eines Empfängers ist bei einem einzelnen Paritätsbit einfach. Der Empfänger muss lediglich die Anzahl der Einsen in den erhaltenen $d + 1$ Bits zählen. Wenn eine ungerade Zahl von Bits mit dem Wert eins in einem geraden Paritätsschema gefunden wird, weiß der Empfänger, dass mindestens ein Bitfehler aufgetreten ist. Genauer gesagt weiß er, dass eine *ungerade* Zahl von Bitfehlern aufgetreten sein muss.

Aber was geschieht, wenn eine gerade Zahl von Bitfehlern auftritt? Sie können sich leicht davon überzeugen, dass dies zu einem unerkannten Fehler führen würde. Ist die Wahrscheinlichkeit von Bitfehlern bereits gering und darf angenommen werden, dass Fehler unabhängig voneinander auftreten, wäre die Wahrscheinlichkeit mehrfacher Bitfehler in einem Paket sogar extrem klein. In diesem Fall könnte ein einzelnes Paritätsbit genügen. Jedoch haben Messungen gezeigt, dass Fehler nicht unabhängig, sondern oft in sogenannten Bursts *(Gruppen von Fehlern)* gebündelt auftreten. Unter solchen Fehlerbedingungen kann die Wahrscheinlichkeit von unerkannten Fehlern in einem Rahmen, der von einem einzelnen Paritätsbit geschützt wird, auf bis zu 50 Prozent ansteigen [Spragins 1991]. Ein robusteres Fehlererkennungsschema ist eindeutig erforderlich (und wird in der Praxis glücklicherweise auch verwendet!). Bevor wir uns aber den Fehlererkennungsschemata zuwenden, die in der Praxis eingesetzt werden, betrachten wir eine einfache Verallgemeinerung der eben vorgestellten Ein-Bit-Parität, die uns einen Einblick in Fehlerkorrekturtechniken gestattet.

▶Abbildung 5.6 zeigt eine zweidimensionale Verallgemeinerung des Ein-Bit-Paritätsschemas. Hierbei sind die in D enthaltenen d Bits in i Zeilen und j Spalten unterteilt.

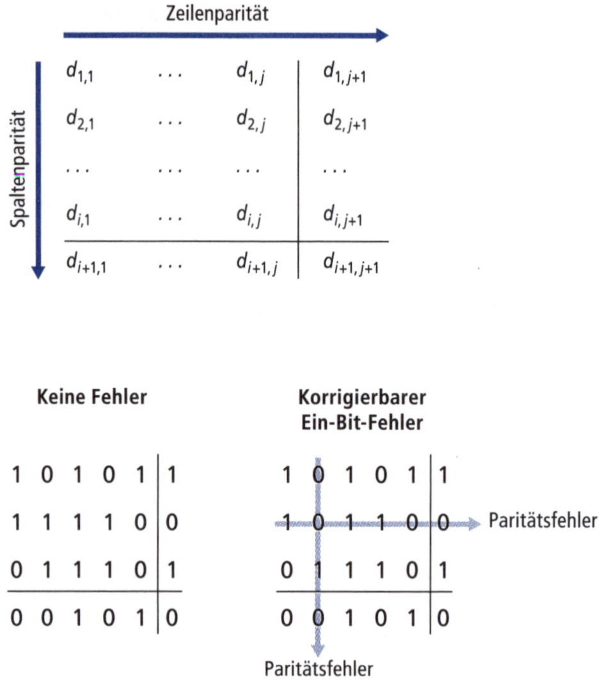

Abbildung 5.6: Gerade zweidimensionale Parität

Für jede Zeile und jede Spalte wird ein Paritätswert berechnet. Die entstehenden $i + j + 1$ Paritätsbits sind die Fehlererkennungsbits des Rahmens.

Nehmen Sie nun an, dass in den ursprünglichen *d* Informationsbits ein einzelner Bitfehler auftritt. Mit diesem zweidimensionalen Paritätsschema ist sowohl in der Spalte als auch in der Zeile, in der das fehlerhafte Bit auftaucht, die Parität fehlerhaft. Der Empfänger kann auf diese Art nicht nur *erkennen*, dass ein einzelner Bitfehler aufgetreten ist, sondern er kann sogar die Spalten- und Zeilenindizes der Spalte und Zeile mit Paritätsfehlern verwenden, um das veränderte Bit genau zu identifizieren und diesen Fehler zu korrigieren! ▶ Abbildung 5.6 zeigt ein Beispiel, in dem der Wert eins an der Position (2,2) verändert und zu null wird – ein Fehler, der vom Empfänger sowohl feststellbar als auch korrigierbar ist. Obwohl unsere Diskussion sich auf die ursprünglichen *d* Informationsbits konzentriert hat, kann auch ein einzelner Fehler in den Paritätsbits selbst erkannt und korrigiert werden. Die zweidimensionale Parität kann zudem jede Kombination zweier Fehler in einem Paket erkennen (aber nicht korrigieren!). Andere Eigenschaften des zweidimensionalen Paritätsschemas werden in den Aufgaben am Ende des Kapitels untersucht.

Die Fähigkeit eines Empfängers, sowohl Fehler zu erkennen als auch zu korrigieren, wird als Vorwärtsfehlerkorrektur (FEC, *forward error correction*) bezeichnet. Diese Techniken werden häufig in Geräten zur Speicherung und zum Abspielen von Audiodaten eingesetzt, etwa bei Audio-CDs. FEC-Techniken können alleine oder in Kombination mit ARQ-Techniken (ähnlich denen, die wir in Kapitel 3 schon kennengelernt haben) eingesetzt werden. FEC-Techniken sind deswegen nützlich, weil sie die Anzahl der erforderlichen Neuübertragungen durch den Sender verringern. Vielleicht noch wichtiger ist, dass sie die sofortige Korrektur von Fehlern durch den Empfänger ermöglichen. Dadurch wird vermieden, für die Korrektur des Fehlers auf eine Neuübertragung durch den Sender warten zu müssen. Dies ist ein potenziell wichtiger Vorteil für Netzanwendungen in Echtzeit [Rubenstein 1998] oder Links mit langen Ausbreitungsverzögerungen (wie Links im Weltraum). Untersuchungen zur Verwendung von FEC in Fehlerkontrollprotokollen finden sich in [Biersack 1992; Nonnenmacher 1998; Byers 1998; Shacham 1990].

5.2.2 Prüfsummenmethoden

Bei Prüfsummentechniken werden die d Datenbits in Abbildung 5.5 als Sequenz von k-Bit-Integerzahlen behandelt. Eine einfache Prüfsummentechnik besteht darin, einfach diese *Zahlen* zu summieren und die entstehende Summe als Fehlererkennungsbits zu verwenden. Die Internetprüfsumme basiert auf diesem Ansatz – Daten werden als 16 Bit-Integerzahlen behandelt und aufsummiert. Das 1er-Komplement dieser Summe bildet dann die Internetprüfsumme, die im Segment-Header übertragen wird. Wie in Abschnitt 3.3 diskutiert, überprüft der Empfänger die Prüfsumme, indem er von der Summe der empfangenen Daten (einschließlich der Prüfsumme) das 1er-Komplement bildet und prüft, ob im Resultat alle Bits aus Einsen bestehen. Ist eines dieser Bits null, wurde ein Fehler gefunden. RFC 1071 diskutiert den Algorithmus der Internetprüfsumme und seine Implementierung im Detail. In den TCP- und UDP-Protokollen wird die Internetprüfsumme über alle Felder berechnet (einschließlich Header- und Datenfeldern). In IP wird die Prüfsumme nur über den IP-Header berechnet (da die UDP- oder TCP-Segmente ihre eigenen Prüfsummen haben). In anderen Protokollen, zum Beispiel XTP [Strayer 1992], wird eine Prüfsumme über den Header und eine weitere über das ganze Paket berechnet.

Prüfsummenmethoden erfordern nur relativ wenig zusätzlichen Platz in den Paketen. Die Prüfsummen in TCP und UDP verwenden beispielsweise nur 16 Bit. Allerdings bieten sie relativ geringen Schutz vor Fehlern, verglichen mit dem Cyclic Redundancy Check, den wir unten diskutieren werden und der oft auf der Sicherungsschicht verwendet wird. Es liegt an dieser Stelle auf der Hand, zu fragen, warum auf der Transportschicht Prüfsummen und auf der Sicherungsschicht CRC verwendet werden. Wie erwähnt, wird die Transportschicht normalerweise in der Software eines Hosts, als Teil des Betriebssystems, implementiert. Deshalb ist ein einfaches und schnelles Fehlererkennungsschema, wie Prüfsummen, wichtig. Andererseits wird Fehlererkennung auf der Sicherungsschicht in dedizierter Hardware implementiert, welche die komplexeren CRC-Berechnungen schnell ausführen kann. Feldmeier beschreibt in [Feldmeier 1995] nicht nur für gewichtete Prüfsummencodes, sondern auch für CRC und andere Codes schnelle Implementierungsmethoden.

5.2.3 Cyclic Redundancy Check (CRC)

Eine in heutigen Computernetzwerken weitverbreitete Fehlererkennungsmethode basiert auf dem Cyclic Redundancy Check (CRC). CRC-Codes sind auch als Polynomcodes bekannt, da sich die übertragene Folge von Binärzahlen als Polynom auffassen lässt, dessen Koeffizienten aus den Nullen und Einsen der binären Zeichenfolge besteht. Die darauf ausgeführten Operationen können auch als Polynomarithmetik interpretiert werden.

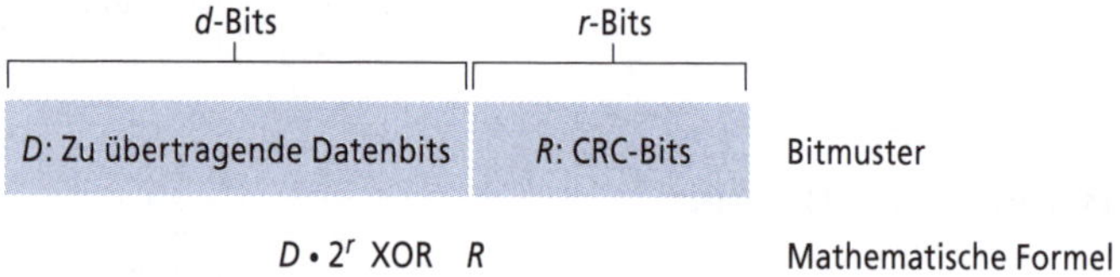

Abbildung 5.7: CRC-Codes

CRC-Codes werden wie folgt berechnet: Betrachten Sie das d Bit lange Datenelement D, das der sendende Knoten an den empfangenden Knoten übertragen will. Sender und Empfänger müssen sich zuerst auf ein $r + 1$ Bit langes binäres Muster einigen, das Generator genannt wird und das wir mit G bezeichnen. Wir definieren, dass das signifikante (das am weitesten links stehende) Bit von G eine Eins sein muss. Die zentrale Idee hinter CRC-Codes zeigt ▶Abbildung 5.7. Für einen gegebenen Datenblock D wählt der Sender r zusätzliche Bits, R, aus und hängt sie an D an, so dass das resultierende $d + r$ Bit lange Muster (interpretiert als Binärzahl) durch G modulo 2 teilbar ist. Die Fehlerprüfung mittels CRC ist daher einfach: Der Empfänger dividiert die empfangenen $d + r$ Bit modulo 2 durch G. Ist der Rest nicht null, weiß der Empfänger, dass ein Fehler aufgetreten ist, ansonsten werden die Daten als korrekt akzeptiert.

Alle CRC-Berechnungen werden modulo 2 durchgeführt, ohne Überträge bei der Addition oder Subtraktion. Das bedeutet, dass Addition und Subtraktion identisch sind und beide dem bitweisen Exklusiv-Oder (XOR) der Operanden entsprechen. Auf diese Art ergibt sich zum Beispiel:

1011 XOR 0101 = 1110
1001 XOR 1101 = 0100

Ebenso haben wir:

1011 – 0101 = 1110
1001 – 1101 = 0100

Multiplikation und Division sind dieselben wie bei Arithmetik zur Basis 2, mit der Ausnahme, dass alle notwendigen Additionen oder Subtraktionen ohne Überträge durchgeführt werden. Wie bei der normalen Binärarithmetik, verschiebt die Multiplikation mit 2^k ein Binärmuster um k Stellen nach links. Sind daher D und R gegeben, erzeugt $D \cdot 2^r$ XOR R das in Abbildung 5.7 sichtbare $d + r$ Bitmuster. Wir benutzen diese algebraische Charakterisierung des $d + r$ Bitmusters in unserer weiteren Diskussion.

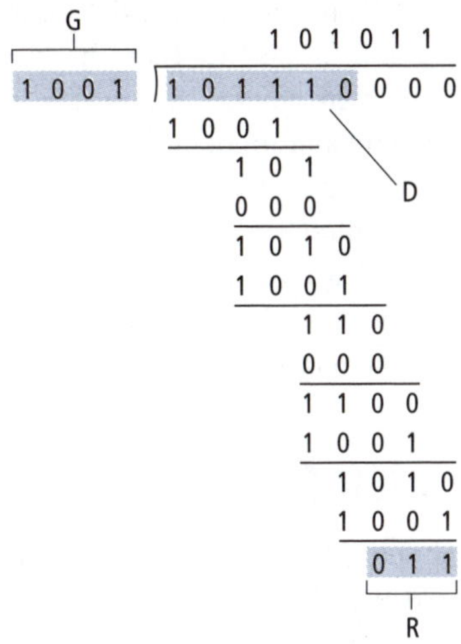

Abbildung 5.8: Beispiel einer CRC-Berechnung

Wenden wir uns nun der entscheidenden Frage zu, wie der Sender den Wert R berechnet. Wie erwähnt wollen wir R so finden, dass es ein n gibt, so dass gilt:

$$D \cdot 2^r \text{ XOR } R = nG$$

Das heißt, wir wollen R so wählen, dass $D \cdot 2^r$ XOR R ohne Rest durch G geteilt wird. Wenn wir R mittels XOR auf beiden Seiten der oben genannten Gleichung hinzufügen (d.h. modulo-2, ohne Übertrag, addieren), erhalten wir:

$$D \cdot 2^r = nG \text{ XOR } R$$

In dieser Gleichung lässt sich erkennen, dass der Wert des Restes genau R ist, wenn wir $D \cdot 2^r$ durch G dividieren. Mit anderen Worten, wir können R durch

$$R = \text{Rest}\ \frac{D \cdot 2^r}{G}$$

berechnen.

▶Abbildung 5.8 erläutert diese Berechnung für den Fall $D = 101110$, $d = 6$, $G = 1001$ und $r = 3$. Die 9 Bit, die in diesem Fall übertragen werden, lauten 101110011. Führen Sie diese Berechnungen selbst aus und prüfen Sie nach, ob auch wirklich $D \cdot 2^r = 101011 \cdot G \text{ XOR } R$ ist.

Für 8, 12, 16 und 32 Bit lange Generatoren G wurden internationale Standards definiert. 8 Bit-CRC wird verwendet, um die 5 Byte langen Header in ATM-Zellen zu schützen. Der Standard CRC32 mit 32 Bit, der von einer Reihe von IEEE-Protokollen der Sicherungsschicht übernommen worden ist, verwendet den Generator

$$G_{\text{CRC-32}} = 100000100110000010001110110110111$$

Jeder CRC-Standard kann Burst-Fehler erkennen, die kleiner als $r + 1$ Bit sind. (Das bedeutet, dass alle aufeinanderfolgenden Bitfehler, die kürzer als r Bit sind, erkannt werden.) Weiterhin lässt sich mit geeigneten Annahmen auch eine Burst-Länge von mehr als $r + 1$ Bit mit einer Wahrscheinlichkeit von $1 - 0{,}5^r$ erkennen. Zudem kann jeder CRC-Standard jede ungerade Zahl von Bitfehlern feststellen. Eine Diskussion zur Implementierung von CRC-Prüfsummen enthält [Williams 1993]. Die den CRC-Codes oder noch leistungsfähigeren Codes zugrunde liegende Theorie liegt außerhalb des Themenbereiches dieses Buchs. Eine ausgezeichnete Einführung in dieses Thema bietet der Text von Schwartz [Schwartz 1980].

5.3 Protokolle für Mehrfachzugriffe

In der Einleitung zu diesem Kapitel haben wir erwähnt, dass es zwei Arten von Links gibt: Punkt-zu-Punkt-Links und Broadcast-Links. Ein Punkt-zu-Punkt-Link besteht aus einem einzelnen Absender an einem Ende des Links und einem einzelnen Empfänger am anderen Ende. Viele Sicherungsschichtprotokolle wurden für Punkt-zu-Punkt-Links entworfen. Das Point-to-Point-Protokoll (PPP) und High-Level Data Link Control (HDLC) sind zwei solcher Protokolle, die wir später in diesem Kapitel behandeln werden. Die zweite Art von Link, der Broadcast-Link, kann mehrere sendende und empfangende Knoten verbinden. Wir verwenden hier den Ausdruck *Broadcast*, denn wenn irgendein Knoten einen Rahmen sendet, verbreitet ihn der Kanal, so dass jeder einzelne Knoten eine Kopie erhält. Ethernet und Wireless LAN sind Beispiele für Broadcast-Technologien der Sicherungsschicht. In diesem Abschnitt halten wir uns von spezifischen Sicherungsschichtprotokollen fern und untersuchen zunächst ein Problem von zentraler Bedeutung für die Sicherungsschicht: Wie koordiniert man die Zugriffe mehrerer sendender und empfangender Knoten auf einem gemeinsam genutzten Broadcast-Kanal? Dies ist das sogenannte Mehrfachzugriffsproblem *(Multiple-Access-Problem)*. Broadcast-Kanäle werden oft in LANs verwendet – Netzwerke, die räumlich in einem einzelnen Gebäude konzentriert sind (oder in einem Unternehmen oder auf einem Universitätscampus). Daher werden wir zum Ende dieses Abschnitts auch noch betrachten, wie Mehrfachzugriffskanäle in LANs verwendet werden.

Wir sind alle vertraut mit dem Begriff Broadcasting (im Sinne von Rundfunkübertragung), den Radio und Fernsehen seit ihrer Entstehung benutzen. Aber das traditionelle Fernsehen ist ein Einweg-Broadcast (d.h. ein fester Knoten sendet an viele Empfängerknoten), während Knoten auf dem Broadcast-Kanal eines Computernetzwerkes sowohl senden als auch empfangen können. Vielleicht ist eine geeignete menschliche Analogie eines Broadcast-Kanals eine Cocktailparty, auf der sich viele Menschen in einem großen Zimmer versammeln, um zu reden und zuzuhören (wobei die Luft das Übertragungsmedium bildet). Eine andere gute Analogie ist etwas, mit dem viele Leser vertraut sein werden: ein Hörsaal, in dem Lehrer und Studenten dasselbe Broadcast-Medium gemeinsam benutzen. Ein Kernproblem beider Szenarien besteht in der Festlegung, wer zu welchem Zeitpunkt reden (d.h. in den Kanal senden) darf. Als Men-

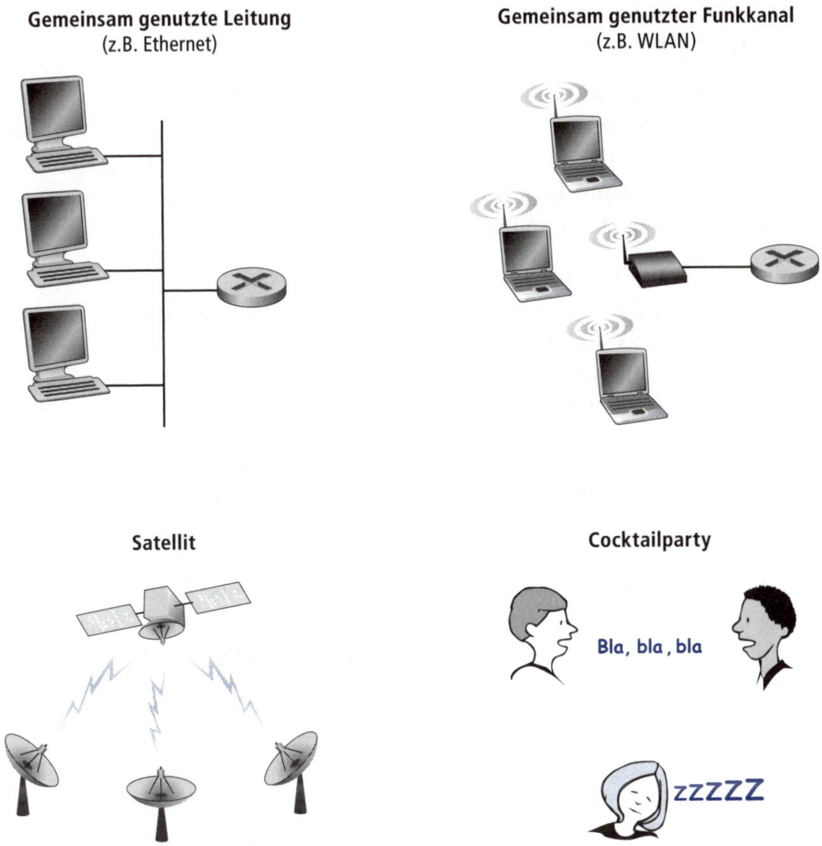

Abbildung 5.9: Beispiele für Links mit Mehrfachzugriff

schen haben wir einen kunstvollen Satz von Protokollen für das gemeinsame Benutzen des Broadcast-Kanals entwickelt:

„Geben Sie jedem eine Gelegenheit zu sprechen."
„Sprechen Sie nicht, bis Sie angesprochen werden."
„Lassen Sie auch andere reden."
„Heben Sie die Hand, wenn Sie eine Frage haben."
„Unterbrechen Sie nicht, wenn jemand spricht."
„Schlafen Sie nicht ein, wenn jemand redet."

Computernetzwerke verfügen ebenfalls über Protokolle – sogenannte **Medienzugriffsprotokolle** – mit denen Knoten ihre Übertragungen auf dem gemeinsamen Broadcast-Kanal regeln. Wie in ▶Abbildung 5.9 dargestellt, sind Protokolle für Mehrfachzugriffe in vielen Netzwerkumgebungen erforderlich, darunter leitungsgebundene und drahtlose lokale Netzwerke sowie Satellitennetzwerke. Obwohl technisch gesehen jeder Knoten über seine Netzwerkkarte auf den Broadcast-Kanal zugreift, werden wir in diesem Abschnitt den *Knoten* als das sendende und empfangende Gerät bezeichnen. In der Praxis können Hunderte oder sogar Tausende von Knoten direkt über einen Broadcast-Kanal kommunizieren.

Weil alle Knoten fähig sind, Rahmen zu übertragen, können mehr als zwei Knoten gleichzeitig senden. Geschieht dies, erhalten alle Knoten zur gleichen Zeit mehrere Rahmen. Das bedeutet, dass diese Rahmen bei den Empfängern **kollidieren**. Tritt eine solche Kollision auf, kann keiner der Empfängerknoten sich irgendeinen Reim auf irgendeinen der gesendeten Rahmen machen.

In einem gewissen Sinn überlagern sich die Signale der kollidierenden Rahmen untrennbar miteinander. Dadurch gehen alle an der Kollision beteiligten Rahmen verloren und der Broadcast-Kanal ist während der Zeitdauer der Kollision nicht nutzbar. Wollen viele Knoten häufig Rahmen senden, führen viele Übertragungen zu Kollisionen – ein Großteil der Bandbreite des Broadcast-Kanals wird dadurch vergeudet.

Um sicherzustellen, dass der Broadcast-Kanal auch dann noch sinnvoll arbeitet, wenn mehrere Knoten aktiv sind, müssen deren Übertragungen irgendwie koordiniert werden. Das ist die Aufgabe der Medienzugriffsprotokolle. Während der letzten 30 Jahre wurden Tausende von Artikeln und Hunderte von Dissertationen über Medienzugriffsprotokolle verfasst; eine umfassende Übersicht dieses Themas bietet [Rom 1990]. Die Forschung über Protokolle für den Medienzugriff ist aufgrund des ständigen Aufkommens neuer Arten von Links, besonders neuer drahtloser Links, noch längst nicht abgeschlossen.

Im Lauf der Jahre wurden Dutzende solcher Protokolle in unzähligen Sicherungsschichttechnologien implementiert. Dennoch gehört fast jedes Medienzugriffsprotokoll zu einer von drei Kategorien: Kanalaufteilungsprotokolle *(channel partitioning protocols)*, Protokolle mit wahlfreiem Zugriff *(random access protocols)* und Protokolle mit abwechselndem Zugriff *(taking-turns protocols)*. In den folgenden drei Unterabschnitten behandeln wir diese Kategorien.

Beenden wir diesen Überblick mit der Anmerkung, dass ein Medienzugriffsprotokoll für einen Broadcast-Kanal mit der Geschwindigkeit R Bit pro Sekunde idealerweise die folgenden Merkmale haben sollte:

1. Wenn nur ein Knoten Daten zu senden hat, arbeitet dieser Knoten mit einem Durchsatz von R bps.
2. Haben M Knoten Daten zu senden, hat jeder dieser Knoten einen Durchsatz von R/M bps. Dies muss nicht unbedingt bedeuten, dass jeder der M Knoten ständig die Geschwindigkeit von R/M aufweist, sondern dass jeder Knoten während irgendeines angemessenen Zeitintervalls eine durchschnittliche Übertragungsrate von R/M aufweist.
3. Das Protokoll ist dezentral, das heißt, es gibt es keine Hauptknoten, die ausfallen und das ganze System zum Absturz bringen können.
4. Das Protokoll ist einfach, so dass es sich preisgünstig implementieren lässt.

5.3.1 Kanalaufteilungsprotokolle

In Abschnitt 1.3 haben wir diskutiert, dass Zeitmultiplexing (TDM) und Frequenzmultiplexing (FDM) zwei Techniken sind, mit deren Hilfe die Bandbreite eines Broadcast-Kanals unter allen Knoten, die diesen Kanal gemeinsam benutzen, aufgeteilt werden kann. Nehmen Sie beispielsweise an, dass der Kanal N Knoten unterstützt und dass die Übertragungsrate des Kanals R bps beträgt. TDM gliedert die Zeit in **Zeitrahmen** und teilt jeden Zeitrahmen weiter in N **Zeitschlitze** auf. (Dieser TDM-Zeitrahmen darf nicht mit der Dateneinheit der Sicherungsschicht verwechselt werden, die zwischen sendenden und empfangenden Adaptern ausgetauscht wird und die ebenfalls Rahmen heißt. Um Verwechslungen zu vermeiden, werden wir daher in diesem Unterabschnitt die von der Sicherungsschicht ausgetauschten Dateneinheiten als Pakete bezeichnen.) Jeder Zeitschlitz wird dann einem der N Knoten zugewiesen. Immer wenn ein Knoten ein Paket senden will, dann sendet er dessen Bits während des Zeitschlitzes, der ihm im TDM-Rahmen zugewiesen wurde. Normalerweise wird die Größe der Schlitze so gewählt, dass ein einzelnes Paket innerhalb eines Zeitschlitzes gesendet werden kann. ▶Abbildung 5.10 zeigt ein einfaches TDM-Beispiel mit vier Knoten. Im Bild unserer Cocktailparty darf unter TDM ein Partygast eine bestimmte Zeitspanne lang reden, dann darf ein anderer Gast genauso lange reden usw. Nachdem jeder seine Redezeit hatte, wiederholt sich dieses Muster.

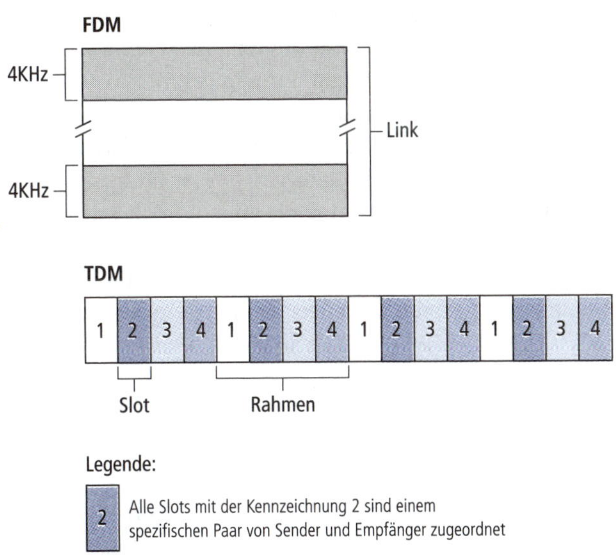

Abbildung 5.10: Beispiel für TDM und FDM mit vier Knoten

TDM ist attraktiv, weil es Kollisionen vermeidet und völlig fair ist: Während der Zeitdauer eines Rahmens bekommt jeder Knoten eine dedizierte Übertragungsrate von R/N bps. Allerdings gibt es zwei größere Nachteile. Zum einen wird ein Knoten auch dann auf die durchschnittliche Rate von R/N bps beschränkt, wenn er der einzige Knoten ist, der Pakete senden will. Zum anderen muss ein Knoten immer warten, bis er innerhalb der Übertragungssequenz wieder an der Reihe ist – auch dann, wenn er der einzige Knoten ist, der einen Rahmen zu senden hat. Stellen Sie sich einen Partygänger vor, der der einzige wäre, der irgendetwas zu sagen hätte. (Und was noch seltener wäre: dass alle anderen Gäste genau das hören wollen, was diese eine Person zu sagen hat.) Ganz eindeutig wäre TDM keine gute Wahl für ein Medienzugriffsprotokoll dieser besonderen Party.

Während TDM die Zeitdauer des gemeinsam genutzten Broadcast-Kanals unterteilt, gliedert FDM die R bps des Kanals in verschiedene Frequenzbereiche (jede mit einer Bandbreite von R/N) und weist jedem Knoten einen der N Frequenzbereiche zu. FDM erstellt dadurch aus dem einzelnen, größeren Kanal mit R bps N schmalere Kanäle von jeweils R/N bps. FDM hat dieselben Vor- und Nachteile wie TDM. Es vermeidet Kollisionen und teilt die Bandbreite gleichmäßig unter den N Knoten auf. Allerdings hat FDM auch denselben wesentlichen Nachteil wie TDM – ein Knoten ist auf die Bandbreite von R/N beschränkt, sogar dann, wenn er der einzige Knoten ist, der Pakete zu senden hat.

Ein drittes Protokoll zur festen Aufteilung von Kanälen ist das Codemultiplexverfahren (CDMA, *code division multiple access*). Während TDM und FDM den Knoten Zeitschlitze bzw. Frequenzen zuweisen, weist CDMA jedem Knoten einen anderen *Code* zu. Jeder Knoten verwendet dann seinen eindeutigen Code zur Kodierung der Datenbits, die er sendet. Wenn diese Codes richtig gewählt werden, haben CDMA-Netzwerke die schöne Eigenschaft, dass verschiedene Knoten *gleichzeitig auf derselben Frequenz* senden können, während die jeweiligen Empfänger, trotz gleichzeitiger Transfers durch andere Knoten, die kodierten Datenbits eines Senders korrekt empfangen können (vorausgesetzt, der Empfänger kennt den Code des Absenders). CDMA wird schon seit einiger Zeit in militärischen Systemen verwendet (aufgrund seiner Eigenschaft, störungsresistent zu sein) und wird nun auch umfangreich im zivilen Bereich eingesetzt, insbesondere in der Mobiltelefonie. Weil die Verwendung von CDMA so eng mit drahtlosen Kanälen verbunden ist, warten wir mit der Diskussion der technischen Details von CDMA bis zu Kapitel 6. Zunächst genügt es zu wissen, dass CDMA-Codes, wie Zeitschlitze in TDM und Frequenzen in FDM, den Benutzern eines Mehrfachzugriffskanals zugeordnet werden können.

5.3.2 Protokolle mit wahlfreiem Zugriff

Die zweite große Klasse der Medienzugriffsprotokolle sind die Protokolle mit wahlfreiem Zugriff *(random access protocols)*. Unter einem solchen Protokoll sendet ein Knoten immer mit der vollständigen Bandbreite des Kanals nämlich R bps. Kommt es zu einer Kollision, überträgt der betroffene Knoten seinen Rahmen (also sein Paket) immer wieder, bis der Rahmen kollisionsfrei durchkommt. Dabei wiederholt der Knoten die Übertragung des Rahmens nicht sofort. *Vielmehr wartet er eine zufällige Zeitspanne ab, bis er den Rahmen erneut überträgt.* Jeder in eine Kollision verwickelte Knoten wählt diese Verzögerung unabhängig von den anderen Knoten. Wegen dieser gegenseitigen Unabhängigkeit kann einer der Knoten eine kleinere Verzögerung wählen als die aller anderen an der Kollision beteiligten Knoten, so dass er in der Lage ist, seinen Rahmen kollisionsfrei über den Kanal zu senden.

In der Literatur werden Dutzende, wenn nicht sogar Hunderte von Protokollen mit wahlfreiem Zugriff beschrieben [ROM 1990; Bertsekas 1991]. In diesem Abschnitt besprechen wir zwei der bekanntesten – das ALOHA-Protokoll [Abramson 1970; Abramson 1985] und das Carrier Sense Multiple Access-Protokoll (CSMA) [Kleinrock 1975b]. Abschnitt 5.5 beschreibt später die Details von Ethernet [Metcalfe 1976], ein beliebtes und weitverbreitetes CSMA-Protokoll.

Slotted ALOHA

Beginnen wir unsere Untersuchung der Protokolle mit wahlfreiem Zugriff mit einem der einfachsten Repräsentanten dieser Protokolle, dem Slotted ALOHA-Protokoll. Für die nachfolgende Beschreibung nehmen wir Folgendes an:

- Alle Rahmen bestehen aus genau L Bit.
- Die Zeit wird in Schlitze von L/R Sekunden Dauer gegliedert (das heißt, ein Schlitz ist genauso groß wie die Zeitdauer, um einen Rahmen zu senden).
- Knoten beginnen die Übertragung von Rahmen nur am Anfang eines Schlitzes.
- Die Knoten sind synchronisiert, so dass jeder Knoten weiß, wann der Schlitz beginnt.
- Wenn zwei oder mehr Rahmen in einem Schlitz kollidieren, dann entdecken alle Knoten die Kollision, bevor der Schlitz endet.

Sei p eine Wahrscheinlichkeit, das heißt eine Zahl zwischen 0 und 1. Die Arbeitsweise von Slotted ALOHA in jedem Knoten ist einfach:

- Hat der Knoten einen neuen Rahmen, der gesendet werden soll, wartet er bis zum Anfang des nächsten Schlitzes und überträgt den ganzen Rahmen während des Schlitzes.
- Gibt es keine Kollision, dann hat der Knoten seinen Rahmen erfolgreich übertragen und muss daher nicht daran denken, ihn nochmals zu senden. (Sofern er einen weiteren Rahmen hat, kann er diesen für die Übertragung vorbereiten.)
- Gibt es eine Kollision, erkennt der Knoten die Kollision, bevor der Schlitz endet. Er sendet seinen Rahmen mit Wahrscheinlichkeit p in jedem folgenden Schlitz, bis der Rahmen ohne eine Kollision übertragen wurde.

Eine erneute Übertragung mit der Wahrscheinlichkeit p bedeutet im Wesentlichen, dass der Knoten eine Münze wirft, die so verbogen ist, dass mit der Wahrscheinlichkeit p das Ereignis „Kopf“ eintritt. Dieses Ereignis bedeutet nochmaliges Übertragen im aktuellen Zeitschlitz. Das Ereignis „Zahl“ bedeutet, „den Schlitz überspringen und die Münze im nächsten Schlitz erneut werfen“. Dies tritt mit Wahrscheinlichkeit $(1 - p)$ ein. Alle von der Kollision betroffenen Knoten werfen ihre Münzen unabhängig voneinander.

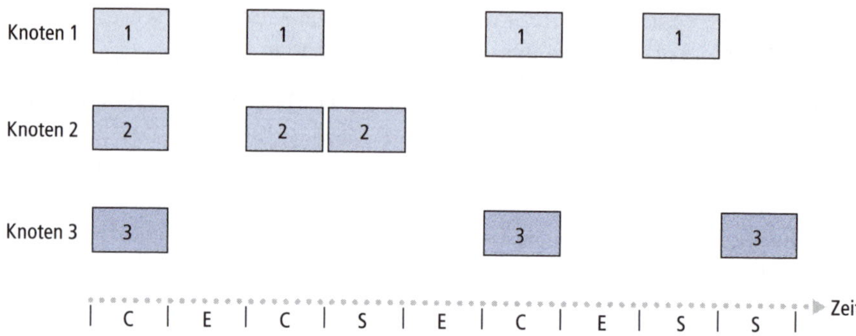

Legende:
C = Schlitz mit Kollision (collision)
E = Leerer Schlitz (empty)
S = Erfolgreicher Schlitz (success)

Abbildung 5.11: Knoten 1, 2 und 3 kollidieren im ersten Schlitz. Knoten 2 ist schließlich im vierten Schlitz erfolgreich, Knoten 1 im achten und Knoten 3 im neunten Schlitz

Slotted ALOHA scheint auf den ersten Blick viele Vorzüge zu haben. Anders als bei der Kanalpartitionierung kann ein Knoten, der der einzige aktive Knoten ist, unter Slotted ALOHA ständig mit der ganzen Rate R senden. (Ein Knoten heißt aktiv, wenn er Rahmen zu senden hat.) Das Protokoll ist zudem hochgradig dezentral, weil jeder Knoten Kollisionen erkennt und unabhängig von anderen entscheidet, wann er eine erneute Übertragung vornimmt. (Slotted ALOHA erfordert es jedoch, dass die Schlitze auf den Knoten synchronisiert werden. In Kürze diskutieren wir eine Version des ALOHA-Protokolls, welche diese Anforderung nicht hat.) Slotted ALOHA ist zudem ein äußerst einfaches Protokoll.

Slotted ALOHA funktioniert gut, wenn es nur einen aktiven Knoten gibt. Aber wie effizient ist es bei mehreren aktiven Knoten? Die Effizienz macht uns hier aus zweierlei Gründen Sorgen. Zum einen erleidet ein gewisser Bruchteil der Schlitze Kollisionen (▶ Abbildung 5.11), wenn es mehrere aktive Knoten gibt, und wird deshalb „vergeudet". Zum anderen wird ein anderer Bruchteil der Schlitze *leer* sein, weil aufgrund des zufallsgesteuerten Übertragungsverfahrens manchmal alle aktiven Knoten das Senden unterlassen. Die einzigen „nicht vergeudeten" Schlitze werden jene sein, in denen genau ein Knoten sendet. Ein solcher Schlitz wird als erfolgreicher Schlitz bezeichnet. Die Effizienz dieses Medienzugriffsprotokolls ist definiert als der Anteil erfolgreicher Schlitze, betrachtet über einen längeren Zeitraum, wenn eine große Zahl aktiver Knoten viele Rahmen übertragen. Beachten Sie, dass die Effizienz null wäre, wenn es keine Form der Zugriffskontrolle gäbe und jeder Knoten nach einer Kollision sofort wieder übertragen würde. Slotted ALOHA steigert die Effizienz eindeutig über null – aber in welchem Ausmaß?

Fahren wir nun mit der schnellen Ableitung der Maximaleffizienz von Slotted ALOHA fort. Um diese Ableitung einfach zu halten, werden wir das Protokoll etwas abändern und annehmen, dass jeder Knoten versucht, in jedem Schlitz einen Rahmen mit der

Wahrscheinlichkeit p zu senden. (Wir gehen also davon aus, dass jeder Knoten immer einen Rahmen hat, der übertragen werden soll, und dass der Knoten sowohl einen neuen Rahmen als auch einen Rahmen, der bereits kollidierte, mit Wahrscheinlichkeit p überträgt.) Nehmen Sie an, dass es N Knoten gibt. Dann ist die Wahrscheinlichkeit, dass ein gegebener Schlitz ein erfolgreicher Schlitz ist, die Wahrscheinlichkeit dafür, dass einer der Knoten sendet und die übrigen $N - 1$ Knoten nicht senden. Die Wahrscheinlichkeit, dass ein gegebener Knoten sendet, ist p. Die Wahrscheinlichkeit, dass die übrigen Knoten nicht übertragen, ist $(1 - p)^{N-1}$. Daher ist die Wahrscheinlichkeit, dass ein gegebener Knoten erfolgreich ist, $p (1 - p)^{N-1}$. Weil es N Knoten gibt, beträgt die Wahrscheinlichkeit, dass ein beliebiger Knoten erfolgreich ist, $Np (1 - p)^{N-1}$.

Wenn also N aktive Knoten vorliegen, beträgt die Effizienz von Slotted ALOHA $Np (1 - p)^{N-1}$. Um die *maximale* Effizienz für N aktive Knoten zu erhalten, müssen wir den Wert p^* ermitteln, der diesen Ausdruck maximiert. (In den Übungsaufgaben finden Sie eine allgemeine kurze Beschreibung dieser Ableitung.) Um die maximale Effizienz einer großen Anzahl aktiver Knoten zu erhalten, betrachten wir den Grenzwert von $Np^* (1 - p^*)^{N-1}$, wenn N gegen unendlich geht (siehe ebenfalls die Übungsaufgaben). Nachdem wir diese Berechnungen durchgeführt haben, erkennen wir, dass die maximale Effizienz des Protokolls durch $1/e = 0{,}37$ gegeben ist. Das heißt, wenn eine große Anzahl von Knoten viele Rahmen übertragen muss, dann leisten (bestenfalls) 37 Prozent aller Schlitze sinnvolle Arbeit. Dadurch ist die effektive Übertragungsrate des Kanals nicht R bps, sondern nur 0,37 R bps! Eine ähnliche Analyse zeigt zudem, dass weitere 37 Prozent der Schlitze leer sind und 26 Prozent der Schlitze Kollisionen erleiden. Stellen Sie sich den armen Netzwerkadministrator vor, der ein 100 Mbps Slotted ALOHA-System gekauft hat und nun erwartet, dass seine Benutzer Daten mit effektiv beispielsweise 80 Mbps austauschen können! Obwohl der Kanal in der Lage ist, einen gegebenen Rahmen mit der vollständigen Kanalgeschwindigkeit von 100 Mbps zu transportieren, wird über einen längeren Zeitraum der tatsächliche effektive Durchsatz dieses Kanals weniger als 37 Mbps betragen.

ALOHA

Das Slotted ALOHA-Protokoll erforderte es, dass alle Knoten ihre Übertragungen synchronisieren, damit sie zu Beginn eines Schlitzes mit dem Senden beginnen. Das erste ALOHA-Protokoll [Abramson 1970] war tatsächlich ein schlitzfreies, vollständig dezentralisiertes Protokoll. Kommt unter reinem ALOHA ein Rahmen an (das heißt, ein Netzwerkschichtdatagramm wird am sendenden Knoten von der Netzwerkschicht heruntergereicht), sendet der Knoten sofort den vollständigen Rahmen auf den Broadcast-Kanal. Erleidet ein gesendeter Rahmen eine Kollision mit einem oder mehreren anderen Transfers, wird ihn der Knoten sofort (d.h., nachdem er erst einmal den kollidierten Rahmen vollständig übertragen hat) mit Wahrscheinlichkeit p nochmals übertragen. Ansonsten wartet der Knoten den Zeitraum, der für die Rahmenübertragung benötigt wird. Nach dieser Wartezeit sendet er den Rahmen mit Wahrscheinlichkeit p oder wartet (ohne etwas zu tun) mit Wahrscheinlichkeit $1 - p$ eine weitere Rahmenübertragungszeit.

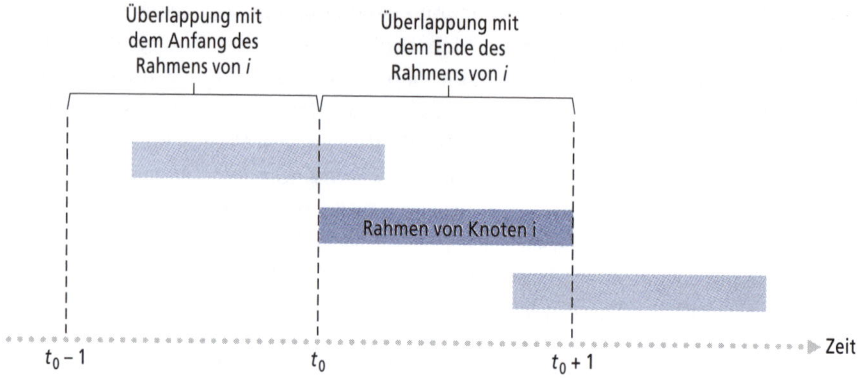

Abbildung 5.12: Übertragung mit gegenseitigen Störungen beim reinen ALOHA

Um die maximale Effizienz dieses reinen ALOHA-Protokolls zu bestimmen, konzentrieren wir uns auf einen einzelnen Knoten. Wir machen dieselben Annahmen wie bei unserer Analyse des Slotted-ALOHA-Protokolls und betrachten die Übertragungszeit für einen Rahmen als Zeiteinheit. Zu jedem gegebenen Zeitpunkt ist die Wahrscheinlichkeit, dass ein Knoten einen Rahmen sendet, p. Nehmen Sie an, dass dieser Rahmen zum Zeitpunkt t_0 mit dem Transfer beginnt. Wie in ▶Abbildung 5.12 dargestellt, dürfen keine anderen Knoten ihre Übertragung im Zeitintervall $[t_0 - 1, t_0]$ beginnen, damit dieser Rahmen erfolgreich übertragen wird. Eine solche Übertragung würde mit dem Anfang des Transfers von Knoten i überlappen. Die Wahrscheinlichkeit, dass keiner der anderen Knoten einen Transfer in diesem Intervall beginnt, ist $(1 - p)^{N-1}$. In ähnlicher Weise darf kein anderer Knoten eine Übertragung beginnen, während Knoten i sendet, da solch ein Transfer mit dem letzten Teil der Übertragung durch Knoten i überlappen würde. Die Wahrscheinlichkeit, dass keiner der anderen Knoten in diesem Intervall eine Übertragung beginnt, ist ebenfalls $(1 - p)^{N-1}$. Daher beträgt die Wahrscheinlichkeit, dass ein gegebener Knoten einen erfolgreichen Transfer durchführt, $p\,(1 - p)^{2(N-1)}$. Berechnen wir, wie beim Slotted ALOHA, den Grenzwert, stellen wir fest, dass die maximale Effizienz des reinen ALOHA-Protokolls nur 1/(2e) beträgt – genau die Hälfte von Slotted ALOHA. Dies ist der Preis, der für ein vollständig dezentralisiertes ALOHA-Protokoll zu zahlen ist.

Carrier Sense Multiple Access (CSMA)

Sowohl bei Slotted ALOHA als auch beim reinen ALOHA entscheidet sich ein Knoten unabhängig von den anderen an den Broadcast-Kanal angeschlossenen Knoten, ob er sendet oder nicht. Sobald er zu senden beginnt, achtet er weder darauf, ob bereits ein anderer Knoten sendet, noch beendet er die Übertragung, wenn ein anderer Knoten beginnt, sich in seine Übertragung einzumischen. In unserer Analogie der Cocktailparty sind ALOHA-Knoten ziemlich rüpelhafte Partygäste, die fortwährend schnattern, ohne Rücksicht darauf, ob andere Leute reden. Als Menschen haben wir menschliche Protokolle, durch die wir uns nicht nur höflicher verhalten können, sondern die es uns auch ermöglichen, die Zeit zu verringern, die wir während der Konversation in Kollisionen

Fallstudie

Norm Abramson und ALOHANET

Norm Abramson, ein promovierter Ingenieur, hatte eine Leidenschaft für Surfen und interessierte sich für Paketvermittlung. Diese Kombination brachte ihn 1969 an die University of Hawaii. Hawaii besteht aus vielen bergigen Inseln, was den Aufbau und den Betrieb landgestützter Netzwerke erschwerte. Wenn er nicht gerade surfte, dachte Abramson über den Entwurf eines Netzwerkes nach, das die Paketvermittlung über Funk ermöglichen sollte. Das von ihm entworfene Netzwerk verfügte über einen zentralen Host und mehrere sekundäre Knoten, die über die Inseln Hawaiis verstreut waren. Das Netzwerk hatte zwei Kanäle auf verschiedenen Frequenzbändern. Auf dem Downlink-Kanal wurden Pakete vom zentralen Host zu den sekundären Hosts übertragen, während der Upstream-Kanal Daten von den sekundären Hosts zum zentralen Host übertrug. Abgesehen vom Versand der Datenpakete sandte der zentrale Host auch Acknowledgments für jedes von den sekundären Hosts erfolgreich empfangene Paket über den Downstream-Kanal.

Weil die sekundären Hosts Pakete dezentralisiert übertrugen, blieben Kollisionen auf dem Upstream-Kanal nicht aus. Aufgrund dieser Beobachtung entwarf Abramson das reine ALOHA-Protokoll, das in diesem Kapitel beschrieben wird. Mit finanzieller Unterstützung der ARPA verband Abramson 1970 sein ALOHAnet mit dem ARPAnet. Abramsons Arbeit ist nicht nur deshalb von Bedeutung, weil sie das erste Beispiel von paketvermittelten Funkübertragungen war, sondern auch weil sie Bob Metcalfe inspirierte. Einige Jahre später modifizierte Metcalfe das ALOHA-Protokoll, wodurch das CSMA/CD-Protokoll und Ethernet entstanden.

zubringen. Dadurch steigt die Datenmenge, die wir in unseren Gesprächen austauschen. Es gibt zwei wichtige Regeln für höfliche menschliche Gespräche:

- *Zuhören vor dem Sprechen.* Spricht bereits jemand, warten Sie, bis der Sprecher fertig ist. In Netzwerken wird dies als **Carrier Sensing** *(Überprüfung des Trägermediums)* bezeichnet – ein Knoten hört erst in den Kanal hinein, bevor er mit dem Senden beginnt. Wird gegenwärtig bereits ein Rahmen in den Kanal gesendet, wartet der Knoten („Backoff") eine zufällige Zeitspanne und überprüft dann den Kanal erneut. Ist dieser irgendwann frei, beginnt der Knoten mit der Übertragung seines Rahmens. Ansonsten wartet der Knoten erneut eine zufällige Zeitspanne und wiederholt diesen Prozess.
- *Beginnt jemand zu sprechen, hören Sie mit dem Sprechen auf.* In Netzwerken nennt man dies **Kollisionserkennung** – ein Sendeknoten hört in den Kanal, während er sendet. Erkennt er, dass ein anderer Knoten einen störenden Rahmen sendet, bricht er die Übertragung ab und bestimmt mithilfe des Protokolls, wann er seinen nächsten Sendeversuch unternehmen soll.

Diesen beiden Regeln sind in den Protokollfamilien **Carrier Sense Multiple Access** (**CSMA**) und **CSMA mit Kollisionserkennung** (**CSMA/CD**) enthalten [Kleinrock 1975b; Metcalfe 1976; Lam 1980; Rom 1990]. Viele Abwandlungen von CSMA und CSMA/CD wurden bis heute vorgeschlagen. In den obigen Referenzen finden Sie Details dieser Protokolle. Wir untersuchen das von Ethernet verwendete CSMA/CD-Schema detail-

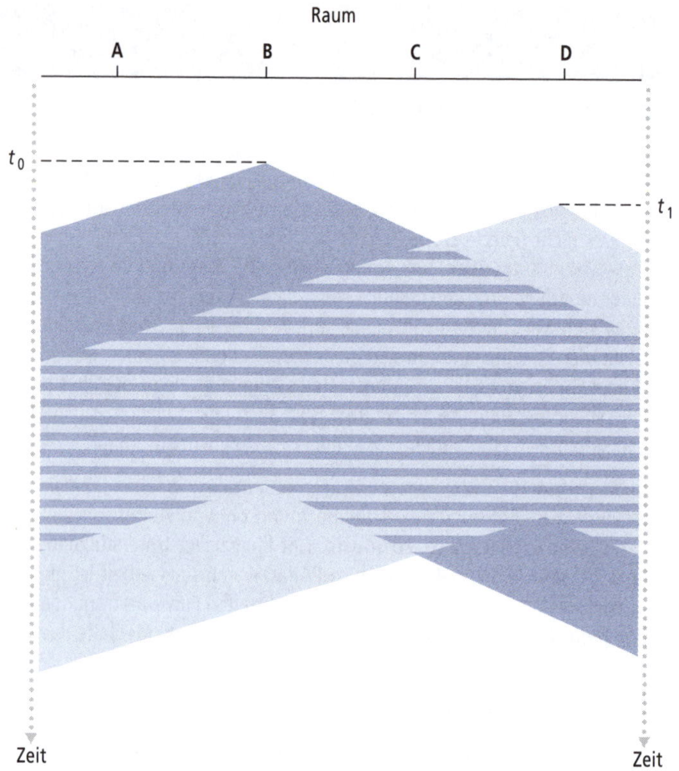

Abbildung 5.13: Raum-Zeit-Diagramm zweier CSMA-Knoten mit kollidierenden Übertragungen

liert in Abschnitt 5.5. Hier betrachten wir nur einige der wichtigsten grundlegenden Merkmale von CSMA und CSMA/CD.

Die erste Frage zu CSMA, die auf der Hand liegt, lautet, warum überhaupt Kollisionen auftreten, wenn doch alle Knoten Carrier Sensing ausführen? Schließlich sieht ein Knoten immer von der Übertragung ab, wenn er erkennt, dass ein anderer Knoten sendet. Die Antwort auf diese Frage erläutern am besten Raum-Zeit-Diagramme [Molle 1987]. ▶Abbildung 5.13 zeigt ein solches Raum-Zeit-Diagramm von vier Knoten (A, B, C, D), die an einen linearen Broadcast-Bus angeschlossen sind. Die horizontale Achse entspricht der räumlichen Position eines Knotens, die vertikale Achse stellt die Zeit dar.

Zum Zeitpunkt t_0 erkennt Knoten B, dass der Kanal leer ist, da derzeit keine anderen Knoten senden. Knoten B beginnt daher mit der Übertragung, wobei sich seine Bits in beide Richtungen über das Broadcast-Medium ausbreiten. Abbildung 5.13 zeigt, dass Zeit benötigt wird, in der sich die Bits von B tatsächlich entlang des Broadcast-Mediums ausbreiten (selbst wenn sie sich beinahe mit Lichtgeschwindigkeit bewegen). Zum Zeitpunkt t_1 ($t_1 > t_0$) will Knoten D einen Rahmen senden. Obwohl Knoten B zum Zeitpunkt t_1 bereits sendet, haben die von B übertragenen Bits Knoten D noch nicht erreicht. Deshalb hält D zu diesem Zeitpunkt den Kanal für frei. In Übereinstimmung mit dem CSMA-Protokoll beginnt D daher mit dem Senden seines Rahmens. Kurze Zeit später

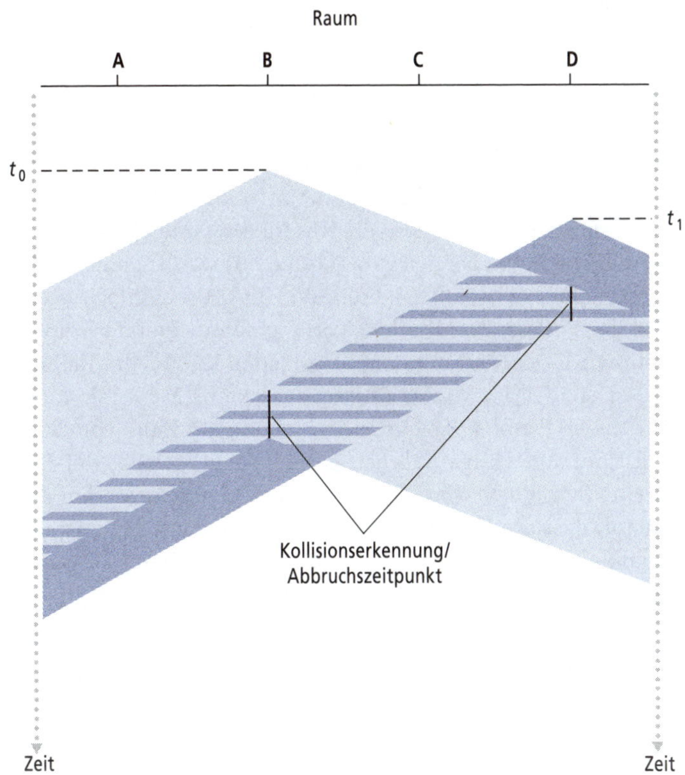

Abbildung 5.14: CSMA mit Kollisionserkennung (CSMA/CD)

vermischt sich die Übertragung von B am Knoten D mit der Übertragung von D. Aus Abbildung 5.13 wird deutlich, dass die Ende-zu-Ende-**Signalausbreitungsverzögerung** eines Broadcast-Kanals – die Zeit, die ein Signal benötigt, um sich von einem der Knoten zu einem anderen auszubreiten – eine entscheidende Rolle bei der Bestimmung seiner Leistung spielt. Je größer diese Ausbreitungsverzögerung, desto größer ist die Wahrscheinlichkeit, dass ein Koten, der Carrier Sensing durchführt, einen Transfer, der an einem anderen Knoten bereits begonnen hat, nicht erkennen kann.

In Abbildung 5.13 führen die Knoten keine Kollisionserkennung aus. Sowohl B als auch D fahren mit der Übertragung des vollständigen Rahmens fort, obwohl eine Kollision aufgetreten ist. Führt ein Knoten jedoch Kollisionserkennung aus, beendet er den Transfer, sobald er eine andere Übertragung wahrnimmt. ▶ Abbildung 5.14 zeigt dasselbe Szenario wie Abbildung 5.13, mit dem Unterschied, dass die beiden Knoten ihre jeweilige Übertragung abbrechen, kurz nachdem sie die Kollision erkennen. Das Hinzufügen von Kollisionserkennung zu einem Medienzugriffsprotokoll führt eindeutig zu einer Verbesserung der Protokollleistung, weil unbrauchbare und (durch das Vermischen mit dem Rahmen eines anderen Protokolls) beschädigte Rahmen nicht vollständig übertragen werden. Das Ethernet-Protokoll, das wir in Abschnitt 5.5 untersuchen werden, ist ein CSMA-Protokoll mit Kollisionserkennung.

5.3.3 Protokolle mit abwechselndem Zugriff

Wie bereits erwähnt, sind zwei wünschenswerte Eigenschaften eines Medienzugriffsprotokolls, (1) dass der aktive Knoten einen Durchsatz von *R* bps hat, wenn nur ein Knoten aktiv ist, und (2) dass bei *M* aktiven Knoten jeder dieser Knoten einen Durchsatz von näherungsweise *R*/*M* bps erreicht. Die ALOHA- und CSMA-Protokolle erfüllen die erste Forderung, nicht aber die zweite. Das veranlasste Informatiker, eine weitere Protokollklasse zu entwickeln – die **Protokolle mit abwechselndem Zugriff** *(Taking-Turns Protocols)*. Wie bei den Protokollen mit wahlfreiem Zugriff gibt es Dutzende davon, und jedes hat viele Varianten. Wir diskutieren hier zwei der wichtigeren. Das erste ist das **Polling-Protokoll**. Es verlangt, dass einer der Knoten als Master-Knoten bestimmt wird. Der Master-Knoten fragt jeden Knoten der Reihe nach ab *(Polling)*. Insbesondere sendet der Master-Knoten zuerst eine Nachricht an Knoten 1, mit der Auskunft, dass er (Knoten 1) irgendeine maximale Zahl von Rahmen senden kann. Nachdem Knoten 1 einige Rahmen gesendet hat, erlaubt der Master-Knoten, dass Knoten 2 eine festgelegte Maximalzahl von Rahmen versenden darf. (Der Master-Knoten erkennt, dass ein Knoten mit seiner Übertragung fertig ist, wenn auf dem Kanal keine Signale mehr anliegen.) Die Prozedur geht immer so weiter, wobei der Master-Knoten den einzelnen Knoten zyklisch das Senden erlaubt.

Das Polling-Protokoll vermeidet Kollisionen und leere Schlitze, die den Protokollen mit wahlfreiem Zugriff zu schaffen machen. Dadurch kann Polling eine viel höhere Effizienz erreichen. Aber es hat auch einige Nachteile. Der erste besteht darin, dass das Protokoll eine Polling-Verzögerung einführt – der erforderliche Zeitraum, um einen Knoten darüber zu benachrichtigen, dass er senden darf. Ist zum Beispiel nur ein Knoten aktiv, dann überträgt dieser seine Daten mit einer Rate, die geringer als *R* bps ist, weil der Master-Knoten erst jeden inaktiven Knoten abfragen muss, nachdem der aktive Knoten seine maximale Zahl von Rahmen gesendet hat. Der zweite Nachteil, der möglicherweise noch schwerer wiegt, besteht darin, dass der ganze Kanal funktionsunfähig wird, wenn der Master-Knoten ausfällt.

Das zweite Protokoll mit abwechselndem Zugriff ist das **Token-Passing-Protokoll**. In diesem Protokoll gibt es keinen Master-Knoten. Ein als **Token** bezeichneter kleiner, spezieller Rahmen wird in irgendeiner festen Reihenfolge zwischen den Knoten ausgetauscht. Beispielsweise könnte Knoten 1 das Token immer an Knoten 2 senden, der sendet es weiter an Knoten 3 usw., und Knoten *N* sendet das Token immer an Knoten 1 zurück. Erhält ein Knoten dieses Token, dann behält er es nur, wenn er irgendwelche Rahmen zu senden hat. Ansonsten leitet er es sofort an den nächsten Knoten weiter. Hat ein Knoten beim Eintreffen des Tokens zur Übertragung anstehende Rahmen, sendet er bis zu einer maximalen Anzahl von Rahmen und gibt das Token dann an den nächsten Knoten weiter. Das Weiterreichen des Tokens erfolgt völlig dezentral und ist äußerst effizient. Aber es hat auch Nachteile. Zum Beispiel kann der Ausfall eines Knotens den ganzen Kanal lahmlegen. Wenn ein Knoten zufällig die Freigabe des Tokens vergisst, dann muss ein spezieller Reparaturmechanismus es wieder in Umlauf bringen. Im Lauf der Jahre wurden viele Token-Passing-Protokolle entwickelt, die sich alle mit diesen und anderen schwierigen Problemen auseinandersetzen müssen. Wir werden zwei dieser Protokolle, FDDI und IEEE 802.5, im folgenden Abschnitt beschreiben.

5.3.4 Lokale Netzwerke (Local Area Networks, LANs)

Medienzugriffsprotokolle werden für viele unterschiedliche Arten von Broadcast-Kanälen verwendet. Sie sind bei satellitengestützten und drahtlosen Kanälen im Einsatz, deren Knoten über ein gemeinsames Frequenzspektrum senden. Außerdem werden sie für die Upstream-Kanäle von Kabelzugängen ins Internet (Abschnitt 1.2) verwendet und ausgiebig in lokalen Netzwerken *(Local Area Networks, LANs)* eingesetzt.

Wie bereits erwähnt, ist ein LAN ein Computernetzwerk, das auf ein geografisch eng begrenztes Gebiet konzentriert ist, etwa ein Gebäude oder ein Universitätscampus. Greift ein Benutzer auf dem Gelände einer Universität oder einer Firma auf das Internet zu, geschieht dies fast immer über ein LAN – genau genommen erfolgt der Netzwerkzugang, wie ▶Abbildung 5.15 zeigt, vom Host zum LAN, von dort auf den Router und von dort ins Internet. Die Übertragungsrate *R* der meisten LANs ist sehr hoch. Sogar in den frühen 1980er Jahren waren LANs mit 10 Mbps weit verbreitet. Heute sind LANs mit 100 Mbps oder 1 Gbps häufig anzutreffen und LANs mit 10 Gbps sind bereits verfügbar.

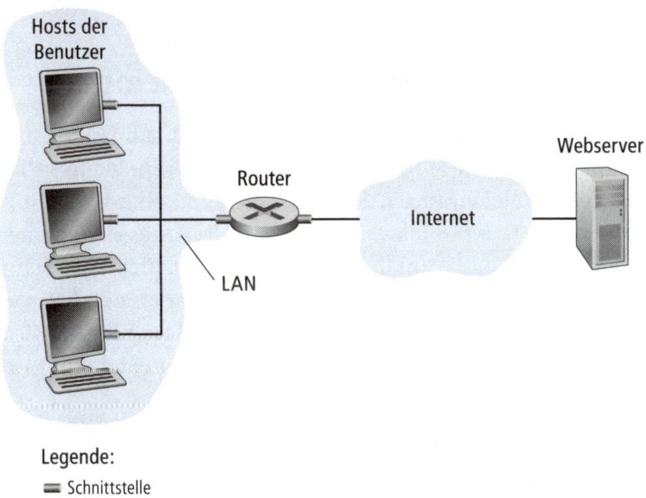

Abbildung 5.15: User-Hosts greifen über ein LAN auf einen Webserver im Internet zu. Der Übertragungskanal zwischen einem User-Host und dem Router besteht aus einem einzelnen Link

In den 1980ern und den frühen 1990ern waren zwei Arten von LAN-Technologien für Arbeitsplätze beliebt. Die erste Variante besteht aus Ethernet-LANs (auch bekannt als 802.3-LAN [IEEE 802.3 2007]), die auf wahlfreiem Zugriff basieren. Die zweite Klasse der LAN-Technologien umfasst Token-Passing-Technologien, darunter **Token Ring** (auch bekannt als IEEE 802.5 [IEEE 802.5 2007]) und **Fiber Distributed Data Interface**

(**FDDI**) [Jain 1994]. Weil wir Ethernet-Techniken detailliert in Abschnitt 5.5 besprechen, konzentrieren wir unsere Diskussion hier auf Token-Passing-LANs. Diese Diskussion über Token-Passing-Technologien halten wir absichtlich kurz, denn die erbarmungslose Konkurrenz von Ethernet hat diese Technik fast aussterben lassen. Um jedoch Beispiele für diese Techniken bieten zu können und den historischen Blickwinkel zu erweitern, sollten wir einige Worte über Token Ring verlieren.

In einem Token-Ring-LAN sind die *N* Knoten des LANs (Hosts und Router) durch direkte Verbindungen ringförmig miteinander verbunden. Die Topologie des Rings definiert die Reihenfolge, in der das Token weitergereicht wird. Erhält ein Knoten das Token und sendet er einen Rahmen, bewegt sich der Rahmen um den ganzen Ring herum und erzeugt dadurch einen virtuellen Broadcast-Kanal. Der Zielknoten liest den Rahmen aus dem Medium der Sicherungsschicht, während sich der Rahmen an ihm vorbeibewegt. Der Knoten, der den Rahmen sendet, hat auch die Verantwortung, ihn wieder aus dem Ring zu entfernen. FDDI wurde für geografisch größere LANs entworfen, etwa **stadtweite Netzwerke** (**MAN**, *metropolitan area networks*). Bei räumlich ausgedehnten LANs (die sich über mehrere Kilometer erstrecken) wäre es ineffizient, einen Rahmen an den sendenden Knoten zurücklaufen zu lassen, nachdem er das Ziel erreicht hat. Daher entfernt bei FDDI der Zielknoten den Rahmen vom Ring. (Genau genommen ist FDDI damit kein reiner Broadcast-Kanal, denn nicht jeder Knoten erhält jeden gesendeten Rahmen.)

5.4 Adressierung auf der Sicherungsschicht

Knoten – also Hosts und Router – haben Sicherungsschichtadressen. Da wir in Kapitel 4 schon gesehen haben, dass diese Knoten auch Netzwerkschichtadressen haben, könnte Sie das überraschen. Vielleicht fragen Sie sich, warum in aller Welt wir sowohl auf der Netzwerk- als auch auf der Sicherungsschicht mit Adressen arbeiten? Außer der Beschreibung von Syntax und Funktion der Sicherungsschichtadressen werden wir in diesem Abschnitt auch sehen, warum die beiden Adressarten nützlich und sogar unentbehrlich sind. Wir behandeln außerdem das Address Resolution Protocol (ARP), das einen Mechanismus zur Übersetzung von IP-Adressen in Sicherungsschichtadressen bietet.

5.4.1 MAC-Adressen

Eigentlich hat nicht ein Knoten (also ein Host oder Router) eine Sicherungsschichtadresse, sondern der Adapter eines Knotens. Dies stellt ▶ Abbildung 5.16 dar. Eine Sicherungsschichtadresse wird verschiedentlich auch als **LAN-Adresse**, **physikalische Adresse** oder **MAC-Adresse** bezeichnet. Weil Letzteres der am weitesten verbreitete Name ist, benutzen wir von nun an MAC-Adresse als Bezeichnung für Adressen der Sicherungsschicht. Bei den meisten LANs (einschließlich Ethernet-LANs und Wireless LAN nach dem 802.11-Standard) hat die MAC-Adresse eine Länge von 6 Byte, was 2^{48} MAC-Adressen ermöglicht. Wie Abbildung 5.16 zeigt, werden diese

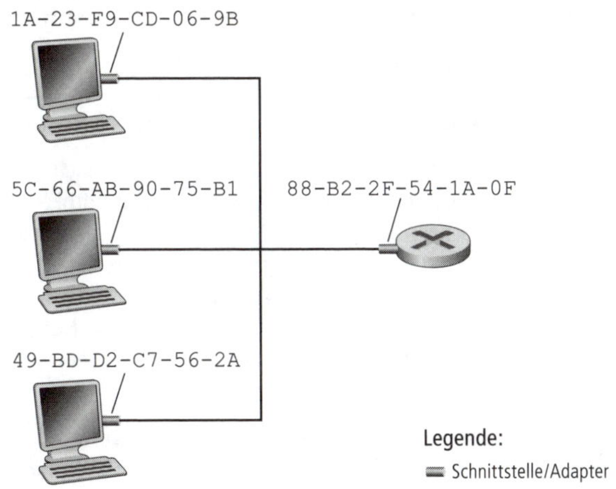

Abbildung 5.16: Jeder an ein LAN angeschlossene Adapter besitzt eine eindeutige MAC-Adresse

6 Byte langen Adressen normalerweise in hexadezimaler Schreibweise wiedergegeben, wobei jedes Byte als entsprechendes Hexadezimal-Zahlenpaar ausgedrückt wird. Obwohl MAC-Adressen von ihrem Entwurf her dauerhaft benutzt werden sollten, ist es mittlerweile möglich, sie per Software zu ändern. Im restlichen Abschnitt nehmen wir jedoch an, dass die MAC-Adresse eines Adapters fest bleibt.

Ein interessantes Merkmal von MAC-Adressen ist, dass zwei Adapter niemals dieselbe Adresse haben. Dies scheint überraschend, werden Adapter doch in vielen Ländern von vielen Firmen hergestellt. Wie stellt eine Firma, die Adapter auf Taiwan fertigt, sicher, dass sie andere Adressen verwendet als ein Hersteller in Belgien? Die Antwort lautet, dass die IEEE den Raum der MAC-Adressen verwaltet. Plant eine Firma die Herstellung von Adaptern, kauft sie für eine (symbolische) Gebühr einen Block des Adressbereiches, der aus 2^{24} Adressen besteht. In diesem Block sind die oberen 24 Bit einer MAC-Adresse festlegt. Jedes Mal, wenn eine Firma einen neuen Adressblock kauft, erhält sie eine einzigartige Kombination dieser oberen 24 Bits. Eine Firma kann dann für jeden Adapter, den sie herstellt, die unteren 24 Bit so wählen, dass die Adresse dieses Adapters einzigartig ist.

Die MAC-Adresse eines Adapters ist flach strukturiert (im Gegensatz zu einer hierarchischen Struktur wie bei IP-Adressen) und ändert sich nicht, ganz egal, wo der Adapter eingesetzt wird. Ein tragbarer Computer mit einer Ethernet-Karte hat immer dieselbe MAC-Adresse, ganz gleich, wo sich der Computer befindet. Ein PDA mit einer 802.11-Schnittstelle hat immer dieselbe MAC-Adresse, unabhängig davon, wohin der PDA gebracht wird. Wie oben erwähnt, hat im Gegensatz dazu eine IP-Adresse eine hierarchische Struktur (bestehend aus einem Netzwerkteil und einem Hostteil) und die IP-Adresse eines Knotens muss geändert werden, wenn der Host bewegt wird, d.h. von einem Netz in ein anderes wechselt. Die MAC-Adresse eines Adapters entspricht der Ausweisnummer eines Menschen, die ebenfalls unstrukturiert ist und sich nicht ändert, ganz egal, wohin die Person geht. Die IP-Adresse entspricht eher der Postanschrift eines Menschen. Sie ist hierarchisch und muss jedes Mal geändert werden,

Von der Theorie zur Praxis

Unabhängige Schichten

Es gibt mehrere Gründe, warum Knoten außer Netzwerkadressen auch noch MAC-Adressen besitzen. Zum einen wurden LANs für beliebige Netzwerkschichtprotokolle entworfen, nicht nur für IP und das Internet. Wenn Adaptern IP-Adressen anstatt „neutraler" MAC-Adressen zugewiesen würden, dann könnten Adapter nicht so leicht andere Netzwerkschichtprotokolle unterstützen (zum Beispiel IPX oder DECnet). Würden zudem andere Adapter Netzwerkschichtadressen anstatt MAC-Adressen verwenden, dann müsste die Netzwerkschichtadresse im RAM des Adapters gespeichert und jedes Mal rekonfiguriert werden, wenn der Adapter an einen anderen Ort gebracht (oder neu hochgefahren) würde.

Eine andere Option wäre, in den Adaptern gar keine Adressen zu verwenden und jeden Adapter die Daten jedes Rahmens, den er empfängt (normalerweise ein IP-Datagramm), den Protokollstapel hinauf übermitteln zu lassen. Die Netzwerkschicht könnte daraufhin nach einer übereinstimmenden Netzwerkschichtadresse suchen. Ein Problem bei dieser Option besteht darin, dass der Host sich um jeden in das LAN gesandten Rahmen kümmern müsste, einschließlich jener Rahmen, die für andere Knoten in demselben Broadcast-LAN bestimmt sind. Zusammenfassend können wir sagen, dass verschiedene Schichten ihr eigenes Adressierungsschema haben müssen, damit die Schichten weitgehend unabhängige Bausteine der Netzwerkarchitektur bleiben. Wir kennen nun drei Arten von Adressen: Hostnamen für die Anwendungsschicht, IP-Adressen für die Netzwerkschicht und MAC-Adressen für die Sicherungsschicht.

wenn der Mensch umzieht. So wie es für Menschen sinnvoll ist, sowohl eine Postanschrift als auch eine Ausweisnummer zu haben, ist es für Knoten sinnvoll, sowohl eine Netzwerkschichtadresse als auch eine MAC-Adresse zu haben.

Wir haben zu Beginn dieses Abschnitts beschrieben, dass ein Adapter, der einen Rahmen an irgendeinen Zieladapter senden will, die MAC-Adresse des Zieladapters in den Rahmen einfügt und den Rahmen ins LAN sendet. Ist das LAN ein Broadcast-Link (wie 802.11 und viele Ethernet-LANs), wird der Rahmen von allen anderen Adaptern auf dem LAN empfangen und verarbeitet. Insbesondere überprüft jeder Adapter, der den Rahmen erhält, ob die im Rahmen befindliche MAC-Adresse des Ziels seiner eigenen entspricht. Bei einer Übereinstimmung extrahiert der Adapter das beigefügte Datagramm und reicht es an die höheren Schichten im Protokollstapel weiter. Gibt es keine Übereinstimmung, löscht der Adapter den Rahmen, ohne das Datagramm weiter zu untersuchen. Auf diese Art wird nur dieser eine Zielknoten angesprochen, sobald der Rahmen empfangen wird.

Manchmal jedoch *möchte* ein sendender Adapter, dass alle anderen Adapter im LAN den Rahmen, den er gerade sendet, empfangen und *verarbeiten*. In diesem Fall fügt der sendende Adapter eine spezielle **MAC-Broadcast-Adresse** ins Feld der Zieladresse des Rahmens ein. In LANs, die 6 Byte lange Adressen verwenden (wie Ethernet- und Token-Passing-LAN) besteht die Broadcast-Adresse aus einer Zeichenkette von 48 aufeinanderfolgenden Einsen (in hexadezimaler Schreibweise wäre dies FF FF FF FF FF FF).

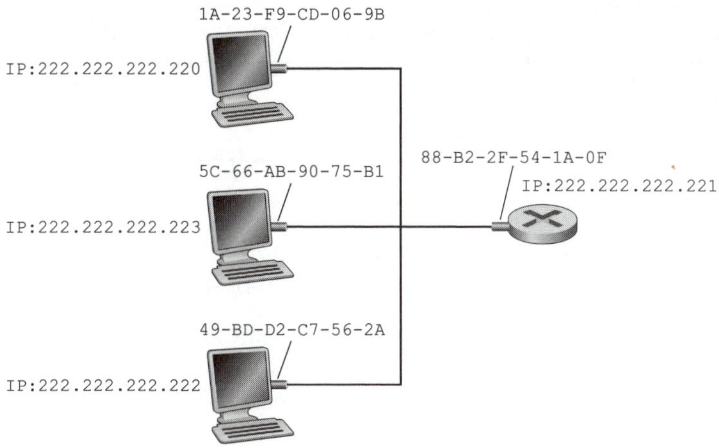

Abbildung 5.17: Jeder Adapter eines Knotens verfügt über eine MAC-Adresse und jede Schnittstelle über eine IP-Adresse

5.4.2 Address Resolution Protocol (ARP)

Weil es sowohl Netzwerkschichtadressen (zum Beispiel IP-Adressen) als auch Sicherungsschichtadressen (d.h. MAC-Adressen) gibt, besteht die Notwendigkeit, die einen in die anderen zu übersetzen. Beim Internet ist dies die Aufgabe des **Address Resolution Protocol** (**ARP**) [RFC 826].

Um die Notwendigkeit eines Protokolls wie ARP zu verstehen, betrachten wir das in ▶ Abbildung 5.17 dargestellte Netzwerk. In diesem einfachen Beispiel hat jeder Knoten eine IP-Adresse und der Adapter jedes Knotens hat eine MAC-Adresse. Wie üblich werden IP-Adressen im Dezimalformat und MAC-Adressen in hexadezimaler Schreibweise geschrieben. Nehmen wir nun an, dass der Knoten mit IP-Adresse 222.222.222.220 ein IP-Datagramm an Knoten 222.222.222.222 senden will. (Beispielsweise könnte der Zielknoten 222.222.222.222 ein Webserver sein und der sendende Knoten 222.222.222.220 könnte die IP-Adresse des Webservers über DNS bestimmt haben.) In diesem Beispiel befinden sich sowohl der Quell- als auch der Zielknoten, im Sinne der Adressierung aus Abschnitt 4.4.2, im selben Netz (LAN). Um ein Datagramm zu senden, muss der Quellknoten seinem Adapter nicht nur das IP-Datagramm, sondern auch die MAC-Adresse für Zielknoten 222.222.222.222 mitgeben. Aus dem IP-Datagramm und der MAC-Adresse kann der Adapter des sendenden Knotens einen Rahmen der Sicherungsschicht konstruieren, der die MAC-Adresse des Zielknotens enthält. Er kann diesen Rahmen dann ins LAN senden.

Die wichtige Frage, der wir uns in diesem Abschnitt widmen, lautet: Wie bestimmt der sendende Knoten die MAC-Adresse des Zielknotens mit IP-Adresse 222.222.222.222? Wie Sie sicher vermuten, verwendet er ARP. Ein ARP-Modul im sendenden Knoten nimmt jede IP-Adresse auf demselben LAN als Eingabewert und gibt die entsprechende MAC-Adresse zurück. In unserem aktuellen Beispiel übergibt der sendende

IP-Adresse	MAC-Adresse	TTL
222.222.222.221	88-B2-2F-54-1A-0F	13:45:00
222.222.222.223	5C-66-AB-90-75-B1	13:52:00

Abbildung 5.18: Eine mögliche ARP-Tabelle des Knotens 222.222.222.220

Knoten 222.222.222.220 seinem ARP-Modul die IP-Adresse 222.222.222.222 und das ARP-Modul gibt die entsprechende MAC-Adresse 49-BD-D2-C7-56-2A zurück.

Wie wir also sehen, bestimmt ARP die zu einer IP-Adresse gehörige MAC-Adresse. In gewisser Weise ähnelt es daher DNS (Abschnitt 2.5), das Hostnamen in IP-Adressen übersetzt. Dennoch besteht ein wichtiger Unterschied zwischen den zwei Übersetzungsprotokollen: DNS übersetzt Hostnamen von Hosts, die sich irgendwo im Internet befinden, während ARP nur IP-Adressen von Knoten im selben Subnetz übersetzt. Wenn ein Knoten in Kalifornien versuchen sollte, ARP zu verwenden, um die IP-Adresse eines Knotens in Mississippi aufzulösen, würde ARP eine Fehlermeldung ausgeben.

Nachdem wir nun geklärt haben, was ARP macht, wollen wir untersuchen, wie es arbeitet. Jeder Knoten (Host oder Router) hat in seinem RAM eine **ARP-Tabelle**, welche die Zuordnungen von IP-Adressen zu MAC-Adressen enthält. ▶Abbildung 5.18 zeigt, wie eine ARP-Tabelle in Knoten 222.222.222.220 aussehen könnte. Die ARP-Tabelle enthält auch einen Wert für die Lebensdauer (TTL, *Time-to-Live*), der angibt, wann jede Zuordnung aus der Tabelle gelöscht wird. Beachten Sie, dass die Tabelle nicht unbedingt einen Eintrag für jeden Knoten im Subnetz enthält, denn einige Knoten können Einträge gehabt haben, deren TTL bereits abgelaufen ist, während andere Knoten nie in die Tabelle eingetragen wurden. Die typische Lebensdauer eines Eintrages beträgt 20 Minuten, gemessen vom dem Zeitpunkt, an dem er in eine ARP-Tabelle eingetragen wurde.

Nehmen Sie nun an, dass Knoten 222.222.222.220 ein Datagramm, das als Ziel eine IP-Adresse hat, an einen anderen Knoten im selben Subnetz senden will. Der sendende Knoten muss ausgehend von der IP-Adresse des Zielknotens dessen MAC-Adresse ermitteln. Diese Aufgabe ist einfach, wenn die ARP-Tabelle des sendenden Knotens einen Eintrag für den Zielknoten hat. Was aber, wenn die ARP-Tabelle gegenwärtig keinen solchen Eintrag enthält? Nehmen wir konkret an, dass Knoten 222.222.222.220 ein Datagramm an Knoten 222.222.222.222 senden will. In diesem Fall verwendet der sendende Knoten das ARP-Protokoll, um die Adresse aufzulösen. Zuerst konstruiert der sendende Knoten ein spezielles Paket, das als **ARP-Paket** bezeichnet wird. Es enthält mehrere Felder, einschließlich der IP- und MAC-Adressen des Senders und des Empfängers (die MAC-Adresse des Empfängers wird zunächst leer bleiben – sie wird ja gerade von ARP ermittelt). Sowohl ARP-Anfragen *(ARP queries)* als auch ARP-Antwortpakete *(ARP replies)* haben dasselbe Format. Der Zweck des ARP-Anfrage-Paketes besteht darin, alle anderen Knoten auf dem Subnetz anzusprechen, um so die MAC-Adresse zu bestimmen, die der umzuwandelnden IP-Adresse entspricht.

Um zu unserem Beispiel zurückzukehren, Knoten 222.222.222.220 übermittelt eine ARP-Anfrage an den Adapter, zusammen mit einem Hinweis darauf, dass der Adapter das Paket an die MAC-Broadcast-Adresse senden soll, nämlich FF-FF-FF-FF-FF-FF. Der Adapter verkapselt das ARP-Paket in einen Rahmen der Sicherungsschicht, benutzt die Broadcast-Adresse als Zieladresse des Rahmens und sendet ihn ins LAN. Benutzen wir wieder unsere Analogie aus Ausweisnummer und Postanschrift, dann entspricht eine ARP-Query einer Person, die mitten aus einem Großraumbüro irgendeiner Firma (sagen wir AnyCorp) schreit: „Wie lautet die Ausweisnummer desjenigen, der auf Platz 13, Raum 112, bei AnyCorp, München, Bayern, sitzt?“ Der Rahmen, der die ARP-Anfrage enthält, wird von allen anderen Adaptern im Subnetz empfangen und jeder Adapter gibt (wegen Verwendung der Broadcast-Adresse) das ARP-Paket aus dem Rahmen an sein ARP-Modul weiter. Jeder Knoten prüft, ob seine IP-Adresse mit der IP-Zieladresse im ARP-Paket übereinstimmt. Der eine Knoten, 222.222.222.222, mit einer Übereinstimmung sendet ein ARP-Antwort-Paket an den abfragenden Knoten zurück, das die gewünschte Zuordnung enthält. Der abfragende Knoten, 222.222.222.220 kann dann seine ARP-Tabelle aktualisieren und sein IP-Datagramm senden. Dieses verkapselt er in einem Rahmen der Sicherungsschicht, dessen Ziel-MAC diejenige des Knotens ist, der auf die frühere ARP-Anfrage geantwortet hat.

Es gibt ein paar interessante Dinge, die beim ARP-Protokoll zu beachten sind. Zum einen wird die ARP-Anfrage-Nachricht in einem Broadcast-Rahmen übertragen, während die ARP-Antwort-Nachricht in einem Standardrahmen übertragen wird. Bevor Sie weiterlesen, sollten Sie sich überlegen, warum das so ist. Zum anderen beherrscht ARP Plug-and-Play, das heißt, die ARP-Tabelle eines Knotens wird automatisch erzeugt – sie muss von keinem Systemadministrator konfiguriert werden. Wenn ein Knoten aus dem Subnetz entfernt wird, dann wird sein Eintrag irgendwann aus den Tabellen aller Knoten im Subnetz gelöscht.

Ein Datagramm an einen Knoten außerhalb des Subnetzes senden

Es sollte jetzt deutlich geworden sein, wie ARP arbeitet, wenn ein Knoten ein Datagramm an einen anderen Knoten senden will, der sich im selben Subnetz befindet. (Subnetze wurden in Abschnitt 4.4.2 genau beschrieben.) Betrachten wir nun aber die kompliziertere Situation, dass ein Knoten in einem Subnetz versucht, ein Netzwerkschichtdatagramm an einen Knoten aus dem Subnetz heraus zu senden (das heißt über einen Router in ein anderes Subnetz). Diskutieren wir dieses Thema im Kontext von ▶Abbildung 5.19, die ein einfaches Netzwerk zeigt, das aus zwei durch einen Router verbundenen Subnetzen besteht.

In Abbildung 5.19 sind mehrere interessante Dinge zu beachten. Zuerst gibt es zwei Arten von Knoten: Hosts und Router. Jeder Host hat genau eine IP-Adresse und einen Adapter. Aber jeder Router hat, wie in Kapitel 4 diskutiert, eine IP-Adresse für *jede* seiner Schnittstellen. Für jede Routerschnittstelle gibt es auch ein ARP-Modul (im Router) und einen Adapter. Weil der Router in Abbildung 5.19 zwei Schnittstellen hat, besitzt er zwei IP-Adressen, zwei ARP-Module und zwei Adapter. Natürlich hat jeder Adapter im Netzwerk seine eigene MAC-Adresse.

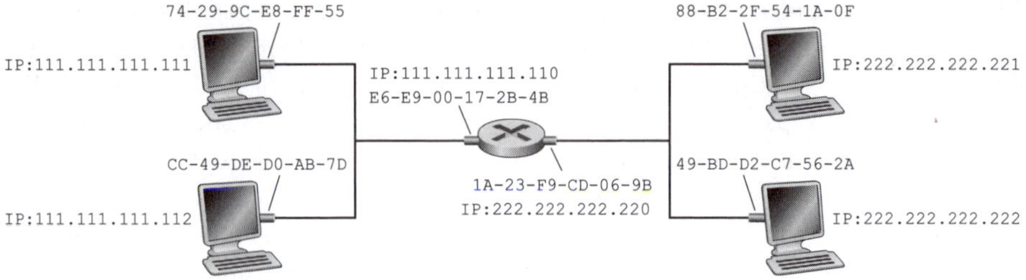

Abbildung 5.19: Zwei Subnetze, die durch einen Router verbunden sind

Beachten Sie auch, dass Subnetz 1 die Netzwerkadresse 111.111.111/24 besitzt und Subnetz 2 die Netzwerkadresse 222.222.222/24 hat. Daher haben alle mit Subnetz 1 verbundenen Schnittstellen Adressen der Form 111.111.111.xxx und alle mit Subnetz 2 verbundenen Schnittstellen besitzen Adressen der Form 222.222.222.xxx.

Untersuchen wir nun, wie ein Host in Subnetz 1 einem Host in Subnetz 2 ein Datagramm zusendet. Genau genommen nehmen wir an, dass Host 111.111.111.111 ein IP-Datagramm an Host 222.222.222.222 übertragen will. Der sendende Host übermittelt das Datagramm wie üblich an seinen Adapter. Aber er muss auch seinem Adapter eine entsprechende Ziel-MAC-Adresse mitteilen. Welche MAC-Adresse sollte der Adapter benutzen? Eine Vermutung könnte sein, dass die entsprechende MAC-Adresse diejenige des Adapters von Host 222.222.222.222 ist, nämlich 49-BD-D2-C7-56-2A. Diese Annahme ist jedoch falsch! Wenn der sendende Adapter diese MAC-Adresse verwenden würde, dann würde keiner der Adapter auf Subnetz 1 das IP-Datagramm an seine Netzwerkschicht übermitteln, da die Zieladresse des Rahmens nicht zur MAC-Adresse irgendeines Adapters auf Subnetz 1 passen würde. Das Datagramm würde einfach sterben und verschwinden.

Wenn wir uns Abbildung 5.19 genau ansehen, erkennen wir, dass das Datagramm zuerst an die Routerschnittstelle 111.111.111.110 gesandt werden muss, damit ein Datagramm von 111.111.111.111 einen Knoten in Subnetz 2 erreicht. Daher ist die richtige MAC-Adresse für den Rahmen die Adresse des Adapters der Routerschnittstelle 111.111.111.110, nämlich E6-E9-00-17-2B-4B. Woher erhält der sendende Host 111.111.111.110 die MAC-Adresse? Natürlich mit ARP! Sobald der sendende Adapter diese MAC-Adresse kennt, erstellt er einen Rahmen (der das Datagramm für 222.222.222.222 enthält) und sendet den Rahmen in das Subnetz 1. Der Adapter des Routers in Subnetz 1 erkennt, dass der Sicherungsschichtrahmen an ihn adressiert ist, und übermittelt ihn deshalb an die Netzwerkschicht des Routers. Hurra! Das IP-Datagramm wurde erfolgreich vom Quellhost zum Router transportiert! Allerdings sind wir jetzt noch nicht fertig. Wir müssen noch das Datagramm vom Router zum Zielhost bringen. Der Router muss jetzt die richtige Schnittstelle bestimmen, auf der das Datagramm weitergeleitet werden soll. Wie in Kapitel 4 gezeigt, geschieht dies durch den Blick in eine Weiterleitungstabelle im Router. Diese Weiterleitungtabelle sagt dem Router, dass das Datagramm über die Routerschnittstelle 222.222.222.220 weitergeleitet werden soll. Diese Schnittstelle übermittelt dann das Datagramm an ihren Adapter, der es in einem neuen Rahmen verkapselt und diesen ins Subnetz 2 sendet. Jetzt entspricht die Ziel-MAC-Adresse des Rahmens tatsächlich der MAC-Adresse des endgültigen Ziels. Und woher erhält der Router diese Ziel-MAC-Adresse? Natürlich von ARP!

ARP für Ethernet ist in RFC 826 definiert. Eine gute Einführung in ARP bietet das TCP/IP-Tutorial in RFC 1180. Wir untersuchen ARP in den Übungsaufgaben noch detailliert.

5.5 Ethernet

Ethernet hat den Markt für leitungsgebundene LANs ziemlich fest im Griff. In den 1980er und den frühen 1990er Jahren musste sich Ethernet vielen Herausforderungen durch andere LAN-Technologien stellen, darunter Token Ring, FDDI und ATM. Einigen dieser Technologien gelang es, für ein paar Jahre einen Teil des LAN-Marktes zu erobern. Ethernet hat sich jedoch seit seiner Einführung Mitte der 1970er Jahre kontinuierlich weiterentwickelt und ist gewachsen, so dass es seine beherrschende Stellung behaupten konnte. Heute ist Ethernet die bei weitem vorherrschende leitungsgebundene LAN-Technik und das wird wahrscheinlich in absehbarer Zukunft so bleiben. Man könnte sagen, dass Ethernet für Local Area Networks dieselbe Bedeutung hat wie das Internet für die weltweiten Netzwerke.

Es gibt viele Gründe für den Erfolg von Ethernet. Erstens war Ethernet das erste umfassend eingesetzte Hochgeschwindigkeits-LAN. Aufgrund seiner frühen Einführung sind Netzwerkadministratoren mit Ethernet sehr vertraut – sowohl mit seinen herausragenden Besonderheiten, als auch mit seinen Fallstricken. Sie zögerten, zu anderen LAN-Technologien zu wechseln, als diese auf den Markt kamen. Zweitens waren Token Ring, FDDI und ATM komplexer und teurer als Ethernet, was die Netzwerkadministratoren zusätzlich von einem Wechsel abhielt. Drittens, der wichtigste Grund für den Umstieg auf eine andere LAN-Technik (wie FDDI oder ATM) war normalerweise die höhere Übertragungsgeschwindigkeit der neuen Technologie. Ethernet konnte jedoch immer kontern und bot neue Versionen, welche die gleiche oder sogar höhere Übertragungsgeschwindigkeit lieferte als die Konkurrenz. Switched Ethernet wurde in den frühen 1990er Jahren eingeführt, wodurch die effektive Datenrate weiter gesteigert werden konnte. Weil Ethernet so weit verbreitet ist, wurde die Ethernet-Hardware (insbesondere Adapter und Switches) zu einem Standarderzeugnis und ist vergleichsweise billig.

Das ursprüngliche Ethernet-LAN wurde Mitte der 1970er Jahre von Bob Metcalfe und David Boggs entwickelt. ▶ Abbildung 5.20 zeigt Metcalfes Schemazeichnung für diese Erfindung. In der Abbildung können Sie erkennen, dass das ursprüngliche Ethernet-LAN einen Bus aus Koaxialkabeln benutzte, um die Knoten zu verbinden. Bus-Topologien für Ethernet waren tatsächlich bis in die 1980er und sogar Mitte der 1990er Jahre anzutreffen. Ethernet mit Bus-Topologie ist ein Broadcast-LAN – alle übertragenen Rahmen laufen zu allen an den Bus angeschlossenen Adaptern und werden von *allen* verarbeitet.

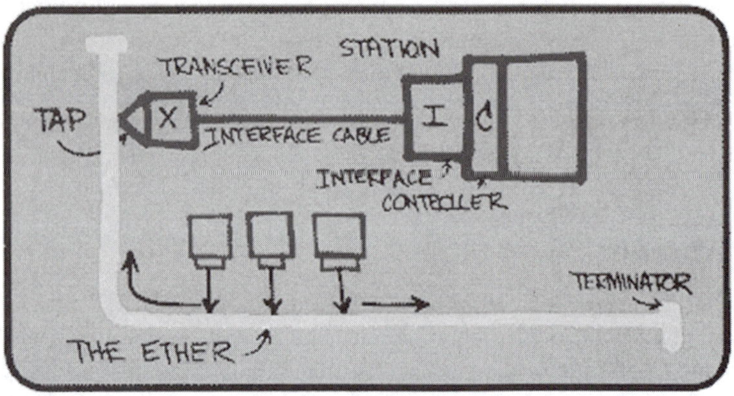

Abbildung 5.20: Der ursprüngliche Entwurf von Metcalfe führte zum 10BASE5-Ethernet-Standard, in dem ein Schnittstellenkabel die Ethernet-Adapter mit einem externen Transceiver verband

Gegen Ende der 1990er Jahre hatten die meisten Firmen und Universitäten ihre LANs durch Ethernet-Installationen ersetzt, die eine Hub-basierte Stern-Topologie benutzten. Wie in ▶Abbildung 5.21 gezeigt, werden die Hosts (und der Router) in einer solchen Installation direkt mit Twisted-Pair-Kupferkabeln an einen Hub angeschlossen. Ein **Hub** ist ein Gerät der Bitübertragungsschicht, das einzelne Bits statt Rahmen bearbeitet. Wenn ein Bit, also eine Null oder eine Eins, von einer Schnittstelle ankommt, erzeugt der Hub das Bit einfach neu, verstärkt es und überträgt es auf alle anderen Schnittstellen. Dadurch ist Ethernet mit einer Hub-basierten Stern-Topologie ebenfalls ein Broadcast-LAN – jedes Mal, wenn ein Hub ein Bit von einer seiner Schnittstellen erhält, sendet er eine Kopie des Bits an alle seine anderen Schnittstellen. Erhält ein Hub gleichzeitig Rahmen von zwei verschiedenen Schnittstellen, tritt eine Kollision auf und die Knoten, welche die Rahmen erstellt haben, müssen die Übertragung wiederholen.

In den frühen 2000ern erlebte Ethernet einen weiteren großen Entwicklungssprung. Ethernet-Installationen benutzten weiterhin die Stern-Topologie, aber nun wurde der Hub im Zentrum durch einen **Switch** ersetzt. Wir werden uns im Verlauf dieses Kapitels noch eingehender mit Switched Ethernet befassen. Zunächst erwähnen wir nur, dass ein Switch Kollisionen verhindert und, wie ein Router, Pakete zwischenspeichern kann. Anders als Router, die bis zur Schicht 3 arbeiten, operiert ein Switch nur bis zur Schicht 2.

5.5.1 Ethernet-Rahmenstruktur

Wir können über Ethernet viel lernen, wenn wir einen Ethernet-Rahmen untersuchen, wie er in ▶Abbildung 5.22 gezeigt wird. Um dieser Diskussion einen sinnvollen Ausgangspunkt zu geben, betrachten wir folgendes Beispiel: Wir wollen ein IP-Datagramm von einem Host zu einem anderen Host senden, wobei beide Hosts am selben Ethernet-LAN angeschlossen sind (zum Beispiel das aus Abbildung 5.21). (Obwohl die Nutzlast unseres Ethernet-Rahmens in diesem Beispiel ein IP-Datagramm ist, kann ein Ethernet-

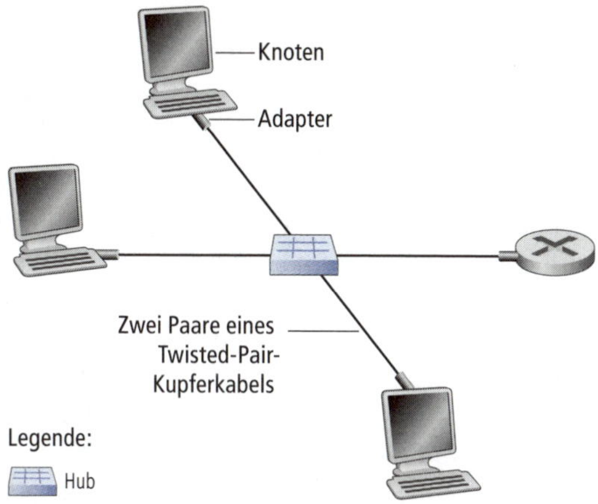

Abbildung 5.21: Stern-Topologie für das Ethernet. Knoten werden über einen Hub miteinander verbunden

Rahmen prinzipiell auch andere Netzwerkschichtpakete enthalten.) Der sendende Adapter A habe die MAC-Adresse AA-AA-AA-AA-AA-AA und der empfangende Adapter B habe die MAC-Adresse BB-BB-BB-BB-BB-BB. Der sendende Adapter verkapselt das IP-Datagramm innerhalb eines Ethernet-Rahmens und übermittelt diesen an die Bitübertragungsschicht. Der empfangende Adapter erhält den Rahmen von der Bitübertragungsschicht, extrahiert das IP-Datagramm und übermittelt es an die Netzwerkschicht. In diesem Zusammenhang wollen wir nun die sechs Felder des Ethernet-Rahmens betrachten, wie sie ▶ Abbildung 5.22 zeigt.

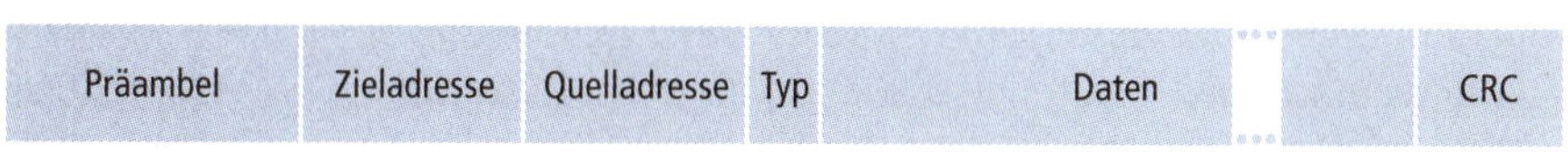

Abbildung 5.22: Aufbau eines Ethernet-Rahmens

- *Datenfeld (zwischen 46 und 1.500 Byte).* Dieses Feld trägt das IP-Datagramm. Die Maximum Transmission Unit (MTU) von Ethernet ist 1.500 Byte. Dies bedeutet, dass der Host das Datagramm wie in Abschnitt 4.4.1 besprochen fragmentieren muss, wenn es größer als 1.500 Byte ist. Die Mindestgröße des Datenfeldes beträgt 46 Byte. Dies bedeutet, dass ein Datenfeld aufgefüllt werden muss, wenn das IP-Datagramm weniger als 46 Byte enthält, bis es diese Mindestgröße erreicht. Auf diese Weise aufgefüllt, enthalten die zur Netzwerkschicht übermittelten Daten sowohl die Füllbits als auch das IP-Datagramm. Die Netzwerkschicht des Empfängers verwendet das Längenfeld des IP-Datagramm-Headers, um die Füllbits wieder zu entfernen.

- *Zieladresse (6 Byte).* Dieses Feld enthält die MAC-Adresse des Zieladapters, BB-BB-BB-BB-BB-BB. Erhält Adapter B einen Ethernet-Rahmen, dessen Zieladresse entweder BB-BB-BB-BB-BB-BB oder die MAC-Broadcast-Adresse ist, übermittelt er den Inhalt des Datenfeldes des Rahmens an die Netzwerkschicht. Erhält er dagegen einen Rahmen mit irgendeiner anderen MAC-Adresse, löscht er ihn.

- *Quelladresse (6 Byte).* Dieses Feld enthält die MAC-Adresse des Adapters, der den Rahmen in das LAN sendet, in unserem Beispiel AA-AA-AA-AA-AA-AA.

- *Typfeld (2 Byte).* Das Typfeld ermöglicht Ethernet das Multiplexen von Netzwerkschichtprotokollen. Um dies zu verstehen, dürfen wir nicht vergessen, dass Hosts neben IP auch noch andere Protokolle verwenden können. So kann ein bestimmter Host tatsächlich mehrere Netzwerkschichtprotokolle unterstützen, wobei er für verschiedene Anwendungen das jeweils geeignete einsetzt. Kommt unser Ethernet-Rahmen an Adapter B an, muss dieser deshalb wissen, an welches Netzwerkschichtprotokoll er den Inhalt des Datenfeldes weiterleiten (d.h. demultiplexen) soll. IP und andere Netzwerkschichtprotokolle (zum Beispiel Novell IPX oder AppleTalk) haben jeweils ihre eigene, standardisierte Nummer. Weiterhin hat auch das (im vorherigen Abschnitt erörterte) ARP-Protokoll seine eigene Nummer. Beachten Sie, dass das Typfeld dem Protokollfeld eines Netzwerkschichtdatagramms sowie dem Portnummerfeld eines Transportschichtsegmentes entspricht. Alle diese Felder dienen dem Demultiplexing von Protokollen.

- *Cyclic Redundancy Check (CRC) (4 Byte).* Wie in Abschnitt 5.2.3 erläutert, ermöglicht es das CRC-Feld dem empfangenden Adapter B, zu erkennen, ob ein Übertragungsfehler aufgetreten ist, d.h. ob Bits im Rahmen verändert wurden. Ursachen für Bitfehler sind unter anderem die Dämpfung der Signalstärke oder das Einstreuen elektromagnetischer Energie aus der Umgebung in die Ethernet-Kabel und Schnittstellenkarten. Die Fehlererkennung wird wie folgt ausgeführt: Erzeugt Host A den Ethernet-Rahmen, berechnet er mithilfe der anderen Bits des Rahmens (außer den Präambelbits, s.u.), den Inhalt des CRC-Feldes. Empfängt Host B den Rahmen, wendet er dieselbe Berechnung auf den Rahmen an und überprüft, ob das Ergebnis seiner Berechnung mit dem Inhalt des CRC-Feldes übereinstimmt. Diese Operation am empfangenden Host wird als **CRC-Prüfung** bezeichnet. Schlägt diese Prüfung fehl (das heißt, das Ergebnis der Berechnung stimmt nicht mit dem Inhalt des CRC-Feldes überein), dann weiß Host B, dass ein Fehler im Rahmen aufgetreten ist.

- *Präambel (8 Byte).* Der Ethernet-Rahmen beginnt mit einem Präambel-Feld von 8 Byte Länge. Die ersten 7 Byte der Präambel haben jeweils einen Wert von 10101010. Das letzte Byte hat jedoch den Wert 10101011. Die ersten 7 Byte der Präambel dienen dazu, die empfangenden Adapter „aufzuwecken“ und ihre Uhren mit der des Senders zu synchronisieren. Warum sollten eigentlich die Uhren desynchronisiert sein? Adapter A versucht, den Rahmen mit 10 Mbps, 100 Mbps oder 1 Gbps zu senden, entsprechend dem Typ des Ethernet-LAN. Weil jedoch nichts absolut perfekt ist, sendet Adapter A den Rahmen nicht genau mit der Geschwindigkeit des Zieles. Es gibt immer einen *Drift* in der Geschwindigkeit. Dieser ist den anderen Adaptern im LAN nicht im Voraus bekannt. Ein Empfängeradapter kann sich auf die Uhr des Adapters A einstellen, indem er einfach die Bits in den ersten 7 Byte der Präambel verfolgt. Die letzten beiden Bits des achten Byte der Präambel (die ersten zwei aufeinanderfolgenden Einsen) warnen Adapter B, dass nun gleich die „richtigen“ Daten kommen. Empfängt Host B die beiden aufeinanderfolgenden

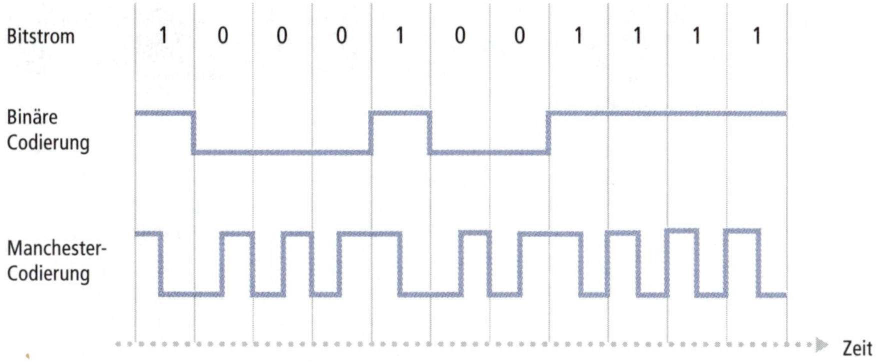

Abbildung 5.23: Manchester-Codierung

Einsen, weiß er, dass die nächsten 6 Byte die Zieladresse sind. Ein Adapter kann das Ende eines Rahmens einfach daran erkennen, dass kein Signal mehr anliegt.

Ethernet verwendet Basisbandübertragung, das heißt, der Adapter sendet ein digitales Signal direkt über den Broadcast-Kanal. Die Schnittstellenkarte überträgt das Signal nicht auf ein anderes Frequenzspektrum, wie das in ADSL- und Kabelmodemsystemen geschieht. Viele Ethernet-Techniken (z.B. 10BASE-T) benutzen zudem Manchester-Kodierung, wie in ▶Abbildung 5.23 zu sehen ist. Bei der Manchester-Kodierung ist jedes Bit mit einem Übergang verknüpft. Eine Eins hat einen Übergang von oben nach unten, während die Null durch einen Übergang von unten nach oben dargestellt wird. Der Grund für die Verwendung der Manchester-Codierung liegt darin, dass die Uhren in den sendenden und empfangenden Adaptern nicht perfekt synchron laufen. Indem in der Mitte jedes Bits ein Übergang durchgeführt wird, kann der empfangende Host seine Uhr mit derjenigen des sendenden Hosts synchronisieren. Sobald die Uhr des Empfängeradapters synchronisiert ist, kann der Empfänger jedes Bit richtig ausrichten und feststellen, ob es eine Eins oder Null ist. Die Manchester-Kodierung ist eine Operation auf der Bitübertragungsschicht, nicht auf der Sicherungsschicht. Wir haben sie hier jedoch kurz beschrieben, weil sie bei Ethernet intensiv eingesetzt wird.

Ein unzuverlässiger verbindungsloser Dienst

Alle Ethernet-Techniken bieten der Netzwerkschicht **verbindungslose Dienste** *(connectionless services)* an. Das heißt, will Adapter A ein Datagramm an Adapter B senden, verkapselt A das Datagramm in einem Ethernet-Rahmen und sendet den Rahmen ins LAN, ohne zuerst mit B einen Handshake durchzuführen. Dieser verbindungslose Schicht-2-Dienst entspricht dem Datagramm-Dienst von IP auf Schicht 3 sowie dem verbindungslosen Schicht-4-Dienst von UDP.

Alle Ethernet-Techniken bieten der Netzwerkschicht zudem einen **unzuverlässigen Dienst**. Sobald Adapter B einen Rahmen von Adapter A erhält, führt er eine CRC-Prüfung des Rahmens durch, sendet aber weder ein Acknowledgment, wenn der Rahmen die CRC-Prüfung bestanden hat, noch ein negatives Acknowledgment, wenn der

Fallstudie

Bob Metcalfe und Ethernet

In den frühen 1970er Jahren arbeitete Bob Metcalfe, damals Doktorand in Harvard, am ARPAnet am MIT. Während seines Studiums hatte er von Abramsons Arbeiten zu ALOHA und an Protokollen mit wahlfreiem Zugriff erfahren. Nach Abschluss seiner Promotion und kurz bevor er eine Stelle am Xerox Palo Alto Research Center (Xerox PARC) antreten wollte, besuchte er drei Monate lang Abramson und dessen Kollegen an der Universität Hawaii, wo er aus erster Hand einen Einblick in das ALOHAnet gewann. Bei Xerox PARC kam Metcalfe mit Alto-Computern in Berührung, die in mancher Hinsicht als Vorgänger der Personalcomputer der 1980er Jahre betrachtet werden können. Metcalfe erkannte die Notwendigkeit, diese Computer kostengünstig miteinander zu vernetzen. Mit seinen Kenntnissen über ARPAnet, ALOHAnet und Protokolle mit wahlfreiem Zugriff entwickelte Metcalfe – zusammen mit seinem Kollegen David Boggs – Ethernet.

Das ursprüngliche Ethernet von Metcalfe und Boggs lief mit 2,94 Mbps und verband bis zu 256 Hosts, die Entfernungen bis zu anderthalb Kilometer voneinander aufweisen durften. Metcalfe und Boggs gelang es, die meisten Wissenschaftler bei Xerox PARC dazu zu bewegen, über ihre Alto-Computer miteinander zu kommunizieren. Metcalfe schmiedete daraufhin eine Allianz zwischen Xerox, Digital und Intel, um Ethernet mit 10 Mbps als Standard zu etablieren, der von der IEEE abgesegnet wurde. Xerox zeigte jedoch kein großes Interesse an einer Kommerzialisierung von Ethernet. Daher gründete Metcalfe 1979 seine eigene Firma, 3Com, um Netzwerktechnologien zu entwickeln und zu vertreiben, darunter auch die Ethernet-Technik. Insbesondere entwickelte und vermarktete 3Com in den frühen 1980er Jahren Ethernet-Karten für die immens beliebten IBM-PCs. Metcalfe verließ 1990 die Firma 3Com, die zu diesem Zeitpunkt über 2.000 Angestellte verfügte und 400 Millionen Dollar Umsatz erzielte.

Rahmen bei der CRC-Prüfung durchfällt. Besteht ein Rahmen die CRC-Prüfung nicht, löscht Adapter B ihn einfach. Dadurch hat Adapter A keine Ahnung, ob sein übertragener Rahmen Adapter B erreicht und die CRC-Prüfung erfolgreich hinter sich gebracht hat. Das Fehlen der zuverlässigen Übertragung (auf der Sicherungsschicht) trägt dazu bei, Ethernet einfach und billig zu halten. Es bedeutet allerdings auch, dass die Datagrammströme, die an die Netzwerkschicht weitergeleitet werden, lückenhaft sein können.

Wenn aufgrund von gelöschten Ethernet-Rahmen Lücken entstehen, erkennt dann auch die Anwendung auf Host B die Lücken? Wie wir in Kapitel 3 erfahren haben, hängt dies davon ab, ob die Anwendung UDP oder TCP verwendet. Nutzt die Anwendung UDP, dann wird die Anwendung in Host B tatsächlich mit der Lücke im Datenstrom konfrontiert. Verwendet sie aber TCP, dann bestätigt TCP auf Host B keine Daten, die in verlorengegangenen Rahmen enthalten waren, weshalb Host A die Daten erneut übertragen wird. Beachten Sie, dass die Daten bei ihrer erneuten Übertragung durch TCP schließlich auch den Ethernet-Adapter erreichen, an dem sie verlorengegangen waren. In diesem Sinn überträgt auch Ethernet die Daten erneut, obwohl es sich nicht bewusst ist, ob es ein nagelneues Datagramm mit neuen Daten überträgt oder ein Datagramm mit Daten, die zuvor schon einmal übertragen wurden.

5.5.2 CSMA/CD: Das Medienzugriffsprotokoll von Ethernet

Wenn die Knoten über einen Hub (im Gegensatz zu einem Switch der Sicherungsschicht) verbunden werden, wie in Abbildung 5.21 dargestellt, dann ist Ethernet-LAN ein echtes Broadcast-LAN – sendet ein Adapter einen Rahmen, empfangen alle Adapter auf dem LAN diesen Rahmen. Weil Ethernet ein Broadcast-Medium ist, braucht es ein Medienzugriffsprotokoll. Ethernet verwendet das bekannte CSMA/CD-Medienzugriffsprotokoll. Wir haben in Abschnitt 5.3 erwähnt, dass CSMA/CD wie folgt funktioniert:

1. Ein Adapter kann zu jedem Zeitpunkt mit der Übertragung beginnen, d.h., es gibt keine Zeitschlitze.
2. Ein Adapter überträgt nie einen Rahmen, wenn er erkennt, dass bereits ein anderer Adapter sendet, d.h., er verwendet Carrier Sensing.
3. Ein sendender Adapter bricht seine Übertragung ab, sobald er wahrnimmt, dass ein anderer Adapter ebenfalls sendet, das heißt, er verwendet Kollisionserkennung.
4. Bevor er versucht, eine Übertragung zu wiederholen, wartet ein Adapter eine zufällige, normalerweise kleine, Zeitspanne, verglichen mit der Zeit, die für die Übertragung eines Rahmens benötigt wird.

Diese Mechanismen ermöglichen es CSMA/CD, in einer LAN-Umgebung eine viel höhere Leistung zu erzielen als Slotted ALOHA. Ist die maximale Ausbreitungsverzögerung sehr klein, dann erreicht die Effizienz von CSMA/CD in der Tat beinahe 100 Prozent. Beachten Sie aber, dass der zweite und dritte der oben gelisteten Mechanismen verlangen, dass jeder Ethernet-Adapter fähig ist, (1) zu erkennen, dass ein anderer Adapter dabei ist zu senden, und (2) eine Kollision wahrzunehmen, während er selbst sendet. Ethernet-Adapter führen diese beiden Aufgaben aus, indem sie die Spannungspegel vor, während und nach einer Übertragung messen.

Jeder Adapter führt das CSMA/CD-Protokoll aus, ohne sich explizit mit den anderen Adaptern auf dem Ethernet zu koordinieren. Aus Sicht eines einzelnen Adapters funktioniert das CSMA/CD-Protokoll wie folgt:

1. Der Adapter erhält ein Datagramm von der Netzwerkschicht, bereitet einen Ethernet-Rahmen vor und legt diesen in einem Puffer ab.
2. Erkennt der Adapter, dass der Kanal frei ist (das heißt, dass aus dem Kanal für die Dauer von 96 Bit kein Energiepuls eines Signals den Adapter erreicht), beginnt er mit dem Senden des Rahmens. Wenn der Adapter erkennt, dass der Kanal belegt ist, wartet er, bis er keine Signalimpulse mehr misst (plus die Dauer von 96 Bit) und beginnt dann mit dem Senden des Rahmens.
3. Während er sendet, achtet der Adapter auf die Ankunft von Signalen, die von anderen Adaptern kommen. Kann der Adapter den ganzen Rahmen senden, ohne solche Signale von anderen Adaptern festzustellen, ist er mit dem Rahmen fertig.

4. Wenn der Adapter während des Sendens Signale von anderen Adaptern bemerkt, beendet er die Übertragung des Rahmens und sendet stattdessen ein 48 Bit langes spezielles Signal, das Jam-Signal.

5. Nach dem Abbruch (das heißt, nach der Übertragung des 48 Bit langen Jam-Signals) tritt der Adapter in eine **exponentielle Backoff**-Phase ein. Genauer gesagt wählt er zufällig einen Wert K aus dem Bereich $\{0, 1, 2, ..., 2^m - 1\}$, wobei $m = \min(n, 10)$, nachdem der Adapter beim Übertragen eines gegebenen Rahmens zum n-ten Mal in Folge eine Kollision registriert hat. Der Adapter wartet daraufhin $K \cdot 512$ Bitübertragungszeiten und kehrt dann zu Punkt 2 zurück.

Einige Kommentare zum CSMA/CD-Protokoll sind hier sicher notwendig. Der Zweck des speziellen Signals bei einer Kollision besteht darin sicherzustellen, dass alle anderen sendenden Adapter die Kollision ebenfalls erkennen. Betrachten wir ein Beispiel. Nehmen Sie an, dass Adapter A mit dem Senden eines Rahmens beginnt. Unmittelbar, bevor das Signal von A Adapter B erreicht, beginnt dieser zu senden. Also wird B erst wenige Bits übertragen haben, sobald er seinen Transfer abbricht. Diese wenigen Bits pflanzen sich zwar zu A fort, aber sie enthalten nicht genug Energie, damit A die Kollision zuverlässig wahrnehmen kann. Um sicherzustellen, dass A die Kollision erkennt (und somit ebenfalls die Übertragung abbrechen kann), sendet B das 48 Bit lange Jam-Signal.

Betrachten wir als Nächstes den exponentiellen Backoff-Algorithmus. Wir müssen hier zunächst beachten, dass die Bitübertragungszeit (das heißt die Zeit, die notwendig ist, um ein einzelnes Bit zu senden) sehr kurz ist. In einem Ethernet mit 10 Mbps, beträgt die Bitübertragungszeit 0,1 Mikrosekunden. Ein Beispiel dazu: Ein Adapter versucht, einen Rahmen zum ersten Mal zu senden, und bemerkt während des Sendens eine Kollision. Der Adapter wählt dann $K = 0$ mit Wahrscheinlichkeit 0,5 oder er wählt $K = 1$, ebenfalls mit Wahrscheinlichkeit 0,5. Wählt der Adapter $K = 0$, springt er nach dem Senden des Jam-Signals sofort zu Schritt 2. Wählt er dagegen $K = 1$, wartet er 51,2 Mikrosekunden, bevor er zu Schritt 2 zurückkehrt. Nach einer zweiten Kollision wird K aus $\{0, 1, 2, 3\}$ gewählt. Nach drei Kollisionen wählt der Adapter K aus dem Wertebereich $\{0, 1, 2, 3, 4, 5, 6, 7\}$. Nach zehn oder mehr Kollisionen wählt er K aus $\{0, 1, 2, ..., 1023\}$. Dadurch wächst der Bereich, aus dem K gewählt wird, exponentiell mit der Anzahl der Kollisionen (bis $n = 10$). Aus diesem Grund wird der Backoff-Algorithmus von Ethernet als *exponentieller Backoff* bezeichnet.

Der Ethernet-Standard begrenzt die Entfernung zwischen zwei beliebigen Knoten. Diese Grenzen stellen sicher, dass Adapter A – sofern er einen niedrigeren Wert von K wählt als alle anderen Adapter, die an einer Kollision beteiligt sind – in der Lage ist, seinen Rahmen zu senden, ohne erneut zu kollidieren. Wir untersuchen dieses Merkmal detaillierter in den Übungsaufgaben.

Warum wird ein exponentieller Backoff verwendet? Warum wird K nicht nach jeder Kollision aus beispielsweise $\{0, 1, 2, 3, 4, 5, 6, 7\}$ gewählt? Der Grund liegt darin, dass der Adapter, wenn seine Übertragung zum ersten Mal kollidiert, keine Ahnung davon hat, wie viele Adapter an der Kollision beteiligt sind. Wenn nur eine kleine Zahl von kollidierenden Adaptern existiert, ist es sinnvoller, K aus einer kleinen Gruppe niedriger Werte zu wählen. Wenn andererseits viele Adapter an der Kollision beteiligt sind, ist es sinnvoller, *K* aus einem größeren Wertebereich auszuwählen. Indem er die Größe der Gruppe nach jeder Kollision erhöht, passt sich der Adapter an diese verschiedenen Szenarien an.

Wir halten hier auch fest, dass jedes Mal, wenn ein Adapter einen neuen Rahmen für die Übertragung vorbereitet, der oben vorgestellte CSMA/CD-Algorithmus ausgeführt wird. Insbesondere berücksichtigt der Adapter keine Kollisionen, die in der jüngeren Vergangenheit aufgetreten sein könnten. Dadurch ist es möglich, dass ein Adapter sofort einen neuen Rahmen erfolgreich einschmuggeln kann, während sich mehrere andere Adapter noch in der exponentiellen Backoff-Phase befinden.

Effizienz von Ethernet

Hat nur ein Knoten einen Rahmen zu übertragen, kann der Knoten mit der vollständigen Geschwindigkeit der Ethernet-Technik senden (z.B. 10 Mbps, 100 Mbps oder 1 Gbps). Müssen jedoch viele Knoten Rahmen übertragen, kann die effektive Übertragungsrate des Kanals viel geringer sein. Wir definieren die **Effizienz von Ethernet** als den langfristigen Zeitanteil, in dem Rahmen ohne Kollisionen über den Kanal übertragen werden können, wobei eine große Zahl von aktiven Knoten vorliegt, die alle eine große Zahl von Rahmen übertragen wollen. Um eine Abschätzung der Effizienz von Ethernet in geschlossener Form anzugeben, soll $d_{\text{Ausbreitung}}$ die maximale Zeitdauer bezeichnen, welche ein Signal braucht, um sich zwischen zwei beliebigen Adaptern fortzupflanzen. Die Zeit, um einen Ethernet-Rahmen maximaler Größe zu senden, sei $d_{\text{Übertragung}}$ (ungefähr 1,2 ms für ein 10 Mbps schnelles Ethernet). Eine Ableitung der Effizienz von Ethernet würde den Rahmen dieses Buches sprengen (siehe [Lam 1980] und [Bertsekas 1991]). Hier geben wir einfach die folgende Annäherung an:

$$Effizienz = \frac{1}{1 + 5\,d_{\text{Ausbreitung}} / d_{\text{Übertragung}}}$$

Wir erkennen anhand dieser Formel, dass die Effizienz gegen eins strebt, wenn $d_{\text{Ausbreitung}}$ gegen null geht. Dies passt zu der intuitiven Erwartung, dass kollidierende Knoten sofort, ohne Verschwendung von Übertragungszeit auf dem Kanal, ihre Übertragungen abbrechen, wenn die Ausbreitungsverzögerung null ist. Zudem nähert sich die Effizienz eins, wenn $d_{\text{Übertragung}}$ sehr groß wird. Auch dies ist einleuchtend. Wenn ein Rahmen den Kanal benutzt, beansprucht er ihn lange für sich. Dadurch ist der Kanal die meiste Zeit produktiv.

5.5.3 Ethernet-Technologien

In der obigen Diskussion haben wir Ethernet behandelt, als würde es sich um einen einzelnen Protokollstandard handeln. Tatsächlich gibt es jedoch von Ethernet *viele* verschiedene Abwandlungen mit teilweise verwirrenden Akronymen wie 10BASE-T,

10BASE-2, 100BASE-T, 1000BASE-LX und 10GBASE-T. Diese und viele andere Ethernet-Technologien wurden im Lauf der Jahre von der 802.3-CSMA/CD-(Ethernet)-Arbeitsgruppe der IEEE standardisiert [IEEE 802.3 2007]. Obwohl diese Akronyme verwirrend zu sein scheinen, folgen sie doch einer klaren Ordnung. Der erste Teil der Akronyme bezieht sich auf die Geschwindigkeit des Standards: 10, 100, 1.000 oder 10G stehen jeweils für 10 Megabit- (pro Sekunde), 100 Megabit-, 1 Gigabit- und 10 Gigabit-Ethernet. „Base" bezieht sich auf Basisband-Ethernet und bedeutet, dass die physikalischen Medien ausschließlich Ethernet-Verkehr übertragen. Fast alle 802.3-Standards sind für Basisband-Ethernet gedacht. Der letzte Teil des Akronyms bezieht sich auf die physikalischen Medien. Ethernet ist eine Spezifikation der Sicherungsschicht *und* der Bitübertragungsschicht und wird über eine Vielzahl von verschiedenen physikalischen Medien übertragen, zu denen Koaxialkabel, Kupferdraht und Glasfaser gehören. Im Allgemeinen steht ein „T" für Twisted-Pair-Kupferkabel.

Historisch gesehen wurde Ethernet anfangs als Segment eines Koaxialkabels betrachtet, wie in Abbildung 5.20 deutlich wird. Die frühen 10BASE-2- und 10BASE-5-Standards spezifizierten 10 Mbps schnelles Ethernet für zwei Arten von Koaxialkabeln, die jeweils auf eine Länge von 500 Meter beschränkt waren. Längere Strecken konnten nur mithilfe eines **Repeaters** realisiert werden, ein Gerät der Bitübertragungsschicht, das auf der Eingangsseite ein Signal erhält und auf der Ausgangsseite dieses Signal neu erzeugt. Ein Koaxialkabel wie in Abbildung 5.20 entspricht sehr schön unserem Verständnis von Ethernet als Broadcast-Medium – alle Rahmen, die von einem Adapter empfangen werden, kommen auch an jedem anderen Adapter an, wobei das CDMA-/CD-Protokoll das Mehrfachzugriffsproblem löst. Knoten werden einfach an das Kabel angeschlossen und schon haben wir ein lokales Netzwerk!

Ethernet erfuhr im Lauf der Jahre eine Reihe von Weiterentwicklungen. Daher unterscheidet sich das heutige Ethernet deutlich von dem ursprünglichen Bus-Topologie-Entwurf mit Koaxialkabeln. In den meisten heutigen Installationen sind Knoten mittels Punkt-zu-Punkt-Segmenten, die, wie in ▶Abbildung 5.24 gezeigt, aus Twisted-Pair-Kupferkabeln oder Glasfaserkabeln bestehen, an einen Switch angeschlossen.

Mitte der 1990er Jahre wurde der Ethernet-Standard mit 100 Mbps eingeführt, der zehnmal schneller ist als 10 Mbps-Ethernet. Das ursprüngliche Ethernet-MAC-Protokoll sowie das Rahmenformat behielt man bei, aber es wurden Bitübertragungsschichten mit höherer Geschwindigkeit für Kupferdraht (100BASE-T) und Glasfaser (100BASE-FX, 100BASE-SX, 100BASE-BX) definiert. ▶Abbildung 5.25 stellt diese verschiedenen Standards zusammen mit ihrem gemeinsamen Ethernet-MAC-Protokoll und Rahmenformat dar. 100 Mbps-Ethernet ist auf Abstände von 100 Meter über Twisted Pair und auf einige Kilometer über Glasfaser beschränkt, was das Verbinden von Ethernet-Switches in verschiedenen Gebäuden erlaubt.

Gigabit-Ethernet ist eine Weiterentwicklung der sehr erfolgreichen 10 Mbps- und 100 Mbps-Ethernet-Standards. Obwohl es eine Übertragungsgeschwindigkeit von etwa 1.000 Mbps ermöglicht, bietet es dennoch vollständige Kompatibilität zu den ungeheueren Mengen bereits installierter Ethernet-Geräte. Der Standard für Gigabit-Ethernet, der als IEEE 802.3z bezeichnet wird, bietet:

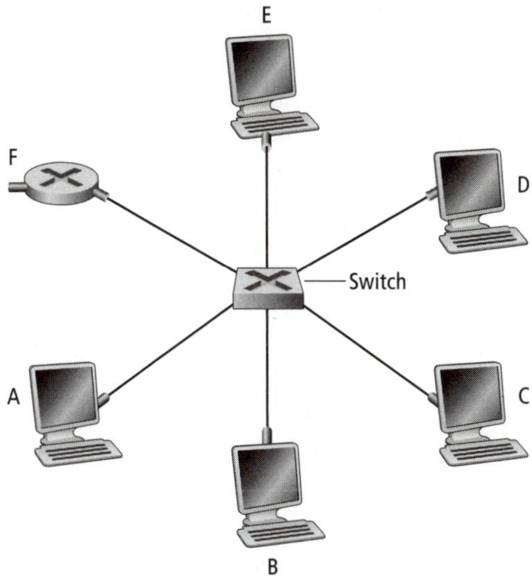

Abbildung 5.24: Sechs Knoten, die durch einen Switch der Sicherungsschicht miteinander verbunden sind

- Die Verwendung des Standard-Ethernet-Rahmenformats (Abbildung 5.22) und Abwärtskompatibilität zu 10BASE-T- und 100BASE-T-Techniken. Dadurch kann Gigabit-Ethernet leicht in eine vorhandene Installation von Ethernet-Geräten integriert werden.
- Sowohl Punkt-zu-Punkt-Kanäle als auch gemeinsam genutzte Broadcast-Kanäle. Punkt-zu-Punk-Links verwenden Switches, während Broadcast-Kanäle Hubs nutzen. Im Sprachgebrauch von Gigabit-Ethernet werden Hubs als *Buffered Distributors (gepufferte Verteiler)* bezeichnet.
- Die Verwendung von CSMA/CD für gemeinsam genutzte Broadcast-Kanäle. Damit eine akzeptable Effizienz erreicht wird, muss die Maximalentfernung zwischen Knoten deutlich eingeschränkt werden.
- Vollduplex-Betrieb für Punkt-zu-Punkt-Kanäle mit 1.000 Mbps in beiden Richtungen.

Während Gigabit-Ethernet anfänglich nur über Glasfaser lief, ist es mittlerweile in der Lage, Kategorie-5-UTP-Kabel zu verwenden. Im Sommer 2006 wurde die Norm für

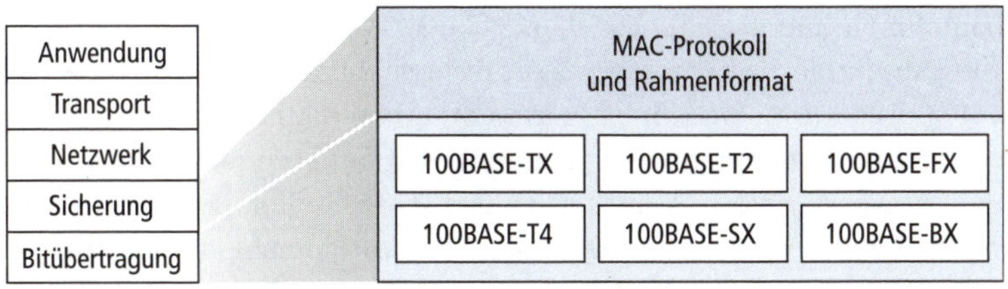

Abbildung 5.25: 100 Mbps-Ethernet-Standards: eine gemeinsame Sicherungsschicht, verschiedene Bitübertragungsschichten

Ethernet mit 10 Gbps verabschiedet (10GBASE-T), die für die nahe Zukunft noch höhere Ethernet-LAN-Kapazitäten verspricht.

Beenden wir unsere Diskussion der Ethernet-Technik, indem wir eine Frage stellen, die Sie vermutlich schon beunruhigt hat. In den Tagen der Bus-Topologien und Hub-basierten Stern-Topologien war Ethernet eindeutig ein Broadcast-Link (wie in Abschnitt 5.3 definiert), auf dem Rahmen miteinander kollidierten, wenn Knoten gleichzeitig sendeten. Um damit zurechtzukommen, enthielt der Ethernet-Standard das CSMA/CD-Protokoll, das besonders für drahtgebundene Broadcast-LANs mit begrenzter geografischer Ausdehnung geeignet ist. Aber in dem heute vorherrschenden Ethernet, in dem Switch-basierte Stern-Topologien die Regel sind und in denen Store-and-Forward-Paketvermittlung zum Einsatz kommt, gibt es dort wirklich noch Bedarf für ein Ethernet-MAC-Protokoll? Wie wir in Abschnitt 5.6 sehen werden, koordiniert ein Switch seine Übertragungen und leitet nie mehr als einen Rahmen auf dieselbe Schnittstelle. Zudem arbeiten moderne Switches im Vollduplex-Betrieb, so dass ein Switch und ein Knoten einander gleichzeitig Rahmen zusenden können, ohne einander zu stören. Mit anderen Worten, es gibt in einem Switch-basierten Ethernet-LAN keine Kollisionen und daher auch keine Notwendigkeit für ein Medienzugriffsprotokoll!

Wie wir gesehen haben, unterscheidet sich das heutige Ethernet deutlich vom ursprünglichen Ethernet, das Metcalfe und Boggs vor mehr als 30 Jahren erdachten – die Geschwindigkeiten haben um drei Größenordnungen zugenommen, Ethernet-Rahmen werden über eine Vielzahl von Medien transportiert, Switched-Ethernet dominiert und nun ist sogar das MAC-Protokoll oft überflüssig! Ist dies alles *wirklich* noch Ethernet? Die Antwort lautet natürlich: „Ja, per Definition." Interessanterweise gab es jedoch etwas, das trotz all dieser Änderungen in über 30 Jahren gleich geblieben ist – das Rahmenformat von Ethernet. Vielleicht ist es deshalb das eine, zentrale Herzstück des Ethernet-Standards.

5.6 Switches der Sicherungsschicht

Wie ▶ Abbildung 5.26 deutlich macht, verwenden moderne Ethernet-LANs eine Stern-Topologie, in der jeder Knoten mit einem zentralen Switch verbunden ist. Bis zu diesem Punkt haben wir nur vage umschrieben, was ein Switch wirklich ist und wie er funktioniert. Seine Aufgabe besteht darin, eingehende Rahmen der Sicherungsschicht entgegenzunehmen und sie auf ausgehende Links weiterzuleiten – wir werden diese Weiterleitungsfunktion in Kürze detailliert untersuchen. Der Switch selbst ist für die Knoten **transparent**, d.h., ein Knoten adressiert einen Rahmen an einen anderen Knoten (statt den Rahmen an den Switch zu adressieren) und sendet ihn ins LAN. Dabei ist er sich nicht bewusst, dass in Wahrheit zunächst ein Switch den Rahmen erhält und ihn an andere Knoten weiterleitet. Die Rate, mit der Rahmen an einer der Ausgangsschnittstellen des Switches ankommen, kann zeitweise die Verbindungskapazität dieser Schnittstelle übersteigen. Um dieses Problem in den Griff zu bekommen, besitzen die Schnittstellen einen Puffer, ähnlich wie Ausgangsschnittstellen von Routern

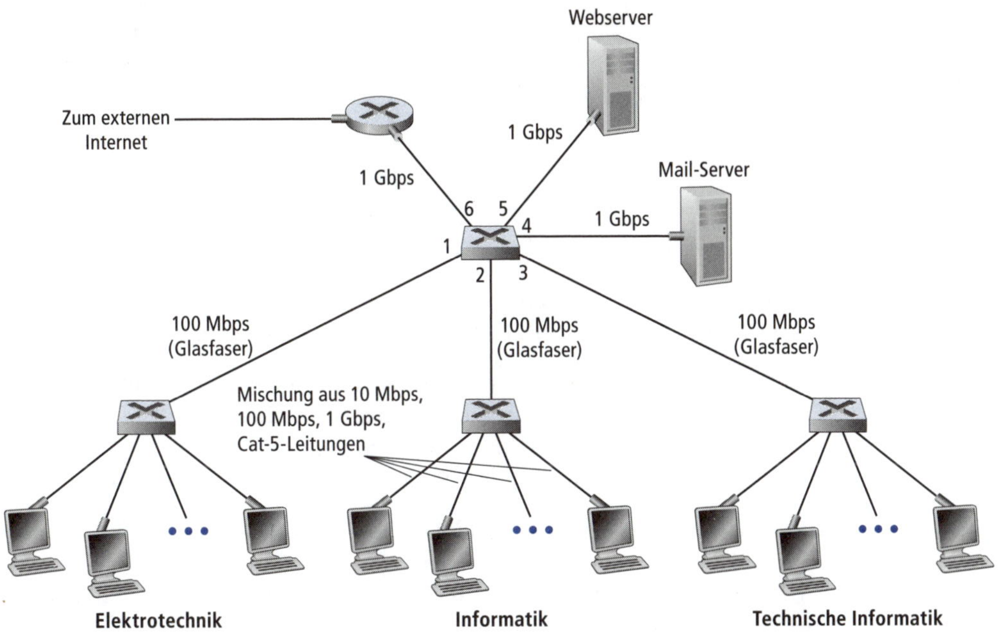

Abbildung 5.26: Institutionelles Netzwerk, bestehend aus einer Kombination von Hubs, Ethernet-Switches und einem Router

über Puffer für Datagramme verfügen. Werfen wir nun einen genaueren Blick auf die Arbeitsweise von Switches.

5.6.1 Weiterleiten und Filtern

Filtern ist die Funktion eines Switches, die bestimmt, ob ein Rahmen an eine Schnittstelle weitergeleitet oder einfach verworfen wird. **Weiterleiten** ist die Funktion eines Switches, welche zunächst die Schnittstellen bestimmt, über die ein Rahmen weitergeleitet werden soll, und danach den Rahmen über diese Schnittstellen überträgt. Filtern und Weiterleiten durch Switches erfolgen mithilfe einer Switch-Tabelle. Diese enthält Einträge für einige, aber nicht unbedingt alle Knoten des LAN. Ein Eintrag in der Switch-Tabelle enthält (1) die MAC-Adresse eines Knotens, (2) die Switch-Schnittstelle, die in Richtung des Knotens führt, und (3) den Zeitpunkt, zu dem der Eintrag für den Knoten in die Tabelle eingefügt wurde. Ein Beispiel einer Switch-Tabelle für den obersten Switch in Abbildung 5.26 zeigt ▶Abbildung 5.27. Obwohl diese Beschreibung der Weiterleitung von Rahmen unserer obigen Diskussion des Weiterleitens von Datagrammen ähnelt, werden wir in Kürze wichtige Unterschiede erkennen. Einer besteht darin, dass Switches Pakete basierend auf MAC-Adressen weiterleiten, anstatt auf der Basis von IP-Adressen. Wir werden auch sehen, dass eine Switch-Tabelle ganz anders aufgebaut ist als die Forwarding-Tabelle eines Routers.

Um zu verstehen, wie das Filtern und Weiterleiten bei Switches funktioniert, gehen wir von einem Rahmen aus, dessen Zieladresse DD-DD-DD-DD-DD-DD lautet und der

Adresse	Schnittstelle	Zeit
62-FE-F7-11-89- A3	1	9:32
7C BA-B2-B4-91-10	3	9:36
...	...	...

Abbildung 5.27: Teil einer Switch-Tabelle für den obersten Switch aus ▶ Abbildung 5.26

auf Schnittstelle *x* am Switch ankommt. Dieser durchsucht seine Tabelle anhand der MAC-Adresse DD-DD-DD-DD-DD-DD. Dabei treten drei mögliche Fälle auf:

- Es gibt für DD-DD-DD-DD-DD-DD keinen Eintrag in der Tabelle. In diesem Fall leitet der Switch Kopien des Rahmens an die Ausgabepuffer aller Schnittstellen weiter, nur nicht an den denjenigen der Schnittstelle *x*. Mit anderen Worten: Gibt es keinen Eintrag für die Zieladresse, überträgt der Switch den Rahmen mittels Broadcast.
- Es existiert ein Eintrag in der Tabelle, der DD-DD-DD-DD-DD-DD die Schnittstelle *x* zuordnet. In diesem Fall kommt der Rahmen von einem LAN-Segment, das Adapter DD-DD-DD-DD-DD-DD enthält. Es besteht daher kein Grund, den Rahmen an irgendwelche anderen Schnittstellen weiterzuleiten. Der Switch filtert den Rahmen aus, indem er ihn verwirft.
- Es gibt einen Eintrag in der Tabelle, der DD-DD-DD-DD-DD-DD die Schnittstelle $y \neq x$ zuordnet. In diesem Fall muss der Rahmen an das LAN-Segment weitergeleitet werden, das mit Schnittstelle *y* verbunden ist. Der Switch führt seine Weiterleitungsfunktion aus, indem er den Rahmen in dem Ausgangspuffer ablegt, der zu Schnittstelle *y* gehört.

Betrachten wir diese Regeln im Einzelnen anhand des obersten Switches in Abbildung 5.26 und seiner Switch-Tabelle in Abbildung 5.27. Nehmen wir an, dass ein Rahmen mit Zieladresse 62-FE-F7-11-89-A3 an der Schnittstelle 1 des Switches ankommt. Dieser überprüft seine Tabelle und sieht, dass sich diese Zieladresse auf dem LAN-Segment befindet, das mit Schnittstelle 1 verbunden ist (also mit der Elektrotechnik). Daher wurde der Rahmen bereits in dem LAN-Segment übertragen, das die Zieladresse enthält. Der Switch filtert den Rahmen deshalb aus (das heißt, er löscht ihn). Nehmen wir nun an, dass ein Rahmen mit derselben Zieladresse von Schnittstelle 2 ankommt. Der Switch prüft seine Tabelle erneut und sieht, dass die Zieladresse in Richtung der Schnittstelle 1 liegt. Er leitet daher den Rahmen in den Ausgangspuffer weiter, der zu Schnittstelle 1 gehört. Aus diesem Beispiel wird deutlich, dass der Switch, solange seine Switch-Tabelle vollständig ist und korrekte Einträge enthält, Rahmen ohne Broadcast in Richtung der Zieladressen weiterleitet.

In dieser Hinsicht ist ein Switch schlauer als ein Hub. Wie aber wird diese Switch-Tabelle überhaupt konfiguriert? Gibt es auf der Sicherungsschicht Protokolle, die den Routing-Protokollen der Netzwerkschicht entsprechen? Oder muss ein überarbeiteter Administrator die Switch-Tabelle manuell konfigurieren?

5.6.2 Eigenständiges Lernen

Ein Switch hat die wunderbare Eigenschaft, dass seine Tabelle automatisch, dynamisch und autonom erzeugt wird, ohne jeden Eingriff eines Netzwerkadministrators oder eines Konfigurationsprotokolls. Mit anderen Worten, Switches sind **selbstlernend** *(self-learning)*. Dies geschieht folgendermaßen:

1. Die Switch-Tabelle ist anfangs leer.

2. Bei jedem auf einer Schnittstelle eingehenden Rahmen speichert der Switch in seiner Tabelle:

1. die MAC-Adresse aus dem Feld *Quelladresse* des Rahmens,
2. die Schnittstelle, über die der Rahmen eintraf,
3. die aktuelle Zeit.

Auf diese Weise speichert der Switch in seiner Tabelle das LAN-Segment, in dem sich der sendende Knoten befindet. Hat irgendwann jeder Knoten im LAN einen Rahmen gesendet, dann ist also auch jeder Knoten in der Tabelle gespeichert.

3. Der Switch löscht eine Adresse aus der Tabelle, wenn nach einem bestimmten Zeitraum (der **Aging Time** *(Verfallszeit)*) keine Rahmen empfangen wurden, die diese Adresse als Quelladresse enthielten. Wird also ein PC durch einen anderen ersetzt (der einen anderen Adapter enthält), verschwindet die MAC-Adresse des ursprünglichen PCs irgendwann aus der Switch-Tabelle.

Gehen wir diese Eigenschaft des eigenständigen Lernens anhand des obersten Switches in Abbildung 5.26 und seiner Switch-Tabelle in Abbildung 5.27 im Einzelnen durch. Angenommen, um 9:39 kommt ein Rahmen mit der Quelladresse 01-12-23-34-45-56 von Schnittstelle 2 an. Befindet sich diese Adresse nicht in der Switch-Tabelle, dann fügt der Switch der Tabelle einen neuen Eintrag hinzu ▶ Abbildung 5.28.

Fahren wir mit diesem Beispiel fort und nehmen an, dass die Aging Time für diesen Switch 60 Minuten beträgt. Zwischen 9:32 und 10:32 kommt kein Rahmen mit der Quelladresse 62 FE F7 11 89 A3 am Switch an. In diesem Fall entfernt der Switch um 10:32 diese Adresse aus seiner Tabelle.

Adresse	Schnittstelle	Zeit
01-12-23-34-45-56	2	9:39
62-FE-F7-11-89-A3	1	9:32
7C-BA-B2-B4-91-10	3	9:36
...	...	...

Abbildung 5.28: Ein Switch erfährt von einem Adapter mit Adresse 01-12-23-34-45-56

Switches sind **Plug-and-Play-Geräte**, weil sie keinen Eingriff durch einen Netzwerkadministrator oder Benutzer erfordern. Ein Netzwerkadministrator, der einen Switch installieren will, muss nur die LAN-Segmente an die Schnittstellen der Switches anschließen. Er muss die Switch-Tabellen weder zum Zeitpunkt der Installation noch wenn ein Host aus einem der LAN-Segmente entfernt wird konfigurieren. Switches arbeiten zudem mit Vollduplex. Für einen Link, der einen Knoten mit einem Switch verbindet, bedeutet das, dass Knoten und Switch gleichzeitig ohne Kollisionen Daten übertragen können.

5.6.3 Eigenschaften von Switches der Sicherungsschicht

Nachdem wir die wesentliche Arbeitsweise eines Switches der Sicherungsschicht beschrieben haben, wollen wir Eigenschaften und Merkmale von Switches betrachten. Anhand des in Abbildung 5.24 gezeigten LANs können wir mehrere Vorzüge von Switches erkennen, die sie gegenüber Broadcast-Links wie Bussen oder Hub-basierten Stern-Topologien auszeichnen:

- *Verhindern von Kollisionen.* In einem LAN, das aus Switches (ohne Hubs) aufgebaut ist, gibt es keine Verschwendung von Bandbreite aufgrund von Kollisionen! Die Switches puffern Rahmen und übertragen niemals mehr als einen Rahmen auf einmal. Ähnlich wie bei Routern ist der maximale Gesamtdurchsatz eines Switches die Summe der Geschwindigkeiten aller Schnittstellen des Switches. Daher bieten Switches eine deutliche Leistungsverbesserung gegenüber LANs mit Broadcast-Links.

- *Heterogene Links.* Weil ein Switch einen Link von einem anderen isoliert, können die verschiedenen Links eines LANs mit unterschiedlichen Geschwindigkeiten arbeiten und über unterschiedliche Medien laufen. In Abbildung 5.24 kann zum Beispiel A über ein 10 Mbps schnelles 10BASE-T-Kupferkabel angeschlossen sein, B über eine 100 Mbps schnelle 100BASE-FX-Glasfaser und C über ein 1 Gbps schnelles 1000BASE-T-Kupferkabel. Daher eignet sich ein Switch hervorragend für das Mischen von alten und neuen Geräten.

- *Verwaltung.* Abgesehen von der höheren Sicherheit, die ein Switch bietet (siehe den Kasten Schwerpunkt Sicherheit), erleichtert ein Switch auch die Netzwerkverwaltung. Arbeitet beispielsweise ein Adapter fehlerhaft und sendet ständig Ethernet-Rahmen (was als Jabbering *(Plappern)* bezeichnet wird), kann ein Switch das Problem erkennen und den fehlerhaften Adapter intern vom Rest des Netzes trennen. Durch dieses Merkmal muss ein Netzwerkadministrator nicht nachts das Bett verlassen und in sein Büro fahren, um das Problem zu korrigieren. In gleicher Weise trennt ein durchgeschnittenes Kabel nur den Knoten, der das Kabel verwendet hat, von dem Switch, an den er angeschlossen war. Früher, zur Zeit der Koaxialkabel, verbrachten Netzwerkverwalter Stunden damit (genau genommen krochen sie auf dem Boden herum), einen Kabelbruch zu finden. Wie wir in Kapitel 9 (Netzwerkverwaltung) besprechen werden, erheben Switches auch statistische Daten über die Bandbreitennutzung, Kollisionshäufigkeiten sowie Verkehrsarten und stellen diese

Fokus Sicherheit

Sniffing in einem geswitchten LAN: Switch-Poisoning

Ist ein Knoten mit einem Switch verbunden, empfängt er üblicherweise nur Rahmen, die direkt für ihn bestimmt sind. Betrachten wir beispielsweise das geswitchte LAN in ▶Abbildung 5.24. Sendet Knoten A einen Rahmen an Knoten B und gibt es für Letzteren in der Switch-Tabelle einen Eintrag, dann übermittelt der Switch den Rahmen *ausschließlich* an Knoten B. Sollte auf Knoten C zufällig ein Sniffer laufen, ist er nicht in der Lage, diesen zwischen A und B übertragenen Rahmen mitzuhören. Daher ist es in einer geswitchten LAN-Umgebung viel schwieriger für einen Angreifer, Rahmen auszuspähen (im Gegensatz zu einer Broadcast-Umgebung wie 802.11 oder Hub-basiertem Ethernet). Aber weil der Switch auch Rahmen mittels Broadcast überträgt, deren Zieladressen nicht in der Switch-Tabelle enthalten sind, kann der Sniffer auf C immer noch einige Rahmen mithören, die nicht explizit an C gerichtet sind. Außerdem kann ein Angreifer alle Ethernet-Broadcast-Rahmen mithören, welche die Broadcast-Zieladresse FF–FF–FF–FF–FF–FF enthalten. Ein bekannter Angriff auf einen Switch, der als **Switch-Poisoning** bezeichnet wird, besteht darin, eine große Menge von Paketen an den Switch zu senden, die viele verschiedene gefälschte MAC-Quelladressen enthalten. Dies füllt die Switch-Tabelle mit gefälschten Einträgen auf, die den echten MAC-Adressen der legitimen Knoten keinen Raum mehr lassen. Dadurch überträgt der Switch die meisten Rahmen mittels Broadcast, so dass sie von einem Sniffer abgegriffen werden können [Skoudis 2006]. Da dieser Angriff jedoch selbst für einen gewieften Angreifer recht schwierig durchzuführen ist, sind Switches für einen Angriff wesentlich weniger verwundbar als Hubs und drahtlose LANs.

dem Netzwerkverwalter zur Verfügung. Der kann diese Informationen verwenden, um Probleme einzugrenzen und zu korrigieren und um zu planen, in welche Richtung sich das LAN zukünftig entwickeln sollte.

5.6.4 Switches und Router im Vergleich

Wie wir in Kapitel 4 gelernt haben, sind Router Store-and-Forward-Paket-Switches, die Pakete mithilfe von Netzwerkschichtadressen weiterleiten. Obwohl ein Switch der Sicherungsschicht ebenfalls einen Store-and-Forward-Paket-Switch darstellt, unterscheidet er sich grundsätzlich von einem Router, weil er Pakete mithilfe von MAC-Adressen weiterleitet. Während ein Router ein Schicht-3-Paket-Switch ist, stellt ein Switch der Sicherungsschicht einen Schicht-2-Paket-Switch dar.

Obwohl Switches und Router sich grundsätzlich unterscheiden, müssen sich Netzwerkadministratoren oft zwischen ihnen entscheiden. Im Beispiel des Netzwerkes aus

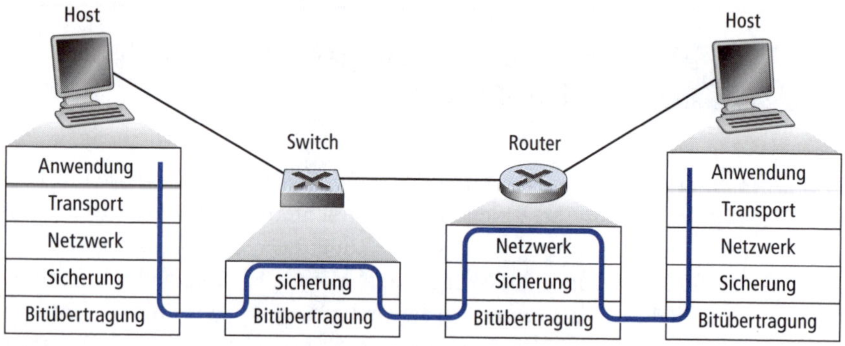

Abbildung 5.29: Paketverarbeitung in Switches, Routern und Hosts

Abbildung 5.26 hätte der Netzwerkadministrator ohne Weiteres auch einen Router anstelle eines Switches verwenden können, um die LANs der Abteilungen, Server und Internet-Gateway-Router zu verbinden. Tatsächlich würde ein Router die Kommunikation zwischen den Abteilungen ermöglichen, ohne dass Kollisionen auftreten. Wenn also sowohl Switches als auch Router Kandidaten für die Verbindung von Geräten sind, wo liegen dann Für und Wider der beiden Ansätze?

Betrachten wir zuerst das Für und Wider von Switches. Wie oben erwähnt, ermöglichen Switches Plug-and-Play – ein Merkmal, das von allen überarbeiteten Netzwerkadministratoren der Welt jubelnd begrüßt wurde. Switches können zudem relativ hohe Filter- und Weiterleitungsgeschwindigkeiten aufweisen – wie ▶Abbildung 5.29 zeigt, müssen Switches Rahmen nur bis zu Schicht 2 verarbeiten, während Router die Datagramme bis zu Schicht 3 verarbeiten müssen. Ungünstig ist, dass die aktive Topologie eines Switch-Netzwerkes auf einen Spannbaum begrenzt ist, um das Kreisen von Broadcast-Rahmen zu verhindern. Außerdem würde ein großes geswitchtes Netzwerk auch umfangreiche ARP-Tabellen in den Knoten erfordern und erheblichen ARP-Verkehr und dessen Verarbeitung hervorrufen. Weiterhin bieten Switches keinerlei Schutz vor Broadcast-Stürmen – dreht ein Host durch und überträgt einen endlosen Strom von Ethernet-Broadcast-Rahmen, leiten die Switches alle diese Rahmen weiter, was zu einem Zusammenbruch des kompletten Netzes führt.

Betrachten wir nun das Für und Wider von Routern. Weil die Adressierung in Netzwerken oft hierarchisch ist (und nicht flach, wie bei MAC-Adressen), kreisen Paketen normalerweise nicht wieder und wieder durch die Router, selbst wenn das Netz redundante Pfade aufweist. (Allerdings können Pakete kreisen, sofern die Routing-Tabellen falsch konfiguriert sind. Wie wir aber in Kapitel 4 gelernt haben, verwendet IP ein spezielles Feld im Header eines Datagramms, um ein solches Zirkulieren von Paketen zu begrenzen.) Deshalb ist die Topologie des Netzwerkes nicht auf einen Spannbaum beschränkt und Pakete können den besten Pfad zwischen Quelle und Ziel verwenden. Dieses Merkmal ermöglichte die komplexe Topologie des Internets, wozu beispielsweise mehrere aktive Links zwischen Europa und Nordamerika gehören. Ein anderes Merkmal von Routern ist der Schutz, den sie vor Schicht-2-Broadcast-Stürmen bieten. Der vielleicht bedeutendste Nachteil von Routern besteht jedoch in ihrer fehlenden

	Hubs	Router	Switches
Isolierung von Verkehr	nein	ja	ja
Plug-and-Play	ja	nein	ja
Optimales Routing	nein	ja	nein

Tabelle 5.1: Vergleich der typischen Merkmale beliebter Verbindungsgeräte

Plug-and-Play-Fähigkeit – die IP-Adressen von Routern sowie den Hosts, an die sie angeschlossen sind, müssen konfiguriert werden. Zudem weisen Router oft eine größere Verarbeitungszeit pro Paket auf als Switches, weil sie Pakete bis zu den Schicht-3-Feldern verarbeiten müssen. Schließlich gibt es zwei verschiedene Möglichkeiten, das Wort *Router* im Englischen auszusprechen: entweder als „Ruuter" oder als „Rauter" und die Menschen vergeuden viel Zeit damit, über die richtige Aussprache zu streiten [Perlman 1999].

Da sowohl Switches als auch Router ihre Vor- und Nachteile haben, stellt sich die Frage, in welchen Fällen ein institutionelles Netz (zum Beispiel ein Universitäts- oder Firmennetz) Switches verwenden sollte und wann es Router verwenden sollte. Normalerweise bestehen kleine Netzwerke, die maximal einige hundert Hosts enthalten, aus wenigen LAN-Segmenten. Für diese kleinen Netzwerke genügen Switches, da sie den Verkehr örtlich begrenzen und den Gesamtdurchsatz erhöhen. Aber größere Netzwerke, die aus Tausenden von Hosts bestehen, enthalten im Netz normalerweise Router (zusätzlich zu Switches). Sie bieten eine robustere Isolierung des Verkehrs, sie kontrollieren Broadcast-Stürme und benutzen „intelligentere" Routen zwischen den Hosts im Netz.

In diesem Abschnitt haben wir erfahren, dass Hubs, Switches und Router alle als Verbindungsgeräte für Hosts und LAN-Segmente benutzt werden können. ▶Tabelle 5.1 liefert eine Zusammenfassung der Merkmale jedes dieser Geräte.

5.7 PPP – das Point-to-Point-Protokoll

Der größte Teil unserer bisherigen Diskussion der Sicherungsschichtprotokolle konzentrierte sich auf Protokolle für Broadcast-Kanäle. In diesem Abschnitt behandeln wir ein Sicherungsschichtprotokoll für Punkt-zu-Punkt-Links – PPP, das Point-to-Point-Protokoll. Weil PPP normalerweise das Protokoll der Wahl für Einwahlverbindungen von Hosts in Heimnetzen ist, gehört es ohne Zweifel zu den am weitesten verbreiteten Protokollen der Sicherungsschicht. Das andere wichtige Protokoll, das heutzutage in der Sicherungsschicht verwendet wird, ist das High Level Data Link Control Protocol (HDLC). Eine Diskussion von HDLC enthält [Spragins 1991]. Unsere Diskussion des einfacheren PPP-Protokolls ermöglicht es uns, viele der wichtigsten Eigenschaften eines Punkt-zu-Punkt-Sicherungsschichtprotokolls kennenzulernen.

Wie sein Name schon sagt, ist das Point-to-Point-Protokoll (PPP) [RFC 1661; RFC 2153] ein Sicherungsschichtprotokoll, das über einen **Punkt-zu-Punkt-Link** läuft –

eine Verbindung, die zwei Knoten direkt miteinander verbindet, einer an jedem Ende des Links. Der Punkt-zu-Punkt-Link, auf dem PPP läuft, könnte eine Telefonleitung sein (zum Beispiel eine 56K-Modemverbindung), ein SONET/SDH-Link, eine X.25-Verbindung oder eine ISDN-Verbindung. Wie oben erwähnt, ist PPP das meistbenutzte Protokoll für die Verbindung von Heimanwendern mit ihrem ISP über eine Einwahlverbindung.

Bevor wir in die Details von PPP eintauchen, werfen wir einen Blick auf die ursprünglichen Anforderungen, die die IETF an die Gestaltung von PPP stellte [RFC 1547]:

- *Paket-Framing.* Ein PPP verwendender Sender muss in der Lage sein, ein Paket der Netzwerkschicht zu nehmen und es innerhalb eines PPP-Rahmens so zu verkapseln, dass der Empfänger Anfang und Ende sowohl des Sicherungsschichtrahmens als auch des Netzwerkschichtpaketes erkennen kann.
- *Transparenz.* Das PPP-Protokoll darf keine Bedingungen an die Daten (Header oder Daten) stellen, die in den Paketen der Netzwerkschicht enthalten sind. So kann beispielsweise PPP die Verwendung bestimmter Bitmuster in den Netzwerkschichtpaketen nicht verbieten. Wir werden in unserer Diskussion des Byte-Stopfens bald zu diesem Punkt zurückkehren.
- *Mehrere Netzwerkschichtprotokolle.* Das PPP-Protokoll muss mehrere Netzwerkschichtprotokolle (zum Beispiel IP und DECnet) unterstützen, die gleichzeitig auf derselben physikalischen Verbindung laufen. So wie vom IP-Protokoll verlangt wird, dass es gleichzeitig verschiedene Transportschichtprotokolle (zum Beispiel TCP und UDP) unterstützen kann, muss auch PPP in der Lage sein, verschiedene Netzwerkschichtprotokolle über einen einzelnen Punkt-zu-Punkt-Link zu multiplexen. Diese Anforderung bedeutet, dass PPP zumindest irgendeine Art von Protokolltypfeld oder einen ähnlichen Mechanismus benötigt, damit es auf der Empfängerseite einen erhaltenen Rahmen auf das entsprechende Netzwerkschichtprotokoll demultiplexen kann.
- *Mehrere Link-Typen.* PPP muss auf vielen unterschiedlichen Link-Typen laufen. Zu diesen zählen serielle Links (die jeweils nur ein Bit auf einmal in eine gegebene Richtung transportieren) oder parallele Links (die mehrere Bits parallel übertragen), außerdem synchrone (die mit den Datenbits ein Taktsignal übertragen) oder asynchrone Links, langsame oder schnelle, elektrische oder optische Links.
- *Fehlererkennung.* Ein PPP-Empfänger muss Bitfehler im erhaltenen Rahmen erkennen können.
- *Statusprüfung des Links.* PPP muss in der Lage sein, Fehler eines verwendeten Links zu erkennen (beispielsweise Linkabbrüche) und diese Fehler der Netzwerkschicht zu signalisieren.
- *Adressaushandlung für die Netzwerkschicht.* PPP muss einen Mechanismus bereitstellen, um die Netzwerkschichtadresse des benachbarten Knotens lernen bzw. konfigurieren zu können.

- *Einfachheit.* PPP muss noch eine Reihe weiterer Anforderungen erfüllen, die hier nicht genannt sind. An der Spitze der Liste steht Einfachheit. RFC 1547 stellt fest: „Die Parole für ein Punkt-zu-Punkt-Protokoll sollte Einfachheit sein." Ein bisschen viel verlangt, wenn man all die anderen Anforderungen bedenkt, die an die Gestaltung von PPP gestellt wurden! Mehr als fünfzig RFCs definieren mittlerweile die verschiedenen Aspekte dieses „einfachen" Protokolls.

Obwohl es so aussieht, als gäbe es schon genügend Anforderungen an das Design von PPP, könnte die Situation sogar noch viel schwieriger sein! Die Entwicklungsspezifikationen für PPP enthielten eindeutige Anweisungen zu Funktionalitäten des Protokolls, die PPP *nicht* implementierten sollte:

- *Fehlerkorrektur.* Von PPP wird zwar verlangt, dass es Bitfehler erkennen, *nicht* aber, dass es diese auch korrigieren kann.
- *Flusskontrolle.* Von einem PPP-Empfänger wird erwartet, dass er Rahmen mit der vollen Geschwindigkeit der darunterliegenden Bitübertragungsschicht entgegennehmen kann. Kann eine höhere Schicht Pakete nicht mit dieser Geschwindigkeit empfangen, dann ist es Sache der höheren Schicht, Pakete zu verwerfen oder die Geschwindigkeit des Senders in der höheren Schicht zu drosseln. Das bedeutet, statt den PPP-Sender seine eigene Übertragungsrate drosseln zu lassen, liegt es in der Verantwortung eines Protokolls auf der höheren Schicht, die Geschwindigkeit zu verringern, mit der Pakete zum Senden an PPP übertragen werden.
- *Reihenfolgeerhaltung.* Von PPP wird *nicht* verlangt, dass es Rahmen an den Empfänger auf dem Link in derselben Reihenfolge weiterreicht, in der sie vom Sender auf dem Link ausgesandt wurden. Obwohl diese Flexibilität interessanterweise mit dem IP-Dienst kompatibel ist (weder garantiert IP eine Reihenfolgeerhaltung von IP-Paketen, noch fordert es diese von der Sicherungsschicht), bieten andere Netzwerkschichtprotokolle, die über PPP laufen, die sortierte Ende-zu-Ende-Zustellung von Paketen.
- *Mehrpunkt-Links.* PPP darf nur über Links laufen, die einen einzelnen Sender und einen einzelnen Empfänger besitzen. Andere Sicherungsschichtprotokolle (z.B. HDLC) können mehrere Empfänger auf einem Link unterstützten (z.B. ein Ethernet-ähnliches Szenario).

Nachdem wir die Entwicklungsziele und -spielräume für PPP kennengelernt haben, wollen wir untersuchen, wie gut PPP diesen Anforderungen genügen kann.

5.7.1 PPP-Daten-Framing

▶Abbildung 5.30 zeigt einen PPP-Datenrahmen, der ein HDLC-ähnliches Framing [RFC 1662] verwendet. Der PPP-Rahmen enthält die folgenden Felder:

- *Flag-Feld.* Jeder PPP-Rahmen beginnt und endet mit einem 1 Byte langen Flag-Feld, dessen Wert 01111110 beträgt.
- *Adressfeld.* Der einzige mögliche Wert für dieses Feld beträgt 11111111.

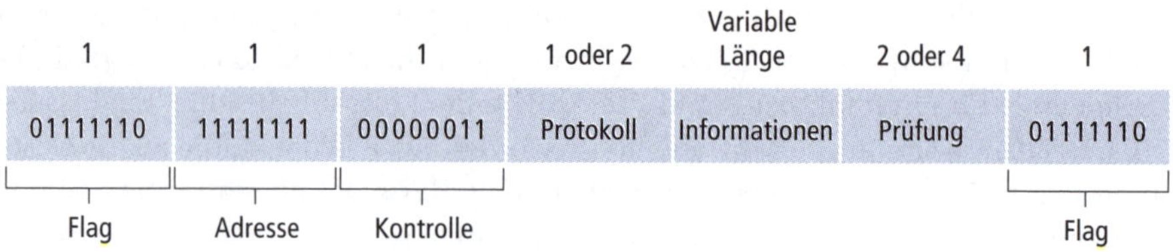

Abbildung 5.30: Format eines PPP-Datenrahmens

- *Kontrollfeld.* Der einzige mögliche Wert für dieses Feld ist 00000011. Weil sowohl das Adress- als auch das Kontrollfeld nur einen festen Wert annehmen können, sei die Frage erlaubt, warum die Felder überhaupt definiert wurden. Die PPP-Spezifikation [RFC 1662] legt fest, dass andere Werte „zu späterer Zeit definiert werden können", obwohl das bis heute nicht geschehen ist. Weil diese Felder feste Werte annehmen, erlaubt es PPP den Absendern, Adresse und Kontrollbytes einfach nicht zu senden – auf diese Weise werden zwei unnötige Bytes im PPP-Rahmen gespart.
- *Protokoll.* Das Protokollfeld teilt dem PPP-Empfänger mit, zu welchem Protokoll der höheren Schicht die empfangenen verkapselten Daten (d.h. der Inhalt der Informationsfelder des PPP-Rahmens) gehören. Nach Empfang eines PPP-Rahmens überprüft ihn der PPP-Empfänger auf Fehlerfreiheit und reicht dann die verkapselten Daten an das entsprechende Protokoll weiter. RFC 1700 und RFC 3232 definieren die 16 Bit-Protokollcodes, die von PPP verwendet werden. Uns interessiert hier nur das IP-Protokoll (d.h., bei den im PPP-Rahmen verkapselten Daten handelt es sich um ein IP-Datagramm), das den hexadezimalen Wert 21h hat. Die Werte anderer Netzwerkschichtprotokolle sind z.B. 29h (AppleTalk) und 27h (DECnet).
- *Information.* Dieses Feld enthält das gekapselte Paket (die Daten), das von einem Protokoll einer höheren Schicht (zum Beispiel IP) über die PPP-Verbindung transportiert wird. Standardmäßig beträgt die Maximallänge des Informationsfeldes 1.500 Byte. Dies kann geändert werden, sobald der Link erst einmal konfiguriert wurde.
- *Prüfsumme.* Das Prüfsummenfeld wird verwendet, um Bitfehler in einem übertragenen Rahmen wahrzunehmen. Es verwendet einen entweder 2 Byte oder 4 Byte langen CRC-Code nach dem HDLC-Standard.

Bytestopfen

Bevor wir unsere Diskussion des PPP-Rahmens beenden, wollen wir ein Problem betrachten, das sich ergibt, sobald irgendein Protokoll ein bestimmtes Bitmuster in einem Flag-Feld verwendet, mit dem der Anfang oder das Ende des Rahmens gekennzeichnet werden soll. Was geschieht, wenn diese Muster irgendwo im Paket selbst auftreten? Was passiert beispielsweise, wenn der Wert des Flag-Feldes von 01111110 im Informationsfeld auftritt? Erkennt dann der Empfänger ein falsches Ende des PPP-Rahmens?

Ein Weg zur Lösung dieses Problems bestünde darin, dass PPP es dem Protokoll der höheren Schicht verbietet, Daten zu senden, die das Flag-Feld-Bitmuster enthalten.

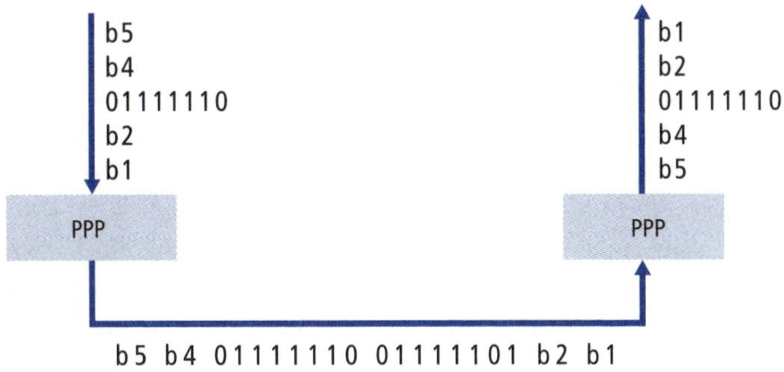

Abbildung 5.31: Bytestopfen

Weil von PPP gefordert wird, transparent zu sein, ist dieser Weg nicht gangbar. Eine alternative Lösung, die in PPP und vielen anderen Protokollen zum Einsatz kommt, ist eine Technik, die als **Bytestopfen** bezeichnet wird.

PPP definiert ein spezielles Kontroll-Escape-Byte: 01111101. Wenn die Flag-Sequenz 01111110 irgendwo im Rahmen auftaucht, außer im Flag-Feld, setzt PPP vor dieses Auftreten des Flag-Musters das Kontroll-Escape-Byte. Das heißt, es „stopft" ein Kontroll-Escape-Byte vor 01111110 in den übertragenen Datenstrom (fügt es also hinzu) und macht so deutlich, dass der folgende Wert 011111110 *kein* Flag-Wert ist, sondern wirklich zu den Daten gehört. Erkennt ein Empfänger den Wert 01111110, dem 01111101 vorangeht, wird natürlich das hineingestopfte Kontroll-Escape-Zeichen entfernt, um die Originaldaten wiederherzustellen. Taucht das Kontroll-Escape-Byte selbst in den Daten auf, muss es ebenfalls verdoppelt werden. Erkennt also der Empfänger ein einzelnes Kontroll-Escape-Byte im Datenstrom, weiß er, dass das Byte in den Datenstrom gestopft wurde. Zwei unmittelbar aufeinanderfolgende Kontroll-Escape-Bytes bedeuten hingegen, dass ein Exemplar des Kontroll-Escape-Byte in den übertragenen Originaldaten enthalten ist. ▶Abbildung 5.31 illustriert das Bytestopfen von PPP. (Tatsächlich führt PPP auch auf dem Datenbyte, bei dem das Escape erfolgt, noch ein XOR mit dem hexadezimalen Wert 20h durch, ein Detail, das wir hier der Einfachheit halber weggelassen haben.)

Wir merken hier nur an, dass PPP auch ein Link Control Protocol (LCP) besitzt, dessen Aufgabe es ist, Initialisierung, Aufrechterhaltung und Abbau eines PPP-Links durchzuführen. LCP wird im Online-Material dieses Buches detailliert erörtert.

5.8 Link-Virtualisierung – ein Netzwerk als Sicherungsschicht

Weil dieses Kapitel Sicherungsschichtprotokolle behandelt und weil wir uns nun dem Ende des Kapitels nähern, wollen wir darüber nachdenken, wie sich unser Verständnis des Begriffes *Link* entwickelt hat. Wir begannen dieses Kapitel, indem wie den Link als physikalischen Draht betrachteten, der, wie in Abbildung 5.2 dargestellt, zwei kommunizierende Hosts miteinander verbindet. Bei der Untersuchung von Medienzugriffsprotokollen (Abbildung 5.9) haben wir gesehen, dass mehrere Hosts durch einen gemeinsam genutzten Draht miteinander verbunden werden können und dass der „Draht“, der die Hosts verbindet, auch ein Funksignal oder ein anderes Medium sein kann. Dies hat uns veranlasst, den Link etwas abstrakter als Kanal statt als Draht zu betrachten. Bei unserer Betrachtung von Ethernet (Abbildung 5.26) haben wir erkannt, dass dieses verbindende Medium auch eine ziemlich komplexe geswitchte Infrastruktur sein kann. Bisher haben jedoch die Hosts die Sichtweise, dass das verbindende Medium einfach ein Kanal der Sicherungsschicht ist, der zwei oder mehr Hosts verbindet. Wir haben zum Beispiel gesehen, dass ein Ethernet-Host sich glücklicherweise nicht bewusst sein muss, ob er mit anderen Hosts durch ein einzelnes kurzes LAN-Segment (Abbildung 5.9) oder ein geografisch ausgedehntes, geswitchtes LAN verbunden ist (Abbildung 5.26).

In Abschnitt 5.7 haben wir gesehen, dass das PPP-Protokoll oft auf einer Modemverbindung zwischen zwei Hosts verwendet wird. In diesem Fall ist die Verbindung schlicht das Fernsprechnetz – ein logisch separates, globales Telekommunikationsnetz mit seinen eigenen Switches, Links und Protokollstapeln zur Übertragung von Daten und Signalen. Vom Standpunkt der Sicherungsschicht des Internets aus ist eine Einwahlverbindung über das Fernsprechnetz nichts anderes als ein einfacher „Draht“. In diesem Sinn virtualisiert das Internet das Telefonnetzwerk, das es als Technik der Sicherungsschicht betrachtet, die zwei Internet-Hosts eine Verbindung auf der Sicherungsschicht bietet. In unserer Diskussion von Overlay-Netzwerken in Kapitel 2 hatten wir bereits erwähnt, dass solche Netzwerke das Internet ganz ähnlich als Medium betrachten, das eine Verbindung zwischen zwei Knoten des Netzwerkes bietet. Diese Verbindung überlagert das Internet auf dieselbe Weise, wie dieses das Telefonnetz überlagert.

In diesem Abschnitt betrachten wir Asynchronous Transfer Mode (ATM) und Multiprotocol Label Switching (MPLS). Im Gegensatz zu leitungsvermittelten Telefonnetzwerken handelt es sich sowohl bei ATM als auch bei MPLS um eigenständige paketvermittelte Netzwerke mit virtuellen Leitungen. Sie besitzen eigene Paketformate und Formen der Weiterleitung. Aus didaktischer Sicht passt eine Diskussion von ATM und MPLS gut in eine Untersuchung entweder der Netzwerkschicht oder der Sicherungsschicht. Vom Standpunkt des Internets aus sind jedoch ATM und MPLS, wie das Telefonnetz und Switched Ethernet, Techniken der Sicherungsschicht, die dazu dienen, IP-Geräte miteinander zu verbinden. Daher behandeln wir sowohl MPLS als auch ATM in unserer Diskussion der Sicherungsschicht. Frame Relay-Netzwerke können IP-Geräte ebenfalls verbinden, obwohl sie eine etwas ältere (aber immer noch verbreitete) Technik darstellen, die wir hier nicht berücksichtigen werden. Details dazu finden Sie im lesenswerten Buch von Goralski [Goralski 1999]. Unsere Behandlung von ATM und MPLS wird notwendigerweise kurz bleiben, zumal ganze Bücher über diese Netzwerke verfasst werden könnten (und auch wurden). Wir empfehlen [Black 1995, Black 1997] und [Davie 2000] für Details über ATM bzw. MPLS. Wir konzentrieren uns hier in erster Linie darauf, wie diese Netzwerke IP-Geräte miteinander verbinden, wobei wir auch etwas tiefer in die zugrunde liegenden Technologien eintauchen werden.

5.8.1 Asynchronous Transfer Mode (ATM)

Die Standards für **Asynchronous Transfer Mode** (**ATM**) wurden zuerst Mitte der 1980er Jahre entwickelt, mit dem Ziel, sowohl Audio und Video in Echtzeit als auch Text, E-Mail und Bilddateien durch eine einzelne Netzwerktechnik zu übertragen. Zwei Gruppen, das ATM Forum (mittlerweile in MFA Forum umbenannt [MFA Forum 2007]) und die International Telecommunications Union (ITU, *internationale Telekommunikationsgemeinschaft*) [ITU 2007], waren an der Entwicklung der ATM-Standards beteiligt. Sie haben einen vollständigen Ende-zu-Ende-Standard definiert, der von den Spezifikationen der Anwendungsschnittstelle für ATM bis hinunter zum Framing von Daten auf Bitebene in der Bitübertragungsschicht reicht, die verschiedene Glasfaser-, Kupfer- und Funkübertragungen nutzen.

In der Praxis wurde ATM in erster Linie für Telefon- und IP-Netze verwendet. Es dient, wie oben besprochen, zum Beispiel als eine Technik der Sicherungsschicht dazu, IP-Router zu verbinden.

Hauptmerkmale von ATM

Wie bereits in Abschnitt 4.1 diskutiert, unterstützt ATM mehrere Dienstmodelle, darunter Dienste mit konstanter und variabler Bitrate. ATM ist eine paketvermittelte Netzwerkarchitektur mit virtuellen Leitungen (VC). Wir haben VCs hinlänglich in Abschnitt 4.2.1 behandelt. Die allgemeine Architektur von ATM ist in drei Schichten angeordnet, die in ▶Abbildung 5.32 dargestellt sind.

Der **ATM Adaptation Layer** *(AAL, ATM-Anpassungsschicht)* entspricht grob der Transportschicht des Internets und steht nur den ATM-Geräten am Rand der ATM-Netzwerke zur Verfügung. Auf Seiten der Sender werden von einer Anwendung oder einem Protokoll einer höheren Schicht (wie IP, wenn ATM verwendet wird, um IP-Geräte zu verbinden) Daten an die AAL übermittelt. Auf Seiten der Empfänger übermittelt sie Daten an die Protokolle oder Anwendungen der höheren Schichten. AAL wurden für Dienste mit konstanter Bitrate und Leitungsemulation definiert (AAL1), daneben auch für Dienste mit variabler Bitrate, etwa Videoübertragungen mit schwankender Bitrate (AAL2), und für Datendienste wie den IP-Datagramm-Transport (AAL5). Zu den vom AAL angebotenen Diensten gehören Fehlererkennung und Segmentierung/Wiederherstellung. Eine Einheit von bearbeiteten Daten wird mit dem eher langweiligen generi-

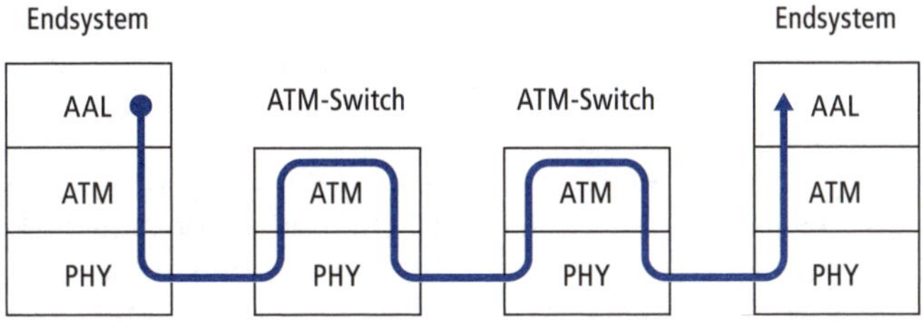

Abbildung 5.32: Die drei ATM-Schichten – die AAL-Schicht kommt nur am Rand eines ATM-Netzwerkes vor

0-65535	0-47	2	4
PDU-Nutzlast	PAD	Länge	CRC

Abbildung 5.33: AAL5-PDU

schen Namen **AAL-Protokolldateneinheit** (PDU, *protocol data unit*) bezeichnet. Sie ist in etwa mit einem UDP- oder TCP-Segment vergleichbar.

Die AAL5-PDU wird in ▶Abbildung 5.33 dargestellt. Die Felder der PDU sind relativ einfach. PAD stellt sicher, dass die PDU ein ganzzahliges Vielfaches von 48 Byte lang ist, weil die PDU später so segmentiert wird, dass sie in die 48 Byte langen Payloads der zugrunde liegenden ATM-Pakete passt (die als *ATM-Zellen* bekannt sind). Das Längenfeld gibt die Größe des PDU-Payload an, so dass das PAD beim Empfänger entfernt werden kann. Das CRC-Feld sorgt mit demselben CRC wie Ethernet für eine Fehlererkennung. Das Payload-Feld kann bis zu 65.535 Byte lang sein.

Gehen wir nun eine Ebene tiefer und betrachten die **ATM-Schicht**, die sich im Kern der ATM-Architektur befindet. Diese Schicht legt die Struktur der ATM-Zelle und die Bedeutung der Felder innerhalb der Zelle fest. Die Zelle hat für ein ATM-Netz dieselbe Bedeutung wie das IP-Datagramm für ein IP-Netz. Die ersten 5 Byte der Zelle bilden den ATM-Header, die übrigen 48 Byte enthalten den ATM-Payload. ▶Abbildung 5.34 zeigt die Struktur des ATM-Zellen-Headers.

Die Felder der ATM-Zelle haben die folgenden Funktionen:

- **Virtual Channel Identifier (VCI)**. Gibt den virtuellen Kanal an, zu dem die Zelle gehört. Wie bei den meisten Netzwerktechnologien, die virtuelle Leitungen verwenden, ändert sich der VCI einer Zelle von Link zu Link (Abschnitt 4.2.1).
- **Payload-Typ (PT)**. Gibt an, welche Art von Payload in der Zelle enthalten ist. Es gibt mehrere Daten-Payload-Typen, mehrere Payload-Typen für Steuerinformationen und einen Typ für leere Zellen. Das PT-Feld enthält zudem ein Bit, das dazu dient, die letzte Zelle einer fragmentierten AAL-PDU zu kennzeichnen.
- **Cell-loss Priority Bit (CLP)**. Kann von der Quelle gesetzt werden, um zwischen vorrangigem Verkehr und weniger wichtigem Verkehr zu unterscheiden. Tritt Überlast auf und ein ATM-Switch muss Zellen verwerfen, kann der Switch dieses Bit verwenden, um zuerst den weniger wichtigen Verkehr zu verwerfen.
- **Header Error Control-Byte (HEC)**. Bits zur Fehlererkennung, die den Zellen-Header schützen.

Bevor eine Quelle mit dem Senden von Zellen an ein Ziel beginnen kann, muss das ATM-Netz zuerst einen **virtuellen Kanal (VC)** von der Quelle zum Ziel öffnen. Dabei handelt es sich um nichts anders als eine virtuelle Leitung, wie in Abschnitt 4.2.1 beschrieben. Jeder VC ist ein Pfad, der aus einer Abfolge von Links zwischen Quelle und Ziel besteht. Jeder Link auf einem VC ist mit einem **Virtual Channel Identifier (VCI)** verbunden. Jedes Mal, wenn ein VC geöffnet oder geschlossen wird, müssen

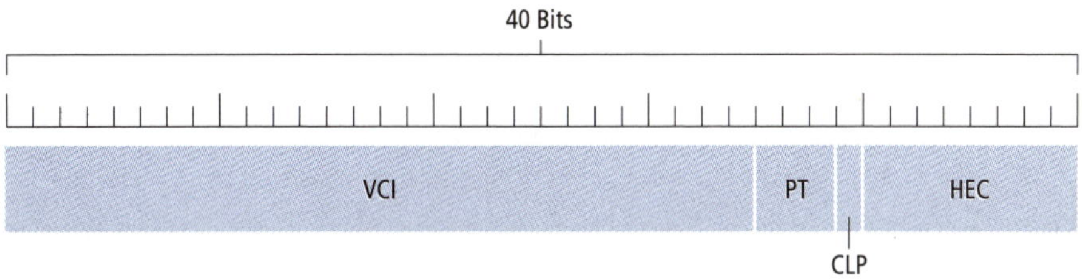

Abbildung 5.34: Format des ATM-Zellen-Headers

VC-Übersetzungstabellen aktualisiert werden (Abschnitt 4.2.1). In ATM können permanent eingerichtete VCs genutzt werden. Dann gibt es keinen Grund, dynamische VCs zu öffnen oder zu schließen. Sofern das Öffnen und Schließen dynamischer VCs benötigt wird, legt das Q.2931-Protokoll [Black 1997; ITU-T Q.2931 1994] die Signale fest, die zwischen den ATM-Switches und Endsystemen ausgetauscht werden.

Die **ATM-Bitübertragungsschicht** befindet sich am unteren Ende des ATM-Protokollstapels und befasst sich mit elektrischen Spannungen, der zeitlichen Abfolge von Bits und Rahmen auf dem physikalischen Medium. Ein großer Teil der Bitübertragungsschicht hängt von den physikalischen Merkmalen der Verbindung ab. Es gibt zwei Klassen dieser Schichten: jene, die eine Rahmenstruktur für die Übertragung besitzen (zum Beispiel T1, T3, SONET oder SDH), und solche, die dies nicht haben. Hat die Bitübertragungsschicht eine Rahmenstruktur, dann ist sie dafür verantwortlich, Rahmen zu erzeugen und zu erkennen. Obwohl wir hier ebenfalls den Begriff Rahmen verwenden, darf dieser nicht mit denjenigen der Sicherungsschicht (z.B. dem Ethernet) verwechselt werden, die wir in den früheren Abschnitten dieses Kapitels vorgestellt haben. Der Übertragungsrahmen ist hier ein TDM-ähnlicher Mechanismus der Bitübertragungsschicht für die Verwaltung der auf einen Link übertragenen Bits.

IP over ATM

Betrachten wir nun weiter, wie ein ATM-Netz verwendet werden kann, um Verbindungen zwischen IP-Geräten bereitzustellen. ▶ Abbildung 5.35 zeigt einen ATM-Backbone mit vier Zugangs- und Austrittsstellen für Internet IP Verkehr. Beachten Sie, dass jede Zugangs- und Austrittsstelle ein Router ist. Ein ATM-Backbone kann sich über einen ganzen Kontinent erstrecken und Dutzende oder sogar Hunderte von ATM-Switches enthalten. Die meisten ATM-Backbones haben einen ständigen VC zwischen jedem Paar von Zugangs- und Austrittsstellen. Durch den Einsatz solcher dauerhaften VCs werden ATM-Zellen von den Zugangspunkten zu den Austrittsstellen geleitet, ohne dass die VCs dynamisch geöffnet und geschlossen werden müssen. Dauerhafte VCs sind jedoch nur sinnvoll, wenn die Anzahl der Zugangs- und Austrittspunkte relativ klein ist. Für n Zugangspunkte werden $n\,(n-1)$ dauerhafte VCs benötigt, um alle Paare direkt zu verbinden.

Jede Routerschnittstelle, die an das ATM-Netz angeschlossen wird, braucht zwei Adressen, so wie auch ein IP-Host zwei Adressen für eine Ethernet-Schnittstelle besitzt: eine IP-Adresse und eine MAC-Adresse. In ähnlicher Weise hat eine ATM-Schnittstelle eine IP-Adresse und eine ATM-Adresse. Betrachten Sie jetzt ein IP-Data-

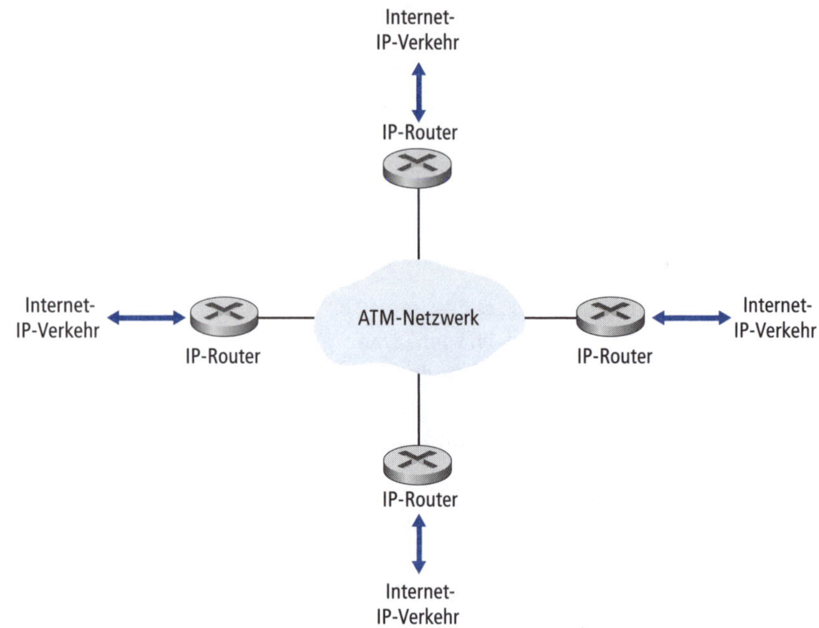

Abbildung 5.35: ATM-Netzwerk im Inneren eines Internet-Backbone

gramm, welches das in ▶Abbildung 5.35 dargestellte ATM-Netz durchquert. Im einfachsten Fall erscheint es als einzelner logischer Knoten – ATM verbindet diese vier Router genauso, wie Ethernet zur Verbindung dieser vier Router verwendet werden könnte. Wir bezeichnen nun den Router, auf dem das Datagramm in das ATM-Netz eintritt, als „Eingangsrouter" und den Router, auf dem das Datagramm das ATM-Netz verlässt, als „Ausgangsrouter".

Der Eingangsrouter macht Folgendes:

1. Er betrachtet die Zieladresse des Datagramms.
2. Er durchsucht seine Routing-Tabellen und bestimmt die IP-Adresse des Ausgangsrouters (das heißt des nächsten Routers auf dem Weg des Datagramms).
3. Um das Datagramm zum Ausgangsrouter zu übertragen, betrachtet der Eingangsrouter ATM einfach als Sicherungsschichtprotokoll. Um das Datagramm zum nächsten Router zu übertragen, müssen wir die physikalische Adresse des Next-Hop-Routers bestimmen. Wie in Abschnitt 5.4.2 erwähnt, erfolgt dies mittels ARP. Im Fall einer ATM-Schnittstelle durchsucht der Eingangsrouter eine ATM-ARP-Tabelle nach der IP-Adresse des Ausgangsrouters und bestimmt dessen ATM-Adresse. Das ATM-ARP-Protokoll wird in [RFC 2225] beschrieben.
4. IP auf dem Eingangsrouter übermittelt dann das Datagramm zusammen mit der ATM-Adresse des Ausgangsrouters an die Sicherungsschicht (das heißt an ATM).

Nachdem diese vier Schritte durchgeführt worden sind, liegt das Übertragen des Datagramms an den Ausgangsrouter nicht mehr in der Verantwortung von IP, sondern in den Händen von ATM. Es muss das Datagramm jetzt an die ATM-Zieladresse übertragen, die es in Schritt 3 erhalten hatte. Diese Aufgabe lässt sich in zwei Teile gliedern:

1. Bestimmen der VCI für den VC, der zur ATM-Zieladresse führt.
2. Auf der Senderseite des VC (das heißt am Eingangsrouter) Segmentieren des Datagramms in Zellen und auf der Empfängerseite des VC (also am Ausgangsrouter) Zusammenfügen der Zellen zum Wiederherstellen des ursprünglichen Datagramms.

Die erste Teilaufgabe ist einfach. Die senderseitige Schnittstelle verwaltet eine Tabelle, welche ATM-Adressen auf VCIs abbildet. Weil wir von dauerhaften VCs ausgehen, ist diese Tabelle statisch und immer auf dem neuesten Stand. (Wenn die VCs nicht dauerhaft wären, dann würde das ATM-Q.2931-Signalisierungsprotokoll benötigt, um die VCs dynamisch zu öffnen und zu schließen.)

Die zweite Teilaufgabe verdient eine sorgfältigere Betrachtung. Ein Ansatz wäre die in Abschnitt 4.4 besprochene IP-Fragmentierung. Dabei würde der sendende Router das Originaldatagramm zuerst in Fragmente zerlegen, von denen keines länger als 48 Byte ist, so dass es in das Nutzdatenfeld einer ATM-Zelle passt. Dieser Ansatz führt aber zu einem großen Problem – jedes IP-Fragment enthält normalerweise einen 20 Byte großen Header, so dass eine ATM-Zelle, die ein Fragment trägt, 25 Byte für die „Verwaltung" und nur 28 Byte sinnvoller Information transportieren würde. ATM verwendet AAL5 als effizientere Methode für die Segmentierung und Wiederherstellung eines Datagramms.

Das ATM-Netz transportiert dann jede Zelle über das Netz zur ATM-Zieladresse. An jedem ATM-Switch zwischen der ATM-Quelle und dem ATM-Ziel wird die ATM-Zelle von der Bitübertragungs- und der Sicherungsschicht von ATM, aber nicht von der AAL-Schicht verarbeitet. Normalerweise wird an jedem Switch der VCI übersetzt (Abschnitt 4.2.1) und die HEC erneut berechnet. Kommen die Zellen an der ATM-Zieladresse an, werden sie in einen AAL-Puffer geschrieben, der dem jeweiligen VC zugeordnet wurde. Die AAL5-PDU wird dann wiederhergestellt, das IP-Datagramm wird ausgepackt und den Protokollstapel hinauf übermittelt.

5.8.2 Multiprotocol Label Switching (MPLS)

Multiprotocol Label Switching (MPLS) ging Mitte bis Ende der 1990er Jahre aus einer Reihe von industriellen Versuchen hervor, die Weiterleitungsgeschwindigkeit von IP-Routern durch die Übernahme eines Schlüsselkonzeptes aus der Welt der Netzwerke mit virtuellen Leitungen zu verbessern: eines Labels *(Kennzeichner)* fester Länge. Ziel war es nicht, die zielbasierte Weiterleitung von IP-Datagrammen durch eine zu ersetzen, die auf Labels fester Länge und virtueller Leitungen basiert. Vielmehr sollte das Konzept von IP erweitert werden, indem Datagramme selektiv gekennzeichnet werden und Router die Datagramme auf Grundlage der Labels fester Länge weiterleiten können (statt auf Basis der IP-Zieladressen). Wichtig ist, dass diese Techniken Hand in Hand mit IP arbeiten und sowohl IP-Adressierung als auch Routing verwenden. Die IETF vereinheitlichte diese Bemühungen im MPLS-Protokoll [RFC 3031, RFC 3032], in dem VC-Techniken mit der Funktionalität von Datagrammnetzwerken verbunden werden.

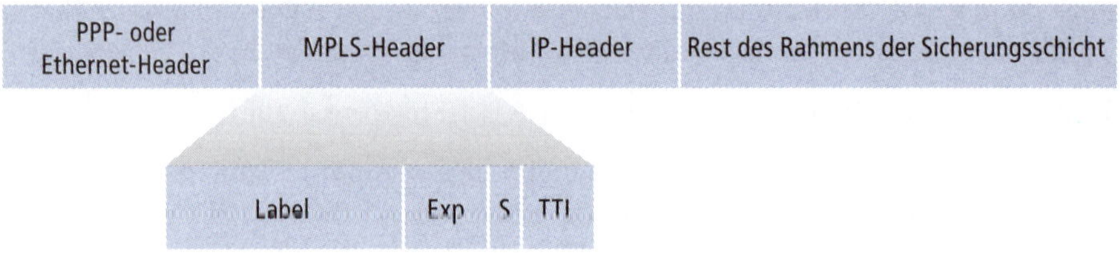

Abbildung 5.36: Der MPLS-Header befindet sich zwischen dem Header der Sicherungs- und dem Header der Netzwerkschicht

Wir beginnen unsere Betrachtung von MPLS, indem wir das Format eines Rahmens der Sicherungsschicht betrachten, der von einem MPLS-fähigen Router bearbeitet wird. Wie ▶Abbildung 5.36 zeigt, beinhaltet ein solcher Rahmen, der auf einer PPP-Verbindung oder einem LAN (wie Ethernet) übertragen wird, einen kleinen MPLS-Header zwischen den Headern der Schicht 2 (d.h. PPP oder Ethernet) und der Schicht 3 (d.h. IP). RFC 3032 definiert das Format des MPLS-Headers für solche Links; andere RFCs definieren solche Header auch für ATM- und Frame-Relay-Netzwerke. Unter den Feldern des MPLS-Headers befindet sich das Label-Feld (das die Rolle des Identifikators der virtuellen Leitung übernimmt, wie wir ihn schon in Abschnitt 4.2.1 kennengelernt haben). Drei Bits (Exp) sind für experimentelle Zwecke reserviert, ein einzelnes S-Bit kennzeichnet das Ende einer Reihe von „gestapelten" MPLS-Headern (ein weiterführendes Thema, das wir hier nicht behandeln werden) und eines beschreibt die Lebensdauer (Time-to-Live).

Aus Abbildung 5.36 wird sofort klar, dass ein durch MPLS erweiterter Rahmen nur zwischen zwei Routern ausgetauscht werden kann, die beide MPLS-fähig sind (denn ein nicht MPLS-fähiger Router wäre ziemlich verwirrt, wenn er einen MPLS-Header dort finden würde, wo er einen IP-Header erwartet hätte!). Ein MPLS-fähiger Router wird oft als **Label-Switched Router** bezeichnet, da er einen MPLS-Rahmen weiterleitet, indem er das MPLS-Label in seiner Forwarding-Tabelle nachschlägt und dann das Datagramm sofort an die entsprechende Ausgangsschnittstelle übermittelt. Daher muss der MPLS-fähige Router nicht die IP-Adresse des Zieles heraussuchen und kein Longest Prefix Matching in der Forwarding-Tabelle ausführen. Aber woher weiß ein Router, ob sein Nachbar wirklich MPLS-fähig ist? Und woher weiß er, welches Label er mit einer gegebenen IP-Zieladresse zu verbinden hat? Um diese Fragen zu beantworten, müssen wir einen Blick auf das Zusammenspiel in einer Gruppe von MPLS-fähigen Routern werfen.

Im Beispiel in ▶Abbildung 5.37 sind die Router R1 bis R4 MPLS-fähig. R5 und R6 sind Standard-IP-Router. R1 hat R2 und R3 mitgeteilt, dass er (R1) zur Zieladresse A routen kann und dass ein empfangener Rahmen mit MPLS-Label 6 zum Ziel A weitergeleitet wird. Router R3 hat Router R4 mitgeteilt, dass er eine Route zu A und D hat und dass eintreffende Rahmen mit den MPLS-Labeln 10 bzw. 12 an diese Ziele geleitet werden. Router R2 hat zudem Router R4 mitgeteilt, dass er (R2) Ziel A erreichen kann und dass ein eingegangener Rahmen mit MPLS-Label 8 in Richtung A weitergeleitet wird. Beachten Sie, dass Router R4 jetzt in der vorteilhaften Lage ist, *zwei* MPLS-Pfade zu A

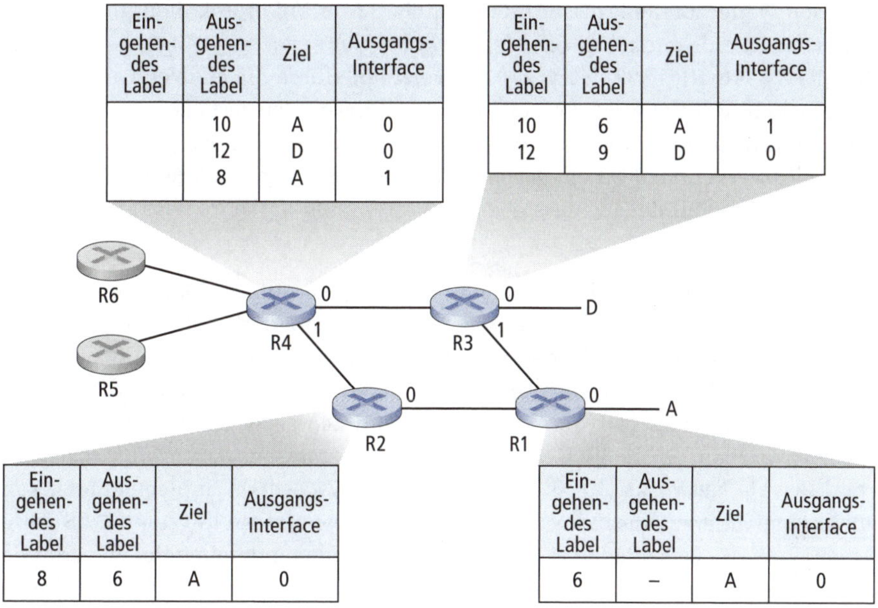

Abbildung 5.37: MPLS-unterstützte Weiterleitung

zu haben: über Schnittstelle 0 mit dem MPLS-Label 10 und über Schnittstelle 1 mit MPLS-Label 8. Wir erkennen also, dass die IP-Geräte R5, R6, A und D so über eine MPLS-Infrastruktur miteinander verbunden sind (über die MPLS-fähigen Router R1, R2, R3 und R4), wie IP-Geräte über ein Switched LAN oder ein ATM-Netz verbunden sind. Und genau wie bei solchen Netzen gelingt dies den MPLS-fähigen Routern R1 bis R4, *ohne dass sie jemals den IP-Header eines Paketes berühren müssen.*

In der obigen Diskussion haben wir nicht das spezifische Protokoll genannt, mit dem Label zwischen MPLS-fähigen Router ausgetauscht werden, da die Details dieser Signalisierungsmechanismen weit jenseits der Möglichkeiten dieses Buches liegen. Wir halten jedoch fest, dass die IETF-Arbeitsgruppe zu MPLS in [RFC 3468] angegeben hat, dass eine Erweiterung des RSVP-Protokolls (dem wir in Kapitel 7 begegnen) unter der Bezeichnung RSVP-TE Schwerpunkt der Arbeiten über MPLS-Signalisierung sein wird [RFC 3209]. Daher sollten interessierte Leser RFC 3209 konsultieren.

Bis hierher hat unsere Diskussion besonders betont, dass MPLS auf der Basis von Labels Switching durchführt, ohne die IP-Adresse eines Paketes betrachten zu müssen. Die eigentlichen Vorteile von MPLS und der Grund des aktuellen Interesses an MPLS liegen jedoch nicht in der potenziellen Steigerung der Weiterleitungsgeschwindigkeiten, sondern in den neuen Möglichkeiten des Verkehrsmanagements durch MPLS. Wie oben erwähnt, hat R4 *zwei* MPLS-Pfade zu A. Würde die Weiterleitung in der IP-Schicht anhand der IP-Adresse durchgeführt, dann würde das IP-Routing-Protokoll, das wir in Kapitel 4 untersucht haben, nur einen einzelnen, kostengünstigsten Pfad zu A festlegen. Mit MPLS bietet sich nun die Möglichkeit, Pakete auf Pfaden weiterzuleiten, die mit den üblichen Routing-Protokollen nicht möglich wären. Dies ist eine einfache Form der **Verkehrsplanung** *(traffic engineering)* mittels MPLS [RFC 3346; RFC 3272; RFC 2702; Xiao 2000], durch die ein Netzwerkverwalter das normale IP-Routing umgehen kann. Er kann beispielsweise erzwingen (etwa aus geschäftspolitischen Gründen zugunsten der Gesamtleistung des Netzwerkes), dass ein Teil des Verkehrs zu einem gegebenen Ziel über einen Pfad gelenkt wird, während ein anderer Teil des für dasselbe Ziel bestimmten Verkehrs über einen anderen Pfad laufen muss.

MPLS lässt sich zudem auch für viele andere Zwecke nutzen. Man kann damit die schnelle Wiederherstellung von MPLS-Weiterleitungspfaden erreichen, um z.B. im Falle eines Verbindungsausfalls den Verkehr über einen im Voraus berechneten Ersatzpfad zu leiten [Kar 2000; Huang 2002; RFC 3469]. MPLS kann auch dazu dienen, Differentiated Services (diff-serv) zu implementieren, was wir in Kapitel 7 näher betrachten werden. Schließlich wollen wir nicht vergessen, dass MPLS sogenannte **Virtual Private Networks (VPNs,** *virtuelle private Netzwerke*) implementieren kann. Beim Implementieren eines VPN für einen Kunden benutzt ein ISP sein MPLS-fähiges Netzwerk, um die verschiedenen Netzwerke des Kunden untereinander zu verbinden. MPLS kann auch eingesetzt werden, um sowohl die Ressourcen als auch die Adressen, die vom VPN eines Kunden genutzt werden, von denen anderer Benutzer zu trennen, die das ISP-Netzwerk durchqueren, siehe [DeClercq 2002] für Details.

Unsere Diskussion von MPLS blieb notwendigerweise kurz und wir möchten Sie dazu anregen, die von uns erwähnten Referenzen zu konsultieren. Bei so vielen möglichen Anwendungen für MPLS könnte es rasch zum Schweizer Taschenmesser für die Steuerung von Datenverkehr im Internet werden!

ZUSAMMENFASSUNG

In diesem Kapitel haben wir die Sicherungsschicht untersucht – ihre Dienste, die Grundlagen, auf denen sie beruht, und eine Reihe wichtiger Protokolle, die diese Grundlagen verwenden, um ihre Dienste zu implementieren.

Wir haben gesehen, dass der grundlegende Dienst der Sicherungsschicht darin besteht, ein Netzwerkschichtdatagramm von einem Knoten (einem Router oder Host) an einen benachbarten Knoten zu übertragen. Wir haben gesehen, dass alle Sicherungsschichtprotokolle die Netzwerkschichtdatagramme in einem Rahmen verkapseln, bevor dieser über den Link zum benachbarten Knoten gesendet wird. Wir haben jedoch auch erfahren, dass über diese allgemeine Framing-Funktion hinaus verschiedene Sicherungsschichtprotokolle sehr unterschiedliche Dienste anbieten, etwa in Bezug auf den Link-Zugriff, die Zustellung (Zuverlässigkeit, Fehlererkennung, Fehlerkorrektur), die Flusskontrolle und die Übertragung (z.B. Vollduplex und Halbduplex). Das beruht teilweise auf den großen Unterschieden der vielen Link-Varianten, über die die Sicherungsschichtprotokolle laufen müssen. Ein einfacher Punkt-zu-Punkt-Link hat einen einzelnen Absender und einen einzelnen Empfänger, die über einen einzelnen „Draht" miteinander kommunizieren. Ein Mehrfachzugriffs-Link wird von vielen Sendern und Empfängern gemeinsam genutzt. Daher hat ein Sicherungsschichtprotokoll für einen Mehrfachzugriffskanal auch ein Protokoll (sein Medienzugriffsprotokoll), das den Linkzugriff koordiniert. Im Fall von ATM und

MPLS kann die „Verbindung" zwischen zwei benachbarten Knoten (zum Beispiel zwei IP-Router, die aus Sicht von IP benachbart sind – weil sie in Bezug auf ein Ziel zueinander Next-Hop-Router sind) tatsächlich ein eigenständiges *Netzwerk* sein. In einem gewissen Sinn sollte der Gedanke eines Netzwerkes, das als Link betrachtet wird, keineswegs abwegig erscheinen: Eine Telefonverbindung, die ein Modem oder einen häuslichen Computer mit einem entfernten Computer bzw. einem Modem verbindet, ist eigentlich ein Weg durch ein komplexes Fernsprech*netzwerk*.

Neben den Grundlagen, die der Kommunikation der Sicherungsschicht zugrunde liegen, haben wir Fehlererkennungs- und Fehlerkorrekturtechniken, Medienzugriffsprotokolle, Adressierung auf der Sicherungsschicht und die Konstruktion von ausgedehnten LANs mittels Hubs und Switches betrachtet. Im Falle der Fehlererkennung und Fehlerkorrektur haben wir untersucht, wie zusätzliche Bits in den Header eines Rahmens eingefügt werden können, um mögliche Fehler bei der Übertragung des Rahmens über den Link zu erkennen und in einigen Fällen auch zu korrigieren. Wir haben einfache Paritäts- und Prüfsummenschemata sowie das viel robustere CRC-Verfahren untersucht. Wir sind dann zu den Protokollen für den Medienzugriff übergegangen. Dort haben wir drei zentrale Ansätze für die Koordination des Zugriffs auf einem Broadcast-Kanal identifiziert und untersucht: Kanalaufteilungsprotokolle (TDM, FDM), Protokolle mit wahlfreiem Zugriff (das ALOHA-Protokoll und CSMA-Protokolle) und Protokolle mit abwechselndem Zugriff (Polling und Token-Passing).

Die Notwendigkeit, Knotenadressen an die Sicherungsschicht zu liefern, war eine Konsequenz der gemeinsamen Nutzung eines einzelnen Broadcast-Kanals durch mehrere Knoten. Wir haben gelernt, dass physikalische Adressen sich deutlich von Adressen der Netzwerkschicht unterscheiden und dass im Fall des Internets ein spezielles Protokoll (ARP – das Address Resolution Protocol) benutzt wird, um zwischen beiden Formen der Adressierung zu übersetzen. Wir haben dann untersucht, wie Knoten, die einen Broadcast-Kanal gemeinsam benutzen, ein LAN bilden und wie mehrere LANs zusammengeschlossen werden können, um ein größeres LAN zu bilden – alles *ohne* dass die lokalen Knoten durch Netzwerkschicht-Routing miteinander verbunden werden.

Wir haben auch eine Reihe spezifischer Sicherungsschichtprotokolle im Detail behandelt – Ethernet und PPP. Wir haben unsere Untersuchung der Sicherungsschicht mit einer Beschreibung beendet, wie ATM- und MPLS-Netzwerke Dienste der Sicherungsschicht bereitstellen, wenn sie IP-Router untereinander verbinden.

Nachdem wir die Sicherungsschicht behandelt haben, *ist unsere Reise durch den Protokollstapel jetzt abgeschlossen!* Zwar liegt noch die Bitübertragungsschicht unterhalb der Datensicherungsschicht, aber die Details dieser Schicht bleiben wahrscheinlich besser einem anderen Buch vorbehalten (zum Beispiel einem Buch zur Nachrichtentechnik!) Wir haben jedoch mehrere Aspekte der Bitübertragungsschicht in diesem Kapitel (zum Beispiel bei unserer kurzen Diskussion der Manchester-Kodierung in **Abschnitt 5.5**) und in Kapitel 1 (bei unserer Diskussion der physikalischen Medien in **Abschnitt 1.2**) gestreift. Wir werden die Bitübertragungsschicht erneut betrachten, wenn wir im nächsten Kapitel die Eigenschaften drahtloser Verbindungen studieren.

Obwohl unsere Reise durch den Protokollstapel nach unten beendet ist, geht unsere Untersuchung von Computernetzwerken noch weiter. In den folgenden vier Kapiteln behandeln wir drahtlose Netzwerke, Multimedia-Netzwerke, Netzwerksicherheit und die Verwaltung von Netzwerken. Diese vier Themen lassen sich nicht einfach einer Schicht zuordnen, vielmehr berührt jedes Thema viele Schichten. Damit wir diese Themen verstehen (die in einigen Lehrbüchern über Netzwerke als weiterführende Themen behandelt werden), brauchen wir eine solide Grundlage aus allen Schichten des Protokollstapels – eine Grundlage, die wir mit unserer Untersuchung der Sicherungsschicht jetzt geschaffen haben!

Lösungshinweise

Aufgaben

Verständnisfragen

ABSCHNITTE 5.1–5.2

R1. Wenn alle Links im Internet zuverlässige Zustelldienste erbringen würden, wäre der zuverlässige Zustellungsdienst von TCP dann redundant? Warum oder warum nicht?

R2. Nennen Sie einige der möglichen Dienste, die ein Sicherungsschichtprotokoll der Netzwerkschicht anbieten kann. Welche dieser Sicherungsschichtdienste haben Entsprechungen in IP? In TCP?

ABSCHNITT 5.3

R3. Nehmen Sie an, dass zwei Knoten zur gleichen Zeit beginnen, ein Paket der Länge L über einen Broadcast-Kanal mit der Geschwindigkeit R zu senden. Bezeichnen Sie die Ausbreitungsverzögerung zwischen den beiden Knoten mit $d_{\text{Ausbreitung}}$. Gibt es eine Kollision, wenn $d_{\text{Ausbreitung}} < L/R$? Warum oder warum nicht?

R4. In Abschnitt 5.3 haben wir vier wünschenswerte Merkmale eines Broadcast-Kanals aufgelistet. Welche dieser Merkmale weist Slotted ALOHA auf? Welche dieser Merkmale weist Token Passing auf?

R5. Beschreiben Sie Polling und Token-Passing-Protokolle unter Verwendung der Analogie von Gesprächen auf einer Cocktailparty.

R6. Warum wäre das Token-Ring-Protokoll ineffizient, wenn ein LAN sich über ein sehr großes Gebiet erstreckt?

ABSCHNITT 5.4

R7. Wie groß ist der MAC-Adressraum? Der IPv4-Adressraum? Der IPv6-Adressraum?

R8. Angenommen, die Knoten A, B und C sind (durch ihre Adapter) an dasselbe Broadcast-LAN angeschlossen. Wenn A Tausende von IP-Datagrammen an B sendet, bei denen jeweils der verkapselte Rahmen an die MAC-Adresse von B adressiert ist, wird der Adapter von C diese Rahmen verarbeiten? Falls ja, übermittelt der Adapter von C die IP-Datagramme in diesen Rahmen an die Netzwerkschicht auf C? Wie würden sich Ihre Antworten ändern, wenn A Rahmen mit der MAC-Broadcast-Adresse versenden würde?

R9. Warum wird eine ARP-Anfrage in einem Broadcast-Rahmen verschickt? Warum wird eine ARP-Antwort in einem Rahmen mit einer spezifischen MAC-Zieladresse versandt?

R10. Für das Netz in ▶ Abbildung 5.19 hat der Router zwei ARP-Module, jedes mit seiner eigenen ARP-Tabelle. Kann dieselbe MAC-Adresse in beiden Tabellen auftauchen?

ABSCHNITT 5.5

R11. Vergleichen Sie die Rahmenstrukturen für 10BASE-T, 100BASE-T und Gigabit-Ethernet. Wie unterscheiden sie sich?

R12. Gehen Sie davon aus, dass ein 10 Mbps-Adapter einen unendlichen Datenstrom, bestehend aus Einsen, mittels Manchester-Kodierung in einen Kanal sendet. Wie viele Übergänge pro Sekunde zeigt das Signal, das den Adapter verlässt?

R13. Wie hoch ist bei CSMA/CD nach der fünften Kollision die Wahrscheinlichkeit, dass ein Knoten $K = 4$ wählt? Das Ergebnis $K = 4$ entspricht einer Verzögerung von wie vielen Sekunden auf einem 10 Mbps schnellen Ethernet?

ABSCHNITT 5.6

R14. Betrachten Sie ▶ Abbildung 5.26. Wie viele Teilnetze im Sinne der Adressierung aus Abschnitt 4.4 sind dort zu sehen?

Übungsaufgaben

COMPANION WEBSITE
Lösungshinweise

P1. Nehmen Sie an, dass ein Paket die Daten 1010101010101011 enthält und ein gerades Paritätsschema verwendet wird. Welchen Wert hätte das Feld mit den Paritätsbits im Fall eines zweidimensionalen Paritätsschemas? Ihre Antwort sollte ein Prüfsummenfeld minimaler Länge verwenden.

P2. Zeigen Sie, dass eine zweidimensionale Paritätsprüfung einen einzelnen Bitfehler erkennen und korrigieren kann (geben Sie ein anderes Beispiel als das in ▶ Abbildung 5.6). Nennen Sie ein Beispiel für einen Zweibitfehler, der erkannt, aber nicht korrigiert werden kann.

P3. Nehmen Sie an, dass der Datenteil eines Paketes (D in ▶ Abbildung 5.4) zehn Byte enthält, die aus den Ganzzahlen 0 bis 9 in vorzeichenloser 8 Bit-Binärdarstellung bestehen. Berechnen Sie die Internetprüfsumme dieser Daten.

P4. Betrachten Sie die vorherige Aufgabe. Statt der Binärdarstellung der Zahlen 0 bis 9, sollen die zehn Byte jedoch Folgendes enthalten:

a. Die Binärdarstellung der Zahlen 1 bis 10

b. Die ASCII-Darstellung der Buchstaben A bis J (in Großschreibung)

c. Die ASCII-Darstellung der Buchstaben a bis j (in Kleinschreibung)

Berechnen Sie die Internetprüfsumme dieser Daten.

P5. Betrachten Sie den 4 Bit-Generator, G, wie in ▶ Abbildung 5.8 gezeigt und nehmen Sie an, dass D den Wert 10101010 hat. Welchen Wert hat R?

P6. Betrachten Sie die vorherige Aufgabe, nehmen Sie nun aber an, dass D folgende Werte hat:

a. 10010001

b. 10100011

c. 01010101

P7. Abschnitt 5.3 enthielt eine Skizze der Herleitung zur Bestimmung der Effizienz von Slotted ALOHA. In dieser Aufgabe vervollständigen wir dies.

a. Wie erwähnt, beträgt die Effizienz von Slotted ALOHA bei N aktiven Knoten $Np\,(1-p)^{N-1}$. Finden Sie den Wert von p, der diesen Ausdruck maximiert.

b. Berechnen Sie mithilfe des Wertes p aus Teil (a) die Effizienz von Slotted ALOHA, wenn N gegen unendlich geht. *Hinweis*: $(1 - 1/N)^N$ geht gegen 1/e, wenn N gegen unendlich geht.

P8. Zeigen Sie, dass die maximale Effizienz von reinem ALOHA 1/(2e) ist. *Hinweis:* Wenn Sie die letzte Aufgabe gelöst haben, ist diese einfach.

P9. Gegeben seien drei aktive Knoten A, B und C, die mit Slotted ALOHA um den Zugriff auf einen Kanal konkurrieren. Nehmen Sie an, dass jeder Knoten eine unendliche Anzahl von Paketen zu senden hat. Jeder Knoten versucht, in jedem Schlitz mit der Wahrscheinlichkeit p zu senden. Der erste Schlitz wird mit Schlitz 1, der zweite mit Schlitz 2 usw. durchnummeriert.

a. Wie hoch ist die Wahrscheinlichkeit, dass Knoten A zum ersten Mal in Schlitz 4 erfolgreich ist?

b. Wie hoch ist die Wahrscheinlichkeit, dass irgendein Knoten (entweder A, B oder C) in Schlitz 2 erfolgreich ist?

c. Wie hoch ist die Wahrscheinlichkeit, dass der erste Erfolg in Schlitz 4 eintritt?

d. Welche Effizienz hat dieses Drei-Knoten-System?

P10. Stellen Sie die Effizienz von Slotted ALOHA und reinem ALOHA als Funktion von p für die folgenden Werte von N grafisch dar:

a. $N = 10$

b. $N = 25$

c. $N = 50$

P11. Betrachten Sie einen Broadcast-Kanal mit N Knoten und einer Übertragungsrate von R bps. Nehmen Sie an, dass der Broadcast-Kanal Polling für Mehrfachzugriff verwendet (mit einem zusätzlichen Polling-Knoten). Angenommen, der Zeitraum zwischen dem Übertragungsende des einen Knotens und dem Zeitpunkt, ab dem der nächste Knoten senden darf (also die Polling-Verzögerung), sei d_{Polling}. Nehmen Sie an, dass innerhalb einer Polling-Runde ein gegebener Knoten höchstens Q Bits senden darf. Wie groß ist der maximale Durchsatz des Broadcast-Kanals?

P12. Betrachten Sie drei LANs, die, wie ▶ Abbildung 5.38 zeigt, durch zwei Router verbunden werden.

a. Weisen Sie allen Schnittstellen IP-Adressen zu. Benutzen Sie für Subnetz 1 Adressen der Form 111.111.111.xxx, für Subnetz 2 Adressen der Form 122.222.222.xxx und für Subnetz 3 Adressen der Form 133.133.133.xxx.

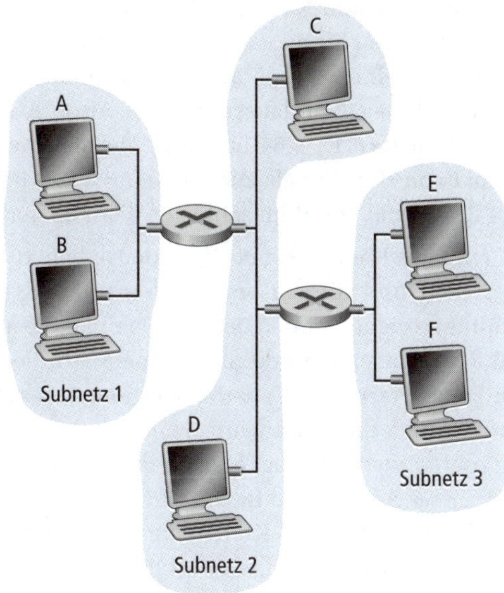

Abbildung 5.38: Drei Subnetze, die durch Router verbunden sind

b. Weisen Sie allen Adaptern MAC-Adressen zu.

c. Ein IP-Datagramm soll von Host A zu Host F gesendet werden. Alle ARP-Tabellen seien auf dem aktuellen Stand. Zählen Sie alle Schritte auf, analog zum Beispiel des einzelnen Routers in Abschnitt 5.4.2.

d. Wiederholen Sie (d), jetzt unter der Annahme, dass die ARP-Tabelle im sendenden Host leer ist (während die anderen Tabellen auf dem aktuellen Stand sind).

P13. Betrachten Sie die vorherige Aufgabe, nehmen Sie aber nun an, dass der Router zwischen Subnetz 2 und 3 durch einen Switch ersetzt wurde. Beantworten Sie die Fragen (a) bis (e) der vorangegangenen Aufgabe in diesem neuen Kontext.

P14. Wir haben in Abschnitt 5.5.2 erwähnt, dass bei CSMA/CD der Adapter $K \cdot 512$ Bitübertragungszeiten nach einer Kollision wartet, wobei K zufällig gezogen wird. Wie lange wartet der Adapter für $K = 100$, bis er auf einem 10 Mbps-Ethernet zu Schritt 2 zurückkehrt? Wie lange wartet er bei einem 100 Mbps-Ethernet?

P15. Nehmen Sie an, dass sich Knoten A und B auf demselben 10 Mbps-Ethernet-Bus befinden und die Ausbreitungsverzögerung zwischen den beiden Knoten 225 Bitübertragungszeiten beträgt. Nehmen Sie an, dass Knoten A mit der Übertragung eines Rahmens beginnt und bevor er fertig ist auch Knoten B mit der Übertragung eines Rahmens beginnt. Ist es möglich, dass A die Übertragung abschließt, bevor er wahrnimmt, dass B mit dem Senden begonnen hat? Warum oder warum nicht? Wenn die Antwort ja ist, dann glaubt A fälschlicherweise, dass sein Rahmen ohne Kollision erfolgreich übertragen wurde. *Hinweis:* Nehmen Sie an, dass A zum Zeitpunkt $t = 0$ mit der Übertragung des Rahmens beginnt. Im schlechtesten Fall überträgt A einen minimalen Rahmen von 512 + 64 Bitdauern. Damit würde A die Übertragung des Rahmens bei Bitzeit $t = 512 + 64$ beenden. Daher lautet die Antwort nein, wenn das Signal von B früher als zur Bitzeit $t = 512 + 64$ Knoten A erreicht. Wann kommt das Signal von B im schlechtesten Fall bei A an?

P16. Nehmen Sie an, dass Knoten A und B an denselben 10 Mbps-Ethernet-Bus angeschlossen sind und die Ausbreitungsverzögerung zwischen den zwei Knoten 225 Bitübertragungszeiten beträgt. Nehmen Sie an, dass A und B zur gleichen Zeit Rahmen senden und die Rahmen kollidieren. Dann wählen A und B verschiedene Werte von K aus. Vorausgesetzt, dass keine anderen Knoten aktiv sind, können die Übertragungswiederholungen von A und B kollidieren? Für unsere Zwecke genügt es, sich das folgende Beispiel anzusehen. Nehmen Sie an, dass A und B bei Bitzeit $t = 0$ mit dem Transfer beginnen. Sie nehmen beide bei Bitzeit $t = 225$ Kollisionen wahr. Das Ende des Signals zur Kollisionserkennung wird bei Bitzeit $t = 225 + 48 = 273$ übertragen. Nehmen Sie an, dass $K_A = 0$ und $K_B = 1$. Zu welchem Zeitpunkt beginnt B mit seiner Übertragungswiederholung? Wann beginnt A mit dem Transfer? (*Hinweis:* Die Knoten müssen nach der Rückkehr zu Schritt 2 auf einen leeren Kanal warten – siehe Protokoll.) Wann kommt das Signal von A bei B an? Sendet B zu diesem Zeitpunkt bereits?

P17. Betrachten Sie ein 100 Mbps schnelles 100BASE-T-Ethernet, bei dem alle Knoten direkt an einen Hub angeschlossen sind. Wie groß darf die Distanz zwischen Knoten und Hub maximal sein, damit eine Effizienz von 0,50 erreicht wird? Gehen Sie von einer Rahmenlänge von 64 Byte aus und davon, dass keine Repeater vorhanden sind. Kann bei dieser maximalen Distanz ein übertragender Knoten A auch erkennen, ob ein anderer eine Übertragung durchführte, während A selbst übertrug? Warum oder warum nicht? Wie verhält sich die Maximaldistanz im Vergleich zu der Maximaldistanz, die im eigentlichen 100 Mbps-Standard festgelegt ist?

P18. In dieser Aufgabe leiten Sie die Effizienz eines CSMA/CD-artigen Medienzugriffsprotokolls ab. In diesem Protokoll ist die Zeit in Schlitze untergliedert und alle Adapter sind mit den Schlitzen synchronisiert. Anders als bei Slotted ALOHA ist jedoch die Länge eines Schlitzes (in Sekunden) viel kürzer als die Rahmenzeit (die Zeit, um einen Rahmen zu übertragen). Sei S die Länge eines Schlitzes. Nehmen Sie an, dass alle Rahmen eine konstante Länge $L = kRS$ haben, wobei R die Übertragungsrate des Kanals und k eine große Ganzzahl ist. Nehmen Sie an, dass es N Knoten gibt, von denen jeder eine unendliche Anzahl von Rahmen senden kann. Wir gehen zudem davon aus, dass $d_{Ausbreitung} < S$, so dass alle Knoten eine Kollision vor dem Ende einer Schlitz-Zeit erkennen können. Das Protokoll ist wie folgt definiert:

- Ist in einem gegebenen Schlitz kein Knoten im Besitz des Kanals, konkurrieren alle Knoten um den Kanal. Insbesondere überträgt jeder Knoten mit Wahrscheinlichkeit p in dem Schlitz. Wenn genau ein Knoten im Schlitz sendet, nimmt dieser während der nachfolgenden $k - 1$ Schlitze den Kanal in Besitz und überträgt seinen kompletten Rahmen.
- Ist ein Knoten im Besitz des Kanals, unterlassen es alle anderen Knoten zu senden, bis der Knoten, der den Kanal besitzt, seine Übertragung beendet hat. Sobald dieser Knoten seinen Rahmen gesendet hat, konkurrieren alle Knoten um den Kanal.

Beachten Sie, dass der Kanal zwischen zwei Zuständen abwechselt: dem produktiven Zustand, der genau k Schlitze dauert, und dem unproduktiven Zustand, der eine zufällige Zahl von Schlitzen andauert. Die Kanaleffizienz ist daher das Verhältnis von $k/(k + x)$, wobei x die erwartete Anzahl aufeinanderfolgender unproduktiver Schlitze ist.

a. Bestimmen Sie die Effizienz dieses Protokolls für festes N und p.

b. Bestimmen Sie für festes N den Wert p, bei dem die Effizienz maximal ist.

c. Benutzen Sie p (das eine Funktion von N ist) aus Teil (b) und bestimmen Sie die Effizienz, wenn N gegen unendlich geht.

d. Zeigen Sie, dass diese Effizienz gegen 1 geht, wenn die Rahmenlänge groß wird.

P19. Nehmen Sie an, dass zwei Knoten A und B sich an gegenüberliegenden Enden eines 900 m langen Kabels befinden und dass sie einander jeweils einen Rahmen von 1.000 Bit (einschließlich aller Header und Präambeln) zusenden wollen. Beide Knoten versuchen, zum Zeitpunkt $t = 0$ zu senden. Nehmen Sie an, dass es vier Repeater zwischen A und B gibt, die jeweils eine Verzögerung von 20 Bit verursachen. Die Übertragungsrate sei 10 Mbps und es werde CSMA/CD mit Backoff-Intervallen verwendet, die Vielfache von 512 Bitübertragungszeiten sind. Nach der ersten Kollision wählt A für seinen exponentiellen Backoff-Protokoll den Wert $K = 0$ und B wählt $K = 1$. Ignorieren Sie das Signal zu Kollisionserkennung und die 96 Bit lange Wartezeit.

a. Wie groß ist die Ausbreitungsverzögerung in eine Richtung (einschließlich Repeater-Verzögerungen) zwischen A und B in Sekunden? Nehmen Sie an, dass die Signalausbreitungsgeschwindigkeit $2 \cdot 10^8$ m/s beträgt.

b. Zu welchem Zeitpunkt (in Sekunden) wurde das Paket von A vollständig an B übertragen?

c. Nehmen Sie nun an, dass nur A ein Paket zu senden hat und dass die Repeater durch Switches ersetzt wurden. Nehmen Sie weiter an, dass jeder Switch außer einer 20 Bitübertragungszeiten langen Verarbeitungsverzögerung zusätzlich eine Store-und-Forward-Verzögerung besitzt (d.h., das Paket muss in einem Switch vollständig angekommen sein, bevor es weitergeleitet wird). Zu welcher Zeit (in Sekunden) wird das Paket von A an B geliefert?

P20. Betrachten Sie ▶Abbildung 5.38 in Aufgabe P12. Finden Sie MAC-Adressen und IP-Adressen für die Schnittstellen von Host A, beiden Routern, und Host F. Nehmen Sie an, dass Host A ein Datagramm an Host F sendet. Geben Sie die MAC-Adressen von Quelle und Ziel im Rahmen an, der dieses IP-Datagramm verkapselt, wenn der Rahmen (i) von A zum linken Router gesendet wird, (ii) vom linken Router zum rechten Router gesendet wird, (iii) vom rechten Router zu F gesendet wird. Geben Sie auch die IP-Quell- und die IP-Zieladressen an, die zu jedem dieser Zeitpunkte im Datagramm stehen, das innerhalb des Rahmens verkapselt ist.

P21. Nehmen Sie nun an, dass der am weitesten links befindliche Router in ▶Abbildung 5.38 durch einen Switch ersetzt wurde. Die Hosts A, B, C und D und der rechte Router sind alle über eine Stern-Topologie mit diesem Switch verbunden. Geben Sie die Quell- und Ziel-MAC-Adressen in dem Rahmen an, der dieses IP-Datagramm verkapselt, während der Rahmen (i) von A an den Switch gesendet wird, (ii) vom Switch zum rechten Router gesendet wird, (iii) vom rechten Router zu F gesendet wird. Geben Sie für jeden dieser Rahmen auch an, welche IP-Quell- und -Zieladressen das darin verkapselte IP-Datagramm hat.

P22. Betrachten Sie ▶Abbildung 5.26. Nehmen Sie an, dass alle Links mit 100 Mbps arbeiten. Wie hoch ist der maximale Gesamtdurchsatz, der unter den 14 Endsystemen in diesem Netz erreicht werden kann? Warum?

P23. Nehmen Sie an, dass die drei Abteilungs-Switches in Abbildung 5.26 durch Hubs ersetzt werden. Alle Links übertragen mit 100 Mbps. Wie groß ist der maximale Gesamtdurchsatz, der zwischen den 14 Endsystemen in diesem Netz erreicht werden kann? Warum?

P24. Nehmen Sie an, dass *alle* Switches in Abbildung 5.26 durch Hubs ersetzt werden. Alle Links übertragen mit 100 Mbps. Wie groß ist der maximale Gesamtdurchsatz, der unter den 14 Endsystemen in diesem Netz erreicht werden kann? Warum?

P25. Betrachten wir den Betrieb eines Switches im Kontext von Abbildung 5.24. Nehmen Sie an, dass (i) A einen Rahmen nach D sendet, (ii) D mit einem Rahmen nach A antwortet, (iii) C einen Rahmen nach D sendet und (iv) D mit einem Rahmen nach C antwortet. Die Switch-Tabelle ist anfangs leer. Zeigen Sie den Zustand der Switch-Tabelle vor und nach jedem dieser Ereignisse. Für jedes dieser Ereignisse identifizieren Sie den Link *(S)*, auf dem der übertragene Rahmen weitergeleitet wird, und erläutern Sie kurz Ihre Antworten.

P26. Wir haben erwähnt, dass ATM 53 Byte lange Pakete verwendet, die aus 5 Header-Bytes und 48 Nutzlast-Bytes bestehen. 53 Byte ist ungewöhnlich klein für Pakete fester Länge. Die meisten Netzwerkprotokolle (IP, Ethernet, Frame-Relay usw.) verwenden Pakete, die im Durchschnitt bedeutend größer sind. Einer der Nachteile kleiner Paketgrößen besteht darin, dass ein großer Teil der Verbindungsbandbreite von Verwaltungsbytes verwendet wird. Im schwendet". In dieser Aufgabe untersuchen wir, warum eine derart kleine Paketgröße gewählt wurde. Zu diesem Zweck nehmen Sie an, dass die ATM-Zelle aus L Byte (möglicherweise eine andere Zahl als 48) und einem 5 Byte langen Header besteht.

a. Betrachten Sie eine digital codierte akustische Quelle, die direkt über ATM sendet. Nehmen Sie an, dass die Quelle mit einer konstanten Rate von 64 kbps codiert ist. Jede Zelle wird vollständig gefüllt, bevor die Quelle sie ins Netz sendet. Die Zeit, die zum Füllen einer Zelle benötigt wird, heißt **Paketierungsverzögerung** *(packetization delay)*. Bestimmen Sie die Paketierungsverzögerung in Millisekunden in Bezug auf L.

b. Paketierungsverzögerungen größer als 20 ms können ein deutliches und unangenehmes Echo verursachen. Bestimmen Sie die Paketierungsverzögerung für $L = 1.500$ Byte (was grob einem Ethernet-Paket maximaler Größe entspricht) und für $L = 48$ (was einer ATM-Zelle entspricht).

c. Berechnen Sie die Store-and-Forward-Verzögerung an einem einzelnen ATM-Switch bei einer Verbindungsgeschwindigkeit von $R = 155$ Mbps (eine beliebte Verbindungsgeschwindigkeit für ATM) für $L = 1.500$ Byte und $L = 48$ Byte.

d. Kommentieren Sie die Vorzüge einer kleinen Zellengröße.

P27. Betrachten Sie das in Abbildung 5.37 gezeigte MPLS-Netz und nehmen Sie an, dass die Router R5 und R6 jetzt MPLS-fähig sind. Nehmen Sie an, dass wir erreichen möchten, dass für A bestimmte Pakete über R6-R4-R3-R1 geswitched werden, wenn sie von R6 stammen, und über R5-R4-R2-R1 geswitched werden, wenn sie von R5 stammen. Geben Sie sowohl die MPLS-Tabellen in R5 und R6 an als auch die modifizierte Tabelle in R4, die dies möglich machen würden.

P28. Betrachten Sie dasselbe Szenario wie in der vorherigen Aufgabe, aber nehmen Sie an, dass für D bestimmte Pakete von R6 über R6-R4-R3 geswitcht werden, während für D bestimmte Pakete von R5 über R5-R4-R2-R1-R3 geswitcht werden. Geben Sie MPLS-Tabellen für alle Router an, die dies umsetzen.

Diskussion

Bei der Suche nach den Antworten auf die folgenden Fragen sollten Sie es nicht versäumen, das Internet zu konsultieren.

D1. Wie hoch ist ungefähr das derzeitige Preisniveau für 10/100 Mbps-Adapter? Für Gigabit-Ethernet-Adapter? Wie hoch sind diese Preise im Vergleich zu denen für ein 56 kbps schnelles Einwahl-Modem oder ein ADSL-Modem?

D2. Der Preis von Switches wird oft anhand der Zahl ihrer Schnittstellen (im LAN-Jargon als Ports bezeichnet) festgelegt. Wie hoch ist derzeit der ungefähre Preis pro Port für einen Switch, der nur Schnittstellen mit 100 Mbps anbietet?

D3. Viele der Funktionen eines Adapters können durch Software ausgeführt werden, die auf der CPU des Knotens läuft. Welche Vorteile und Nachteile hat es, diese Funktionalität vom Adapter in die Knoten zu verschieben?

D4. Durchsuchen Sie das Netz nach den Protokollnummern, die ein Ethernet-Rahmen für IP-Datagramme und für ARP-Pakete verwendet.

D5. Lesen Sie die Referenzen [Xiao 2000; Huang 2002 und RFC 3346] über Verkehrsplanung mithilfe von MPLS. Listen Sie eine Reihe von Zielen für die Verkehrsplanung auf. Welche dieser Ziele können nur mit MPLS erreicht werden und welche dieser Ziele werden durch die Benutzung existierender (nicht-MPLS) Protokolle erreicht? Untersuchen Sie im letzteren Fall, welche Vorzüge MPLS bietet?

Wireshark-Experimente

Weblink

Auf der begleitenden Website zu diesem Lehrbuch finden Sie ein Wireshark-Experiment, das die Arbeitsweise des Protokolls IEEE 802.3 und das Ethernet-Rahmenformat untersucht.

Interview mit Simon S. Lam

Simon S. Lam ist Professor für Informatik an der University of Texas in Austin. Zwischen 1971 und 1974 arbeitete er am ARPA Measurement Center an der UCLA, an dem er über Paketvermittlung für Satelliten- und Radioverbindungen forschte. Er leitete eine Forschungsgruppe, die sichere Sockets entwickelte und 1993 den ersten Prototypen des Secure Sockets Layer namens Secure Network Programming veröffentlichte, der 2004 den ACM Software System Award gewann. Sein Forschungsinteresse gilt der Entwicklung und Analyse von Netzwerkprotokollen und Sicherheitsdiensten. Seinen Bachelorabschluss in Elektrotechnik erhielt er von der Washington State University, seinen Masterabschluss ebenso wie seinen Doktortitel von der UCLA.

Warum beschlossen Sie, sich auf Netzwerke zu spezialisieren?

Als ich im Herbst 1969 frisch an die UCLA kam, wollte ich eigentlich Regelungstechnik studieren. Dann hörte ich eine Vorlesung über Warteschlangentheorie bei Leonard Kleinrock und war von ihm sehr beeindruckt. Eine Zeitlang arbeitete ich an der adaptiven Kontrolle von Warteschlangensystemen als mögliches Thema meiner Doktorarbeit. Anfang 1972 rief Larry Roberts das ARPAnet-Satellitensystem-Projekt ins Leben (das später als Paket Satellite bezeichnet wurde). Professor Kleinrock bat mich darum, an dem Projekt mitzuarbeiten. Zunächst führten wir einen einfachen, aber realistischen Backoff-Algorithmus in das Slotted-ALOHA-Protokoll ein. Bald danach entdeckte ich viele interessante wissenschaftliche Probleme wie das Instabilitätsproblem von ALOHA und den Bedarf für einen adaptiven Backoff, was zum Kern meiner Doktorarbeit wurde.

Sie waren schon in den frühen Tagen des Internets aktiv, seit Beginn Ihrer Studientage an der UCLA in den 1970er Jahren. Wie war das damals? Hatten die Leute irgendeine Vorahnung, was aus dem Internet werden würde?

Die Atmosphäre unterschied sich nicht wesentlich von anderen Systementwicklungsprojekten, die ich an der Universität und in der Industrie kennengelernt habe. Das ursprüngliche Ziel des ARPAnet war ziemlich bescheiden, nämlich den Zugriff auf teure Computer an fernen Standorten zu ermöglichen, so dass diese von viel mehr Wissenschaftlern genutzt werden konnten. Allerdings hatte die ARPA 1972 das Ziel mit Beginn des Satellitenprojektes und 1973 mit Packet Radio deutlich erweitert. 1973 arbeitete die ARPA an drei verschiedenen paketvermittelten Netzwerken und es wurde notwendig, dass Vint Cerf und Bob Kahn eine Verbindungsstrategie entwickelten.

Damals wurden all diese Weiterentwicklungen von Netzwerken (wie ich glaube) eher als logisch und nicht als Magie betrachtet. Niemand hätte sich die heute Größe des Internets und die Leistungsfähigkeit von Personalcomputern vorstellen können. Damals sollte es noch eine Dekade dauern, bis die ersten PCs erscheinen würden. Um Ihnen die richtige Perspektive zu vermitteln: Die meisten Studenten gaben ihre Computerprogramme als Lochkartenstapel ab. Nur einige Studenten hatten direkten Zugriff auf Computer, die normalerweise in einem abgeschlossenen Bereich untergebracht waren. Modems waren langsam und eine Seltenheit. Als Doktorand hatte ich nur ein Telefon auf meinem Schreibtisch und benutzte Papier und Bleistift für den größten Teil meiner Arbeit.

Wohin führt Ihrer Meinung nach die künftige Entwicklung der Netzwerke und des Internets?

In der Vergangenheit war die Einfachheit des IP-Protokolls des Internets seine größte Stärke beim Verdrängen seiner Wettbewerber und bei der Entwicklung zum De-facto-Standard für die Vernetzung. Im Gegensatz zu Wettbewerbern, wie X.25 in den 1980ern und ATM in den 1990ern, kann IP oberhalb jeder Sicherungsschicht laufen, weil es nur einen Best-Effort-Datagramm-Dienst anbietet. Dadurch lässt sich jedes paketvermittelte Netzwerk mit dem Internet verbinden.

Leider wird die größte Stärke von IP nun zu einem Nachteil. IP ist wie eine Zwangsjacke, welche eine Entwicklung des Internets nur in bestimmte Richtungen ermöglicht. Die IP-Ebene ist wirtschaftlich zu wichtig, um daran herumzubasteln und neue Funktionalitäten wie Multicast und Dienstgüte einzubauen. In den letzten Jahren haben viele Wissenschaftler deshalb über Multicast und Dienstgüte auf der Anwendungsschicht nachgedacht. Die meisten anderen aktuellen Forschungsthemen im Bereich des Internets, wie Sicherheit und P2P-Systeme, betreffen von Anfang an allein die Anwendungsschicht. Es gibt auch eine Menge Forschung über drahtlose Ad-hoc-Netzwerke, Sensornetzwerke und Satellitennetzwerke. Diese können entweder als eigenständige Systeme oder als Systeme der Sicherungsschicht betrachtet werden, die nur gedeihen können, weil sie sich außerhalb der IP-Zwangsjacke befinden.

Viele Menschen sind begeistert angesichts der Möglichkeiten, die P2P-Systeme als Plattform für neuartige Internetanwendungen bieten. Allerdings nutzen P2P-Systeme die Internetressourcen äußerst ineffizient. Eine meiner Sorgen ist, ob die Übertragungs- und Switching-Kapazitäten des Internetkerns auch weiterhin schneller wachsen als die Anforderungen des Verkehrs an das Internet, während dieses weiterhin alle Arten von Geräten untereinander verbindet und künftige P2P-fähige Anwendungen unterstützt. Ohne eine deutliche Überversorgung mit Kapazitäten wäre die Sicherung der Netzstabilität trotz böswilliger Angriffe und Überlast eine große Herausforderung.

Was ist der herausforderndste Teil Ihrer Arbeit?

Die größte Herausforderung in meiner Arbeit als Dozent besteht darin, *jeden* Studenten meiner Klasse und *jeden* Doktoranden, den ich betreue, anzuleiten und zu motivieren, nicht nur die Überflieger. Die bereits klugen und motivierten benötigen nicht viel mehr als ein wenig Anleitung. Ich lerne oft mehr von diesen Studenten, als sie von mir lernen. Diejenigen zu lehren und zu motivieren, die in ihren Leistungen zurückbleiben, stellt jedoch eine große Herausforderung dar.

Welche Auswirkungen wird Ihrer Meinung nach die Technik auf das Lernen in der Zukunft haben?

Irgendwann wird fast das gesamte menschliche Wissen über das Internet zugänglich sein, welches das größte Hilfsmittel beim Lernen darstellen wird. Diese riesige Wissensbasis hat das Potenzial, die Voraussetzungen für die Studenten in der ganzen Welt anzugleichen. Zum Beispiel werden motivierte Studenten in jedem Land in der Lage sein, auf die besten Websites, Multimedia-Vorlesungen und Lehrmaterialien zuzugreifen. Schon jetzt, so heißt es, hätten die digitalen Bibliotheken der IEEE und ACM die Entwicklung der Informatik in China beschleunigt. Irgendwann wird das Internet alle geografischen Hindernisse des Lernens überwinden können.

Drahtlose und mobile Netzwerke

6

ÜBERBLICK

EINLEITUNG

»Im Fernsprechwesen können die letzten 15 Jahre mit Fug und Recht als die goldenen Jahre des Mobiltelefons bezeichnet werden. Die Anzahl der Mobilfunkteilnehmer stieg weltweit von 34 Millionen im Jahr 1993 auf mehr als 2 Milliarden im Jahr 2005, so dass ihre Zahl mittlerweile die Anzahl der festen Telefonanschlüsse übertrifft [ITU Statistics 2007]. Die vielen Vorzüge der Mobiltelefone sind für jedermann offensichtlich – überall und jederzeit besteht mittels eines tragbaren, leichten Gerätes Zugriff auf das globale Telefonnetz. Löst das Aufkommen von Laptops, Palmtops und PDA, mit der Möglichkeit überall und jederzeit ungehindert Zugriff auf das globale Internet zu haben, eine ähnliche Explosion bei drahtlosen Internetgeräten aus?

Egal ob und wie die Nutzung solcher Geräte ansteigen wird – bereits jetzt ist klar, dass drahtlose Netzwerke und die mobilitätsunterstützenden Dienste, die sie bieten, aus unserem Alltag nicht mehr wegzudenken sind. Aus Sicht der Netzwerke unterscheiden sich die von drahtlosen Netzwerken gestellten Anforderungen, besonders auf der Sicherungsschicht und der Netzwerkschicht, so sehr von denen traditioneller leitungsgebundener Netze, dass wir der Untersuchung drahtloser und mobiler Netzwerke ein eigenes Kapitel widmen wollen.

Zu Beginn dieses Kapitels betrachten wir mobile Anwender, drahtlose Links und Netzwerke und ihre Beziehung zu größeren (normalerweise leitungsgebundenen) Netzwerken, mit denen sie sich verbinden. Wir unterscheiden dabei zwischen der drahtlosen Natur der Links in solchen Netzwerken und der Mobilität, die diese drahtlosen Links ermöglichen. Durch diese wichtige Unterscheidung – zwischen drahtlos und mobil – können wir die Schlüsselkonzepte in diesen Bereichen besser isolieren, identifizieren und verstehen. Beachten Sie auch, dass es durchaus viele Bereiche gibt, in denen die Netzknoten zwar drahtlos arbeiten, aber nicht mobil sind (z.B. drahtlose Heim- oder Büronetzwerke mit feststehenden Workstations und großen Monitoren). Zudem gibt es begrenzte Formen der Mobilität, für die keine drahtlosen Links erforderlich sind (z.B. ein Angestellter, der einen Laptop zu Hause leitungsgebunden verwendet, das Gerät herunterfährt, sobald er sich zur Arbeit begibt, und dort den Laptop wieder per Kabel an das Firmennetz anschließt). Allerdings gehören zu den aufregendsten Netzwerkumgebungen jene, in denen die Benutzer drahtlos arbeiten können und mobil sind – beispielsweise Szenarien, in denen ein mobiler Benutzer (auf dem Rücksitz eines Autos) mittel Voice-over-IP telefoniert und gleichzeitig mehrere laufende TCP-Verbindungen offen hat, während der Wagen mit Tempo 160 km/h über die Autobahn rast. Hier, an dieser Schnittstelle zwischen drahtlos und mobil, finden wir die interessantesten Herausforderungen!

Wir beginnen mit einer Beschreibung der Grundlagen, indem wir drahtlose Kommunikation und Mobilität betrachten – ein Netzwerk, in dem drahtlose (und möglicherweise mobile) Computer über eine Funkverbindung am Rand des Netzwerks mit einer größeren Netzwerkinfrastruktur verbunden sind. In Abschnitt 6.2 befassen wir uns mit den Eigenschaften dieser drahtlosen Verbindung. Dort erfolgt auch eine kurze Einführung in das Codemultiplexverfahren (CDMA) – ein Protokoll für gemeinsam genutzte Zugänge, das bei drahtlosen Netzwerken häufig verwendet wird. In Abschnitt 6.3 widmen wir uns detaillierter den Aspekten von IEEE 802.11 (WLAN). Dort werden wir auch einige Worte zu Bluetooth und WiMAX verlieren. In Abschnitt 6.4 bieten wir einen Überblick über mobile Internetzugänge einschließlich der aktuellen Mobilfunktechnologien der dritten Generation (3G), die sowohl Sprache als auch Hochgeschwindigkeits-Internetzugänge bieten. In Abschnitt 6.5 gilt unsere Aufmerksamkeit dem Thema Mobilität. Dabei konzentrieren wir uns auf die Fragen, wie ein mobiler Benutzer gefunden werden kann, wie man zu ihm routen kann und wie der Benutzer „weitergereicht" werden kann, wenn er sich dynamisch von einem Zugangspunkt zum Netzwerk zu einem anderen bewegt. Wir werden in den Abschnitten 6.6. bzw. 6.7 auch untersuchen, wie diese Mobilitätsdienste im Mobile-IP-Standard und in GSM implementiert sind. Schließlich betrachten wir in Abschnitt 6.8 die Auswirkungen von drahtlosen Links und Mobilität auf Transportprotokolle und auf die Anwendungen. «

6.1 Einführung

▶Abbildung 6.1 zeigt das Umfeld, in dem wir die Themen drahtlose Datenkommunikation und Mobilität betrachten werden. Wir halten unsere Diskussion zu Beginn allgemein genug, um ein breites Spektrum von Netzwerken behandeln zu können, das sowohl Wireless LAN, beispielsweise IEEE 802.11, als auch Mobilfunknetze, wie die 3G-Netzwerke, umfasst. In den folgenden Abschnitten befassen wir uns dann genauer mit spezifischen drahtlosen Architekturen. Die folgenden Elemente können wir in einem Mobilfunknetz erkennen:

- *Drahtlose Hosts.* Wie bei den leitungsgebundenen Netzwerken sind Hosts die Endsysteme, auf denen die Anwendungen laufen. Ein **drahtloser Host** könnte ein Laptop, ein Palmtop, ein PDA, ein Telefon oder ein normaler PC sein. Die Hosts selbst können also, müssen aber nicht mobil sein.
- *Drahtlose Links.* Ein Host ist mit einer (später genauer betrachteten) Basisstation oder einem anderen drahtlosen Host über einen **drahtlosen Link** verbunden. Dafür existieren unterschiedliche Technologien, die jeweils verschiedene Übertragungsraten aufweisen und unterschiedliche Entfernungen überbrücken können. ▶Abbildung 6.2 zeigt zwei wesentliche Merkmale (Abdeckungsbereich und Verbindungsgeschwindigkeit) der am weitesten verbreiteten drahtlosen Netzwerkstandards. (Die Abbildung soll nur eine grobe Vorstellung liefern. Einige dieser Netzwerke werden erst seit Kurzem eingesetzt und ihre Verbindungsgeschwindigkeiten liegen, in Abhängigkeit von Entfernung, Bedingungen auf dem Kanal und Anzahl der Teilnehmer im Mobilfunknetz, über oder unter den genannten Werten.) Wir behandeln diese Standards an anderer Stelle in der ersten Hälfte dieses Kapitels. In Abschnitt 6.2 berücksichtigen wir auch andere Merkmale drahtloser Verbindungen (etwa die Bitfehlerrate und Ursachen für Bitfehler).

In ▶Abbildung 6.1 sind drahtlose Hosts, die sich am Rand des Netzwerkes befinden, durch drahtlose Links mit einer größeren Netzwerkinfrastruktur verbunden. Wir wollen nicht verschweigen, dass solche Links manchmal auch *innerhalb* eines Netzwerkes verwendet werden, um Router, Switches und andere Geräte zu verbinden. Jedoch konzentrieren wir uns in diesem Kapitel auf die Nutzung der drahtlosen Kommunikation am Rand des Netzwerkes, denn hier treten viele der aufregendsten technischen Herausforderungen sowie das größte Wachstum auf.

- *Basisstation.* Die **Basisstation** spielt eine Schlüsselrolle in der drahtlosen Netzwerkinfrastruktur. Anders als drahtlose Links und Hosts hat eine Basisstation kein erkennbares Gegenstück in einem leitungsgebundenen Netz. Sie ist dafür verantwortlich, Daten (z.B. Pakete) an mit ihr verbundene drahtlose Hosts zu senden und von dort zu empfangen. Eine Basisstation hat oft die Aufgabe, die Übertragungen mehrerer solcher Hosts zu koordinieren. Wenn wir sagen, dass ein drahtloser Host mit einer Basisstation „verbunden" ist, meinen wir, dass er sich (1) innerhalb der Funkreichweite der Basisstation befindet und er (2) diese Basisstation nutzt, um Daten über das Netzwerk zu empfangen und zu senden. **Sendemasten** *(cell towers)*

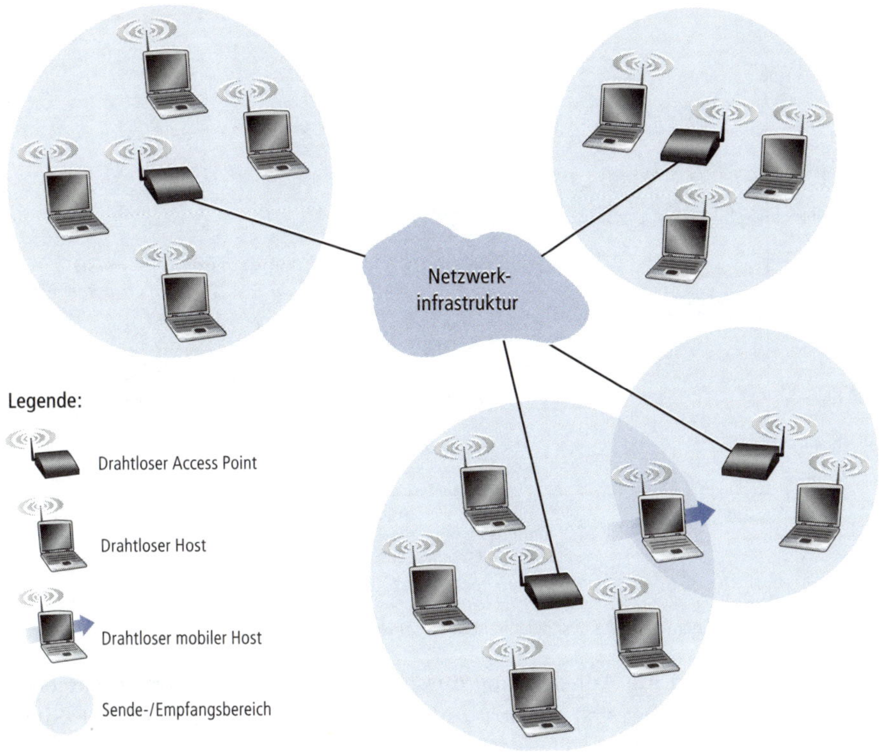

Abbildung 6.1: Bestandteile eines drahtlosen Netzwerkes

in Mobilfunknetzen und **Access Points** in 802.11 Wireless LAN sind Beispiele für Basisstationen.

In ▶Abbildung 6.1 sind die Basisstationen mit einem größeren Netz verbunden (z.B. dem Internet, einem Firmen- oder Heimnetz oder dem Telefonnetz) und schaffen dadurch die Verbindung zwischen dem drahtlosen Host und seinen Kommunikationspartnern in der restlichen Welt.

Die Arbeitsweise von Hosts, die mit einer Basisstation verbunden sind, wird oft als **Infrastruktur-Modus** bezeichnet, da alle traditionellen Netzwerkdienste (z.B. Adresszuordnung und Routing) vom Netz zur Verfügung gestellt werden, an das der Host über die Basisstation angeschlossen ist. In **Ad-hoc-Netzwerken** haben drahtlose Hosts keinerlei derartige Infrastruktur, an die sie sich anschließen können. Daher müssen sie selbst für Dienste wie Routing, Adresszuordnung, DNS-artige Namenszuordnungen usw. sorgen.

Verlässt ein mobiler Host den Bereich einer Basisstation und kommt in den Bereich einer anderen, ändert er seinen Zugangspunkt in das größere Netz (d.h., er ändert seine Basisstation) – ein Prozess, der als **Handoff** bezeichnet wird. Diese Mobilität wirft viele schwierige Fragen auf. Bewegt sich ein mobiler Host, wie findet man dann seinen aktuellen Standort im Netz, so dass Daten an ihn weitergeleitet werden

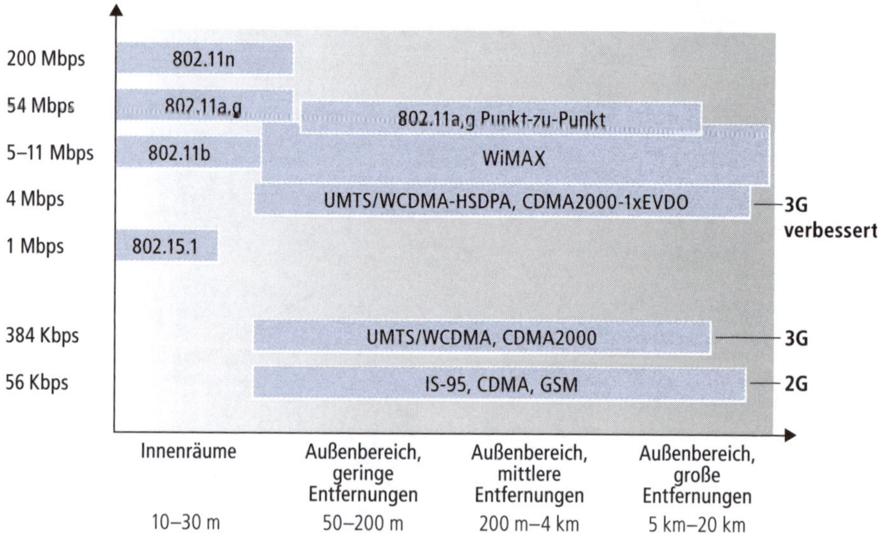

Abbildung 6.2: Link-Charakteristika ausgewählter drahtloser Netzwerkstandards

können? Wie wird die Adressierung durchgeführt, wenn sich der Host irgendwo befinden kann? Bewegt sich der Host zudem *während* einer laufenden TCP-Sitzung oder eines Telefonanrufes, wie werden dann Daten an ihn so weitergeleitet, dass die Verbindung nicht unterbrochen wird? Diese und viele (viele!) andere Fragen machen drahtlose und mobile Netzwerke zu einem aufregenden Forschungsbereich.

- *Netzwerkinfrastruktur.* Dies ist das größere Netz, mit dem ein drahtloser Host kommunizieren möchte.

Nachdem wir nun die „Bestandteile“ eines drahtlosen Netzes kennengelernt haben, halten wir auch fest, dass diese Elemente auf viele verschiedene Arten miteinander kombiniert werden können, so dass unterschiedlichste drahtlose Netzwerke entstehen. Eine Taxonomie dieser Netze ist nicht nur bei der weiteren Lektüre dieses Kapitels nützlich, sondern auch, wenn Sie sich in anderen Büchern über drahtlose Netze informieren möchten. Auf oberster Ebene können wir drahtlose Netzwerke nach zwei Kriterien klassifizieren: (i) ob ein Paket in einem solchen Netz genau *einen oder mehrere drahtlose Hops* überquert und (ii) ob es eine *Infrastruktur* gibt, etwa eine Basisstation:

- *Single-Hop, infrastrukturbasiert.* Solche Netzwerke haben eine Basisstation, die mit einem größeren kabelgebundenen Netz (z.B. dem Internet) verbunden ist. Darüber hinaus verläuft die komplette Kommunikation zwischen dieser Basisstation und einem drahtlosen Host über einen einzelnen drahtlosen Hop. Die 802.11-Netzwerke, die Ihnen aus Hörsaal, Café oder Bibliothek bekannt sind, mobile Telefonnetze und 802.16-WiMAX-Netzwerke, die wir bald kennenlernen werden, fallen alle in diese Kategorie.

- *Single-Hop, ohne Infrastruktur.* In solchen Netzwerken gibt es keine Basisstation, die mit einem leitungsgebundenen Netzwerk verbunden wäre. Wie wir noch sehen werden, kann jedoch einer der Knoten in diesem Single-Hop-Netzwerk die Übertragungen der anderen Knoten koordinieren. Bluetooth-Netzwerke (die wir in Abschnitt 6.3.6 untersuchen) sowie 802.11-Netzwerke im Ad-hoc-Modus gehören zu den Single-Hop-Netzen ohne Infrastruktur.
- *Multi-Hop, infrastrukturbasiert.* Diese Netzwerke enthalten eine Basisstation, die über Leitungen mit dem größeren Netz verbunden wird. Allerdings müssen einige drahtlose Knoten ihre Kommunikation bisweilen über andere solche Knoten leiten, um über die Basisstation kommunizieren zu können. Einige drahtlose Sensornetzwerke und sogenannte Mesh-Netzwerke fallen in diese Kategorie.
- *Multi-Hop, ohne Infrastruktur.* Diese Netzwerke enthalten keine Basisstation und Knoten müssen ihre Nachrichten eventuell über mehrere andere Knoten leiten, um ihren Kommunikationspartner zu erreichen. Die Knoten können zudem mobil sein, wobei sich die Verbindungen zwischen den Knoten ändern – was als mobiles Ad-hoc-Netzwerk (MANET, *mobile ad hoc network*) bezeichnet wird. Handelt es sich bei den mobilen Knoten um Fahrzeuge, ist das Netz ein Ad-hoc-Netzwerk zwischen Fahrzeugen (VANET, *vehicular ad hoc network*). Wie Sie sich sicher vorstellen können, ist die Entwicklung von Protokollen für solche Netzwerke eine echte Herausforderung und Gegenstand laufender Forschungen.

Fallstudie

Öffentlicher WiFi-Zugang: Bald auch auf den Laternenmasten von Philadelphia

WiFi-Hotspots – öffentliche Bereiche, in denen Benutzer drahtlose 802.11-Zugänge vorfinden – sind immer häufiger in Hotels, Flughäfen und Cafés der ganzen Welt anzutreffen. Bis Ende 2007 bot T-Mobile solche Hotspots an mehr als 8.000 Standorten in den USA an, darunter Starbucks-Cafés und die Buchläden von Borders Books & Music. Auch McDonalds bietet weltweit in mehr als 7.000 seiner Fast-Food-Restaurants Internetzugänge an.

Aber die Stadt Philadelphia (im Bundesstaat Pennsylvania) geht noch einen Schritt weiter: mit einem Programm, das drahtlosen Internetzugang in jedes Viertel der 350 km^2 großen Stadt bringen soll. Ziel ist es, „Philadelphia zum größten WiFi-Hotspot der Nation zu machen und dadurch die Bildungsmöglichkeiten zu verbessern, Hürden zum Zugang ins Internet abzubauen, die Beziehungen zwischen Nachbarn zu verbessern und die Verwaltungskosten zu verringern." Damit dieser Plan Realität werden kann, müssen drahtlose 802.11b-Access-Points auf mehr als 4.000 Straßenlaternen und Ampeln installiert werden.

Dieses ehrgeizige Programm entspringt einer Übereinkunft zwischen der Stadt, Wireless Philadelphia (einer gemeinnützigen Organisation) und dem Internet-Provider Earthlink. Die Access Points werden für die Bewohner kostenfrei installiert und stehen in ausgewählten Parks und öffentlichen Bereichen auch kostenfrei zur Verfügung. Ansonsten werden Heimanwender und Firmen zur Kasse gebeten. Wireless Philadelphia will die erzielten Gewinne (5 % der Zugangsgebühren) innerhalb von Philadelphia in Bildungs- und Sozialprogramme, darunter auch technologieorientierte Projekte, investieren.

In diesem Kapitel werden wir uns hauptsächlich auf Single-Hop-Netzwerke beschränken und unter diesen vorwiegend infrastrukturbasierte Netze behandeln.

Tauchen wir nun tiefer in die technischen Herausforderungen ein, die drahtlose und mobile Netzwerke stellen. Wir beginnen mit dem individuellen drahtlosen Link und verschieben unsere Diskussion von Mobilität auf einen späteren Zeitpunkt in diesem Kapitel.

6.2 Eigenschaften drahtloser Links und Netzwerke

Betrachten wir zu Beginn ein einfaches leitungsgebundenes Netzwerk, zum Beispiel ein Heimnetz, das einen drahtgebundenen Ethernet-Switch enthält (Abschnitt 5.6), der die Hosts verbindet. Ersetzen wir dieses Ethernet durch ein drahtloses 802.11-Netz, würden drahtlose Netzwerkkarten die Stelle der leitungsgebundenen Ethernet-Karten in den Hosts einnehmen und ein Access Point würde den Ethernet-Switch ersetzen. Aber es wären praktisch keine Änderungen an der Netzwerkschicht oder den darüberliegenden Schichten erforderlich. Dies legt nahe, dass wir unsere Aufmerksamkeit auf die Sicherungsschicht richten können, wenn wir wesentliche Unterschiede zwischen leitungsgebundenen und drahtlosen Netzwerken suchen. Tatsächlich gibt es eine Reihe solcher Unterschiede zwischen den beiden Link-Typen:

- *Abnehmende Signalstärke.* Elektromagnetische Strahlung nimmt ab, wenn sie Materie durchqueren muss (wie z.B. bei einem Funksignal, das durch eine Wand geht). Sogar im freien Raum schwächt sich das Signal allmählich ab, wenn die Entfernung zwischen Sender und Empfänger zunimmt. Dies führt zu einer verringerten Signalstärke (was bisweilen als **Fading** *(Abschwächung des Signals)* bezeichnet wird).

- *Interferenzen mit anderen Quellen.* Mehrere Sender, die im selben Frequenzband senden, interferieren miteinander. Drahtlose 2,4 GHz-Telefone und 802.11b Wireless LAN senden beispielsweise in demselben Frequenzspektrum. Daher kann der Benutzer eines 802.11b Wireless LAN, der gleichzeitig über sein Funktelefon spricht, nicht erwarten, dass sein Netzwerk und sein Telefon besonders gut arbeiten. Zusätzlich zu Interferenzen aufgrund von anderen Sendern kann auch elektromagnetisches Rauschen in der Umgebung (z.B. durch einen Motor oder einen Mikrowellenherd in der Nähe) zu Interferenzen führen.

- ***Mehrwegeausbreitung***. Dieser Effekt tritt auf, wenn Teile der elektromagnetischen Welle an Objekten oder der Erde reflektiert werden und dadurch auf unterschiedlich langen Wegen vom Absender zum Empfänger laufen. Dies verursacht ein unscharfes Signal beim Empfänger. Bewegen sich die Objekte zwischen Absender und Empfänger, kann dies außerdem dazu führen, dass sich die Ausbreitungswege im Lauf der Zeit ändern.

Eine detailliertere Diskussion der Eigenschaften drahtloser Kanäle, der dazugehörigen Modelle und Messungen finden Sie in [Anderson 1995].

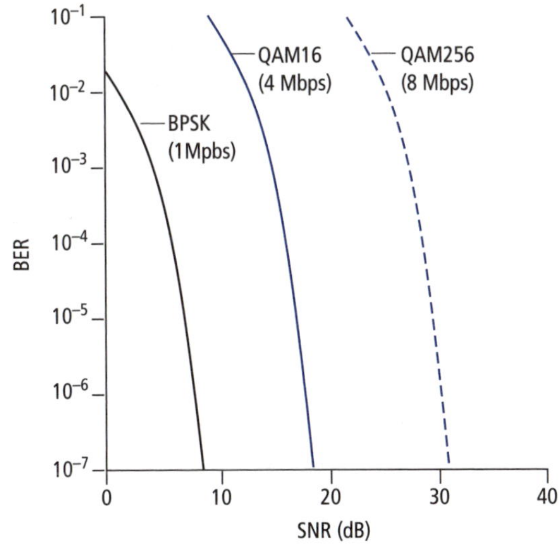

Abbildung 6.3: Bitfehlerrate, Übertragungsrate und SNR

Die obige Diskussion legt nahe, dass Bitfehler bei drahtlosen Links häufiger auftreten werden als in leitungsgebundenen Links. Deshalb ist es kaum verwunderlich, dass Protokolle für drahtlose Links (wie das 802.11-Protokoll, das wir im folgenden Abschnitt untersuchen werden) nicht nur leistungsfähige CRC-Fehlererkennungscodes verwenden, sondern auch Zuverlässigkeitsmechanismen auf der Sicherungsschicht bieten, die veränderte Rahmen erneut übertragen.

Nachdem wir die Probleme kennengelernt haben, die mit einem drahtlosen Kanal verbunden sind, richten wir nun unsere Aufmerksamkeit auf den Host, der das Funksignal empfängt. Dieser empfängt ein elektromagnetisches Signal, das aus einer Überlagerung einer abgeschwächten Form des vom Absender übertragenen Originalsignals (das sich aufgrund der oben erwähnten Dämpfung und der Mehrwegeausbreitung verschlechtert) und des Hintergrundrauschens in der Umgebung besteht. Der **Signal-Rausch-Abstand** (**SNR**, *signal-to-noise ratio*) ist ein relatives Maß der Intensität des empfangenen Signals (d.h. der übertragenen Information) und des Rauschens. Der SNR wird normalerweise in der Einheit Dezibel (dB) gemessen, einer Maßeinheit, von der manche denken, sie werde von Elektrotechnikern in erster Linie verwendet, um Informatiker zu verwirren. Der SNR, gemessen in dB, ist das Zwanzigfache des dekadischen Logarithmus aus dem Verhältnis der Amplitude des Empfangssignals und der Amplitude des Rauschens. Für unsere Zwecke müssen wir nur wissen, dass es ein größerer SNR dem Empfänger leichter macht, das Signal des Senders im Hintergrundrauschen zu finden.

▶ Abbildung 6.3 (die wir von [Holland 2001] übernommen und angepasst haben) zeigt die Bitfehlerrate (BER, *bit error rate*) – grob ausgedrückt die Wahrscheinlichkeit, dass ein gesendetes Bit fehlerhaft beim Empfänger eintrifft – aufgetragen über dem SNR, für drei verschiedene Modulationstechniken, mit denen Informationen zur Übertragung

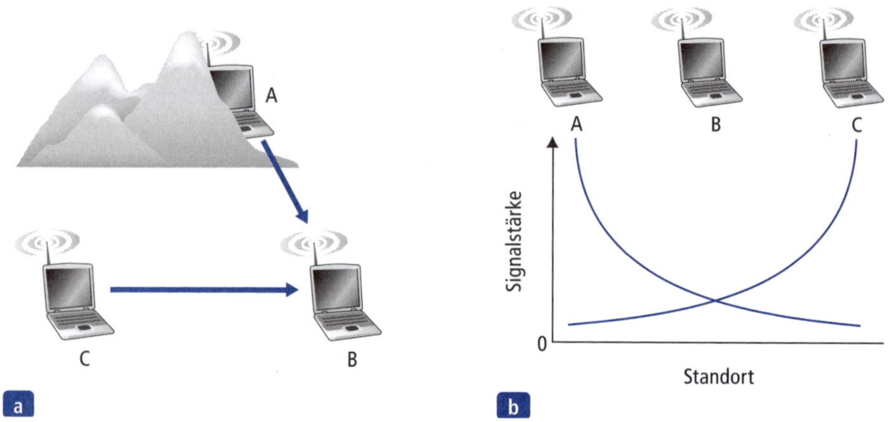

Abbildung 6.4: Hidden-Terminal-Problem verursacht durch (a) Hindernisse und (b) Fading

auf einem idealisierten Funkkanal codiert werden. Die Theorie von Modulation und Codierung sowie von Signalgewinnung und BER geht über die Möglichkeiten dieses Buchs hinaus. (Eine Diskussion dieser Themen finden Sie in [Schwartz 1980]). Dennoch stellt Abbildung 6.3 einige Merkmale der Bitübertragungsschicht dar, die für ein Verständnis von drahtlosen Kommunikationsprotokollen der höheren Schichten von Bedeutung sind:

- *In einem gegebenen Modulationsschema ist die BER umso höher, je niedriger der SNR ist.* Da ein Sender den SNR steigern kann, indem er seine Sendeleistung steigert, senkt er so auch die Wahrscheinlichkeit, dass ein Rahmen fehlerhaft empfangen wird. Beachten Sie jedoch, dass der praktische Gewinn nur noch gering ist, wenn die Leistung über eine gewisse Schwelle hinaus gesteigert wird, beispielsweise um die BER von 10^{-12} auf 10^{-13} zu reduzieren. Es gibt aber auch *Nachteile* einer steigenden Sendeleistung: Der Sender muss mehr Energie aufwenden (was für mobile Benutzer mit batteriebetriebenen Geräten eine wichtige Überlegung ist) und die Übertragung des Senders interferiert wahrscheinlich mit den Übertragungen anderer Sender (Abbildung 6.4 (b)).

- *Bei einem gegebenen SNR hat eine Modulationstechnik mit höherer Bitübertragungsrate (ob fehlerhaft oder nicht) eine höhere BER.* Zum Beispiel hat in Abbildung 6.3 die BPSK-Modulation mit einer Übertragungsrate von 1 Mbps bei einem SNR von 10 dB eine BER von weniger als 10^{-7}, während bei der QAM16-Modulation, mit einer Übertragungsrate von 4 Mbps, die BER 10^{-1} beträgt – viel zu hoch, um irgendeinen praktischen Wert zu haben. Bei einem SNR von 20 dB hat die QAM16-Modulation jedoch bereits eine Übertragungsrate von 4 Mbps und eine BER von 10^{-7}, während die BPSK-Modulation eine Übertragungsrate von nur 1 Mbps und eine BER hat, die so niedrig ist, dass sie buchstäblich nicht mehr im Diagramm zu finden ist. Wenn eine BER von 10^{-7} toleriert werden kann, wäre QAM16 in dieser Situation wegen der höheren Übertragungsrate die beste Modulationstechnik. Diese Überlegungen führen zu einem letzten Merkmal, das wir als Nächstes beschreiben.

- *Eine dynamische Auswahl des Modulationsverfahrens auf der Bitübertragungsschicht kann eingesetzt werden, um die Übertragung an die Bedingungen des Kanals anzupassen.* Der SNR (und daher die BER) können sich infolge von Mobilität oder wegen Änderungen in der Umgebung verändern. Adaptive Modulation und Codierung werden bei der Datenübertragung in Mobilfunknetzen und in 802.16 WiMAX- sowie den 802.11 WiFi-Netzwerken verwendet, die wir in Abschnitt 6.3 untersuchen werden. Dies ermöglicht beispielsweise die Auswahl einer Modulationstechnik, die entsprechend den Vorgaben für die BER die höchstmögliche Übertragungsrate für vorgegebene Kanaleigenschaften erreicht.

Die höhere und zeitlich veränderliche Bitfehlerrate ist nicht der einzige Unterschied zwischen einem leitungsgebundenen und einem drahtlosen Link. Wie im letzten Kapitel beschrieben, erhält im Fall eines leitungsgebundenen Broadcast-Links jeder Knoten die Übertragungen aller anderen Knoten. Im Fall von drahtlosen Links ist die Situation nicht so einfach (Abbildung 6.4). Nehmen wir an, dass Station A an Station B sendet und dass Station C ebenfalls an Station B sendet. Beim sogenannten **Hidden-Terminal-Problem** *(Problem des unsichtbaren Endgerätes)* können physikalische Hindernisse in der Umgebung (beispielsweise ein Berg oder ein Gebäude) A und C daran hindern, ihre jeweiligen Übertragungen zu erkennen, obwohl diese tatsächlich an der Zieladresse B interferieren. Dies wird in Abbildung 6.4 (a) dargestellt. Ein zweites Szenario, das zu unerkannten Kollisionen beim Empfänger führt, resultiert aus dem **Fading** *(Abschwächung)* der Signalstärke, während sich das Signal durch ein drahtloses Medium ausbreitet. Abbildung 6.4 (b) erläutert den Fall, in denen die Positionen von A und C zueinander so sind, dass ihre Signale zu schwach sind, als dass sie ihre jeweiligen Übertragungen wahrnehmen könnten. Dennoch sind ihre Signale stark genug, um sich gegenseitig bei Station B zu stören. Wie wir in Abschnitt 6.3 sehen werden, machen das Hidden-Terminal-Problem und Fading den Mehrfachzugriff in einem drahtlosen Netzwerk deutlich komplexer als in einer leitungsgebundenen Umgebung.

6.2.1 CDMA

Wir haben in Kapitel 5 erwähnt, dass bei der Kommunikation von Hosts über einen gemeinsamen Kanal ein Protokoll erforderlich ist, so dass sich die von mehreren Absendern erzeugten Signale bei den Empfängern nicht gegenseitig stören. Drei Klassen von Medienzugriffsprotokollen haben wir dort schon beschrieben: Kanalpartitionierung, wahlfreier Zugriff und abwechselnder Zugriff. Codemultiplexverfahren (CDMA, code division multiple access) gehören zur Familie der Kanalpartitionierungsprotokolle. Sie sind in Wireless LAN und Mobilfunktechnologien vorherrschend. Weil CDMA in der Welt der drahtlosen Kommunikation so wichtig ist, werfen wir nun einen Blick auf CDMA, bevor wir uns in den folgenden Abschnitten spezifischen drahtlosen Zugangstechnologien zuwenden.

In einem CDMA-Protokoll wird jedes übertragene Bit codiert, indem es mit einem Signal (dem Code) multipliziert wird, das sich mit einer viel höheren Geschwindigkeit (der sogenannten **Chipping-Rate**) ändert als die ursprüngliche Sequenz der Datenbits.

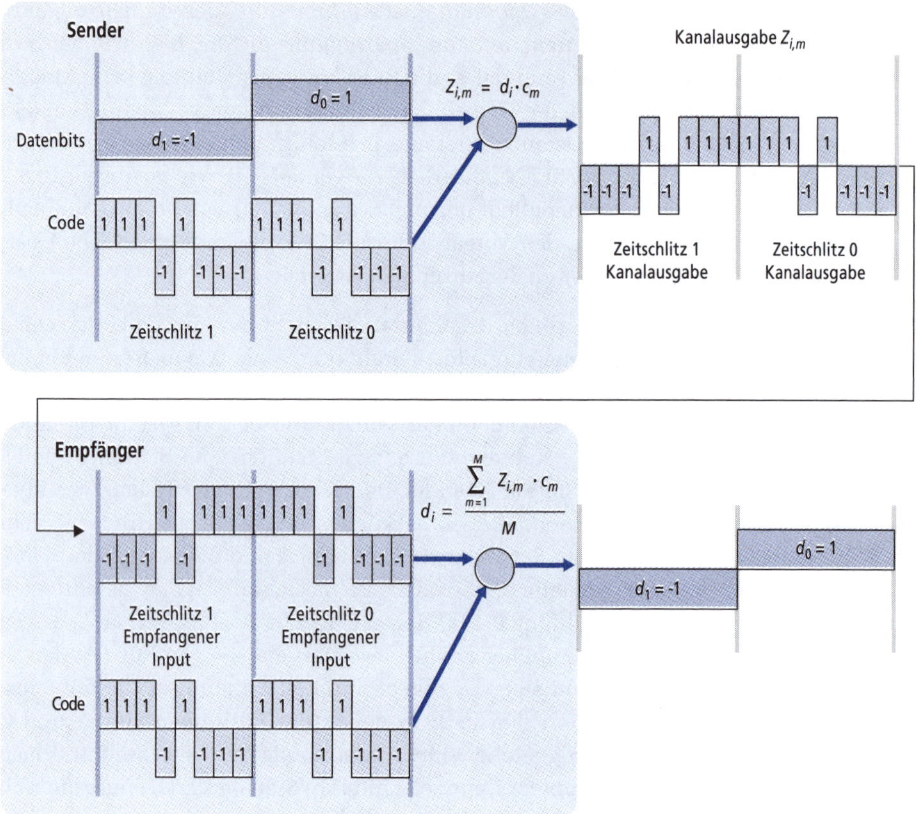

Abbildung 6.5: Ein einfaches CDMA-Beispiel – der Sender codiert, der Empfänger decodiert

▶Abbildung 6.5 stellt ein einfaches und idealisiertes CDMA-Codierungs-/Decodierungsszenario dar. Nehmen wir an, dass die Geschwindigkeit, mit der die ursprünglichen Datenbits den CDMA-Encoder erreichen, die Einheit festlegt, in der die Zeit abläuft. Das bedeutet, dass jedes der ursprünglich zu übertragenden Bits einen Zeitschlitz von einem Bit erfordern. Sei d_i der Wert des Datenbits im i-ten Schlitz. Aus Gründen der mathematischen Einfachheit stellen wir ein Datenbit mit dem Wert 0 als –1 dar. Jeder Schlitz für ein Bit wird weiter in M kleinere Schlitze unterteilt. In ▶Abbildung 6.5 ist $M = 8$, obwohl der Wert von M in der Praxis viel größer ist. Der vom Absender verwendete CDMA-Code besteht aus einer Folge von M Werten, c_m, $m = 1, \ldots, M$, die jeweils den Wert +1 oder –1 annehmen.

Im Beispiel aus ▶Abbildung 6.5 lautet der vom Sender verwendete M-Bit-CDMA-Code (1, 1, 1, –1, 1, –1, –1, –1).

Um zu erläutern, wie CDMA funktioniert, konzentrieren wir uns auf das i-te Datenbit, d_i. Im m-ten Teilschlitz der Bitübertragungszeit von d_i ist der Output des CDMA-Kodierers, $Z_{i,m}$, der Wert von d_i multipliziert mit dem m-ten Bit des zugewiesenen CDMA-Codes, c_m:

$$Z_{i,m} = d_i \cdot c_m \tag{6.1}$$

Wenn keine interferierenden Sender existieren, würde der Empfänger die codierten Bits $Z_{i,m}$ erhalten und das originale Datenbit d_i mithilfe der Formel:

$$d_i = \frac{1}{M} \sum_{m=1}^{M} Z_{i,m} \cdot c_m \tag{6.2}$$

wiederherstellen. Sie können die Details des Beispiels in ▶Abbildung 6.5 nachrechnen, um zu sehen, dass die ursprünglichen Datenbits beim Empfänger tatsächlich mithilfe von Gleichung 6.2 wiederhergestellt werden.

Die tatsächliche Welt ist weit von diesem Ideal entfernt und CDMA muss, wie oben erwähnt, in Gegenwart von störenden Sendern arbeiten, die ihre Daten mit einem anderen, ihnen zugewiesenen, Code kodieren und übertragen. Wie kann aber ein CDMA-Empfänger die ursprünglichen Datenbits eines Senders wiederherstellen, wenn diese mit Bits vermischt sind, die von anderen Sendern übertragen werden? CDMA geht davon aus, dass die störenden Signalbits additiv sind. Übertragen zum Beispiel drei Sender den Wert +1 und ein vierter überträgt im selben Teilschlitz den Wert –1, dann hat das bei allen Empfängern in diesem Teilschlitz eingehende Signal den Wert 2 (denn 1+1+1–1 = 2). In Gegenwart mehrerer Sender berechnet der Sender s seine codierten Übertragungen $Z^s_{i,m}$ auf genau dieselbe Weise wie in Gleichung 6.1. Der während des m-ten Teilschlitzes im i-ten Zeitschlitz von einem Empfänger empfangene Wert ist daher die *Summe* der in diesem Zeitraum von allen N Sendern übertragenen Bits:

$$Z^*_{i,m} = \sum_{s=1}^{N} Z^s_{i,m}$$

Werden die Codes der Absender sorgfältig gewählt, kann jeder Empfänger erstaunlicherweise die Daten eines gegebenen Senders aus dem Gesamtsignal gewinnen, indem er einfach den Code des Senders auf dieselbe Weise wie in Gleichung 6.2 auf das zusammengesetzte Signal anwendet:

$$d_i = \frac{1}{M} \sum_{m=1}^{M} Z^*_{i,m} \cdot c_m \tag{6.3}$$

Dies zeigt ▶Abbildung 6.6 für das Beispiel zweier CDMA-Sender. Der M-Bit-CDMA-Code, der vom oberen Sender benutzt wird, lautet (1, 1, 1, –1, 1, –1, –1, –1), während der vom unteren Sender eingesetzte CDMA-Code (1, –1, 1, 1, 1, –1, 1, 1) lautet. ▶Abbildung 6.6 stellt einen Empfänger dar, der die ursprünglichen Datenbits des oberen Senders wiederherstellt. Beachten Sie, dass der Empfänger in der Lage ist, die Daten von Sender 1 trotz der störenden Übertragung durch Sender 2 zu bestimmen.

Greifen wir die Analogie der Cocktailparty aus Kapitel 5 wieder auf. Dann entspricht ein CDMA-Protokoll einer Situation, in der auf der Party in mehreren Sprachen gesprochen wird. Unter solchen Umständen sind Menschen recht gut darin, den Dialog in

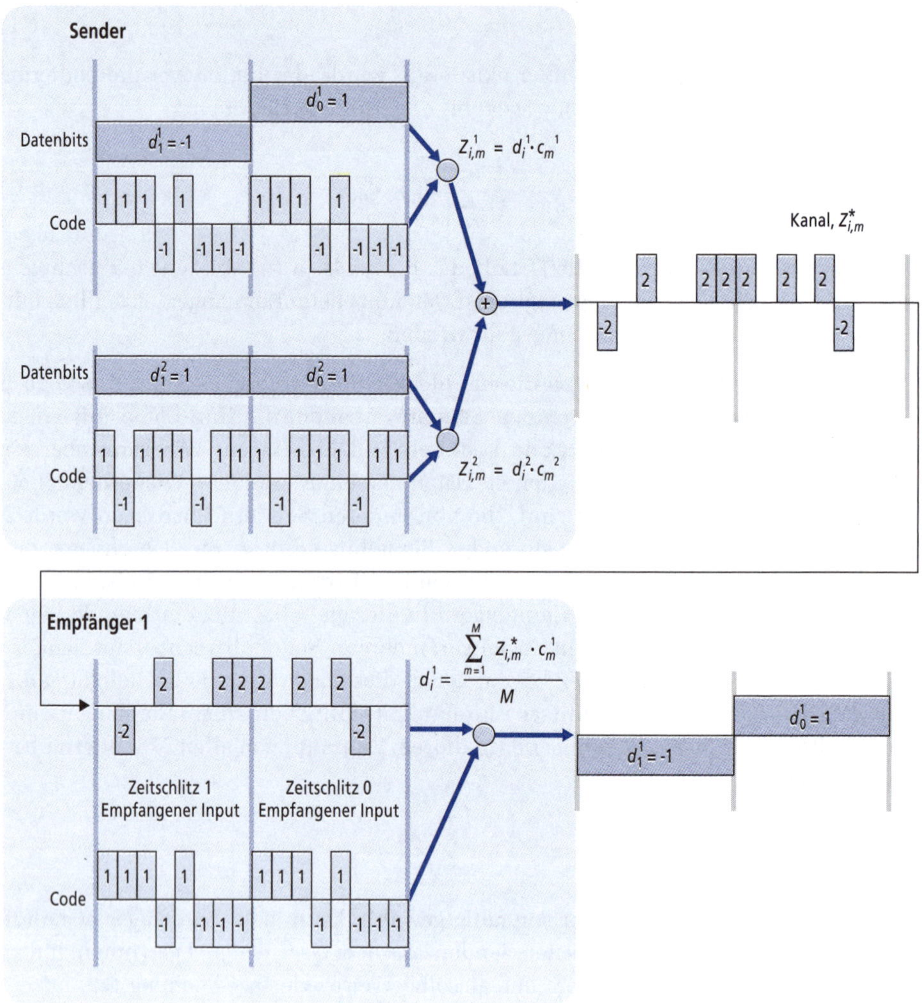

Abbildung 6.6: CDMA-Beispiel mit zwei Sendern

einer Sprache zu verfolgen, die sie verstehen, während sie die übrigen Gespräche ausfiltern. Wie wir hier sehen, ist CDMA ein Partitionierungsprotokoll, welches den Raum der zur Verfügung stehenden Codes (im Gegensatz zur Zeit oder zu Frequenzen) aufteilt und jedem Knoten einen bestimmten Teil des Coderaumes zuweist.

Unsere Diskussion von CDMA muss hier notwendigerweise kurz bleiben. In der Praxis stellen sich eine Reihe bedeutender Fragen. Zuerst müssen die CDMA-Codes sorgfältig gewählt werden, damit ein Empfänger in der Lage ist, das Signal eines bestimmten Absenders zu decodieren. Außerdem haben wir für unsere Diskussion angenommen, dass die Signalstärke der verschiedenen Sender die gleiche ist. In der Realität ist dies kaum zu erreichen. Es gibt einen beträchtlichen Literaturbestand zu diesen und anderen mit CDMA zusammenhängenden Themen; Details enthalten [Pickholtz 1982; Viterbi 1995].

6.3 WLAN: IEEE 802.11

Wireless LAN ist heute eine der wichtigsten Netzwerkzugangstechnologien für das Internet, die überall – an Arbeitsplätzen, in Wohnungen, an Bildungsstätten, in Cafés, in Flughäfen und sogar auf der Straße – anzutreffen ist. Obwohl im Laufe der 1990er Jahre viele Techniken und Standards für Wireless LAN entwickelt wurden, hat sich eine Gruppe von Standards eindeutig als der Gewinner durchgesetzt: **IEEE 802.11 Wireless LAN**, auch bekannt als **WLAN** oder **WiFi**. In diesem Abschnitt werfen wir einen genaueren Blick auf diesen Standard, wobei wir die Rahmenstruktur, das Medienzugriffsprotokoll und die Zusammenarbeit von 802.11 mit leitungsgebundenem Ethernet-LAN ins Auge fassen.

Es gibt mehrere 802.11-Standards für Wireless LAN, darunter 802.11b, 802.11a und 802.11g. ▶Tabelle 6.1 fasst ihre Hauptmerkmale zusammen. Während der Entstehung dieses Buches bieten die Hersteller von Access Points und LAN-Karten hauptsächlich 802.11g-Geräte an. Daneben sind eine Reihe von Dual-Standard- (802.11a/g) und Tri-Mode-Geräten (802.11a/b/g) verfügbar.

Die drei 802.11-Standards haben viele Gemeinsamkeiten. Sie verwenden alle dasselbe Medienzugriffsprotokoll, CSMA/CA, mit dem wir uns in Kürze befassen werden. Alle drei benutzen zudem dieselbe Struktur für die Rahmen ihrer Sicherungsschicht. Alle drei Standards sind in der Lage, ihre Übertragungsrate zu reduzieren, um so größere Entfernungen überbrücken zu können. Und alle drei Standards unterstützen sowohl den „Infrastrukturmodus" als auch den „Ad-hoc-Modus", welche wir ebenfalls in Kürze kennenlernen werden. Allerdings weisen die drei Standards, wie ▶Tabelle 6.1 zeigt, größere Unterschiede auf der Bitübertragungsschicht auf.

802.11b hat eine Übertragungsgeschwindigkeit von 11 Mbps und arbeitet im lizenzfreien Frequenzbereich zwischen 2,4 und 2,485 GHz. Dort konkurriert es mit 2,4-GHz-Telefonen und Mikrowellenherden. 802.11a erreicht bedeutend höhere Übertragungsraten, allerdings werden dafür höheren Frequenzen verwendet. In diesem Frequenzbereich werden für eine gegebene Leistung kürzere Übertragungsdistanzen erreicht und die Mehrwegeausbreitung wirkt sich stärker aus als bei niedrigeren Frequenzen. 802.11g arbeitet im selben (niedrigeren) Frequenzband wie 802.11b und ist zu 802.11b abwärtskompatibel (so dass ein Upgrade von 802.11b-Clients schrittweise erfolgen kann). 802.11g verfügt aber dennoch über die höheren Übertragungsraten von 802.11a.

Standard	Frequenzbereich	Übertragungsrate
802.11b	2,4–2,485 GHz	bis 11 Mbps
802.11a	5,1–5,8 GHz	bis 54 Mbps
802.11g	2,4–2,485 GHz	bis 54 Mbps

Tabelle 6.1: Zusammenfassung der IEEE 802.11-Standards

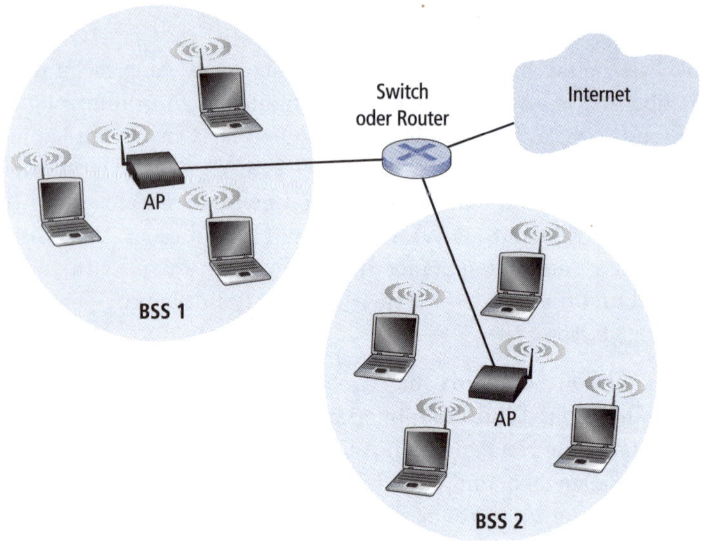

Abbildung 6.7: IEEE 802.11-LAN-Architektur

Ein neuer WLAN-Standard, 802.11n [IEEE 802.11n 2007], ist gerade im Entstehen. 802.11n benutzt Multiple-Input-Multiple-Output-Antennen (MIMO, *mehrfache Eingabe mehrfache Ausgabe*), d.h., sowohl auf der sendenden als auch auf der empfangenden Seite sind zwei oder mehr Antennen im Einsatz, die verschiedene Signale senden bzw. empfangen [Diggavi 2004]. Obwohl die Standardisierung noch nicht abgeschlossen ist, stehen bereits Prä-Standard-Produkte zur Verfügung. Erste Tests zeigen, dass in der Praxis ein Durchsatz von über 100 Mbps erreicht werden kann [Loh 2006]. Eine wichtige Frage im aktuellen Standardisierungsprozess ist, wie 802.11n-Geräte mit vorhandenen 802.11a/b/g-Geräten zusammenarbeiten können.

6.3.1 Die 802.11-Architektur

▶Abbildung 6.7 erläutert die wesentlichen Komponenten der 802.11 Wireless LAN-Architektur. Ihr Grundstein ist das **Basic Service Set (BSS)**. Ein BSS enthält eine oder mehrere drahtlose Stationen und eine zentrale **Basisstation**, die im Jargon von 802.11 als **Access Point (AP)** bezeichnet wird. Abbildung 6.7 zeigt die APs in zwei BSS, die an ein Verbindungselement (etwa einen Switch oder Router) angeschlossen sind, das wiederum ins Internet führt. In einem typischen Heimnetz gibt es einen AP und einen Router (die sich normalerweise zusammen in einem Gerät befinden); sie verbinden das BSS mit dem Internet.

Wie bei Ethernet-Geräten hat jede drahtlose 802.11-Station eine 6 Byte lange MAC-Adresse, die in der Firmware des Adapters der Station gespeichert ist (also in der 802.11-Netzwerkadapterkarte). Jeder AP hat auch eine MAC-Adresse für seine drahtlose Schnittstelle. Wie bei Ethernet werden diese Adressen von der IEEE verwaltet und sie sind (zumindest theoretisch) weltweit eindeutig.

Abbildung 6.8: Ein IEEE 802.11-Ad-hoc-Netzwerk

Wie in Abschnitt 6.1 erwähnt, werden drahtlose Netzwerke, die einen AP bereitstellen, oft als **Infrastruktur-Wireless-LAN** bezeichnet, wobei sich das „Infrastruktur" auf die Kombination aus AP und der leitungsgebundenen Ethernet-Infrastruktur bezieht, welche die APs mit Routern verbinden. ▶Abbildung 6.8 zeigt, dass IEEE 802.11-Stationen sich auch ohne AP zu einer Gruppe zusammenschließen und dadurch ein Ad-hoc-Netz bilden können – ein Netzwerk ohne zentrale Steuerung und ohne Verbindung zur „Außenwelt". Hier wird das Netzwerk spontan von mobilen Geräten gebildet, die sich in Funkreichweite zueinander befinden, ein Kommunikationsbedürfnis haben und an ihrem Standort keine bereits existierende Netzwerkinfrastruktur finden. Ein Ad-hoc-Netz könnte aufgebaut werden, wenn Menschen mit ihren Laptops zusammenkommen (zum Beispiel in einem Konferenzraum, einem Zug oder einem Wagen) und Daten in Abwesenheit eines zentralen AP austauschen wollen. Da die Zahl kommunikationsfähiger tragbarer Geräte weiterhin zunimmt, ist das Interesse an Ad-hoc-Netzwerken ungeheuer groß. In diesem Abschnitt richten wir unsere Aufmerksamkeit jedoch auf Infrastruktur-Wireless-LAN.

Kanäle und Einbuchen

Unter 802.11 muss sich jede drahtlose Station an einem AP einbuchen, bevor sie Daten der Netzwerkschicht senden oder empfangen kann. Wir diskutieren dies beispielhaft für IEEE 802.11b /g.

Installiert ein Netzadministrator einen AP, weist er diesem einen aus ein oder zwei Worten bestehenden **Service Set Identifier** (**SSID**) zu. (Öffnen Sie beispielsweise unter Microsoft Windows XP den Menüpunkt „Verfügbare Netzwerke anzeigen", wird eine Liste der SSIDs aller APs in der Umgebung angezeigt.) Der Verwalter muss dem AP zudem eine Kanalnummer zuweisen. Die Bedeutung der Kanalnummern verstehen wir, wenn wir uns in Erinnerung rufen, dass 802.11 im Frequenzbereich von 2,4 GHz bis 2,485 GHz arbeitet. Innerhalb dieses 85 MHz-Bandes definiert 802.11 elf sich teilweise überlappende Kanäle. Zwei Kanäle überlappen nicht, solange ihr Abstand vier oder mehr Kanäle beträgt. Insbesondere sind die Kanäle 1, 6 und 11 die einzige Gruppe aus drei nichtüberlappenden Kanälen. Das bedeutet, dass ein Administrator ein Wireless LAN mit einer gesamten Maximalübertragungsrate von 33 Mbps aufbauen kann, indem er am selben Standort drei 802.11b-APs installiert, diesen die Kanäle 1, 6 und 11 zuweist und jeden AP mit einem Switch verbindet.

Nachdem wir nun ein Grundverständnis von 802.11-Kanälen gewonnen haben, wollen wir eine interessante (und gar nicht so ungewöhnliche) Situation beschreiben – nämlich einen **WLAN-Dschungel**. Dies ist jeder physikalische Ort, an dem eine drahtlose Station ein hinreichend starkes Signal von zwei oder mehr APs empfängt. Beispielsweise kann eine drahtlose Station in vielen Berliner Cafés ein Signal von zahlreichen nahe gelegenen APs empfangen. Einer der APs könnte vom Café betrieben werden, während sich die anderen APs in Wohnungen in der Nähe des Cafés befinden. Jeder davon gehört wahrscheinlich zu einem anderen IP-Subnetz und ihm ist, unabhängig von den anderen, ein Kanal zugewiesen worden.

Nehmen Sie nun an, dass Sie mit Ihrem tragbaren Computer einen solchen WLAN-Dschungel betreten und nicht nur ein Heidelbeertörtchen, sondern auch einen drahtlosen Internetnetzwerkzugang suchen. In diesem WLAN-Dschungel seien fünf APs vorhanden. Für einen Zugang zum Internet muss sich Ihre drahtlose Station in genau eines dieser Subnetze einbuchen. Dies nennt man auch „assoziieren“. **Assoziieren** bedeutet, dass die drahtlose Station ein virtuelles Kabel zwischen sich und dem AP verlegt. Das bedeutet insbesondere, dass nur der assoziierte AP Datenrahmen (das heißt jene Rahmen, die Daten wie z. B. ein Datagramm enthalten) an Ihre drahtlose Station sendet. Ihre drahtlose Station wiederum sendet Datenrahmen nur über den assoziierten AP ins Internet. Aber wie assoziiert sich Ihre drahtlose Station mit einem bestimmten AP? Und, was viel wesentlicher ist, woher weiß Ihre Station, welche APs sich dort draußen im Dschungel befinden?

Der 802.11-Standard verlangt, dass ein AP periodisch **Beacon-Rahmen** *(Leuchtfeuer)* sendet, welche die SSID und die MAC-Adresse des AP enthalten. Eine drahtlose Station scannt die elf Kanäle und sucht nach Beacon-Rahmen von APs (einige von ihnen senden vielleicht sogar auf demselben Kanal – es herrscht eben ein Dschungel dort draußen!). Nachdem die verfügbaren APs aufgrund der Beacon-Rahmen bekannt sind, wählen Sie (oder Ihr drahtloser Host) einen der APs zur Assoziation aus.

Der 802.11-Standard gibt keinen Algorithmus vor, mit dem einer der verfügbaren APs ausgewählt werden soll. Das bleibt den Entwicklern der 802.11-Firmware und -Software Ihres drahtlosen Hosts überlassen. Üblicherweise wählt der Host den AP, dessen Beacon-Rahmen mit der höchsten Signalstärke empfangen wird. Obwohl eine hohe Signalstärke vorteilhaft ist (z. B. Abbildung 6.3), ist sie nicht das einzige AP-Merkmal, das die Leistung bestimmt, die ein Host erhält. Möglicherweise hat zwar der ausgewählte AP ein starkes Signal, er könnte aber mit anderen zugeordneten Hosts überlastet sein (weil sich all diese Hosts die Funkbandbreite dieses AP teilen müssen), während ein nicht belasteter AP wegen eines geringfügig schwächeren Signals nicht ausgewählt wird. Deswegen wurden in letzter Zeit eine Reihe von alternativen Methoden zur Auswahl von APs vorgeschlagen [Vasudevan 2005; Nicholson 2006; Sudaresan

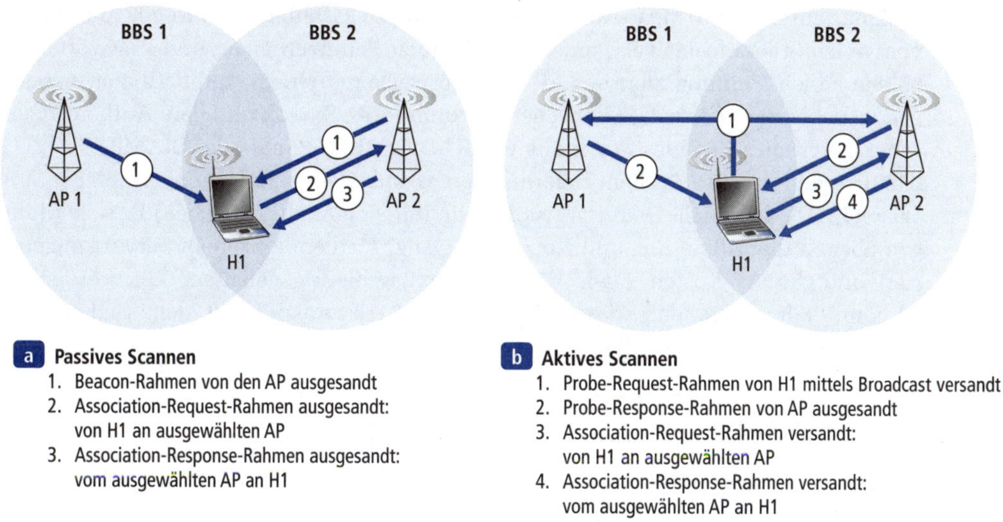

Abbildung 6.9: Aktives und passives Scannen nach Access Points

2006]. Eine interessante und leicht verständliche Diskussion zur Messung der Signalstärke enthält [Bardwell 2007].

Der Prozess, mit dem Kanäle gescannt und nach Beacon-Rahmen gesucht wird, ist als **passives Scannen** bekannt (Abbildung 6.9 (a)). Ein drahtloser Host kann zudem auch **aktives Scannen** durchführen, indem ein sogenannter Probe-Request-Rahmen mittels Broadcast ausgesendet wird, der von allen APs in Reichweite des Hosts empfangen wird. Dies ist in Abbildung 6.9 (b) dargestellt. Die APs antworten auf die Suchanfrage mit einem Probe-Response-Rahmen. Der drahtlose Host kann dann unter den antwortenden APs denjenigen auswählen, mit dem er sich assoziieren will.

Nachdem er den AP ausgewählt hat, sendet der Host einen Association-Request-Rahmen an den AP, der mit einem Association-Response-Rahmen antwortet. Beachten Sie, dass dieser zweite Request-/Reply-Handshake beim aktiven Scannen notwendig ist, weil ein AP, der auf den ursprünglichen Probe-Request-Rahmen antwortet, nicht weiß, mit welchem der (möglicherweise zahlreichen) antwortenden APs sich der Host letztlich assoziieren wird. Dies ähnelt der Wahlfreiheit, die ein DHCP-Client bei mehreren DHCP-Servern hat (Abbildung 4.21). Sobald er mit einem AP assoziiert ist, wird der Host dem Subnetz beitreten wollen (im Sinne der IP-Adressierung aus Abschnitt 4.4.2), zu dem der AP gehört. Daher sendet der Host normalerweise eine DHCP-Discovery-Nachricht (Abbildung 4.21) über den AP ins Subnetz, um eine IP-Adresse des Subnetzes zu erhalten. Liegt diese Adresse schließlich vor, betrachtet der Rest der Welt diesen Host einfach als einen weiteren Host mit einer IP-Adresse in diesem Subnetz.

Um eine Assoziation mit einem bestimmten AP herzustellen, sollte es der drahtlosen Station möglich sein, sich gegenüber dem AP zu authentifizieren. 802.11 Wireless LANs bieten für Authentifizierung und Netzwerkzugriff eine Reihe von Alternativen. Ein von vielen Firmen verwendeter Ansatz besteht darin, den Zugriff auf ein Mobilfunknetz auf Basis der MAC-Adresse einer Station zu gestatten. Ein zweiter Ansatz, der von vielen Internetcafés verwendet wird, benutzt Benutzernamen und Passwörter. In beiden Fällen kommuniziert der AP normalerweise mit einem Authentifizierungsserver, wobei er die Information zwischen der drahtlosen Station und dem Authentifizierungsserver mithilfe eines Protokolls wie RADIUS [RFC 2865] oder DIAMETER [RFC 3588] vermittelt. Sind Authentifizierungsserver und AP getrennt, kann ein solcher Server viele APs betreuen. Dadurch werden die (oft sicherheitskritischen) Entscheidungen über Authentifizierung und Netzwerkzugang in einem einzelnen Server konzentriert und die AP-Kosten sowie die Komplexität niedrig gehalten. Wir werden in Abschnitt 8.8 sehen, dass das neue IEEE-802.11i-Protokoll, mit dem Sicherheitsaspekte des 802.11-Protokolls definiert werden, genau diesen Ansatz wählt.

6.3.2 Das MAC-Protokoll von IEEE 802.11

Ist eine drahtlose Station einmal mit einem AP assoziiert, kann sie damit beginnen, Datenrahmen zum und vom Access Point zu senden und zu erhalten. Weil aber möglicherweise mehrere Stationen zur gleichen Zeit Datenrahmen über denselben Kanal senden wollen, wird ein Medienzugriffsprotokoll benötigt, um die Übertragungen zu koordinieren. Dies betrifft den Medienzugriff von Stationen ebenso wie den Medienzugriff von APs. Wie in Kapitel 5 und Abschnitt 6.2.1 diskutiert, gibt es, allgemein ausgedrückt, drei Klassen von Medienzugriffsprotokollen: Kanalpartitionierung (einschließlich CDMA), wahlfreier Zugriff und abwechselnder Zugriff. Inspiriert durch den riesigen Erfolg von Ethernet mit seinem wahlfreien Medienzugriffsprotokoll, haben sich die Entwickler von 802.11 ebenfalls für ein Protokoll mit wahlfreiem Mehrfachzugriff entschieden. Dieses wird als **CSMA mit Kollisionsvermeidung** (collision avoidance) oder kurz als **CSMA/CA** bezeichnet. Wie bei Ethernets CSMA/CD steht das „CSMA" in CSMA/CA für „Carrier Sense Multiple Access". Es bedeutet, dass jede Station den Kanal vor dem Senden überprüft und von einer Übermittlung absieht, wenn er als belegt erkannt wird. Obwohl sowohl Ethernet als auch 802.11 Carrier Sense Multiple Access verwenden, weisen die beiden MAC-Protokolle wichtige Unterschiede auf.

Erstens verwendet 802.11 statt Kollisionserkennung Techniken zur Kollisionsvermeidung. Zweitens verwendet 802.11 (anders als Ethernet) wegen der relativ hohen Bitfehlerraten von Funkkanälen Bestätigungen und Übertragungswiederholungen für die zuverlässige Übertragung auf der Sicherungsschicht. Wir werden die Techniken für Kollisionsvermeidung und zuverlässige Übertragung von 802.11 weiter unten beschreiben.

In den Abschnitten 5.3 und 5.5 haben wir erwähnt, dass für den Kollisionserkennungs-Algorithmus von Ethernet eine Ethernet-Station den Kanal abhört, während sie sendet. Erkennt sie während der Übertragung, dass eine andere Station ebenfalls sendet, bricht sie ab und versucht erst nach einem kleinen, zufälligen Zeitintervall, die Übertragung wieder aufzunehmen. Anders als das 802.3-Ethernet-Protokoll implementiert das 802.11-MAC-Protokoll *keine* Kollisionserkennung. Dafür gibt es zwei wichtige Gründe:

- Die Fähigkeit, Kollisionen zu erkennen, verlangt die Fähigkeit, gleichzeitig zu senden (das eigene Signal der Station) und zu empfangen (um zu bestimmen, ob eine andere Station ebenfalls sendet). Die Stärke des Empfangssignals ist normalerweise sehr gering im Vergleich zur Stärke des gesendeten Signals am 802.11-Adapter. Deshalb ist Hardware, die eine Kollision erkennen kann, teuer.
- Viel wichtiger noch: Selbst wenn der Adapter gleichzeitig übertragen und empfangen könnte (und vermutlich den Transfer abbrechen würde, wenn er einen belegten Kanal erkennt), wäre der Adapter aufgrund des Hidden-Terminal-Problems und des Fading (wie in Abschnitt 6.2 erörtert) immer noch nicht in der Lage, alle Kollisionen wahrzunehmen.

Weil 802.11 Wireless LAN keine Kollisionserkennung benutzt, *überträgt* eine Station, sobald sie mit dem Senden eines Rahmens begonnen hat, *den vollständigen Rahmen*. Das bedeutet, dass es kein Zurück gibt, wenn eine Station erst einmal losgelegt hat. Wie man erwarten würde, senkt die Übertragung kompletter Rahmen (insbesondere langer Rahmen) beim Auftreten von Kollisionen bedeutend die Leistung eines Medienzugriffsprotokolls. Um die Wahrscheinlichkeit von Kollisionen zu reduzieren, verwendet 802.11 mehrere Kollisionsvermeidungstechniken, die wir bald erörtern werden.

Bevor wir jedoch damit beginnen, müssen wir zuerst das Schema untersuchen, mit dem 802.11 eine zuverlässige Übertragung auf der Sicherungsschicht realisiert. Wir haben in Abschnitt 6.2 erwähnt, dass, wenn eine Station in einem Wireless LAN einen Rahmen sendet, dieser aus vielerlei Gründen nicht sein Ziel erreichen kann. Um mit dieser hohen Wahrscheinlichkeit eines Fehlers umzugehen, benutzt das 802.11-MAC-Protokoll Acknowledgments auf der Sicherungsschicht. Erhält die Zielstation einen Rahmen, der die CRC-Prüfung besteht, wartet sie, wie in ▶ Abbildung 6.10 zu erkennen, einen kurzen Zeitraum ab, der als **Short Inter-Frame Spacing (SIFS)** bekannt ist. Danach sendet sie einen Acknowledgment-Rahmen zurück. Trifft nach einem vorgegebenen Zeitraum kein Acknowledgment bei der sendenden Station ein, nimmt diese an, dass ein Fehler aufgetreten ist, und überträgt den Rahmen nochmals, wobei sie wieder das CSMA/CA-Protokoll verwendet, um auf den Kanal zuzugreifen. Wird auch nach einer festen Zahl von Übertragungswiederholungen kein Acknowledgment empfangen, gibt die sendende Station auf und löscht den Rahmen.

Mit diesem Wissen sind wir nun in der Lage, das CSMA/CA-Protokoll von 802.11 zu beschreiben. Nehmen Sie an, dass bei einer Station (einer drahtlosen Station oder einem AP) ein Rahmen zur Übertragung ansteht.

1. Wenn die Station nach anfänglicher Prüfung den Kanal als frei erkennt, sendet sie nach einem kurzen Zeitraum, dem **Distributed Inter-Frame Spacing (DIFS)**, ihren Rahmen – Abbildung 6.10.
2. Andernfalls wählt die Station einen zufälligen Backoff-Wert und zählt diesen Wert herunter, sobald der Kanal als frei erkannt wird. Solange der Kanal mit anderen Übertragungen belegt ist, bleibt der Zählerwert eingefroren.

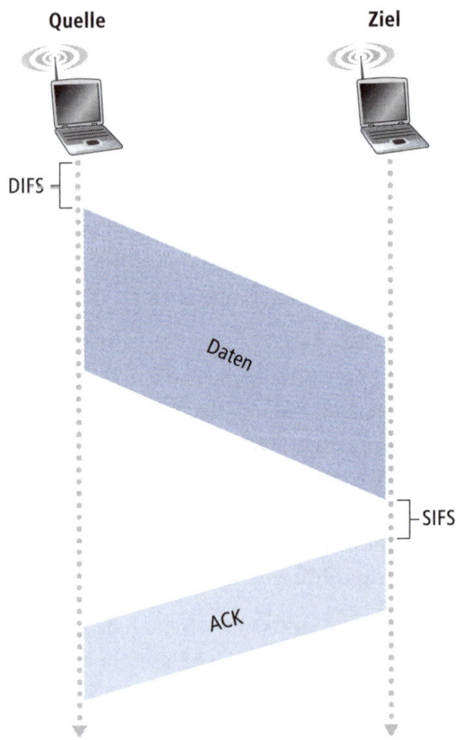

Abbildung 6.10: 802.11 benutzt Acknowledgments auf der Sicherungsschicht

3. Wenn der Zähler null erreicht (beachten Sie, dass dies nur eintreten kann, wenn der Kanal frei ist), überträgt die Station den gesamten Rahmen und wartet dann auf ein Acknowledgment.

4. Wird ein Acknowledgment empfangen, weiß die Sendestation, dass ihr Rahmen korrekt am Ziel eingetroffen ist. Hat die Station einen weiteren Rahmen zu übertragen, beginnt sie das CSMA/CA-Protokoll bei Stufe 2. Wird das Acknowledgment nicht empfangen, tritt die Sendestation bei Schritt 2 erneut in die Backoff-Phase ein, wobei der Zufallswert aus einem größeren Intervall gezogen wird.

Wir haben bereits erwähnt, dass unter Ethernets CSMA/CD-Medienzugriffsprotokoll (Abschnitt 5.5.2) eine Station mit der Übertragung beginnt, sobald der Kanal als frei erkannt wird. Unter CSMA/CA sendet die Station jedoch nicht, während sie noch herunterzählt, auch dann, wenn die Prüfung ergeben hat, dass der Kanal frei ist. Warum verwenden CSMA/CD und CDMA/CA hier so verschiedene Ansätze?

Um diese Frage zu beantworten, nehmen wir ein Szenario an, in dem bei zwei Stationen ein Datenrahmen zur Übertragung ansteht. Keine dieser Stationen sendet sofort, weil jede erkennt, dass eine dritte Station bereits sendet. Unter Ethernets CSMA/CD würden die beiden Stationen mit dem Senden beginnen, sobald sie wahrnehmen, dass die dritte Station mit ihrer Übertragung fertig geworden ist. Dies würde eine Kollision verursachen, die unter CSMA/CD unproblematisch ist, da beide Stationen ihre Transfers abbrechen und so das Senden der unbrauchbaren Reste ihrer Rahmen vermeiden würden. Unter 802.11 ist die Situation jedoch deutlich anders. Weil 802.11 keine Kollisionen erkennen kann und die Übertragungen nicht abbricht, wird ein Rahmen, der in eine Kollision verwickelt ist, vollständig gesendet. Das Ziel von 802.11 ist daher, Kollisionen wann immer möglich zu vermeiden. Erkennen unter 802.11 die beiden Stationen, dass der Kanal belegt ist, beginnen sie beide sofort mit der zufälligen Backoff-Phase und wählen hoffentlich unterschiedliche Backoff-Werte. Sind diese Werte tatsächlich verschieden, beginnt eine der beiden Stationen vor der anderen zu senden, sobald der Kanal frei wird. Außerdem (sofern das Hidden-Terminal-Problem nicht auftritt) erkennt die „unterlegene Station" das Signal der „Gewinner-Station", friert ihren Zähler ein und unterlässt das Senden bis zum Ende der Übertragung. Auf diese Weise wird eine kostspielige Kollision vermieden. Natürlich können in diesem Szenario auch unter 802.11 immer noch Kollisionen auftreten: Das Hidden-Terminal-Problem könnte auftreten oder die beiden Stationen könnten ihre zufälligen Backoff-Werte so ähnlich wählen, dass die Übertragung der zuerst beginnenden Station die zweite Station nicht rechtzeitig erreicht.

Der Umgang mit dem Hidden-Terminal Problem: RTS und CTS

Das 802.11 MAC-Protokoll enthält auch ein elegantes (aber optionales) Reservierungsschema, das selbst beim Auftreten des Hidden-Terminal-Problems hilft, Kollisionen zu vermeiden. Betrachten wir dieses Schema im Kontext von ▶ Abbildung 6.11, die zwei drahtlose Stationen und einen Access Point zeigt. Beide Stationen sind innerhalb der Reichweite des AP (die als schattierter Kreis dargestellt wird) und beide sind mit dem AP assoziiert. Allerdings sind aufgrund von Fading die Signalreichweiten der drahtlosen Stationen auf das Innere der in Abbildung 6.11 schattierten Kreise beschränkt. Dadurch bleibt jede vor der anderen verborgen, obwohl der AP beide empfangen kann.

Betrachten wir nun, warum verdeckte Terminals Probleme bereiten können. Nehmen Sie an, Station H1 überträgt einen Rahmen und mitten in diesem Transfer will Station H2 ebenfalls einen Rahmen an den AP senden. H2, welche die Übertragung von H1 nicht wahrnimmt, wartet zuerst ein DIFS-Intervall lang und sendet dann den Rahmen, was zu einer Kollision führt. Der Kanal wird deshalb sowohl während der kompletten Dauer der Übertragung von H1 als auch während des Transfers durch H2 belegt.

Um dieses Problem zu vermeiden, ermöglicht das IEEE-802.11-Protokoll es einer Station mittels zweier kurzer Kontrollrahmen, nämlich **Request-To-Send** (**RTS**, *Sendeanforderung*) und **Clear-to-Send** (**CTS**, *Sendeerlaubnis*), den Zugriff auf den Kanal zu *reservieren*. Möchte ein Sender einen Daten-Rahmen übertragen, kann er zuerst einen RTS-Rahmen an den AP schicken, der die Gesamtzeit enthält, die für das Übertragen des Daten-Rahmens und des Acknowledgment-Rahmens (ACK) benötigt wird. Erhält der AP den RTS-Rahmen, antwortet er durch Senden eines CTS-Rahmens. Dieser dient zweierlei Zwecken: Er gibt dem Sender die ausdrückliche Erlaubnis, mit dem Senden zu beginnen, und weist die anderen Stationen an, während des reservierten Zeitraumes keine Übertragungen durchzuführen.

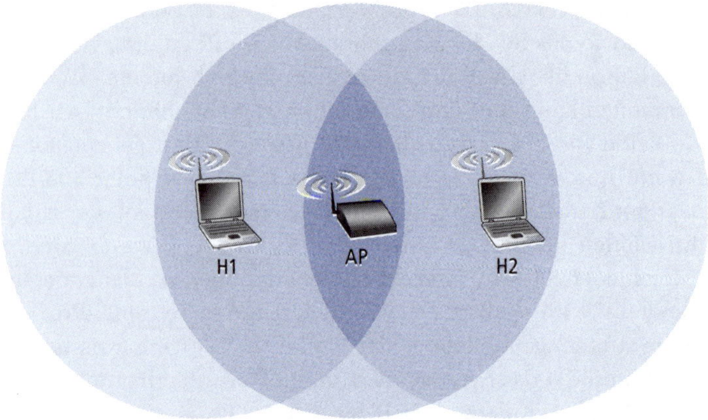

Abbildung 6.11: Beispiel für das Hidden-Terminal-Problem: H1 ist für H2 nicht zu erkennen und umgekehrt

Wie in ▶Abbildung 6.12 gezeigt, sendet H1 vor dem Übertragen seines Daten-Rahmens zuerst einen RTS-Rahmen mittels Broadcast, der von allen Stationen in seiner Reichweite sowie dem AP wahrgenommen wird. Der AP antwortet dann mit einem CTS-Rahmen, der von allen Stationen innerhalb seines Bereiches empfangen wird, also auch von H1 und H2. Station H2, die das CTS empfangen hat, unterlässt für den im CTS-Rahmen angegebenen Zeitraum die Übertragung. Die RTS-, CTS-, Daten- und ACK-Rahmen werden in Abbildung 6.12 gezeigt.

Die Verwendung der RTS- und CTS-Rahmen kann die Leistung auf zwei wesentliche Arten verbessern:

- Das Hidden-Terminal-Problem wird verringert, da ein langer Daten-Rahmen nur gesendet wird, nachdem der Kanal reserviert worden ist.
- Weil die RTS- und CTS-Rahmen kurz sind, dauert eine Kollision, an der einer dieser Rahmen beteiligt ist, nur die Dauer dieser kurzen Rahmen. Sind RTS- und CTS-Rahmen erst einmal korrekt übertragen, sollten die folgenden Daten- und ACK-Rahmen ohne Kollisionen gesendet werden können.

Weblink

Wir möchten Sie dazu ermuntern, das 802.11-Applet auf der Website dieses Lehrbuches auszuführen. Dieses interaktive Applet illustriert das CSMA/CA-Protokoll, einschließlich der Verwendung von RTS und CTS.

Obwohl der RTS/CTS-Mechanismus dabei helfen kann, Kollisionen zu reduzieren, führt er doch zu Verzögerungen und verbraucht Kanalressourcen. Aus diesem Grund wird der RTS/CTS-Austausch nur eingesetzt, um den Kanal für die Übertragung von langen Datenrahmen zu reservieren. In der Praxis kann jede drahtlose Station einen RTS-Schwellwert festlegen, so dass RTS/CTS nur zum Einsatz kommt, wenn der Rahmen länger ist, als durch den Schwellwert angegeben. Bei vielen drahtlosen Stationen ist der Standard-RTS-Schwellwert größer als die maximale Rahmenlänge, so dass die RTS/CTS-Sequenz für alle gesendeten Datenrahmen weggelassen wird.

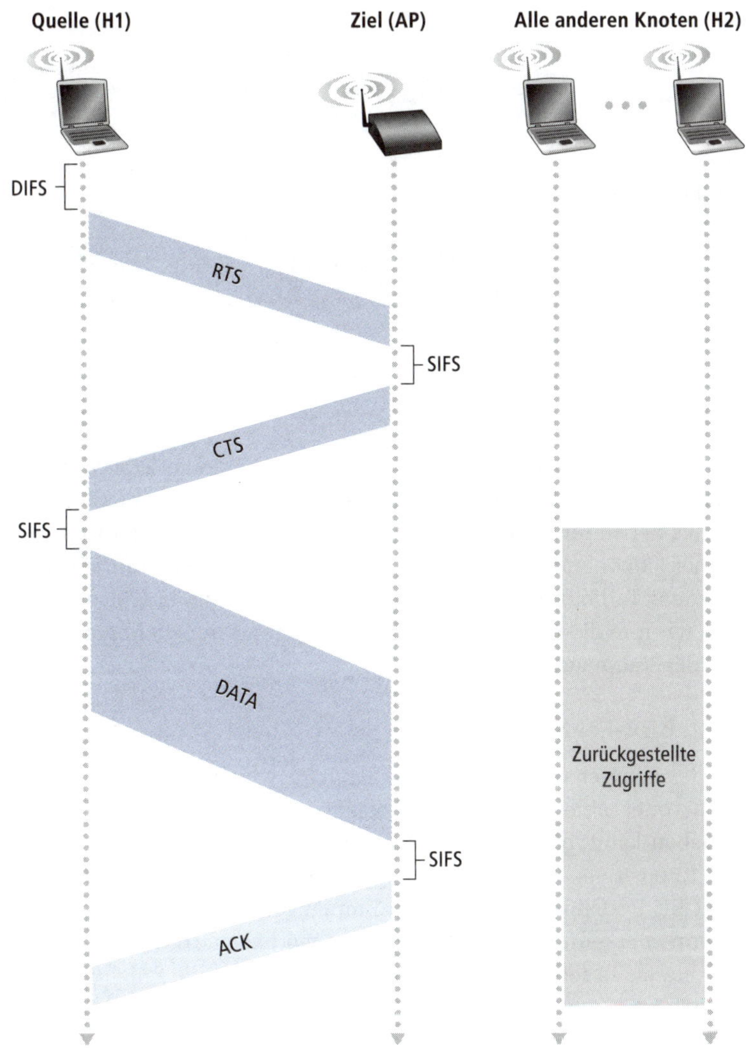

Abbildung 6.12: Kollisionsvermeidung unter Verwendung von RTS- und CTS-Rahmen

802.11 als Punkt-zu-Punkt-Link

Bisher haben wir 802.11 in Hinblick auf Mehrfachzugriff diskutiert. Wir sollten erwähnen, dass zwei Knoten mit Richtantennen diese aufeinander richten können und dadurch das 802.11-Protokoll im Grunde genommen über einen Punkt-zu-Punkt-Link ausführen. Aufgrund der geringen Kosten massenhaft hergestellter 802.11-Hardware ermöglichen die Verwendung von Richtantennen und eine erhöhte Sendeleistung, dass 802.11 als preisgünstige Methode für drahtlose Punkt-zu-Punkt-Verbindungen über Dutzende Kilometer Entfernung eingesetzt wird. [Raman 2007] beschreibt ein derartiges Multi-Hop-Netzwerk im ländlichen Raum der Ganges-Ebenen in Indien, das Punkt-zu-Punkt-802.11-Links enthält.

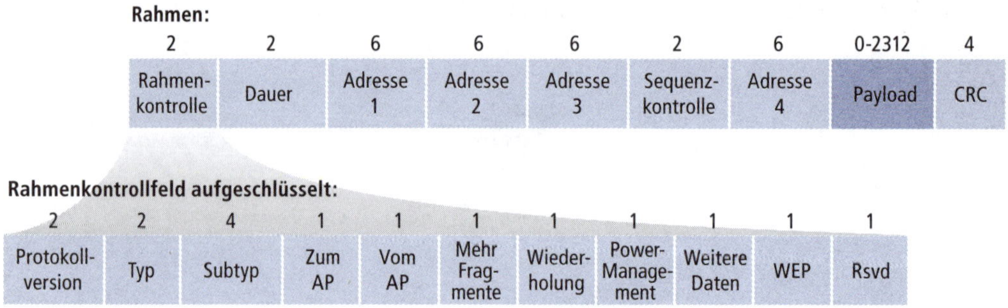

Abbildung 6.13: Der 802.11-Rahmen

6.3.3 Der IEEE 802.11-Rahmen

Obwohl der 802.11-Rahmen viele Ähnlichkeiten mit einem Ethernet-Rahmen aufweist, enthält er doch auch eine Reihe von Feldern, die von seiner Verwendung für drahtlose Links herrühren. Der 802.11-Rahmen ist in ▶ Abbildung 6.13 dargestellt. Die Nummern über jedem Feld des Rahmens stellen die Feldlängen in *Byte* dar. Die Nummern über jedem Teilfeld im Rahmenkontrollfeld geben deren Längen in *Bit* wieder. Untersuchen wir nun die Felder im Rahmen sowie einige der wichtigeren Teilfelder im Kontrollfeld des Rahmens.

Payload- und CRC-Felder

Im Zentrum des Rahmens befindet sich der Payload, welcher normalerweise aus einem IP-Datagramm oder einem ARP-Paket besteht. Obwohl das Feld eine Länge von 2.312 Byte haben kann, beträgt seine Länge, wenn es diese Nutzlasten enthält, meist weniger als 1.500 Byte. Wie bei Ethernet-Rahmen enthält der 802.11-Rahmen eine 32 Bit lange CRC-Prüfsumme, so dass der Empfänger Bitfehler in dem bei ihm eingetroffenen Rahmen erkennen kann. Wie wir gesehen haben, treten Bitfehler bei WLAN viel häufiger auf als in leitungsgebundenen LANs, so dass die Prüfsumme hier besonders wichtig ist.

Adressfelder

Die vielleicht größte Besonderheit im 802.11-Rahmen besteht darin, dass er *vier* Adressfelder besitzt, die jeweils eine 6 Byte lange MAC-Adresse enthalten können. Aber warum vier Adressfelder? Wären ein Quell-MAC-Feld und ein Ziel-MAC-Feld, wie bei Ethernet, nicht ausreichend? Wie sich zeigt, sind drei Adressfelder insbesondere für die Verbindung von drahtlosen und drahtgebundenen Netzwerken notwendig – etwa für das Transportieren eines Datagramms der Netzwerkschicht von einer drahtlosen Station über einen AP zu einer Routerschnittstelle. Das vierte Adressfeld wird benötigt, wenn APs einander Rahmen im Ad-hoc-Modus weiterleiten. Da wir hier nur Infrastrukturnetzwerke betrachten, wollen wir uns auf die ersten drei Adressfelder konzentrieren. Der 802.11-Standard definiert diese Felder wie folgt:

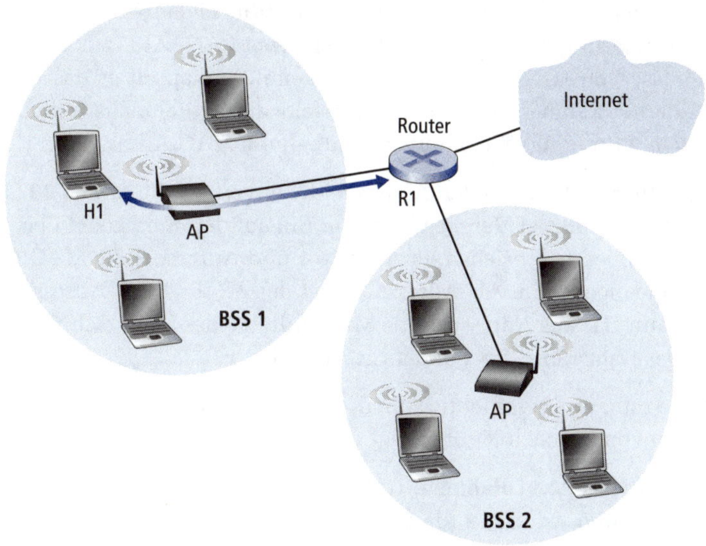

Abbildung 6.14: Einsatz der Adressfelder in 802.11-Rahmen: Versand von Rahmen zwischen H1 und R1

- Adresse 2 ist die MAC-Adresse der Station, die den Rahmen überträgt. Sendet also eine drahtlose Station den Rahmen, wird die MAC-Adresse dieser Station hier eingefügt. Sendet ein AP den Rahmen, wird dessen MAC-Adresse in Adresse 2 eingefügt.
- Adresse 1 ist die MAC-Adresse der drahtlosen Station, die den Rahmen erhalten soll. Sendet also eine mobile drahtlose Station den Rahmen, befindet sich in Adresse 1 die MAC-Adresse des Ziel-AP. Sendet ein AP den Rahmen, enthält Adresse 1 die MAC-Adresse der drahtlosen Station, die das Ziel ist.
- Wie erwähnt ist das BSS (das aus dem AP und den drahtlosen Stationen besteht) Teil eines Subnetzes, das über eine Routerschnittstelle mit anderen Subnetzen verbunden ist. Dies hilft uns beim Verständnis von Adresse 3, welche die MAC-Adresse eines Kommunikationspartners im drahtgebundenen Teil des Subnetzes enthält, also zum Beispiel die dieser Routerschnittstelle.

Um weitere Einblicke in den Zweck von Adresse 3 zu gewinnen, betrachten wir Schritt für Schritt ein Beispiel, das von ▶Abbildung 6.14 vorgegeben wird. In dieser Abbildung gibt es zwei APs, von denen jeder für eine Reihe von drahtlosen Stationen verantwortlich ist. Jeder AP hat eine direkte Verbindung zu einem Router, der wiederum mit dem Internet verbunden ist. Wir sollten nicht vergessen, dass ein AP ein Gerät der Sicherungsschicht ist und daher weder IP „spricht" noch IP-Adressen versteht. Nun wollen wir ein Datagramm von der Routerschnittstelle R1 an die drahtlose Station H1 übertragen. Der Router weiß nicht, dass sich zwischen ihm und H1 ein AP befindet. Aus der Perspektive des Routers ist H1 nur ein Host in einem der Subnetze, mit dem er (der Router) verbunden ist.

- Der Router, der die IP-Adresse von H1 kennt (die Zieladresse des Datagramms!), verwendet, wie in einem gewöhnlichen Ethernet-LAN, ARP zur Bestimmung der MAC-Adresse von H1. Nachdem er diese kennt, verkapselt er das Datagramm in einem Ethernet-Rahmen. Das Quelladressfeld dieses Rahmens enthält die MAC-Adresse von R1 und das Zieladressfeld enthält die MAC-Adresse von H1.
- Wenn der Ethernet-Rahmen den AP erreicht, konvertiert dieser den 802.3-Ethernet-Rahmen in einen 802.11-Rahmen, bevor er ihn auf den Funkkanal übermittelt. Der AP trägt, wie oben beschrieben, in Adresse 1 und Adresse 2 die MAC-Adresse von H1 und seine eigene ein. Als Adresse 3 trägt der AP die MAC-Adresse von R1 ein. Dadurch kann H1 (aus Adresse 3) die MAC-Adresse der Routerschnittstelle bestimmen, die das Datagramm ins Subnetz gesendet hat.

Betrachten Sie nun, was geschieht, wenn die drahtlose Station H1 antwortet, indem sie ein Datagramm von H1 nach R1 überträgt:

- H1 erstellt einen 802.11-Rahmen, wobei sie, wie oben beschrieben, in die Felder von Adresse 1 und Adresse 2 die MAC-Adressen des AP bzw. von H1 einträgt. Als Adresse 3 fügt H1 die MAC-Adresse von R1 ein.
- Erhält der AP den 802.11-Rahmen, konvertiert er den Rahmen in einen Ethernet-Rahmen. Das Quelladressfeld dieses Rahmens ist die MAC-Adresse von H1 und das Zieladressfeld ist die MAC-Adresse von R1. Dadurch ermöglicht es Adresse 3, dass der AP, wenn er den Ethernet-Rahmen erzeugt, die richtige MAC-Adresse des Zieles einträgt.

Zusammenfassend lässt sich sagen, dass Adresse 3 eine entscheidende Rolle bei der Verbindung von WLANs mit dem leitungsgebundenen Internet spielt.

Sequenznummern-, Übertragungsdauer- und Rahmenkontrollfeld

Wir haben erwähnt, dass unter 802.11 eine Station jedes Mal ein Acknowledgment zurückschickt, wenn sie einen Rahmen von einer anderen Station korrekt erhält. Weil Acknowledgments verloren gehen können, kann die empfangende Station mehrere Kopien eines gegebenen Rahmens erhalten. Wie wir in unserer Diskussion des `rdt2.1`-Protokolls erfahren haben (Abschnitt 3.4.1), erlaubt es die Verwendung von Sequenznummern dem Empfänger, zwischen einem frisch übertragenen Rahmen und der wiederholten Übertragung eines früheren Rahmens zu unterscheiden. Das Sequenznummerfeld des 802.11-Rahmens dient daher auf der Sicherungsschicht genau demselben Zweck wie auf der Transportschicht in Kapitel 3.

Wir haben auch bereits erwähnt, dass es das 802.11-Protokoll einer sendenden Station ermöglicht, den Kanal für die Zeitdauer zu reservieren, die für das Senden ihres Datenrahmens und des Acknowledgment notwendig ist. Die Länge dieses Zeitraumes ist im Übertragungsdauerfeld des Rahmens (sowohl in den Datenrahmen als auch in den RTS- und CTS-Rahmen) enthalten.

Wie Abbildung 6.13 zeigt, enthält das Rahmenkontrollfeld viele Teilfelder. Wir nennen hier nur einige der wichtigeren. Eine ausführlichere Diskussion finden Sie in der

802.11-Spezifikation [Held 2001; Crow 1997; IEEE 802.11 1999]. Die *Typ*- und *Subtyp*-Felder werden verwendet, um Assoziations-Kontrollrahmen, RTS-, CTS-, ACK- und Daten-Rahmen zu unterscheiden. Die Felder *zum* und *vom AP* werden verwendet, um die Bedeutungen der verschiedenen Adressfelder zu definieren. (Diese Bedeutungen ändern sich, je nachdem ob der Ad-hoc- oder der Infrastrukturmodus verwendet werden, und im letzteren Fall auch abhängig davon, ob eine drahtlose Station oder ein AP den Rahmen sendet.) Schließlich zeigt das WEP-Feld, ob Verschlüsselung verwendet wurde oder nicht. (WEP diskutieren wir in Kapitel 8.)

6.3.4 Mobilität im selben IP-Subnetz

Um die physikalische Reichweite eines Wireless LAN zu erhöhen, setzen Firmen und Universitäten oft mehrere BSS innerhalb desselben IP-Subnetzes ein. Dies wirft natürlich die Frage nach der Mobilität zwischen verschiedenen BSS auf – wie bewegen sich drahtlose Stationen mit laufenden TCP-Sitzungen nahtlos von einer BSS zu einer anderen? Wie wir in diesem Abschnitt sehen werden, kann Mobilität relativ problemlos behandelt werden, wenn die BSS Teil desselben Subnetzes sind. Bewegen sich die Stationen zwischen verschiedenen Subnetzen, werden weiterentwickelte Mobilitätsmanagementprotokolle erforderlich, wie diejenigen, die wir in den Abschnitten 6.5 und 6.6 untersuchen.

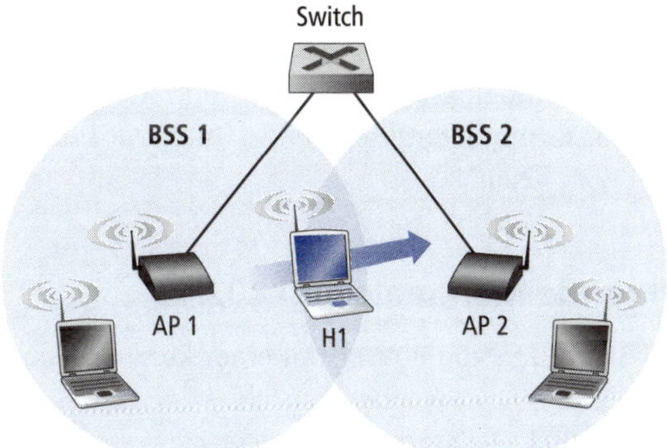

Abbildung 6.15: Mobilität im gleichen Subnetz

Werfen wir nun einen Blick auf ein Beispiel für Mobilität zwischen zwei BSS im selben Subnetz. ▶Abbildung 6.15 zeigt zwei miteinander verbundene BSS mit einem Host H1, der von BSS1 zu BSS2 wechselt. Weil in diesem Beispiel das Gerät, das die beiden BSS verbindet, *kein* Router ist, gehören alle Stationen in den beiden BSS, einschließlich der APs, zum selben IP-Subnetz. Bewegt sich daher H1 von BSS1 zu BSS2, kann er seine IP-Adresse und alle seine laufenden TCP-Verbindungen behalten. Wäre statt dem Switch ein Router verwendet worden, dann müsste H1 eine neue IP-Adresse aus dem Subnetz erhalten, in das er sich hineinbewegt. Diese Adressänderung würde laufende TCP-Verbindungen auf H1 unterbrechen (und letztendlich beenden). In Abschnitt 6.6 werden wir sehen, wie ein Netzwerkschicht-Mobilitätsprotokoll, etwa Mobile IP, so eingesetzt werden kann, dass dieses Problem nicht auftritt.

Aber was geschieht nun genau, wenn sich H1 von BSS1 zu BSS2 bewegt? Während H1 sich von AP1 entfernt, nimmt H1 ein schwächer werdendes Signal von AP1 wahr und beginnt die Suche nach einem stärkeren Signal. H1 erhält Beacon-Rahmen von AP2 (der in vielen Firmen und Universitätseinrichtungen dieselbe SSID hat wie AP1). H1 löst dann seine Assoziation mit AP1 und assoziiert sich mit AP2, wobei er seine IP-Adresse behält und seine TCP-Sitzungen aufrechterhalten kann.

Aus Sicht des Hosts und des AP beschreibt dies, wie das Problem gelöst wird. Was ist aber mit dem Switch in Abbildung 6.15? Woher weiß er, dass der Host sich von einem AP zu einem anderen bewegt hat? Wie wir in Kapitel 5 erfahren haben, sind Switches „selbstlernend" und erzeugen ihre Forwarding-Tabellen automatisch. Durch dieses Merkmal werden gelegentliche Bewegungen (zum Beispiel, wenn ein Angestellter von einer Abteilung in eine andere versetzt wird) problemlos erfasst. Switches wurden jedoch nicht dafür entworfen, hochmobile Benutzer zu unterstützen, die TCP-Verbindungen aufrechterhalten wollen, während sie sich zwischen BSS bewegen. Um dieses Problem einschätzen zu können, denken Sie daran, dass der Switch vor der Bewegung einen Eintrag in seiner Forwarding-Tabelle hat, der die MAC-Adresse von H1 mit der ausgehenden Switch-Schnittstelle verbindet, über die H1 erreicht werden kann. Befindet sich H1 anfangs in BSS1, dann wird ein für H1 bestimmtes Datagramm über AP1 versandt. Sobald sich H1 jedoch mit BSS2 assoziiert, sollten seine Rahmen an AP2 gesendet werden. Eine Lösung (eigentlich eher ein kleiner Hack) besteht darin, dass AP2 unmittelbar nach der neuen Assoziation einen Broadcast-Ethernet-Rahmen mit der Quelladresse von H1 sendet. Erhält der Switch den Rahmen, aktualisiert er seine Forwarding-Tabelle und ermöglicht es, dass H1 nun über AP2 erreicht wird. Die 802.11f-Standardisierungsgruppe entwickelt ein Inter-AP-Protokoll, um diese und andere Schwierigkeiten zu lösen.

6.3.5 Weiterführende Merkmale von 802.11

Wir runden unsere Behandlung von 802.11 mit einer kurzen Diskussion zweier weiterführender Fähigkeiten von 802.11-Netzwerken ab. Wie wir sehen werden, sind diese zwar *nicht* vollständig im 802.11-Standard festgelegt, sie werden aber von Mechanismen bereitgestellt, die im Standard enthalten sind. Dies ermöglicht es, dass verschiedene Anbieter diese neuen Fähigkeiten mithilfe ihrer eigenen (proprietären) Ansätze implementieren – in der Hoffnung, einen Vorteil gegenüber ihren Wettbewerbern zu erlangen.

802.11-Ratenanpassung

Wir haben in Abbildung 6.3 gesehen, dass verschiedene Modulationstechniken (mit den verschiedenen Übertragungsraten, die sie anbieten) für verschiedene SNR-Szenarien geeignet sind. Betrachten wir beispielsweise einen mobilen 802.11-Benutzer, der sich anfangs in einer Entfernung von 20 Meter von der Basisstation befindet, die einen hohen Signal-Rausch-Abstand bietet. Bei hohem SNR kann der Benutzer mit der Basisstation auf der Bitübertragungsschicht über eine Modulationstechnik kommunizieren, die eine hohe Übertragungsrate bietet, und dabei trotzdem die BER in vernünftigem

Rahmen halten. Dieser Benutzer kann sich glücklich schätzen. Nehmen wir nun aber an, dass der Benutzer mobil ist und sich von der Basisstation entfernt, wodurch der SNR mit wachsendem Abstand von der Basisstation absinkt.

Das bedeutet, dass die BER unakzeptabel hoch wird, wenn sich die vom 802.11-Protokoll verwendete Modulationstechnik zwischen der Basisstation und dem Benutzer nicht ändert, während der SNR mehr und mehr abnimmt. Im Extremfall könnte dann kein übertragener Rahmen mehr richtig empfangen werden.

Aus diesem Grund enthalten einige 802.11-Implementierungen die Fähigkeit zur Ratenanpassung *(rate adaption)*. Das bedeutet, dass die zugrunde liegende Modulationstechnik auf der Bitübertragungsschicht auf Grundlage von aktuellen oder historischen Merkmalen des Kanals angepasst wird. Die WaveLAN-II 802.11b-Implementierung von Lucent bietet mehrere Datenübertragungsraten [Kamerman 1997]. Sendet ein Knoten zwei Rahmen nacheinander, ohne ein Acknowledgment zu erhalten (ein impliziter Hinweis darauf, dass auf dem Kanal Bitfehler aufgetreten sind), wird die Übertragungsrate auf die nächstniedrigere Stufe zurückgefahren. Werden zehn Rahmen nacheinander bestätigt oder läuft ein Timer aus, der die Zeit seit der letzten Rückstufung misst, wird die Übertragungsrate auf die nächsthöhere Stufe erhöht. Dieser Mechanismus der Ratenanpassung teilt seine Philosophie des „Austestens“ mit dem Überlastkontrollmechanismus von TCP – sind die Bedingungen gut (was durch den Empfang von ACKs erkannt wird), wird die Übertragungsrate erhöht, bis etwas „Negatives“ geschieht (fehlendes ACK). Tritt etwas Negatives ein, wird die Übertragungsrate verringert. Die Ratenanpassung unter 802.11 und die Überlastkontrolle von TCP ähneln auf diese Weise einem kleinen Kind, das bei seinen Eltern ständig nach mehr quengelt (z.B. Bonbons), bis die Eltern eine deutliche Grenze setzen und das Kind zurückzuckt (nur um es später, unter besseren Bedingungen, erneut zu versuchen!). Zudem wurden auch einige andere Ratenanpassungsschemata vorgeschlagen, um den beschriebenen einfachen Ansatz weiter zu verbessern [Holland 2001; Lacage 2004].

Energiemanagement

Energie ist eine wertvolle Ressource in mobilen Geräten. Daher bietet der 802.11-Standard Mechanismen für das Energiemanagement *(power management)*, so dass 802.11-Knoten die Zeitdauer minimieren können, während der ihre Funktionen zum Beobachten des Kanals, zum Senden und zum Empfangen sowie andere Schaltkreise aktiv sein müssen. Das Energiemanagement unter 802.11 funktioniert wie folgt: Ein Knoten ist in der Lage, zwischen einem „Ruhe-“ und einem „Wachzustand“ zu wechseln (ganz ähnlich wie manche Studenten in Hörsälen!). Ein Knoten zeigt dem Access Point an, dass er in den Ruhezustand wechselt, indem er das Power-Management-Bit im Header eines 802.11-Rahmens auf 1 setzt. Ein Timer im Knoten wird so eingestellt, dass er den Knoten genau dann weckt, wenn das Senden des Beacon-Rahmens durch den AP gerade bevorsteht (wir haben bereits erwähnt, dass ein AP einen Beacon-Rahmen normalerweise alle 100 ms sendet). Da der AP durch das gesetzte Power-Management-Bit weiß, dass der Knoten ruht, weiß er, dass er keine Rahmen an diesen Knoten senden sollte. Er puffert dann alle Rahmen für den ruhenden Host für eine spätere Übertragung.

Ein Knoten wacht kurz vor dem Senden des Beacon-Rahmens durch den AP auf und wechselt schnell in den vollständigen Aktivzustand (anders als bei dösenden Studenten dauert dieses Aufwachen nur 250 µs [Kamerman 1997]!). Die von dem AP ausgesandten Beacon-Rahmen enthalten eine Liste von Knoten, deren Rahmen vom AP gepuffert worden sind. Gibt es keine gepufferten Rahmen für den Knoten, kann er wieder in den Ruhezustand zurückkehren. Ansonst kann der Knoten das Übertragen der gepufferten Rahmen durch eine explizite Polling-Nachricht an den AP anstoßen. Bei einem Zeitabstand der Beacon-Rahmen von 100 ms, einer Aufwachdauer von 250 µs und einer vergleichbar geringen Zeit, um den Beacon-Rahmen zu empfangen, zu verarbeiten und sicherzustellen, dass es keine gepufferten Rahmen gibt, kann ein Knoten, der keine Rahmen zu senden oder zu empfangen hat, 99 Prozent seiner Zeit im Ruhezustand verbringen und so eine ungeheure Menge an Energie sparen.

6.3.6 Bluetooth und WiMAX

Wie Abbildung 6.2 erläutert, dient der WLAN-Standard IEEE 802.11 zur Kommunikation von Geräten mit Entfernungen unter 100 Meter (außer wenn 802.11 in einer Punkt-zu-Punkt-Konfiguration mit einer Richtantenne verwendet wird). Zwei andere IEEE-802-Protokolle – Bluetooth (definiert in der Norm IEEE 802.15.1 [IEEE 802.15 2007]) und WiMAX (definiert in der Norm IEEE 802.16 [IEEE 802.16d 2004; IEEE 802.16e 2005]) – sind Standards für die Kommunikation über kürzere bzw. längere Entfernungen.

Bluetooth

Ein IEEE-802.15.1-Netzwerk arbeitet über geringere Distanzen, mit kleinerem Energieaufwand und zu geringen Kosten. Es handelt sich im Grunde genommen um eine „Kabelersatz"-Technik mit niedrigem Energieverbrauch, kurzer Reichweite und niedriger Übertragungsrate. Sie verbindet Notebooks, Peripheriegeräte, Mobiltelefone und PDAs, wohingegen 802.11 eine „Netzwerkzugangs"-Technik ist, die viel Strom verbraucht, mittlere Entfernungen überbrücken kann und hohe Übertragungsraten bietet. Deshalb werden 802.15.1-Netzwerke manchmal Wireless Personal Area Network (WPAN) genannt. Die Sicherungs- und Bitübertragungsschichten von 802.15.1 beruhen auf der früheren **Bluetooth**-Spezifikation für Personal Area Networks [Held 2001; Bisdikian 2001]. 802.15.1-Netzwerke arbeiten im lizenzfreien 2,4 GHz-Funkband mittels TDM und Zeitschlitzen von 625 ms Dauer. Während jedes Zeitschlitzes sendet ein Absender auf einem von 79 Kanälen, wobei die Kanäle auf bekannte, aber pseudozufällige Weise von Schlitz zu Schlitz wechseln. Diese Form des Kanalwechsels, die als **Frequency-Hopping Spread Spectrum** (**FHSS**) bezeichnet wird, streut die Übertragungen im Lauf der Zeit über das Frequenzspektrum. 802.15.1 kann Datenraten bis zu 4 Mbps anbieten.

Bluetooth Netze sind Ad-hoc-Netzwerke: Es wird keine Netzwerkinfrastruktur (z.B. ein Access Point) gebraucht, um 802.15.1-Geräte zu verbinden. Deshalb müssen 802.15.1-Geräte sich selbst verwalten. Die Geräte werden zuerst in einem **Piconet** von

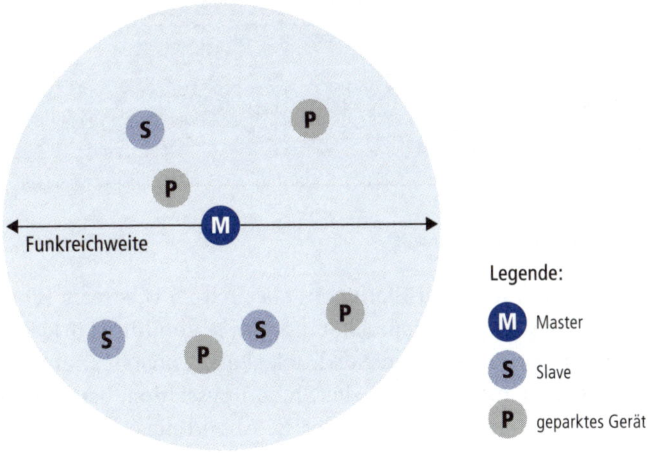

Abbildung 6.16: Ein Bluetooth-Piconet

bis zu acht aktiven Geräten organisiert, wie ▶Abbildung 6.16 zeigt. Eines dieser Geräte wird zum Master-Knoten bestimmt, während die anderen die Slaves bilden. Der Master-Knoten steuert das Piconet – seine Uhr legt den Zeitablauf im Piconet fest und er kann in jedem ungeraden Schlitz übertragen. Ein Slave kann nur senden, nachdem ihn der Master im vorangegangenen Schlitz angesprochen hat, und er kann Daten nur an den Master senden, nicht an einen anderen Slave. Zusätzlich zu den Slaves kann es im Netzwerk bis zu 255 passive Geräte geben. Diese Geräte können nicht kommunizieren, bis ihr Status durch den Master von passiv in aktiv geändert wurde.

Weitere Informationen über 802.15.1 WPANs finden interessierte Leser in den Bluetooth-Referenzen [Held 2001; Bisdikian 2001] oder auf der offiziellen Webseite zu IEEE 802.15 [IEEE 802.15 2007].

WiMAX

WiMAX (World Interoperability For Microwave Access) ist eine Familie von IEEE-802.16-Standards, deren Ziel es ist, Daten drahtlos an eine große Zahl von Benutzern in einem großen Gebiet zu übertragen, wobei die Datenraten mit denen von Kabelmodems und ADSL-Netzwerken mithalten können. Der 802.16d-Standard aktualisiert den früheren 802.16a-Standard. Der 802.16e-Standard zielt darauf ab, Mobilität bei Geschwindigkeiten bis zu etwa 110–130 km/h (d.h. der Maximalgeschwindigkeit auf den Autobahnen vieler Länder) zu unterstützen. Er spezifiziert für kleine Geräte mit beschränkten Ressourcen, wie PDAs, Telefone und Laptops, eine unterschiedliche Link-Struktur.

Die 802.16-Architektur basiert auf dem Konzept einer Basisstation, die zentral eine potenziell große Anzahl von Clients (als Subscriber-Stationen bezeichnet) bedient, die mit dieser Basis verbunden sind. In diesem Sinn ähnelt WiMAX sowohl WiFi im Infrastrukturmodus als auch Mobiltelefonnetzwerken. Die Basisstation koordiniert die Übertragungen von Paketen auf der Sicherungsschicht sowohl im Downstream (von

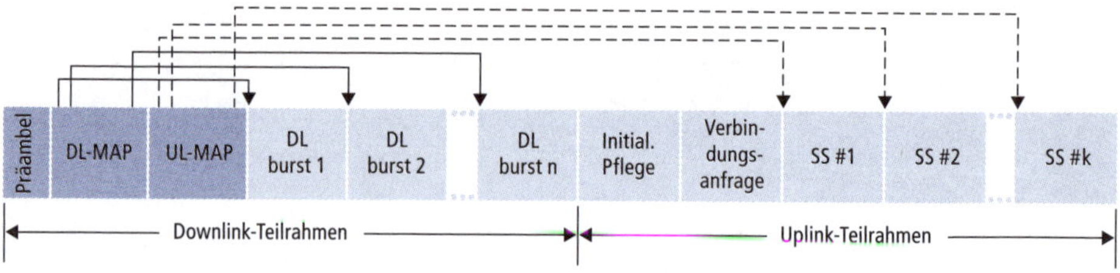

Abbildung 6.17: 802.16-TDM-Rahmenstruktur

der Basisstation zu den Subscriber-Stationen) als auch im Upstream (von den Subscriber-Stationen zur Basisstation), entsprechend der in ▶Abbildung 6.17 gezeigten TDM-Rahmenstruktur. Wir werden hier den Ausdruck „Paket" anstatt „Rahmen" verwenden (den wir für 802.11- und andere Pakete der Sicherungsschicht benutzt haben), um die Dateneinheit der Sicherungsschicht von der in Abbildung 6.17 gezeigten TDM-Rahmenstruktur abzugrenzen.

WiMAX arbeitet in einer Art Zeitmultiplexverfahren (TDM), in dem die Rahmenzeiten, wie später noch erläutert wird, variabel sind. WiMAX definiert auch einen FDM-Modus, den wir hier aber nicht behandeln werden.

Zu Beginn des Rahmens sendet die Basisstation zuerst eine Liste von Downstream-MAP-Nachrichten (Media-Access-Protokoll), welche die Subscriber-Stationen über Eigenschaften der Bitübertragungsschicht informiert (Modulationsschema, Codierung und Fehlerkorrekturparameter). Diese werden für das folgende Übertragen von Bursts von Paketen innerhalb des Rahmens verwendet. Innerhalb eines Rahmens können mehrere Bursts vorkommen. Auch können mehrere Bursts für dieselbe Subscriber-Station bestimmt sein. Alle Pakete innerhalb des Burst werden von der Basisstation mit denselben Eigenschaften der Bitübertragungsschicht gesendet. Allerdings können sie sich von einem Burst zum nächsten ändern. Daher kann die Basisstation die Übertragungsschemata der Bitübertragungsschicht auswählen, die für die empfangenden Subscriber-Stationen am besten geeignet sind. Sie kann zudem anhand der aktuellen Bedingungen auf dem Kanal Gruppen von Empfängern bestimmen, an die sie Pakete im selben Rahmen senden will. Diese Form des **opportunistischen Scheduling** [Bender 2000, Kulkarni 2005] – mit dem sich das Protokoll der Bitübertragungsschicht aufgrund der aktuellen Kanalbedingungen an die aktuelle Situation anpasst und die Empfänger auswählt, denen Pakete zugesandt werden – ermöglicht es der Basisstation, das drahtlose Medium bestmöglich zu nutzen. Der WiMAX-Standard bevorzugt keinen besonderen Satz von Parametern der Bitübertragungsschicht, die in einer gegebenen Situation verwendet werden müssten. Diese Entscheidung bleibt dem Lieferanten der WiMAX-Geräte und dem Netzwerkbetreiber überlassen.

Eine WiMAX-Basisstation regelt zudem den Zugriff der Subscriber-Stationen auf den Upstream-Kanal durch Verwendung von UL-MAP-Nachrichten. Diese Nachrichten kontrollieren den Zeitraum, in dem jede Subscriber-Station in den nachfolgenden Uplink-Teilrahmen auf den Kanal zugreifen darf. Wie zuvor gibt der WiMAX-Standard keine bestimmten Regeln vor, um einem Client Uplink-Kanalzeiten zuzuweisen –

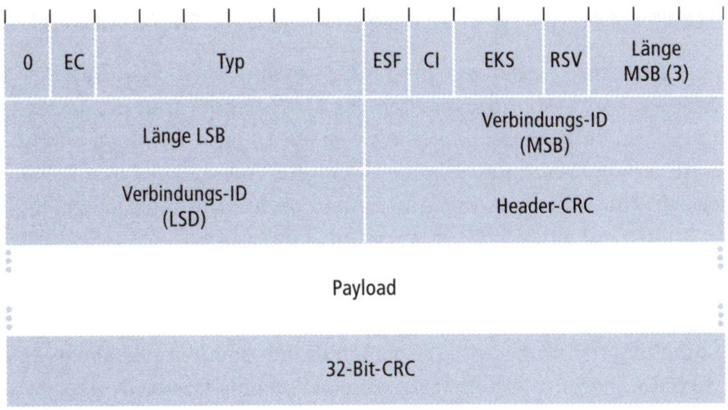

Abbildung 6.18: 802.16-Paket

diese Entscheidung obliegt dem Netzwerkbetreiber. Stattdessen bietet WiMAX die Mechanismen (wie die UL-MAP-Kontrollnachrichten), um solche Regeln zu implementieren. Die Anfangsbereiche der Uplink-Teilrahmen werden von den Endgeräten der Netzwerkteilnehmer verwendet, um Kontrollnachrichten für den Link, Nachrichten zur Kontaktaufnahme mit dem Netz und zur Authentifizierung und andere verwaltungsbezogene Protokollnachrichten wie DHCP und SNMP zu übertragen.

▶Abbildung 6.18 zeigt das Format des WiMAX-MAC-Paketes. Das einzige Feld, das wir hier vorstellen, ist das Feld Connection Identifier *(Verbindungsidentifikator)* im Header. WiMAX ist eine verbindungsorientierte Architektur, die jeder Verbindung Eigenschaften wie eine zugehörige Dienstgüte (QoS), Verkehrsparameter oder andere Informationen zuordnen kann. Wie die QoS-Vorgaben umgesetzt werden sollen, ist Sache des Netzbetreibers. WiMAX bietet die grundlegenden Mechanismen (z.B. die Felder zur Einschätzung der Kanalqualität und Mechanismen, um Information zwischen der Basisstation und dem Host auszutauschen), aber es bietet weder einen allgemeinen Ansatz noch die Regeln zum Umsetzen von QoS. Obwohl jede Subscriber-Station normalerweise eine 48 Bit lange MAC-Adresse hat (wie auch in 802.3- und 802.11-Netzwerken), wird diese MAC-Adresse in WiMAX korrekter als Gerätebezeichner betrachtet, da die Kommunikation zwischen Endpunkten letztendlich auf einen Verbindungsbezeichner abgebildet wird (anstatt auf die Adressen der sendenden und empfangenden Seiten der Verbindung).

Auch WiMAX haben wir nur kurz vorstellen können. Viele Themen wie Energiemanagement (es gibt einen Ruhemodus ähnlich dem von 802.11), Handoff, kanalzustandsabhängiges Scheduling von MAC-PDU-Übertragungen der Basisstation, QoS-Unterstützung und Sicherheit konnten wir hier nicht näher untersuchen. Mit dem 802.16e-Standard, der sich noch in der Entwicklung befindet, werden sich WiMAX-Systeme auch in den nächsten Jahren weiterentwickeln. Während die oben aufgeführten Standards diese und andere Themen zu einer eher „trockenen" Lektüre machen, bieten [Eklund 2002; Cicconetti 2006] sehr gut lesbare Überblicke zu WiMAX.

6.4 Internetzugang über zellulare Mobilfunknetze

Im vorherigen Abschnitt haben wir untersucht, wie ein Host über IEEE 802.11 auf das Internet zugreifen kann. Aber die meisten WLAN-Hotspots sind nur in einem kleinen Bereich zugänglich, dessen Durchmesser zwischen 10 und 100 Meter beträgt. WiMAX-Netzwerke, die eine größere Reichweite haben, müssen erst noch aufgebaut werden. Was können wir tun, wenn wir unbedingt einen drahtlosen Internetzugang benötigen, aber keinen Zugriff auf einen WLAN-Hotspot haben?

Unter der Annahme, dass Mobiltelefonie mittlerweile in den meisten Regionen der Welt verbreitet ist, liegt es auf der Hand, die Mobilfunknetze so zu erweitern, dass sie nicht nur Sprachübertragungen, sondern auch drahtlose Internetzugänge unterstützen. Idealerweise hätte dieser Internetzugang eine akzeptable Geschwindigkeit und würde unbegrenzte Mobilität erlauben, bei der die Benutzer ihre TCP-Sitzungen aufrechterhalten können, während sie beispielsweise in einem Bus oder einem Zug fahren. Bei genügend hohen Upstream- bzw. Downstream-Bitraten könnten die Benutzer unterwegs sogar Videokonferenzen abhalten. Dieses Szenario ist gar nicht so sehr an den Haaren herbeigezogen. Während dieses Buch entsteht (Frühjahr 2007), bieten viele Mobilfunk-Provider in den USA ihren Kunden einen mobilen Internetzugang für weniger als $100 pro Monat an, dessen Downstream- und Upstream-Bitraten typischerweise bei einigen Hundert Kilobit pro Sekunde liegen. Datenraten von mehreren Megabit pro Sekunde werden in dem Maße verfügbar sein, in dem neue Breitband-Datendienste wie EVDO und HSDPA verfügbar werden.

In diesem Abschnitt geben wir einen kurzen Überblick über derzeitige und zukünftige mobile Internetzugangstechnologien. Unser Schwerpunkt wird hier wieder auf dem Link zwischen dem Endystem (dem Mobiltelefon) und der leitungsgebundenen Infrastruktur (dem Telefonnetzwerk) liegen. In Abschnitt 6.7 werden wir überlegen, wie Anrufe an einen Benutzer weitergeleitet werden können, der mobil ist und seine Basisstationen wechselt. Unsere kurze Diskussion wird notwendigerweise nur eine vereinfachte und oberflächliche Beschreibung der Mobilfunktechnologien bieten können. Lesern, die sich mit dem Thema intensiver befassen möchten, empfehlen wir [Goodman 1997; Scourias 2007; Korhonen 2003; Kaaranen 2001; Lin 2001; Schiller 2003] sowie die hervorragende und ausführliche Referenz [Mouly 1992].

6.4.1 Ein Überblick über die zellulare Architektur

Im englischen Sprachgebrauch wir der Begriff „cellular network" und „cell phone" für Netzwerke und Endgeräte zur Mobiltelefonie verwendet. Daher bezeichnet man auch im Deutschen diese Netzwerke als zellulare Netzwerke, auch wenn umgangssprachlich die Begriffe Handy und Handy-Netzwerk gebräuchlicher sind. Der Ausdruck zellular bezieht sich auf die Tatsache, dass ein geografisches Gebiet in eine Anzahl von kleineren Regionen aufgeteilt ist, die als **Zellen** bezeichnet werden (siehe linke Seite von ▶ Abbildung 6.19). Jede Zelle enthält eine Basisstation, welche an die in ihr befindlichen mobilen Stationen Signale sendet und von ihnen Signale emp-

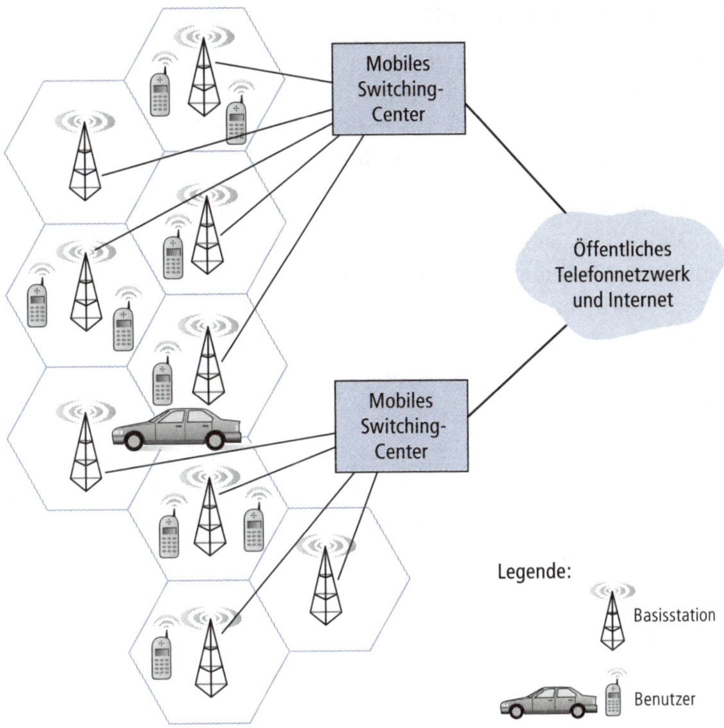

Abbildung 6.19: Bestandteile einer zellularen Netzwerkarchitektur

fängt. Wie groß der von einer Zelle abgedeckte Bereich ist, hängt von vielen Faktoren ab, darunter die Sendestärke der Basisstation, die Sendestärke der mobilen Stationen und Hindernisse für die Funkausbreitung in der Zelle, wie etwa Gebäude. Obwohl Abbildung 6.19 jede Zelle so darstellt, als würde sich die Basisstation in der Mitte befinden, sind bei vielen heutigen Systemen die Basisstationen am Schnittpunkt dreier Zellen untergebracht, so dass eine einzelne Basisstation mit Richtantennen gleichzeitig drei Zellen versorgen kann.

Grundlegende Netzwerkarchitektur

Wie Abbildung 6.19 zeigt, ist jede Basisstation über eine leitungsgebundene Infrastruktur mit einem Weitverkehrsnetz verbunden – beispielsweise mit dem öffentlichen Telefonnetz (PSTN, *Public Switched Telephone Network*) oder direkt mit dem Internet. Insbesondere zeigt Abbildung 6.19, dass jede Basisstation mit einem **Mobile Switching Center (MSC)** verbunden ist, das den Auf- und Abbau der Verbindungen zu und von den mobilen Benutzern verwaltet. Ein MSC implementiert viele Funktionen, die auch eine normale Telefonanlage bietet (etwa private Nebenstellenanlagen oder Fernsprechvermittlungsstellen). Darüber hinaus bietet es aber weitere Funktionen, um mit der Mobilität der Benutzer umgehen zu können.

Techniken für den Mehrfachzugriff

Normalerweise finden in einer gegebenen Zelle viele Gespräche gleichzeitig statt. Diese Gespräche müssen sich den Teil des Frequenzspektrums teilen, der dem Mobilfunkanbieter zugeordnet worden ist. Die meisten heutigen Mobilfunknetze verwenden eine von zwei verbreiteten Methoden für die gemeinsame Nutzung des Spektrums:

- *Eine Kombination aus Frequenzmultiplexverfahren (FDM) und Zeitmultiplexverfahren (TDM).* Wir haben in Kapitel 1 erwähnt, dass bei reinem FDM der Kanal in eine Reihe von Frequenzbändern untergliedert ist, wobei jedes Band für ein Gespräch zur Verfügung steht. Ebenfalls in Kapitel 1 haben wir erwähnt, dass bei reinem TDM die Zeit in Rahmen aufgeteilt wird, wobei jeder Rahmen weiter in Schlitze gegliedert ist und jedem Gespräch ein bestimmter Zeitschlitz in jedem Rahmen zugewiesen ist.

In einem kombinierten FDM- und TDM-System wird der Kanal in eine Anzahl von Frequenzbändern unterteilt. Innerhalb jedes Teilbandes wird die Zeit in Rahmen und Schlitze gegliedert. Werden daher in einem kombinierten FDM-TDM-System der Kanal in F Teilbänder und die Zeit in T Schlitze gegliedert, dann ist der Kanal in der Lage, $F \cdot T$ Gespräche gleichzeitig zu unterstützen.

- *Codemultiplexverfahren (CDMA).* Wir haben in Abschnitt 6.2.1 gezeigt, dass CDMA keine Aufteilung nach Frequenz oder Zeit vornimmt. Stattdessen teilen sich alle Benutzer gleichzeitig dieselbe Funkfrequenz. Jedem Benutzer in einer Zelle wird aber eine eindeutige Bitsequenz, die Chipping-Sequenz, zugewiesen. Wie wir aus Abschnitt 6.2.1 wissen, kann der Empfänger die Übertragung des Senders aus den zahlreichen gleichzeitigen Übertragungen heraushören, sofern Sender und Empfänger dieselbe Chipping-Sequenz benutzen. Ein besonderer Vorteil von CDMA liegt darin, dass es damit keine Notwendigkeit der Zuordnung von Frequenzen zu Zellen gibt. Bei Benutzung eines FDM-TDM-Systems erleiden die Empfänger Störungen durch andere Signale im selben Frequenzband. Dadurch kann dieselbe Frequenz in einem FDM-TDM-System nur in solchen Zellen wiederverwendet werden, die weit genug voneinander entfernt sind, um solche Störungen zu vermeiden. Hierfür muss der Anbieter die **Frequenzwiederverwendung** *(frequency reuse)* aufwändig planen. Bei CDMA-Systemen entfällt dies.

6.4.2 Zellulare Standards und Technologien – ein Streifzug

Wenn über zellulare Technologie gesprochen wird, ist häufig von verschiedenen „Generationen" dieser Technologien die Rede. Die früheren Generationen wurden in erster Linie für Sprachübertragung entworfen, die neueren mobilen Systeme unterstützen sowohl Internetzugang als auch Sprachdienste. Weil dieses Buch Computernetzwerke und nicht das Fernsprechwesen behandelt, interessieren wir uns natürlich vorwiegend für die neuesten Generationen zellularer Systeme. Weil diese aber direkte Weiterentwicklungen der früheren Generationen sind, beginnen wir unseren Überblick trotzdem mit einer kurzen Diskussion der frühen Generationen drahtloser Systeme.

Fallstudie

Zellulare 3G-Netzwerke im Vergleich zu Wireless LAN

Viele Betreiber von Mobiltelefonsystemen bauen derzeit zellulare 3G-Systeme (Mobiltelefonsysteme der 3. Generation) auf, deren Übertragungsraten im Inneren von Gebäuden 2 Mbps und im Freien 384 Kbps und mehr betragen. Diese 3G-Systeme arbeiten in lizenzierten Frequenzbändern und einige Betreiber haben beträchtliche Summen für solche Lizenzen bezahlt. 3G-Systeme ermöglichen es mobilen Benutzern unter anderem, auf das Internet zuzugreifen. Über 3G-Systeme kann man beispielsweise auf Straßenkarten aus dem fahrenden Wagen zugreifen oder beim Sonnenbaden am Strand schnell einen Blick auf das aktuelle Kinoprogramm werfen. Allerdings beginnen sich Experten zu fragen, ob 3G-Technologien, angesichts der Kosten und der Konkurrenz durch Wireless-LAN-Systeme, erfolgreich sein werden. Insbesondere führen diese Experten folgende Argumente an:

- Die derzeit entstehende Wireless-LAN-Infrastruktur wird nahezu überall erreichbar sein. IEEE-802.11-Netzwerke mit 54 Mbps erfreuen sich weiter Verbreitung. Fast alle tragbaren Computer und PDAs werden von den Herstellern mit 802.11-LAN-Karten ausgerüstet. Darüber hinaus werden neue internetfähige Endgeräte – wie drahtlos vernetzte Digitalkameras oder digitale Bilderrahmen – ebenfalls die kleinen und stromsparenden Wireless-LAN-Karten benutzen.
- WiMAX, das wir in Abschnitt 6.3.5 besprochen haben, verspricht mobilen Anwendern Datendienste mit mehreren Megabit pro Sekunde auch über große Distanzen hinweg. Sprint Nextel kündigte vor kurzem an, dass sie im Lauf der nächsten Jahre 3,5 Milliarden US-Dollar in den Aufbau von WiMAX-Netzen investieren werden.
- Über Wireless-LAN-Basisstationen ist auch Mobiltelefonie möglich. Telefone könnten sich entweder in ein Mobiltelefonnetzwerk einwählen oder mit einem IP-Netzwerk verbinden, wobei sie Skype-artige Voice-over-IP-Dienste nutzen könnten und so die mobilen Sprach- und 3G-Datendienste der Netzbetreiber umgehen würden.

Selbstverständlich glauben viele andere Experten, dass 3G nicht nur ein Riesenerfolg werden wird, sondern zudem die Art und Weise, in der wir arbeiten und leben, dramatisch revolutionieren wird. Natürlich können sowohl WLAN als auch 3G zu vorherrschenden Technologien werden, wobei mobile drahtlose Geräte automatisch die Zugangstechnik wählen, die in ihrer aktuellen Umgebung die besten Dienste anbietet. (Lesen Sie auch die Diskussion zu drahtlosen 4G-Diensten in diesem Abschnitt.)

Während dieser Betrachtung sehen wir uns mit zahllosen Abkürzungen und Bezeichnungen konfrontiert. Als Leser müssen Sie keineswegs alle Begriffe und Akronyme, die Ihnen in dieser Beschreibung begegnen, in sich aufnehmen oder gar auswendig lernen. Der Zweck dieser Übersicht besteht darin, einen Blick für die Entwicklung dieser Systeme zu bekommen sowie eine Kurzreferenz der verschiedenen Begriffe und Akronyme zu liefern.

Systeme der ersten Generation (1G) waren nur für Sprachkommunikation entworfene analoge FDMA-Systeme. Diese 1G-Systeme sind jetzt fast ausgestorben, nachdem sie durch die digitalen 2G-Systeme ersetzt worden sind.

Zweite Generation (2G)

Systeme der zweiten Generation wurden ebenfalls für die Sprachkommunikation entworfen, obwohl sie digital arbeiten. Weil sich aber die aktuellen 2,5G- und 3G-Systeme, die Datenübertragungen ermöglichen sollen, aus den 2G-Systemen heraus entwickelten, müssen wir zunächst einige Worte über diese verlieren. Ein 2G-Mobiltelefon wandelt ein analoges Sprachsignal in ein digitales Signal um, bevor es dieses moduliert und aussendet. Verschiedene 2G-Standards und Technologien haben weite Verbreitung gefunden, darunter:

- *Global System for Mobile Communications* (**GSM**, *globales System für Mobilkommunikation*). In den 1980er Jahren erkannten die Europäer den Bedarf für ein gesamteuropäisches digitales System, als Ersatz für ihre inkompatiblen 1G-Systeme. Es sollte eine nahtlose Mobilität zwischen verschiedenen Ländern ermöglichen sowie Merkmale und Fähigkeiten bieten, die mit Analogsystemen nicht zu erreichen waren. Dieser Bedarf führte zum GSM-Standard für Mobilkommunikation. Die Europäer installierten die GSM-Technologie mit großem Erfolg in den frühen 1990er Jahren. GSM verbreitete sich nach Asien und Nordamerika und ist heute der am meisten eingesetzte Mobilfunkstandard. Er kombiniert FDM und TDM auf der Funkschnittstelle; benutzt werden Frequenzbänder von 200 kHz, die jeweils acht TDM-Gespräche tragen können. Die Sprachcodierung erfolgt mit 13 Kbps und 12,2 Kbps.
- ***IS-95*** *CDMA*. IS-95 CDMA verwendet das Codemultiplexverfahren (Abschnitt 6.2.1). Qualcomm demonstrierte die Nutzbarkeit von CDMA für Mobiltelefonie in den späten 1980er Jahren. Seitdem wurden viele IS-95-Systeme aufgebaut, vor allem in Nordamerika und Korea.

Der Übergang von der zweiten Generation zur dritten Generation (2,5G)

2G-Systeme wie IS-95 und GSM sind für die Sprachkommunikation optimiert und eignen sich nicht besonders gut für Datenübertragungen. In den 1990er Jahren erkannten Normierungsgremien den Bedarf für eine 3G-Mobilfunktechnik, die sowohl Sprache als auch Daten transportieren kann (und die Internetzugänge ermöglichen sollte). Weil jedoch eine weite Verbreitung der 3G-Technik noch viele Jahre auf sich warten lassen würde, entwickelten Firmen Übergangsprotokolle und Standards, die Datenübertragungen über die vorhandene 2G-Infrastruktur ermöglichen. Solche Systeme werden unter der Bezeichnung „2,5G-Mobilfunksysteme" zusammengefasst. Zu ihnen gehören:

- ***General Packet Radio Service*** (***GPRS***). GPRS entwickelte sich aus GSM. Für Datendienste emuliert GSM im Wesentlichen ein Modem zwischen dem Gerät des Benutzers und dem Zielnetzwerk. Wie wir in Kapitel 1 gelernt haben, ist Leitungsvermittlung bei stoßweisem Datenverkehr äußerst ineffizient. Außerdem unterstützt Standard-GSM nur Übertragungsraten bis zu 9,6 Kbps, was für beinahe alles außer reiner Textübertragung unerträglich langsam ist. GPRS ist eine Zwischenlösung, die effizientere paketbasierte Datendienste bei höheren Übertragungsraten bietet (normalerweise im Bereich von 40 bis 60 Kbps).

Der GPRS-Dienst wird von einem zugrunde liegenden GSM-Netz erbracht. Anders als bei normalem GSM kann jedoch eine mobile GPRS-Station bei Bedarf mehr als einen Zeitschlitz innerhalb eines gegebenen Kanals verwenden. Unter GPRS werden eine Reihe von Schlitzen für die Datenübermittlung reserviert und den mobilen Stationen dynamisch, in Abhängigkeit von ihrem momentanen Bedarf, zugeteilt.

- ***Enhanced Data Rates For Global Evolution*** (***EDGE***). Das Hauptziel von EDGE besteht darin, die Übertragungsraten eines GSM/GPRS-Netzwerkes zu steigern – das heißt, den 200 kHz-GSM-Kanal mit seinen acht TDMA-Schlitzen besser zu nutzen. Dies wird in erster Linie erreicht, indem das Modulationsschema von GSM durch ein leistungsfähigeres Verfahren ersetzt wird. In der Theorie kann EDGE den Benutzern 384 Kbps für Datenübermittlungen bieten. Einen ausgezeichneten Überblick über EDGE bietet [Ericsson 2007].
- ***CDMA-2000, Phase 1***. Diese 2,5G-Technik entwickelte sich aus IS-95. Sie bietet Paketdatendienste bis zu 144,4 Kbps und schafft die Voraussetzungen für die Verbreitung von CDMA-2000 Phase 2 in 3G.

Die dritte Generation (3G)

Von 3G-Mobilfunksystemen wird verlangt, dass sie sowohl Fernsprechdienste als auch Datenübermittlungen mit bedeutend höheren Geschwindigkeiten als ihre 2G-Pendants ermöglichen. Insbesondere bieten 3G-Systeme Folgendes:

- 144 Kbps, wenn sich Anwender mit der Geschwindigkeit eines fahrenden Autos bewegen
- 384 Kbps bei stationärem Einsatz im Freien oder bei normaler Fußgängergeschwindigkeit
- 2 Mbps bei stationärem Einsatz innerhalb von Gebäuden

Es gibt zwei große (und konkurrierende) Standards im 3G-Bereich:

- *CDMA-2000*. CDMA-2000 ist eine Weiterentwicklung des IS-95-2G-Systems und abwärtskompatibel zu IS 95. Wie Sie aufgrund des Namens sicher vermuten, setzt es ebenfalls CDMA für seine Funkschnittstelle ein. CDMA 2000 wird in Nordamerika und in Teilen Asiens eingesetzt. Der Datendienst von CDMA-2000, bekannt als *1xEVDO* (*Evolution Data Optimized*, vermutlich eines der schlechtesten jemals erfundenen Akronyme!), verspricht Datenraten in der Größenordnung von 3 Mbps. Die Techniken des opportunistischen Scheduling, die uns schon im WiMAX-Standard begegnet sind, wurden ursprünglich für EVDO und seinen Vorgänger CDMA-2000-HDR *(High Data Rate)* entwickelt [Bender 2000].
- *Universal Mobile Telecommunications Service (UMTS)*. UMTS ist eine Weiterentwicklung von GSM, die 3G-Fähigkeiten bieten soll. Die UMTS-Netzwerkarchitektur stützt sich in großem Umfang auf die bereits etablierte GSM-Architektur. Dennoch unterscheidet sich die Funkschnittstelle von UMTS bedeutend vom FDMA/TDMA-Schema, das von GSM verwendet wird. Insbesondere verwendet UMTS eine

CDMA-Technik namens Direct Sequence Wideband CDMA (DS-WCDMA) innerhalb der TDMA-Schlitze. (Dabei sind die Rahmen der TDMA-Schlitze auf mehreren Frequenzen verfügbar – eine interessante Anwendung aller drei Ansätze gemeinsamer Kanalnutzung, die wir kennengelernt haben!). Da UMTS seine Wurzeln in GSM hat, überrascht es kaum, dass UMTS in Europa weit verbreitet ist. Der mit der WCDMA-Spezifikation verbundene Datendienst wird als HSDPA/HSUPA bezeichnet (High Speed Downlink/Uplink Packet Access, *Hochgeschwindigkeits-Downlink/Uplink-Paketzugang*). Er verspricht Übertragungsraten bis zu 14 Mbps. Wie EVDO benutzt HSDPA-/HSUPA opportunistisches Scheduling sowie eine Reihe weiterer fortschrittlicher Techniken.

Die vierte Generation (4G)

Nachdem wir nun sowohl Wireless-LAN-Techniken als auch das weite Feld der Mobilfunktechnologien kennengelernt haben, wollen wir einen Schritt zurückmachen und über das nachdenken, was wir als Benutzer idealerweise von einem drahtlosen Internetzugang erwarten. Die folgende Wunschliste könnte uns da durch den Kopf schießen:

- Wir möchten überall drahtlosen Internetzugang haben. Ob wir zu Hause sind, uns im Büro, in einem Auto, in einem Café oder an einem Strand befinden, wir wollen auf das Internet zugreifen.
- Abhängig von unserem Standort und der Geschwindigkeit, mit der wir uns bewegen, wollen wir mit der jeweils höchstmöglichen Datenrate auf das Internet zugreifen. Befinden wir uns beispielsweise an einer Straßenecke, an der 802.11b mit 11 Mbps, 802.11g mit 54 Mbps und ein 3G-Internetzugang mit 384 Kbps verfügbar sind, wollen wir, dass unser System automatisch 802.11g auswählt – das System, das an diesem Ort und zu dieser Zeit die höchste Übertragungsgeschwindigkeit anbietet.
- Während wir uns in solch einer heterogenen Umgebung bewegen, werden wir automatisch und transparent, ohne jeden Eingriff durch den Benutzer, von einer Zugangstechnologie auf eine andere umgeschaltet (zum Beispiel von 802.11 auf 3G), wenn dies für uns sinnvoll ist.
- Natürlich möchten wir, während wir uns bewegen, unsere laufenden TCP-Verbindungen aufrechterhalten. Weiterhin soll das System wissen, wo wir uns befinden, so dass uns neue Anrufe erreichen können, während wir uns bewegen.
- Das System soll Voice- und Video-over-IP in Echtzeit unterstützen, so dass wir mit unseren Freunden und Kollegen Videokonferenzen durchführen können, ganz egal, wo wir gerade sind.

Und natürlich wollen wir das alles umsonst (oder, realistischer gesehen, zu geringen Kosten). Obwohl dies wie das Wireless-Nirvana klingt, lautet die gute Nachricht, dass die meisten wesentlichen Komponenten dieser Technik bereits verfügbar sind. Es ist eher eine Frage der Integration von Protokollen und Technologien, diese Wünsche wahr werden zu lassen. Diese Komponenten beinhalten sowohl Zugangstechnologien wie 802.11 und 3G als auch Mobilitätsmanagementprotokolle (siehe die folgenden Abschnitte 6.5, 6.6 und 6.7), Verschlüsselungs- und Authentifizierungsprotokolle (siehe Kapitel 8) und Multimedia-Netzwerkprotokolle (etwa SIP für Voice-over-IP, das wir in Kapitel 7 diskutieren werden).

6.5 Grundlagen des Mobilitätsmanagements

Nachdem wir bislang die *drahtlose* Natur der Kommunikations-Links in einem Mobilfunknetz behandelt haben, wird es Zeit, unsere Aufmerksamkeit der *Mobilität* zuzuwenden, die durch diese drahtlosen Links ermöglicht wird. Im weitesten Sinn ist ein mobiler Knoten ein Endsystem, welches seinen Zugangspunkt in das Netz von Zeit zu Zeit wechselt. Weil der Begriff der *Mobilität* sowohl in der Computerwelt als auch im Fernsprechwesen viele Bedeutungen angenommen hat, sollten wir zunächst einige Bedeutungen dieses Begriffes ausführlich betrachten.

- *Wie mobil ist ein Benutzer aus Sicht der Netzwerkschicht?* Ein mobiler Benutzer, der seinen Standort ändert, stellt unterschiedliche Herausforderungen an die Netzwerkschicht, je nachdem, ob sich sein Zugangspunkt in das Netzwerk mit der Zeit ändert oder nicht. An einem Ende des Spektrums in ▶Abbildung 6.20 befindet sich ein Benutzer, der einen Laptop mit einem drahtlosen Netzwerkadapter in einem Gebäude herumträgt. Wie wir in Abschnitt 6.3.4 gesehen haben, ist dieser Benutzer aus Sicht der Netzwerkschicht *nicht* mobil. Ist er zudem immer mit demselben Access Point assoziiert, dann ist der Benutzer nicht einmal aus der Perspektive der Sicherungsschicht mobil.

  Am anderen Ende des Spektrums betrachten wir einen Benutzer, der in einem Auto mit 150 km/h über die Autobahn flitzt, wobei er mehrere drahtlose Zugangsnetze durchquert und während der Fahrt eine ununterbrochene TCP-Verbindung zu einer entfernten Anwendung aufrechterhalten will. Dieser Benutzer ist *definitiv* mobil! Zwischen diesen beiden Extremen befindet sich ein Benutzer, der einen Laptop von einem Standort (z.B. einem Büro oder einer Wohnung) zu einem anderen bewegt (z.B. in ein Café oder einen Hörsaal) und sich dort ans Netz anschließen will. Auch dieser ist mobil (obwohl weniger als der Autofahrer), allerdings muss er keine

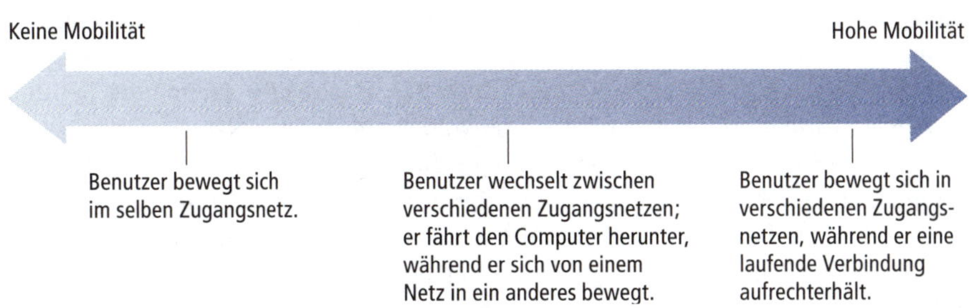

Abbildung 6.20: Verschiedene Stufen der Mobilität aus Sicht der Netzwerkschicht

aktive Verbindung aufrechterhalten, während er seinen Netzzugangspunkt wechselt. Abbildung 6.20 erläutert dieses Spektrum der Mobilität aus Sicht der Netzwerkschicht.

- *Wie wichtig ist es, dass die Adresse des mobilen Knotens immer gleich bleibt?* Bei der Mobiltelefonie bleibt Ihre Telefonnummer – eigentlich die Netzwerkschichtadresse Ihres Telefons – gleich, während Sie sich vom Netzwerk eines Anbieters zu dem eines anderen bewegen. Muss ein Laptop in gleicher Weise dieselbe IP-Adresse behalten, während er sich zwischen IP-Netzen bewegt?

  Die Antwort auf diese Frage hängt sehr davon ab, welche Anwendungen ausgeführt werden. Für den Autofahrer, der eine ununterbrochene TCP-Verbindung zu einer entfernten Anwendung aufrechthalten will, während er über die Autobahn fährt, wäre es vorteilhaft, dieselbe IP-Adresse zu verwenden. Wir haben in Kapitel 3 gesehen, dass eine Internetanwendung die IP-Adresse und die Portnummer des entfernten Gerätes kennen muss, mit dem sie kommuniziert. Wenn ein mobiles Gerät in der Lage ist, seine IP-Adresse zu behalten, während es sich bewegt, wird die Mobilität aus Sicht der Anwendung unsichtbar. Diese Transparenz hat große Vorteile – eine Anwendung muss nicht auf eine potenziell veränderliche IP-Adresse achten und derselbe Programmcode kann bei mobilen und nichtmobilen Verbindungen eingesetzt werden. Wir werden in den folgenden Abschnitten sehen, dass der Standard „Mobile IP" diese Transparenz bietet und es einem mobilen Knoten erlaubt, eine feste IP-Adresse zu behalten, während er sich zwischen Netzwerken bewegt.

  Andererseits will ein anspruchsloserer mobiler Benutzer seinen Laptop im Büro einfach ausschalten, diesen nach Hause nehmen, ihn dort wieder hochfahren und weiterarbeiten. Dient der Laptop in erster Linie als Client in Client-Server-Applikationen (z.B. Senden und Empfangen von E-Mail, Browsen im Web, über Telnet mit einem fernen Host verbinden), ist die vom Laptop verwendete IP-Adresse nicht so wichtig. Insbesondere könnte man problemlos mit einer Adresse auskommen, die dem Laptop temporär vom für das Haus zuständigen ISP zugeordnet wird. Wir haben in Abschnitt 4.4 gesehen, dass DHCP diese Funktionalität bereits anbietet.

- *Welche unterstützende leitungsgebundene Infrastruktur ist bereits verfügbar?* In all unseren obigen Szenarien haben wir implizit angenommen, dass es eine feste Infrastruktur gibt, an die sich der mobile Benutzer anschließen kann, beispielsweise das Netz eines ISP, das drahtlose Netzwerk im Büro oder die drahtlosen Zugangsnetze entlang der Autobahn. Was ist aber, wenn keine solche Infrastruktur existiert? Können zwei Benutzer, die sich in Kommunikationsreichweite zueinander befinden, eine Netzwerkverbindung herstellen, obwohl keine andere Netzwerkinfrastruktur existiert? Ad-hoc-Netzwerke bieten genau diese Möglichkeit. Dieser sich schnell entwickelnde Bereich bildet die Spitze der Forschung über mobile Netzwerke und liegt außerhalb der Möglichkeiten dieses Buches. [Perkins 2000] und die Webseiten der IETF-Arbeitsgruppe Mobile Ad Hoc Network (manet) [manet 2007] liefern ausführliche Informationen zu diesem Thema.

Um die Probleme zu illustrieren, die für das Aufrechterhalten von laufenden Verbindungen gelöst werden müssen, während mobile Benutzer sich zwischen Netzwerken bewegen, wollen wir eine Analogie aus dem menschlichen Leben betrachten. Ein junger Erwachsener verlässt das elterliche Heim, wird mobil und lebt in einer Reihe von Studentenwohnheimen und/oder Wohnungen unter häufig wechselnden Adressen.

Wenn ein alter Freund mit ihm in Kontakt treten will, wie kann dieser die Adresse seines mobilen Freundes finden? Ein üblicher Weg wäre, sich an dessen Familie zu wenden, denn gewöhnlich hinterlässt man seine momentane Adresse oft bei seiner Familie (und sei es nur aus dem Grund, dass die Eltern Geld schicken können, um sich an der Miete der neuen Wohnung zu beteiligen!). Das Heim der Eltern mit seiner festen Adresse wird der Ort, an den sich andere als Erstes wenden können. Später kann die Kommunikation mit dem Freund entweder indirekt sein (zum Beispiel, weil Post zuerst ins Haus der Eltern geschickt wird, die sie dann weiterleiten) oder direkt (beispielsweise weil der Freund die von den Eltern erhaltene Adresse verwendet, um die Post direkt zu schicken).

In Computernetzwerken wird der ständige Wohnsitz eines mobilen Knotens als **Heimatnetz** oder **Home Network** bezeichnet und die Entität innerhalb dieses Netzes, welche die unten diskutierten Funktionen zur Mobilitätsverwaltung im Auftrag des mobilen Knotens ausführt, heißt **Home Agent**. Das Netzwerk, in dem sich der mobile Knoten gegenwärtig befindet, ist das **besuchte Netzwerk**, **Foreign Network** oder auch **Visited Network** (*fremdes* oder *besuchtes Netz*) und die Entität innerhalb des entfernten Netzes, die dem mobilen Knoten bei den unten diskutierten Mobilitätsmanagementfunktionen hilft, wird als **Foreign Agent** bezeichnet. Das Heimatnetz mobiler Berufstätiger könnte ihr Firmennetzwerk sein, während das besuchte Netzwerk das Netzwerk eines Kollegen sein könnte, bei dem sie gerade zu Besuch sind. Ein **Correspondent** *(Kommunikationspartner)* ist die Entität, die mit dem mobilen Knoten kommunizieren will. ▶Abbildung 6.21 erläutert sowohl diese Konzepte als auch Adressierungskonzepte, die später noch betrachtet werden. Beachten Sie, dass in Abbildung 6.21 Agenten so dargestellt sind, als ob sie sich am selben Ort wie die Router befinden (z. B. als Prozesse, die auf Routern laufen). Alternativ könnten sie genauso gut auf anderen Hosts oder Servern im Netz laufen.

6.5.1 Adressierung

Damit die Mobilität eines Benutzers transparent bleibt, wäre es, wie oben erwähnt, vorteilhaft, wenn ein mobiler Knoten seine Adresse beibehält, während er sich von einem Netz in ein anderes bewegt. Befindet sich ein mobiler Knoten in einem fremden Netz, muss dann jedoch der an diese Adresse gerichtete Verkehr dorthin weitergeleitet werden. Wie geschieht das? Eine Option besteht darin, dass das fremde Netz allen anderen Netzwerken mitteilt, dass der mobile Knoten sich nun in seinem Netzwerk aufhält. Dies wäre mit dem Austausch der üblichen Inter- und Intra-Domain-Routing-Information machbar und würde nur kleine Änderungen an der vorhandenen Routing-Infrastruktur erfordern. Das besuchte Netz könnte seinen Nachbarn einfach mitteilen, dass es eine wohldefinierte Route zur permanenten Adresse des mobilen Knotens hat (das heißt, es muss im Wesentlichen die anderen Netzwerke darüber informieren, dass es

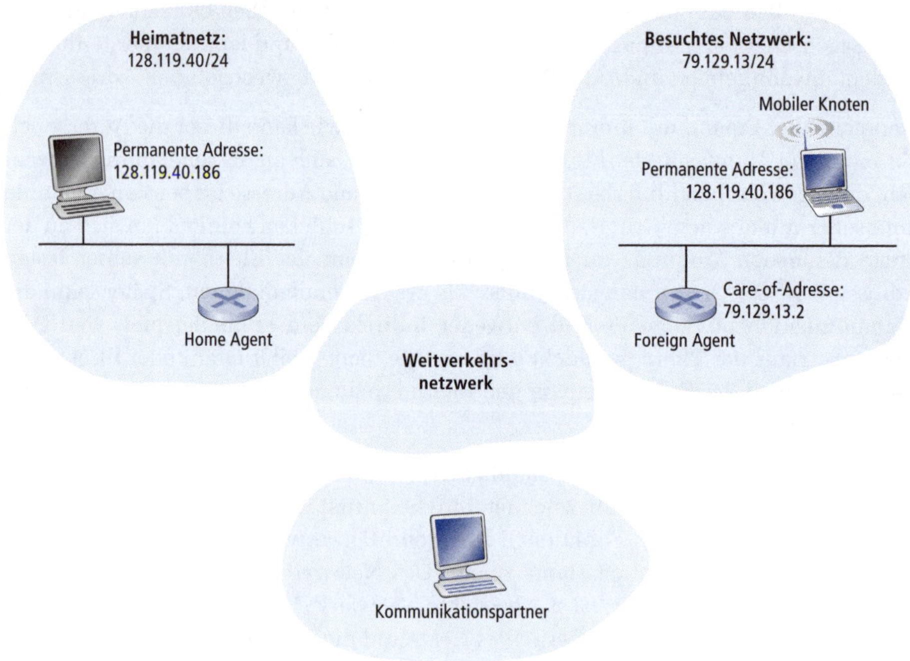

Abbildung 6.21: Wesentliche Elemente einer mobilen Netzwerkarchitektur

den korrekten Pfad für das Routen von Datagrammen zur permanenten Adresse des mobilen Knotens kennt; Abschnitt 4.4). Diese Nachbarn würden dann die Routing-Information als Teil der normalen Prozedur zur Aktualisierung dieser Informationen im ganzen Netzwerk verbreiten. Verlässt der mobile Knoten ein fremdes Netz und schließt sich an ein anderes an, würde dieses eine neue, wohldefinierte Route zum mobilen Knoten mitteilen und das alte Fremdnetz würde seine Routing-Information bezüglich des mobilen Knotens entfernen.

Dies löst sofort zwei Probleme, und zwar ohne bedeutende Änderungen an der bestehenden Netzwerkschicht. Andere Netzwerke kennen den Standort des mobilen Knotens und das Weiterleiten von Datagrammen an ihn ist einfach, da die Weiterleitungstabellen die Datagramme in das besuchte Netz befördern. Ein bedeutender Nachteil ist jedoch die Skalierbarkeit. Läge die Mobilitätsverwaltung in der Verantwortlichkeit der Netzwerkrouter, müssten diese für Millionen möglicher mobiler Knoten Einträge in ihren Weiterleitungstabellen verwalten und diese Einträge aktualisieren, wann immer sich diese Knoten bewegen. Einige weitere Nachteile werden in den Aufgaben am Ende dieses Kapitels behandelt.

Ein alternativer Ansatz (der sich in der Praxis durchgesetzt hat) besteht darin, die Mobilitätsfunktionalität aus dem Netzwerkkern an den Rand des Netzes zu verlagern – eine Herangehensweise, der wir in unserer Untersuchung der Internetarchitektur immer wieder begegnen. Ein natürlicher Weg, um dies zu erreichen, führt über das Heimatnetz des mobilen Knotens. Ganz ähnlich wie die Eltern die aktuelle Adresse ihres Kindes kennen, verfolgt der Home Agent im Heimatnetz des mobilen Knotens, in welchem Netz sich dieser gerade befindet. Ein Protokoll zwischen dem mobilen Knoten (oder einem Foreign Agent, der ihn repräsentiert) und dem Home Agent ist notwendig, um den Standort des mobilen Knotens zu aktualisieren.

Betrachten wir nun den Foreign Agent etwas ausführlicher. Der konzeptionell einfachste Ansatz, dargestellt in Abbildung 6.21, besteht darin, ihn auf dem Router im besuchten Netzwerk zu platzieren. Eine Aufgabe des Foreign Agent ist das Erstellen einer sogenannten **Care-of-Adresse** (**COA**, *Nachsendeadresse*) für den mobilen Knoten, wobei der Netzwerkteil der COA mit der des Fremdnetzes übereinstimmt. Zu einem mobilen Knoten gehören daher zwei Adressen: seine **permanente Adresse** (entsprechend der Heimadresse der Familie in unserem Beispiel) und seine COA, manchmal auch als **Foreign Address** *(fremde Adresse)* bezeichnet (sie entspricht der Adresse des Hauses, in dem der junge Erwachsene gegenwärtig wohnt). Dem Beispiel aus Abbildung 6.21 können wir entnehmen, dass die permanente Adresse des mobilen Knotens 128.119.40.186 lautet. Besucht dieser das Netz 79.129.13/24, lautet seine COA im Beispiel 79.129.13.2. Eine zweite Aufgabe des Foreign Agent besteht darin, den Home Agent darüber zu informieren, dass der mobile Knoten sich in seinem Netz (dem des Foreign Agent) befindet und die angegebene COA besitzt. Wir werden bald sehen, dass die COA verwendet wird, um Datagramme an den mobilen Knoten über seinen Foreign Agent „umzuleiten".

Obwohl wir die Funktionalität des mobilen Knotens und des Foreign Agent getrennt haben, sollte nicht unerwähnt bleiben, dass der mobile Knoten selbst ebenfalls die Verantwortung des Foreign Agent übernehmen kann. Zum Beispiel könnte der mobile Knoten eine COA im besuchten Netzwerk erhalten (etwa unter Verwendung eines Protokolls wie DHCP) und den Home Agent selbst über seine COA informieren.

6.5.2 Routing zu einem mobilen Knoten

Wir haben jetzt gesehen, wie ein mobiler Knoten eine COA erhält und wie der Home Agent über diese Adresse informiert werden kann. Aber dem Home Agent die COA mitzuteilen, löst nur einen Teil des Problems. Wie sollten Datagramme für den mobilen Knoten adressiert und weitergeleitet werden? Da nur dem Home Agent (und nicht allen Routern im ganzen Netz) der Standort des mobilen Knotens bekannt ist, genügt es nicht mehr, einfach ein Datagramm an die permanente Adresse des mobilen Knotens zu adressieren und es an die Netzwerkschichtinfrastruktur zu senden. Es muss mehr getan werden. Es gibt zwei Ansätze, die wir als indirektes und direktes Routing bezeichnen.

Indirektes Routing zu einem mobilen Knoten

Betrachten wir zuerst einen Kommunikationspartner, der ein Datagramm an einen mobilen Knoten senden will. Beim **indirekten Routing** adressiert er das Datagramm einfach an die permanente Adresse des mobilen Knotens und schickt es ab. Er weiß nicht, ob sich der mobile Knoten in seinem Heimatnetz oder in einem anderen Netz befindet. Die Mobilität ist daher für den Kommunikationspartner völlig transparent.

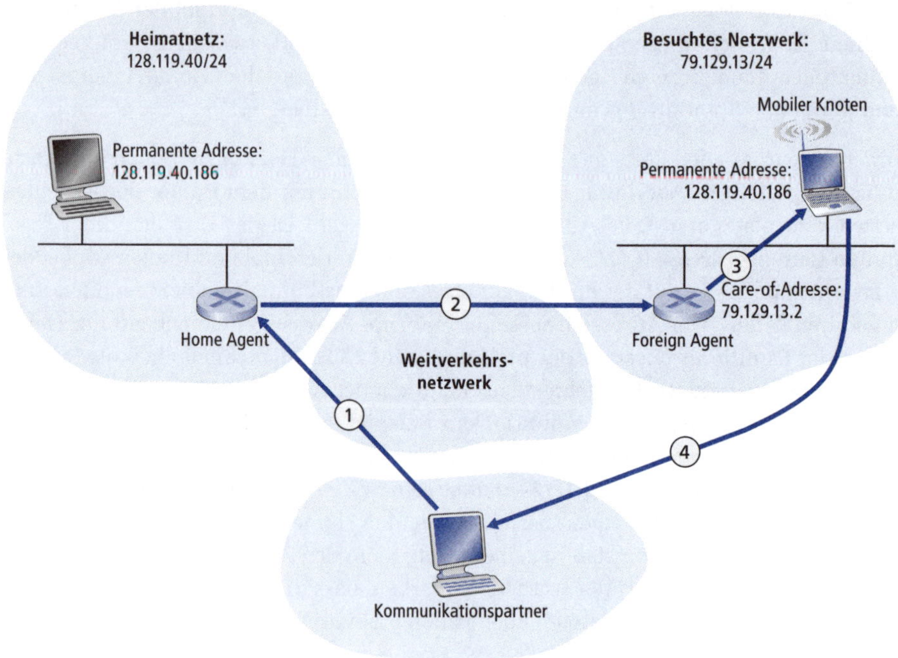

Abbildung 6.22: Indirektes Weiterleiten an einen mobilen Knoten

Die Datagramme werden zuerst auf die übliche Weise an das Heimatnetz des mobilen Knotens geroutet. Dies ist in Schritt 1 von ▶Abbildung 6.22 erläutert.

Wenden wir uns nun dem Home Agent zu. Zusätzlich zur Verantwortung, sich mit einem Foreign Agent auszutauschen, um die COA des mobilen Knotens zu verfolgen, hat der Home Agent eine weitere sehr wichtige Funktion. Seine zweite Aufgabe besteht darin, nach ankommenden Datagrammen Ausschau zu halten, die an Knoten adressiert sind, deren Heimatnetz das des Home Agent ist, die sich aber gegenwärtig in einem anderen Netz befinden. Der Home Agent fängt diese Datagramme ab und leitet sie dann in einem zweistufigen Prozess an den mobilen Knoten weiter. Das Datagramm wird zunächst an den Foreign Agent gesendet, wobei die COA des mobilen Knotens verwendet wird (Schritt 2 in Abbildung 6.22). Es wird dann vom Foreign Agent an den mobilen Knoten weitergeleitet (Schritt 3 in Abbildung 6.22).

Es ist lehrreich, dieses Weiterleiten detaillierter zu betrachten. Der Home Agent muss das Datagramm mit der COA des mobilen Knotens adressieren, so dass es die Netzwerkschicht an das fremde Netz weiterleitet. Andererseits ist es wünschenswert, das Datagramm des Kommunikationspartners intakt zu lassen, da die Anwendung, die das Datagramm erhält, nicht wissen muss, dass das Datagramm über den Home Agent weitergeleitet wurde. Beide Ziele können erreicht werden, indem der Home Agent das ursprüngliche vollständige Datagramm des Kommunikationspartners in einem neuen (größeren) Datagramm verkapselt. Dieses größere Datagramm wird dann an die COA des mobilen Knotens geschickt. Der Foreign Agent, der die COA „besitzt", erhält und ent-

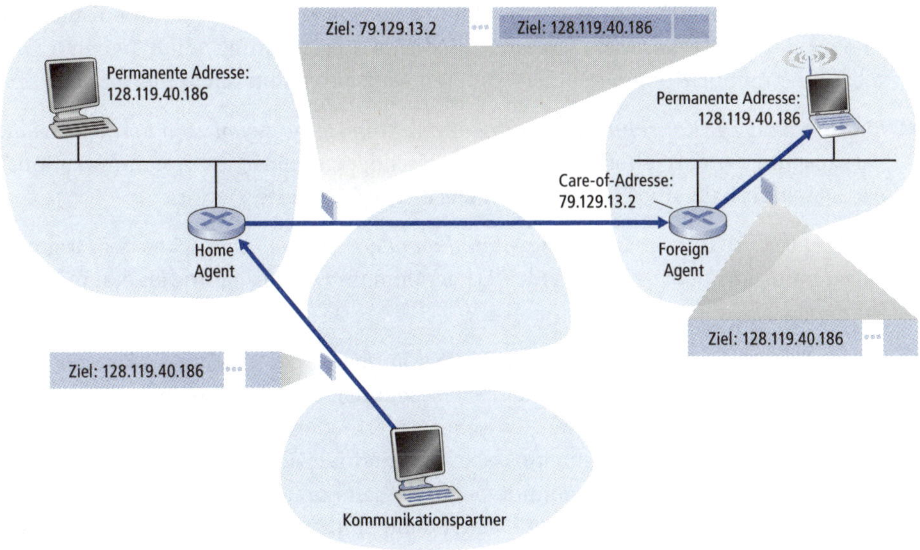

Abbildung 6.23: Verkapselung und Entkapselung

kapselt das Datagramm – d.h., er entfernt das Originaldatagramm des Kommunikationspartners aus dem größeren verkapselten Datagramm und leitet das Originaldatagramm an den mobilen Knoten weiter (Schritt 3 in Abbildung 6.22). ▶Abbildung 6.23 zeigt ein Originaldatagramm, das an das Heimatnetz gesendet wird, das verkapselte Datagramm, das an den Foreign Agent geschickt wird, und wieder das Originaldatagramm, das an den mobilen Knoten übergeben wird. Ein aufmerksamer Leser wird erkennen, dass die hier beschriebene Verkapselung/Entkapselung mit der Beschreibung von Tunneling identisch ist, wie wir es in Kapitel 4 im Zusammenhang mit IP-Multicasting und IPv6 kennengelernt haben.

Betrachten wir nun, wie ein mobiler Knoten Datagramme an einen Kommunikationspartner sendet. Dies ist ziemlich einfach, da der mobile Knoten sein Datagramm *direkt* an den Kommunikationspartner adressieren kann (wobei er seine eigene permanente Adresse als Quelladresse und die Adresse des Kommunikationspartners als Zieladresse verwendet). Da der mobile Knoten die Adresse des Kommunikationspartners kennt, gibt es keinen Grund, das Datagramm über den Home Agent zurückzurouten. Dies ist in Abbildung 6.22 als Schritt 4 dargestellt.

Beenden wir unsere Diskussion des indirekten Routings, indem wir die neue Funktionalität der Netzwerkschicht auflisten, die für die Unterstützung von Mobilität notwendig ist.

- *Ein Protokoll zwischen mobilem Knoten und Foreign Agent.* Der mobile Knoten meldet sich beim Foreign Agent an, sobald er sich an das fremde Netz anschließt. Ebenso teilt er dem Foreign Agent mit, wenn er das fremde Netz verlässt.
- *Ein Protokoll zwischen Foreign Agent und Home Agent.* Der Foreign Agent registriert die COA des mobilen Knotens beim Home Agent. Ein Foreign Agent muss die

Registrierung der COA nicht ausdrücklich rückgängig machen, wenn ein mobiler Knoten sein Netz verlässt. Die anschließende Registrierung einer neuen COA, sobald der mobile Knoten in einem anderen Netz ankommt, reicht hierfür aus.

- *Ein Protokoll zur Kapselung der Datagramme vom Home Agent zum Foreign Agent.* Verkapselung und Weiterleitung des Originaldatagramms des Kommunikationspartners innerhalb eines Datagramms, das an die COA adressiert ist.
- *Ein Protokoll zwischen Foreign Agent und mobilem Knoten.* Auspacken des Originaldatagramms aus dem verkapselnden Datagramm und Weiterleitung an den mobilen Knoten.

Die obige Diskussion liefert alle Bestandteile – Foreign Agent, Home Agent und indirekte Weiterleitung –, die ein mobiler Knoten benötigt, um eine laufende Verbindung aufrechtzuerhalten, während er sich zwischen verschiedenen Netzwerken bewegt. Als Beispiel, wie diese Teile zusammenpassen, nehmen wir an, dass der mobile Knoten sich gegenwärtig in Netzwerk A befindet, über dessen Foreign Agent eine COA bei seinem Home Agent registriert hat und Datagramme empfängt, die indirekt über seinen Home Agent weitergeleitet werden. Der mobile Knoten bewegt sich nun ins Netzwerk B, registriert sich bei dessen Foreign Agent, der den Home Agent über die neue COA des mobilen Knotens informiert. Von diesem Punkt an leitet der Home Agent Datagramme an Netzwerk B weiter. Soweit es den Kommunikationspartner betrifft, ist die Mobilität transparent – Datagramme werden sowohl vor als auch nach der Bewegung über denselben Home Agent weitergeleitet. Soweit es den Home Agent betrifft, gibt es keine Unterbrechung im Fluss der Datagramme – ankommende Datagramme werden zuerst an das fremde Netz A weitergeleitet; nach der Änderung der COA werden die Datagramme an Netz B weitergeleitet. Aber kann der mobile Knoten eine Unterbrechung in der Abfolge der Datagramme erkennen, während er die Netzwerke wechselt? Solange der Zeitraum zwischen dem Lösen der Verbindung des mobilen Knotens von Netzwerk A (wonach er keine Datagramme mehr über A erhalten kann) und dem Herstellen der Verbindung mit Netzwerk B (woraufhin eine neue COA bei seinem Home Agent registriert ist) kurz bleibt, gehen nur wenige Datagramme verloren. Wir haben in Kapitel 3 diskutiert, dass Ende-zu-Ende-Verbindungen aufgrund von Netzüberlast Datagramme verlieren können. Daher ist der gelegentliche Verlust eines Datagramms auf einer Verbindung, während sich ein Knoten zwischen Netzwerken bewegt, keineswegs ein katastrophales Problem. Wird verlustfreie Kommunikation benötigt, können sich die Mechanismen der höheren Schichten vom Datagrammverlust erholen, egal ob dieser durch Überlast oder durch die Mobilität des Benutzers verursacht wird.

Ein Ansatz mit indirektem Routing wird vom Standard „Mobile IP" verwendet [RFC 3344], den wir uns in Abschnitt 6.6 noch genauer ansehen werden.

Direktes Routing zu einem mobilen Knoten

Das in Abbildung 6.22 erläuterte indirekte Routing leidet unter einer Ineffizienz, bekannt als **Dreiecks-Routing-Problem** *(triangle routing problem)* – Datagramme, die an den mobilen Knoten adressiert sind, müssen zuerst an den Home Agent und dann an den

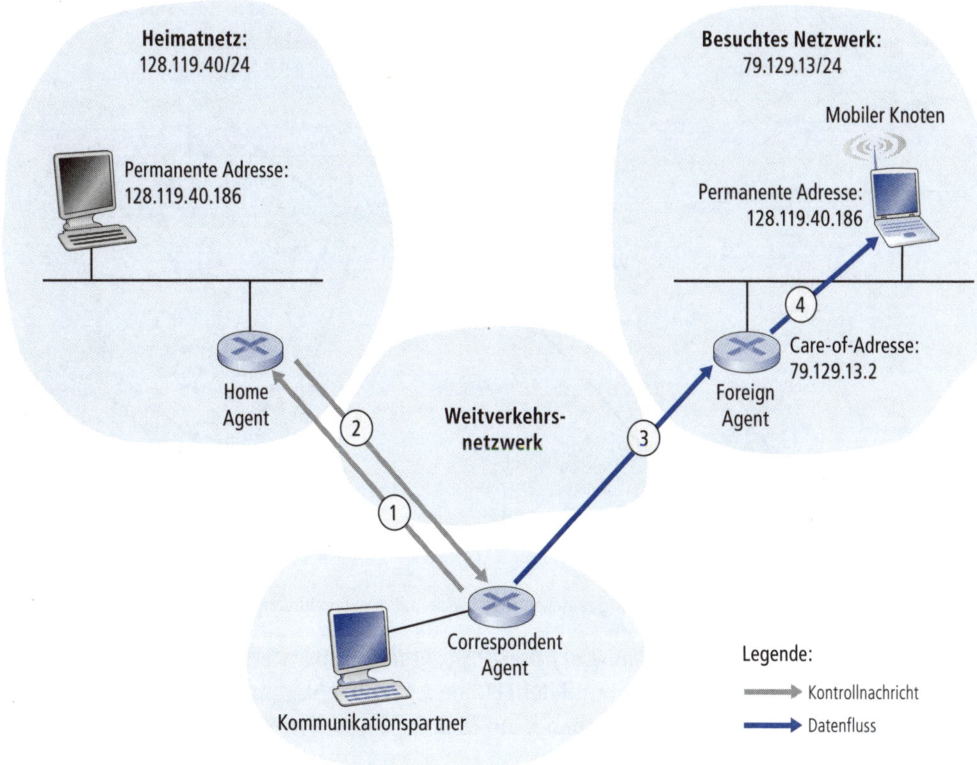

Abbildung 6.24: Direktes Routing an einen mobilen Benutzer

Foreign Agent geroutet werden, selbst wenn eine viel bessere Route zwischen dem Kommunikationspartner und dem mobilen Knoten existiert. Im schlechtesten Fall stellen wir uns einen mobilen Benutzer vor, der das fremde Netzwerk eines Kollegen besucht. Die beiden sitzen nebeneinander und tauschen Daten über das Netzwerk aus. Datagramme des Kommunikationspartners (in diesem Fall der Kollege des Besuchers) werden an den Home Agent des mobilen Benutzers und dann wieder zurück ins fremde Netz geroutet!

Direktes Routing überwindet diese Ineffektivität des Dreieck-Routings, allerdings zum Preis zusätzlicher Komplexität. Beim direkten Routing bringt zuerst ein **Correspondent Agent** im Netzwerk des Kommunikationspartners die COA des mobilen Knotens in Erfahrung. Dies ist möglich, indem er dessen Home Agent kontaktiert. Auch der Kommunikationspartner selbst kann diese Funktion übernehmen, genau wie ein mobiler Knoten die Funktion des Foreign Agent übernehmen kann. Dies stellt ▶ Abbildung 6.24 als Schritt 1 und 2 dar. Der Correspondent Agent des Kommunikationspartners tunnelt dann Datagramme direkt zur COA des mobilen Knotens, ähnlich wie das Tunneling, das der Home Agent durchführt, siehe Schritt 3 und 4 in Abbildung 6.24.

Während direktes Routing das Dreiecks-Routing-Problem überwindet, stellen sich dabei zwei wichtige zusätzliche Herausforderungen:

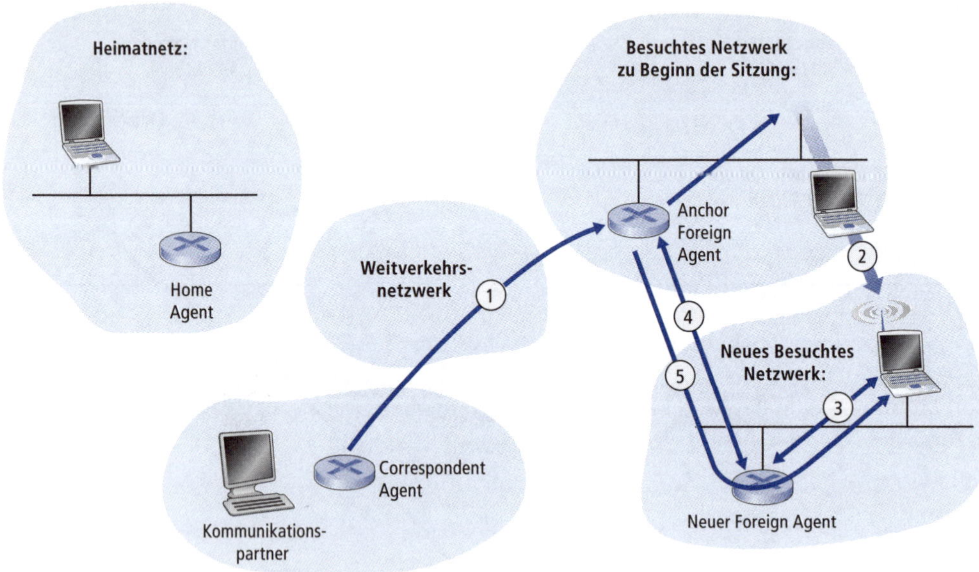

Abbildung 6.25: Mobile Übertragung zwischen Netzwerken mit direktem Routing

- Es wird ein ***Mobile-User-Location-Protokoll*** für die Kommunikation zwischen dem Correspondent Agent und dem Home Agent benötigt, mittels dem die COA des mobilen Knotens erfragt werden kann (Schritt 1 und 2 in Abbildung 6.24).
- Begibt sich der mobile Knoten von einem besuchten Netzwerk in ein anderes, wie werden dann Daten an das neue Netz weitergeleitet? Im Fall des indirekten Routings wurde dieses Problem einfach durch Aktualisieren der vom Home Agent verwalteten COA gelöst. Beim direkten Routing wird der Home Agent nur einmal, zu Anfang der Sitzung, vom Correspondent Agent des Kommunikationspartners nach der COA gefragt. Verändert sich diese, dann muss dieser Agent davon erfahren!

Eine Lösung wäre es, ein neues Protokoll zu spezifizieren, um den Kommunikationspartner über die sich ändernde COA zu informieren. Eine alternative Lösung, von der wir sehen werden, dass sie in der Praxis für GSM-Netzwerke übernommen wurde, sieht wie folgt aus. Nehmen wir an, dass Daten gegenwärtig an den mobilen Knoten in das Netz weitergeleitet werden, in dem er sich zu Beginn der Sitzung befunden hat (Schritt 1 in ▶Abbildung 6.25). Wir bezeichnen den Foreign Agent in diesem fremden Netz, in dem der mobile Knoten zuerst gefunden wurde, als den **Anchor Foreign Agent**. Wenn sich der mobile Knoten in ein neues Fremdnetz bewegt (Schritt 2 in Abbildung 6.25), registriert er sich beim neuen Foreign Agent (Stufe 3). Dieser liefert dem Anchor Foreign Agent die neue COA des mobilen Knotens (Stufe 4). Erhält der Anchor Foreign Agent ein verkapseltes Datagramm für einen ehemaligen mobilen Knoten, kann er das Datagramm erneut verkapseln und es mittels der neuen COA an den mobilen Knoten weiterleiten (Stufe 5). Bewegt sich dieser später in ein weiteres Fremdnetz, würde der Foreign Agent in diesem neuen besuchten Netz sich an den Anchor Foreign Agent wenden, um die Informationen für die Weiterleitung zu aktualisieren.

6.6 Mobile IP

Die Architektur und die Protokolle zur Unterstützung von Mobilität im Internet, gemeinsam als Mobile IP bezeichnet, werden vorwiegend in RFC 3344 für IPv4 definiert. Mobile IP ist ein flexibler Standard, der viele verschiedene Varianten unterstützt, etwa den Betrieb mit oder ohne Foreign Agent, verschiedene Möglichkeiten, mit denen sich Agents und mobile Knoten finden und erkennen können, die Verwendung einzelner oder mehrerer COAs und verschiedene Arten der Verkapselung von Datagrammen zwischen den Agenten.

Von daher ist Mobile IP ein komplexer Standard und es würde ein eigenes Buch erfordern, ihn ausführlich zu beschreiben; ein derartiges Werk ist [Perkins 1998b]. Unser bescheidenes Ziel hier liegt darin, einen Überblick der wichtigsten Aspekte von Mobile IP zu bieten und seinen Einsatz in einigen häufig auftretenden Fällen zu erläutern.

Die Architektur von Mobile IP enthält viele der Elemente, die wir oben genannt haben, darunter Home Agent, Foreign Agent, Care-of-Adresse und Verkapselung/Entkapselung. Der aktuelle Standard [RFC 3344] spezifiziert die Verwendung indirekten Routings zu mobilen Knoten.

Der Mobile-IP-Standard besteht aus drei wesentlichen Teilen:

- *Agent-Erkennung.* Mobile IP definiert die Protokolle, die von einem Home- oder Foreign Agent verwendet werden, um seine Dienste bei mobilen Knoten bekannt zu machen, und Protokolle für mobile Knoten, um die Dienste eines Foreign- oder Home Agent in Anspruch zu nehmen.
- *Registrierung beim Home Agent.* Mobile IP definiert die Protokolle, die vom mobilen Knoten und/oder dem Foreign Agent benutzt werden, um beim Home Agent die COA zu registrieren und abzumelden.
- *Indirektes Routing von Datagrammen.* Der Standard legt auch die Art und Weise fest, in der Datagramme durch einen Home Agent an mobile Knoten weitergeleitet werden, einschließlich der Regeln für das Weiterleiten von Datagrammen, Regeln für die Reaktion auf Fehler und mehrere Arten der Verkapselung [RFC 2003; RFC 2004].

Sicherheitsüberlegungen sind im gesamten Mobile-IP-Standard wichtig. Zum Beispiel ist es notwendig, einen mobilen Knoten zu authentifizieren, um sicherzustellen, dass ein böswilliger Netzwerkteilnehmer keine falschen Care-of-Adressen bei einem Home Agent registriert. Sonst würden alle an eine IP-Adresse adressierten Datagramme zu einem unberechtigten Benutzer umgeleitet. Mobile IP erreicht Sicherheit durch viele der Mechanismen, die wir in Kapitel 8 untersuchen werden, so dass wir in unserer unten folgenden Diskussion keine Sicherheitsaspekte ansprechen.

Agent Discovery

Ein Mobile-IP-Knoten, der in einem neuen Netz ankommt – unabhängig davon, ob er in sein Heimatnetz zurückkehrt oder irgendein anderes Netzwerk besucht –, muss die Identität des entsprechenden Foreign- oder Home Agent herausfinden. Tatsächlich ist es sogar das Entdecken eines neuen Foreign Agent mit einer neuen Netzadresse, das es der Netzwerkschicht eines mobilen Knotens ermöglicht, festzustellen, dass sich dieser nun in einem neuen Netzwerk befindet. Dieser Prozess wird als **Agent Discovery** bezeichnet. Es gibt dafür zwei Möglichkeiten: mittels Agent Advertisement oder mittels Agent Solicitation.

Beim **Agent Advertisement** macht ein Foreign- oder Home Agent seine Dienste über eine Erweiterung des existierenden Routererkennungsprotokolls bekannt [RFC 1256]. Der Agent sendet periodisch eine ICMP-Nachricht mit dem Typfeld 9 (Routererkennung) auf alle Links, mit denen er verbunden ist. Die Routererkennungsnachricht enthält die IP-Adresse des Agent, wodurch ein mobiler Knoten dessen IP-Adresse erfahren kann. Die Nachricht enthält außerdem eine sogenannte Mobility-Agent-Advertisement-Erweiterung, die zusätzliche Mobile-IP-bezogene Informationen beinhaltet. Zu den wichtigeren Feldern dieser Erweiterung zählen:

- *Home-Agent-Bit (H)*: zeigt an, dass der Agent ein Home Agent für das Netz ist, in dem er sich befindet.
- *Foreig-Agent-Bit (F)*: zeigt an, dass der Agent ein Foreign Agent für das Netz ist, in dem er sich befindet.
- *Registrierung-erforderlich-Bit (R)*: zeigt an, dass sich ein mobiler Benutzer in diesem Netz bei einem Foreign Agent registrieren muss. Insbesondere kann ein mobiler Benutzer keine Care-of-Adresse im Fremdnetz erhalten (beispielsweise mittels DHCP) und die Funktionalität des Foreign Agent selbst übernehmen, ohne sich vorher beim betreffenden Foreign Agent registriert zu haben.
- *M- und G-Verkapselungs-Bits.* Sie zeigen an, ob eine andere Form der Verkapselung als die IP-in-IP-Verkapselung verwendet wird.
- *Care-of-Adressen (COA).* Eine Liste von Care-of-Adressen, die vom Foreign Agent bereitgestellt werden. In unserem Beispiel weiter unten wird die COA vom Foreign Agent verwendet, um Datagramme zu empfangen, die er dann an den mobilen Knoten weiterleitet, der sich für diese COA registriert hat. Der mobile Benutzer wählt eine dieser Adressen als seine COA aus, sobald er sich bei seinem Home Agent registriert.

▶Abbildung 6.26 zeigt einige wesentliche Felder der Agent-Advertisement-Nachricht.

Bei **Agent Solicitation** kann ein mobiler Knoten, der Agenten kennenlernen will, ohne darauf zu warten, ein Agent Advertisement zu erhalten, eine Agent-Solicitation-Nachricht mittels Broadcast aussenden. Dies ist schlicht eine ICMP-Nachricht mit Typ 10. Ein Agent, der diese Nachricht erhält, sendet ein Agent Advertisement mittels Unicast direkt an den mobilen Knoten, der dann weitermachen kann, als ob er unaufgefordert eine Advertisement-Nachricht erhalten hätte.

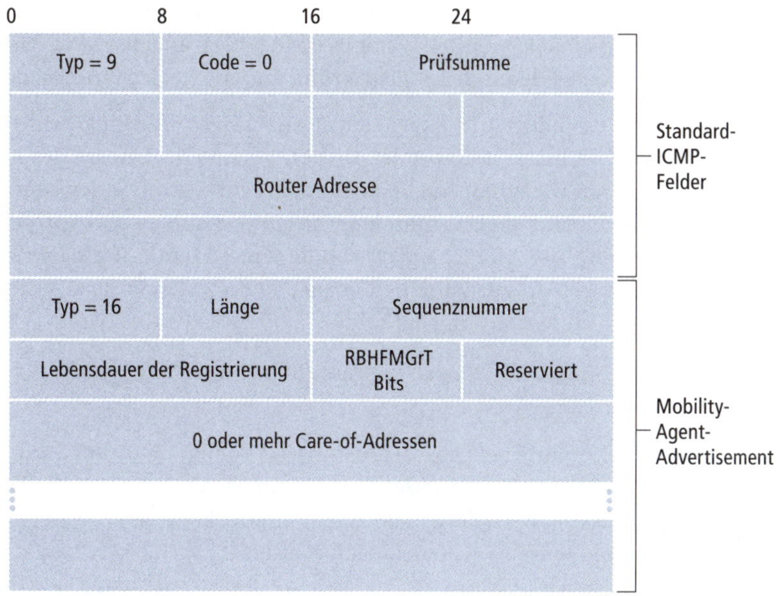

Abbildung 6.26: ICMP Router Discovery-Nachricht mit Mobility-Agent-Advertisement-Erweiterung

Registrierung beim Home Agent

Hat ein Mobile-IP-Knoten eine COA erhalten, muss diese Adresse beim Home Agent registriert werden. Dies kann entweder durch den Foreign Agent geschehen (der dann die COA beim Home Agent registriert) oder durch den Mobile-IP-Knoten selbst. Wir betrachten hier nur den ersten Fall. Er umfasst vier Schritte.

1. Nach dem Erhalt einer Foreign-Agent-Advertisement-Nachricht sendet ein mobiler Knoten eine Mobile-IP-Registrierungsnachricht an den Foreign Agent. Diese steckt in einem UDP-Datagramm und wird auf Port 434 übertragen. Die Registrierungsnachricht trägt eine COA, die vom Foreign Agent mitgeteilt wurde, die Adresse des Home Agent (HA – Home Address), die permanente Adresse des mobilen Knotens (MA – Mobile Address), die gewünschte Lebensdauer der Registrierung und eine 64 Bit lange Registrierungskennzeichnung. Die gewünschte Lebensdauer der Registrierung ist die Zeit in Sekunden, während der die Registrierung gültig sein soll. Wird die Registrierung innerhalb dieser Lebensdauer nicht erneuert, verfällt sie. Die Registrierungskennzeichnung hat die Eigenschaft einer Sequenznummer und dient dazu, eine eingetroffene Registrierungsantwort mit einer Registrierungsanfrage abzugleichen, wie wir später noch erörtern werden.

2. Der Foreign Agent erhält die Registrierungsnachricht und merkt sich die permanente IP-Adresse des mobilen Knotens. Der Foreign Agent weiß nun, dass er nach Datagrammen Ausschau halten muss, in denen ein Datagramm verkapselt ist, dessen Zieladresse mit der permanenten Adresse des mobilen Knotens übereinstimmt. Der Foreign Agent sendet dann eine Mobile-IP-Registrierungsnachricht (ebenfalls in einem UDP-Datagramm) über Port 434 an den Home Agent.

Diese Nachricht enthält die COA, die Adressen des Home Agent (HA) und die permanente Adresse des mobilen Gerätes (MA), das angeforderte Verkapselungsformat, die Lebensdauer der Registrierung und die Registrierungskennung.

3. Der Home Agent empfängt die Registrierungsnachricht und überprüft sie auf Authentizität und Richtigkeit. Er bindet die permanente IP-Adresse des mobilen Knotens an die COA. Die zukünftig beim Home Agent eintreffenden und an den mobilen Knoten adressierten Datagramme werden von nun an verkapselt und an die COA getunnelt. Der Home Agent sendet eine Mobile-IP-Registrierungsantwort, welche HA, MA, tatsächliche Lebensdauer der Registrierung und wiederum die Registrierungskennung enthält.

4. Der Foreign Agent erhält die Registrierungsantwort und leitet sie an den mobilen Knoten weiter.

An dieser Stelle ist die Registrierung abgeschlossen und der mobile Knoten kann unter seiner permanenten Adresse Datagramme empfangen. ▶Abbildung 6.27 illustriert diese Schritte. Beachten Sie, dass der Home Agent eine Lebensdauer festlegen kann, die kleiner ist als die vom mobilen Knoten angeforderte.

Ein Foreign Agent muss die Registrierung einer COA nicht ausdrücklich aufheben, wenn ein mobiler Knoten sein Netz verlässt. Dies wird automatisch erledigt, wenn der mobile Knoten in ein neues Netz eintritt (egal, ob in sein Heimatnetz oder irgendein anderes Netzwerk) und eine neue COA registriert.

Über die oben beschriebenen Situationen hinaus lässt der Mobile-IP-Standard viele zusätzliche Szenarien zu. Interessierte Leser verweisen wir auf [Perkins 1998b; RFC 3344].

6.7 Umgang mit Mobilität in zellularen Mobilfunknetzen

Nachdem wir uns damit befasst haben, wie mit Mobilität in IP-Netzen umgegangen wird, wollen wir unsere Aufmerksamkeit nun auf Netzwerke richten, die schon viel länger Mobilität unterstützen – zellulare Mobilfunknetze. Während wir uns in Abschnitt 6.4 auf den drahtlosen Link in zellularen Netzen konzentrierten, legen wir nun unseren Schwerpunkt auf Mobilität, wobei wir die GSM-Netzwerkarchitektur als unser Beispiel verwenden, denn es handelt sich um eine ausgereifte und weitverbreitete Technologie [Goodman 1997; Mouly 1992; Scourias 1997; Kaaranen 2001; Korhonen 2003]. Wie im Fall von Mobile IP werden wir erkennen, dass eine Reihe von Grundlagen, die wir in Abschnitt 6.5 kennengelernt haben, auch für die Netzwerkarchitektur von GSM gelten.

Wie Mobile IP verwendet GSM indirektes Routing (Abschnitt 6.5.2), wobei der Anruf des Kommunikationspartners zuerst an das Heimatnetz des mobilen Benutzers und von dort ins derzeit besuchte Netz geroutet wird. In der Terminologie von GSM wird das Heimatnetz des mobilen Benutzers als das **Home Public Land Mobile Network** (**Home-PLMN**) bezeichnet. Weil PLMN als Akronym etwas wuchtig ist, verwenden wir

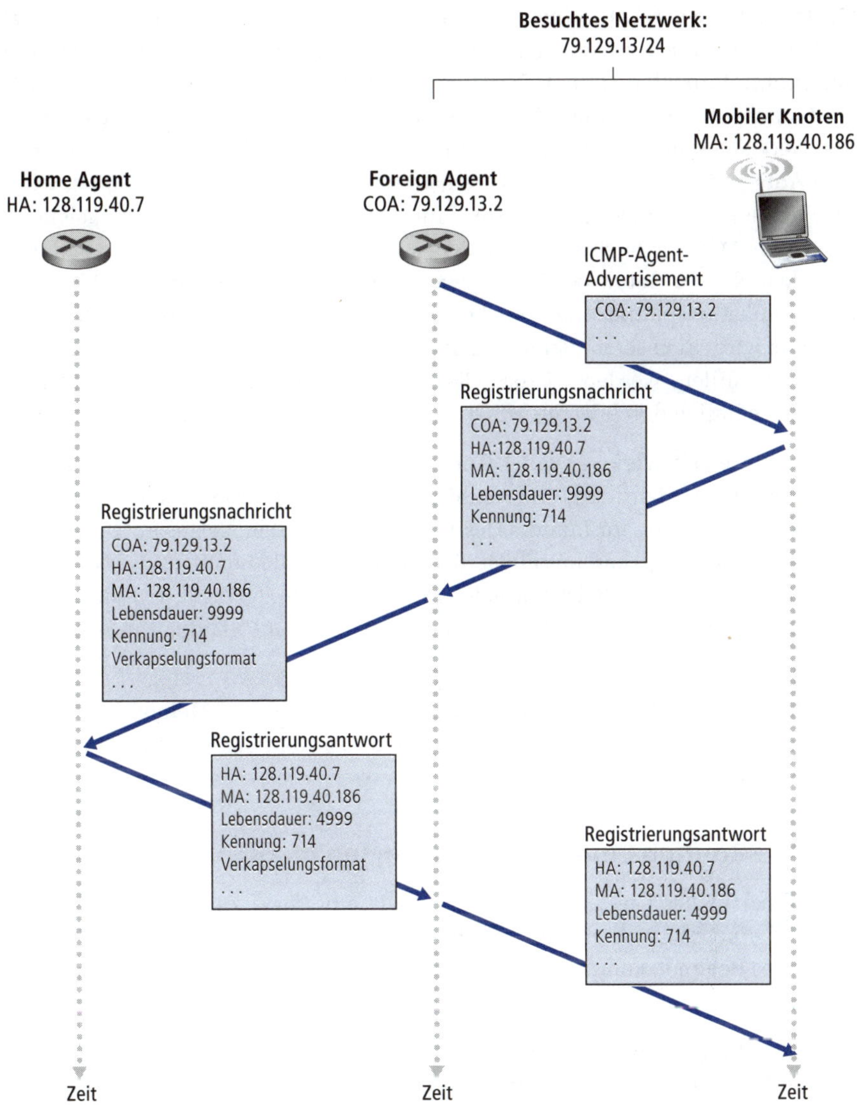

Abbildung 6.27: Agent Advertisement und Registrierung bei Mobile IP

statt GSM-Home PLMN einfach den Begriff **Heimatnetz**. Das Heimatnetz ist der Provider, mit dem der mobile Benutzer einen Vertrag abgeschlossen hat (d.h. der Provider, von dem der Benutzer monatlich seine Rechnung erhält). Das besuchte PLMN bezeichnen wir einfach als das **besuchte Netz**. Es ist das Netzwerk, in dem sich der mobile Benutzer gegenwärtig befindet.

Wie im Fall von Mobile IP sind die Verantwortlichkeiten von Heimatnetz und besuchtem Netz ziemlich verschieden.

- Das Heimatnetz verwaltet eine als **Home Location Register** (**HLR**) bezeichnete Datenbank, welche für jeden Kunden des Providers die (permanente) Mobiltelefonnummer und Profilinformation enthält. Das HLR enthält auch Informationen über den aktuellen Standort dieser Kunden. Wenn sich also ein mobiler Benutzer gegenwärtig im Netzwerk eines anderen Providers aufhält, besitzt das HLR genug Informationen, um eine Adresse im besuchten Netz zu erhalten (mithilfe eines Prozesses, den wir bald beschreiben werden), an die ein Anruf für den mobilen Benutzer weitergeleitet werden sollte. Wie wir noch sehen werden, wird ein spezieller Switch im Heimatnetz (mit dem Namen **Gateway Mobile Services Switching Center** (**GMSC**)) von einem Kommunikationspartner angesprochen, sobald ein Anruf an einen mobilen Benutzer gerichtet wird. In unserem Bemühen, den Buchstabensumpf nicht mit weiteren Akronymen zu füllen, werden wir das GMSC hier durch einen bildhafteren Ausdruck ersetzen, nämlich durch **Home-MSC**.
- Das besuchte Netzwerk verwaltet eine Datenbank, die als **Visitor Location Register** (**VLR**) bezeichnet wird. Das VLR enthält einen Eintrag für jeden mobilen Benutzer, der sich *gegenwärtig* im Inneren des vom VLR betreuten Netzes aufhält. VLR-Einträge kommen und gehen im selben Maß, in dem mobile Benutzer das Netz betreten und verlassen. Das VLR ist normalerweise dort untergebracht, wo sich auch das Mobile Switching Center (MSC) befindet, welches den Rufaufbau in und aus dem besuchten Netz koordiniert.

In der Praxis stellt das Mobilfunknetz eines Providers das Heimatnetz für seine Kunden und ein besuchtes Netz für mobile Benutzer dar, die Kunden eines anderen Mobilfunkproviders sind.

6.7.1 Das Routing eines Anrufes an einen mobilen Benutzer

Wir sind jetzt in der Lage, zu beschreiben, wie ein Anruf zu einem mobilen GSM-Benutzer in einem besuchten Netz durchgestellt wird. Wir betrachten unten zunächst ein einfaches Beispiel; kompliziertere Szenarien werden in [Mouly 1992] beschrieben. Die folgenden Schritte sind in ▶ Abbildung 6.28 dargestellt:

1. Der Kommunikationspartner wählt die Telefonnummer des mobilen Benutzers. Diese Nummer bezieht sich selbst nicht auf eine spezielle Telefonleitung oder einen besonderen Standort (schließlich ist die Telefonnummer fest und der Benutzer ist mobil!). Die führenden Ziffern in der Nummer genügen, um das Heimatnetz des Mobiltelefons weltweit zu identifizieren. Der Anruf wird vom Kommunikationspartner über das PSTN (Public Switched Telephone Network – das normale Telefonnetz) an das Home-MSC im Heimatnetz des mobilen Benutzers weitergeleitet. Dies ist der erste Teil des Anrufes.
2. Das Home-MSC erhält den Aufruf und befragt das HLR, um den Standort des mobilen Benutzers zu erfahren. Im einfachsten Fall gibt das HLR die **Mobile Station Roaming Number (MSRN)** zurück, die wir im Folgenden nur als **Roaming-Nummer** bezeichnen. Beachten Sie, dass sich diese Nummer von der permanenten Telefonnummer des Mobiltelefons unterscheidet, die nur im Heimat-

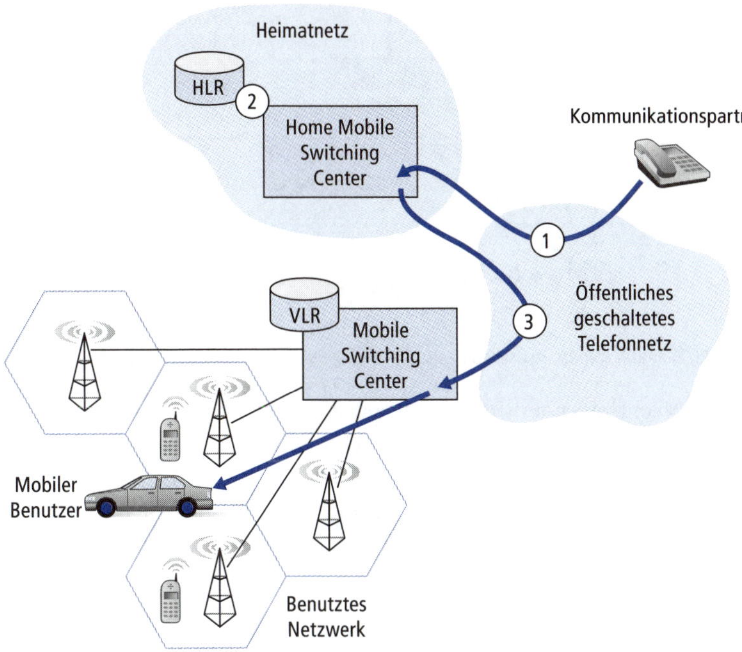

Abbildung 6.28: Anruf bei einem mobilen Benutzer: indirektes Routing

netz des Mobiltelefons gilt. Die Roaming-Nummer gilt nur kurzzeitig: Sie wird temporär einem Mobiltelefon zugewiesen, wenn dieses das besuchte Netz betritt. Die Roaming-Nummer hat eine ähnliche Aufgabe wie die Care-of-Adresse bei Mobile IP. Wie die COA ist sie für den Kommunikationspartner und das Mobiltelefon unsichtbar. Hat das HLR keine Roaming-Nummer, gibt es die Adresse des VLR im besuchten Netz zurück. In diesem Fall (den wir in Abbildung 6.28 nicht zeigen) muss das Home-MSC das VLR abfragen, um die Roaming-Nummer des mobilen Knotens zu erfahren. Aber wie erhält das HLR überhaupt die Roaming-Nummer oder die VLR-Adresse? Was geschieht mit diesen Werten, wenn sich der mobile Benutzer in ein anderes besuchtes Netz weiterbewegt? Wir werden uns bald mit diesen wichtigen Fragen befassen.

3. Ist die Roaming-Nummer bekannt, führt das Home-MSC den zweiten Teil des Anrufes durch, der durch das Netz zum MSC im besuchten Netzwerk führt. Der Anruf ist durchgestellt; er führt vom anrufenden Kommunikationspartner zum Home-MSC, von dort zum besuchten MSC und von dort zur momentanen Basisstation des mobilen Benutzers.

Eine ungelöste Frage in Schritt 2 ist, wie das HLR Informationen über den Standort des mobilen Benutzers erhält. Wird ein Mobiltelefon eingeschaltet oder in einen Teil eines besuchten Netzes bewegt, für den ein neues VLR zuständig ist, muss sich das Mobiltelefon beim besuchten Netz anmelden. Dies geschieht durch den Austausch von Signalisierungsnachrichten zwischen dem Mobiltelefon und dem VLR. Das besuchte VLR schickt im Gegenzug eine Standort-Aktualisierungs-Nachricht an das HLR des Mobil-

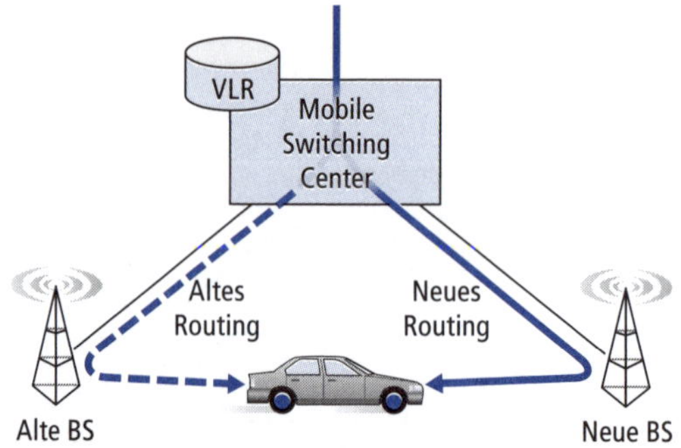

Abbildung 6.29: Handoff-Szenario zwischen Basisstationen mit einem gemeinsamen MSC

telefons. Diese Nachricht nennt dem HLR entweder die Roaming-Nummer, unter der das Mobiltelefon erreichbar ist, oder die Adresse des VLR (das dann später abgefragt werden kann, um die Roaming-Nummer zu erhalten). Als Teil dieses Austausches erhält das VLR zudem vom HLR Benutzerinformationen über das Mobiltelefon und bestimmt, welche Dienste (wenn überhaupt) dem mobilen Benutzer vom besuchten Netz angeboten werden sollen.

6.7.2 Handoff bei GSM

Ein **Handoff** *(Übergabe)* tritt auf, wenn eine mobile Station während eines Anrufes von einer Basisstation zu einer anderen wechselt. Wie in ▶Abbildung 6.29 dargestellt, wird der Anruf eines Mobiltelefons anfangs (vor dem Handoff) über eine Basisstation an das Mobiltelefon weitergeleitet (die wir als die alte Basisstation bezeichnen). Nach dem Handoff erfolgt das Weiterleiten an das Mobiltelefon über eine andere Basisstation (die neue Basisstation). Beachten Sie, dass ein Handoff zwischen Basisstationen nicht nur dazu führt, dass das Mobiltelefon über eine neue Basisstation sendet bzw. empfängt, sondern auch dazu, dass der laufende Anruf von einer Switching-Station innerhalb des Netzes zur neuen Basisstation neu geroutet wird. Nehmen wir zu Beginn an, dass diese beiden Basisstationen, die alte und die neue, denselben MSC verwenden und dass das Weiterleiten in diesem MSC stattfindet.

Es können mehrere Gründe für Handoffs auftreten: (1) Das Signal zwischen der aktuellen Basisstation und dem Mobiltelefon kann sich so sehr verschlechtert haben, dass der Anruf Gefahr läuft, unterbrochen zu werden, oder (2) eine Zelle wird überlastet, wenn sie eine große Zahl von Anrufen bearbeiten muss. Diese Überlast kann dadurch verringert werden, dass die Zelle Mobiltelefone an weniger überfüllte benachbarte Zellen weiterreicht.

Während es mit einer Basisstation verbunden ist, misst ein Mobiltelefon periodisch die Stärke der Beacon-Signale sowohl seiner aktuellen Basisstation als auch die Signale aller nahe gelegenen Basisstationen, die es „hören" kann. Diese Messungen werden ein- oder zweimal je Sekunde der aktuellen Basisstation des Mobiltelefons gemeldet. Der Handoff bei GSM wird von der alten Basisstation aufgrund dieser Messungen, der aktuellen Last-

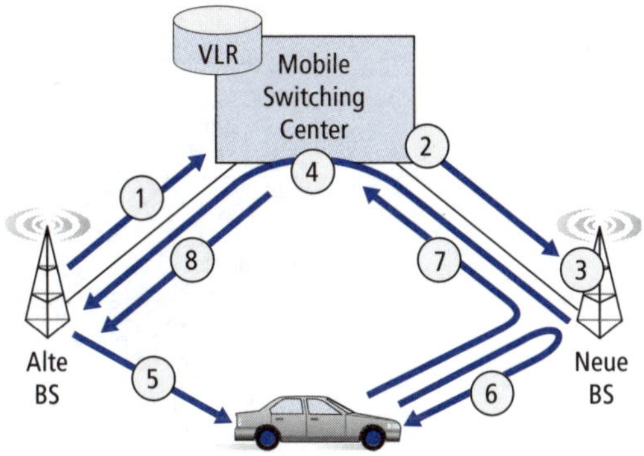

Abbildung 6.30: Schritte bei der Ausführung eines Handoffs zwischen Basisstationen mit gemeinsamem MSC

situation in nahe gelegenen Zellen und anderer Faktoren in die Wege geleitet [Mouly 1992]. Der GSM-Standard gibt allerdings nicht den genauen Algorithmus vor, den eine Basisstation benutzen sollte, um festzulegen, ob ein Handoff durchgeführt wird oder nicht.

▶Abbildung 6.30 stellt die Schritte dar, die durchgeführt werden, sobald sich eine Basisstation zum Handoff eines mobilen Benutzers entschließt:

1. Die alte Basisstation (BS) informiert das MSC, dass ein Handoff durchgeführt werden soll, und nennt die BS (oder möglicherweise eine Gruppe von BS), an die der Anruf übergeben werden soll.

2. Das MSC initiiert den Pfadaufbau zur neuen BS, allokiert die für den Anruf benötigten Ressourcen und teilt der neuen BS mit, dass ein Handoff bevorsteht.

3. Die neue BS allokiert und aktiviert einen Funkkanal, den das Mobiltelefon benutzen soll.

4. Die neue BS meldet dem MSC und der alten BS, dass der Pfad vom MSC zur neuen BS aufgebaut wurde und dass das Mobiltelefon über den bevorstehenden Handoff informiert werden sollte. Die neue BS stellt alle Informationen zur Verfügung, die das Mobiltelefon benötigt, um sich mit ihr zu verbinden.

5. Das Mobiltelefon wird darüber informiert, dass es einen Handoff durchführen sollte. Beachten Sie, dass bis zu diesem Punkt dem Mobiltelefon nicht bewusst ist, dass das Netzwerk die Vorarbeit für einen Handoff erledigt hat (z.B. einen Kanal in der neuen BS und einen Pfad vom MSC zur neuen BS einzurichten).

6. Das Mobiltelefon und die neue BS tauschen eine oder mehrere Nachrichten aus, um den neuen Kanal vollständig zu aktivieren.

7. Das Mobiltelefon sendet eine Nachricht an die neue BS, die an das besuchte MSC weitergeleitet wird. Die Nachricht signalisiert, dass der Handoff abgeschlossen ist. Das MSC leitet anschließend den laufenden Anruf über die neue BS an das Mobiltelefon weiter.

8. Die Ressourcen auf dem Pfad zur alten BS werden dann freigegeben.

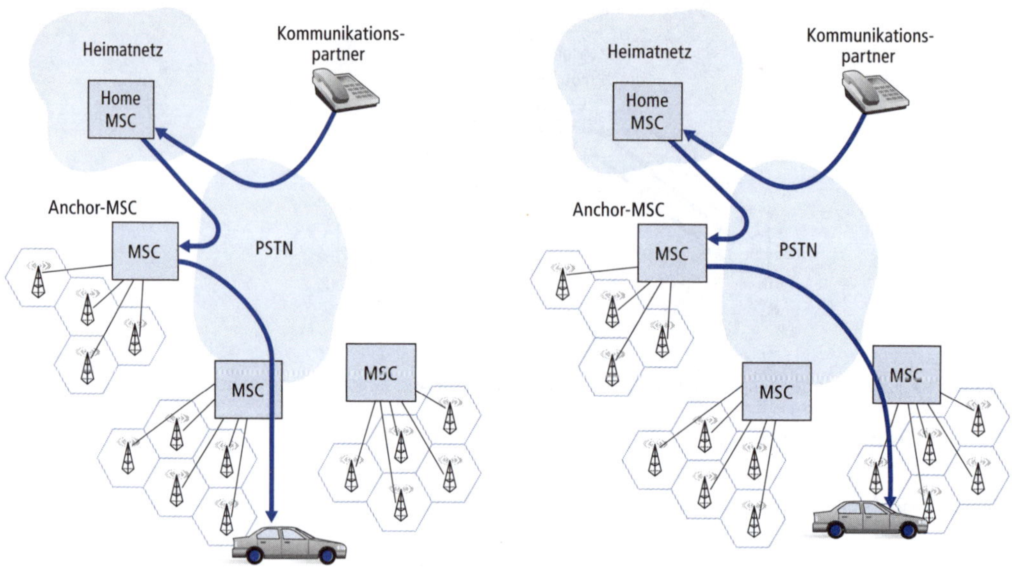

a vor Handoff b nach Handoff

Abbildung 6.31: Rerouting über das Anchor-MSC

Zum Abschluss unserer Diskussion zum Handoff betrachten wir eine Situation, bei der sich das Mobiltelefon zu einer BS bewegt, die mit einem anderen MSC als die alte BS verbunden ist. Wir beschreiben zudem, was geschieht, wenn dieser Inter-MSC-Handoff mehr als einmal auftritt. Wie ▶Abbildung 6.31 zeigt, definiert GSM den Begriff eines **Anchor-MSC** *(Anker-MSC)*. Das Anchor-MSC ist das MSC, das zum Zeitpunkt des Anrufbeginns für das Mobiltelefon zuständig ist. Es verändert sich nicht, solange der Anruf andauert. Unabhängig von der Zahl der Inter-MSC-Transfers, die vom Mobiltelefon durchgeführt werden, wird der Anruf vom Home-MSC zum Anchor-MSC weitergeleitet und dann von diesem zum derzeit besuchten MSC. Bewegt sich ein Mobiltelefon von einem MSC zu einem anderen, wird der laufende Anruf vom Anchor-MSC zum neuen besuchten MSC weitergeleitet, welches die neue Basisstation enthält. Dadurch gibt es jederzeit höchstens drei MSCs (Home-MSC, Anchor-MSC und das besuchte MSC) zwischen dem Kommunikationspartner und dem Mobiltelefon. Abbildung 6.31 illustriert das Routing eines Anrufes zwischen den MSCs, die von einem mobilen Benutzer besucht werden.

Statt einen einzelnen MSC-Hop vom Anchor-MSC zum aktuellen MSC zu verwalten, könnte ein alternativer Ansatz darin bestehen, die vom Mobiltelefon besuchten MSC einfach miteinander zu verketten. Dann würde das alte MSC jedes Mal den laufenden Anruf zum neuen MSC weiterleiten, sobald sich das Mobiltelefon zu einem anderen MSC weiterbewegt. Eine derartige MSC-Kette kann tatsächlich in IS-41-Mobilfunknetzen auftreten, zusammen mit einem optionalen Pfadminimierungsschritt, um das MSC zwischen dem Anchor-MSC und dem aktuellen besuchten MSC zu beseitigen [Lin 2001].

GSM	Kommentare zum GSM-Element	Mobile IP
Heimatnetz	Netzwerk, zu dem die permanente Telefonnummer des mobilen Benutzers gehört	Heimatnetz
Gateway Mobile Switching Center oder einfach Home-MSC, Home Location Register (HLR)	Home-MSC: Anschlusspunkt, um die routbare Adresse des mobilen Benutzers zu erhalten HLR: Datenbank im Heimsystem, die die permanente Telefonnummer, Profilinformation, den aktuellen Standort des mobilen Benutzers und Kundeninformation enthält	Home Agent
Besuchtes Netzwerk	Ein anderes Netzwerk als das Heimatnetz, in dem sich der mobile Benutzer gegenwärtig aufhält	Besuchtes Netzwerk
Besuchtes Mobile Service Switching Center, Visitor Location Register (VLR)	Besuchtes MSC: verantwortlich für Anrufe zu/von mobilen Knoten in mit MSC verbundenen Zellen VLR: temporärer Datenbankeintrag im besuchten System, enthält Kundeninformation für jeden besuchenden mobilen Benutzer	Foreign Agent
Mobile Station Roaming Number (MSRN) oder einfach Roaming-Nummer	Routbare Adresse für das Anrufsegment zwischen Home-MSC und besuchtem MSC, die weder für das Mobiltelefon noch für den Kommunikationspartner sichtbar ist	Care-of-Adresse

Tabelle 6.2: Gemeinsamkeiten zwischen Mobile IP und GSM-Mobilität

Runden wir unsere Diskussion des GSM-Mobilitätsmanagements mit einem Vergleich von GSM und Mobile IP ab. Der Vergleich in ▶ Tabelle 6.2 macht deutlich, dass zwar IP und Mobilfunknetze viele grundsätzliche Unterschiede aufweisen, sie aber dennoch eine überraschend große Zahl gemeinsamer funktionaler Elemente und allgemeiner Ansätze bei der Behandlung der Mobilität aufweisen.

6.8 Auswirkung von drahtloser Kommunikation und Mobilität auf Protokolle höherer Schichten

Dieses Kapitel hat gezeigt, dass sich drahtlose Netzwerke wesentlich von ihren leitungsgebundenen Gegenstücken unterscheiden und das sowohl auf der Sicherungsschicht (als Folge der Eigenschaften drahtloser Kanäle mit Effekten wie Fading, Mehrwegeausbreitung und Hidden Terminals) als auch auf der Netzwerkschicht (eine Folge mobiler Benutzer, die ihre Zugangspunkte ins Netz ändern). Gibt es aber wichtige Unterschiede auf der Transport- und Anwendungsschicht? Der Gedanke, dass die Unterschiede hier gering sind, erscheint naheliegend, da die Netzwerkschicht den oberen Schichten sowohl bei drahtlosen als auch bei leitungsgebundenen Netzen denselben Best-Effort-Zustelldienst bietet. Werden Protokolle wie TCP oder UDP verwendet, um Transportschichtdienste für Anwendungen in drahtlosen und leitungsgebundenen Netzwerken zu erbringen, sollte die Anwendungsschicht in ähnlicher Weise unverändert bleiben. In gewissem Sinn ist unsere Intuition richtig – TCP und UDP können über Netzwerke mit drahtlosen Links laufen (und werden dort tatsächlich auch häufig eingesetzt). Andererseits können Transportprotokolle im Allgemeinen und TCP im Besonderen auf drahtlosen und leitungsgebundenen Netzwerken in mancher Hinsicht sehr unterschiedliche Leistung zeigen. Schauen wir uns die Gründe dafür an.

Wie erwähnt überträgt TCP ein Segment erneut, das entweder verworfen oder auf dem Pfad zwischen Absender und Empfänger verfälscht wurde. Im Fall mobiler Benutzer kann Verlust entweder von Netzwerküberlast (Überlauf eines Routerpuffers) oder von Handoffs herrühren (z. B. von Verzögerungen beim erneuten Weiterleiten von Segmenten an den neuen Netzwerkzugangspunkt eines Mobiltelefons). In allen Fällen zeigt das Ausbleiben eines Empfänger-zu-Absender-ACK von TCP nur, dass ein Segment nicht intakt empfangen wurde. Der Absender ist sich nicht bewusst, ob das Segment aufgrund von Überlast, während eines Handoffs oder wegen erkannter Bitfehler verworfen wurde. In allen Fällen ist die Antwort des Senders die gleiche – das Segment wird erneut übertragen. Die Antwort der TCP-Überlastkontrolle ist in allen Fällen *ebenfalls* die gleiche – TCP verkleinert, wie in Abschnitt 3.7 besprochen, sein Congestion Window. Weil es unterschiedslos immer sein Fenster verkleinert, nimmt TCP also implizit an, dass ein Segmentverlust auf Überlast und nicht auf einem Bitfehler oder Handoff beruht. Wir haben in Abschnitt 6.2 gesehen, dass Bitfehler in drahtlosen Netzwerken viel häufiger auftreten als in leitungsgebundenen Netzwerken. Treten solche Fehler oder Handoff-Verluste auf, gibt es eigentlich gar keinen Grund für den TCP-Sender, sein Congestion Window zu verringern (und auf diese Weise seine Senderate zu vermindern). Tatsächlich kann es durchaus vorkommen, dass die Routerpuffer leer sind und Pakete auf dem Ende-zu-Ende-Pfad ungehindert von jeglicher Überlast fließen.

Wissenschaftler haben in den frühen bis mittleren 1990er Jahren erkannt, dass bei hohen Bitfehlerraten auf drahtlosen Links und angesichts der Möglichkeit von Handoff-Verlusten die TCP-Überlastkontrolle in einem drahtlosen Umfeld problematisch sein könnte. Es gibt für dieses Problem drei große Klassen von Lösungsansätzen:

- *Local Recovery (Lokale Wiederherstellung).* Local-Recovery-Protokolle sorgen dafür, dass Bitfehler dort behoben werden, wo sie auftreten, also auf dem individuellen drahtlosen Link. Auf diese Weise werden Verluste repariert, bevor sie Einfluss auf die TCP-Überlastkontrolle haben können. Beispiele sind das 802.11-ARQ-Protokoll, das wir in Abschnitt 6.3 untersucht haben, sowie ausgeklügeltere Ansätze, die sowohl ARQ als auch FEC verwenden [Ayanoglu 1995].

- *Erkennen von drahtlosen Links durch TCP.* Bei den Local-Recovery-Methoden ist dem TCP-Sender nicht bewusst, dass seine Segmente über einen drahtlosen Link laufen. Ein alternativer Ansatz besteht darin, dass TCP-Sendern und -Empfängern die Existenz eines drahtlosen Links mitgeteilt wird. Dadurch können sie zwischen Überlastverlusten im leitungsgebundenen Netz und Bitfehlern bzw. Verlusten auf dem drahtlosen Link unterscheiden und dann die Überlastkontrolle nur als Reaktion auf Verluste im leitungsgebundenen Netzwerkteil aufrufen. [Balakrishnan 1997] untersucht verschiedene TCP-Varianten unter der Annahme, dass Endsysteme diese Unterscheidung vornehmen können. [Wei 2004] befasst sich mit Methoden, um zwischen Verlusten auf leitungsgebundenen und drahtlosen Segmenten eines Ende-zu-Ende-Pfades unterscheiden zu können.

- Split-Connection-Verfahren *(Verfahren mit aufgeteilten Verbindungen)*. Bei diesem Ansatz [Bakre 1995] wird die Ende-zu-Ende-Verbindung zwischen dem mobilen Benutzer und dem anderen Endpunkt in zwei Verbindungen auf der Transportschicht geteilt: Eine reicht vom mobilen Host zum drahtlosen Access Point und eine verläuft von diesem zum anderen Kommunikationsendpunkt weiter (von dem wir hier annehmen, dass er leitungsgebunden ist). Die Ende-zu-Ende-Verbindung besteht damit aus der Verkettung eines drahtlosen Teiles und eines leitungsgebundenen Teiles. Bei der Transportschicht auf dem drahtlosen Segment kann es sich um eine Standard-TCP-Verbindung handeln [Bakre 1995] oder um ein speziell maßgeschneidertes Fehlerbehebungsprotokoll auf Basis von UDP. [Yavatkar 1994] untersucht die Verwendung eines Selective-Repeat-Protokolls auf der drahtlosen Verbindung. Messungen in [Wei 2006] deuten an, dass Verfahren mit aufgeteilten Verbindungen häufig in zellularen Netzwerken eingesetzt werden und dass sich durch ihren Einsatz tatsächlich bedeutende Verbesserungen erreichen lassen.

TCP auf drahtlosen Links konnten wir hier nur kurz anreißen. Wir empfehlen Ihnen, Details über diesen aktuellen Forschungsbereich in den Referenzen nachzulesen.

Nach den Transportschichtprotokollen wollen wir als Nächstes die Auswirkungen von drahtlosen Verbindungen und Mobilität auf Anwendungsschichtprotokolle untersuchen. Hier lautet eine wichtige Überlegung, dass drahtlose Links oft nur relativ geringe Bandbreiten haben, wie wir in Abbildung 6.2 gesehen haben. Deswegen müssen Anwendungen, die über drahtlose Links, insbesondere über Links in zellularen Mobilfunknetzen, laufen, die Bandbreite als Mangelware behandeln. Zum Beispiel kann ein Webserver, der Inhalte für einen über ein 3G-Telefon angeschlossenen Webbrowser bereitstellt, wahrscheinlich nicht dieselben bildlastigen Inhalte anbieten, die er vielleicht einem Browser bieten würde, der über Kabel angebunden ist. Obwohl drahtlose Links Herausforderungen an die Anwendungsschicht stellen, erlaubt die dadurch ermöglichte Mobilität auch eine Vielzahl unterschiedlicher Anwendungen, die sich sowohl des Standortes als auch des Kontextes bewusst sind [Chen 2000]. Allgemeiner werden drahtlose und mobile Netzwerke eine Schlüsselrolle beim Realisieren allgegenwärtiger Computer-Umgebungen der Zukunft spielen [Weiser 1991]. Wir können ohne Weiteres sagen, dass wir bisher nur die Spitze des Eisberges gesehen haben, was den Einfluss drahtloser und mobiler Netzwerke auf vernetzte Anwendungen und ihre Protokolle angeht!

ZUSAMMENFASSUNG

Drahtlose und mobile Netzwerke haben das Fernsprechwesen revolutioniert und führen auch in der Welt der Computernetzwerke zu immer tiefgreifenderen Umwälzungen. Mit dem Zugang zur weltweiten Netzwerkinfrastruktur, der jederzeit, überall und ohne Hindernisse möglich ist, erlauben sie nicht nur allgegenwärtige Netzzugriffe, sondern auch interessante neue ortsabhängige Dienste. Angesichts der wachsenden Bedeutung drahtloser und mobiler Netzwerke haben wir in diesem Kapitel den Schwerpunkt auf die Grundlagen, die häufigsten Link-Technologien und Netzwerkarchitekturen gelegt, die drahtlose und zellulare Kommunikation unterstützen.

Zu Beginn des Kapitels haben wir zwei große Klassen von Herausforderungen unterschieden: solche, die durch die *drahtlose* Natur der Links entstehen, und jene, die von der *Mobilität* der Benutzer herrühren. Dies hat es uns ermöglicht, die wesentlichen Konzepte in beiden Bereichen besser zu isolieren, zu identifizieren und zu beherrschen.

Wir haben uns zunächst auf die drahtlose Kommunikation konzentriert, insbesondere (in **Abschnitt 6.2**) auf die Eigenschaften eines drahtlosen Links.

In den **Abschnitten 6.3** und **6.4** wurden dann die Sicherungsschichtaspekte von IEEE 802.11 (WLAN), von 802.16 (WiMAX) und von 802.15.1 (Bluetooth) sowie Internetzugänge über zellulare Mobilfunknetze betrachtet. Danach haben wir den Aspekt der Mobilität untersucht.

In **Abschnitt 6.5** haben wir verschiedene Formen der Mobilität mit unterschiedlichen Herausforderungen und Lösungen beschrieben. Die Lokalisierung eines mobilen Benutzers und das Routing zu ihm sowie Ansätze zum Handoff eines mobilen Benutzers, der sich dynamisch von einem Zugangspunkt im Netz zu einem anderen begibt, wurden als Nächstes besprochen.

Wir haben in den **Abschnitten 6.6** und **6.7** gelernt, wie diese Themen im Mobile-IP-Standard bzw. in GSM behandelt werden.

Schließlich haben wir in **Abschnitt 6.8** die Auswirkungen drahtloser Links sowie der Mobilität auf Transportschichtprotokolle und vernetzte Anwendungen diskutiert.

Obwohl wir ein ganzes Kapitel der Untersuchung drahtloser und mobiler Netzwerke gewidmet haben, würden wir ein ganzes Buch (oder mehr) benötigen, um dieses aufregende und sich schnell entwickelnde Gebiet abzudecken. Sie können tiefer in dieses Thema eintauchen, indem Sie die zahlreichen Referenzen dieses Kapitels lesen.

Aufgaben

Lösungshinweise

Verständnisfragen

ABSCHNITT 6.1

R1. Was bedeutet es, wenn man sagt, dass ein drahtloses Netzwerk im „Infrastrukturmodus" arbeitet? Welche alternative Betriebsart kennen Sie? Worin bestehen die Unterschiede?

R2. Welche vier Arten von drahtlosen Netzwerken haben wir in unserer Taxonomie in Abschnitt 6.1 genannt? Welche davon haben Sie schon einmal verwendet?

ABSCHNITT 6.2

R3. Worin liegen die Unterschiede zwischen den folgenden Arten von Störungen eines drahtlosen Kanals: schnelle Abnahme der Signalstärke, Mehrwegeausbreitung und Interferenz durch andere Quellen?

R4. Entfernt sich ein mobiler Knoten immer weiter von einer Basisstation, welche zwei Maßnahmen kann diese ergreifen, um sicherzustellen, dass die Verlustwahrscheinlichkeit eines übertragenen Rahmens nicht zunimmt?

ABSCHNITT 6.3

R5. Beschreiben Sie die Aufgaben der Beacon-Rahmen in 802.11.

R6. Richtig oder falsch? Bevor eine 802.11-Station einen Datenrahmen sendet, muss sie zuerst einen RTS-Rahmen senden und einen entsprechenden CTS-Rahmen erhalten.

R7. Warum werden Acknowledgments in 802.11, aber nicht bei leitungsgebundenem Ethernet verwendet?

R8. Richtig oder falsch? Ethernet und 802.11 verwenden dieselbe Rahmenstruktur.

R9. Beschreiben Sie, wie der RTS-Schwellwert funktioniert.

R10. Nehmen Sie an, dass die RTS- und CTS-Rahmen in IEEE 802.11 ebenso lang wären wie die Standard-Daten- und ACK-Rahmen. Gäbe es irgendeinen Vorteil bei der Benutzung der CTS- und RTS-Rahmen? Warum oder warum nicht?

R11. Abschnitt 6.3.4 diskutiert Mobilität in 802.11, wobei sich eine drahtlose Station von einer BSS zu einer anderen im selben Subnetz begibt. Wenn die APs mit einem Switch verbunden werden, muss ein AP bisweilen einen Rahmen mit einer gefälschten MAC-Adresse senden, damit der Switch nachfolgende Rahmen richtig weiterleitet. Warum?

R12. Welche Unterschiede bestehen zwischen einem Master eines Bluetooth-Netzes und einer Basisstation eines 802.11-Netzes?

R13. Richtig oder falsch: Bei WiMAX muss eine Basisstation an alle Knoten mit derselben Kanalgeschwindigkeit senden.

R14. Was ist in WiMAX mit „opportunistischem Scheduling“ gemeint?

R15. Wir haben in Abschnitt 6.3.2 gesehen, dass es zwei zentrale 3G-Standards gibt: UMTS und CDMA-2000. Diese beiden Standards stammen jeweils von welchen 2G- und 2,5G-Standards ab?

ABSCHNITT 6.5–6.6

R16. Wenn ein Knoten eine drahtlose Verbindung ins Internet hat, muss er dann mobil sein? Erläutern Sie Ihre Antwort. Nehmen Sie an, dass ein Benutzer mit einem Laptop durch sein Haus geht und auf das Internet immer über denselben Access Point zugreift. Ist dieser Benutzer aus Sicht des Netzwerkes mobil? Erläutern Sie Ihre Antwort.

R17. Worin besteht der Unterschied zwischen einer permanenten Adresse und einer Care-of-Adresse? Wer weist Letztere zu?

R18. Betrachten Sie eine TCP-Verbindung über Mobile IP. Richtig oder falsch? Die Phase des TCP-Verbindungsaufbaus zwischen dem Kommunikationspartner und dem mobilen Host erfolgt über das Heimatnetz des mobilen Hosts, aber die Phase der Datenübertragung findet direkt zwischen dem Kommunikationspartner und dem mobilen Host statt, unter Umgehung des Heimatnetzes.

ABSCHNITT 6.7

R19. Welchen Zweck erfüllen das HLR und das VLR in GSM-Netzwerken? Welche Elemente von Mobile IP ähneln dem HLR und dem VLR?

R20. Welche Aufgabe hat das Anchor-MSC in GSM-Netzwerken?

ABSCHNITT 6.8

R21. Welche drei Ansätze gibt es, um zu vermeiden, dass ein einzelner Mobilfunk-Link die Leistung einer Ende-zu-Ende-TCP-Verbindung der Transportschicht verschlechtert?

Übungsaufgaben

Lösungshinweise

P1. Betrachten Sie das Beispiel eines einzelnen CDMA-Senders in Abbildung 6.5. Welche Ausgabe würde der Sender (für die beiden abgebildeten Datenbits) generieren, wenn sein CDMA-Code (1, –1, 1, –1, 1, –1, 1, –1) lauten würde?

P2. Betrachten Sie Sender 2 in Abbildung 6.6. Was schickt der Sender auf den Kanal (bevor er auf das Signal von Absender 1 addiert wird)? Dies ist in der Abbildung mit $Z^2_{i,m}$ bezeichnet.

P3. Nehmen Sie an, dass der Empfänger in Abbildung 6.6 die Daten empfangen wollte, die von Sender 2 verschickt werden. Zeigen Sie (durch Berechnung), dass der Empfänger tatsächlich in der Lage ist, die Daten von Sender 2 aus dem Signal im Gesamtkanal wiederherzustellen, indem er den Code von Sender 2 verwendet.

P4. Geben Sie für das Beispiel der beiden Sender und Empfänger ein Beispiel zweier CDMA-Codes, welche die Werte +1 und –1 enthalten und mit denen die beiden Empfänger die von den CDMA-Sendern stammenden ursprünglichen Bits nicht wiederherstellen können.

P5. Nehmen Sie an, dass es zwei ISPs gibt, die in einem Café WLAN-Netzwerkzugänge anbieten, wobei jeder ISP seinen eigenen AP aufstellt und seinen eigenen Block von IP-Adressen hat.

a. Nehmen Sie weiter an, dass zufällig beide ISPs ihren AP so konfiguriert haben, dass Kanal 11 benutzt wird. Bricht das 802.11-Protokoll in dieser Situation zusammen? Diskutieren Sie, was geschieht, wenn zwei Stationen, die mit verschiedenen ISPs verbunden sind, zur gleichen Zeit zu senden versuchen.

b. Nehmen Sie nun an, dass ein AP auf Kanal 1 und der andere auf Kanal 11 läuft. Wie ändern sich dadurch Ihre Antworten?

P6. In Schritt 4 des CSMA/CA-Protokolls beginnt eine Station, die erfolgreich ihren Rahmen übertragen hat, das CSMA/CA-Protokoll eines darauffolgenden zweiten Rahmens bei Schritt 2. Was könnten sich die Entwickler von CSMA/CA dabei gedacht haben, nicht sofort den zweiten Rahmen durch die Station senden zu lassen (sofern der Kanal als leer erkannt wurde)?

P7. Nehmen Sie an, dass eine 802.11b-Station so konfiguriert wird, dass der Kanal immer mit der RTS/CTS-Sequenz reserviert wird. Nehmen Sie an, dass diese Station Daten in einer Größe von 1.000 Byte übertragen will und alle anderen Stationen zu diesem Zeitpunkt nicht senden. Berechnen Sie die notwendige Zeit, um den Rahmen zu senden und das Acknowledgment zu erhalten, als Funktion von SIFS und DIFS sowie unter Vernachlässigung der Ausbreitungsverzögerung und unter der Annahme, dass keine Bitfehler auftreten.

P8. Betrachten Sie das Szenario in Abbildung 6.32, in dem es vier drahtlose Knoten gibt, A, B, C und D. Die Funkreichweite der vier Knoten wird durch die schattierten Ovale angedeutet. Alle Knoten benutzen dieselbe Frequenz. Sendet A, kann dies nur von B gehört bzw. empfangen werden; sendet B, können sowohl A als auch C dies hören bzw. empfangen; sendet C, hören bzw. empfangen sowohl B als auch D; wenn D sendet, kann nur C ihn hören bzw. empfangen.

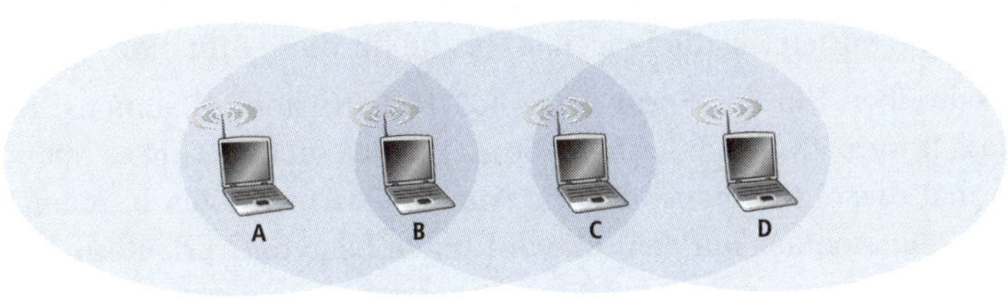

Abbildung 6.32: Szenario für Aufgabe P8

Nehmen Sie nun an, dass jeder Knoten einen unendlichen Vorrat an Nachrichten hat, den er an jeden anderen Knoten senden will. Ist das Ziel der Nachricht kein unmittelbarer Nachbar, muss die Nachricht weitergeleitet werden.

Will z.B. A an D senden, muss die Nachricht von A zunächst an B gehen, der sie danach an C schickt, welcher sie an D weiterleitet. Die Zeit ist in Schlitze eingeteilt, wobei die Übertragung einer Nachricht genau einen Schlitz benötigt, wie z.B. in Slotted ALOHA. Während eines Schlitzes kann ein Knoten eine der folgenden Aktionen durchführen: (i) eine Nachricht senden (etwa wenn ihm eine Nachricht vorliegt, die in Richtung D weiterzuleiten ist); (ii) eine Nachricht empfangen (wenn genau eine Nachricht an ihn gesandt wird); (iii) schweigen. Wie üblich tritt eine Kollision auf, wenn ein Knoten mehr als ein Signal zur gleichen Zeit empfängt. In diesem Fall kann keines der Signale decodiert werden. Sie können hier davon ausgehen, dass es keine Fehler auf Bitebene gibt. Wird also genau eine Nachricht ausgesandt, wird sie innerhalb der Reichweite des Senders auch korrekt von allen empfangen.

a. Nehmen Sie nun an, dass ein allwissender Controller (d.h. einer, der den Zustand jedes Knotens im Netz kennt) jedem Knoten befehlen kann, zu tun, was auch immer er (der allwissende Controller) wünscht, beispielsweise eine Nachricht senden, eine Nachricht empfangen oder schweigen. Wie groß ist mit diesem Controller die maximale Rate, mit der eine Datennachricht von C nach A übertragen werden kann, vorausgesetzt, es gibt keine weiteren Nachrichten zwischen anderen Quelle-Ziel-Paaren?

b. Nehmen Sie nun an, dass A Nachrichten an B und D an C sendet. Wie groß ist die maximale Summe der Raten, mit denen Nachrichten von A nach B und von D nach C fließen können?

c. Nehmen Sie nun an, dass A Nachrichten an B und C an D sendet. Wie groß ist die maximale Summe der Raten, mit denen Nachrichten von A nach B und von C nach D fließen können?

d. Nehmen Sie nun an, dass die drahtlosen Links durch leitungsgebundene Links ersetzt werden. Beantworten Sie die Fragen (a) bis (c) für dieses Szenario.

e. Kehren wir zum drahtlosen Szenario zurück. Nehmen Sie an, dass für jede Nachricht, die von einer Quelle zum Ziel versandt wurde, eine ACK-Nachricht vom Ziel zur Quelle zurückgesandt wird (wie z.B. in TCP). Beantworten Sie die Fragen (a) bis (c) für diese Situation.

P9. Beschreiben Sie das Format des 802.15.1-Bluetooth-Rahmens. Sie müssen diese Informationen außerhalb dieses Buches suchen. Gibt es irgendetwas im Format dieses Rahmens, das die Anzahl aktiver Knoten in einem 802.15.1-Netz von sich aus auf acht aktive Knoten begrenzt? Erläutern Sie Ihre Antwort.

P10. Betrachten Sie das folgende idealisierte WiMAX-Szenario. Der Downstream-Teilrahmen (Abbildung 6.17) wird zeitlich in Schlitze untergliedert, wobei es N Downstream-Schlitze pro Teilrahmen gibt, die alle dieselbe zeitliche Länge aufweisen. Es gibt vier Knoten, A, B, C und D, die von der Basisstation aufgrund ihrer unterschiedlichen Entfernung mit verschiedenen Geschwindigkeiten von 10 Mbps, 5 Mbps, 2,5 Mbps und 1 Mbps auf dem Downstream-Kanal erreichbar sind. Die Basisstation hat an jeden der Knoten eine unendliche Datenmenge zu senden und kann in jedem beliebigen Zeitschlitz des Downstream-Teilrahmens an jeden der vier Knoten senden.

a. Wie groß ist die maximale Rate, mit der die Basisstation die Knoten erreichen kann, unter der Annahme, dass sie während jedes Zeitschlitzes an jeden beliebigen Knoten senden kann? Ist Ihre Lösung fair? Erläutern Sie Ihre Antwort und definieren Sie den Begriff fair.

b. Wenn die Fairness-Bedingung erzwungen wird, dass jeder Knoten in jedem Downstream-Teilrahmen dieselbe Datenmenge erhält, wie groß ist dann die durchschnittliche Übertragungsrate von der Basisstation (zu allen Knoten) während des Downstream-Teilrahmens? Erläutern Sie Ihre Antwort.

c. Nehmen Sie an, dass Fairness nun bedeutet, dass während des Teilrahmens jeder Knoten höchstens doppelt so viele Daten empfängt wie jeder andere Knoten. Wie groß ist dann während des Teilrahmens die durchschnittliche Übertragungsrate der Basisstation (zu allen Knoten)? Erläutern Sie Ihre Antwort.

P11. In Abschnitt 6.5 lautete eine Lösung, die es mobilen Benutzern erlaubt, ihre IP-Adressen zu behalten, während sie sich zwischen Netzen bewegen, dass ein Netz bei Ankunft des Benutzers eine Route zu diesem bekannt macht und die vorhandene Routing-Infrastruktur verwendet, um diese Information überall im Netz zu verbreiten. Wir haben erkannt, dass die Skalierbarkeit ein Problem dieser Lösung ist. Nehmen Sie an, dass, wenn sich ein mobiler Benutzer von einem Netz zu einem anderen begibt, das neue Netz eine bestimmte Route zum mobilen Benutzer bekannt macht, während das alte seine Route entfernt. Überlegen Sie, wie sich Routing-Information in einem Distanzvektor-Algorithmus ausbreiten würde (besonders für den Fall des Inter-Domain-Routing in Netzwerken, welche die gesamte Erde umspannen).

a. Werden andere Router in der Lage sein, Datagramme sofort an das neue Netz weiterzuleiten, sobald dieses beginnt, seine neue Route zu verbreiten?

b. Ist es möglich, dass verschiedene Router annehmen, dass sich der mobile Benutzer gerade in verschiedenen Netzwerken aufhält?

c. Diskutieren Sie die Größenordnung der Zeit, in der andere Router im Netz den Pfad zu den mobilen Benutzern lernen.

P12. Nehmen Sie an, dass der Kommunikationspartner in Abbildung 6.21 ebenfalls mobil ist. Skizzieren Sie die zusätzliche Netzwerkschichtinfrastruktur, die notwendig wäre, um das Datagramm vom ursprünglich betrachteten mobilen Benutzer zum (jetzt auch mobilen) Kommunikationspartner weiterzuleiten. Zeigen Sie die Struktur des Datagramms (der Datagramme) zwischen dem ursprünglichen mobilen Benutzer und dem (nun mobilen) Kommunikationspartner, analog zu Abbildung 6.22.

P13. Welche Auswirkungen hat bei der Verwendung von Mobile IP die Mobilität auf die Ende-zu-Ende-Verzögerung der Datagramme zwischen Quelle und Ziel?

P14. Betrachten Sie das Beispiel zur Verkettung von MSCs am Ende von Abschnitt 6.7.2. Nehmen Sie an, dass ein mobiler Benutzer die Netzwerke A, B und C – alle nicht seine Heimatnetze – durchquert und dass ein Kommunikationspartner eine Verbindung zum mobilen Benutzer aufbaut, wenn sich dieser im Netzwerk A befindet.

Listen Sie die Sequenz der Nachrichten sowohl zwischen Foreign Agent als auch zwischen Foreign Agent und Home Agent auf, während der mobile Benutzer von Netz A über Netz B in Netz C wandert. Nehmen Sie danach an, dass die MSCs nicht verkettet werden und der Kommunikationspartner sowie der Home Agent ausdrücklich über die Änderungen der Care-of-Adresse des mobilen Benutzers benachrichtigt werden müssen. Listen Sie in diesem zweiten Szenario die Sequenz der Nachrichten auf, die ausgetauscht werden müssen.

P15. Betrachten Sie zwei mobile Knoten, die ein fremdes Netz besuchen, das einen Foreign Agent besitzt. Ist es möglich, dass die beiden mobilen Knoten bei Mobile IP dieselbe Care-of-Adresse verwenden? Erläutern Sie Ihre Antwort.

P16. Erinnern Sie sich an unsere Diskussion bezüglich der Frage, wie das VLR die Information des HLR über den aktuellen Standort des mobilen Benutzers aktualisiert. Was sind die Vor- und Nachteile, wenn das HLR die MSRN erhält statt der Adresse des VLR?

Diskussion

D1. Listen Sie fünf Produkte auf, die heute am Markt sind und die eine Bluetooth- oder 802.15-Schnittstelle aufweisen.

D2. Ist in Ihrer Region ein 3G-Mobilfunkdienst verfügbar? Wie teuer ist er? Welche Anwendungen werden unterstützt?

D3. Welche Arten von Problemen haben Sie als Benutzer von IEEE 802.11 beobachtet? Wie könnte man die 802.11-Varianten entwickeln, um diesen Problemen zu begegnen?

D4. Durchsuchen Sie das Web, um Testeinsätze von WiMAX zu finden. Wie umfangreich waren diese Versuche? Welche Durchsätze wurden über welche Entfernungen erreicht? Mit wie vielen Benutzern?

D5. Durchsuchen Sie das Web, um den Einsatz von EVDO und HSDPA kennenzulernen. Welches hat sich bis heute am weitesten verbreitet? Wo?

Wireshark-Experimente

Auf der Begleit-Website dieses Lehrbuches finden Sie ein Wireshark-Experiment für dieses Kapitel, das 802.11-Rahmen aufzeichnet und untersucht, die zwischen einem drahtlosen Laptop und einem Access Point ausgetauscht werden.

Interview mit Charlie Perkins

Charles E. Perkins ist Nokia Fellow am Palo Alto Systems Research Center, einer Abteilung des Nokia Research Centers. Er beschäftigt sich mit mobilen drahtlosen Netzwerken und dynamischen Konfigurationsprotokollen. Er ist Herausgeber der Dokumente der Mobile-IP-Arbeitsgruppe der Internet Engineering Task Force (IETF). Außerdem ist Charles Autor und Koautor von Standards der mip4-, mip6-, manet-, dhc-, seamoby- (seamless moblity, *nahtlose Mobilität*) und autoconf-Arbeitsgruppen in der IETF sowie Herausgeber verschiedener ACM- und IEEE-Zeitschriften, die sich mit drahtlosen Netzwerken befassen. Bei Nokia ist er intensiv in die Forschung über Ad-hoc-Netzwerke, Skalierbarkeit und Leistungsfragen im Zusammenhang mit dem Internetzugang von Milliarden tragbarer Geräte eingebunden. Charles hat Bücher über Mobile IP sowie über Ad-hoc-Netzwerke verfasst und herausgegeben und schrieb eine Reihe von teils preisgekrönten Artikeln aus den Bereichen der mobilen Netzwerke, Ad-hoc-Netzwerke, Routenoptimierung für mobile Netzwerke, Ressourcenerkennung und automatischer Konfiguration tragbarer Computer. Er ist einer der Gründer der MobiHoc (einer der wichtigsten wissenschaftlichen Konferenzen im Bereich der drahtlosen Netzwerke) und wirkte dort als Vorsitzender der Gesamtkonferenz und Vorsitzender des Programmkomitees. Charles arbeitet im Internet-Architektur-Gremium der IETF, in verschiedenen Komitees des US-amerikanischen National Research Council sowie in mehreren technischen Bewertungsgremien des US Army Research Lab und des Schweizer MICS-Programms.

Warum haben Sie beschlossen, sich auf drahtlose Geräte und Mobilität zu spezialisieren?

Mein Engagement im Bereich drahtlose Netzwerke und Mobilität war eine natürliche Folge meiner Mitarbeit an Projekten bei IBM Research Ende der 1980er Jahre. Wir hatten drahtlose Links zur Verfügung und versuchten, ein Gerät in der Art des „ThinkPad" (vergleichbar etwa mit einem Palm Pilot) mit drahtlosen Verbindungen und Handschriftenerkennung zu bauen.

Wir entwickelten eine einfache Lösung (die später „Mobile IP" genannt wurde) und stellten fest, dass sie funktionierte. Auf Basis unserer Erfahrung mit Mobile IP entwarfen wir eine schnelle und effektive Variante von RIP, die Ad-hoc-Netzbetrieb beherrschte. Sie funktionierte auch ziemlich gut. Mit „funktionsfähig" meine ich, dass die Anwendungen problemlos ohne Änderungen liefen und das Netz nicht wegen unserer neuen Entwicklungen zusammenbrach. Diese Merkmale heißen auch „Anwendungstransparenz" und „Skalierbarkeit".

Natürlich ist ein im Labor funktionierendes System etwas deutlich anderes als ein kommerziell erfolgreiches Produkt und diese beiden Technologien haben immer noch viel ungenutztes wirtschaftliches Potenzial.

Was war Ihre erste Stelle in der Computerbranche?

Ich arbeitete bei TRW Controls in Houston, Texas. Es war etwas drastisch anderes als das Studium an der Universität.

Bei TRW Controls lernte ich, wie schlecht die Unterstützungs-Software sogar für die wichtigsten Steuersysteme ist. Diese Systeme waren dazu gedacht, den Elektrizitätsfluss in riesigen Stromnetzen zu kontrollieren, doch die zugrunde liegende Software wurde auf eine Weise zusammengebastelt, dass einem die Haare zu Berge standen. Darüber hinaus waren die Zeitpläne immer eng und die Programmierer sprachen äußerst zynisch über die Ziele des Managements und ihre Arbeitsbedingungen.

Das ganze System hätte von Grund auf umgestaltet werden müssen. Ich glaube jedoch nicht wirklich, dass sich die Dinge in den letzten 30 Jahren geändert haben, insbesondere angesichts jüngster Ereignisse im Umfeld des Blackouts von 2003. Tatsächlich ist die Situation aufgrund der Deregulierung bestimmt noch schlimmer geworden.

Ich war sehr glücklich, als ich TRW Controls verlassen und bei Tektronix (Tek Labs) anfangen konnte.

Was ist der herausforderndste Teil Ihrer Arbeit?

Der herausforderndste Teil meiner Arbeit besteht darin zu verstehen, woran ich arbeiten sollte, um meiner Firma zu helfen. Außerdem betrachte ich es als Teil meiner Arbeit, die drahtlosen Technologien, mit denen ich in Kontakt komme, so zu verändern, dass sie bessere Dienste ermöglichen und den Menschen angenehmere tägliche Erfahrungen bieten. Das Geschäft meiner Firma besteht darin, Menschen zu verbinden („Connecting People") und ich hoffe, dazu beizutragen, dass diese Verbindungen so harmonisch und störungsfrei wie möglich verlaufen. Dies auf eine Weise zu machen, die auch das Gewinnpotenzial der von uns entwickelten Technologien maximiert, lässt jeden Tag zu einer neuen Herausforderung werden. Besonders im Bereich des Mobilfunks glaube ich, dass Sicherheitstechniken so entwickelt werden müssen, dass sie erwünscht und geschätzt werden (etwa wie ein Regenmantel), statt schwerfällig zu sein und abgelehnt zu werden (was heute meistens der Fall ist).

Auf einer viel technischeren Ebene, auf der ich mich eigentlich viel wohler fühle, versuche ich, Probleme mit Netzwerkprotokollen auf eine Weise zu lösen, die die geringsten Ansprüche an die drahtlosen Geräte (und ihre Batterien) stellt und den Benutzern die wenigsten Unannehmlichkeiten bereitet. Die Anbindung heutiger Mobiltelefone an das Internet mittels neuer drahtloser Hochgeschwindigkeitstechnologien ist technisch ungeheuer interessant und bietet ein unbegrenztes kommerzielles Potenzial für jene, die den richtigen Weg einschlagen können.

Wie sehen Sie die Zukunft der drahtlosen Kommunikation?

Die ganze Mobilfunkindustrie erlebt ungeheure Umwälzungen und ein Ende ist nicht in Sicht. Neue drahtlose Hochgeschwindigkeitstechnologien haben unvorhersehbare praktische Auswirkungen, die die Gesellschaft grundlegend verändern könnten. Unsere aktuellen Vorstellungen von Vertraulichkeit und die Beschränkungen unserer Fähigkeit, miteinander zu kommunizieren (über Stimme, Bild und Daten), könnten innerhalb von zehn Jahren nicht mehr wiederzuerkennen sein. In dem Maße, in dem Unternehmen mehr und mehr drahtlose Kommunikation einsetzen, ist es ziemlich wahrscheinlich, dass neue Sicherheitsvorkehrungen eingeführt werden, die die Situation an unseren Arbeitsplätzen bedeutend ändern.

Es scheint ziemlich deutlich, dass wir mehr Frequenzbänder haben werden, die verschiedenen Arten der Funkkommunikation zugeordnet sind. Diese könnte mit ziemlich hoher Geschwindigkeit ablaufen. Städte werden ihren Bürgern zunehmend drahtlose Hochgeschwindigkeitskommunikation zur Verfügung stellen; eine ganze Stadt könnte ein lokales Netzwerk werden. Eine Folge könnte sein, dass wieder ein Gemeinschaftsgefühl entsteht, das in unserer Gesellschaft, zumindest in den Vereinigten Staaten, schon vor langer Zeit verloren gegangen ist. Natürlich werden die Menschen immer noch Zugriff auf das Internet benötigen. Die Plattenkapazität wächst bei erschwinglichen Preisen so schnell, dass wir bereits in unseren Taschen die komplette Wikipedia sowie wahrscheinlich jede Telefonnummer auf der ganzen Welt herumtragen können, nicht zu vergessen die beispiellosen persönlichen Sammlungen von Büchern, Musik und Filmen.

Mobilkommunikation beschleunigt das Wachstum des Internets. In dem Maße, wie drahtlose Geräte immer billiger werden, werden wir überall Internetanbindung antreffen (etwa in Ohrringen, Multiplayer-Spielen und U-Bahn-Fahrkartenlesern). Dies regt zu neuen Anwendungen und neuen Sicherheitslösungen an.

Multimedia-Netzwerke

7

ÜBERBLICK

EINLEITUNG

»*Wir erleben im Internet zurzeit einen ungeheuren Boom von Audio- und Videoanwendungen. Hunderte von Sites – wie beispielsweise CCN, Rhapsody, Napster, MSN, AOL, Yahoo – stellen Audio- und Videoinhalte zur Verfügung. Häufig muss dabei der Inhalt nicht komplett heruntergeladen werden, bevor er angesehen oder angehört werden kann. Inhalte bereits während des Herunterladens abzuspielen, bezeichnet man als Streaming. YouTube und andere Sites zum Austausch von Videos ermöglichen es den Besuchern, auf Anfrage (on Demand) Videoclips zu betrachten, die von anderen Benutzern hochgeladen worden sind. Millionen Benutzer verwenden Skype regelmäßig zum Telefonieren und für Videokonferenzen. Und einige Fernsehsender bieten ihr Programm mittlerweile auch zusätzlich über das Internet an, wodurch jeder Internetbenutzer Fernsehprogramme anschauen kann, die aus allen Ecken der Welt stammen. Diese Explosion von Multimedia-Anwendungen im Internet ist in erster Linie ein Ergebnis der größeren Verbreitung von Breitband-Netzwerkzugängen in Privathaushalten und von drahtlosen Hochgeschwindigkeitszugängen (wie WLAN). Wie wir in Abschnitt 1.2 diskutiert haben, werden die Datenraten von Breitbandanschlüssen auch weiterhin wachsen, was die Verbreitung neuer und interessanter Multimedia-Anwendungen noch zusätzlich ankurbeln wird.*

Die Dienstanforderungen von Multimedia-Anwendungen unterscheiden sich erheblich von jenen der traditionellen elastischen Anwendungen, wie E-Mail, World Wide Web, Remote Login, Herunterladen von Dateien und File-Sharing (die wir in Kapitel 2 untersucht haben). Insbesondere sind Multimedia-Anwendungen, im Gegensatz zu den elastischen Anwendungen, hochempfindlich in Bezug auf die Ende-zu-Ende-Verzögerung und ihre Schwankungen. Sie können jedoch andererseits gelegentlichen Datenverlust tolerieren.

Wir beginnen dieses Kapitel in Abschnitt 7.1 mit einer Taxonomie von Multimedia-Anwendungen. Wir werden sehen, dass wir Multimedia-Anwendungen entweder als Streaming von gespeichertem Audio/Video, als Streaming von Live-Audio/Video oder als interaktives Echtzeit-Audio/Video klassifizieren können. Jede dieser Anwendungsklassen stellt andere Dienstanforderungen an das Netzwerk. In Abschnitt 7.2 untersuchen wir das Streaming von gespeichertem Audio/Video im Detail. Abschnitt 7.3 widmen wir der Untersuchung von Anwendungsschichttechniken, welche die Leistung von Multimedia-Anwendungen im heutigen Best-Effort-Internet verbessern können, und in Abschnitt 7.4 behandeln wir eine Reihe von Multimedia-Protokollen, die im heutigen Internet in Gebrauch sind. In Abschnitt 7.5 werden wir Mechanismen im Inneren der Netze untersuchen, anhand derer man eine Verkehrsklasse (z.B. verzögerungstolerante Anwendungen wie Multimedia) von einer anderen (z.B. elastische Anwendungen wie FTP) unterscheiden und diesen Verkehrsklassen unterschiedliche Dienste anbieten kann. Schließlich betrachten wir in Abschnitt 7.6 den Fall, in dem das Netzwerk den Anwendungen Leistungsgarantien machen muss – z.B. damit ein paketbasierter IP-Telefonanruf genauso gut und zuverlässig funktioniert wie einer über das leitungsvermittelte Telefonnetz. Wir werden sehen, dass dies die Einführung neuer Netzwerkmechanismen und Protokolle erfordert.«

7.1 Multimediale Netzwerkanwendungen

In unserer Diskussion der Dienstanforderungen von Anwendungen in Kapitel 2 haben wir mehrere Achsen gefunden, nach denen diese Anforderungen klassifiziert werden können. Zwei dieser Achsen – Verzögerungen und Toleranz gegenüber Datenverlust – sind besonders für netzbasierte Multimedia-Anwendungen von Bedeutung. Die Berücksichtigung von Verzögerungen ist wichtig, weil viele Multimedia-Anwendungen äußerst **empfindlich auf zu spät zugestellte Daten** reagieren. Wir werden in Kürze sehen, dass in vielen Multimedia-Anwendungen Pakete, die eine Sender-zu-Empfänger-Verzögerung von mehr als einigen Hundert Millisekunden erfahren, für den Empfänger im Grunde genommen unbrauchbar sind. Andererseits ist der Großteil der netzbasierten Multimedia-Anwendungen **verlusttolerant** – ein gelegentlicher Datenverlust verursacht nur eine kurzfristige Störung bei der Wiedergabe der Audio-/Videodaten, wobei diese in der Regel entweder kaum oder überhaupt nicht spürbar ist. Diese Merkmale der Verzögerungsempfindlichkeit und der Verlusttoleranz unterscheiden sich eindeutig von denen elastischer Anwendungen wie Web, E-Mail, FTP und Telnet. Bei diesen sind lange Verzögerungen unangenehm, aber nicht katastrophal, während die Vollständigkeit und Richtigkeit der übertragenen Daten von größter Wichtigkeit ist.

7.1.1 Beispiele für Multimedia-Anwendungen

Das Internet unterstützt eine große Vielfalt interessanter Multimedia-Anwendungen. In diesem Abschnitt betrachten wir drei große Klassen: Streaming von gespeichertem Audio/Video, Streaming von Live-Audio/Video und interaktives Audio/Video in Echtzeit.

In diesem Kapitel kümmern wir uns nicht um Download-and-Play-Anwendungen, bei denen z.B. eine MP3-Datei zuerst vollständig über eine P2P-Filesharing-Anwendung heruntergeladen und dann erst abgespielt wird. In der Tat sind solche Anwendungen elastische Anwendungen zur Datenübertragung ohne spezielle Anforderungen an die Verzögerung. Wir haben Datentransfer (HTTP und FTP) und P2P-Filesharing-Systeme bereits in Kapitel 2 untersucht.

Streaming von gespeichertem Audio und Video

In dieser Anwendungsklasse fordern Clients komprimierte Audio- oder Videodateien an, die auf Servern gespeichert sind. Tausende Sites bieten heute Streaming von gespeichertem Audio und Video, darunter CNN, Microsoft Video und YouTube. Diese Anwendungsklasse hat drei wesentliche Merkmale.

- *Gespeicherte Daten.* Der aufgezeichnete Multimedia-Inhalt wird auf einem Server gespeichert. Weil der Medieninhalt zuvor aufgezeichnet worden ist, kann der Benutzer ihn anhalten, vor- und zurückspulen oder durch den Inhalt springen. Der Zeitraum, der zwischen der Benutzeranforderung und dem Sichtbarwerden der Aktion am Client verstreicht, sollte in der Größenordnung von einer bis zehn Sekunden liegen, damit die Reaktionszeit akzeptabel bleibt.

Fallstudie

IPTV

Fernsehinhalte werden traditionell terrestrisch über Funk, hybride Glasfaser-Koaxialkabelnetze (HFC) und geostationäre Satelliten übertragen (Abschnitt 1.2). Heute, in der Epoche des Internets, gibt es jedoch ein ungeheures Interesse an IPTV – das heißt an der Verteilung von Fernsehinhalten über das Internet.

Eine der Herausforderungen von IPTV ist die immense Bandbreite, die besonders serverseitig erforderlich ist. Betrachten Sie zum Beispiel eine größere Sportveranstaltung, etwa ein Weltmeisterschaftsspiel, das über das Internet mittels eines einzelnen Servers an 100 Millionen Zuschauer gleichzeitig übertragen werden soll. Selbst wenn die Videorate bescheidene 1 Mbps beträgt, wäre die ungeheure Server-Bandbreite von 100 Terabit/Sekunde erforderlich! Daher ist die klassische Client-Server-Verteilung von Daten völlig indiskutabel. Wäre IP-Multicast im Internet weitverbreitet, wäre die Einführung von IPTV viel leichter. Eine andere Alternative besteht darin, das Video über ein Multicast-Overlay-Netzwerk zu verteilen, wie jene, die von Content Distribution Networks (CDNs) (Abschnitt 7.3) zur Verfügung gestellt werden.

Eine weitere Alternative ist die Peer-to-Peer-Verteilung von Daten, wobei jeder Peer, der einen Fernsehkanal erhält, auch bei der Verteilung des Kanals an andere Peers mitwirkt. Der vielleicht größte Reiz dieser Vorgehensweise besteht in den geringen Verteilungskosten: Liefern die einzelnen Peers gemeinsam genügend Upstream-Bandbreite, ist nur wenig Server-Bandbreite erforderlich (eventuell nur ein kleines Vielfaches der Videorate). Bei solch niedrigen Kosten könnte jeder, der eine Webcam besitzt, ein Live-Programm an Millionen Benutzer verteilen!

Bis heute sind eine Reihe von BitTorrent-artigen P2P-IPTV-Systeme erfolgreich zum Einsatz gekommen. Der Pionier auf diesem Gebiet, CoolStreaming, berichtete 2003 von mehr als 4.000 simultanen Benutzern [CoolStreaming 2005]. In jüngerer Zeit haben einige andere Systeme, darunter PPLive und ppstream, große Erfolge vermeldet, mit Zehntausenden gleichzeitiger Benutzer, die Video-Streams mit Datenraten zwischen 300 Kbps und 1 Mbps empfangen haben. Bei diesen BitTorrent-ähnlichen Systemen bilden die Peers ein dynamisches Overlay-Netzwerk und tauschen Videoblöcke mit ihren Nachbarn im Overlay-Netz aus. Es wird interessant sein, zu beobachten, wie sich IPTV über die nächsten fünf bis zehn Jahre entwickeln wird. Welche zugrunde liegende Technik wird zum Einsatz kommen: CDN, P2P oder eine Mischung aus beiden? Und wird ein nennenswerter Anteil der von Fußballfans 2014 die WM über das Internet verfolgen?

- *Streaming.* In einer Streaming-Anwendung für gespeicherte Medien beginnt ein Client normalerweise einige Sekunden nach Empfang der ersten Daten vom Server mit der Ausgabe. Dies bedeutet, dass der Client einen Teil der Audio- bzw. Videodatei abspielt, während er weitere Teile der Datei vom Server erhält. Durch diese Technik, das sogenannte **Streaming** *(Strömen)*, wird vermieden, vor Beginn der Ausgabe die ganze Datei herunterladen zu müssen (was möglicherweise zu einer sehr langen Wartezeit zu Beginn führen würde). Es gibt viele Multimedia-Streaming-Clients, beispielsweise den Real Player von RealNetworks [RealNetworks 2007], Apple QuickTime [QuickTime 2007] und Microsofts Windows Media Player [Microsoft Media Player 2007].

- *Kontinuierliche Ausgabe.* Sobald das Abspielen des Multimedia-Inhaltes begonnen hat, sollte es entsprechend der Geschwindigkeit der Aufnahme weitergehen. Deshalb müssen die Daten des Servers rechtzeitig vor ihrer Ausgabe vom Client empfangen werden, andernfalls erleben die Anwender frustrierende Verzögerungen, während neue Daten empfangen und gepuffert werden. Obwohl beim Streaming von gespeicherten Medien die Inhalte kontinuierlich abgespielt werden, sind die Anforderungen an die Ende-zu-Ende-Verzögerung doch weniger einschränkend als bei interaktiven Live-Anwendungen wie Internettelefonie und Videokonferenzen (siehe unten).

Streaming von Live-Audio und -Video

Diese Anwendungsklasse ähnelt traditionellen Radio- und Fernsehsendungen, allerdings findet die Übertragung im Internet statt. Solche Anwendungen ermöglichen es einem Benutzer, eine Radio- oder Fernseh-*Liveübertragung* zu empfangen, die in jeder beliebigen Ecke der Welt ausgesendet wird. (Zum Beispiel hört einer der Autoren dieses Buches unterwegs oft seinen bevorzugten Rundfunksender aus Philadelphia. Der andere Autor verfolgte regelmäßig Direktübertragungen der Spiele seines Basketballteams, während er ein Jahr lang in Frankreich lebte.) Diese Anwendungen werden oft als Internetradio und IPTV bezeichnet. Heute gibt es Tausende von Rundfunkstationen, die über das Internet senden und eine ganze Reihe von IPTV-Stationen (siehe auch den Kasten über IPTV).

Da bei diesen Anwendungen die Audio- und Videodaten nicht vorab vollständig vorliegen, kann ein Client keinen schnellen Vorlauf durch den Medieninhalt durchführen. Werden die empfangenen Daten jedoch lokal gespeichert, sind andere interaktive Operationen wie Pause und Rückspulen möglich. Live sendende Anwendungen werden oft von vielen Clients verfolgt, die alle dasselbe Audio-/Videoprogramm empfangen. Die Verteilung von Live-Audio/Video an viele Empfänger kann mittels der in Abschnitt 4.7 beschriebenen IP-Multicasting-Techniken effizient durchgeführt werden. Allerdings wird die Verteilung von Live-Audio oder -Video heute häufiger mittels Anwendungsschicht-Multicast (unter Verwendung von P2P-Techniken oder CDNs) oder durch separate Server-zu-Client-Unicast-Ströme durchgeführt. Wie beim Streaming von gespeicherten Multimedia-Inhalten ist eine kontinuierliche Ausgabe erforderlich, auch hier sind die Anforderungen weniger hoch als für interaktive Echtzeitanwendungen. Verzögerungen bis zu einem kleinen Vielfachen von zehn Sekunden zwischen dem Anfordern der Übertragung und dem Beginn des Abspielens werden toleriert.

Interaktives Audio und Video in Echtzeit

Diese Klasse von Anwendungen ermöglicht es Menschen, mittels Audio bzw. Video in Echtzeit miteinander zu kommunizieren. Interaktives Audio in Echtzeit über das Internet wird oft als **Internettelefonie** bezeichnet, weil es aus der Sicht des Anwenders dem traditionellen leitungsvermittelten Fernsprechdienst ähnelt. Die Internettelefonie ermöglicht die Realisierung von privaten Nebenstellenanlagen (PBX, *private branch exchange*) sowie Orts- und Ferngespräche zu äußerst geringen Kosten. Sie kann auch die Verbreitung neuer Dienste erleichtern, die von dem traditionellen leitungsvermittelten Telefonsystem nicht so einfach unterstützt werden können, etwa das Erkennen, ob ein Anwender anwesend ist, Gruppenkommunikation, Anruffilterung, Integration von webbasierten Anrufen und andere. Auf dem Markt sind eine ganze Reihe von Internettelefonieprodukten verfügbar. Zum Beispiel können Skype-Anwender PC-zu-Telefon- und PC-zu-PC-Telefongespräche führen. Mit interaktivem Video in Echtzeit, auch Videokonferenz genannt, kommunizieren Menschen sowohl visuell als auch verbal. Es sind bereits viele interaktive Echtzeitvideoprodukte für das Internet verfügbar, beispielsweise Microsoft NetMeeting, Skype Video und verschiedene Polycom-Produkte. Beachten Sie, dass bei einer interaktiven Echtzeit-Audio-/-Videoanwendung ein Benutzer jederzeit sprechen oder schweigen kann. In einer Konversation mehrerer Sprecher sollte die Verzögerung, die zwischen einem Ton oder einer Bewegung eines Sprechers und dem Moment, zu dem der empfangende Host dies hört bzw. sieht, nicht mehr als einige Hundert Millisekunden betragen. Bei Sprache werden Verzögerungen, die geringer als 150 Millisekunden sind, nicht von einem menschlichen Hörer wahrgenommen, Verzögerungen zwischen 150 und 400 Millisekunden sind akzeptabel, während Verzögerungen von mehr als 400 Millisekunden zu frustrierenden, wenn nicht sogar völlig unverständlichen Gesprächen führen.

7.1.2 Hürden für Multimedia im heutigen Internet

Wir haben oben erwähnt, dass das heute im Internet eingesetzte IP-Protokoll einen **Best-Effort-Dienst** für alle Datagramme erbringt, die darüber übertragen werden. Mit anderen Worten bemüht sich das Internet nach Kräften, jedes Datagramm vom Absender zum Empfänger zu übertragen, aber es macht keinerlei Versprechungen bezüglich der Ende-zu-Ende-Verzögerung für ein einzelnes Paket. Außerdem gibt der Dienst keinerlei Garantien für maximale Schwankungen der Paketverzögerung innerhalb eines Stromes von Paketen. Weil TCP und UDP über IP laufen, kann keines dieser Transportprotokolle einer Anwendung irgendwelche Verzögerungsgarantien geben. Weil es keine besonderen Anstrengungen gibt, Pakete rechtzeitig abzuliefern, ist es ein äußerst herausforderndes Problem, gute Multimedia-Netzwerkanwendungen für das Internet zu entwickeln. Nichtsdestoweniger ist Multimedia über das Internet äußerst erfolgreich. So ist zum Beispiel das Streaming von gespeichertem Audio/Video mit Verzögerungen der Benutzerinteraktion von fünf bis zehn Sekunden mittlerweile Alltag im Internet. Aber während der Hauptverkehrszeiten kann die Leistung unbefriedigend sein, besonders wenn Links zwischen Sender und Empfänger überlastet sind.

Internettelefonie und interaktives Echtzeit-Video sind ebenfalls weit verbreitet. So sind zum Beispiel regelmäßig zu jedem beliebigen Zeitpunkt mehr als sieben Millionen Skype-Benutzer online. Interaktive Sprache und Video in Echtzeit stellen hohe Anforderungen an Paketverzögerung und Paket-Jitter. **Paket-Jitter** bezeichnet die Veränderung der Paketverzögerungen innerhalb desselben Stromes von Paketen. Echtzeit-Übertragungen von Sprache und Video arbeiten hervorragend, solange genügend Bandbreite zur Verfügung steht und dadurch Verzögerung und Jitter minimal sind. Aber die Qualität kann sich unannehmbar verschlechtern, sobald der Echtzeit-Paketstrom auf einen einigermaßen überlasteten Link trifft.

Die Entwicklung von Multimedia-Anwendungen wäre viel einfacher, wenn es Internetdienste erster und zweiter Klasse gäbe, wobei Pakete erster Klasse nur in geringer Zahl auftreten und in Routerwarteschlangen bevorzugt abgearbeitet werden. Ein solcher Erste-Klasse-Dienst wäre für verzögerungsempfindliche Anwendungen hervorragend. Bis heute vertritt das Internet aber eher einen gleichmacherischen Standpunkt hinsichtlich der Paketbearbeitung in Routerwarteschlangen. Alle Pakete werden gleich behandelt. Keine Pakete, nicht einmal verzögerungsempfindliche Audio- und Videopakete, werden in der Routerwarteschlange bevorzugt bearbeitet. Ganz gleich, wie viel Geld Sie haben oder wie wichtig Sie sind, Sie müssen sich am Ende der Warteschlange einreihen! In der zweiten Hälfte dieses Kapitels untersuchen wir Architekturen, die mit dem Ziel entwickelt wurden, diese Einschränkung zu beseitigen.

Vorerst müssen wir mit dem Best-Effort-Dienst leben. Aber da uns die Einschränkungen bekannt sind, können wir ein paar Design-Entscheidungen treffen und einige Tricks anwenden, um die vom Benutzer wahrgenommene Qualität einer Multimedia-Netzwerkanwendung zu verbessern. Beispielsweise können wir Audio und Video über UDP senden und dadurch den geringen Durchsatz von TCP umgehen, während dieses seine Slow-Start-Phase beginnt. Wir können die Wiedergabe beim Empfänger um bis zu 100 Millisekunden oder mehr verzögern, um die Auswirkungen des vom Netzwerk hervorgerufenen Jitter zu verringern. Wir können Pakete beim Absender mit Zeitstempeln versehen, so dass der Empfänger weiß, wann die Pakete abgespielt werden sollen. Bei gespeichertem Audio/Video können wir Daten während der Wiedergabe im Voraus übertragen, sofern Speicher auf dem Client und zusätzliche Bandbreite zur Verfügung stehen. Wir können sogar redundante Informationen senden, um die Auswirkungen von Paketverlusten abzufedern. Viele dieser Techniken werden wir im Verlauf der ersten Hälfte dieses Kapitels untersuchen.

7.1.3 Wie sollte das Internet weiterentwickelt werden, um Multimedia besser zu unterstützen?

Es gibt heute eine heftige Debatte darüber, wie das Internet weiterentwickelt werden sollte, damit der Multimedia-Verkehr mit seinen hohen Anforderungen besser unterstützt wird. Auf der einen Seite argumentieren einige Forscher, dass grundlegende Änderungen am Internet vorgenommen werden sollten, so dass Anwendungen explizit Ende-zu-Ende-Bandbreite reservieren können, wodurch sie eine garantierte Leistung zwischen den Endpunkten erhalten. Eine **feste Garantie** bedeutet dabei, dass die Anwendung ihre angeforderte Dienstgüte (QoS, *Quality of Service*) sicher erhält. Eine **weiche Garantie** bedeutet, dass die Anwendung die angeforderte Dienstgüte mit hoher Wahrscheinlichkeit erhält. Diese Forscher sind der Ansicht, dass die Internettelefonieanwendung eines Benutzers, der zum Beispiel einen Anruf von Host A an Host B tätigen will, in der Lage sein sollte, auf jedem Link entlang der Route zwischen beiden Hosts explizit Bandbreite zu reservieren. Aber es Anwendungen zu erlauben, Reservierungen durchzuführen, und zu verlangen, dass das Netzwerk diese Reservierungen berücksichtigt, erfordert große Änderungen. Erstens brauchen wir ein Protokoll, das für die Anwendungen Link-Bandbreite auf dem Pfad von den Sendern zu den Empfängern reserviert. Als Zweites müssen wir die Behandlung der Pakete in den Routerwarteschlangen so verändern, dass die Bandbreitenreservierungen auch berücksichtigt werden können. Dann werden nicht mehr alle Pakete gleich behandelt. Vielmehr werden diejenigen bevorzugt, die mehr reservieren (und bezahlen). Drittens müssen die Anwendungen, damit ihre Reservierungen berücksichtigt werden, dem Netz eine Beschreibung des Verkehrs geben, den sie ins Netzwerk zu senden beabsichtigen. Das Netz muss dann den Verkehr jeder Anwendung überwachen, um sicherzustellen, dass diese sich an die Abmachung halten. Schließlich braucht das Netz noch eine Methode, mit der es entscheiden kann, ob für eine neue Reservierung überhaupt genügend Bandbreite zur Verfügung steht. Alle diese Mechanismen zusammen erfordern neue und komplexe Software auf den Hosts und den Routern sowie ganz neue Dienste. Wir behandeln diese Mechanismen ausführlich in Abschnitt 7.6.

Auf der anderen Seite argumentieren einige Wissenschaftler, dass es nicht notwendig sei, grundlegende Änderungen am Best-Effort-Dienst und den zugrunde liegenden Internetprotokollen vorzunehmen. Stattdessen befürworten sie einen Laissez-faire-Ansatz:

- Steigt der Bedarf, müssen die ISPs (sowohl Top-Tier- als auch Low-Tier-ISPs) ihre Netzwerke so anpassen, dass sie den Bedarf erfüllen können. Genau genommen müssen ISPs genug Bandbreite und Switching-Kapazität bieten, damit die Leistung hinsichtlich Verzögerung und Paketverlust innerhalb ihrer Netzwerke zufriedenstellend bleibt [Huang 2005]. Die ISPs erbringen dadurch ihren Kunden (den Benutzern und Kunden-ISPs) bessere Dienste, was wegen steigender Kundenzahlen und höheren Gebühren zu steigenden Einnahmen führt. Um sicherzustellen, dass Multimedia-Anwendungen sogar in Zeiten hoher Last geeignete Dienste in Anspruch nehmen können, kann ein ISP deutlich mehr Bandbreite und Switching-Kapazität bereithalten, als benötigt wird. Dies wird häufig als **Overprovisioning** bezeichnet. Mit geeigneten Vorhersagen über den Verkehr in Kombination mit Overprovisioning können weiche QoS-Garantien abgegeben werden.
- Content Distribution Networks (CDNs, *Netzwerke zur Verteilung von Inhalten*) replizieren gespeicherte Inhalte und platzieren Kopien an vielen Stellen am Rand des Internets. Da ein großer Teil des durch das Internet fließenden Verkehrs gespeicherte Inhalte sind (also Webpages, MP3-Dateien oder Videos), können CDNs das Verkehrsaufkommen im Inneren des Netzwerkes bedeutend verringern. Weiterhin erbringen CDNs Inhalteanbietern unterschiedliche Dienste: Inhalteanbieter, die für einen CDN-Dienst bezahlen, können ihre Inhalte schneller und effektiver liefern. Wir untersuchen CDNs weiter unten in diesem Kapitel, in Abschnitt 7.3.
- Um mit Live-Streaming-Verkehr, der gleichzeitig an Millionen Benutzer übertragen wird, zurechtzukommen (etwa der Übertragung einer Sportveranstaltung), können **Multicast-Overlay-Netzwerke** eingesetzt werden. Diese bestehen aus Hosts von Endanwendern und möglicherweise aus dedizierten Servern, die über das ganze Internet verstreut sind. Diese Hosts, Server und die logischen Links zwischen ihnen formen zusammen ein Overlay-Netzwerk, das den Verkehr via Multi-

cast (Abschnitt 4.7) von der Quelle zu Millionen Benutzern überträgt. Anders als IP-Multicast, bei dem die Multicast-Funktion von Routern auf der IP-Schicht durchgeführt wurde, führen Overlay-Netzwerke Multicast auf der Anwendungsschicht aus. Zum Beispiel könnte das Quellsystem den Strom an drei Overlay-Server senden. Diese übertragen den Strom jeweils an andere Overlay-Server und Hosts. Der Prozess setzt sich fort, wodurch über dem zugrunde liegenden IP-Netzwerk ein Verteilungsbaum entsteht. Durch die Verbreitung über Overlay-Netzwerke per Multicast kann die gesamte Verkehrslast im Internet, im Vergleich zur Verteilung der Daten mittels Unicast, reduziert werden.

Zwischen den beiden Lagern Reservierung und Laissez-faire gibt es noch ein drittes Lager – die Anhänger der Differentiated Services (DiffServ). Sie wollen relativ geringe Änderungen an Netzwerk- und Transportschicht durchführen und einfache Preis- und Überwachungsschemata am Rand des Netzwerkes einführen (also an der Schnittstelle zwischen dem Benutzer und seinem ISP). Der Grundgedanke besteht darin, einige wenige Verkehrsklassen einzuführen (möglicherweise nur zwei). Jeder dieser Klassen würde eine Datagrammart zugewiesen, die entsprechend ihrer Klasse in den Routerwarteschlangen unterschiedlich behandelt wird. Gleichzeitig müssten die Benutzer entsprechend der Klasse von Paketen, die sie ins Netz senden, unterschiedliche Preise für ihren Internetzugang bezahlen. Wir behandeln Differentiated Services in Abschnitt 7.5.

Diese drei verschiedenen Ansätze zur Behandlung von Multimedia-Verkehr – der klassische Best-Effort-Dienst, Differentiated Services und Dienstgütegarantien – werden in ▶ Tabelle 7.1 zusammengefasst und in den Abschnitten 7.3, 7.5 bzw. 7.6 diskutiert.

7.1.4 Audio- und Videokompression

Bevor Audio und Video über ein Computernetzwerk gesendet werden können, müssen sie digitalisiert und komprimiert werden. Der Grund der Digitalisierung ist offensichtlich: Computernetzwerke senden Bits, daher muss die gesamte übertragene Information durch eine Bitsequenz dargestellt werden. Kompression ist wichtig, weil unkomprimierte Audio- und Videodaten eine ungeheure Menge an Speicherplatz und Bandbreite verbrauchen – durch Entfernen inhärenter Redundanzen in digitalisierten Audio- und Videosignalen mittels Kompression kann die Datenmenge, die gespeichert und gesendet werden muss, um Größenordnungen verringert werden. Ein einzelnes Bild zum Beispiel, bestehend aus 1.024 mal 1.024 Pixel, die jeweils mit 24 Bit codiert werden (8 Bit für jede der Farben Rot, Grün und Blau), benötigt ohne Kompression einen Speicherplatz von 3 MB. Es würde sieben Minuten dauern, um dieses Bild über eine 64 Kbps-Verbindung zu senden. Wird das Bild mit einem moderaten Verhältnis von 10:1 komprimiert, sinken die Speicheranforderungen auf 300 Kbyte und auch die Übertragungszeit sinkt um den Faktor zehn.

Das Thema der Audio- und Videokompression hat enorme Bedeutung. Es handelt sich um ein seit über 50 Jahren aktives Forschungsgebiet und mittlerweile gibt es buchstäb-

Ansatz	Basis für Dienstgüte	Garantie	Heutige Verbreitung	Komplexität	Mechanismen
Best-Effort-Dienst optimal nutzen	keine	keine oder weich	überall	minimal	Unterstützung auf der Anwendungsschicht, CDN, Overprovisioning
Differentiated Services	Klassen von Datenströmen	keine oder weich	teilweise	mittel	Überwachung, Scheduling
Garantierte Dienstgüte	einzelne Datenströme	weich oder fest, sobald ein Datenstrom zugelassen wird	gering	hoch	Überwachung, Scheduling, Rufzulassung und Signalisierung

Tabelle 7.1: Drei Methoden zur Unterstützung von Multimedia-Anwendungen

lich Hunderte beliebter Techniken und Standards sowohl für die Audio- als auch für die Videokompression. Viele Universitäten bieten ganze Vorlesungen zu diesem Thema an. Daher beschränken wir uns auf eine kurze Einführung in das Thema.

Audiokompression im Internet

Ein sich stetig veränderndes analoges Audiosignal (das von gesprochener Sprache oder Musik herrühren könnte) wird normalerweise folgendermaßen in ein digitales Signal umgesetzt:

- Das analoge Audiosignal wird zuerst mit irgendeiner festen Rate abgetastet *(Sampling)*, beispielsweise 8.000 Samples pro Sekunde. Der Wert in jedem Abtastintervall ist eine beliebige reelle Zahl.
- Jedes Sample wird dann auf einen Wert gerundet, der einer endlichen Zahl von Werten entnommen wird. Diese Operation wird **Quantisierung** genannt. Die Anzahl dieser Werte – als Quantisierungswerte bezeichnet – ist normalerweise eine Potenz zur Zahl zwei, beispielsweise 256.
- Jeder Quantisierungswert wird durch eine feste Zahl von Bits dargestellt. Gibt es zum Beispiel 256 Quantisierungswerte, dann wird jeder Wert – und daher jedes Sample – durch ein Byte dargestellt. Jedes dieser Samples wird in seine binäre Darstellung umgewandelt. Die Binärdarstellungen aller Samples werden miteinander verkettet, um die digitale Darstellung des Signals zu bilden.

Wird als Beispiel ein analoges Audiosignal mit 8.000 Samples pro Sekunde abgetastet und jedes Sample mit 8 Bit quantisiert und dargestellt, dann hat das entstehende Digitalsignal eine Rate von 64.000 Bit pro Sekunde. Dieses Digitalsignal muss für die Wiedergabe in ein Analogsignal zurückkonvertiert – decodiert – werden. Das decodierte Analogsignal unterscheidet sich jedoch normalerweise vom ursprünglichen Audiosignal. Werden die Samplingrate und die Anzahl der Quantisierungswerte erhöht, dann wird das decodierte Signal dem Originalsignal immer ähnlicher. Dadurch gibt es eine klare Abwägung zwischen der Qualität des decodierten Signals und den Anforderungen an Speicher- und Bandbreitenbedarf des Digitalsignals.

Die eben beschriebene Codierungstechnik wird als **Pulscode-Modulation** (PCM) bezeichnet. Sprachcodierung verwendet oft PCM mit einer Samplingrate von 8.000 Samples pro Sekunde und 8 Bit pro Sample, was zu einer Rate von 64 Kbps führt. Audio-CDs verwenden ebenfalls PCM mit einer Samplingrate von 44.100 Samples pro Sekunde mit 16 Bit pro Sample. Dies ergibt eine Rate von 705,6 Kbps für Mono und 1,411 Mbps für Stereo.

Eine Bitrate von 1,411 Mbps für Stereomusik übersteigt die Datenrate vieler Internetzugänge und sogar 64 Kbps für Sprache übersteigt die Verbindungsgeschwindigkeit der Benutzer von Einwahlmodems. Aus diesen Gründen werden PCM-codierte Sprache und Musik selten im Internet verwendet. Stattdessen werden Kompressionstechniken verwendet, um das Übertragungsvolumen der Daten zu reduzieren. Häufig genutzte Kompressionsmethoden für gesprochene Sprache umfassen **GSM** (13 Kbps), **G.729** (8 Kbps), **G.723.3** (sowohl 6,4 als auch 5,3 Kbps) und eine große Zahl proprietärer Techniken. Eine häufig genutzte Kompressionstechnik für Stereomusik, die nahezu CD-Qualität erreicht, ist **MPEG 1 Layer 3**, besser bekannt unter der Bezeichnung **MP3**. MP3-Encoder komprimieren normalerweise auf Datenraten von 96 Kbps, 128 Kbps und 160 Kbps und verursachen dabei nur eine äußerst geringe Verschlechterung der Tonqualität. Wird eine MP3-Datei in mehrere Teile zerlegt, kann immer noch jeder davon abgespielt werden. Das headerlose MP3-Dateiformat ermöglicht es, MP3-Musikdateien per Streaming über das Internet zu übertragen (vorausgesetzt, dass die Bitrate der Wiedergabe und die Geschwindigkeit der Internetverbindung zueinander passen). Der MP3-Kompressionsstandard ist komplex und benutzt psychoakustisches Maskieren, Redundanzverringerung und Bitreservoir-Pufferung.

Videokompression im Internet

Ein Video ist eine Sequenz von Bildern, die normalerweise mit einer konstanten Rate – zum Beispiel 24 oder 30 Bilder pro Sekunde – angezeigt werden. Ein unkomprimiertes, digital codiertes Bild besteht aus einer Matrix von Pixeln *(Bildpunkten)*, wobei jedes Pixel durch eine Reihe von Bits codiert wird, die Luminanz und Farbe darstellen. Es gibt zwei Arten von Redundanz in Videodaten, die beide für die Kompression genutzt werden können. Räumliche Redundanz ist diejenige innerhalb eines gegebenen Bildes. Zum Beispiel kann ein Bild, das hauptsächlich aus weißer Fläche besteht, effektiv komprimiert werden. Zeitliche Redundanz spiegelt Wiederholungen von einem Bild zum nächsten wider. Sind zum Beispiel zwei aufeinanderfolgende Bilder genau gleich, gibt es keinen Grund, das folgende Bild erneut zu codieren. Es ist wesentlich effizienter, während der Codierung einfach darauf hinzuweisen, dass das anschließende Bild dasselbe ist.

Fallstudie

Streaming von gespeichertem Audio und Video: von RealNetworks bis YouTube

RealNetworks, ein Pionier in Sachen Audio- und Video-Streaming, war die erste Firma, die Audio über das Internet einem großen Kreis von Anwendern zugänglich machte. Ihr Einstiegsprodukt – das 1995 veröffentlichte RealAudio-System – enthielt einen Audioencoder, einen Audioserver und einen Audioplayer. Da es den Benutzern ermöglichte, jederzeit Audioinhalte aus dem Internet abzuspielen, wurde es schnell ein beliebtes Verteilungssystem für Anbieter von Unterhaltungs-, Bildungs-, und Nachrichteninhalten.

Heute gehören Audio- und Video-Streaming zu den beliebtesten Diensten im Internet. Es gibt nicht nur eine Unmenge von Firmen, die Streaming-Inhalte anbieten, sondern es sind auch eine Unzahl verschiedener Server, Player und Protokolltechnologien im Einsatz. Einige interessante Beispiele (mit Stand 2007) beinhalten:

Rhapsody von RealNetworks: Bietet Benutzern Streaming- und Download-Abonnementdienste. Rhapsody benutzt seinen eigenen proprietären Client, der Lieder von einem proprietären Server über HTTP lädt. Sobald ein Lied über HTTP ankommt, wird es über den Rhapsody-Client abgespielt. Der Zugriff auf heruntergeladene Inhalte ist durch ein System zum Digital Rights Management (DRM, *Verwaltung digitaler Rechte*) eingeschränkt.

MSN Video: Die Benutzer können auf eine große Zahl von Streaming-Inhalten zugreifen, darunter internationale Nachrichten und Musikvideos. Videos werden über den verbreiteten Windows Media Player (WMP) abgespielt, der auf fast allen Windows-Hosts verfügbar ist. Die Kommunikation zwischen dem Media Player und den Microsoft-Servern erfolgt über das proprietäre MMS-Protokoll (Microsoft Media Server), das normalerweise versucht, Inhalte über RTSP/RTP zu übertragen. Schlägt dies wegen Firewalls fehl, versucht es, die Inhalte über HTTP abzurufen.

Muze: Erbringt einen Audio-Sample-Dienst für Händler wie BestBuy oder Yahoo. Musik-Samples, die auf deren Seiten ausgewählt werden, kommen tatsächlich von Muze und werden per Streaming über den Windows Media Player abgespielt. Muze, Rhapsody, YouTube und viele andere Anbieter von Streaming-Inhalten verwenden Content Distribution Networks (CDNs), um ihre Inhalte zu verteilen, wie in Abschnitt 7.3 erörtert.

YouTube: Dieser immens beliebte Video-Sharing-Dienst benutzt einen auf Flash basierenden Client (der in die Webseite eingebettet ist). Die Kommunikation zwischen dem Client und den YouTube-Servern erfolgt über HTTP.

Was hält die Zukunft bereit? Heute weisen die meisten Inhalte bei Streaming Video geringe Qualität auf und werden mit Raten von 500 Kbps oder weniger codiert. Die Videoqualität wird sicher besser werden, da Breitband- und Glasfaserzugänge ins Internet sich immer mehr verbreiten. Sehr wahrscheinlich werden unsere Musikplayer bald nicht mehr nur darauf gespeicherte Titel abspielen können – stattdessen werden wir auf Wunsch auch über drahtlose Verbindungen jederzeit Inhalte aus dem Internet empfangen können!

Die MPEG-Kompressionsstandards zählen zu den beliebtesten Kompressionstechniken. Zu ihnen gehören **MPEG 1** für Video auf CD-ROM (1,5 Mbps), **MPEG 2** für Video in hoher Qualität auf **DVD** (3–6 Mbps) und **MPEG 4** für objektorientierte Videokompression. Der MPEG-Standard stützt sich erheblich auf den JPEG-Standard für Bildkompression, da er zeitliche Redundanz in mehreren Bildern zusätzlich mit der von JPEG ausgenutzten räumlichen Redundanz verknüpft. Die **H.261**-Videokompressionsstandards sind im Internet ebenfalls sehr beliebt. Darüber hinaus gibt es zahlreiche proprietäre Mechanismen, etwa Apple QuickTime und den Real Networks Encoder.

Lesern, die sich intensiver mit der Codierung von Audio und Video befassen möchten, empfehlen wir [Rao 1996] und [Solari 1997]. Ein gutes Buch über Multimedia-Netzwerke im Allgemeinen ist [Crowcroft 1999].

7.2 Streaming von gespeichertem Audio und Video

In den letzten Jahren hat sich Audio-/Video-Streaming zu einer beliebten Anwendung entwickelt, die einen signifikanten Anteil der verfügbaren Netzwerkbandbreite belegt. Beim Audio-/Video-Streaming fordern Clients komprimierte Audio-/Videodateien an, die sich auf Servern befinden. Wie wir bald diskutieren werden, kann es sich bei diesen Servern um gewöhnliche Webserver handeln oder um spezielle Server, die für Audio-/Video-Streaming-Anwendungen maßgeschneidert sind. Auf Anforderung eines Clients sendet der Server dem Client eine Audio-/Videodatei über die Socket-Schnittstelle zu. Obwohl sowohl TCP als auch UDP gentzt werden können, wird die Mehrheit des Audio-/Videoverkehrs mittels TCP transportiert [Sripanidkulchai 2004]. (Firewalls werden oft so konfiguriert, dass UDP-Verkehr blockiert wird. Außerdem wird wegen der zuverlässigen Zustellung von TCP die ganze Datei ohne Paketverlust zum Client übertragen, wodurch die Datei in Zukunft aus einem lokalen Cache heraus abgespielt werden kann.) Sobald die ersten Teile der angeforderten Audio-/Videodatei eintreffen, beginnt der Client, die Datei wiederzugeben – in der Regel innerhalb weniger Sekunden. Einige Systeme bieten auch eine begrenzte Benutzerinteraktivität, zum Beispiel Pause/Weiter und Springen innerhalb der Audio-/Videodatei. Das **Real-Time Streaming Protocol** (**RTSP**), das wir am Ende dieses Abschnittes besprochen werden, ist ein frei verfügbares Protokoll, das derartige Interaktionen beim Streaming von Audio und Video unterstützt.

Benutzer fordern oft Audio-/Video-Streaming über einen Webclient (den Browser) an, spielen dann aber die Audio-/Videodaten mittels eines **Media Player** ab, wie dem Windows Media Player oder dem Flash Player. Der Media Player beinhaltet mehrere Funktionen, darunter:

- *Dekompression.* Audio/Video wird fast immer komprimiert, um Speicherplatz und Netzwerkbandbreite zu sparen. Ein Media Player muss die Audio-/Videodaten vor der Ausgabe dekomprimieren.
- *Jitter entfernen.* Paket-Jitter ist die Schwankung der Quelle-zu-Ziel-Verzögerung von Paketen innerhalb desselben Paketstromes. Da Audio und Video mit konstanter

Geschwindigkeit wiedergegeben werden müssen, puffert ein Empfänger die erhaltenen Pakete für kurze Zeit, damit dieser Jitter entfernt werden kann. Wir untersuchen dieses Thema detailliert in Abschnitt 7.3.

7.2.1 Zugriff auf Audio und Video über einen Webserver

Gespeichertes Audio/Video kann sich entweder auf einem Webserver befinden, der dem Client die Audio/Video-Daten über HTTP liefert, oder auf einem speziellen Audio-/Video-Streamingserver, der HTTP oder ein anderes Protokoll verwendet. In diesem Unterabschnitt untersuchen wir die Bereitstellung von Audio/Video-Daten durch einen Webserver; im nächsten Unterabschnitt befassen wir uns dann mit der Zustellung durch einen Streamingserver. Das Anbieten von Streaming-Multimedia über HTTP ist sehr beliebt geworden, weil Firewalls (siehe Kapitel 8) den HTTP-Verkehr oft durchlassen, während proprietäre Protokolle abgeblockt werden.

Betrachten Sie zuerst den Fall des Audiostreaming. Befindet sich eine Audiodatei auf einem Webserver, ist die Audiodatei ein gewöhnliches Objekt im Dateisystem des Servers, genau wie HTML- und JPEG-Daten. Möchte ein Benutzer die Audiodatei hören, stellt der Host des Benutzers eine TCP-Verbindung mit dem Webserver her und sendet einen HTTP-Request, der dieses Objekt anfordert. Nach dem Erhalt eines Requests verkapselt der Webserver die Audiodatei in eine HTTP-Response-Nachricht und sendet diese auf der TCP-Verbindung zurück. Bei Video wird die Angelegenheit etwas schwieriger, sofern die Audio- und Bildanteile des Videos in zwei Dateien gespeichert werden. Es ist auch möglich, dass Audio und Video so ineinander verwoben sind, dass nur ein Objekt an den Client gesandt werden muss. Um unsere Diskussion zu vereinfachen, nehmen wir im Fall von Video an, dass Audio und Video in einer gemeinsamen Datei enthalten sind.

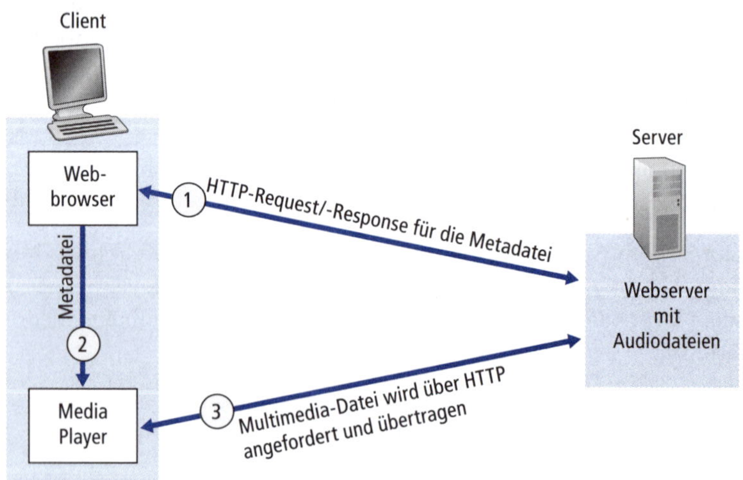

Abbildung 7.1: Der Webserver sendet Audio/Video direkt auf den Media Player

In vielen Implementierungen von Streaming Audio/Video über HTTP wird die Funktionalität auf Seiten des Clients zweigeteilt. Die Aufgabe des Browsers besteht darin, eine **Metadatei** anzufordern, die Information über die Multimedia-Datei liefert (zum Beispiel eine URL und die Codierungsmethode). Diese Metadatei wird dann vom Browser an den Media Player weitergereicht. Dessen Aufgabe besteht darin, sich an den HTTP-Server zu wenden, der dann dem Media Player die Multimedia-Datei über HTTP zusendet. Diese Schritte sind in ▶Abbildung 7.1 dargestellt:

1. Der Benutzer klickt auf einen Hyperlink für eine Audio-/Videodatei. Der Hyperlink zeigt aber nicht direkt auf die Daten, sondern vielmehr auf eine Metadatei. Die wiederum enthält die URL der eigentlichen Audio-/Videodatei. Die HTTP-Response-Nachricht, die die Metadatei verkapselt, enthält die Header-Zeile „Content-Type", welche die verwendete Audio-/Videocodierung nennt.

2. Der Client-Browser untersucht die Content-Type-Header-Zeile der Response-Nachricht, startet den zugehörigen Media Player und übermittelt den Datenbereich der Response-Nachricht (das ist die Metadatei) an den Media Player.

3. Der Media Player kontaktiert den HTTP-Server direkt über eine TCP-Verbindung. Er sendet eine HTTP-Request-Nachricht für die Audio-/Videodatei über die TCP-Verbindung. Die Audio-/Videodatei wird innerhalb einer HTTP-Response-Nachricht an den Media Player übertragen. Dieser zeigt dann die Audio-/Videodaten an.

Die Bedeutung des Zwischenschrittes, das Anfordern der Metadatei, ist klar. Erkennt der Browser den Inhaltstyp der Datei, kann er den entsprechenden Media Player starten, der sich direkt mit dem Server in Verbindung setzt.

Wir haben gerade gelernt, wie eine Metadatei es einem Media Player ermöglicht, direkt mit einem Webserver zu kommunizieren, der eine Audio-/Videodatei speichert. Dennoch empfehlen viele Firmen, die Produkte für Audio/Video-Streaming verkaufen, nicht die eben beschriebene Architektur. Vielmehr empfehlen sie, gespeichertes Audio/Video von dedizierten Streamingservern zu holen, die für das Streaming optimiert worden sind.

7.2.2 Versand von Multimedia von einem Streamingserver

Generell gib es zwei Arten von Streamingservern: proprietäre Streamingserver, wie diejenigen, die von RealNetworks und Microsoft am Markt sind, und frei verfügbare Streamingserver. Mit einem Streamingserver lassen sich Audio und Video über HTTP/TCP senden – alternativ können sie auch mithilfe eines speziellen Anwendungsschichtprotokolls mit UDP übertragen werden. Diese Protokolle wurden gezielt für die Audio/Video-Übertragung entwickelt.

Diese Architektur erfordert zwei Server, wie in ▶Abbildung 7.2 gezeigt. Ein Server, der Webserver, verwaltet Webseiten (einschließlich Metadateien). Der zweite Server, der **Streamingserver,** hält die Audio-/Video-Dateien vor. Die beiden Server können auf

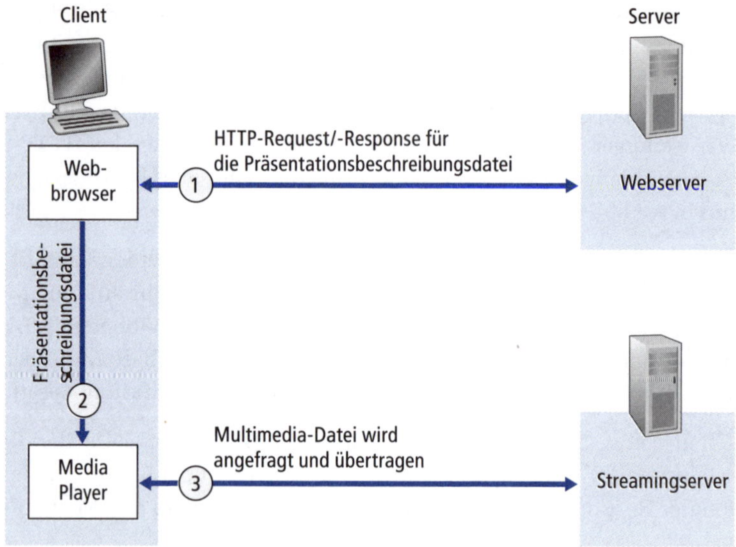

Abbildung 7.2: Streaming von einem Streamingserver auf einen Media Player

demselben Endsystem oder auf zwei verschiedenen Endsystemen laufen. Bei Verwendung dieser Architektur ähneln die Schritte denjenigen, die wir im vorangegangenen Unterabschnitt beschrieben haben. Allerdings fordert der Media Player jetzt die Datei von einem Streamingserver statt von einem Webserver an und nun können der Media Player und der Streamingserver mithilfe ihrer eigenen Protokolle interagieren. Diese Protokolle können umfangreiche Benutzerinteraktionen mit dem Audio-/Videostrom ermöglichen.

In der Architektur aus Abbildung 7.2 gibt es viele Optionen für das Zustellen der Daten vom Streamingserver an den Media Player. Einige davon sind die folgenden:

1. Die Audio/Videodaten werden über UDP mit einer konstanten Rate versandt, die der Abspielgeschwindigkeit beim Empfänger entspricht (dies ist die Codierungsrate). Werden beispielsweise die Audiodaten mithilfe von GSM-Kompression auf 13 Kbps komprimiert, dann überträgt der Server die Audiodatei auch mit 13 Kbps. Sobald der Client die komprimierten Daten aus dem Netz erhält, dekomprimiert er sie und spielt sie ab.

2. Dies ist dieselbe Option wie die erste, aber nun verzögert der Media Player die Ausgabe für zwei bis fünf Sekunden, um netzwerkbedingten Jitter zu entfernen. Dies führt der Client aus, indem er die komprimierte Mediendatei, die er aus dem Netz erhalten hat, in einen **Client-Puffer** ablegt, wie ▶ Abbildung 7.3 zeigt. Sobald der Client einige Sekunden im Voraus angesammelt hat, beginnt er den Puffer zu entleeren. Für diese und die vorherige Option ist die Füllrate $x(t)$ gleich der Abspielrate d, außer wenn Paketverlust eintritt, denn dann ist $x(t)$ kurzfristig kleiner als d.

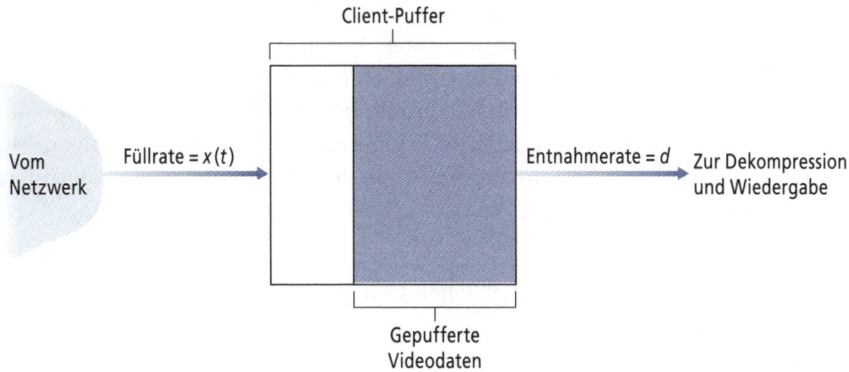

Abbildung 7.3: Der Client-Puffer wird mit der Rate $x(t)$ gefüllt und mit der Rate d geleert

3. Der Medieninhalt wird mittels TCP übertragen. Der Server legt die Mediendatei so schnell er kann auf den TCP-Socket. Der Client (also der Media Player) liest so schnell er kann den TCP-Socket aus und speichert die komprimierte Videodatei im Medienpuffer. Nach einer Anfangsverzögerung von zwei bis fünf Sekunden liest der Media Player mit der Geschwindigkeit d den Puffer aus und leitet die komprimierte Mediendatei zur Dekompression und Wiedergabe weiter. Weil TCP verworfene Pakete nochmals überträgt, erreicht dieses Vorgehen eine potenziell bessere Ton- und Bildqualität als bei Verwendung von UDP. Andererseits schwankt jetzt die Füllrate $x(t)$ mit der Zeit viel stärker aufgrund der TCP-Überlastkontrolle und -Flusskontrolle. Tatsächlich kann nach einem Paketverlust die TCP-Überlastkontrolle die Rate für lange Zeiträume auf weniger als d reduzieren. Dann kann der Client-Puffer leerlaufen (ein als **Starvation** *(Verhungern)* bekannter Effekt) und beim Client unerwünschte Pausen in der Ausgabe des Audio-/Videostromes verursachen. Wie [Wang 2004] zeigt, wird die Starvation minimal und die Anfangsverzögerung gering, wenn der durchschnittliche TCP-Durchsatz etwa doppelt so hoch wie die Medienbitrate ist.

Bei der dritten Option hängt das Verhalten von $x(t)$ sehr von der Größe des Client-Puffers ab (der nicht mit dem TCP-Empfangspuffer verwechselt werden darf). Ist dieser Puffer groß genug, um die ganze Mediendatei aufzunehmen (möglichst innerhalb des Plattenspeichers), dann benutzt TCP die ganze Bandbreite, die der Verbindung zur Verfügung steht, so dass $x(t)$ viel größer als d werden kann. Ist das über lange Zeiträume der Fall, dann wird ein großer Teil der Mediendaten im Client vorgehalten und Starvation ist unwahrscheinlich. Ist der Client-Puffer aber klein, dann schwankt $x(t)$ um die Abspielrate d. Das Risiko von Client-Starvation ist in diesem Fall viel höher.

7.2.3 Real-Time Streaming Protocol (RTSP)

Viele Multimedia-Benutzer im Internet (besonders jene, die mit einer Fernsehfernbedienung in der Hand aufgewachsen sind) wollen die Wiedergabe von kontinuierlichen Medien kontrollieren, indem sie die Wiedergabe anhalten, vor- oder zurückspringen, später die Wiedergabe weiterlaufen lassen, vor- oder zurückspulen usw. Diese Funktionalität ähnelt derjenigen, die einem Benutzer zur Verfügung steht, wenn er mit einem DVD-Player ein Video betrachtet oder wenn er eine Musik-CD hört. Damit die Benutzer die Wiedergabe kontrollieren können, benötigen Media Player und Streaming-Server ein Protokoll für den Austausch von Steuerinformationen. Das Real-Time Streaming Protocol (RTSP), das in RFC 2326 definiert ist, ist ein solches Protokoll.

Bevor wir uns mit den Details von RTSP befassen, wollen wir erst einmal erfahren, was RTSP *nicht* macht.

- RTSP definiert keine Kompressionsmethoden für Audio und Video.
- RTSP definiert nicht, wie Audio und Video für die Übertragung über ein Netz in Pakete verkapselt werden. Die Kapselung kann von RTP oder von einem proprietären Protokoll durchgeführt werden. (RTP werden wir in Abschnitt 7.4 erörtern.) Zum Beispiel verwenden die Audio-/Videoserver und Abspielprogramme von RealNetworks RTSP, um einander Steuerinformationen zuzusenden. Aber der Medienstrom selbst kann in RTP-Paketen oder in einem beliebigen proprietären Datenformat verkapselt werden.
- RTSP macht keine Einschränkungen hinsichtlich des verwendeten Transportprotokolls zur Übertragung der eigentlichen Audio-/Videodaten; sie können über UDP oder TCP transportiert werden.
- RTSP bestimmt nicht, wie der Media Player die Audio-/Videodaten puffert. Audio und Video können sofort abgespielt werden, sobald sie beim Client ankommen, sie können mit einer Verzögerung von einigen Sekunden abgespielt werden oder vor der Wiedergabe erst vollständig heruntergeladen werden.

Wenn also RTSP nichts von dem eben Genannten tut, was macht es dann? RTSP ermöglicht es einem Media Player, die Übertragung eines Medienstromes zu steuern. Wie oben erwähnt, beinhalten Steueraktionen Pause/Wiederaufnahme, Zurücksetzen der Wiedergabe sowie schnellen Vor- und Rücklauf. RTSP ist ein **Out-of-Band-Protokoll**. Insbesondere werden RTSP-Nachrichten „Out-of-Band“ übertragen, während der Medienstrom, dessen Paketstruktur nicht durch RTSP definiert ist, als „In-Band“ betrachtet wird. RTSP-Nachrichten verwenden eine andere Portnummer als der Medienstrom, nämlich 544. Die RTSP-Spezifikation [RFC 2326] erlaubt es, dass RTSP-Nachrichten entweder über TCP oder über UDP geschickt werden.

Wir haben in Abschnitt 2.3 erwähnt, dass das File Transfer Protocol (FTP) ebenfalls Out-of-Band-Signalisierung verwendet. Insbesondere nutzt FTP zwei Client/Server-Socket-Paare, jedes mit seiner eigenen Portnummer: Ein Client/Server-Socket-Paar ist eine TCP-Verbindung zur Übertragung von Steuerinformationen, das andere Client/Server-Socket-Paar ist eine TCP-Verbindung, die tatsächlich die Datei transportiert. Der RTSP-Kanal hat große Ähnlichkeiten mit dem FTP-Steuerkanal.

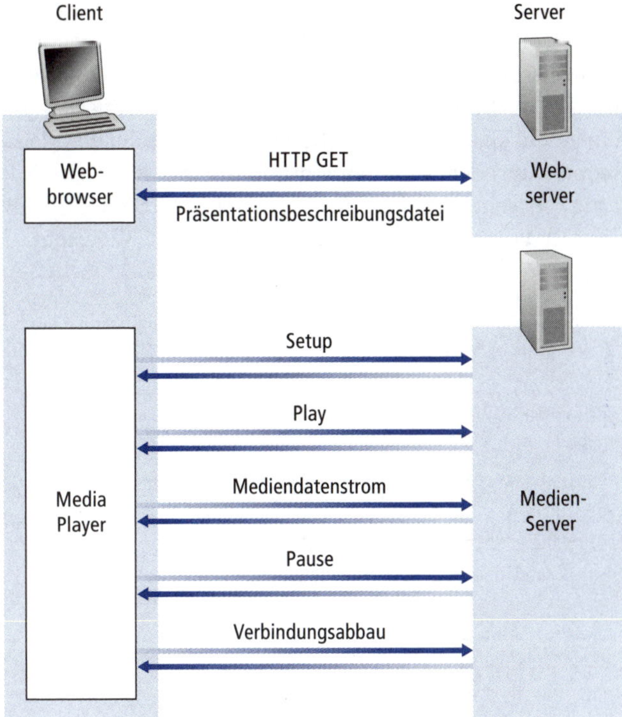

Abbildung 7.4: Interaktion von Client und Server über RTSP

Betrachten wir nun das einfache RTSP-Beispiel, das in ▶Abbildung 7.4 dargestellt ist. Der Webbrowser fordert zuerst eine Präsentationsbeschreibungsdatei *(Presentation Description File)* von einem Webserver an. Diese kann auf mehrere kontinuierliche Mediendateien verweisen sowie Anweisungen enthalten, wie diese synchronisiert werden müssen. Jeder Verweis auf eine kontinuierliche Mediendatei beginnt mit dem URL-Typ `rtsp://`. Weiter unten zeigen wir ein Beispiel einer Präsentationsbeschreibungsdatei, das wir von [Schulzrinne 1997] übernommen und angepasst haben. In dieser werden ein Audio- und ein Videostrom parallel und synchron abgespielt (als Teil derselben Gruppe). Beim Audiodatenstrom kann sich der Media Player zwischen zwei Audioaufnahmen entscheiden: einer Aufnahme in niedriger Qualität *(low-fidelity)* und einer in hoher Qualität *(high-fidelity)*. (Das Format der Datei ähnelt SMIL [SMIL 2007], das von vielen Streaming-Produkten verwendet wird, um synchronisierte Multimedia-Präsentationen zu definieren.)

Der Webserver verkapselt die Präsentationsbeschreibungsdatei in einer HTTP-Response-Nachricht und sendet diese an den Browser. Erhält dieser die HTTP-Response-Nachricht, ruft er entsprechend des Inhaltstypfeldes der Nachricht einen Media Player auf. Die Präsentationsbeschreibungsdatei verweist wie im obigen Beispiel auf Medienströme, wobei der URL-Typ `rtsp://` benutzt wird. Wie in ▶Abbildung 7.4 gezeigt, senden dann der Player und der Server einander eine Reihe von RTSP-Nachrichten zu. Der Player sendet einen RTSP-SETUP-Request und der Server antwortet mit einer RTSP-OK-Nachricht. Der Player sendet einen RTSP-PLAY-Request, beispielsweise für niedrige Qualität, und der Server antwortet mit einer RTSP-OK-Nachricht. An diesem Punkt überträgt der Streamingserver die Low-Fidelity-Audiodatei in einem eigenen In-Band-Kanal. Später sendet der Media Player einen RTSP-PAUSE-Request und der Server antwortet mit einer RTSP-OK-Nachricht. Wenn der Benutzer fertig ist, sendet der Media Player eine RTSP-TEARDOWN-Nachricht und der Server bestätigt dies wiederum mit einer RTSP-OK-Nachricht.

```
<title>Twister</title>
<session>
   <group language=en lipsync>
      <switch>
        <track type=audio
           e="PCMU/8000/1"
           src="rtsp://audio.example.com/twister/audio.en/lofi">
        <track type=audio
           e="DVI4/16000/2" pt="90 DVI4/8000/1"
           src="rtsp://audio.example.com/twister/audio.en/hifi">
      </switch>
         <track type="video/jpeg"
            src="rtsp://video.example.com/twister/video">
   </group>
</session>
```

Werfen wir nun einen kurzen Blick auf die tatsächlichen RTSP-Nachrichten. Folgendes ist ein vereinfachtes Beispiel einer RTSP-Sitzung zwischen einem Client (C:) und einem Sender (S:).

```
C: SETUP rtsp://audio.example.com/twister/audio RTSP/1.0
   Cseq: 1
   Transport: rtp/udp; compression; port=3056; mode=PLAY
S: RTSP/1.0 200 OK
   Cseq: 1
   Session: 4231
C: PLAY rtsp://audio.example.com/twister/audio.en/lofi RTSP/1.0
   Range: npt=0-
   Cseq: 2
   Session: 4231
S: RTSP/1.0 200 OK
   Cseq: 2
   Session: 4231
C: PAUSE rtsp://audio.example.com/twister/audio.en/lofi RTSP/1.0
   Range: npt=37
   Cseq: 3
   Session: 4231
```

```
S: RTSP/1.0 200 OK
   Cseq: 3
   Session: 4231
C: TEARDOWN rtsp://audio.example.com/twister/audio.en/lofi RTSP/1.0
   Cseq: 4
   Session: 4231
S: RTSP/1.0 200 OK
   Cseq: 4
   Session: 4231
```

Es ist interessant, wie ähnlich HTTP und RTSP sind. Alle Request- und Response-Nachrichten sind ASCII-Text, der Client verwendet genormte Methoden (SETUP, PLAY, PAUSE usw.) und der Server antwortet ebenfalls mit genormten Antwortcodes. Ein wichtiger Unterschied ist jedoch, dass ein RTSP-Server den Status jedes Clients für jede laufende RTSP-Sitzung verwaltet. Zum Beispiel weiß der Server, ob der Client sich im Initialisierungszustand befindet, ob er gerade abspielt oder ob die Wiedergabe angehalten ist (siehe die Programmieraufgaben für dieses Kapitel). Die Sitzungs- und die Sequenznummern, die Teil jedes RTSP-Requests und jeder RTSP-Response sind, helfen dem Server bei der Verwaltung des Sitzungsstatus. Die Sitzungsnummer bleibt während der ganzen Sitzung gleich. Der Client erhöht die Sequenznummer jedes Mal, wenn er eine neue Nachricht sendet. Der Server sendet ein Echo der Sitzungsnummer und der aktuellen Sequenznummer zurück.

Wie im Beispiel gezeigt, leitet der Client die Sitzung mit dem SETUP-Request ein, indem er die URL der Datei, die als Strom gesendet werden soll, sowie die RTSP-Version angibt. Die SETUP-Nachricht enthält die Client-Portummer, auf die die Mediendatei gesendet werden soll. Die Nachricht besagt auch, dass die Mediendatei über UDP mithilfe des RTP-Paketisierungsprotokolls gesendet werden soll (das wir in Abschnitt 7.4 erörtern werden).

Beachten Sie, dass sich in diesem Beispiel der Player dazu entschlossen hat, nicht die vollständige Präsentation abzuspielen, sondern nur den Anteil mit niedriger Qualität.

RTSP kann tatsächlich viel mehr leisten, als wir in dieser kurzen Einführung gezeigt haben. Insbesondere enthält RTSP Funktionen, die es Clients ermöglichen, Streaming in Richtung des Servers zu betreiben (zum Beispiel bei Aufzeichnungen). Der RTSP-Standard wird beispielsweise von RealNetworks, einer der Branchengrößen des Audio-/Video-Streamings, eingesetzt. Henning Schulzrinne stellt eine Webseite über RTSP zur Verfügung [Schulzrinne RTSP 2007].

Am Ende dieses Kapitels finden Sie eine Programmieraufgabe, in der Sie ein Video-Streaming-System erstellen sollen (sowohl Server als auch Client), das RTSP benutzt. Diese Aufgabe beinhaltet das Schreiben von Code, der tatsächlich RTSP-Nachrichten auf dem Client erstellt und sendet. Die Aufgabe stellt den RTSP-Servercode zur Verfügung, der die RTSP-Nachrichten syntaktisch analysiert und entsprechende Antworten erzeugt. Lesern, die ein tieferes Verständnis von RTSP gewinnen möchten, raten wir, diese interessante Aufgabe durchzuarbeiten.

7.3 Den Best-Effort-Dienst optimal nutzen

Das Netzwerkschichtprotokoll des Internets, IP, bietet einen Best-Effort-Dienst. Das heißt, dass der Dienst sein Bestes tut, um jedes Datagramm so schnell wie möglich von der Quelle zum Ziel zu übertragen. Allerdings gibt es keinerlei Zusagen über das Ausmaß der Ende-zu-Ende-Verzögerung für ein individuelles Paket oder über das Ausmaß des Paket-Jitters und des Paketverlustes innerhalb des Stromes der Pakete. Die fehlenden Garantien zu Verzögerung und Paket-Jitter sind bedeutende Herausforderungen für den Entwurf von Echtzeit-Multimedia-Anwendungen wie Internettelefonie und Echtzeit-Videokonferenzen, die auf Paketverzögerungen, -Jitter und -verlust empfindlich reagieren.

In diesem Abschnitt behandeln wir mehrere Methoden, mit denen die Leistung von Multimedia-Anwendungen in einem Best-Effort-Netzwerk gesteigert werden kann. Unseren Schwerpunkt legen wir auf Techniken der Anwendungsschicht, d.h. auf Methoden, die keine Änderungen im Inneren des Netzwerkes oder in der Transportschicht auf den End-Hosts erfordern. Wir beschreiben zuerst die Auswirkungen von Paketverlust, -verzögerung und Jitter auf Multimedia-Anwendungen. Im Anschluss behandeln wir Techniken, um solche Beeinträchtigungen zu beseitigen. Dann beschreiben wir, wie Content-Distribution-Netzwerke und Overprovisioning dazu beitragen können, derartige Beeinträchtigungen überhaupt zu vermeiden.

7.3.1 Grenzen eines Best-Effort-Dienstes

Wir haben bereits erwähnt, dass Best-Effort-Dienste Paketverluste, übermäßige Ende-zu-Ende-Verzögerung und Paket-Jitter nicht ausschließen können. Untersuchen wir diese Themen genauer. Um die Diskussion konkret zu halten, erörtern wir diese Mechanismen im Kontext der unten beschriebenen **Internettelefonieanwendung**. Die Situation für Echtzeit-Videokonferenzanwendungen ist ähnlich [Bolot 1994].

In unserem Internettelefoniebeispiel wird beim Empfänger ein Audiosignal erzeugt, das abwechselnd aus Gesprächsblöcken und Perioden des Schweigens besteht. Um Bandbreite zu sparen, erzeugt unsere Internettelefonieanwendung nur während der Sprechphase Pakete. Dabei erzeugt der Sender binäre Daten mit einer Geschwindigkeit von 8.000 Byte pro Sekunde, wobei er immer die Bytes aus einem Zeitraum von 20 ms zu einem Block zusammenfasst. Dadurch beträgt die Anzahl der Bytes in einem Block (20 ms) · (8.000 Byte/Sekunde) = 160 Byte. Jedem Block wird ein spezieller Header zugeordnet, dessen Inhalt wir später noch erörtern werden. Der Block und sein Header werden über den Aufruf der Socket-Schnittstelle in einem UDP-Segment verkapselt. Deshalb wird während der Sprechphasen alle 20 ms ein UDP-Segment gesandt.

Wenn jedes Paket den Empfänger erreicht und eine kleine konstante Ende-zu-Ende-Verzögerung aufweist, dann kommen während der Gesprächsphase beim Empfänger periodisch alle 20 ms Pakete an. In diesem Idealzustand kann der Empfänger einfach jeden Block wiedergeben, sobald er ankommt. Aber unglücklicherweise können einige Pakete verloren gehen und die meisten werden nicht dieselbe Ende-zu-Ende-Verzögerung aufweisen, nicht einmal in einem nur wenig belasteten Internet. Aus diesem Grund muss der Empfänger sorgfältig bestimmen, (1) wann er einen Block abspielt und (2) was er mit einem fehlenden Block macht.

Paketverlust

Betrachten wir eines der UDP-Segmente, das unsere Internettelefonieanwendung erzeugt hat. Es ist in einem IP-Datagramm verkapselt. Während dieses durch das Netz läuft, passiert es Warteschlangen in den Routern. Es ist möglich, dass eine (oder mehr) dieser Warteschlangen auf der Route von Sender zu Empfänger gefüllt ist und das IP-Datagramm nicht aufnehmen kann. In diesem Fall wird das IP-Datagramm verworfen und es wird nie bei der empfangenden Anwendung ankommen.

Verluste ließen sich vermeiden, wenn die Pakete über TCP statt über UDP gesendet würden. Wie früher erwähnt, überträgt TCP die Pakete, die nicht an der Zieladresse ankommen, erneut. Oft werden jedoch Übertragungswiederholungsmechanismen für interaktive Echtzeit-Audioanwendungen wie die Internettelefonie, als inakzeptabel betrachtet, weil sie die Ende-zu-Ende-Verzögerung vergrößern [Bolot 1996]. Außerdem kann aufgrund der TCP-Überlastkontrolle die Übertragungsrate des Senders nach einem Paketverlust auf eine Geschwindigkeit verringert werden, die niedriger als die Abspielrate am Empfänger ist. Dies kann schwerwiegende Auswirkungen auf die Verständlichkeit der Sprache beim Empfänger haben. Aus diesen Gründen setzen die meisten vorhandenen Internettelefonanwendungen auf UDP auf und kümmern sich nicht darum, verworfene Pakete nochmals zu übertragen. [Baset 2006] berichtet, dass UDP von Skype verwendet wird, es sei denn, ein Benutzer befindet sich hinter einem NAT-Router oder einer Firewall, die UDP-Segmente blockiert (in diesem Fall wird TCP verwendet).

Aber der Verlust von Paketen ist keineswegs so katastrophal, wie es scheint. Tatsächlich können Paketverlustraten zwischen 1 und 20 Prozent toleriert werden, je nachdem, wie Sprache codiert und gesendet wird und wie der Verlust beim Empfänger kaschiert wird. Beispielsweise kann eine Technik namens Vorwärtsfehlerkorrektur (FEC, *forward error correction*) dazu beitragen, Paketverluste zu kompensieren. Wir werden später noch sehen, dass mit FEC redundante Informationen zusammen mit der Originalinformation gesendet werden, so dass ein Teil der verlorenen Originaldaten aus der redundanten Information wiederhergestellt werden kann. Sind aber dennoch ein oder mehrere Links zwischen Sender und Empfänger deutlich überlastet und die Paketverluste übersteigen 10 bis 20 Prozent (wobei diese Raten bei gut gewarteten Netzwerken selten beobachtet werden), dann kann man eine akzeptable Tonqualität einfach nicht erreichen. Best-Effort-Dienste unterliegen eben deutlichen Einschränkungen.

Ende-zu-Ende-Verzögerung

Die **Ende-zu-Ende-Verzögerung** ist die Summe von Übertragungs-, Verarbeitungs- und Warteschlangen-Verzögerungen in den Routern, Ausbreitungsverzögerungen auf Links und Verarbeitungsverzögerungen in Endsystemen. Bei extrem interaktiven Audioanwendungen wie Internettelefonie werden Ende-zu-Ende-Verzögerungen kleiner als

150 ms von einem menschlichen Teilnehmer nicht wahrgenommen. Verzögerungen zwischen 150 und 400 ms können akzeptabel sein, sind aber nicht ideal. Verzögerungen über 400 ms können ein Gespräch ernstlich behindern. Die Empfängerseite einer Internettelefonanwendung ignoriert normalerweise Pakete, die stärker verzögert sind als eine gewisse Schwelle, beispielsweise mehr als 400 ms. Dadurch gehen Pakete, deren Verzögerung diesen Schwellwert übersteigt, dauerhaft verloren.

Paket-Jitter

Entscheidende Komponenten der Ende-zu-Ende-Verzögerung sind die zufälligen Warteschlangenverzögerungen in den Routern. Wegen der variablen Verzögerungen innerhalb des Netzes kann die Zeit zwischen der Erzeugung eines Paketes an der Quelle und seiner Ankunft beim Empfänger von Paket zu Paket schwanken. Dieses Phänomen wird als **Jitter** bezeichnet.

Betrachten Sie als Beispiel zwei aufeinanderfolgende Pakete innerhalb einer Gesprächsphase in unserer Internettelefonanwendung. Der Sender überträgt das zweite Paket 20 ms nach dem Senden des ersten. Beim Empfänger kann aber der Zeitabstand zwischen diesen Paketen größer als 20 ms werden. Um dies zu erkennen, nehmen Sie an, dass das erste Paket die fast leere Warteschlange eines Routers erreicht. Aber kurz bevor das zweite Paket an der Warteschlange ankommt, trifft eine große Anzahl Pakete aus anderen Quellen an derselben Warteschlange ein. Weil das erste Paket eine kleine Warteschlangenverzögerung hatte, das zweite Paket aber bei diesem Router sehr viel länger warten muss, haben das erste und das zweite Paket danach einen Zeitabstand von mehr als 20 ms. Er könnte auch geringer als 20 ms werden. Das wird deutlich, wenn Sie wieder zwei aufeinanderfolgende Pakete innerhalb einer Gesprächsphase betrachten. Weiterhin soll das erste Paket am Ende einer Warteschlange mit vielen Paketen eintreffen, während das zweite Paket dort eintrifft, bevor weitere Pakete aus anderen Quellen die Warteschlange erreichen. In diesem Fall befinden sich unsere beiden Pakete direkt hintereinander in der Warteschlange. Beträgt die Zeit, die benötigt wird, um ein Paket auf den ausgehenden Link des Routers zu übertragen, weniger als 20 ms, dann wird der Zeitabstand zwischen dem ersten und dem zweiten Paket geringer als 20 ms sein.

Die Situation ist analog zu fahrenden Autos auf einer Straße. Nehmen Sie an, Sie und Ihr Freund fahren mit Ihren eigenen Fahrzeugen von Berlin nach Frankfurt. Sie haben beide ähnliche Fahrstile und fahren beide 100 km/h, sofern der Verkehr das zulässt. Nehmen Sie schließlich noch an, dass Ihr Freund eine Stunde vor Ihnen losfährt. Je nach den Verkehrsverhältnissen werden Sie dann weniger oder mehr als eine Stunde nach ihrem Freund in Frankfurt eintreffen.

Ignoriert der Empfänger die Anwesenheit des Jitters und spielt die Blöcke ab, sobald sie ankommen, dann kann dies leicht dazu führen, dass die Sprache beim Empfänger unverständlich wird. Glücklicherweise kann der Jitter oft beseitigt werden, indem **Sequenznummern**, **Zeitmarken** und eine **Wiedergabeverzögerung**, wie unten erörtert, verwendet werden.

7.3.2 Jitter beim Audioempfänger beseitigen

Bei einer Sprachanwendung wie Internettelefonie oder Audio-on-Demand sollte der Empfänger versuchen, eine synchrone Ausgabe von Sprachblöcken trotz des zufälligen Netzwerk-Jitters zu erreichen. Bei Videoanwendungen bestehen oft ähnliche Anforderungen. Dies wird normalerweise durch Kombination der folgenden drei Mechanismen erreicht:

- *Jeder Block wird mit einer* ***Sequenznummer*** *versehen.* Der Sender erhöht die Sequenznummer jedes der von ihm erzeugten Pakete um eins.
- *Jeder Block wird mit einer* ***Zeitmarke*** versehen. Der Absender markiert jeden Block mit der Zeit, zu der er erzeugt wurde.
- ***Verzögern der Wiedergabe*** *von Blöcken beim Empfänger.* Die Wiedergabeverzögerung der eingetroffenen Audioblöcke muss lang genug sein, damit die meisten Pakete vor dem Zeitpunkt ihrer geplanten Wiedergabe empfangen werden. Diese Wiedergabeverzögerung kann entweder während der ganzen Dauer der Audiositzung einen festen Wert haben oder während der Lebensdauer der Audiositzung an die jeweiligen Verhältnisse angepasst werden. Pakete, die zu ihrer geplanten Wiedergabezeit noch nicht eingetroffen sind, gelten als verloren und werden, falls sie doch noch ankommen, verworfen. Wie oben erwähnt, kann der Empfänger mit einer Form der Sprachinterpolation versuchen, den Verlust auszugleichen.

Wir diskutieren nun, wie die Kombination dieser drei Mechanismen die Auswirkungen des Jitters verringern oder sogar beseitigen kann. Wir prüfen zwei Wiedergabestrategien: feste Wiedergabeverzögerung und adaptive Wiedergabeverzögerung.

Feste Wiedergabeverzögerung

Bei der Strategie der festen Verzögerung versucht der Empfänger, jeden Block genau q ms nach seiner Erzeugung abzuspielen. Trägt also ein Block die Zeitmarke t, spielt der Empfänger den Block zum Zeitpunkt $t + q$ ab, vorausgesetzt, dass der Block zu dieser Zeit angekommen ist. Pakete, die nach ihrer planmäßigen Wiedergabezeit ankommen, werden verworfen und gelten als verloren.

Welchen Wert hätte ein gut gewähltes q? Internettelefonie kann Verzögerungen bis etwa 400 ms unterstützen, obwohl eine befriedigendere Qualität bei kleineren Werten von q erreicht wird. Wird q viel geringer als 400 ms gewählt, dann können viele Pakete aufgrund des vom Netzwerk verursachten Jitters ihre planmäßigen Wiedergabezeiten verpassen. Grob gesagt sollte man ein großes q wählen, wenn große Variationen in der Ende-zu-Ende-Verzögerung die Regel sind. Sind andererseits die Verzögerung sowie ihre Variation gering, wäre ein kleines q, vielleicht eines in der Größenordnung von 150 ms, vorzuziehen.

Das Abwägen zwischen Wiedergabeverzögerung und Paketverlust ist in ▶Abbildung 7.5 dargestellt. Die Abbildung zeigt die Zeiten, zu denen Pakete in einem Gesprächsabschnitt erzeugt und abgespielt werden. Zwei spezifische Wiedergabever-

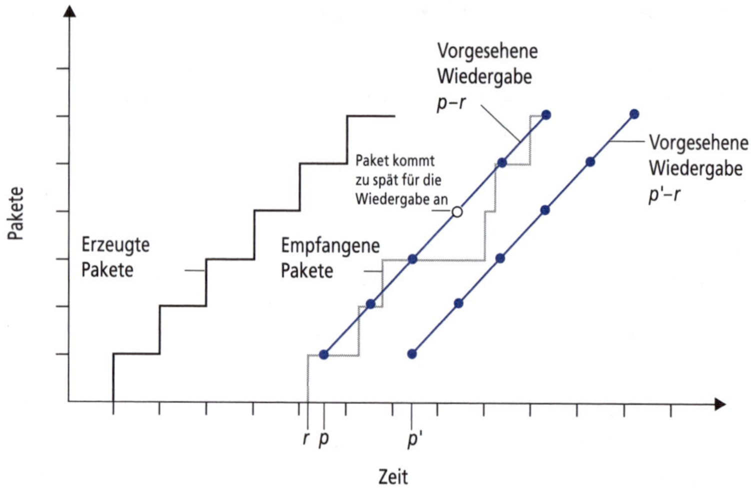

Abbildung 7.5: Paketverlust für unterschiedliche feste Wiedergabeverzögerungen

zögerungen werden berücksichtigt. In der am weitesten links befindlichen Treppe erzeugt der Sender in regelmäßigen Abständen Pakete – sagen wir alle 20 ms. Das erste Paket in dieser Gesprächsphase wird zum Zeitpunkt *r* empfangen. Wie in der Abbildung gezeigt, treffen die nachfolgenden Pakete aufgrund des Jitters nicht mit denselben Zeitabständen ein.

Bei der ersten Alternative beträgt die feste Wiedergabeverzögerung $p - r$. Bei dieser Planung trifft das vierte Paket nicht zur vorgesehenen Ausgabezeit ein und der Empfänger betrachtet es als verloren. Beim zweiten Wiedergabeplan wird die feste Wiedergabeverzögerung $p' - r$ gewählt. Nun treffen alle Pakete vor ihren planmäßigen Wiedergabezeiten ein und es gibt deshalb keinen Verlust.

Adaptive Wiedergabeverzögerung

Das obige Beispiel demonstriert eine wichtige Abwägung zwischen Verzögerung und Verlust, die sich aus dem Entwurf einer Wiedergabestrategie mit fester Wiedergabeverzögerung ergibt. Wird die anfängliche Wiedergabeverzögerung groß gewählt, kommen die meisten Pakete vor ihren Abspielzeitpunkten an und die Verluste werden vernachlässigbar sein. Bei interaktiven Diensten wie Internettelefonie können lange Verzögerungen aber lästig werden, wenn nicht sogar unerträglich sein. Idealerweise möchten wir, dass die Wiedergabeverzögerung minimiert wird, unter der Voraussetzung, dass die Verlustrate auf jeden Fall unterhalb eines vorgegebenen Schwellwertes bleibt.

Die natürliche Art, diese Abwägung zu berücksichtigen, besteht darin, die Netzverzögerung und ihre Varianz zu bestimmen und die Wiedergabeverzögerung zu Beginn jeder Sprechphase dementsprechend einzustellen. Diese adaptive Einstellung der Wiedergabeverzögerung bewirkt, dass die Stilleperioden des Senders verkürzt oder verlängert werden. Eine solche Anpassung der Sprechpausen in geringem Umfang wird bei Sprache nicht wahrgenommen.

In Anlehnung an [Ramjee 1994] beschreiben wir nun einen generischen Algorithmus, den der Empfänger verwenden kann, um seine Wiedergabeverzögerung adaptiv anzupassen. Dabei sei

t_i = die Zeitmarke des i-ten Paketes, also die Zeit, zu der das Paket vom Sender erzeugt wurde,
r_i = die Zeit, zu der Paket i vom Empfänger empfangen wird,
p_i = die Zeit, zu der Paket i beim Empfänger abgespielt wird.

Die Ende-zu-Ende-Verzögerung des i-ten Paketes ist $r_i - t_i$. Aufgrund des Netzwerk-Jitters verändert sich diese Verzögerung von Paket zu Paket. Bezeichne d_i eine Schätzung der durchschnittlichen Netzverzögerung nach Empfang des i-ten Paketes. Diese Schätzung entsteht folgendermaßen aus den Zeitmarken:

$$d_i = (1 - u)\, d_{i-1} + u\, (r_i - t_i)$$

wobei u eine Konstante ist (zum Beispiel $u = 0{,}01$). Dadurch ist d_i ein geglätteter Mittelwert der beobachteten Netzwerkverzögerungen $r_1 - t_1, ..., r_i - t_i$. Diese Schätzung misst den vor kurzem beobachteten Verzögerungen mehr Gewicht bei als den vor langer Zeit beobachteten. Diese Art der Schätzung sollte nicht ganz unvertraut sein. Eine ähnliche Idee wurde in Kapitel 3 benutzt, um die Rundlaufzeit in TCP zu schätzen. Sei v_i eine Schätzung der durchschnittlichen Abweichung der Verzögerung von der geschätzten mittleren Verzögerung. Diese Schätzung basiert ebenfalls auf den Zeitmarken:

$$v_i = (1 - u)\, v_{i-1} + u \cdot | r_i - t_i - d_i |$$

Die Schätzungen d_i und v_i werden für jedes erhaltene Paket berechnet, obwohl sie nur verwendet werden, um den Wiedergabezeitpunkt des ersten Paketes in jeder Gesprächsphase zu bestimmen.

Sind diese Schätzungen einmal berechnet, führt der Empfänger den folgenden Algorithmus für die Wiedergabe von Paketen aus. Ist Paket i das erste Paket einer Gesprächsphase, dann wird seine Wiedergabezeit p_i berechnet durch:

$$p_i = t_i + d_i + Kv_i$$

wobei K eine positive Konstante ist (zum Beispiel $K = 4$). Der Zweck des Ausdruckes Kv_i besteht darin, die Wiedergabezeit weit genug in die Zukunft zu verlegen, so dass nur ein kleiner Bruchteil der ankommenden Pakete während der Gesprächsphase wegen zu späten Eintreffens verworfen werden. Der Wiedergabezeitpunkt für jedes folgende Paket in einer Gesprächsphase wird relativ zu dem Zeitpunkt berechnet, an dem das erste Paket abgespielt wurde. Insbesondere sei

$$q_i = p_i - t_i$$

die Zeitdauer zwischen der Erzeugung des ersten Paketes der Gesprächsphase, bis zu dem Zeitpunkt, zu dem es abgespielt wird. Gehört Paket j auch zu dieser Gesprächsphase, wird es zum Zeitpunkt

$$p_j = t_j + q_i$$

abgespielt.

Der gerade beschriebene Algorithmus ist unter der Annahme sinnvoll, dass der Empfänger erkennen kann, ob ein Paket das erste der Gesprächsphase ist. Tritt kein Paketverlust ein, dann kann der Empfänger feststellen, ob Paket i das erste Paket der Gesprächsphase ist, indem er die Zeitmarke des i-ten Paketes mit derjenigen des $(i-1)$-ten Paketes vergleicht. Ist tatsächlich $t_i - t_{i-1} > 20$ ms, weiß der Empfänger, dass das i-te Paket eine neue Gesprächsphase einleitet. Nehmen Sie jetzt an, dass gelegentlich Paketverluste auftreten. In diesem Fall können zwei am Ziel eintreffende Pakete Zeitmarken besitzen, die sich um mehr als 20 ms unterscheiden, obwohl die beiden Pakete derselben Gesprächsphase angehören. Hier helfen die Sequenznummern. Der Empfänger kann mit ihrer Hilfe bestimmen, ob ein Unterschied der Zeitmarken von mehr als 20 ms durch eine neue Gesprächsphase oder einen Paketverlust verursacht wird.

Streaming von gespeichertem Audio und Video

Beenden wir diesen Abschnitt mit einigen Worten über Streaming von gespeichertem Audio und Video. Anwendungen dazu benutzen normalerweise auch Sequenznummern, Zeitmarken und eine Wiedergabeverzögerung, um die Auswirkungen des Jitters zu verringern oder sogar zu beseitigen. Allerdings gibt es einen wichtigen Unterschied zwischen interaktivem Audio/Video in Echtzeit und gespeichertem Audio/Video. Das Streaming von gespeichertem Audio/Video kann signifikant größere Verzögerungen tolerieren. Tatsächlich dürfte es ein Benutzer akzeptabel finden, fünf Sekunden oder mehr auf den Beginn der Wiedergabe zu warten, nachdem er einen Audio-/Videoclip angefordert hat. Die meisten Benutzer akzeptieren auch Verzögerungen dieser Größenordnung nach interaktiven Aktionen, wie einem Sprung zu einem anderen Zeitpunkt innerhalb des Medienstromes. Diese größere Toleranz für Verzögerungen erlaubt dem Anwendungsentwickler mehr Flexibilität.

7.3.3 Ausgleich von Paketverlusten

Wir haben detailliert erörtert, wie eine Internettelefonanwendung auf Paket-Jitter reagieren kann. Wir beschreiben jetzt kurz mehrere Methoden, die versuchen, trotz Paketverlusten eine akzeptable Audioqualität zu erreichen. Solche Methoden werden **Loss Recovery Schemes** *(Methoden zur Erholung von Verlusten)* genannt. Wir definieren hier Paketverlust in einem weiten Sinn: Ein Paket gilt als verloren, wenn es entweder nie beim Empfänger ankommt oder wenn es erst nach seinem vorgesehenen Wiedergabezeitpunkt ankommt. Wieder einmal dient unser Beispiel zur Internettelefonie als Hintergrund für die Beschreibung der Loss-Recovery-Methoden.

Wie zu Beginn dieses Abschnittes erwähnt, ist die erneute Übertragung verlorener Pakete in einer interaktiven Echtzeit-Anwendung wie der Internettelefonie im Allgemeinen keine geeignete Maßnahme. Tatsächlich ist die erneute Übertragung eines Paketes, das seinen Wiedergabezeitpunkt verpasst hat, absolut nutzlos. Auch kann die erneute Übertragung eines Paketes, das in einer Routerwarteschlange verworfen wurde, normalerweise nicht schnell genug erfolgen, um noch rechtzeitig beim Empfänger anzukommen. Wegen dieser Überlegungen verwendet die Internettelefonie oft Methoden zur Vorbeugung von Beeinträchtigungen durch Verluste. Zwei solche Techniken sind **Vorwärtsfehlerkorrektur** (**FEC**, *Forward Error Correction*) und **Interleaving** *(Verschachtelung)*.

Vorwärtsfehlerkorrektur (FEC)

Im Grunde genommen wird mit FEC redundante Information in den Originalpaketstrom eingefügt. Dies bedeutet insbesondere, dass die Übertragungsrate des Audiodatenstromes geringfügig erhöht werden muss. Diese redundante Information kann dann aber dazu verwendet werden, um die Information aus einigen der verlorenen Pakete näherungsweise oder vollständig wiederherzustellen. Wir skizzieren hier zwei einfache FEC-Mechanismen in Anlehnung an [Bolot 1996] und [Perkins 1998]. Der erste Mechanismus sendet nach jeweils n Blöcken einen redundanten, speziell codierten, Block. Dieser entsteht durch Anwenden des exklusiven ODER auf die ursprünglichen Blöcke [Shacham 1990]. Geht genau eines aus dieser Gruppe von $n + 1$ Paketen verloren, kann es der Empfänger vollständig wiederherstellen. Gehen allerdings zwei oder mehr Pakete in einer Gruppe verloren, kann der Empfänger diese nicht wiederherstellen. Indem $n + 1$, die Größe der Gruppe, gering gehalten wird, kann ein großer Teil der verlorenen Pakete wiederhergestellt werden, sofern nicht extrem viele Pakete verloren gehen. Je kleiner jedoch die Gruppengröße wird, umso mehr steigt die relative Zunahme der Übertragungsrate des Audiodatenstromes. Konkret steigt die Übertragungsrate um einen Faktor $1 + 1/n$. Ist beispielsweise $n = 3$, dann wächst die Übertragungsrate um 33 Prozent auf 133 Prozent an. Außerdem steigert dieser einfache Mechanismus die Wiedergabeverzögerung, denn der Empfänger muss nun darauf warten, die ganze Gruppe von Paketen zu empfangen, bevor die Ausgabe beginnen kann. Weitere Praxisdetails über den Einsatz von FEC bei der Multimedia-Datenübertragung finden Sie in [RFC 2733].

Beim zweiten FEC-Mechanismus wird ein Audiostrom geringer Tonqualität gesendet, der die redundante Information enthält. Zum Beispiel könnte der Sender den normalen Audiodatenstrom und einen entsprechenden Audiostrom niedriger Auflösung und niedriger Bitrate erstellen. (Der normale Datenstrom könnte mit PCM bei 64 Kbps codiert sein, während der Strom mit geringerer Qualität mit GSM-Codierung bei 13 Kbps codiert sein könnte.) Den Strom geringerer Qualität bezeichnen wir als redundanten Datenstrom. Wie ▶Abbildung 7.6 zeigt, konstruiert der Sender das n-te Paket, indem er den n-ten Block des normalen Datenstromes nimmt und daran den $(n - 1)$-ten Block des redundanten Datenstromes anhängt. Auf diese Weise kann der Empfänger jedes Mal, wenn nicht mehrere aufeinanderfolgende Pakete verloren gehen, den Ver-

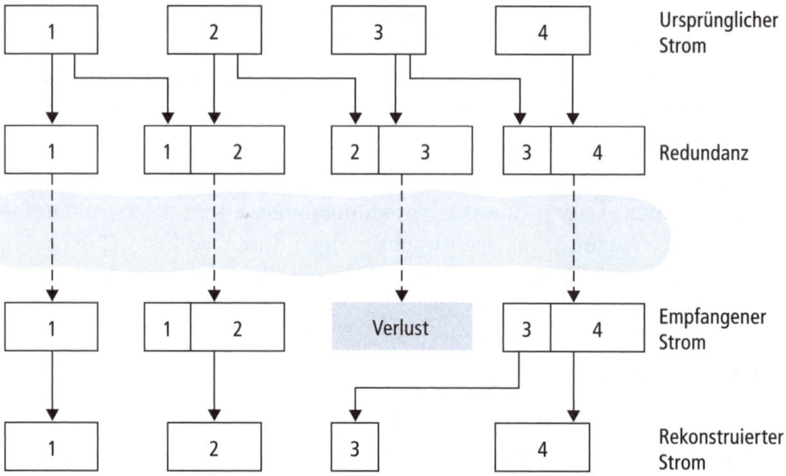

Abbildung 7.6: Redundante Information geringer Qualität wird „huckepack" mitgeführt

lust verschleiern, indem der codierte Block mit niedrigerer Qualität abgespielt wird, der mit dem nächsten Paket eintrifft. Natürlich liefern diese Blöcke niedriger Bitrate auch geringere Qualität als die normalen Blöcke. Dennoch bietet ein Datenstrom, der hauptsächlich aus Blöcken hoher Qualität besteht, in die gelegentlich Blöcke mit geringer Qualität eingestreut sind und zwischen denen keine Blöcke fehlen, insgesamt eine gute Tonqualität. Beachten Sie, dass der Empfänger bei diesem Mechanismus vor der Wiedergabe nur zwei Pakete erhalten muss, so dass der Anstieg der Wiedergabeverzögerung gering ist. Ist außerdem die Codierung der Blöcke mit niedriger Bitrate viel stärker komprimiert als die normale Codierung, dann steigt auch die Übertragungsrate nur geringfügig an.

Um auch aufeinanderfolgende Paketverluste zu behandeln, können wir eine einfache Variante verwenden. Statt nur den $(n-1)$-ten Block niedriger Übertragungsrate an den n-ten normalen Block anzufügen, kann der Sender den $(n-1)$-ten und $(n-2)$-ten oder den $(n-1)$-ten und $(n-3)$-ten Block usw. mit niedriger Bitrate anfügen. Indem mehr solcher Blöcke an jeden normalen Block angehängt werden, bleibt die Tonqualität auch dann annehmbar, wenn die Rahmenbedingungen problematisch sind. Allerdings steigern die zusätzlichen Blöcke die Übertragungsbandbreite und die Wiedergabeverzögerung.

RAT [RAT 2007] ist eine gut dokumentierte Internettelefonieanwendung, die FEC einsetzt. Sie ist in der Lage, Audioströme geringer Qualität, wie oben beschrieben, zusammen mit dem normalen Audiostrom zu senden; siehe auch [Rosenberg 2000].

Interleaving

Als Alternative zur Übertragung redundanter Daten kann eine Internettelefonieanwendung verschachtelte *(interleaved)* Audiodaten senden. Wie in ▶Abbildung 7.7 dargestellt, ordnet der Sender vor der Übertragung Bereiche der Audiodaten um, so dass

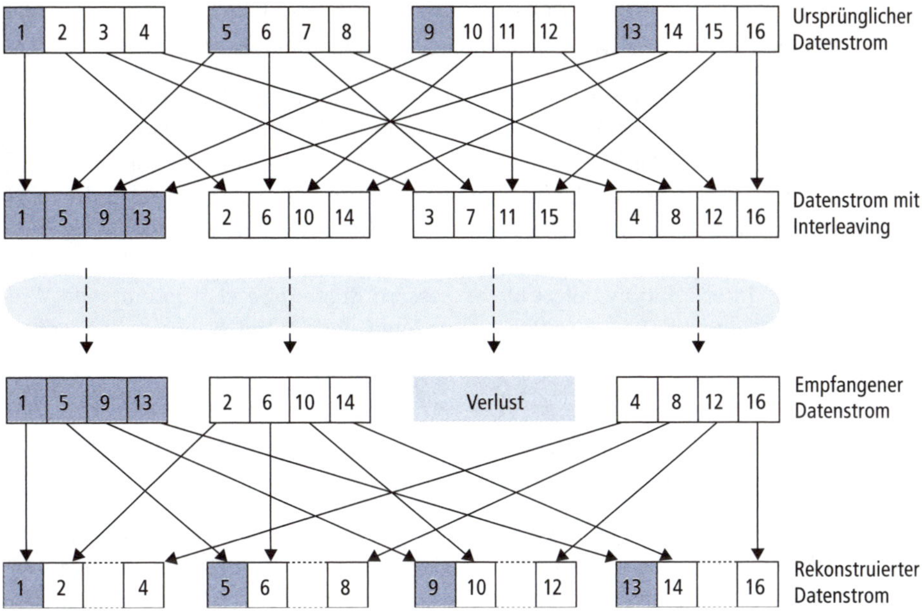

Abbildung 7.7: Übertragen von Interleaved-Audio

ursprünglich benachbarte Bereiche im übertragenen Datenstrom nun durch einen gewissen Abstand getrennt sind. Interleaving kann die Auswirkungen von Paketverlusten vermindern. Wenn zum Beispiel ein Bereich eine Länge von 5 ms und Blöcke eine Länge von 20 ms aufweisen (also vier Bereiche in jedem Block enthalten sind), dann könnte der erste Block die Bereiche 1, 5, 9 und 13 enthalten, im zweiten Block könnten die Bereiche 2, 6, 10 und 14 zu finden sein usw. Abbildung 7.7 zeigt, dass der Verlust eines einzelnen Paketes in einem verschachtelten Datenstrom zu mehreren schmalen Lücken im wiederhergestellten Datenstrom führen würde, im Gegensatz zu einem einzelnen großen Loch in einem Datenstrom ohne Interleaving.

Interleaving kann die wahrgenommene Qualität eines Audiodatenstromes bedeutend verbessern [Perkins 1998]. Die Methode hat zudem nur einen geringen Overhead. Der offensichtliche Nachteil beim Interleaving besteht in der Erhöhung der Latenzzeit. Dies schränkt seine Anwendung für interaktive Anwendungen wie die Internettelefonie ein, obwohl es für gespeicherte Audioströme gut einsetzbar ist. Ein großer Vorteil des Interleaving liegt darin, dass die Bandbreitenanforderungen des Datenstromes nicht ansteigen.

Reparatur beschädigter Audiodatenströme beim Empfänger

Wiederherstellungsmethoden auf Seiten des Empfängers versuchen, ein verlorenes Paket durch eines zu ersetzen, das Ähnlichkeiten mit dem Original aufweist. Wie [Perkins 1998] diskutiert, ist dies möglich, weil Audiosignale, insbesondere Sprache, große Anteile kurzfristiger Selbstähnlichkeit aufweisen. Daher funktionieren diese Techniken für relativ geringe Verlustraten (unterhalb 15 %) und für kleine Pakete (4–40 ms).

Wenn die Länge der Verluste die Länge eines Phonems erreicht (5–100 ms), brechen diese Techniken zusammen, weil ganze Phoneme fehlen könnten.

Die vielleicht einfachste Form der empfängerbasierten Reparatur ist die Paketwiederholung. Dabei werden verlorene Pakete durch Kopien jener Pakete ersetzt, die unmittelbar vor dem Verlust eingetroffen sind. Die Methode erfordert wenig Rechenaufwand und bietet einigermaßen gute Leistung. Eine andere Form der empfängerbasierten Reparatur ist die Interpolation. Dabei werden Audiodaten vor und nach dem Verlust verwendet, um ein geeignetes Paket zu interpolieren, das den Verlust kaschiert. Interpolation liefert etwas bessere Ergebnisse als die einfache Wiederholung des vorangegangenen Paketes, erzeugt aber einen höheren Rechenaufwand [Perkins 1998].

7.3.4 Verteilung von Multimedia-Daten im heutigen Internet: Content-Distribution-Netzwerke

Bei Video-Streaming-Raten, die sich von Hunderten Kbps für Video geringer Qualität bis zu mehreren Mbps für DVD-Video erstrecken, scheint die Aufgabe, eine gespeicherte Videodatei auf Anfrage an eine große Zahl geografisch verstreuter Benutzer zu verteilen, entmutigend zu sein. Der einfachste Weg läge darin, das Video auf einem einzelnen Server zu speichern und es, wie in Abschnitt 7.2 erörtert, von diesem Videoserver (oder einer Server-Farm) bei jeder Client-Anforderung zu einem einzelnen Client zu übertragen. Diese Lösung hat zwei offensichtliche Probleme. Zum einen kann ein Client sehr weit vom Server entfernt sein, weshalb Pakete vom Server zum Client viele ISPs durchqueren müssen. Dies steigert die Wahrscheinlichkeit erheblicher Verzögerungen und Verluste. Zum anderen wird das Video, wenn es sehr beliebt ist, oft durch dasselbe ISP-Netzwerk (und über dieselben Links) gesendet, wodurch es erhebliche Bandbreite verbraucht. In Kapitel 2 haben wir diskutiert, wie Caching diese Probleme verringern kann. Obwohl wir Caching vor dem Hintergrund traditioneller Webinhalte erörtert haben, sollte klar sein, dass sich Caching auch für Multimedia-Inhalte wie gespeicherte Audio- und Videodaten eignet. In diesem Abschnitt erörtern wir **Content Distribution Networks** (**CDNs**, *Netzwerke zum Verteilen von Inhalten*), die eine alternative Methode zum Verteilen der gespeicherten Multimedia-Inhalte bieten (ebenso natürlich auch für das Verteilen traditioneller Webinhalte).

CDNs basieren auf der Philosophie, dass, wenn der Client nicht zum Inhalt kommen kann (weil der Best-Effort-Pfad vom Server zum Client kein Streaming-Video ermöglicht), der Inhalt zum Client gebracht werden sollte. CDNs benutzen daher ein anderes Modell als Webcaching. Bei einem CDN sind die zahlenden Kunden nicht mehr die ISPs, sondern die Inhalteanbieter *(Content Provider)*. Ein Inhalteanbieter, der ein Video verteilen möchte (wie etwa CNN), bezahlt einen CDN-Dienstleister (wie zum Beispiel Akamai), damit dieser sein Video mit der kürzesten möglichen Verzögerung zu den Benutzern überträgt, die es anfordern.

Ein CDN-Dienstleister bietet normalerweise den folgenden Dienst zur Verteilung der Inhalte:

1. Der CDN-Dienstleister installiert überall im Internet Hunderte **CDN-Server**. Er platziert diese Server normalerweise in Rechenzentren, die oft an ISPs einer niedrigen Hierarchieebene angeschlossen sind und sich somit nahe bei den ISP-Zugangsnetzen und den Endanwendern befinden.

2. Das CDN repliziert den Inhalt seiner Kunden auf den CDN-Servern. Jedes Mal, wenn ein Kunde seinen Inhalt aktualisiert, verteilt das CDN den neuen Inhalt auf die CDN-Server.

3. Die CDN-Dienstleister verwenden einen Mechanismus, der dafür sorgt, dass ein Client, der einen Inhalt anfordert, von dem CDN-Server bedient wird, der den Inhalt am besten liefern kann. Dieser Server kann der dem Client nächstgelegene CDN-Server sein (vielleicht in demselben ISP wie der Client) oder es kann ein CDN-Server sein, der einen überlastfreien Pfad zum Client besitzt.

▶ Abbildung 7.8 zeigt die Interaktion zwischen dem Inhalteanbieter und dem CDN-Dienstleister. Der Inhalteanbieter bestimmt zuerst, welche seiner Objekte (z.B. Videos) vom CDN verteilt werden sollen. (Der Inhalteanbieter verteilt die übrigen Objekte ohne Einbindung des CDN.) Der Inhalteanbieter kennzeichnet die Inhalte und überträgt sie dann auf einen CDN-Knoten. Dieser vervielfältigt die Inhalte und

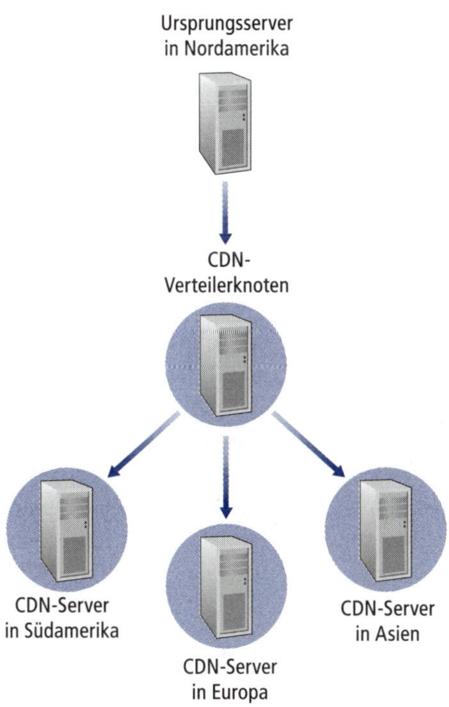

Abbildung 7.8: Das CDN überträgt die vom Inhalteanbieter markierten Objekte auf seine CDN-Server

überträgt sie auf die ausgewählten CDN-Server. Der CDN-Dienstleister kann ein eigenes Netzwerk besitzen, über das er Inhalte vom CDN-Knoten an die CDN-Server überträgt. Immer wenn der Inhalteanbieter ein über das CDN verbreitetes Objekt ändert, transferiert er die neue Version auf den CDN-Knoten, der wiederum das Objekt sofort vervielfältigt und unter den CDN-Servern verteilt. Es ist dabei wichtig, sich vor Augen zu halten, dass jeder dieser Server normalerweise Objekte vieler Inhalteanbieter enthält.

Jetzt kommt die interessante Frage: Wenn ein Browser auf dem Host eines Benutzers angewiesen wird, ein bestimmtes Objekt (das durch eine URL identifiziert wird) zu holen, wie kann der Browser bestimmen, ob er das Objekt vom ursprünglichen Server oder vom CDN-Server holen soll? Normalerweise nutzen CDNs DNS-Umleitungen, um Browser auf die richtigen Server zu leiten [Kangasharju 2000].

Nehmen Sie als Beispiel an, dass der Hostname des Inhalteanbieters *www.foo.com* ist. Der Name des CDN-Dienstleisters sei *cdn.com*. Außerdem nehmen wir an, dass der Inhalteanbieter nur seine MPEG-Videos vom CDN verteilen lassen möchte. Alle anderen Dateien, einschließlich der eigentlichen HTML-Dateien, werden direkt vom Inhalteanbieter verteilt. Damit dies möglich ist, verändert der Inhalteanbieter alle HTML-Objekte auf dem ursprünglichen Server so, dass den URLs der Videodateien ein *http://www.cdn.com* vorangestellt wird. Enthielt eine HTML-Datei beim Inhalteanbieter ursprünglich einen Verweis auf *http://www.foo.com/sports/highlights.mpg*, würde der Inhalteanbieter dieses Objekt kennzeichnen, indem er die Referenz in der HTML-Datei durch *http://www.cdn.com/www.foo.com/sports/highlights.mpg* ersetzt.

Fordert ein Browser eine Webseite an, welche das Video highlights.mpg enthält, laufen die folgenden Aktionen ab:

1. Der Browser sendet seine Anforderung des zugrunde liegenden HTML-Objektes an den Server *www.foo.com*, der das angeforderte HTML-Objekt an den Browser sendet. Der Browser analysiert die HTML-Datei und findet den Verweis auf *http://www.cdn.com/www.foo.com/sports/highlights.mpg*.

2. Der Browser führt dann eine DNS-Suche nach *www.cdn.com* durch, dem Hostnamen der referenzierten URL. Das DNS ist so konfiguriert, dass alle Anfragen nach *www.cdn.com*, die einen DNS-Rootserver erreichen, an einen autoritativen DNS-Server für *www.cdn.com* gesandt werden. Erhält dieser die Anfrage, schaut er sich die IP-Adresse des anfragenden Browsers an. Mittels eines internen Planes des Netzwerkes, den er für das gesamte Internet erstellt hat, liefert der DNS-Server des CDN-Anbieters die IP-Adresse jenes CDN-Servers zurück, der für den anfragenden Browser wahrscheinlich der beste ist (oft ist das der dem Browser nächstgelegene CDN-Server).

3. Der DNS-Client im anfordernden Host erhält die DNS-Antwort mit der IP-Adresse. Der Browser sendet dann seine HTTP-Anforderung an den CDN-Server mit dieser IP-Adresse. Der Browser erhält die Videodatei highlights.mpg von

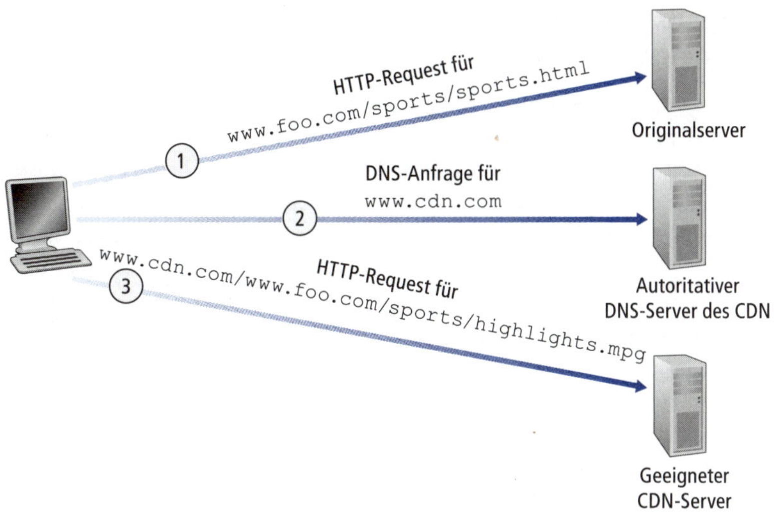

Abbildung 7.9: CDNs benutzen das DNS, um Anforderungen an einen nahegelegenen CDN-Server zu senden

diesem CDN-Server. Bei weiteren Anforderungen von *www.cdn.com* benutzt der Client weiterhin denselben CDN-Server, da sich die IP-Adresse für *www.cdn.com* im DNS-Cache befindet (im Client-Host oder im lokalen DNS-Namensserver).

Zusammenfassend gesagt wendet sich der anfordernde Host, wie ▶ Abbildung 7.9 zeigt, zuerst an den ursprünglichen Webserver, um das zugrunde liegende HTML-Objekt zu erhalten, dann an den autoritativen DNS-Server des CDN, um die IP-Adresse des am besten geeigneten CDN-Servers zu bekommen, und schließlich an diesen, um das Video zu erhalten. Beachten Sie, dass an HTTP, DNS oder dem Browser keinerlei Änderungen notwendig sind, um diesen Verteilungsmechanismus zu implementieren.

Allerdings muss noch erklärt werden, wie ein CDN-Dienstleister den „besten" CDN-Server für den anfragenden Host ermittelt. Obwohl jeder CDN-Dienstleister seine eigene Methode hat, um dies durchzuführen, ist es nicht schwierig, eine grobe Idee davon zu erhalten, wie sie dabei vorgehen.

Für jeden Zugangs-ISP im Internet (der potenziell anfragende Clients enthält) bestimmt der CDN-Dienstleister den besten CDN-Server. Dazu verwendet er seine Kenntnisse der Internet-Routing-Tabellen (insbesondere der BGP-Tabellen, die wir in Kapitel 4 besprochen haben), von Round-Trip-Time-Schätzungen und anderen Messdaten; für eine Diskussion siehe [Verma 2001]. Auf diese Weise schätzt das CDN, welcher CDN-Server den besten Best-Effort-Dienst für den ISP erbringen sollte. Das CDN macht dies für eine große Anzahl von Zugangs-ISPs im Internet und verwendet diese Information, um seine autoritativen DNS-Server zu konfigurieren. Eine Diskussion von Multimedia-Streaming aus dem Blickwinkel eines großen in Betrieb befindlichen CDN (Akamai) finden Sie in [Sripanidkulchpai 2004].

7.3.5 Dimensionierung von Best-Effort-Netzwerken, um hohe Dienstgüte zu erreichen

In den vorangegangenen Abschnitten haben wir gesehen, wie Anwendungsschichttechniken, etwa die Verzögerung der Paketwiedergabe, FEC, Paket-Interleaving oder eine CDN-Infrastruktur, die Qualität von Multimedia-Anwendungen im heutigen Best-Effort-Internet verbessern können. Grundsätzlich rühren die Schwierigkeiten bei der Unterstützung von Multimedia-Anwendungen von ihren engen Leistungsanforderungen her – geringe Ende-zu-Ende-Paketverzögerungen, wenig Jitter und überschaubare Paketverluste – sowie der Tatsache, dass genau hier Probleme jedes Mal auftreten, wenn das Netzwerk überlastet ist. Eine letzte Methode zur Verbesserung der Qualität von Multimedia-Anwendungen – ein häufig eingesetzter Ansatz, um beinahe jedes Problem in Zusammenhang mit begrenzten Ressourcen zu lösen – besteht einfach darin, das Problem mit Geld zu beseitigen und so Konkurrenz um Ressourcen zu vermeiden. Im Fall der Multimedia-Netzwerke bedeutet dies, dass überall im Netz genug Link-Kapazität zur Verfügung gestellt wird, um Netzwerküberlast und deren Konsequenzen Paketverzögerung und -verlust nie (oder doch nur selten) eintreten zu lassen. Ist die Link-Kapazität groß genug, könnten Pakete ohne Warteschlangenverzögerung oder Verlust durch das Internet flitzen. Aus vielen Blickwinkeln wäre dies eine ideale Situation – Multimedia-Anwendungen würden perfekt arbeiten, die Benutzer wären glücklich und alles könnte erreicht werden, ohne die Best-Effort-Architektur des Internets ändern zu müssen. Es stellt sich natürlich die Frage, wie viel Kapazität „genug" ist, um dieses Nirwana zu erreichen, und ob die Kosten, um „genug" Bandbreite bereitzustellen, aus geschäftlicher Sicht des ISP noch praktikabel sind.

Die Frage, wie viel Kapazität an Netzwerk-Links in einer gegebenen Topologie zur Verfügung gestellt werden sollte, um ein bestimmtes Level an Ende-zu-Ende-Leistung zu erreichen, wird oft als **Bandwidth Provisioning** *(Versorgung mit Bandbreite)* bezeichnet. Das noch kompliziertere Problem des Entwurfes einer Netzwerktopologie (wo müssen Router platziert werden, wie sind sie mit Links zu verbinden und welche Kapazität muss den Links zugewiesen werden), um ein bestimmtes Level an Ende-zu-Ende-Leistung zu erreichen, zählt zum Bereich des Netzwerkdesigns und wird oft als **Network Dimensioning** *(Dimensionierung des Netzwerkes)* bezeichnet. Beides sind komplexe Themen, weit außerhalb der Möglichkeiten dieses Buches. Wir führen hier nur an, dass die folgenden Aspekte betrachtet werden müssen, um die Leistung auf Anwendungsschicht zwischen zwei Endpunkten im Netz vorherzusagen und so genug Kapazität zur Verfügung zu stellen, um die Leistungsanforderungen einer Anwendung zu erfüllen.

- *Modelle der Verkehrsanforderung zwischen Endpunkten des Netzes.* Sowohl die Ebene des Verbindungsaufbaus (z.B. Benutzer, die sich mit dem Netz verbinden und eine Ende-zu-Ende-Anwendung starten) als auch die Paketebene (z.B. Pakete, die von laufenden Anwendungen erzeugt werden) müssen gegebenenfalls modelliert werden. Beachten Sie, dass die Netzwerklast sich mit der Zeit ändern kann.
- *Wohldefinierte Leistungsanforderungen.* Ein Beispiel für eine Leistungsanforderung zur Unterstützung verzögerungsempfindlichen Verkehrs, etwa interaktive Audio-/Videoanwendungen, könnte lauten, dass die Wahrscheinlichkeit, dass die Ende-zu-

Ende-Verzögerung der Anwendung größer als eine maximal tolerierbare Verzögerung ist, geringer ist als ein niedriger Wert *e* [Fraleigh 2003].

- *Modelle, um die Ende-zu-Ende-Leistung eines gegebenen Arbeitslastmodelles vorherzusagen, und Techniken, um die minimale Bandbreitenallokierung zu finden, die allen Benutzeranforderungen entspricht.* Hierbei befassen sich die Wissenschaftler mit der Entwicklung von Queuing-Modellen (Abschnitt 1.4), welche die Leistung für eine gegebene Arbeitslast quantifizieren können. Außerdem werden Optimierungstechniken erforscht, um Bandbreitenallokierungen bei minimalen Kosten zu finden, welche den Leistungsanforderungen entsprechen.

Da das heutige Best-Effort-Internet den Multimedia-Verkehr (aus technologischer Sicht) bei geeigneter Leistung unterstützen könnte, wenn es dafür hinreichend dimensioniert wäre, stellt sich natürlich die Frage, warum das nicht der Fall ist. Die Antworten finden sich in erster Linie im wirtschaftlichen und organisatorischen Bereich. Wären die Benutzer, aus ökonomischer Sicht, bereit, ihren ISPs genügend zu zahlen, damit diese hinreichende Bandbreite installieren können, um Multimedia-Anwendungen über ein Best-Effort-Internet zu unterstützen?

Die organisatorischen Aspekte sind vielleicht noch entmutigender. Beachten Sie, dass ein Ende-zu-Ende-Pfad zwischen zwei Multimedia-Endpunkten die Netzwerke mehrerer ISPs passiert. Wären aus organisatorischer Sicht diese ISPs bereit, zusammenzuarbeiten (eventuell unter Gewinnbeteiligung), so dass der Ende-zu-Ende-Pfad hinreichend dimensioniert ist, um Multimedia-Anwendungen zu unterstützen? Einen Überblick über diese ökonomischen und organisatorischen Themen bietet [Davies 2005]. Einen Überblick über die Fähigkeit von Tier-1-Backbone-Netzwerken, verzögerungsempfindlichen Verkehr zu unterstützen, enthält [Fraleigh 2003].

7.4 Protokolle für interaktive Echtzeit-Anwendungen

Interaktive Anwendungen in Echtzeit, darunter Internettelefonie und Videokonferenzen, haben das Potenzial, das zukünftige Wachstum des Internets deutlich voranzutreiben. Daher ist es kaum überraschend, dass Organisationen wie die IETF und die ITU sich seit vielen Jahren damit beschäftigen (ohne dass ein Ende abzusehen wäre), Standards für diese Anwendungsklassen zu veröffentlichen. Mit geeigneten Standards für interaktive Anwendungen in Echtzeit werden Firmen in der Lage sein, Produkte zu entwickeln, die zueinander kompatibel sind. In diesem Abschnitt untersuchen wir RTP, SIP und H.323 für interaktive Anwendungen in Echtzeit. Alle drei Standards sind im praktischen Einsatz bereits weit verbreitet.

7.4.1 RTP

Im letzten Abschnitt haben wir erfahren, dass die Senderseite einer Multimedia-Anwendung Header-Felder an die Audio-/Videoblöcke anfügt, bevor sie diese an die Transportschicht übermittelt. Die Header-Felder enthalten Sequenznummern und

Zeitmarken. Da diese von den meisten Multimedia-Netzwerkanwendungen verwendet werden können, ist eine standardisierte Paketstruktur vorteilhaft, in der sowohl Felder für Audio-/Videodaten, Sequenznummern und Zeitmarken als auch andere möglicherweise sinnvolle Felder enthalten sind. RTP, definiert in RFC 3550, ist ein solcher Standard. Über das **Real-Time Transport Protocol** (**RTP**) können bekannte Formate wie PCM, GSM und MP3 für Audio- sowie MPEG und H.263 für Videodaten übertragen werden. Es kann aber auch proprietäre Ton- und Videoformate transportieren. Mittlerweile ist RTP in Hunderten von Produkten und Forschungsprototypen implementiert. Es ist komplementär zu anderen wichtigen interaktiven Echtzeit-Protokollen, darunter SIP und H.323.

Dieser Abschnitt bietet eine Einführung in RTP und in sein Begleitprotokoll, das **RTP Control Protocol** (**RTCP**). Besuchen Sie auch Henning Schulzrinnes RTP-Site [Schulzrinne RTP 2007], die eine Fülle von Informationen über dieses Thema bietet. Eine Internettelefonieanwendung, die RTP einsetzt, wird auf der RAT-Site dokumentiert [RAT 2007].

Grundlagen von RTP

RTP setzt normalerweise auf UDP auf. Die sendende Seite verkapselt einen Medienblock innerhalb eines RTP-Paketes, verkapselt dieses wiederum in einem UDP-Segment und übergibt dann das Segment an IP. Die Empfängerseite zieht das RTP-Paket aus dem UDP-Segment heraus, extrahiert den Medienblock aus dem RTP-Paket und übermittelt dann den Block zur Decodierung und Wiedergabe an den Media Player.

Betrachten wir als Beispiel den Einsatz von RTP zur Übertragung von Sprache. Nehmen wir an, dass die Sprachquelle mit 64 Kbps PCM-codiert wurde (d.h., sie wurde gesampelt, quantisiert und digitalisiert). Nehmen wir weiter an, dass die Anwendung die codierten Daten in 20 ms langen Blöcken sammelt, das heißt, in jedem Block befinden sich 160 Byte. Die sendende Seite setzt vor jeden Block der Audiodaten einen **RTP-Header**, der die Art der Audiocodierung, eine Sequenznummer und eine Zeitmarke enthält. Die Länge des RTP-Headers beträgt normalerweise 12 Byte. Der Audioblock bildet zusammen mit dem RTP-Header das **RTP-Paket**. Dieses wird dann auf die UDP-Socket-Schnittstelle gesandt. Auf Seite des Empfängers erhält die Anwendung das RTP-Paket von seiner Socket-Schnittstelle. Die Anwendung extrahiert den Audioblock aus dem RTP-Paket und verwendet dessen Header-Felder, um die Audiodaten richtig zu decodieren und abzuspielen.

Verwendet eine Anwendung intern RTP – anstatt die Art der Nutzdaten, die Sequenznummer und die Zeitmarke durch eine proprietäre Methode anzugeben –, dann arbeitet sie leichter mit anderen netzwerkbasierten Multimedia-Anwendungen zusammen. Entwickeln zum Beispiel zwei verschiedene Firmen Software für Internettelefonie und bauen beide auf RTP auf, gibt es Hoffnung, dass ein Benutzer, der eines der beiden Internettelefonprodukte verwendet, in der Lage ist, mit einem anderen Benutzer zu kommunizieren, der das andere Internettelefonprodukt verwendet. In Abschnitt 7.4.3 werden wir sehen, dass RTP oft in Verbindung mit den Standards für die Internettelefonie eingesetzt wird.

Wir möchten betonen, dass RTP keine Mechanismen bietet, um die rechtzeitige Übertragung von Daten sicherzustellen oder andere Quality-of-Service-Garantien (QoS) anzubieten. Es garantiert nicht einmal die Zustellung von Paketen oder verhindert Veränderungen in der Reihenfolge von Paketen. Tatsächlich ist die RTP-Verkapselung nur auf den Endsystemen relevant. Router unterscheiden nicht zwischen IP-Datagrammen, die RTP-Pakete beinhalten, und solchen, die es nicht tun.

RTP erlaubt es, dass jeder Quelle (zum Beispiel einer Kamera oder einem Mikrofon) ihr eigener, unabhängiger RTP-Paketstrom zugeordnet wird. Zum Beispiel könnten für eine Videokonferenz zwischen zwei Teilnehmern vier RTP-Ströme verwendet werden – zwei zur Übertragung der Audiodaten (einer in jeder Richtung) und zwei zum Senden der Videosignale (ebenfalls einer in jeder Richtung). Allerdings bündeln viele verbreitete Codierungstechniken – etwa MPEG 1 und MPEG 2 – das Audio- und Videosignal während des Codierens in einem einzelnen Datenstrom. Werden Audio und Video vom Codierer gebündelt, wird in jeder Richtung nur ein RTP-Strom erzeugt.

RTP-Pakete sind keinesfalls auf Unicast-Anwendungen beschränkt. Sie können ohne Weiteres über Multicast-Bäume gesendet werden, wobei sie Daten entweder von einem Sender zu vielen Empfängern oder von vielen Sendern zu vielen Empfängern übertragen. In einer Multicast-Sitzung mit mehreren Sendern benutzen üblicherweise alle Quellen dieselbe Multicast-Gruppe, um ihre RTP-Ströme zu übertragen.

Zusammengehörende RTP-Multicast-Ströme wie Audio- und Videoströme, die von mehreren Sendern einer Videokonferenz stammen, gehören zu einer **RTP-Sitzung**.

RTP-Paket-Header-Felder

Wie in ▶Abbildung 7.10 gezeigt, sind die vier wesentlichen RTP-Paket-Header-Felder der Payload-Typ, die Sequenznummer, die Zeitmarke und ein Feld zur Identifikation der Quelle.

Das Payload-Typ-Feld des RTP-Paketes hat eine Länge von 7 Bit. Bei einem Audiodatenstrom wird es verwendet, um die Art der Audiocodierung zu kennzeichnen (zum Beispiel PCM, adaptive Deltamodulation, Linear Predictive Encoding). Entscheidet ein Sender, mitten in der Sitzung die Codierung zu ändern, kann er den Empfänger mittels des Payload-Typ-Feldes über diese Änderung informieren. Der Sender könnte die Codierung ändern, um die Audioqualität zu erhöhen oder weil er die Bitrate des RTP-Stromes vermindern will. ▶Tabelle 7.2 listet einige der Audio-Payload-Typen auf, die RTP derzeit unterstützt.

In einem Videostrom dient der Payload-Typ dazu, die Art der Videocodierung zu kennzeichnen (zum Beispiel Motion-JPEG, MPEG1, MPEG2, H.261). Wie bei der Audiocodierung kann der Sender die Videocodierung während der laufenden Sitzung

Abbildung 7.10: RTP-Header-Felder

Payload-Typ-Nummer	Audioformat	Samplingrate	Datenrate
0	PCM µ-law	8 kHz	64 Kbps
1	1016	8 kHz	4,8 Kbps
3	GSM	8 kHz	13 Kbps
7	LPC	8 kHz	2,4 Kbps
9	G.722	16 kHz	48–64 Kbps
14	MPEG Audio	90 kHz	–
15	G.728	8 kHz	16 Kbps

Tabelle 7.2: Von RTP unterstützte Audio-Payload-Typen

ändern. ▶Tabelle 7.3 listet einige der gegenwärtig von RTP unterstützten Video-Payload-Typen auf. Die anderen wesentlichen Felder sind:

- *Sequenznummerfeld.* Dieses Feld hat eine Länge von 16 Bit. Die Sequenznummer erhöht sich mit jedem übertragenen RTP-Paket um eins und kann vom Empfänger dazu genutzt werden, Paketverluste zu erkennen und die richtige Reihenfolge der Pakete wiederherzustellen. Erhält zum Beispiel die Empfängerseite der Anwendung einen Strom von RTP-Paketen mit einer Lücke zwischen den Sequenznummern 86 und 89, dann weiß sie, dass die Pakete 87 und 88 fehlen. Der Empfänger kann dann versuchen, die verlorenen Daten zu ersetzen.
- *Zeitmarkenfeld.* Dieses Feld ist 32 Bit lang. Es gibt den Zeitpunkt wieder, zu dem das erste Byte im RTP-Datenpaket gesampelt wurde. Wie wir im vorangegangenen Abschnitt gesehen habe, kann der Empfänger die Zeitmarken dazu verwenden, durch das Netzwerk verursachten Paket-Jitter zu entfernen und eine synchrone Wiedergabe beim Empfänger sicherzustellen. Die Zeitmarke wird durch die Uhr festgelegt, mit der der Sender sampelt. Zum Beispiel erhöht sich der Zähler der für die Zeitmarke verwendeten Uhr bei Audio in jeder Abtastperiode um eins (zum Beispiel alle 125 Mikrosekunden bei einer Abtastrate von 8 kHz). Erzeugt die Audioanwendung Blöcke, die aus 160 codierten Samples bestehen, dann erhöht sich die Zeitmarke in jedem RTP-Paket um 160, solange die Quelle durchgehend aktiv ist. Die Uhr läuft allerdings auch mit konstanter Rate weiter, wenn die Quelle inaktiv ist.
- *Synchronization Source Identifier (SSRC).* Das SSRC-Feld hat eine Länge von 32 Bit. Es kennzeichnet die Quelle des RTP-Stromes. Normalerweise hat jeder Datenstrom einer RTP-Sitzung eine eindeutige SSRC. Dies ist nicht die IP-Adresse des Absenders, sondern eine Nummer, welche die Quelle zufällig zuweist, sobald der neue Datenstrom begonnen wird. Die Wahrscheinlichkeit, dass zwei Datenströmen dieselbe SSRC zugewiesen wird, ist äußerst gering. Sollte dies geschehen, wählen die beiden Quellen einen neuen SSRC-Wert aus.

Payload-Typ-Nummer	Videoformat
26	Motion JPEG
31	H.261
32	MPEG 1 Video
33	MPEG 2 Video

Tabelle 7.3: Einige der von RTP unterstützten Video-Payload-Typen

Entwicklung von Anwendungen mit RTP

Es gibt zwei Herangehensweisen, um RTP-basierte Netzwerkanwendungen zu entwickeln. Die erste besteht darin, dass der Anwendungsentwickler RTP manuell einbaut – d.h., er schreibt selbst den Code, mit dem auf der Senderseite RTP-Verkapselung und auf der Empfängerseite Entkapselung durchgeführt wird. Bei der zweiten Methode kann der Anwendungsentwickler vorhandene RTP-Bibliotheken (für C-Programmierer) und Java-Klassen (für Java-Programmierer) verwenden, welche für die Anwendung das Verkapseln und Entpacken ausführen. Da es Sie vielleicht schon in den Fingern juckt, Ihre erste Multimedia-Anwendung unter Verwendung von RTP zu schreiben, wollen wir beide Methoden etwas eingehender betrachten. (Die Programmieraufgabe am Ende dieses Kapitels führt Sie durch das Erstellen einer RTP-Anwendung.) Wir betrachten hier Unicast-Kommunikation (also keinen Multicast).

Wir haben in Kapitel 2 erwähnt, dass mit der UDP-API der sendende Prozess in jedem von ihm versendeten UDP-Segment die IP-Zieladresse und die Zielportnummer eintragen muss, bevor er das Paket auf den UDP-Socket überträgt. Das UDP-Segment läuft dann durch das Internet und kommt schließlich (sofern es nicht beispielsweise durch einen Pufferüberlauf in einem Router verloren geht) am Eingang des empfangenden Anwendungsprozesses an. Dieser wird durch die IP-Zieladresse und die Zielportnummer eindeutig identifiziert. In der Tat wird jedes IP-Datagramm mit dieser IP-Zieladresse und Zielportnummer zu diesem empfangenden Prozess gesendet. (Die UDP-API ermöglicht es dem Anwendungsentwickler auch, die UDP-Quellportnummer zu setzen. Allerdings hat dieser Wert keine Auswirkung darauf, an welchen Prozess das Segment zugestellt wird.) Wichtig ist, festzuhalten, dass RTP keine bestimmte Portnummer verlangt. Erstellt der Anwendungsentwickler eine RTP-Anwendung, legt er die Portnummern der beiden Seiten der Anwendung fest.

Als Teil der Programmieraufgabe dieses Kapitels schreiben Sie einen RTP-Server, der gespeicherte Video-Frames in RTP-Pakete verkapselt. Sie müssen das manuell machen, d.h., Ihre Anwendung nimmt einen Video-Frame, fügt ihm die RTP-Header hinzu, um ein RTP-Paket zu erzeugen, und übermittelt dann den RTP-Rahmen an den UDP-Socket. Damit Ihnen das gelingt, müssen Sie Felder als Platzhalter für die verschiedenen RTP-Header-Felder erstellen, darunter ein Sequenznummernfeld und ein Zeitmarkenfeld. Für jedes RTP-Paket, das erstellt wird, müssen Sie die Sequenznummer und die Zeitmarke passend einstellen. Sie werden alle diese RTP-Operationen

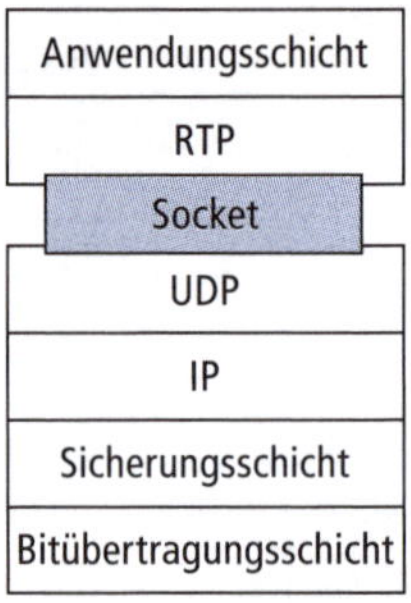

Abbildung 7.11: RTP ist Teil der Anwendung und liegt oberhalb des UDP-Socket

explizit für die Senderseite Ihrer Anwendung entwickeln. Wie ▶Abbildung 7.11 zeigt, wird Ihre API ins Netz die Standard-UDP-Socket-API sein.

Eine alternative Methode (die in der Programmieraufgabe nicht vorgesehen ist) besteht darin, eine Java-RTP-Klasse (oder eine RTP-C-Bibliothek für C-Programmierer) zu verwenden, um die RTP-Operationen zu implementieren. Damit erhält ein Anwendungsentwickler den Eindruck, dass RTP, wie ▶Abbildung 7.12 zeigt, Teil der Transportschicht ist, mit einer RTP-/UDP-API zwischen der Anwendungsschicht und der Transportschicht. Ohne zu sehr in die Details zu gehen (denn diese sind klassen- bzw. bibliotheksabhängig): Wird ein Medienblock über die API gesendet, muss die sendende Seite der Anwendung den Medienblock selbst, eine Payload-Typ-Nummer, eine SSRC, eine Zeitmarke zusammen mit einer Zielportnummer und eine IP-Zieladresse zur Verfügung stellen. Wir möchten hier erwähnen, dass das Java Media Framework (JMF) eine vollständige RTP-Implementierung beinhaltet.

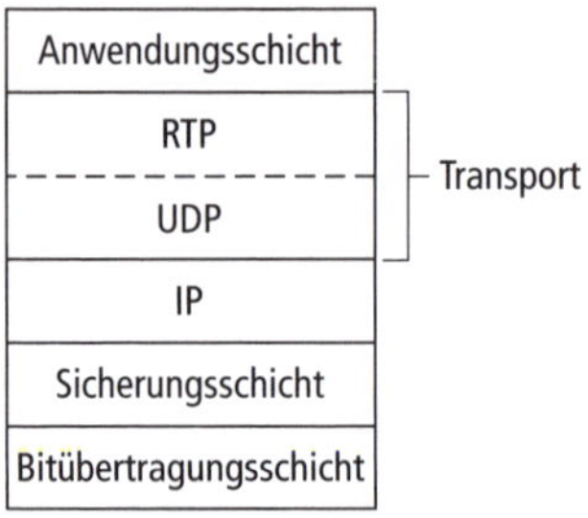

Abbildung 7.12: RTP kann als Unterschicht innerhalb der Transportschicht betrachtet werden

7.4.2 RTP Control Protocol (RTCP)

RFC 3550 definiert auch RTCP, ein Protokoll, das eine Netzwerk-Multimedia-Anwendung in Verbindung mit RTP einsetzen kann. Wie das Multicast-Szenario in ▶Abbildung 7.13 zeigt, werden RTCP-Pakete von jedem Teilnehmer einer RTP-Sitzung an alle anderen Teilnehmer derselben Sitzung mittels IP-Multicast übertragen. In einer RTP-Sitzung gibt es normalerweise eine einzelne Multicast-Adresse und alle RTP- und RTCP-Pakete, die zu dieser Sitzung gehören, verwenden diese Multicast-

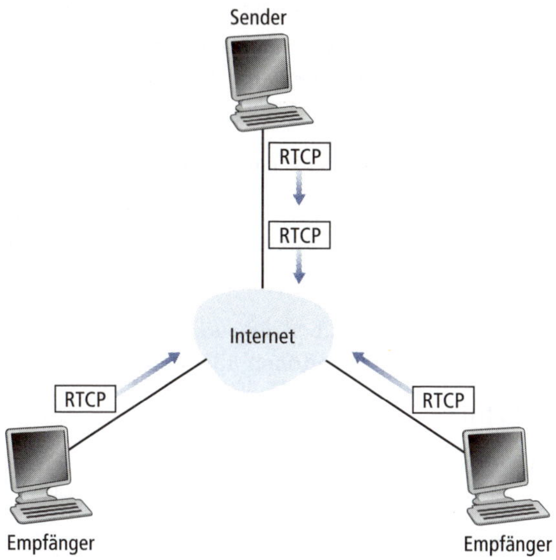

Abbildung 7.13: Sowohl Sender als auch Empfänger senden RTCP-Nachrichten

Adresse. RTP- und RTCP-Pakete unterscheiden sich voneinander durch die Verwendung von eindeutigen Portnummern. (Die RTCP-Portnummer entspricht der RTP-Portnummer plus eins.)

RTCP-Pakete verkapseln keine Audio- oder Videoblöcke. Stattdessen werden sie periodisch gesendet und enthalten Absender- und/oder Empfängerberichte mit statistischen Werten, die für die Anwendung nützlich sein können. Sie betreffen etwa die Anzahl der verschickten Pakete, die Anzahl der verloren gegangenen Pakete und den Jitter in der Ankunftszeit zwischen den Paketen. Die RTP-Spezifikation [RFC 3550] legt nicht fest, was die Anwendung mit diesen Informationen anfangen soll; das ist Sache des Anwendungsentwicklers. Ein Sender kann dieses Feedback zum Beispiel verwenden, um seine Übertragungsrate anzupassen. Die Informationen könnten auch für Diagnosezwecke genutzt werden; beispielsweise könnten Empfänger feststellen, ob Probleme lokal, regional oder global auftreten.

RTCP-Pakettypen

Für jeden RTP-Strom, den ein Empfänger als Teil einer Sitzung erhält, erzeugt der Empfänger einen Empfangsbericht. Der Empfänger fasst diese Empfangsberichte in einem einzelnen RTCP-Paket zusammen. Dieses wird dann an den Multicast-Baum gesendet, der alle Teilnehmer der Sitzung verbindet. Der Empfangsbericht enthält mehrere Felder, deren wichtigste wir unten aufführen.

- Die SSRC des RTP-Stromes, für den der Empfangsbericht erzeugt wird
- Der Anteil der Pakete, die innerhalb des RTP-Stromes verloren gegangen sind. Jeder Empfänger berechnet diesen Wert aus der Zahl der verlorenen Pakete, geteilt durch

die Anzahl aller im Strom übertragenen RTP-Pakete. Erhält ein Sender Empfangsberichte, die zeigen, dass eine hohe Verlustrate vorliegt, kann er zu einer niedrigeren Codierungsrate wechseln, mit dem Ziel, Netzüberlast zu vermindern und die Empfangsrate zu verbessern.

- Die letzte Sequenznummer, die im Datenstrom der RTP-Pakete empfangen wurde
- Den Jitter zwischen dem Eintreffen aufeinanderfolgender Pakete, der eine geglättete Schätzung der Abweichung der Ankunftszeiten zweier aufeinanderfolgender Pakete des RTP-Stromes ist

Für jeden RTP-Strom, den der Sender überträgt, erstellt und überträgt er RTCP-Senderberichtspakete. Diese enthalten Informationen über den RTP-Strom wie:

- Die SSRC des RTP-Stromes
- Die Zeitmarke und die reale Uhrzeit des zuletzt erzeugten RTP-Paketes im Datenstrom
- Die Anzahl der im Strom übertragenen Pakete
- Die Anzahl der im Strom übertragenen Bytes

Senderberichte können dazu verwendet werden, um verschiedene Medienströme innerhalb einer RTP-Sitzung zu synchronisieren. Betrachten wir zum Beispiel eine Anwendung für Videokonferenzen, in der jeder Absender zwei unabhängige RTP-Ströme erzeugt, einen für Video und einen für Audio. Die Zeitmarken dieser RTP-Pakete sind an die Abtastuhren von Video und Audio gebunden, nicht aber an eine globale Zeitbasis. Jeder RTCP-Senderbericht enthält für das zuletzt erzeugte Paket im zugehörigen RTP-Strom die Zeitmarke des RTP-Paketes und die Zeit in der realen Welt, zu der das Paket erstellt wurde. Dadurch verknüpfen die RTCP-Senderberichtspakete die Abtastuhren mit realen Uhren. Empfänger können diese Verknüpfung in den RTCP-Senderberichten benutzen, um die Wiedergabe von Audio und Video zu synchronisieren.

Für jeden RTP-Strom, den ein Sender sendet, erzeugt und überträgt er zudem Pakete, mit denen die Quelle beschrieben wird. Diese Pakete enthalten Informationen wie die E-Mail-Adresse und den Namen des Absenders und die Anwendung, die den RTP-Strom erzeugt hat. Sie enthalten auch die SSRC des zugehörigen RTP-Stromes. Diese Pakete ermöglichen eine Zuordnung von Quellenbezeichner (d.h. der SSRC) und Benutzer- bzw. Hostnamen.

RTCP-Pakete sind stapelbar, d.h., dass mehrere Empfängerberichte, Senderberichte und Quellenbezeichner in einem einzelnen Paket zusammengefasst werden können. Das so entstehende Paket wird dann in einem UDP-Segment verkapselt und auf dem Multicast-Baum weitergeleitet.

Skalierbarkeit von RTCP

Sie haben vielleicht schon bemerkt, dass RTCP ein potenzielles Skalierbarkeitsproblem hat. Betrachten Sie zum Beispiel eine RTP-Sitzung, die aus einem Sender und einer großen Anzahl von Empfängern besteht. Erzeugt jeder Empfänger periodisch RTCP-Pakete, dann kann die Gesamtübertragungsrate dieser RTCP-Pakete die Rate der vom Sender übertragenen RTP-Pakete gewaltig übersteigen. Beachten Sie, dass sich die Menge des auf den Multicast-Baum übertragenen RTP-Verkehrs nicht ändert, wenn sich die Anzahl der Empfänger erhöht, während die Menge des RTCP-Verkehrs linear mit der Zahl der Empfänger anwächst. Um dieses Skalierungsproblem zu lösen, verändert RTCP die Rate, mit der ein Teilnehmer RTCP-Pakete auf den Multicast-Baum sendet, abhängig von der Teilnehmerzahl an der Sitzung. Da jeder Teilnehmer Kontrollpakete an jeden anderen sendet, kann jeder Teilnehmer die Gesamtzahl aller Teilnehmer an der Sitzung bestimmen [Friedman 1999].

RTCP versucht, den Verkehr auf 5 Prozent der Bandbreite der Sitzung zu beschränken. Nehmen Sie zum Beispiel an, dass es einen Sender gibt, der Videos mit einer Rate von 2 Mbps überträgt. Dann versucht RTCP, den Verkehr auf 5 Prozent von 2 Mbps, also 100 Kbps, folgendermaßen zu beschränken: Das Protokoll gestattet es den Empfängern, 75 Prozent dieser Rate, also 75 Kbps, zu nutzen. Die übrigen 25 Prozent der Rate, 25 Kbps, stehen dem Sender zur Verfügung. Die 75 Kbps, die den Empfängern gewidmet sind, werden unter ihnen gleichmäßig verteilt. Gibt es also R Empfänger, dann kann jeder Empfänger RTCP-Verkehr mit einer Rate von $75/R$ Kbps senden, während der Sender RTCP-Verkehr mit einer Rate von 25 Kbps senden kann. Ein Teilnehmer (Absender oder Empfänger) bestimmt die RTCP-Paketübertragungsfrequenz, indem er dynamisch die durchschnittliche RTCP-Paketgröße (über die ganze Sitzung gemittelt) berechnet und diese durch seine zur Verfügung stehende Rate dividiert. Zusammengefasst überträgt ein Sender RTCP-Pakete mit folgendem zeitlichem Abstand:

$$T = \frac{\text{Anzahl der Sender}}{0{,}25 \cdot 0{,}05 \cdot \text{Bandbreite der Sitzung}} (\text{durchschnittliche RTCP-Paketgröße})$$

Die Zeit zwischen zwei RTCP-Paketen eines Empfängers beträgt:

$$T = \frac{\text{Anzahl der Empfänger}}{0{,}75 \cdot 0{,}05 \cdot \text{Bandbreite der Sitzung}} (\text{durchschnittliche RTCP-Paketgröße})$$

7.4.3 SIP

Stellen Sie sich eine Welt vor, in der Ihre Telefonanrufe, wenn Sie am PC arbeiten, über das Internet auf Ihren PC weitergeleitet werden. Wenn Sie aufstehen und durch die Gegend laufen, werden Ihre neuen Telefonanrufe automatisch an Ihren PDA weitergeleitet. Und wenn Sie mit Ihrem Wagen herumfahren, werden Ihre neuen Telefonanrufe automatisch an irgendein Internetgerät in Ihrem Auto weitergeleitet. In dieser Welt können Sie an einer Telefonkonferenz teilnehmen und dabei auf ein Adressbuch zugreifen, um andere Teilnehmer anzurufen und einzuladen. Diese können an ihren PCs sitzen, irgendwo mit ihren PDAs herumspazieren oder mit ihren Autos fahren. Ganz egal, wo sie sind, Ihre Einladung zu einem Gespräch wird transparent an sie weitergeleitet. Browsen Sie in derselben Welt durch die Homepage einer Person, gibt es dort einen Link „Anruf“. Klicken Sie auf ihn, so wird eine Internettelefonsitzung zwischen Ihrem PC und dem Besitzer der Homepage aufgebaut (wo immer sich diese Person befindet).

In dieser Welt gibt es kein leitungsvermitteltes Telefonnetz mehr. Stattdessen laufen alle Gespräche über das Internet. In dieser Welt verwenden Firmen nicht mehr Nebenstellenanlagen (PBX), um innerbetriebliche Telefonanrufe zu vermitteln. Stattdessen laufen die innerbetrieblichen Gespräche über das Hochgeschwindigkeits-LAN der Firma.

Dies alles klingt wie Science-Fiction. Und natürlich werden die heutigen leitungsvermittelten Netzwerke und privaten Nebenstellenanlagen in der nahen Zukunft nicht völlig verschwinden [Jiang 2001]. Dennoch existieren Protokolle und Produkte, um diese Vision Realität werden zu lassen. Zu den vielversprechendsten Protokollen in dieser Hinsicht gehört das Session Initiation Protocol (SIP), das in [RFC 3261] definiert wird. SIP ist ein einfaches Protokoll, das Folgendes macht:

- Es stellt Mechanismen bereit, um Gespräche zwischen Anrufer und Angerufenem in einem IP-Netz zu vermitteln. Der Anrufer kann den Angerufenen darüber informieren, dass ein Gespräch begonnen werden soll. Teilnehmern wird es ermöglicht, sich über die zu verwendenden Codierungsverfahren zu einigen. Zudem können sie Anrufe auch beenden.
- Es bietet Mechanismen, über die der Anrufer die aktuelle IP-Adresse des Angerufenen bestimmen kann. Benutzer müssen keine einzelne, feste IP-Adresse besitzen, weil ihnen Adressen dynamisch (mithilfe von DHCP) zugewiesen werden könnten oder weil sie mehrere IP-Geräte besitzen können, die jeweils eine andere IP-Adresse haben.
- Es bietet Mechanismen zur Anrufverwaltung, so dass während des laufenden Anrufes neue Medienströme hinzugefügt werden können, die Codierung geändert werden kann, neue Teilnehmer eingeladen werden können, Gespräche weitergegeben und gehalten werden können.

Aufbau eines Anrufes zu einer bekannten IP-Adresse

Um das Wesentliche von SIP zu verstehen, werfen wir am besten einen Blick auf ein konkretes Beispiel. In diesem arbeitet Alice an ihrem PC und will Bob anrufen, der ebenfalls an seinem PC arbeitet. Sowohl der PC von Alice als auch der von Bob sind mit SIP-basierter Software zum Aufbau und Empfang von Telefonanrufen ausgerüstet. In diesem anfänglichen Beispiel nehmen wir an, dass Alice die IP-Adresse von Bobs PC kennt. ▶ Abbildung 7.14 erläutert den Prozess zum Gesprächsaufbau über SIP.

Dort sehen wir, dass eine SIP-Sitzung beginnt, sobald Alice eine INVITE-Nachricht an Bob sendet, die einer HTTP-Request-Nachricht ähnelt. Diese INVITE-Nachricht wird über UDP an den wohlbekannten Port 5060 für SIP gesendet. (SIP-Nachrichten können auch über TCP versandt werden.) Die INVITE-Nachricht enthält einen Kennzeichner für Bob (Bob@193.64.210.89), einen Hinweis auf Alices aktuelle IP-Adresse, einen Hinweis darauf, dass Alice Audio zu empfangen wünscht, das im Format AVP 0 (PCM encoded μ-law) codiert und in RTP verkapselt werden soll, sowie den Hinweis, dass

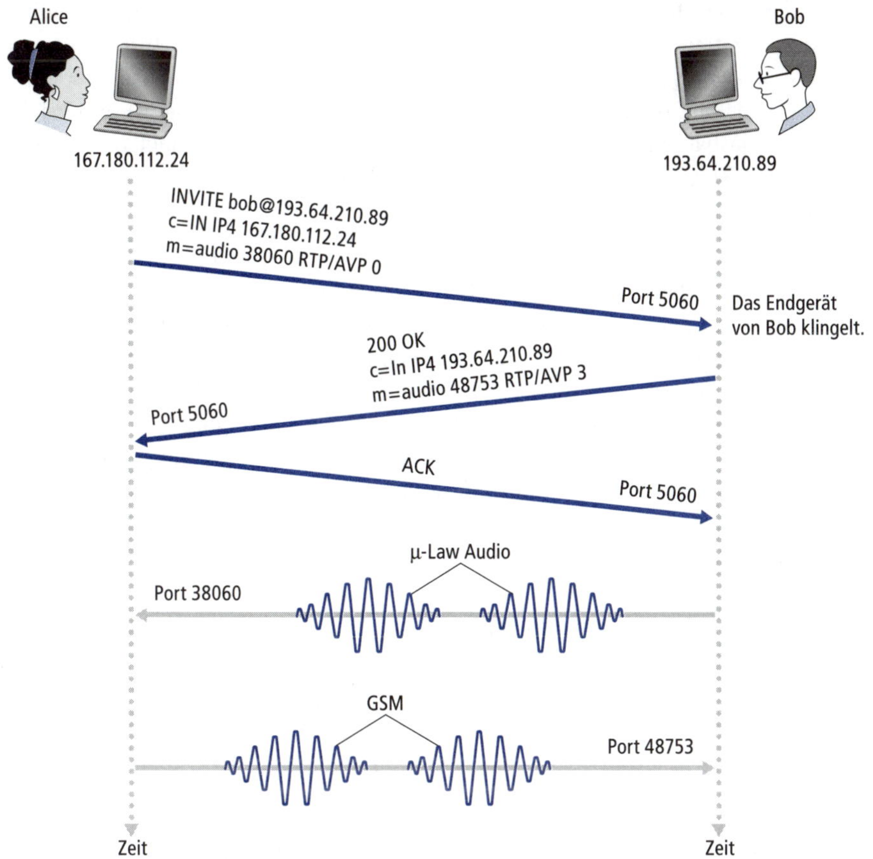

Abbildung 7.14: Aufbau einer SIP-Verbindung, wenn Alice die IP-Adresse von Bob kennt

sie die RTP-Pakete auf Port 38060 erhalten will. Nach dem Empfang der INVITE-Nachricht von Alice sendet Bob eine SIP-Response-Nachricht, die einer HTTP-Response-Nachricht ähnelt. Diese Antwortnachricht unter SIP wird ebenfalls an den SIP-Port 5060 gesandt. Bobs Antwort enthält ein 200 OK, einen Hinweis auf seine IP-Adresse, die gewünschte Codierung und Paketierung für den Empfang und seine Portnummer, auf welche die Audiopakete übertragen werden sollen. Beachten Sie, dass Alice und Bob in diesem Beispiel verschiedene Mechanismen zur Audiocodierung verwenden werden: Alice soll ihr Audio mit GSM codieren, während Bob sein Audio mit PCM µ-law codieren soll. Nach dem Erhalt von Bobs Antwort sendet Alice eine SIP-Acknowledgment-Nachricht an Bob. Nach dieser SIP-Transaktion können Bob und Alice miteinander reden. (Aus Gründen der Anschaulichkeit zeigt Abbildung 7.14, dass erst Alice und dann Bob spricht. Tatsächlich könnten sie gleichzeitig sprechen.) Bob wird seinen Audiostrom wie erwünscht codieren und in Pakete verkapseln und dann die Audiopakete auf Port 38060 der IP-Adresse 167.180.112.24 übertragen. Alice wird ihre Audiodaten ebenfalls wie gewünscht codieren und in Pakete verkapseln, die sie auf Port 48753 auf IP-Adresse 193.64.210.89 überträgt.

Diesem einfachen Beispiel können wir eine Reihe von Schlüsselmerkmalen von SIP entnehmen. Erstens ist SIP ein Out-of-Band-Protokoll: Die SIP-Nachrichten werden über andere Sockets gesandt und empfangen als diejenigen, die für das Senden und Empfangen der Mediendaten verwendet werden. Zweitens sind die SIP-Nachrichten selbst ASCII-lesbar und ähneln HTTP-Nachrichten. Drittens verlangt SIP, dass alle Nachrichten bestätigt werden, so dass es sowohl auf Basis von UDP als auch über TCP laufen kann.

Überlegen wir, was in unserem Beispiel geschehen würde, wenn Bob nicht in der Lage wäre, seine Audiodaten mittels PCM µ-law zu codieren. In diesem Fall würde Bob, statt mit 200 OK zu antworten, wahrscheinlich die Antwort 600 Not Acceptable senden und in seiner Nachricht alle Codecs auflisten, die er verwenden kann. Alice würde dann einen der aufgelisteten Codecs auswählen und eine erneute INVITE-Nachricht senden, in der sie nun den ausgewählten Codec nennt. Bob könnte den Anruf auch einfach zurückweisen, indem er einen von vielen möglichen Ablehnungscodes zurücksendet. (Es gibt viele derartige Codes, z.B. „busy" *(beschäftigt)*, „gone" *(abwesend)*, „payment required" (Zahlung erforderlich) und „forbidden" *(verboten)*.)

SIP-Adressen

Im vorherigen Beispiel ist Bobs SIP-Adresse sip:Bob@193.64.210.89. Allerdings erwarten wir, dass viele – wenn nicht sogar die meisten – SIP-Adressen einer E-Mail-Adresse ähneln. Zum Beispiel könnte Bobs Adresse sip:bob@domain.com lauten. Sendet Alices SIP-Gerät eine INVITE-Nachricht, würde diese die Mail-ähnliche Adresse beinhalten. Die SIP-Infrastruktur würde dann die Nachricht auf das IP-Gerät weiterleiten, das Bob gegenwärtig benutzt (was wir unten noch erörtern werden). Andere mögliche Formen der SIP-Adresse könnten Bobs Festnetztelefonnummer oder einfach sein Vor- und Nachname sein (vorausgesetzt, dass diese Kombination eindeutig ist).

Ein interessantes Merkmal von SIP-Adressen ist, dass sie auf Webpages untergebracht werden können, genau wie E-Mail-Adressen von Menschen auf Webpages mit der MailTo-URL eingefügt sein können. Nehmen Sie zum Beispiel an, dass Bob eine eigene Homepage hat und dass er Besuchern seiner Homepage eine Möglichkeit geben will, ihn anzurufen. Er könnte dann einfach die URL sip:bob@domain.com einfügen. Klickt der Besucher auf die URL, wird die SIP-Anwendung auf dem Gerät des Besuchers gestartet und eine INVITE-Nachricht an Bob geschickt.

SIP-Nachrichten

In dieser kurzen Einführung in SIP werden wir nicht alle SIP-Nachrichtentypen und -Header behandeln können. Stattdessen werfen wir einen kurzen Blick auf die SIP-INVITE-Nachricht sowie einige häufig verwendete Header-Zeilen. Nehmen wir wieder an, dass Alice einen IP-Telefonanruf zu Bob aufbauen will, doch dieses Mal kennt Alice nur Bobs SIP-Adresse, bob@domain.com, aber nicht die IP-Adresse des Gerätes, das Bob gegenwärtig benutzt. Dann könnte ihre Nachricht etwa wie diese aussehen:

```
INVITE sip:bob@domain.com SIP/2.0
Via: SIP/2.0/UDP 167.180.112.24
From: sip:alice@hereway.com
To: sip:bob@domain.com
Call-ID: a2e3a@pigeon.hereway.com
Content-Type: application/sdp
Content-Length: 885

c=IN IP4 167.180.112.24
m=audio 38060 RTP/AVP 0
```

Die INVITE-Zeile beinhaltet die SIP-Version, wie bei einer HTTP-Request-Nachricht. Jedes Mal, wenn eine SIP-Nachricht ein SIP-Gerät passiert (einschließlich des Gerätes, das die Nachricht erzeugt), fügt es eine Via-Header-Zeile hinzu, welche die IP-Adresse des Gerätes enthält. (Wir werden bald sehen, dass eine typische INVITE-Nachricht viele SIP-Geräte passiert, bevor sie die SIP-Anwendung des Rufempfängers erreicht.)

Ähnlich wie eine E-Mail-Nachricht beinhaltet die SIP-Nachricht eine From-Header-Zeile und eine To-Header-Zeile. Die Nachricht enthält zudem eine Call-ID, die den Anruf eindeutig identifiziert (ähnlich wie die Nachrichten-ID in E-Mails). Sie beinhaltet eine Header-Zeile namens Content-Type, welche das Format definiert, mit dem der in der SIP-Nachricht vorhandene Inhalt beschrieben wird. Auch eine Header-Zeile Content-Length ist vorhanden. Sie gibt die Länge des Inhaltes in der Nachricht in Byte an. Zuletzt, nach einem Wagenrücklauf und einem Zeilenvorschub, folgt der Nutzdatenteil der Nachricht. In diesem Fall liefert der Inhalt Informationen über Alices IP-Adresse und wie Alice die an sie verschickten Audiodaten erhalten will.

Namensübersetzung und Benutzerstandort

Im Beispiel aus Abbildung 7.14 haben wir angenommen, dass Alices SIP-Gerät die IP-Adresse kennt, unter der Bob erreicht werden kann. Diese Annahme ist ziemlich unrealistisch, nicht nur weil IP-Adressen oft dynamisch mittels DHCP zugewiesen werden, sondern auch, weil Bob mehrere IP-Geräte besitzen kann (zum Beispiel unterschiedliche Geräte in seiner Wohnung, an seinem Arbeitsplatz und im Auto). Nehmen wir also an, dass Alice nur Bobs E-Mail-Adresse, bob@domain.com, kennt und dass dieselbe Adresse für SIP-basierte Anrufe genutzt wird. In diesem Fall benötigt Alice die IP-Adresse des Gerätes, die der Benutzer bob@domain.com gegenwärtig verwendet. Um sie zu ermitteln, erzeugt Alice eine INVITE-Nachricht, die mit INVITE bob@domain.com SIP/2.0 beginnt, und sendet diese an einen **SIP-Proxy.** Der Proxy antwortet mit einer SIP-Nachricht, welche die IP-Adresse des Gerätes enthält, das bob@domain.com gegenwärtig benutzt. Alternativ könnte die Antwort auch die IP-Adresse von Bobs Voice-Mailbox oder die URL einer Webseite enthalten (die besagt „Bob schläft. Lassen Sie mich in Ruhe!"). Außerdem könnte das vom Proxy zurückgegebene Ergebnis auch vom Anrufer abhängen: Stammt der Anruf von Bobs Frau, könnte er den Anruf akzeptieren und mit seiner IP-Adresse antworten; ist es jedoch seine Schwiegermutter, könnte Bob mit der URL antworten, welche auf die „Ich-schlafe-jetzt"-Webseite verweist!

Vermutlich fragen Sie sich jetzt, wie der Proxy-Server die aktuelle IP-Adresse von bob@domain.com bestimmen kann. Um diese Frage zu beantworten, müssen wir einige Worte über einen anderen SIP-Bestandteil verlieren, den **SIP-Registrar**. Jeder SIP-Benutzer ist einem Registrar zugeordnet. Jedes Mal, wenn ein Benutzer eine SIP-Anwendung auf einem Gerät startet, sendet die Anwendung dem Registrar eine SIP-Registrierungsnachricht zu, in der sie dem Registrar die aktuelle IP-Adresse nennt. Startet Bob zum Beispiel seine SIP-Anwendung auf seinem PDA, würde die Anwendung eine Nachricht senden, die etwa wie die folgende aussieht:

```
REGISTER sip.domain.com SIP/2.0
Via: SIP/2.0/UDP 193.64.210.89
From: sip:bob@domain.com
To: sip:bob@domain.com
Expires: 3600
```

Bobs Registrar führt Bobs aktuelle IP-Adresse ständig nach. Jedes Mal, wenn Bob auf ein neues SIP-Gerät umschaltet, sendet dieses eine neue Registrierungsnachricht, die die neue IP-Adresse enthält. Auch wenn Bob längere Zeit am selben Gerät bleibt, sendet dieses Refresh-Register-Nachrichten *(Register aktualisieren)*, die zeigen, dass die zuletzt gesandte IP-Adresse immer noch gültig ist. (Im obigen Beispiel müssen alle 3.600 Sekunden Refresh-Register-Nachrichten übertragen werden, um die Adresse beim Registrar weiter aufrechtzuerhalten.) Wir halten fest, dass der Registrar einem autoritativen DNS-Server entspricht: Der DNS-Server übersetzt feste Hostnamen in feste IP-Adressen; der SIP-Registrar übersetzt feste, für Menschen verständliche Bezeichnungen (zum Beispiel bob@domain.com) in dynamische IP-Adressen. Oft laufen SIP-Registrar und SIP-Proxy auf demselben Host.

Schauen wir uns nun an, wie Alices SIP-Proxy-Server Bobs aktuelle IP-Adresse erhält. Wie wir anhand der vorangegangenen Diskussion sehen können, muss der Proxy-Server einfach Alices INVITE-Nachricht an Bobs Registrar/Proxy weiterleiten. Der Registrar/Proxy kann dann die Nachricht an Bobs aktuelles SIP-Gerät weiterleiten. Schließlich kann Bob, der nun die INVITE-Nachricht von Alice empfangen hat, eine SIP-Response-Nachricht an Alice senden.

Betrachten Sie als Beispiel ▶Abbildung 7.15, in der jim@umass.edu, der gegenwärtig auf 217.123.56.89 arbeitet, eine IP-Telefonie-Sitzung (VoIP) mit keith@upenn.edu, derzeit auf 197.87.54.21, einleiten will. Die folgenden Schritte werden unternommen: (1) Jim sendet eine INVITE-Nachricht an den umass.edu-SIP-Proxy. (2) Der Proxy führt eine DNS-Suche (die in der Abbildung nicht gezeigt ist) nach dem SIP-Registrar upenn.edu durch und leitet die Nachricht dann an den Registrar-Server weiter. (3) Weil keith@upenn.edu nicht mehr beim upenn.edu-Registrar registriert ist, sendet dieser eine Redirect-Antwortnachricht *(Umleiten)*, die besagt, dass man es nun bei keith@eurecom.fr versuchen soll. (4) Der umass.edu-Proxy sendet eine INVITE-Nachricht an den

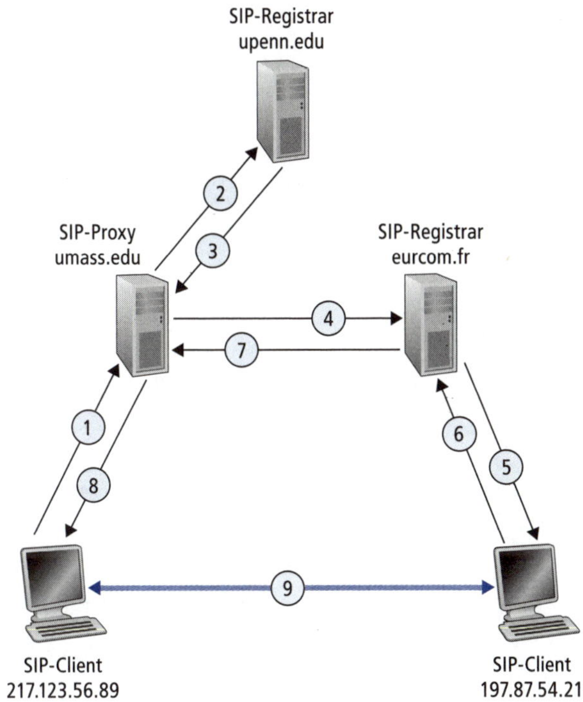

Abbildung 7.15: Einleiten einer Sitzung, an der SIP-Proxies und Registrare teilnehmen

eurecom.fr-SIP-Registrar. (5) Dieser kennt die IP-Adresse von keith@eurecom.fr und leitet die INVITE-Nachricht an den Host 197.87.54.21 weiter, der Keiths SIP-Client ausführt. (6–8) Eine SIP-Response-Nachricht wird über die Registrare/Proxies an den SIP-Client auf 217.123.56.89 zurückgesandt. (9) Multimedia-Daten werden direkt zwischen den beiden Clients ausgetauscht. (Es gibt auch eine SIP-Acknowledgment-Nachricht, die nicht dargestellt wird.)

Unsere Diskussion von SIP hat sich auf das Einleiten von Telefongesprächen konzentriert. SIP, das ganz allgemein ein Signalisierungsprotokoll zum Einleiten und Beenden von Anrufen ist, kann ebenso gut für Videokonferenzanrufe sowie für textbasierte Sitzungen eingesetzt werden. In der Tat ist SIP zu einem grundlegenden Bestandteil vieler Instant-Messaging-Anwendungen geworden. Leser, die mehr über SIP lernen möchten, sollten Henning Schulzrinnes SIP-Webseite besuchen [Schulzrinne SIP 2007]. Insbesondere finden Sie dort Open-Source-Software für SIP-Clients und -Server [SIP Software 2007].

7.4.4 H.323

Als Alternative zu SIP ist H.323 ein beliebter Standard für Echtzeit-Audio- und Videokonferenzen zwischen Endsystemen im Internet. Wie ▶Abbildung 7.16 zeigt, beinhaltet der Standard auch Mechanismen, mit denen an das Internet angeschlossene Endsysteme mit Telefonen kommunizieren, die an gewöhnliche leitungsvermittelte

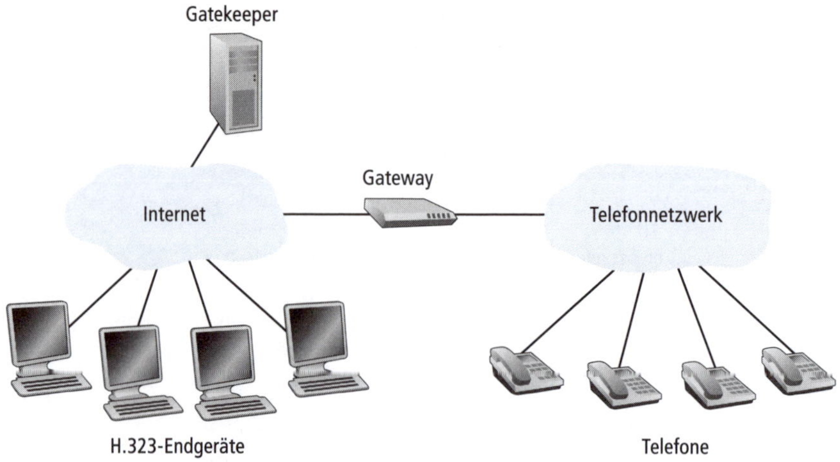

Abbildung 7.16: H.323-Endsysteme, die an das Internet angeschlossen sind, können mit Telefonen kommunizieren, die an ein leitungsvermitteltes Telefonnetzwerk angeschlossen sind

Telefonnetzwerke angeschlossen sind. (SIP leistet dies ebenfalls, obwohl wir das nicht erörtert haben.) Der H.323-Gatekeeper ähnelt dem SIP-Registrar.

Der H.323-Standard ist eine übergeordnete Rahmenspezifikation, welche unter anderem die folgenden Festlegungen umfasst:

- Eine Spezifikation, wie Endpunkte gemeinsame Audio-/Videocodierungen aushandeln. Weil H.323 eine Vielfalt von Audio- und Videocodierungsstandards unterstützt, wird ein Protokoll benötigt, damit sich die kommunizierenden Endpunkte auf eine gemeinsame Codierung verständigen.
- Eine Spezifikation darüber, wie Audio- und Videoblöcke verkapselt und über das Netz übertragen werden. Insbesondere besteht H.323 für diesen Zweck auf RTP.
- Eine Spezifikation dafür, wie Endpunkte mit ihren jeweiligen Gatekeepern kommunizieren.
- Eine Spezifikation dafür, wie Internettelefone über ein Gateway mit normalen Telefonen im Telefon-Festnetz kommunizieren.

Minimal *muss* jeder H.323-Endpunkt den G.711-Sprachkompressionsstandard unterstützen. G.711 verwendet PCM, um digitalisierte Sprache entweder mit 56 Kbps oder 64 Kbps zu erzeugen. Unter H.323 muss also jeder Endpunkt sprachfähig sein (durch G.711), Videofähigkeiten sind dagegen optional. Deswegen können Hersteller von Endgeräten sowohl einfachere Sprachgeräte als auch komplexe Terminals verkaufen, die Audio sowie Video unterstützen. Wenn aber ein Endpunkt Video unterstützt, dann muss er (mindestens) den QCIF H.261-Videostandard unterstützen (176 × 144 Pixel).

H.323 ist ein sehr umfangreicher Rahmenstandard, der neben den oben beschriebenen Standards und Protokollen ein H.245-Steuerungsprotokoll, einen Q.931-Signalisierungskanal und ein RAS-Protokoll zur Registrierung beim Gatekeeper vorschreibt.

Wir schließen diesen Abschnitt, indem wir einige der wichtigsten Unterschiede zwischen H.323 und SIP hervorheben.

- H.323 ist eine vollständige, vertikal integrierte Gruppe von Protokollen für Multimedia-Konferenzen: Es unterstützt Signalisierung, Registrierung, Zugriffskontrolle, Transport und Codecs.
- SIP kümmert sich andererseits nur um das Einleiten der Sitzung sowie deren Verwaltung und ist eine einzelne Komponente. SIP arbeitet mit RTP, setzt es aber nicht voraus. Es unterstützt G.711-Sprachcodecs und QCIF-H.261-Videocodecs, setzt sie aber nicht voraus. Es kann mit anderen Protokollen und Diensten kombiniert werden.
- H.323 stammt von der ITU (kommt also aus dem Fernsprechwesen), während SIP von der IETF stammt und viele Konzepte von Web, DNS und E-Mail übernimmt.
- H.323 ist, als übergeordneter Standard, groß und komplex. SIP beherzigt das KISS-Prinzip: einfach halten *(Keep It Simple, Stupid)*.

Eine ausgezeichnete Diskussion von H.323, SIP und VoIP im Allgemeinen enthält [Hersent 2000].

7.5 Anbieten von mehreren Dienstklassen

In den vorangegangenen Abschnitten haben wir erfahren, wie Sequenznummern, Zeitmarken, FEC, RTP und H.323 von Multimedia-Anwendungen im modernen Internet eingesetzt werden können. CDNs sind eine systemweite Lösung für die Verteilung von Multimedia-Inhalten. Aber genügen allein diese Techniken, um zuverlässige und robuste Multimedia-Anwendungen zu unterstützen, etwa einen IP-Telefondienst, der dem heutigen Telefonnetzwerk ebenbürtig ist? Bevor wir diese Frage beantworten können, müssen wir uns in Erinnerung rufen, dass das heutige Internet allen Anwendungen einen Best-Effort-Dienst anbietet, d. h., es macht keinerlei Versprechungen über die Dienstgüte, die einer Anwendung zur Verfügung steht. Eine Anwendung erhält immer so viel Leistung (zum Beispiel in Bezug auf Ende-zu-Ende-Paketverzögerung und -verlust), wie sie das Netz in diesem Moment zu liefern in der Lage ist. Wir haben auch erwähnt, dass das heutige Internet es nicht zulässt, dass verzögerungssensitive Multimedia-Anwendungen irgendeine Sonderbehandlung anfordern. Weil alle Pakete, einschließlich der auf Verzögerung empfindlich reagierenden Audio- und Videopakete, auf den Routern gleich behandelt werden, braucht es nur genügend störenden Verkehr (d. h. Netzwerküberlast), um die von einem IP-Telefonanruf wahrgenommenen Verzögerungen und Verluste spürbar zu steigern.

Besteht das Ziel aber darin, ein Dienstmodell zu liefern, das etwas mehr bietet als die Einheitsdienste des modernen Internets, welche Arten von Diensten werden dann eigentlich benötigt? Ein einfaches erweitertes Dienstmodell besteht darin, den Verkehr in Klassen einzuteilen, denen jeweils unterschiedliche Dienstqualitäten angeboten werden. Als Beispiel könnte ein ISP den gegenüber Verzögerung empfindlichen Voice-over-IP-Telefonkonferenzverkehr in eine andere Dienstklasse einordnen (und für diesen Datenverkehr mehr berechnen) als elastischen Verkehr wie FTP oder HTTP. Wir alle kennen im Alltag solche unterschiedlichen Dienstangebote – Erste-Klasse-Flugreisende werden besser bedient als Passagiere der Business-Class, denen wiederum bessere Dienste zur Verfügung stehen als jenen von uns, die in der Touristenklasse fliegen. VIPs erhalten sofort Zutritt zu Veranstaltungen, während alle anderen in einer Schlange warten. Ältere Menschen sind in einigen Ländern hoch angesehen und erhalten bei Tisch Ehrenplätze und das beste Essen.

Wir dürfen nicht vergessen, dass solche unterschiedlichen Dienste der *Gesamtheit* des Verkehrs erbracht werden, nicht einzelnen Verbindungen. Zum Beispiel werden alle Erste-Klasse-Passagiere gleich behandelt (und kein Erste-Klasse-Passagier wird besser behandelt als andere Erste-Klasse-Passagiere). In genau derselben Weise werden alle VoIP-Pakete innerhalb des Netzes gleich behandelt – unabhängig davon, zu welcher besonderen Ende-zu-Ende-Verbindung sie gehören. Wie wir sehen werden, können neue Netzwerkmechanismen für über Best Effort hinausgehende Dienste relativ einfach gehalten werden, wenn sie es nur mit einer kleinen Zahl von Verkehrsaggregaten zu tun haben, statt mit einer großen Zahl einzelner Verbindungen.

Die frühen Internetentwickler hatten eindeutig diese Vorstellung mehrerer Dienstklassen im Sinn. Wir haben in Abbildung 4.13 das Type-of-Service-Feld (ToS) im IPv4-Header erwähnt. Schon in einem Vorläufer der IPv4-Datagramme, beschrieben in IEN123 [ISI 1979], gab es das ToS-Feld: „Das Type-of-Service[-Feld] gibt einen Hinweis auf die abstrakten Parameter der gewünschten Servicequalität. Diese Parameter sind für die Auswahl der tatsächlichen Dienstparameter bei der Übertragung eines Datagramms durch ein bestimmtes Netz zu verwenden. Mehrere Netzwerke bieten vorrangige Dienste, die auf irgendeine Weise den wichtigen Verkehr gegenüber anderem Verkehr bevorzugen." Schon vor drei Dekaden war die Vision, unterschiedliche Dienstklassen für unterschiedliche Arten von Datenverkehr zu verwenden, deutlich zu erkennen! Allerdings ist diese Vision bis heute nicht vollständig realisiert worden.

Wir beginnen unsere Untersuchung in Abschnitt 7.5.1, indem wir mehrere Szenarien betrachten, in denen die Notwendigkeit deutlich wird, dass bestimmte Mechanismen mehrere Dienstklassen unterstützen müssen. Wir behandeln dann in Abschnitt 7.5.2 zwei wichtige Themen – Scheduling auf der Sicherungsschicht und Paketklassifizierung/-policing. In Abschnitt 7.5.3 werden wir DiffServ behandeln – der aktuelle Standard des Internets, um differenzierte Dienstklassen anzubieten.

7.5.1 Motivierende Szenarien

▶ Abbildung 7.17 zeigt ein einfaches Netzwerkszenario. Nehmen Sie an, dass zwei Flüsse von Anwendungspaketen von den Hosts H1 und H2 im selben LAN an die Hosts H3 und H4 in einem anderen LAN geschickt werden. Die Router in den beiden LANs sind mit einer 1,5 Mbps schnellen Leitung verbunden. Nehmen wir an, dass

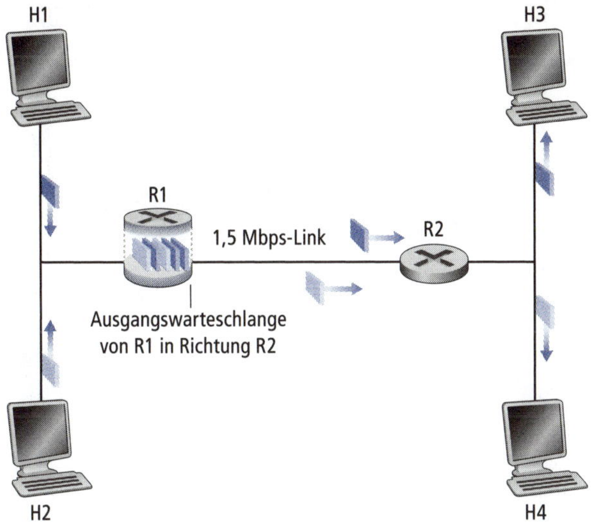

Abbildung 7.17: Ein einfaches Netzwerk mit zwei Anwendungen

die LAN-Geschwindigkeiten bedeutend höher als 1,5 Mbps sind, und konzentrieren wir uns auf die Warteschlange von Router R1 in Richtung R2. An dieser Stelle treten Paketverzögerung und Paketverluste auf, wenn die gesamte Senderate von H1 und H2 1,5 Mbps übersteigt. Betrachten wir jetzt mehrere Szenarien. Jedes davon bietet uns wichtige Einsichten in die Notwendigkeit spezifischer Mechanismen, die mehrere Dienstklassen unterstützen.

Szenario 1: Eine 1 Mbps-Audioanwendung und ein FTP-Transfer

Szenario 1 wird in ▶ Abbildung 7.18 dargestellt. Hier teilt sich eine 1 Mbps-Audioanwendung (zum Beispiel eine Tonübertragung in CD-Qualität) die 1,5 Mbps-Verbindung zwischen R1 und R2 mit einer FTP-Anwendung, die eine Datei von H2 an H4 überträgt. Im Best-Effort-Internet sind die Audio- und FTP-Pakete in der Ausgangswarteschlange von R1 vermischt und werden (normalerweise) gemäß dem First-In-First-Out-Prinzip (FIFO) übertragen. In diesem Szenario wäre ein Burst von Paketen der FTP-Quelle potenziell in der Lage, die Warteschlange zu füllen, wodurch IP-Audiopakete wegen Pufferüberlaufes an R1 exzessiv verzögert würden oder sogar verloren gehen. Wie können wir dieses potenzielle Problem lösen? Unter der Voraussetzung, dass die FTP-Anwendung keine Zeitvorgaben hat, würden wir intuitiv den Audiopaketen auf R1 höchste Priorität geben. Wird dieser priorisierende Scheduling-Algorithmus strikt eingehalten, dann würden Audiopakete von R1 immer übertragen, bevor irgendwelche FTP-Pakete übertragen werden. Der Link von R1 zu R2 würde wie ein dedizierter Link von 1,5 Mbps für den Audioverkehr aussehen, wobei FTP-Verkehr den Link von R1 nach R2 nur verwendet, wenn sich kein Audioverkehr in der Warteschlange von R1 in Richung R2 befindet.

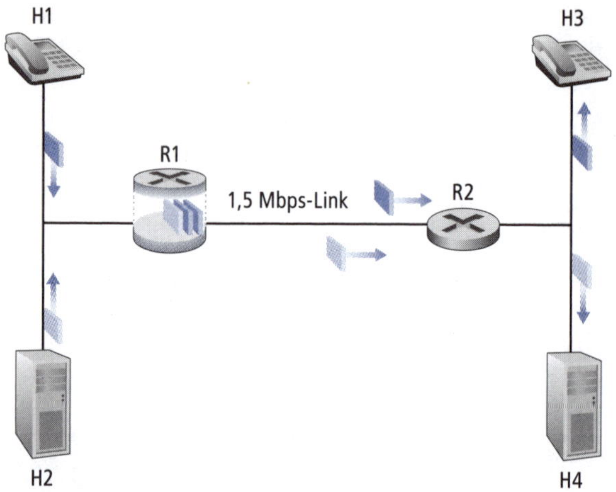

Abbildung 7.18: Miteinander konkurrierende Audio- und FTP-Anwendungen

Damit R1 zwischen den Audio- und FTP-Paketen in seiner Warteschlange unterscheiden kann, muss jedes Paket als zu einer dieser beiden Verkehrsklassen gehörig gekennzeichnet werden. Dies war die ursprüngliche Aufgabe des Type-of-Service-Feldes (ToS) in IPv4. So offensichtlich es auch erscheinen mag, dies ist unsere erste Erkenntnis hinsichtlich der benötigten Mechanismen, um mehrere unterschiedliche Verkehrsklassen zu unterstützen:

Erkenntnis 1: Das Markieren von Paketen ermöglicht es einem Router, Pakete zu unterschieden, die zu verschiedenen Verkehrsklassen gehören.

Szenario 2: Eine 1 Mbps-Audioanwendung und ein vorrangiger FTP-Transfer

Unser zweites Szenario unterscheidet sich nur wenig von Szenario 1. Nehmen Sie nun an, dass der FTP-Benutzer einen „Platin"-Internet-Netzwerkzugang von seinem ISP erworben hat (das bedeutet, dass er teuer ist), während der Audiobenutzer einen billigen Internetdienst für den kleinen Geldbeutel gekauft hat, der nur einen winzigen Bruchteil des Platin-Dienstes kostet. Sollten in diesem Fall die Audiopakete des wenig zahlenden Benutzers Priorität gegenüber den FTP-Paketen erhalten? Wohl nicht. In diesem Fall scheint es vernünftiger, die Pakete auf Basis der IP-Adresse des Absenders zu unterscheiden. Ganz allgemein sehen wir, dass es für einen Router notwendig ist, Pakete entsprechend bestimmter Kriterien zu *klassifizieren*. Dies verlangt dann eine geringfügige Änderung von Erkenntnis 1:

Erkenntnis 1 (modifiziert): Die Klassifizierung von Paketen ermöglicht es einem Router, Pakete zu unterscheiden, die zu verschiedenen Verkehrsklassen gehören.

Explizite Markierung von Paketen ist eine Methode, mit der Pakete unterschieden werden können. Allerdings bedeutet das Markieren der Pakete noch nicht, dass ein Paket auch eine vorgegebene Dienstqualität bekommt. Die Markierung ist nur *ein* Mechanismus zur Unterscheidung von Paketen. Die Art und Weise, wie ein Router die Pakete den Verkehrsklassen zuordnet, ist eine (geschäfts)politische Entscheidung.

Szenario 3: Eine Audioanwendung, die sich falsch verhält, und ein FTP-Transfer

Nehmen Sie nun an, dass der Router irgendwie weiß (durch einen Mechanismus, den wir in den folgenden Abschnitten untersuchen werden), dass er Paketen der 1 Mbps-Audioanwendung Vorrang geben sollte. Da die ausgehende Link-Geschwindigkeit 1,5 Mbps beträgt, werden die FTP-Pakete, obwohl sie geringere Priorität haben, immer noch eine Übertragungsbandbreite von durchschnittlich 0,5 Mbps erhalten. Aber was geschieht, wenn die Audioanwendung beginnt, die Pakete mit einer Geschwindigkeit von 1,5 Mbps oder höher zu senden (entweder böswillig oder aufgrund eines Fehlers in der Anwendung)? In diesem Fall „verhungert" die FTP-Verbindung, d.h., sie wird von dem R1-zu-R2-Link nicht bedient. Ähnliche Probleme würden auftreten, wenn mehrere Anwendungen (zum Beispiel mehrere Telefonübertragungen), alle mit derselben Priorität, die Bandbreite eines Links gemeinsam benutzen. Eine Übertragung, welche die Vereinbarungen nicht einhält, kann die Leistung aller anderen Übertragungen ruinieren. Idealerweise möchte man eine gewisse Entkopplung zwischen den Verkehrsklassen erreichen und möglicherweise auch zwischen Übertragungen innerhalb derselben Verkehrsklasse, um Übertragungen vor anderen, fehlerhaften Übertragungen zu schützen. Die Auffassung, einzelne Übertragungen innerhalb einer gegebenen Verkehrsklasse voreinander zu schützen, widerspricht unserer früheren Haltung, dass die Pakete aller Übertragungen innerhalb einer Klasse gleich behandelt werden sollten. In der Praxis werden Pakete innerhalb einer Klasse an Routern innerhalb des Netzwerkkerns tatsächlich gleich behandelt. Allerdings können Pakete innerhalb einer gegebenen Übertragung am Rand des Netzes überwacht werden, um sicherzustellen, dass die Gesamtrate einer einzelnen Übertragung einen gegebenen Wert nicht übersteigt.

Diese Betrachtungen führen uns zu unserer zweiten Erkenntnis:

Erkenntnis 2: Es ist wünschenswert, eine gewisse Entkopplung zwischen Verkehrsklassen und Übertragungen zu bieten, so dass eine Klasse oder Übertragung von einer anderen, die sich fehlerhaft verhält, nicht negativ betroffen ist.

Im folgenden Abschnitt untersuchen wir mehrere spezifische Mechanismen, die diese Entkopplung zwischen Verkehrsklassen oder einzelnen Datenströmen anbieten. Es gibt dafür zwei große Ansätze. Der Verkehr kann, wie in ▶ Abbildung 7.19 gezeigt, überwacht werden. Wenn eine Verkehrsklasse oder ein Datenstrom bestimmten Kriterien entsprechen muss (zum Beispiel, dass der Audiostrom die maximale Rate von 1 Mbps nicht übersteigt), dann kann ein Überwachungsmechanismus aufgebaut werden, der sicherstellt, dass diese Kriterien tatsächlich eingehalten werden. Verfehlt die überwachte Anwendung die Vorgaben, ergreift der Mechanismus entsprechende Maßnahmen (zum Beispiel könnte er Pakete, welche die Vorgaben nicht erfüllen, verzögern oder verwerfen). Dadurch entspricht der Verkehr, der tatsächlich in das Netz geleitet wird, den Kriterien. Der Leaky-Bucket-Mechanismus *(tropfender*

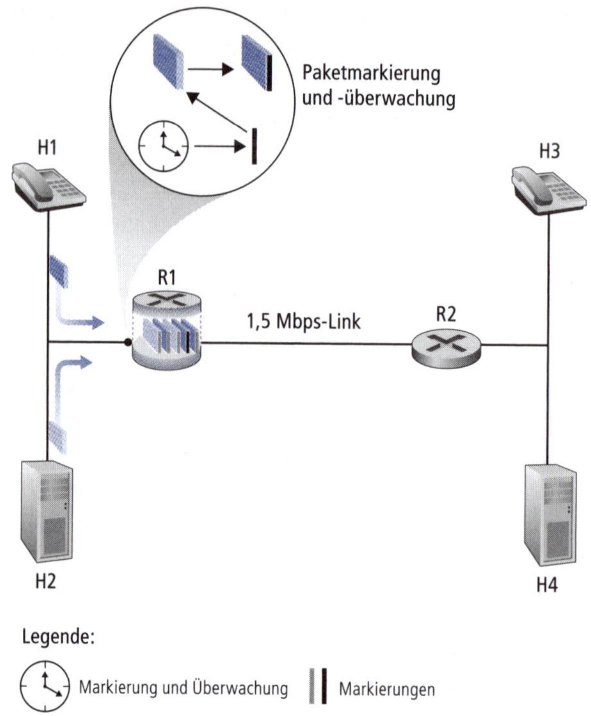

Abbildung 7.19: Überwachen (und Markieren) der Audio- und FTP-Verkehrsflüsse

Eimer), den wir im folgenden Abschnitt untersuchen, ist der vielleicht am häufigsten eingesetzte Überwachungsmechanismus.

In Abbildung 7.19 befinden sich der Paketklassifizierungs- und der Markierungsmechanismus sowie der Überwachungsmechanismus an derselben Stelle am Rand des Netzwerks, entweder auf einem Endsystem oder auf einem Rand-Router.

Ein alternativer Ansatz, um die Entkopplung zwischen Verkehrsklassen oder Datenströmen sicherzustellen, besteht darin, dass der Paket-Scheduling-Mechanismus der Sicherungsschicht jeder Klasse oder jedem Datenstrom einen festen Anteil der Verbindungsbandbreite explizit zuweist. Zum Beispiel könnte dem Audiostrom an R1 1 Mbps zugeordnet werden, während dem FTP-Strom 0,5 Mbps zur Verfügung gestellt werden. In diesem Fall erhalten Audio- und FTP-Ströme logische Links mit Kapazitäten von 1,0 bzw. 0,5 Mbps, wie in ▶Abbildung 7.20 veranschaulicht.

Wird die explizite Zuweisung von Bandbreite auf der Sicherungsschicht strikt durchgeführt, kann ein Datenstrom nur so viel Bandbreite nutzen, wie ihm zugestanden wurde. Insbesondere kann er keine Bandbreite belegen, die gegenwärtig von anderen nicht genutzt wird. Kommen beispielsweise über den Audio-Datenstrom keine Daten an (etwa weil der Sprecher schweigt und keine Audiopakete erzeugt werden), wäre der FTP-Strom trotzdem nicht in der Lage, mehr als 0,5 Mbps über den Link zwischen R1 und R2 zu senden, obwohl die für den Audio-Datenstrom allokierte Bandbreite von

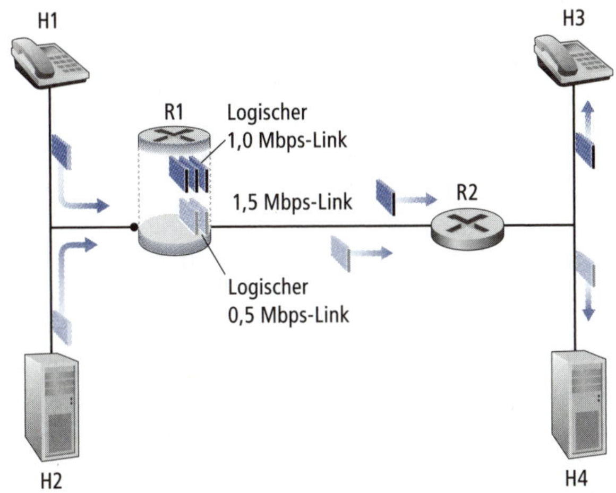

Abbildung 7.20: Logische Entkopplung von Audio- und FTP-Anwendungsdatenströmen

1 Mbps in diesem Moment nicht verwendet wird. Es ist allerdings vorteilhaft, die Bandbreite so effizient wie möglich zu nutzen und es einer Klasse oder einem Datenstrom zu erlauben, jederzeit die ungenutzte Bandbreite zu verwenden. Diese Überlegung führt uns zur dritten Erkenntnis.

Erkenntnis 3: Während Klassen oder Datenströme entkoppelt werden, ist es wünschenswert, Ressourcen (zum Beispiel Bandbreite und Puffer) so effizient wie möglich zu verwenden.

7.5.2 Scheduling- und Überwachungsmechanismen

Nachdem uns nun Erkenntnisse über die Mechanismen vorliegen, die für das Anbieten verschiedener Dienstklassen benötigt werden, wollen wir zwei der wichtigsten Mechanismen im Detail betrachten – Scheduling und Überwachung.

Scheduling-Mechanismen

Wir haben in unseren Diskussionen in Abschnitt 1.3 und Abschnitt 4.3 erwähnt, dass Pakete, die zu verschiedenen Datenströmen gehören, gemultiplext werden und zur Übertragung in eine Warteschlange vor dem Link eines Routers eingereiht werden, über den die Pakete übertragen werden sollen. Die Art und Weise, in der die Pakete aus der Warteschlange für die Übertragung über den Link ausgewählt werden, ist unter dem Begriff **Link-Scheduling-Algorithmus** bekannt. Betrachten wir nun einige der wichtigsten Link-Scheduling-Algorithmen genauer.

First in First out (FIFO)

▶Abbildung 7.21 zeigt die Abstraktionen des Warteschlangen-Modells für den FIFO-Link-Scheduling-Algorithmus. Pakete, die an der Warteschlange eintreffen, warten auf ihre Übertragung, wenn der Link gerade mit dem Transfer eines anderen Paketes ausge-

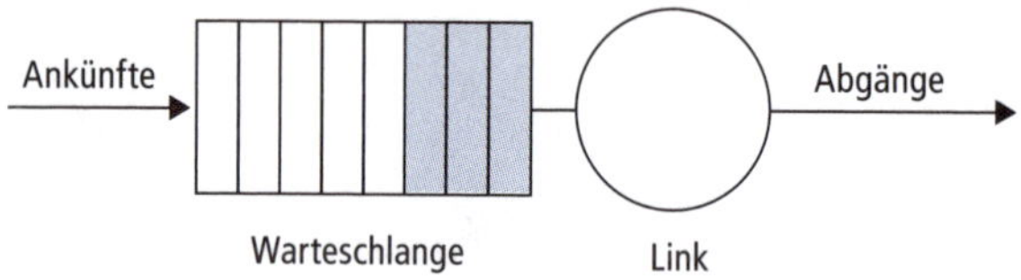

Abbildung 7.21: Abstraktion der FIFO-Warteschlange

lastet ist. Steht nicht genügend Pufferplatz zur Verfügung, um das ankommende Paket aufzunehmen, entscheiden Regeln für das Verwerfen von Paketen *(packet discarding policy)*, ob das Paket verworfen wird (und damit verloren geht) oder ob ein anderes Paket aus der Warteschlange entfernt wird, um Platz zu schaffen. In der folgenden Diskussion werden wir das Verwerfen von Paketen ignorieren. Wurde ein Paket vollständig über den Link gesendet, wird es aus der Warteschlange entfernt.

Der FIFO-Scheduling-Algorithmus (auch als First-Come-First-Served bezeichnet – FCFS, *wer zuerst kommt, mahlt zuerst*) wählt die Pakete zur Übertragung auf dem Link in der Reihenfolge aus, in der sie an der Warteschlange ankamen. Wir kennen alle das FIFO-Queuing von Bushaltestellen (besonders in England, wo Warteschlangen besonders gut funktionieren) oder anderen Gelegenheiten, bei denen ankommende Kunden sich am Ende einer einzelnen Warteschlange anstellen, die Reihenfolge beibehalten und bedient werden, sobald sie den Anfang der Warteschlange erreicht haben.

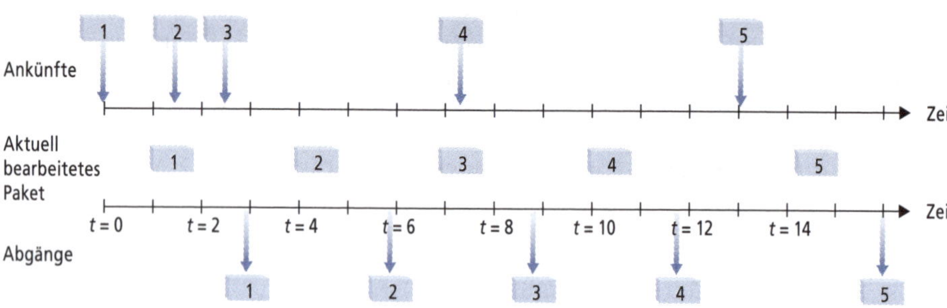

Abbildung 7.22: Arbeitsweise einer FIFO-Warteschlange

▶Abbildung 7.22 zeigt die Arbeitsweise der FIFO-Warteschlange. Ankommende Pakete sind durch nummerierte Pfeile über der oberen Zeitachse dargestellt, wobei die Nummer die Reihenfolge wiedergibt, in der das Paket ankam. Verschickte Pakete werden unter der unteren Zeitachse angezeigt. Die schattierten Rechtecke zwischen den beiden Zeitachsen zeigen den Zeitraum, in dem ein Paket den Link nutzt (also gesendet wird). Wegen des FIFO-Algorithmus verlassen Pakete die Warteschlange in derselben Reihenfolge, in der sie ankamen. Beachten Sie, dass nach Übertragung von Paket 4 die Verbindung bis zum Eintreffen von Paket 5 nicht genutzt wird (da die Pakete 1 bis 4 gesendet und aus der Warteschlange entfernt worden sind).

Prioritätswarteschlangen

In **Prioritätswarteschlangen** werden Pakete in der Warteschlange, wie in ▶Abbildung 7.23 gezeigt, in Prioritätsklassen eingeteilt. Wie im vorherigen Abschnitt er-

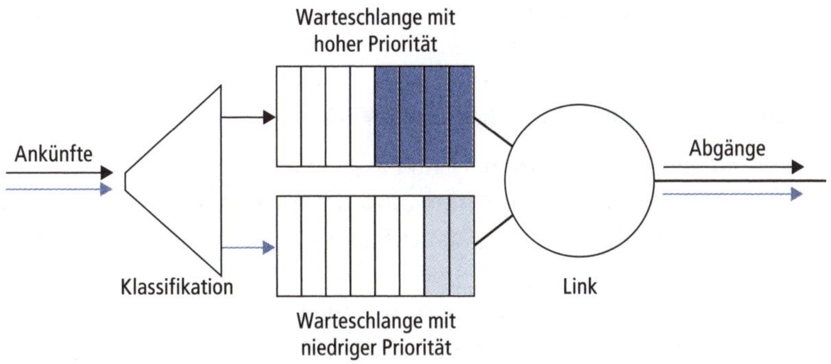

Abbildung 7.23: Modell einer Prioritätswarteschlange

örtert, kann die Prioritätsklasse eines Paketes beispielsweise von einer expliziten Markierung abhängen, die es in seinem Header trägt (zum Beispiel der Wert der ToS-Bits in einem IPv4-Paket), von der IP-Adresse von Quelle oder Ziel oder von anderen Kriterien. Jede Prioritätsklasse hat normalerweise ihre eigene Warteschlange. Soll ein Paket zur Übertragung ausgewählt werden, dann entscheidet sich der Prioritätswarteschlangen-Algorithmus für ein Paket der höchsten Prioritätsklasse, deren Warteschlange nicht leer ist. Die Auswahl von Paketen *derselben Prioritätsklasse* erfolgt normalerweise nach dem FIFO-Prinzip.

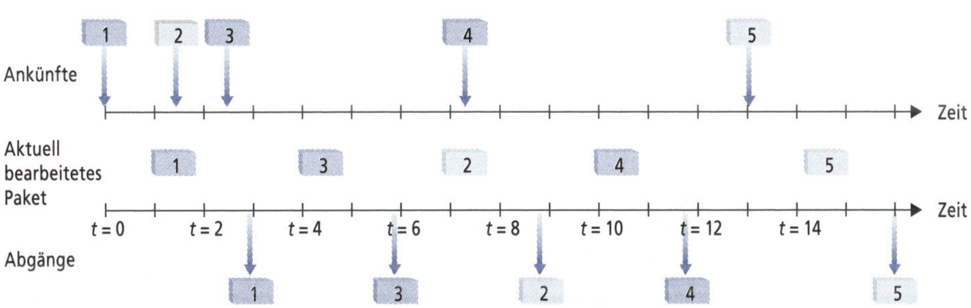

Abbildung 7.24: Arbeitsweise einer Prioritätswarteschlange

▶ Abbildung 7.24 zeigt die Arbeitsweise einer Prioritätswarteschlange mit zwei Prioritätsklassen. Die Pakete 1, 3 und 4 gehören zu einer Klasse hoher Priorität und die Pakete 2 und 5 gehören zur weniger wichtigen Klasse. Paket 1 trifft ein und wird, da der Link derzeit nicht genutzt wird, unmittelbar übertragen. Während des Transfers von Paket 1 treffen die beiden Pakete 2 und 3 ein und werden entsprechend in die Warteschlangen mit niedriger oder höherer Priorität eingereiht. Nach der Übertragung von Paket 1 wird Paket 3 (ein Paket hoher Priorität) zum Senden ausgewählt, noch vor dem Senden von Paket 2 (das zwar früher ankam, aber ein Paket niedriger Priorität ist). Nach dem Ende der Übertragung von Paket 3 beginnt die Übertragung von Paket 2. Paket 4 (ein hochpriorisiertes Paket) kommt während des Transfers von Paket 2 (einem Paket mit niedriger Priorität) an. Mit einem nichtpräemptiven Prioritätswarteschlangenalgorithmus wird die Übertragung eines Paketes nicht unterbrochen, wenn sie einmal begonnen hat. In diesem

Fall wird Paket 4 in die Warteschlange eingereiht und übertragen, sobald Paket 2 vollständig gesendet wurde.

Round Robin und Weighted Fair Queuing (WFQ)

Im **Round-Robin-Queuing-Algorithmus** sind Pakete wie bei den Prioritätswarteschlangen in Klassen eingeteilt. Statt einer strikten Priorität zwischen den Klassen wechselt der Round-Robin-Scheduler zwischen den Klassen ab. In der einfachsten Form des Round-Robin-Schedulers wird ein Paket der Klasse 1 gesendet, gefolgt von einem der Klasse 2, dem folgt wieder ein Klasse-1-Paket, gefolgt von einem Klasse-2-Paket usw. Ein sogenannter effizienter *(work-conserving)* Queuing-Algorithmus lässt niemals zu, dass der Link zur Ruhe kommt, solange noch Pakete anliegen, die übertragen werden müssen (egal, aus welcher Klasse). Ein **effizienter Round-Robin-Algorithmus**, der ein Paket einer gegebenen Klasse sucht, aber keines vorfindet, überprüft sofort die nächste Klasse der Round-Robin-Sequenz.

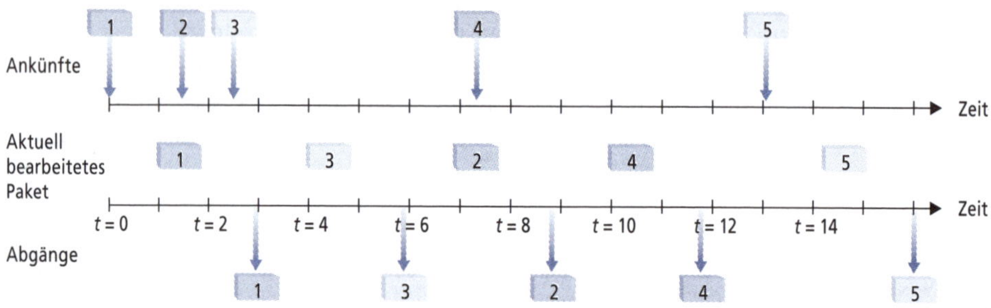

Abbildung 7.25: Arbeitsweise einer Round-Robin-Warteschlange mit zwei Klassen

▶Abbildung 7.25 erläutert die Arbeitsweise einer Round-Robin-Warteschlange mit zwei Klassen. In diesem Beispiel gehören die Pakete 1, 2 und 4 zur Klasse 1, während die Pakete 3 und 5 zur zweiten Klasse gehören. Paket 1 wird sofort nach seinem Eintreffen an der Ausgangswarteschlange übertragen. Die Pakete 2 und 3 treffen während dessen Übertragung ein und werden daher in die Warteschlange eingereiht. Nach der Übertragung von Paket 1 sucht der Link-Scheduler nach einem Paket der Klasse 2 und sendet daher Paket 3. Ist dessen Übertragung abgeschlossen, wird wieder nach einem Klasse-1-Paket gesucht und Paket 2 wird gesendet. Ist dieses übertragen, befindet sich nur Paket 4 in der Warteschlange. Es wird daher sofort nach Paket 2 gesendet.

Eine verallgemeinerte Abstraktion des Round-Robin-Queuing, das in QoS-Architekturen häufig eingesetzt wird, ist der sogenannte **Weighted-Fair-Queuing-Algorithmus** (WFQ) [Demers 1990; Parekh 1993]. WFQ wird in ▶Abbildung 7.26 dargestellt. Ankommende Pakete werden klassifiziert und in der richtigen Warteschlange dieser Klasse eingereiht. Wie beim Round-Robin-Scheduling wechselt ein WFQ-Scheduler zwischen den Klassen ab – zuerst wird Klasse 1 bearbeitet, danach Klasse 2, dann Klasse 3 und danach (vorausgesetzt es gibt drei Klassen) wiederholt sich dieses Muster. WFQ ist ebenfalls ein effizienter Warteschlangen-Algorithmus und springt sofort zur nächsten Klasse in der Reihe weiter, wenn er auf eine leere Klassenwarteschlange trifft.

WFQ unterscheidet sich von Round Robin darin, dass jede Klasse in jedem Zeitintervall eine *unterschiedliche* Leistungszuteilung erhalten kann. Hierfür wird jeder Klasse i ein Gewicht w_i zugewiesen. Bei WFQ wird der Klasse i garantiert, dass während jedes Zeitintervalls, in dem Klasse-i-Pakete zur Übertragung anstehen, diese einen Bruchteil des Dienstes erhalten, der gleich $w_i/(\sum w_j)$ ist, wobei die Summe im Nenner über alle Klassen gebildet werden muss, für die ebenfalls Pakete zur Übertragung anstehen. Im schlechtesten Fall, wenn alle Klassen Pakete in die Schlange eingereiht haben, hat Klasse i immer noch die Garantie, einen Bruchteil $w_i/(\sum w_j)$ der Bandbreite zu erhalten. Auf einem Link mit Übertragungsrate R erhält Klasse i daher immer einen Durchsatz von mindestens $R \cdot w_i/(\sum w_j)$. Unsere Beschreibung von WFQ ist idealisiert, da wir nicht die Tatsache berücksichtigt haben, dass Pakete diskrete Einheiten von Daten sind und der Transfer eines Paketes nicht unterbrochen wird, um die Übertragung eines anderen Paketes zu beginnen. [Demers 1990] und [Parekh 1993] diskutieren dieses Thema. Wie wir in den folgenden Abschnitten sehen werden, spielt WFQ eine zentrale Rolle in QoS-Architekturen. Es ist zudem in den heutigen Routerprodukten verfügbar [Cisco QoS 2007].

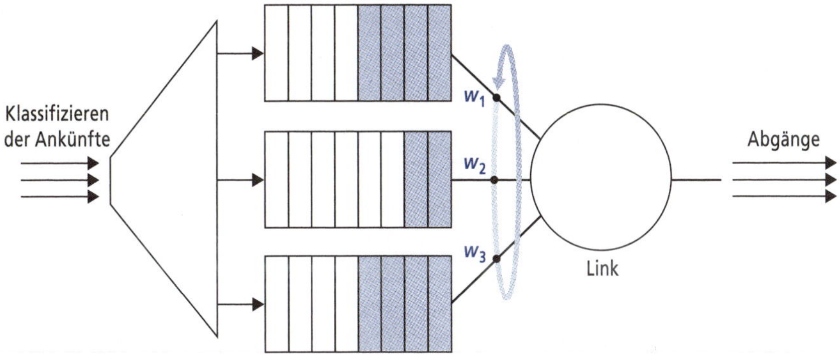

Abbildung 7.26: Weighted Fair Queuing (WFQ)

Überwachung: Leaky Bucket

Eine unserer Erkenntnisse aus Abschnitt 7.5.1 besagte, dass Überwachung, also das Regeln der Rate, mit der eine Klasse oder ein Datenstrom Pakete ins Netz einspeisen darf, ein wichtiger QoS-Mechanismus ist. (In der folgenden Diskussion gehen wir davon aus, dass die zu überwachende Einheit ein Datenstrom ist.) Aber welche Aspekte der Paketrate eines Datenstroms sollten überwacht werden? Wir können drei wichtige Überwachungskriterien identifizieren, die sich jeweils von anderen durch den Zeitraum unterscheiden, über den der Datenstrom überwacht wird:

- *Durchschnittliche Rate.* Das Netzwerk kann die langfristige durchschnittliche Rate (Pakete pro Zeitintervall) begrenzen, mit der die Pakete eines Datenstroms ins Netz gesendet werden können. Ein Kernproblem ist hier das Zeitintervall, über das die durchschnittliche Rate überwacht wird. Ein Datenstrom, dessen Durchschnittsrate auf 100 Pakete pro Sekunde beschränkt ist, ist stärker eingeschränkt als eine Quelle, deren Limit auf 6.000 Pakete pro Minute festgelegt ist, obwohl beide über einen genügend langen Zeitraum denselben Durchschnittswert haben. Zum Beispiel würde es letztere Vorgabe erlauben, dass ein Datenstrom 1.000 Pakete in einem eine Sekunde langen Zeitintervall sendet (und danach eine Weile schweigt, um dies im Mittel auszugleichen). Die erste Vorgabe würde ein derartiges Sendeverhalten nicht erlauben.

- *Maximale Rate.* Während die durchschnittliche Rate den Verkehrsumfang eingrenzt, der während eines hinreichend langen Zeitraumes ins Netz gesandt werden kann, schränkt die Vorgabe einer Maximalrate die Anzahl der Pakete ein, die während eines kurzen Zeitraumes gesendet werden können. In unserem obigen Beispiel kann das Netz es einem Datenstrom erlauben, eine durchschnittliche Rate von 6.000 Paketen pro Minute zu verwenden, während die maximale Rate des Datenstroms auf 1.500 Pakete pro Sekunde begrenzt ist.
- *Burst-Größe.* Das Netzwerk kann auch die maximale Anzahl der Pakete (die maximale Größe eines Bursts von Paketen) eingrenzen, die in einem extrem kurzen Zeitintervall ins Netz geschickt werden dürfen. Geht die Intervalllänge gegen null, begrenzt die Burst-Größe die Anzahl der Pakete, die unmittelbar, also quasi gleichzeitig, ins Netz gesendet werden können. Obwohl es physikalisch unmöglich ist, mehrere Pakete gleichzeitig ins Netz zu senden (schließlich hat jeder Link eine physikalische Übertragungsrate, die nicht überschritten werden kann!), ist die Abstraktion einer maximalen Burst-Größe durchaus nützlich.

Der Leaky-Bucket-Mechanismus ist eine Abstraktion, die verwendet werden kann, um diese Kriterien zu überwachen. Wie ▶Abbildung 7.27 zeigt, kann ein Leaky Bucket bis zu *b* Tokens enthalten. Tokens werden folgendermaßen hinzugefügt: Neue Tokens werden immer mit einer Geschwindigkeit von *r* Tokens pro Sekunde erzeugt. (Wir nehmen hier der Einfachheit halber an, dass die Zeiteinheit eine Sekunde ist.) Sind in dem Moment, in dem ein Token erzeugt wird, weniger als *b* Tokens vorhanden, wird das frisch entstandene Token hinzugefügt, ansonsten wird es ignoriert und der Leaky Bucket bleibt mit *b* Tokens gefüllt.

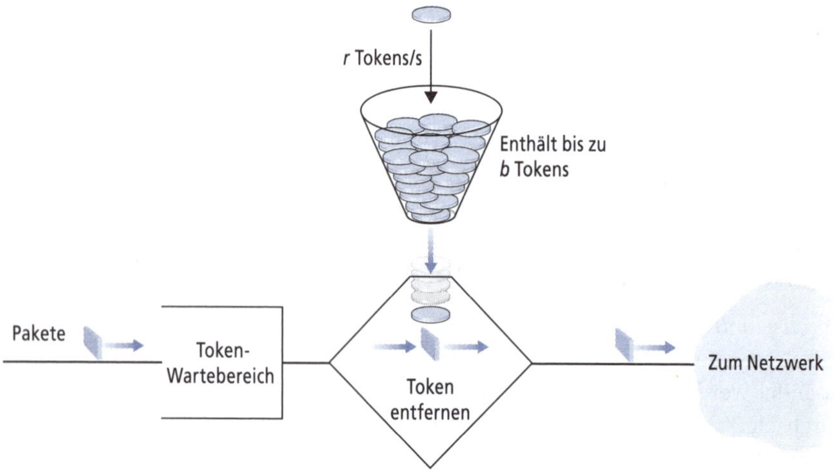

Abbildung 7.27: Leaky-Bucket-Mechanismus

Betrachten wir nun, wie dieser Mechanismus eingesetzt werden kann, um einen Datenstrom zu überwachen. Nehmen Sie an, dass ein Paket, bevor es ins Netz gesendet werden kann, zuerst ein Token entfernen muss. Sind keine Tokens vorhanden, muss das Paket auf einen Token warten. (Eine Alternative besteht darin, dass das Paket verworfen wird, wobei wir diese Variante hier nicht berücksichtigen.) Betrachten wir nun, wie dieses Verhalten einen Verkehrsstrom regelt. Weil es höchstens b Tokens geben kann, beträgt die maximale Burst-Größe einer Leaky-Bucket-Überwachung b Pakete. Weil außerdem die Entstehungsrate der Tokens r ist, ist die maximale Zahl der Pakete, die in *einem beliebigen* Zeitintervall t in das Netz geleitet werden können, $rt + b$.

Dadurch dient die Token-Erzeugungsrate r dazu, die langfristige durchschnittliche Rate einzugrenzen, mit der Pakete in das Netz gesendet werden können. Es ist auch möglich, Leaky Bucket zu verwenden (insbesondere zwei Leaky-Bucket-Instanzen hintereinander), um gleichzeitig die langfristige Durchschnittsrate und die maximale Rate eines Datenstroms zu überwachen. Die Übungsaufgaben am Ende dieses Kapitels befassen sich mit diesem Thema.

Leaky Bucket + Weighted Fair Queuing = beweisbare Maximalverzögerung in einer Warteschlange

Wir untersuchen bald die sogenannten Intserv- und DiffServ-Mechanismen, die Dienstgütegarantien im Internet ermöglichen sollen. Wir werden sehen, dass sowohl Leaky-Bucket-Mechanismen als auch WFQ-Scheduling eine wichtige Rolle spielen können. Schließen wir diesen Abschnitt mit der Betrachtung des Ausgangslinks eines Routers, der n Datenströme multiplext, jeder überwacht von einem Leaky Bucket mit Parametern b_i und r_i, $i = 1, \ldots, n$. Es wird außerdem WFQ-Scheduling verwendet. Wir verwenden den Ausdruck Datenstrom hier für eine Gruppe von Paketen, die nicht vom Scheduler unterschieden werden. In der Praxis könnte ein Strom aus dem Verkehr einer einzelnen Ende-zu-Ende-Verbindung oder einer ganzen Reihe solcher Verbindungen bestehen, wie ▶ Abbildung 7.28 zeigt.

Wir haben in der Diskussion von WFQ bereits erwähnt, dass jedem Datenstrom i ein Anteil der Verbindungsbandbreite garantiert wird, der mindestens $R \cdot w_i/(\sum w_j)$ groß ist, wobei R die Übertragungsrate des Links in Paketen/Sekunde ist. Wie groß ist dann die maximale Verzögerung des Paketes in der Warteschlange (das heißt, nachdem der Leaky Bucket es durchgelassen hat)? Konzentrieren wir uns auf Strom 1. Nehmen wir an, dass der Leaky Bucket von Strom 1 anfangs die maximale Anzahl von Tokens enthält. Ein Burst von b_1 Paketen kommt dann für Strom 1 an. Diese Pakete entfernen alle Tokens (ohne zu warten) aus dem Leaky Bucket und reihen sich dann in den WFQ-Wartebereich für Strom 1 ein. Da diese b_1 Pakete mit einer Geschwindigkeit von mindestens $R \cdot w_i/(\sum w_j)$ Paketen pro Sekunde abgearbeitet werden, erfährt das letzte dieser Pakete bis zum Ende seiner Übertragung eine Maximalverzögerung d_{max}, wobei

$$d_{\max} = \frac{b_1}{R \cdot w_1 / \sum w_j}$$

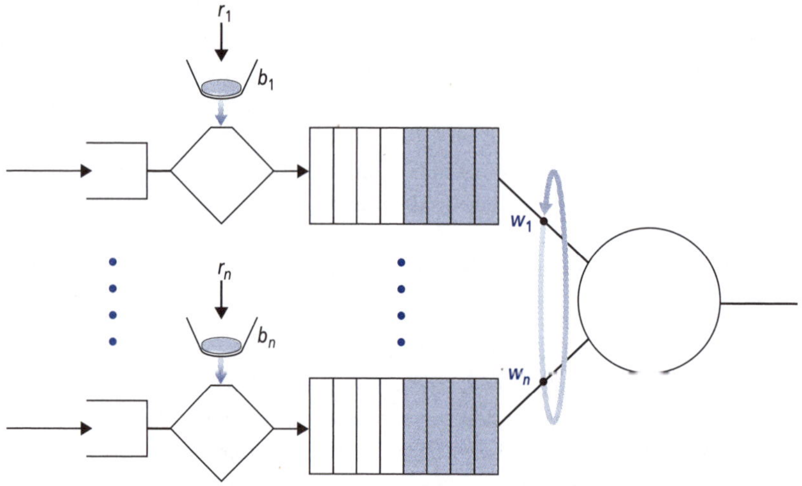

Abbildung 7.28: *n* gemultiplexte Leaky-Bucket-Datenströme mit WFQ-Scheduling

Hinter dieser Formel steckt die Überlegung, dass, wenn es b_1 Pakete in der Warteschlange gibt und Pakete aus ihr mit einer Rate von mindestens $R \cdot w_1/(\sum w_j)$ Paketen pro Sekunde bearbeitet (entfernt) werden, der Zeitaufwand, bis das letzte Bit des letzten Paketes übertragen ist, nicht größer wird als $b_1/(R \cdot w_1/(\sum w_j))$. In einer Übungsaufgabe sollen Sie beweisen, dass d_{max} tatsächlich die maximale Verzögerung ist, die ein beliebiges Paket in Datenstrom 1 in der WFQ-Warteschlange jemals erfahren wird, solange $r_1 < R \cdot w_1/(\sum w_j)$ ist.

7.5.3 DiffServ

Die Internet-DiffServ-Architektur [RFC 2475; Kilkki 1999] zielt darauf ab, Dienste unterschiedlicher Art anzubieten – d.h. verschiedene Verkehrsklassen im Internet auf unterschiedliche Weise zu behandeln – und das auf skalierbare und flexible Art und Weise. Der Notwendigkeit der *Skalierbarkeit* ergibt sich aus der Tatsache, dass Hunderttausende Datenströme gleichzeitig auf einem Backbonerouter des Internets anzutreffen sind. Wir werden bald sehen, dass dies erreicht wird, indem nur einfache Funktionen im Inneren des Netzwerkes platziert werden, während die komplexeren Kontrolloperationen am Rand des Netzes implementiert werden. Eine hohe *Flexibilität* ist notwendig, weil neue Dienstklassen auftreten und existierende Dienstklassen veralten können. Die DiffServ-Architektur ist in dem Sinn flexibel, dass sie keine spezifischen Dienste oder Dienstklassen definiert. Stattdessen liefert DiffServ die funktionellen Komponenten, das heißt die Teile einer Netzwerkarchitektur, mit denen solche Dienste realisiert werden können. Untersuchen wir nun diese Komponenten im Detail.

Differentiated Services – ein einfaches Szenario

Um den Rahmen für die Architekturbestandteile des Differentiated-Service-Modells (DiffServ) abzustecken, beginnen wir mit dem einfachen Netzwerk, das in ▶ Abbil-

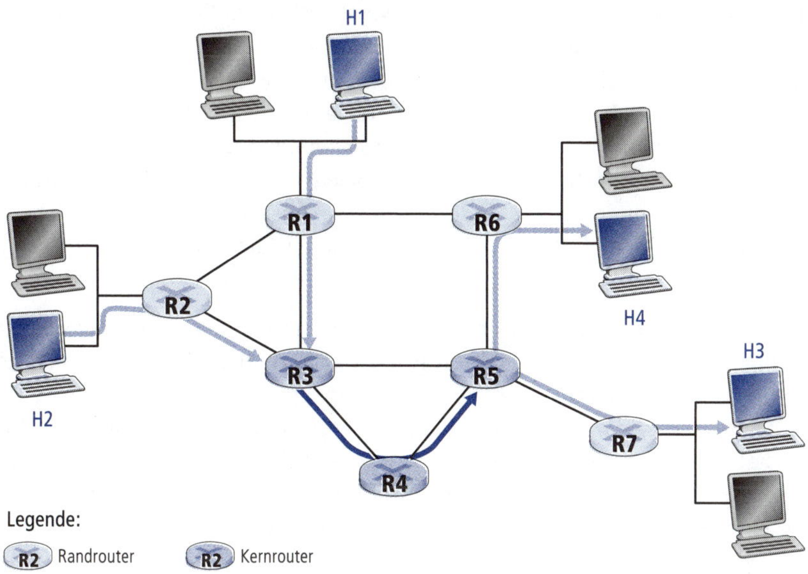

Abbildung 7.29: Einfaches Beispiel eines DiffServ-Netzwerkes

dung 7.29 dargestellt ist. In diesem Abschnitt zeigen wir eine mögliche Verwendung der DiffServ-Komponenten. RFC 2475 beschreibt viele andere mögliche Abwandlungen. Unser Ziel ist es, eine Einführung in die wesentlichen Aspekte von DiffServ zu bieten, statt das Architekturmodell in ausführlichem Detail zu beschreiben. Leser, die mehr über DiffServ erfahren möchten, sollten bitte das umfassende Buch [Kilkki 1999] lesen.

Die DiffServ-Architektur besteht aus zwei Gruppen funktionaler Elemente:

- *Funktionen am Rand des Netzwerks: Paketklassifikation und Verkehrsüberwachung.* Am Rand des Netzes (das heißt, entweder durch einen DiffServ-fähigen Host, der Verkehr generiert, oder am ersten DiffServ-fähigen Router, den der Verkehr passiert), werden ankommende Pakete markiert. Genauer gesagt wird das Differentiated-Services-Feld (DS) des Paket-Headers auf irgendeinen Wert gesetzt. Zum Beispiel könnten Pakete, die wie in Abbildung 7.29 gezeigt von H1 nach H3 gesandt werden, auf R1 markiert werden, während Pakete, die von H2 zu H4 fließen, auf R2 markiert werden. Die Markierung, die ein Paket erhält, kennzeichnet die Verkehrsklasse, zu der es gehört. Verschiedene Verkehrsklassen erhalten dann unterschiedliche Dienste im Inneren des Netzwerkes.

- *Funktion im Inneren des Netzwerkes: Weiterleitung.* Erreicht ein markiertes Paket einen DiffServ-fähigen Router, wird das Paket entsprechend dem sogenannten **Per-Hop-Verhalten** weitergeleitet, das der entsprechenden Paketklasse zugeordnet ist. Das Per-Hop-Verhalten beeinflusst, wie die Router-Puffer und die Link-Bandbreite zwischen den konkurrierenden Verkehrsklassen verteilt werden. Ein entscheidender Grundsatz der DiffServ-Architektur besteht darin, dass das Per-Hop-Verhalten eines Routers *nur* aufgrund der Paketmarkierungen erfolgt, das heißt der Verkehrsklasse, zu der ein Paket gehört. Erhalten Pakete, die in Abbildung 7.29 von H1 nach H3 gesandt werden, dieselbe Markierung wie Pakete, die von H2 nach H4 gesandt werden, behandeln die Netzwerkrouter diese Pakete daher gleich, ohne zu unterscheiden, ob die Pakete bei H1 oder H2 entstanden sind. Zum Beispiel würde R3 nicht zwischen Paketen von H1 und H2 unterscheiden, wenn er diese an R4 weiterleitet. Dadurch macht die Differentiated-Services-Architektur die Verwaltung eines Routerstatus für einzelne Quelle-Ziel-Paare überflüssig – eine wichtige Überlegung hinsichtlich der geforderten Skalierbarkeit, die wir am Anfang dieses Abschnittes erwähnt haben.

Eine Analogie könnte sich hier als nützlich erweisen. Bei vielen großen gesellschaftlichen Ereignissen (zum Beispiel einem großen öffentlichen Empfang, einem großen Tanzklub oder einer großen Diskothek, einem Konzert oder einem Fußballspiel) erhalten die Menschen, die das Ereignis besuchen, irgendeine Art von Ausweis: Manche Leute erhalten VIP-Pässe, Backstage-Pässe gibt es bei Konzerten, Presseausweise für Reporter. Für ganz gewöhnliche Besucher gibt es schließlich ganz gewöhnliche Eintrittskarten. Solche Ausweise werden normalerweise beim Eintritt zu der Veranstaltung vergeben, das heißt am „Rand" der Veranstaltung. Hier werden „rechenintensive" Operationen wie das Bezahlen des Eintrittsgeldes, das Überprüfen der Einladung oder der Abgleich mit irgendeiner Form von Identitätsnachweis durchgeführt. Außerdem kann die Zahl der Menschen einer bestimmten Gruppe, die zugelassen sind, beschränkt sein. Gibt es eine solche Grenze, müssen die Menschen vor dem Eingang vielleicht warten. Ist man schließlich drin, dann ermöglicht es der Pass, dass man unterschiedliche Dienste an verschiedenen Orten innerhalb der Veranstaltung erhält – einem VIP werden Gratisgetränke, ein besserer Tisch, freies Essen, Zutritt zu exklusiven Räumen und andere Extras geboten. Umgekehrt werden gewöhnliche Menschen von bestimmten Bereichen ausgeschlossen, müssen für ihre Getränke bezahlen und erhalten nur die Basisdienstleistungen. In beiden Fällen hängen die empfangenen Dienstleistungen innerhalb der Veranstaltung einzig und allein von der Art des Ausweises ab. Innerhalb einer Klasse werden alle Besucher gleich behandelt.

DiffServ-Verkehrsklassifikation und Überwachung

▶Abbildung 7.30 bietet eine logische Sicht auf die Klassifizierungs- und Markierungsfunktionen in den Randroutern. Pakete, die dort ankommen, werden zuerst klassifiziert. Der Klassifikationsdienst schaut sich ein oder mehrere Paket-Header-Felder an (zum Beispiel Quelladresse, Zieladresse, Quellportnummer, Zielportnummer und Protokoll-ID) und übergibt das Paket dann der entsprechenden Markierungsfunktion. Eine Markierung wird in das DS-Feld im IPv4- oder IPv6-Header eingetragen [RFC 3260]. Die Definition des DS-Feldes soll die früheren Definitionen des Type-of-Service-Feldes in IPv4 und des Verkehrsklasse-Feldes in IPv6 ersetzen, die wir in Kapitel 4 diskutiert haben.

In einigen Fällen könnte der Endbenutzer zugestimmt haben, seine Paketübertragungsrate zu begrenzen, um einem definierten **Verkehrsprofil** *(traffic profile)* zu entsprechen. Dieses könnte sowohl eine Begrenzung der Maximalrate als auch der Burst-Größe des

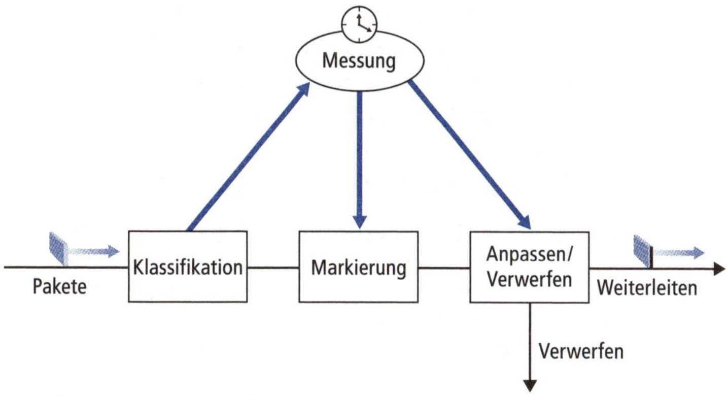

Abbildung 7.30: Logische Sicht der Paketklassifikation und Verkehrsüberwachung in einem Randrouter

Paketstromes bedeuten, wie wir sie zuvor beim Leaky-Bucket-Mechanismus gesehen haben. Solange der Benutzer Pakete auf eine Weise ins Netz sendet, die dem vereinbarten Verkehrsprofil entspricht, erhalten die Pakete ihre Prioritätsmarkierung und werden auf ihrer Route zu ihrem Ziel weitergeleitet. Wird das Verkehrsprofil jedoch verletzt, können vom Profil abweichende Pakete unterschiedlich markiert werden. Sie können auch „in Form“ gebracht werden (zum Beispiel, indem sie verzögert werden, so dass die Vorgaben einer Maximaldatenrate eingehalten werden) oder sie können gleich am Rand des Netzwerkes verworfen werden. Die Rolle der in Abbildung 7.30 gezeigten **Messfunktion** *(metering function)* besteht darin, den ankommenden Paketstrom mit dem ausgehandelten Verkehrsprofil zu vergleichen und zu bestimmen, ob ein Paket den Vorgaben entspricht. Die tatsächliche Entscheidung, ob ein Paket anders markiert, weitergeleitet, verzögert oder verworfen werden sollte, wird vom Netzwerkadministrator getroffen und ist *nicht* in der DiffServ-Architektur spezifiziert.

Per-Hop-Verhalten

Bisher haben wir uns auf die Funktionen konzentriert, die in der DiffServ-Architektur am Rand des Netzwerks angesiedelt sind. Der zweite wesentliche Bestandteil betrifft das **Per-Hop-Verhalten** (**PHB**, *per-hop behavior*), das von DiffServ-fähigen Routern ausgeführt wird. PHB ist ziemlich kryptisch definiert als „eine Beschreibung des äußerlich wahrnehmbaren Weiterleitungsverhaltens eines DiffServ-Knotens angewandt auf ein bestimmtes DiffServ-Verhaltensaggregat“ [RFC 2475]. Untersuchen wir diese Definition etwas genauer, dann können wir darin mehrere wichtige Überlegungen erkennen:

- Das PHB kann dazu führen, dass verschiedene Verkehrsklassen unterschiedliche Leistung erhalten (das heißt ein unterschiedliches von außen wahrnehmbares Weiterleitungsverhalten).
- Obwohl das PHB Unterschiede in der Leistung (Verhalten) zwischen den Klassen definiert, verlangt es keinen speziellen Mechanismus, um dieses Verhalten zu erreichen. Solange den äußerlich wahrnehmbaren Leistungskriterien entsprochen wird,

kann jede beliebige Implementierung und jedes Vorgehen für die Zuweisung von für Puffern bzw. Bandbreite angewandt werden. Ein PHB würde also keinen bestimmten Algorithmus zum Einreihen der Pakete in eine Warteschlange (zum Beispiel eine Prioritätswarteschlange, eine WFQ-Warteschlange oder eine FCFS-Warteschlange) erzwingen, um ein besonderes Verhalten zu erreichen. Das PHB ist das Ziel, die Mechanismen zur Implementierung der Ressourcenallokierung sind die Mittel.

- Leistungsunterschiede müssen beobachtbar und daher messbar sein.

Gegenwärtig sind zwei PHBs definiert worden: ein Expedited Forwarding (EF) PHB *(beschleunigte Weiterleitung)* [RFC 3246] und ein Assured Forwarding (AF) PHB *(gesicherte Weiterleitung)* [RFC 2597].

- Das **Expedited-Forwarding-PHB** legt fest, dass die Rate, mit der eine Verkehrsklasse einen Router verlässt, gleich oder größer als eine voreingestellte Rate ist. Das heißt, dass während des gesamten Zeitintervalls der Verkehrsklasse genug Bandbreite garantiert wird, so dass die Ausgangsgeschwindigkeit des Verkehrs dieser minimalen konfigurierten Rate entspricht oder sie übersteigt. Beachten Sie, dass das EF-Per-Hop-Verhalten eine gewisse Entkopplung zwischen Verkehrsklassen impliziert, da diese Garantie *unabhängig* vom Verkehrsaufkommen irgendeiner anderen Klasse gemacht wird, die an einem Router ankommt. Selbst wenn der Verkehr dieser anderen Klassen die gesamten Router- und Link-Ressourcen übersteigt, müssen immer noch genügend von diesen Ressourcen für jede einzelne Klasse zur Verfügung stehen, damit sichergestellt ist, dass sie die garantierte Minimalrate erhält. EF bietet dadurch einer Klasse die einfache Abstraktion eines Links mit einer garantierten minimalen Link-Bandbreite.
- Die **Assured-Forwarding-PHB** ist komplexer. AF teilt den Verkehr in vier Klassen, wobei jeder AF-Klasse ein minimaler Wert für Bandbreite und Puffer garantiert wird. Innerhalb jeder Klasse werden Pakete weiter in eine von drei Kategorien für das Verwerfen gegliedert. Tritt innerhalb einer AF-Klasse Überlast auf, kann ein Router dann Pakete entsprechend dieser Vorgaben verwerfen. In [RFC 2597] finden sich die Details. Indem die Menge der Ressourcen, die jeder Klasse zugewiesen werden, verändert wird, kann ein ISP den verschiedenen AF-Verkehrsklassen unterschiedlich gute Dienste zur Verfügung stellen.

DiffServ-Retrospektive

Während der letzten 20 Jahre gab es zahlreiche Versuche (größtenteils erfolglos), Dienstgüte in paketvermittelte Netze zu integrieren. Die verschiedenen Versuche sind bisher eher aufgrund von ökonomischen und rechtlichen Ursachen gescheitert als aus technischen Gründen. Die Ansätze umfassten Ende-zu-Ende-ATM-Netzwerke und IP-Netzwerke. Werfen wir einen Blick auf einige Themen, die mit dem Kontext DiffServ verbunden sind

Bisher haben wir implizit angenommen, dass DiffServ innerhalb eines einzelnen, unter einheitlicher Verwaltung stehenden Netzwerkbereiches eingesetzt wird. Typischerweise werden aber mehrere ISPs betroffen sein, die zwischen miteinander kommunizierenden Endsystemen sitzen. Damit Ende-zu-Ende-DiffServ-Dienste angeboten werden können, müssen nicht nur alle ISPs zwischen den Endsystemen diesen Dienst erbringen, sondern sie müssen auch zusammenarbeiten und Regeln festlegen, um den Endkunden echte Ende-zu-Ende-Dienste zu bieten. Ohne diese Art der Kooperation werden ISPs, die DiffServ-Dienste direkt an die Kunden verkaufen, immer wieder sagen müssen: „Wir wissen, dass Sie mehr bezahlen, aber wir haben kein Dienstabkommen mit diesem oder jenem anderen ISP. Wir bedauern, dass es viele Aussetzer in Ihrem VoIP-Anruf gab!“

Sogar innerhalb einer einzelnen administrativen Domäne reicht DiffServ allein nicht aus, um irgendeiner bestimmten Dienstklasse Dienstgütegarantien zu bieten. DiffServ ermöglicht es nur, dass verschiedene Verkehrsklassen unterschiedlich behandelt werden. Ist ein Netz deutlich unterdimensioniert, erhalten auch die bevorzugten Verkehrsklassen unerträglich schlechte Leistung. Damit DiffServ effektiv arbeiten kann, bedarf es einer passenden Netzdimensionierung (Abschnitt 7.3.5). DiffServ *kann* jedoch die Investitionen eines ISP effektiver machen. Indem die Ressourcen den vorrangigen (und viel zahlenden) Verkehrsklassen jederzeit bei Bedarf (auf Kosten der niederrangigen Verkehrsklassen) zur Verfügung gestellt werden, kann der ISP diesen vorrangigen Klassen ein hohes Maß an Leistung bieten. Werden diese Ressourcen von den vorrangigen Klassen nicht benötigt, können sie von den Verkehrsklassen niedriger Priorität verwendet werden (die vermutlich weniger für diese geringe Dienstklasse gezahlt haben).

Ein anderes Problem mit diesen fortgeschrittenen Techniken ist die Notwendigkeit, den Verkehr zu überwachen und möglicherweise gezielt zu beeinflussen, was komplex und teuer sein kann. Die Dienste müssen auch unterschiedlich in Rechnung gestellt werden, in der Regel wohl auf Basis des Volumens statt mit einer festen monatlichen Gebühr, wie sie gegenwärtig die meisten ISP verlangen – eine weitere kostspielige Anforderung an den ISP. Wäre schließlich DiffServ tatsächlich installiert und liefe das Netz nur mit mäßiger Last, wäre die meiste Zeit über kein Unterschied zwischen einem Best-Effort-Dienst und einem DiffServ-Dienst festzustellen. Tatsächlich wird heutzutage die Ende-zu-Ende-Verzögerung von Zugriffsraten und Übertragungsdauern statt von Warteschlangenverzögerungen in den Routern dominiert. Stellen Sie sich den unglücklichen DiffServ-Kunden vor, der für einen Premium-Service bezahlt und feststellen muss, dass der Best-Effort-Dienst der anderen fast immer dieselbe Leistung bringt!

7.6 Dienstgütegarantien anbieten

Im vorherigen Abschnitt haben wir gesehen, dass das Markieren von Paketen und die Überwachung der Einhaltung von Vereinbarungen im Zusammenspiel mit Verkehrsentkopplung und Scheduling auf der Sicherungsschicht einer Klasse von Datenströmen bessere Leistung anbieten können als andere. Bei bestimmten Scheduling-Algorithmen wie Prioritätswarteschlangen sind die niederrangigen Verkehrsklassen für die Verkehrsklasse mit höchster Priorität praktisch „unsichtbar“. Bei geeigneter Dimensionierung des Netzwerkes kann die höchste Dienstklasse tatsächlich äußerst geringe Paketverluste und -verzögerungen erreichen – fast schon die Leistung einer festen Leitung. Kann aber das Netzwerk *garantieren*, dass ein laufender Datenstrom einer vorrangigen Verkehrsklasse diese Dienste weiterhin erhält, solange er andauert – und das nur mit jenen Mechanismen, die wir bisher beschrieben haben? Das kann es nicht. In diesem Abschnitt werden wir sehen, warum zusätzliche Netzwerkmechanismen und Protokolle benötigt werden, um Dienstgüte*garantien* zu liefern.

7.6.1 Motivierendes Beispiel

Kehren wir zu unserem Szenario aus Abschnitt 7.5.1 zurück und betrachten wir zwei Audioanwendungen mit 1 Mbps, die ihre Pakete, wie in ▶Abbildung 7.31 gezeigt, über den 1,5 Mbps schnellen Link senden. Die kombinierte Datenrate der beiden Datenströme (2 Mbps) übersteigt die Link-Kapazität. Sogar mit Klassifizierung und Markierung, Entkopplung von Datenströmen und Aufteilung unbenutzter Bandbreite (die es nicht gibt) ist dies eindeutig aussichtslos. Es gibt einfach nicht genug Bandbreite, um den Bedarf beider Anwendungen zur gleichen Zeit zu erfüllen. Wenn beide Anwendungen die Bandbreite zu gleichen Teilen gemeinsam benutzen würden, würden jeder nur 0,75 Mbps zur Verfügung stehen. Anders herum betrachtet würde jede Anwendung 25 Prozent ihrer gesendeten Pakete verlieren. Dies ist eine dermaßen schlechte Dienstgüte, dass beide Audioanwendungen völlig unbrauchbar werden. Es gibt damit keinen Grund, überhaupt irgendwelche Audiopakete zu senden.

Was sollte das Netz tun angesichts der Tatsache, dass die Anforderungen der beiden Anwendungen in Abbildung 7.31 nicht gleichzeitig erfüllt werden können? Es beiden zu erlauben, mit einem unbrauchbaren Dienst weiterzumachen, vergeudet Netzwerkressourcen für Anwendungsdatenströme, die dem Endbenutzer letztlich keinen Nutzen bringen. Die Antwort wird nun hoffentlich deutlich – einer der Anwendungsströme sollte blockiert werden (d.h., ihm würde der Zugriff auf das Netz vollständig verweigert), während der andere weitermachen und die kompletten 1 Mbps verwenden darf, die die Anwendung benötigt. Das Telefonnetz ist ein Beispiel eines Netzes, das Anrufe blockiert – können die erforderlichen Ressourcen (im Fall des Fernsprechnetzes eine Ende-zu-Ende-Leitung) dem Anruf nicht zur Verfügung gestellt werden, wird der Anruf blockiert (er darf nicht ins Netz) und der Anrufer hört ein Besetztzeichen. In unserem Beispiel bringt es nichts, einen Datenstrom in das Netz zu lassen, wenn er keine hinreichende Dienstgüte erhalten kann, um als brauchbar zu gelten. Tatsächlich verursacht das Zulassen eines Datenstromes, der nicht die benötigte Dienstgüte erhält, Kosten, denn es werden Netzwerkressourcen benötigt, um einen Strom zu unterstützen, der dem Endbenutzer keinen Nutzen bringt.

Wenn ein Netzwerk einen Datenstrom aufgrund seiner Ressourcenanforderungen und aufgrund von Ressourcenanforderungen bereits zugelassener Ströme explizit zulässt oder blockiert, dann kann das Netzwerk garantieren, dass zugelassene Ströme die angeforderte Dienstgüte auch erhalten. Eine wichtige Voraussetzung hierfür ist, dass ein

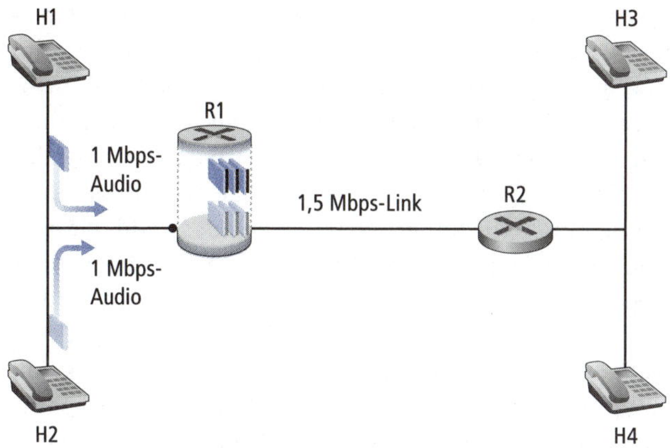

Abbildung 7.31: Zwei konkurrierende Audioanwendungen überlasten den Link zwischen R1 und R2

Datenstrom seine Anforderungen bekannt macht, bevor er zugelassen wird. Dieser Prozess, in dem der Strom seinen Bedarf anmeldet, während danach das Netz den Strom akzeptiert (mit der erforderlichen Dienstgüte) oder blockiert, wird als **Rufzulassung** *(call admission)* bezeichnet. Dies ist unsere vierte Erkenntnis (zusätzlich zu den drei vorangegangenen Erkenntnissen in Abschnitt 7.5.1) über notwendige Mechanismen, um Dienstgütegarantien bieten zu können.

Erkenntnis 4: Stehen nicht immer ausreichende Ressourcen zur Verfügung und muss eine gewisse Dienstgüte *garantiert* werden, dann ist der Prozess der Rufzulassung notwendig, bei dem Datenströme ihre benötigte Dienstgüte anmelden und danach entweder Zugang zum Netzwerk erhalten (mit der geforderten Dienstgüte) oder ihnen der Zugang zum Netzwerk verwehrt wird (wenn die angeforderte Dienstgüte nicht geboten werden kann).

7.6.2 Ressourcenreservierung, Rufzulassung, Rufaufbau

Unser motivierendes Beispiel macht deutlich, dass Bedarf nach mehreren neuen Netzwerkmechanismen und Protokollen besteht, wenn einem Aufruf (ein Ende-zu-Ende-Datenstrom), nachdem er begonnen hat, eine bestimmte Dienstqualität garantiert werden soll:

- *Ressourcenreservierung.* Der einzige Weg, auf dem *garantiert* werden kann, dass ein Anruf die Ressourcen (Link-Bandbreite, Puffer) erhält, die er braucht, besteht darin, diese dem Anruf explizit zuzuweisen – ein Prozess, der im Sprachgebrauch der Netzwerke als **Ressourcenreservierung** bekannt ist. Ist dies erfolgt, hat der Anruf während seiner ganzen Dauer jederzeit auf Anforderung Zugriff auf diese Ressourcen, ganz egal, welche Anforderungen andere Anrufe haben. Reserviert ein Anruf x Mbps Link-Bandbreite und wird ihm dies garantiert, dann verläuft der Anruf verlust- und verzögerungsfrei, wenn er nie schneller als mit der reservierten Datenrate x überträgt.

- *Rufzulassung.* Werden Ressourcen reserviert, dann muss das Netzwerk einen Mechanismus enthalten, damit Anrufe Ressourcen anfordern und reservieren können – ein Prozess, der als Rufzulassung bekannt ist. Da Ressourcen nicht in unbegrenzter Menge zur Verfügung stehen, wird einem Anruf, der eine Rufzulassungsanfrage stellt, der Zugang zum Netzwerk verwehrt, wenn die angeforderten Ressourcen nicht verfügbar sind. Eine derartige Rufzulassung wird vom Fernsprechnetz ausgeführt – wir fordern Ressourcen an, sobald wir eine Nummer wählen. Stehen die Leitungen (die TDMA-Schlitze), die benötigt werden, um den Anruf durchzuführen, zur Verfügung, dann werden sie allokiert und der Anruf kann durchgeführt werden. Sind die Leitungen nicht verfügbar, wird der Anruf blockiert und wir erhalten ein Besetztzeichen. Ein blockierter Anruf kann nochmals versuchen, Zugang zum Netz zu erhalten, aber er darf keinen Verkehr ins Netz senden, bis er den Prozess der Rufzulassung erfolgreich abgeschlossen hat.

  Wie schon der Restaurantmanager aus Abschnitt 1.3.1, der nicht mehr Reservierungen akzeptieren sollte, als Plätze im Restaurant zur Verfügung stehen, sollte ein Router, der Linkbandbreite zuordnet, nicht mehr allokieren, als diesem Link zur Verfügung stehen. Normalerweise kann ein Anruf nur einen Bruchteil der Bandbreite reservieren, so dass ein Router mehr als einem Anruf Bandbreite zuordnen kann. Allerdings sollte die Summe der allen Anrufen zugeordneten Bandbreite geringer sein als die Link-Kapazität.

- *Verbindungsaufbausignalisierung.* Der oben beschriebene Rufzulassungsprozess erfordert es, dass ein Anruf in der Lage ist, ausreichende Ressourcen an jedem einzelnen Netzwerkrouter auf seinem Pfad zwischen Quelle und Zieladresse zu reservieren, damit seine Ende-zu-Ende-Dienstgüteanforderungen erfüllt werden. Jeder Router muss bestimmen, welche lokalen Ressourcen von der Sitzung gefordert werden, wie viele Ressourcen bereits an andere laufende Sitzungen vergeben sind, und feststellen, ob er genügend Ressourcen hat, um die zusätzlichen Per-Hop-Dienstgüteanforderungen erfüllen zu können, ohne die lokalen Garantien zu verletzen, die bereits anderen zugelassenen Sitzungen gegeben wurden. Um diese verschiedenen Aktivitäten zu koordinieren – sowohl die Per-Hop-Allokierung lokaler Ressourcen als auch die umfassende Ende-zu-Ende-Entscheidung, ob der Anruf in der Lage war, bei jedem einzelnen Router genügend Ressourcen zu reservieren –, wird ein Signalisierungsprotokoll benötigt. Dies ist die Aufgabe des **Verbindungsaufbauprotokolls** *(call setup protocol).*

▶ Abbildung 7.32 beschreibt den Verbindungsaufbauprozess. Betrachten wir nun die Schritte, die an der Rufzulassung beteiligt sind, im Detail:

1. *Verkehrscharakterisierung und Spezifikation der gewünschten Dienstgüte.* Damit ein Router bestimmen kann, ob seine Ressourcen ausreichen, um die Anforderungen eines Anrufes zu erfüllen, muss der Anruf diese zuerst mitteilen. Er muss zudem den Verkehr charakterisieren, den er ins Netz senden will und für den er eine Dienstgütegarantie anfordert. In der Intserv-Architektur des Internets definiert die sogenannte Rspec (R steht für Reservierung) die spezifische

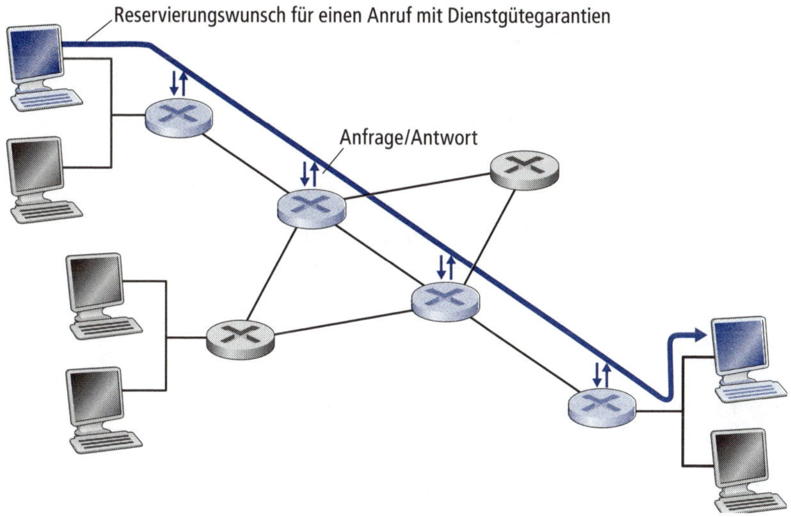

Abbildung 7.32: Prozess zum Einleiten eines Anrufes

Dienstgüte, die von einem Anruf angefordert wird [RFC 2215]. Die sogenannte Tspec (T steht für Verkehr) charakterisiert die Art des Verkehrs, die der Sender ins Netz übertragen will bzw. die ein Empfänger aus dem Netz erhalten will [RFC 2210]. Die genaue Form von Rspec und Tspec variiert, wie unten erörtert wird, je nachdem, welcher Dienst angefordert wird. In ATM-Netzwerken enthalten die User Traffic Description *(Benutzer-Verkehrsbeschreibung)* und der Dienstgüteparameter Informationen für ähnliche Zwecke wie Tspec bzw. Rspec; siehe [Black 1997] für Details.

2. *Signalisieren des Verbindungsaufbaus.* Die Verkehrsbeschreibung und die Dienstgüteanforderungen eines Anrufes müssen zu den Routern übertragen werden, an denen Ressourcen für den Anruf reserviert werden. Im Internet wird für diesen Zweck innerhalb der Intserv-Architektur das RSVP-Protokoll verwendet [RFC 2210]. In ATM-Netzen überträgt das Q2931b-Protokoll diese Information zu den Switches und dem Endpunkt des ATM-Netzes [Black 1997].

3. *Rufzulassung auf Routerebene.* Sobald ein Router die Verkehrsspezifikation und die Dienstgütewünsche erhält, muss er bestimmen, ob er den Anruf zulassen kann. Diese Entscheidung über die Rufzulassung hängt von der Verkehrsspezifikation, der angeforderten Dienstleistung und den bereits vorhandenen Ressourcenbelegungen ab, die der Router für bereits laufende Anrufe gemacht hat. Wie wir in Abschnitt 7.5.3 gesehen haben, kann zum Beispiel die Kombination einer mittels Leaky Bucket kontrollierten Quelle mit WFQ eingesetzt werden, um die maximale Warteschlangenverzögerung für die Quelle festzulegen. Die Rufzulassung auf Routerebene wird in ▶ Abbildung 7.33 dargestellt.

Zusätzliche Diskussionen des Verbindungsaufbaus und der Rufzulassung finden Sie in [Breslau 2000; Roberts 2004].

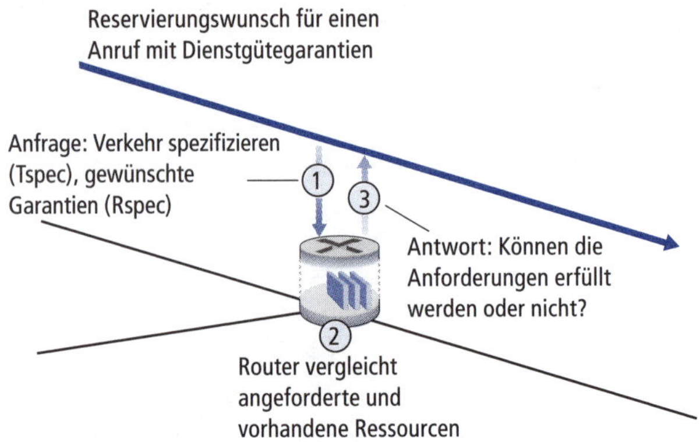

Abbildung 7.33: Rufzulassung auf Routerebene

7.6.3 Garantierte Dienstgüte im Internet: Intserv und RSVP

Die Integrated-Services-Architektur (**Intserv**) ist ein innerhalb der IETF entwickelter Rahmen, um einzelnen Anwendungssitzungen im Internet individuelle Dienstgütegarantien zu bieten. Die Spezifikation der garantierten Dienste von Intserv, definiert in [RFC 2212], setzt den Warteschlangenverzögerungen, die ein Paket auf einem Router erfährt, strenge (mathematisch beweisbare) Grenzen. Während die Details der garantierten Dienste recht kompliziert sind, ist der Grundgedanke ziemlich einfach. In erster Näherung wird die Verkehrscharakterisierung einer Quelle durch einen Leaky-Bucket-Mechanismus mit Parametern (r, b) vorgegeben (Abschnitt 7.5.2), und der angeforderte Dienst wird durch die Rate R charakterisiert, mit der Pakete übertragen werden. Im Wesentlichen verlangt ein Anruf, der Dienstgütegarantien anfordert, dass den Bits in seinen Paketen eine Weiterleitungsrate von R Bit/Sekunde garantiert wird. Unter der Voraussetzung, dass der Verkehr durch eine Leaky-Bucket-Beschreibung spezifiziert wird und eine garantierte Rate von R angefordert wird, ist es ebenso möglich, die maximale Warteschlangenverzögerung am Router zu begrenzen. Wir haben erwähnt, dass die Menge des Verkehrs, der durch Leaky-Bucket charakterisiert werden kann, in jedem beliebigen Zeitintervall der Länge t durch $rt + b$ begrenzt wird. Wir haben in Abschnitt 7.5.2 auch den folgenden Zusammenhang beschrieben: Wenn eine Leaky-Bucket-Quelle in eine Warteschlange eingereiht wird, die garantiert, dass Verkehr in der Warteschlange mit einer Rate von mindestens R Bit pro Sekunde abgearbeitet wird, wird die maximale Warteschlangenverzögerung jedes Paketes durch b/R begrenzt, solange R größer als r ist. Es gibt auch eine zweite Form der Intserv-Dienstgarantie, die als kontrollierter Lastdienst *(controlled load service)* bekannt ist. Sie legt fest, dass ein Anruf „eine Dienstgüte [erhält], die nahe an derjenigen liegt, die derselbe Datenstrom im Falle einer unbelasteten Netzwerkkomponente erhalten würde“ [RFC 2211].

Das **Resource ReSerVation Protocol** (**RSVP**) [RFC 2205; Zhang 1993] ist ein Internet-Signalisierungsprotokoll, das eingesetzt werden kann, um die von Intserv benötigte Verbindungsaufbausignalisierung auszuführen. RSVP ist auch in Verbindung mit Diff-Serv eingesetzt worden, um DiffServ-Funktionen über mehrere Netzwerke zu koordi-

Von der Theorie zur Praxis

Das Prinzip des Soft-State

RSVP wird verwendet, um Statusinformationen (Bandbreitenreservierungen) in Routern zu setzen. Es ist ein Beispiel für ein *Soft-State-Protokoll.* Allgemein ausgedrückt verbinden wir den Begriff *Soft-State* mit Signalisierungsansätzen, in denen ein gesetzter Status abläuft und entfernt wird, sofern er nicht periodisch durch den Erhalt einer Signalisierungsnachricht aufgefrischt wird, die deutlich macht, dass der Status weiterhin bestehen bleiben soll. Da die Lebensdauer eines nicht erneuerten Status irgendwann abläuft, erfordert die Soft-State-Signalisierung weder die ausdrückliche Entfernung des Status noch eine Prozedur, um einen verwaisten Status zu entfernen, sollte die ihn erzeugende Instanz abstürzen. Da das ursprüngliche Setzen eines Status sowie die Erneuerungsnachrichten von weiteren periodischen Erneuerungsnachrichten gefolgt werden, ist eine zuverlässige Signalisierung nicht erforderlich. Der Ausdruck *Soft-State* wurde von Clark geprägt [Clark 1988]. Er beschrieb die Idee periodischer Erneuerungsnachrichten, die von einem Endsystem gesandt werden, und er schlug vor, dass, sollte der Status bei einem Systemabsturz verloren gehen, er aufgrund solcher Nachrichten – die alle für das Endsystem transparent sind und keine expliziten Wiederherstellungsprozeduren benötigen – automatisch wiederhergestellt werden könnte:

„... die Zustandsinformation wäre beim Verwalten der mit dem Datenstrom verbundenen gewünschten Dienstart nicht kritisch. Stattdessen würde diese Dienstart durch die Endpunkte aufrechterhalten, die periodisch Nachrichten senden würden, um sicherzustellen, dass die richtige Dienstart mit dem Datenstrom verbunden wird. Auf diese Weise könnte die mit dem Datenstrom verbundene Statusinformation bei einem Systemabsturz verloren gehen, ohne dauerhafte Unterbrechung der benutzten Dienstmerkmale. Ich nenne dieses Konzept „Soft-State" und es könnte den Hauptzielen der Robustheit und Flexibilität sehr dienlich sein. ..."

Grob ausgedrückt ist die Essenz eines Soft-State-Mechanismus die Verwendung von periodischen Best-Effort-Statusinstallations-/Erneuerungsnachrichten durch die Instanz, die den Status setzen möchte, sowie einer Statusentfernung durch Timeout bei derjenigen Instanz, die den Staus hält. Soft-State-Mechanismen sind in zahlreichen Protokollen eingesetzt worden, darunter RSVP, PIM (Abschnitt 4.7), SIP (Abschnitt 7.4.3) und IGMP (Abschnitt 4.7).

Die *Hard-State-Signalisierung* wählt den entgegengesetzten Weg – installierte Zustände bleiben erhalten, bis sie ausdrücklich durch eine Statusabbau-Nachricht entfernt werden. Da der Status erhalten bleibt, bis er explizit entfernt wird, erfordert die Hard-State-Signalisierung einen Mechanismus, um einen verwaisten Status zu entfernen, sollte die ihn setzende Instanz abgestürzt oder beendet worden sein, ohne den Status vorher zurückzusetzen. Da die Installation und das Entfernen nur einmal erfolgen (ohne weitere Statuserneuerung oder Timeout), ist eine zuverlässige Rückmeldung über das Setzen oder Entfernen notwendig. Für Hard-State-Ansätze werden daher üblicherweise zuverlässige Signalisierungsprotokolle (statt Best-Effort-Protokolle) verwendet. Grob ausgedrückt ist also das Wesentliche eines Hard-State-Mechanismus das zuverlässige und explizite Setzen und das Entfernen von Statusinformationen. Hard-State-Mechanismen sind in Protokollen wie ST-II [Partridge 1992; RFC 1190] und Q.2931 [ITU-T Q.2931 1994] eingesetzt worden.

Schon seit seiner Entwurfsphase bietet RSVP das explizite Freigeben von Reservierungen (optional) an.

ACK-basierte zuverlässige Signalisierung wurde als Erweiterung von RSVP in [RFC 2961] eingeführt und zudem von [Pan 1997] vorgeschlagen. RSVP wurde somit durch einige optionale Elemente der Hard-State-Signalisierung erweitert. Einge gute Diskussion und Vergleich von Soft-State- mit Hard-State-Protokollen enthält [Ji 2003].

nieren. In erweiterter Form wurde es auch als Signalisierungsprotokoll in anderen Zusammenhängen verwendet, unter anderem als RSVP-TE [RFC 3209] für die MPLS-Signalisierung, die wir in Abschnitt 5.8.2 vorgestellt haben.

In Zusammenhang mit Intserv erlaubt es das RSVP-Protokoll Anwendungen, Bandbreite für ihre Datenflüsse zu reservieren. Es wird von einem Host verwendet, um ein bestimmtes Maß an Bandbreite vom Netz anzufordern. RSVP wird auch von Routern verwendet, um Bandbreiten-Reservierungsanforderungen weiterzuleiten. Um RSVP zu implementieren, muss RSVP-Software in den Empfängern, Sendern und Routern entlang des in Abbildung 7.32 gezeigten Ende-zu-Ende-Pfades vertreten sein. Die beiden Hauptmerkmale von RSVP sind:

- Es bietet **Bandbreitenreservierungen in Multicast-Bäumen**, wobei Unicast als ein degenerierter Fall von Multicast betrachtet wird. Dies ist besonders für Multimedia-Anwendungen von Bedeutung, etwa für Internetfernsehen, bei dem viele Empfänger denselben Multimedia-Datenverkehr erhalten sollen, der von einer einzelnen Quelle ausgeht.
- Es ist **empfängerorientiert**, das heißt, der Empfänger eines Datenflusses initiiert und verwaltet die Ressourcenreservierung, die für diesen Strom verwendet wird. Die innovative, empfängerzentrierte Sicht von RSVP versetzt Empfänger in die Lage, den Verkehr, den sie empfangen, selbst zu steuern, beispielsweise wenn verschiedene Empfänger dieselbe Multimedia-Multicast-Übertragung bei unterschiedlichen Auflösungen empfangen und betrachten. Dies ist ein deutlicher Gegensatz zur senderzentrierten Sicht der Signalisierung, die in ATM-Netzwerken von Q.2931b eingenommen wird.

Der RSVP-Standard [RFC 2205] legt nicht fest, wie das Netz den Datenflüssen die reservierte Bandbreite bietet. Es ist lediglich ein Protokoll, das es den Anwendungen ermöglicht, die notwendige Link-Bandbreite zu reservieren. Sind die Reservierungen ausgeführt, ist es Sache der Router im Internet, die reservierte Bandbreite tatsächlich den Datenflüssen zur Verfügung zu stellen. Das erfolgt am besten mittels der Überwachungs- und Scheduling-Mechanismen (Leaky Bucket, Prioritätswarteschlangen, Weighted Fair Queuing), die in Abschnitt 7.5 erörtert worden sind. Weitere Informationen über RSVP finden Sie in [RFC 2205; Zhang 1993] und dem zu diesem Buch gehörenden zusätzlichen Online-Material.

ZUSAMMENFASSUNG

Multimedia-Vernetzung ist eine der interessantesten (und noch nicht richtig wahrgenommenen) Entwicklungen im heutigen Internet. Überall auf der Welt verbringen immer mehr Menschen immer weniger Zeit vor ihren Radios und Fernsehgeräten und wenden sich stattdessen dem Internet zu, um darüber sowohl Live-Übertragungen als auch aufgezeichnete Audio- und Videoübertragungen zu erhalten. In dem Maße, in dem sich Hochgeschwindigkeitszugänge in den Haushalten verbreiten, wird sich dieser Trend fortsetzen – Stubenhocker in der ganzen Welt werden über das Internet auf ihre bevorzugten Videoprogramme zugreifen und nicht mehr die traditionellen Verbreitungswege nutzen. Über die Verbreitung von Audio und Video hinaus wird das Internet auch zur Übertragung von Telefonanrufen verwendet. Tatsächlich könnte das Internet in den nächsten zehn Jahren die traditionellen leitungsvermittelten Fernsprechanlagen in vielen Ländern überflüssig machen. Das Internet bietet nicht nur Telefondienste für weniger Geld, es liefert auch zahlreiche Mehrwertdienste wie Videokonferenz, Online-Verzeichnisdienste, Sprachnachrichten und Webintegration.

In **Abschnitt 7.1** haben wir Multimedia-Anwendungen in drei Kategorien eingeteilt: Die Übertragung von gespeicherten Audio- und Videoinhalten, Audio- und Videoübertragungen in Echtzeit von einem Sender zu vielen Empfängern und interaktive Audio-/Video-Anwendungen. Wir haben hervorgehoben, dass Multimedia-Anwendungen empfindlich auf Verzögerungen reagieren und verlusttolerant sind – Merkmale, die sich sehr von Anwendungen für statische Inhalte unterscheiden, die verzögerungstolerant sind, aber keine Paketverluste vertragen. Wir haben auch einige der Hürden erörtert, vor welche das Best-Effort-Internet die Multimedia-Anwendungen stellt. Wir haben verschiedene Vorschläge untersucht, um diese Hürden zu überwinden, etwa indem die vorhandene Netzwerkinfrastruktur einfach verbessert wird (durch Hinzufügen von mehr Bandbreite, mehr Netzwerk-Caches, mehr CDN-Knoten sowie durch den Einsatz von Multicast). Weitere Vorschläge waren das Hinzufügen von Funktionalität zum Internet, so dass Anwendungen Ende-zu-Ende-Ressourcen reservieren können (und das Netz diese auch bereitstellen kann), und schließlich die Einführung von Dienstklassen, um unterschiedliche Dienstgüte zu realisieren.

In den **Abschnitten 7.2** bis **7.4** haben wir Architekturen und Mechanismen für Multimedia-Netzwerke in einem Best-Effort-Netzwerk kennengelernt. In **Abschnitt 7.2** haben wir mehrere Architekturen für Streaming von gespeichertem Audio und Video betrachtet. Wir haben Benutzerinteraktion erörtert – wie Pause/Fortsetzen, Springen und Spulen – und RTSP vorgestellt: ein Protokoll, das Client-Server-Interaktion für Streaming-Anwendungen liefert. In **Abschnitt 7.3** haben wir geprüft, wie interaktive Echtzeit-Anwendungen so entworfen werden können, dass sie auf einem Best-Effort-Netzwerk laufen. Wir haben gesehen, wie eine Kombination aus Client-Puffern, Paket-Sequenznummern und Zeitmarken die Auswirkungen des durch das Netz verursachten Jitters deutlich vermindern kann. Wir haben auch diskutiert, wie ein CDN das Streaming von gespeicherten Multimedia-Inhalten erleichtert, indem diese vorab auf CDN-Servern abgelegt werden, die sich in der Nähe der Benutzerendpunkte befinden.

Abschnitt 7.5 hat gezeigt, wie verschiedene Netzwerkmechanismen (etwa Scheduling-Algorithmen und Verkehrsüberwachung) verwendet werden können, um unterschiedlichen Verkehrsklassen verschiedene Dienste zu bieten. Schließlich haben wir in **Abschnitt 7.6** gesehen, wie ein Netzwerk den Verbindungen Dienstgüte*garantien* geben kann. Hier waren noch zusätzliche neue Netzwerkmechanismen und Protokolle erforderlich, darunter Ressourcenreservierung, Rufzulassung und Verbindungsaufbausignalisierung. Zusammen machen diese neuen Netzwerkelemente das zu Dienstgütegarantien fähige Netzwerk von morgen zu etwas ganz anderem (und deutlich Komplexerem) als das heutige Best-Effort-Internet.

Lösungshinweise

Aufgaben

Verständnisfragen

ABSCHNITTE 7.1–7.2

R1. Was bedeutet Interaktivität in Zusammenhang mit Streaming von gespeichertem Audio/Video? Was bedeutet Interaktivität in Zusammenhang mit interaktivem Audio/Video in Echtzeit?

R2. Es wurden drei Lager diskutiert, die unterschiedliche Auffassungen vertreten, wie das Internet weiterentwickelt werden sollte, um Multimedia-Anwendungen besser zu unterstützen. Fassen Sie kurz die Standpunkte jedes Lagers zusammen. Zu welchem Lager gehören Sie?

R3. Was sind typische Kompressionsraten (das Verhältnis der Anzahl der Bits im unkomprimierten Objekt zur Anzahl der Bits in der komprimierten Version dieses Objektes) für Bild- und Tonanwendungen sowie für die in Abschnitt 7.1 erörterten Kompressionstechniken?

ABSCHNITTE 7.3–7.4

R4. Die Abbildung 7.1 und 7.2 zeigen zwei Mechanismen für das Streaming von gespeicherten Multimedia-Inhalten. Welche Vor- und Nachteile hat jeder Mechanismus?

R5. Worin besteht der Unterschied zwischen Ende-zu-Ende-Verzögerung und Paket-Jitter? Welche Ursachen hat Paket-Jitter?

R6. Warum gilt ein Paket, das nach seiner vorgesehenen Wiedergabezeit eintrifft, als verloren?

R7. Abschnitt 7.3 beschreibt zwei FEC-Mechanismen. Fassen Sie beide kurz zusammen. Beide Mechanismen erhöhen die Übertragungsrate des Datenstromes, indem sie zusätzliche Daten einfügen. Erhöht Interleaving ebenfalls die Übertragungsrate?

R8. Welche Rolle spielt DNS in einem CDN? Muss das Domain Name System modifiziert werden, um ein CDN zu unterstützen? Welche Informationen muss ein CDN dem DNS liefern?

R9. Welche Informationen werden benötigt, um ein Netz so zu dimensionieren, dass eine bestimmte Dienstgüte erreicht wird?

R10. Wie werden unterschiedliche RTP-Ströme in unterschiedlichen Sitzungen von einem Empfänger auseinandergehalten? Wie werden verschiedene Datenströme innerhalb derselben Sitzung identifiziert? Wie unterscheidet man RTP- und RTCP-Pakete (als Teil derselben Sitzung)?

R11. Drei RTCP-Pakettypen wurden in Abschnitt 7.4 beschrieben. Fassen Sie kurz die in jedem dieser Pakettypen enthaltenen Informationen zusammen.

R12. Welche Rolle spielt ein SIP-Registrar? Wie unterscheidet sich der Aufgabenbereich eines SIP-Registrars von einem Home Agent in Mobile IP?

ABSCHNITTE 7.5–7.6

R13. In Abschnitt 7.5 haben wir nichtpräemptive Prioritätswarteschlangen beschrieben. Was wären präemptive Prioritätswarteschlangen? Sind sie in Computernetzwerken sinnvoll?

R14. Geben Sie ein Beispiel eines Scheduling-Algorithmus an, der *nicht* effizient ist.

R15. Geben Sie jeweils ein Beispiel für FIFO-, Prioritäts-, Round-Robin- und WFQ-Warteschlangen an, die Sie aus Ihrem täglichen Leben kennen.

R16. Nennen Sie einige der Schwierigkeiten, die mit dem Intserv-Modell und der individuellen Reservierung von Ressourcen für einzelne Datenströme verbunden sind.

Übungsaufgaben

Lösungshinweise

P1. Surfen Sie im Internet und finden Sie zwei Seiten, die gespeicherte Audio- und/oder Videodaten per Streaming verfügbar machen. Verwenden Sie Wireshark, um für jede Seite zu bestimmen:

a. ob Metadateien verwendet werden,

b. ob die Audio-/Videodaten über UDP oder TCP übertragen werden,

c. ob RTP verwendet wird,

d. ob RTSP verwendet wird.

P2. Betrachten Sie den Client-Puffer in Abbildung 7.3. Nehmen Sie an, das System benutzt die dritte Option, d.h., der Server überträgt die Medien so schnell wie möglich auf den Socket. Nehmen Sie auch an, dass die verfügbare TCP-Bandbreite die meiste Zeit $\gg d$ ist. Außerdem soll der Client-Puffer nur etwa ein Drittel der Medien halten können. Beschreiben Sie, wie sich $x(t)$ und der Inhalt des Client-Puffers mit der Zeit entwickeln.

P3. Sind der TCP-Eingangspuffer und der Client-Puffer im Media Player das Gleiche? Wenn nicht, wie arbeiten sie zusammen?

P4. Im Beispiel für Internettelefonie aus Abschnitt 7.3 sei h die Gesamtzahl der Header-Bytes, die zu jedem Block hinzugefügt werden, inklusive der UDP- und IP-Header.

a. Nehmen Sie an, dass alle 20 ms ein IP-Datagramm ausgesandt wird, und bestimmen Sie die Übertragungsrate in Bit pro Sekunde für die erzeugten Datagramme einer Seite der Anwendung.

b. Nennen Sie einen typischen Wert von h, wenn RTP verwendet wird.

P5. Betrachten Sie die in Abschnitt 7.3 beschriebene Prozedur zur Bestimmung der durchschnittlichen Verzögerung d_i. Nehmen Sie an, dass $u = 0{,}1$ sei, $r_1 - t_1$ die zuletzt gemessene Verzögerung, $r_2 - t_2$ sei die zweitneueste usw.

a. Nehmen Sie an, dass von einer gegebenen Audioanwendung vier Pakete beim Empfänger angekommen sind, deren Verzögerungen $r_4 - t_4$, $r_3 - t_3$,

$r_2 - t_2$ und $r_1 - t_1$ betragen. Geben Sie die geschätzte Verzögerung d auf Basis der vier Samples an.

b. Verallgemeinern Sie Ihre Formel für n gemessene Verzögerungen.

c. Lassen Sie nun in der Formel aus Teil b den Wert n gegen unendlich gehen und geben Sie die entstehende Formel an. Erläutern Sie, warum diese Prozedur zur Durchschnittsberechnung als exponentieller gleitender Mittelwert bezeichnet wird.

P6. Wiederholen Sie die Teile a und b in Aufgabe P5 für die Schätzung der mittleren Abweichung der Verzögerung.

P7. Im Beispiel der Internettelefonie aus Abschnitt 7.3 haben wir ein Verfahren eingeführt (den exponentiellen gleitenden Mittelwert), um die Verzögerung kontinuierlich während des Betriebs zu schätzen. In dieser Aufgabe betrachten wir ein alternatives Verfahren. Sei t_i die Zeitmarke des i-ten erhaltenen Paketes und r_i sei die Zeit, zu der dieses Paket empfangen wurde. Unsere Schätzung der mittleren Verzögerung nach Erhalt des n-ten Paketes sei d_n. Nachdem das erste Paket eingetroffen ist, setzen wir die Schätzung der Verzögerung gleich $d_1 = r_1 - t_1$.

a. Nehmen Sie an, dass wir $d_n = (r_1 - t_1 + r_2 - t_2 + ... + r_n - t_n)/n$ für alle n erreichen wollten. Geben Sie eine rekursive Formel für d_n an, die von d_{n-1}, r_n und t_n abhängt.

b. Erläutern Sie, warum für Internettelefonie die in Abschnitt 7.3 dargestellte geschätzte Verzögerung besser ist als die in Teil a beschriebene Verzögerungsschätzung.

P8. Vergleichen Sie die in Abschnitt 7.3 beschriebene Prozedur für das Schätzen der durchschnittlichen Verzögerung mit dem Vorgehen in Abschnitt 3.5 für das Schätzen der Rundlaufzeit. Was haben beide Verfahren gemein? Worin unterscheiden sie sich?

P9. Betrachten Sie die adaptive Wiedergabestrategie, die in Abschnitt 7.3 beschrieben ist.

a. Wie können zwei aufeinanderfolgende Pakete, die beim Ziel eintreffen, Zeitmarken haben, die sich um mehr als 20 ms unterscheiden, obwohl beide Pakete zum selben Gesprächsabschnitt gehören?

b. Wie kann der Empfänger Sequenznummern verwenden, um zu bestimmen, ob ein Paket das erste eines Gesprächsabschnittes ist? Formulieren Sie Ihre Antwort genau.

P10. Betrachten Sie die nachfolgende Abbildung (die Abbildung 7.5 ähnelt). Ein Sender beginnt zum Zeitpunkt $t = 1$ mit der periodischen Übertragung von in Paketen verkapselten Audiodaten. Das erste Paket kommt bei $t = 8$ beim Empfänger an.

a. Welche Verzögerungen weisen die Pakete 2 bis 8 auf (vom Sender zum Empfänger, wobei wir alle Wiedergabeverzögerungen ignorieren)? Beachten Sie, dass jedes vertikale und waagerechte Liniensegment der Abbildung eine Länge von 1, 2 oder 3 Zeiteinheiten aufweist.

b. Wenn die Audiowiedergabe beginnt, sobald das erste Paket bei $t = 8$ beim Empfänger ankommt, welches der ersten acht gesandten Pakete kommt *nicht* rechtzeitig für die Wiedergabe an?

c. Beginnt die Audioausgabe bei $t = 9$, welches der ersten acht gesandten Pakete kommt nicht rechtzeitig für die Wiedergabe an?

d. Welche minimale Wiedergabeverzögerung beim Empfänger führt dazu, dass alle ersten acht Pakete rechtzeitig zur Wiedergabe ankommen?

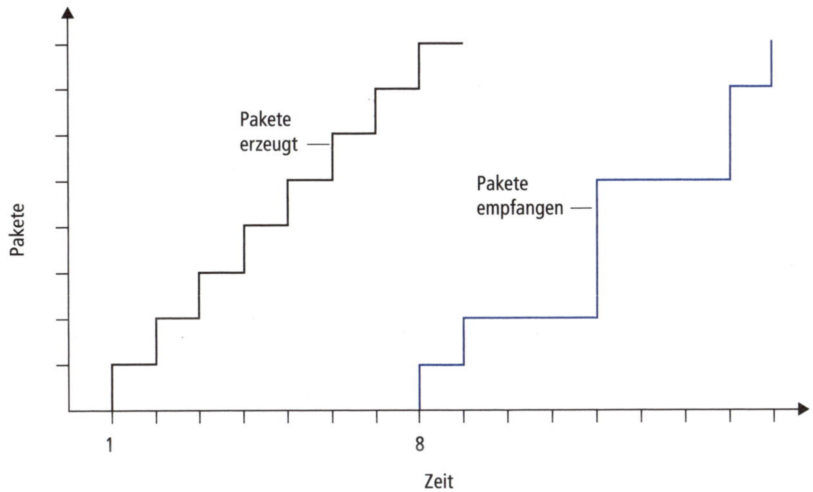

P11. Betrachten Sie erneut die Abbildung in P10, die Audioübertragungen in Paketform und Empfangszeiten darstellt.

a. Berechnen Sie die geschätzte Verzögerung für die Pakete 2 bis 8 mithilfe der Formel für d_i aus Abschnitt 7.3.2. Verwenden Sie den Wert $u = 0{,}1$.

b. Berechnen Sie die geschätzte Abweichung der Verzögerung vom geschätzten Mittelwert für die Pakete 2 bis 8 mittels der Formel für v_i aus Abschnitt 7.3.2. Verwenden Sie den Wert $u = 0{,}1$.

P12. Wir haben in Abschnitt 7.3 zwei FEC-Mechanismen für Internettelefonie kennengelernt. Nehmen Sie an, dass der erste Mechanismus einen redundanten Block für jeweils vier Originalblöcke erzeugt. Gehen Sie außerdem davon aus, dass der zweite Mechanismus für die redundaten Daten eine Codierung verwendet, deren Übertragungsrate 25 Prozent der Übertragungsrate des normalen Datenstromes entspricht.

a. Wie viel zusätzliche Bandbreite erfordert jeder Mechanismus? Welche Wiedergabeverzögerung fügt jeder Mechanismus hinzu?

b. Welche Leistung bringen die beiden Mechanismen, wenn in einer Gruppe von jeweils fünf Paketen das jeweils erste Paket verloren geht? Welcher Mechanismus hat die bessere Tonqualität?

c. Welche Leistung erbringen beide Mechanismen, wenn das erste Paket jeder Zweiergruppe verloren geht? Welcher Mechanismus hat die bessere Tonqualität?

P13. Vorausgesetzt, dass ein CDN nicht die Link-Kapazität in einem Netzwerk erhöht (und vorausgesetzt, das CDN nutzt vorhandene Links, um seinen Inhalt an die CDN-Knoten zu verteilen), wie verbessert ein CDN die von den Hosts wahrgenommene Leistung? Geben Sie ein Beispiel an.

P14. Ist es möglich, dass ein CDN einem Host, der ein Multimedia-Objekt anfordert, schlechtere Leistung bietet als wenn der Host das Objekt vom weiter entfernten ursprünglichen Server angefordert hätte? Erläutern Sie Ihre Antwort.

P15. Wie wird der Jitter-Wert für den RTCP-Empfangsbericht berechnet? (*Hinweis:* Lesen Sie die RTP-RFC.)

P16. a. Nehmen Sie an, dass wir zwei IP-Datagramme ins Internet senden, die verschiedene UDP-Segmente enthalten. Das erste Datagramm hat die Quell-IP-Adresse A1, die Ziel-IP-Adresse B, die Quellportnummer P1 und die Zielportnummer T. Das zweite Datagramm hat die Quell-IP-Adresse A2, die Ziel-IP-Adresse B, die Quellportnummer P2 und die Zielportnummer T. Nehmen Sie an, dass A1 sich von A2 unterscheidet und dass P1 verschieden ist von P2. Unter der Annahme, dass beide Datagramme ihren Zielort erreichen, werden beide UDP-Datagramme vom selben Socket empfangen? Warum oder warum nicht?

b. Nehmen Sie an, dass Alice, Bob und Claire eine Telefonkonferenz mithilfe von SIP und RTP durchführen wollen. Reicht ein Socket aus, damit Alice RTP-Pakete zu Bob und Claire senden und von ihnen empfangen kann (zusätzlich zu dem Socket, der für die SIP-Nachrichten erforderlich ist)? Wenn ja, wie unterscheidet dann Alices SIP-Client zwischen den Paketen, die er von Bob und Claire erhalten hat?

P17. Betrachten Sie eine RTP-Sitzung, an der vier Benutzer teilnehmen, die alle ihre RTP-Pakete an dieselbe Multicast-Adresse senden und darüber erhalten. Jeder Benutzer sendet Video bei 100 Kbps.

a. RTCP beschränkt seinen Verkehr auf welche Rate?

b. Wie viel RTCP-Bandbreite erhält jeder Empfänger?

c. Wie viel RTCP-Bandbreite erhält ein Sender?

P18. a. Inwiefern ähnelt RTSP HTTP? Hat RTSP Methoden? Kann HTTP verwendet werden, um einen Datenstrom anzufordern?

b. Wie unterscheidet sich RTSP von HTTP? Ist HTTP zum Beispiel In-Band oder Out-of-Band? Verwaltet RTSP Zustandsinformationen über den Client? (Betrachten Sie die Funktionen Pause/Fortsetzen.)

P19. Richtig oder falsch:

a. Wenn gespeichertes Video direkt von einem Webserver zu einem Media Player geströmt wird, dann verwendet die Anwendung TCP als zugrunde liegendes Transportprotokoll.

b. Wenn ein Sender RTP verwendet, kann er die Codierung während einer laufenden Sitzung ändern.

c. Alle Anwendungen, die RTP verwenden, müssen Port 87 benutzen.

d. Wenn eine RTP-Sitzung einen separaten Audio- und Videostrom für jeden Sender umfasst, dann verwenden Audio- und Videodatenströme dieselbe SSRC.

e. Bei Differentiated Services definiert das Per-Hop-Verhalten zwar Leistungsunterschiede zwischen Klassen, aber es erzwingt nicht den Einsatz irgendeines bestimmten Mechanismus, um diese Leistungen zu erreichen.

f. Nehmen Sie an, dass Alice eine SIP-Sitzung mit Bob aufbauen will. Ihre INVITE-Nachricht enthält die Zeile: m = Audio 48753 RTP/AVP 3 (AVP 3 bezeichnet GSM-Audio). Alice hat dadurch in dieser Nachricht deutlich gemacht, dass sie GSM-Audio senden möchte.

g. In der Zeile aus der vorangegangenen Teilaufgabe teilt Alice mit, dass sie Audio auf Port 48753 senden will.

h. SIP-Nachrichten werden normalerweise zwischen SIP-Entitäten über eine Standard-SIP-Portnummer übertragen.

i. Um die Registrierung aufrechtzuerhalten, müssen SIP-Clients periodisch REGISTER-Nachrichten senden.

j. SIP verlangt, dass alle SIP-Clients die G.711-Audiocodierung unterstützen.

P20. Nehmen Sie an, dass WFQ-Scheduling für einen Puffer angewandt wird, der drei Klassen unterstützt, deren Gewichte 0,5, 0,25 und 0,25 betragen.

a. Nehmen Sie an, dass jede Klasse eine große Anzahl von Paketen im Puffer hat. In welcher Reihenfolge könnten die drei Klassen abgearbeitet werden, um die genannten WFQ-Gewichte zu erreichen? (Bei Round-Robin-Scheduling wäre eine naheliegende Reihenfolge 123123123 ...).

b. Nehmen Sie an, dass die Klassen 1 und 2 eine große Zahl von Paketen im Puffer haben und es keine Klasse-3-Pakete im Puffer gibt. In welcher Reihenfolge könnten die drei Klassen nun zum Zug kommen, um die WFQ-Gewichte zu erreichen?

P21. Betrachten Sie die nächste Abbildung, die den Abbildungen 7.22 bis 7.25 ähnelt. Beantworten Sie die folgenden Fragen:

a. Zeigen Sie, unter der Annahme von FIFO-Scheduling, zu welcher Zeit die Pakete 2 bis 12 die Warteschlange verlassen. Wie groß ist für jedes

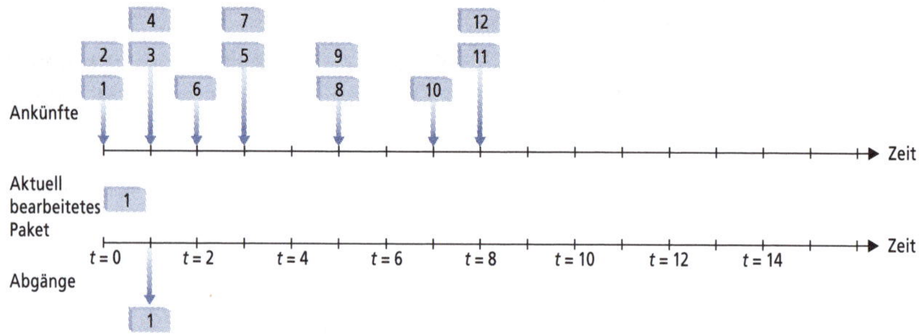

Paket die Verzögerung zwischen seiner Ankunft und dem Anfang des Zeitschlitzes, in dem es gesendet wird? Wie groß ist der Durchschnitt dieser Verzögerungen über alle zwölf Pakete?

b. Nehmen Sie jetzt eine Prioritätswarteschlange an und gehen Sie davon aus, dass die ungeraden Pakete hohe Priorität und Pakete mit gerader Nummer niedrige Priorität haben. Nennen Sie die Zeitpunkte, in denen die Pakete 2 bis 12 die Warteschlange jeweils verlassen. Wie groß ist für jedes Paket die Verzögerung zwischen seiner Ankunft und dem Anfang des Zeitschlitzes, in dem es gesendet wird? Wie groß ist der Durchschnitt dieser Verzögerungen über alle zwölf Pakete?

c. Nehmen Sie nun Round-Robin-Scheduling an. Gehen Sie davon aus, dass die Pakete 1, 2, 3, 6, 11 und 12 aus Klasse 1 und die Pakete 4, 5, 7, 8, 9 und 10 aus Klasse 2 stammen. Nennen Sie die Zeitpunkte, zu denen die Pakete 2 bis 12 die Warteschlange jeweils verlassen. Wie groß ist für jedes Paket die Verzögerung zwischen seiner Ankunft und dem Anfang des Zeitschlitzes, in dem es gesendet wird? Wie groß ist der Durchschnitt dieser Verzögerungen über alle zwölf Pakete?

d. Nehmen Sie nun an, dass Weighted Fair Queueing verwendet wird. Es seien ungerade Pakete aus Klasse 1 und geradzahlige Pakete aus Klasse 2. Klasse 1 hat ein WFQ-Gewicht von 2, während Klasse 2 ein WFQ-Gewicht von 1 hat. Beachten Sie, dass es eventuell nicht möglich ist, einen idealen WFQ-Zeitplan zu finden, wie er im Text beschrieben ist. Machen Sie daher in jedem Zeitschlitz deutlich, warum Sie gerade das jeweils gewählte Paket bearbeiten. Wie groß ist die Verzögerung jedes Paketes zwischen seiner Ankunft und dem Anfang des Zeitschlitzes, in dem es gesendet wird? Wie groß ist die durchschnittliche Verzögerung über alle zwölf Pakete?

e. Was fällt Ihnen an den durchschnittlichen Verzögerungen in allen vier Fällen auf (FIFO, Round Robin, Prioritätswarteschlangen und WFQ)?

P22. Betrachten Sie erneut die Abbildung aus P21.

a. Nehmen Sie eine Prioritätswarteschlange an, wobei die Pakete 1, 4, 5, 6 und 11 vorrangige Pakete sind. Die übrigen haben niedrige Priorität.

Nennen Sie die Zeitschlitze, in denen die Pakete 2 bis 12 jeweils die Warteschlange verlassen.

b. Nehmen Sie nun an, dass Round-Robin-Scheduling benutzt wird, wobei die Pakete 1, 4, 5, 6 und 11 zur ersten Verkehrsklasse und die übrigen Pakete zur zweiten Verkehrsklasse gehören. Nennen Sie die Zeitschlitze, in denen die Pakete 2 bis 12 jeweils die Warteschlange verlassen.

c. Nehmen Sie jetzt an, dass WFQ eingesetzt wird, wobei die Pakete 1, 4, 5, 6 und 11 zu einer Verkehrsklasse gehören, während die übrigen Pakete zur zweiten Verkehrsklasse gehören. Klasse 1 hat ein WFQ-Gewicht von 1, Klasse 2 hat hingegen ein WFQ-Gewicht von 2 (beachten Sie, dass sich diese Gewichte von denen in der vorangegangenen Aufgabe unterscheiden). Nennen Sie die Zeitschlitze, in denen die Pakete 2 bis 12 jeweils die Warteschlange verlassen. Beachten Sie auch hier den obigen Hinweis bezüglich WFQ.

P23. Betrachten Sie die folgende Abbildung, in der ein Paketstrom durch einen Leaky-Bucket-Mechanismus überwacht wird. Der Token-Puffer kann höchstens zwei Tokens enthalten und ist anfangs, zum Zeitpunkt $t = 0$, voll. Neue Tokens kommen mit einer Rate von einem Token pro Zeitschlitz an. Die Geschwindigkeit des Ausgangslinks ist so, dass zwei Pakete, die zu Beginn eines Zeitschlitzes Tokens erhalten, beide im selben Zeitschlitz über den Ausgangslink gehen können. Der Zeitablauf in diesem System sieht folgendermaßen aus:

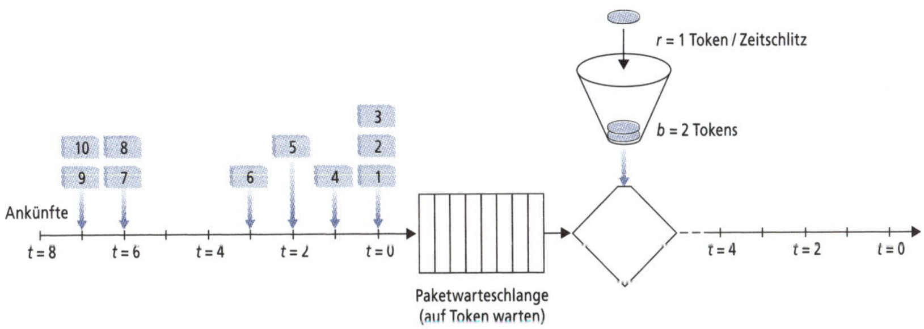

1. Pakete (sofern vorhanden) kommen am Anfang des Zeitschlitzes an. In der Abbildung treffen die Pakete 1, 2 und 3 in Zeitschlitz 0 ein. Sind bereits Pakete in der Warteschlange, dann reihen sich die neuen Pakete am Ende der Warteschlange ein. Pakete bewegen sich gemäß FIFO zum Anfang der Warteschlange.

2. Nachdem die Neuzugänge hinzugefügt worden sind, nehmen – sofern es bereits Pakete in der Warteschlange gibt – ein oder zwei dieser Pakete (je nach Anzahl der verfügbaren Tokens) jeweils ein Token aus dem Token-Puffer und werden während dieses Zeitschlitzes auf die ausgehende Leitung übertragen. Auf diese Art entfernen Paket 1 und 2 jeweils ein Token

aus dem Puffer (da es anfangs zwei Tokens gibt) und gehen während des Zeitschlitzes 0 auf den Ausgangslink.

3. Ein neues Token wird dem Token-Puffer hinzugefügt, sofern der nicht voll ist, da die Token-Erzeugungsrate $r = 1$ Token/Zeitschlitz beträgt.
4. Die Zeit springt dann zum nächsten Zeitschlitz weiter und die genannten Schritte wiederholen sich.

Beantworten Sie die folgenden Fragen:

a. Kennzeichnen Sie für jeden Zeitschlitz die Pakete, die sich in der Warteschlange befinden, und die Anzahl der Tokens im Token-Puffer. Beginnen Sie sofort, nachdem die ankommenden Pakete eingereiht worden sind (Schritt 1), aber bevor irgendeines der Pakete die Warteschlange verlassen und ein Token entfernt hat. Daher befinden sich im Zeitschlitz des obigen Beispiels bei $t = 0$ die Pakete 1, 2 und 3 in der Warteschlange und es gibt zwei Tokens im Puffer.

b. Kennzeichnen Sie für jeden Zeitschlitz, welche Pakete auf der Ausgangsleitung erscheinen, nachdem die Tokens entfernt worden sind. Daher erscheinen im Zeitschlitz des obigen Beispiels bei $t = 0$ die Pakete 1 und 2 auf dem ausgehenden Link.

P24. Wiederholen Sie P23, nehmen Sie aber an, dass $r = 2$. Wieder sei der Token-Puffer anfangs voll.

P25. Betrachten Sie P24 und nehmen Sie nun an, dass $r = 3$ und $b = 2$. Ändert sich Ihre Antwort auf die obige Frage?

P26. Betrachten Sie die Leaky-Bucket-Überwachung (diskutiert in Abschnitt 7.5), welche die Durchschnittsrate und die Burst-Größe eines Paketstroms kontrolliert. Wir wollen nun zudem die maximale Rate p überwachen. Zeigen Sie, wie die Ausgabe dieses Leaky Bucket in einen zweiten Leaky Bucket eingespeist werden kann, so dass die beiden in Serie geeignet sind, die durchschnittliche Rate, die maximale Rate und die Burst-Größe zu überwachen. Achten Sie darauf, die Größe des Token-Puffers und die Token-Erzeugungsrate für den zweiten Leaky Bucket anzugeben.

P27. Von einem Paketstrom sagt man, dass er den Spezifikationen des Leaky Bucket (r, b) mit Burst-Größe b und durchschnittlicher Rate r entspricht, wenn die Anzahl der Pakete, die am Leaky Bucket ankommen, für alle t kleiner ist als $rt + b$ Pakete in jedem Zeitintervall der Länge t. Muss ein Paketstrom, der einer Leaky-Bucket-Spezifikation (r, b) entspricht, jemals an einem Leaky-Bucket-Mechanismus mit den Parametern r und b warten? Begründen Sie Ihre Antwort.

P28. Zeigen Sie dass d_{max} tatsächlich die maximale Verzögerung ist, die ein Paket in Strom 1 jemals in der WFQ-Warteschlange erfährt, solange $r_1 < Rw_1/(\sum w_j)$ gilt.

Diskussion

D1. Finden Sie eine Firma, die Live-Video-Streaming mittels P2P-Mechanismen betreibt. Schreiben Sie einen Artikel über die zugrunde liegende Technologie.

D2. Denken Sie, dass es besser ist, gespeicherte Audio-/Video-Daten über TCP oder über UDP zu übertragen?

D3. Schreiben Sie einen Bericht über die SIP-Produkte der Firma Cisco.

D4. Kann das Problem, Dienstgütegarantien zu geben, einfach dadurch gelöst werden, dass genügend Bandbreite zur Verfügung gestellt wird? Also durch das Erweitern aller Link-Kapazitäten, so dass Einschränkungen der Bandbreite kein Problem mehr darstellen?

D5. Es ist ein neuer Trend, Internettelefonie und firmeninterne Hochgeschwindigkeits-LANs zu verwenden, um private Nebenstellenanlagen zu ersetzen. Schreiben Sie einen Bericht von einer Seite über dieses Thema. Behandeln Sie die folgenden Fragen in Ihrem Bericht:

a. Was ist eine traditionelle private Nebenstellenanlage? Wer würde sie verwenden?

b. Betrachten Sie einen Anruf zwischen einem Benutzer in der Firma und einem anderen Benutzer außerhalb der Firma, der an das traditionelle Fernsprechnetz angeschlossen ist. Welche Art von Technik ist an der Schnittstelle zwischen dem LAN und dem traditionellen Fernsprechnetz erforderlich?

c. Was wird, zusätzlich zu Internettelefoniesoftware und der Schnittstelle aus Teil b, benötigt, um die private Nebenstellenanlage zu ersetzen?

D6. Denken Sie darüber nach, wie ein Fernstraßennetz dimensioniert wird (beispielsweise die Festlegung der Anzahl der Spuren auf Autobahnen, die in eine und aus einer Großstadt führen). Nennen Sie vier Schritte, von denen Sie annehmen, dass ein Verkehrsplaner sie durchführt, wenn er eine solche Autobahn plant. Welche dieser Schritte sind auch beim Dimensionieren eines Computernetzwerkes notwendig?

Programmieraufgabe

In diesem Experiment implementieren Sie einen Streaming-Video-Server und dessen Client. Der Client verwendet das Real-Time Streaming Protocol (RTSP), um die Aktionen des Servers zu steuern. Der Server nutzt das Real-Time Transport Protocol (RTP), um das Video für den Transport über UDP in Pakete zu verkapseln.

Ihnen steht Java-Code zur Verfügung, der teilweise RTSP und RTP auf Client und Server implementiert. Ihre Aufgabe besteht darin, sowohl den Client- als auch den Servercode fertigzustellen. Wenn Sie fertig sind, werden Sie eine Client-Server-Applikation erstellt haben, die Folgendes durchführt:

- Der Client sendet SETUP-, PLAY-, PAUSE- und TEARDOWN-RTSP-Befehle und der Server antwortet auf die Befehle.
- Wenn der Server im Wiedergabezustand ist, nimmt er periodisch ein gespeichertes JPEG-Einzelbild, verpackt es mit RTP und verschickt das RTP-Paket über einen UDP-Socket.
- Der Client erhält die RTP-Pakete, holt die JPEG-Bilder heraus, dekomprimiert sie und zeigt sie auf dem Monitor des Clients an.

Der Code, der Ihnen zur Verfügung steht, implementiert das RTSP-Protokoll auf dem Server und die RTP-Entkapselung auf dem Client. Der Code kümmert sich auch darum, das übertragene Video anzuzeigen. Sie müssen RTSP auf dem Client und RTP auf dem Server implementieren.

Diese Programmieraufgabe erweitert deutlich das Verständnis von RTP, RTSP und Streaming-Video. Sie ist daher besonders empfehlenswert. Die Aufgabe schlägt auch eine Anzahl optionaler Übungen vor, darunter die Implementierung des RTSP-DESCRIBE-Befehls sowohl auf dem Client als auch auf dem Server. Sie finden die vollständige Aufgabe sowie wichtige Elemente des Java-Codes auf unserer Webseite http://www.awl.com/kurose-ross.

Interview mit Henning Schulzrinne

Henning Schulzrinne ist Professor, Vorsitzender des Fachbereichs für Informatik und Leiter des Internet Real-Time Laboratory der Columbia University. Er ist Koautor von RTP, RTSP, SIP und GIST – zentrale Protokolle für die Audio- und Videokommunikation im Internet. Henning machte seinen Bachelor in Elektrotechnik an der TU Darmstadt, seinen Master in Electrical and Computer Engineering an der University of Cincinnati und seinen PhD als Elektroingenieur an der University of Massachusetts, Amherst.

Weshalb haben Sie beschlossen, sich auf Multimedia-Netzwerke zu spezialisieren?

Dies geschah fast durch Zufall. Als Doktorand kam ich mit DARTnet in Berührung, einem experimentellen Netzwerk, das die Vereinigten Staaten mit T1-Leitungen überspannte. DARTnet wurde als Versuchsgelände für Multicast und Internetprogramme mit Echtzeit-Bezug verwendet. Das brachte mich dazu, mein erstes Audio-Tool, NeVoT, zu schreiben. Über einige der DARTnet-Teilnehmer wurde ich bei der IETF in der damals neu entstandenen Arbeitsgruppe für Audio/Video-Transport tätig. Diese Gruppe war später an der Standardisierung von RTP beteiligt.

Welches war Ihre erste Tätigkeit in der Computerindustrie? Was brachte sie mit sich?

Mein erster Job in der Computerindustrie, als ich Highschool-Schüler in Livermore, Kalifornien, war, bestand darin, einen Altair-Rechnerbausatz zusammenzulöten. Zurück in Deutschland gründete ich eine kleine Beraterfirma, die ein Adressverwaltungsprogramm für ein Reisebüro entwarf – Speichern von Daten auf Bandkassetten für unseren TRS-80 und die Verwendung einer IBM-Selectric-Schreibmaschine mit einer selbst gebauten Hardwareschnittstelle als Drucker.

Meine erste richtige Anstellung hatte ich bei den AT&T Bell Laboratories, bei denen ich einen Netzwerkemulator entwickelte, um experimentelle Netzwerke in einer Laborumgebung zu konstruieren.

Welche Ziele hat das Internet Real-Time Lab?

Unser Ziel besteht darin, Komponenten und Bausteine für das Internet als die zukünftige integrierte Kommunikationsinfrastruktur zu entwerfen. Dies beinhaltet die Entwicklung neuer Protokolle, wie GIST (für die Signalisierung auf der Netzwerkschicht) und LoST (um Ressourcen mit Ortsbezug zu finden), die Erweiterung von Protokollen, an denen wir bereits früher gearbeitet haben, etwa SIP, bis hin zur Arbeit an Peer-to-Peer-Systemen mit großen Nutzerzahlen, Next-Generation-Notrufsystemen und Tools zum Entwickeln von Diensten. Vor kurzem haben wir uns auch ausgiebig drahtlose Systeme für VoIP angesehen, da 802.11b- und 802.11n-Netzwerke und vielleicht WiMax-Netzwerke wahrscheinlich wichtige Technologien für die „letzte Meile" im Fernsprechwesen werden.

Wir versuchen, praxisrelevante Arbeit zu machen, indem wir Prototypen und Open-Source-Systeme erstellen, die Leistung echter Systeme messen und zu IETF-Standards beitragen.

Welche Vision haben Sie für die Zukunft der Multimedia-Netzwerke?

Wir sind jetzt in einer Übergangsphase, nur wenige Jahre vor dem Zeitpunkt, zu dem IP die universelle Plattform für Multimedia-Dienste sein wird, von IPTV bis hin zu VoIP. Wir erwarten, dass Radio, Telefon und Fernsehen sogar während Schneestürmen und Erdbeben verfügbar sind. Wenn das Internet die Aufgaben dieser dedizierten Netzwerke übernimmt, erwarten die Benutzer dieselbe Zuverlässigkeit.

Wir müssen lernen, Netzwerktechnologien für ein ganzes Ökosystem von konkurrierenden Service- und Inhalteanbietern zu entwerfen, die eine Unzahl technisch wenig versierter Benutzer betreuen und sie gegen eine kleine, aber zerstörerische Gruppe böswilliger Benutzer verteidigen. Die Protokolle zu wechseln, wird immer schwerer werden. Sie werden auch immer komplexer, da sie vieles berücksichtigen müssen: konkurrierende Geschäftsinteressen, Sicherheit, Privatsphäre und den Mangel an Transparenz aufgrund von Firewalls und Network Address Translation.

Da Multimedia-Netzwerke die Grundlage fast der gesamten Unterhaltungsindustrie sein werden, liegt ein Schwerpunkt auf dem Management sehr großer Netzwerke bei niedrigen Kosten. Anwender erwarten Benutzerfreundlichkeit, z.B. indem sie denselben Inhalt auf allen ihren Geräten vorfinden.

Warum hat SIP eine vielversprechende Zukunft?

Während das aktuelle Upgrade drahtloser Netzwerke auf 3G-Netze voranschreitet, gibt es die Hoffnung auf einen einheitlichen Multimedia-Signalisierungsmechanismus, der alle Arten von Netzwerken umfasst – vom Kabelmodem bis hin zu firmeninternen Fernsprechnetzen und öffentlichen drahtlosen Netzwerken. Zusammen mit sogenannten „Software-Radio"-Systemen wird es in der Zukunft möglich, dass ein Gerät in einem Hausnetz als schnurloses Bluetooth-Telefon benutzt werden kann, in einem Firmennetz aber über 802.11 und im Freien über 3G-Netzwerke kommuniziert. Noch bevor wir ein solch universelles drahtloses Gerät haben, werden es Mechanismen zur Unterstützung der persönlichen Mobilität möglich machen, die Unterschiede zwischen Netzwerken zu verschleiern. Ein einzelner Bezeichner wird allgemein genügen, um eine Person zu erreichen, statt sich an ein halbes Dutzend technologie- oder standortspezifische Telefonnummern erinnern oder sie herumreichen zu müssen.

SIP trennt auch die Kopplung von Sprach-(Bit-)Übertragung und von Sprachdiensten. Es wird jetzt technisch möglich, das lokale Telefonmonopol aufzubrechen, indem eine Gesellschaft einen einfachen Bittransport bereitstellt, während andere IP-Telefonie und die klassischen Fernsprechdienste wie Gateways, Rufumleitung und Anrufidentifikation anbieten.

Über Multimedia-Signalisierung hinaus bietet SIP eine neue Anwendung, die im Internet gefehlt hat: Event-Notification *(Benachrichtigungen über auftretende Ereignisse)*. Wir haben solche Dienste mit HTTP-Flickschustereien und E-Mail ansatzweise hinbekommen, aber das war nie sehr zufriedenstellend. Da Ereignisse eine übliche Abstraktion für verteilte Systeme sind, kann dies die Konstruktion neuer Dienste wesentlich vereinfachen.

Haben Sie irgendeinen Rat für Studenten, die beginnen, sich mit Netzwerken zu befassen?

Netzwerke sind geradezu ein klassisches interdisziplinäres Fach. Es lebt von Elektrotechnik, allen Bereichen der Informatik, Statistik, Ökonomie und anderen Gebieten. Deshalb müssen Netzwerkforscher mit Themen weit jenseits von Protokollen und Routing-Algorithmen vertraut sein.

Da Netzwerke solch ein wichtiger Teil des Alltagslebens werden, müssen Studenten, die dieses Feld wirklich bereichern wollen, über neue Bereiche nachdenken, in denen im Zusammenhang mit Netzwerken die Ressourcen knapp sind: über die Zeit, die den Menschen zur Verfügung steht, und den Aufwand, den sie betreiben müssen, um an einem Netzwerk teilzunehmen, nicht nur über Bandbreite oder Speicherplatz.

Die Arbeit in der Netzwerkforschung kann ungeheuer erfüllend sein, da es darum geht, es Menschen zu ermöglichen, miteinander zu kommunizieren und Ideen auszutauschen, eine der Grundlagen des Menschseins. Das Internet ist die dritte große weltweite Infrastruktur geworden, neben dem Transportsystem und der Energieverteilung. Kaum ein Teil der Wirtschaft kann ohne Hochleistungsnetzwerke funktionieren, daher sollte es in auch absehbarer Zukunft viele spannende Betätigungsfelder geben.

Sicherheit in Computernetzwerken

8

ÜBERBLICK

EINLEITUNG

» *Dürfen wir Alice und Bob vorstellen, zwei Menschen, die „sicher" miteinander kommunizieren wollen? Da es sich hier um ein Buch über Netzwerke handelt, könnten Alice und Bob zwei Router sein, die ihre Routing-Tabellen auf sichere Weise austauschen wollen, oder ein Client und ein Server, die eine sichere Verbindung für ihre Übertragung aufbauen wollen, oder zwei E-Mail-Anwendungen, die auf sichere Weise E-Mails austauschen möchten – alles Fälle, die wir später noch in diesem Kapitel betrachten werden. Alice und Bob sind bekannte Größen in der Welt der Sicherheit, möglicherweise, weil ihre Namen sympathischer sind als eine generische Partei „A", die mit einer ebenso generischen Partei namens „B" sicher kommunizieren möchte. Heimliche Techtelmechtel, militärische Kommunikation und Geschäftsprozesse sind die meist zitierten Gründe des menschlichen Bedarfes nach sicherer Kommunikation. Da wir den ersten gegenüber den beiden anderen bevorzugen, sind wir zufrieden mit Alice und Bob als Sender und Empfänger und stellen sie uns als Liebespaar vor.*

Wie wir erwähnt haben, wollen Alice und Bob sicher kommunizieren. Aber was genau bedeutet das? Wie wir sehen werden, hat Sicherheit (wie die Liebe) viele Facetten. Sicher möchten Alice und Bob, dass der Inhalt ihrer Kommunikation einem Lauscher (z.B. einem eifersüchtigen Ehepartner) verborgen bleibt. Sie wollen sich wahrscheinlich auch vergewissern, dass sie wirklich miteinander kommunizieren und dass, wenn ihre Kommunikation von einem Lauscher abgefangen oder manipuliert wird, diese Einmischung auch wahrgenommen wird. Im ersten Teil dieses Kapitels behandeln wir daher die grundlegenden Kryptografietechniken, mit denen die Kommunikation verschlüsselt, der Gesprächspartner authentifiziert und die Nachrichtenintegrität sichergestellt werden kann.

Im zweiten Teil dieses Kapitels untersuchen wir, wie diese kryptografischen Grundlagen genutzt werden können, um sichere Netzwerkprotokolle zu erstellen. Wir werden wieder hierarchisch vorgehen und sichere Protokolle in jeder der (oberen vier) Schichten untersuchen, wobei wir mit der Anwendungsschicht beginnen. Wir werden erfahren, wie man eine E-Mail absichern kann, wie eine TCP-Verbindung gesichert werden kann, wie man auf der Netzwerkschicht pauschal Sicherheit gewährleisten kann und wie man ein Wireless LAN absichern kann.

Wir haben bereits in Abschnitt 1.6 eine Reihe von Angriffen genannt, über die Angreifer Netzwerke von Organisationen (wie Universitäten und Firmen) schädigen können, darunter verschiedene Formen von DoS-Angriffen. Im dritten Teil dieses Kapitels werden wir operative Sicherheit betrachten, bei der es darum geht, die Netzwerke von Organisationen vor Angriffen zu schützen. Insbesondere werfen wir einen sorgfältigen Blick darauf, wie Firewalls und Intrusion-Detection-Systeme die Sicherheit eines solchen Netzes erhöhen können. «

8.1 Was bedeutet Netzwerksicherheit?

Beginnen wir unsere Untersuchung zur Netzwerksicherheit, indem wir zu unserem Liebespärchen Alice und Bob zurückkehren, die „sicher" miteinander kommunizieren wollen. Was bedeutet das genau? Bestimmt will Alice, dass nur Bob in der Lage ist, eine von ihr gesandte Nachricht zu verstehen, *obwohl* sie beide über ein unsicheres Medium kommunizieren. In diesem könnte ein Eindringling (nennen wir sie Trudy) alles abfangen, was von Alice an Bob gesendet wird. Außerdem wird Bob sichergehen wollen, dass die Nachricht, die er von Alice erhält, wirklich von Alice abgesandt wurde, während Alice sicher sein will, dass die Person, mit der sie kommuniziert, wirklich Bob ist. Außerdem werden Alice und Bob sicherstellen wollen, dass der Inhalt ihrer Nachrichten während der Übertragung nicht unbemerkt verändert worden ist. Schließlich werden beide sicher sein wollen, dass sie überhaupt kommunizieren können, d.h., dass ihnen niemand den Zugriff auf die Ressourcen verweigert, die sie für Übertragungen benötigen. Anhand dieser Überlegungen können wir die folgenden Wunschmerkmale einer **sicheren Kommunikation** festlegen.

- *Vertraulichkeit.* Nur der Absender und der vorgesehene Empfänger sollten in der Lage sein, den Inhalt der übertragenen Nachricht zu verstehen. Weil Lauscher die Nachricht abfangen könnten, bedeutet dies notwendigerweise, dass die Nachricht irgendwie **verschlüsselt** sein muss (die Daten werden versteckt), so dass eine abgefangene Nachricht nicht von einem Eindringling **entschlüsselt** (verstanden) werden kann. Dieser Aspekt der Vertraulichkeit ist wahrscheinlich die am häufigsten wahrgenommene Bedeutung des Begriffes *sichere Kommunikation.* Beachten Sie jedoch, dass es sich dabei nicht nur um eine eingeschränkte Definition der sicheren Kommunikation handelt (wir listen unten noch weitere Aspekte auf), sondern sogar um eine ziemlich eingeschränkte Definition von *Vertraulichkeit.* Beispielsweise könnte Alice schon die bloße Tatsache, dass sie mit Bob kommuniziert (oder Zeit und Häufigkeit ihrer Kommunikation), geheimhalten wollen. Wir werden kryptografische Techniken für das Verschlüsseln und das Entschlüsseln von Daten in Abschnitt 8.2 untersuchen.

- *Nachrichtenintegrität.* Selbst wenn Sender und Empfänger in der Lage sind, einander zu authentifizieren, wollen sie sicherstellen, dass der Inhalt ihrer Kommunikation weder arglistig noch durch Zufall während der Übertragung verändert worden ist. Diese Nachrichtenintegrität gelingt mittels Erweiterungen der Prüfsummentechnik, die wir bei den zuverlässigen Transport- und Datenübertragungsprotokollen kennengelernt haben, ein Thema, dem wir uns in Abschnitt 8.3 widmen werden.

- *Endpunktauthentifizierung.* Sowohl Sender als auch Empfänger sollten in der Lage sein, die Identität des jeweils anderen Kommunikationspartners zu bestätigen – also sicherzustellen, dass der andere wirklich ist, wer oder was er zu sein behauptet. In der direkten menschlichen Kommunikation wird dieses Problem einfach durch visuelle Erkennung gelöst. Übertragen Kommunikationsteilnehmer Nachrichten über ein Medium, ohne dass sie die andere Partei dabei sehen können, gelingt die Authentifizierung nicht so einfach. Warum sollten Sie zum Beispiel glauben, dass eine eingegangene E-Mail, in der ein Textstring besagt, dass die E-Mail von einem Ihrer Freunde stammt, wirklich von diesem Freund kam? Wenn bei Ihnen jemand anruft, der behauptet, er sei von Ihrer Bank, und Sie zu „Prüfzwecken“ um Ihre Kontonummer, die persönliche Geheimzahl und Bankauszüge bittet, würden Sie diese Information am Telefon herausgeben? Hoffentlich nicht! Wir untersuchen Techniken zur Endpunktauthentifizierung in Abschnitt 8.4.

- *Operative Sicherheit.* Fast alle Organisationen (Firmen, Universitäten usw.) haben heute Netzwerke, die an das Internet angeschlossen sind. Diese Netzwerke können potenziell von Menschen ohne Zugangsberechtigung gefährdet werden, die über das Internet Zugriff auf die Netzwerke erhalten haben. Die Angreifer können versuchen, Würmer in die Hosts des Netzes einzuschleusen, Firmengeheimnisse auszuspähen, die Intranetkonfiguration auszuspionieren und DoS-Angriffe zu starten. Wir werden in Abschnitt 8.9 sehen, dass Elemente wie Firewalls und Intrusion-Detection-Systeme benutzt werden, um Angriffen auf das Netzwerk einer Organisation zu begegnen. Eine Firewall befindet sich zwischen dem Netz der Organisation und dem öffentlichen Netz und überprüft den Paketstrom in ein und aus einem Netz. Ein Intrusion-Detection-System kontrolliert den Datenverkehr über mehrere Schichten hinweg und warnt den Netzwerkadministrator vor verdächtigen Aktivitäten.

Nachdem wir festgelegt haben, was wir unter Netzwerksicherheit verstehen, betrachten wir als Nächstes, auf welche Information ein Eindringling eigentlich Zugriff haben kann und welche Schritte er unternehmen könnte. ▶Abbildung 8.1 erläutert unser Szenario. Alice als Sender will Daten an Bob, den Empfänger, schicken. Um die Daten sicher auszutauschen und dabei die Anforderungen an Vertraulichkeit, Endpunktauthentifizierung und Nachrichtenintegrität zu erfüllen, benutzen Alice und Bob Kontroll- und Datennachrichten (auf ähnliche Weise wie etwa auch TCP-Sender und -Empfänger Kontroll- und Datensegmente austauschen). Alle oder nur ein Teil dieser Nachrichten werden normalerweise verschlüsselt sein. Wie in Abschnitt 1.6 diskutiert, kann ein Eindringling potenziell:

- Kontroll- sowie Datennachrichten *belauschen*, *ausspionieren* und *aufzeichnen*.
- Nachrichten oder Nachrichteninhalte *ändern*, *einfügen* oder *löschen*.

Wie wir noch sehen werden, erlauben diese Möglichkeiten einem Angreifer eine breite Palette von Angriffen auf die Sicherheit – es sei denn, es würden entsprechende Gegenmaßnahmen getroffen: Er kann in der Kommunikation herumschnüffeln (und möglicherweise Kennwörter und Daten stehlen), vorgeben, ein anderer Teilnehmer zu sein, eine laufende Sitzung entführen, Systemressourcen überlasten, wodurch legitimen Nutzern Dienste verweigert würden, usw. Diese und andere Sicherheitsrisiken werden auch in der Essaysammlung von [Denning 1997] und dem äußerst lesenswerten Buch von Rubin [Rubin 2001] erörtert. Eine Zusammenfassung bekannt gewordener Angriffe wird beim CERT Coordination Center verwaltet [CERT 2007] (siehe auch [Cisco Security 2007; Voydock 1983; Bhimani 1996]).

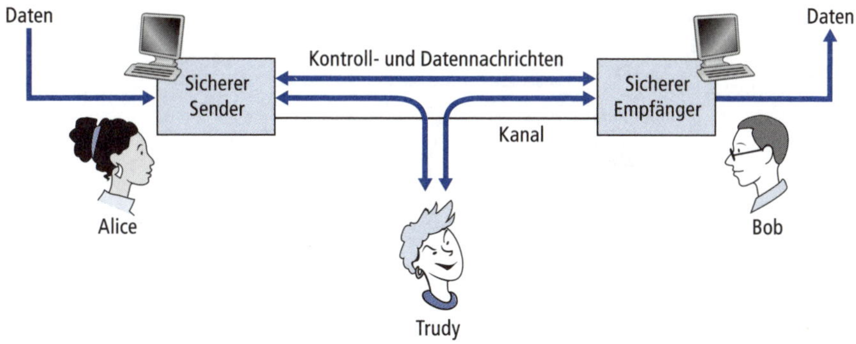

Abbildung 8.1: Sender, Empfänger und Eindringling (Alice, Bob und Trudy)

Nachdem wir erfahren haben, dass im Internet tatsächlich reale Gefahren lauern, wer entspricht dort Alice und Bob, unseren Freunden, die sicher miteinander kommunizieren möchten? Natürlich könnte es sich bei Bob und Alice um menschliche Benutzer an zwei Endsystemen handeln, also eine echte Alice und ein echter Bob, die tatsächlich sichere E-Mails austauschen wollen. Es könnte sich auch um Teilnehmer einer E-Commerce-Transaktion handeln. Zum Beispiel könnte ein echter Bob seine Kreditkartennummer sicher an einen Webserver übertragen wollen, um einen Gegenstand online zu erwerben. Ebenso könnte eine echte Alice mit ihrer Bank online interagieren wollen. Wie in [RFC 1636] angemerkt wird, könnten jedoch die Teilnehmer, die sichere Kommunikation benötigen, auch selbst Teil der Netzwerkinfrastruktur sein. Wie früher bereits erwähnt, erfordern beispielsweise das Domain Name System (DNS, Abschnitt 2.5) oder Programme, die Routing-Informationen austauschen (Abschnitt 4.6), sichere Kommunikation zwischen zwei Teilnehmern. Dasselbe gilt für Netzwerkmanagement-Anwendungen, ein Thema, dem wir uns in Kapitel 9 widmen werden. Ein Eindringling, der sich aktiv in DNS-Suchvorgänge einmischt, sie kontrollieren oder verändern könnte, der Routing-Informationen manipuliert [Murphy 2003] oder auf Netzwerkmanagement-Funktionen zugreift [RFC 2574], wäre in der Lage, Chaos im Internet zu verursachen.

Nachdem wir nun den Rahmen, einige der wichtigsten Definitionen und den Bedarf an Netzwerksicherheit festgelegt haben, wollen wir uns der Kryptografie zuwenden. Während es offensichtlich ist, welchen Nutzen die Kryptografie für die Vertraulichkeit hat, werden wir in Kürze auch erkennen, dass sie auch für die Endpunktauthentifizierung und die Nachrichtenintegrität wesentlich ist – dadurch wird Kryptografie zu einem Eckpfeiler der Netzwerksicherheit.

8.2 Grundlagen der Kryptografie

Obwohl die Kryptografie eine lange Geschichte hat, die mindestens bis Julius Cäsar zurückreicht, basieren moderne Verschlüsselungstechniken, von denen viele im Internet eingesetzt werden, auf Fortschritten, die in den letzten 30 Jahren gemacht wurden. Kahns Buch *The Codebreakers* [Kahn 1967] und Singhs Buch *The Code*

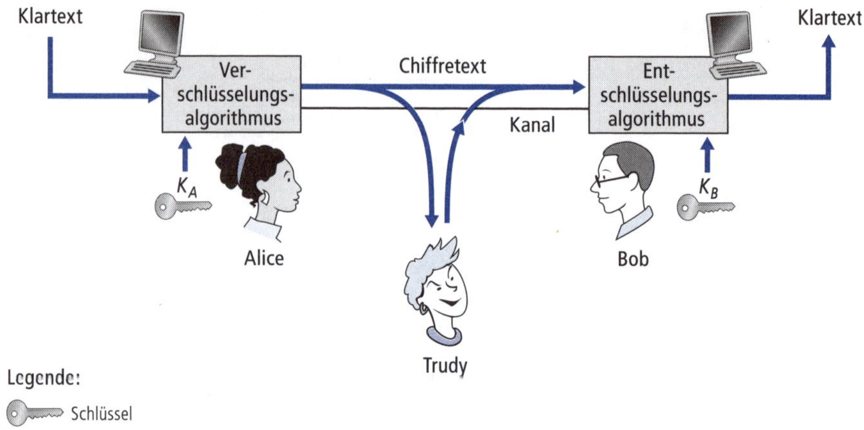

Abbildung 8.2: Kryptografische Komponenten

Book: The Science of Secrecy from Ancient Egypt to Quantum Cryptography [Singh 1999] („Geheime Botschaften. Die Kunst der Verschlüsselung von der Antike bis in die Zeiten des Internet", dtv, 2001; A. d. Ü.) bieten einen faszinierenden Blick auf die lange Geschichte der Kryptografie. Eine detaillierte (aber unterhaltsame und gut lesbare) technische Diskussion der Kryptografie, besonders aus der Netzwerkperspektive, enthält [Kaufman 1995]. [Diffie 1998] bietet eine fesselnde und aktuelle Untersuchung der politischen und sozialen Themen (zum Beispiel des Schutzes der Privatsphäre), die mittlerweile untrennbar mit Kryptografie verbunden sind. Eine vollständige Diskussion der Kryptografie selbst würde ein vollständiges Buch erfordern [Kaufman 1995; Schneier 1995] und so streifen wir nur die wesentlichen Aspekte der Kryptografie, insbesondere soweit sie im Internet zum Einsatz kommen. Eine ausgezeichnete Online-Quelle ist die FAQ-Seite der RSA Labs [RSA FAQ 2007]. Auch wenn wir uns in diesem Abschnitt auf die Anwendung der Kryptografie zum Sicherstellen von Vertraulichkeit konzentrieren, werden wir außerdem bald sehen, dass Verschlüsselungstechniken untrennbar mit Authentifizierung, Nachrichtenintegrität, Nachweisbarkeit und mehr verknüpft sind.

Verschlüsselungstechniken ermöglichen einem Sender das Verbergen von Daten, so dass ein Eindringling keine Information aus den abgefangenen Daten herauslesen kann. Der Empfänger muss natürlich in der Lage sein, die Originaldaten aus den verschlüsselten Daten wiederherzustellen. ▶ Abbildung 8.2 illustriert einen Teil der wichtigen Terminologie.

Nehmen Sie nun an, dass Alice eine Nachricht an Bob senden will. Alices Nachricht in ihrer Originalform (zum Beispiel „Bob, ich liebe dich. Alice") wird als **unverschlüsselter Text** oder **Klartext** bezeichnet. Alice verschlüsselt diese mit einem **Verschlüsselungsalgorithmus**, so dass die verschlüsselte Nachricht, als **Chiffretext** bezeichnet, für jeden Eindringling unverständlich aussieht. Interessanterweise ist in vielen modernen kryptografischen Systemen, auch denjenigen, die im Internet verwendet werden, die Verschlüsselungstechnik selbst bekannt – sie ist veröffentlicht, genormt und für jeden

Fallstudie

Codeknacker-Wettbewerbe

Zuerst durch die US-Regierung im Jahr 1977 eingeführt, wird der Data Encryption Standard (DES), ein Verschlüsselungsalgorithmus mit 56 Bit Schlüssellänge, immer noch häufig von Finanzdienstleistern und anderen Wirtschaftsunternehmen rund um die Welt verwendet, um empfindliche Informationen zu schützen. RSA Security hat eine Reihe von Wettbewerben gefördert, mit denen DES geknackt werden sollte, um den Bedarf nach einer stärkeren Verschlüsselung als mit dem aktuellen 56 Bit-Standard zu unterstreichen. Die Herausforderung bestand im Entschlüsseln einer bestimmten, mit dem 56 Bit-DES verschlüsselten Nachricht innerhalb einer vorgegebenen Zeit. Codeknacker begegneten dieser Herausforderung, indem sie intensiv alle möglichen geheimen Schlüssel durchprobiert haben. RSA bot den Gewinnern einen Preis von $10.000.

Die erste DES-Challenge wurde 1997 von einem Team aus Colorado gewonnen, das den richtigen geheimen Schlüssel in weniger als vier Monaten fand. Seitdem haben Fortschritte in der Technik viel schnellere Suchroutinen möglich gemacht. Im Februar 1998 gewann Distributed.Net die DES-Challenge II-1 der RSA nach nur 41 Tagen, während im Juli desselben Jahres die Electronic Frontier Foundation (EFF) die Nachricht der DES-Challenge II-2 in nur 56 Stunden knackte.

Im Januar 1999 arbeitete Distributed.Net, eine weltweite Koalition von Computerenthusiasten, mit Deep Crack, einem speziell entworfenen Supercomputer der EFF, sowie einem weltweiten Netzwerk von fast 100.000 PCs über das Internet zusammen und gewann die DES-Challenge III der RSA Data Security in nur 22 Stunden und 15 Minuten. Bei der Suche nach dem Schlüssel probierten EFFs Deep Crack und die Distributed.Net-Computer 245 Milliarden Schlüssel pro Sekunde durch!

einsehbar (zum Beispiel [RFC 1321; RFC 2437; RFC 2420; NIST 2001]) – sogar für einen potenziellen Eindringling! Wenn jeder die Methode zum Verschlüsseln von Daten kennt, muss es natürlich irgendeine andere geheime Information geben, die einen Eindringling daran hindert, die gesendeten Daten zu entschlüsseln. Dies ist der Moment, an dem der Schlüssel ins Spiel kommt.

In Abbildung 8.2 stellt Alice einen **Schlüssel** K_A bereit, also eine Folge von Ziffern und Buchstaben, die als Eingabe für den Verschlüsselungsalgorithmus dient. Dieser nimmt den Schlüssel sowie die Klartextnachricht m als Eingabe entgegen und erzeugt den Chiffretext als Ausgabe. $K_A(m)$ bezeichnet hier den Chiffretext (verschlüsselt mithilfe des Schlüssels K_A) zur Klartextnachricht m. Der tatsächliche Verschlüsselungsalgorithmus, der den Schlüssel K_A verwendet, ist aus dem Kontext ersichtlich. In gleicher Weise liefert Bob dem **Entschlüsselungsalgorithmus** einen Schlüssel K_B, der den Chiffretext und Bobs Schlüssel als Eingabe verwendet und den ursprünglichen Klartext als Ausgabe erzeugt. Das heißt, erhält Bob eine verschlüsselte Nachricht $K_A(m)$, entschlüsselt er sie, indem er $K_B(K_A(m)) = m$ berechnet. In **Systemen mit symmetrischen Schlüsseln** sind die Schlüssel von Alice und Bob identisch und geheim. In **Public-Key-Systemen** *(Systeme mit öffentlichem Schlüssel)* wird ein Schlüsselpaar eingesetzt. Einer dieser Schlüssel ist sowohl Bob als auch Alice bekannt (tatsächlich ist er der ganzen Welt bekannt). Der andere Schlüssel ist entweder nur Bob oder nur Alice bekannt (nicht aber beiden). In den beiden folgenden Unterabschnitten betrachten wir Systeme mit symmetrischen Schlüsseln und Public-Key-Systeme genauer.

8.2.1 Kryptografie mit symmetrischen Schlüsseln

Alle Verschlüsselungsalgorithmen haben gemein, dass dabei etwas durch etwas anderes ersetzt wird: Beispielsweise wird ein Teil eines Klartextes genommen und dann der entsprechende Chiffretext berechnet, aus dem die verschlüsselte Nachricht besteht. Bevor wir ein modernes schlüsselbasiertes Kryptosystem untersuchen, betrachten wir zum Appetitanregen einen sehr alten, sehr einfachen Algorithmus mit symmetrischen Schlüsseln, der Julius Cäsar zugeschrieben und daher als **Cäsar-Chiffre** bezeichnet wird. (Eine Chiffre ist eine Methode zum Verschlüsseln von Daten.)

Auf deutschen Text würde die Cäsar-Chiffre angewendet, indem jeder Buchstabe des Klartextes genommen und durch den ersetzt wird, der im Alphabet k Buchstaben später folgt (wobei ein Überlauf erlaubt ist; d.h., auf den Buchstaben *z* folgt der Buchstabe *a*). Ist zum Beispiel $k = 3$, dann wird der Buchstabe *a* des unverschlüsselten Textes zu *d* im Chiffretext. Der Buchstabe *b* im Klartext wird zu *e* im Chiffretext usw. Hier dient der Wert von *k* als Schlüssel. Als Beispiel wird die Klartextnachricht „Bob, ich liebe dich. Alice“ zum Chiffretext “ere, lfk olheh glfk. dolfh“. Wenn Sie wüssten, dass die Cäsar-Chiffre benutzt worden ist, würden Sie nicht lange benötigen, um den Code zu knacken, denn es gibt nur 25 mögliche Schlüsselwerte.

Eine Verbesserung der Cäsar-Chiffre ist die **monoalphabetische Chiffre**, die ebenfalls einen Buchstaben des Alphabets durch einen anderen ersetzt. Statt die Ersetzung mit einem regelmäßigen Muster durchzuführen (etwa eine Distanz von k für alle Buchstaben), kann jeder Buchstabe jeden anderen Buchstaben ersetzen, solange jeder Buchstabe einen eindeutigen Ersatzbuchstaben besitzt, und umgekehrt. Die Substitutionstafel aus ▶Abbildung 8.3 zeigt eine mögliche Regel, um Klartext zu verschlüsseln.

Die Klartextnachricht „Bob, ich liebe dich. Alice“ wird nun zu „nkn, sba pscbc vsba. mgsbc“. Wenn man darauf die Cäsar-Chiffre anwendet, kommt nur Unsinn heraus. Eine monoalphabetische Chiffre scheint der Cäsar-Chiffre auch überlegen zu sein, denn nun gibt es 26! (in der Größenordnung von 10^{26}) mögliche Zuordnungsvorschriften für die Buchstaben, und nicht nur 25. Ein Versuch, mit roher Rechengewalt *(Brute Force)* alle möglichen 10^{26} Zuordnungen auszuprobieren, würde viel zu viel Arbeit erfordern, um den Verschlüsselungsalgorithmus zu brechen und die Nachricht zu entschlüsseln. Relativ leicht ist dieser Code zu knacken, wenn man eine statistische Analyse der Sprache des unverschlüsselten Textes durchführt, bei der zum Beispiel das Wissen einfließt, dass die Buchstaben *e* und *n* die am häufigsten auftretenden Buchstaben eines typischen deutschen Textes sind (mit Häufigkeiten von 17,4 bzw. 9,8 Prozent aller Buchstaben). Das Wissen, dass bestimmte Kombinationen von zwei oder mehr Buchstaben ziemlich häufig zusammen auftreten (zum Beispiel qu, in, er, en, der, die, das, ung), erleichtert die Aufgabe zusätzlich. Hat der Eindringling eine Ahnung vom

Buchstabe im Klartext:	a b c d e f g h i j k l m n o p q r s t u v w x y z
Buchstabe im Chiffretext:	m n b v c x z a s d f g h j k l p o i u y t r e w q

Abbildung 8.3: Eine monoalphabetische Chiffre

möglichen Inhalt der Nachricht, dann ist es noch einfacher, den Code zu brechen. Handelt es sich bei dem Eindringling zum Beispiel um Trudy, Bobs Frau, die Bob verdächtigt, eine Affäre mit Alice zu haben, dann könnte sie vermuten, dass die Namen „Bob" und „Alice" im Text vorkommen. Wüsste Trudy sicher, dass jene beiden Namen im Chiffretext auftauchen, und hätte sie eine Kopie des obigen Chiffretext-Beispiels, dann kennt sie sofort sieben der 26 Buchstabenpaarungen. Dadurch sinkt im Vergleich zu einem Entschlüsselungsversuch, der auf reinem Durchprobieren basiert, die Anzahl der zu überprüfenden Möglichkeiten um den Faktor 10^9. Tatsächlich kann Trudy, wenn sie Bob wirklich einer Affäre verdächtigt, erwarten, dass sie noch einige andere eindeutige Worte in der Nachricht findet.

Untersucht man, wie leicht oder schwer es Trudy fallen könnte, die Verschlüsselungsmethode von Bob und Alice zu knacken, kann man anhand der Informationen, die dem Eindringling vorliegen, drei verschiedene Szenarien unterscheiden.

- *Rein Chiffretext-basierte Angriffe.* In einigen Fällen hat der Eindringling nur Zugriff auf den abgefangenen Chiffretext, aber keine genauen Informationen über den Inhalt der unverschlüsselten Nachricht. Wir haben bereits gesehen, wie eine statistische Analyse bei einem solchen **Nur-Chiffretext-Angriff** auf ein Verschlüsselungsverfahren eingesetzt werden kann.
- *Angriffe mit bekanntem Klartext.* Wie weiter vorne bereits dargestellt, könnte Trudy die Buchstabenpaarungen (die Zuordnungen von unverschlüsseltem Text und Chiffretext) für die Buchstaben *a*, *l*, *i*, *c*, *e*, *b* und *o* bestimmen, wenn sie irgendwie sicher sein könnte, dass die Worte „Bob" und „Alice" in der Chiffretext-Nachricht enthalten sind. Vielleicht hätte Trudy auch das Glück, die vollständige Übertragung des Chiffretextes aufzuzeichnen und dann Bobs eigene entschlüsselte Version der Übertragung, hingekritzelt auf ein Stück Papier, zu finden. Kennt ein Eindringling einen Teil der Zuordnungen aus Klartext und Chiffretext, bezeichnen wir dies als einen **Angriff mit bekanntem Klartext** auf das Verschlüsselungsschema.
- *Angriff mit wählbarem Klartext.* Bei einem **Angriff mit wählbarem Klartext** hat der Eindringling die Möglichkeit, die Klartextnachricht frei zu wählen und den entsprechenden Chiffretext zu erhalten. Bei den einfachen Verschlüsselungsalgorithmen, die wir bislang kennengelernt haben, könnte Trudy das Verschlüsselungsschema vollständig knacken, sofern sie Alice dazu bringen kann, als Nachricht „The quick brown fox jumps over the lazy dog" zu senden (ein Satz, der alle Zeichen des Alphabets enthält). Wir werden bald sehen, dass bei höher entwickelten Verschlüsselungstechniken ein Angriff mit wählbarem Klartext nicht unbedingt bedeutet, dass die Verschlüsselung geknackt werden kann.

Buchstabe im Klartext:	a	b	c	d	e	f	g	h	i	j	k	l	m	n	o	p	q	r	s	t	u	v	w	x	y	z
$C_1(k=5)$:	f	g	h	i	j	k	l	m	n	o	p	q	r	s	t	u	v	w	x	y	z	a	b	c	d	e
$C_2(k=19)$:	t	u	v	w	x	y	z	a	b	c	d	e	f	g	h	i	j	k	l	m	n	o	p	q	r	s

Abbildung 8.4: Eine polyalphabetische Chiffre, die zwei Cäsar-Chiffren einsetzt

Vor fünfhundert Jahren wurden Techniken erfunden, welche die monoalphabetische Chiffre verbesserten und die als **polyalphabetische Chiffre** bezeichnet werden. Der Grundgedanke der polyalphabetischen Chiffre besteht darin, mehrere monoalphabetische Chiffren zu verwenden, wobei eine bestimmte monoalphabetische Chiffre ein Zeichen an einer bestimmten Position der Klartextnachricht codiert. Dadurch würde derselbe Buchstabe, der mehrfach in der Klartextnachricht auftaucht, je nach Position unterschiedlich verschlüsselt. Ein Beispiel einer polyalphabetischen Verschlüsselungsmethode zeigt ▶Abbildung 8.4. Es verwendet zwei Cäsar-Chiffren (mit $k=5$ und $k=19$), die als Zeilen dargestellt sind. Wir könnten diese beiden Cäsar-Chiffren, C_1 und C_2, in einem sich wiederholenden Muster C_1, C_2, C_2, C_1, C_2 verwenden. Das heißt, der erste Buchstabe des unverschlüsselten Textes wird mithilfe von C_1 codiert, der zweite und dritte mithilfe von C_2, der vierte verwendet wieder C_1 und der fünfte schließlich C_2. Beim sechsten Buchstaben wiederholt sich dann das Muster. Er wird mithilfe von C_1 codiert, der siebte mit C_2 usw. Die Klartextnachricht „Bob, ich liebe dich.“ wird so zu „ghu, nvm enjuj wbha.“ verschlüsselt. Beachten Sie, dass das erste *b* der Klartextnachricht mit C_1 verschlüsselt wurde, das zweite *b* aber mithilfe von C_2. In diesem Beispiel bilden die Kenntnis der beiden Cäsar-Chiffren ($k=5$, $k=19$) und das Muster C_1, C_2, C_2, C_1, C_2 den Schlüssel zum Ver- und Entschlüsseln.

Blockchiffren

Begeben wir uns wieder in die Moderne und untersuchen wir, wie symmetrische Verschlüsselung heute durchgeführt wird. Es gibt zwei große Klassen symmetrischer Verschlüsselungstechniken: **Stromchiffren** und **Blockchiffren**. Wir werden Stromchiffren in Abschnitt 8.8 ansprechen, wenn wir Sicherheit in Wireless LAN betrachten. In diesem Abschnitt legen wir den Schwerpunkt auf Blockchiffren, die in vielen sicheren Internetprotokollen eingesetzt werden, beispielsweise in PGP (für sichere E-Mail), SSL (für das Sichern von TCP-Verbindungen) und IPsec (für das Sichern von Übertragungen auf der Netzwerkschicht).

Bei einer Block-Chiffre wird die zu verschlüsselnde Nachricht in Blöcken von je *k* Bit verarbeitet. Beträgt zum Beispiel $k=64$, dann wird die Nachricht in Blöcke von 64 Bit Länge aufgeteilt und jeder Block wird unabhängig von den anderen bearbeitet. Beim Verschlüsseln eines Blocks verwendet die Chiffre eine Eins-zu-Eins-Zuordnung, um einen *k*-Bit-Block des Klartextes auf einen *k*-Bit-Block des Chiffretextes abzubilden. Wir verwenden ein einfaches Beispiel, um Blockchiffren detaillierter zu untersuchen. Nehmen Sie an, dass $k=3$ ist, so dass die Blockchiffre 3 Bit lange Eingaben (im Klartext) auf 3 Bit lange Ausgaben (im Chiffretext) abbildet. Eine mögliche Zuordnung enthält die folgende Tabelle:

Eingabe	Ausgabe	Eingabe	Ausgabe
000	110	100	011
001	111	101	010
010	101	110	000
011	100	111	001

Beachten Sie, dass dies eine Eins-zu-Eins-Zuordnung ist, das heißt, die Ausgabe ist bei jeder Eingabe anders. Diese Blockchiffre unterteilt die Nachricht in 3 Bit lange Blöcke und verschlüsselt jeden Block entsprechend der oben genannten Zuordnung. Sie können nachprüfen, dass die Nachricht 010110001111 zu 101000111001 verschlüsselt wird.

Während wir mit diesem Beispiel für 3 Bit-Blöcke fortfahren, beachten Sie bitte, dass diese Zuordnung nur eine von vielen möglichen Zuordnungen ist. Wie viele mögliche Kombinationen gibt es? Um diese Frage zu beantworten, dürfen Sie nicht vergessen, dass eine Zuordnung nichts anderes ist als eine Permutation aller möglichen Eingaben. Da es 2^3 (= 8) mögliche Eingaben gibt (die unter den Spalten „Eingabe" aufgeführt sind), können diese auf 8! = 40.320 verschiedene Arten permutiert werden. Da jede davon eine Zuordnung darstellt, gibt es 40.320 mögliche Zuordnungen. Wir können jede dieser Zuordnungen als Schlüssel betrachten – kennen sowohl Alice und Bob die Zuordnung (den Schlüssel), können sie die zwischen ihnen übertragenen Nachrichten verschlüsseln und entschlüsseln.

Der Brute-Force-Angriff auf diese Chiffre besteht darin, den Chiffretext zu entschlüsseln, indem alle Zuordnungen ausprobiert werden. Bei nur 40.320 Zuordnungen (bei $k = 3$) gelingt dies mit einem Desktop-PC schnell. Um solche Angriffe zu vereiteln, verwenden Blockchiffren normalerweise viel größere Blöcke, die aus $k = 64$ Bit oder mehr bestehen. Beachten Sie, dass die Anzahl der möglichen Zuordnungen einer allgemeinen k Block-Chiffre $2^k!$ beträgt, was sogar für mittlere Werte von k (wie $k = 64$) astronomisch hoch ist.

Obwohl vollständig tabellierte Blockchiffren, wie gerade beschrieben, schon bei mittleren Werten von k robuste symmetrische Verschlüsselungsschemata ergeben, sind sie leider schwierig zu implementieren. Für $k = 64$ und eine vorgegebene Zuordnung müssten Alice und Bob eine Tabelle mit 2^{64} Eingabewerten verwalten, eine Aufgabe, die unmöglich zu bewältigen ist. Wollen außerdem Alice und Bob ihre Schlüssel wechseln, müssten sie jeweils die Tabelle regenerieren. Deshalb steht eine vollständig tabellierte Blockchiffre mit vorher definierten Zuordnungen zwischen allen Eingaben und Ausgaben (wie im obigen Beispiel) schlicht außer Frage.

Stattdessen verwenden Blockchiffren normalerweise Funktionen, die zufällig permutierte Tabellen simulieren. Ein Beispiel (nach [Kaufman 1995]) einer solchen Funktion für $k = 64$ Bit wird in ▶Abbildung 8.5 dargestellt. Die Funktion zerlegt zuerst einen 64 Bit-Block in 8 Blöcke, wobei jeder Block aus 8 Bit besteht. Jeder dieser 8 Bit-Blöcke

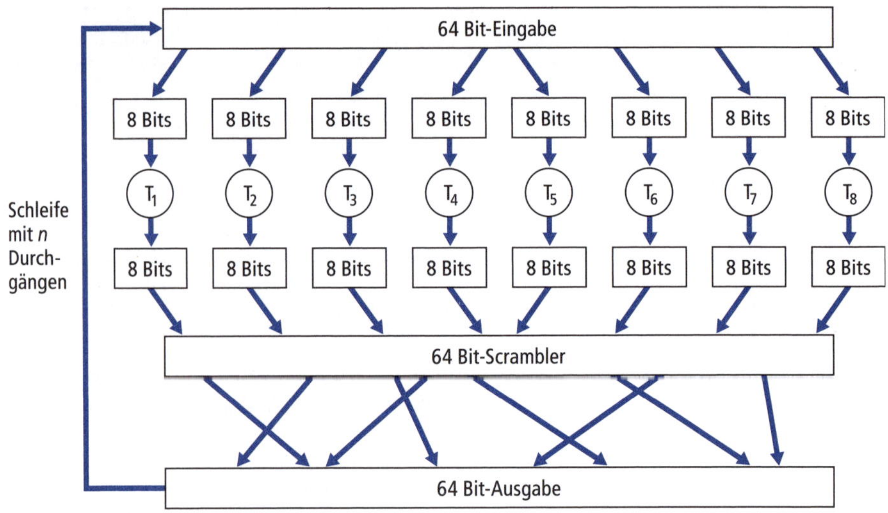

Abbildung 8.5: Beispiel einer Blockchiffre

wird von einer 8-Bit-zu-8-Bit-Tabelle verarbeitet, deren Größe handhabbar ist. Zum Beispiel wird der erste Block von der mit T_1 bezeichneten Tabelle verarbeitet. Danach werden die acht Ausgabeblöcke wieder zu einem 64 Bit-Block zusammengefügt. Die Positionen der 64 Bit im Block werden dann vermischt (permutiert), um eine 64 Bit lange Ausgabe zu erzeugen. Diese Ausgabe wird an den Anfang des Algorithmus zurückübertragen, wonach ein neuer Zyklus beginnt. Nach *n* derartigen Zyklen liefert die Funktion einen 64 Bit-Blockchiffre-Text. Der Zweck der Zyklen besteht darin, dass jedes Eingabebit die meisten (wenn nicht sogar alle) Ausgabebits beeinflusst. (Gäbe es nur einen Zyklus, würde ein gegebenes Eingabebit nur 8 der 64 Ausgabebits beeinflussen.) Der Schlüssel dieses Blockchiffre-Algorithmus wären die acht Permutationstabellen (unter der Voraussetzung einer festen Funktion für das Vermischen).

Heute gibt es eine ganze Reihe beliebter Blockchiffren, darunter DES (Data Encryption Standard), 3DES und AES (Advanced Encryption Standard). Jeder dieser Standards verwendet Funktionen anstatt vordefinierter Tabellen, etwa so wie in Abbildung 8.5 (wenn auch komplizierter und für jede Chiffre spezifisch). Jeder dieser Algorithmen verwendet zudem eine binäre Zeichenkette als Schlüssel. DES zum Beispiel verwendet 64 Bit-Blöcke mit einem 56 Bit-Schlüssel. AES verwendet 128 Bit-Blöcke und kann Schlüssel verarbeiten, die 128, 192 und 256 Bit lang sind. Der Schlüssel eines Algorithmus bestimmt die spezifischen „Minitabellen“, die Zuordnungen und Permutationen innerhalb des Algorithmus. Der Brute-Force-Angriff auf jede dieser Chiffren besteht darin, alle Schlüssel zu durchlaufen und den Entschlüsselungsalgorithmus mit jedem Schlüssel anzuwenden. Beachten Sie, dass es bei einer Schlüssellänge von n nun 2^n mögliche Schlüssel gibt. NIST [NIST 2001] schätzt, dass eine Maschine, die einen 56 Bit-DES in einer Sekunde knacken könnte (also alle 2^{56} Schlüssel in einer Sekunde testet), etwa 149 Billionen Jahre benötigen würde, um einen 128 Bit-AES-Schlüssel zu knacken.

Cipher Block Chaining

In Computernetzwerkanwendungen müssen wir normalerweise lange Nachrichten (oder lange Datenströme) verschlüsseln. Wenden wir eine Blockchiffre wie oben beschrieben an, indem wir die Nachricht einfach in k Bit-Blöcke zerlegen und jeden unabhängig verschlüsseln, tritt ein unscheinbares, aber schwieriges Problem auf. Um das zu erkennen, beachten Sie, dass zwei oder mehr der Klartextblöcke identisch sein können. Zum Beispiel könnte der Klartext in zwei oder mehr Blöcken „HTTP/1.1" lauten. Für diese identischen Blöcke würde eine Blockchiffre natürlich denselben Chiffretext produzieren. Ein Angreifer zwischen Alice und Bob könnte den Klartext möglicherweise erraten, wenn er identische Chiffretextblöcke erkennt. Ein Angreifer könnte sogar die ganze Nachricht durch Identifizieren identischer Blöcke im Chiffretext und Hintergrundwissen über das zugrunde liegende Protokoll entschlüsseln [Kaufman 1995].

Um dieses Problem zu lösen, verwenden Blockchiffren eine Technik, die als **Cipher Block Chaining** (**CBC**, *Verketten von Chiffreblöcken*) bezeichnet wird. Um CBC zu erklären, sei $m(i)$ der i-te Block des Klartextes, $c(i)$ sei der i-te Chiffretextblock und $a \oplus b$ bezeichne das Exklusiv-Oder (XOR) zweier binärer Zeichenketten a und b. Nehmen wir auch an, dass die Blockgröße 64 Bit beträgt. Darüber hinaus bezeichnen wir den Blockchiffrealgorithmus mit Schlüssel S als K_S. CBC arbeitet folgendermaßen:

1. Vor dem Verschlüsseln der Nachricht (oder des Datenstromes) erzeugt der Absender eine zufällige 64 Bit-Zeichenfolge, den **Initialisierungsvektor** (**IV**). Bezeichnen wir diesen Initialisierungsvektor mit $c(0)$. Der Absender sendet den IV dem Empfänger im *Klartext* zu.
2. Für den ersten Block berechnet der Absender $m(1) \oplus c(0)$, das heißt, er berechnet das Exklusiv-Oder des ersten Blocks des Klartextes mit dem IV. Er wendet dann den Blockchiffrealgorithmus auf das Ergebnis an, um den entsprechenden Block des Chiffretextes zu erhalten, das heißt $c(1) = K_S(m(1) \oplus c(0))$. Der Absender überträgt den verschlüsselten Block $c(1)$ an den Empfänger.
3. Für den i-ten Block erzeugt der Absender den i-ten Chiffretextblock, aus $c(i) = K_S(m(i) \oplus c(i-1))$.

Untersuchen wir nun einige Konsequenzen dieser Vorgehensweise. Zunächst einmal kann der Empfänger immer noch die Originalnachricht wiederherstellen. Erhält er $c(i)$, entschlüsselt er es zunächst mittels K_S zu $s(i) = m(i) \oplus c(i-1)$. Da der Empfänger auch $c(i-1)$ kennt, erhält er dann den Klartextblock aus $m(i) = s(i) \oplus c(i-1)$. Außerdem können wir beobachten, dass selbst wenn zwei Klartextblöcke identisch sind, die entsprechenden Chiffretexte (fast immer) unterschiedlich sein werden. Schließlich kann ein Angreifer selbst dann den Chiffretextblock nicht entschlüsseln, wenn der Sender den IV im Klartext überträgt, da der Eindringling den geheimen Schlüssel S nicht kennt.

CBC hat eine wichtige Konsequenz für die Gestaltung sicherer Netzwerkprotokolle: Wir müssen in einem solchen Protokoll einen Mechanismus bereitstellen, um den IV vom Absender zum Empfänger zu übertragen. Wir werden später in diesem Kapitel noch sehen, wie dies in verschiedenen Protokollen erfolgt.

8.2.2 Public-Key-Verschlüsselung

Für mehr als 2000 Jahre (seit der Zeit der Cäsar-Chiffre und bis in die 1970er Jahre) erforderte verschlüsselte Kommunikation, dass die beiden kommunizierenden Parteien ein Geheimnis teilen – den symmetrischen Schlüssel für die Ver- und Entschlüsselung. Eine Schwierigkeit bei diesem Ansatz besteht darin, dass die beiden Parteien sich irgendwie auf einen gemeinsamen Schlüssel einigen müssen. Dazu benötigen sie allerdings (bevorzugt sichere) Kommunikation! Die Parteien könnten sich zuerst persönlich treffen und sich auf den Schlüssel einigen (zum Beispiel könnten sich zwei Zenturios Cäsars in den römischen Thermen treffen). Danach kommunizieren sie mit Verschlüsselung. In einer vernetzten Welt treffen kommunizierende Parteien jedoch nie zusammen und können sich, außer über das Netz, nie unterhalten. Können beide Parteien verschlüsselt kommunizieren, ohne einen geheimen gemeinsamen Schlüssel zu besitzen, der im Voraus bekannt ist? 1976 demonstrierten Diffie und Hellman [Diffie 1976] einen (jetzt als Diffie-Hellman-Schlüsselaustausch bekannten) Algorithmus, mit dem genau das möglich wurde – eine radikal andere und unglaublich elegante Methode der sicheren Kommunikation, die schließlich zur Entwicklung der heutigen Public-Key-Verschlüsselung führte. Wir werden bald sehen, dass Public-Key-Verschlüsselungssysteme zudem auch mehrere bemerkenswerte Merkmale aufweisen, durch die sie nicht nur für die Verschlüsselung, sondern auch für Authentifizierung und digitale Signaturen zum Einsatz kommen können. Interessanterweise wurde in letzter Zeit bekannt, dass Ideen ähnlich jenen in [Diffie 1976] und [RSA 1978] schon in den frühen 1970er Jahren in einer Reihe von geheimen Berichten von Wissenschaftlern der Communications-Electronics Security Group in Großbritannien entwickelt wurden [Ellis 1987]. Wie so oft entstehen neue Ideen an vielen Orten unabhängig voneinander. Glücklicherweise fand die Entwicklung von Public-Key-Kryptografie nicht nur im Verborgenen statt.

Das Konzept hinter der Public-Key-Verschlüsselung ist zunächst sehr einfach. Nehmen Sie an, dass Alice mit Bob kommunizieren will. Wie ▶Abbildung 8.6 zeigt, teilen sich Bob und Alice keineswegs einen einzelnen geheimen Schlüssel (wie im Fall der symmetrischen Kryptosysteme). Bob (der Empfänger der Nachrichten von Alice) besitzt vielmehr zwei Schlüssel – einen **öffentlichen Schlüssel** *(public key)*, den *jeder* auf der Welt kennen darf (einschließlich der Angreiferin Trudy), sowie einen **privaten Schlüssel** *(private key)*, den nur Bob kennt. Wir werden die Schreibweisen K_B^+ für Bobs öffentlichen und K_B^- für Bobs geheimen (privaten) Schlüssel verwenden. Um mit Bob zu kommunizieren, besorgt sich Alice zuerst Bobs öffentlichen Schlüssel. Alice verschlüsselt dann ihre Nachricht m mit Bobs öffentlichem Schlüssel und einem allgemein bekannten (zum Beispiel standardisierten) Verschlüsselungsalgorithmus. Das bedeutet, Alice berechnet $K_B^+(m)$. Bob erhält die verschlüsselte Nachricht von Alice und benutzt seinen geheimen Schlüssel sowie einen bekannten (beispielsweise standardisierten) Entschlüsselungsalgorithmus, um die Nachricht von Alice zu entschlüs-

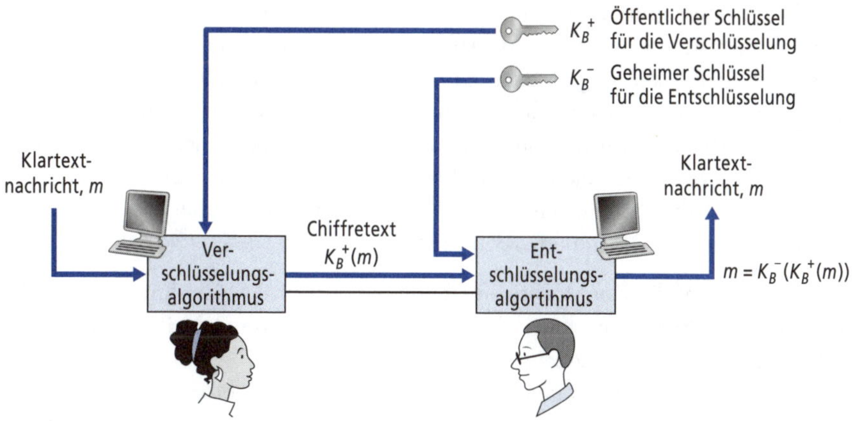

Abbildung 8.6: Public-Key-Kryptografie

seln. Das heißt, Bob berechnet $K_B^-\left(K_B^+(m)\right)$. Wir werden später sehen, dass es Verschlüsselung- bzw. Entschlüsselungsalgorithmen und Techniken gibt, mit denen öffentliche und geheime Schlüssel so gewählt werden können, dass $K_B^-\left(K_B^+(m)\right) = m$ ist. Das bedeutet, Bobs öffentlicher Schlüssel K_B^+ wird auf eine Nachricht m angewendet (um $K_B^+(m)$ zu erhalten). Danach wird Bobs privater Schlüssel K_B^- auf diese verschlüsselte Version von m angewendet (d.h., es wird $K_B^-\left(K_B^+(m)\right)$ berechnet), wodurch wieder m entsteht.

Dies ist ein bemerkenswertes Ergebnis! Auf diese Weise kann Alice Bobs öffentlich zugänglichen Schlüssel benutzen, um Bob eine geheime Nachricht zuzusenden, ohne dass einer von ihnen irgendwelche geheimen Schlüssel verteilen muss! Wir werden bald sehen, dass wir den öffentlichen und den privaten Schlüssel mit demselben bemerkenswerten Ergebnis vertauschen können – d.h.

$$K_B^-\left(K_B^+(m)\right) = K_B^+\left(K_B^-(m)\right) = m.$$

Der Einsatz der Public-Key-Verschlüsselung ist also von der Idee her einfach. Aber zwei Punkte geben Anlass zur Sorge. Der erste besteht darin, dass ein Eindringling, der Alices verschlüsselte Nachricht abfängt, zwar nur Unsinn sieht, er aber immer noch sowohl den Schlüssel (Bobs öffentlichen Schlüssel, welcher der ganzen Welt zur Verfügung steht) als auch den von Alice verwendeten Verschlüsselungsalgorithmus kennt. Trudy kann dadurch einen Angriff mit wählbarem Klartext einleiten und mithilfe des bekannten standardisierten Verschlüsselungsalgorithmus sowie mit Bobs öffentlich zugänglichem Schlüssel jede beliebige Nachricht verschlüsseln! Trudy könnte zum Beispiel versuchen, Nachrichten oder Teile von Nachrichten zu codieren, von denen sie vermutet, dass Alice sie sendet. Damit die Public-Key-Verschlüsselung funktioniert, muss die Wahl des Schlüssels sowie der Verschlüsselung bzw. Entschlüsselung so erfolgen, dass es einem Eindringling unmöglich ist (oder zumindest beinahe unmöglich), entweder Bobs geheimen Schlüssel zu rekonstruieren oder auf irgendeine andere Weise die Nachricht von Alice an Bob zu entschlüsseln. Ein zweiter Punkt ist folgender: Wegen des öffentlich bekannten Schlüssels von Bob kann jeder eine verschlüsselte

Nachricht an Bob senden, darunter Alice oder jemand, der *behauptet*, Alice zu sein. Bei einem einzelnen geteilten Schlüssel bedeutet die Tatsache, dass der Sender den geheimen Schlüssel kennt, gleichzeitig die implizite Identifikation des Senders gegenüber dem Empfänger. Im Fall der Public-Key-Verschlüsselung ist dies jedoch nicht mehr der Fall, da jeder mit Bobs allgemein bekanntem öffentlichen Schlüssel eine entsprechend verschlüsselte Nachricht an Bob senden kann. Es wird eine digitale Unterschrift benötigt, ein Thema, das wir in Abschnitt 8.3 betrachten werden, um einen Absender mit einer Nachricht zu verknüpfen.

Obwohl es viele Public-Key-Algorithmen gibt, ist der **RSA-Algorithmus** (benannt nach seinen Erfindern Ron Rivest, Adi Shamir und Leonard Adleman) fast zu einem Synonym für Public-Key-Kryptografie geworden. Betrachten wir zuerst, wie RSA arbeitet, um anschließend zu untersuchen, warum das Verfahren funktioniert. Nehmen Sie an, dass Bob, wie in Abbildung 8.6 gezeigt, verschlüsselte Nachrichten empfangen will. Es gibt zwei zusammenhängende Bestandteile von RSA:

- Die Wahl des öffentlichen und des geheimen Schlüssels
- Der Algorithmus für die Ver- bzw. Entschlüsselung

Um den öffentlichen und den geheimen Schlüssel zu wählen, muss Bob die folgenden Schritte durchführen:

1. Er muss zwei große Primzahlen p und q wählen. Wie groß sollten p und q sein? Je größer die Werte sind, desto schwieriger ist RSA zu brechen, aber umso länger dauert es, um Ver- und Entschlüsselung durchzuführen. RSA Laboratories empfiehlt, dass das Produkt von p und q bei Gebrauch im kommerziellen Umfeld von der Größenordnung 1.024 Bit ist, während bei „weniger empfindlichen Informationen" 768 Bit ausreichen [RSA Key 2007]. (Das führt zu der Frage, warum die Verwendung in Firmen so viel wichtiger sein soll als andere Verwendungsarten!) Eine Diskussion, wie man so große Primzahlen findet, enthält [Caldwell 2007].
2. Er berechnet $n = p \cdot q$ und $z = (p - 1) \cdot (q - 1)$.
3. Er wählt eine Zahl e kleiner als n, die keine gemeinsamen Primzahlfaktoren mit z hat (außer 1). (In diesem Fall bezeichnet man e und z als relative Primzahlen zueinander.) Der Wert wird mit e bezeichnet, weil dieser Wert bei der Verschlüsselung *(encryption)* verwendet wird.
4. Er sucht eine Zahl d, so dass $e \cdot d - 1$ ohne Rest durch z teilbar ist. Der Buchstabe d wird benutzt, weil dieser Wert bei der Entschlüsselung *(decryption)* verwendet wird. Anders ausgedrückt suchen wir bei einem gegebenen e ein d, für das der Rest der Division von $e \cdot d$ durch z genau 1 beträgt. (Der Rest, der bei der Division einer natürlichen Zahl x durch eine natürliche Zahl n entsteht, wird als x mod n bezeichnet.)
5. Der öffentliche Schlüssel, den Bob der Welt zur Verfügung stellt, K_B^+, ist das Zahlenpaar (n, e); sein geheimer Schlüssel K_B^+ ist das Zahlenpaar (n, d).

Die Verschlüsselung durch Alice und die Entschlüsselung durch Bob geschehen folgendermaßen:

- Angenommen, Alice will ein Binärmuster m senden (das wir auch als Zahl interpretieren können), wobei $m < n$ ist. Bei der Verschlüsselung führt Alice die Potenzierung m^e durch und berechnet dann den ganzzahligen Rest der Division von m^e durch n. Damit ist der Chiffretext c zur Klartextnachricht m, die Alice sendet:

$$c = m^e \bmod n$$

- Um die empfangene Chiffretextnachricht c zu entschlüsseln, berechnet Bob

$$m = c^d \bmod n$$

  was den Einsatz seines privaten Schlüssels (n, d) erfordert.

Als einfaches Beispiel für RSA nehmen Sie an, dass Bob $p = 5$ und $q = 7$ wählt. (Zugegebenermaßen sind diese Werte viel zu klein, um sicher zu sein.) Dann sind $n = 35$ und $z = 24$. Bob wählt $e = 5$, da 5 und 24 keine gemeinsamen Faktoren haben. Zuletzt wählt Bob $d = 29$, denn $5 \cdot 29 - 1$ (also $e \cdot d - 1$) ist genau durch 24 teilbar. Bob veröffentlicht die beiden Werte $n = 35$ und $e = 5$ und hält den Wert $d = 29$ geheim. Mit Blick auf diese beiden öffentlichen Werte nehmen wir jetzt an, dass Alice die Buchstaben *l*, *i*, *e*, *b* und *e* an Bob senden will. Interpretieren wir jeden Buchstaben zwischen eins und 26 als Zahl (mit *a* als eins und *z* als 26), führen Alice und Bob die Verschlüsselung und Entschlüsselung wie in ▶Tabelle 8.1 bzw. 8.2 gezeigt durch.

Buchstabe im Klartext	m: numerische Darstellung	m^e	Chiffretext $c = m^e$ modulo n
l	12	248832	17
i	9	59049	4
e	5	3125	10
b	2	32	32
e	5	3125	10

Tabelle 8.1: RSA-Verschlüsselung von Alice, $e = 5$, $n = 35$

Angesichts der Tatsache, dass bereits unser kleines Beispiel in den Tabellen 8.1 bzw. 8.2 zu einigen äußerst großen Zahlen geführt hat, und dass, wie wir wissen, p und q jeweils einige Hundert Bit lang sein sollten, fallen uns mehrere Punkte bezüglich des praktischen Einsatzes von RSA auf. Wie wählt man große Primzahlen? Wie wählt man dann e und d? Wie berechnet man Potenzen bei großen Zahlen? Eine Diskussion dieser wichtigen Themen liegt außerhalb der Möglichkeiten dieses Buches. Details dazu finden sich in [Kaufman 1995] und den dort enthaltenen Referenzen.

Chiffre text	c^d	$m = c^d$ modulo n	Buchstabe im Klartext
17	481968572106750915091411825223071697	12	l
4	288230376151711744	9	i
10	100000000000000000000000000000	5	e
32	4460149039706124628307143654529672301 1960832	2	b
10	100000000000000000000000000000	5	e

Tabelle 8.2: RSA-Entschlüsselung durch Bob, $d = 29$, $n = 35$

Sitzungsschlüssel

Die für RSA erforderliche Potenzierung ist ein ziemlich zeitraubender Prozess. Im Gegensatz dazu ist Software für DES mindestens 100 Mal schneller und mit Hardware-Unterstützung wird DES zwischen 1.000 und 10.000 mal schneller [RSA Fast 2007]. Daher wird RSA in der Praxis oft in Kombination mit symmetrischer Kryptografie verwendet. Will zum Beispiel Alice große Mengen verschlüsselten Textes an Bob senden, könnte sie Folgendes tun: Zuerst wählt Alice einen Schlüssel, mit dem die Daten selbst verschlüsselt werden. Dieser Schlüssel wird als **Sitzungsschlüssel** K_S bezeichnet. Alice muss Bob über diesen Sitzungsschlüssel informieren, da er der gemeinsame symmetrische Schlüssel ist, den sie mit einer symmetrischen Chiffre (z.B. DES oder AES) verwenden werden. Alice verschlüsselt den Sitzungsschlüssel mithilfe von Bobs öffentlichem Schlüssel, das heißt, sie berechnet $c = (K_S)^e \bmod n$. Bob empfängt den RSA-verschlüsselten Sitzungsschlüssel c und entschlüsselt ihn, um den Sitzungsschlüssel K_S zurückzugewinnen. Nun kennt Bob den Sitzungsschlüssel, den Alice für ihren verschlüsselten Datentransfer benutzt.

Warum funktioniert RSA?

Die RSA-Ver- bzw. -Entschlüsselung wirkt fast wie Magie. Warum sollte man durch aufeinanderfolgende Anwendung des Verschlüsselungs- und des Entschlüsselungsalgorithmus die Originalnachricht wiederherstellen können? Um zu verstehen, warum RSA funktioniert, müssen wir Rechenoperationen modulo n durchführen. Dabei führt man die üblichen Additionen, Multiplikationen und Potenzierungen aus. Das Ergebnis jeder Berechnung wird jedoch durch den ganzzahligen Rest ersetzt, der übrig bleibt, wenn das Ergebnis durch n geteilt wird. Wir benutzen $n = p \cdot q$, wobei p und q die beim RSA-Algorithmus verwendeten großen Primzahlen sind.

Wir haben erwähnt, dass bei der RSA-Verschlüsselung eine (durch eine Ganzzahl dargestellte) Nachricht m zuerst mit e potenziert wird, wobei Modulo-n-Arithmetik verwendet wird. Die Entschlüsselung erfolgt, indem zunächst die d-te Potenz dieses Wertes berechnet wird, ebenfalls modulo n. Das Resultat einer Verschlüsselung, gefolgt von einer Entschlüsselung, ist daher $(m^e)^d$. Was können wir über diese Größe aussagen?

Wir haben

$$\left(m^e\right)^d \bmod n = m^{ed} \bmod n$$

Obwohl wir versuchen, etwas Licht in die scheinbare Magie hinter RSA zu bringen, müssen wir nun ein fast ebenso magisches Ergebnis der Zahlentheorie verwenden. Genau genommen brauchen wir folgendes Ergebnis: Wenn p und q Primzahlen sind und $n = p \cdot q$, dann ist $x^y \bmod n$ das Gleiche wie $x^{(y \bmod (p-1)(q-1))} \bmod n$[Kaufman 1995]. Durch Anwendung dieses Ergebnisses erhalten wir

$$\left(m^e\right)^d \bmod n = m^{(ed \bmod (p-1)(q-1))} \bmod n$$

Aber wie wir erwähnt haben, sind e und d so gewählt, dass $e \cdot d - 1$ exakt (das heißt, ohne Rest) durch $(p-1) \cdot (q-1)$ teilbar ist. Die äquivalente Aussage lautet, dass $e \cdot d$ durch $(p-1) \cdot (q-1)$ mit einem Rest von eins teilbar ist und daher $e \cdot d \bmod (p-1) \cdot (q-1) = 1$. Damit erhalten wir

$$\left(m^e\right)^d \bmod n = m^1 \bmod n = m$$

das heißt, dass

$$\left(m^e\right)^d \bmod n = m$$

Dies ist das Ergebnis, nach dem wir gesucht hatten! Indem wir zuerst die e-te Potenz berechnen (das heißt verschlüsseln) und dann davon die d-te Potenz (das heißt entschlüsseln) erhalten wir den Originalwert m zurück. Sogar *noch* bemerkenswerter ist die Tatsache, dass wir ebenfalls den Originalwert m erhalten, wenn wir m zuerst zur d-ten Potenz erheben und dann die e-te Potenz berechnen, das heißt die Reihenfolge von Verschlüsselung und Entschlüsselung umkehren! (Der Beweis dieses Ergebnisses folgt der gleichen Überlegung wie oben, weil $m^{e \cdot d} = m^{d \cdot e}$). Wir werden bald sehen, dass dieses wunderbare Merkmal des RSA-Algorithmus

$$\left(m^e\right)^d \bmod n - m - \left(m^d\right)^e \bmod n$$

von großem Nutzen ist.

Die Sicherheit von RSA basiert auf der Tatsache, dass keine Algorithmen bekannt sind, mit denen eine Zahl schnell faktorisiert werden kann – in diesem Fall der öffentliche Wert n in die Primzahlen p und q. Wären p und q bekannt, dann könnte man anhand des öffentlichen Schlüssels e den geheimen Schlüssel d leicht berechnen. Andererseits ist es unbekannt, ob schnelle Algorithmen für das Zerlegen einer Zahl prinzipiell *existieren*, und in diesem Sinn ist die Sicherheit von RSA nicht garantiert.

8.3 Nachrichtenintegrität

Im vorangegangenen Abschnitt haben wir gesehen, wie Verschlüsselung eingesetzt werden kann, um zwei kommunizierenden Parteien Vertraulichkeit zu bieten. In diesem Abschnitt wenden wir uns dem ebenso wichtigen kryptografischen Thema der **Nachrichtenintegrität** zu (auch als Nachrichtenauthentifizierung bekannt). Wir erörtern in diesem Abschnitt auch digitale Signaturen. Wir werden sehen, dass eine gemeinsame Komponente, die sowohl für die Gewährleistung von Nachrichtenintegrität als auch für digitale Signaturen zum Einsatz kommt, die kryptografischen Hash-Funktionen sind.

Wir definieren das Problem der Nachrichtenintegrität noch einmal anhand von Alice und Bob. Nehmen Sie an, dass Bob eine Nachricht erhält (verschlüsselt oder als Klartext). Er glaubt, dass diese Nachricht von Alice stammt. Um diese Nachricht zu authentifizieren, muss Bob überprüfen,

1. ob die Nachricht wirklich von Alice stammt und
2. ob an der Nachricht auf ihrem Weg zu Bob herumhantiert wurde.

Wir werden in den Abschnitten 8.5 bis 8.8 noch sehen, dass dieses Problem der Nachrichtenintegrität in nahezu allen sicheren Netzwerkprotokollen ein kritisches Thema ist.

Betrachten Sie als konkretes Beispiel ein Computernetzwerk, das einen Link-State-Routing-Algorithmus (wie OSPF) benutzt, um Routen zwischen jedem Routerpaar im Netz zu bestimmen (siehe Kapitel 4). In einem Link-State-Algorithmus muss jeder Router eine Link-State-Nachricht mittels Broadcast an alle anderen Router im Netz senden. Diese Nachricht eines Routers enthält eine Liste seiner direkt angeschlossenen Nachbarn sowie der direkten Kosten zu diesen Nachbarn. Sobald ein Router die Link-State-Nachrichten aller anderen Router erhält, kann er eine vollständige Karte des Netzwerkes erstellen, seinen Routing-Algorithmus ausführen und seine Weiterleitungstabelle konfigurieren. Ein relativ einfacher Angriff von Trudy auf den Routing-Algorithmus besteht darin, falsche Link-State-Nachrichten mit falschen Link-State-Informationen zu verbreiten. Dies zeigt die Notwendigkeit der Gewährleistung von Nachrichtenintegrität – erhält Router B eine Link-State-Nachricht von Router A, sollte Router B sicherstellen, dass tatsächlich Router A die Nachricht erstellt hat und dass außerdem niemand die Nachricht während der Übertragung verändert hat.

In diesem Abschnitt beschreiben wir eine beliebte Technik zur Sicherstellung der Nachrichtenintegrität, die von vielen sicheren Netzwerkprotokollen eingesetzt wird. Aber bevor wir damit beginnen, müssen wir ein anderes wichtiges Thema der Kryptografie behandeln – kryptografische Hash-Funktionen.

8.3.1 Kryptografische Hash-Funktionen

Wie ▶Abbildung 8.7 zeigt, nimmt eine Hash-Funktion eine Eingabe m variabler Länge und berechnet eine Zeichenkette fester Länge, die als Hash bezeichnet wird.

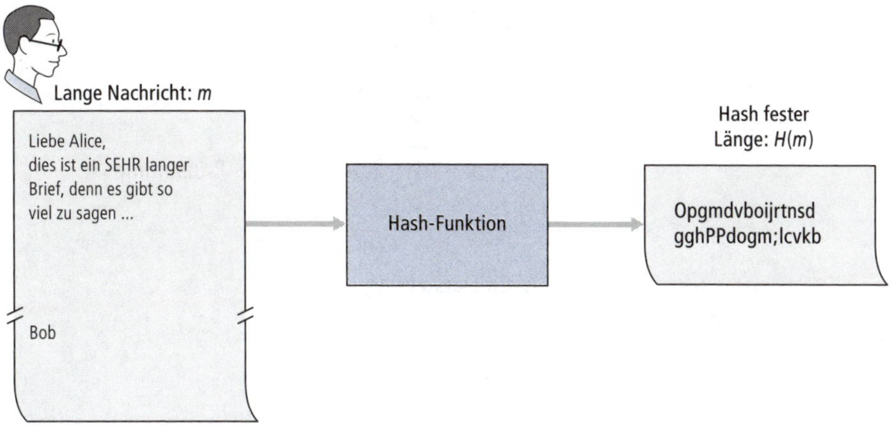

Abbildung 8.7: Hash-Funktionen

Die Internetprüfsumme (Kapitel 3) und CRC (Kapitel 4) entsprechen dieser Definition. Von einer **kryptografischen Hash-Funktion** wird erwartet, dass sie das folgende zusätzliche Merkmal aufweist:

- Es ist mit realistischem Berechnungsaufwand nicht möglich, zwei verschiedene Nachrichten x und y zu finden, so dass $H(x) = H(y)$.

Einfach ausgedrückt bedeutet diese Eigenschaft, dass es einem Eindringling unmöglich ist, eine durch die Hash-Funktion geschützte Nachricht durch eine andere zu ersetzen. Das heißt, wenn $(m, H(m))$ die Nachricht und der Hash-Wert der vom Absender erzeugten Nachricht sind, dann kann ein Eindringling keine andere Nachricht y herstellen, die denselben Hash-Wert aufweist wie die Originalnachricht.

Überzeugen wir uns davon, dass eine einfache Prüfsumme wie die Internetprüfsumme eine schlechte kryptografische Hash-Funktion darstellen würde. Statt das 1er-Komplement auszuführen (wie bei der Internetprüfsumme), wollen wir Prüfsummen bilden, indem wir jedes Zeichen als ein Byte auffassen und diese Bytes innerhalb von 4 Byte langen Blöcken aufsummieren. Nehmen Sie an, dass Bob bei Alice Schulden in Höhe von $100,99 hat und einen Schuldschein (engl. *IOU*) an Alice sendet, der aus der Zeichenkette „IOU100.99BOB" besteht. Die ASCII-Darstellung (in hexadezimaler Schreibweise) dieser Buchstaben lautet 49, 4F, 55, 31, 30, 30, 2E, 39, 39, 42, 4F, 42.

Der obere Teil von ▶Abbildung 8.8 zeigt, dass die 4 Byte-Prüfsumme dieser Nachricht B2, C1, D2, AC lautet. Eine geringfügig andere Nachricht (allerdings eine für Bob viel kostspieligere) wird in der unteren Hälfte von Abbildung 8.8 gezeigt. Die Nachrichten „IOU100.99BOB" und „IOU900.19 BOB" haben *dieselbe* Prüfsumme. Daher verletzt dieser einfache Prüfsummenalgorithmus die obige Anforderung. Sind die Originaldaten bekannt, ist es einfach, einen anderen Datensatz mit derselben Prüfsumme zu finden. Um Sicherheit bieten zu können, brauchen wir eindeutig eine leistungsfähigere Hash-Funktion als die Prüfsumme.

Nachricht	ASCII-Darstellung	
I O U 1	49 4F 55 31	
0 0 . 9	30 30 2E 39	
9 B O B	39 42 4F 42	
	B2 C1 D2 AC	Prüfsumme

Nachricht	ASCII-Darstellung	
I O U 9	49 4F 55 39	
0 0 . 1	30 30 2E 31	
9 B O B	39 42 4F 42	
	B2 C1 D2 AC	Prüfsumme

Abbildung 8.8: Die ursprüngliche und die gefälschte Nachricht haben dieselbe Prüfsumme

Der MD5-Hash-Algorithmus von Ron Rivest [RFC 1321] ist heute weit verbreitet. Er berechnet einen 128 Bit-Hash-Wert in einem vierstufigen Prozess. Dieser beginnt mit einem Auffüllschritt (in dem eine Eins gefolgt von genügend Nullen eingefügt wird, so dass die Länge der Nachricht bestimmte Bedingungen erfüllt). Dem folgen ein Anfügeschritt (in dem eine 64 Bit-Darstellung der Länge der Nachricht vor dem Auffüllen anhängt wird), die Initialisierung eines „Akkumulators" und zuletzt eine Schleife, in der die 16 Wort-Blöcke der Nachricht in vier Durchgängen verarbeitet werden. Eine Beschreibung von MD5 (einschließlich einer Implementierung in C-Quellcode) enthält [RFC 1321].

Der zweite wesentliche Hash-Algorithmus, der heutzutage eingesetzt wird, ist der Secure Hash Algorithm (SHA-1) [FIPS 1995]. Dieser basiert auf ähnlichen Prinzipien, die schon bei der Entwicklung von MD4 [RFC 1320], dem Vorgänger von MD5, zum Einsatz kamen. SHA-1, ein US-Bundes-Standard, kommt immer dann zum Einsatz, wenn ein kryptografischer Hash-Algorithmus für Anwendungen der US-Bundesbehörden erforderlich ist. Er erzeugt einen 160 Bit langen Hash-Wert. Die größere Ausgabelänge von SHA-1 bedeutet eine höhere Sicherheit.

8.3.2 Nachrichtenauthentifizierungscodes

Kehren wir zum Problem der Nachrichtenintegrität zurück. Da wir nun Hash-Funktionen verstehen, können wir einen ersten Blick darauf werfen, wie wir die Nachrichtenintegrität prüfen könnten:

1. Alice erstellt die Nachricht m und berechnet ihren Hash-Wert $H(m)$ (zum Beispiel mit SHA-1).
2. Alice hängt $H(m)$ an die Nachricht m an, wodurch eine erweiterte Nachricht $(m, H(m))$ entsteht, und sendet die erweiterte Nachricht an Bob.

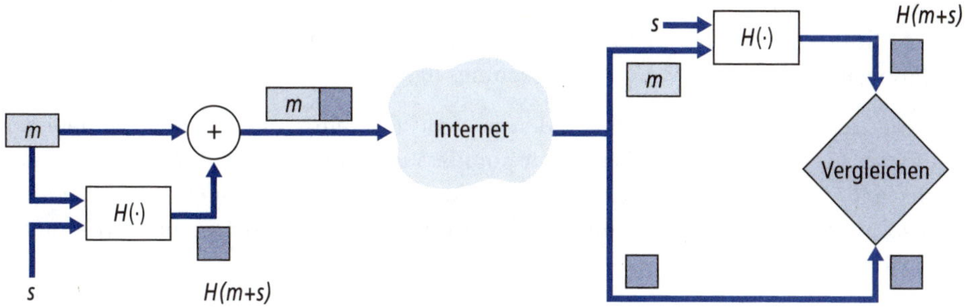

Legende:

m = Nachricht

s = gemeinsames Geheimnis

Abbildung 8.9: Message Authentication Code (MAC)

3. Bob empfängt die erweiterte Nachricht (m, h) und berechnet $H(m)$. Ist $H(m) = h$, schließt Bob, dass alles in Ordnung ist.

Dieser Ansatz ist offensichtlich fehlerhaft. Trudy kann eine falsche Nachricht m' erstellen, in der sie behauptet, Alice zu sein, $H(m')$ berechnen und an Bob (m', $H(m')$) schicken. Erhält Bob die Nachricht, ist für ihn in Stufe 3 alles in Ordnung und er hat keinerlei Anlass, Verdacht zu schöpfen.

Um über kryptografische Hash-Funktionen hinaus Nachrichtenintegrität zu gewährleisten, müssen Alice und Bob ein Geheimnis s teilen. Dieses gemeinsame Geheimnis, das nichts anderes als eine binäre Zeichenfolge ist, wird als Authentifizierungsschlüssel bezeichnet. Mit seiner Hilfe wird Nachrichtenintegrität wie folgt sichergestellt:

1. Alice erstellt die Nachricht m, verkettet s mit m, wodurch $m + s$ entsteht, und berechnet den Hash-Wert $H(m + s)$ (zum Beispiel mittels SHA-1). $H(m + s)$ wird als **Message Authentication Code** (**MAC**, *Nachrichtenauthentifizierungscode*) bezeichnet.

2. Alice hängt den MAC an die Nachricht m an, erzeugt die erweiterte Nachricht (m, $H(m + s)$) und sendet diese an Bob.

3. Bob empfängt die erweiterte Nachricht (m, h) und berechnet daraus (da er m empfangen hat und s kennt) den MAC $H(m + s)$. Ist $H(m + s) = h$, dann schließt Bob daraus, dass alles in Ordnung ist.

▶Abbildung 8.9 zeigt eine Zusammenfassung dieser Vorgehensweise. Bitte beachten Sie, dass der MAC hier (der für „Message Authentication Code" steht) nicht derselbe MAC ist, der bei den Sicherungsschichtprotokollen verwendet wird (und dort „Media Access Control" bedeutet)!

Ein angenehmes Merkmal des MAC ist, dass er keinen Verschlüsselungsalgorithmus erfordert. Tatsächlich interessieren sich in vielen Anwendungen, einschließlich der früher beschriebenen Link-State-Routing-Algorithmen, die kommunizierenden Parteien nur für die Nachrichtenintegrität und nicht für die Vertraulichkeit der Nachrichten. Mithilfe eines MAC kann man die Nachrichten, die man einander zusendet, beglaubigen, ohne komplexe Verschlüsselungsalgorithmen einsetzen zu müssen.

Wie Sie sicher vermutet haben, wurden im Lauf der Jahre eine Reihe verschiedener Standards für MACs vorgeschlagen. Der populärste Standard ist heute **HMAC**, der entweder mit MD5 oder SHA-1 verwendet werden kann. HMAC wendet die Hash-Funktion sogar zweimal auf die Daten und den Authentifizierungsschlüssel an [Kaufman 1995; RFC 2104].

Es gibt immer noch ein wichtiges ungelöstes Problem: Wie verteilen wir den gemeinsamen Authentifizierungsschlüssel an die Kommunikationspartner? Zum Beispiel müssten wir beim Link-State-Routing-Algorithmus den geheimen Authentifizierungsschlüssel irgendwie an jeden vertrauenswürdigen Router des Computernetzwerkes verteilen. (Beachten Sie, dass alle Router denselben Authentifizierungsschlüssel verwenden können.) Einem Netzadministrator könnte dies tatsächlich gelingen, indem er direkt zu jedem Router fährt und den Schlüssel eingibt. Falls der Netzadministrator ein fauler Typ wäre und jeder Router einen eigenen öffentlichen Schlüssel besitzt, könnte der Netzadministrator den Authentifizierungsschlüssel an jeden Router verteilen, indem er ihn mit dem öffentlichen Schlüssel des Routers verschlüsselt und danach über das Netz an den Router sendet.

8.3.3 Digitale Unterschriften

Überlegen Sie, wie oft Sie in der letzten Woche mit Ihrem Namen ein Stück Papier unterschrieben haben. Sie haben Schecks, Kreditkartenbelege, juristische Dokumente und Briefe unterschrieben. Ihre Unterschrift (die *Signatur*) stellt sicher, dass Sie (und niemand anderes) den Inhalt des Dokumentes bestätigen oder damit einverstanden sind. Auch in der digitalen Welt benötigt man oft einen Hinweis auf den Erzeuger oder Besitzer eines Dokumentes bzw. man möchte sein Einverständnis mit dem Inhalt eines Dokumentes deutlich machen. Eine **digitale Unterschrift** *(digital signature)* ist die kryptografische Technik, um dieses Ziel in der digitalen Welt zu erreichen.

Genau wie bei handschriftlichen Signaturen sollten digitale Unterschriften verifizierbar und fälschungssicher sein. Es muss also möglich sein, zu beweisen, dass ein von einer Person unterschriebenes Dokument tatsächlich von dieser Person unterzeichnet wurde (die Signatur muss nachprüfbar sein) und dass *nur* diese Person das Dokument hätte unterschreiben können (die Signatur muss fälschungssicher sein).

Überlegen wir nun, wie wir eine Methode für digitale Unterschriften gestalten könnten. Machen Sie sich zunächst klar, was Bob macht, wenn er eine Nachricht unterschreibt: Er fügt der Nachricht etwas hinzu, das ihn eindeutig kennzeichnet. Bob könnte auf die Idee kommen, an das Dokument einen MAC als Unterschrift anzufügen, wobei der MAC entsteht, indem er die Nachricht sowie ein nur ihm bekanntes Geheimnis mit einer Hash-Funktion bearbeitet. Damit aber Alice die Signatur überprüfen kann, muss sie eine Kopie des Authentifizierungsschlüssels besitzen,

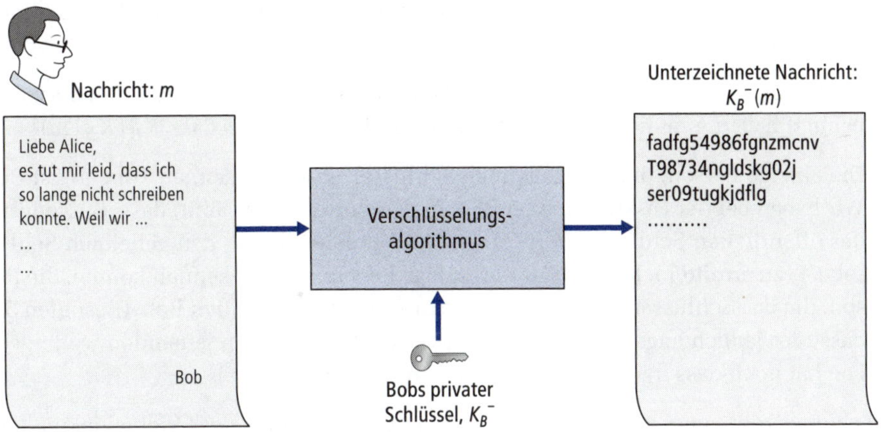

Abbildung 8.10: Erzeugen einer digitalen Unterschrift für ein Dokument

wodurch dieser Bob nicht mehr eindeutig kennzeichnen würde. Daher kann ein MAC diese Aufgabe nicht erfüllen.

Wie erwähnt besitzt Bob bei der Public-Key-Kryptografie sowohl einen öffentlichen als auch einen geheimen Schlüssel, die beide für Bob spezifisch sind. Daher ist die Public-Key-Kryptografie ein ausgezeichneter Kandidat für digitale Unterschriften. Untersuchen wir nun, wie dies durchgeführt wird.

Nehmen Sie an, dass Bob digital ein Dokument m unterschreiben will. Letzteres können wir uns als eine Datei bzw. eine Nachricht vorstellen, die Bob unterschreiben und senden möchte. Wie in ▶Abbildung 8.10 gezeigt, benutzt Bob, um das Dokument zu unterschreiben, einfach seinen privaten Schlüssel K_B^-, um $K_B^-(m)$ zu berechnen. Vielleicht erscheint es auf den ersten Blick seltsam, dass Bob seinen geheimen Schlüssel verwendet, um ein Dokument zu unterschreiben. (Dieser Schlüssel wurde, wie wir in Abschnitt 8.2 gesehen haben, verwendet, um eine Nachricht zu entschlüsseln, die mit seinem öffentlichen Schlüssel codiert worden war.) Wir haben aber auch gesehen, dass Ver- und Entschlüsselung nichts anderes als mathematische Prozesse sind (bei RSA war es das Potenzieren mit den Exponenten e oder d, Abschnitt 8.2). Außerdem ist es nicht Bobs Ziel, den Inhalt des Dokumentes zu verändern oder teilweise zu verschleiern, sondern er möchte das Dokument vielmehr auf eine nachprüfbare und fälschungssichere Weise unterschreiben. Bob hat das Dokument m und seine digitale Unterschrift des Dokumentes ist $K_B^-(m)$.

Erfüllt die digitale Unterschrift $K_B^-(m)$ unsere Anforderungen der Nachprüfbarkeit und Fälschungssicherheit? Nehmen Sie an, dass Alice m und $K_B^-(m)$ besitzt. Sie will (prozesssüchtig, wie sie ist) vor Gericht beweisen, dass Bob das Dokument wirklich unterschrieben hat und er die einzige Person war, die es überhaupt hätte unterschreiben können. Alice nimmt Bobs öffentlichen Schlüssel $K_B^+(m)$ und wendet ihn auf die mit dem Dokument verbundene digitale Unterschrift an. Das heißt, sie berechnet $K_B^+\left(K_B^-(m)\right)$ und erzeugt tatsächlich mit einer dramatischen Geste m, was genau dem

Originaldokument entspricht! Alice argumentiert dann, dass nur Bob das Dokument hätte unterschreiben können, weil:

- Wer immer die Nachricht unterschrieben hat, muss den geheimen Schlüssel K_B^- benutzt haben, um die Unterschrift $K_B^-(m)$ zu berechnen, so dass $K_B^+\left(K_B^-(m)\right) = m$.
- Die einzige Person, die den geheimen Schlüssel, K_B^- hätte kennen können, ist Bob. Wir haben bei der Diskussion von RSA in Abschnitt 8.2 erwähnt, dass die Kenntnis des öffentlichen Schlüssels K_B^+ keinen Nutzen dabei bringt, den geheimen Schlüssel K_B^- zu ermitteln. Deshalb ist die einzige Person, die K_B^- kennen konnte, die Person, die das Schlüsselpaar $\left(K_B^+, K_B^-\right)$ zuerst erzeugt hat, nämlich Bob. (Beachten Sie, dass hier jedoch angenommen wird, dass Bob K_B^- weder an jemanden weitergegeben hat noch dass irgendjemand K_B^- von Bob gestohlen hat.)

Beachtet werden muss auch, dass bei irgendeiner Veränderung des Originaldokumentes m zu einer alternativen Form m' die von Bob für m erstellte Unterschrift für m' nicht gültig sein wird, weil $K_B^+\left(K_B^-(m)\right)$ nicht m' entspricht. Auf diese Weise können wir sehen, dass digitale Unterschriften auch Nachrichtenintegrität gewährleisten, durch die ein Empfänger sicherstellen kann, dass die Nachricht nicht verändert wurde.

Ein Problem bei der Signierung von Daten mittels Verschlüsselung besteht darin, dass Ver- und Entschlüsselung zu rechenintensiv sind. Angesichts des Aufwands bei diesen Vorgängen kann das vollständige Signieren der gesamten Nachricht einen gigantischen Berechnungsaufwand bedeuten. Eine effizientere Methode besteht darin, Hash-Funktionen für die digitale Unterschrift zu verwenden. Wie wir in Abschnitt 8.3.2 erwähnt haben, nimmt ein Hash-Algorithmus eine Nachricht m von beliebiger Länge und berechnet zu dieser einen „Fingerabdruck" fester Länge, der mit $H(m)$ bezeichnet wird. Dieser Hash-Wert schützt die Daten in dem Sinn, dass bei einer Änderung von m zu m' der für die Originaldaten berechnete (und mit diesen Daten übertragene) Wert $H(m)$ nicht mit dem Wert $H(m')$ übereinstimmen wird, der aus den geänderten Daten m' berechnet wird.

Bei Verwendung einer Hash-Funktion unterschreibt Bob den Hash-Wert der Nachricht anstelle der Nachricht selbst, das heißt, Bob berechnet $K_B^-(H(m))$. Da $H(m)$ im Allgemeinen viel kleiner ist als die Originalnachricht m, wird der für die Erstellung der digitalen Unterschrift benötigte Rechenaufwand beträchtlich reduziert.

Vor dem Hintergrund einer Nachricht, die Bob an Alice sendet, bietet ▶Abbildung 8.11 eine Zusammenfassung der Operationen bei der Erstellung einer elektronischen Signatur. Bob wendet eine Hash-Funktion auf seine ursprüngliche lange Nachricht an. Er unterschreibt dann den entstehenden Hash digital mit seinem geheimen Schlüssel. Die Originalnachricht (im Klartext) wird dann zusammen mit dem digital unterschriebenen Hash-Wert der Nachricht (welchen wir künftig als digitale Unterschrift bezeichnen) Alice zugesandt. ▶Abbildung 8.12 bietet eine Zusammenfassung der Operationen bei der Überprüfung der Signatur. Alice wendet den öffentlichen Schlüssel des Absenders auf die Signatur an, um einen Hash-Wert zu erhalten. Alice wendet zudem die Hash-Funktion auf die Klartextnachricht an, um einen zweiten

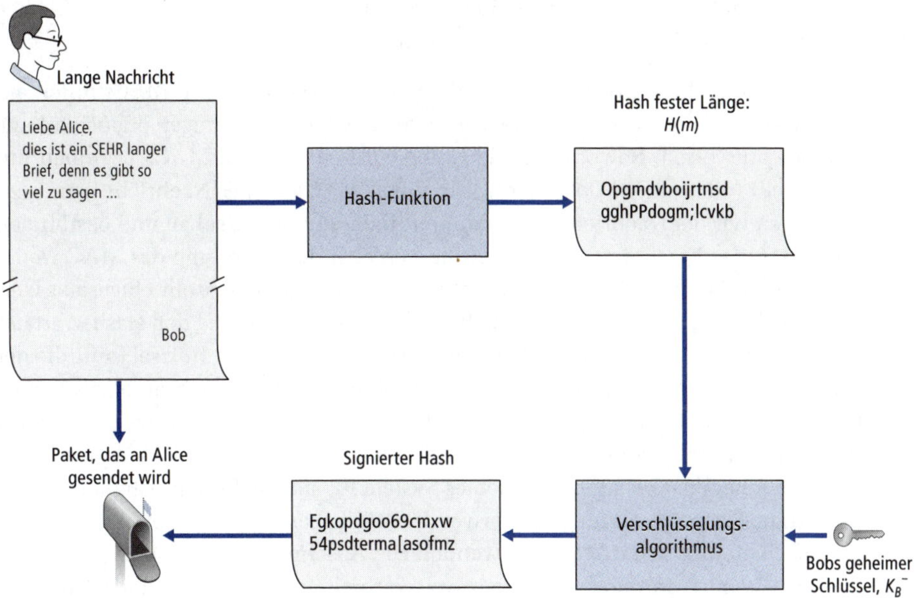

Abbildung 8.11: Senden einer digital unterschriebenen Nachricht

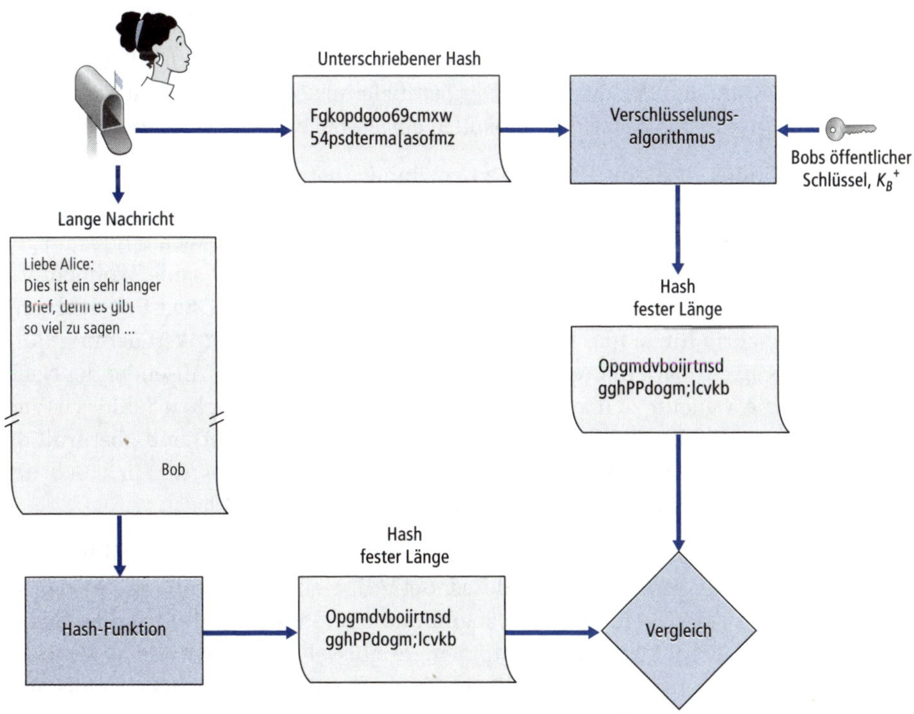

Abbildung 8.12: Verifizieren einer unterschriebenen Nachricht

Hash-Wert zu erhalten. Stimmen die beiden Hash-Werte überein, dann kann sich Alice der Integrität und des Erzeugers der Nachricht sicher sein.

Bevor wir weitermachen, wollen wir kurz digitale Unterschriften und MACs miteinander vergleichen, da sie zwar Parallelen, aber auch wichtige, weniger offensichtliche Unterschiede aufweisen. Sowohl digitale Unterschriften als auch MACs beginnen mit einer Nachricht (oder einem Dokument). Um einen MAC aus der Nachricht heraus zu erstellen, fügen wir der Nachricht einen Authentifizierungsschlüssel an und bestimmen dann den Hash des Ergebnisses. Beachten Sie, dass bei der Erstellung des MAC weder öffentliche Schlüssel noch Kryptografie mit symmetrischen Schlüsseln eingesetzt werden. Um eine digitale Unterschrift zu erstellen, bestimmen wir zuerst den Hash-Wert der Nachricht und verschlüsseln diesen dann mit unserem geheimen Schlüssel (mithilfe der Public-Key-Kryptografie). Auf diese Art ist eine digitale Unterschrift eine „schwergewichtigere" Technik, denn sie erfordert eine zugrunde liegende Public-Key-Infrastruktur (PKI) mit Zertifizierungsstellen, wie sie weiter unten beschrieben wird. Wir werden in Abschnitt 8.5 sehen, dass PGP – ein beliebtes System für sichere E-Mail – digitale Unterschriften für die Nachrichtenintegrität verwendet. Wir haben bereits erfahren, dass OSPF für die Nachrichtenintegrität MACs verwendet. Die Abschnitte 8.6 und 8.7 werden zeigen, dass MACs auch in einer Reihe von weit verbreiteten Transport- und Netzwerkschicht-Sicherheitsprotokollen verwendet wird.

Zertifizierung öffentlicher Schlüssel

Eine wichtige Anwendung digitaler Unterschriften ist die **Zertifizierung öffentlicher Schlüssel** *(Public Key Certification)*, das heißt das Bestätigen, dass ein öffentlicher Schlüssel zu einer bestimmten Person gehört. Die Zertifizierung öffentlicher Schlüssel wird in vielen beliebten sicheren Netzwerkprotokollen eingesetzt, darunter IPsec und SSL.

Um einen Einblick in dieses Problem zu gewinnen, betrachten wir eine Version des Internethandels, die als „Pizzastreich" bekannt geworden ist. Alice betreibt eine Pizzabäckerei mit Auslieferung und nimmt Bestellungen über das Internet an. Bob, ein großer Pizza-Liebhaber, sendet Alice eine Klartextnachricht, in der seine Wohnadresse und die von ihm gewünschte Pizzasorte stehen. Dieser Nachricht fügt Bob auch eine digitale Unterschrift hinzu (das heißt einen unterschriebenen Hash-Wert der ursprünglichen Klartextnachricht), um Alice zu beweisen, dass er der echte Absender der Nachricht ist. Um die Signatur zu überprüfen, erhält Alice Bobs öffentlichen Schlüssel (vielleicht von einem Public-Key-Server oder aus der E-Mail-Nachricht) und überprüft die digitale Unterschrift. Auf diese Weise vergewissert sie sich, dass wirklich Bob und nicht irgendein jugendlicher Witzbold die Bestellung aufgegeben hat.

Dies klingt alles ganz gut, bis die schlaue Trudy auftaucht. Wie in Abbildung 8.13 gezeigt, plant Trudy einen Streich. Sie sendet Alice eine Nachricht zu, in der sie behauptet, Bob zu sein, seine Adresse angibt und eine Pizza bestellt. An diese Nachricht hängt sie ihren (Trudys) öffentlichen Schlüssel an, wobei Alice natürlich annimmt, es sei Bobs öffentlicher Schlüssel. Trudy fügt auch eine digitale Unterschrift hinzu, die mit ihrem (Trudys) eigenen geheimen Schlüssel erstellt worden ist. Nach

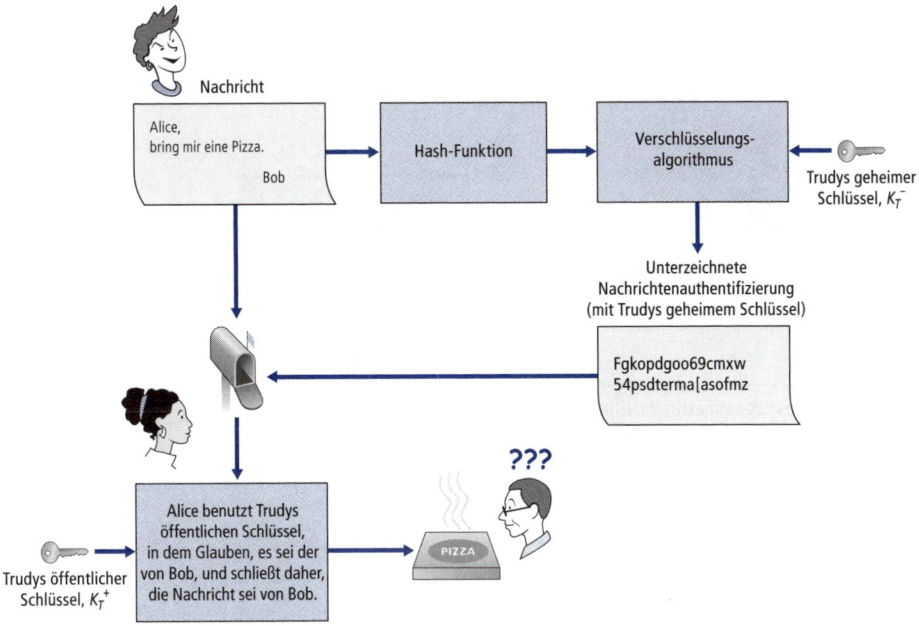

Abbildung 8.13: Trudy verwendet Public-Key-Kryptografie, um sich als Bob auszugeben

dem Erhalt der Nachricht wendet Alice Trudys öffentlichen Schlüssel auf die digitale Unterschrift an (in der Annahme, dass es sich um Bobs handelt) und schließt, dass die Klartextnachricht wirklich von Bob erstellt wurde. Bob wird daher sehr überrascht sein, wenn der Pizzabote ihm eine Pizza mit Peperoni und Sardellen ins Haus bringt!

Wir erkennen anhand dieses Beispiels eines: Damit die Public-Key-Verschlüsselung sinnvoll ist, müssen wir sicherstellen können, dass wir tatsächlich den öffentlichen Schlüssel des Subjekts haben (Person, Router, Browser usw.), mit dem wir kommunizieren wollen. Will zum Beispiel Alice mit Bob mittels Public-Key-Kryptografie kommunizieren, muss sie sicherstellen, dass der öffentliche Schlüssel, von dem sie annimmt, dass er Bob gehört, auch wirklich derjenige von Bob ist.

Die Zuordnung eines öffentlichen Schlüssels zu einem bestimmten Subjekt erfolgt normalerweise durch eine **Zertifizierungsstelle** (**CA**, *certification authority*), deren Aufgabe es ist, Identitäten zu überprüfen und Bescheinigungen auszustellen. Eine CA hat die folgenden Aufgaben:

1. Eine CA stellt sicher, dass ein Subjekt (eine Person, ein Router usw.) dasjenige ist, das es zu sein behauptet. Es gibt keine vorgeschriebenen Prozeduren dafür, wie die Zertifizierung durchgeführt wird. Wenn man es mit einer CA zu tun hat, muss man darauf vertrauen, dass die CA eine angemessen gründliche Identitätsprüfung ausgeführt hat. Könnte Trudy zum Beispiel zu einer unzuverlässigen CA gehen, dort einfach behaupten „Ich bin Alice" und eine Bescheinigung erhalten, die ihr die Identität von Alice gibt, dann kann man den von dieser CA

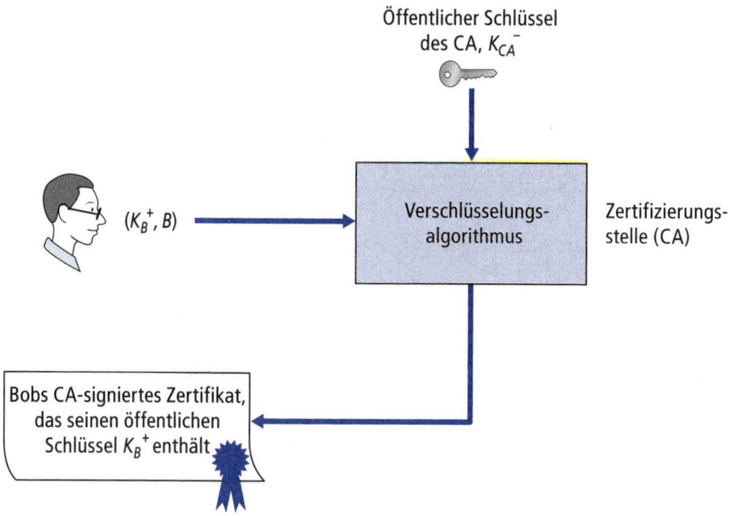

Abbildung 8.14: Bob erhält ein Zertifikat von der CA

bestätigten öffentlichen Schlüsseln nicht viel Vertrauen entgegenbringen. Andererseits könnte man einer CA vertrauen (oder auch nicht), die Teil einer Bundes- oder Landesbehörde ist. Sie können einer Identität, die hinter einem öffentlichen Schlüssel steckt, nur so weit vertrauen, wie Sie der CA und ihren Überprüfungsverfahren vertrauen können.

2. Hat die CA die Identität des Subjekts überprüft, erstellt die Zertifizierungsstelle eine Bescheinigung – das **Zertifikat** –, die den öffentlichen Schlüssel des Subjekts mit seiner Identität verbindet. Dieses Zertifikat enthält den öffentlichen Schlüssel und eindeutige Identifizierungsinformationen über den Besitzer des öffentlichen Schlüssels (zum Beispiel einen menschlichen Namen oder eine IP-Adresse). Das Zertifikat wird digital von der CA unterschrieben. Diese Schritte werden in ▶Abbildung 8.14 dargestellt.

Betrachten wir nun, wie Zertifikate eingesetzt werden können, um Pizza bestellende Witzbolde wie Trudy und andere unerwünschte Personen zu bekämpfen. Wenn Bob seine Bestellung aufgibt, sendet er auch seine von der CA unterschriebene Beglaubigung. Alice verwendet den öffentlichen Schlüssel der CA, um die Gültigkeit von Bobs Zertifikat zu überprüfen und seinen öffentlichen Schlüssel herauszufinden.

Sowohl die International Telecommunication Union (ITU) als auch die IETF haben Standards für CAs entwickelt. ITU X.509 [ITU 1993] legt sowohl einen Authentifizierungsdienst als auch eine bestimmte Syntax für Zertifikate fest. [RFC 1422] beschreibt die CA-basierte Schlüsselverwaltung, die für sichere Internet-E-Mails zum Einsatz kommt. Es ist mit X.509 kompatibel, führt aber Verfahrensweisen und Konventionen für eine Schlüsselverwaltungsarchitektur ein und geht somit über X.509 hinaus. ▶Tabelle 8.3 beschreibt einige der wichtigen Felder eines Zertifikats.

Wegen des jüngsten Booms beim E-Commerce und dem sich daraus ergebenden erhöhten Bedarf an sicheren Übertragungen gibt es auch ein gesteigertes Interesse an Zertifizierungsinstanzen. Zu den Firmen, die CA-Dienste anbieten, gehört beispielsweise VeriSign [VeriSign 2007].

Feldname	Beschreibung
Version	Versionsnummer der X.509-Spezifikation
Seriennummer	Von der CA ausgegebener eindeutiger Bezeichner für ein Zertifikat
Signatur	Legt den Algorithmus fest, der von der CA verwendet wird, um dieses Zertifikat zu unterschreiben.
Name der ausgebenden Stelle	Identität der CA, die diese Bescheinigung ausstellt, als eindeutiger Name im DN-Format [RFC 2253]
Gültigkeitsperiode	Beginn und Ende der Gültigkeitsdauer des Zertifikats
Name des Subjekts	Identität des Subjekts, dessen öffentlicher Schlüssel mit diesem Zertifikat bestätigt wird, im DN-Format
Öffentlicher Schlüssel des Subjekts	Öffentlicher Schlüssel des Subjekts sowie ein Verweis auf den Public-Key-Algorithmus (und seine Parameter), der für diesen Schlüssel verwendet wird

Tabelle 8.3: Ausgewählte Felder eines Zertifikates gemäß X.509 und RFC 1422

8.4 Endpunktauthentifizierung

Durch den Prozess der **Endpunktauthentifizierung** wird die Identität einer Person einer anderen gegenüber bewiesen. Wir Menschen authentifizieren uns auf vielerlei Weisen: Wir erkennen unsere Gesichter, wenn wir uns treffen, wir erkennen unsere Stimmen am Telefon oder wir werden vom Grenzbeamten authentifiziert, der unser Aussehen mit dem Bild auf unserem Reisepass abgleicht.

In diesem Abschnitt befassen wir uns damit, wie ein Kommunikationsteilnehmer einen anderen authentifizieren kann, wenn die beiden über ein Netzwerk kommunizieren. Wir konzentrieren uns hier darauf, einen Teilnehmer „live" zu dem Zeitpunkt zu authentifizieren, zu dem die Kommunikation tatsächlich durchgeführt wird. Dies ist ein etwas anderes Problem, als zu beweisen, dass eine Nachricht, die irgendwann in der Vergangenheit eintraf, wirklich vom angegebenen Absender stammt, welches wir in Abschnitt 8.3 behandelt haben.

Sobald die Authentifizierung über das Netzwerk durchgeführt wird, können sich die kommunizierenden Parteien nicht auf biometrische Informationen verlassen, beispielsweise das visuelle Erscheinungsbild oder den Klang der Stimme. Tatsächlich werden wir in unseren späteren Fallstudien sehen, dass es oft Netzwerkkomponenten sind, die sich authentifizieren müssen, etwa Router oder Client/Server-Prozesse. Hierbei muss die Authentifizierung ausschließlich aufgrund von Nachrichten und Daten

Abbildung 8.15: Protokoll ap1.0 sowie ein Fehlerszenario

erfolgen, die als Teil eines **Authentifizierungsprotokolls** ausgetauscht werden. Üblicherweise sollte dieses ablaufen, bevor die beiden Kommunikationspartner irgendein anderes Protokoll laufen lassen (beispielsweise ein verlässliches Datentransferprotokoll, ein Routing-Informations-Austauschprotokoll oder ein E-Mail-Protokoll). Das Authentifizierungsprotokoll bestimmt zunächst die Identitäten der beiden Parteien. Erst nach der Authentifizierung können die beiden Partner die anstehenden Aufgaben in Angriff nehmen.

Wie im Fall unserer Entwicklung des verlässlichen Datentransferprotokolls (`rdt`) in Kapitel 3 glauben wir, dass es lehrreich ist, wenn wir hier verschiedene Versionen eines Authentifizierungsprotokolls entwerfen, die wir als *ap* (Authentication-Protocol) bezeichnen, wobei wir in jeder Version auftauchende Löcher der Vorgängerversion stopfen. (Wenn Sie diese schrittweise Entwicklung eines Designs mögen, wird Ihnen auch [Bryant 1988] gefallen; dort wird die fiktive Entwicklung eines Authentifizierungssystems wiedergegeben, in der die beteiligten Entwickler nach und nach die zahlreichen subtilen Details erkennen.) Nehmen wir an, dass Alice sich gegenüber Bob authentifizieren will.

8.4.1 Authentifizierungsprotokoll *ap1.0*

Das vielleicht einfachste vorstellbare Authentifizierungsprotokoll ist eines, bei dem Alice einfach eine Nachricht an Bob sendet, in der sie sagt, dass sie Alice ist. Dieses Protokoll wird in ▶Abbildung 8.15 dargestellt. Die Schwachstelle ist hier offensichtlich – Bob hat keine Möglichkeit festzustellen, dass die Person, von der er die Nachricht „Ich bin Alice" erhält, wirklich Alice ist. Zum Beispiel könnte Trudy (der Eindringling) ebenfalls eine solche Nachricht senden.

8.4.2 Authentifizierungsprotokoll *ap2.0*

Wenn Alice eine bekannte Netzadresse besitzt (z.B. eine IP-Adresse), über die sie immer kommuniziert, könnte Bob versuchen, Alice zu authentifizieren, indem er überprüft, ob

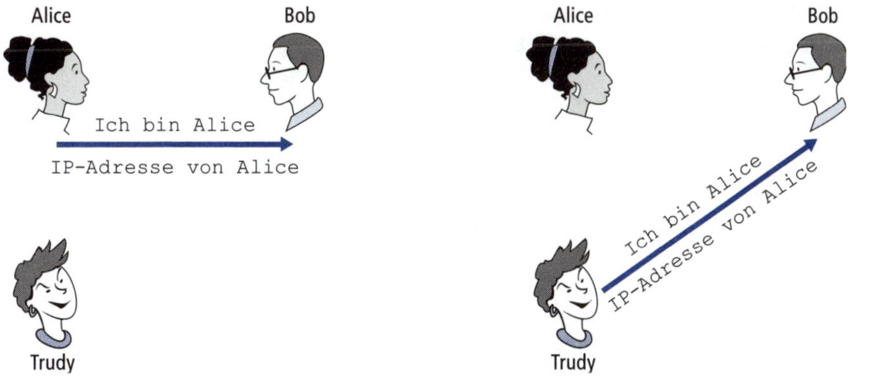

Abbildung 8.16: Protokoll *ap2.0* und ein Fehlerszenario

die Quelladresse des IP-Datagramms, welches die Authentifizierungsnachricht beinhaltete, mit der ihm bekannten Adresse von Alice übereinstimmt. In diesem Fall würde Alice authentifiziert. Dies könnte immerhin einen mit Netzwerken unvertrauten Eindringling davon abhalten, Alice zu imitieren, nicht aber einen entschlossenen Studenten, der dieses Buch aufmerksam gelesen hat, geschweige denn viele andere!

Aus unserer Betrachtung der Netzwerk- und Sicherungsschicht wissen wir, dass es nicht schwer ist, ein IP-Datagramm zu erstellen, darin irgendeine von uns gewünschte IP-Quelladresse einzutragen (zum Beispiel Alices bekannte IP-Adresse) und es über das Sicherungsschichtprotokoll an den First-Hop-Router zu senden. (Das gelingt zum Beispiel, wenn man Zugriff auf den Code des Betriebssystems hat und seinen eigenen Betriebssystemkernel erstellen kann, wie das bei Linux und anderen frei verfügbaren Betriebssystemen der Fall ist.) Von da an würde das Datagramm mit der falschen Quelladresse richtig an Bob weitergeleitet. Diese Vorgehensweise, die in ▶ Abbildung 8.16 dargestellt ist, ist eine Form des IP-Spoofing. Man kann Letzteres vermeiden, wenn Trudys First-Hop-Router so konfiguriert ist, dass er nur Datagramme weiterleitet, die Trudys IP-Quelladresse enthalten [RFC 2827]. Allerdings wird diese Möglichkeit nicht überall eingesetzt bzw. gefordert. Bob wäre also leichtsinnig, würde er annehmen, dass Trudys Netzwerkadministrator (bei dem es sich auch um Trudy selbst handeln könnte!) ihren First-Hop-Router so konfiguriert hätte, dass er nur passend adressierte Datagramme weiterleitet.

8.4.3 Authentifizierungsprotokoll *ap3.0*

Eine klassische Methode der Authentifizierung ist die Verwendung eines geheimen Kennworts. Wir benutzen eine PIN, um uns gegenüber Bankautomaten zu identifizieren, und Login-Kennworte, um uns gegenüber Betriebssystemen auszuweisen. Das Passwort ist ein Geheimnis, dass der Authentifizierer und die zu authentifizierende Person miteinander teilen. Telnet und FTP verwenden Kennwortauthentifizierung. Im Protokoll *ap3.0* sendet Alice daher ihr geheimes Kennwort an Bob, wie in ▶ Abbildung 8.17 gezeigt.

Abbildung 8.17: Protokoll *ap3.0* und ein Fehlerszenario

Da Kennwörter so weit verbreitet sind, liegt die Vermutung nahe, dass unser Protokoll *ap3.0* ziemlich sicher wäre. Aber das ist falsch! Die Schwachstelle ist einfach zu sehen: Belauscht Trudy die Kommunikation von Alice, dann kann sie Alices Passwort ausspionieren. Wenn Sie das für unwahrscheinlich halten, dann vergegenwärtigen Sie sich die Tatsache, dass Ihr Passwort beim Anmelden und Einloggen in Telnet unverschlüsselt an den Telnet-Server übertragen wird. Irgendjemand, der mit dem LAN des Telnet-Clients oder -Servers verbunden ist, kann gegebenenfalls alle über das LAN gesendeten Pakete mitlesen und so das Anmeldekennwort stehlen. In der Tat ist dies eine bekannte Methode, um Kennwörter zu stehlen (siehe zum Beispiel [Jimenez 1997]). Diese Bedrohung ist offensichtlich sehr real, so dass *ap3.0* eindeutig keine gute Lösung ist.

8.4.4 Authentifizierungsprotokoll *ap3.1*

Die naheliegendste Idee, um *ap3.0* zu verbessern, besteht im Verschlüsseln des Kennwortes. Dadurch können wir Trudy daran hindern, Alices Kennwort auszuspähen. Gehen wir davon aus, dass Alice und Bob einen symmetrischen geheimen Schlüssel K_{A-B} miteinander teilen, dann kann Alice das Kennwort verschlüsseln und ihre Identifikationsnachricht „ich bin Alice“ sowie ihr verschlüsseltes Kennwort an Bob senden. Bob entschlüsselt dann das Kennwort und authentifiziert Alice, wenn das Kennwort richtig ist. Bob fühlt sich nach der Authentifizierung von Alice sicher, da sie nicht nur das Kennwort kennt, sondern auch den gemeinsamen geheimen Schlüssel, mit dem das Passwort verschlüsselt werden muss. Nennen wir dieses Protokoll *ap3.1*.

Obwohl es richtig ist, dass *ap3.1* Trudy daran hindert, Alices Kennwort auszuspionieren, löst die Verwendung von Kryptografie hier keinesfalls das Authentifizierungsproblem. Trudy muss lediglich die Kommunikation von Alice abhören, die verschlüsselte Version des Kennwortes aufzeichnen und in ihrer Kommunikation mit Bob die verschlüsselte Version des Kennwortes benutzen, um vorzugeben, dass sie Alice ist. Bob wird so das Opfer eines **Playback-Angriffs**. Die Verwendung eines verschlüsselten Kennwortes in *ap3.1* verändert offenkundig die in Abbildung 8.17 dargestellte Situation des Protokolls *ap3.0* nicht wesentlich.

8.4.5 Authentifizierungsprotokoll *ap4.0*

Das Problem mit *ap3.1* besteht darin, dass dasselbe Kennwort immer wieder verwendet wird. Ein Ausweg aus diesem Problem wäre, jedes Mal ein anderes Kennwort zu verwenden. Alice und Bob könnten sich auf eine Folge von Kennworten verständigen (oder auf einen Algorithmus, der Kennworte generiert) und jedes Kennwort dieser Folge nur einmal benutzen. Dieser Gedanke wird im S/KEY-System aufgegriffen [RFC 1760], das eine Methode von Lamport einsetzt [Lamport 1981], um eine Sequenz von Kennwörtern zu erzeugen.

Statt mit dieser Lösung zufrieden zu sein, wollen wir einen allgemeineren Ansatz zur Abwehr des Playback-Angriffes betrachten. Das Fehlerszenario aus Abbildung 8.17 beruhte auf der Tatsache, dass Bob nicht zwischen der originalen Authentifizierung von Alice und ihrer späteren Wiederholung durch Trudy unterscheiden konnte. Das heißt, Bob konnte nicht sagen, ob sich Alice tatsächlich momentan am anderen Ende der Verbindung befand, oder ob die Nachrichten, die er erhalten hatte, eine aufgezeichnete Wiedergabe einer früheren Authentifizierung von Alice waren. Der sehr *(sehr)* aufmerksame Leser wird sich daran erinnern, dass der Drei-Wege-Handshake in TCP dasselbe Problem lösen musste – die Server-Seite einer TCP-Verbindung hat keine Verbindung akzeptiert, wenn das eingegangene SYN-Segment eine alte Kopie (eine Übertragungswiederholung) des SYN-Segmentes einer früheren Verbindung war. Wie hatte die TCP-Server-Seite das Problem gelöst, zu bestimmen, ob der Client wirklich aktuell anwesend war? Sie wählte eine anfängliche Sequenznummer, die seit langer Zeit nicht mehr verwendet worden war, sandte sie dem Client zu und wartete dann darauf, dass der Client mit einem ACK-Segment bestätigte, dass er diese Sequenznummer erhalten hatte. Wir können für Authentifizierungszwecke hier dieselbe Idee übernehmen.

Eine **Nonce** ist eine Zahl, die ein Protokoll nur einmal im Leben verwendet. Das heißt, sobald ein Protokoll einmal eine Nonce verwendet hat, wird es diese Nummer nie wieder einsetzen. Unser *ap4.0*-Protokoll verwendet eine Nonce wie folgt:

1. Alice sendet die Nachricht „Ich bin Alice“ an Bob.
2. Bob wählt eine Nonce R und schickt sie an Alice.
3. Alice verschlüsselt die Nonce mithilfe des symmetrischen geheimen Schlüssels von Alice und Bob, K_{A-B}, und sendet Bob die verschlüsselte Nonce, $K_{A-B}(R)$,

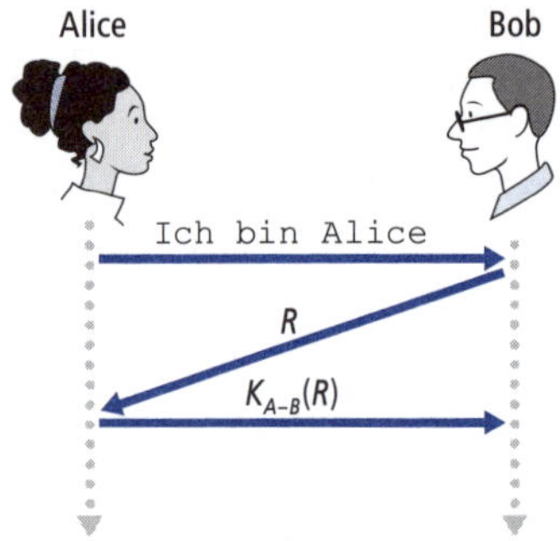

Abbildung 8.18: Protokoll *ap4.0* und ein Fehlerszenario

zurück. Wie in Protokoll *ap3.1* gibt allein die Tatsache, dass Alice K_{A-B} kennt und verwendet, um einen Wert zu verschlüsseln, Bob die Gewissheit, dass die bei ihm eingetroffene Nachricht von Alice erzeugt wurde. Die Nonce wird daher versendet, um sicherzustellen, dass Alice tatsächlich derzeit am anderen Ende der Leitung sitzt.

4. Bob entschlüsselt die erhaltene Nachricht. Wenn die entschlüsselte Nonce mit derjenigen, die er an Alice gesandt hat, identisch ist, wird Alice authentifiziert.

Das Protokoll *ap4.0* wird in ▶Abbildung 8.18 erläutert. Durch die einmalige Verwendung des Wertes R und anschließende Prüfung des zurückgegebenen Wertes $K_{A-B}(R)$ kann Bob einerseits sicher sein, dass Alice diejenige ist, die sie zu sein behauptet (weil sie den geheimen Schlüssel kennt, der für die Verschlüsselung von R benötigt wird), und dass sie live an der Kommunikation teilnimmt (weil sie die Nonce R verschlüsselt hat, die Bob eben erst erzeugt hatte).

8.4.6 Authentifizierungsprotokoll ap5.0

Die Verwendung einer Nonce sowie Kryptografie mit symmetrischen Schlüsseln bildeten die Basis unseres erfolgreichen Authentifizierungsprotokolls *ap4.0*. Es stellt sich natürlich die Frage, ob wir eine Nonce und Public-Key-Verschlüsselung (anstelle der Kryptografie mit symmetrischen Schlüsseln) verwenden können, um das Authentifizierungsproblem zu lösen. Die Verwendung von Public-Key-Verschlüsselung würde eine Schwierigkeit vermeiden, die jedem System mit symmetrischen Schlüsseln innewohnt – nämlich das Problem, wie die beiden Kommunikationspartner überhaupt ihren gemeinsamen geheimen Schlüssel festlegen können. Ein Protokoll, das Public-Key-Kryptografie in derselben Weise einsetzt, wie Kryptografie mit symmetrischen Schlüsseln in *ap4.0* genutzt wurde, ist das Protokoll *ap5.0*.

1. Alice sendet die Nachricht „Ich bin Alice“ an Bob.

2. Bob wählt eine Nonce R und sendet sie an Alice. Wieder wird die Nonce verwendet, um sicherzustellen, dass Alice derzeit aktiv ist.

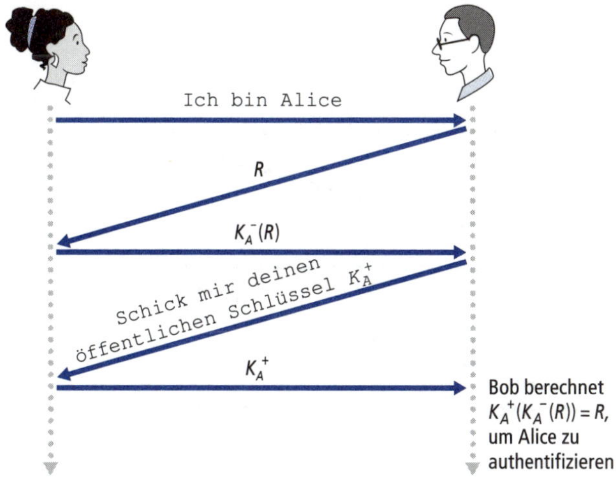

Abbildung 8.19: Hier funktioniert Protokoll *ap5.0 korrekt*

3. Alice verwendet ihren geheimen Schlüssel, K_A^-, um die Nonce zu verschlüsseln, und sendet das Ergebnis $K_A^-(R)$ an Bob. Da nur Alice ihren geheimen Schlüssel kennt, kann niemand anderes als sie $K_A^-(R)$ erzeugen.

4. Bob wendet Alices öffentlichen Schlüssel K_A^+ auf die empfangene Nachricht an, das heißt, Bob berechnet $K_A^+\left(K_A^-(R)\right)$. Wir haben bei der Diskussion des RSA-Verfahrens in Abschnitt 8.2 erwähnt, dass $K_A^+\left(K_A^-(R)\right) = R$. Daher berechnet Bob den Wert R und authentifiziert so Alice.

Die Arbeitsweise des Protokolls *ap5.0* wird in ▶ Abbildung 8.19 dargestellt. Ist *ap5.0* ebenso wie *ap4.0* ein sicheres Protokoll? Beide setzen Noncen ein. Da *ap5.0* die Public-Key-Verschlüsselung verwendet, muss Bob den öffentlichen Schlüssel von Alice kennen. Dies führt zu einem interessanten Szenario, dargestellt in ▶ Abbildung 8.20, in dem Trudy in der Lage sein kann, Alice gegenüber Bob zu imitieren.

1. Trudy sendet die Nachricht „Ich bin Alice" an Bob.

2. Bob wählt eine Nonce R und sendet sie an Alice, allerdings wird die Nachricht von Trudy abgefangen.

3. Trudy verwendet ihren geheimen Schlüssel, K_T^-, um die Nonce zu verschlüsseln, und sendet das Ergebnis $K_T^-(R)$ an Bob. Für Bob ist $K_T^-(R)$ nur ein Bündel Bits und er weiß nicht, ob diese Bits $K_T^-(R)$ oder $K_A^-(R)$ darstellen.

4. Bob muss nun Alices öffentlichen Schlüssel erhalten, um K_A^+ auf den Wert anzuwenden, den er gerade erhalten hat. Er sendet Alice eine Nachricht und bittet sie um K_A^+. (Bob könnte auch versuchen, Alices öffentlichen Schlüssel von ihrer Webseite zu laden.) Trudy fängt auch diese Nachricht ab und antwortet Bob mit K_T^+, das heißt Trudys öffentlichem Schlüssel. Bob berechnet $K_T^+\left(K_T^-(R)\right) = R$ und authentifiziert daher Trudy als Alice!

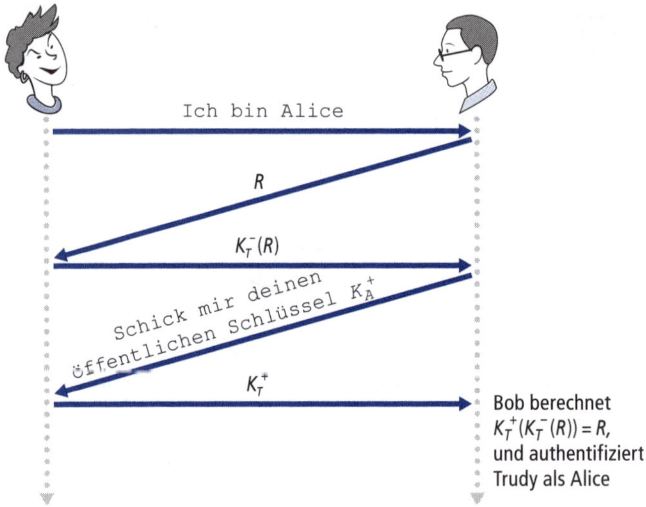

Abbildung 8.20: Eine Sicherheitslücke des Protokolls *ap5.0*

Anhand dieses Szenarios wird deutlich, dass das Protokoll *ap5.0* nur so sicher ist wie die Weitergabe der öffentlichen Schlüssel. Glücklicherweise können wir Zertifikate verwenden, um öffentliche Schlüssel auf sichere Weise weiterzugeben, wie wir in Abschnitt 8.3 gesehen haben.

Im Szenario in Abbildung 8.20 könnten Bob und Alice gemeinsam irgendwann erkennen, dass etwas nicht stimmt, denn Bob behauptet, mit Alice kommuniziert zu haben, während Alice weiß, dass sie nie mit Bob gesprochen hat. Es gibt allerdings einen noch heimtückischeren Angriff, der diese Entdeckung vermeiden würde. Im Szenario aus ▶Abbildung 8.21 reden Alice und Bob miteinander, aber indem sie dieselbe Lücke im Authentifizierungsprotokoll ausnutzt, ist Trudy in der Lage, sich *transparent* zwischen Alice und Bob zu setzen. Beginnt insbesondere Bob damit, verschlüsselte Daten an Alice mithilfe des Schlüssels zu senden, den er von Trudy erhält, kann Trudy den unverschlüsselten Text der Kommunikation zwischen Bob und Alice wiederherstellen. Gleichzeitig kann Trudy Bobs Daten an Alice weiterleiten (nachdem sie die Daten mit dem öffentlichen Schlüssel von Alice wieder verschlüsselt hat).

Für Bob ist die Welt in Ordnung – er versendet verschlüsselte Daten. Auch Alice ist zufrieden, weil sie mit ihrem eigenen öffentlichen Schlüssel verschlüsselte Daten empfängt. Beiden ist Trudys Gegenwart nicht bewusst. Sollten Bob und Alice später zusammentreffen und über ihre Kommunikation sprechen, wird Alice genau das erhalten haben, was Bob gesendet hat, so dass sie keine Abweichungen feststellen können. Dies ist ein Beispiel für einen sogenannten **Man-in-the-Middle-Angriff** (passender wäre hier eigentlich „Woman-in-the-Middle"-Angriff). Er wird auch manchmal als **Bucket-Brigade-Angriff** *(Eimerkettenangriff)* bezeichnet, da das Weiterreichen der Daten zwischen Alice und Bob durch Trudy dem Weiterreichen von Wassereimern in einer Eimerkette ähnelt *(Bucket Brigade)*, mit der ein Feuer mit Wasser aus einer entfernten Quelle gelöscht wird.

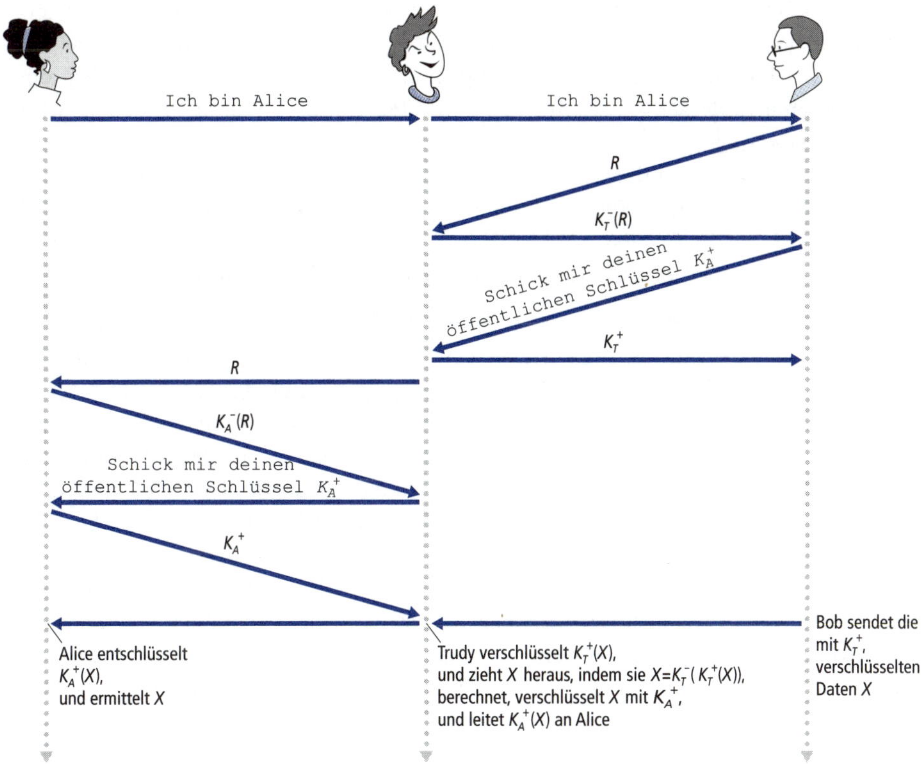

Abbildung 8.21: Ein Man-in-the-Middle-Angriff

8.5 Absichern von E-Mail

In den vorangegangenen Abschnitten haben wir grundlegende Themen der Netzwerksicherheit betrachtet, darunter symmetrische Kryptografie und Public-Key-Verschlüsselung, Endpunktauthentifizierung, Verteilung von Schlüsseln, Nachrichtenintegrität und digitale Signaturen. Wir werden nun untersuchen, wie diese Hilfsmittel eingesetzt werden, um Sicherheit im Internet zu gewährleisten. Interessanterweise ist es möglich, Sicherheitsdienste auf jeder der oberen vier Schichten des Internet-Protokollstapels anzusiedeln. Enthält ein Protokoll der Anwendungsschicht Sicherheitsmechanismen, stehen der Anwendung, die das Protokoll einsetzt, ein oder mehrere Sicherheitsdienste zur Verfügung, beispielsweise Vertraulichkeit, Authentifizierung oder Nachrichtenintegrität. Werden Sicherheitsfunktionen auf der Transportschicht angesiedelt, kommen alle Anwendungen, die dieses Transportprotokoll einsetzen, in den Genuss seiner Sicherheitsdienste. Wird Sicherheit auf der Netzwerkschicht auf Host-zu-Host-Basis geboten, genießen alle Transportschichtsegmente (und daher alle Anwendungsschichtdaten) die Sicherheitsdienste der Netzwerkschicht. Wird Sicherheit schließlich auf Basis eines Links realisiert, dann erhalten die Daten aller Rahmen, die über diesen Link transportiert werden, die Sicherheitsdienste des Links.

In den Abschnitten 8.5 bis 8.8 untersuchen wir, wie Sicherheitsmechanismen auf der Anwendungs-, der Transport-, der Netzwerk- und der Sicherungsschicht eingesetzt werden. In Übereinstimmung mit der allgemeinen Struktur dieses Buches beginnen wir am oberen Ende des Protokollstapels und diskutieren Sicherheitsaspekte auf der Anwendungsschicht. Wir werden eine spezifische Anwendung, E-Mail, als Beispiel für Sicherheitsfragen auf der Anwendungsschicht verwenden. Danach steigen wir den Protokollstapel hinunter. Wir untersuchen das SSL-Protokoll (das Sicherheit auf der Transportschicht bietet), IPsec (das Sicherheit auf der Netzwerkschicht bietet) und schließlich die Sicherheitsfunktionen des IEEE 802.11 Wireless-LAN-Protokolls.

Möglicherweise fragen Sie sich, warum Sicherheitsfunktionen auf mehr als einer Schicht im Internet bereitgestellt werden. Würde es nicht ausreichen, diese Sicherheitsfunktionalität ausschließlich auf der Netzwerkschicht zu implementieren? Es gibt zwei Antworten auf diese Frage. Erstens, obwohl Sicherheit auf der Netzwerkschicht eine „pauschale Abdeckung" durch Verschlüsseln aller Daten in den Datagrammen (das heißt aller Transportschichtsegmente) und aller Quell-IP-Adressen leisten würde, kann sie keine Sicherheit auf Benutzerebene bieten. Zum Beispiel kann ein Internetshop sich nicht auf IP-Schicht-Sicherheit verlassen, um einen Kunden, der dort Waren einkauft, zu authentifizieren. Daher besteht Bedarf sowohl an Sicherheitsfunktionen auf den höheren Schichten als auch an einer pauschalen Absicherung der niedrigeren Schichten. Zweitens ist es im Allgemeinen leichter, auf den höheren Schichten des Protokollstapels neue Internetdienste einzuführen, auch Sicherheitsdienste. Während die Anwendungsentwickler darauf warten, dass Sicherheit auf der Netzwerkschicht weitere Verbreitung findet, was wahrscheinlich noch viele Jahre dauern wird, bauen sie die benötigte Sicherheitsfunktionalität einfach in ihre Anwendungen ein. Ein klassisches Beispiel ist Pretty Good Privacy (PGP), das sichere E-Mail ermöglicht (und später in diesem Abschnitt erörtert wird). Da es nur Änderungen an der Applikationsschicht erfordert, war PGP eine der ersten Sicherheitstechnologien, die im Internet Verbreitung gefunden hat.

8.5.1 Sichere E-Mail

Wir verwenden nun die kryptografischen Grundlagen aus den Abschnitten 8.2 und 8.3, um ein sicheres E-Mail-System zu entwickeln. Wir erstellen dieses High-Level-Design schrittweise, wobei wir bei jedem Schritt neue Sicherheitsdienste einführen. Bei der Entwicklung unseres sicheren E-Mail-Systems wollen wir das klassische Beispiel aus Abschnitt 8.1 nicht aus den Augen verlieren: die Affäre zwischen Alice und Bob. Stellen Sie sich vor, dass Alice eine E-Mail-Nachricht an Bob senden will, die Trudy zu infiltrieren versucht.

Bevor wir losstürmen und ein sicheres E-Mail-System für Alice und Bob gestalten, sollten wir überdenken, welche Sicherheitsmerkmale für sie wohl die wichtigsten sind. An oberster Stelle steht da Vertraulichkeit. Wie in Abschnitt 8.1 besprochen, wollen weder Alice noch Bob, dass Trudy die E-Mail-Nachrichten von Alice liest. Das zweite Merkmal, das Alice und Bob wahrscheinlich sehen möchten, ist Absenderauthentifizierung. Insbesondere, wenn Bob die Nachricht erhält „Ich liebe dich nicht mehr. Ich will dich nie wieder sehen. Ehemals dein, Alice“, will er natürlich sicher sein, dass die Nachricht von Alice und nicht von Trudy kam. Ein weiteres Merkmal, das die beiden Liebenden schätzen würden, ist Nachrichtenintegrität, das heißt die Sicherheit, dass die von Alice gesendete Nachricht nicht verändert wurde, während sie sich auf dem Weg zu Bob befand. Schließlich sollte das E-Mail-System auch Empfängerauthentifizierung bieten. Das bedeutet, dass Alice sich vergewissern will, dass sie den Brief wirklich an Bob sendet und nicht an jemand anderen (zum Beispiel Trudy), der nur so tut, als wäre er Bob.

Also wenden wir uns zunächst der vordringlichsten Sorge zu, der Vertraulichkeit. Der geradlinigste Weg, um Vertraulichkeit zu sichern, besteht darin, dass Alice die Nachricht mit symmetrischer Verschlüsselungstechnik (etwa DES oder AES) verschlüsselt, während Bob sie nach Erhalt entschlüsselt. Wie in Abschnitt 8.2 besprochen, ist es für irgendjemand anderen (einschließlich Trudy) äußerst schwierig, die Nachricht zu lesen, wenn der symmetrische Schlüssel lang genug ist und wenn nur Alice und Bob ihn kennen. Obwohl diese Methode einfach ist, weist sie dieselbe grundsätzliche Schwierigkeit auf, die wir bereits in Abschnitt 8.2 kennengelernt haben – das Verteilen eines symmetrischen Schlüssels, so dass nur Alice und Bob Kopien von ihm haben. Daher ist klar, dass wir eine alternative Methode betrachten sollten – Public-Key-Kryptografie (zum Beispiel mithilfe von RSA). Dabei stellt Bob seinen öffentlichen Schlüssel allgemein zur Verfügung (z.B. über einen öffentlichen Schlüsselserver oder auf seiner persönlichen Webseite), Alice verschlüsselt ihre Nachricht mit Bobs öffentlichem Schlüssel und sendet sie an Bobs E-Mail-Adresse. (Die verschlüsselte Nachricht wird mit MIME-Headern verkapselt und wie in Abschnitt 2.4 diskutiert über gewöhnliches SMTP übertragen.) Sobald Bob die Nachricht erhält, entschlüsselt er sie einfach mit seinem geheimen Schlüssel. Sofern Alice sicher weiß, dass der öffentliche Schlüssel derjenige von Bob ist (und wenn der Schlüssel lang genug ist), ist diese Methode ein ausgezeichnetes Mittel, um die gewünschte Vertraulichkeit zu erreichen. Ein Problem ist jedoch, dass Public-Key-Verschlüsselung relativ ineffizient ist, insbesondere für lange Nachrichten. (Lange E-Mail-Nachrichten gehören mittlerweile aufgrund der steigenden Verwendung von Anhängen, Abbildungen, Audio und Video im Internet zum Alltag.)

Um das Effizienzproblem zu überwinden, werden wir einen Sitzungsschlüssel benutzen (wie in Abschnitt 8.2.2 diskutiert). Konkret wählt Alice (1) einen zufälligen symmetrischen Sitzungsschlüssel, K_S, aus, (2) sie verschlüsselt ihre Nachricht m mit dem symmetrischen Schlüssel, (3) sie verschlüsselt den symmetrischen Schlüssel mit Bobs öffentlichem Schlüssel, K_A^+ (4) sie hängt die verschlüsselte Nachricht und den verschlüsselten symmetrischen Schlüssel aneinander und (5) sie sendet diese Kombination an Bobs E-Mail-Adresse. Die Schritte werden in ▶ Abbildung 8.22 erläutert. (In dieser und den folgenden Abbildungen stellt das umkreiste „+“ eine Verkettung dar und das umkreiste „–“ bedeutet das Herausnehmen eines Teils aus einer so entstandenen Kombination.) Wenn Bob das Paket erhält, verwendet er (1) seinen geheimen Schlüssel, K_A^-, um den symmetrischen Schlüssel K_S zu erhalten, und (2) nutzt dann diesen symmetrischen Schlüssel K_S, um die Nachricht m zu entschlüsseln.

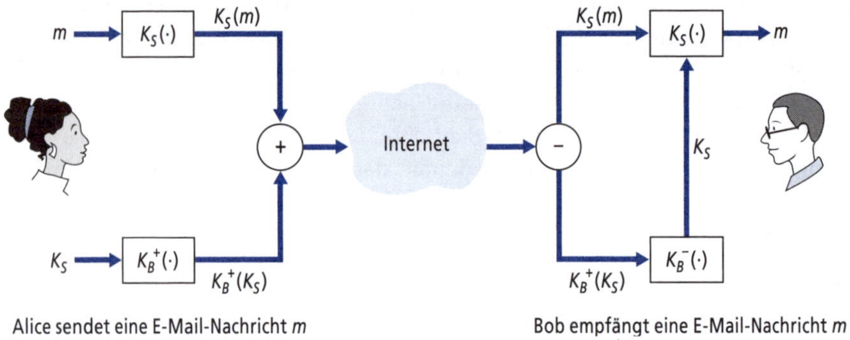

Abbildung 8.22: Alice benutzt einen symmetrischen Sitzungsschlüssel, K_S, um eine geheime E-Mail an Bob zu schicken

Nachdem wir nun ein sicheres E-Mail-System gestaltet haben, das Vertraulichkeit bietet, wollen wir ein anderes System gestalten, das sowohl Absenderauthentifizierung als auch Nachrichtenintegrität bereitstellt. Für den Moment nehmen wir an, dass sich Alice und Bob nicht mehr um Vertraulichkeit kümmern (sie wollen ihre Gefühle mit jedem teilen!) und sich nur um Absenderauthentifizierung und Nachrichtenintegrität sorgen. Um diese Aufgabe zu erledigen, verwenden wir digitale Unterschriften und kryptografische Hash-Funktionen, wie wir sie in Abschnitt 8.3 beschrieben haben. Konkret wendet Alice (1) eine solche Hash-Funktion H (zum Beispiel MD5) auf ihre Nachricht m an, um einen Hash-Wert zu erhalten, (2) sie unterschreibt diesen mit ihrem geheimen Schlüssel K_A^-, um eine digitale Unterschrift zu erstellen, (3) sie verkettet die ursprüngliche (unverschlüsselte) Nachricht mit der Signatur und (4) sendet dieses Paket an Bobs E-Mail-Adresse. Erhält Bob das Paket, wendet er (1) Alices öffentlichen Schlüssel K_A^+ auf den unterschriebenen Hash-Wert der Nachricht an und (2) vergleicht das Ergebnis dieser Operation mit seinem eigenen Hash $H(m)$ der Nachricht. Diese Schritte erläutert ▶Abbildung 8.23. Wie in Abschnitt 8.3 diskutiert, kann Bob sehr sicher sein, dass die Nachricht von Alice stammt und unverändert ist, sofern die beiden Ergebnisse gleich sind.

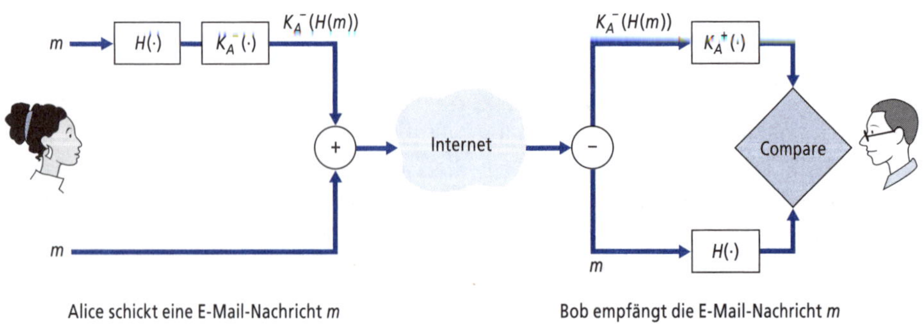

Abbildung 8.23: Der Einsatz von Hash-Funktionen und digitalen Unterschriften für Absenderauthentifizierung und Nachrichtenintegrität

Fallstudie

Phil Zimmermann und PGP

Philip R. Zimmermann ist der Erfinder von Pretty Good Privacy (PGP). Deshalb stand er drei Jahre lang im Fokus polizeilicher Ermittlungen, weil seine Regierung der Ansicht war, dass US-Exportbeschränkungen für Kryptografiesoftware verletzt worden wären, als PGP nach der 1991 erfolgten Veröffentlichung als Freeware seinen weltweiten Siegeszug antrat. Nach der Freigabe von PGP stellte es irgendjemand anderes in das Internet und Benutzer aus anderen Ländern luden es herunter. Verschlüsselungsprogramme sind aber durch die Bundesgesetze der Vereinigten Staaten als Waffen klassifiziert und dürfen nicht exportiert werden.

Trotz fehlender Finanzierung, dem Fehlen bezahlter Mitarbeiter oder einer Firma, die ihm den Rücken stärkte, und trotz staatlicher Interventionen wurde PGP die am weitesten verbreitete E-Mail-Verschlüsselungssoftware der Welt. Kurioserweise hat die US-Regierung möglicherweise wegen des Falles Zimmermann zur Verbreitung von PGP beigetragen.

Die US-Justizbehörden legten den Fall Anfang 1996 zu den Akten. Diese Ankündigung wurde von Internetaktivisten jubelnd begrüßt. Der Fall Zimmermann wurde zur Geschichte eines Unschuldigen, der gegen die Regierungsbehörden für seine Rechte kämpfte. Dass die Regierung nachgab, war eine willkommene Nachricht, zum Teil wegen einer Kongress-Kampagne für Internetzensur und eines Vorstoßes des FBI, verstärktes Schnüffeln durch die Regierung zu erlauben.

Nach der Niederlegung des Falles gründete Zimmermann PGP Inc., die von Network Associates im Dezember 1997 aufgekauft wurde. Zimmermann ist jetzt unabhängiger Berater für Kryptografie.

Befassen wir uns nun mit der Gestaltung eines E-Mail-Systems, das Vertraulichkeit, Absenderauthentifizierung und Nachrichtenintegrität bietet. Dies kann durch Kombinieren der Prozeduren aus Abbildung 8.22 und 8.23 erfolgen. Dabei erstellt Alice zuerst ein vorläufiges Paket, genau wie in Abbildung 8.23, das aus ihrer Originalnachricht sowie einem digital unterschriebenen Hash-Wert der Nachricht besteht. Sie behandelt dieses vorläufige Paket als eigenständige Nachricht und behandelt diese entsprechend der Schritte für den Absender in Abbildung 8.22, wodurch ein neues Paket entsteht, das sie an Bob sendet. Die von Alice durchgeführten Schritte werden in ▶ Abbildung 8.24 gezeigt. Erhält Bob das Paket, wendet er zunächst seine Seite der Abbildung 8.22 und dann seine Seite der Abbildung 8.23 an. Es sollte klar sein, dass dieser Entwurf die Ziele der Vertraulichkeit, Absenderauthentifizierung und Nachrichtenintegrität erfüllt. Beachten Sie, dass Alice bei dieser Methode an zwei Stellen Public-Key-Kryptografie verwendet: einmal mit ihrem eigenen geheimen Schlüssel und einmal mit Bobs öffentlichem Schlüssel. Ebenso verwendet Bob zweimal Public-Key-Kryptografie: einmal mit seinem geheimen Schlüssel und einmal mit dem öffentlichen Schlüssel von Alice.

Das in Abbildung 8.24 skizzierte sichere E-Mail-Design bietet wahrscheinlich für den Großteil der E-Mail-Benutzer und die meisten Einsatzbereiche ausreichende Sicherheit. Aber es gibt immer noch ein wichtiges offenes Thema, das noch angegangen werden muss. Das Design in Abbildung 8.24 verlangt, dass Alice den öffent-

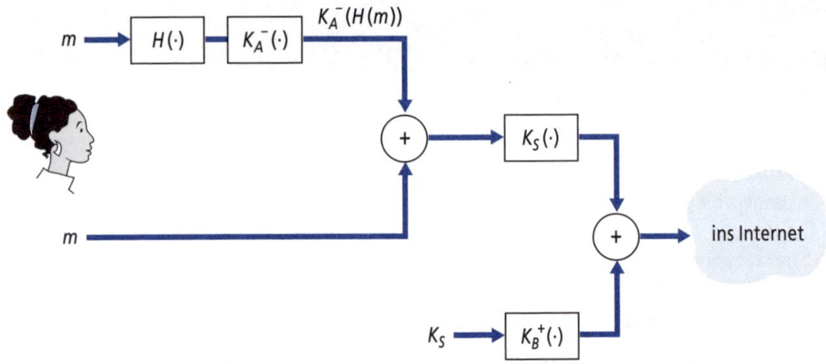

Abbildung 8.24: Alice benutzt Kryptografie mit symmetrischen Schlüsseln, Public-Key-Kryptografie, eine Hash-Funktion und eine digitale Unterschrift, um Vertraulichkeit, Absenderauthentifizierung und Nachrichtenintegrität zu erreichen

lichen Schlüssel von Bob kennt und dass Bob den öffentlichen Schlüssel von Alice kennt. Die Verteilung dieser öffentlichen Schlüssel ist kein triviales Problem. Zum Beispiel könnte Trudy sich als Bob ausgeben und Alice ihren eigenen öffentlichen Schlüssel geben, mit der Behauptung, es sei Bobs öffentlicher Schlüssel. Dies würde es ihr ermöglichen, die für Bob bestimmte Nachricht abzufangen. Wie wir in Abschnitt 8.3 erfahren haben, ist eine weit verbreitete Methode für die sichere Verteilung öffentlicher Schlüssel die Zertifizierung des öffentlichen Schlüssels mithilfe einer CA.

8.5.2 PGP

1991 von Phil Zimmermann geschrieben, ist **Pretty Good Privacy** (**PGP**) eine E-Mail-Verschlüsselungsmethode, die zu einem *De-facto*-Standard geworden ist. Seine Webseite erhält jeden Monat über eine Million Aufrufe von Benutzern aus 166 Ländern [PGPI 2007]. Die verschiedenen Versionen von PGP sind frei verfügbar. Sie finden auf der internationalen PGP-Homepage zum Beispiel die PGP-Software für Ihre bevorzugte Plattform sowie viel interessante Lektüre [PGPI 2007]. (Ein besonders interessantes Essay des Autors von PGP ist [Zimmermann 2007].) PGP wird auch verkauft und ist als Plug-in für viele E-Mail-Anwendungsprogramme verfügbar, darunter Microsoft Exchange und Outlook. Das PGP-Design entspricht im Kern dem in Abbildung 8.24 dargestellten. Je nach Version verwendet die PGP-Software MD5 oder SHA für das Berechnen des Hash-Wertes, CAST, 3DES oder IDEA für die Verschlüsselung mit symmetrischen Schlüsseln und RSA für die Public-Key-Verschlüsselung. Außerdem bietet PGP Datenkompression.

Sobald PGP installiert wird, erstellt die Software ein öffentliches Schlüsselpaar für den Benutzer. Der öffentliche Schlüssel kann auf der Website des Benutzers oder auf einem öffentlichen Schlüssel-Server abgelegt werden. Der geheime Schlüssel wird durch ein Kennwort geschützt. Dieses muss jedes Mal eingegeben werden, wenn der Benutzer auf den geheimen Schlüssel zugreift. PGP bietet dem Benutzer die Option, Nachrichten digital zu unterschreiben, Nachrichten zu verschlüsseln oder beides. ▶Abbildung 8.25 zeigt eine signierte PGP-Nachricht. Ihre Struktur orientiert sich an einem MIME-Header. Die codierten Daten in der Nachricht sind $K_A^-(H(m))$, also der digital unterschriebene Hash-Wert. Wie oben diskutiert, muss Bob, um die Integrität der Nachricht zu überprüfen, Zugriff auf Alices öffentlichen Schlüssel haben.

▶Abbildung 8.26 zeigt eine verschlüsselte PGP-Nachricht. Ihre Struktur entspricht ebenfalls dem MIME-Format. Natürlich wird die Klartextnachricht nicht in die geheime E-Mail eingefügt.

```
-----BEGIN PGP SIGNED MESSAGE-----
Hash: SHA1
Bob: Kann ich dich heute treffen?
In Liebe dein, Alice
-----BEGIN PGP SIGNATURE-----
Version: PGP for Personal Privacy 5.0
Charset: noconv
yhHJRHhGJGhgg/12EpJ+lo8gE4vB3mqJhFEvZP9t6n7G6m5Gw2
-----END PGP SIGNATURE-----
```

Abbildung 8.25: Eine digital unterschriebene PGP-Nachricht

```
-----BEGIN PGP MESSAGE-----
Version: PGP for Personal Privacy 5.0
u2R4d+/jKmn8Bc5+hgDsqAewsDfrGdszX68liKm5F6Gc4sDfcXyt
RfdS10juHgbcfDssWe7/K=lKhnMikLo0+1/BvcX4t==Ujk9PbcD4
Thdf2awQfgHbnmKlok8iy6gThlp
-----END PGP MESSAGE-----
```

Abbildung 8.26: Eine verschlüsselte PGP-Nachricht

Wünscht ein Absender (wie Alice) sowohl Vertraulichkeit als auch Integrität, erzeugt PGP eine Nachricht wie die in Abbildung 8.25 innerhalb der Nachricht aus Abbildung 8.26.

PGP liefert auch einen Ansatz für die Zertifizierung öffentlicher Schlüssel, der ganz anders als der eher konventionelle CA-Mechanismus funktioniert. Die öffentlichen Schlüssel von PGP werden durch ein **Web of Trust** *(Netzwerk des Vertrauens)* zertifiziert. Alice selbst kann jedes Paar aus Schlüssel und Benutzername bestätigen, sofern sie davon überzeugt ist, dass dieses Paar wirklich zusammengehört. Außerdem kann Alice unter PGP auch bekanntgeben, dass sie einem anderen Benutzer vertraut, der sich für die Authentizität weiterer Schlüssel verbürgt. Einige PGP-Benutzer unterschreiben ihre Schlüssel gegenseitig, indem sie „Unterschriftenpartys“ veranstalten. Dabei treffen sich die Benutzer an einem Ort, tauschen öffentliche Schlüssel und bestätigen gegenseitig ihre Schlüssel, indem sie sie mit ihren geheimen Schlüsseln unterschreiben. Öffentliche PGP-Schlüssel werden zudem von **PGP-Schlüsselservern** im Internet verteilt. Stellt ein

Benutzer seinen öffentlichen Schlüssel auf solch einem Server ein, speichert dieser eine Kopie des Schlüssels, sendet eine Kopie an alle anderen Schlüsselserver und liefert den Schlüssel an jeden, der ihn anfordert. Obwohl Unterschriftenpartys und öffentliche PGP-Schlüsselserver existieren, besteht der mit weitem Abstand häufigste Weg zur Verbreitung öffentlicher Schlüssel darin, dass die Benutzer sie auf ihren persönlichen Webseiten ablegen und über ihre E-Mails bekanntmachen.

8.6 Absichern von TCP-Verbindungen: SSL

Im vorherigen Abschnitt haben wir gesehen, wie kryptografische Techniken einer spezifischen Anwendung, in diesem Fall E-Mail, Vertraulichkeit, Datenintegrität und Endpunktauthentifizierung bieten. In diesem Abschnitt gehen wir im Protokollstapel eine Schicht tiefer und betrachten, wie Kryptografie verwendet werden kann, um TCP mit Sicherheitsfunktionen zu erweitern, darunter Vertraulichkeit, Datenintegrität und Endpunktauthentifizierung. Diese erweiterte Version von TCP wird allgemein als **Secure Sockets Layer** (**SSL**, *sichere Socket-Schicht*) bezeichnet. Eine leicht modifizierte Version von SSL Version 3, die als **Transport Layer Security** (**TLS**, *Transportschichtsicherheit*) bezeichnet wird, hat die IETF standardisiert [RFC 2246].

SSL wurde ursprünglich von Netscape entworfen, aber die grundlegenden Gedanken hinter sicherem TCP sind viel älter als die Arbeit von Netscape (siehe zum Beispiel Woo [Woo 1994]). Seit seiner Einführung hat SSL weite Verbreitung gefunden. SSL wird von allen gängigen Webbrowsern und Webservern unterstützt und es wird von praktisch allen E-Commerce-Seiten im Internet verwendet (darunter Amazon, eBay, Yahoo!, MSN usw.). Transaktionen über viele Milliarden Dollar werden jedes Jahr über SSL-gesicherte Verbindungen übertragen. Falls Sie jemals irgendetwas über das Internet mit Ihrer Kreditkarte gekauft haben, erfolgte die Kommunikation zwischen Ihrem Browser und dem Server für diesen Kauf bestimmt über SSL. (Sie erkennen in Ihrem Browser, wenn dieser SSL einsetzt: Die URL der Seite beginnt dann mit https: anstelle von http:)

Um zu verstehen, wofür SSL notwendig ist, betrachten wir ein typisches Szenario eines Einkaufs im Internet. Bob surft im Web und erreicht die Alice Incorporated Site, auf der Parfüm verkauft wird. Auf dieser Site gibt es ein Formular, in das Bob Art und Menge des gewünschten Parfüms sowie seine Adresse und seine Kreditkartennummer einträgt. Bob klickt dann auf „Abschicken“ und erwartet, dass die gekauften Parfüms (mit der Post) bei ihm eintreffen. Er erwartet zudem, dass er auf seinem nächsten Kreditkartenauszug eine entsprechende Zahlungsposition findet. Dies klingt alles soweit gut – werden aber keine Sicherheitsvorkehrungen getroffen, erwarten Bob einige Überraschungen.

- Wird keine Vertraulichkeit (Verschlüsselung) eingesetzt, könnte ein Eindringling Bobs Bestellung abfangen und seine Kreditkarteninformation erhalten. Der Eindringling könnte dann auf Bobs Kosten einkaufen.

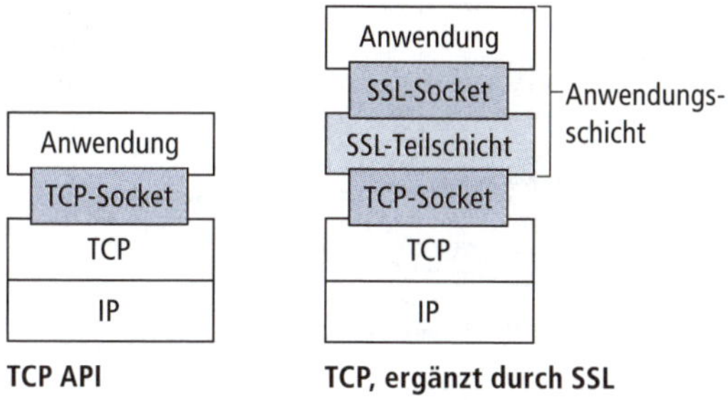

Abbildung 8.27: Obwohl SSL technisch gesehen Teil der Anwendungsschicht ist, stellt es aus Sicht des Entwicklers ein Transportschichtprotokoll dar

- Wird die Datenintegrität nicht sichergestellt, könnte ein Eindringling Bobs Bestellung verändern und ihn beispielsweise zehnmal mehr Parfümflaschen kaufen lassen, als eigentlich gewünscht.
- Wird schließlich keine Server-Authentifizierung benutzt, könnte ein Server das bekannte Logo von Alice Incorporated anzeigen, obwohl diese Seite in Wirklichkeit von Trudy verwaltet wird, die sich nur als Alice Incorporated tarnt. Nachdem sie Bobs Bestellung angenommen hat, könnte Trudy sich Bobs Geld schnappen und verschwinden. Oder Trudy könnte einen Identitätsdiebstahl begehen, indem sie Bobs Namen, seine Adresse und seine Kreditkartennummer sammelt.

SSL befasst sich mit diesen Themen, indem es TCP um Vertraulichkeit, Datenintegrität, Server- und Client-Authentifizierung erweitert.

SSL wird oft eingesetzt, um über HTTP vorgenommene Übertragungen zu sichern. Weil jedoch SSL TCP absichert, kann es von jeder Anwendung eingesetzt werden, die über TCP kommuniziert. SSL bietet eine einfache Anwendungsprogrammierschnittstelle (API) mit Sockets, die analog zur API von TCP funktionieren. Will eine Anwendung SSL verwenden, bindet diese Anwendung SSL-Klassen bzw. -Bibliotheken ein, die dem Anwendungsentwickler die SSL-Socket-Schnittstelle zur Verfügung stellen. Wie ▶ Abbildung 8.27 zeigt, befindet sich SSL technisch zwar auf der Anwendungsschicht, aus der Perspektive des Entwicklers ist es allerdings ein Transportprotokoll, das die Dienste von TCP anbietet, ergänzt durch Sicherheitsfunktionen.

8.6.1 Überblick

Wir beginnen, indem wir eine vereinfachte Version von SSL beschreiben – eine, die uns einen Überblick über das *Wie* und *Warum* von SSL ermöglicht. Wir bezeichnen diese vereinfachte Version von SSL als „Beinahe-SSL“. Nachdem wir Beinahe-SSL beschrieben haben, werden wir im nächsten Abschnitt die Details hinzufügen und das echte SSL vorstellen. Beinahe-SSL arbeitet (genau wie das „richtige“ SSL) in drei Phasen: *Handshake, Schlüsselgenerierung (key derivation)* und *Datenübertragung*. Wir beschreiben nun diese drei Phasen für eine Kommunikationssitzung zwischen einem Client (Bob)

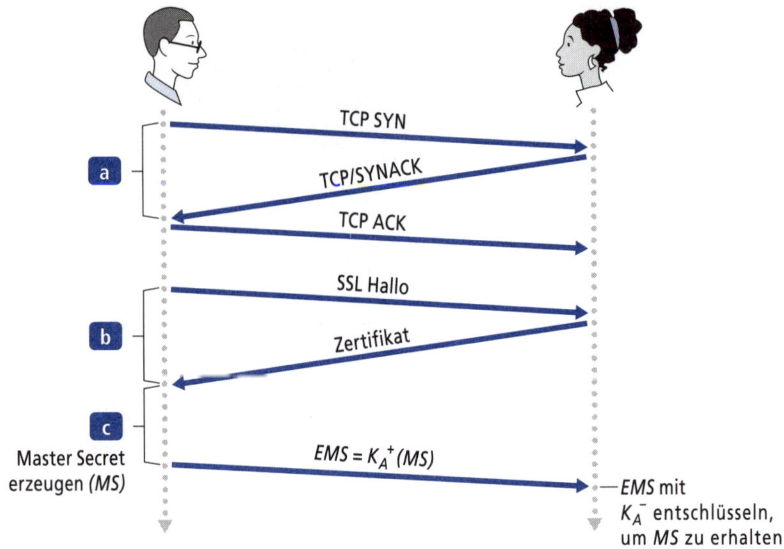

Abbildung 8.28: Der Beinahe-SSL-Handshake, der eine TCP-Verbindung einleitet

und einem Server (Alice), wobei Alice ein geheimes/öffentliches Schlüsselpaar sowie ein Zertifikat besitzt, das ihren öffentlichen Schlüssel mit ihrer Identität verknüpft.

Handshake

Während des Handshakes muss Bob (a) eine TCP-Verbindung mit Alice herstellen, (b) überprüfen, ob Alice *wirklich* Alice ist, und (c) Alice einen geheimen Master-Schlüssel zusenden, der sowohl von Alice als auch von Bob verwendet wird, um alle symmetrischen Schlüssel zu erzeugen, die sie für die SSL-Sitzung benötigen. Diese drei Schritte werden in ▶Abbildung 8.28 dargestellt. Beachten Sie, dass Bob eine Hallo-Nachricht an Alice sendet, sobald die TCP-Verbindung hergestellt ist. Alice antwortet dann mit ihrem Zertifikat, das ihren öffentlichen Schlüssel enthält. Wie in Abschnitt 8.3 besprochen, weiß Bob sicher, dass der öffentliche Schlüssel im Zertifikat zu Alice gehört, weil dies von einer CA bescheinigt wurde. Bob erzeugt dann ein **Master Secret (MS)** (das nur für diese SSL-Sitzung benutzt wird). Er verschlüsselt das MS mit dem öffentlichen Schlüssel von Alice, um das **Encrypted Master Secret** (**EMS**, *Verschlüsseltes Master Secret*) zu erzeugen, und sendet dann dieses EMS an Alice. Alice entschlüsselt das EMS mit ihrem geheimen Schlüssel, um das MS zu erhalten. Sowohl Bob als auch Alice (und niemand sonst) kennen das Master Secret für diese SSL-Sitzung. Wenn Bob dann später Daten erhält, die mithilfe des korrekten MS verschlüsselt und authentifiziert sind, kann er sicher sein, dass diese von Alice stammen.

Schlüsselgenerierung

Im Prinzip könnte das MS, das sich Bob und Alice nun teilen, als symmetrischer Schlüssel für alle folgenden Verschlüsselungen und Überprüfungen der Datenintegrität verwendet werden. Es wird üblicherweise jedoch als sicherer für Alice und Bob angesehen, wenn sie beide verschiedene Chiffrierschlüssel und wieder andere Schlüssel für die Integritätsüberprüfung verwenden. Hierfür verwenden sowohl Alice als auch Bob das MS, um vier Schlüssel zu erzeugen:

- E_B = Sitzungsschlüssel zur Verschlüsselung der Daten, die Bob an Alice sendet
- M_B = Sitzungs-MAC-Schlüssel für Daten, die Bob an Alice sendet
- E_A = Sitzungsschlüssel zur Verschlüsselung der Daten, die Alice an Bob sendet
- M_A = Sitzungs-MAC-Schlüssel für Daten, die Alice an Bob sendet

Alice und Bob erzeugen diese vier Schlüssel jeweils aus dem MS. Dies könnte durch einfaches Zerlegen des MS in vier Schlüssel erfolgen. (Wie wir sehen werden, ist dies im *echten* SLL etwas komplizierter.) Am Ende der Schlüsselerzeugungsphase haben sowohl Alice als auch Bob alle vier Schlüssel. Die beiden Sitzungsschlüssel werden zur Verschlüsselung von Daten benutzt, die beiden MAC-Schlüssel dienen zur Überprüfung der Integrität der Daten.

Datenübertragung

Nachdem nun sowohl Alice als auch Bob dieselben vier Sitzungsschlüssel (E_B, M_B, E_A und M_A) benutzen, können sie beginnen, einander gesicherte Daten über die TCP-Verbindung zuzusenden. Da TCP ein Bytestrom-Protokoll ist, läge es auf der Hand, dass SSL die Anwendungsdaten sofort verschlüsselt und diese dann umgehend an TCP überträgt. Wenn wir aber so vorgehen würden, wo würden wir dann den MAC für die Integritätsprüfung platzieren? Wir wollen sicher nicht bis zum Ende der TCP-Sitzung darauf warten, die Integrität aller Daten von Bob zu überprüfen, die während der ganzen Sitzung übertragen wurden! Stattdessen zerlegt SSL den Datenstrom in *Records*, fügt an jeden Record einen MAC zur Integritätsüberprüfung an und verschlüsselt dann die Kombination Record+MAC. Um den MAC zu erstellen, wendet Bob eine Hash-Funktion auf die Daten des Records zusammen mit dem Schlüssel M_B an, wie in Abschnitt 8.3 besprochen. Um das Paket Record+MAC zu verschlüsseln, benutzt Bob seinen Sitzungsschlüssel E_B. Dieses verschlüsselte Paket wird dann an TCP übermittelt, um über das Internet transportiert zu werden.

Obwohl diese Methode schon ein gutes Stück dessen leistet, was wir erreichen wollen, ist sie hinsichtlich der Datenintegrität für den gesamten Nachrichtenstrom immer noch nicht bombensicher. Nehmen Sie insbesondere an, dass Trudy einen Woman-in-the-Middle-Angriff durchführt, wobei sie in der Lage ist, Segmente in den Strom der zwischen Alice und Bob ausgetauschten TCP-Segmente einzufügen, daraus zu löschen und zu ersetzen. Trudy könnte zum Beispiel zwei von Bob gesandte Segmente abfangen, ihre Reihenfolge umkehren, die TCP-Sequenznummern entsprechend anpassen (die nicht verschlüsselt werden) und dann die beiden Segmente in der umgekehrten Reihenfolge an Alice senden. Unter der Annahme, dass jedes TCP-Segment genau einen Record verkapselt, werfen wir einen Blick darauf, wie Alice diese Segmente verarbeiten würde.

1. Die TCP-Instanz, die bei Alice läuft, wäre der Auffassung, dass alles in Ordnung sei, und übermittelt die beiden Datensätze an die SSL-Teilschicht.
2. Die SSL-Instanz bei Alice entschlüsselt die beiden Records.
3. Die SSL-Instanz bei Alice verwendet den MAC bei jedem Record, um die Datenintegrität der beiden Records zu überprüfen.
4. SSL übermittelt dann die entschlüsselten Byteströme der beiden Records an die Anwendungsschicht. Der vollständige von Alice erhaltene Bytestrom wäre allerdings nicht in der richtigen Reihenfolge, weil die beiden Records vertauscht worden sind!

Wir empfehlen Ihnen, sich ähnliche Szenarien zu überlegen, in denen Trudy Segmente entfernt oder vervielfältigt.

Die Lösung dieses Problems besteht, wie Sie sicher erraten haben, in der Verwendung von Sequenznummern. SSL führt dies folgendermaßen durch. Bob verwaltet einen Sequenznummerzähler, der bei null beginnt und bei jedem gesendeten SSL-Record erhöht wird. Bob fügt nicht wirklich eine Sequenznummer in den Datensatz selbst ein, wenn er aber den MAC berechnet, benutzt er die Sequenznummer bei der MAC-Berechnung. Dadurch ist der MAC jetzt ein Hash-Wert aus den Daten plus dem MAC-Schlüssel M_B *plus der aktuellen Sequenznummer.* Alice verfolgt Bobs Sequenznummern, wodurch sie die Datenintegrität eines Records überprüfen kann, indem sie die entsprechenden Sequenznummern bei der MAC-Berechnung benutzt. Diese Verwendung der SSL-Sequenznummern hindert Trudy daran, einen Woman-in-the-Middle-Angriff durchzuführen und beispielsweise Records umzuordnen oder zu wiederholen. (Warum?)

SSL-Records

Der SSL-Record wird (genauso wie der Beinahe-SSL-Record) in ▶Abbildung 8.29 dargestellt. Der Record besteht aus Typfeld, Versionsfeld, Längenfeld, Datenfeld und MAC-Feld. Beachten Sie, dass die ersten drei Felder unverschlüsselt bleiben. Das Typfeld legt fest, ob der Record eine Handshake-Nachricht ist oder Anwendungsdaten enthält. Es wird auch verwendet, um die SSL-Verbindung zu schließen, wie wir unten noch diskutieren werden. SSL auf der Empfangsseite verwendet das Längenfeld, um die SSL-Records aus dem ankommenden TCP-Bytestrom zu extrahieren. Das Versionsfeld ist selbst erklärend.

Der vorangegangene Unterabschnitt hat das Beinahe-SSL-Protokoll behandelt. Es hat uns dabei geholfen, eine grundsätzliche Vorstellung von SSL zu entwickeln. Damit

Abbildung 8.29: SSL-Record-Format: Ein vollständigeres Bild

können wir nun ins Detail gehen und die Grundlagen des richtigen SSL-Protokolls untersuchen. Parallel zur Lektüre dieser Beschreibung des SSL-Protokolls sollten Sie das Wireshark-Experiment bearbeiten, das auf der Webseite zum Buch verfügbar ist.

SSL-Handshake

SSL verlangt nicht, dass Alice und Bob einen bestimmten symmetrischen Schlüsselalgorithmus, einen bestimmten Public-Key-Algorithmus oder einen bestimmten MAC benutzen. Stattdessen ermöglicht es SSL, dass sich Alice und Bob zu Beginn der SSL-Sitzung auf die Verschlüsselungsalgorithmen einigen. Außerdem schicken sich Alice und Bob während der Handshake-Phase Noncen zu, mit denen die Sitzungsschlüssel (E_B, M_B, E_A und M_A) erzeugt werden. Die Schritte des echten SSL-Handshakes sind:

1. Der Client sendet eine Liste von Verschlüsselungsalgorithmen, die er unterstützt, zusammen mit einer Client-Nonce.

2. Aus dieser Liste wählt der Server einen symmetrischen Algorithmus (zum Beispiel AES), einen Public-Key-Algorithmus (zum Beispiel RSA mit spezifischer Schlüssellänge) und einen MAC-Algorithmus. Er schickt seine Wahl, zusammen mit einem Zertifikat und einer Server-Nonce, an den Client zurück.

3. Der Client überprüft das Zertifikat, extrahiert den öffentlichen Schlüssel des Servers, erzeugt ein Master Secret, verschlüsselt dieses mit dem öffentlichen Schlüssel des Servers und sendet das verschlüsselte MS an den Server.

4. Mithilfe derselben Schlüsselableitungsfunktion (die durch den SSL-Standard vorgegeben wird) berechnen Client und Server unabhängig voneinander Verschlüsselungs- und MAC-Schlüssel aus dem MS und den Noncen. Von nun an werden alle zwischen Client und Server ausgetauschten Nachrichten verschlüsselt und (durch den MAC) beglaubigt.

5. Der Client sendet einen MAC aller Handshake-Nachrichten.

6. Der Server sendet einen MAC aller Handshake-Nachrichten.

Die beiden letzten Schritte schützen den Handshake vor Verfälschungen durch Angreifer. Das wird deutlich, wenn wir Schritt eins betrachten, in dem der Client normalerweise eine Liste von Algorithmen anbietet, manche stärker, manche schwächer. Diese Liste wird im Klartext übertragen, da man sich noch nicht auf Verschlüsselungsalgorithmen und Schlüssel geeinigt hat. Trudy, als Woman-in-the-Middle, könnte die stärkeren Algorithmen aus der Liste löschen und so den Server dazu zwingen, einen schwachen Algorithmus auszuwählen. Um solch eine Einmischung zu verhindern, sendet der Client in Schritt 5 einen MAC für die Verkettung aller Handshake-Nachrichten, die er gesendet und erhalten hat. Der Server kann diesen MAC mit dem MAC der Handshake-Nachrichten vergleichen, die er erhalten und gesendet hat. Gibt es irgendwelche Widersprüche, kann der Server die Verbindung schließen. Ebenso sendet der Server einen MAC der Handshake-Nachrichten, die er gesehen hat, damit der Client nach Widersprüchlichkeiten suchen kann.

Verbindungsende

Irgendwann wollen entweder Bob oder Alice die SSL-Sitzung beenden. Ein Weg wäre, dass Bob die SSL-Sitzung einfach durch Abbrechen der zugrunde liegenden TCP-Verbindung beendet – das heißt, indem Bob ein TCP-FIN-Segment an Alice sendet. Aber ein dermaßen naiver Ansatz bildet die Grundlage eines *Truncation-Angriffes (Unterbrechungsangriff)*, bei dem Trudy sich wieder einmal in eine laufende SSL-Sitzung hängt und die Sitzung verfrüht mit einem TCP-FIN beendet. In diesem Fall würde Alice annehmen, dass sie alle Daten von Bob erhalten hat, obwohl sie in Wirklichkeit nur einen Teil davon empfangen hat. Die Lösung dieses Problems besteht darin, im Typfeld festzulegen, ob der Record dazu dienen soll, die SSL-Sitzung zu beenden. (Obwohl der SSL-Typ im Klartext gesendet wird, wird er beim Empfänger durch den Record-MAC verifiziert.) Verwendet man dieses Feld, dann konnte Alice erkennen, dass etwas Seltsames vorgeht, sobald sie ein TCP-FIN erhält, bevor sie den SSL-Abschlussrecord bekommt.

Damit beenden wir unsere Einführung in SSL. Wir haben gesehen, dass es viele der kryptografischen Grundlagen verwendet, die wir in den Abschnitten 8.2 und 8.3 kennengelernt haben. Leser, die SSL genauer verstehen möchten, sollten Rescorlas gut lesbares Buch über SSL lesen [Rescorla 2001].

8.7 Netzwerkschichtsicherheit: IPsec

IP Security, besser bekannt als **IPsec**, ist ein Bündel von Protokollen, die Sicherheit auf der Netzwerkschicht ermöglichen. Wie in Kapitel 4 beschrieben, bildet IPsec den Kern der meisten Virtual Private Networks (VPNs). IPsec ist ziemlich kompliziert – seine Bestandteile werden in mehr als einem Dutzend RFCs beschrieben. In diesem Abschnitt diskutieren wir IPsec in einem bestimmten Kontext, nämlich dem zweier kommunizierender Hosts, die beide IPsec unterstützen. Zwei wichtige RFCs sind RFC 4301, welcher die allgemeine Architektur von IPsec beschreibt, und RFC 2411, der einen Überblick über das IPsec-Protokoll liefert.

Bevor wir uns mit den Details von IPsec befassen, wollen wir einen Schritt zurücktreten und überlegen, was es bedeutet, Sicherheit auf der Netzwerkschicht zu bieten. Betrachten wir zuerst die Bedeutung von **Vertraulichkeit auf der Netzwerkschicht**. Denken Sie daran, was es heißt, Vertraulichkeit auf der Netzwerkschicht zu gewährleisten. Diese würde entstehen, wenn jede Nutzlast aller IP-Datagramme verschlüsselt würde. Das bedeutet, dass ein Host jedes Mal, wenn er ein Datagramm senden will, die Nutzlast des Datagramms verschlüsselt, bevor er es ins Netz versendet. Die Verschlüsselung könnte mit symmetrischen Schlüsseln, mit Public-Key-Verschlüsselung oder mit Sitzungsschlüsseln, die mithilfe einer Public-Key-Verschlüsselung ausgehandelt werden, erfolgen. Die Nutzlast könnte ein TCP-Segment, ein UDP-Segment, eine ICMP-Nachricht usw. sein. Wäre solch ein Netzwerkschichtdienst in Betrieb, würden alle Daten, die vom Host versendet werden – einschließlich E-Mails, Webpages, TCP-Handshakes und Management-Nachrichten (wie ICMP und SNMP) –, vor Dritten verborgen, die im Netz herumschnüffeln. Dadurch würde ein solcher Dienst in gewisser Weise einen pauschalen Schutz des ganzen Internetverkehrs bieten und uns allen dadurch ein Gefühl der Sicherheit geben.

Über die Vertraulichkeit hinaus sollte die Netzwerkschicht auch **Quellenauthentifizierung** bieten. Erhält ein Zielhost ein IP-Datagramm mit einer bestimmten IP-Quelladresse, authentifiziert er den Host, indem er sich vergewissert, dass das IP-Datagramm wirklich von diesem Host mit dieser IP-Quelladresse erzeugt wurde. Ein derartiger Dienst verhindert das Fälschen von IP-Quelladressen.

In der Gruppe der IPsec-Protokolle gibt es zwei zentrale Protokolle: das **Authentication Header Protocol** (**AH**) und das **Encapsulation Security Payload Protocol** (**ESP**). Sendet ein Quellhost sichere Datagramme an einen Zielhost, benutzt er dazu entweder das AH-Protokoll oder das ESP-Protokoll. Das AH-Protokoll bietet Quellenauthentifizierung und Datenintegrität, aber keine Vertraulichkeit. Das ESP-Protokoll bietet Authentifizierung, Datenintegrität und Vertraulichkeit. Da es mehr Dienste bereitstellt, ist das ESP-Protokoll natürlich komplizierter und es benötigt einen höheren Verarbeitungsaufwand als das AH-Protokoll.

Sowohl beim AH- als auch beim ESP-Protokoll führen Quell- und Zielsystem einen Handshake durch und erzeugen eine logische Verbindung auf der Netzwerkschicht, bevor gesicherte Datagramme übertragen werden. Dieser logische Kanal wird als **Security Association** (**SA**) bezeichnet. Auf diese Weise wandelt IPsec die traditionelle verbindungslose Netzwerkschicht des Internets in eine Schicht mit logischen Verbindungen um. Die durch eine SA definierte logische Verbindung ist eine *Simplex-Verbindung,* das heißt, sie ist unidirektional. Wollen beide Hosts einander sichere Datagramme zusenden, dann werden zwei SAs aufgebaut, eine für jede Richtung. Eine SA wird durch einen 32-Bit-Verbindungsbezeichner identifiziert, der als Security Parameter Index (SPI, *Sicherheitsparameterindex*) bezeichnet wird. Insbesondere hat jedes IPsec-Datagramm ein Header-Feld für den SPI. All die Datagramme derselben SA (das heißt, auf derselben logischen Verbindung von Quell- zu Zielhost) werden mit demselben SPI markiert.

8.7.1 Authentication Header Protocol (AH)

Wie oben erwähnt, bietet das AH-Protokoll [RFC 4302; RFC 4305] Quellenauthentifizierung und Datenintegrität, aber keine Vertraulichkeit. Will eine bestimmte Quelle eines oder mehrere Datagramme zu einer bestimmten Zieladresse senden, baut sie zuerst eine SA mit dem Ziel auf. Ist das geschehen, teilen sich Quelle und Zielhost einen geheimen Authentifizierungsschlüssel. Wir gehen davon aus, dass das Quellsystem, in Besitz des gemeinsamen geheimen Schlüssels, vertrauenswürdig ist – insbesondere wird es seine IP-Adresse nicht verfälschen.

Nachdem sie eine SA aufgebaut haben und einen geheimen Schlüssel vereinbart haben, kann die Quelle dem Ziel sichere Datagramme zusenden. Diese beinhalten den AH-Header, der, wie ▶Abbildung 8.30 zeigt, zwischen der ursprünglichen IP-Data-

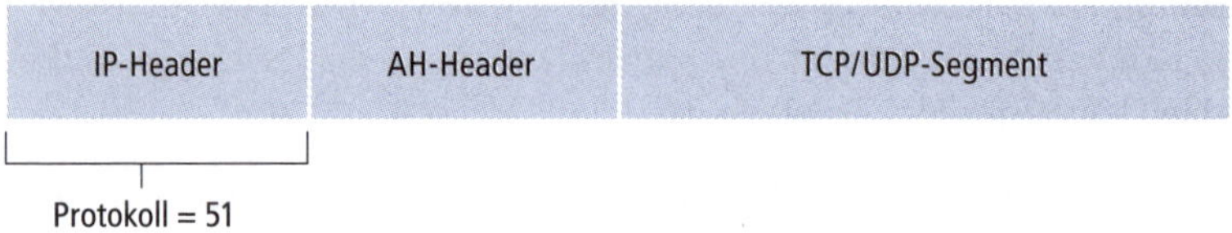

Abbildung 8.30: Position des AH-Headers im IP-Datagramm

gramm-Nutzlast (zum Beispiel einem TCP- oder UDP-Segment) und dem IP-Header eingefügt wird. Dadurch erweitert der AH-Header die ursprüngliche Nutzlast, die im Standard-IP-Datagramm verkapselt wird. Im Protokollfeld des IP-Headers wird der Wert 51 verwendet, um deutlich zu machen, dass das Datagramm einen AH-Header beinhaltet. Erhält der Zielhost das IP-Datagramm, erkennt er die 51 im Protokollfeld und gibt das Datagramm an das AH-Protokoll weiter. (Wir haben im Kontext von IP erwähnt, dass das Protokollfeld des IP-Datagramms normalerweise benutzt wird, um das Protokoll der nächsthöheren Schicht zu identifizieren – beispielsweise UDP, TCP oder ICMP –, an das der Datenteil des IP-Datagramms weitergereicht wird.) Dazwischenliegende Router verarbeiten die Datagramme genauso wie immer – sie betrachten die IP-Zieladresse und leiten die Datagramme dementsprechend weiter.

Der AH-Header beinhaltet mehrere Felder:

- *Nächster-Header-Feld.* Spielt dieselbe Rolle wie das IP-Protokollfeld für ein gewöhnliches Datagramm. Es gibt an, ob die auf den AH-Header folgenden Daten ein TCP-Segment, ein UDP-Segment, ein ICMP-Segment usw. sind. (Wir haben erwähnt, dass das Protokollfeld des IP-Datagramms nun genutzt wird, um das AH-Protokoll zu kennzeichnen, daher kann es nicht länger das Transportschichtprotokoll enthalten.)
- *Security Parameter Index (SPI).* Ein 32-Bit-Wert, der in Verbindung mit dem Sicherheitsprotokoll eindeutig die SA des Datagramms kennzeichnet.
- *Sequenznummerfeld.* Ein 32-Bit-Feld, das eine Sequenznummer für jedes Datagramm enthält. Es wird anfangs, beim Aufbau des SA, auf null gesetzt. Das AH-Protokoll verwendet die Sequenznummern, um Playback- und Man-in-the-Middle-Angriffe zu verhindern (ähnlich wie schon SSL – Abschnitt 8.6).
- *Authentifizierungsdatenfeld.* Ein Feld variabler Länge, das einen MAC für dieses Datagramm enthält. Unter Benutzung des gemeinsamen geheimen Schlüssels wird der MAC sowohl über das ursprüngliche IP-Datagramm als auch über die AH-Header-Felder berechnet (mit Ausnahme des IP-TTL-Feldes und des AH-Authentifizierungsdatenfeldes). Für den MAC verwendet IPsec HMAC (Abschnitt 8.3) mit einem Hash-Algorithmus, der für die SA vereinbart wurde (z. B. MD5 oder SHA-1).

Erhält der Zielhost ein IP-Datagramm mit einem AH-Header, bestimmt er die SA für das Datagramm und überprüft danach die Authentizität und Integrität von Datagramm und Quelle mithilfe des Authentifizierungsdatenfeldes.

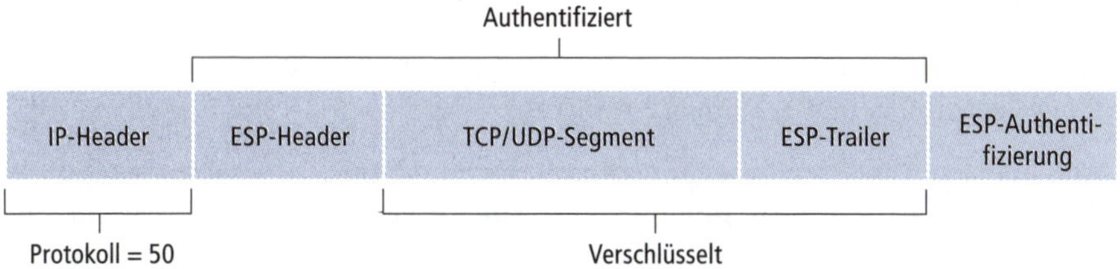

Abbildung 8.31: Die ESP-Felder im IP-Datagramm

8.7.2 Encapsulation Security Payload Protocol (ESP)

Das ESP-Protokoll [RFC 4303; RFC 4305] bietet auf der Netzwerkschicht sowohl Vertraulichkeit als auch Quellsystemauthentifizierung und Datenintegrität. Wieder einmal fängt alles mit einem Quellhost an, der eine SA mit einem Zielhost aufbaut. Danach teilen sich Quelle und Zielhost sowohl einen geheimen Codierungsschlüssel als auch einen geheimen Authentifizierungsschlüssel. Nun kann der Quellhost dem Zielhost gesicherte Datagramme zusenden. Wie in ▶Abbildung 8.31 gezeigt, entsteht ein gesichertes Datagramm, indem die Nutzlast des ursprünglichen IP-Datagramms mit Header- und Trailer-Feldern (auf die Nutzlast folgende Felder) umgeben wird und diese verkapselten Daten ins Payload-Feld eines gewöhnlichen IP-Datagramms eingefügt werden. Im Protokollfeld im Header des IP-Datagramms wird der Wert 50 eingetragen, um deutlich zu machen, dass das Datagramm einen ESP-Header und einen ESP-Trailer beinhaltet. Erhält der Zielhost das IP-Datagramm, erkennt er die 50 im Protokollfeld und verarbeitet das Datagramm mithilfe des ESP-Protokolls. Wie Abbildung 8.31 zeigt, sind die ursprüngliche IP-Datagramm-Nutzlast sowie das ESP-Trailer-Feld verschlüsselt. Der ESP-Header besteht aus einem 32 Bit-Feld für den SPI und einem 32 Bit-Feld für die Sequenznummer. Beide spielen genau dieselbe Rolle wie beim AH-Protokoll. Der Trailer enthält das Feld „Nächster Header“, das ebenfalls dieselben Aufgaben hat wie im AH-Protokoll. Beachten Sie, dass ein Eindringling nicht in der Lage ist, das verwendete Transportprotokoll zu bestimmen, weil das Nächster-Header-Feld zusammen mit den Originaldaten verschlüsselt wird. An den Trailer schließt sich das Authentifizierungsdatenfeld an, das dieselbe Rolle spielt wie im AH-Protokoll. Weitere Details über das ESP-Protokoll finden Sie in [RFC 4303; RFC 4305].

8.7.3 SA- und Schlüsselverwaltung

In Abschnitt 8.7.1 haben wir gesehen, dass das AH-Protokoll einen geheimen Authentifizierungsschlüssel verwendet, den Quell- und Zielhost gemeinsam benutzen. In Abschnitt 8.7.2 haben wir erfahren, dass das ESP-Protokoll außerdem einen geheimen Codierungsschlüssel benutzt, der für die Verschlüsselung mit symmetrischen Schlüsseln verwendet wird. Aber woher bekommen Quell- und Zielhosts die geheimen Schlüssel? Mehr noch: Wie einigen sich die Quelle und das Ziel auf die Verschlüsselungsalgorithmen (für die symmetrische Verschlüsselung und für den HMAC)?

Ganz allgemein gesagt gibt es zwei Methoden:

- Manuell: Der Systemverwalter konfiguriert die Hosts manuell mit Verschlüsselungsalgorithmen und geheimen Schlüsseln.
- Automatisch: Die Verschlüsselungsalgorithmen und die Schlüssel für jede SA werden automatisch – auf Anforderung – für jede SA vergeben. Dies erfolgt mit einem Protokoll namens Internet Key Exchange (IKE, *Internetschlüsselaustausch*) [RFC 2409]. Wie Sie sicher schon vermuten, verwendet IKE Public-Key-Kryptografie, um die Schlüssel zu verteilen. IKE kann auf unterschiedliche Weise umgesetzt werden; [Kaufman 1995] enthält eine nette Diskussion dazu.

Damit ist unsere Zusammenfassung von IPsec abgeschlossen. Wir haben IPsec im Kontext von IPv4 und dem Transportmodus diskutiert. IPsec definiert auch einen Tunnelmodus, in dem Router und nicht die Endsysteme die Sicherheitsfunktionalität umsetzen. Zuletzt sollte erwähnt werden, dass IPsec Verschlüsselungsprozeduren sowohl für IPv6 als auch für IPv4 beschreibt.

8.8 Absichern von Wireless LAN

Sicherheit ist ein besonders wichtiges Thema bei drahtlosen Netzwerken, in denen die Funkwellen, welche die Rahmen transportieren, sich weit über das Gebäude, das die drahtlose Basisstation und die Hosts enthält, hinaus fortpflanzen können. Dieser Abschnitt enthält eine kurze Einführung in die Sicherheit drahtloser Systeme. Eine eingehendere Behandlung finden Sie im gut lesbaren Buch von Edney und Arbaugh [Edney 2003].

Das Thema der Sicherheit in 802.11 hat sowohl in technischen Kreisen als auch in den Medien beträchtliche Aufmerksamkeit erregt. Trotz intensiver Diskussionen gab es kaum Kontroversen – es scheint die allgemeine Übereinkunft zu herrschen, dass die ursprüngliche 802.11-Spezifikation eine Reihe ernster Sicherheitsmängel aufwies. Tatsächlich kann mittlerweile Public-Domain-Software heruntergeladen werden, die diese Lücken ausnutzt, so dass diejenigen, die die ursprünglichen 802.11-Sicherheitsmechanismen benutzen, ebenso angreifbar sind wie Benutzer, die überhaupt keine Sicherheitsvorkehrungen treffen.

Im folgenden Abschnitt diskutieren wir die ursprünglichen, in der 802.11-Spezifikation standardisierten Sicherheitsmechanismen, die zusammen als **Wired Equivalent Privacy** (**WEP**, *leitungsähnliche Sicherheit*) bekannt wurden. Wie der Name bereits andeutet, soll WEP ein Sicherheitsniveau bieten, das demjenigen in leitungsgebundenen Netzwerken ähnelt. Wir diskutieren einige der Sicherheitslücken in WEP und erörtern den Standard 802.11i, eine deutlich sicherere Version von 802.11, welche im Jahr 2004 eingeführt wurde.

8.8.1 Wired Equivalent Privacy (WEP)

Das IEEE-802.11-WEP-Protokoll [IEEE 802.11 1999] bietet Authentifizierung und Datenverschlüsselung zwischen einem Host und einem drahtlosen Zugangspunkt (also einer Basisstation), die auf der Methode symmetrischer gemeinsamer Schlüssel beruht. WEP gibt keinen Algorithmus zur Schlüsselverwaltung vor, so dass angenommen wird, dass der Host und der drahtlose Zugangspunkt sich irgendwie mittels einer Out-of-Band-Methode auf den Schlüssel geeinigt haben. Authentifizierung wird wie im *ap4.0*-Protokoll durchgeführt (Abschnitt 8.4). Das Vorgehen besteht aus vier Schritten:

1. Ein drahtloser Host fordert seine Authentifizierung durch einen Access Point an.
2. Der Access Point antwortet darauf mit einem 128 Byte-Nonce-Wert.
3. Der drahtlose Host verschlüsselt die Nonce mithilfe des symmetrischen Schlüssels, den er sich mit dem Access Point teilt.
4. Der Access Point entschlüsselt die vom Host verschlüsselte Nonce.

Stimmt die entschlüsselte Nonce mit dem ursprünglich vom Host zugesandten Nonce-Wert überein, dann wird der Host vom Access Point authentifiziert.

Den Verschlüsselungsalgorithmus für WEP-Daten illustriert ▶Abbildung 8.32. Ein geheimer symmetrischer Schlüssel mit 40 Bit Länge, K_S, sei sowohl einem Host als auch dem Access Point bekannt. Darüber hinaus wird ein 24 Bit langer Initialisierungsvektor (IV) an den 40 Bit-Schlüssel angehängt, wodurch ein 64 Bit-Schlüssel entsteht. Dieser wird benutzt, um einen einzelnen Rahmen zu verschlüsseln. Der IV wechselt von einem Rahmen zum nächsten, so dass jeder Rahmen mit einem anderen 64 Bit-Schlüssel verschlüsselt wird. Die Verschlüsselung wird folgendermaßen durchgeführt. Zuerst wird für die Datennutzlast eine 4 Byte lange CRC-Prüfsumme (Abschnitt 5.2) berechnet. Diese vier CRC-Bytes sollen die Nachricht vor Verfälschungen durch einen Angreifer schützen. Die Nutzlast und die vier CRC-Bytes werden dann mithilfe der RC4-Stromchiffre verschlüsselt. Wir behandeln hier keine Details von RC4 (die finden Sie in [Schneier 1995] und [Edney 2003]). Für unsere Zwecke genügt es, Folgendes zu wissen: Wenn er einen Schlüssel erhält (in diesem Fall den 64 Bit-Wert (K_S, IV)), erzeugt der RC4-Algorithmus einen Strom von Schlüssel-

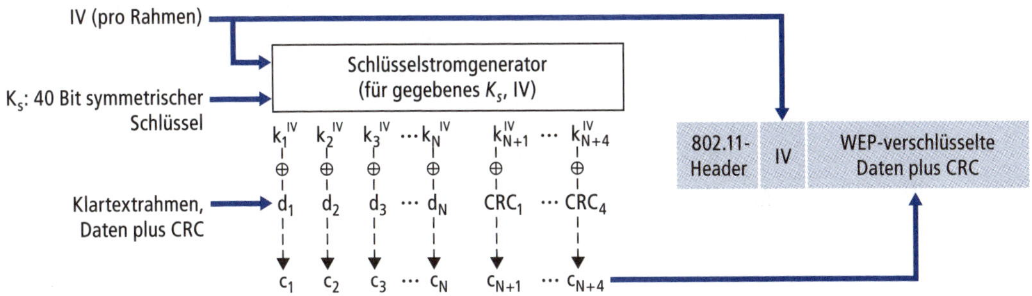

Abbildung 8.32: 802.11-WEP-Protokoll

werten, $k_1^{IV}, k_2^{IV}, k_3^{IV}, \ldots$, die zur Verschlüsselung der Daten und des CRC-Wertes eines Rahmens dienen. Der Einfachheit halber stellen wir uns vor, dass der folgende Prozess byteweise durchgeführt wird. Die Verschlüsselung erfolgt, indem das Exklusiv-ODER des i-ten Datenbytes d_i mit dem i-ten Byte k_i^{IV} im Strom der durch das Paar (K_S, IV) festgelegten Schlüsselwerte gebildet wird. Dadurch entsteht das i-te Byte des Chiffretextes, c_i:

$$c_i = d_i \oplus k_i^{IV}$$

Der IV-Wert ändert sich von Rahmen zu Rahmen und befindet sich im *Klartext* im Header jedes WEP-verschlüsselten 802.11-Rahmens, wie Abbildung 8.32 zeigt. Der Empfänger nimmt den geheimen, 40 Bit langen symmetrischen Schlüssel, den er sich mit dem Absender teilt, hängt den IV an und benutzt den entstehenden 64 Bit-Schlüssel (der mit dem Schlüssel identisch ist, den der Sender zur Verschlüsselung verwendete), um den Rahmen zu entschlüsseln:

$$d_i = c_i \oplus k_i^{IV}$$

Die korrekte Verwendung des RC4-Algorithmus erfordert, dass derselbe 64 Bit-Schlüsselwert *nie* mehrfach verwendet wird. Wir haben erwähnt, dass sich der WEP-Schlüssel von Rahmen zu Rahmen verändert. Für ein gegebenes K_S (das sich selten, wenn überhaupt, ändert) bedeutet dies, dass es nur 2^{24} eindeutige Schlüssel gibt. Werden diese Schlüssel zufällig gewählt, können wir zeigen [Walker 2000; Edney 2003], dass die Wahrscheinlichkeit, dass mehrfach derselbe IV-Wert (und dadurch der gleiche 64 Bit-Schlüssel) verwendet wird, bereits nach nur 12.000 Rahmen über 99 Prozent liegt. Bei Rahmengrößen von 1 KB und Datenübertragungsraten von 11 Mbps sind diese 12.000 Rahmen nach nur wenigen Sekunden übertragen. Außerdem weiß ein Lauscher, wann ein doppelter IV-Wert auftaucht, da der IV im Klartext übertragen wird.

Um eines der vielen Probleme bei der Verwendung eines doppelten Schlüssels zu verdeutlichen, betrachten Sie den folgenden Angriff mit wählbarem Klartext von Trudy gegen Alice. Nehmen Sie an, dass Trudy (möglicherweise mittels IP-Spoofing) bei Alice eine Datei anfordert (zum Beispiel durch einen HTTP- oder FTP-Request), die den bekannten Inhalt d_1, d_2, d_3, d_4, ... übertragen soll. Trudy beobachtet zudem die verschlüsselten Daten c_1, c_2, c_3, c_4, ... Da $d_i = c_i \oplus k_i^{IV}$, erhalten wir, wenn wir c_i mittels XOR auf beide Seiten dieser Gleichung anwenden:

$$d_i \oplus c_i = k_i^{IV}$$

Mit dieser Beziehung kann Trudy die bekannten Werte von d_i und die bekannten c_i verwenden, um k_i^{IV} zu berechnen. Beim nächsten Mal, wenn Trudy denselben IV-Wert wiederentdeckt, kennt sie bereits die Schlüsselfolge k_1^{IV}, k_2^{IV}, k_3^{IV},... und ist daher in der Lage, die verschlüsselte Nachricht zu entschlüsseln.

Es gibt mehrere weitere Sicherheitslücken bei WEP. [Fluhrer 2001] beschrieb einen Angriff, der eine bekannte Schwachstelle in RC4 ausnutzt, die auftritt, wenn bestimmte schwache Schlüssel gewählt werden. [Stubblefield 2002] diskutiert effektive Wege, um diesen Angriff zu implementieren und auszunutzen. Ein anderes Problem bei WEP betrifft die in Abbildung 8.32 sichtbaren und im 802.11-Rahmen gesendeten CRC-Bits zur Erkennung von durch einen Angreifer geänderten Bits in der Nutzlast. Weil aber CRC keine kryptografische Hashfunktion ist, kann ein Angreifer, der einen verschlüsselten Rahmen manipuliert, sehr leicht auch die Prüfsumme so anpassen, dass der manipulierte Rahmen akzeptiert wird. Was hier tatsächlich benötigt wird, sind Techniken zur Sicherstellung der Nachrichtenintegrität, wie jene, die wir in Abschnitt 8.3 untersucht haben. Weitere Details zur WEP-Sicherheit finden Sie in [Edney 2003; Walker 2000; Weatherspoon 2000; 802.11 Security 2007] und den darin genannten Referenzen.

8.8.2 IEEE 802.11i

Bald nach der 1999 erfolgten Veröffentlichung von IEEE 802.11 begann die Arbeit an der Entwicklung einer neueren und verbesserten Version von 802.11 mit verbesserten Sicherheitsmerkmalen. Der neue Standard, mit der Bezeichnung 802.11i, wurde 2004 freigegeben. Während WEP eine relativ schwache Verschlüsselung, nur eine einzige Art der Authentifizierung und keine Schlüsselverteilungsmechanismen hat, unterstützt IEEE 802.11i verbesserte Formen der Verschlüsselung, einen erweiterbaren Satz von Authentifizierungsmechanismen und einen Mechanismus zur Verteilung von Schlüsseln. Im Folgenden geben wir einen Überblick über 802.11i. Ein ausgezeichneter technischer Überblick (als Streaming Audio) über 802.11i ist [TechOnline 2004].

▶ Abbildung 8.33 illustriert das 802.11i-Grundgerüst. Zusätzlich zum drahtlosen Client und dem Access Point definiert 802.11i einen Authentifizierungsserver, mit dem der AP kommunizieren kann. Die Trennung dieses Servers vom AP bedeutet, dass ein Authentifizierungsserver viele APs bedienen kann, wodurch die (oft empfindlichen) Entscheidungen über Authentifizierung und Netzwerkzugang in einem einzelnen Server zentralisiert werden. Dies senkt die AP-Kosten und verringert die Komplexität des AP. 802.11i arbeitet in vier Phasen:

1. *Suche.* In der Suchphase gibt der AP seine Existenz sowie die Formen der Authentifizierung und Verschlüsselung bekannt, die dem drahtlosen Client angeboten werden können. Dieser fordert dann die von ihm gewünschten Methoden der Authentifizierung und Verschlüsselung an. Obwohl der Client und der AP bereits Nachrichten austauschen, ist der Client weder authentifiziert worden noch hat er einen Codierungsschlüssel. Daher sind weitere Schritte erforderlich, bevor der Client mit einem beliebigen entfernten Host über den drahtlosen Kanal kommunizieren kann.

2. *Gegenseitige Authentifizierung und Erzeugung des Master Key (MK).* Die Authentifizierung erfolgt zwischen dem drahtlosen Client und dem Authentifizierungsserver. In dieser Phase wirkt der Access Point im Grunde genommen als Relais und leitet Nachrichten zwischen dem Client und dem Authentifizierungsserver weiter. Das **Extensible Authentication Protocol (EAP)** [RFC 2284]

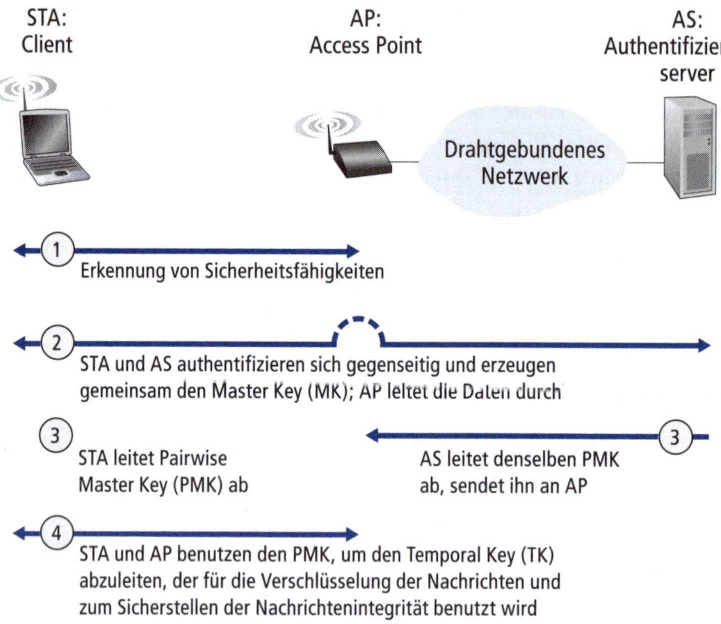

Abbildung 8.33: Die vier Arbeitsphasen von 802.11i

definiert die Ende-zu-Ende-Nachrichtenformate, die für einen einfachen Austausch von Anfrage und Antwort zwischen Client und Authentifizierungsserver verwendet werden. Wie ▶Abbildung 8.34 zeigt, werden EAP-Nachrichten mithilfe von **EAPoL** (EAP over LAN, [IEEE 802,1 X]) verkapselt und über den 802.11-Link übertragen. Diese EAP-Nachrichten werden am Access Point entkapselt und dann mithilfe des **RADIUS**-Protokolls erneut verkapselt, damit sie mittels UDP/IP an den Authentifizierungsserver übertragen werden können. Während RADIUS-Server und -Protokoll [RFC 2865] vom 802.11i-Protokoll nicht zwingend vorausgesetzt werden, sind sie *De-facto*-Standardkomponenten von 802.11i-Systemen. Das erst vor kurzem standardisierte **DIAMETER**-Protokoll [RFC 3588] wird RADIUS vermutlich in der nahen Zukunft ersetzen.

Bei EAP kann der Authentifizierungsserver eine von mehreren unterschiedlichen Authentifizierungsmethoden auswählen. Obwohl 802.11i keine bestimmte Authentifizierungsmethode verlangt, wird oft die EAP-TLS-Authentifizierungsmethode verwendet [RFC 2716]. EAP-TLS benutzt Public-Key-Techniken (einschließlich Nonce-Verschlüsselung und Nachrichtenauthentifizierung), ähnlich denjenigen aus den Abschnitten 8.3 und 8.4. Dadurch können sich Client und Authentifizierungsserver gegenseitig authentifizieren, zudem lässt sich ein Master Key ableiten, der beiden Kommunikationspartnern bekannt ist.

3. *Erzeugung des Pairwise Master Key (PMK).* Der MK ist ein nur dem Client und dem Authentifizierungsserver bekanntes Geheimnis, das sie benutzen, um einen zweiten Schlüssel, den Pairwise Master Key (PMK), zu erzeugen. Der Authentifizierungsserver sendet dann den PMK an den AP. Dies ist der Punkt, den wir

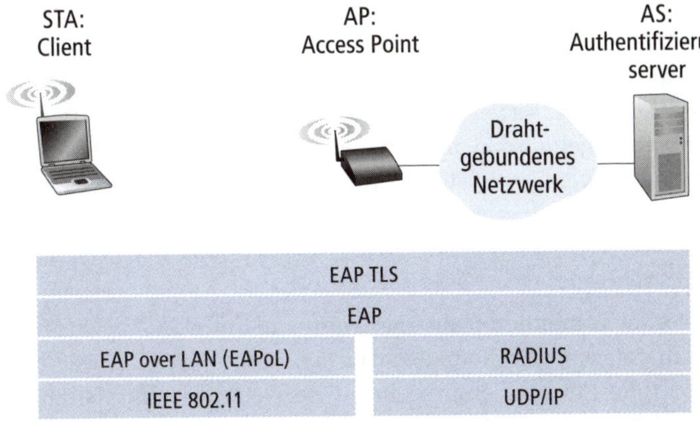

Abbildung 8.34: EAP ist ein Ende-zu-Ende-Protokoll. EAP-Nachrichten werden mittels EAPoL auf dem drahtlosen Link zwischen Client und Access Point verkapselt, wobei RADIUS über UDP/IP zwischen dem Access Point und dem Authentifizierungsserver genutzt wird

erreichen wollten! Client und AP teilen nun einen gemeinsamen Schlüssel (wir haben erwähnt, dass in WEP das Problem der Schlüsselverteilung überhaupt nicht betrachtet wird) und sie haben sich jetzt beide gegenseitig authentifiziert. Sie stehen nun kurz davor, ihre Arbeit aufzunehmen.

4. *Erzeugung des Temporal Key (TK).* Mithilfe des PMK können der drahtlose Client und der drahtlose AP nun zusätzliche Schlüssel erzeugen, die für die Kommunikation benötigt werden. Von besonderem Interesse ist der Temporal Key (TK), der verwendet wird, um auf der Sicherungsschicht die Verschlüsselung von Daten durchzuführen, die über den drahtlosen Link an einen beliebigen fernen Host gesendet werden.

802.11i bietet mehrere Formen der Verschlüsselung einschließlich einer AES-basierten Verschlüsselungsmethode und einer verbesserten Version der WEP-Verschlüsselung.

8.9 Operative Sicherheit: Firewalls und Intrusion-Detection-Systeme

Wir haben während des gesamten Kapitels gesehen, dass das Internet kein allzu sicherer Ort ist – es gibt dort draußen üble Gestalten, die allerhand Chaos anrichten. Betrachten wir das Netz irgendeiner Organisation sowie den Netzwerkadministrator, der es verwaltet. Vom Standpunkt eines Netzwerkadministrators aus gesehen ist die Welt schlicht in zwei Lager geteilt: Da sind zum einen die „Guten“ (die zum Netzwerk der Organisation gehören und denen erlaubt werden sollte, relativ ungehindert auf die Ressourcen im Inneren des Netzwerkes der Organisation zuzugreifen) und zum anderen die „Bösen“ (das sind alle anderen, denen der Zugriff auf die Ressourcen im Netz möglichst verwehrt werden muss). In vielen Organisationen, gleich, ob es sich um mittelalterliche Burgen oder die modernen Bürogebäude von Firmen handelt, gibt es nur einen einzigen Zugangspunkt, an dem die „Guten“ und die „Bösen“

die Organisation betreten und verlassen und kontrolliert werden. Bei einer Burg erfolgte dies am Tor an einem Ende der Zugbrücke; in einem Firmengebäude findet diese Überprüfung am Empfang statt. Wird in einem Computernetzwerk der Verkehr, der in das Netz eintritt oder es verlässt, auf seine Sicherheit überprüft, protokolliert, verworfen oder weitergeleitet, dann sind Firewalls, Intrusion-Detection-Systeme (IDS) und Intrusion-Prevention-Systeme (IPS) daran beteiligt.

8.9.1 Firewalls

Eine **Firewall** ist eine Kombination aus Hardware und Software, die das Intranet einer Organisation vom Internet abschottet, wobei sie einige Pakete passieren lässt und andere blockiert. Eine Firewall ermöglicht einem Netzwerkadministrator eine Kontrolle des Zugriffes der Außenwelt auf die Ressourcen innerhalb des von ihm verwalteten Netzes, indem er die Verkehrsströme zu und von diesen Ressourcen regelt. Eine Firewall hat drei zentrale Ziele:

- *Der komplette Verkehr von außen nach innen und umgekehrt passiert die Firewall.* ▶Abbildung 8.35 zeigt eine Firewall, die sich an der Grenze zwischen dem von einem Administrator verwalteten Netzwerk und dem restlichen Internet befindet. Obwohl in großen Organisationen auch mehrere Stufen von Firewalls oder verteilte Firewalls eingesetzt werden [Skoudis 2006], erleichtert eine einzelne Firewall an einem einzelnen Zugangspunkt ins Netz, wie in Abbildung 8.35 gezeigt, die Verwaltung und das Durchsetzen einer sicheren Zugangsrichtlinie.
- *Nur berechtigter Verkehr, definiert durch die lokale Sicherheitsrichtlinie, darf passieren.* Geht der ganze Verkehr in und aus dem Netzwerk der Institution durch die Firewall, kann diese den Zugriff auf berechtigten Verkehr beschränken.
- *Die Firewall selbst kann nicht kompromittiert werden.* Die Firewall selbst ist ein an das Netz angeschlossenes Gerät. Wenn es nicht richtig aufgebaut oder installiert worden ist, kann sie selbst gefährdet sein, wodurch sie nur ein falsches Gefühl der Sicherheit vermitteln kann (das noch schlechter ist als überhaupt keine Firewall!).

Cisco und Check Point sind heute zwei der derzeit führenden Lieferanten von Firewalls. Sie können ebenso eine Linux-Box mit iptables verwenden (eine Public-Domain-Software, die normalerweise mit Linux ausgeliefert wird), um auf einfache Weise eine Firewall (einen Paketfilter) zu erstellen.

Firewalls können in drei Kategorien klassifiziert werden: **traditionelle Paketfilter, zustandsbasierte Filter** und **Anwendungs-Gateways.** Wir behandeln diese drei Kategorien in den folgenden Unterabschnitten.

Traditionelle Paketfilter

Wie ▶Abbildung 8.35 zeigt, hat eine Organisation normalerweise einen Gateway-Router, der ihr Intranet mit ihrem ISP verbindet (und daher auch mit dem Internet als Ganzem). Der komplette Verkehr in das und aus dem Internet wird über diesen Router

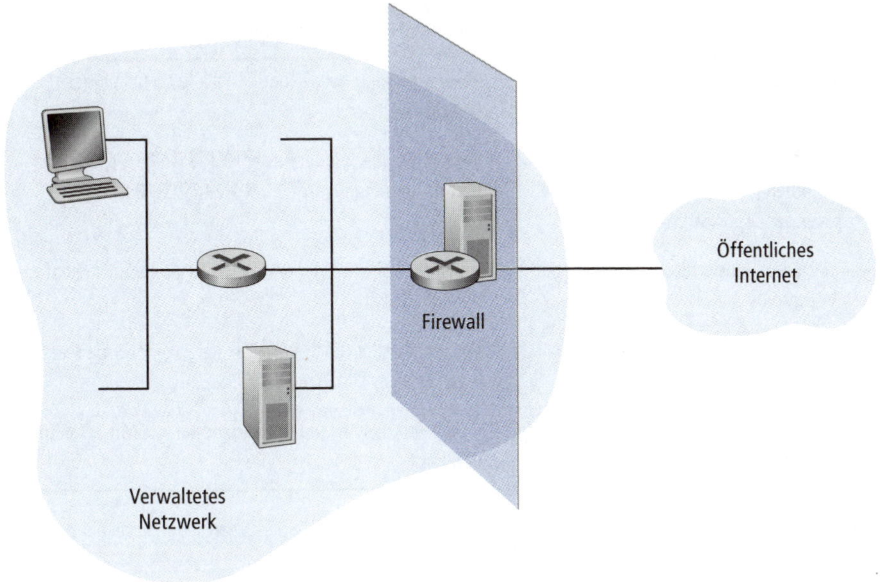

Abbildung 8.35: Firewall, platziert zwischen dem durch einen Administrator verwalteten Netzwerk und der Außenwelt

übertragen und in diesem Router findet die **Paketfilterung** statt. Ein Paketfilter überprüft jedes Datagramm für sich und bestimmt, ob es passieren darf oder ob das Datagramm auf Grundlage von vorgegebenen Regeln verworfen werden soll. Filterentscheidungen basieren normalerweise auf:

- IP-Quell- oder -Zieladresse,
- Protokolltyp entsprechend dem IP-Header: TCP, UDP, ICMP, OSPF usw.,
- TCP- oder UDP-Quell- und -Zielport,
- TCP-Flag-Bits: SYN, ACK usw.,
- ICMP-Nachrichtenart.

Die Regeln können sich unterscheiden, je nachdem ob die Datagramme das Netzwerk verlassen oder hereinkommen. Verschiedene Regeln können für die unterschiedlichen Router-Schnittstellen gelten.

Ein Netzadministrator konfiguriert die Firewall entsprechend den Richtlinien der Organisation. Diese können z.B. die Produktivität der Benutzer und die Nutzung der Bandbreite berücksichtigen, aber auch auf die Sicherheitsbedürfnisse einer Organisation Rücksicht nehmen. ▶ Tabelle 8.4 enthält eine Reihe möglicher Richtlinien, die eine Organisation aufstellen kann, und die Art und Weise, wie diese in der Konfiguration eines Paketfilters berücksichtigt würden. Möchte zum Beispiel eine Organisation alle eingehenden TCP-Verbindungen verhindern, mit Ausnahme jener, die an den öffentlichen Webserver gerichtet sind, kann sie alle TCP-SYN-Segmente blockieren, mit Ausnahme jener mit Zielport 80 und der IP-Zieladresse des Webservers. Will die Organisation ver-

Richtlinie	Firewall-Einstellungen
Kein Webzugang nach außen	Verwerfen aller ausgehenden Pakete zu beliebiger IP-Adresse, Port 80
Keine eingehenden TCP-Verbindungen, ausgenommen jene für den öffentlichen Webserver der Organisation	Verwerfen aller eingehenden TCP-SYN-Pakete zu jeder IP mit Ausnahme von 130.207.244.203, Port 80
Verhindern von Bandbreitenverbrauch durch Webradios	Verwerfen aller eingehenden UDP-Pakete mit Ausnahme der DNS-Pakete
Verhindern, dass Ihr Netz für einen Smurf-DoS-Angriff missbraucht wird	Verwerfen aller ICMP-Ping-Pakete zu einer Broadcast-Adresse (z. B. 130.207.255.255)
Verhindern, dass Ihr Netzwerk mit traceroute ausgespäht wird	Verwerfen des gesamten ausgehenden ICMP-TTL-Expired-Verkehrs

Tabelle 8.4: Richtlinien und die zugehörigen Filterregeln für das Netzwerk einer Organisation unter der Adresse 130.27/16 mit einem Webserver unter 130.207.244.203

hindern, dass ihre Benutzer Bandbreite durch das Hören von Internetradio verbrauchen, kann sie den gesamten unkritischen UDP-Verkehr blockieren (da Internetradio oft über UDP transportiert wird). Will die Organisation verhindern, dass ihr Intranet von einem Außenstehenden genauer untersucht wird (z.B. mittels traceroute), kann sie alle ICMP-TTL-Expired-Nachrichten blockieren, welche die Organisation verlassen.

Eine Filterrichtlinie kann auf einer Kombination aus Adressen und Portnummern basieren. Zum Beispiel könnte ein Paketfilter alle Telnet-Datagramme (jene mit Portnummer 23) weiterleiten, mit Ausnahme jener, die von einer Liste bestimmter IP-Adressen kommen oder dorthin gehen. Diese Richtlinie erlaubt Telnet-Verbindungen zu und von Hosts auf der Liste der erlaubten Adressen. Wenn sich die Regeln auf externe Adressen beziehen, gestatten diese unglücklicherweise keinen Schutz vor Datagrammen, deren Quelladressen mittels Spoofing manipuliert wurden.

Filterregeln können auch darauf basieren, ob das TCP-ACK-Bit gesetzt ist oder nicht. Dieser Trick ist ziemlich nützlich, wenn es eine Organisation zulässt, dass sich ihre internen Clients mit externen Servern verbinden, aber externe Clients daran hindern will, sich mit internen Servern zu verbinden. Wir haben in Abschnitt 3.5 erwähnt, dass das erste Segment in jeder TCP-Verbindung das ACK-Bit auf null setzt, während es in allen anderen Segmenten der Verbindung auf eins gesetzt wird. Will daher eine Organisation externe Clients daran hindern, Verbindungen zu internen Servern aufzubauen, filtert es einfach alle eingehenden Segmente aus, deren ACK-Bit auf null gesetzt ist. Diese Richtlinie vernichtet alle TCP-Verbindungen, die aus der Außenwelt stammen, erlaubt aber Verbindungen, die im Inneren entstehen.

Regeln für Firewalls sind in Routern durch sogenannte Access Control Lists (ACLs) implementiert, wobei jede Routerschnittstelle ihre eigene Liste hat. Ein Beispiel einer solchen Liste für die Organisation mit dem Präfix 222.22/16 zeigt ▶Tabelle 8.5. Diese

Aktion	Quell-adresse	Zieladresse	Protokoll	Quellport-nummer	Zielport-nummer	Flag-Bit
erlaubt	222.22/16	außerhalb von 222.22/16	TCP	> 1023	80	jedes
erlaubt	außerhalb von 222.22/16	222.22/16	TCP	80	> 1023	ACK
erlaubt	222.22/16	außerhalb von 222.22/16	UDP	> 1023	53	–
erlaubt	außerhalb von 222.22/16	222.22/16	UDP	53	> 1023	–
verboten	alle	alle	alle	alle	alle	alle

Tabelle 8.5: Access Control List für eine Routerschnittstelle

ACL ist für eine Schnittstelle definiert, die den Router der Organisation mit dem ISP verbindet. Die Regeln werden der Reihe nach von oben nach unten auf jedes Datagramm angewandt, das die Schnittstelle passiert. Die ersten beiden Regeln zusammen erlauben es internen Benutzern, im Web zu surfen: Die erste Regel ermöglicht es allen TCP-Paketen mit Zielportnummer 80, das Netz der Organisation zu verlassen. Die zweite Regel ermöglicht es jedem TCP-Paket mit Quellportnummer 80 und einem gesetzten ACK-Bit, das Netz der Organisation zu betreten. Beachten Sie, dass beim Versuch einer externen Quelle, eine TCP-Verbindung mit einem internen Host herzustellen, die Verbindung blockiert wird, selbst wenn die Quell- oder Zielportnummer 80 ist. Die beiden folgenden Richtlinien erlauben es DNS-Paketen, das Netzwerk der Organisation zu betreten oder zu verlassen. Insgesamt blockiert diese ziemlich einschränkende ACL jeglichen Verkehr mit Ausnahme von Webdatenverkehr, der innerhalb der Organisation entsteht, sowie DNS-Verkehr. [CERT Filtering 2007] bietet eine Liste empfohlener Port-/Protokoll-Paketfilter, mit denen eine Reihe wohlbekannter Sicherheitslöcher in vorhandenen Netzwerkanwendungen gestopft werden können.

Zustandsbasierte Paketfilter

In einem traditionellen Paketfilter werden Filterentscheidungen für jedes einzelne Paket individuell getroffen. Zustandsbasierte Filter verfolgen tatsächlich TCP-Verbindungen mit und verwenden dieses Wissen, um Filterentscheidungen zu treffen.

Damit wir zustandsbasierte Filter verstehen, wollen wir noch mal die Access Control List in Tabelle 8.5 betrachten. Obwohl sie den Verkehr ziemlich einschränkt, ermöglicht die ACL in Tabelle 8.5 es dennoch, dass jedes Paket mit gesetztem ACK-Bit und Quellportnummer 80, das aus der Außenwelt ankommt, den Filter passieren kann. Solche Pakete könnten von Angreifern bei Versuchen benutzt werden, interne Systeme mit falsch aufgebauten Paketen abstürzen zu lassen, Denial-of-Service-Angriffe auszuführen oder das Intranet auszuspähen. Die einfachste Lösung würde darin bestehen,

Quelladresse	Zieladresse	Quellportnummer	Zielportnummer
222.22.1.7	37.96.87.123	12699	80
222.22.93.2	199.1.205.23	37654	80
222.22.65.143	203.77.240.43	48712	80

Tabelle 8.6: Verbindungstabelle für einen zustandsbasierten Paketfilter

auch TCP-ACK-Pakete zu blockieren. Eine solche Methode würde jedoch die internen Benutzer der Organisation daran hindern, im Web zu surfen.

Zustandsbasierte Filter lösen dieses Problem, indem sie über alle laufenden TCP-Verbindungen in einer Verbindungstabelle Buch führen. Dies ist möglich, weil die Firewall den Anfang einer neuen Verbindung an einem Drei-Wege-Handshake (SYN, SYN-ACK und ACK) erkennen kann. Und sie erkennt das Ende einer Verbindung an deren FIN-Paketen. Die Firewall kann zudem (konservativ) annehmen, dass die Verbindung beendet ist, wenn sie für beispielsweise 60 Sekunden keine Aktivität auf der Verbindung gesehen hat. Ein Beispiel einer Verbindungstabelle für eine Firewall wird in ▶ Tabelle 8.6 gezeigt. Sie gibt an, dass es gegenwärtig drei laufende TCP-Verbindungen gibt, die alle innerhalb der Organisation initiiert wurden. Außerdem fügt der zustandsbasierte Filter eine neue Spalte „Verbindung prüfen" in die ACL ein, wie ▶ Tabelle 8.7 zeigt. Beachten Sie, dass Tabelle 8.7 mit der ACL in Tabelle 8.5 identisch ist, außer dass sie nun noch widerspiegelt, dass die Verbindung bei zwei Regeln mittels der Verbindungstabelle geprüft werden sollte.

Aktion	Quell-adresse	Ziel-adresse	Proto-koll	Quellport-nummer	Zielport-nummer	Flag-Bits	Ver-bindung prüfen
erlaubt	222.22/16	außer-halb von 222.22/16	TCP	> 1023	80	egal	
erlaubt	außerhalb von 222.22/16	222.22/16	TCP	80	> 1023	ACK	x
erlaubt	222.22/16	außer-halb von 222.22/16	UDP	> 1023	53	–	
erlaubt	außerhalb von 222.22/16	222.22/16	UDP	53	> 1023	–	x
verboten	alle	alle	alle	alle	alle	alle	

Tabelle 8.7: Access Control List für einen zustandsbasierten Filter

Untersuchen wir einige Beispiele im Detail, um zu sehen, wie die Verbindungstabelle und die erweiterte ACL Hand in Hand zusammenarbeiten. Nehmen Sie an, dass ein Angreifer versucht, ein falsch formatiertes Paket ins Netz der Organisation zu schleusen, indem er ein Datagramm mit TCP-Quellportnummer 80 und mit gesetztem ACK-Flag-Bit sendet. Nehmen Sie weiter an, dass dieses Paket die Quellportnummer 12543 und die Quell-IP-Adresse 150.23.23.155 hat. Wenn dieses Paket die Firewall erreicht, überprüft die Firewall die ACL in Tabelle 8.7, die anzeigt, dass die Verbindungstabelle ebenfalls überprüft werden muss, bevor es dem Paket erlaubt werden kann, das Netz der Organisation zu betreten. Die Firewall überprüft die Verbindungstabelle, erkennt, dass dieses Paket nicht Teil einer laufenden TCP-Verbindung ist, und weist es zurück. Als zweites Beispiel nehmen Sie an, dass ein interner Benutzer auf einer externen Website surfen will. Weil dieser Benutzer zuerst ein TCP-SYN-Segment sendet, wird seine TCP-Verbindung in der Verbindungstabelle gespeichert. Sobald der Webserver Pakete zurücksendet (wobei das ACK-Bit notwendigerweise gesetzt sein muss), überprüft die Firewall die Tabelle und erkennt, dass eine entsprechende Verbindung existiert. Die Firewall lässt daher diese Pakete passieren und mischt sich nicht in das Websurfen des internen Benutzers ein.

Anwendungs-Gateways

In den obigen Beispielen haben wir gesehen, dass Filterung auf Paketebene es einer Organisation ermöglicht, den Datenverkehr entsprechend des Inhaltes von IP- und TCP/UDP-Headern zu filtern, einschließlich IP-Adressen, Portnummern und ACK-Bits. Was ist aber, wenn eine Organisation einer eingeschränkten Gruppe von internen Benutzern (also ein anderes Kriterium als IP-Adressen) einen Telnet-Dienst anbieten will? Und was ist, wenn die Organisation verlangt, dass diese privilegierten Benutzer sich vor dem Aufbau der Telnet-Sitzung in die Außenwelt authentifizieren müssen? Solche Aufgaben liegen jenseits der Fähigkeiten der traditionellen und zustandsbasierten Filter. Tatsächlich sind Informationen über die Identität der internen Benutzer Daten der Anwendungsschicht, die nicht in die IP-/TCP-/UDP-Header eingetragen werden.

Um das Sicherheitsnetz feiner weben zu können, müssen Firewalls Paketfilter mit Anwendungs-Gateways kombinieren. Anwendungs-Gateways blicken hinter die IP-/TCP-/UDP-Header und treffen richtlinienkonforme Entscheidungen auf Basis der Anwendungsdaten. Ein **Anwendungs-Gateway** ist ein anwendungsspezifischer Server, durch den alle Daten (sowohl die eingehenden als auch die ausgehenden) der betreffenden Anwendung laufen müssen. Auf demselben Host können mehrere Anwendungs-Gateways laufen, aber jedes Gateway ist ein eigenständiger Server mit seinen eigenen Prozessen.

Um einen Einblick in Anwendungs-Gateways zu bekommen, wollen wir eine Firewall gestalten, die nur einer eingeschränkten Zahl interner Benutzer den Aufbau einer ausgehenden Telnet-Sitzung erlaubt und es allen externen Clients verbietet, Telnet ins Netz hinein zu verwenden. Solche Richtlinien werden möglich, indem eine Mischung aus Paketfilter (in einem Router) und einem Telnet-Anwendungs-Gateway implementiert wird, wie ▶ Abbildung 8.36 zeigt. Der Filter des Routers wird so konfi-

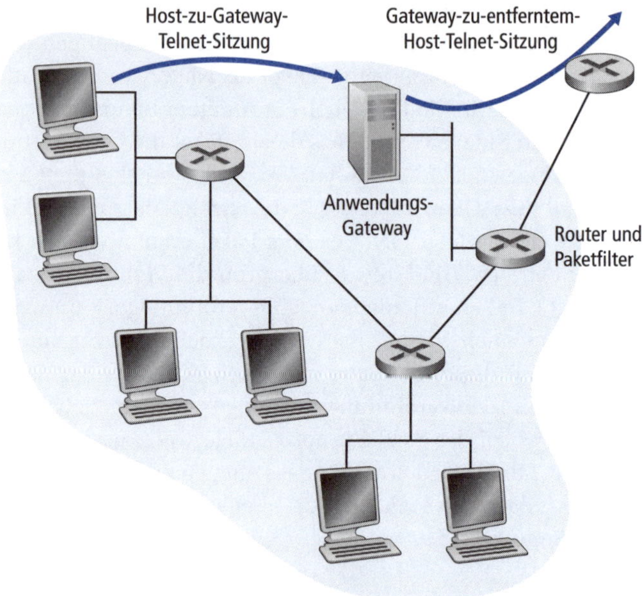

Abbildung 8.36: Firewall, bestehend aus einem Anwendungs-Gateway und einem Filter

guriert, dass alle Telnet-Verbindungen blockiert werden, außer jenen, die von der IP-Adresse des Anwendungs-Gateways stammen. Solch eine Filterkonfiguration zwingt alle ausgehenden Telnet-Verbindungen, das Anwendungs-Gateway zu passieren. Betrachten Sie nun einen internen Benutzer, der eine Telnet-Verbindung zur Außenwelt aufbauen will. Der Benutzer muss zuerst eine Telnet-Sitzung mit dem Anwendungs-Gateway aufbauen. Eine Anwendung, die auf dem Gateway läuft und auf eingehende Telnet-Sitzungen achtet, fragt den Benutzer nach seiner Benutzer-ID und seinem Kennwort. Wenn dieser die gewünschten Informationen eingibt, prüft das Anwendungs-Gateway nach, ob der Benutzer berechtigt ist, eine Telnet-Sitzung in die Außenwelt aufzubauen. Falls nicht, wird die Telnet-Verbindung des internen Benutzers zum Gateway abgebrochen. Hat er die notwendige Berechtigung, dann fragt das Gateway (1) den Benutzer nach dem Namen des externen Hosts, mit dem er eine Verbindung aufbauen will, (2) es baut eine Telnet-Sitzung zwischen dem Gateway und dem externen Host auf und (3) es leitet alle Daten, die vom Benutzer ankommen, an den externen Host weiter und die Daten vom externen Host an den Benutzer. Das Telnet-Anwendungs-Gateway führt daher nicht nur die Benutzerautorisierung durch, sondern funktioniert auch als Telnet-Server und Telnet-Client und vermittelt die übertragenen Daten zwischen Benutzer und dem entfernten Telnet-Server. Beachten Sie, dass der Paketfilter den zweiten Schritt erlaubt, weil das Gateway (und nicht der Host des Benutzers) die Telnet-Verbindungen zur Außenwelt aufbaut.

Intranets haben oft mehrere Anwendungs-Gateways, zum Beispiel Gateways für Telnet, HTTP, FTP und E-Mail. In der Tat sind der Mailserver (Abschnitt 2.4) und der Webcache einer Organisation häufig Anwendungs-Gateways.

Anwendungs-Gateways haben auch ihre Nachteile. Zunächst einmal braucht jede Anwendung ein anderes Gateway. Zweitens muss hinsichtlich der Leistung eine Einschränkung in Kauf genommen werden, da alle Daten über das Gateway geleitet werden. Dies wird besonders dann problematisch, wenn mehrere Benutzer oder Anwendungen dasselbe Gateway benutzen. Schließlich muss die Client-Software wissen, wie sie das Gateway kontaktieren muss, wenn der Benutzer kommunizieren möchte, und sie muss wissen, wie sie dem Anwendungs-Gateway mitteilt, mit welchem externen Server sie eine Verbindung wünscht.

8.9.2 Intrusion-Detection-Systeme

Wir haben gerade gesehen, dass ein Paketfilter (traditionell und zustandsbasiert) IP-, TCP-, UDP- und ICMP-Header überprüft, wenn er entscheidet, welche Pakete die Firewall passieren dürfen. Um jedoch vielen Arten von Angriffen begegnen zu können, müssen wir eine sogenannte **Deep Packet Inspection** durchführen, das heißt über die Header-Felder hinaus in die eigentlichen Anwendungsdaten hineinschauen, die von den Paketen transportiert werden. Wie wir in Abschnitt 8.9.1 gesehen haben, führen Anwendungs-Gateways oft Deep Packet Inspection durch. Aber ein Anwendungs-Gateway macht dies nur für eine bestimmte Anwendung.

Eindeutig gibt es eine Nische für ein weiteres Gerät – eines, das nicht nur die Header aller Pakete prüft, die durch es hindurchgehen (wie ein Paketfilter), sondern auch Deep Packet Inspection durchführt (im Gegensatz zu einem Paketfilter). Bemerkt ein solches Gerät ein verdächtiges Paket – oder eine verdächtige Abfolge von Paketen –, dann könnte es diese Pakete daran hindern, das Netzwerk der Organisation zu betreten.

Falls die Aktivität nur verdächtig erscheint, könnte das Gerät die Pakete aber auch passieren lassen und dem Netzwerkadministrator eine Warnung zusenden. Dieser kann dann einen näheren Blick auf den Verkehr werfen und entsprechende Maßnahmen ergreifen. Ein Gerät, das Warnsignale auslöst, wenn es potenziell gefährlichen Verkehr beobachtet, wird als **Intrusion-Detection-System** (**IDS**, *System zur Erkennung von Eindringlingen*) bezeichnet. Ein Gerät, das dagegen verdächtigen Verkehr herausfiltert, wird als **Intrusion-Prevention-System** (**IPS**, *System zur Vermeidung von Eindringlingen*) bezeichnet. In diesem Abschnitt untersuchen wir beide Systeme – IDS sowie IPS – gemeinsam, da der interessanteste technische Aspekt dieser Systeme darin liegt, wie sie verdächtigen Verkehr erkennen (und nicht, ob sie Warnsignale senden oder Pakete verwerfen). Wir werden im Folgenden IDS-Systeme und IPS-Systeme gemeinsam unter dem Begriff IDS-Systeme zusammenfassen.

Ein IDS lässt sich einsetzen, um eine große Zahl von Angriffen zu erkennen, beispielsweise das Ausspähen von Netzwerken (*Mapping*, etwa mithilfe von nmap), Port Scans, Scans von TCP-Stacks, DoS-Angriffe, Würmer und Viren, Angriffe auf Schwachstellen von Betriebssystemen und Anwendungen. (Einen Überblick über Angriffe auf Netzwerke enthält Abschnitt 1.6.) Heute verwenden Tausende von Organisationen IDS-Systeme. Viele davon sind proprietär und werden von Cisco, Check Point und anderen Lieferanten von Sicherheitsequipment angeboten. Aber viele der eingesetzten IDS-

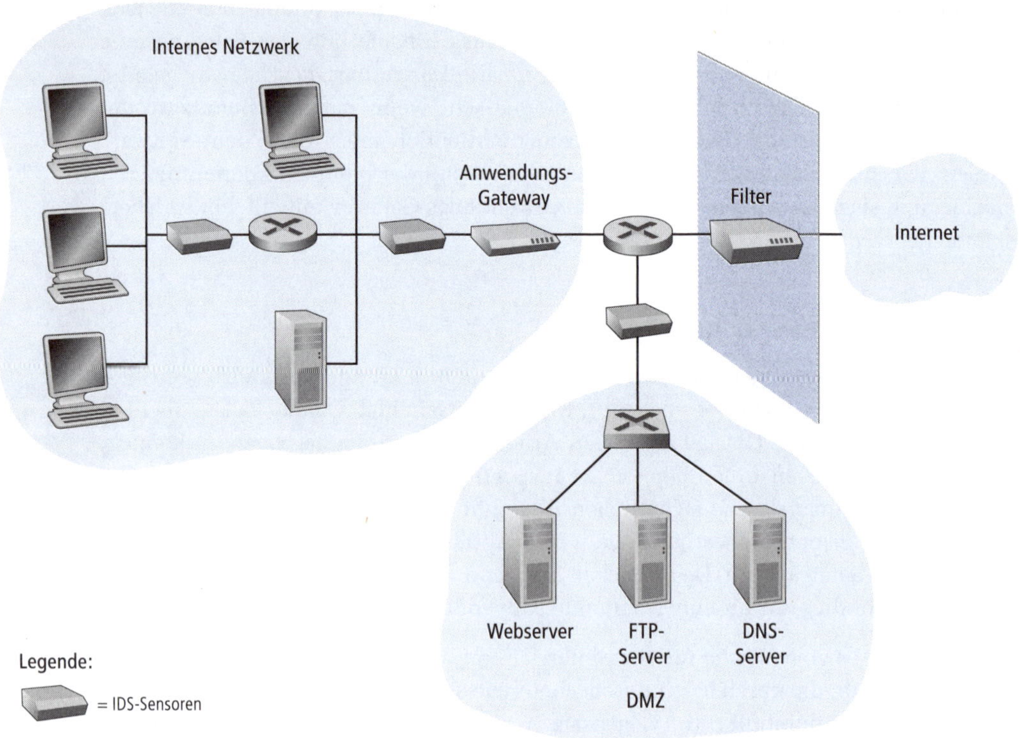

Abbildung 8.37: Eine Organisation, die Filter, Anwendungs-Gateway und IDS-Sensoren einsetzt

Systeme sind frei verfügbare Systeme, wie das sehr beliebte Snort-IDS-System (das wir in Kürze diskutieren werden).

Eine Organisation kann einen oder mehrere IDS-Sensoren in ihrem Netzwerk einsetzen. ▶Abbildung 8.37 zeigt eine Organisation, die drei IDS-Sensoren verwendet. Werden mehrere Sensoren eingesetzt, arbeiten sie normalerweise zusammen und senden Informationen über verdächtigen Verkehr an einen zentralen IDS-Prozessor, der die Informationen erfasst, zusammenführt und im Bedarfsfall eine Warnung an die Netzwerkadministratoren absetzt. Die Organisation aus Abbildung 8.37 hat ihr Netz in zwei Bereiche aufgeteilt: einen Hochsicherheitsbereich, der von einem Paketfilter und einem Anwendungs-Gateway geschützt wird, sowie einen Bereich mit niedrigerer Sicherheit, der als **Demilitarized Zone** (**DMZ**, *entmilitarisierte Zone*) bezeichnet wird. Letzterer wird nur vom Paketfilter geschützt, aber zudem von IDS-Sensoren überwacht. Beachten Sie, dass die DMZ diejenigen Server der Organisation enthält, über die sie mit der Außenwelt kommuniziert, wie den öffentlichen Webserver und ihren autoritativen DNS-Server.

Sie wundern sich zu diesem Zeitpunkt vielleicht darüber, dass mehrere IDS-Sensoren verwendet werden. Warum befindet sich in Abbildung 8.37 der IDS-Sensor nicht einfach direkt hinter dem Paketfilter (oder ist sogar in diesen integriert)? Wir werden bald sehen, dass ein IDS nicht nur Deep Packet Inspection auf jedes vorbeikommende Paket anwenden muss, sondern diese auch mit Zehntausenden Signaturen von möglichen

Angriffen vergleicht. Dies bedeutet einen hohen Verarbeitungsaufwand, insbesondere, wenn das Verkehrsaufkommen der Organisation aus dem Internet einige Gigabit/ Sekunde beträgt. Positioniert man die Sensoren weiter „stromabwärts“, bekommt jeder Sensor nur noch einen Bruchteil des Verkehrs der Organisation mit und kann leichter mit diesem Schritt halten. Dennoch sind heutzutage Hochleistungs-IDS- und -IPS-Systeme verfügbar, so dass viele Organisationen tatsächlich mit nur einem Sensor auskommen, der sich in der Nähe des Zugangsrouters befindet.

IDS-Systeme werden allgemein entweder als **signaturbasierte Systeme** oder als **anomaliebasierte Systeme** klassifiziert. Ein signaturbasiertes IDS verwaltet eine große Datenbank mit Signaturen von Angriffen. Jede Signatur besteht aus einer Menge von Regeln, die sich auf ein versuchtes Eindringen beziehen. Eine Signatur kann einfach eine Liste von charakteristischen Merkmalen eines einzelnen Paketes sein (z.B. Quelle und Portnummer des Ziels, Protokolltyp und eine bestimmte Abfolge von Binärzeichen in der Nutzlast des Paketes) oder sie kann sich auf eine Reihe von Paketen beziehen. Signaturen werden normalerweise von Fachleuten aus dem Bereich der Netzwerksicherheit erstellt, die bekannte Angriffe untersuchen. Der Netzwerkadministrator einer Organisation kann solche Signaturen anpassen oder der Datenbank seine eigenen hinzufügen.

Während des Betriebes „beschnüffelt“ ein signaturbasiertes IDS jedes Paket, das an ihm vorbeikommt, und vergleicht jedes untersuchte Paket mit den Signaturen in seiner Datenbank. Passt ein Paket (oder eine Abfolge von Paketen) zu einer Signatur, löst das IDS ein Warnsignal aus. Dieses könnte in einer E-Mail an den Netzwerkadministrator gesandt, an das Netzwerkmanagementsystem geschickt oder einfach für eine spätere Prüfung protokolliert werden.

Signaturbasierte IDS-Systeme weisen trotz ihres weit verbreiteten Einsatzes eine Reihe von Einschränkungen auf. Am bedeutendsten ist, dass der Angriff bereits bekannt sein muss, damit eine genaue Signatur entwickelt werden kann.

Mit anderen Worten, ein signaturbasiertes IDS ist neuen Angriffen gegenüber, die erst noch aufgezeichnet werden müssen, völlig blind. Ein weiterer Nachteil besteht darin, dass eine passende Signatur nicht unbedingt von einem Angriff stammen muss, so dass Fehlalarme ausgelöst werden können. Weil schließlich jedes Paket mit einer riesigen Signatursammlung verglichen werden muss, kann das IDS vom Rechenaufwand so überlastet sein, dass es tatsächlich gefährliche Pakete übersieht.

Ein anomaliebasiertes IDS erstellt ein Verkehrsprofil, indem es die normale Arbeitsweise des Verkehrs beobachtet. Es sucht dann nach Paketströmen, die statistisch ungewöhnlich sind, zum Beispiel ein übermäßiger Anteil an ICMP-Paketen oder ein plötzliches Ansteigen von Port-Scans bzw. Pings. Der große Vorteil anomaliebasierter IDS-Systeme besteht darin, dass der Angriff nicht bereits bekannt sein muss – das heißt, sie können potenziell neue, undokumentierte Angriffe erkennen. Andererseits ist es eine große Herausforderung, zwischen normalem Verkehr und statistisch ungewöhnlichem Verkehr zu unterscheiden. Bis heute sind die meisten im Einsatz befindlichen IDS-Systeme in erster Linie signaturbasiert, obwohl einige auch anomaliebasierte Merkmale beinhalten.

Snort

Snort ist ein frei verfügbares Open-Source-IDS, das einige Hunderttausend Mal im Einsatz ist [Snort 2007; Koziol 2003]. Es läuft unter Linux, Unix und Windows. Snort verwendet die generische Schnittstelle libpcap, die auch von Wireshark und vielen anderen Paket-Sniffern eingesetzt wird. Es kann leicht ein Verkehrsaufkommen von 100 Mbps bearbeiten. Bei einem Verkehr im Bereich von einem oder mehreren Gigabit/ Sekunde sind mehrere Snort-Sensoren erforderlich.

Um einen Eindruck von Snort zu erhalten, werfen wir einen Blick auf ein Beispiel einer Snort-Signatur:

```
alert icmp $EXTERNAL_NET any -> $HOME_NET any
(msg:"ICMP PING NMAP"; dsize: 0; itype: 8;)
```

Diese Signatur entspricht einem Paket, das aus der Außenwelt (`$EXTERNAL_NET`) in das Netzwerk der Organisation eintritt (`$HOME_NET`), den Typ 8 hat (ICMP Ping) und eine leere Nutzlast aufweist (`dsize = 0`). Da nmap (Abschnitt 1.6) Ping-Pakete mit genau diesen Merkmalen erzeugt, wurde diese Signatur dafür entworfen, nmap-Ping-Abtastungen zu erkennen. Passt ein Paket zu dieser Signatur, erzeugt Snort ein Warnsignal, das die Nachricht „`ICMP PING NMAP`“ beinhaltet.

Vielleicht am beeindruckendsten an Snort ist die ungeheuer große Gemeinschaft von Benutzern und Sicherheitsexperten, welche die Signaturdatenbank aktuell halten. Normalerweise schreibt die Snort-Community innerhalb von wenigen Stunden nach einem neuen Angriff eine Signatur und gibt sie frei. Diese wird dann von Hunderttausenden weltweit im Einsatz befindlichen Snorts heruntergeladen. Außerdem können Netzwerkadministratoren die Signaturen mit der Snort-Signatur-Syntax an die Bedürfnisse ihrer Organisation anpassen, indem sie entweder bereits existierende Signaturen verändern oder eigene erstellen.

ZUSAMMENFASSUNG

In diesem Kapitel haben wir die verschiedenen Mechanismen kennengelernt, mit denen unser heimliches Liebespaar Bob und Alice sicher kommunizieren kann. Wir haben gesehen, dass Bob und Alice Vertraulichkeit benötigen (so dass allein sie beide in der Lage sind, den Inhalt einer gesendeten Nachricht zu verstehen), dass sie Endpunktauthentifizierung brauchen (um sicher sein zu können, miteinander zu reden) und dass sie Nachrichtenintegrität benötigen (um sicher zu sein, dass ihre Nachrichten nicht während der Übertragung geändert werden). Natürlich beschränkt sich der Bedarf an sicherer Kommunikation nicht auf heimliche Liebschaften. Wir haben in den **Abschnitten 8.5** bis **8.8** gesehen, dass Sicherheit auf verschiedenen Schichten einer Netzwerkarchitektur eingesetzt werden kann, um vor Angreifern zu schützen, denen ein großes Arsenal möglicher Angriffe zur Verfügung steht.

Der erste Teil dieses Kapitels hat verschiedene Grundlagen vorgestellt, auf denen sichere Kommunikation beruht. In **Abschnitt 8.2** haben wir uns mit kryptografischen Verfahren für das Verschlüsseln und das Entschlüsseln von Daten befasst, zu denen Kryptografie mit symmetrischen Schlüsseln und Public-Key-Verschlüsselung gehören. DES und RSA haben wir als spezifische Fälle dieser beiden großen, in heutigen Netzwerken eingesetzten Klassen von Verschlüsselungstechniken untersucht.

In **Abschnitt 8.3** haben wir zwei Ansätze für das Gewährleisten von Nachrichtenintegrität kennengelernt: Message Authentication Codes (MACs) und digitale Unterschriften. Beide Methoden haben eine Reihe von Gemeinsamkeiten. Beide verwenden kryptografische Hash-Funktionen und beide Techniken ermöglichen es uns, sowohl die Quelle der Nachricht als auch die Nachrichtenintegrität zu überprüfen. Ein wichtiger Unterschied besteht darin, dass MACs keine Verschlüsselung benötigen, während digitale Unterschriften eine Infrastruktur öffentlicher Schlüssel erfordern. Wie wir in den **Abschnitten 8.5** bis **8.8** gesehen haben, werden beide Techniken ausgiebig in der Praxis eingesetzt. Außerdem werden digitale Unterschriften zur Erstellung digitaler Zertifikate verwendet, die wichtig sind, um die Gültigkeit von öffentlichen Schlüsseln zu überprüfen.

In **Abschnitt 8.4** haben wir unsere Aufmerksamkeit der Endpunktauthentifizierung zugewandt. Wir haben eine Reihe zunehmend leistungsfähigerer Authentifizierungsprotokolle entwickelt, um sicherzustellen, dass ein Gesprächsteilnehmer tatsächlich der- oder diejenige ist, der er oder sie zu sein behauptet, und dass beide tatsächlich live kommunizieren. Wir haben gesehen, dass sowohl Kryptografie mit symmetrischen Schlüsseln als auch Public-Key-Verschlüsselung nicht nur beim Verschlüsseln von Daten, sondern auch bei der Durchführung der Authentifizierung eine wichtige Rolle spielen können.

In den **Abschnitten 8.5** bis **8.8** haben wir mehrere Netzwerksicherheitsprotokolle untersucht, die in der Praxis häufig eingesetzt werden. Wir haben gesehen, dass Kryptografie mit symmetrischen Schlüsseln im Kern von PGP, SSL, IPsec und drahtloser Sicherheit arbeitet und dass Public-Key-Verschlüsselung sowohl für PGP als auch für SSL von entscheidender Bedeutung ist. Wir haben erfahren, dass PGP digitale Unterschriften für die Nachrichtenintegrität verwendet, während SSL und IPsec MACs verwenden.

Ausgerüstet mit den Techniken aus den **Abschnitten 8.2** bis **8.4** können Bob und Alice sicher miteinander kommunizieren. (Man kann nur hoffen, dass es sich um Studenten einer Netzwerkvorlesung handelt, die dieses Material gelernt haben und es so vermeiden können, dass ihr Stelldichein durch Trudy aufgedeckt wird!) Aber Vertraulichkeit ist nur ein kleiner Teil im Gesamtbild der Netzwerksicherheit. In zunehmendem Maße richtet sich der Fokus der Netzwerksicherheit auf das Absichern der Netzwerkinfrastruktur gegen einen potenziell massiven Angriff von außen. Im letzten Teil dieses Kapitels haben wir daher Firewalls und IDS-Systeme behandelt, die Pakete kontrollieren, die in das Netz einer Organisation eintreten und es verlassen.

In diesem Kapitel haben wir sehr viele Aspekte der Netzwerksicherheit angesprochen und uns dabei auf die wichtigsten Themen der modernen Netzwerksicherheit konzentriert. Lesern, die noch tiefer einsteigen möchten, empfehlen wir die in diesem Kapitel angeführten Referenzen. Insbesondere empfehlen wir [Skoudis 2006] für die Themen Angriffe und operative Sicherheit, [Kaufman 1995] für Kryptografie und wie sie für Netzwerksicherheit eingesetzt wird, [Rescorla 2001] für eine sehr detaillierte, aber lesbare Behandlung von SSL und [Edney 2003] für eine gründliche Diskussion der Sicherheit von 802.11 sowie einer aufschlussreichen Untersuchung von WEP und seinen Schwachstellen. Als Leser interessieren Sie sich vielleicht auch für einen umfassenden Satz von PowerPoint-Folien (über 400) zum Thema Netzwerksicherheit [Ross 2007].

Aufgaben

Lösungshinweise

Verständnisfragen

R1. Welche Unterschiede bestehen zwischen Nachrichtenvertraulichkeit und Nachrichtenintegrität? Kann man das eine ohne das andere sicherstellen? Begründen Sie Ihre Antwort.

R2. Was ist der Unterschied zwischen einem aktiven und einem passiven Eindringling?

R3. Nennen Sie einen wichtigen Unterschied zwischen einem System mit symmetrischen Schlüsseln und einem Public-Key-System.

R4. Nehmen Sie an, dass ein Eindringling sowohl eine verschlüsselte Nachricht als auch die entschlüsselte Version dieser Nachricht besitzt. Kann der Eindringling einen Chiffretext-basierten Angriff, einen Angriff mit bekanntem Klartext oder einen Angriff mit wählbarem Klartext ausführen?

R5. Nehmen Sie an, dass in einer Gruppe von N Menschen jeder mit allen anderen $N-1$ Mitgliedern der Gruppe mittels Kryptografie mit symmetrischen Schlüsseln kommunizieren will. Die gesamte Kommunikation zwischen zwei Menschen i und j kann von allen anderen Menschen in dieser N-köpfigen Gruppe abgefangen werden, aber keine andere Person dieser Gruppe sollte in der Lage sein, ihre Kommunikation zu entschlüsseln. Wie viele Schlüssel sind im System als Ganzes erforderlich? Nehmen Sie nun an, dass Public-Key-Verschlüsselung eingesetzt wird. Wie viele Schlüssel sind in diesem Fall erforderlich?

R6. Was ist der Zweck einer Nonce in einem Endpunktauthentifizierungsprotokoll?

R7. Was bedeutet die Aussage, dass eine Nonce ein Wert ist, der nur einmal während der ganzen Lebensdauer auftritt? Während wessen Lebensdauer?

R8. Was ist ein Man-in-the-Middle-Angriff? Kann dieser Angriff stattfinden, wenn symmetrische Schlüssel eingesetzt werden?

R9. Was bedeutet es, wenn ein signiertes Dokument verifizierbar und nicht fälschbar ist?

R10. Inwiefern ermöglicht ein Hash-Wert eine bessere Prüfung der Nachrichtenintegrität als eine Prüfsumme, z. B. die Internetprüfsumme?

R11. Inwiefern stellt ein mit Public-Key-Verfahren verschlüsselter Hash-Wert eine bessere digitale Unterschrift dar als der Ansatz, die Nachricht direkt mit dem Public-Key-Verfahren zu verschlüsseln?

R12. Können Sie den Hash-Wert einer Nachricht „entschlüsseln", um die Originalnachricht zu erhalten? Begründen Sie Ihre Antwort.

R13. Was ist eine Zertifizierungsstelle?

R14. Fassen Sie die wesentlichen Unterschiede der Dienste zusammen, die vom Authentication Header Protocol (AH) und dem Encapsulation Security Payload Protocol (ESP) in IPsec angeboten werden.

Übungsaufgaben

Lösungshinweise

P1. Verschlüsseln Sie mithilfe der monoalphabetischen Chiffre in Abbildung 8.3 die Nachricht „Dies ist eine leichte Aufgabe“. Decodieren Sie die Nachricht „rmi xyco csj ilmii“.

P2. Zeigen Sie, dass Trudys Angriff mit bekanntem Klartext, in dem sie die (Chiffretext, Klartext)-Paare für sieben Buchstaben kennt, die Anzahl der im Beispiel aus Abschnitt 8.2.1 zu prüfenden Substitutionen um etwa den Faktor 10^9 verringert.

P3. Betrachten Sie das polyalphabetische System, das in Abbildung 8.4 dargestellt wird. Genügt ein Angriff mit wählbarem Klartext, bei dem man in der Lage ist, die verschlüsselte Version des Klartextes „The quick brown fox jumps over the lazy dog“ zu erhalten, um alle Nachrichten zu decodieren? Warum oder warum nicht?

P4. Wählen Sie in RSA die Parameter $p = 3$ und $q = 11$ und codieren Sie das Wort „Hallo“. Wenden Sie den Entschlüsselungsalgorithmus auf die verschlüsselte Version an, um die ursprüngliche Klartextnachricht wiederherzustellen.

P5. Betrachten wir unser Authentifizierungsprotokoll *ap4.0,* mit dem Alice sich gegenüber Bob authentifiziert hat. Wir wissen, dass es gut arbeitet (d.h., wir haben darin keine Fehler gefunden). Jetzt nehmen Sie an, dass Bob sich gegenüber Alice authentifizieren muss, während Alice sich gegenüber Bob authentifiziert. Geben Sie ein Szenario an, in dem Trudy, die vorgibt Alice zu sein, sich Bob gegenüber als Alice authentifizieren kann. (*Hinweis:* Beachten Sie, dass die Sequenz der Operationen von *ap4.0*, eine von Trudy eingeleitete und eine von Bob eingeleitete, beliebig verschachtelt werden kann. Achten Sie besonders auf die Tatsache, dass sowohl Bob als auch Alice eine Nonce benutzen und dass, wenn beide nicht aufpassen, dieselbe Nonce arglistig verwendet werden kann.)

P6. Beim Man-in-the-Middle-Angriff in Abbildung 8.21 hat Alice Bob nicht authentifiziert. Könnte dieser Angriff vermieden werden, wenn Alice von Bob verlangen würde, dass er sich mithilfe von *ap5.0* authentifiziert? Erläutern Sie Ihre Überlegungen.

P7. Das Border Gateway Protocol (BGP) verwendet einen MAC anstatt Public-Key-Verschlüsselung, um BGP-Nachrichten zu unterschreiben. Warum, denken Sie, wurde ein MAC gewählt und keine Public-Key-Verschlüsselung?

P8. Bestimmen Sie eine dritte Nachricht, die sich von den beiden aus Abbildung 8.8 unterscheidet, aber dieselbe Prüfsumme besitzt wie diese Nachrichten.

P9. Nehmen Sie an, dass Alice mit Bob kommunizieren will und dabei Kryptografie mit symmetrischen Schlüsseln mit einem Sitzungsschlüssel K_S verwenden will. In Abschnitt 2.2 haben wir erfahren, wie wir Public-Key-Kryptografie verwenden können, um den Sitzungsschlüssel von Alice an Bob zu senden. In dieser Aufgabe untersuchen wir, wie der Sitzungsschlüssel ohne

Public-Key-Verschlüsselung weitergegeben werden kann, wobei nun ein Key Distribution Center (KDC, *Schlüsselverteilungszentrum*) eingesetzt wird. Das KDC ist ein Server, der einen eindeutigen, geheimen, symmetrischen Schlüssel mit jedem registrierten Benutzer teilt. Für Alice und Bob bezeichnen Sie diese Schlüssel mit $K_{A\text{-}KDC}$ und $K_{B\text{-}KDC}$. Entwerfen Sie eine Methode, die das KDC einsetzt, um K_S an Alice und Bob weiterzugeben. Ihre Methode sollte drei Nachrichten verwenden, um den Sitzungsschlüssel zu verteilen: eine Nachricht von Alice an das KDC; eine Nachricht vom KDC an Alice; und eine Abschlussnachricht von Alice an Bob.

P10. Abbildung 8.24 zeigt die Operationen, die Alice durchführen muss, um Vertraulichkeit, Authentifizierung und Integrität zu bieten. Stellen Sie die entsprechenden Schritte, die Bob mit dem von Alice empfangenen Paket durchführen muss, grafisch dar.

P11. Richtig oder falsch:

a. Betrachten Sie einen Strom von Paketen, der mittels IPsec von Host A an Host B gesendet wird. Normalerweise wird für jedes im Strom übertragene Paket eine neue SA erzeugt.

b. Nehmen Sie an, dass TCP über IPsec mit dem AH-Protokoll verwendet wird. Überträgt TCP dasselbe Paket nochmals, dann haben die beiden Pakete dieselbe Sequenznummer im AH-Header.

c. Nehmen Sie an, dass Alice und Bob über eine SSL-Sitzung kommunizieren. Nehmen Sie zudem an, dass ein Angreifer, der keinen der gemeinsamen Schlüssel hat, ein falsches TCP-Segment in einen Paketstrom einführt, das die richtige TCP-Prüfsumme und Sequenznummern (sowie die richtigen IP-Adressen und Portnummern) enthält. SSL auf der Empfangsseite akzeptiert das falsche Paket und übermittelt die Nutzlast an die empfangende Anwendung.

d. Nehmen Sie an, dass certifier.com ein Zertifikat für foo.com erstellt. Normalerweise würde das ganze Zertifikat mit dem öffentlichen Schlüssel von certifier.com verschlüsselt.

e. Wir haben oben den kryptografischen Hash erwähnt, der für die Verteilung von OSPF-Nachrichten benutzt wird. Damit ein Router die Integrität der Nachricht überprüfen kann, muss er einen geheimen Schlüssel mit dem Router teilen, der die Nachricht erstellt hat.

f. Betrachten Sie eine große Datei, die mit Cipher Block Chaining verschlüsselt werden soll. Bei diesem Mechanismus sendet die Quelle einen Initialisierungsvektor (IV) und den geheimen Schlüssel im Klartext an den Empfänger.

P12. Betrachten Sie das folgende Pseudo-WEP-Protokoll. Der Schlüssel hat eine Länge von 4 Bit und der IV ist 2 Bit lang. Der IV wird beim Erzeugen des Schlüsselstroms an das Ende des Schlüssels angehängt. Nehmen Sie an, dass der gemeinsame geheime Schlüssel 1010 lautet. Die Schlüsselströme für die vier möglichen Eingaben sind dann:

101000: 0010101101010101001011010100100.
101001: 1010011011001010110100100101101.
101010: 0001101000111100010100101001111.
101011: 1111101010000000101010100010111.

Nehmen Sie an, dass alle Nachrichten 8 Bit lang sind. Gehen Sie außerdem davon aus, dass die verwendete Prüfsumme 4 Bit lang ist und berechnet wird, indem die ersten vier Datenbits mittels XOR mit den letzten vier Datenbits verknüpft werden. Nehmen Sie an, dass das Pseudo-WEP-Paket aus drei Feldern besteht: zuerst das IV-Feld, dann das Nachrichtenfeld und zuletzt das Prüfsummenfeld, wobei einige dieser Felder verschlüsselt sind.

a. Wir wollen die Nachricht $m = 10100000$ mittels IV = 11 und WEP versenden. Welche Werte befinden sich in den drei WEP-Feldern?

b. Zeigen Sie, dass der Empfänger beim Entschlüsseln der WEP-Pakete die Nachricht und die Prüfsumme wiedergewinnen kann.

c. Nehmen Sie an, dass Trudy ein WEP-Paket abfängt (nicht notwendigerweise mit IV = 11) und es modifizieren will, bevor sie es an den Empfänger weiterleitet. Nehmen Sie an, dass Trudy das erste Prüfsummen-Bit verändert. Vorausgesetzt, dass Trudy keinen der Schlüsselströme des IV kennt, welche anderen Bits muss Trudy ebenfalls ändern, so dass das entstehende Paket die Überprüfung der Prüfsumme übersteht?

d. Begründen Sie Ihre Antwort, indem Sie die Bits im WEP-Paket von Teil (a) verändern, das entstehende Paket entschlüsseln und die Integrität überprüfen.

P13. Erstellen Sie eine Filtertabelle und eine Verbindungstabelle für eine zustandsbasierte Firewall, die so viel wie möglich einschränkt, aber Folgendes ermöglicht:

a. Sie erlaubt es allen internen Benutzern, Telnet-Sitzungen mit externen Hosts aufzubauen.

b. Sie erlaubt es externen Benutzern, auf der Firmenwebsite unter der Adresse 222.22.0.12 zu surfen.

c. Sie blockt ansonsten jeglichen nach innen und nach außen laufenden Verkehr.

Das interne Netzwerk ist 222.22/16. Gehen Sie für Ihre Lösung davon aus, dass die Verbindungstabelle derzeit drei Verbindungen enthält, die alle von innen nach außen gehen. Sie müssen daher geeignete IP-Adressen und Portnummern erfinden.

P14. Betrachten Sie die nachfolgende Ausgabe von Ethereal (eine Vorgängerversion von Wireshark) für einen Teil einer SSL-Sitzung.

a. Wird das Ethernet-Paket 112 vom Client oder vom Server gesandt?

b. Welche IP-Adresse und Portnummer hat der Server?

c. Vorausgesetzt, es gibt keine Verluste und Übertragungswiederholungen, wie lautet die Sequenznummer des nächsten TCP-Segmentes, das vom Client gesendet wird?

d. Wie viele SSL-Records enthält das Ethernet-Paket 112?

e. Enthält das Paket 112 ein Master Secret, ein Encrypted Master Secret oder keines von beiden?

f. Unter der Annahme, dass das Handshake-Typfeld eine Länge von einem Byte hat und jedes Längenfeld drei Byte lang ist, welche Werte haben das erste und das letzte Byte des Master Secret (oder des Encrypted Master Secret)?

g. Die vom Client verschlüsselte Handshake-Nachricht berücksichtigt wie viele SSL-Records?

h. Die vom Server verschlüsselte Handshake-Nachricht berücksichtigt wie viele SSL-Records?

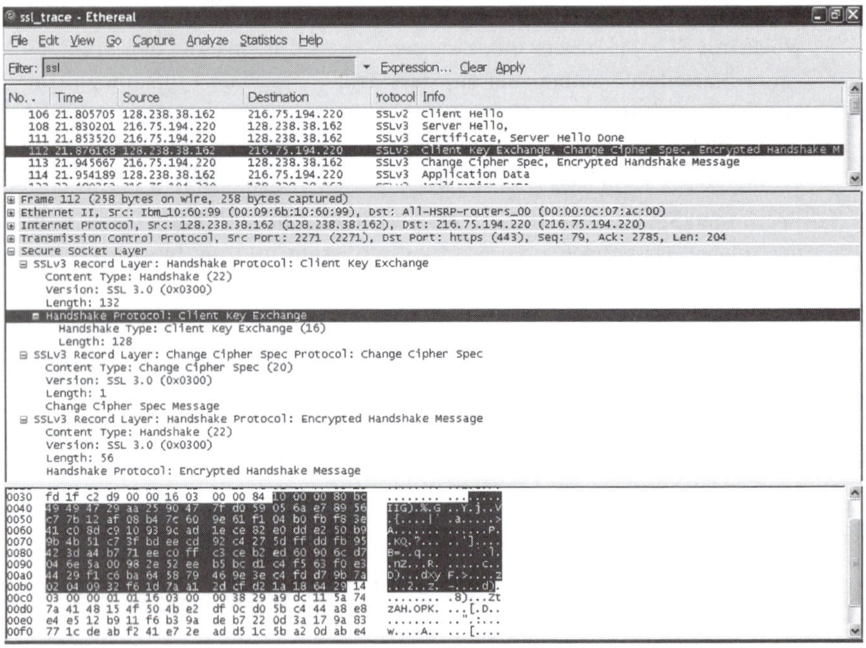

Diskussion

D1. Nehmen Sie an, dass ein Eindringling DNS-Nachrichten in ein Netzwerk einfügen und daraus entfernen kann. Beschreiben Sie drei Szenarien, welche die Probleme deutlich machen, die solch ein Eindringling verursachen könnte.

D2. Niemand hat formal bewiesen, dass 3DES und RSA sicher sind. Unter dieser Voraussetzung, welche Anhaltspunkte gibt es, dass sie wirklich sicher sind?

D3. Was ist Kerberos? Wie funktioniert es? Wie hängt es mit Aufgabe P9 dieses Kapitels zusammen?

D4. Wenn IPsec Sicherheit auf der Netzwerkschicht bietet, warum sind immer noch Sicherheitsmechanismen auf Schichten oberhalb von IP erforderlich?

D5. Besuchen Sie die PGP-Homepage (*http://www.pgpi.org/*). Welche Version von PGP dürfen Sie, entsprechend dem Land, in dem Sie sich gerade befinden, legal herunterladen?

Wireshark-Experimente

In diesem (auf der Buch-Website verfügbaren) Experiment untersuchen wir das Secure-Sockets-Layer-Protokoll (SSL). Wir haben in Abschnitt 8.6 erwähnt, dass SSL für das Absichern einer TCP-Verbindung verwendet wird und dass es in der Praxis häufig für sichere Übertragungen im Internet eingesetzt wird. In diesem Experiment konzentrieren wir uns auf die SSL-Records, die über die TCP-Verbindung transportiert werden. Wir versuchen, jeden der Datensätze zu beschreiben und zu klassifizieren – mit dem Ziel, das Warum und Wie jedes Records zu verstehen. Wir untersuchen die verschiedenen SSL-Record-Typen sowie die Felder in den SSL-Nachrichten, indem wir eine Aufzeichnung der SSL-Records analysieren, die zwischen ihrem Host und einem E-Commerce-Server ausgetauscht werden.

Interview mit Steven M. Bellovin

Steven M. Bellovin wurde Dozent an der Columbia University, nachdem er viele Jahre am Network Services Research Lab von AT&T Labs Research in Florham Park in New Jersey gearbeitet hatte. Sein Schwerpunkt liegt auf den Gebieten Netzwerke, Sicherheit und den Gründen, warum diese beiden nicht zusammenpassen. 1995 wurde ihm der Usenix Lifetime Achievement Award *(Preis für das Lebenswerk)* für seine Arbeit bei der Entwicklung des Usenets verliehen, dem ersten Netzwerk zum Austausch in Newsgroups, das zwei oder mehr Computer verband und es den Benutzern ermöglichte, Informationen gemeinsam zu nutzen und an Diskussionen teilzunehmen. Steve ist auch gewähltes Mitglied der National Academy of Engineering. Er machte seinen BA an der Columbia University und seinen Doktor an der University of North Carolina in Chapel Hill.

Was veranlasste Sie, sich auf das Gebiet Netzwerksicherheit zu spezialisieren?

Das klingt vielleicht merkwürdig, aber die Antwort ist einfach: Es machte Spaß. Ich kam von der Systemprogrammierung und Systemverwaltung, was ziemlich natürlich zur Sicherheit führt. Außerdem war ich schon während meiner Zeit am College, mit einigen Nebenjobs als Systemprogrammierer, an Kommunikation interessiert.

Meine Arbeit über Sicherheit wird von zwei Dingen motiviert – einerseits dem Wunsch, dass Computer nützlich bleiben, was bedeutet, dass ihre Funktion nicht von Angreifern korrumpiert werden kann, andererseits dem Wunsch, die Vertraulichkeit zu schützen.

Welche Vision hatten Sie für das Usenet, als Sie es damals entwickelten? Und welche ist es jetzt?

Wir dachten damals, dass es ein Weg wäre, um mit Menschen im ganzen Land über Informatik und Computerprogrammierung zu reden, außerdem könnte es großen lokalen Nutzen für Verwaltungsfragen, für Verkaufsinserate usw. haben. Tatsächlich hatte ich angenommen, dass bestenfalls eine bis zwei Nachrichten pro Tag von höchstens 50–100 Sites anfallen würden. Aber das echte Wachstum betraf Themen, welche mit Menschen zu tun hatten, einschließlich, aber nicht nur, der Arbeit mit Computern. Meine Lieblings-Newsgroups waren im Lauf der Jahre solche wie rec.woodworking oder auch sci.crypt.

Bis zu einem gewissen Grad wurde netnews vom Web ersetzt. Müsste ich es heute neu entwerfen, würde es völlig anders aussehen. Aber es ist immer noch eine hervorragende Möglichkeit, ein sehr breites Publikum zu erreichen, das an einem Thema interessiert ist, ohne von speziellen Websites abhängig zu sein.

Hat irgendjemand Sie beruflich inspiriert? Auf welche Weise?

Professor Fred Brooks – Gründer des Informatik-Fachbereichs und erster Informatik-Lehrstuhlinhaber an der University of North Carolina at Chapel Hill, Manager des Teams, das die IBM S/360 und OS/360 entwickelte, sowie der Autor von „The Mythical Man-Month" – hatte einen ungeheuren Einfluss auf meine Karriere. Mehr als irgendetwas anderes lehrte er Voraussicht und Abwägung – wie man Probleme vor dem Hintergrund der wirklichen Welt betrachtet (und wie viel unordentlicher die wirkliche Welt ist, als es sich ein Theoretiker gerne vorstellen würde) und wie man gegensätzliche Interessen beim Entwurf einer Lösung ausbalanciert. Der Hauptteil der Arbeit an Computern ist das ingenieurmäßige Entwerfen – die Kunst, die richtigen Kompromisse einzugehen, um viele widersprüchliche Ziele zu erreichen.

Welche Vision haben Sie für die Zukunft der Netzwerke und der Sicherheit?

Bis jetzt stammt ein Großteil unserer Sicherheit aus der Isolation von Systemen. Eine Firewall funktioniert zum Beispiel, weil sie den Zugriff auf bestimmte Maschinen und Dienste beschränkt. Aber wir sind in einer Epoche mit immer mehr Verbindungen – es wird schwerer, Dinge zu isolieren. Schlimmer noch, unsere Produktivsysteme erfordern viel mehr separate Teile, die durch Netzwerke verbunden werden. All das abzusichern, ist eine unserer größten Herausforderungen.

Was waren Ihrer Meinung nach die größten Fortschritte im Bereich der Sicherheit? Wie viel weiter müssen wir gehen?

Zumindest auf wissenschaftlicher Ebene wissen wir, wie man Kryptografie anwenden muss. Das ist eine große Hilfe gewesen. Aber die meisten Sicherheitsprobleme entstehen durch fehlerhaften Code und das ist ein viel größeres Problem. Tatsächlich ist es das älteste ungelöste Problem der Informatik und ich denke, dass es dabei bleibt. Die Herausforderung besteht darin, Systeme zu sichern, die wir aus unsicheren Komponenten aufbauen müssen. Das gelingt uns bereits für Zuverlässigkeit angesichts von Hardware-Fehlern – aber wird uns das auch bei der Sicherheit gelingen?

Haben Sie irgendeinen Rat für Studenten der Internet- und Netzwerksicherheit?

Die Methoden zu lernen, ist der leichte Teil. Zu lernen, wie man „paranoid denkt“, ist schwerer. Sie dürfen nicht vergessen, dass Wahrscheinlichkeitsverteilungen nicht zutreffen – Angreifer können und werden unwahrscheinliche Zustände aufspüren. Und: Die Details sind wichtig – sehr wichtig.

Netzwerkmanagement

9

ÜBERBLICK

EINLEITUNG

» *Nachdem wir uns durch die ersten acht Kapitel dieses Buches hindurchgearbeitet haben, ist uns bewusst, dass sich ein Netzwerk aus* vielen *komplexen, miteinander interagierenden Hardware- und Software-Bestandteilen zusammensetzt – außer Links, Switches, Routern, Hosts und den anderen Geräten, welche die physikalischen Komponenten des Netzwerkes bilden, gehören auch die zahlreichen Protokolle (sowohl für Hardware als auch für Software) dazu, die diese Geräte steuern und koordinieren. Wenn Hunderte oder Tausende solcher Komponenten von einer Organisation verbunden werden, damit ein Netzwerk entsteht, ist es nicht überraschend, dass Komponenten gelegentlich versagen, Netzwerkelemente falsch konfiguriert werden, Ressourcen übermäßig benutzt werden oder Netzkomponenten einfach kaputt gehen. (Beispielsweise können Kabel brechen oder eine Flasche Mineralwasser wird über einem Router vergossen.) Der Netzwerkadministrator, dessen Auftrag es ist, „das Netzwerk am Laufen zu halten“, muss auf solche Missgeschicke reagieren können (noch besser wäre es natürlich, wenn er sie vermeiden könnte). Sind möglicherweise Tausende Netzkomponenten über ein weites Gebiet verteilt, braucht ein Netzwerkadministrator in einer Betriebszentrale* (NOC, Network Operations Center) *Werkzeuge, die ihm dabei helfen, das Netzwerk zu überwachen, zu verwalten und zu steuern. In diesem Kapitel lernen wir die Architekturen, die Protokolle und die Informationsbasis kennen, die einem Netzwerkadministrator für seine Aufgaben zur Verfügung stehen.* «

9.1 Was bedeutet Netzwerkmanagement?

Bevor wir uns direkt dem Netzwerkmanagement zuwenden, betrachten wir zuerst einige illustrative, nicht netzwerkbezogene Szenarien aus der „realen Welt", in denen ein komplexes System mit vielen zusammenwirkenden Komponenten von einem Menschen überwacht, verwaltet und gesteuert werden muss. Elektrische Kraftwerke haben (zumindest in Filmen wie *Das China-Syndrom*) einen Kontrollraum, in dem Anzeigen, Messgeräte und Lichter den Status weit entfernter Ventile, Röhren, Kessel und anderer Komponenten der Anlage überwachen (z. B. Temperatur, Druck oder Durchfluss). Diese Geräte ermöglichen es dem Operator, die zahlreichen Komponenten der Anlage zu überwachen, und sie können ihn (mit der berühmten rot blinkenden Warnlampe) vor unmittelbar bevorstehenden Schwierigkeiten warnen. Daraufhin ergreift der Operator der Anlage geeignete Maßnahmen. In ähnlicher Weise ist ein Flugzeugcockpit dafür ausgelegt, dass der Pilot die vielen Komponenten, aus denen ein Flugzeug besteht, überwachen und steuern kann. In diesen beiden Beispielen *überwacht* der „Administrator" entfernte Geräte und *analysiert* ihre Daten, um sicherzustellen, dass sie in Ordnung sind und innerhalb gewisser vorgeschriebener Grenzen arbeiten (z. B., dass in einem Atomkraftwerk keine Kernschmelze unmittelbar bevorsteht oder dass dem Flugzeug nicht gerade der Treibstoff ausgeht). Er *steuert* das System *reaktiv*, indem er entsprechend der Veränderungen im System oder seiner Umgebung Einstellungen vornimmt. Außerdem *verwaltet* er das System *proaktiv* (indem er z. B. Trends oder anomales Verhalten entdeckt und geeignete Maßnahmen ergreift, bevor sich ernste Probleme ergeben). In einem ähnlichen Sinn überwacht, verwaltet und steuert der Netzwerkadministrator aktiv das System, das er oder sie betreut.

In den frühen Tagen der Netzwerke, als diese eher Hilfsmittel der Forschung waren als wichtige Infrastrukturen, die jeden Tag von Millionen Menschen eingesetzt werden, war der Begriff der „Netzwerkverwaltung" unbekannt. Stieß man auf ein Netzwerkproblem, konnte man mit ein paar Pings die Quelle des Problems suchen und dann die Systemeinstellungen verändern, die Hardware oder Software neu starten oder einen Kollegen bitten, das zu tun. (Eine äußerst gut lesbare Diskussion zum ersten Crash des ARPAnet am 27. Oktober 1980, lange, bevor Werkzeuge für die Verwaltung von Netzwerken zur Verfügung standen, und was unternommen wurde, um den Crash zu beheben und zu verstehen, finden Sie in [RFC 789].) In dem Maße, in dem sich das Internet sowie private Intranets von kleinen Netzwerken zu einer großen globalen Infrastruktur entwickelten, wuchs auch die Notwendigkeit, die riesige Anzahl von Hardware- und Software-Komponenten in diesen Netzwerken zu verwalten.

Um unsere Untersuchung des Netzwerkmanagements zu motivieren, beginnen wir mit einem einfachen Beispiel. ▶Abbildung 9.1 stellt ein kleines Netzwerk dar, das aus drei Routern und einer Anzahl von Hosts und Servern besteht. Selbst für ein solch einfaches Netzwerk gibt es viele Szenarien, in denen ein Netzwerkadministrator ungeheuer davon profitiert, geeignete Werkzeuge für das Netzwerkmanagement zur Hand zu haben:

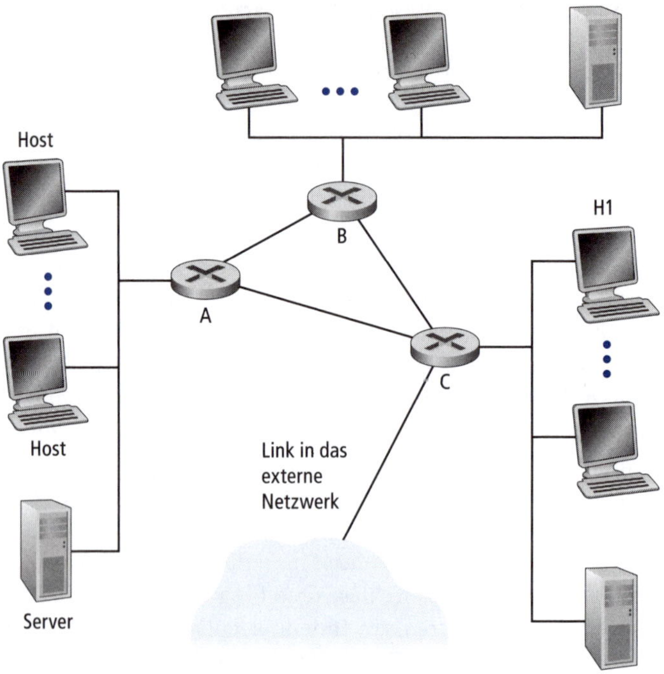

Abbildung 9.1: Ein einfaches Szenario, das den Nutzen von Netzwerkmanagement deutlich macht

- *Entdecken von Fehlern auf einer Schnittstellenkarte eines Hosts oder Routers.* Mit entsprechenden Werkzeugen kann ein System im Netzwerk (zum Beispiel Router A) dem Netzwerkadministrator berichten, dass eine seiner Schnittstellen ausgefallen ist. (Dies ist wesentlich angenehmer als der Anruf eines verärgerten Benutzers beim NOC, dass das Netzwerk ausgefallen ist.) Ein Netzwerkadministrator, der den Verkehr aktiv überwacht und analysiert, könnte den andernfalls verärgerten Benutzer *richtig* beeindrucken, wenn er die Probleme mit der Schnittstellenkarte erkennen würde, bevor sie auftreten, und er die Karte austauscht, bevor sie versagt. Dies könnte zum Beispiel erfolgen, wenn der Administrator eine Zunahme der Prüfsummenfehler in den Rahmen feststellt, die von der bald ausfallenden Schnittstelle gesendet werden.
- *Host-Überwachung.* Dabei würde der Netzwerkadministrator periodisch überprüfen, ob alle Netzwerk-Hosts korrekt arbeiten. Auch hier könnte der Netzwerkadministrator einen Benutzer richtig beeindrucken, wenn er proaktiv ein Problem löst (Host zusammengebrochen), noch bevor der Benutzer ihn darüber informieren kann.
- *Überwachung des Verkehrs zur besseren Planung der Ressourcen.* Ein Netzwerkadministrator könnte beispielsweise die Ende-zu-Ende-Verkehrsströme überwachen und so feststellen, dass er z.B. durch ein Verlagern der Server zwischen den LAN-Segmenten das Verkehrsaufkommen, das die verschiedenen LANs durchquert, deutlich reduzieren kann. Stellen Sie sich die Freude vor (besonders in der Buch-

haltung), wenn eine Leistungssteigerung ohne Investitionen in neue Geräte erreicht wird. Auf ähnliche Weise, durch Überwachen der Link-Auslastung, könnte ein Netzwerkadministrator erkennen, dass LAN-Segmente oder die Verbindung zur Außenwelt überlastet sind und dass daher ein Link mit höherer Bandbreite angeschafft werden muss (was leider die Kosten erhöht). Ein Netzwerkadministrator könnte sich auch automatisch informieren lassen, wenn das Maß der Überlast auf einem Link einen gegebenen Wert übersteigt, um neue Hardware für einen Link mit höherer Bandbreite einzubauen, bevor die Überlast kritisch wird.

- *Schnelle Änderungen in Routing-Tabellen erkennen.* Das „Flattern" von Routen – also ständige, schnelle Änderung der Informationen in Routing-Tabellen – deutet auf Instabilitäten beim Routing oder einen falsch konfigurierten Router hin. Bestimmt bevorzugt es ein Netzwerkadministrator, der einen Router fehlerhaft konfiguriert hat, den Fehler selbst zu entdecken, bevor das Netzwerk ausfällt.
- *Überwachung von SLA.* Mit dem Aufkommen von **Service Level Agreements** (**SLAs**, *Dienstvereinbarungen*) – das sind Verträge, die bestimmte Leistungsbereiche und darauf bezogen akzeptable Stufen der von Netzwerkprovidern erbrachten Leistung definieren – ist das Interesse an der Verkehrsüberwachung in den letzten Jahren bedeutend gewachsen [Larsen 1997; Huston 1999a]. Verizon und Sprint sind nur zwei der vielen Provider, die ihren Kunden durch SLAs bestimmte Leistungen garantieren [Verizon 2007; Sprint 2007]. Diese SLAs betreffen die Verfügbarkeit der Dienste (Ausfallzeiten), Latenzzeiten, Durchsatz und Anforderungen an die Benachrichtigungen beim Ausfall von Verbindungen. Sind Leistungskriterien Teil eines Vertrages zwischen einem Netzwerkprovider und seinen Kunden, dann ist das Messen und Verwalten der Leistung offensichtlich von großer Bedeutung für einen Netzwerkadministrator.
- *Erkennen von Eindringlingen.* Ein Netzwerkadministrator möchte vielleicht darauf hingewiesen werden, wenn Verkehr von einer verdächtigen Quelle (zum Beispiel einer bestimmten Host- oder einer Portnummer) ankommt oder für eine dubiose Zieladresse bestimmt ist. Außerdem möchte ein Netzwerkadministrator sicher bestimmte Arten des Verkehrs erkennen (und oft auch filtern), die für solche Angriffe, wie wir sie in Kapitel 8 diskutiert haben, charakteristisch sind (z.B. große Mengen von SYN-Paketen, die an einen bestimmten Host gehen).

Die International Organization for Standardisation (ISO) hat ein Netzverwaltungsmodell erstellt, mit dem die eben genannten, eher anekdotenhaften Szenarien in einem strukturierten Rahmen dargestellt werden können. Es definiert fünf Bereiche des Netzwerkmanagements:

- *Leistungsmanagement.* Das Ziel des Leistungsmanagements besteht darin, die Leistung (zum Beispiel Kanalauslastung und Durchsatz) verschiedener Netzwerkkomponenten zu messen, zu quantifizieren, zu analysieren, bereitzustellen und zu steuern. Diese Komponenten umfassen sowohl individuelle Geräte (zum Beispiel Links, Router und Hosts) als auch Ende-zu-Ende-Abstraktionen wie einen Pfad durch das Netzwerk. Wir werden in Kürze sehen, dass Standardprotokolle wie das

Simple Network Management Protocol (SNMP) [RFC 3410] eine zentrale Rolle beim Leistungsmanagement im Internet spielen.

- *Fehlermanagement.* Das Ziel des Fehlermanagements besteht darin, Fehlerzustände im Netzwerk zu entdecken, aufzuzeichnen und darauf zu reagieren. Die Grenze zwischen Fehlermanagement und Leistungsmanagement ist fließend. Wir können uns das Fehlermanagement als sofortige Reaktion auf vorübergehende Netzwerkstörungen vorstellen (zum Beispiel Ausfälle von Hard- oder Software bei Links, Hosts und Routern). Im Gegensatz dazu soll das Leistungsmanagement längerfristig für akzeptable Leistung trotz veränderlicher Verkehrsforderungen und gelegentlicher Fehler von Netzwerkkomponenten sorgen. Wie beim Leistungsmanagement spielt das SNMP-Protokoll die Hauptrolle beim Fehlermanagement.
- *Konfigurationsmanagement.* Das Konfigurationsmanagement ermöglicht es einem Netzwerkmanager zu verfolgen, welche Geräte sich in dem von ihm verwalteten Netzwerk befinden und welche Hard- und Software-Konfigurationen sie aufweisen. Ein Überblick über das Konfigurationsmanagement und die Anforderungen an IP-basierte Netzwerke ist in [RFC 3139] zu finden.
- *Account-Management (Kontenverwaltung).* Das Account-Management ermöglicht es dem Netzwerkmanager, den Zugriff von Benutzern und Geräten auf Ressourcen festzulegen, zu protokollieren und zu steuern. Nutzungsquoten, Abrechnung auf Basis der Nutzung und Privilegien beim Zugriff auf Ressourcen sind Teil des Account-Managements.
- *Sicherheitsmanagement.* Das Ziel des Sicherheitsmanagements besteht in der Kontrolle des Zuganges zu Ressourcen entsprechend bestimmter wohldefinierter Richtlinien. Ein Bestandteil des Sicherheitsmanagements ist die Infrastruktur zum Verteilen von Schlüsseln. Der Einsatz von Firewalls, um den externen Zugriff auf das eigene Netzwerk zu überwachen und zu steuern (ein Thema, das wir in Abschnitt 8.9 untersucht haben), ist eine andere entscheidende Komponente.

In diesem Kapitel behandeln wir nur das Wesentliche des Netzwerkmanagements. Unser Schwerpunkt wird absichtlich recht begrenzt sein – wir betrachten nur die *Infrastruktur* des Netzwerkmanagements – die Gesamtarchitektur, die Netzwerkprotokolle und die Informationsbasis, mittels denen ein Administrator das Netzwerk am Laufen hält. Wir werden *nicht* die Entscheidungsprozesse des Netzwerkadministrators betrachten, der aufgrund der Managementinformationen, die an das NOC übermittelt werden, planen, analysieren und reagieren muss. In diesem Zusammenhang sind Themen wie Fehlerkennung und -verwaltung [Katzela 1995; Medhi 1997; Steinder 2002], proaktive Erkennung von Anomalien [Thottan 1998], Alarmzuordnung [Jakobson 1993] und mehr von Bedeutung. Auch das breite Thema des Dienstmanagements werden wir nicht behandeln [Saydam 1996; RFC 3052; AT&T SLM 2006] – die Bereitstellung von Ressourcen wie Bandbreite, Serverkapazität und die weiteren Berechnungs-/Kommunikationsressourcen, die benötigt werden, um die spezifischen Bedürfnisse eines Unternehmens zu decken. In diesem letzteren Bereich sind etwa TMN [Glitho 1995; Sidor 1998] und TINA [Hamada 1997] größere und umfassendere (und wohl auch etwas sperrige)

Standards. TINA wird zum Beispiel beschrieben als „eine Menge von gemeinsamen Zielen, Grundlagen und Konzepten, welche das Management von Diensten, Ressourcen und Elementen der verteilten Informationsverarbeitungsumgebung beinhalten“ [Hamada 1997]. Jedes dieser Themen wäre ein eigenes Buch wert und würde uns von den eher technischen Aspekten der Computernetzwerke wegführen. Wie oben erwähnt, wird hier unser bescheideneres Ziel sein, das wichtige „ABC“ der Infrastruktur zu behandeln, mit deren Hilfe der Netzwerkadministrator das Netzwerk am Laufen hält.

Eine oft gestellte Frage lautet: „Was ist Netzwerkmanagement?“ Unsere obige Diskussion hat die Notwendigkeit von Netzwerkmanagement deutlich gemacht und einige seiner Anwendungen illustriert. Wir werden diesen Abschnitt mit einer Definition des Netzwerkmanagements in einem Satz (allerdings einem ziemlich langen) von [Saydam 1996] abschließen:

„Netzwerkmanagement beinhaltet Einsatz, Integration und Koordination von Hardware, Software und menschlichen Beteiligten, um das Netzwerk und die Ressourcen, aus denen es besteht, zu überwachen, zu testen, abzufragen, zu konfigurieren, zu analysieren, auszuwerten und zu steuern, um so die Leistung während des Betriebs in Echtzeit sowie die Dienstgüteanforderungen bei vernünftigen Kosten zu gewährleisten.“

Das ist ein ziemlicher Brocken, aber es ist eine gute Definition, mit der man arbeiten kann. In den folgenden Abschnitten werden wir dieser eher kargen Definition des Netzwerkmanagements etwas Fleisch auf die Rippen geben.

9.2 Die Infrastruktur des Netzwerkmanagements

In den vorangegangenen Abschnitten haben wir gesehen, dass das Netzwerkmanagement die Fähigkeit erfordert, die Hard- und Software-Komponenten in einem Netzwerk „zu überwachen, zu testen, abzufragen, zu konfigurieren, [...] und zu steuern“. Weil die Bestandteile des Netzwerkes verteilt sind, erfordert dies zumindest, dass der Netzwerkadministrator in der Lage sein muss, Daten von weit entfernten Systemen zu sammeln (zum Beispiel für Überwachungszwecke) und an diesen Systemen Änderungen vorzunehmen (zum Beispiel, um sie zu steuern). Eine menschliche Analogie dürfte hier nützlich sein, um die für das Netzwerkmanagement erforderliche Infrastruktur zu verstehen.

Nehmen Sie an, Sie wären der Leiter einer großen Organisation, die auf der ganzen Welt Zweigstellen hat. Es ist Ihre Aufgabe, sich zu vergewissern, dass die Bestandteile Ihrer Organisation störungsfrei arbeiten. Wie stellen Sie das an? Zumindest werden Sie periodisch Daten in Form von Berichten und verschiedenen quantitativen Maßzahlen, etwa Aktivität, Produktivität und Budget, von Ihren Zweigstellen anfordern. Sie werden gelegentlich (aber nicht immer) ausdrücklich benachrichtigt, wenn es in einer der Zweigstellen ein Problem gibt. Der Zweigstellenleiter, der in der Firmenhierarchie aufsteigen

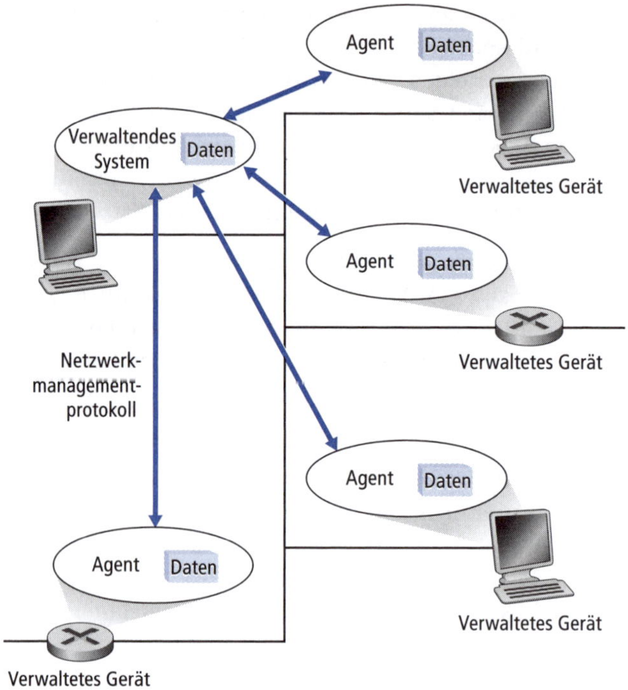

Abbildung 9.2: Hauptbestandteile einer Netzwerkmanagementarchitektur

will (vielleicht um Ihre Stelle zu bekommen), sendet Ihnen möglicherweise unaufgefordert Berichte zu, die zeigen, wie problemlos die Dinge in seiner Zweigstelle laufen. Sie überfliegen die erhaltenen Berichte in der Hoffnung, dass alles ohne Störungen läuft, finden aber zweifelsohne Probleme, die Ihrer Aufmerksamkeit bedürfen. Sie führen vermutlich ein Gespräch unter vier Augen mit dem Leiter einer der problematischen Zweigstellen, in dem Sie mehr Informationen sammeln, um das Problem zu verstehen und dann beim Zweigstellenleiter Änderungen anzuordnen („Tut dies und jenes!“).

In diesem durchaus häufig auftretenden menschlichen Szenario steckt implizit eine Infrastruktur, mit der die Kontrolle der Organisation möglich wird: der Chef (Sie), der ferne Standort, der gesteuert wird (die Zweigstelle), Ihre fernen Repräsentanten (die Zweigstellenleiter), Kommunikationsprotokolle (um die üblichen Berichte und Daten zu übertragen sowie für Vier-Augen-Gespräche) und Daten (die Inhalte der Berichte und die Maßzahlen für Aktivität, Produktivität und Budget). Jede dieser Komponenten der Verwaltung einer menschlichen Organisation hat ihr Pendant im Netzwerkmanagement.

Die Architektur eines Netzwerkmanagementsystems ist im Grunde genommen mit dieser einfachen Analogie einer menschlichen Organisation identisch. Das Netzwerkmanagement hat seine eigene festgelegte Terminologie für die verschiedenen Komponenten seiner Architektur, die wir hier übernehmen werden. Wie in ▶ Abbildung 9.2 dargestellt, gibt es drei Hauptkomponenten einer Netzwerkmanagementarchitektur:

ein verwaltendes System (in unserer Analogie der Chef – Sie), die verwalteten Geräte (die Zweigstellen) und ein Netzwerkmanagementprotokoll.

Das **verwaltende System** *(managing entity)* ist eine Anwendung, normalerweise mit einem menschlichen Bediener, die auf einer zentralen Netzwerkmanagementstation in der Netzwerkbetriebszentrale (*network operations center*, NOC) läuft. Das verwaltende System ist der Ort, an dem sich die Aktivitäten des Netzwerkmanagements abspielen. Es kontrolliert das Sammeln, das Verarbeiten, die Analyse und/oder die Anzeige der Netzwerkmanagementinformationen. Hier werden die Aktionen gestartet, mit denen das Netzwerk gesteuert wird, und hier interagiert der menschliche Netzwerkadministrator mit den Geräten des Netzwerkes.

Ein **verwaltetes Gerät** *(managed device)* ist eine Netzwerkkomponente (einschließlich Software), die sich im verwalteten Netzwerk befindet. Es entspricht der Zweigstelle in unserer menschlichen Analogie. Ein verwaltetes Gerät könnte ein Host, ein Router, eine Bridge, ein Hub, ein Drucker oder ein Modem sein. Innerhalb eines verwalteten Gerätes kann es mehrere sogenannte **verwaltete Objekte** geben. Bei diesen handelt es sich um die tatsächlichen Hardware-Bestandteile innerhalb des verwalteten Gerätes (zum Beispiel eine Netzwerkschnittstellenkarte) und die Konfigurationsparameter für ihre Hardware und Software (zum Beispiel ein Intradomain-Routing-Protokoll wie RIP). In unserer menschlichen Analogie entsprechen die verwalteten Objekte den Abteilungen innerhalb der Zweigstelle. Diese verwalteten Objekte enthalten Informationen, die in einer **Management Information Base** (**MIB**) erfasst werden. Wir werden sehen, dass die Werte dieser Informationen für das verwaltende System verfügbar sind (und in vielen Fällen von diesem gesetzt werden). In unserer menschlichen Analogie entspricht die MIB den quantitativen Daten (den Maßzahlen für Aktivität, Produktivität und Budget, wobei Letzteres durch das verwaltende System gesetzt werden kann!), die zwischen Zweigstelle und Zentrale ausgetauscht werden. Wir untersuchen die MIB im Detail in Abschnitt 9.3. Schließlich befindet sich in jedem verwalteten Gerät ein **Netzwerkmanagementagent**, ein Prozess, der auf dem verwalteten Gerät läuft und mit dem verwaltenden System kommuniziert. Er führt dazu, dass die lokalen Aktionen des verwalteten Gerätes unter dem Kommando und der Steuerung des verwaltenden Systems ausgeführt werden. Der Netzwerkmanagementagent entspricht in unserer menschlichen Analogie dem Zweigstellenleiter.

Das dritte Element einer Netzwerkmanagementarchitektur ist das **Netzwerkmanagementprotokoll.** Es wird zwischen dem verwaltenden System und den verwalteten Geräten eingesetzt und ermöglicht es dem System, den Status der verwalteten Geräte abzufragen und indirekt, über seine Agenten, diese Geräte zu beeinflussen. Agenten können das Netzwerkmanagementprotokoll verwenden, um das verwaltende System über ungewöhnliche Ereignisse zu informieren (zum Beispiel Fehler in Komponenten oder die Über- bzw. Unterschreitung von zulässigen Grenzwerten). Es ist wichtig, festzuhalten, dass das Netzwerkmanagementprotokoll das Netzwerk nicht selbst verwaltet. Vielmehr bietet es ein Werkzeug, mit dem es der Netzwerkadministrator verwalten kann („zu überwachen, zu testen, abzufragen, zu konfigurieren, zu analysieren, auszuwerten und zu steuern“). Dies ist ein kleiner, aber feiner Unterschied.

Von der Theorie zur Praxis

SprintLinks Netzwerkbetriebszentrale

Netzwerke gibt es in allen Größen und Formen. Vom kleinsten Heimnetz bis zum größten Tier-1-ISP, es ist immer Aufgabe des Netzwerkverwalters, den stabilen Betrieb des Netzwerkes sicherzustellen. Aber was geschieht in einer Netzwerkbetriebszentrale (NOC) und was macht ein Netzwerkverwalter eigentlich?

Mit seinem weltweiten Netzwerk betreibt Sprint eines der größten Tier-1-IP-Netzwerke unseres Planeten. Bekannt als SprintLink (weitere Informationen unter *www.sprint.com*) besitzt das Netzwerk über 70 Points Of Presence (dies sind Orte, an denen SprintLink-IP-Router in Betrieb sind und an denen sich die Kunden mit dem Netzwerk verbinden) und über 800 Router. Das ist eine ganze Menge an Bandbreite! SprintLinks Haupt-NOC befindet sich in Reston, Virginia und Backup-NOCs stehen in Florida, Georgia und in Kansas City. Sprint hat außerdem NOCs für ihr ATM-Netzwerk, ihr Frame-Relay-Netzwerk und das zugrunde liegende Glasfaser-Transportnetzwerk. Jederzeit überwacht und verwaltet ein Team von vier Netzwerkadministratoren die Geräte im Kern des SprintLink-IP-Netzwerkes. Ein anderes Team steht bereit, um Berichte über Schwierigkeiten von Kunden zu bearbeiten und deren Anfragen zu beantworten. Automatisierung – bei der Überwachung (durch Zusammenfassen von Alarmmeldungen, Fehlererkennung und das Wiederherstellen des Dienstes), beim Konfigurationsmanagement und bei der Problembenachrichtigung durch Kunden – ermöglicht es dieser kleinen Gruppe, ein so großes und komplexes Netzwerk zu verwalten.

Treten Probleme auf, dann besteht das wichtigste Ziel eines SprintLink-Administrators darin, die Dienste dem Kunden so schnell wie möglich wieder zur Verfügung zu stellen. Die Techniker im NOC führen als Reaktion auf eine Reihe von bekannten Problemklassen definierte Prozeduren für Tests, Diagnosen und die Wiederherstellung des ordnungsgemäßen Betriebes durch. Probleme, die sich nicht sofort diagnostizieren lassen oder die nicht innerhalb eines vorgegebenen, von der Schwierigkeit abhängenden Zeitrahmens (z. B. 15 Minuten) behoben werden können, werden an das nächsthöhere Support-Level weitergegeben. Diesen Support leistet Sprints National Technical Assistance Center (NTAC, *nationales technisches Hilfszentrum*). NTAC-Mitarbeiter sind dafür verantwortlich, sich intensiver mit den Wurzeln des Problems zu befassen. Sie schreiben Betriebsprozeduren für das NOC und arbeiten mit den Herstellern von Geräten zusammen (z. B. denen der eingesetzten Router), um bei Bedarf gerätespezifische Probleme zu diagnostizieren und zu beseitigen. Etwa 90 Prozent der Probleme werden direkt von NOC-Technikern und -Ingenieuren behoben. Mitarbeiter des NOC und des NTAC arbeiten mit anderen Teams zusammen, darunter Partner-NOCs (interne und externe) und Sprint-Außendienst-Teams, die vor Ort an den Sprint-POPs die „Augen, Ohren und Hände" des NOC darstellen.

Wie wir früher in diesem Kapitel besprochen haben, hat sich das „Netzwerkmanagement" bei SprintLink (wie auch bei anderen ISPs) von einem Fehlermanagement über ein Leistungsmanagement zu einem Dienstmanagement entwickelt, wobei immer mehr Gewicht auf die Bedürfnisse der Kunden gelegt worden ist.

Obwohl die Infrastruktur des Netzwerkmanagements im Grunde genommen einfach ist, kann man sich leicht von dem verwendeten Vokabular verwirren lassen – „verwaltendes System“, „verwaltetes Gerät“, „Managementagent“ und „Management Information Base“. In der Sprache des Netzwerkmanagements werden beispielsweise in unserem einfachen Host-Überwachungsszenario „Managementagenten“, die sich in „verwalteten Geräten“ befinden, periodisch von „verwaltenden Systemen“ abgefragt. Eine schlichte Idee, versteckt hinter einem Schwall von Worten! Glücklicherweise werden wir in der Analogie der menschlichen Organisation und ihren offensichtlichen Parallelen zum Netzwerkmanagement eine große Hilfe für das restliche Kapitel haben.

Unsere obige Diskussion der Netzwerkmanagementarchitektur war nur generisch und gilt allgemein für eine Reihe von Netzwerkmanagementstandards und Arbeiten, die im Lauf der Jahre vorgeschlagen worden sind. Solche Standards reiften seit den späten 1980er Jahren allmählich heran, wobei OSI **CMISE/CMIP (Common Management Information Services Element/Common Management Information Protocol)** [Piscatello 1993; Stallings 1993; Glitho 1998] und das **Simple Network Management Protocol (SNMP)** [RFC 3410; Stallings 1999; Rose 1996] die beiden wichtigsten bilden [Miller 1997; Subramanian 2000]. Beide sind dazu gedacht, unabhängig von herstellerspezifischen Produkten oder Netzwerken zu arbeiten. Weil SNMP schnell entwickelt wurde und zu einer Zeit in Umlauf gebracht wurde, als der Bedarf nach Netzwerkmanagement schmerzhaft deutlich wurde, verbreitete es sich schnell und wurde allgemein akzeptiert. Heute ist SNMP das am weitesten verbreitete und meisteingesetzte Netzwerkmanagement-Framework. Wir behandeln SNMP detailliert im folgenden Abschnitt.

9.3 Das Internet-Standard Management Framework

Im Gegensatz zu dem, was der Name verspricht (Simple Network Management Protocol, also *einfaches Netzwerkmanagementprotokoll*), umfasst das Netzwerkmanagement im Internet viel mehr als nur ein Protokoll, das Verwaltungsdaten zwischen einem verwaltenden System und seinen Agenten transportiert. Es hat sich zu etwas viel Komplexerem entwickelt, als es das Wort „einfach“ vermuten lässt. Das aktuelle Internet-Standard Management Framework geht auf das Simple Gateway Monitoring Protocol (SGMP) [RFC 1028] zurück. SNMP wurde von einer Gruppe von Universitätswissenschaftlern, Anwendern und Managern entworfen, deren Erfahrung mit SGMP es ihnen ermöglichte, SNMP innerhalb von nur wenigen Monaten zu gestalten, zu implementieren und zu verbreiten [Lynch 1993] – ein großer Unterschied zu den heutigen Standardisierungsprozessen. Seitdem hat sich SNMP von SNMPv1 über SNMPv2 zur aktuellen Version SNMPv3 weiterentwickelt [RFC 3410], die im April 1999 freigegeben und im Dezember 2002 aktualisiert wurde.

Bei der Beschreibung eines Rahmenwerkes für das Netzwerkmanagement müssen zwangsläufig bestimmte Fragen betrachtet werden:

- Was wird überwacht? Und in welcher Weise kann der Netzwerkadministrator eingreifen?
- Welche konkrete Form hat die Information, über die berichtet und/oder die verändert wird?
- Welches Kommunikationsprotokoll wird für den Austausch dieser Information verwendet?

Kehren wir zu unserer Analogie einer menschlichen Organisation aus dem vorherigen Abschnitt zurück. Der Chef und die Filialleiter müssen sich auf die Maßzahlen bezüglich Aktivität, Produktivität und Budget einigen, die verwendet werden, um den Status einer Zweigstelle wiederzugeben. Außerdem müssen sie sich darauf einigen, welche Maßnahmen der Chef ergreifen kann (zum Beispiel Senkung des Budgets, Anweisungen an den Filialleiter, bestimmte Aspekte des Filialbetriebs zu ändern, oder die Entlassung des Personals und die Schließung der Zweigstelle). Auf einem niedrigeren Level müssen sie die Form abstimmen, in der die Daten berichtet werden. In welcher Währung (Dollar oder Euro) soll zum Beispiel der Budgetbericht gehalten sein? In welchen Einheiten wird die Produktivität gemessen? Obwohl dies triviale Details zu sein scheinen, muss man sich dennoch über sie einigen. Zuletzt muss die Art und Weise, in der Informationen zwischen der Zentrale und den Zweigstellen übermittelt werden (das heißt ihr Kommunikationsprotokoll), festgelegt werden.

Das Internet-Standard Management Framework geht auf die oben gestellten Fragen ein. Es besteht aus vier Teilen:

- Definitionen von *Netzwerkmanagementobjekten*, auch als MIB-Objekte bekannt. Im Internet-Standard Management Framework werden die Verwaltungsinformationen als Sammlung verwalteter Objekte dargestellt, die zusammen eine virtuelle Informationssammlung bilden, die als Management Information Base (MIB) bezeichnet wird. Ein MIB-Objekt könnte zum Beispiel ein Zähler sein, der überwacht, wie viele IP-Datagramme aufgrund von Fehlern im Header an einer Routerschnittstelle verworfen werden. Es könnten deskriptive Informationen sein, wie die Version der Software, die auf einem DNS-Server läuft, Statusinformationen, etwa ob ein bestimmtes Gerät korrekt funktioniert, oder protokollspezifische Informationen, z.B. der Routing-Pfad zu einer Zieladresse. MIB-Objekte definieren daher die von einem verwalteten Gerät vorgehaltenen Verwaltungsinformationen. Ähnliche MIB-Objekte werden zu **MIB-Modulen** gebündelt. In der Analogie unserer menschlichen Organisation definiert die MIB die zwischen Zweigstelle und Zentrale übermittelten Informationen.
- Eine *Datendefinitionssprache*, die als SMI (Structure of Management Information) bekannt ist. Sie definiert die Datentypen, ein Objektmodell und Regeln für das Schreiben und Überarbeiten der Verwaltungsinformationen. Die MIB-Objekte werden in dieser Datendefinitionssprache festgelegt. In unserer Analogie einer menschlichen Organisation wird die SMI dazu benutzt, die Details des *Formats* der Informationen zu definieren, die ausgetauscht werden.

- Ein *Protokoll, SNMP*, das zum Übermitteln von Information und Befehlen zwischen einem verwaltenden System und einem Agenten dient, der im Namen dieses Systems innerhalb eines verwalteten Netzwerkgerätes arbeitet.
- *Sicherheits- und Verwaltungsfähigkeiten*. Diese neuen Fähigkeiten bilden den wesentlichen Unterschied von SNMPv3 gegenüber SNMPv2.

Die Internet-Netzwerkmanagement-Architektur ist also modular angelegt und besteht einerseits aus einer protokollunabhängigen Datendefinitionssprache und einer protokollunabhängigen MIB und andererseits aus einem MIB-unabhängigen Protokoll. Interessanterweise wurde diese modulare Architektur zunächst eingeführt, um den Umstieg von einer SNMP-basierten Netzwerkverwaltung auf ein konkurrierendes Netzwerkmanagement-Framework zu erleichtern, das von der ISO entwickelt wurde – ein Umstieg, der nie stattgefunden hat. Im Laufe der Zeit hat es das modulare Design jedoch erlaubt, dass sich SNMP über drei größere Revisionen weiterentwickelt hat, wobei jeder der vier oben genannten Hauptbestandteile von SNMP sich unabhängig entwickelt hat. Die Entscheidung für den modularen Aufbau war also eindeutig richtig, wenn auch aus dem falschen Grund!

In den folgenden Unterabschnitten behandeln wir die vier Hauptkomponenten des Internet-Standard Management Framework im Detail.

9.3.1 Structure of Management Information: SMI

Die **Structure of Management Information** oder **SMI** (eine ziemlich merkwürdig benannte Komponente, deren Name keinerlei Hinweis auf ihre Funktion beinhaltet) ist die Sprache, welche die Verwaltungsinformation definiert, die sich in einer verwalteten Netzwerkkomponente befindet. Mit einer solchen Definitionssprache wird sichergestellt, dass Syntax und Semantik der Netzwerkmanagementdaten wohldefiniert und eindeutig sind. Beachten Sie, dass die SMI keine bestimmte Instanz von Daten eines verwalteten Netzwerksystems definiert, sondern vielmehr die Sprache selbst, in der die Informationen festgelegt werden. Die Dokumente, in denen die SMI für SNMPv3 beschrieben wird (welche verwirrenderweise als SMIv2 bezeichnet wird), sind [RFC 2578; RFC 2579; RFC 2580]. Untersuchen wir die SMI von unten nach oben und beginnen wir mit ihren grundlegenden Datentypen. Anschließend betrachten wir, wie verwaltete Objekte in der SMI beschrieben werden und wie ähnliche verwaltete Objekte in Module gruppiert werden.

Grundlegende SMI-Datentypen

RFC 2578 legt die grundlegenden Datentypen der SMI-MIB-Modul-Definitionssprache fest. Obwohl die SMI auf der Objektdefinitionssprache ASN.1 (Abstract Syntax Notation One) [ISO 1987; ISO X. 680 1998] basiert (Abschnitt 9.4), sind genügend spezifische SMI-Datentypen hinzugefügt worden, um die SMI als selbstständige Datendefinitionssprache bezeichnen zu können. Die elf in RFC 2578 definierten grundlegenden Datentypen werden in ▶Tabelle 9.1 aufgelistet. Über diese skalaren Objekte hinaus kann einer geordneten Sammlung von MIB-Objekten zudem eine tabellarische Struk-

Datentyp	Beschreibung
INTEGER	32-Bit-Integer wie in ASN.1 definiert, mit einem Wert zwischen -2^{31} und $2^{31}-1$ (einschließlich), oder ein Wert aus einer Liste möglicher benannter Konstanten
Integer32	32-Bit-Integer mit einem Wert zwischen -2^{31} und $2^{31}-1$ (einschließlich)
Unsigned32	Vorzeichenloser 32-Bit-Integer im Bereich 0 bis $2^{32}-1$ (einschließlich)
OCTET STRING	Byte-Zeichenfolge im ASN.1-Format, die beliebige binäre oder Textdaten repräsentiert und bis zu 65.535 Byte lang ist
OBJECT IDENTIFIER	Ein strukturierter Name im ASN.1-Format, Abschnitt 9.3.2
IPaddress	32-Bit-Internetadresse
Counter32	32-Bit-Zähler, der von 0 bis $2^{32}-1$ ansteigt und dann auf 0 umschlägt
Counter64	64-Bit-Zähler
Gauge32	32-Bit-Integer, der nicht über $2^{32}-1$ hinausgeht oder unter null fällt, wenn er erhöht bzw. erniedrigt wird
TimeTicks	Zeit, gemessen in hundertstel Sekunden seit irgendeinem Ereignis
Opaque	Nicht interpretierte ASN.1-Zeichenfolge, die für die Abwärtskompatibilität erforderlich ist

Tabelle 9.1: Grundlegende Datentypen der SMI

tur mithilfe des Konstrukts SEQUENCE OF aufgeprägt werden; RFC 2578 enthält hierzu Details. Viele Datentypen in Tabelle 9.1 werden den meisten Lesern vertraut sein (oder sie sind selbst erklärend). Der einzige Datentyp, den wir in Kürze ausführlicher diskutieren werden, ist der Datentyp OBJECT IDENTIFIER, der zur Benennung eines Objektes eingesetzt wird.

Zusammengesetzte SMI-Konstrukte

Zusätzlich zu den grundlegenden Datentypen bietet die SMI-Datendefinitionssprache auch komplexere Sprachkonstrukte.

Das Konstrukt OBJECT-TYPE wird verwendet, um den Datentyp, den Status und die Semantik eines verwalteten Objektes anzugeben. Zusammengefasst enthalten diese verwalteten Objekte die Daten, die den Kern des Netzwerkmanagements bilden. In verschiedenen Internet-RFCs sind mehr als 10.000 Objekte definiert [RFC 3410]. Das Konstrukt OBJECT-TYPE kennt vier Parameter. Der SYNTAX-Parameter einer OBJECT-TYPE-Definition legt den mit dem Objekt verbundenen grundlegenden Datentyp fest. Der Parameter MAX-ACCESS bestimmt, ob das verwaltete Objekt gelesen, geschrieben, erstellt oder sein Wert Teil einer Benachrichtigung werden kann. Der Parameter STATUS zeigt, ob die Objektdefinition aktuell und gültig ist, ob sie veraltet (dann sollte sie nicht implementiert werden, da sie nur aus historischen Gründen noch enthalten ist) oder unerwünscht ist (dann ist sie ebenfalls veraltet, darf aber aus Gründen der Kompatibilität mit älteren Implementierungen ebenfalls implementiert werden). Der Parameter DESCRIPTION enthält einen für Menschen lesbaren Definitionstext des Objektes. Er „dokumentiert“ den Zweck des verwalteten Objektes und sollte alle semantischen Informationen liefern, die für seine Implementierung benötigt werden.

Betrachten Sie als Beispiel für das Datenkonstrukt OBJECT-TYPE die `ipSystemStatsInDelivers`-Objekttypdefinition aus [RFC 4293]. Dieses Objekt definiert einen 32-Bit-Zähler, der die Anzahl der IP-Datagramme registriert, die vom verwalteten Gerät empfangen und erfolgreich an ein Protokoll der höheren Schichten weitergegeben wurden. In der letzten Zeile dieser Definition befindet sich der Name dieses Objektes – ein Thema, mit dem wir uns im folgenden Unterabschnitt befassen werden.

```
ipSystemStatsInDelivers OBJECT-TYPE
    SYNTAX      Counter32
    MAX-ACCESS  read-only
    STATUS      current
    DESCRIPTION
           "The total number of datagrams successfully
           delivered to IPuser-protocols (including ICMP).
           When tracking interface statistics, the counter
           of the interface to which these datagrams were
           addressed is incremented. This interface might
           not be the same as the input interface for
           some of the datagrams.

           Discontinuities in the value of this counter can
           occur at re-initialization of the management
           system, and at other times as indicated by the
           value of ipSystemStatsDiscontinuityTime."
    ::= { ipSystemStatsEntry 18 }
```

Das Sprachkonstrukt MODULE-IDENTITY erlaubt das Gruppieren ähnlicher Objekte innerhalb eines „Moduls“. Zum Beispiel legt [RFC 4293] das MIB-Modul fest, welches verwaltete Objekte (einschließlich `ipSystemStatsInDelivers`) für Management-Implementierungen des Internet Protocol (IP) und des zugehörigen Internet Control Message Protocol (ICMP) definiert. [RFC 4022] legt das MIB-Modul für TCP fest, [RFC 4133] spezifiziert das MIB-Modul für UDP. [RFC 4502] definiert das MIB-Modul für die RMON-Fernüberwachung. Neben der OBJECT-TYPE-Definition der verwalteten Objekte des Moduls enthält das MODULE-IDENTITY-Konstrukt Parameter, um Kontaktinformationen über den Autor des Moduls, das Datum der letzten Aktualisierung, eine Revisions-Historie und einen Beschreibungstext für das Modul zu dokumentieren. Als Beispiel betrachten Sie die Moduldefinition zum Management des IP-Protokolls:

```
ipMIB MODULE-IDENTITY
    LAST-UPDATED "200602020000Z"
    ORGANIZATION "IETF IPv6 MIB Revision Team"
    CONTACT-INFO
          "Editor:
          Shawn A. Routhier
          Interworking Labs
          108 Whispering Pines Dr. Suite 235
          Scotts Valley, CA 95066
          USA
          EMail: <sar@iwl.com>"
    DESCRIPTION
          "The MIB module for managing IP and ICMP
          implementations, but excluding their
          management of IP routes.

          Copyright (C) The Internet Society (2006). This
          version of this MIB module is part of RFC 4293;
          see the RFC itself for full legal notices."

    REVISION        "200602020000Z"
    DESCRIPTION
          "The IP version neutral revision with added
          IPv6 objects for ND, default routers, and
          router advertisements. As well as being the
          successor to RFC 2011, this MIB is also the
          successor to RFCs 2465 and 2466. Published
          as RFC 4293."

    REVISION        "199411010000Z"
    DESCRIPTION
          "A separate MIB module (IP-MIB) for IP and
          ICMP management objects. Published as RFC
          2011."

    REVISION        "199103310000Z"
    DESCRIPTION
          "The initial revision of this MIB module was
          part of MIB-II, which was published asRFC
          1213."
    ::= { mib-2 48}
```

Das Konstrukt NOTIFICATION-TYPE wird verwendet, um Informationen bezüglich SNMPv2-Trap und InformationRequest-Nachrichten festzulegen, die von einem Agenten oder einem verwaltenden System erzeugt werden (Abschnitt 9.3.3). Diese Informationen umfassen einen beschreibenden Text (DESCRIPTION), wann eine solche Nachricht gesandt werden soll, sowie eine Liste von Werten, die in der erzeugten Nachricht enthalten sein sollen; siehe [RFC 2578] für Details. Das Konstrukt MODULE-COMPLIANCE definiert die Menge verwalteter Objekte innerhalb eines Moduls, die ein Agent implementieren muss. Das Konstrukt AGENT-CAPABILITIES legt die Fähigkeiten der Agenten in Bezug auf die Definitionen von Objekten und Event-Benachrichtigungen fest.

9.3.2 Management Information Base, MIB

Wie oben erwähnt, kann man die **Management Information Base (MIB)** als Informationsbestand betrachten, der verwaltete Objekte enthält, deren Werte zusammengenommen den aktuellen „Status" des Netzwerkes widerspiegeln. Diese Werte können von einem verwaltenden System durch Senden von SNMP-Nachrichten an den Agenten auf einem verwalteten Gerät abgefragt und/oder gesetzt werden. Verwaltete Objekte werden mithilfe des oben diskutierten OBJECT-TYPE-SMI-Konstruktes festgelegt und mithilfe des MODULE-IDENTITY-Konstruktes in **MIB-Modulen** zusammengefasst.

Die IETF hat sich mit der Normierung der MIB-Module befasst, die zu Routern, Hosts und anderem Netzwerkequipment gehören. Dies beinhaltet grundlegende Identifikationsdaten für bestimmte Hardwarekomponenten sowie Managementinformationen über die Netzwerkschnittstellen und die Protokolle des Gerätes. Mit Stand 2006 gibt es mehr als 200 Standard-MIB-Module und eine noch größere Zahl von herstellerspezifischen (privaten) MIB-Modulen. Bei all diesen Standards benötigte die IETF einen Weg, um sowohl die standardisierten Module als auch die spezifischen verwalteten Objekte innerhalb eines Moduls zu kennzeichnen und zu benennen. Statt ganz von vorne zu beginnen, übernahm die IETF ein standardisiertes Verfahren zur Objektkennzeichnung, das von der International Organization for Standardization (ISO) vorgeschlagen worden war. Wie viele Standardisierungsgremien hatte die ISO große Pläne für ihr standardisiertes Objektkennzeichnungs-Framework. Mit ihm sollte jedes genormte Objekt (beispielsweise Datenformate, Protokolle oder Informationsbestandteile) in jedem beliebigen Netzwerk zu kennzeichnen sein, unabhängig von der Standardisierungsorganisation (z.B. IETF, ISO, IEEE oder ANSI), dem Gerätehersteller oder dem Besitzer des Netzwerkes. Ein wahrlich hochgestecktes Ziel! Die von der ISO übernommene Art und Weise der Objektkennzeichnung ist Teil der Objektdefinitionssprache ASN.1 (Abstract Syntax Notation One) [ISO 1987; ISO X. 680 1998], die wir in Abschnitt 9.4 erörtern werden. Standardisierte MIB-Module haben in diesem allumfassenden Objektkennzeichnungs-Framework ihre eigene gemütliche Ecke, wie wir unten noch diskutieren werden.

Wie ▶Abbildung 9.3 zeigt, werden Objekte im ISO-Objektkennzeichnungsrahmen auf hierarchische Weise benannt. Beachten Sie, dass jeder Verzweigungsknoten im Baum sowohl einen Namen als auch eine Nummer besitzt (die in runden Klammern darge-

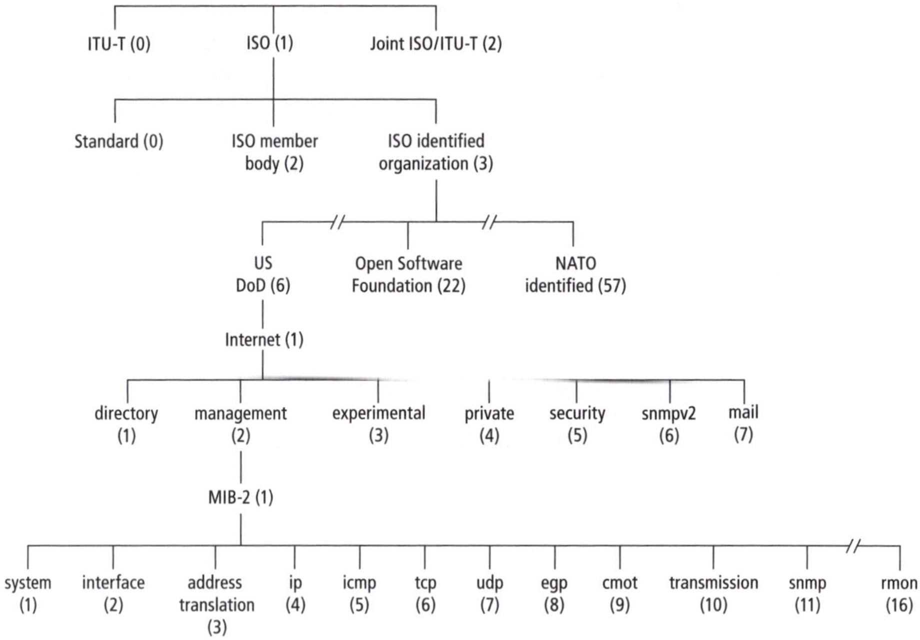

Abbildung 9.3: ASN.1-Objektkennzeichnungsbaum

stellt werden). Jeder Punkt auf diesem Baum kann daher als Sequenz von Namen oder Nummern gekennzeichnet werden, die den Pfad von der Wurzel bis zu diesem Punkt im Bezeichnerbaum wiedergeben. Ein nettes, aber unvollständiges und inoffizielles, webbasiertes Dienstprogramm für das Untersuchen eines Teiles des Objektkennzeichnungsbaumes (wobei Verzweigungsinformationen benutzt werden, die von Freiwilligen beigesteuert worden sind) kann bei [Alvestrand 1997] und [France Telecom 2006] gefunden werden.

Am oberen Ende der Hierarchie befinden sich mit der ISO und dem Telecommunication Standardization Sector der International Telecommunication Union (ITU-T) die beiden wichtigsten Normierungsinstitutionen, die sich mit ASN.1 befassen. Außerdem gibt es einen Ast für gemeinsame Projekte dieser beiden Organisationen. Unterhalb der ISO-Verzweigung des Baumes finden wir Einträge für alle ISO-Standards (1.0) und für Standards, die von Normierungsinstituten verschiedener Mitgliedsstaaten der ISO veröffentlicht worden sind (1.2). Obwohl das nicht in ▶Abbildung 9.3 dargestellt wird, würden wir unter `ISO member body` (also 1.2) die USA (1.2.840) finden, unter der es Nummern für IEEE, ANSI und unternehmensspezifische Standards gibt. Diese umfassen etwa RSA (1.2.840.11359) und Microsoft (1.2.840.113556), worunter sich dann wiederum die Dateiformate (1.2.840.113556.4) für verschiedene Microsoft-Produkte wie Word (1.2.840.113556.4.2) befinden. Aber wir interessieren uns hier für Netzwerke (nicht für Microsoft-Word-Dateien), daher wenden wir unsere Aufmerksamkeit dem mit 1.3 gekennzeichneten Ast zu – den Standards, die von Institutionen herausgegeben wurden, die von der ISO anerkannt sind. Zu ihnen gehören das US-Verteidigungsministerium *(Department of Defense, DoD)* (6) (unter dem wir die Internetstandards finden), die Open Software Foundation (22), die Luftverkehrs-Vereinigung SITA (69), von der NATO anerkannte Institutionen (57) sowie viele weitere Organisationen.

Im `Internet`-Zweig des Baumes (1.3.6.1) gibt es sieben Kategorien. Im `private`-Ast finden wir eine Liste [IANA 2007b] mit Namen und Unternehmenscodes von vielen Tausenden von Privatunternehmen, die sich bei der Internet Assigned Numbers Authority (IANA) angemeldet haben [IANA 2007]. Im `management`- (1.3.6.1.2) und `MIB-2`-Teilbaum (1.3.6.1.2.1) des Objektkennzeichnungsbaumes finden wir die Definitionen der standardisierten MIB-Module. Das ist ein ziemlich weiter Weg zu unserer Ecke des ISO-Namensraumes!

Genormte MIB-Module

Die unterste Ebene des Baumes in ▶Abbildung 9.3 zeigt einige der wichtigen hardware-orientierten MIB-Module (`system` und `interface`) sowie Module, die mit einigen der wichtigsten Internetprotokolle zusammenhängen. [RFC 3700] listet alle standardisierten MIB-Module auf. Obwohl alle zur MIB gehörenden RFCs eher ermüdende und trockene Lektüre darstellen, ist es lehrreich, sich einige MIB-Moduldefinitionen zu Gemüte zu führen (das ist wie Gemüse essen, es ist „gesund"), um ein Gefühl für die Art der Informationen in einem Modul zu bekommen.

Die verwalteten Objekte, die unter `system` fallen, enthalten allgemeine Informationen über die Geräte, die verwaltet werden. Alle verwalteten Geräte müssen die `system`-MIB-Objekte unterstützen. ▶Tabelle 9.2 zeigt die Objekte der `system`-Gruppe, die in [RFC 1213] spezifiziert ist. ▶Tabelle 9.3 definiert die verwalteten Objekte eines MIB-Moduls für das UDP-Protokoll auf einem verwalteten System.

9.3.3 SNMP-Protokollablauf

Das Simple Network Management Protocol Version 2 (SNMPv2) [RFC 3416] wird verwendet, um MIB-Informationen zwischen den verwaltenden Systemen und Agenten, die durch verwaltende Systeme gesteuert werden, zu übermitteln. Der häufigste Gebrauch von SNMP ist der **Request-Response-Modus**, in dem ein verwaltendes System unter SNMPv2 eine Anforderung an einen SNMPv2-Agenten sendet, der diese Anforderung erhält, eine Aktion ausführt und eine Antwort auf die Anforderung sendet. Normalerweise wird eine Anforderung verwendet, um MIB-Objektwerte, die zu einem verwalteten Gerät gehören, abzufragen oder zu verändern. Eine zweite häufige Anwendung von SNMP ist das Versenden einer unangeforderten Nachricht, die als **Trap-Nachricht** bezeichnet wird, vom Agenten an das verwaltende System. Trap-Nachrichten werden verwendet, um dem verwaltenden System Ausnahmesituationen zu melden, die zu Änderungen an MIB-Objekt-Werten geführt haben. Wir haben bereits in Abschnitt 9.1 gesehen, dass der Netzwerkadministrator beispielsweise dann eine Trap-Nachricht erhalten will, wenn eine Schnittstelle ausfällt, die Überlast auf einem Link einen vordefinierten Wert übersteigt oder ein anderes beachtenswertes Ereignis stattfindet. Beachten

Objekt-kennzeichnung	Name	Typ	Beschreibung (nach RFC 1213)
1.3.6.1.2.1.1.1	sysDescr	OCTET STRING	„Vollständiger Name und Versionskennzeichnung von Hardware-Typ, Betriebssystem und Netzwerksoftware des Systems"
1.3.6.1.2.1.1.2	sysObjectID	OBJECT IDENTIFIER	Vom Hersteller zugewiesene Objekt-ID, die „ein einfaches und eindeutiges Mittel bietet, um zu bestimmen, was für eine Art von System verwaltet wird"
1.3.6.1.2.1.1.3	sysUpTime	TimeTicks	„Die Zeit (in hundertstel Sekunden) seit der letzten Reinitialisierung des Netzwerkmanagements auf dem System"
1.3.6.1.2.1.1.4	sysContact	OCTET STRING	„Der Ansprechpartner für diesen verwalteten Knoten, zusammen mit Informationen, wie man diese Person erreichen kann"
1.3.6.1.2.1.1.5	sysName	OCTET STRING	„Ein administrativ zugewiesener Name für diesen verwalteten Knoten. Gemäß Konvention ist dies der vollständig qualifizierte Domainname des Knotens"
1.3.6.1.2.1.1.6	sysLocation	OCTET STRING	„Die physikalische Position dieses Knotens"
1.3.6.1.2.1.1.7	sysServices	Integer32	Ein codierter Wert, der die Gruppe von Diensten beschreibt, die auf diesem Knoten auf der Bitübertragungs- (z. B. ein Repeater), Sicherungs- (z. B. eine Bridge), Netzwerk- (z. B. IP-Gateway), Transport- und Anwendungsschicht verfügbar sind.

Tabelle 9.2: Verwaltete Objekte der MIB-2-Gruppe `system`

Sie, dass man zwischen Polling (Request-Response-Interaktion) und Trapping oft sorgfältig abwägen muss – mehr dazu finden Sie in den Übungsaufgaben.

SNMPv2 definiert sieben Nachrichtentypen, die zusammenfassend als Protokolldateneinheiten – PDUs – bezeichnet werden. Eine Übersicht dieser Nachrichten ist in ▶ Tabelle 9.4 dargestellt, ihr Inhalt wird im Folgenden beschrieben.

- Die PDUs `GetRequest`, `GetNextRequest` und `GetBulkRequest` werden alle von einem verwaltenden System, dem Manager, an einen Agenten gesandt, um den Wert eines oder mehrerer MIB-Objekte auf dem verwalteten Gerät des Agenten anzufordern. Die Objektbezeichner der MIB-Objekte, deren Werte angefordert werden, sind im Variablenteil der PDU spezifiziert. `GetRequest`, `GetNextRequest` und `GetBulkRequest` unterscheiden sich in Bezug auf die Granularität der Datenanforderungen.

Objekt-kennzeichnung	Name	Typ	Beschreibung (nach RFC 4113)
1.3.6.1.2.1.7.1	udpInDatagrams	Counter32	„Gesamtzahl aller UDP-Datagramme, die an UDP-Benutzer ausgeliefert wurden"
1.3.6.1.2.1.7.2	udpNoPorts	Counter32	„Gesamtzahl aller erhaltenen UDP-Datagramme, für die es keine Anwendung auf dem Zielport gab"
1.3.6.1.2.1.7.3	udpInErrors	Counter32	„Anzahl der empfangenen UDP-Datagramme, die aus anderen Gründen als dem Fehlen einer Anwendung am Zielport nicht zugestellt werden konnten"
1.3.6.1.2.1.7.4	udpOutDatagrams	Counter32	„Gesamtzahl der UDP-Datagramme, die von diesem System ausgesandt wurden"

Tabelle 9.3: Ausgewählte verwaltete Objekte im MIB-2-UDP-Modul

`GetRequest` kann einen beliebigen Satz von MIB-Werten anfordern, mehrere `GetNextRequest`-PDUs können eingesetzt werden, um eine Liste oder Tabelle der MIB-Objekte zu durchlaufen. `GetBulkRequest` ermöglicht die Rückgabe eines großen Datenblocks und vermeidet den Systemaufwand, der entstehen würde, wenn mehrere `GetRequest`- oder `GetNextRequest`-Nachrichten versendet werden müssten. In allen drei Fällen antwortet der Agent mit einer `Response`-PDU, die die Objektbezeichner und ihre zugehörigen Werte enthält.

- Die `SetRequest`-PDU wird von einem verwaltenden System verwendet, um den Wert eines oder mehrerer MIB-Objekte in einem verwalteten Gerät zu setzen. Ein Agent antwortet mit einer `Response`-PDU mit dem Fehlerstatus „noError", um zu bestätigen, dass der Wert tatsächlich gesetzt worden ist.
- Die `InformRequest`-PDU wird von einem verwaltenden System verwendet, um einem anderen verwaltenden System MIB-Informationen mitzuteilen, die sich außerhalb dessen Zugangsbereiches befinden. Der Empfänger antwortet mit einer `Response`-PDU und verwendet den Fehlerstatus „noError", um den Erhalt der `InformRequest`-PDU zu bestätigen.
- Der letzte SNMPv2-PDU-Typ ist die Trap-Nachricht. Diese Nachrichten werden asynchron generiert, das heißt, sie werden *nicht* als Antwort auf eine erhaltene Anforderung erzeugt, sondern als Antwort auf ein Ereignis, das dem verwaltenden System mitgeteilt werden muss. RFC 3418 definiert bekannte Trap-Typen, zu denen der Kalt- bzw. Warmstart eines Gerätes gehören, ein ausfallender Link, der Verlust eines Nachbarn oder eine fehlerhafte Authentifizierung. Ein empfangener Trap-Request erfordert keine Antwort des verwaltenden Systems.

SNMPv2-PDU-Typ	Sender/Empfänger	Beschreibung
`GetRequest`	Manager an Agent	Hole den Wert einer oder mehrerer MIB-Objektinstanzen.
`GetNextRequest`	Manager an Agent	Hole den Wert der nächsten MIB-Objektinstanz in einer Liste oder Tabelle.
`GetBulkRequest`	Manager an Agent	Hole alle Werte in einem großen Datenblock, z. B. die Einträge einer großen Tabelle.
`InformRequest`	Manager an Manager	Informiere das entfernte verwaltende System über MIB-Werte außerhalb seines Zugangsbereiches.
`SetRequest`	Manager an Agent	Setze den Wert einer oder mehrerer MIB-Objektinstanzen.
`Response`	Agent an Manager oder Manager an Manager	Erzeugt als Antwort auf: `GetRequest`, `GetNextRequest`, `GetBulkRequest`, `SetRequest` oder `InformRequest`
`SNMPv2-Trap`	Agent an Manager	Informiere den Manager über ein außergewöhnliches Ereignis.

Tabelle 9.4: SNMPv2-PDU-Typen

Angesichts der Request-Response-Natur von SNMPv2 merken wir hier an, dass SNMP-PDUs zwar über viele verschiedene Transportprotokolle übertragen werden können, dass die SNMP-PDU normalerweise aber in der Nutzlast eines UDP-Datagramms übertragen wird. Tatsächlich besagt RFC 3417, dass UDP „die bevorzugte Transportmethode" ist. Da UDP ein unzuverlässiges Transportprotokoll ist, gibt es keinerlei Garantie, dass eine Anforderung oder die dazugehörige Antwort das vorgesehene Ziel erreicht. Das verwaltende System verwendet das Request-ID-Feld der PDU, um seine Anfragen an einen Agenten zu nummerieren. Die Antwort des Agenten benutzt die Request-ID der Anfrage. Dadurch kann das Request-ID-Feld vom verwaltenden System verwendet werden, um verlorene Anfragen oder Antworten zu erkennen. Das verwaltende System muss daraufhin entscheiden, ob es nach einem bestimmten Zeitraum, in dem keine Antwort eingetroffen ist, die Anfrage erneut überträgt. Insbesondere verlangt der SNMP-Standard keine bestimmte Prozedur für die Wiederholung der Übertragung. Er legt nicht einmal fest, ob die Übertragung überhaupt wiederholt werden soll. Er verlangt lediglich, dass das verwaltende System „hinsichtlich Häufigkeit und Dauer von Übertragungswiederholungen verantwortungsbewusst handeln muss". Dies führt natürlich zu der Frage, wie sich ein „verantwortungsvolles" Protokoll verhalten sollte!

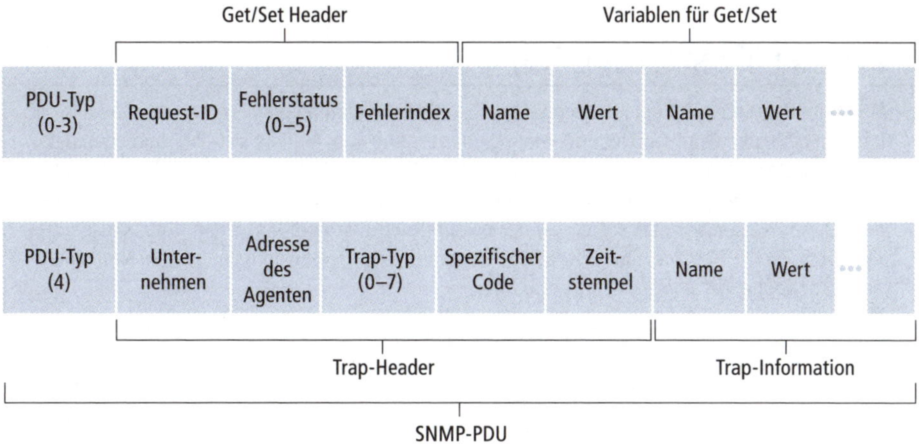

Abbildung 9.4: SNMP-PDU-Format

9.3.4 Sicherheit und Verwaltung

Die Entwickler von SNMPv3 sagen, dass „SNMPv3 eine Erweiterung von SNMPv2 mit zusätzlichen Sicherheits- und Verwaltungsfähigkeiten darstellt“ [RFC 3410]. Natürlich gibt es mehrere Unterschiede zwischen SNMPv3 und SNMPv2, aber diese sind nirgends offensichtlicher als in den Bereichen Verwaltung und Sicherheit. Die zentrale Rolle, die Sicherheit in SNMPv3 spielt, wurde besonders wichtig, weil der Mangel an adäquaten Sicherheitsfunktionen dazu geführt hatte, dass SNMP in erster Linie für Überwachungsaufgaben und nicht zur Steuerung eingesetzt wurde (beispielsweise wird SetRequest selten unter SNMPv1 verwendet).

Während SNMP über drei Versionen hinweg gereift ist, hat sich der Funktionsumfang erhöht, aber leider auch die Anzahl der zu SNMP gehörenden Standarddokumente. Das wird durch die Tatsache unterstrichen, dass jetzt sogar ein RFC existiert [RFC 3411], welcher „eine Architektur für die Beschreibung eines SNMP-Management-Frameworks“ beschreibt! Obwohl die Bezeichnungsweise einer „Architektur für die Beschreibung eines Frameworks“ ein harter Brocken ist, ist das Ziel von RFC 3411 erstrebenswert – eine allgemeine Sprache einzuführen, mit der die Funktionen und Aktionen beschrieben werden können, die von einem SNMPv3-Agenten oder einem verwaltenden System ausgeführt werden. Die Architektur eines SNMPv3-Systems ist geradlinig und eine Tour durch diese Architektur wird unser Verständnis von SNMP vertiefen.

Sogenannte **SNMP-Anwendungen** bestehen aus einem Command Generator *(Befehlsgenerator)*, einem Notification Receiver *(Empfänger für Meldungen)* und einem Proxy Forwarder (zum stellvertretenden Weiterleiten von Nachrichten). Üblicherweise sind alle drei Bestandteile in einem verwaltenden System zu finden. Zudem enthält die Architektur einen Command Responder (der auf Befehle reagiert) und einen Notification Originator *(Erzeuger von Meldungen)*, die beide normalerweise in einem Agenten vorhanden sind. Darüber hinaus können andere Bestandteile existieren. Der Command

Von der Theorie zur Praxis

Es gibt heute Hunderte (wenn nicht sogar Tausende) Netzwerkmanagementprodukte, die alle bis zu einem gewissen Grad das Network Management Framework und die SNMP-Grundlagen beinhalten, mit denen wir uns in diesem Kapitel befasst haben. Eine Übersicht über diese Produkte liegt jenseits der Möglichkeiten dieses Buches und (wie wir glauben) der Aufnahmefähigkeit der Leser. Daher weisen wir hier auf einige der bekannteren Produkte hin. Einen guten Ausgangspunkt für einen Überblick über die ganze Bandbreite der Netzwerkmanagement-Werkzeuge beinhaltet Kapitel 12 in [Subramanian 2000].

Netzwerkmanagementprogramme können grob in solche gegliedert werden, die von Herstellern von Netzwerkausrüstung stammen und sich auf die Verwaltung der Geräte dieses Herstellers spezialisieren, und solche, die auf die Verwaltung von Netzwerken mit heterogenen Geräten abzielen. Unter den herstellerspezifischen Angeboten befindet sich die Cisco Network Application Performance Analysis Suite (NAPA) aus Ciscos Netzwerkmanagement-Tools, welche für Cisco-Geräte ausgelegt ist [Cisco NAPA2007]. Lucent und Juniper bieten Operation-Support-Systeme (OSS) für den Netzwerkbetrieb und SLA/QoS-Unterstützung [Lucent 2006].

Zu den beliebten Werkzeugen zur Verwaltung heterogener Netzwerke gehören Hewlett-Packards OpenView [OpenView 2007], Aprismas Spectrum [Aprisma 2007] und das Netzwerkmanagementsystem Solstice von Sun [Sun 2007]. Jedes dieser drei Systeme hat eine verteilte Systemarchitektur, in der mehrere Server Netzwerkmanagementinformationen aus der jeweils von ihnen verwalteten Domain sammeln. Die Netzwerkmanagementstation kann dann die Ergebnisse von diesen Servern holen, darstellen und Steuerungsaktionen auslösen. Alle drei Produkte unterstützen die SNMP- und CMIP-Protokolle und bieten automatisierte Unterstützung für die Korrelation von Ereignissen und Alarmsignalen.

Generator erzeugt `GetRequest`-, `GetNextRequest`-, `GetBulkRequest`- und `SetRequest`-PDUs, die wir in Abschnitt 9.3.3 kennengelernt haben, und bearbeitet die Antworten auf diese PDUs.

Der Command Responder wird auf einem Agenten ausgeführt und empfängt, bearbeitet und beantwortet (mithilfe der Response-Nachricht) die erhaltenen `GetRequest`-, `GetNextRequest`-, `GetBulkRequest`- und `SetRequest`-PDUs. Der Notification Originator generiert Trap-PDUs. Diese PDUs werden vom Notification Receiver empfangen und bearbeitet. Der Proxy Forwarder leitet Request-, Notification- und Response-Nachrichten weiter.

Eine von einer SNMP-Anwendung abgesandte PDU passiert zunächst die sogenannte SNMP-Engine, bevor sie über das jeweils verwendete Transportprotokoll übertragen wird. ▶Abbildung 9.5 zeigt, wie eine vom Command Generator erzeugte PDU zuerst in das Dispatch-Modul *(Versand-Modul)* eintritt, in dem die SNMP-Version bestimmt wird. Die PDU wird dann im Message-Processing-System verarbeitet, in dem die PDU mit einem Nachrichten-Header versehen wird, der die SNMP-Versionsnummer, eine Nachrichten-ID und Informationen über die Größe der Nachricht enthält. Sind Verschlüsselung oder Authentifizierung erforderlich, werden die entsprechenden Header-Felder für diese Information ebenfalls eingefügt; siehe [RFC 3411] für Details.

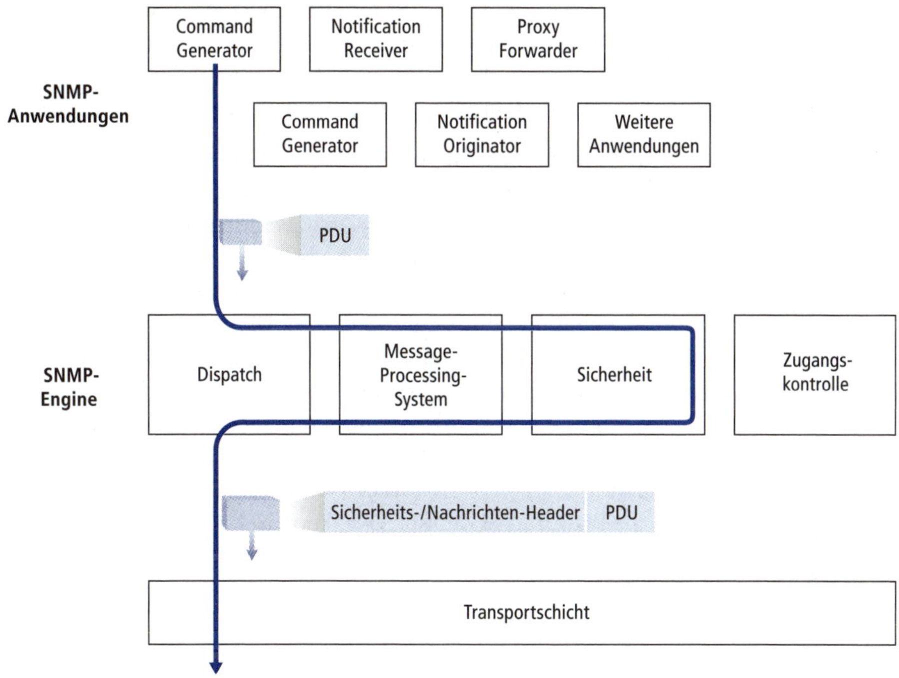

Abbildung 9.5: SNMPv3-Engine und Anwendungen

Schließlich wird die SNMP-Nachricht (die von der Anwendung erzeugte PDU plus Header-Information) an das entsprechende Transportprotokoll übergeben. Das bevorzugte Transportprotokoll für SNMP-Nachrichten ist UDP (das heißt, SNMP-Nachrichten werden als Nutzlast in einem UDP-Datagramm übertragen) und die bevorzugte Portnummer für SNMP ist Port 161. Port 162 wird für Trap-Nachrichten verwendet.

Wir haben oben gesehen, dass SNMP-Nachrichten nicht nur zur Überwachung, sondern auch zur Steuerung von Netzwerkelementen eingesetzt werden (zum Beispiel durch den `SetRequest`-Befehl). Ohne Zweifel könnte ein Eindringling, der in der Lage ist, SNMP-Nachrichten abzufangen und/oder seine eigenen SNMP-Pakete in die Verwaltungsinfrastruktur einzuschleusen, ein ziemliches Chaos im Netzwerk hinterlassen. Daher ist es entscheidend, dass SNMP-Nachrichten sicher übertragen werden. Überraschenderweise erhalten Sicherheitsaspekte erst in der neuesten Version von SNMP die Aufmerksamkeit, die sie verdienen. SNMPv3-Sicherheit wird als **benutzerbasierte Sicherheit** bezeichnet [RFC 3414], da es dort das traditionelle Konzept eines Benutzers gibt, der durch einen Benutzernamen gekennzeichnet wird, zu dem Sicherheitsinformationen gehören, wie etwa ein Passwort, ein Schlüssel oder Zugriffsprivilegien. SNMPv3 bietet Verschlüsselung, Authentifizierung, Schutz vor Playback-Angriffen (Abschnitt 8.4) und Zugangskontrolle.

- *Verschlüsselung.* SNMP-PDUs können mithilfe des Data Encryption Standard (DES) im Cipher-Block-Chaining-Modus (CBC) verschlüsselt werden. Da DES ein symmetrisches Kryptoverfahren ist, muss der geheime Schlüssel des verschlüsselnden Benutzers dem empfangenden System, das die Daten entschlüsselt, bekannt sein.

- *Authentifizierung.* SNMP kombiniert die Verwendung einer Hash-Funktion (wie MD5, das wir in Abschnitt 8.3 besprochen haben), mit einem geheimen Schlüssel, um sowohl Authentifizierung als auch Schutz gegen Veränderungen zu gewährleisten. Dieser Ansatz, bekannt als HMAC (Hashed Message Authentication Code) [RFC 2104], ist von der Idee her einfach. Nehmen Sie an, dass der Absender eine SNMP-PDU m hat, die er dem Empfänger zusenden will. Diese PDU könnte bereits verschlüsselt worden sein. Nehmen Sie auch an, dass sowohl Absender als auch Empfänger einen gemeinsamen geheimen Schlüssel K kennen, der nicht derselbe Schlüssel sein muss, der für die Verschlüsselung eingesetzt wurde. Der Sender überträgt m an den Empfänger. Um vor Modifikationen zu schützen, hängt der Sender den gemeinsamen Schlüssel K an m an und berechnet einen Hash-Wert $H(m, K)$ über die Kombination aus PDU und Schlüssel. Der Wert $H(m, K)$ (aber nicht der geheime Schlüssel!) wird dann zusammen mit m gesendet. Erhält der Empfänger m, hängt er den geheimen Schlüssel K an und berechnet $H(m, K)$. Stimmt dieser berechnete Wert mit dem übertragenen Wert von $H(m, K)$ überein, dann weiß der Empfänger nicht nur, dass an der Nachricht nicht herumhantiert worden ist, sondern auch, dass sie von jemandem gesandt wurde, der den Wert von K kennt, der also ein vertrauenswürdiger und nun authentifizierter Absender ist. In der Praxis wird dieses Verfahren sogar zweimal angewendet, wobei jedes Mal ein geringfügig veränderter Schlüsselwert verwendet wird. Dies ist in [RFC 2104] im Detail erklärt.

- *Schutz vor Playback-Angriffen.* Wir haben in Kapitel 8 diskutiert, dass Noncen verwendet werden können, um vor Playback-Angriffen zu schützen. SNMPv3 setzt eine ähnliche Methode ein. Um sicherzustellen, dass eine erhaltene Nachricht keine Wiederholung einer früheren Nachricht ist, fordert der Empfänger, dass der Sender einen Wert in jede Nachricht einfügt, der auf einem Zähler im *Empfänger* beruht. Dieser Zähler, der als Nonce dient, spiegelt die Zeitdauer seit dem letzten Reboot der Netzwerk-Management-Software sowie die Gesamtzahl der Neustarts seit der letzten Neukonfigurierung der Netzwerk-Management-Software wider. Solange die Abweichung des Zählers in einer erhaltenen Nachricht innerhalb gewisser Grenzen liegt, wird die Nachricht als nicht wiederholt akzeptiert und kann nun authentifiziert und/oder entschlüsselt werden. Lesen Sie [RFC 3414] für Details.

- *Access Control.* SNMPv3 bietet eine Zugangskontrolle [RFC 3415], die kontrolliert, welche Netzwerkmanagementinformationen von welchen Benutzern abgefragt und/oder gesetzt werden dürfen. Ein SNMP-System speichert Informationen über Zugriffsrechte und Richtlinien in einem Local Configuration Datastore (LCD, *lokaler Konfigurationsdatenspeicher*). Teile des LCD sind selbst als verwaltete Objekte zugänglich, definiert in der MIB View-based Access Control Model Configuration [RFC 3415]. Sie können daher aus der Distanz via SNMP verwaltet und verändert werden.

9.4 ASN.1

In diesem Buch haben wir eine Reihe interessanter Themen im Bereich der Computernetzwerke behandelt. Dieser Abschnitt über ASN.1 wird es nicht in die Top-Ten-Liste der interessanten Themen schaffen. Wie Gemüse sind Kenntnisse bezüglich ASN.1 und des breiteren Themas der Präsentationsdienste etwas, das „Ihnen guttut". ASN.1 ist ein von der ISO herausgegebener Standard, der in einer Reihe von Protokollen eingesetzt wird, die mit dem Internet zu tun haben, besonders im Umfeld des Netzwerkmanagements. Zum Beispiel haben wir in Abschnitt 9.3 gesehen, dass MIB-Variablen in SNMP untrennbar mit ASN.1 verbunden sind. Obwohl also das Material über ASN.1 in diesem Abschnitt ziemlich trocken sein dürfte, hoffen wir, dass uns die Leser glauben, dass dieses Material *wichtig* ist.

Um unsere folgende Diskussion zu motivieren, führen wir zunächst ein Gedankenexperiment durch. Nehmen Sie an, man könnte zuverlässig Daten aus dem Speicher eines Computers direkt in den Speicher eines weit entfernten Computers übertragen. Wäre das möglich, wäre dann das Kommunikationsproblem „gelöst"? Die Antwort auf die Frage hängt von der Definition des „Kommunikationsproblems" ab. Natürlich würde eine perfekte Speicher-zu-Speicher-Kopie die Bits und Bytes exakt von einer Maschine auf die andere übertragen. Aber bedeutet eine solche exakte Kopie der Bits und Bytes, dass eine Software, die auf dem empfangenden Rechner läuft, die Werte beim Verarbeiten genauso interpretiert wie die auf dem sendenden Computer? Die Antwort auf diese Frage lautet: „Nicht unbedingt!" Die Crux dieses Problems liegt darin, dass verschiedene Rechnerarchitekturen, verschiedene Betriebssysteme und verschiedene Compiler auch unterschiedliche Konventionen für das Speichern und Darstellen von Daten haben. Sollen Daten zwischen mehreren Computern übertragen und gespeichert werden (wie das in jedem Kommunikationsnetz der Fall ist), muss das Problem der Darstellung von Daten ganz eindeutig gelöst werden.

Als Beispiel für dieses Problem betrachten Sie den einfachen C-Code des unten stehenden Fragments. Wie würde diese Struktur im Speicher abgebildet werden?

```
struct {
   char code;
   int x;
   } test;
test.x = 259;
test.code = 'a';
```

Die linke Seite von ▶ Abbildung 9.6 zeigt ein mögliches Layout dieser Daten auf einer hypothetischen Architektur: Im Speicher gibt es ein einzelnes Byte, welches das Zeichen `a` enthält, gefolgt von einem 16-Bit-Wort, das den ganzzahligen Wert 259 enthält, wobei das höchstwertigste Byte zuerst gespeichert wird. Das Speicherlayout auf einem anderen Computer zeigt die rechte Hälfte der Abbildung 9.6. Dem Zeichen `a` folgt der ganzzahlige Wert, wobei das niedrigstwertigste Byte zuerst gespeichert wird und der 16-Bit-Integerwert so angeordnet ist, dass er an der Grenze eines 16-Bit-Speicherworts beginnt.

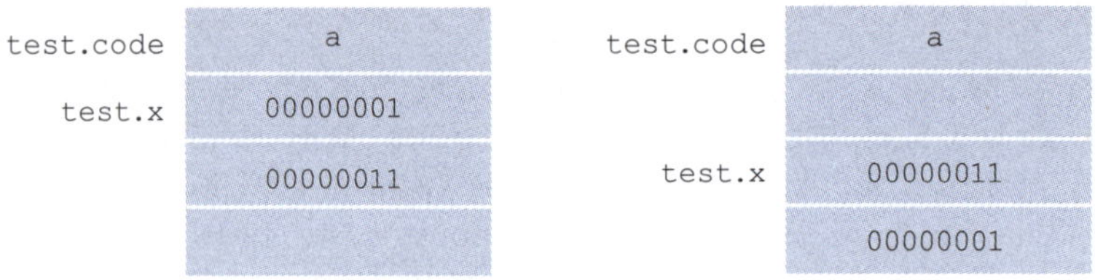

Abbildung 9.6: Zwei verschiedene Datenlayouts auf zwei unterschiedlichen Architekturen

Würde man die Speicherinhalte direkt von einem auf den anderen der beiden Computer übertragen, dann hätte man auf den beiden Computern sehr verschiedene Ergebnisse!

Die Tatsache, dass verschiedene Architekturen verschiedene interne Datenformate verwenden, ist ein großes und seit langem bestehendes Problem. Das spezielle Problem der Speicherung von Integerdaten in verschiedenen Formaten tritt so häufig auf, dass es einen Namen hat. Bei der „Big-Endian"-Anordnung des Speicherns von Integerzahlen wird das höchstwertigste Byte der Integerzahl zuerst gespeichert (an der niedrigsten Speicheradresse). Bei der „Little-Endian"-Anordnung wird das niedrigstwertigste Byte zuerst gespeichert. Sun-SPARC- und Motorola-Prozessoren gehören zu den Big-Endian-Systemen, während Intel- und DEC/Compaq-Alpha-Prozessoren die Little-Endian-Darstellung benutzen. Die Bezeichnungen „Big Endian" und „Little Endian" stammen übrigens aus dem Buch *Gullivers Reisen* von Jonathan Swift. Darin bestehen zwei Gruppen von Menschen dogmatisch darauf, eine einfache Sache auf zwei verschiedene Weisen durchzuführen: Eine Gruppe im Lande Liliput besteht darauf, ihre Eier am breiteren Ende zu öffnen (die „Big-Endians"), während die andere darauf beharrt, sie am schmaleren Ende zu öffnen (die „Little-Endians"). Dieser Unterschied war die Ursache für Rebellion und Bürgerkrieg.

Vorausgesetzt, dass verschiedene Computer Daten auf unterschiedliche Weise speichern und darstellen, wie sollten Netzwerkprotokolle das berücksichtigen? Wäre beispielsweise ein SNMP-Agent im Begriff, eine Response-Nachricht mit dem Integerwert der Anzahl empfangener UDP-Datagramme zu senden, wie sollte er den ganzzahligen Wert darstellen, der an das verwaltende System gesandt werden soll – in Big-Endian- oder in Little-Endian-Anordnung? Eine Option wäre, dass der Agent die Bytes des Integerwertes in derselben Ordnung sendet, in der sie auf dem verwaltenden System gespeichert würden. Eine andere Option wäre das Übertragen der eigenen Speicheranordnung durch den Agenten, woraufhin das empfangende System die Reihenfolge der Bytes nach Bedarf ändern kann. Beide Optionen setzen voraus, dass der Absender oder der Empfänger das Format der Integerdarstellung des jeweils anderen lernt.

Eine dritte Option besteht darin, eine maschinen-, betriebssystem- und sprachunabhängige Methode zur Beschreibung von Integerzahlen und anderen Datentypen zu nutzen (also eine Datendefinitionssprache) sowie Regeln, welche die Methode angeben, in der jeder der Datentypen über das Netzwerk gesendet werden soll. Werden Daten eines bestimmten Typs empfangen, geschieht dies in einem bekannten Format und die Daten können dann in jedem beliebigen maschinenspezifischen Format lokal abgelegt werden. Sowohl die SMI, die wir in Abschnitt 9.3 untersucht haben, als auch ASN.1 stützen sich

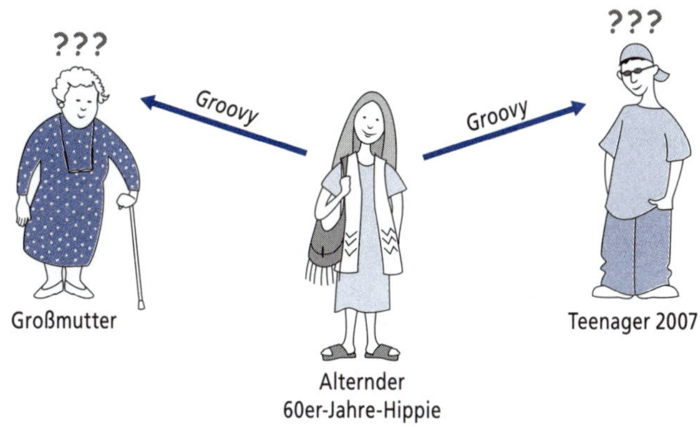

Abbildung 9.7: Das Darstellungsproblem

auf diese dritte Option. In der Sprache der ISO beschreiben diese beiden Standards einen **Präsentationsdienst** – einen Dienst zur Übertragung und Übersetzung von einem maschinenspezifischen Format in ein anderes. ▶Abbildung 9.7 erläutert ein Präsentationsproblem aus dem wirklichen Leben; keiner der Empfänger versteht die wesentliche Aussage, die übertragen wird – nämlich dass dem Sprecher etwas gefällt. Wie in ▶Abbildung 9.8 gezeigt, kann ein Präsentationsdienst dieses Problem lösen, indem er die Aussage in eine allgemein (von dem Präsentationsdienst) verstandene, personenunabhängige Sprache übersetzt, dem Empfänger diese Information zusendet und sie dort dann in eine Sprache zurückübersetzt wird, die der Empfänger versteht.

▶Tabelle 9.5 zeigt einige der in ASN.1 definierten Datentypen. Wir haben bereits die Datentypen INTEGER, OCTET STRING und OBJECT IDENTIFIER in unserer früheren Betrachtung über SMI erwähnt. Da es (glücklicherweise) nicht unser Ziel ist, eine vollständige Einführung in ASN.1 zu bieten, verweisen wir die Leser auf die Standards oder das gedruckte und online verfügbare Buch [Larmouth 1996] für eine Beschrei-

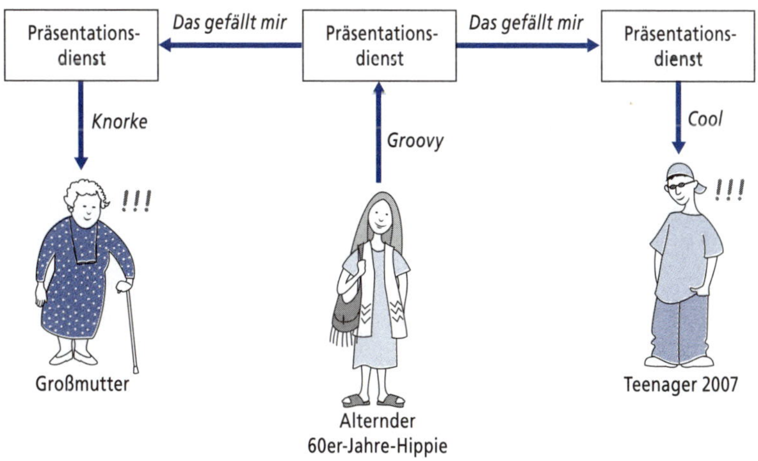

Abbildung 9.8: Die Lösung des Darstellungsproblems

Nummer	Typ	Beschreibung
1	BOOLEAN	Wert ist „wahr" oder „falsch"
2	INTEGER	Kann beliebig groß sein
3	BITSTRING	Liste von einem oder mehreren Bits
4	OCTET STRING	Liste von einem oder mehreren Bytes
5	NULL	Kein Wert
6	OBJECT IDENTIFIER	Name im ASN.1-Standardnamensbaum; Abschnitt 9.3.2
9	REAL	Gleitkomma

Tabelle 9.5: Ausgewählte ASN.1-Datentypen

bung der ASN.1-Typen und -Konstruktoren wie SEQUENCE und SET, welche die Definition strukturierter Datentypen ermöglichen.

Über die Datendefinitionssprache hinaus bietet ASN.1 auch **Basic Encoding Rules** (**BER**), die festlegen, wie Instanzen von Objekten, die mithilfe der Datendefinitionssprache von ASN.1 definiert worden sind, über das Netzwerk übertragen werden. Die BER übernimmt eine sogenannte **TLV-Methode** (**Type**, **Length**, **Value**, *Typ-Länge-Wert-Codierung*), um Daten für die Übertragung zu kodieren. Für jedes zu sendende Datenelement werden der Datentyp, die Länge des Datenelements und der Wert des Datenelements – in dieser Reihenfolge – übertragen. Durch diese einfache Konvention identifizieren sich die empfangenen Daten praktisch selbst.

▶Abbildung 9.9 zeigt, wie die beiden Datenelemente in einem einfachen Beispiel gesendet würden. In diesem Beispiel will der Absender die Zeichenkette „Smith" übertragen, gefolgt von der Dezimalzahl 259 (entsprechend 00000001 00000011 in Binärschreibweise bzw. dem Byte-Wert 1 gefolgt vom Byte-Wert 3, in Big-Endian-Anordnung). Das erste Byte im gesendeten Datenstrom hat den Wert 4 und zeigt damit, dass das folgende Datenelement ein OCTET STRING ist. Dies ist das „T" der TLV-Kodierung. Das zweite Byte im Datenstrom enthält die Länge der Bytefolge, in diesem Fall 5. Beim dritten Byte im gesendeten Datenstrom beginnt die Zeichenfolge der Länge 5. Es enthält die ASCII-Darstellung des Buchstabens *s*. Die T-, L- und V-Werte des nächsten Datenelements sind 2 (was besagt, dass nun der Typ INTEGER folgt), 2 (also hat die Ganzzahl eine Länge von 2 Byte) und schließlich die 2 Byte lange Big-Endian-Darstellung des Dezimalwertes 259.

In unserer bisherigen Diskussion haben wir nur eine kleine und einfache Untermenge von ASN.1 gestreift. Ressourcen, aus denen Sie mehr über ASN.1 lernen können, beinhalten das ASN.1-Standarddokument [ISO 1987; ISO X. 680 1998], das Online-Buch zu OSI [Larmouth 1996] und die ASN.1 betreffenden Websites [OSS 2007] und [France Telecom 2006].

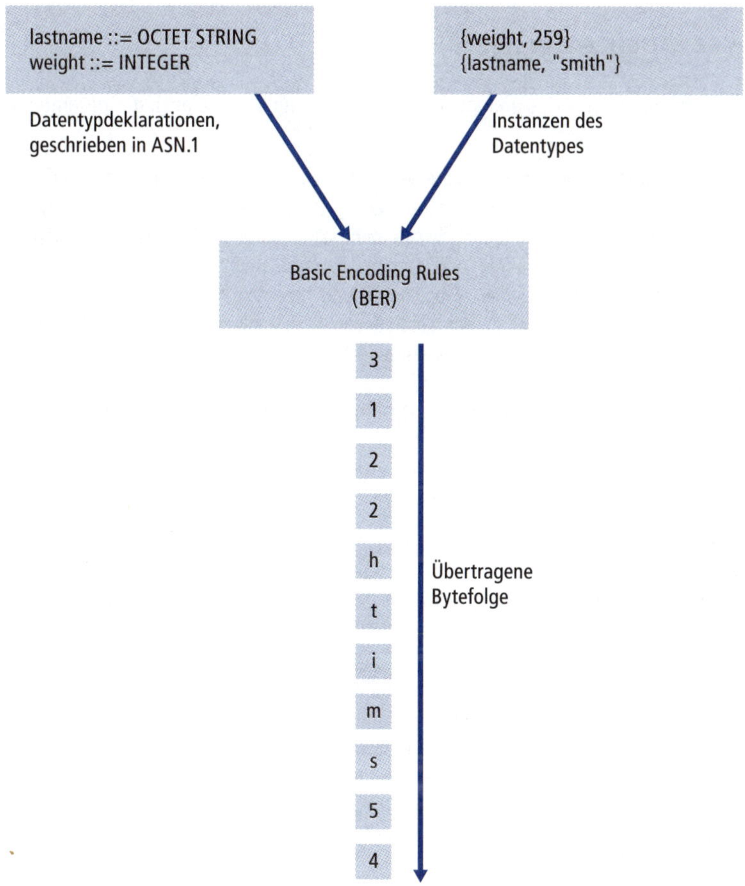

Abbildung 9.9: Beispiel für die BER-Kodierung

ZUSAMMENFASSUNG

Unsere Untersuchung des Netzwerkmanagements und damit letztlich auch des gesamten Gebietes „Netzwerke" ist nun beendet!

In diesem Schlusskapitel über Netzwerkmanagement haben wir damit begonnen, den Bedarf des Netzwerkadministrators – der Person, die das Netzwerk „am Laufen" hält – nach geeigneten Hilfsprogrammen zu motivieren, damit dieser den Betrieb des Netzwerkes überwachen, testen, abfragen, konfigurieren, analysieren, beurteilen und steuern kann. Unsere Analogien zur Verwaltung von komplexen Systemen wie Kraftwerken, Flugzeugen und menschlichen Organisationen haben dabei geholfen, diesen Bedarf zu begründen. Wir haben gesehen, dass die Architektur der Netzwerkmanagementsysteme sich in fünf wesentliche Bestandteile gliedert: (1) einen Netzwerkmanager, (2) eine Menge von Geräten, die weit weg (vom Netzwerkmanager) sind, (3) die Management Information Bases (MIB) dieser Geräte, die Daten über Status und Betrieb der Geräte enthalten, (4) Agenten auf den verwalteten Geräten, welche die MIB-Informationen weitergeben und Maßnahmen unter Kontrolle des Netzwerkmanagers ergreifen, und (5) ein Protokoll für die Kommunikation zwischen dem Netzwerkmanager und den fernen Geräten.

Danach haben wir uns in die Details des Internet-Standard Management Frameworks und insbesondere des SNMP-Protokolls vertieft. Wir haben gesehen, wie SNMP die fünf wesentlichen Bestandteile einer Netzwerkmanagementarchitektur realisiert, und wir haben beträchtliche Zeit damit zugebracht, MIB-Objekte, die SMI – die Datendefinitionssprache zum Spezifizieren von MIBs – und das SNMP-Protokoll selbst zu untersuchen. SMI und ASN.1 sind untrennbar miteinander verbunden und ASN.1 spielt eine Schlüsselrolle in der Darstellungsschicht des siebenschichtigen ISO/OSI-Referenzmodells für Netzwerksysteme. In diesem Kapitel haben wir ASN.1 kurz untersucht. Vielleicht wichtiger als die Details von ASN.1 selbst war das Erkennen der Notwendigkeit, eine Übersetzung zwischen maschinenspezifischen Datenformaten in einem Netzwerk zu bieten. Während einige Netzwerkarchitekturen die Bedeutung dieses Dienstes ausdrücklich dadurch unterstreichen, dass sie eine Darstellungsschicht vorsehen, fehlt diese im Internet-Protokollstapel.

Wir sollten auch nicht verschweigen, dass es viele Themen beim Netzwerkmanagement gibt, die wir bewusst nicht behandelt haben – Themen wie Fehlerkennung und -verwaltung, die proaktive Erkennung von Anomalien, die Alarmkorrelation und den weiten Bereich des Dienstmanagements (im Gegensatz zum Beispiel zum Netzwerkmanagement). Diese Themen sind wichtig, würden aber ein eigenständiges Buch füllen. Wir verweisen die Leser daher auf die in **Abschnitt 9.1** genannten Referenzen.

Aufgaben

Lösungshinweise

Verständnisfragen

ABSCHNITT 9.1

R1. Wie könnte ein Netzwerkverwalter von Netzwerkmanagement-Tools profitieren? Beschreiben Sie fünf Szenarien.

R2. Welche fünf Bereiche des Netzwerkmanagements werden durch die ISO definiert?

R3. Was ist der Unterschied zwischen Netzwerkmanagement und Dienstmanagement?

ABSCHNITT 9.2

R4. Definieren Sie die folgenden Begriffe: verwaltendes System, verwaltetes Gerät, Management-Agent, MIB, Netzwerkmanagementprotokoll.

ABSCHNITT 9.3

R5. Welche Rolle spielt die SMI im Netzwerkmanagement?

R6. Welchen wichtigen Unterschied gibt es zwischen einer Request-Response-Nachricht und einer Trap-Nachricht in SNMP?

R7. Welche sieben Nachrichtenarten gibt es in SNMP?

R8. Was versteht man unter einer „SNMP-Engine“?

ABSCHNITT 9.4

R9. Welchen Zweck hat der ASN.1-Objektkennzeichnungsbaum?

R10. Welche Rolle spielt ASN.1 in der Darstellungsschicht des ISO/OSI-Referenzmodells?

R11. Hat das Internet eine Darstellungsschicht? Falls nicht, wie wird den Unterschieden in den Rechnerarchitekturen – zum Beispiel der unterschiedlichen Darstellung von ganzen Zahlen auf verschiedenen Maschinen – Rechnung getragen?

R12. Was bedeutet TLV-Codierung?

Übungsaufgaben

Lösungshinweise

P1. Betrachten Sie die beiden Wege der Kommunikation zwischen einem verwaltenden System und einem verwalteten Gerät: Request-Response-Modus und Trapping. Welche Vor- und Nachteile haben die beiden Methoden hinsichtlich (1) Systemaufwand, (2) Benachrichtigungszeit beim Auftreten außergewöhnlicher Ereignisse und (3) Robustheit in Bezug auf verworfene Nachrichten zwischen dem verwaltenden System und dem verwalteten Gerät?

P2. In Abschnitt 9.3 haben wir gesagt, dass es besser ist, SNMP-Nachrichten in unzuverlässigen UDP-Datagrammen zu übertragen. Warum haben sich Ihrer Meinung nach die Entwickler von SNMP für UDP statt TCP als geeignetes Transportprotokoll für SNMP entschieden?

P3. Wie lautet der ASN.1-Objektkennzeichner für das ICMP-Protokoll (Abbildung 9.3)?

P4. Nehmen Sie an, dass Sie für eine in den USA beheimatete Firma arbeiten, die ihre eigene MIB für das Verwalten einer Produktlinie entwickeln will. An welcher Stelle des Objektkennzeichnungsbaumes (Abbildung 9.3) wäre sie registriert? (*Hinweis:* Um diese Frage zu beantworten, müssen Sie sich ein wenig in RFCs oder andere Dokumente vertiefen.)

P5. Wir haben in Abschnitt 9.3.2 erwähnt, dass ein Privatunternehmen seine eigenen MIB-Variablen unter dem `private`-Teilbaum 1.3.6.1.4.1 erstellen kann. Nehmen Sie an, dass Netscape Corp. eine MIB für ihre Webserver-Software erstellen will. Was wäre unterhalb von 1.3.6.4.1 der nächste OID-Eintrag? (Um diese Frage zu beantworten, müssen Sie [IANA 2007b] durchlesen). Suchen Sie im Web und finden Sie heraus, ob eine solche MIB für einen Netscape-Server existiert.

P6. Betrachten Sie Abbildung 9.9. Wie würde die BER-Kodierung von {weight, 276} {lastname, „Julia“} lauten?

P7. Betrachten Sie Abbildung 9.9. Wie würde die BER-Kodierung von {weight, 160} {lastname, „Child“} lauten?

Diskussion

D1. Abgesehen von einem Kraftwerk oder einem Flugzeugcockpit, was wäre eine weitere Analogie für ein komplexes verteiltes System, das gesteuert werden muss?

D2. Betrachten Sie das motivierende Szenario aus Abschnitt 9.1. Welche anderen Aktivitäten könnte ein Netzwerkadministrator überwachen wollen? Warum?

D3. Lesen Sie RFC 789. Wie hätte der Crash des ARPAnet 1980 vermieden (oder die Reparatur vereinfacht) werden können, wenn den Managern des ARPAnet die heutigen Netzwerkmanagementprogramme zur Verfügung gestanden hätten?

Interview mit Jeff Case

Jeff Case ist Gründer und Chief Technical Officer bei SNMP Research, Inc. SNMP (Simple Network Management Protocol) ist ein führender Entwickler von Internetstandards und von auf diesen Standards basierenden Produkten für das Netzwerkmanagement. Jeff besitzt zwei Bachelor- sowie zwei Master-Abschlüsse der Purdue University. Seinen Doktor machte er an der University of Illinois, Urbana-Champaign.

Warum haben Sie sich dazu entschlossen, sich auf Netzwerke zu spezialisieren?

Seit ich als Kleinkind versucht habe, Haarnadeln in Steckdosen zu bohren, fasziniert mich das Thema, Dinge zu verbinden. Das entwickelte sich während meiner Jugend zu einem Interesse an Audiogeräten weiter – ich versuchte, Verstärkersysteme für Rockbands so sehr aufzubohren, dass man mit ihnen Beton pulverisieren könnte. Während ich neben dem College als Radio- und Fernsehtechniker arbeitete (hauptsächlich an Audiogeräten), wurde ich vom Computervirus befallen und begann mich für alles zu interessieren, was digital ist, einschließlich Computerhardware und Computersoftware. Ich interessierte mich dafür, seltsame Geräte mit anderen seltsamen Geräten zu verbinden. Zuerst verband ich Peripheriegeräte mit Prozessoren. Später verband ich Systeme mit anderen Systemen. Netzwerke sind die ultimative Schnittstelle. Und heute ist das Internet das ultimative Netzwerk.

Was war Ihr erste Anstellung in der Computerindustrie? Was brachte sie mit sich?

Den größten Teil meiner ersten Berufsjahre verbrachte ich an der Purdue-University. Über kurz oder lang hatte ich nahezu jede Einführungsvorlesung im Lehrplan für Elektrotechnik- und Informatikstudenten einmal gehalten. Dies beinhaltete auch, neue Vorlesungen für die damals jungen Themen der Hard- und Software von Mikroprozessoren zu entwickeln. Während eines Semesters entwarf unsere Vorlesungsgruppe einen Computer aus Chips. Sie baute ihn im Praxisteil der Vorlesung zusammen, wobei eine Gruppe an der CPU arbeitete, eine andere am Speichersubsystem, eine weitere am Ein-/Ausgabe-Subsystem usw. Im nächsten Semester schrieben wir die Systemsoftware für die von uns aufgebaute Hardware.

Während dieser Zeit wuchs ich auch in eine Führungsrolle für die gesamte EDV am Campus hinein und war schließlich als Direktor der Dienstleistungen für die Computeranwender direkt dem Kanzler unterstellt.

Was ist der herausforderndste Teil Ihrer Arbeit?

Bei all den Neuerungen, sowohl den technischen als auch den geschäftlichen, auf dem Laufenden zu bleiben. Ich bin ein sehr technisch orientierter Manager und es wird bei den technischen Fortschritten in unserer Industrie immer schwieriger, auf dem neuesten Stand zu bleiben. Mein Aufgabenbereich verlangt zudem, dass ich auch Veränderungen in der Branche, beispielsweise Firmenzusammenschlüsse und Aufkäufe, im Auge behalte.

Was hält Ihrer Meinung nach die Zukunft für Netzwerke und das Internet bereit?

Mehr, mehr, mehr. Mehr Geschwindigkeit. Mehr Allgegenwart. Mehr Inhalte. Mehr Spannung zwischen Anarchie und Regierungen. Mehr Spam. Mehr Anti-Spam. Mehr Sicherheitsprobleme. Mehr Sicherheitslösungen. Zuletzt sollten wir auch das Unerwartete erwarten.

Welche Leute haben Sie beruflich inspiriert?

Mein verstorbener Vater, der ein erfolgreicher Geschäftsmann war; Dilbert; Dr. Vint Cerf, Dr. Jon Postel, Dr. Marshall Rose und Chuck Davin, die in der Internetindustrie bekannte Figuren sind; Bill Seifert, jetzt ein VC-Partner; Dr. Rupert Evans, mein Doktorvater; meine Frau, die mit mir in der Firma arbeitet; und zu guter Letzt Jesus.

Ich habe gelesen, dass Sie über einen bemerkenswerten Schatz von „Redewendungen" verfügen. Als Sie Informatikprofessor waren, hatten Sie da auch Redensarten für Ihre Studenten?

„Ein Beispiel ist mehr wert als zwei Bücher" (von Gauß, glaube ich).

„Manchmal gibt es eine Lücke zwischen Theorie und Praxis. Die Kluft zwischen Theorie und Praxis ist in der Theorie nicht so groß wie die Kluft zwischen Theorie und Praxis in der Praxis." (Ich habe keine Ahnung, von wem Letzteres stammt.)

Was waren die größten Hindernisse beim Erstellen von Internetstandards?

Geld. Politik. Egos. Führungsfehler.

Was ist die überraschendste Verwendung der SNMP-Technik gewesen?

Alle. Ich musste mich mit dem Internetmanagement für meine eigenen Bedürfnisse befassen. Ich brauchte einige ordentliche Hilfsprogramme, um die Netzwerkinfrastruktur meiner Organisation verwalten zu können. Der große Erfolg, der vielen anderen Leuten zu verdanken ist, die ähnliche Probleme lösen mussten, basiert auf Zufall, Glück und einer Menge schwerer Arbeit. Wichtig war, dass wir die Architektur von vornherein richtig konzipiert hatten.

Literaturverzeichnis

In das Literaturverzeichnis wurden neben Veröffentlichungen in gedruckter Form auch wichtige URLs aufgenommen. Bedauerlicherweise veralten URLs rasch. Auf der Website der englischsprachigen Originalausgabe unter http://www.awl.com/kurose-ross ist daher eine regelmäßig aktualisierte Bibliographie erhältlich.

Hinweis zu Internet Request for Comments (RFCs): Internet-RFCs werden auf verschiedenen Websites angeboten. Die in diesem Literaturverzeichnis angegebenen URLs zu RFCs führen alle zum RFC-Archiv des Information Science Institute (ISI), das von der Internet Society gepflegt wird. Weitere RFC-Sites sind: http://www.faqs.org/rfcs, http://www.pasteur.fr/other/computer/RFC (in Frankreich) und http://www.csl.sony.co.jp/rfc/ (in Japan).

Internet-RFCs können durch andere RFCs aktualisiert und revidiert werden. Wir raten daher dem Leser, die oben angegebenen Websites regelmäßig zu besuchen, um die jeweils aktuellsten Informationen zu erhalten. Die Suchmaschine von ISI unter http://www.rfc-editor.oprg/rfcsearch.html ermöglicht die Suche nach konkreten RFCs und liefert Updates.

[3Com Addressing 2007] 3Com Corp., „White paper: Understanding IP addressing: Everything you ever wanted to know," http://www.3com.com/other/pdfs/infra/corpinfo/en_US/501302.pdf

[3GPP 2007] Third Generation Partnership Project homepage, http://www.3gpp.org/

[802.11 Security 2007] The Unofficial 802.11 Security Web Page, http://www.drizzle.com/~aboba/IEEE/

[Abitz 1993] P. Albitz and C. Liu, *DNS and BIND*, O'Reilly & Associates, Petaluma, CA, 1993.

[Abramson 1970] N. Abramson, „The Aloha System – Another Alternative for Computer Communications," *Proc. 1970 Fall Joint Computer Conference, AFIPS Conference*, S. 37, 1970.

[Abramson 1985] N. Abramson, „Development of the Alohanet," *IEEE Transactions on Information Theory*, Vol. IT-31, No. 3 (Mar. 1985), S. 119–123.

[Ahn 1995] J. S. Ahn, P. B. Danzig, Z. Liu, and Y. Yan, „Experience with TCP Vegas: Emulation and Experiment," *Proc. 1995 ACM SIGCOMM* (Boston, MA, Aug. 1995), S. 185–195.

[Akamai 2007] Akamai homepage, http://www.akamai.com.

[Akella 2003] A. Akella, S. Seshan, A. Shaikh; „An empirical Evaluation of Wide-area Internet Bottlenecks," *Proc. 2003 ACM Internet Measurement Conf.* (Miami FL, Nov. 2003).

[Alvestrand 1997] H. Alvestrand, „Object Identifier Registry,“ http://www.alvestrand.no/harald/objectid/top.html

[Anderson 1995] J. B. Andersen, T. S. Rappaport, S. Yoshida, „Propagation Measurements and Models for Wireless Communications Channels,“ *IEEE Communications Magazine*, (Jan. 1995), S. 42–49.

[Appenzeller 2004] G. Appenzeller, I. Keslassy, N. McKeown, „Sizing Router Buffers,“ *Proc. 2004 ACM SIGCOMM* (Portland, OR, Aug. 2004).

[Aprisma 2007] Aprisma homepage, http://www.aprisma.com/

[ARIN 1996] ARIN, „IP allocation report,“ ftp://rs.arin.net/netinfo/ip_network_allocations

[Ash 1998] G. R. Ash, *Dynamic Routing in Telecommunications Networks*, McGraw Hill, NY, NY, 1998.

[ASO-ICANN 2007] The Address Supporting Organization home page, http://www.aso .icann.org

[AT&T SLM 2006] AT&T Business, „AT&T Enterprise Hosting Services Service Guide,“ http://www.att.com/abs/serviceguide/docs/eh_sg.pdf

[Atheros 2006] Atheros Communications Inc. „Atheros AR5006 WLAN Chipset Product Bulletins,“ http://www.atheros.com/pt/AR5006Bulletins.htm

[Ayanoglu 1995] E. Ayanoglu, S. Paul, T. F. La Porta, K. K. Sabnani, R. D. Gitlin, „AIRMAIL: A Link-Layer Protocol for Wireless Networks,“ *ACM ACM/Baltzer Wireless Networks Journal*, 1: 47–60, Feb. 1995.

[Bakre 1995] A. Bakre, B. R. Badrinath, „I-TCP: Indirect TCP for Mobile Hosts,“ *Proc. 1995 Int. Conf. on Distributed Computing Systems (ICDCS)*, May 1995, S. 136–143.

[Balakrishnan 1997] H. Balakrishnan, V. Padmanabhan, S. Seshan, R. Katz, „A Comparison of Mechanisms for Improving TCP Performance Over Wireless Links,“ *IEEE/ACM Transactions on Networking* Vol. 5, No. 6 (Dec. 1997),

[Baran 1964] P. Baran, „On Distributed Communication Networks,“ *IEEE Transactions on Communication Systems*, Mar. 1964. Rand Corporation Technical report with the same title (Memorandum RM-3420-PR, 1964). http://www.rand.org/publications/RM/RM3420/

[Bardwell 2007] J. Bardwell, „You Believe You Understand What You Think I Said… The Truth About 802.11 Signal And Noise Metrics: A Discussion Clarifying Often-Misused 802.11 WLAN Terminologies,“ http://madwifi.org/attachment/wiki/UserDocs/RSSI/you_believe_D100201.pdf?format=raw

[Baset 2006] S. A. Basset and H. Schulzrinne, „An analysis of the Skype peer-to-peer Internet Telephony Protocol,“ *Proc. 2006 IEEE Infocom* (Barcelona, Spain, Apr. 2006).

[BBC 2001] BBC news online „A Small Slice of Design," Apr. 2001, http://news.bbc.co.uk/2/hi/science/nature/1264205.stm

[BBC Multicast 2007] BB, „BBC Multicast Trial" http://support.bbc.co.uk/multicast/

[Bender 2000] P. Bender, P. Black, M. Grob, R. Padovani, N. Sindhushayana, A. Viterbi, „CDMA/HDR: A bandwidth-efficient high-speed wireless data service for nomadic users," *IEEE Commun. Mag.*, Vol. 38, No. 7 (July 2000) S.70–77.

[Berners-Lee 1989] T. Berners-Lee, CERN, „Information Management: A Proposal," Mar. 1989, May 1990. http://www.w3.org/History/1989/proposal.html

[Berners-Lee 1994] T. Berners-Lee, R. Cailliau, A. Luotonen, H. Frystyk Nielsen, A. Secret, „The World-Wide Web," *Communications of the ACM*, Vol. 37, No. 8 (Aug. 1994), S. 76–82.

[Bernstein 2007] D. Bernstein, „SYN Cookies," http://cr.yp.to/syncookies.html

[Bertsekas 1991] D. Bertsekas, R. Gallagher, *Data Networks, 2nd Ed.*, Prentice Hall, Englewood Cliffs, NJ, 1991.

[Bhimani 1996] A. Bhimani: „Securing the Commercial Internet," *Communications of the ACM*, Vol. 39 No. 6 (Mar. 1996), S. 29–35.

[Biddle 2003] P. Biddle, P. England, M. Peinado, B. Willman, „The Darknet and the Future of Content Distribution," *2002 ACM Workshop on Digital Rights Management*, (Nov. 2002, Washington, D.C.) http://crypto.stanford.edu/DRM2002/darknet5.doc

[Biersack 1992] E. W. Biersack, „Performance evaluation of forward error correction in ATM networks," *Proc. 1999 ACM SIGCOMM* (Baltimore, MD, Aug. 1992), S. 248–257.

[BIND 2007] Internet Software Consortium page on BIND, http://www.isc.org/bind.html

[Bisdikian 2001] C. Bisdikian, „An Overview of the Bluetooth Wireless Technology," *IEEE Communications Magazine*, No. 12 (Dec. 2001), S. 86–94.

[Bishop 2003] M. Bishop, *Computer Security: Art and Science*, Boston: Addison Wesley, Boston MA, 2003

[BitTorrent 2007] BitTorrent.org homepage, http://www.bittorrent.org

[Black 1995] U. Black, *ATM Volume I: Foundation for Broadband Networks*, Prentice Hall, 1995.

[Black 1997] U. Black, ATM, Volume II: Signaling in Broadband Networks, Prentice Hall, 1997.

[Blumenthal 2001] M. Blumenthal, D. Clark, „Rethinking the Design of the Internet: the End-to-end Arguments vs. the Brave New World," *ACM Transactions on Internet Technology*, Vol. 1, No. 1 (August 2001) S. 70–109.

[Bochman 1984] G. V. Bochmann, C. A. Sunshine, „Formal methods in communication protocol design," *IEEE Transactions on Communications*, Vol. 28, No. 4 (Apr. 1980), S. 624–631.

[Bolot 1994] J-C. Bolot, T. Turletti, „A rate control scheme for packet video in the Internet," *Proc. 1994 IEEE Infocom*, S. 1216–1223.

[Bolot 1996] J-C. Bolot, A. Vega-Garcia, „Control Mechanisms for Packet Audio in the Internet," *Proc. 1996 IEEE Infocom*, S. 232–239. ftp://ftp-sop.inria.fr/rodeo/bolot/96.Audio_ctl.ps.gz

[Bradner 1996] S. Bradner, A. Mankin, *IPng: Internet Protocol Next Generation*, Addison-Wesley, Reading, MA, 1996.

[Brakmo 1995] L. Brakmo, L. Peterson, „TCP Vegas: End to End Congestion Avoidance on a Global Internet," *IEEE Journal of Selected Areas in Communications*, Vol. 13, No. 8, S. 1465–1480, Oct. 1995.

[Breslau 2000] L. Breslau, E. Knightly, S. Shenker, I. Stoica, H. Zhang, „Endpoint Admission Control: Architectural Issues and Performance," *Proc. 2000 ACM SIGCOMM* (Stockholm, Sweden, Aug. 2000).

[Brodnik 1997] A. Brodnik, S. Carlsson, M. Degemark, S. Pink, „Small Forwarding Tables for Fast Routing Lookups," *Proc. 1997 ACM SIGCOMM* (Cannes, France, Oct. 1997), S. 3–15.

[Bush 1945] V. Bush, „As We May Think," *The Atlantic Monthly*, July 1945. http://www.theatlantic.com/unbound/flashbks/computer/bushf.htm

[Byers 1998] J. Byers, M. Luby, M. Mitzenmacher, A Rege, „A digital fountain approach to reliable distribution of bulk data," *Proc. 1998 ACM SIGCOMM* (Vancouver, Canada, Aug. 1998), S. 56–67.

[Cablelabs 2007] CableLabs homepage, http://www.cablelabs.com

[CacheLogic 2007] CacheLogic homepage, http://www.cachelogic.com

[Caesar 2005] M. Caesar, J. Rexford, „BGP Routing Policies in ISP Networks," *IEEE Network Magazine*, vol. 19, no. 6 (Nov. 2005).

[Caldwell 2007] C. Caldwell, „The Prime Pages," http://www.utm.edu/research/primes/prove

[Cardwell 2000] N. Cardwell, S. Savage, T. Anderson, „Modeling TCP Latency," *Proc. 2000 IEEE Infocom*, (Tel-Aviv, Israel, Mar. 2000).

[CASA 2007] Center for Collaborative Adaptive Sensing of the Atmosphere, http://www.casa.umass.edu

[Casner 1992] S. Casner, S. Deering, „First IETF Internet Audiocast," *ACM SIGCOMM Computer Communications Review*, Vol. 22, No. 3 (July 1992), S. 92–97.

[Ceiva 2007] Ceiva homepage, http://www.ceiva.com/

[CENS 2007] Center for Embedded Network Sensing, http://www.cens.ucla.edu/

[Cerf 1974] V. Cerf and R. Kahn, „A Protocol for Packet Network Interconnection," *IEEE Transactions on Communications Technology*, Vol. COM-22, No. 5, S. 627–641.

[CERT 2001–09] CERT, „Advisory 2001–09: Statistical Weaknesses in TCP/IP Initial Sequence Numbers," http://www.cert.org/advisories/CA-2001-09.html

[CERT 2003–04] CERT, „CERT Advisory CA-2003-04 MS-SQL Server Worm," http://www.cert.org/advisories/CA-2003-04.html

[CERT 2007] CERT Coordination Center, http://www.cert.org/advisories

[CERT Filtering 2007] CERT, „Packet Filtering for Firewall Systems," http://www.cert.org/tech_tips/packet_filtering.html

[Cert SYN 1996] CERT, „Advisory CA-96.21: TCP SYN Flooding and IP Spoofing Attacks," http://www.cert.org/advisories/CA-1998-01.html

[Chao 2001] H. J. Chao, C. Lam, E. Oki, Broadband Packet Switching Technologies – A Practical Guide to ATM Switches and IP Routers, John Wiley & Sons, 2001.

[Chen 2000] G. Chen, D. Kotz, „A Survey of Context-Aware Mobile Computing Research," *Technical Report TR2000-381*, Dept. of Computer Science, Dartmouth College, Nov. 2000. http://www.cs.dartmouth.edu/~dfk/papers/chen:survey-tr.pdf

[Chen 2006] K.-T. Chen, C.-Y. Huang, P. Huang, C.-L. Lei, „Quantifying Skype User Satisfaction," *Proc. 2006 ACM SIGCOMM* (Pisa, Italy, Sept. 2006).

[Cheswick 2000] B. Cheswick, H. Burch, S. Branigan, „Mapping and Visualizing the Internet," *Proc. 2000 Usenix Conference* (June 2000, San Diego)

[Chiu 1989] D. Chiu, R. Jain, „Analysis of the Increase and Decrease Algorithms for Congestion Avoidance in Computer Networks," *Computer Networks and ISDN Systems*, Vol. 17, No. 1, S. 1–14. http://www.cis.ohio-state.edu/~jain/papers/cong_av.htm

[Christiansen 2001] M. Christiansen, K. Jeffay, D. Ott, F. D. Smith, „Tuning Red for Web Traffic," *IEEE/ACM Transactions on Networking*, Vol. 9, No. 3 (June 2001), S. 249–264.

[Chuang 2005] S. Chuang, S. Iyer, N. McKeown, „Practical Algorithms for Performance Guarantees in Buffered Crossbars," *Proc. 2005 IEEE Infocom.*

[Cicconetti] C. Cicconetti, L. Lenzini, A. Mingozi, K. Eklund, „Quality of Service Support in 802.16 Networks," *IEEE Network Magazine*, Mar./Apr. 2006, S. 50–55.

[Cisco 12000 2007] Cisco Systems Inc., „Cisco XR 12000 Series and Cisco 12000 Series Routers," http://www.cisco.com/en/US/products/hw/routers/ps167/products_data_sheet0900aecd8027c8dd.html

[Cisco 8500 2007] Cisco Systems Inc., „Catalyst 8500 Campus Switch Router Architecture," http://www.cisco.com/univercd/cc/td/doc/product/l3sw/8540/rel_12_0/w5_6f/softcnfg/1cfg8500.pdf

[Cisco NAT 2007] Cisco Systems Inc., „How NAT Works," http://www.cisco.com/warp/public/556/nat-cisco.shtml

[Cisco NAPA 2007] Cisco Systems Inc., „Cisco Network Application Performance Analysis (NAPA) Solution," http://www.cisco.com/en/US/products/sw/netmgtsw/index.html

[Cisco QoS 2007] Cisco Systems Inc., „Advanced QoS Services for the Intelligent Internet," http://www.cisco.com/warp/public/cc/pd/iosw/ioft/ioqo/tech/qos_wp.htm

[Cisco Queue 2007] Cisco Systems Inc., „Interface Queue Management," http://www.cisco.com/warp/public/614/16.html

[Cisco Security 2007] Cisco Systems Inc., „Why You Need a Firewall," http://www.cisco.com/en/US/products/sw/secursw/ps743/products_user_guide_chapter09186a008007f303.html

[Cisco Switches 2007] Cisco Systems Inc, „Cisco Catalyst 1900/2820 – Affordable Switching Solutions" http://www.cisco.com/warp/public/cc/pd/si/index.shtml

[Cisco SYN 2007] Cisco Systems Inc., „Defining Strategies to Protect Against TCP SYN Denial of Service Attacks," http://cio.cisco.com/warp/public/707/4.html#tcpsyn

[Clark 1988] D. Clark, „The Design Philosophy of the DARPA Internet Protocols," *Proc. 1988 ACM SIGCOMM* (Stanford, CA, Aug. 1988), http://www.acm.org/sigcomm/ccr/archive/1995/jan95/ccr-9501-clark.html

[Clarke 2002] I. Clarke, T. W. Hong, S. G. Miller, O. Sandberg, B. Wiley, „Protecting Free Expression Online with Freenet," *IEEE Internet Computing*, Jan.–Feb. 2002, S. 40–49.

[Cohen 1977] D. Cohen, „Issues in Transnet Packetized Voice Communication," *Proc. Fifth Data Communications Symposium*, (Snowbird, Utah, Sept. 1977) S. 6–13.

[Cohen 2003] B. Cohen, „Incentives to Build Robustness in BitTorrent," *First Workshop on the Economics of Peer-to-Peer Systems*, Berkeley, CA, June 2003.

[Cookie Central 2007] Cookie Central homepage, http://www.cookiecentral.com

[CoolStreaming 2005] X. Zhang, J. Liu, J., B. Li, and T.-S. P. Yum, „CoolStreamingDONet/: A Data-driven Overlay Network for Peer-to-Peer Live Media Streaming," *Proc. IEEE INFOCOM*, (March 2005, Miami FL).

[Cormen 2001] T. H. Cormen, *Introduction to Algorithms, 2nd Ed.*, MIT Press, Cambridge, MA, 2001.

[Crow 1997] B. Crow, I. Widjaja, J. Kim, P. Sakai, „IEEE 802.11 Wireless Local Area Networks," *IEEE Communications Magazine*, Sept. 1997, S. 116–126.

[Crowcroft 1995] J. Crowcroft, Z. Wang, A. Smith, J. Adams, „A Comparison of the IETF and ATM Service Models,“ *IEEE Communications Magazine*, Nov./Dec. 1995, S. 12–16.

[Crowcroft 1999] J. Crowcroft, M. Handley, I. Wakeman, *Internetworking Multimedia*, Morgan-Kaufman, San Francisco, 1999.

[Culler 2004] D. Culler, D. Estrin, M. Srivastava, „Overview of Sensor Networks,“ *IEEE Computer*, Vol. 37, No. 8, S. 41–49, Aug. 2004.

[Cusumano 1998] M. A. Cusumano, D. B. Yoffie, *Competing on Internet Time: Lessons from Netscape and its Battle with Microsoft*, Free Press, NY, NY, 1998.

[Daigle 1991] J. N. Daigle, *Queuing Theory for Telecommunications*, Addison-Wesley, Reading, MA, 1991.

[Dalal 1978] Y. Dalal, R. Metcalfe, „Reverse Path Forwarding of Broadcast Packets,“ *Communications of the ACM*, Vol. 21, No. 12, (Dec. 1978), S. 1040–1048.

[Davie 2000] B. Davie and Y. Rekhter, *MPLS: Technology and Applications*, Morgan Kaufmann Series in Networking, 2000.

[Davies 2004] G. Davies, F. Kelly, „Network Dimensioning, Service Costing, and Pricing in a Packet-switched Environment,“ *Telecommunications Policy*, Vol. 28 (no. 4), S. 391–412.

[DEC 1990] Digital Equipment Corporation, „In Memoriam: J. C. R. Licklider 1915–1990,“ SRC Research Report 61, Aug. 1990. http://www.memex.org/licklider.pdf

[DeClercq 2002] J. DeClercq, O. Paridaens, „Scalability Implications of Virtual Private Networks,“ *IEEE Communications Magazine*, Vol. 40, No. 5 (May 2002), S. 151–157.

[Demers 1990] A. Demers, S. Keshav, S. Shenker, „Analysis and Simulation of a Fair Queuing Algorithm,“ *Internetworking: Research and Experience*, Vol. 1, No. 1, 1990, S. 3–26.

[Denning 1997] D. Denning (Editor), P. Denning (Preface), *Internet Besieged: Countering Cyberspace Scofflaws*, Addison-Wesley, Reading, MA, 1997.

[dhc 2007] IETF Dynamic Host Configuration working group homepage, http://www.ietf.org/html.charters/dhc-charter.html

[Diffie 1998] W. Diffie, S. Landau, *Privacy on the Line, the Politics of Wiretapping and Encryption*, MIT Press, Cambridge MA, 1998.

[Diggavi 2004] S. N. Diggavi, N. Al-Dhahir, A. Stamoulis, R. Calderbank, „Great Expectations: The Value of Spatial Diversity in Wireless Networks,“ *Proceedings of the IEEE*, vol. 92, no. 2, Feb 2004.

[Diot 2000] C. Diot, B. N. Levine, B. Lyles, H. Kassem, D. Balensiefen, „Deployment Issues for the IP Multicast Service and Architecture,“ *IEEE Network*, Vol. 14, No. 1 (Jan./Feb. 2000), S. 78–88.

[Dodge 2007] M. Dodge, „An Atlas of Cyberspaces," http://www.cybergeography.org/atlas/isp_maps.html

[Donahoo 2001] M. Donahoo, K. Calvert, *TCP/IP Sockets in C: Practical Guide for Programmers*, Morgan Kaufman, 2001.

[Doucer 2002] J. R. Douceur, „The Sybil Attack," *First International Workshop on Peer-to-Peer Systems (IPTPS '02)* (Cambridge, MA, Mar. 2002).

[Droms 1999] R. Droms, T. Lemon, *The DHCP Handbook*, Macmillan Technical Publishing, Indianapolis, IN, 1999.

[DSL 2007] DSL Forum homepage, http://www.dslforum.org/

[Edney 2003] J. Edney and W. A. Arbaugh, *Real 802.11 Security: Wi-Fi Protected Access and 802.11i*, Addison-Wesley Professional, 2003.

[Eklund 2002] K. Eklund, R. Marks, K. Stanswood, S. Wang, „IEEE Standard 802.16: A Technical Overview of the Wireless MAN Air Interface for Broadband Wireless Access," *IEEE Communications Magazine*, June 2002, S. 98–107.

[Ellis 1987] H. Ellis, „The Story of Non-Secret Encryption," http://www.cesg.gov.uk/site/publications/media/ellis.pdf

[Ericsson 2007] Ericsson, „EDGE: Introduction of High-Speed Data in GSM/GPRS Networks." http://www.ericsson.com/products/white_papers_pdf/edge_wp_technical.pdf

[ESM 2007] End System Multicast homepage, http://esm.cs.cmu.edu/

[Estrin 1997] D. Estrin, M. Handley, A. Helmy, P. Huang, D. Thaler, „A Dynamic Bootstrap Mechanism for Rendezvous-based Multicast Routing," *Proceedings of IEEE Infocom '98*, (New York, NY, April 1998).

[Ethereal 2007] Ethereal homepage, http://www.ethereal.com

[Faloutsos 1999] C. Faloutsos, M. Faloutsos, P. Faloutsos, „What Does the Internet Look Like? Empirical Laws of the Internet Topology," *Proc. 1999 ACM SIGCOMM* (Boston, MA, Aug. 1999).

[Feamster 2004] N. Feamster, J. Winick, J. Rexford, „A Model for BGP Routing for Network Engineering," *Proc. 2004 ACM SIGMETRICS*, (NY, NY, June 2004).

[Feldmeier 1988] D. Feldmeier, „Improving Gateway Performance with a Routing Table Cache," *Proc. 1988 IEEE Infocom* (New Orleans LA, Mar. 1988).

[Feldmeier 1995] D. Feldmeier, „Fast Software Implementation of Error Detection Codes," *IEEE/ACM Transactions on Networking*, Vol. 3, No. 6 (Dec. 1995), S. 640–652.

[FIPS 1995] Federal Information Processing Standard, „Secure Hash Standard," FIPS Publication 180-1. http://www.itl.nist.gov/fipspubs/fip180-1.htm

[Floyd 1999] S. Floyd, K. Fall, „Promoting the Use of End-to-End Congestion Control in the Internet," *IEEE/ACM Transactions on Networking*, Vol. 6, No. 5 (Oct. 1998), S. 458–472.

[Floyd 2000] S. Floyd, M. Handley, J. Padhye, J. Widmer, „Equation-Based Congestion Control for Unicast Applications," *Proc. 2000 ACM SIGCOMM* (Stockholm, Sweden, Aug. 2000).

[Floyd 2001] S. Floyd, „A Report on Some Recent Developments in TCP Congestion Control," *IEEE Communications Magazine* (Apr. 2001),

[Floyd 2007] S. Floyd, „References on RED (Random Early Detection) Queue Management," http://www.icir.org/floyd/red.html

[Floyd Synchronization 1994] S. Floyd, V. Jacobson, „Synchronization of Periodic Routing Messages," *IEEE/ACM Transactions on Networking*, Vol. 2, No. 2 (Apr. 1997), S. 122–136.

[Floyd TCP 1994] S. Floyd, „TCP and Explicit Congestion Notification," *ACM SIGCOMM Computer Communications Review*, Vol. 24, No. 5, S. 10–23, Oct. 1994.

[Fluhrer 2001] S. Fluhrer, I. Mantin, A. Shamir, „Weaknesses in the Key Scheduling Algorithm of RC4," *Eighth Annual Workshop on Selected Areas in Cryptography*, (Toronto, Canada, Aug. 2002).

[Fortz 2000] B. Fortz, M. Thorup, „Internet Traffic Engineering by Optimizing OSPF Weights," *Proc. 2000 IEEE Infocom.* (Tel Aviv, Israel, Apr. 2000).

[Fortz 2002] B. Fortz, J. Rexford, M. Thorup, „Traffic Engineering with Traditional IP Routing Protocols," *IEEE Communication Magazine*, Oct. 2002.

[Foster 2002] I. Foster, „The Grid: A New Infrastructure for 21st Century Science," *Physics Today*, 55(2):42–47, 2002.

[Fraleigh 2003] C. Fraleigh, T. Tobagi, C. Diot, „Provisioning IP backbone Networks to Support Latency Sensitive Traffic," *Proc. IEEE Infocom Conference*, (San Francisco, March 2003).

[France Telecom 2006] Object Identifier (OID) repository, http://asn1.elibel.tm.fr/oid/

[Fraleigh 2003] C. Fraleigh, F. Tobagi, C. Diot, „Provisioning IP Backbone Networks to Support Latency Sensitive Traffic," *Proc. 2003 IEEE Infocom* (San Francisco, CA, Mar. 2003).

[Friedman 1999] T. Friedman, D. Towsley „Multicast Session Membership Size Estimation," *Proc. 1999 IEEE Infocom* (New York, USA, Mar. 1999)

[Frost 1994] J. Frost, „BSD Sockets: A Quick and Dirty Primer," http://world.std.com/~jimf/papers/sockets/sockets.html

[Gallagher 1983] R. G. Gallagher, P. A. Humblet, P. M. Spira, „A Distributed Algorithm for Minimum Weight-Spanning Trees," *ACM Trans. on Programming Languages and Systems*, 1(5), (Jan. 1983), S. 66–77.

[Gao 2001] L. Gao, J. Rexford, „Stable Internet Routing Without Global Coordination," *IEEE/ACM Trans. Networking*, Vol. 9, No. 6 (Dec. 2001), S. 681–692.

[Garces-Erce 2003] L. Garces-Erce, K. W. Ross, E. Biersack, P. Felber, G. Urvoy-Keller, „TOPLUS: Topology Centric Lookup Service," *Fifth Int. Workshop on Networked Group Communications (NGC 2003)*, (Munich, Sept. 2003) http://cis.poly.edu/~ross/papers/TOPLUS.pdf

[Gartner 2003] F. C. Gartner, „A Survey of Self-Stabilizing Spanning-Tree Construction Algorithms," *Technical Report IC/2003/38*, Swiss Federal Institute of Technology (EPFL), School of Computer and Communication Sciences, June 10, 2003. http://ic2.epfl.ch/publications/documents/IC_TECH_REPORT_200338.pdf.

[Gauthier 1999] L. Gauthier, C. Diot, and J. Kurose, „End-to-end Transmission Control Mechanisms for Multiparty Interactive Applications on the Internet," *Proc. 1999 IEEE Infocom* (New York, NY, Apr. 1999).

[Giacopelli 1990] J. Giacopelli, M. Littlewood, W. D. Sincoskie „Sunshine: A high performance self-routing broadband packet switch architecture," *1990 International Switching Symposium.* An extended version of this paper appeared in *IEEE J. Selected. Areas in Communications*, Vol. 9, No. 8 (Oct. 1991), S. 1289–1298.

[Gill 2005] V. Gill, „Abstract: Design Decisions and Architecture Analysis of a Global 10G Backbone," *NANOG 34*, http://www.nanog.org/mtg-0505/gill.html

[Girard 1990] A. Girard, *Routing and Dimensioning in Circuit-Switched Networks*, Addison-Wesley, Reading, MA, 1990.

[Glitho 1995] R. Glitho, S. Hayes (eds.), special issue on Telecommunications Management Network, *IEEE Communications Magazine*, Vol. 33, No. 3 (Mar. 1995).

[Glitho 1998] R. Glitho, „Contrasting OSI Systems Management to SNMP and TMN," *Journal of Network and Systems Management*, Vol. 6, No. 2 (June 1998), S. 113–131.

[Gnutella 2007] „The Gnutella Protocol Specification, v0.4" http://www9.limewire.com/developer/gnutella_protocol_0.4.pdf

[Goodman 1997] David J. Goodman, *Wireless Personal Communications Systems*, Prentice-Hall, 1997.

[Goralski 1999] W. Goralski, *Frame Relay for High-Speed Networks*, John Wiley, New York, 1999.

[Goralski 2001] W. Goralski, *Optical Networking and WDM*, Osborne/McGraw-Hill, Berkeley, CA, 2001.

[Griffin 2002] T. Griffin, „Interdomain Routing Links," http://www.research.att.com/~griffin/interdomain.html

[Guha 2006] S. Guha, N. Daswani, R. Jain, „An Experimental Study of the Skype Peer-to-Peer VoIP System," *Proc. Fifth Int. Workshop on P2P Systems*, (Santa Barbara, CA, 2006).

[Gupta 1998] P. Gupta, S. Lin, N. McKeown. „Routing lookups in hardware at memory access speeds," *Proc. 1998 IEEE Infocom* (San Francisco, CA, Apr. 1998), S. 1241–1248.

[Gupta 2001] P. Gupta, N. McKeown, „Algorithms for Packet Classification," *IEEE Network Magazine*, Vol. 15, No. 2 (Mar./Apr. 2001), S. 24–32.

[Hain 2005] T. Hain, „A Pragmatic Report on IPv4 Address Space Consumption," *Internet Protocol Journal*, Vol. 8, No. 3.

[Halabi 2000] S. Halabi, *Internet Routing Architectures, 2nd Ed.*, Cisco Press, 2000.

[Hamada 1997] T. Hamada, H. Kamata, S. Hogg, „An Overview of the TINA Management Architecture," *Journal of Network and Systems Management*, Vol. 5. No. 4 (Dec. 1997). S. 411–435.

[Heidemann 1997] J. Heidemann, K. Obraczka, J. Touch, „Modeling the Performance of HTTP over Several Transport Protocols," *IEEE/ACM Transactions on Networking*, Vol. 5, No. 5 (Oct. 1997), S. 616–630.

[Held 2001] G. Held, *Data Over Wireless Networks: Bluetooth, WAP, and Wireless LANs*, McGraw-Hill, 2001.

[Hersent 2000] O. Hersent, D. Gurle, J-P. Petit, *IP Telephony: Packet-Based Multimedia Communication Systems*, Pearson Education Limited, Edinburgh, 2000.

[Hinden 2007] R. Hinden, „IP Next Generation (IP ng)," http://playground.sun.com/pub/ipng/html/ipng-main.html

[Holland 2001] G. Holland, N. Vaidya, V. Bahl, „A Rate-Adaptive MAC Protocol for Multi-Hop Wireless Networks," *Proc. 2001 ACM Int. Conference of Mobile Computing and Networking (Mobicom01)*, (Rome, Italy, July 2001).

[Hollot 2002] C. V. Hollot, V. Misra, D. Towsley, W. Gong, „Analysis and design of controllers for AQM routers supporting TCP flows," *IEEE Transactions on Automatic Control*, Vol. 47, No. 6 (June 2002), S. 945–959.

[Huang 2002] C. Haung, V. Sharma, K. Owens, V. Makam, „Building Reliable MPLS Networks Using a Path Protection Mechanism," *IEEE Communications Magazine*, Vol. 40, No. 3 (Mar. 2002), S. 156–162.

[Huang 2005] Y. Huang, R. Guerin, „Does Over-Provisioning Become More or Less Efficient as Networks Grow Larger?," *Proc. IEEE Int. Conf. Network Protocols (ICNP)*, (Boston MA, November 2005).

[Huitema 1998] C. Huitema, *IPv6: The New Internet Protocol, 2nd Ed.*, Prentice Hall, Englewood Cliffs, NJ, 1998.

[Huston 1999a] G. Huston, „Interconnection, Peering, and Settlements – Part I," *The Internet Protocol Journal*, Vol. 2, No. 1, (Mar. 1999).

[Huston 2001] G. Huston, „Analyzing the Internet BGP Routing Table," *The Internet Protocol Journal*, Vol. 4, No. 1 (Mar. 2001).

[Huston 2004] G. Huston, „NAT Anatomy: A Look Inside Network Address Translators," *The Internet Protocol Journal*, Volume 7, Number 3 (Sept. 2004).

[IAB 2007] Internet Architecture Board homepage, http://www.iab.org/iab/

[IANA 2007] Internet Assigned Number Authority homepage, http://www.iana.org/

[IANA 2007b] Internet Assigned Number Authority, „Private Enterprise Numbers," http://www.iana.org/assignments/enterprise-numbers

[ICANN 2007] The Internet Corporation for Assigned Names and Numbers homepage, http://www.icann.org

[IEC Optical 2007] IEC Online Education, „Optical Access," http://www.iec.org/online/tutorials/opt_acc/

[IEEE 802 2007] IEEE 802 LAN/MAN Standards Committee homepage, http://www.ieee802.org/

[IEEE 802.11 1999] IEEE 802.11, 1999 Edition (ISO/IEC 8802-11: 1999) IEEE Standards for Information Technology – Telecommunications and Information Exchange Between Systems – Local and Metropolitan Area Network – Specific Requirements – Part 11: Wireless LAN Medium Access Control (MAC) and Physical Layer (PHY) Specification, http://standards.ieee.org/getieee802/download/802.11-1999.pdf

[IEEE 802.11n] IEEE, „IEEE P802.11 – Task Group N – Meeting Update: Status of 802.11n" http://grouper.ieee.org/groups/802/11/Reports/tgn_update.htm

[IEEE 802.15 2007] IEEE 802.15 Working Group for WPAN homepage, http://grouper.ieee.org/groups/802/15/.

[IEEE 802.16d 2004] IEEE, „IEEE Standard for Local and metropolitan area networks, Part 16: Air Interface for Fixed Broadband Wireless Access Systems," http://standards.ieee.org/getieee802/download/802.16-2004.pdf

[IEEE 802.16e 2005] IEEE, „IEEE Standard for Local and metropolitan area networks, Part 16: Air Interface for Fixed and Mobile Broadband Wireless Access Systems, Amendment 2: Physical and Medium Access Control Layers for Combined Fixed and Mobile Operation in Licensed Bands and Corrigendum 1," http://standards.ieee.org/getieee802/download/802.16e-2005.pdf

[IEEE 802.1X] IEEE Std 802.1X-2001 Port-Based Network Access Control, http://standards.ieee.org/reading/ieee/std_public/description/lanman/802.1x-2001 _desc.html

[IEEE 802.3 2007] IEEE, „IEEE 802.3 CSMA/CD (Ethernet)," http://grouper.ieee.org/groups/802/3/

[IEEE 802.5 2007] IEEE, IEEE 802.5 homepage, http://www.ieee802.org/5/www8025org/

[IETF 2007] Internet Engineering Task Force homepage, http://www.ietf.org

[IMAP 2007] The IMAP Connection, http://www.imap.org/

[Intel 2006] Intel Corp, „PCI/PCI-X Family of Gigabit Ethernet Controllers Software Developer's Manual," http://download.intel.com/design/network/manuals/ 8254x_GBe_SDM.pdf

[Intel WiMax 2007] Intel Corp., „WiMax Broadband Wireless Technology Access," http://www.intel.com/netcomms/technologies/wimax/

[Interlinknetworks 2004] Internlinknetworks, „Introduction to 802.1x for Wireless Local Area Networks," http://www.interlinknetworks.com/resource/wp5-1-1.htm

[Internet Home Alliance 2007] Internet Home Alliance Research Council homepage, http://www.caba.org/iha/

[Internet2 Multicast 2007] Internet2 Multicast Working Group homepage, http://multicast.internet2.edu/

[ISC 2007] Internet Systems Consortium homepage, http://www.isc.org

[ISI 1979] Information Sciences Institute, „DoD Standard Internet Protocol," Internet Engineering Note 123, Dec. 1979. http://www.isi.edu/in-notes/ien/ien123.txt

[ISO 1987] International Organization for Standardization, „Information processing systems – Open Systems Interconnection –," International Standard 8824 (Dec. 1987). http://asn1.elibel.tm.fr/en/standards/index.htm

[ISO 2007] International Organization for Standardization homepage, International Organization for Standardization, http://www.iso.org/

[ISO X.680 1998] International Organization for Standardization, „X.680: ITU-T Recommendation X.680 (1997) | ISO/IEC 8824-1:1998, Information Technology – Abstract Syntax Notation One (ASN.1): Specification of Basic Notation." http://asn1.elibel.tm.fr/en/standards/index.htm

[ITU 2005] International Telecommunication Union, *The Internet of Things*, 2005, http://www.itu.int/osg/spu/publications/internetofthings/InternetofThings_summary.pdf

[ITU 2007] The ITU homepage, http://www.itu.int/

[ITU Statistics 2007] International Telecommunications Union, „ICT Statistics," http://www.itu.int/ITU-D/icteye/Reports.aspx

[ITU-T Q.2931 1994] ITU-T, „Broadband Integrated Service Digital Network (B-ISDN) Digital Subscriber Signaling System no. 2 (DSS2) User Network Interface Layer 3 Specification for Basic Call/Connection Control," *ITU-T Recommendation Q.2931*, Geneva: International Telecommunication Union, 1994.

[Iyer 2002] S. Iyer, R. Zhang, N. McKeown, „Routers with a Single Stage of Buffering," *Proc. 2002 ACM SIGCOMM* (Pittsburgh, PA, Aug. 2002).

[Jacobson 1988] V. Jacobson, „Congestion Avoidance and Control," *Proc. 1988 ACM SIGCOMM* (Stanford, CA, Aug. 1988), S. 314–329.

[Jain 1989] R. Jain, „A Delay-Based Approach for Congestion Avoidance in Interconnected Heterogeneous Computer Networks," *ACM SIGCOMM Computer Communications Review*, Vol. 19, No. 5 (1989), S. 56–71.

[Jain 1994] R. Jain, *FDDI Handbook: High-Speed Networking Using Fiber and Other Media*, Addison-Wesley, Reading, MA, 1994.

[Jain 1996] R. Jain. S. Kalyanaraman, S. Fahmy, R. Goyal, S. Kim, „Tutorial Paper on ABR Source Behavior," *ATM Forum*/96-1270, Oct. 1996. http://www.cis.ohio-state.edu/~jain/atmf/a96-1270.htm

[Jaiswal 2003] S. Jaiswal, G. Iannaccone, C. Diot, J. Kurose, D. Towsley, „Measurement and Classification of Out-of-Sequence Packets in a Tier-1 IP backbone," *Proc. 2003 IEEE Infocom.*

[Jakobson 1993] G. Jacobson, M. Weissman, „Alarm Correlation," *IEEE Network Magazine*, 1993, S. 52–59.

[Ji 2003] P. Ji, Z. Ge, J. Kurose, D. Towsley, „A Comparison of Hard-state and Soft-state Signaling Protocols," *Proc. 2003 ACM SIGCOMM* (Karlsruhe, Germany, Aug. 2003).

[Jiang 2001]W. Jiang, J. Lennox, H. Schulzrinne, K. Singh, „Towards Junking the PBX: Deploying IP Telephony," *NOSSDAV'01* (Port Jefferson, NY, June 2001).

[Jimenez 1997] D. Jimenez, „Outside Hackers Infiltrate MIT Network, Compromise Security," *The Tech*, Vol. 117, No. 49 (Oct. 1997), S. 1. http://www-tech.mit.edu/V117/N49/hackers.49n.html

[Jin 2004] C. Jin, D. X. We, S. Low, „FAST TCP: Motivation, architecture, algorithms, performance," *Proc. 2004 IEEE Infocom*, (Hong Kong, March 2004).

[Kaaranen 2001] H. Kaaranen, S. Naghian, L. Laitinen, A. Ahtiainen, V. Niemi, *Networks: Architecture, Mobility and Services*, New York: John Wiley & Sons, 2001.

[Kahn 1967] D. Kahn, *The Codebreakers: the Story of Secret Writing*, The Macmillan Company, 1967.

[Kahn 1978] R. E. Kahn, S. Gronemeyer, J. Burchfiel, R. Kunzelman, „Advances in Packet Radio Technology," *Proc. of the IEEE*, 66, 11 (Nov. 1978).

[Kamerman 1997] A. Kamerman, L. Monteban, „WaveLAN-II: A High-Performance Wireless LAN for the Unlicensed Band," *Bell Labs Technical Journal*, Summer 1997, S. 118–133.

[Kangasharju 2000] J. Kangasharju, K. W. Ross, J. W. Roberts, „Performance Evaluation of Redirection Schemes in Content Distribution Networks," *Proc. 5th Web Caching and Content Distribution Workshop*, (Lisbon, Portugal, May 2000).

[Kar 2000] K. Kar, M. Kodialam, T. V. Lakshman, „Minimum Interference Routing of Bandwidth Guaranteed Tunnels with MPLS Traffic Engineering Applications," *IEEE J. Selected Areas in Communications*, Dec. 2000.

[Karol 1987] M. Karol, M. Hluchyj, A. Morgan, „Input Versus Output Queuing on a Space- Division Packet Switch," *IEEE Transactions on Communications*, Vol. 35, No. 12, (Dec. 1987), S. 1347–1356.

[Katabi 2002] D. Katabi, M. Handley, C. Rohrs, „Internet Congestion Control for Future High Bandwidth-Delay Product Environments," *Proc. 2002 ACM SIGCOMM* (Pittsburgh, PA, Aug. 2002).

[Katzela 1995] I. Katzela, M. Schwartz. „Schemes for Fault Identification in Communication Networks," *IEEE/ACM Transactions on Networking*, Vol. 3, No. 6 (Dec. 1995), S. 753–764.

[Kaufman 1995] C. Kaufman, R. Perlman, M. Speciner, *Network Security, Private Communication in a Public World*, Prentice Hall, Englewood Cliffs, NJ, 1995.

[Kelly 2003] T. Kelly, „Scalable TCP: improving performance in high speed wide area networks," *ACM SIGCOMM Computer Communications Review*, Volume 33, No. 2 (Apr. 2003), pp 83–91.

[Keshav 1998] S. Keshav, R. Sharma, „Issues and Trends in Router Design," *IEEE Communications Magazine*, Vol. 36, No. 5 (May 1998), S. 144–151.

[Keslassy 2003] I. Keslassy, S. Chuang, K. Yu, D. Miller, M. Horowitz, O. Solgaard, McKeown, „Scaling Internet Routers Using Optics," *Proc. 2003 ACM SIGCOMM* (Karlsruhe, Germany, Aug. 2003).

[Kilkki 1999] K. Kilkki, *Differentiated Services for the Internet*, Macmillan Technical Publishing, Indianapolis, IN, 1999.

[Kim 2005] H. Kim, S. Rixner, V. Pai, „Network Interface Data Caching," *IEEE Transactions on Computers*, Volume 54, No. 11, (Nov. 2005), S. 1394–1408.

[Kleinrock 1961] L. Kleinrock, „Information Flow in Large Communication Networks," RLE Quarterly Progress Report, July 1961.

[Kleinrock 1964] L. Kleinrock, *1964 Communication Nets: Stochastic Message Flow and Delay*, McGraw-Hill, NY, NY, 1964.

[Kleinrock 1975] L. Kleinrock, *Queuing Systems, Vol. 1*, John Wiley, New York, 1975.

[Kleinrock 1975b] L. Kleinrock, F. A. Tobagi, „Packet Switching in Radio Channels: Part I – Carrier Sense Multiple-Access Modes and Their Throughput-Delay Characteristics," *IEEE Transactions on Communications*, Vol. 23, No. 12 (Dec. 1975), S. 1400–1416.

[Kleinrock 1976] L. Kleinrock, *Queuing Systems, Vol. 2*, John Wiley, New York, 1976.

[Kleinrock 2004] L. Kleinrock, „The Birth of the Internet," http://www.lk.cs.ucla.edu/LK/Inet/birth.html

[Kohler 2006] E. Kohler, M. Handley, S. Floyd, „DDCP: Designing DCCP: Congestion Control Without Reliability," *Proc. 2006 ACM SIGCOMM* (Pisa, Italy, Sept. 2006).

[Korhonen 2003] J. Korhonen, *Introduction to 3G Mobile Communications*, 2nd ed., Artech House, 2003.

[Koziol 2003] J. Koziol, *Intrusion Detection with Snort*, Sams Publishing, 2003.

[Krishnamurthy 2001] B. Krishnamurthy, and J. Rexford, *Web Protocols and Practice: HTTP/1.1, Networking Protocols, and Traffic Measurement*, Addison-Wesley, Boston, MA, 2001.

[Kulkarni 2005] S. Kulkarni, C. Rosenberg, „Opportunistic Scheduling: Generalizations to Include Multiple Constraints, Multiple Interfaces, and Short Term Fairness," *Wireless Networks*, 11, 557–569, 2005.

[Kumar 2006] R. Kumar, K.W. Ross, „Optimal Peer-Assisted File Distribution: Single and Multi-Class Problems," *IEEE Workshop on Hot Topics in Web Systems and Technologies*, Boston, 2006.

[Kurose 1996] J. F. Kurose, Unix Network Programming, http://manic.cs.umass.edu/~amldemo/courseware/intro.html

[Labovitz 1997] C. Labovitz, G. R. Malan, F. Jahanian, „Internet Routing Instability," *Proc. 1997 ACM SIGCOMM* (Cannes, France, Sept. 1997), S. 115–126.

[Labrador 1999] M. Labrador, S. Banerjee, „Packet Dropping Policies for ATM and IP Networks," *IEEE Communications Surveys*, Vol. 2, No. 3 (Third Quarter 1999), S. 2–14.

[Lacage 2004] M. Lacage, M. H. Manshaei, T. Turletti, „IEEE 802.11 Rate Adaptation: A Practical Approach," *ACM Int. Symposium on Modeling, Analysis, and Simulation of Wireless and Mobile Systems (MSWiM)* (Oct. 2004, Venice, Italy).

[Lakshman 1997] T. V. Lakshman, U. Madhow, „The Performance of TCP/IP for Networks with High Bandwidth-Delay Products and Random Loss," *IEEE/ACM Transactions on Networking*, Vol. 5, No. 3 (1997). S. 336–350.

[Lam 1980] S. Lam, „A Carrier Sense Multiple Access Protocol for Local Networks," *Computer Networks*, Vol. 4 (1980), S. 21–32, 1980.

[Lamport 1981] L. Lamport, „Password Authentication with Insecure Communication," *Communications of the ACM*, Vol. 24, No. 11 (Nov. 1981), S. 770–772.

[Larmouth 1996] J. Larmouth, *Understanding OSI*, International Thomson Computer Press 1996. Chapter 8 of this book deals with ASN.1 and is available on-line at http://www.salford.ac.uk/iti/books/osi/all.html#head8

[Larsen 1997] A. Larsen, „Guaranteed Service: Monitoring Tools," *Data Communications*, June 1997, S. 85–94.

[Lawton 2001] G. Lawton, „Is IPv6 Finally Gaining Ground?" *IEEE Computer Magazine* (Aug. 2001), S. 11–15.

[Leiner 1998] B. Leiner, V. Cerf, D. Clark, R. Kahn, L. Kleinrock, D. Lynch, J. Postel, L. Roberts, S. Woolf, „A Brief History of the Internet," http://www.isoc.org/internet/history/brief.html

[Li 2004] L. Li, D. Alderson, W. Willinger, J. Doyle, „A First-Principles Approach to Understanding the Internet's Router-Level Topology," *Proc. 2004 ACM SIGCOMM* (Portland, Oregon, Aug. 2004).

[Liang 2005] J. Liang, R. Kumar, „The Kazaa Overlay: A Measurement Study," *Computer Networks (Special Issue on Overlays)*, 2005.

[Liang 2006] J. Liang, N. Naoumov, K.W. Ross, „The Index Poisoning Attack in P2P File-Sharing Systems," *Proc. 2006 IEEE Infocom 2006* (Barcelona, Spain, April 2006).

[Lin 2001] Y. Lin, I. Chlamtac, *Wireless and Mobile Network Architectures*, John Wiley and Sons, New York, NY, 2001.

[Liu 2002] B. Liu, D. Goeckel, D. Towsley, „TCP-Cognizant Adaptive Forward Error Correction in Wireless Networks," *Proc. 2002 Global Internet.*

[Loh 2006] V. Loh, „Real-World Interoperability Tests of Five 802.11n Routers," http://www.extremetech.com/article2/0,1697,2013303,00.asp

[Lucent 2006] Lucent Technologies, „OSS Software for Lucent Technologies and Juniper Networks Unified Solutions," http://www.lucent.com/solutions/juniper_oss.html

[Lui 2004] J. Lui, V. Misra, D. Rubenstein, „On the Robustness of Soft State Protocols," *Proc. IEEE Int. Conference on Network Protocols (ICNP '04)*, S. 50–60.

[Luotonen 1998] A. Luotonen, *Web Proxy Servers*, Prentice Hall, Englewood Cliffs, New Jersey, 1998.

[Lynch 1993] D. Lynch, M. Rose, *Internet System Handbook*, Addison-Wesley, Reading, MA, 1993.

[Macedonia 1994] M. Macedonia, D. Brutzman, „MBone Provides Audio and Video Across the Internet,“ *IEEE Computer Magazine*, Vol. 27, No. 4 (Apr. 1994), S. 30–36.

[Mahdavi 1997] J. Mahdavi, S. Floyd, „TCP-Friendly Unicast Rate-Based Flow Control,“ unpublished note, Jan. 1997.

[Malware 2006] Computer Economics, „2005 Malware Report: The Impact of Malicious Code Attacks,“ http://www.computereconomics.com

[manet 2007] IETF Mobile Ad-hoc Networks (manet) Working Group, http://www.ietf.org/html.charters/manet-charter.html

[Maymounkov 2002] P. Maymounkov, D. Mazières. „Kademlia: A Peer-to-Peer Information System Based on the XOR Metric.“ *Proceedings of the 1st International Workshop on Peer-to-Peer Systems (IPTPS '02)*, S. 53–65, Mar. 2002.

[McKeown 1997a] N. McKeown, M. Izzard, A. Mekkittikul, W. Ellersick, M. Horowitz, „The Tiny Tera: A Packet Switch Core,“ *IEEE Micro Magazine*, Jan.–Feb. 1997.

[McKeown 1997b] N. McKeown, „A Fast Switched Backplane for a Gigabit Switched Router,“ *Business Communications Review*, Vol. 27, No. 12. http://www.bcr.com/bcrmag/12/mckeown.htm

[McQuillan 1980] J. McQuillan, I. Richer, E. Rosen, „The New Routing Algorithm for the Arpanet,“ *IEEE Transactions on Communications*, Vol. 28, No. 5 (May 1980), S. 711–719.

[Medhi 1997] D. Medhi, D. Tipper (eds.), Special Issue: Fault Management in Communication Networks, *Journal of Network and Systems Management*, Vol. 5. No. 2 (June 1997).

[Meng 2005] X. Meng, „IPv4 Address Allocation and the BGP Routing Table Evolution,“ *Computer Communication Reviews*, Vol. 35, No 1 (2005), S. 71–80.

[Metcalfe 1976] R. M. Metcalfe, D. R. Boggs. „Ethernet: Distributed Packet Switching for Local Computer Networks,“ *Communications of the Association for Computing Machinery*, Vol. 19, No. 7, (July 1976), S. 395–404.

[MFA Forum 2007] MFA Forum homepage, http://www.mfaforum.org/

[Microsoft Player Media 2007] Microsoft Windows Media homepage, http://www.microsoft.com/windows/windowsmedia/

[Miller 1997] M. A. Miller, *Managing Internetworks with SNMP*, 2nd ed., M & T Books, New York, 1997.

[Mirkovic 2005] J. Mirkovic, S. Dietrich, D. Dittrich. P. Reiher, *Internet Denial of Service: Attack and Defense Mechanisms*, Prentice Hall, 2005.

[Mockapetris 1988] P. V. Mockapetris, K. J. Dunlap, „Development of the Domain Name System,“ *Proc. 1988 ACM AIGCOMM* (Stanford, CA, Aug. 1988).

[Mockapetris 2005] P. Mockapetris, Sigcomm Award Lecture, video available at http://www.postel.org/sigcomm

[Mogul 2003] J. Mogul, „TCP offload is a dumb idea whose time has come". *Proc. HotOS IX: The 9th Workshop on Hot Topics in Operating Systems*, (2003) USENIX Association.

[Molinero-Fernandez 2002] P. Molinaro-Fernandez, N. McKeown, H. Zhang, „Is IP Going to Take Over the World (of Communications)?" *Proc. 2002 ACM Hotnets.*

[Molle 1987] M. L. Molle, K. Sohraby, A. N. Venetsanopoulos, „Space-Time Models of Asynchronous CSMA Protocols for Local Area Networks," *IEEE Journal on Selected Areas in Communications*, Vol. 5, No. 6, (1987) S. 956–968.

[Moore 2001] D. Moore, G. Voelker, S. Savage, „Inferring Internet Denial of Service Activity," *Proc. 2001 USENIX Security Symposium*, (Washington DC, Aug. 2001).

[Moore 2003] D. Moore, V. Paxson, S. Savage, C. Shannon, S. Staniford, N. Weaver, „Inside the Slammer Worm," *2003 IEEE Security and Privacy Conference.*

[Moshchuck 2006] A. Moshchuk, T. Bragin, S. Gribble, H. Levy, „A Crawler-based Study of Spyware on the Web," *Proc. 13th Annual Network and Distributed Systems Security Symposium (NDSS 2006)*, (San Diego, CA, Feb. 2006).

[Mouly 1992] M. Mouly, M. Pautet, *The GSM System for Mobile Communications*, Cell and Sys, Palaiseau, France, 1992.

[Moy 1998] J. Moy, *OSPF: Anatomy of An Internet Routing Protocol*, Addison-Wesley, Reading, MA, 1998.

[Mukherjee 1997] B. Mukherjee, *Optical Communication Networks*, McGraw-Hill, 1997.

[Murphy 2003] S. Murphy, „BGP Security Vulnerabilities Analysis," draft-ietf-idr-bgp-vuln-00.txt, June 2003, ftp://ftp.rfc-editor.org/in-notes/internet-drafts/draft-ietf-idr-bgpvuln-00.txt

[Nahum 2002] E. Nahum, T. Barzilai, D. Kandlur, „Performance Issues in WWW Servers," *IEEE/ACM Transactions on Networking*, Vol. 10, No. 1 (Feb. 2002).

[Naoumov 2006] N. Naoumov, K.W. Ross, „Exploiting P2P Systems for DDoS Attacks," *Intl Workshop on Peer-to-Peer Information Management*, (Hong Kong, May 2006),

[Neumann 1997] R. Neumann, „Internet Routing Black Hole," *The Risks Digest: Forum on Risks to the Public in Computers and Related Systems*, Vol. 19, No. 12 (May 1997). http://catless.ncl.ac.uk/Risks/19.12.html#subj1.1

[Nicholson 2006] A Nicholson, Y. Chawathe, M. Chen, B. Noble, D. Wetherall, „Improved Access Point Selection," *Proc. 2006 ACM Mobisys Conference*, (Uppsala Sweden, 2006).

[Nielsen 1997] H. F. Nielsen, J. Gettys, A. Baird-Smith, E. Prud'hommeaux, H. W. Lie, C. Lilley, „Network Performance Effects of HTTP/1.1, CSS1, and PNG," *W3C Document*, 1997 (also appears in *Proc. 1997 ACM SIGCOM*, (Cannes, France, Sept 1997), S. 155–166.

[NIST 2001] National Institute of Standards and Technology, „Advanced Encryption Standard (AES)," Federal Information Processing Standards 197, Nov. 2001, http://csrc.nist.gov/publications/fips/fips197/fips-197.pdf

[Nmap 2004] Nmap homepage, http://www.insecure.com/nmap

[Nonnenmacher 1998] J. Nonnenmacher, E. Biersak, D. Towsley, „Parity-Based Loss Recovery for Reliable Multicast Transmission," *IEEE/ACM Transactions on Networking*, Vol. 6, No. 4 (Aug. 1998), S. 349–361.

[NTIA 1998] National Telecommunications and Information Administration (NTIA), US Department of Commerce, „Management of Internet names and addresses," Docket Number: 980212036-8146-02. http://www.ntia.doc.gov/ntiahome/domainname/6_5_98dns.htm

[Odlyzko 2003] A. Odlyzko, „Internet Traffic Growth: Sources and Implications," A. M. Optical Transmission Systems and Equipment for WDM Networking II, *Proc. SPIE*, 5247, 2003, S. 1–15. http://www.dtc.umn.edu/~odlyzko/doc/itcom.internet.growth.pdf.

[OpenView2007] HP OpenView homepage, http://www.openview.hp.com/

[OSI 2007] International Organization for Standardization homepage, http://www.iso.org/iso/en/ISOOnline.frontpage

[OSS 2007] OSS Nokalva, „ASN.1 Resources," http://www.oss.com/asn1/

[Padhye 2000] J. Padhye, V. Firoiu, D. Towsley, J. Kurose, „Modeling TCP Reno Performance: A Simple Model and its Empirical Validation," *IEEE/ACM Transactions on Networking*, Vol. 8, No. 2 (Apr. 2000), S. 133–145.

[Padhye 2001] J. Padhye, S. Floyd, „On Inferring TCP Behavior," *Proc. 2001 ACM SIGCOMM*, (San Diego, CA, Aug. 2001).

[Pan 1997] P. Pan, H. Schulzrinne, „Staged Refresh Timers for RSVP," *Proc. 2nd Global Internet Conference*, (Phoenix, AZ, Dec. 1997).

[Parekh 1993] A. Parekh, R. Gallagher, „A generalized processor sharing approach to flow control in integrated services networks: the single-node case," *IEEE/ACM Transactions on Networking*, Vol. 1, No. 3 (June 1993), S. 344–357.

[Partridge 1992] C. Partridge, S. Pink, „An Implementation of the Revised Internet Stream Protocol (ST-2)," *Journal of Internetworking: Research and Experience*, Vol. 3, No. 1 (Mar. 1992).

[Partridge 1998] C. Partridge, et al. „A Fifty Gigabit per second IP Router,“ *IEEE/ACM Transactions on Networking*, Vol. 6, No. 3 (Jun. 1998), S. 237–248.

[Paxson 1997] V. Paxson, „End-to-end Internet packet dynamics,“ *Proc. 1997 ACM SIGCOMM* (Cannes, France, Sept 1997).

[Perkins 1994] A. Perkins, „Networking with Bob Metcalfe,“ *The Red Herring Magazine*, Nov. 1994.

[Perkins 1998] C. Perkins, O. Hodson, V. Hardman, „A Survey of Packet Loss Recovery Techniques for Streaming Audio,“ *IEEE Network Magazine*, Sept./Oct. 1998, S. 40–47.

[Perkins 1998b] C. Perkins, *Mobile IP: Design Principles and Practice*, Addison-Wesley, Reading, MA, 1998.

[Perkins 2000] C. Perkins, *Ad Hoc Networking*, Addison-Wesley, Reading, MA, 2000.

[Perlman 1999] R. Perlman, *Interconnections: Bridges, Routers, Switches, and Internetworking Protocols*, 2nd ed., Addison-Wesley Professional Computing Series, Reading, MA, 1999.

[PGPI 2007] The International PGP Home Page, http://www.pgpi.org

[Phifer 2000] L. Phifer, „The Trouble with NAT,“ *The Internet Protocol Journal*, Vol. 3, No. 4 (Dec. 2000), http://www.cisco.com/warp/public/759/ipj_3-4/ipj_3-4_nat.html

[Pickholtz 1982] R. Pickholtz, D. Schilling, L. Milstein, „Theory of Spread Spectrum Communication – a Tutorial,“ *IEEE Transactions on Communications*, Vol. 30, No. 5 (May 1982), S. 855–884.

[pingplotter 2007] pingplotter homepage, http://www.pingplotter.com

[Piscatello 1993] D. Piscatello, A. Lyman Chapin, *Open Systems Networking*, Addison-Wesley, Reading, MA, 1993.

[Point Topic 2006] Point Topic Ltd., *World Broadband Statistics Q1 2006*, http://www.point-topic.com

[PPLive 2007] PPLive homepage, http://www.pplive.com

[Primetrica 2007] PriMetrica Inc, „Global Internet Geography 2006,“ http://www.telegeography.com

[QuickTime 2007] QuickTime homepage, http://www.apple.com/quicktime

[Quittner 1998] J. Quittner, M. Slatalla, *Speeding the Net: The Inside Story of Netscape and How it Challenged Microsoft*, Atlantic Monthly Press, 1998.

[Ramakrishnan 1990] K. K. Ramakrishnan, R. Jain, „A Binary Feedback Scheme for Congestion Avoidance in Computer Networks,“ *ACM Transactions on Computer Systems*, Vol. 8, No. 2 (May 1990), S. 158–181.

[Raman 1999] S. Raman, S. McCanne, „A Model, Analysis, and Protocol Framework for Soft State-based Communication," *Proc. 1999 ACM SIGCOMM* (Boston, MA, Aug. 1999).

[Raman 2007] B. Raman, K. Chebrolu, „Experiences in using WiFi for Rural Internet in India," *IEEE Communications Magazine*, Special Issue on New Directions in Networking Technologies in Emerging Economies, Jan 2007.

[Ramaswami 1998] R. Ramaswami, K. Sivarajan, *Optical Networks: A Practical Perspective*, Morgan Kaufman Publishers, 1998.

[Ramjee 1994] R. Ramjee, J. Kurose, D. Towsley, H. Schulzrinne, „Adaptive Playout Mechanisms for Packetized Audio Applications in Wide-Area Networks," *Proc. 1994 IEEE Infocom.*

[Rao 1996] K. R. Rao and J. J. Hwang, *Techniques and Standards for Image, Video and Audio Coding*, Prentice Hall, Englewood Cliffs, NJ, 1996.

[RAT 2007] Robust Audio Tool, http://www-mice.cs.ucl.ac.uk/multimedia/software/rat/

[Ratnasamy 2001] S. Ratnasamy, P. Francis, M. Handley, R. Karp, S. Shenker, „A Scalable Content-Addressable Network," *Proc. 2001 ACM SIGCOMM*, (San Diego, CA, Aug. 2001).

[RealNetworks 2007] RealNetworks homepage, http://www.realnetworks.com

[Ren 2006] S. Ren, L. Guo, and X. Zhang, „ASAP: an AS-aware peer-relay protocol for high quality VoIP," *Proc. 2006 IEEE ICDCS* (Lisboa, Portugal, July 2006).

[Rescorla 2001] E. Rescorla, *SSL and TLS: Designing and Building Secure Systems*, Addison-Wesley, Boston, 2001.

[RFC 001] S. Crocker, „Host Software," RFC 001 (the *very first* RFC!).

[RFC 768] J. Postel, „User Datagram Protocol," RFC 768, Aug. 1980.

[RFC 789] E. Rosen, „Vulnerabilities of Network Control Protocols," RFC 789.

[RFC 791] J. Postel, „Internet Protocol: DARPA Internet Program Protocol Specification," RFC 791, Sept. 1981.

[RFC 792] J. Postel, „Internet Control Message Protocol," RFC 792, Sept. 1981.

[RFC 793] J. Postel, „Transmission Control Protocol," RFC 793, Sept. 1981.

[RFC 801] J. Postel, „NCP/TCP Transition Plan," RFC 801 Nov. 1981.

[RFC 826] D. C. Plummer, „An Ethernet Address Resolution Protocol – or – Converting Network Protocol Addresses to 48 bit Ethernet Address for Transmission on Ethernet Hardware," RFC 826, Nov. 1982.

[RFC 829] V. Cerf, „Packet Satellite Technology Reference Sources," RFC 829, Nov. 1982.

[RFC 854] J. Postel, J. Reynolds, „TELNET Protocol Specification," RFC 854. May 1993.

[RFC 950] J. Mogul, J. Postel, „Internet Standard Subnetting Procedure," RFC 950, Aug. 1985.

[RFC 959] J. Postel and J. Reynolds, „File Transfer Protocol (FTP)," RFC 959, Oct. 1985.

[RFC 977] B. Kantor, P. Lapsley, „Network News Transfer Protocol," RFC 977, Feb. 1986.

[RFC 1028] J. Davin, J. D. Case, M. Fedor, M. Schoffstall, „A Simple Gateway Monitoring Protocol," RFC 1028, Nov. 1987.

[RFC 1034] P. V. Mockapetris, „Domain Names – Concepts and Facilities," RFC 1034, Nov. 1987.

[RFC 1035] P. Mockapetris, „Domain Names – Implementation and Specification," RFC 1035, Nov. 1987.

[RFC 1058] C. L. Hendrick, „Routing Information Protocol," RFC 1058, June 1988.

[RFC 1071] R. Braden, D. Borman, and C. Partridge, „Computing The Internet Checksum," RFC 1071, Sept. 1988.

[RFC 1075] D. Waitzman, C. Partridge, S. Deering, „Distance Vector Multicast Routing Protocol," RFC 1075, Nov. 1988.

[RFC 1112] S. Deering, „Host Extension for IP Multicasting," RFC 1112, Aug. 1989.

[RFC 1122] R. Braden, „Requirements for Internet Hosts – Communication Layers," RFC 1122, Oct. 1989.

[RFC 1123] R. Braden, ed., „Requirements for Internet Hosts – Application and Support," *RFC-1123*, Oct. 1989.

[RFC 1142] D. Oran, „OSI IS-IS Intra-domain Routing Protocol," RFC 1142, Feb. 1990.

[RFC 1190] C. Topolcic, „Experimental Internet Stream Protocol: Version 2 (ST-II)," RFC 1190, Oct. 1990.

[RFC 1191] J. Mogul, S. Deering, „Path MTU Discovery," RFC 1191, Nov. 1990.

[RFC 1213] K. McCloghrie, M. T. Rose, „Management Information Base for Network Management of TCP/IP-based internets: MIB-II," RFC 1213, Mar. 1991.

[RFC 1256] S. Deering, „ICMP Router Discovery Messages," RFC 1256, Sept. 1991.

[RFC 1320] R. Rivest, „The MD4 Message-Digest Algorithm," RFC 1320, Apr. 1992.

[RFC 1321] R. Rivest, „The MD5 Message-Digest Algorithm," RFC 1321, Apr. 1992.

[RFC 1323] V. Jacobson, S. Braden, D. Borman, „TCP Extensions for High Performance," RFC 1323, May 1992.

[RFC 1422] S. Kent, „Privacy Enhancement for Internet Electronic Mail: Part II: Certificate-Based Key Management," RFC 1422.

[RFC 1547] D. Perkins, „Requirements for an Internet Standard Point-to-Point Protocol," RFC 1547, Dec. 1993.

[RFC 1584] J. Moy, „Multicast Extensions to OSPF," RFC 1584, Mar. 1994.

[RFC 1633] R. Braden, D. Clark, S. Shenker, „Integrated Services in the Internet Architecture: an Overview," RFC 1633, June 1994.

[RFC 1636] R. Braden, D. Clark, S. Crocker, C. Huitema, „Report of IAB Workshop on Security in the Internet Architecture," RFC 1636, Nov. 1994.

[RFC 1661]W. Simpson (ed.), „The Point-to-Point Protocol (PPP)," RFC 1661, July 1994.

[RFC 1662]W. Simpson (ed.), „PPP in HDLC-like framing," RFC 1662, July 1994.

[RFC 1700] J. Reynolds and J. Postel, „Assigned Numbers," RFC 1700, Oct. 1994.

[RFC 1752] S. Bradner, A. Mankin, „The Recommendations for the IP Next Generation Protocol," RFC 1752, Jan. 1995.

[RFC 1760] N. Haller, „The S/KEY One-Time Password System," RFC 1760, Feb. 1995.

[RFC 1772] Y. Rekhter, P. Gross, „Application of the Border Gateway Protocol in the Internet," RFC 1772, Mar. 1995.

[RFC 1773] P. Traina, „Experience with the BGP-4 protocol," RFC 1773, Mar. 1995.

[RFC 1918] Y. Rekhter, B. Moskowitz, D. Karrenberg, G. J. de Groot, E. Lear, „Address Allocation for Private Internets," RFC 1918, Feb. 1996.

[RFC 1930] J. Hawkinson, T. Bates, „Guidelines for Creation, Selection, and Registration of an Autonomous System (AS)," RFC 1930, Mar. 1996.

[RFC 1938] N. Haller, C. Metz, „A One-Time Password System," RFC 1938, May 1996.

[RFC 1939] J. Myers and M. Rose, „Post Office Protocol – Version 3," RFC 1939, May 1996.

[RFC 1945] T. Berners-Lee, R. Fielding, H. Frystyk, „Hypertext Transfer Protocol – HTTP/1.0," RFC 1945, May 1996.

[RFC 2003] C. Perkins, „IP Encapsulation within IP," RFC 2003, Oct. 1996.

[RFC 2004] C. Perkins, „Minimal Encapsulation within IP," RFC 2004, Oct. 1996.

[RFC 2018] M. Mathis, J. Mahdavi, S. Floyd, A. Romanow, „TCP Selective Acknowledgment Options," RFC 2018, Oct. 1996.

[RFC 2045] N. Freed, N. Borenstein, „Multipurpose Internet Mail Extensions (MIME) Part One: Format of Internet Message Bodies," RFC 2045, Nov. 1996.

[RFC 2050] K. Hubbard, M. Kosters, D. Conrad, D. Karrenberg, J. Postel, „Internet Registry IP Allocation Guidelines," RFC 2050, Nov. 1996.

[RFC 2104] H. Krawczyk, M. Bellare, R. Canetti, „HMAC: Keyed-Hashing for Message Authentication," RFC 2104, Feb. 1997.

[RFC 2131] R. Droms, „Dynamic Host Configuration Protocol," RFC 2131, Mar. 1997.

[RFC 2136] P. Vixie, S. Thomson, Y. Rekhter, J. Bound, „Dynamic Updates in the Domain Name System," RFC 2136, Apr. 1997.

[RFC 2153]W. Simpson, „PPP Vendor Extensions," RFC 2153, May 1997.

[RFC 2205] R. Braden, Ed., L. Zhang, S. Berson, S. Herzog, S. Jamin, „Resource ReSerVation Protocol (RSVP) – Version 1 Functional Specification," RFC 2205, Sept. 1997.

[RFC 2210] J. Wroclawski, „The Use of RSVP with IETF Integrated Services," RFC 2210, Sept. 1997.

[RFC 2211] J. Wroclawski, „Specification of the Controlled-Load Network Element Service," RFC 2211, Sept. 1997.

[RFC 2215] S. Shenker, J. Wroclawski, „General Characterization Parameters for Integrated Service Network Elements," RFC 2215, Sept. 1997.

[RFC 2225] M. Laubach, J. Halpern, „Classical UP and ARP over ATM," RFC 2225, Apr. 1998.

[RFC 2246] T. Dierks and C. Allen, „The TLS Protocol," RFC 2246, Jan. 1998.

[RFC 2253] M. Wahl, S. Kille, T. Howes, „Lightweight Directory Access Protocol (v3)," RFC 2253, Dec. 1997.

[RFC 2284] L. Blunk, J. Vollbrecht, „PPP Extensible Authentication Protocol (EAP)," RFC 2284, Mar. 1998.

[RFC 2326] H. Schulzrinne, A. Rao, R. Lanphier, „Real Time Streaming Protocol (RTSP)," RFC 2326, Apr. 1998.

[RFC 2328] J. Moy, „OSPF Version 2," RFC 2328, Apr. 1998.

[RFC 2409] D. Harkins, D. Carrel, „The Internet Key Exchange (IKE)," RFC 2409, Nov. 1998. http://www.rfc-editor.org/rfc/rfc2409.txt

[RFC 2420] H. Kummert, „The PPP Triple-DES Encryption Protocol (3DESE)," RFC 2420, Sept. 1998.

[RFC 2437] B. Kaliski, J. Staddon, „PKCS #1: RSA Cryptography Specifications, Version 2," RFC 2437, Oct. 1998.

[RFC 2448] M. Civanlar, G. Cash, B. Haskell, „AT&T's Error Resilient Video Transmission Technique,"Nov. 1998.

[RFC 2453] G. Malkin, „RIP Version 2," RFC 2453, Nov. 1998.

[RFC 2460] S. Deering, R. Hinden, „Internet Protocol, Version 6 (IPv6) Specification," RFC 2460, Dec. 1998.

[RFC 2475] S. Blake, D. Black, M. Carlson, E. Davies, Z. Wang, W. Weiss, „An Architecture for Differentiated Services," RFC 2475, Dec. 1998.

[RFC 2578] K. McCloghrie, D. Perkins, J. Schoenwaelder, „Structure of Management Information Version 2 (SMIv2)," RFC 2578, Apr. 1999.

[RFC 2579] K. McCloghrie, D. Perkins, J. Schoenwaelder, „Textual Conventions for SMIv2," RFC 2579, Apr. 1999.

[RFC 2580] K. McCloghrie, D. Perkins, J. Schoenwaelder, „Conformance Statements for SMIv2," RFC 2580, Apr. 1999.

[RFC 2581] M. Allman, V. Paxson, W. Stevens, „ TCP Congestion Control," RFC 2581, Apr. 1999.

[RFC 2597] J. Heinanen, F. Baker, W. Weiss, J. Wroclawski, „Assured Forwarding PHB Group," RFC 2597, June 1999.

[RFC 2616] R. Fielding, J. Gettys, J. Mogul, H. Frystyk, L. Masinter, P. Leach, T. Berners-Lee, R. Fielding, „Hypertext Transfer Protocol – HTTP/1.1," RFC 2616, June 1999.

[RFC 2663] P. Srisuresh, M. Holdrege, „IP Network Address Translator (NAT) Terminology and Considerations," RFC 2663.

[RFC 2702] D. Awduche, J. Malcolm, J. Agogbua, M. O'Dell, J. McManus, „Requirements for Traffic Engineering Over MPLS," Sept. 1999.

[RFC 2716] B. Aboba, D. Simon, „PPP EAP TLS Authentication Protocol," RFC 2716, Oct. 1999.

[RFC 2733] J. Rosenberg, H. Schulzrinne, „An RTP Payload Format for Generic Forward Error Correction," RFC 2733, Dec. 1999.

[RFC 2821] J. Klensin, ed., „Simple Mail Transfer Protocol," RFC 2821, Apr. 2001.

[RFC 2827] P. Ferguson, D. Senie, „Network Ingress Filtering: Defeating Denial of Service Attacks which Employ IP Source Address Spoofing," RFC 2827, May 2000.

[RFC 2865] C. Rigney, S. Willens, A. Rubens, W. Simpson, „Remote Authentication Dial In User Service (RADIUS)," RFC 2865, June 2000.

RFC 2960] R. Stewart, Q. Xie, K. Morneault, C. Sharp, H. Schwarzbauer, T. Taylor, I. Rytina, M. Kalla, L. Zhang, V. Paxson, „Stream Control Transmission Protocol," RFC 2960, Oct. 2000.

[RFC 2961] L. Berger, D. Gan, G. Swallow, P. Pan, F. Tommasi, S. Molendini, „RSVP Refresh Overhead Reduction Extensions," RFC 2961, Apr. 2001.

[RFC 2988] V. Paxson, M. Allman, „Computing TCP's Retransmission Timer," RFC 2988, Nov. 2000.

[RFC 3007] B. Wellington, „Secure Domain Name System (DNS) Dynamic Update," RFC 3007, Nov. 2000.

[RFC 3022] P. Srisuresh, K. Egevang, „Traditional IP Network Address Translator (Traditional NAT)," RFC 3022, Jan. 2001.

[RFC 3031] E. Rosen, A. Viswanathan, R. Callon, „Multiprotocol Label Switching Architecture," RFC 3031, Jan. 2001.

[RFC 3032] E. Rosen, D. Tappan, G. Fedorkow, Y. Rekhter, D. Farinacci, T. Li, A. Conta, „MPLS Label Stack Encoding," RFC 3032, Jan. 2001.

[RFC 3052] M. Eder, S. Nag, „Service Management Architectures Issues and Review," RFC 3052, Jan. 2001.

[RFC 3139] L. Sanchez, K. McCloghrie, J. Saperia, „Requirements for Configuration Management of IP-Based Networks," RFC 3139, June 2001.

[RFC 3168] K. Ramakrishnan, S. Floyd, D. Black, „The Addition of Explicit Congestion Notification (ECN) to IP," RFC 3168, Sept. 2001.

[RFC 3209] D. Awduche, L. Berger, D. Gan, T. Li, V. Srinivasan, G. Swallow, „RSVP-TE: Extensions to RSVP for LSP Tunnels," RFC 3209, Dec. 2001.

[RFC 3221] G. Huston, „Commentary on Inter-Domain Routing in the Internet," RFC 3221, Dec. 2001.

[RFC 3232] J. Reynolds, „Assigned Numbers: RFC 1700 is Replaced by an On-line Database," RFC 3232, Jan. 2002.

[RFC 3246] B. Davie, A. Charny, J.C.R. Bennet, K. Benson, J.Y. Le Boudec, W. Courtney, S. Davari, V. Firoiu, D. Stiliadis, „An Expedited Forwarding PHB (Per-Hop Behavior)," RFC 3246, Mar. 2002.

[RFC 3260] D. Grossman, „New Terminology and Clarifications for Diffserv," RFC 3260, Apr. 2002.

[RFC 3261] J. Rosenberg, H. Schulzrinne, G. Carmarillo, A. Johnston, J. Peterson, R. Sparks, M. Handley, E. Schooler, „SIP: Session Initiation Protocol," RFC 3261, July 2002.

[RFC 3272] J. Boyle, V. Gill, A. Hannan, D. Cooper, D. Awduche, B. Christian, W.S. Lai, „Overview and Principles of Internet Traffic Engineering," RFC 3272, May 2002.

[RFC 3286] L. Ong, J. Yoakum, „An Introduction to the Stream Control Transmission Protocol (SCTP)," RFC 3286, May 2002.

[RFC 3344] C. Perkins, ed., „IP Mobility Support for IPv4," RFC 3344, Oct. 2002.

[RFC 3346] J. Boyle, V. Gill, A. Hannan, D. Cooper, D. Awduche, B. Christian, W. S. Lai, „Applicability Statement for Traffic Engineering with MPLS," RFC 3346, Aug. 2002.

[RFC 3376] B. Cain, S. Deering, I. Kouvelas, B. Fenner, A. Thyagarajan, „Internet Group Management Protocol, Version 3," RFC 3376, Oct. 2002.

[RFC 3390] M. Allman, S. Floyd, C. Partridge, „Increasing TCP's Initial Window," RFC 3390, Oct. 2002.

[RFC 3410] J. Case, R. Mundy, D. Partain, „Introduction and Applicability Statements for Internet Standard Management Framework," RFC 3410, Dec. 2002.

[RFC 3411] D. Harrington, R. Presuhn, B. Wijnen, „An Architecture for Describing Simple Network Management Protocol (SNMP) Management Frameworks," RFC 3411, Dec. 2002.

[RFC 3414] U. Blumenthal, „User-based Security Model (USM) for version 3 of the Simple Network Management Protocol (SNMPv3)," RFC 3414, Dec. 2002.

[RFC 3415] B. Wijnen, R. Presuhn, K. McCloghrie, „View-based Access Control Model (VACM) for the Simple Network Management Protocol (SNMP)," RFC 3415, Dec. 2002.

[RFC 3416] R. Presuhn, J. Case, K. McCloghrie, M. Rose, S. Waldbusser, „Version 2 of the Protocol Operations for the Simple Network Management Protocol (SNMP)," Dec. 2002.

[RFC 3417] R. Presuhn, „Transport Mappings for the Simple Network Management Protocol," (SNMP), RFC 3417, Dec. 2002.

[RFC 3439] R. Bush and D. Meyer, „Some internet architectural guidelines and philosophy," RFC 3439, Dec. 2003.

[RFC 3468] L. Andersson, G. Swallow, „The Multiprotocol Label Switching (MPLS) Working Group Decision on MPLS Signaling Protocols," RFC 3468, Feb. 2003.

[RFC 3469] V. Sharma, Ed., F. Hellstrand, Ed, „Framework for Multi-Protocol Label Switching (MPLS)-based Recovery," RFC 3469, Feb. 2003. ftp://ftp.rfc-editor.org/in-notes/rfc3469.txt

[RFC 3501] M. Crispin, „Internet Message Access Protocol – Version 4rev1," RFC 3501, Mar. 2003.

[RFC 3513] R. Hinden, S. Deering, „Internet Protocol Version 6 (IPv6) Addressing Architecture," RFC 3513, Apr. 2003.

[RFC 3550] H. Schulzrinne, S. Casner, R. Frederick, V. Jacobson, „RTP: A Transport Protocol for Real-Time Applications," RFC 3550, July 2003.

[RFC 3569] S. Bhattacharyya (ed.), „An Overview of Source-Specific Multicast (SSM)," RFC 3569, July 2003.

[RFC 3588] P. Calhoun, J. Loughney, E. Guttman, G. Zorn, J. Arkko, „Diameter Base Protocol," RFC 3588, Sept. 2003.

[RFC 3618] B. Fenner, D. Meyer, Ed., „Multicast Source Discovery Protocol (MSDP)," RFC 3618, Oct. 2003.

[RFC 3649] S. Floyd, „High Speed TCP for Large Congestion Windows," RFC 3649, Dec. 2003.

[RFC 3700] J. Reynolds, S. Ginoza, Ed, „Internet Official Protocol Standards," RFC 3700, July 2004.

[RFC 3782] S. Floyd, T. Henderson, A. Gurtov, „The NewReno Modification to TCP's Fast Recovery Algorithm," RFC 3782, Apr. 2004.

[RFC 3973] A. Adams, J. Nicholas, W. Siadak, „Protocol Independent Multicast – Dense Mode (PIM-DM): Protocol Specification (Revised)," RFC 3973, Jan. 2005.

[RFC 4022] R. Raghunarayan, Ed., „Management Information Base for the Transmission Control Protocol (TCP)," RFC 4022, Mar. 2005.

[RFC 4113] B. Fenner, J. Flick, „Management Information Base for the User Datagram Protocol (UDP)," RFC 4113, June 2005.

[RFC 4213] E. Nordmark, R. Gilligan, „Basic Transition Mechanisms for IPv6 Hosts and Routers," RFC 4213, Oct. 2005.

[RFC 4271] Y. Rekhter, T. Li, S. Hares, Ed., „A Border Gateway Protocol 4 (BGP-4)," RFC 4271, Jan. 2006.

[RFC 4291] R. Hinden, S. Deering, „IP Version 6 Addressing Architecture, „ RFC 4291, February 2006.

[RFC 4293] S. Routhier, Ed. „Management Information Base for the Internet Protocol (IP)," RFC 4293, Apr. 2006.

[RFC 4301] S. Kent, K. Seo, „Security Architecture for the Internet Protocol," RFC 4301, December 2005.

[RFC 4302] S. Kent, „IP Authentication Header," RFC 4302, December 2005.

[RFC 4303] S. Kent, „IP Encapsulating Security Payload (ESP)," RFC 4303, December 2005.

[RFC 4305] D. Eastlake, „Cryptographic Algorithm Implementation Requirements for Encapsulating Security Payload (ESP) and Authentication Header (AH)," RFC 4305, December 2005.

[RFC 4340] E. Kohler, M. Handley, S. Floyd, „Datagram Congestion Control Protocol (DCCP)," RFC 4340, Mar. 2006.

[RFC 4443] A. Conta, S. Deering, M. Gupta, Ed., „Internet Control Message Protocol (ICMPv6) for the Internet Protocol Version 6 (IPv6) Specification," RFC 4443, Mar. 2006.

[RFC 4346] T. Dierks, E. Rescorla, „The Transport Layer Security (TLS) Protocol Version 1.1," RFC 4346, April 2006.

[RFC 4502] S. Waldbusser, „Remote Network Monitoring Management Information Base Version 2," RFC 4502, May 2006.

[RFC 4601] B. Fenner, M. Handley, H. Holbrook, I. Kouvelas, „Protocol Independent Multicast – Sparse Mode (PIM-SM): Protocol Specification (Revised)," RFC 4601, Aug. 2006.

[RFC 4607] H. Holbrook, B. Cain, „Source-Specific Multicast for IP," RFC 4607, Aug. 2006.

[RFC 4611] M. McBride, J. Meylor, D. Meyer, „Multicast Source Discovery Protocol (MSDP) Deployment Scenarios," RFC 4611, Aug. 2006.

[RFC 4632] V. Fuller, T. Li, „Classless Inter-domain Routing (CIDR): The Internet Address Assignment and Aggregation Plan," RFC 4632, Aug. 2006.

[Rhee 1998] I. Rhee, „Error Control Techniques for Interactive Low-bit Rate Video Transmission over the Internet," *Proc. 1998 ACM SIGCOMM*, (Vancouver BC, Aug. 1998).

[Roberts 1967] L. Roberts, T. Merril, „Toward a Cooperative Network of Time-Shared Computers," *AFIPS Fall Conference*, Oct. 1966.

[Roberts 2004] J. Roberts, „Internet Traffic, QoS and Pricing," Proceedings of the IEEE, Volume 92, No. 9, (Sept. 2004), S. 1389–1399.

[Rom 1990] R. Rom, M. Sidi, *Multiple Access Protocols: Performance and Analysis*, Springer-Verlag, New York, 1990.

[Root Servers 2007] http://www.root-servers.org/

[Rose 1996] M. Rose, *The Simple Book: An Introduction to Internet Management, Revised Second Edition*, Prentice Hall, Englewood Cliffs, NJ, 1996.

[Rosenberg 2000] J. Rosenberg, L. Qiu, H. Schulzrinne, „Integrating Packet FEC into Adaptive Playout Buffer Algorithms on the Internet," *Proc. 2000 IEEE Infocom* (Tel Aviv, Israel, Apr. 2000).

[Ross 1995] K. W. Ross, *Multiservice Loss Models for Broadband Telecommunication Networks*, Springer, Berlin, 1995.

[Ross 2007] K. W. Ross, PowerPoint slides on network Security, http://cis.poly.edu/~ross

[Rowston 2001] A. Rowston, P. Druschel, „Pastry: Scalable, Distributed Object Location and Routing for Large-Scale Peer-to-Peer Systems," in *Proc. 2001 IFIP/ACM Middleware*, Heidelberg, Germany, 2001.

[RSA 1978] R. Rivest, A. Shamir, L. Adelman, „A Method for Obtaining Digital Signatures and Public-key Cryptosystems,“ *Communications of the ACM*, Vol. 21, No. 2, S. 120–126, Feb. 1978.

[RSA FAQ 2004] RSA Inc., „RSA Laboratories' Frequently Asked Questions About Today's Cryptography, Version 4.1,“ http://www.rsasecurity.com/rsalabs/faq

[RSA Fast 2007] RSA Laboratories, „How fast is RSA?“ http://www.rsasecurity.com/rsalabs/faq/3-1-2.html

[RSA Key 2007] RSA Laboratories, „How large a key should be used in the RSA Crypto system?“ http://www.rsasecurity.,com/rsalabs/faq/3-1-5.html

[Rubenstein 1998] D. Rubenstein, J. Kurose, D. Towsley, „Real-Time Reliable Multicast Using Proactive Forward Error Correction,“ *Proceedings of NOSSDAV '98* (Cambridge, UK, July 1998).

[Rubin 2001] A. Rubin, *White-Hat Security Arsenal: Tackling the Threats*, Addison-Wesley, 2001.

[Ruiz-Sanchez 2001] M. Ruiz-Sánchez, E. Biersack, W. Dabbous, „Survey and Taxonomy of IP Address Lookup Algorithms,“ *IEEE Network Magazine*, Vol. 15, No. 2, S. 8–23, Mar./Apr. 2001

[Saltzer 1984] J. Saltzer, D. Reed, D. Clark, „End-to-End Arguments in System Design,“ *ACM Transactions on Computer Systems (TOCS)*, Vol. 2, No. 4 (Nov. 1984).

[Saydam 1996] T. Saydam, T. Magedanz, „From Networks and Network Management into Service and Service Management,“ *Journal of Networks and System Management*, Vol. 4, No. 4 (Dec. 1996), S. 345–348.

[Schiller 2003] J. Schiller, *Mobile Communications 2nd edition*, Addison Wesley, 2003.

[Schneier 1995] B. Schneier, *Applied Cryptography: Protocols, Algorithms, and Source Code in C*, John Wiley and Sons, 1995.

[Schulzrinne 1997] H. Schulzrinne, „A Comprehensive Multimedia Control Architecture for the Internet,“ *NOSSDAV'97 (Network and Operating System Support for Digital Audio and Video)*, (St. Louis, MO, May 1997).

[Schulzrinne-RTP 2007] Henning Schulzrinne's RTP site, http://www.cs.columbia.edu/~hgs/rtp

[Schulzrinne-RTSP 2007] Henning Schulzrinne's RTSP site, http://www.cs.columbia.edu/~hgs/rtsp

[Schulzrinne-SIP 2007] Henning Schulzrinne's SIP site, http://www.cs.columbia.edu/~hgs/sip

[Schwartz 1977] M. Schwartz, *Computer-Communication Network Design and Analysis*, Prentice-Hall, Englewood Cliffs, N.J., 1997.

[Schwartz 1980] M. Schwartz, *Information, Transmission, Modulation, and Noise*, McGraw Hill, NY, NY 1980.

[Schwartz 1982] M. Schwartz, „Performance Analysis of the SNA Virtual Route Pacing Control," *IEEE Transactions on Communications*, Vol. 30, No. 1, (Jan. 1982), S. 172–184.

[Schwiebert 2001] L. Schwiebert, S. Gupta, J. Weinmann, „Research Challenges in Wireless Networks of Biomedical Sensors," *ACM Mobicom 2001*, 2001, S. 151–165.

[Scourias 2007] J. Scourias, „Overview of the Global System for Mobile Communications: GSM." http://www.privateline.com/PCS/GSM0.html

[Segaller 1998] S. Segaller, *Nerds 2.0.1, A Brief History of the Internet*, TV Books, New York, 1998.

[Shacham 1990] N. Shacham, P. McKenney, „Packet Recovery in High-Speed Networks Using Coding and Buffer Management," *Proc. 1990 IEEE Infocom* (San Francisco, CA, Apr. 1990), S. 124–131.

[Sharma 2003] P. Sharma, E, Perry, R. Malpani, „IP Multicast Operational Network management: Design, Challenges, and Experiences," *IEEE Network Magazine*, Mar. 2003, S. 49–55.

[Sidor 1998] D. Sidor, „TMN Standards: Satisfying Today's Needs While Preparing for Tomorrow," *IEEE Communications Magazine*, Vol. 36, No. 3 (Mar. 1998), S. 54–64.

[Singh 1999] S. Singh, *The Code Book: The Evolution of Secrecy from Mary, Queen of Scotsto Quantum Cryptography*, Doubleday Press, 1999.

[SIP Software 2007] H. Schulzrinne Software Package site, http://www.cs.columbia.edu/IRT/software

[Skoudis 2004] E. Skoudis, L. Zeltser, *Malware: Fighting Malicious Code*, Prentice Hall, 2004.

[Skoudis 2006] E. Skoudis, T. Liston, *Counter Hack Reloaded: A Step-by-Step Guide to Computer Attacks and Effective Defenses (2nd Edition)*, Prentice Hall, 2006.

[Skype 2007] Skype homepage, www.skype.com

[SMIL 2007] W3C Synchronized Multimedia homepage, http://www.w3.org/AudioVideo

[Snort 2007] Sourcefire Inc., Snort homepage, http://http://www.snort.org/

[Solari 1997] S. J. Solari, *Digital Video and Audio Compression*, McGraw Hill, NY, NY, 1997.

[Solensky 1996] F. Solensky, „IPv4 Address Lifetime Expectations," in *IPng: Internet Protocol Next Generation* (S. Bradner, A. Mankin, ed.), Addison-Wesley, Reading, MA, 1996.

[Spragins 1991] J. D. Spragins, *Telecommunications Protocols and Design*, Addison-Wesley, Reading, MA, 1991.

[Sprint 2007] Sprint Corp., „Dedicated Internet Access Service Level Agreements," http://www.sprint.com/business/resources/dedicated_internet_access.pdf

[Srinivasan 1999] V. Srinivasan and G. Varghese, „Fast Address Lookup Using Controlled Prefix Expansion," *ACM Transactions Computer Sys.*, Vol. 17, No. 1 (Feb 1999), S. 1–40.

[Sripanidkulchai 2004] K. Sripanidkulchai, B. Maggs, and H. Zhang, „An analysis of live streaming workloads on the Internet," *Proc. 4th ACM SIGCOMM Internet Measurement Conference*, (Taormina, Sicily, Italy), S. 41–54, 2004.

[Stallings 1993] W. Stallings, *SNMP, SNMP v2, and CMIP The Practical Guide to Network Management Standards*, Addison-Wesley, Reading, MA, 1993.

[Stallings 1999] W. Stallings, *SNMP, SNMPv2, SNMPv3, and RMON 1 and 2*, Addison-Wesley, Reading, MA, 1999.

[Steinder 2002] M. Steinder, A. Sethi, „Increasing robustness of fault localization through analysis of lost, spurious, and positive symptoms," *Proc. 2002 IEEE Infocom.*

[Stevens 1990] W. R. Stevens, *Unix Network Programming*, Prentice-Hall, Englewood Cliffs, NJ.

[Stevens 1994] W. R. Stevens, *TCP/IP Illustrated, Vol. 1: The Protocols*, Addison-Wesley, Reading, MA, 1994.

[Stevens 1997] W. R. Stevens, *Unix Network Programming, Volume 1: Networking APIs-Sockets and XTI*, 2nd edition, Prentice-Hall, Englewood Cliffs, NJ, 1997.

[Stewart 1999] J. Stewart, *BGP4: Interdomain Routing in the Internet*, Addison-Wesley, 1999.

[Stoica 2001] I. Stoica, R. Morris, D. Karger, M.F. Kaashoek, H. Balakrishnan, „Chord: A Scalable Peer-to-Peer Lookup Service for Internet Applications," *Proc. 2001 ACM SIGCOMM* (San Diego, CA, Aug. 2001).

[Stone 1998] J. Stone, M. Greenwald, C. Partridge, J. Hughes, „Performance of Checksums and CRC's Over Real Data," *IEEE/ACM Transactions on Networking*, Vol. 6, No. 5 (Oct. 1998), S. 529–543.

[Stone 2000] J. Stone, C. Partridge, „When Reality and the Checksum Disagree," *Proc. 2000 ACM SIGCOMM* (Stockholm, Sweden, Aug. 2000).

[Strayer 1992] W. T. Strayer, B. Dempsey, A. Weaver, *XTP: The Xpress Transfer Protocol*, Addison-Wesley, Reading, MA, 1992.

[Stubblefield 2002] A. Stubblefield, J. Ioannidis, A. Rubin, „Using the Fluhrer, Mantin, and Shamir Attack to Break WEP," *Proceedings of 2002 Network and Distributed Systems Security Symposium* (2002), 17–22.

[Subramanian 2000] M. Subramanian, *Network Management: Principles and Practice*, Addison-Wesley, Reading, MA, 2000.

[Subramanian 2002] L. Subramanian, S. Agarwal, J. Rexford, R. Katz, „Characterizing the Internet Hierarchy from Multiple Vantage Points," *Proc. 2002 IEEE Infocom*.

[Sundaresan 2006] K. Sundaresan, K. Papagiannaki, „The Need for Cross-layer Information in Access Point Selection," *Proc. 2006 ACM Internet Measurement Conference*, (Rio De Janeiro, Oct. 2006).

[Suh 2006] K. Suh, D. R. Figueiredo, J. Kurose and D. Towsley, „Characterizing and detecting relayed traffic: A case study using Skype," *Proc. 2006 IEEE Infocom* (Barcelona, Spain, Apr. 2006).

[Sun 2007] Sun Microsystems, „Solstice Enterprise Manager," http://www.sun.com/software/solstice/sem/index.

[Sunshine 1978] C. Sunshine, Y. Dalal, „Connection Management in Transport Protocols," *Computer Networks*, North-Holland, Amsterdam, 1978.

[TechnOnLine 2004] TechOnLine, „Protected Wireless Networks," online webcast tutorial, http://www.techonline.com/community/tech_topic/internet/21752

[Thaler 1997] D. Thaler and C. Ravishankar, „Distributed Center-Location Algorithms," *IEEE Journal on Selected Areas in Communications*, Vol. 15, No. 3, (Apr. 1997), S. 291–303.

[Think 2007] Technical History of Network Protocols, „Cyclades," http://www.cs.utexas.edu/users/chris/think/Cyclades/index.shtml

[Thottan 1998] M. Thottan, C. Ji, „Proactive Anomaly Detection Using Distributed Intelligent Agents," *IEEE Network Magazine*, Vol. 12, No. 5 (Sept./Oct. 1998), S. 21–28.

[Tobagi 1990] F. Tobagi, „Fast Packet Switch Architectures for Broadband Integrated Networks," *Proc. of the IEEE*, Vol. 78, No. 1 (Jan. 1990), S. 133–167.

[Turner 1988] J. S. Turner „Design of a Broadcast packet switching network," *IEEE Transactions on Communications*, Vol. 36, No. 6 (June 1988), S. 734–743.

[UPnP Forum 2007] UPnP Forum homepage, http://www.upnp.org/

[Varghese 1997] G. Varghese, A. Lauck, „Hashed and Hierarchical Timing Wheels: Efficient Data Structures for Implementing a Timer Facility," *IEEE/ACM Transactions on Networking*, Vol. 5, No. 6, (Dec. 1997), S. 824–834.

[Vasudevan 2006] S. Vasudevan, C. Diot, J. Kurose, D. Towsley, „Facilitating Access Point Selection in IEEE 802.11 Wireless Networks," *Proc. 2005 ACM Internet Measurement Conference*, (San Francisco CA, Oct. 2005).

[Verisign 2007] http://www.verisign.com

[Verizon 2007] Verizon, „US Products and Services,“ http://www.verizonbusiness.com/terms/us/products/

[Verma 2001] D.C. Verma, *Content Distribution Networks: An Engineering Approach*, John Wiley, 2001.

[Villamizar 1994] C. Villamizar, C. Song. „High performance tcp in ansnet,“ *ACM SIGCOMM Computer Communications Review*, Vol. 24, No. 5 (1994), S. 45–60.

[Viterbi 1995] A. Viterbi, *CDMA: Principles of Spread Spectrum Communication*, Addison-Wesley, Reading, MA, 1995.

[von Lohmann 2003] F. von Lohmann, „Peer-to-Peer File Sharing and Copyright Law: A Primer for Developers,“ *2nd International Workshop on Peer-to-Peer Systems (IPTPS '03)*, (Berkeley, CA, 2003).

[Voydock 1983] V. L. Voydock, S. T. Kent, „Security Mechanisms in High-Level Network Protocols,“ *ACM Computing Surveys*, Vol. 15, No. 2 (June 1983), S. 135–171.

[W3C 1995] The World Wide Web Consortium, „A Little History of the World Wide Web,“ 1995. http://www.w3.org/History.html

[Wakeman 1992] I. Wakeman, J. Crowcroft, Z. Wang, D. Sirovica, „Layering Considered Harmful,“ *IEEE Network*, Jan. 1992, S. 20–24.

[Waldvogel 1997] M. Waldvogel et al., „Scalable High Speed IP Routing Lookup,“ *Proc. 1997ACM SIGCOMM* (Cannes, France, Sept. 1997).

[Walker 2000] J. Walker, „IEEE P802.11 Wireless LANs, Unsafe at Any Key Size; An Analysis of the WEP Encapsulation,“ Oct. 2000, http://www.drizzle.com/~aboba/IEEE/0-362.zip

[Wall 1980] D. Wall, *Mechanisms for Broadcast and Selective Broadcast*, Ph.D. thesis, Stanford University, June 1980.

[Wang 2004] B. Wang, J. Kurose, P. Shenoy, D. Towsley, „Multimedia Streaming via TCP: An Analytic Performance Study,“ *Proc. ACM Multimedia Conf.*, (NY, NY, Oct. 2004).

[Weatherspoon 2000] S. Weatherspoon, „Overview of IEEE 802.11b Security,“ *Intel Technology Journal*, (2nd Quarter 2000), http://developer.intel.com/technology/itj/q22000/articles/art_5.htm

[Wei 2005] W. Wei, B. Wang, C. Zhang, J. Kurose, D. Towsley, „Classification of Access Network Types: Ethernet, Wireless LAN, ADSL, Cable Modem or Dialup?,“ *Proc. 2005 IEEE Infocom* (Apr. 2005).

[Wei 2006] W. Wei, C. Zhang, H. Zang, J. Kurose, D. Towsley, „Inference and Evaluation of Split-Connection Approaches in Cellular Data Networks,“ *Proc. Active and Passive Measurement Workshop*, (Adelaide, Australia, Mar. 2006).

[Wei 2007] D. X. Wei, C. Jin, S. H. Low, S. Hegde, „FAST TCP: Motivation, Architecture, Algorithms, Performance," *IEEE/ACM Transactions on Networking, to* appear 2007.

[Weiser 1991] M. Weiser, „The Computer for the Twenty-First Century," *Scientific American* (Sept. 1991): 94–10. http://www.ubiq.com/hypertext/weiser/SciAmDraft3.html

[Wigle.net 2007] Wireless Geographic Logging Engine, http://www.wigle.net

[Williams 1993] R. Williams, „A Painless Guide to CRC Error Detection Algorithms," http://www.ross.net/crc/crcpaper.html

[WiMax Forum 2007] WiMax Forum, http://www.wimaxforum.org/tech

[Wischik 2005] D. Wischik, N. McKeown, „Part I: Buffer Sizes for Core Routers," *ACM SIGCOMM Computer Communications Review,* Vol. 35, No. 3, July 2005.

[Woo 1994] T. Woo, R. Bindignavle, S. Su, S. Lam, „SNP: an interface for secure network programming," *Proc. 1994 Summer USENIX,* Boston, MA, June 1994, S. 45–58.

[Wood 2007] L. Wood, „Lloyds Satellites Constellations," http://www.ee.surrey.ac.uk/Personal/L.Wood/constellations/iridium.html

[Xanadu 2007] Xanadu Project homepage, http://www.xanadu.com/

[Xiao 2000] X. Xiao, A. Hannan, B. Bailey, L. Ni, „Traffic Engineering with MPLS in the Internet," *IEEE Network,* Mar./Apr. 2000.

[Yannuzzi 2005] M. Yannuzzi, X. Masip-Bruin, O. Bonaventure, „Open Issues in Interdomain Routing: A Survey," *IEEE Network Magazine,* Nov./Dec. 2005.

[Yavatkar 1994] R. Yavatkar, N. Bhagwat, „Improving End-to-End Performance of TCP over Mobile Internetworks," *Proc. Mobile 94 Workshop on Mobile Computing Systems and Applications,* Dec. 1994.

[Youtube 2007] Youtube homage, www.youtube.com

[Yu 2006] H. Yu, M. Kaminsky, P. B. Gibbons, and A. Flaxman, SybilGuard: Defending Against Sybil Attacks via Social Networks, *Proc. 2006 ACM* (Pisa, Italy, Sept. 2006).

[Zegura 1997] E. Zegura, K. Calvert, M. Donahoo, „A Quantitative Comparison of Graph-based Models for Internet Topology," *IEEE/ACM Transactions on Networking,* Vol. 5, No. 6, (Dec. 1997). See also http://www.cc.gatech.edu/projects/gtim for a software package that generates networks with a transit-stub structure.

[Zhang 1993] L. Zhang, S. Deering, D. Estrin, S. Shenker, D. Zappala, „RSVP: A New Resource Reservation Protocol," *IEEE Network Magazine,* Vol. 7, No. 9 (Sept. 1993), S. 8–18.

[Zhao 2004] B. Y. Zhao, L. Huang, J. Stribling, S. C. Rhea, A. D. Joseph, J. Kubiatowicz, „Tapestry: A Resilient Global-scale Overlay for Service Deployment," *IEEE Journal on Selected Areas in Communications*, Vol. 22, No. 1 (Jan. 2004).

[Zimmerman 1980] H. Zimmerman, „OS1 Reference Model-The ISO Model of Architecture for Open Systems Interconnection," *IEEE Transactions on Communications*, Vol. 28, No. 4 (Apr. 1980), S. 425–432.

[Zimmermann 2007] P. Zimmermann, „Why do you need PGP?" http://www.pgpi.org/doc/whypgp/en/

Register

Numerisch

A

B

C

D

E

F

G

H

J

K

N

O

P

Q

R

S

T

U

V

W